Georg May

Die deutschen Bischöfe angesichts der Glaubensspaltung des 16. Jahrhunderts

Die deutschen Bischöfe angesichts der Glaubensspaltung des 16. Jahrhunderts

von

Prof. Dr. Georg May

1 9 8 3
M e d i a t r i x - V e r l a g
W i e n

ISBN 3 85406 038 6

Printed in Austria

Monsignore Josef Auda,
dem priesterlichen Freund und zuverlässigen Mitkämpfer,
in treuer Verbundenheit gewidmet

Inhaltsverzeichnis

8. Abschnitt: Kirchenprovinz Mainz

9. Abschnitt: Kirchenprovinz Prag

10. Abschnitt: Kirchenprovinz Riga

11. Abschnitt: Kirchenprovinz Salzburg

Einleitung

Die Literatur über die Glaubensspaltung des 16. Jahrhunderts ist unübersehbar. Aber trotz der Überfülle von Titeln ist mir kein Buch bekannt, welches die Haltung der deutschen Bischöfe angesichts der protestantischen Bewegung zusammenfassend darstellt. Diesem Mangel soll mit dieser Schrift abgeholfen werden.

Wer unter den deutschen Bischöfen des Titels gemeint ist, bedarf der Erläuterung. Es sind jene Oberhirten, die einen ganz oder wenigstens zu einem beträchtlichen Teil von einer deutschsprechenden Bevölkerung bewohnten Sprengel verwalten. Daß es deutsche Bischöfe auch außerhalb dieses Rahmens gab, ist mir ebenso bekannt wie die Tatsache, daß nicht jeder, der zum Oberhirten eines ganz oder überwiegend deutschsprachigen Bistums bestellt wurde, selbst Deutscher war. Die erfaßten Bistümer decken sich nicht mit dem Deutschen Reich in den Grenzen, die dieses im 16. Jahrhundert hatte. Einmal umschloß das Reich auch Diözesen mit einer ganz oder fast ausschließlich fremdsprachigen Bevölkerung; man denke nur an die Bistümer französischer, kroatischer, tschechischer, slowakischer und italienischer Zunge, wobei ich mit Bedauern gestehe, daß es mir wegen Mangels der Kenntnis slawischer Sprachen nicht möglich war, die Quellen und die Literatur in diesen zu lesen. Zum anderen lagen Diözesen außerhalb des Reiches, deren Einwohner mehrheitlich deutschsprachig waren, wie die preußischen Bistümer oder Schleswig, oder die eine überwiegend fremdsprachige Bevölkerung unter deutschen Bischöfen umschlossen, wie die baltischen Diözesen. Was die Kirchenprovinzen betrifft, wurden die Bistümer der Metropolen Riga, Bremen, Köln, Magdeburg, Mainz und Salzburg ohne Ausnahme, von Trier lediglich Metz erfaßt. Dazu treten die exemten Bistümer Bamberg, Kammin und Meißen, die zur Kirchenprovinz Gnesen gehörigen Bistümer Breslau, Lebus und Kulm, das Erzbistum Prag und das Bistum Olmütz, das Patriarchat Aquileja mit den ihm unterstehenden Diözesen Trient und Laibach, die zur Metropole Besançon zählenden Bistümer Basel und Lausanne, die bis 1513 zur Kirchenprovinz Tarentaise gehörige, später exemte Diözese Sitten sowie das einen Bestandteil der Kirchenprovinz Lund bildende Bistum Schleswig.

Die Darstellung erfaßt grundsätzlich nur die Diözesanbischöfe. Die Hilfsbischöfe werden in die Untersuchung nicht einbezogen. Einmal hätte ihre Aufnahme die Arbeit übermäßig anschwellen lassen, und zum anderen waren ihre Position, verglichen mit jener der Diözesanbischöfe, die ja fast allesamt auch Landesherren waren, regelmäßig bescheiden und ihr Machtkreis gewöhnlich gering. Daß sie in manchen, vielleicht sogar in vielen Fällen in sittlicher und theologischer Hinsicht die Residenzialbischöfe überragten, ist bekannt, ändert aber nichts daran, daß das Geschick der Diözesen regelmäßig nicht in ihren Händen ruhte.

Als zeitlichen Ansatz der Darstellung habe ich regelmäßig die Jahre kurz vor Beginn des Auftretens Martin Luthers gewählt. Es ist mir bewußt, daß es notwendig wäre, weit ins 15. Jahrhundert zurückzugreifen, um die Verhältnisse des 16. Jahrhunderts und den

Erfolg der sogenannten Reformation adäquat zu erfassen. Katastrophen bereiten sich lange und in zahllosen Einzelunterlassungen vor. Aber die Vorgeschichte des großen Abfalls muß schon aus Raumgründen außerhalb dieser Darstellung bleiben. Es kann und soll hier auch nicht annähernd der Versuch gemacht werden, die Bedingungen und die Entwicklung der Glaubensspaltung nachzuzeichnen; deren Kenntnis wird vielmehr vorausgesetzt. Allerdings kann auf die Erwähnung oder knappe Schilderung von Ereignissen und Vorgängen, die mit den jeweils behandelten Bischöfen im Zusammenhang stehen, nicht verzichtet werden. Der Endpunkt der Darstellung wird jeweils dort gesetzt, wo sich die Verhältnisse geklärt hatten, also entweder das Bistum für die katholische Kirche gerettet oder endgültig verloren war. Diese Marke wurde regelmäßig spätestens gegen Ende des 16. Jahrhunderts erreicht; nur in wenigen Fällen fiel die definitive Entscheidung erst im 17. Jahrhundert.

Das Ziel der Arbeit ist, darzustellen, wie beschaffen die Männer waren, die in den Jahrzehnten der andringenden Religionsneuerung auf den Bischofsstühlen saßen, und wie sie sich dieser gegenüber verhielten. Es ist keine umfassende Würdigung und schon gar keine Biographie der einzelnen Bischöfe beabsichtigt. Da die Studie einen bestimmten Umfang nicht überschreiten durfte, verbot sich eine eingehende Behandlung des einzelnen Bischofs und der zugehörigen Ereignisse. Eine solche wäre in vielen Fällen schon allein deswegen nicht möglich, weil entsprechende Vorarbeiten fehlen, und das selbst bei Persönlichkeiten, die es verdient hätten, umfassend gewürdigt zu werden. Es ist beispielsweise schwer zu verstehen, daß Erzbischof Christoph von Bremen noch nicht seinen Biographen gefunden hat. Es handelt sich vielmehr nur darum, einen knappen Überblick über das Verhalten der in Frage kommenden Bischöfe angesichts der Herausforderung durch die „Reformatoren" zu geben. Um dies zu verstehen, war es freilich notwendig, Vorbildung, Charakter und Lebensumstände der Oberhirten in dem erforderlichen Maße in die Darstellung einzubeziehen. Ebenso mußte ihre Stellung zu der katholischen Reform berücksichtigt werden, denn kirchliche Erneuerung und Abwehr der Irrlehre standen in einem engen, unaufhebbaren Zusammenhang. Selbstverständlich unterliegt nur die Außenseite des Lebens und des Wirkens der Bischöfe der Beurteilung; die Innenseite ist verborgen. In keinem Falle will daher das menschliche Urteil der göttlichen Entscheidung vorgreifen.

Das Buch ist niemandem zuliebe und niemandem zuleide geschrieben; es will allein der Erkenntnis der Wahrheit dienen, wie sie sich mir nach gewissenhaftem Studium der Geschehnisse und der Gestalten darstellt. Ich habe keinen Versuch gemacht, meine Überzeugung zu verbergen, daß ich die sogenannte Reformation nach Anlaß, Durchführung, Ergebnissen und Folgen für ein namenloses Unglück halte und daß ich ihr die rechtliche und die moralische Legitimation nicht zuerkennen kann; sie ist nicht ein Ereignis der Heilsgeschichte, wodurch die Christenheit wieder zu der (bislang verschütteten) Wahrheit des Evangeliums zurückgeführt wird, sondern eine Katastrophe unsagbaren Ausmaßes. Sie ist auch keine Reformbewegung, wodurch Schäden und Ärgernisse beseitigt worden wären, sondern zerstörte die teilweise durch Mißbräuche entstellte

Sache. Niemand hat die Kirche reformbedürftiger gemacht als der Mann, der angeblich auszog, die Kirche zu reformieren. Wenn man sagt, daß damals große und tiefgehende Schäden in der Kirche gewesen seien, so ist zu bemerken, daß es eine Epoche der Kirchengeschichte ohne Mängel überhaupt noch nicht gegeben hat und daß andere Perioden nicht minder große und tiefgehende Mißstände wie jene aufzuweisen hatten. Die Kirche wird nach ihrer menschlichen Seite niemals vollkommen, stets werden Ausstellungen an ihr notwendig sein. Schwächen und Ärgernisse gibt es immer in der Kirche; sie sind zu Zeiten größer, in anderen Perioden geringer. Niemals aber rechtfertigen sie den Abfall vom Glauben und die Zerstörung der kirchlichen Einheit. ,,Was nicht notwendig war, eine Reformation des Glaubens, das brachte das Luthertum zustande, was aber notwendig war, eine Reformation der Sitten, das brachte das Luthertum nicht zustande" (Konrad Rothenhäusler). Außerdem sind die Verfallserscheinungen des 16. Jahrhunderts, die der katholischen Kirche zugerechnet zu werden pflegen, zum großen Teil Wirkung der protestantischen Bewegung.

Die sogenannte Reformation war einmal ein Unglück für die Kirche. Sie entriß ihr ganze Länder und warf die Fackel der Zwietracht in andere Gebiete. ,,Luther zerstörte die Einheit" (Joseph Lortz). Zum anderen ist die sogenannte Reformation auch vom vaterländischen Gesichtspunkt aus ein Verhängnis gewesen. Es muß um der geschichtlichen Wahrheit willen ausgesprochen werden, daß der Protestantismus das Deutsche Reich ruiniert hat. Luther wurde der ,,Zerstörer der deutschen Reichs-Nation" (Joseph Lortz). Das Unheil, das die Glaubensspaltung über Deutschland als politisches Gemeinwesen brachte, wurde damals schon deutlich erkannt. Man denke beispielsweise an die Klage, die der Weingartener Benediktiner Nikolaus Entringer am 18. November 1542 erhob.

Schließlich bin ich überzeugt, daß die sogenannte Reformation nicht notwendig kommen mußte; ihre Entstehung war nicht schicksalhaft. Der große Abfall des 16. Jahrhunderts ist von frei handelnden Menschen verursacht und verschuldet worden. In keinem Falle haben die Lehre und die Einrichtungen der katholischen Kirche die protestantische Bewegung gefordert oder hervorgetrieben. Die mittelalterliche Kirche ist im 16. Jahrhundert nicht zusammengebrochen, weil sie etwa innerlich verwest gewesen wäre, sondern weil sie von außen zerstört wurde. ,,Die Unabwendbarkeit des Unterganges liegt nicht an den Institutionen; sie liegt an den Menschen" (C. Schirren). Der Erfolg hat Luthers, Calvins und Zwinglis Sache nicht gerechtfertigt.

Es ist mir klar, daß heute weithin eine andere Sicht der Geschehnisse des 16. Jahrhunderts verbreitet ist, als ich sie, von Einsicht und Gewissen gezwungen, vertrete. In Deutschland wird seit geraumer Zeit Reformationsgeschichte fast nur von einem protestantischen oder protestantisierenden Standpunkt aus geschrieben. Vor allem die Gestalt des deutschen ,,Reformators" wird selten wirklichkeitsgetreu und vollständig gezeichnet. Man hat sich vielmehr weitgehend ,,geeinigt", den ehemaligen Wittenberger Augustinermönch als einen von seinem Gewissen getriebenen, wortgewaltigen Künder des ,,Evangeliums" von der Rechtfertigung allein durch den Glauben hinzustellen. Bücher, die sich entschieden mit seinen Schattenseiten befassen, wie beispielsweise das zweibändige Werk von Paul Reiter und das Buch von Erik Erikson, werden fast gänzlich totgeschwiegen. Die Umschichtung des „Lutherbildes" in manchen katholischen Kreisen, die sich in den letzten Jahrzehnten vollzogen hat, ist nicht in neuen, gesicherten Ergebnissen der Wissenschaft, sondern in einem Lebensgefühl begründet. Der Einheitsmythos, die bekannte katholische Gutmütigkeit, die nachkonziliare Bekenntnis- und Kampfesscheu und nicht zuletzt der verhängnisvolle Ökumenismus wirken zusammen, daß der Wittenberger Mönch einseitig allein in seinen (gewiß vorhandenen) positiven Seiten gesehen wird. Gleichzeitig soll der Nutzen derart „irenischer" Haltung nicht übersehen werden. Es gilt als vornehm, trägt Beifall ein und dient der Karriere, wenn man über die katholischen Vorkämpfer des 16. Jahrhunderts herfällt und gleichzeitig die sogenannten Reformatoren in hellen Farben zeichnet. Ich bin, von Einsicht und Gewissen gezwungen, außerstande, mir diese Sicht zu eigen zu machen. Ich vermag in Luther keinen Reformator zu erkennen. Denn er hat die Kirche nicht erneuert, sondern zerstört. Luther war nach Anlage und Charakter nicht berufen, eine wahre Reform einzuleiten. Schon seine „übermächtige" „Ich-Bezogenheit" (Joseph Lortz) machte ihn zum echten Reformator ungeeignet, seine „Verantwortungsverwegenheit" (Joseph Lortz) wurde sein Verhängnis. Ernsthafte Forscher sind überzeugt, daß manches an dem geistigen Habitus Luthers pathologisch war. Es fehlte Luther weiter an der Heiligkeit des Lebens. Auf seinem Charakterbild liegen düstere Schatten; sein Reden und sein Tun müssen herber Kritik verfallen. Demut und Geduld gingen ihm ab. Er vertrug keinen Widerspruch. Die Übertreibung folgte ihm wie der Schatten dem Licht. Die Maßlosigkeit dieses Mannes ist schlechthin nicht zu bestreiten. Selbst Joseph Lortz spricht von seinem „(sehr oft hemmungslosen) Superlativismus" und seinen „geradezu unerträglichen, oberflächlich begründeten Übertreibungen". Niemand hat ungünstiger über Luther geurteilt als sein Ordensgeneral, Ägidius von Rom. Ein Mann, der mit derartiger Gereiztheit und mit solchen Übertreibungen seine Lehre vortrug, konnte dem Volk nicht zum Segen werden. Ein verhängnisvoller Zug seiner Persönlichkeit war sodann sein Subjektivismus. Luther ist ein Mann, der aus seinen persönlichen Erfahrungen ein theologisches System, ja einen neuen „Glauben" schuf. Wohl nirgends deutlicher als in seiner (falschen) Konstruktion der Erbsünde wird klar, daß seine eigenen Schwierigkeiten zu einer Lehre gerinnen, die er für andere verbindlich macht. Luther war theologisch nicht genügend ausgewiesen, so daß er in die größten Irrtümer verfiel. Begriffliche Schärfe war seine Stärke nicht, und seine eigene Unklarheit hat er seiner Bewegung vermacht. Ich vermag einen großen Teil seiner geistigen Produkte nur als verwirrt zu bezeichnen. Luther war aufgrund seiner psychischen Verfassung für Mönchtum und Priestertum nicht geeignet, und sein Ausbrechen aus beidem wurde eine säkulare Katastrophe. Luther hat eine unermeßliche Schuld auf sich geladen, als er die katholische Religion zerstörte.

1. Abschnitt

Kirchenprovinz Aquileja

1. Kapitel

Erzbistum Aquileja

Cappelletti, G., Le Chiese d'Italia VIII, Venedig 1851, 7-557

Carcereri, G., Giovanni Grimani, patriarca di Aquileia, Venedig 1889

Czoernig, Carl Freiherr von, Das Land Görz und Gradisca (mit Einschluß von Aquileja). Geographisch-statistisch-historisch dargestellt (Görz. Oesterreich's Nizza. Nebst einer Darstellung des Landes Görz und Gradisca I. Bd.), Wien 1873

De Renaldis, G., Memorie storiche dei tre ultimi secoli del patriarcato d'Aquileia (1411-1751), Udine 1888

Glasschröder, F. X., Aquileja: LThK I, 1930, 582-585

Greinz, Ch., Görz: LThK IV, 1932, 586f.

Paschini, Pio, Storia del Friuli, 3 Bde., Udine 1934-36

Richard, P., Aquilée: Dictionnaire d'histoire et de géographie ecclésiastiques III, 1924, 1112-1142

Schmidinger, Heinrich, Patriarch und Landesherr. Die weltliche Herrschaft der Patriarchen von Aquileja bis zum Ende der Staufer (= Publikationen des Österreichischen Kulturinstituts in Rom I. Abt.: Abhandlungen 1. Bd.), Graz, Köln 1954

Schmidinger, H., Aquileja: LThK I, 2. Aufl., 1957, 780f.

Schmidinger, H., Görz: LThK IV, 2. Aufl., 1960, 1060f.

I.

Domenico Grimani (1497-1517)

Die Diözese Aquileja besaß eine riesige Ausdehnung. Sie erstreckte sich über Friaul, die Grafschaft Görz, Krain, die Südsteiermark und Kärnten bis zur Drau. Nur ein Teil der Bewohner sprach deutsch (Steiermark, Kärnten und Krain). Die Patriarchen residierten meistens auswärts in Udine. Die österreichische Regierung sah die Ausübung der Jurisdiktion in ihrem Gebiet durch einen Oberhirten, der sich im Ausland aufhielt, denkbar ungern. Die Kirchenprovinz Aquileja war ebenfalls sehr groß und zählte 17 Suffragane, darunter Trient, Triest und Capo d'Istria. Der Patriarch von Aquileja galt als der erste kirchliche Würdenträger nach dem Papst im Abendland. Er war deutscher Reichsfürst und hatte auf den Reichstagen den ersten Platz innerhalb der geistlichen Fürsten. Ständige Einfälle der Türken und Konflikte mit Venedig ließen das Gebiet im 16. Jahrhundert kaum zur Ruhe kommen. Die Patriarchen hielten politisch meist zu Venedig gegen Österreich. Die Würde des Patriarchen wurde seit der Mitte des 15. Jahrhunderts eine Pfründe der vornehmen Familien Venedigs. Häufig nahm der regierende Patriarch einen Verwandten zum Koadjutor an und verzichtete dann in vorgerücktem Alter auf seine Würde, wobei gewöhnlich der Vorbehalt gemacht wurde, daß er wieder in sie eintrete, wenn der Begünstigte vor ihm starb. So verzichtete Domenico Grimani zugunsten seines Neffen Marino Grimani.

Domenico Grimani weilte seit seiner Ernennung zum Kardinal (1493) fast immer in Rom und empfing lediglich die Einkünfte aus seinem Patriarchat. Er häufte die Benefizien und förderte Kunst und Wissenschaft; die Seelsorge hatte von ihm keinen Gewinn.

II.

Marino Grimani (1517-1529)

Unter diesem Patriarchen drang das Luthertum in den Sprengel ein und überflutete das Land. Es gab Geistliche, die den Gottesdienst nach protestantischen Anschauungen modelten. So beschwerte sich der Bischof von Laibach 1525, daß der Archidiakon von Aquileja die ,,lutherische Messe" einführe, d.h. den Kanon ausließ. Der Patriarch war ein pflichtvergessener Hirt, der sein Amt vernachlässigte; erst 1524 ergriff er Besitz von seiner Diözese. Marino Grimani übertrug 1529 die Würde des Patriarchen seinem Bruder Marco Grimani.

III.

Marco Grimani (1529-1535)

Marco Grimani war mit manchen päpstlichen Aufträgen beschäftigt, worin er sich auszeichnete; aber die Diözese vermißte ihren Oberhirten. Die Irrlehre machte sich bemerkbar.

IV.

Marino Grimani (1535-1545)

Nach der Resignation des Marco Grimani rückte Marino Grimani wieder in die Würde ein. Seit 1544 hielt Österreich Aquileja und das umgebende Gebiet ständig besetzt. Von einer intensiven Tätigkeit des Oberhirten in seinem Sprengel kann keine Rede sein. Marino Grimani trat seine Würde 1545 zum zweitenmal ab, diesmal zugunsten seines Bruders Giovanni Grimani.

V.

Giovanni Grimani (1546-1550)

Unter diesem Patriarchen verschlechterten sich die religiösen Verhältnisse in der Diözese; die Häresie drang vor. Der Oberhirt mußte sich selbst vor dem Hl. Offizium wegen irriger Meinungen verantworten. Giovanni Grimani verzichtete zugunsten von Daniele Barbaro, eines gelehrten Mannes, der 1548 als Gesandter bei Eduard VI. von England weilte und den Julius III. jetzt zum Koadjutor des Patriarchen von Aquileja mit dem Titel eines erwählten Patriarchen ernannte.

VI.

Daniele Barbaro (1550-1570)

Zu dem Patriarchat gehörte die Grafschaft Görz, die unter dem Hause Habsburg stand. Auf Ersuchen Erzherzog Karls entsandte Pius V. den Abt von Moggio, Graf von Porzia, als Apostolischen Visitator dorthin. Dieser führte die Visitation mit Eifer und Strenge durch. Porzia empfahl dem Erzherzog Karl, die Protestanten aus dem Lande zu verweisen. Der Erzherzog entsandte daraufhin eine geistliche Kommission nach Görz, welche die Stände und das Volk aufrief, dem Glauben die Treue zu halten, die häretischen Bücher sammelte und verbrannte und die Anhänger der neuen Lehre aufforderte, entweder zum Glauben zurückzukehren oder auszuwandern. Die Zahl der Abziehenden war minimal. Größer war dagegen die Schar derer, die ihre Meinung verbargen und im Lande blieben. 1575 wurde in Görz ein Archidiakonat errichtet, das einen beträchtlichen Teil der Rechte des Bischofs in dem österreichischen Friaul und in Görz ausübte. Der Archidiakon Tautscher wandte sich mit Energie der Aufgabe zu, die Angehörigen seines Gebiets im Glauben zu befestigen.

Daniele Barbaro nahm am Konzil von Trient teil und verteidigte hier die Kommunion unter einer Gestalt.

VII.

Giovanni Grimani (1570-1593)

Nach dem Tode des Daniele Barbaro trat Giovanni Grimani nochmals die Regierung an. Als Koadjutor fungierte Alvisi Giustiniani (1574-1585). Der Generalvikar des Patriarchen, Bischof Bisanzio, visitierte den gesamten Sprengel der Erzdiözese. Die Anhängerschaft des Protestantismus blieb in der Diözese Aquileja in der Minderheit. Als

Bonaventura von Eck, der Görzer Abgesandte bei der Versammlung der innerösterreichischen Länder in Bruck, sich den Beschlüssen der Stände zugunsten des Protestantismus anschloß, mißbilligten die Stände von Görz sein Verhalten als Überschreitung seiner Instruktion. Die Regierung des Erzherzogs Karl wurde als wohltätig empfunden. Gregor XIII. betrieb durch den Nuntius bei Erzherzog Karl die Rückübertragung der Stadt Aquileja an den Patriarchen, wobei er darauf hinwies, daß durch den jetzigen Zustand die Häresie gestärkt und die Disziplin geschwächt würden. Die Verhandlungen gediehen jedoch nicht zum Abschluß.

VIII.

Francesco Barbaro (1593-1616)

Barbaro regierte zunächst die Diözese als Koadjutor Grimanis. Sixtus V. ernannte ihn nämlich 1585 zum Koadjutor des Patriarchen, weil er — mit dem Konzil von Trient — die Abtretung der Würde mißbilligte. Barbaro war politisch nicht interessiert, dafür um so mehr seinen geistlichen Obliegenheiten hingegeben. Er suchte ein gutes Verhältnis zu der österreichischen Regierung. Infolgedessen konnte er seine Jurisdiktion auf deren Gebiet frei ausüben und 1593 in Aquileja einziehen. Clemens VIII. ersuchte den Erzherzog Ernst, der für den unmündigen Ferdinand Innerösterreich regierte, Barbaro als dem Koadjutor des Patriarchen die Visitation des österreichischen Anteils des Bistums zu gestatten. Als diese genehmigt wurde, nahm Barbaro eine eingehende Visitation der Grafschaft Görz vor und hielt in Görz eine Synode, auf der heilsame Vorschriften erlassen wurden. Der Patriarch ging auch daran, in seinem Kärntner Diözesangebiet die kirchliche Ordnung zu erneuern. Unterstützt von dem bambergischen Vizedom Johann Georg von Stadion, suchte er den katholischen Glauben wiederherzustellen. Aber der Widerstand des Adels und der Städte war hartnäckig. Im ganzen war das Wirken dieses Patriarchen segensreich. Die Lage im Klerus besserte sich. Die Christenlehre wurde gehalten, der Katechismus verbreitet. Viele Häretiker bekehrten sich. Der Vorschlag, die Inquisition einzusetzen, wurde nicht verwirklicht. Dagegen gelang es den Bemühungen der Österreicher nicht, den österreichischen Anteil der Erzdiözese Aquileja zu einem eigenen Bistum in Görz erheben zu lassen. 1596 wurde in Udine eine Provinzialsynode abgehalten.

2. Kapitel

Bistum Laibach

Dimitz, August, Geschichte Krains von der ältesten Zeit bis auf das Jahr 1813. Mit besonderer Rücksicht auf Culturentwicklung, 4 Tle., Laibach 1874-76

Eder, Karl, Chroen (Hren), Thomas: NDB 3, 1957, 250f.

Elze, Theodor, Die Superintendenten der evangelischen Kirche in Krain während des sechzehnten Jahrhunderts, Wien 1863

Elze, Th., Thomas (Chrön)): ADB 38, 1894, 71-73

Matl, J., Trubar: LThK X, 2. Aufl., 1965, 379f.

Paschini, Pio, I vicari generali nella diocesi di Aquileia e poi di Udine, Udine 1958

Ploner, J., Laibach: LThK VI, 2. Aufl., 1961, 732f.

Rupel, Mirko, Primus Truber. Leben und Wirken des slowenischen Reformators. Deutsche Übersetzung und Bearbeitung von Balduin Saria (= Südosteuropa-Schriften 5. Bd.), München 1965

Schumi, Franz (Hrsg.), Urkunden- und Regestenbuch des Herzogtums Krain, 2 Bde., Laibach 1882-1887

Thalnitscher, Joannes Gregorius, Historia cathedralis Ecclesiae Labacensis, Laibach 1701, Neuabdruck: Klagenfurt 1882

Turk, J., Hren: LThK V, 1933, 162

Turk, J., Laibach: LThK VI, 1934, 335-337

Turk, J., Trubar: LThK X, 1938, 310f.

Valvasor, Johann Weichard, Die Ehre Deß Hertzogthums Crain, 4 Bde., Laibach 1689

I.

Christoph Rauber (1488-1536)

Das Bistum Laibach bestand aus sieben räumlich getrennten Gebieten in Steiermark, Kärnten und Krain; es gehörte zur Kirchenprovinz Aquileja. Die Bevölkerung sprach teilweise deutsch, teilweise slowenisch.

Christoph Rauber wurde 1488 zum Bischof von Laibach gewählt, aber erst am 1. Mai 1493 bestätigt. 1509 wurde ihm auch das Bistum Seckau zur Administration übertragen. Rauber wurde 1494 zum Priester geweiht und 1497 zum Bischof konsekriert.

Seit 1525 ist der Protestantismus in Laibach nachweisbar. Der Landesherr erließ manche wohlgemeinte Verordnungen gegen die Neuerung, aber sie wurden nicht beachtet. Das Mandat vom 20. August 1527 blieb in Krain ohne erhebliche Wirkung. Als König Ferdinand am 24. März 1528 eine allgemeine Visitation in den österreichischen Erblanden anordnete, war Christoph Rauber ein Mitglied der Kommission. Ein Erfolg war diesem Befehl nicht beschieden.

Rauber war politisch und militärisch vorzüglich begabt. Er diente dem Kaiser als Rat und Statthalter in Niederösterreich, als Gesandter in mehreren Ländern und als Truppenkommandeur gegen Türken und aufrührerische Untertanen. Rauber war auch auf dem Reichstag zu Augsburg 1530 anwesend. Nach Valvasor fand Rauber zu seinen Lebzeiten kaum seinesgleichen in Deutschland an ,,Aktivität und Klugheit''. Aber er weilte ziemlich selten in seinem Sprengel. Unter dem seine bischöflichen Aufgaben vernachlässigenden Rauber drang der Protestantismus im Bistum vor. Seit 1529 war Mathes Klombner der Mittelpunkt eines Kreises lutherischer Bürger in Laibach. Der zeitweise als Domprediger in Laibach und als Hofprediger des Bischofs Peter Bonomo von Triest wirkende Primus Truber arbeitete jahrzehntelang an seinen verschiedenen Stellen in protestantischem Sinne. Er veröffentlichte einen Katechismus und zahlreiche andere Werke in slowenischer Sprache und bahnte auf diese Weise der Glaubensneuerung den Weg ins Volk. Truber ist einer jener Agitatoren, die — nach dem Beispiel Luthers — Türken und Papst nebeneinanderstellten und als die größten Feinde des Volkes anprangerten. Freilich wurde dem Truber seine Agitation durch das Verhalten der Oberhirten erleichtert. Bischof Bonomo war ein humanistischer Epikuräer, ehrgeizig und genußsüchtig. Er begünstigte anfangs die lutherische Bewegung, förderte und deckte den Mann, der die bekannten protestantischen Ideen vortrug. Seit 1530 predigte Truber lutherische Ansichten in Cilli. Er kam noch zu Lebzeiten Raubers nach Laibach und wurde hier slowenischer Prediger in der Domkirche.

II.

Franz Katzianer von Katzenstein (1537-1543)

Franz Katzianer erhielt am 11. April 1537 die päpstliche Bestellung zum Bischof von Laibach. Er fiel gegenüber seinem Vorgänger stark ab. Unter seiner Regierung machte der Protestantismus weitere Fortschritte. Die Landstände neigten, schon aus Opposition gegen das zentralistische Regime des Landesherrn, etwa seit 1530 in steigendem Maße, dem Protestantismus zu. 1541 verlangten sie auf dem Prager Ausschußlandtag die Freigabe der protestantischen Religionsübung. Die hauptsächlichen Gründe waren hier wie überall die Verlockungen des neuen ,,Evangeliums'' und die Mißstände im Klerus. Es mag etwas Richtiges an dem Urteil sein: ,,In Krain . . . vermochte ein in Haupt und Gliedern fauler Klerus der mit den Waffen des Geistes eindringenden Reformation keinen Widerstand entgegenzusetzen'' (August Dimitz). Wie es um die Geistlichen im äußersten Süden Österreichs stand, ergibt sich u.a. aus der Tatsache, daß die beiden Bischöfe P.P. und Johann Baptist Vergerio von Capo d'Istria und Pola sowie der Bischof Franz II. Rizzano von Triest zum Protestantismus abfielen. Dazu trat die sträfliche Blindheit und fahrlässige Nachsicht der Bischöfe von Triest und Laibach. Der inzwischen doch sattsam bekannte Truber zog sich 1540 wieder zu seinem Gönner, dem Bischof Bonomo von Triest, zurück. Dieser zeichnete ihn in jeder Weise aus und ließ ihn predigen. 1542 kehrte Truber nach Laibach zurück und wurde von Katzianer zum

Domherrn ernannt. Hier lehrte er in der Kathedralkirche im protestantischen Sinne. Es ist unbegreiflich, wie der Mann, der sich durch seine unkatholischen Predigten doch wahrlich genug enthüllt hatte, Domherr und Domprediger in Laibach werden konnte. Die beiden Bischöfe Franz Katzianer und Urban Textor tragen dafür die Verantwortung. In Laibach fand Truber einen Gesinnungsgenossen in dem Domherrn Paul Wiener, möglicherweise auch in dem Generalvikar Leonhard Mertlic und dem Kanoniker Georg Dragolič. Paul Wiener wurde bereits 1534 dem Friedrich Nausea als Ketzer angezeigt. Er gab allerdings eine unwahre Erklärung ab, mit der sich Nausea begnügte. Nicht Bischof Katzianer, sondern die Laibacher Franziskaner traten den unkatholischen Aufstellungen Trubers entgegen. Katzianer scheint selbst lutherische Neigungen gehabt zu haben. Jedenfalls umgab er sich mit Personen, die sich später als Protestanten entpuppten. Katzianer machte Truber sogar zu seinem Beichtvater. Angeblich empfing er vor dem Tode das Abendmahl in beiderlei Gestalt. Theologische Unklarheit, religiöses Ungenügen und charakterliche Schwäche waren die Signatur dieses Bischofs.

III.

Urban Textor (1543-1558)

Urban Textor wurde von König Ferdinand für den Laibacher Bischofssitz vorgeschlagen und erhielt am 19. Dezember 1543 die Einsetzung. Textor war religiös und sittlich einwandfrei, befähigt, eifrig und erneuerungswillig. Er war mit Ignatius von Loyola und Claudius Jajus befreundet. Textor war Hofprediger und Beichtvater König Ferdinands. In diesen Funktionen mußte er sich meist in Wien, jedenfalls in der Umgebung seines Herrn aufhalten. Diese Abwesenheit bekam seinem Bistum nicht gut. Dennoch war Textor nicht untätig. Er war ein vorsichtiger Mann; rasches Handeln war seine Sache nicht. Textor bestätigte zunächst Wiener und Truber als Domprediger. Die Attacken gegen katholische Gebräuche und der Vortrag protestantischer Lehren gingen indes weiter. Truber lehnte die Messe ab und verwarf die Firmung. Als Textor erfuhr, daß Truber und Wiener das Abendmahl unter beiden Gestalten austeilten, griff er endlich durch, nicht zuletzt unter dem Eindruck des siegreichen Ausgangs des Schmalkaldischen Krieges. In einer sorgfältig vorbereiteten Aktion holte Textor zum Schlage aus. 1547 ließ er den Generalvikar Georg Dragolič und den Domherrn Paul Wiener festnehmen; Truber entging diesem Schicksal durch die Flucht, und Wiener entkam der Gefangenschaft. Truber wurde exkommuniziert und seiner Ämter enthoben; der Haftbefehl blieb in Geltung. Truber ging nach Nürnberg und heiratete. Die vom Bischof in der Folge eingeleitete Untersuchung gegen führende protestantische Persönlichkeiten brachte keinen durchgreifenden Erfolg. Zu wirklich einschneidenden Maßnahmen vermochte er sich nicht zu entschließen, fehlte ihm vielleicht auch die Macht. In Krain schritt infolgedessen die Irrlehre weiter fort. 1550 fiel beispielsweise der frühere Domprediger Andreas Latomus vom Glauben ab. Wie fast überall in Österreich war es auch in Krain vorzugsweise der Adel, der sich dem Protestantismus zuwandte; er suchte seine Untertanen nachzuziehen. Im Jahre 1555 mußte der Bischof bereits die Bauern ermahnen, nicht ihren vom Glauben abgefallenen Herren zu folgen. Er sah wie alle wachsamen Bischöfe die Hauptvoraussetzung dafür, daß eine Wende eintrete, in der Schaffung eines einwandfreien Klerus und begann damit, junge Männer zur Ausbildung in das Germanikum zu entsenden. Angeblich riet er als erster Ferdinand, die Jesuiten nach Österreich zu rufen. Er bemühte sich, durch Sparsamkeit die Schulden abzutragen, die ihm sein Vorgänger hinterlassen hatte.

IV.

Peter von Seebach (1559-1571)

Peter von Seebach erhielt am 2. Oktober 1559 die Einsetzung als Bischof von Laibach. Seebach war ein bequemer, unentschlossener und kampfesscheuer Mann. Er residierte in Oberburg. Kaiser Ferdinand I. ließ ihm 1560 die Mahnung zugehen, in seiner Bischofsstadt Residenz zu halten und seiner Pflicht nachzukommen. Die Regierung seiner Diözese überließ er dem Generalvikar Nikolaus Škofič. Valvasor berichtet, er habe den Geistlichen ,,den Zügel ein wenig zu lang gelassen" und sei so mitschuldig an dem Abfall von Klosterinsassen zum Protestantismus geworden; das Ordenswesen in Krain sei dadurch nahezu zusammengebrochen. Der Kaiser forderte ihn auf, in Laibach einen deutschen Prediger für den Adel zu bestellen, damit dieser nicht Anlaß nehme, lutherische Prediger einzusetzen. Die schlappe Haltung des Bischofs kam den Neuerern sehr gelegen; sie agitierten emsig für ihre Vorstellungen und vermehrten ihren Anhang. Zu mehr als einer papierenen Drohung raffte sich Seebach nicht gegenüber dem Protestantismus auf; in dem Mandat vom 27. Dezember 1560 forderte er seine Diözesanen zur Treue gegenüber dem Glauben auf und erinnerte widrigenfalls an den Kaiser. Die Protestanten aber schritten zur Tat. Im Jahre 1560 beriefen die Landstände von Krain den Truber zur Ordnung des protestantischen Kirchenwesens nach Laibach. Als dieser 1561 dort eintraf, wurde er offiziell vom Stadtrat begrüßt; so weit waren die Dinge gediehen. Sogleich begann Truber, den Krainer Protestantismus zu organisieren. Die feige Passivität Seebachs machte die Anhänger der neuen Lehre nur immer kühner. Der Bischof unternahm aus eigener Initiative nichts, sondern überließ die Sache dem Kaiser. Im Gegensatz zu ihm erkannte der katholische Klerus die von Truber ausgehende Gefahr. Als die Landstände an den Bischof das Ansinnen stellten, den Truber im Dom predigen zu lassen, antwortete er, er für seine Person wollte das gern zugeben, aber er müsse sich nach dem Kaiser richten. Seebach gestattete Truber indes die Predigt und ermahnte ihn lediglich zur Bescheidenheit. Gleichzeitig aber beklagte er sich gegen ihn beim Kaiser und riet zur Verhaftung der Prädikanten. Seebach erkannte also die Gefahr, die von Truber ausging, und bemühte sich, seine Entfernung aus Laibach zu erreichen. Daraufhin griff der Kaiser ein. Er befahl die Festnahme der Irrlehrer und die Einstellung der protestantischen Predigt. Aber jetzt zeigte es sich, wie sehr die Autorität des Landesherren geschwächt war. Die Landstände erhoben eine Gegenvorstellung, der Landeshauptmann setzte den Vollzug der kaiserlichen Befehle aus. Proteste und Verzögerung waren ja bewährte Mittel, mit denen die Neuerer ihre Bewegung vorangebracht hatten. Seebach leitete auf Befehl des Kaisers eine Untersuchung gegen Truber ein und verhörte ihn. Truber bekannte sich als Protestant (6. und 20. Dezember 1562). Die Landstände traten ihm kräftig zur Seite, beklagten beim Kaiser die Mißstände in der Kirche und bezichtigten den Bischof der Unzucht. Auf diese Weise suchten sie davon abzulenken, daß sie eine andere Religion als die katholische begründeten. Der Kaiser bemühte sich, dem Bischof zu Hilfe zu kommen, aber unter dem Schutz der Stände blieb der Agitator unbehelligt. Erzherzog Karl, dem Ferdinand Innerösterreich zur Regierung übertragen hatte, ging endlich tatkräftig gegen den Truber vor und wies ihn aus (1565). Der Protestantismus war damit keineswegs erledigt; er trachtete vielmehr danach, seine „Errungenschaften" zu behaupten. Die Initiative in dem Religionskampf lag in der Folgezeit entscheidend bei Erzherzog Karl. Seit 1569 ging dieser auf seinen Kammergütern gegen den Protestantismus vor. Aber immer wieder gab es Rückschläge.

V.

Conrad Adam Gluschitz (1571-1578)

Conrad Adam Gluschitz wurde von Erzherzog Karl für den Laibacher Bischofssitz vorgeschlagen und am 17. Oktober 1571 vom Papst eingesetzt. Er war als Pfarrer angeblich ein Eiferer für die Religion und ungemein fleißig in seinen geistlichen Verrichtungen. Er war beider Sprachen, des Deutschen und des Slowenischen, mächtig.

Conrad Adam Gluschitz war guten Willens, dem Abfall vom Glauben zu steuern. Er nahm den Kampf mit den lutherischen Patronen um die Besetzung der Benefizien auf. Auf Anweisung Erzherzog Karls erklärte er die von den Protestanten betriebene Entfremdung und Veräußerung des Kirchenvermögens für null und nichtig. Aber unter ihm schritt der Protestantismus weiter fort. Der Hauptgrund war die zweideutige, die Irrlehre begünstigende Haltung Kaiser Maximilians II. Seine Regierung lähmte in Innerösterreich jede katholische Initiative. Selbst Erzherzog Karl machte den Protestanten notgedrungen schwerwiegende Zugeständnisse. Die Religionspazifikation von Graz (1572) und das Brucker Libell (1578) verschafften auch den Krainer Protestanten Bekenntnis- und teilweise Kultusfreiheit, eine provisorische legale Existenz. Indes konnten die beiden Konzessionen nichts daran ändern, daß der Katholizismus erste Regungen neuer Kraft zeigte. Nach dem Tode Maximilians II. kündigte sich auch in der staatlichen Religionspolitik eine Wende an. Der Laibacher Bischof war bereit, an der Wiederherstellung des Glaubens mitzuwirken. Erzherzog Karl machte Gluschitz zum

Vorsitzenden einer Kommission, die in Görz gegen den Protestantismus vorging und die Gegenreformation einleitete. Die Visitation wurde zu einem großen Erfolg. Die Geistlichen und die Ordensleute wurden reformiert, viele Adelige wurden wieder für den katholischen Glauben gewonnen; niemand wanderte aus religiösen Gründen aus.

VI.

Balthasar Radlitz (1579)

Balthasar Radlitz wurde von Erzherzog Karl für den Laibacher Bischofssitz benannt. Am 15. Mai 1579 erhielt er die päpstliche Einsetzung. Er war gelehrt und beredt, so daß man ihn den krainischen Cicero nannte. Seine Regierungszeit war zu kurz, als daß er hätte eine Veränderung der Lage herbeiführen können.

VII.

Johann Tautscher (1580-1597)

Johann Tautscher wurde im Alter von 36 Jahren Bischof von Laibach; am 20. Mai 1580 erhielt er die päpstliche Einsetzung.

Tautscher war gut eingestellt und von Eifer für die heilige Religion erfüllt; er war gottesfürchtig und fromm. Tautscher arbeitete eng mit dem Grazer Nuntius Giovanni Andrea Caligari zusammen und war der vertraute Ratgeber Erzherzog Karls. Unter seiner Regierung erstarkte der Katholizismus in Österreich und gewann wieder Mut. Als Archidiakon zu Görz war er eifrig in der Verteidigung und Verbreitung der katholischen Religion. Als Visitator von Görz gewann er viele Adelige für den Glauben zurück, besserte die Sitten des Klerus und der Ordensleute. Allmählich kam die katholische Gegenbewegung gegen den Protestantismus auch in Krain in Gang. Die Bischöfe von Freising und Brixen betrieben die Rekatholisierung ihrer dortigen Besitzungen. Auch der Dompropst von Laibach, Kaspar Freidenschuß, trat energisch für die katholischen Belange ein. Im Jahre 1581 nahm Tautscher eine Visitation seiner Diözese vor. Seit 1584 weilte er im Dienste Erzherzog Karls in Graz. Er war über 16 Jahre Statthalter. Dieses Amt übte er mit höchster Klugheit und mit Erfolg aus. Trotz seiner Abwesenheit ließ er sich das Wohl seiner Diözese angelegen sein und wirkte für die Erneuerung des Klerus und für die Beseitigung der Häresie. Die Besserung der Geistlichen machte Fortschritte. Adel und Bürgertum hielten sich jedoch noch immer in starkem Maße zum Protestantismus. Politische Gründe veranlaßten Erzherzog Rainer, die Prädikanten zu dulden. Das Luthertum nahm in Krain immer noch zu. Doch 1588 führte Tautscher die Bewohner von Veldes zum Glauben zurück. In dem Bericht, den der Bischof 1589 in Rom Papst Sixtus V. erstattete, bemerkte er, er habe, am Hofe Erzherzog Karls weilend, sich durch seine Vikare und durch das Einwirken auf Karl um Bekämpfung der Häresie bemüht. Dadurch sei es gelungen, den Magistrat von Laibach wieder mit Katholiken zu besetzen. Dennoch mußte er einräumen, daß die Adligen und die wohlhabenden Bürger noch dem Luthertum anhingen und ihre Prediger hätten.

Erzherzog Karl starb 1590. Im Rahmen seiner Möglichkeiten hatte er sich um die Erhaltung und den Schutz des katholischen Glaubens redlich bemüht. In seinem Testament verpflichtete er seinen Nachfolger, nur die katholische Religion im Lande zu dulden, d. h. sich nicht an die von ihm gewährten Konzessionen gebunden zu halten. Dem Erzherzog Karl folgte für den minderjährigen Ferdinand der Erzherzog Ernst als Regent; diesen löste Erzherzog Max ab. Der Kampf um die Besetzung der Stellen ging weiter. Die Rekatholisierung machte langsam Fortschritte, die aber stets wieder bedroht waren. Auf den Landtagen setzten die Protestanten immer erneut ihre Vorstöße ins Werk, um die katholische Religion zu hindern und zu schädigen. Zwischen den Protestanten im steiermärkischen und im Krainer Landtag bestand enge Zusammenarbeit. Gleichzeitig bewogen sie protestantische Reichsfürsten zur Interzession bei dem Erzherzog. Mit der Volljährigkeit Erzherzog Ferdinands (1596) begann auch in Krain eine aktive katholische Religionspolitik. 1596 wurde das Kolleg der Jesuiten in Laibach eröffnet.

VIII.

Thomas Crön (1597-1630)

Bischof Tautscher bat auf dem Sterbebett den Erzherzog Ferdinand, Thomas Crön zu seinem Nachfolger zu nominieren, wenn er die katholische Religion in Krain sicherstellen wolle; offensichtlich war er von den Qualitäten desselben überzeugt. Crön war der Sohn eines protestantischen Vaters, wurde aber durch seinen Onkel katholisch erzogen. Er studierte die Rechte und (kurze Zeit) Theologie. Noch als Domdechant rief er die Jesuiten nach Laibach. Erzherzog Ferdinand II. benannte ihn 1597 zum Bischof in Laibach; am 29. März 1599 wurde er eingesetzt und bald danach konsekriert.

Crön war ein hochbegabter und zugleich willensstarker Mann. Von ihm gingen Kraft und Ermutigung aus. Sein Wahlspruch lautete: Terret labor, aspice praemium (Die Mühe schreckt; blicke auf den Lohn). Er entfaltete reiche Initiativen für den Wiederaufbau der katholischen Religion. Crön gilt als der Apostel von Krain, weil er den katholischen Glauben in seinem Bistum wieder zur Blüte führte.

Crön erneuerte in gleichem Zug das innerkirchliche Leben und betrieb die katholische Restitution. Zum erstenmal nach 37 Jahren wurde 1597 wieder das Fest des Landesschutzheiligen, des hl. Georg, feierlich in der Laibacher Schloßbergkapelle begangen. Die von Patronen protestantisierten Kirchen wurden zurückgefordert und wieder dem katholischen Gottesdienst übergeben. Die öffentlichen Ämter wurden mit Katholiken besetzt. Seit 1598 stand Crön der eifrige Joseph von Rabatta als Landesvicedom für Krain zur Seite.

Am 22. Oktober 1598 wies Erzherzog Ferdinand die protestantischen Prediger und Lehrer in Laibach aus Krain aus; sie hielten sich aber noch eine Zeitlang unter dem Schutz von Adligen im Lande. Am 1. November 1598 nahm Crön in feierlicher Weise wieder von der Laibacher Spitalkirche Besitz. Ferdinand schritt auf der einmal eingeschlagenen Bahn weiter voran. Crön unterhielt enge Verbindung zu der eifrigen Erzherzogin Maria. Ihrem vereinten Einfluß auf Erzherzog Ferdinand gelang es, alle Schritte der Protestanten bei dem Fürsten zunichte zu machen. Vor allem in der Frage der Ausweisung der Prädikanten, auf die Crön mit Nachdruck drang, gab der Fürst nicht nach. Das systematische Vorgehen der Regierung zeitigte Erfolge. Im Krainer Landtag traten die Geistlichen und die Städte jetzt als einheitlicher Block, mit Bischof Crön an der Spitze als ihrem energischen und gewandten Wortführer, auf. Noch waren sie in der Minderheit, aber sie wußten sich vom Glauben getragen und von der Regierung gestützt. Bei seinen Rekatholisierungsmaßnahmen offenbarte Crön persönlichen Mut und feste Entschlossenheit. Von seiten der Protestanten trafen ihn viele Anfechtungen. Aber er blieb fest. Im Jahre 1605 schrieb er, er werde aushalten, ,,meine Widersacher mögen auch anstellen, was sie wollen''. Und er fuhr fort: ,,Ich werde nichts meinem Fleisch und Blut zu Liebe wider Gott und mein Gewissen fürnehmen.''

Die entscheidende Aufgabe nach der Vertreibung der protestantischen Prediger und Lehrer war die Zurückgewinnung der einzelnen Protestanten. Am 22. Dezember 1600 trat die Religions-Reformations-Kommission nach dem Beispiel von Steiermark und Kärnten ins Leben. An ihrer Spitze entfaltete Crön eine unermüdliche Tätigkeit. Durch Predigten und Gespräche, durch Feier der hl. Messe und Spendung der Sakramente wirkte er rastlos an der Bekehrung der Irregeführten. Crön erschien überall selbst, um die Predigt zu halten, die Messe zu feiern, die Kommunion auszuteilen, dem Vespergottesdienst vorzustehen und den Segen zu spenden. Sein eiserner Wille brachte aus seinem Körper Höchstleistungen hervor. Es wird von ihm berichtet, daß er an manchen Tagen die bischöflichen Gewänder, die er am frühen Morgen angelegt hatte, erst am späten Abend ablegte und daß er Predigt, Hochamt, Spendung der Sakramente und Vesper hielt, ,,nüchtern bis zu deren Beendigung'' (Friedrich Hurter). Es kam vor, daß er an einem Tag über tausend Personen das Sakrament der Firmung spendete. Die häretischen Schriften wurden eingesammelt und verbrannt. Die Rückführung zum Glauben vollzog sich ohne einen Schwertstreich; wenige hartnäckige Häretiker wurden ausgewiesen. Crön konnte Papst Clemens VIII. mitteilen, in kurzer Zeit seien mehr als 40 000 Seelen dem Glauben zurückgewonnen worden. Am 21. Juni 1601 hielt Crön in Laibach die feierliche Fronleichnamsprozession.

Bei allen Maßnahmen, welche die Regierung auf Rat oder Antrag Bischof Cröns erließ, wie etwa den Mandaten vom 1. März 1601 und vom 12. September 1602, ist indes stets zu bedenken, daß sie nicht voll, nicht sogleich und nicht streng durchgeführt wurden. Es gab viel Konnivenz, Schlamperei und bewußte Sabotage. Deswegen war es ein großer Vorteil, daß Crön von 1614 bis 1620 als Statthalter des Landesfürsten in Innerösterreich an der Spitze der weltlichen Obrigkeit stand. Als solcher verfügte er über die Mittel des Staates. Crön benutzte seine einflußreiche Stellung dazu, die Rekatholisierung weiterzuführen. Am 22. Juli und 25. August 1616 konnte er dem Papst Paul V. einen imponierenden Rechenschaftsbericht über seine unermüdliche, konsequente Tätigkeit vorlegen. Darin führte er aus, daß er zweimal im Jahre Visitationen vornehme und sich dabei um Rückführung der Abgewichenen bemühe. Die seelsorgliche Nacharbeit nahm freilich noch längere Zeit in Anspruch. Vor allem Adlige, denen Crön nicht beikommen konnte, machten ihm Schwierigkeiten; mit ihnen gab es noch manche Gefechte. Aber Erzherzog Ferdinand blieb dank des Einflusses des Bischofs Stobaeus fest. Crön lebte lange genug, um zu erleben, wie auch die gefährlichste Bastion der Irrlehre geschleift wurde. Am 31. August 1628 wurde der Adel vor die bekannte Alternative gestellt. Als Crön 1630 starb, gab es wohl noch vereinzelt Protestanten im Lande. Aber die katholische Kirche war wiederhergestellt. „Er hat die strategisch wichtigste Position der Kirche gerettet" (August Dimitz).

Crön war auch ein großer Seelsorger. Unermüdlich wirkte er durch Synoden, Mandate und Visitationen für die innere Erneuerung seines Bistums. Seine Tätigkeit als Ordinator, Konsekrator und Firmspender war überaus reich. Am feierlichen Gottesdienst, am Schmuck der Kirche und an der Förderung der Klöster war ihm viel gelegen. Sein Gottvertrauen war so groß, daß er, der beinahe Mittellose, immer wieder hohe Summen für den Bau und den Schmuck von Kirchen sowie für die Einlösung verpfändeter Güter aufbrachte. Crön war auch der slowenischen Sprache mächtig und predigte in ihr. 1612 ließ er eine slowenische Übersetzung der Evangelien drucken.

3. Kapitel

Bistum Trient

Atz, Karl, Schatz, Adelgott, Der deutsche Anteil des Bistums Trient. Topographisch-historisch-statistisch und archäologisch beschrieben und herausgegeben, III: Bozen 1905; IV: Bozen 1907; V: Bozen 1910

Ausserer, Karl, Kardinal Bernhard von Cles und die Papstwahl des Jahres 1534: Mitteilungen des Instituts für österreichische Geschichtsforschung 35, 1914, 114-139

Bonelli, Benedictus, Notizie istorico-critiche intorno al B. M. Adelpreto vescovo, e comprotettore della chiesa di Trento, ed intorno ad altri vescovi della Germania, e dell' Italia a' tempi dello scisma di Federigo I. Imperatore, 2 Bde., 3. Bd. in 2 Tln., Trient 1760/65

Huter, Franz, Bernhard von Cles: NDB 2, 1955, 115f.

Jedin, Hubert, Christoph v. Madruzzo: NDB 3, 1957, 247f.

Posch, A., Madruzzo: LThK VI, 1934, 769-771

Rogger, I., Cles, Bernhard v.: LThK II, 2. Aufl. 1958, 1234

Rogger, I., Jedin, H., Trient: LThK X, 2. Aufl., 1965, 341-352

Zeißberg, Cles: ADB 4, 1876, 324f.

I.

Bernhard II. Clesius (1514-1539)

Bernhard Cles wurde am 12. Juni 1514, im Alter von kaum 29 Jahren und lediglich Subdiakon, zum Bischof von Trient gewählt. Am 25. September 1514 erhielt er die päpstliche Bestätigung. Am 8. September 1515 hielt er seine Primiz, am 10. Dezember 1515 empfing er die Bischofskonsekration. 1530, anläßlich der Krönung Karls V. zum Kaiser in Bologna, wurde Cles zum Kardinal erhoben. Nach dem Tode des Papstes Clemens VII. betrieben Pietro Paolo Vergerio und König Ferdinand I. eine Zeitlang den Plan, den Cles zu bestimmen, sich für die Papstwahl als Kandidat zur Verfügung zu stellen. Cles antwortete darauf am 19. August 1534, er wisse mit Sicherheit, daß er für dieses Amt unfähig sei. König Ferdinand begründete wenig später sein Eintreten für Cles mit dem Hinweis, dieser sei der geeignetste Mann, um die Häresien zu vernichten. Dieser aber erklärte sich am 5. September 1534 erneut als unwürdig. 1539 übernahm er zusätzlich die Administration der Diözese Brixen.

Bernhard Cles war ein begabter und gebildeter Mann. Seine philosophischen und rechtswissenschaftlichen Studien machte er in Verona und Bologna; er war Doktor der Rechte. Cles war eine charaktervolle Erscheinung. Er war höflich und doch zielbewußt, besaß Menschenkenntnis und wurde doch nicht zum Menschenverächter. Cles war auch ein geistlicher Mensch, der seinen Glauben kannte und praktizierte; er blieb in allem Trubel der Geschäfte fromm. Für Führungsaufgaben, wie sie einem Bischof obliegen, war Cles geeignet. Ihm waren Klugheit, Gerechtigkeit und Gewandtheit zu eigen. Er war ein tatkräftiger und unternehmender Mann. Karl Ausserer bescheinigt Cles „außerordentliche Tüchtigkeit", „entschiedene Tatkraft" und „zielbewußte politische Geschmeidigkeit".

Vor und nach seiner Ernennung zum Bischof war Cles in großem Umfang mit weltlichen Geschäften befaßt. Er war als Sekretär Kaiser Maximilians I., als Kanzler König Ferdinands I., als Gesandter Karls V. und als Statthalter Ober- und Vorderösterreichs überaus stark in der Politik engagiert, was seine Abwesenheit von Trient bedingte. Sein Wirkungskreis im Bistum war ihm zu klein, und er strebte nach größeren Ehren. Vor allem König Ferdinand überhäufte ihn mit Aufträgen wie mit Auszeichnungen. Er war oberster Kanzler und Präsident des geheimen Rates dieses Herrschers, der beinahe nichts ohne ihn tat. Cles benutzte seine Vertrauensstellung bei Ferdinand, um ihn in seiner Abwehrhaltung gegen den Protestantismus zu bestärken. 1534 beabsichtigte Cles, sich seiner staatlichen Ämter zu entledigen und sich in das Bistum Trient zurückzuziehen. Aber Papst, Kaiser und König drangen in ihn, um ihn von diesem Entschluß abzubringen. Nach einem kurzen Zwischenspiel reiste er tatsächlich von Wien ab.

Als Reichsfürst nahm Cles seine Verantwortung ernst. Den wichtigen Reichstagen von 1518, 1521, 1522-24, 1525, 1526, 1529, 1530 und 1532 wohnte er bei. Als Landesherr war Cles seinem Gebiet ein hervorragender Herrscher, der es äußerlich mehrte und innerlich festigte. Er war Humanist und Mäzen und förderte Wissenschaft und Kunst. Als Bauherr und Gesetzgeber erwarb er sich Verdienste um sein Land. Seine Ausgabenwirtschaft überforderte jedoch die Finanzen.

Cles war auch ein Bischof von Format. Er war um die Ordnung in seiner Diözese besorgt. Mehrfach hielt er eine Diözesansynode ab. 1515 verkündete er bei dieser Gelegenheit dem Klerus Synodalstatuten. 1538 erschienen die Constitutiones Synodales Episcopatus Tridentini im Druck. 1537 ließ er seine Diözese visitieren. Unter ihm suchte der Protestantismus in das Bistum einzudringen. Cles war von Anfang an sein entschiedener Gegner. Er begriff sogleich die Unentbehrlichkeit der Visitation für die Abwehr der Irrlehre; 1537/38 ließ er eine solche durchführen. In dem Kampf gegen den Protestantismus wankte und erlahmte er nicht. Hadrian VI. rühmte in dem Breve vom 20. März 1523 seinen Eifer beim Kampf gegen die Häresie. Es gelang ihm, sein Bistum im wesentlichen von der Verführung freizuhalten. Der italienische Teil des Bistums wurde von der Irrlehre kaum ergriffen. Bei seinem Kampf um kirchliche Erneuerung und Abwehr des Luthertums stand er in Verbindung mit Friedrich Nausea und Johannes Fabri. Zahlreiche Gelehrte, wie Johannes Eck, widmeten ihm ihre Schriften.

Cles war ein hochbegabter, weitschauender Bischof und Staatsmann. Im Dienste von Kirche und Staat rief er unermüdlich zur Abwehr der Feinde des christlichen Namens, der Türken, auf. Cles war auch einer der wenigen Bischöfe seiner Zeit, die strategisch zu denken verstanden. Wie sich aus einem Schreiben Aleanders vom 9. Oktober 1531 ergibt, schlug er ein Bündnis des Kaisers mit England und Frankreich vor, das gewiß unwiderstehlich gewesen wäre, das sich aber leider nicht verwirklichen ließ. Immer wieder drängte er auf die Abhaltung des Allgemeinen Konzils.

II.

Christoph I. von Madruzzo (1539-1567)

Christoph von Madruzzo wurde als Subdiakon am 5. August 1539 zum Bischof von Trient gewählt und erlangte am 10. oder 24. November 1539 die päpstliche Bestätigung. Im Jahre 1542 wurde er auch Koadjutor und 1543 Administrator des Bistums Brixen. 1545 bekam er die Würde eines Kardinals.

Christoph von Madruzzo war ein gebildeter Mann und vielseitig interessiert, ohne jedoch in die Tiefe zu dringen. Er war mehr Politiker als Seelenhirt. Die gründliche theologische Bildung ging ihm ab. Seine Studien hatte er in Bologna und Padua gemacht. Wie sein Vorgänger diente er den deutschen Kaisern. König Ferdinand I. und Kaiser Karl V. schenkten ihm ihr Vertrauen und übertrugen ihm wichtige diplomatische Missionen. Von 1555 bis 1558 war er Regent von Mailand. Zeitweise war er auch Legat und Gubernator der Mark Ancona. In den Konklaven vertrat er die Wünsche des spanischen Königs. Auf dem Konzil von Trient tat er sich als Vertrauensmann des Kaisers hervor. Für das Konzil betätigte er sich als Gastgeber. Die Kosten für diese Kirchenversammlung überstiegen bei weitem seine Einnahmen. Er war auf die Förderung seiner Familie bedacht und lebte auf großem Fuße, war aber auch freigebig. Sein Ehrgeiz verlangte nach Titeln und Positionen, jedoch das politische Fingerspitzengefühl, die staatsmännische Begabung und die Kraft des Regenten gingen ihm ab. Seit 1560 weilte er in Rom und nahm dort bis zu einem gewissen Grade Einfluß auf die deutschen Angelegenheiten.

Christoph von Madruzzo war dem katholischen Glauben aufrichtig ergeben. Aber es fehlte ihm eine gediegene theologische Ausbildung. Wegen seines mangelnden Unterscheidungsvermögens erkannte er die Tiefe der Kluft zwischen Katholiken und Protestanten lange Zeit nicht. Den Protestanten suchte er so weit wie möglich, vielleicht zu weit entgegenzukommen. Es läßt sich ja oft beobachten, daß Personen, deren eigene Position nicht gefährdet ist, zu Konzessionen an den Gegner geneigt sind. An seinem Eifer für die katholische Erneuerung besteht kein Zweifel, und er leitete sie in seinen beiden Diözesen ein. Aber er selbst war nicht die Verkörperung der katholischen Reform. Jedin sieht ihn als einen Mann zwischen zwei Zeiten an. Immerhin übte er sein bischöfliches Amt aus. Er nahm persönlich häufig Pontifikalfunktionen vor. 1567 verzichtete er auf das Bistum Trient zugunsten seines Neffen Ludwig, der schon seit langem sein Koadjutor gewesen war. Im selben Jahr unterzeichnete der Koadjutor Ludwig einen Vertrag mit Erzherzog Ferdinand, in dem er die Souveränität des letzteren als Grafen von Tirol über das Stift Trient anerkannte und auf den Titel eines Fürsten von Trient verzichtete.

III.

Ludwig von Madruzzo (1567-1600)

Ludwig von Madruzzo war der Neffe des Christoph von Madruzzo. 1548 oder 1549 wurde er zum Koadjutor seines Onkels cum futura successione bestimmt. Am 30. Mai 1550 trat er die Administration an. Am 14. November 1567 folgte er dem Onkel als Bischof von Trient nach. Seit dem 26. Februar 1561 war er Kardinal. 1573 wurde Ludwig Madruzzo Protector Germaniae; gleichzeitig war er Mitglied, zeitweilig Präfekt der Congregatio Germanica. Er wandte den deutschen Angelegenheiten seine Kraft und seine Fürsorge in hohem Maße zu.

Ludwig von Madruzzo machte seine Studien in Löwen und Paris. Er war in den Wissenschaften gebildet und ein guter Theologe. Gleichzeitig war er sehr sprachgewandt, wobei vor allem seiner Kenntnis (auch) der griechischen Sprache gedacht sei. Ludwig war rechtschaffen, fromm und weise, freigebig und beredt. Mit Karl Borromeo und

Philipp Neri war er freundschaftlich verbunden. Ludwig von Madruzzo war viel im Dienst des Reiches beschäftigt. Wie sein Onkel war auch er häufig in diplomatischen Sendungen für den Kaiser tätig. Philipp II. von Spanien schätzte ihn. Ebenso bediente sich der Heilige Stuhl seiner für wichtige Missionen. Auf den Reichstagen in Augsburg (1582) und Regensburg (1594) vertrat er gewandt und klug die katholischen Interessen. Ludwig war auf dem Konzil von Trient anwesend. Er nahm an sieben Konklaven teil. Bei fünf Papstwahlen übte er für Spanien die Exklusive aus. Ludwig setzte sich lebhaft für ein Bündnis aller Christen, also auch der Protestanten, gegen die Türken ein.

Ludwig von Madruzzo vernachlässigte über seinen zahlreichen Aufträgen sein Bistum nicht. Er war eifrig für die Erneuerung des Klerus tätig. Ihm gelang, was sein Vorgänger vergeblich versucht hatte, die Errichtung eines Priesterseminars. Viel geschah für die Verkündigung des Glaubens. 1583 ließ er das Römische Rituale drucken. Am 2. November 1596 setzte er sich auf der Provinzialsynode zu Aquileja für die Abschaffung der Riten ein, die vom römischen Ritus abwichen. Ludwig bediente sich der Mittel der Diözesansynode und der Visitation, um Volk und Klerus seines Bistums im Geist des Konzils von Trient zu erneuern. 1593 veröffentlichte er Diözesanstatuten, 1594 erschienen sie im Druck. Ludwig bekämpfte die protestantische Häresie mit Eifer. Der deutschsprechende Teil seiner Diözese blieb gefährdet durch deutsche Sendboten der Irrlehre.

2. Abschnitt

Kirchenprovinz Besançon

1. Kapitel

Bistum Basel

Birkner, Joachim, Augustinus Marius, Weihbischof von Freising, Basel und Würzburg (1485-1543). Ein Lebensbild (= Reformationsgeschichtliche Studien und Texte Heft 54), Münster i. W. 1930

Boner, G., Villiger, J. B., Basel: LThK II, 2. Aufl., 1958, 21-23

Brotschi, Wilhelm, Der Kampf Jakob Christoph Blarers von Wartensee um die religiöse Einheit im Fürstbistum Basel (1575-1608). Ein Beitrag zur Geschichte der katholischen Reform (= Studia Friburgensia N. F. 13), Freiburg/Schweiz 1956

Büchi, A., Basel: LThK II, 1931, 12-15

Büchi, A., Blarer, Jakob Christoph: LThK II, 1931, 389

Bücking, Jürgen, Johann Rasser (ca. 1535-1594) und die Gegenreformation im Oberelsaß (= Reformationsgeschichtliche Studien und Texte Heft 101), Münster/Westf. 1970

Burckhardt, Jacob, Die Gegenreformation in den ehemaligen Vogteien Zwingen, Pfeffingen und Birseck des untern Bisthums Basel am Ende des sechszehnten Jahrhunderts. Aus den Akten dargestellt, Basel 1855

Bury, Benedikt, Geschichte des Bistums Basel und seiner Bischöfe, Solothurn 1927

Chèvre, A., Blarer, Jakob Christoph: LThK II, 2. Aufl., 1958, 524

Dürr, Emil, Roth, Paul (Hrsg.), Aktensammlung zur Geschichte der Basler Reformation in den Jahren 1519 bis Anfang 1534, 6 Bde., Basel 1921-1950

Dr. Johann Fabri, Generalvikar von Konstanz, Malleus in haeresim Lutheranam (1524). Hrsg. von Anton Naegele. 2. Halbband. Nach dem Tode des Herausgebers zum Teil ergänzt von Friedrich Heyer (= Corpus Catholicorum 25/26), Münster i. W. 1952

Feger, Otto, Jakob Christoph Blarer: NDB 2, 1955, 289

Foerster, Hans, 100 Jahre bischöflich-basler Bündnispolitik. Von den Bündnisverhandlungen Melchiors von Lichtenfels mit den katholischen Eidgenossen bis zum Beitritt Johann Konrads von Roggenbach zur Rheinischen Allianz (1556-1664): Basler Zeitschrift für Geschichte und Altertumskunde 43, 1944, 35-89

Folletête, Eugène, Les tentatives de la Réforme à Porrentruy, au XVIme siècle: Zeitschrift für Schweizerische Kirchengeschichte 30, 1936, 25-36

Gauß, Karl, Die Gegenreformation im baslerisch-bischöflichen Laufen: Basler Jahrbuch 1918, Basel o.J., 31-75; 1919, Basel o.J., 91-154

Hartmann, Alfred, Christoph von Utenheim: NDB 3, 1957, 243

Herzog, J. J., Christoph von Utenheim, Bischof von Basel zur Zeit der Reformation, in: Beiträge zur Geschichte Basels, hrsg. von der historischen Gesellschaft zu Basel, Basel 1839, 33-93

Kalkoff, Paul, Die Vermittlungspolitik des Erasmus und sein Anteil an den Flugschriften der ersten Reformationszeit: Archiv für Reformationsgeschichte 1, 1903/04, 1-83

Mayer, Johann Georg, Das Konzil von Trient und die Gegenreformation in der Schweiz, 2 Bde., Stans 1901/03

Müller, E. F. J., Utenheim: LThK X, 1938, 463

Thomas Murner im Schweizer Glaubenskampf. Hrsg. von Wolfgang Pfeiffer-Belli (= Corpus Catholicorum 22), Münster i. W. 1939

Roth, Paul, Die Reformation in Basel. 1. Teil: Die Vorbereitungsjahre (1525-1528). 114. Neujahrsblatt. Hrsg. von der Gesellschaft zur Beförderung des Guten und Gemeinnützigen 1936, Basel o. J.

Roth, Paul, Durchbruch und Festsetzung der Reformation in Basel. Eine Darstellung der Politik der Stadt Basel im Jahre 1529 auf Grund der öffentlichen Akten (= Basler Beiträge zur Geschichtswissenschaft Bd. 8), Basel 1942

Schmidlin, Constantin, Das Jahrhundert der politisch-religiösen Umwälzungen in den deutschen Vogteien des ehemaligen Fürstbisthums Basel: Zwingen, Pfeffingen und Birseck. 1502-1608. I. Abt.: Abfall von der katholischen Kirche, Laufen 1908-1910

Schmidlin, Constantin, Das Jahrhundert der politisch-religiösen Umwälzungen in den deutschen Vogteien des ehemaligen Fürstbisthums Basel: Zwingen, Pfeffingen und Birseck. 1502-1608. II. Abt.: Rückkehr zur katholischen Kirche. Jakob Christoph von Blarer von Wartensee. Fürstbischof von Basel 1575-1608. Denkschrift zu dessen dreihundertsten Todestag, Laufen 1908-1910

Schmidlin, Josef, Die katholische Restauration im Elsaß am Vorabend des dreißigjährigen Krieges, Freiburg i. Br. 1934

Schwegler, Theodor, Geschichte der katholischen Kirche der Schweiz von den Anfängen bis auf die Gegenwart (= Einsiedler Schriften Sonderband), Schlieren-Zürich 1935

Staehelin, Ernst, Die Reformation in Stadt und Landschaft Basel. Zu ihrem vierhundertjährigen Jubiläum erzählt, Basel 1929

Steffens, Franz, Reinhardt, Heinrich (Bearb.), Die Nuntiatur von Giovanni Francesco Bonhomini 1579-1581. Documente, 3 Bde. (= Nuntiaturberichte aus der Schweiz seit dem Concil von Trient nebst ergänzenden Aktenstücken 1. Abt.), Solothurn 1906-1929

Tschackert, P., Utenheim: ADB 39, 1895, 409f.

Vautrey, L., Histoire des Évêques de Bâle, 4 Bde., Einsiedeln, New York, Cincinnati, St. Louis 1884-1886

Vermeulen, Adeodatus, Der Augustiner Konrad Treger. Die Jahre seines Provinzialates (1518-1542). Theol. Diss. Freiburg/Schweiz, Rom 1962

Villiger, J. B., Utenheim: LThK X, 2. Aufl., 1965, 584f.

Wackernagel, Rudolf, Geschichte der Stadt Basel, 2 Bde., Basel 1907-1916

I.

Christoph von Utenheim (1502-1527)

Christoph von Utenheim war ein gebildeter, ja gelehrter Mann; er war Theologe und Kanonist. Er hatte in Basel und Erfurt studiert. Aufgrund der am 1. Dezember 1502 erfolgten Wahl durch das Kapitel erlangte er am 8. März 1503 die päpstliche Bestätigung. Am 28. Mai 1504 empfing er die Bischofskonsekration. Er übte sein geistliches Amt persönlich aus. Er war ein guter Verwalter, der die Schuldenlast, die auf dem Bistum lag, abzutragen bemüht war. 1519 erhielt er in der Person des Nikolaus von Diesbach einen Koadjutor mit dem Recht der Nachfolge. Sein Weihbischof war Telamonius Limperger. Christoph war fromm, im geistlichen Leben erfahren und sittlich einwandfrei;

aber er war auch zaudernd, schwach und den Regierungsaufgaben eines Bischofs in sturmbewegter Zeit nicht gewachsen.

Christoph von Utenheim sah die Schwächen und Schäden des kirchlichen Lebens in seiner Diözese. Bereits im Jahre 1503 suchte er den seiner Aufgabe nicht nachkommenden Teil des Klerus zu Ordnung und Pflichterfüllung zu bringen. Zu Beginn seiner Regierung hielt er eine Diözesansynode ab. Am 24. Oktober 1503 eröffnete er die Synode mit einer ergreifenden, heute noch lesenswerten Rede, in der er dem Klerus ins Gewissen redete. Die dort beschlossenen heilsamen Reformmaßnahmen kamen aber nicht zur Ausführung, weil der Stadtrat von Basel die reformunwilligen Geistlichen schützte. Draußen im Lande war es nicht anders. In den Gebieten, die unter österreichischer Herrschaft standen, waren es die Adligen, in dem zur Eidgenossenschaft gehörenden Territorium die dortigen Herren, welche den sittenlosen Klerus deckten. Christoph war auch in den folgenden Jahren nicht untätig, was den Erlaß von Verordnungen betrifft. Aber ihr Nutzen war gering. Schon die Vielzahl der Mandate, die er in den ersten Jahren seiner Regierung erließ, vereitelte den Erfolg. Hätte er wenige, grundlegende Reformen in Angriff genommen und standhaft durchgeführt, wäre vermutlich mehr erreicht worden.

Als die sogenannte Reformation ausbrach, traf sie in Basel auf einen Oberhirten, der nur als bedingt einsatzfähig gelten konnte. Der Bischof war alt und kränklich, von Gichtanfällen geplagt und dadurch in seiner Handlungsfähigkeit gelähmt. Über die Tragweite der protestantischen Bewegung war er sich lange Zeit nicht klar. Am Anfang begrüßte er das Auftreten Luthers und erfreute sich an seinen Schriften. Dementsprechend schritt er auch nicht gegen die Verbreitung der lutherischen Aufstellungen ein. Er ließ zu, daß Irrlehrer ihre Saat in Stadt und Diözese Basel ausstreuten, ohne einzugreifen. Den zum Luthertum neigenden Weihbischof Limperger hielt Christoph zum Ärger der Katholiken in seiner Stellung. Als Wilhelm Röblin, Pfarrer von St. Alban in Basel, die üblichen protestantischen Falschlehren vortrug, wagte er nichts gegen ihn zu unternehmen; aber der Rat, den er anging, reagierte alsbald und wies den Irrlehrer aus (1521). Erst als es zu spät war, kam er zu der Erkenntnis, was es mit dem Protestantismus auf sich hatte, und zog sich enttäuscht zurück. Seit 1523 war er sicher ein Gegner der sogenannten Reformatoren. Es fehlte ihm eine Eigenschaft, die führende Persönlichkeiten haben sollten: die Menschenkenntnis. Zuviel gab er auf das Urteil des mit ihm befreundeten Erasmus von Rotterdam. Dieser aber meinte lange Zeit, eine umworbene Mittelstellung zwischen den Parteien einnehmen zu sollen. Seine Unentschiedenheit, Zweideutigkeit, Kampfesscheu und Eitelkeit haben der Kirche großen Schaden zugefügt. Hätte er den Mut zu einem offenen Bekenntnis und zu klarer Stellungnahme aufgebracht, wäre die Entwicklung in Basel möglicherweise anders verlaufen.

In Basel bestanden günstige Voraussetzungen für die Parolen, die von den sogenannten Reformatoren ausgingen. Das Verhältnis zwischen Bischof und Stadt war seit langem durch den Streit um die weltlichen Herrschaftsrechte des Oberhirten belastet. Die Stadt wollte sich vom Bischof emanzipieren und an seinem Territorium bereichern. Der

Rat stellte sich schon 1523 auf protestantischen Boden, indem er das Schriftprinzip proklamierte. Viele Bürger und Bewohner von Basel versprachen sich Lockerung der Bande und materiellen Gewinn von der Empörung gegen die Kirche. Wie Luther verdankte auch Zwingli einen beträchtlichen Teil seines Erfolges politischer Agitation und wirtschaftlicher Berechnung. Die Handwerker waren die eifrigsten Anhänger des Protestantismus, und zwar aus ökonomischen Gründen. Sie wollten die Konkurrenz der Klöster im Gewerbebetrieb ausschalten. Die Buchdrucker der Stadt machten durch den Druck der verführerischen Schriften Luthers und Zwinglis ein glänzendes Geschäft.

Christoph von Utenheim gedachte der Glaubensneuerung dadurch zu wehren, daß er Humanisten an das Münster und an die Universität berief. Doch dieses Mittel versagte. Denn unter ihnen waren die eifrigsten Parteigänger des Protestantismus. Es sei nur an Männer wie Wolfgang Capito und Konrad Pellikan erinnert. Seit 1519 agitierte auch der Franziskaner Johann Lüthard für die Irrlehre. Besonders verhängnisvoll war das Wirken des Ökolampad. Er wurde zum Pönitentiar am Münster in Basel berufen. Ein halbes Jahr später ging er als Domprediger nach Augsburg. Als seine Stellung dort unhaltbar geworden war, flüchtete er und erschien am 17. November 1522 wieder in Basel. In St. Martin eröffnete er seine antikatholische Agitation. 1523 zwang der Stadtrat der Universität den Ökolampad und den Pellikan als Professoren auf und setzte katholische Professoren ab. Ökolampad führte die Glaubensneuerung maßgeblich in der Stadt ein, und diese breitete sich im Bistum aus. 1525 traten die Bürger von Laufen mit Basel ins Burgrecht, was späteren Bischöfen noch schwere Sorgen bereiten sollte. Der Augustiner Telamonius Limperger, seit 1498 Weihbischof von Basel und Domprediger daselbst, fiel vom Glauben ab und gab so der ganzen Diözese ein beschämendes Beispiel. Zu der Badener Disputation (21.5.-8.6.1526) entsandte Christoph wie die Bischöfe von Konstanz, Lausanne und Chur Vertreter. Die Mehrheit der Anwesenden bekannte sich zum katholischen Glauben. Neun Kantone beschlossen, daran festzuhalten. Da die Einnahmen ausblieben, lebte der Bischof von geliehenen Geldern; bei seinem Tode hinterließ er eine ungeheure Schuldenlast. Christoph brach angesichts der von allen Seiten ihm zuströmenden Hiobsbotschaften seelisch zusammen. Der Aufenthalt in Basel war ihm verleidet; er begab sich nach Pruntrut. Am 13. Februar 1527 bekundete er seinen Verzicht auf die Diözese. Auch der bischöfliche Koadjutor, Nikolaus von Diesbach, war des Streites müde und trat am 21. Februar 1527 zurück.

II.

Philipp von Gundelsheim (1527-1553)

Der zunächst zum Bischof gewählte alte und kranke Johann Rudolf von Hallweil starb vor der Bestätigung und der Besitzergreifung. Das Kapitel verfiel dann auf den Philipp von Gundelsheim. Als er am 28. Februar 1527 in Delsberg zum Bischof gewählt wurde, war er noch Minorist. Erst nach seinem Einzug in Basel ließ er sich die höheren Weihen spenden. Am 21. August 1527 erfolgte die Bestätigung der Wahl durch den Papst. Philipp war kein glühender Verteidiger des Glaubens, sondern irdisch gesinnt. An den weltlichen Angelegenheiten war ihm mehr als an den geistlichen gelegen. Er ritt am 23. September 1527 mit etwa 40 Pferden in die Stadt Basel ein, die sich immer mehr der Religionsneuerung zuneigte. Sein Versuch, mit der Stadt zu einem Ausgleich zu kommen und die katholische Religionsübung zu erhalten, scheiterte. Es war ihm nicht möglich, der Abfallbewegung Herr zu werden, obwohl nicht wenige Bürger und Professoren der Universität treu am Glauben festhielten. Der Rat von Basel erließ am 23. September 1527 ein Mandat, das Geistlichen und Laien mit gewissen Einschränkungen das religiöse Verhalten freigab.

Ab 6. Januar 1528 wurde in Bern, dem Verbot des Kaisers zuwider, eine Disputation gehalten, die nach der Absicht ihrer Veranstalter den Zweck hatte, die Überlegenheit des Protestantismus über die katholische Religion vor aller Augen zu erweisen, um danach mit dem Schein der Berechtigung die Herrschaft der neuen Lehre aufzurichten. Philipp von Gundelsheim beantwortete die Einladung zu der Berner Disputation am 1. Januar 1528 mit der Aufforderung, die Entscheidung über strittige Fragen dem Allgemeinen Konzil zu überlassen. Er wies darauf hin, daß des Disputierens kein Ende sein werde und daß das Ergebnis einer jeden Disputation möglicherweise ein anderes sei. Die Berner Disputation hatte tatsächlich das von den Protestanten erwartete Resultat: Bern unterdrückte die katholische Religion.

Ökolampad drängte den Rat von Basel, seiner Partei Alleinberechtigung zuzusprechen und den katholischen Glauben zu vernichten. Aber der Rat ließ sich dazu anfangs nicht herbei. Da entfesselte die Masse am 10. und 13. April 1528 einen Bildersturm. Der Rat wich nun zurück. Am 15. April 1528 erging ein Mandat, das die Beseitigung der Bilder in fünf Kirchen gebot. Der Bischof versuchte mit Beschwerden, die er an den Stadtrat von Basel richtete, das Unrecht abzustellen, aber ohne Erfolg. Die katholische Minderheit wehrte sich eine Zeitlang tapfer gegen die rücksichtslose und übermächtige Mehrheit der Protestanten. Der Domprediger Augustinus Marius verteidigte den katholischen Glauben mit Feuer und Schärfe. Gegenüber dem Druck des Rates und dem Terror der Zünfte vermochten sich die Katholiken jedoch auf die Dauer nicht zu behaupten. Ihre führenden Leute waren unsicher, müde und resigniert, nutzten die Positionen, über die sie noch verfügten, nicht aus und waren schon gar nicht imstande, aus der Verteidigung zum Angriff überzugehen. Am 23. Dezember 1528 verlangte die Mehrheit der Zünfte die Abschaffung der Messe, d.h. das Verbot der katholischen Religionsübung. Als der Rat zögerte, nahmen die Neuerer gegen ihn eine drohende Haltung ein. Am 8. und 9. Februar 1529 tobte der Aufruhr einer entfesselten Menge; die Kirchen wurden gestürmt und verwüstet, Geistliche mißhandelt. Ökolampad zeigte sich beglückt über diesen Vandalismus. Am 1. April 1529 erließ der Rat die „Reformationsordnung". Die katholische Religion wurde beseitigt, ihre Ausübung unter Strafe gestellt. Aber die Begeisterung für die neue Lehre war weder allgemein noch anhaltend.

So halfen die Verkünder des ,,Evangeliums" der Freiheit mit Druck nach. Erst wurde der Zwang, den Predigten der Prädikanten beizuwohnen, eingeführt, danach die Nötigung, am protestantischen Abendmahl teilzunehmen. Von Religions- und Gewissensfreiheit hielten die Anhänger des ,,reinen Evangeliums" nichts. Im Dezember 1530 bedrohte der Stadtrat jene mit Strafe, die außerhalb der Stadt die Messe besuchten oder bei sich zu Hause die Messe zelebrierten. Basel ist ein besonders eindrucksvolles Beispiel dafür, wie die Besten unter den Bürgern am katholischen Glauben festhielten und lediglich Gewalt und Intoleranz den Sieg der neuen Lehre heraufführten. Von Basel beeinflußt, fielen auch andere Orte zum Protestantismus ab, so eine Reihe von Gemeinden der Landschaft und die Landesteile Biel, Erguel, Tessenberg und Münstertal. Philipp von Gundelsheim mußte dem Sieg der sogenannten Reformation in seinem Bistum ohnmächtig zusehen. Er konnte in seiner Bischofsstadt nicht mehr residieren. 1528 mußte er aus Basel weichen und ließ sich in Pruntrut nieder, das zu der Diözese Besançon gehörte. Das Domkapitel floh zuerst nach Neuenburg a. Rh., dann nach Freiburg. Das Diözesangericht wurde nach Altkirch i. E. verlegt. Der Bischof lebte nun außerhalb seiner Diözese, allein und ohne sein Kapitel, beinahe ohne Einkünfte. Unaufhörlich machte er Eingaben an die Reichstage, wo sie zu den Akten genommen wurden; niemand kam ihm zu Hilfe. Der Abfall ergriff auch die Teile seiner Diözese, über die er als Landesherr regierte, so Laufen, Zwingen, das Birseck, Biel, das Tal Saint-Imier und das Erguel. Philipp von Gundelsheim suchte die treu gebliebenen Geistlichen und Laien vor dem protestantischen Druck zu schützen, aber im Schutze Berns und Basels gehorchte ihm niemand mehr.

Bis zu seinem Wegzug war der betagte Erasmus von Rotterdam, nicht der Bischof, ,,die stärkste geistige Stütze des alten Lagers" (Roth). Die sogenannte Reformation war für ihn jetzt eine falsch behandelte und zum Schlimmeren fortschreitende Sache (res sinistre tractata in peius cessura). Ihre Ablehnung begründete er freilich zu keinem Zeitpunkt an erster Stelle mit ihren falschen dogmatischen Aufstellungen, sondern hauptsächlich mit der enttäuschenden Wirklichkeit. An der Lehre war ihm wenig gelegen; er dachte ja selbst in mancher Hinsicht nicht korrekt katholisch. Die Beweggründe für den Zulauf zu dem neuen ,,Evangelium" setzte Erasmus sehr niedrig an. In der Predigt von der ,,evangelischen Freiheit" sah er den Köder, mit dem die Menge für die protestantische Lehre gewonnen wurde. Das Schriftprinzip diente nach seiner Beobachtung dazu, das abzuwerfen, was einem mißfiel. Die Ereignisse im Winter 1528/29 wurden von Erasmus, der sie miterlebte, als Bestätigung seiner Ansicht angesehen, daß die protestantische Bewegung zum Aufruhr führe und zur Anwendung von Gewalt neige. Er erkannte auch, daß die Prädikanten von der Masse abhängig wurden, die sie emporgetragen hatte. Scharf geißelte er den Haß und die Intoleranz der Protestanten.

Die Spannungen zwischen Katholiken und Protestanten entluden sich zuerst in der Schweiz in blutigen Auseinandersetzungen. Der siegreiche Ausgang des zweiten Kappeler Krieges sicherte die katholischen Kantone in ihrem Besitzstand. Eine Woge katholischen Selbstbewußtseins ging jetzt durch die Schweiz, die viele Einzelpersonen zum

Glauben zurückführte. Eine Rückgewinnung des verlorenen Terrains setzte jedoch nicht ein. Der Erfolg wurde nicht ausgenützt.

III.

Melchior von Lichtenfels (1554-1575)

Nach dem Tode Philipps blieb der Baseler Bischofsstuhl über ein Jahr unbesetzt. Erst am 8. Oktober 1554 wurde Melchior von Lichtenfels gewählt. Am 4. Dezember 1554 bestätigte ihn Paul IV. Am 2. Oktober 1559 empfing er die Bischofsweihe.

Melchior von Lichtenfels kämpfte vor allem um die Wiedergewinnung der geraubten Rechte des Bistums. Dieses Bemühen war verständlich. Denn ohne Besitz fehlte es an Finanzmitteln, und ohne Geld ließ sich keine politische und militärische Macht ausbauen, die nun einmal für die Selbstbehauptung des Katholizismus unentbehrlich war. In der ganzen Zeit seiner Regierung befand sich Melchior in bedrängter finanzieller Lage. Seine Klagen auf den Reichstagen um Hilfeleistung stießen auf taube Ohren. Ein Brand vernichtete einen großen Teil der Urkunden, auf die sich die Rechte und Ansprüche des Bischofs stützten. Melchior vernachlässigte die Verwaltung nicht. Am Trienter Konzil nahm er persönlich nicht teil, ließ sich aber durch seinen Weihbischof Georg Hohenwarter vertreten; er wohnte den vier letzten Sitzungen des Konzils (1563) bei. Der Verfall im Stift nahm zu. Die Untertanen waren ungehorsam und strebten nach Anschluß an Basel und Bern. Unter der Regierung Melchiors mehrten sich die fatalen Bürgerrechtsbündnisse, die der Hoheit des Landesherren Eintrag taten und seinem Nachfolger noch schwere Sorgen bereiten sollten. Der Bischof ließ ihre Eingehung widerwillig geschehen und erhielt dafür von den Baslern ein zinsloses Darlehen. Die Ohnmacht Melchiors war bedrückend. Wie sein Vorgänger brachte er unaufhörlich Klagen bei den Reichstagen vor, aber Kaiser und Reich zeigten sich unfähig, dem bedrängten Bischof zu Hilfe zu kommen. Das Bündnis, das Melchior mit den sieben katholischen Orten anzielte, kam nicht zustande. Der Protestantismus machte unter seiner Regierung weitere Eroberungen; das Bistum war dem Untergang nahe. Am 1. Mai 1559 schloß der Bischof mit Basel einen Vertrag, wonach ein jeder Partner die Angehörigen des anderen bei ihrer Religion belassen solle. Es gab damals noch Katholiken in Basel. Im Kloster der Kartäuser starb der letzte Mönch im Jahre 1564. Die Untertanen des Bischofs waren zum größten Teil der neuen Lehre zugetan. Die Herrschaften und Vogteien Biel, Neuenstadt, Tessenberg, Ilfingen, Erguel, Pfeffingen und Zwingen waren gänzlich, die Propstei Münster und das Birseck zum überwiegenden Teil protestantisch. Nur St. Ursitz, Delsberg und Bellelay waren noch katholisch. Seit 1564 machten sich die protestantischen Regungen auch in Pruntrut immer mehr bemerkbar. Farel gründete in der bischöflichen Residenzstadt eine Gemeinde. Als Melchior starb, besaß sie bereits die Mehrheit im Stadtrat. Doch wurden 1571 die Trienter Dekrete in Pruntrut verkündet.

IV.

Christoph Blarer von Wartensee (1575-1608)

Das in Delsberg zusammengekommene Domkapitel wählte am 22. Juni 1575 Jakob Christoph Blarer von Wartensee zum neuen Bischof von Basel. Am 4. Mai 1576 erlangte er die päpstliche Bestätigung. In Blarer wurde der Diözese Basel der Bischof geschenkt, der ihr Retter wurde. Er hatte in Freiburg/Breisgau studiert. Ihm waren Gelehrsamkeit und Frömmigkeit in gleicher Weise eigen; er war tiefgläubig und übte u. a. das nächtliche Gebet. Blarer war von asketischer Lebensart und heiligmäßigem Wandel; er lebte in apostolischer Einfachheit. Gleichzeitig war er freundlich, leutselig und liebenswürdig. Blarer war weiter gerecht und gütig sowie frei von Selbstüberschätzung. Er verstand es, sich tüchtige Mitarbeiter heranzuziehen, so den Hilfsbischof Franz Beer, den Generalvikar Gantersheimer und den Kanzler Schmidlin. Blarer war sehr rührig und erwarb sich mit seinem Eifer bei den Gutgesinnten Ansehen und Gefolgschaft. Er war ein Freund der Ordnung und des Rechtes. Auf einen planvollen Geschäftsbetrieb legte er großes Gewicht. Die aus seiner Kanzlei ausgehenden Schreiben ragen durch Klarheit und Knappheit hervor. Die wichtigen Dokumente entwarf und diktierte er selbst. Was aber vor allem zählte, war, daß Blarer „ein Mann des Mutes und der Kraft" (Benedikt Bury) war; denn diese Eigenschaften waren im Zeitalter des Glaubenskampfes besonders gefragt. Aus dem Bericht des Bartolommeo Portia vom 14. Februar 1576 ergibt sich, daß der Nuntius in ihm eine der seltenen außerordentlichen Persönlichkeiten sah (farà ... riuscita sopra il corso ordinario di Germania). Blarer war wahrlich „der Mann der göttlichen Vorsehung" (Constantin Schmidlin).

Blarer trat die Regierung des Bistums unter ungünstigen Verhältnissen an. Ein großer Teil der Gläubigen war abgefallen, und noch immer war die Bewegung nicht zum Stillstand gekommen. Sogar in Pruntrut forderten die Protestanten freie Religionsübung. Blarer ließ sich von den schlimmen Zuständen nicht entmutigen, sondern machte sich, allen Widerständen zum Trotz, ans Werk. Er wußte, daß von dem Beispiel des ersten Priesters eines Bistums zum erheblichen Teil die Haltung des übrigen Klerus abhängt. So zeigte er sich als energischer und rastlos tätiger Hirt seiner Diözese. Persönlich predigte er unter den Protestanten und führte viele zum Glauben zurück. Er verkündete die Beschlüsse des Trienter Konzils und war eifrig auf ihre Durchführung bedacht. Im Jahre 1581 hielt er zu Delsberg eine Diözesansynode ab. Mehr als 200 Priester waren um ihren Oberhirten versammelt. Blarer rief sie auf, vom Schlafe aufzustehen und allen Unordnungen im eigenen Leben ein Ende zu machen. Die 1583 im Druck erschienen Synodalstatuten sind ein glänzendes Zeugnis der von Blarer begonnenen katholischen Reform. Die gottesdienstlichen Bücher der Kirche ließ er neu herausgeben; 1584/5 erschienen das Brevier, das Martyrologium und das Direktorium, 1595 das Rituale für Basel im Druck. Blarer berief die Kapuziner und die Jesuiten in seinen Sprengel; 1591 stiftete er in Pruntrut, seiner Residenzstadt, ein Jesuitenkolleg. Das Kolleg lieferte 200

Jahre lang dem Bistum und dem Land vorzüglich ausgebildete Priester und Männer anderer Berufe. 1607 eröffnete er in Pruntrut ein Priesterseminar, das aber nach seinem Tode wieder einging. Blarer erkannte auch die Bedeutung der Druckerpresse für die Erhaltung des Glaubens; 1592 schuf er eine Druckerei. Blarer erneuerte den Klerus und das Volk. Die Priester rief er zu einem geistlichen Wandel auf. Zur Weihe wurde nur zugelassen, wessen Eignung geprüft worden war. Die Visitation ließ er abhalten, Missionen durch die Jesuiten durchführen.

Blarer bemühte sich sowohl um die Rekatholisierung seines Bistums als auch um die Wiedergewinnung der entrissenen Herrschaftsrechte; beides war damals ja eng verbunden. Seinem Hochstift war er ein fürsorglicher Regent, der auf die Hebung der Wirtschaft bedacht war. Im Delsberger Tal errichtete er Hochöfen. Die finanzielle Schwäche des Hochstiftes legte sich hemmend über manche Vorhaben des Bischofs. Blarer erkannte sofort, daß das Haupthindernis für die Rückführung der Untertanen des Stiftes das Burgrecht war, in dem viele von ihnen mit Basel und Bern standen. Er hatte das Ziel, die Burgrechte, die seine Untertanen mit den (protestantischen) Nachbarn abgeschlossen hatten, aufzuheben und die Rechte des Hochstiftes gegenüber Basel wiederherzustellen. Aus dem bischöflichen Archiv suchte er alle Dokumente zusammen, die auf Rechte des Bischofs und des Kapitels Bezug hatten. Blarer ging seinen Weg unbeirrt, ließ sich aber nicht zu übereilten Schritten hinreißen.

Schon gleich zu Beginn seiner Regierung sah Blarer ein, daß zum Recht die Macht treten muß und daß er ein Bündnis mit den sieben katholischen Orten der Eidgenossenschaft eingehen mußte, wenn er das Hochstift aus seiner verzweifelten Lage retten wollte. Am 28. September 1579 wurde in Luzern das Bündnis geschlossen, am 12. Januar 1580 in Pruntrut beschworen. Auf diese Weise gewann er Schutz gegen Bern, Basel, Zürich und Schaffhausen, die bei der Protestantisierung der Untertanen des Stiftes Hilfestellung geleistet hatten. Auch später bemühte sich Blarer immer wieder darum, politisch gedeckt zu sein, bevor er an die Rekatholisierung ging.

Ende September 1579 wurden sich Blarer und der Nuntius Bonhomini einig, daß der Bischof seine Stiftsbewohner zur Annahme der katholischen Religion anhalten solle. Blarer betrieb die Wiederherstellung des Glaubens aus Hirtensorge und aus Verantwortung für seine Untertanen. Er ging dabei gewöhnlich schrittweise vor. Zunächst forderte er Parität, stellte er also den katholischen Glauben neben die protestantische Lehre. Wenn die Religion feste Wurzel bei einem Teil der Bevölkerung gefaßt hatte, hielt er sie kraft seines Rechtes als Landesherr zur Gänze an, den Glauben wieder anzunehmen. In Pruntrut ging er energisch gegen den Protestantismus vor. Hier kehrten trotz Unterstützung Basels und Berns 1581 die meisten Protestanten zur Kirche zurück. In Arlesheim führte Blarer am 28. Oktober 1581 durch Messe und Predigt die katholische Religion wieder ein. Das Domkapitel geriet in Furcht wegen des gewagten Vorgehens des Bischofs und empfahl ihm Zurückhaltung. Aber Blarer ließ sich nicht beirren. Am 2. Februar 1582 wiederholte er sein Vorgehen in Pfeffingen. Am 18. Februar 1582 erschien er in Laufen, predigte und hielt die Messe, der aber die zahlreich erschienenen

Bürger nicht beiwohnten. Die Stadt Basel steifte den Laufener Protestanten den Nacken. Aber Blarer war auf der Hut. In jahrelanger Arbeit ließ er, wie erwähnt, das Diözesanarchiv durchforschen, um, gegründet auf Urkunden, die unrechtmäßig entzogenen Rechte des Stiftes gegen Basel wieder geltend zu machen. In dieser Zeit fanden sich viele verloren geglaubte Urkunden wieder, welche die Rechte des Bischofs in Laufen und anderswo deutlich untermauerten. Auf Vorschlag der protestantischen Orte wurden je drei katholische und protestantische Schiedsrichter bestellt, die einen Vermittlungsvorschlag ausarbeiten sollten. Als am 17. Dezember 1583 die Schiedsleute in Baden zum erstenmal zusammentraten, legte der Bischof seine Trümpfe auf den Tisch. Nach eingehenden Verhandlungen wurden zwei Verträge entworfen, die am 11. April 1585 von beiden Seiten unterzeichnet wurden. Der Bischof überließ darin Basel wichtige, aber verlorene Rechte. Basel zahlte ihm eine hohe Summe Geldes. Die Stadt mußte außerdem das Burgrecht über einige Bistumsgebiete aufgeben; dem Bischof wurde hier allerdings die Duldung der Protestanten auferlegt. Er konnte künftig in den ehemals verburgrechteten Gemeinden nicht mit Gewalt die Rekatholisierung betreiben; andere Mittel waren indes nicht ausgeschlossen. Die beiden Verträge wurden von Sixtus V. übel aufgenommen. Dank des Eintretens Bonhominis und nach seiner genauen Untersuchung gelang es Blarer, sich zu rechtfertigen. Er hatte sich bei seinem Verhalten nicht verrechnet. Losgelöst von ihren mächtigen Basler Verbündeten, konnten seine Untertanen ihm nicht mehr denselben Widerstand entgegensetzen wie bisher. In diesen Gemeinden trachtete er danach, die hartnäckigen Prädikanten durch andere, von ihm abhängige zu ersetzen, bot er den Übertretenden politische und wirtschaftliche Vorteile, ging er streng gegen Widersetzlichkeit vor. Wo der Bischof sein (uneingeschränktes) Herrschaftsrecht hatte, machte er von diesem Gebrauch, um den Glauben zu restituieren. Die Prädikanten wurden entlassen und durch Priester ersetzt, mit Hilfe der Vögte wurden die Untertanen zur Rückkehr zur Kirche veranlaßt. 1588 eröffnete Blarer seine Absicht, in Laufen und dem Amt Zwingen die katholische Religion (neben dem weiterbestehenden protestantischen Bekenntnis) wiederherzustellen. Seit Ende August 1588 wirkte der Trierer Jesuit Jodocus Ittäus in Laufen. Am 8. September 1588 erschien Blarer selbst an dem Ort. Nach Abschluß der Rekatholisierung in Laufen wandte sich Blarer dem Birseck zu. Die Rekatholisierung von Laufen und des Birsecks benötigte vierzehn Jahre. Sie forderte Blarer ungeheure Anstrengungen ab; doch er wurde nicht müde.

Ähnliche Widerstände wie Basel bereitete Blarer Bern, das im Münstertal ein Burgrecht behauptete. Durch den Tauschvertrag vom 27. September 1599 gab er Biel preis und gewann er die Landeshoheit in dem Münstertal und im Erguel im wesentlichen zurück, allerdings mit der Einschränkung, daß der Protestantismus zu dulden sei. Leider wurde der Vertrag später von den katholischen Orten für nichtig erklärt.

Mit wachsamem Eifer nahm sich Blarer auch der elsässischen Teile seines Bistums an. Der jahrelange Visitationsstreit mit der in der Ensisheimer Kammer verkörperten österreichischen Landesregierung beeinträchtigte die katholische Sache schwer und begünstigte den Protestantismus. Trotz aller Verfolgungsmaßnahmen, die der lutherische Rat anwandte, erlebte der Katholizismus in Colmar eine gewisse Kräftigung. Blarer nahm den Kampf gegen die Rechtswidrigkeiten auf. In der Wahrung der Rechte der Katholiken, in der Bemühung um einen guten Klerus und in der Sorge um die Klöster war er im Elsaß rastlos tätig.

Blarer besaß für die Rekatholisierung einen entschiedenen Willen, ein klares Konzept und feste Konsequenz. Hindernisse, die seiner Absicht entgegentraten, nahm er nicht zum Anlaß, zurückzuweichen. Er verstand es auch, die Mäßigung zu beobachten, die angesichts der Machtverhältnisse geboten war. Denn Basel wachte argwöhnisch über der Einhaltung des Schiedsspruches. Die autoritativen Maßnahmen zur Wiederherstellung der katholischen Religion ergänzte der Bischof durch Seelsorgsarbeit. Dabei zeichneten sich Jesuiten und Kapuziner aus. Der erwähnte Ittäus sah als Haupthindernis der Bekehrung die zahlreichen katholischen Feiertage und das Fastengebot an; aber auch gegen die Einzelbeichte bestand Abneigung. Diese wertvolle Beobachtung bestätigt aufs neue die unumstößliche Tatsache, daß sich der Protestantismus vor allem durch seine Erleichterungen den Menschen empfahl. In seinem Herrschaftsgebiet als Landesherr vermochte Blarer den Katholizismus zum großen Teil zu restituieren. Gegenüber Basel konnte er jedoch keinen Erfolg verbuchen. Blarer wurde ,,der Wiederhersteller des Bistums Basel" (Ludwig von Pastor). Er erreichte durch Klugheit, Konsequenz und Kraft, ,,was nicht für möglich gehalten wurde" (Richard Feller). Ihm folgte sein Neffe Wilhelm Rinck von Baldenstein (1608-1628) nach; er führte das Werk in seinem Geiste weiter.

2. Kapitel

Bistum Lausanne

Amiet, Bruno, Solothurnische Geschichte 1. Bd., Solothurn 1952

Bavaud, Georges, La dispute de Lausanne (1536). Une étape de l'évolution doctrinale des réformateurs romands (= Studia Friburgensia N. S. 14), Fribourg 1956

Billerey, Michel, L'église de Besançon de 1563 à 1586, in: Histoire et sociologie religieuses (= Cahiers de l'association interuniversitaire de l'est), Strasbourg 1962, 31-41

Büchi, A., Bern: LThK II, 1931, 193f.

Dupraz, Emmanuel, La cathédrale de Lausanne, Lausanne 1906

Feller, Richard, Geschichte Berns, 2 Bde., Bern 1946/53

Hadorn, Wilhelm, Die Reformation in der deutschen Schweiz (= Die Schweiz im deutschen Geistesleben 54. u. 55. Bändchen), Frauenfeld, Leipzig 1928

Haefliger, Hans, Solothurn in der Reformation. Phil. Diss. Bern, Solothurn 1945

Holder, Ch., Les visites pastorales dans le diocèse de Lausanne depuis la fin du 16e siècle jusqu'à vers le milieu du 19e siècle: Archives de la Société d'Histoire du Canton de Fribourg VII, 1900, 405-590

Kurten, Edmund, Franz Lambert von Avignon und Nikolaus Herborn in ihrer Stellung zum Ordensgedanken und zum Franziskanertum im besonderen (= Reformationsgeschichtliche Studien und Texte Heft 72), Münster/Westf. 1950

Trois lettres du P. Conrad Tregarius, Recteur de la province rhénane etc. des Ermites de St. Augustin au P. Melchior Rubellus Prieur des Augustins à Fribourg en Brisgovie: Archiv für Schweizerische Reformations-Geschichte 1, 1868, 795-797

Marmier, H., Lausanne: LThK VI, 2. Aufl., 1961, 835f.

Mommsen, Karl, Eidgenossen, Kaiser und Reich. Studien zur Stellung der Eidgenossenschaft innerhalb des heiligen römischen Reiches. Phil. Diss. Basel, Basel 1958

Müller, E. F. J., Lausanne: LThK VI, 1934, 419-421

Müller, E. F. J., Treger: LThK X, 1938, 268f.

Olivier, Juste, Le Canton de Vaud. Sa vie et son histoire, 2. Aufl., 2 Bde., Lausanne 1938

Paulus, N., Conrad Treger. Ein Augustiner des 16. Jahrhunderts: Der Katholik 79. Jgg., 1899, I, 439-447, 511-534

Perler, Othmar, Sebastian Werro (1555-1614). Beitrag zur Geschichte der katholischen Restauration zu Freiburg in der Schweiz (= Freiburger Geschichtsblätter XXXV. Bd.), Freiburg i. d. Schw. 1942

Perler, Othmar, Les Constitutions Synodales de Sébastien de Montfalcon, évêque de Lausanne (1523): Zeitschrift für Schweizerische Kirchengeschichte 37, 1943, 225-235

Rück, Peter, Die letzten Versuche Sebastians von Montfaucon (1517-1560) zur Wiederherstellung der bischöflichen Verwaltung in den katholischen Teilen der Diözese Lausanne: Schweizerische Zeitschrift für Geschichte 16, 1966, 1-19

Schmidlin, Ludwig Rochus, Solothurns Glaubenskampf und Reformation im 16. Jahrhundert, Solothurn 1904

Schmitt, Martin, Mémoires historiques sur le Diocèse de Lausanne, 2 Bde., Fribourg 1858/59

Steck, R., Tobler, G. (Hrsg.), Aktensammlung zur Geschichte der Berner Reformation 1521-1532, 2 Bde., Bern 1923

Vasella, Oskar, Der Krieg Berns gegen Savoyen im Jahre 1536 und die Unterwerfung der savoyischen Territorien durch Bern nach den amtlichen Aufzeichnungen der bernischen Kanzlei: Zeitschrift für Schweizerische Kirchengeschichte 29, 1935, 239-274; 30, 1936, 1-24, 81-106, 201-224, 293-310

Vaucher, Josef, Pierre Schneuwly und die katholische Kirche in Freiburg im Üechtland, Fribourg 1961

Vermeulen, Adeodatus, Der Augustiner Konrad Treger. Theol. Diss. Fribourg, Rom 1962

Waeber, Louis, Constitutions Synodales inédites du Prévôt Schneuwly: Zeitschrift für Schweizerische Kirchengeschichte 30, 1936, 225-237, 320-334; 31, 1937, 45-58, 97-122

Waeber, L., Les décanats de l' ancien diocèse de Lausanne et leur transformation après la Réforme: Zeitschrift für Schweizerische Kirchengeschichte 35, 1941, 35-61, 98-113

Waeber, Louis, La réaction du gouvernement de Fribourg au début de la réforme: Zeitschrift für Schweizerische Kirchengeschichte 53, 1959, 105-124, 213-232, 290-318

Weidling, Julius, Ursachen und Verlauf der Berner Kirchenreform (b. z. J. 1528): Archiv des Historischen Vereins des Kantons Bern IX, 1880, 1-57

I.

Sebastian von Montfaucon (1517-1560)

Das westschweizerische Bistum Lausanne umfaßte das Gebiet zwischen Genfer See, Jura und Alpen. Im Süden und im Westen war das Land französischsprachig, im Osten und im Norden deutschsprachig. Die bedeutendste Stadt der Diözese war Bern. Das Bistum war Suffragan von Besançon.

Sebastian von Montfaucon stand dem Bistum Lausanne über vier Jahrzehnte vor. Er war seit 1513 Koadjutor seines Onkels Aimon von Montfaucon (1491-1517), der von großem Eifer für die kirchlichen Belange erfüllt, aber auch im Dienste Savoyens stark beschäftigt war. Der Bischof Sebastian war einer der vielen durchschnittlichen Männer, die in normalen Zeiten brauchbare Verwalter abgeben, die aber außergewöhnlichen Verhältnissen nicht gewachsen sind. Es fehlte ihm nicht am guten Willen, in Klerus und Volk Ordnung zu halten. 1522 gab er das Missale, 1523 die Diözesanstatuten von 1455 heraus. Wären sie beobachtet worden, dann wären die Mißbräuche beseitigt worden. Woran es fehlte, war nicht der Erlaß von Normen, sondern ihre Durchsetzung in der Rechtswirklichkeit. Das Urteil über Sebastian ist schwankend. Manche Autoren werfen ihm Pflichtvergessenheit und Weltliebe vor.

Der Protestantismus muß schon früh in die Diözese Lausanne eingedrungen sein; er erhob sich ja von Norden wie von Süden gegen die Kirche. In Bern wurde seit 1520 die Häresie begünstigt. 1522 wird die Predigt der neuen Lehre in Lausanne und Freiburg greifbar; sie verbindet sich mit dem Namen des Lambert von Avignon. Angeblich nahm ihn der Bischof freundlich auf und war von seiner Lehre angetan; er gab ihm sogar Empfehlungsschreiben mit auf den Weg. Somit förderte er, wenn auch unabsichtlich, die Ausbreitung der Häresie. Solches Verhalten von Bischöfen war zur Zeit der Glaubensspaltung an der Tagesordnung. Gutmütigkeit und Schwäche, die gewöhnlich miteinander verschwistert sind, auf katholischer Seite haben der sogenannten Reformation ebenso die Wege geebnet wie Rücksichtslosigkeit und Täuschung auf seiten der Neuerer. Der Bischof von Lausanne scheint die Zeichen der Zeit nicht verstanden zu haben. Peter Rück hat den Eindruck, daß Sebastian von der Glaubensneuerung „vollkommen überrascht wurde". Seine schwächliche Haltung wurde von seinem Günstling Lambert von Avignon auf dessen Art honoriert. Dieser widmete dem Sebastian 1525 seine Schrift „Farrago omnium fere rerum theologicarum", in der er zur Ausrottung des katholischen Glaubens aufrief. Die agilsten Prädikanten in der französischsprachigen Schweiz waren Guillaume Farel und Pierre Viret, unermüdlich in dem Bemühen, die katholische Religion zu zerstören. Wie fast überall begünstigten auch in der Diözese Lausanne regelmäßig die Magistrate die protestantische Predigt und widersetzten sich der bischöflichen Jurisdiktion. Als Sebastian 1522 in Bern bei seinem Schwager, dem Christoph von Diesbach, zu Besuch weilte, forderte er den Rat auf, den häretischen Berthold Haller auszuliefern. Der Rat lehnte das Ansuchen ab. Die Irrlehre erhielt vielmehr durch den jetzt erscheinenden Franz Lambert in Bern weiteren Auftrieb. Als der Bischof die bernischen Kirchen visitieren wollte, verwehrte es ihm wiederum der Stadtrat. Dafür gab dieser die Predigt dessen frei, was ein jeder aus der Schrift beweisen könne (!). Damit war er auf die protestantische Position eingeschwenkt.

1523 hielt Sebastian die erwähnte Diözesansynode ab, auf der er den Klerus vor der neuen Lehre warnte und heilsame Vorschriften einschärfte. Die Synodalstatuten bestehen aus zwei Teilen, deren erster die Konstitutionen des Georges de Saluces von 1447 ohne wesentliche Änderungen wiedergibt und deren zweiter Sebastians Hinzufügungen enthält. Beide Partien bringen nützliche Vorschriften für die Ausmerzung von Mißbräuchen, für die Intensivierung des religiösen Lebens und für die Wiederherstellung der bischöflichen Autorität. Aber die Synode und die aus ihr erwachsenen Synodalstatuten lassen jede Spur eines Vorgehens gegen die Glaubensneuerung vermissen. Manche Laien begriffen eher und besser als der Bischof, worum es bei der protestantischen Bewegung ging, so vor allem in der Stadt Freiburg. Deren Magistrat hielt unverbrüchlich zum katholischen Glauben. 1523 vereinte er sich mit dem Bischof zur Vornahme einer Visitation in Stadt und Land Freiburg. 1524 visitierte der Bischof den Kanton Freiburg. Mit den Bischöfen von Konstanz und Basel wandte er sich ermahnend an die in Luzern versammelten Kantone, dem Glauben treu zu bleiben. Noch einmal schien die Gefahr abgewandt werden zu können.

Die Stadt Solothurn gehörte ebenfalls zu der Diözese Lausanne, ihr Gebiet zu drei Bistümern, Lausanne, Konstanz und Basel. Die religiösen Auseinandersetzungen in Solothurn vollzogen sich ohne entscheidenden Einfluß eines Bischofs zwischen den Anhängern der beiden Bekenntnisse. Jahrelang wurde um die Vorherrschaft gerungen. In der Stadt selbst behauptete sich die altgläubige Mehrheit. Peter Hebolt war der Führer der Katholiken, der in souveräner Art für Land und Glauben kämpfte. Ihm stand der kluge Stadtschreiber Georg Hertwig zur Seite. Der Stiftspropst Ludwig Löubli zeichnete sich durch umsichtige Besonnenheit, die mit Festigkeit im Grundsätzlichen gepaart war, aus. Die Regierung überließ im allgemeinen den Untertanen die Entscheidung, zu welcher Konfession sie sich halten wollten. Dabei wurde von protestantischer Seite freilich mit den bekannten Mitteln gearbeitet, um die Menschen für sich zu gewinnen. Bern mischte sich zugunsten der Protestanten ein. Solothurn blieb grundsätzlich dem Glauben treu und hielt seit 1524 zu den fünf Orten, lebte aber in ständiger Furcht vor Bern. Auf diese mächtige Stadt mußte es entscheidend ankommen, ob die katholische Religion erhalten blieb oder zerstört wurde. Berthold Haller, Valerius Anshelm, Franz Kolb, Thomas Wyttenbach und andere verkündeten hier das „Evangelium" nach Zwingli. Der Kleine Rat stand zum katholischen Glauben, der Große Rat begünstigte den Abfall. Jahrelang gab es in Bern einen dramatischen Zweikampf um die Glaubensneuerung zwischen diesen beiden Gremien. Bern duldete die protestantische Predigt, erklärte aber gleichzeitig, den katholischen Glauben beibehalten zu wollen. Die Befragung des Kantons im Jahre 1524 ergab, daß sich 14 Ämter für den katholischen Glauben und nur ein Amt für die neue Lehre erklärten; drei wollten die Entscheidung der

Regierung überlassen. Noch 1525 wurden Priester, die sich verheirateten, als ihrer Benefizien verlustig gehend erklärt. Bei der Badener Disputation von 1526 nahm Bern eine Zwischenstellung ein. Seit 1527 gewannen jedoch die Neugläubigen die Mehrheit im Rat. Sie nutzten ihre Stellung sogleich rücksichtslos aus. In bekannter Manier setzten sie für den Januar 1528 eine öffentliche Disputation an, die, weil auf protestantischen Voraussetzungen beruhend, die Berechtigung der neuen Lehre zeigen und die Religionsänderung legitimieren sollte. Auch der Bischof von Lausanne wurde dazu eingeladen. In seinem Schreiben vom 4. Januar 1528 an den Rat von Bern wies Sebastian darauf hin, daß Glaubensfragen von der Gesamtkirche entschieden werden müßten, zerpflückte das Argument, die Schrift sei selbst Richter, und meinte, ein Gespräch auf der Grundlage der Bibel werde sich im Theologenstreit verlieren. Tatsächlich war bei der Disputation die Berufung auf die Überlieferung von vornherein verboten. Von protestantischer Seite waren u. a. Zwingli, Bullinger, Oekolampad, Capito und Butzer anwesend, auf katholischer Seite Konrad Treger, Alexius Glatte (Grat), Theobald Hutter und Johannes Buchstab. Die vier französischen Gelehrten, die der Bischof von Lausanne entsandte, waren des Deutschen nicht mächtig. Als man ihnen die Rede in lateinischer Sprache verwehrte, verließen sie den Ort. Dem Bischof wurde drohend verboten, diese Vorgänge an die Öffentlichkeit zu bringen. Das Gespräch nahm den erwarteten Verlauf; es lag nicht daran, daß die katholischen Vertreter nicht zur ersten Garnitur katholischer Theologen gehörten, sondern daß der protestantische Standpunkt schon zur Voraussetzung statt zum Beweisziel gemacht wurde. Die Folgen des protestantischen „Sieges" zeigten sich sogleich in Bern. Am 7. Februar 1528 erging das Reformationsmandat, das den Protestantismus etablierte. Der Abfall zur Irrlehre war indes keineswegs allgemein und schon gar nicht eine freie Gewissensentscheidung; es gab vielmehr entschiedenen Widerstand. Als sich die Katholiken des Oberlands gegen die Protestantisierung wehrten, wurden sie mit Gewalt bezwungen. Seit 1528 machten die Bürger von Lausanne gemeinsame Sache mit den Bernern, denen sie bei der Niederwerfung des (katholischen) Oberlandes halfen. Farel breitete das neue „Evangelium" im Bistum Lausanne aus. 1529/30 weilte Sebastian in Italien. Der Bischof versuchte der Neuerung Einhalt zu gebieten, vor allem nach dem Krieg von 1531. Als Verteidiger des Glaubens und Berater stand ihm u.a. der Augustinerprovinzial Konrad Treger zur Seite. Aber das Bemühen Sebastians war vergebens. Der Protestantismus machte Fortschritte in der Waadt. Nur in Freiburg fand der Bischof Unterstützung in seinem Abwehrkampf. Dank der festen Haltung des Rates blieben Stadt und Kanton vor dem Abfall bewahrt.

In dem Krieg zwischen Genf und Savoyen stellte sich Bern auf die Seite der Kalvinisten, während der Bischof von Lausanne zum Herzog von Savoyen hielt. Die Armee Berns rückte in die Waadt ein. In der Nacht zum 22. März 1536 floh der Bischof aus Lausanne nach Savoyen, das Domkapitel wich nach Evian aus und löste sich dort 1524 auf. Anfang Oktober 1536 wurde in Lausanne nach bekanntem Muster eine Disputation abgehalten, bei der Farel die beherrschende Rolle spielte. In einer hybriden Mischung einer Art von Konzilsdebatte und Universitätsdisput wurde hier die Lehre festgestellt, die den Menschen dann zwangsweise auferlegt wurde. Die katholische Sache war dabei von vornherein verloren. Es fehlte aber auch hier nicht an einzelnen katholischen Theologen, welche die Ungereimtheiten der protestantischen Lehre, etwa die des Bibelprinzips, scharfsichtig aufdeckten. Mit den Erlassen vom 19. und 24. Oktober 1536 führte Bern den Protestantismus in der Waadt ein. Der Rat von Bern errichtete 1537 in Lausanne eine Schule zur Ausbildung protestantischer Theologen. Die Bevölkerung wurde gewaltsam protestantisiert, ihr Widerstand erstickt. ,,Nirgends hatten Schriftprinzip und evangelische Predigt allein genügt, um das Volk gesamthaft vom alten Glauben zu lösen'' (Oskar Vasella). Der Versuch, eine Geheimseelsorge für die Katholiken aufzubauen, hatte keinen Bestand. Die religiösen und sittlichen Verhältnisse unter der neuen Lehre waren katastrophal. Mit rigorosen Maßnahmen wurde eine notdürftige äußere Ordnung wiederhergestellt.

Der Bischof von Lausanne verlor seine Kathedralkirche, seine Rechte und seine Güter und den größten Teil seiner Gläubigen. Von 306 Pfarreien blieben nur 82 dem Glauben erhalten. Die Diözesanjurisdiktion wurde in provisorischer Weise und auf verschiedene Personen bzw. Einrichtungen aufgeteilt fortgeführt. Die treueste Stütze der bedrängten Religion blieb Freiburg. Der Rat von Freiburg veranlaßte die Verbrennung häretischer Bücher, wies Neugläubige aus und forderte die Ablegung des katholischen Glaubensbekenntnisses. Aber er richtete auch ein strammes Staatskirchentum auf, in dem für den Bischof wenig Platz war. Der Rat von Freiburg wünschte nicht, daß der Bischof unmittelbar in die kirchlichen Angelegenheiten seines Gebietes eingriff. Weihekandidaten wurden nach auswärts gesandt, vor allem nach Sitten. 1544 lehnte der Rat von Freiburg es ab, Bischof oder Weihbischof in seiner Stadt zu empfangen, wie Sebastian es vorgehabt hatte. Für kurze Zeit, wohl nur von 1544 bis 1545, weilte Sebastians Generalvikar in Freiburg. 1559 lud indes der Rat Sebastian ein, nach Freiburg zu kommen, um entheiligte Kirchen zu rekonziliieren. Er konnte aus gesundheitlichen Gründen selbst nicht kommen und entsandte seinen Weihbischof, der von dem Generalvikar begleitet war. Im Oktober und November 1559 visitierte der Weihbischof Johannes Peronis in Freiburg und Solothurn. Am 28. September 1559 erließ Sebastian eine Verordnung an den Klerus. Darin erneuerte er die Synodalkonstitutionen von 1494 und 1523. Seine größte Sorge war die Wiederherstellung seines Gebietes, in dem er als Landesherr regierte. Aber in diesem Punkt waren nicht nur die protestantischen Kantone, sondern auch Freiburg unerbittlich.

II.

Claude-Louis Alardet (1560-1561)

Claude-Louis Alardet wurde von Herzog Emmanuel-Philibert von Savoyen für das Bistum Lausanne vorgeschlagen, denn das Domkapitel existierte nicht mehr. Papst Pius IV. ernannte ihn am 17. Juli 1560. Alardet war nichts anderes als ein getreuer Diener des Hauses Savoyen. Er und seine Nachfolger waren gleichzeitig Kommendataräbte in Frankreich. Sie besuchten kaum ihre Diözese, die von dem Freiburger Generalvikar verwaltet wurde. Alardet betrat niemals sein Bistum, und es gibt auch keinen Beweis einer Beziehung zwischen ihm und dem Rat von Freiburg.

III.

Antoine de Gorrevod (1565-1599)

Dem Antoine de Gorrevod wurde am 7. November 1565 das Bistum Lausanne übertragen. Der Bischof trat sein Amt unter ungünstigen Umständen an. Es war auf der einen Seite notwendig, daß er sich in seiner Diözese niederließ. Als einziger Ort, der dafür in Frage kam, galt Freiburg. Aber die Stadt lehnte es ab, ihn in ihren Mauern aufzunehmen. Auf der anderen Seite wurde der Bischof beim Heiligen Stuhl verklagt, daß er nicht in seinem Bistum residiere und daher schuld sei an den schlechten Zuständen. Gorrevod scheint im wesentlichen privatisiert zu haben. Als der Nuntius Bartolommeo Portia sich im Februar 1576 nach Besançon begab, um dort den Bischof von Lausanne zu treffen, wurde er enttäuscht; Gorrevod befand sich auf einem Schloß seiner Verwandten. Portia spornte ihn in einem aus Regensburg geschriebenen Brief (1576) an, seine Hirtenpflichten gegenüber Freiburg und Solothurn auszuüben. Sebastian Werro verglich den saumseligen Gorrevod 1580 mit dem pflichtvergessenen Priester Heli des Alten Bundes. 1581 erschien der Bischof auf der Provinzialsynode, die der Erzbischof von Besançon abhielt. Der Nuntius Bonhomini gab sich die größte Mühe, Gorrevod zur Residenz in Freiburg zu veranlassen, hatte aber damit keinen Erfolg. Da der Bischof in seiner Diözese nicht Residenz halten konnte, übertrug er die Regierung dem Generalvikar Peter Schnewly. Dieser war ein Mann der Reform, der im Verein mit dem Nuntius Bonhomini durch Abhaltung von Synoden und Vornahme von Visitationen das Leben von Klerus und Volk zu bessern bemüht war. 1579 hielt der Nuntius Bonhomini, 1582 Schnewly eine Diözesansynode ab. Seit 1580 fanden mehrere Visitationen statt, die Schnewly und seine Mitarbeiter vornahmen. Das kirchliche Leben erneuerte und festigte sich in den Gebieten, die der heiligen Religion verblieben waren. Politisch waren die Schweizer Katholiken auf der Wacht. Am 5. Oktober 1586 schlossen sich die fünf Orte, Freiburg und Solothurn zu dem Christlichen Bündnis zusammen. Gorrevod wurde in den neunziger Jahren etwas aktiver als vorher. 1592 hielt er sich längere Zeit in Freiburg auf und visitierte einen Teil seiner Diözese. 1593 ordnete er eine Diözesansynode an. Der Nachfolger Schnewlys als Generalvikar, Sebastian Werro, der von 1598 bis 1600 Administrator des Bistums war, setzte dessen Werk fort und wirkte ebenso segensreich. 1599 gab er die Statuten der Diözesansynode von 1582 im Druck heraus. Werros kämpferisches Schrifttum war von großem Erfolg begleitet.

IV.

Johann Doroz (1600-1607)

Johann Doroz war seit 1585 Hilfsbischof des Erzbischofs von Besançon. Er wurde am 13. August 1600 zum Bischof von Lausanne ernannt. Doroz bemühte sich um die Ordnung der kirchlichen Verhältnisse in dem Kanton Freiburg. Er ordnete 1602 eine Diözesansynode an und visitierte seine Diözese 1602/03. Der Rat von Freiburg unterstützte ihn dabei in jeder Hinsicht. Doroz verzichtete 1603 auf das weltliche Territorium der Diözese. Damit war ein entscheidender Streitpunkt mit Freiburg beseitigt. Sein Nachfolger, Bischof Johann von Wattenwyl (1610-1649), erlangte 1613 endlich die Einwilligung des Rates von Freiburg, daselbst seine Residenz zu nehmen. Er unternahm 1615 und 1625 Visitationen in seiner Diözese. 1625 hielt er eine Diözesansynode ab. In der zweiten Hälfte seiner Regierung zog er sich in die Abtei de la Charité in der Freigrafschaft Burgund zurück und verbrachte dort einen großen Teil seiner Zeit.

3. Abschnitt

Kirchenprovinz Bremen

1. Kapitel

Erzbistum Bremen

Bippen, Wilhelm von, Geschichte der Stadt Bremen, 3 Bde., Bremen 1892-1904

Elfers, August, Das Erzstift Bremen im Zeitalter der Reformation: Stader Archiv N.F. Heft 19, Stade 1929, 3-52

Entholt, Hermann, Die evangelische Kirche Bremens, ihre Entwicklung und Bedeutung. Ein Vortrag, o. O. und o. J. (Bremen 1929)

Glaeske, Günter, Die Erzbischöfe von Hamburg-Bremen als Reichsfürsten (937-1258) (= Quellen und Darstellungen zur Geschichte Niedersachsens Bd. 60), Hildesheim 1962

Herberge der Kirche. 450 Jahre Reformation in Bremen 1522-1972, Bremen 1972

Heyne, Bodo, Die Reformation in Bremen 1522-1524. Am Vorabend — Der Beginn — Die Bahnbrecher: Hospitium ecclesiae 8, 1973, 7-54

Hoogeweg, H., Die Restitutionsversuche im Erzstift Bremen (1617-29): Zeitschrift des Historischen Vereins für Niedersachsen 1910, 73-134

Hoops, Heinrich, Wie Bremen evangelisch ward. Eine Festschrift zur Vierjahrhundertfeier der Reformation im Weltkriegsjahr 1917, Bremen 1917

Iken, Johann Friedrich, Die bremische Kirchenordnung von 1534: Bremisches Jahrbuch 2. Serie 2. Bd., Bremen 1891

Krause, Christoph, Erzbischof von Bremen: ADB 4, 1876, 235-240

Krause, Georg, „Confirmierter der Erz- und Stift Bremen und Verden, Administrator zu Minden": ADB 8, 1878, 635-637

Krause, Heinrich III., Erzbischof von Bremen: ADB 11, 1880, 506f.

Krause, Johann Adolf, Herzog von Schleswig-Holstein-Gottorp: ADB 14,1881, 412f.

Krause, Johann Friedrich, Herzog von Schleswig-Holstein-Gottorp: ADB 14, 1881, 413f.

Lange, H., Die Entwicklung des kirchlichen Lebens in der Bremischen Diaspora. I. Bremen, in: Festschrift zum 75jährigen Jubiläum des Bonifatiusvereins. Hrsg. vom Generalvorstand des Bonifatiusvereins, Paderborn 1924, 240-252

Lucke, Helmut, Bremen im Schmalkaldischen Bund 1540-1547 (= Schriften der Wittheit zu Bremen. Reihe I: Veröffentlichungen aus dem Staatsarchiv der Freien Hansestadt Bremen Heft 23), Bremen 1955

Metzler, J., Bremen-Hamburg: LThK II, 1931, 536-539

Moeller, Bernd, Die Reformation in Bremen: Jahrbuch der Wittheit zu Bremen 17, 1973, 51-73

Müller, Adalbert, Das Bremische Domkapitel im Mittelalter. Phil. Diss. Greifswald, Greifswald 1908

Prüser, Friedrich, Christoph, Herzog von Braunschweig-Wolfenbüttel: NDB 3, 1957, 243-244

Quellen zur bremischen Reformationsgeschichte: Bremisches Jahrbuch 2. Serie 1. Bd., Bremen 1885

Reinecke, Wilhelm, Geschichte der Stadt Lüneburg, 2 Bde., Lüneburg 1933

Römer, Christof, Johann Adolf, Herzog von Schleswig-Holstein-Gottorf: NDB 10, 1977, 535f.

Rotermund, Heinrich Wilhelm, Vom Anfange der Reformation im Erzstifte Bremen und Stifte Verden in den Zeiten der Erzbischöfe Christoph und Georg aus dem Braunschweig-Lüneburgischen Hause: Neues vaterländisches Archiv (des Königreiches Hannover) 1825, II, 115-176

Rudloff, Ortwin, Bremen: ThRE VII, 1981, 153-168

Schleif, Karl H., Regierung und Verwaltung des Erzstifts Bremen am Beginn der Neuzeit (1500-1645). Eine Studie zum Wesen der modernen Staatlichkeit (= Schriftenreihe des Landschaftsverbandes Stade Bd. I), Hamburg 1972

Schulze, Heinz-Joachim, Johann Friedrich, Herzog von Schleswig-Holstein-Gottorf: NDB 10, 1974, 481

Schwarzwälder, Herbert, Geschichte der Freien Hansestadt Bremen, 2 Bde., Bremen 1975/76

Stork, Victor, Die Ausführung des Restitutions-Edikts von 1629 im Erzbistum Bremen. Phil. Diss. Münster i. W., Hannover 1906

Veeck, Otto, Geschichte der Reformierten Kirche Bremens. Im Auftrage des Ministeriums der stadtbremischen Pfarrkirchen bearbeitet, Bremen 1909

Veeck, O., Die Reformation in Bremen. Ein Gedenkbuch für 1917, Berlin 1917

Weise, E., Bremen-Hamburg: LThK II, 2. Aufl., 1958, 665-667

Werra, Otto, Die katholische Kirche in Bremen seit der Kirchenspaltung (= Das Bistum Osnabrück Bd. 4), Osnabrück 1950

Wiedemann, F. W., Geschichte des Herzogthums Bremen, 2 Bde., Stade 1864/66

Wohltmann, Hans, Heinrich III., Herzog von Sachsen-Lauenburg: NDB 8, 1969, 354

Wolters, Theodor, Erzbischof Christophs Kampf um das geistliche Fürstentum in den Stiftern Bremen und Verden. Phil. Diss. Hamburg, Hamburg 1939

I.

Christoph von Braunschweig-Wolfenbüttel (1511-1558)

Der Erzbischof Johann III. Rode (1497-1511) nahm im Jahre 1500 den 14jährigen Christoph von Braunschweig zum Koadjutor, der ihm auch nachfolgte. Christoph war der älteste Sohn des Herzogs Heinrich des Älteren von Braunschweig-Wolfenbüttel. 1502 drang ihn sein Vater auch dem Verdener Domkapitel als Bischof auf. Die Übernahme der Regierung sollte jedoch erst sechs Jahre später erfolgen. Dieser Abmachung zum Trotz erreichte er es, daß er schon mit 18 Jahren in Verden die Regierung mit gewissen Einschränkungen ausüben durfte (1505). 1511 trat er die Regierung in Bremen als Administrator an. Mit Vollendung des 30. Lebensjahres wurde er Erzbischof von Bremen. Er empfing die Weihen und hielt sein erstes Hochamt in Bremen am 6. Januar 1519, in Verden am 2. Februar 1519. Christoph von Braunschweig regierte Bremen von 1511 bis 1558, also 47 Jahre, und war gleichzeitig Bischof von Verden; hier war gewöhnlich auch seine Residenz.

Christoph war begabt und gewandt, interessiert und tätig. Er trug freilich auch ein schweres Erbe seiner Ahnen in sich. Als junger Mann war er leichtsinnig und genußsüchtig, jähzornig und rücksichtslos. Daß er geraume Zeit unenthaltsam lebte, kann nicht bezweifelt werden. Er zeugte mit mehreren Frauen Kinder. Lange Zeit konnte Christophs reformerische Aktivität mit dem Hinweis auf seinen Lebenswandel bzw. seine Vergangenheit paralysiert werden. Aber es ist falsch, den Christoph der frühen Jahre mit dem reifen oder gar mit dem alternden Mann zu vermengen; denn er machte eine läuternde Entwicklung durch. Christoph hat mit sich gerungen und sich überwunden; er hat seine unbändige Natur gezähmt. Er hat seine Jugendsünden bereut und sich zum Besseren gewandelt. Seitdem er die Tragweite der sogenannten Reformation erkannt hatte, ging mit ihm eine Veränderung vor. Er bekehrte sich und bemühte sich fortan, ein gutes Beispiel zu geben. Christoph war zeit seines Lebens ein gläubiger Katholik und dem Apostolischen Stuhl treu ergeben. Mit den Nuntien stand er auf gutem Fuß. Er war durchaus religiös, in späteren Jahren sogar fromm. 1512 ließ er sich in die Gebetsverbrüderung der Bursfelder Benediktinerkongregation aufnehmen. In der Erfüllung seiner gottesdienstlichen Verpflichtungen war er seit seiner Bekehrung eifrig, vor allem hinsichtlich des Chorgebets und der Zelebration. Zu Weihnachten 1557 hielt er im Verdener Dom die Messe in der Nacht und zwei hl. Messen am Tage. Mitunter wird an Fürstbischöfe wie Christoph von protestantischer Seite die vorwurfsvolle Frage gerichtet, wie sie trotz eines nicht völlig einwandfreien Lebenswandels der Kirche die Treue hielten. Darauf ist zu antworten, daß sie eben redliche und gläubige Männer waren, die ein Gesetz auch dann verkündeten, wenn es sie selbst verurteilte, und die nicht, wie viele Abgefallene, ihre Schwäche zum Anlaß nahmen, die Norm, an der sie scheiterten, als ungültig zu erklären.

Christoph war auf das Wohl seines Stiftes bedacht und setzte es über die Interessen der Familie, aus der er stammte. Er tat gerade das nicht, weswegen protestantische Autoren ihm grollen, nämlich die beiden Stifter säkularisieren und dem Hause Braunschweig einfügen. Damit erhob er sich über viele der zeitgenössischen Prälaten. In der Auswirkung seines Amtes war Christoph gehemmt; er besaß nicht viel Macht. Die Wahlkapitulation mit ihren 41 Artikeln nahm dem Erzbischof fast die gesamte Regierungsgewalt über das Erzstift und legte sie in die Hände des Domkapitels und der Landstände. Sein Dienst wurde ihm durch die Zeitverhältnisse außerordentlich erschwert. Er war häufig durch seine Pflichten als Landesherr gezwungen, Streitigkeiten innerhalb und außerhalb seines Gebietes durchzufechten. In zwei Feldzügen, 1517/18 und 1524/25, gliederte Christoph das Land Wursten in den Herrschaftsverband des Erzstiftes ein. Die ihm von protestantischen Autoren angekreidete Erwerbung dieses Gebietes geschah übrigens unter dem Beifall der ansonsten zu ihm im Gegensatz stehenden Landstände. Ein Landesfürst brauchte nun einmal Geld für seine vielfältigen Aufgaben. Aber es fehlte Christoph an hinreichenden, sicheren und regelmäßigen Einnahmen. Seine weiten Reisen verzehrten ebenso viel Geld wie seine Hofhaltung. Dazu kamen die Feldzüge, die er nicht vom Zaune brach, sondern die ihm aufgezwungen wurden. Im Umgang mit dem Geld bewies Christoph keine glückliche Hand; er gab aus, was er noch nicht eingenommen hatte. Seine Umgebung nutzte seine Schwäche in Geldangelegenheiten weidlich aus. Allein um die Reichssteuern aufzubringen, mußte er seine Zuflucht zu Verpfändungen und Anleihen nehmen. Der Mangel an Finanzmitteln schränkte seinen Handlungsspielraum entscheidend ein. Wegen der Finanzen bestand fast die ganze Zeit seiner Regierungstätigkeit Streit mit den Ständen. Diese ließen sich ihre Geldbewilligung durch immer neue Zugeständnisse bezahlen.

Die Glaubensneuerung drang auch in das Erzbistum Bremen ein. An der Spitze der Prädikanten stand der abgefallene Augustiner Heinrich von Zütphen. Wie bei so vielen Anhängern der „reinen Lehre" gingen auch bei ihm religiöse, sittliche, politische, soziale und wirtschaftliche Angriffe und Forderungen durcheinander, aber gerade diese Mischung war wirksam. Er brachte der Mehrheit der Bürger von Bremen die Botschaft, die ihren Ohren schmeichelte. Heinrich bezeichnete den Papst als den Antichristen und die Bischöfe als Diebe, Räuber und Seelenmörder. Unter dem Schutz des Stadtrates wurde die Hauptstadt protestantisiert. Bremen war keine freie Reichsstadt. Die sogenannte Reformation wurde aber von führenden Leuten der Stadt als geeignetes Mittel betrachtet, es zu werden. Fiskalische Interessen der Bremer Bürgerschaft hüllten sich in ein religiöses Gewand. Ähnlich wie in Bremen erhob der Abfall im übrigen Gebiet des Erzbistums sein Haupt. Der Herzog von Lüneburg setzte überall protestantische Prediger ein. Wilhelm Reinecke hat beschrieben, wie „rücksichtslos" die Protestantisierung des Landes vor sich ging. An Widerstand auf katholischer Seite fehlte es nicht, aber er wurde gewaltsam gebrochen.

Der Wittenberger Bewegung maß Christoph wohl anfänglich keine große Bedeutung zu. Erst auf dem Nürnberger Reichstage 1522/23 scheint ihm ihre Tragweite aufgegangen zu sein. Jetzt entschloß er sich zu entschiedenerem Vorgehen. Der Erzbischof war fortan rastlos bemüht, auf dem Rechtswege und mit Einsatz seiner bescheidenen Machtmittel dem Abfall zu wehren. Die treibende Kraft bei der sogenannten Reformation war der Stadtrat von Bremen. Er sabotierte alle Maßnahmen gegen die Neuerung. Noch im Dezember 1522 behauptete der Magistrat frech, das Wormser Edikt nicht zu kennen. Erst am 21. März 1523 konnte Christoph es erreichen, daß die Bannbulle gegen Luther und das Wormser Edikt durch Anschlag an das Domportal in Bremen verkündet wurden. Auf dem für den 10. März 1523 nach Buxtehude ausgeschriebenen Provinzialkonzil zu erscheinen, lehnte Heinrich von Zütphen ab. Der Rat schützte ihn vor dem Erzbischof, der ihn vor Gericht stellen wollte; denn eben von diesem geistlichen Gericht wollte er selbst frei werden, und Heinrich predigte für die Freiheit. An diesem Beispiel ist zu erkennen, wie hoheitliche Maßnahmen der Bischöfe ins Leere stießen, wenn nicht die erforderliche (weltliche) Macht dahinter stand. Unter Duldung und mit Hilfe des Rates schritt die Glaubensneuerung fort. Das Paulskloster vor der Stadt wurde dem Erdboden gleichgemacht, die Kirche St. Michael und einige Kapellen wurden zerstört, die Höfe der Stiftsherren überfallen, protestantische Prediger angestellt, Klöster aufgehoben. Der Widerstand der Franziskaner und der Dominikaner wurde durch die vom Rat eingesetzte Zehner-Kommission gebrochen. Katholische Pfarrer wurden abgesetzt. Unrecht und Gewalt waren die Begleitschaft der Predigt des neuen „Evangeliums" auch in Bremen. Christoph tat, was er konnte, um der bedrohten Religion zu Hilfe zu kommen, aber das war nicht viel. Am 11. und 20. Dezember 1522 wurde mit dem Bremer Stadtrat verhandelt. Am 21. Mai und 10. August 1523 fanden erneut Verhandlungen zwischen Erzbischof und Magistrat statt. Sie waren ergebnislos. Ende April 1524 ließ Christoph erneut das Mandat gegen die Irrlehre in Bremen anschlagen. Der Stadtrat stellte sich auf die Seite des ihm sehr gelegenen Wittenberger „Evangeliums" und wies Christophs Anschuldigungen ironisch zurück. Der Versuch, die Stadt Bremen durch Verhandlungen zum Einlenken zu gewinnen, scheiterte. Christoph war machtlos und mußte der Entwicklung ohnmächtig zusehen. In Bremen konnte er sich zunächst nicht mehr zeigen. Um den Widerstand der aufrührerischen Stadt Bremen mit Gewalt niederzuwerfen, war er militärisch nicht stark genug. Im März 1524 ließ Christoph die Vertreter der Domkapitel von Bremen, Verden, Hamburg, Lübeck, Ratzeburg und Schwerin zu einem Tractatus provincialis nach Lübeck zusammenrufen. Er machte damit den Versuch, die altgläubigen Kräfte zu gemeinsamer Abwehr gegen die Neuerung zu vereinen. Aber die dazu erforderlichen erheblichen Finanzmittel ließen sich schon nicht mehr aufbringen. Christoph verband sich auch mit seinem Bruder, dem Bischof Franz von Minden, ohne dadurch stärker zu werden. Als Bremen sich 1526 mit Herzog Ernst von Lüneburg verbündete und Anschluß an das Magdeburger Bündnis gewann, war es klar, daß der Erzbischof nunmehr mit Macht nichts mehr gegen die Widerrechtlichkeiten der Stadt ausrichten konnte. Ende des Jahres 1525 wurde nur noch im Dom, in den beiden Klosterkirchen und in einigen Kapellen die hl. Messe gefeiert. Solange noch im Dom katholischer Gottesdienst gehalten wurde, verbot der Rat den Bürgern den Besuch unter Androhung einer hohen Geldstrafe, was die Anhänglichkeit der Bremer Katholiken an die Kirche beweist. Christoph erhob 1526 Klage beim Reichsregiment gegen die Übergriffe der Bremer. Am 27. November 1526 richtete er ein Schreiben an den Bremer Rat, in dem er sich über die eigenmächtige Protestantisierung beschwerte. Seiner Klage beim Kammergericht wurde in vollem Umfang stattgegeben (1529), aber der Rat ging über die Entscheidung hinweg. In dem Mandat vom 27. November 1527 wiederholte Christoph in strengerer Form seine Mahnung gegen das Luthertum. Im Jahre 1528 verbot der Stadtrat den Ordensleuten, die Messe zu feiern. In dem Mandat vom 28. April 1528 mahnte Christoph seine Diözesanen eindringlich vor der lutherischen Irrlehre, die schon so viel Unheil über Deutschland gebracht habe: Verführung, Aufruhr, Uneinigkeit und Ungehorsam. 1529 unterzeichnete der Bremer Rat die Protestation von Speyer. Im gleichen Jahr wurde die Kirche in einer lästerlichen Prozession zur Fastnacht verspottet. Der Erzbischof, sein Weihbischof und der Dompropst Franz Grambke leisteten weiter entschiedenen Widerstand. Die große Mehrzahl der Geistlichen in Bremen hielt dem Glauben die Treue.

Bremen war an der Gründung des Schmalkaldischen Bundes beteiligt und siegelte 1531 die Einungsurkunde mit. Durch den Beitritt zu diesem Bündnis verschaffte sich die Stadt einen starken politischen Rückhalt; jetzt war ihr militärisch nicht mehr beizukommen. Noch wurde im Dom zu Bremen katholischer Gottesdienst gehalten. 1531 bildete sich eine revolutionäre Vereinigung, die Einhundertvier. Sie drängte den Rat, den katholischen Gottesdienst im Dom zu verbieten. Der Rat lehnte das Ansinnen ab. Da drangen Pöbelhaufen am 24. März 1532 in den Dom ein und erzwangen die Einstellung des Gottesdienstes. Von 1532 bis 1547 blieb der Dom geschlossen. 1547 bestellte das jetzt mehrheitlich protestantische Domkapitel einen neugläubigen Prediger. Das Bremer Domkapitel verhielt sich von Anfang an gegenüber dem Luthertum ambivalent; einige Mitglieder neigten der Neuerung zu. Sein schlechtes Beispiel wirkte nachteilig auf den übrigen Klerus ein.

Da die Stände das Recht der Steuerbewilligung hatten, setzten sie den Erzbischof unter Druck. Christoph war mittellos und verschuldet. In dem Basdaler Landtagsrezeß vom 23. September 1533 wurde die Frage der Wiederherstellung des katholischen Gottesdienstes im Erzbistum Bremen einer künftigen Einigung in Religionssachen vorbehalten, d.h. praktisch aufgegeben. In dem Vergleich vom 22. September 1534 mußte Christoph auf die Wiederherstellung des katholischen Gottesdienstes im Dom verzichten und das protestantische Wesen dulden bis ,,auf ein allgemeines, freies christliches Konzil, (das) von den gemeinen Ständen des Reiches einträchtig angenommen und bewilligt (werde) oder bis solange von denselben in Sachen des Glaubens und (der) Religion eine andere Einsehung geschieht''. Christoph zog zwar im Dezember 1534 in die Stadt ein, aber er war darin lediglich geduldet. Der Stadtrat beseitigte die Reste katholischen Lebens. Die Kirchenordnung von 1534 verfestigte das protestantische Kirchenwesen. Die vier Klöster Alt- und Neukloster, Harsefeld und Zeven hielten am Glauben fest. Christoph gab die katholische Sache nicht verloren. Zu dem entschiedenen Luthergegner Ernst von Bayern, dem Erzbischof von Salzburg, unterhielt er enge Beziehungen. 1540 war er bei dem Religionsgespräch in Hagenau anwesend. An den Reichstagen nahm er, wenn immer möglich, persönlich teil und verteidigte die katholische Religion. Auf dem Reichstag zu Regensburg 1541 brachte er schwere Klagen gegen die Stadt Bremen vor, erreichte aber nichts. Dem Reichstag von Augsburg 1555 wohnte Christoph, begleitet von dem Dominikaner August von Getelen, bei.

Christoph erkannte, daß allein starke politische und militärische Macht die katholische Religion gegen die Gewalt der Neugläubigen schützen konnte. Ständig war er politisch tätig, unermüdlich im immer erneuten Auffinden von Wegen, um dem Kaiser und seinem Stift zu Hilfe zu kommen. Als kluger politischer Kopf begriff er den Nutzen, den Beziehungen zu den Habsburgern in den Niederlanden für ihn besaßen. Verschiedentlich reiste er dorthin zu Gesprächen, erlangte aber außer vagen Versprechungen keine wirksame Hilfe. 1533 bot Christoph der Regentin der Niederlande, Maria, den Verzicht auf die weltliche Herrschaft in seinen beiden Stiften gegen eine Entschädigung an. Das Haus Habsburg hätte dann mit seiner Macht eine Position in Norddeutschland gewonnen, die für die Erhaltung des Glaubens hätte nutzbar gemacht werden können. Die Regentin war dem Plan geneigt, der Kaiser dagegen skeptisch; er fürchtete die Kosten, den Widerstand des Papstes und den vorauszusehenden Kampf. Jedenfalls kam das Projekt nicht zustande. 1536 wurde Herzog Heinrich der Jüngere zum Konservator der Stifte Bremen und Verden bestellt. Da sich dies nicht bewährte, hob Christoph den Auftrag 1541 auf. Eine gewisse Gemeinsamkeit mit seinem Bruder bestand weiter, jedenfalls was die Abwehr des Protestantismus betraf. Christoph bemühte sich auch, Heinrich von Braunschweig und Erich von Calenberg zum Zusammengehen gegen die Glaubensneuerung zu bewegen, hatte aber damit keinen Erfolg. Seinen mächtigsten Feind, den Landgrafen Philipp von Hessen, vermochte er durch persönlichen Kontakt und Verträge davon abzuhalten, ihn zu vernichten. Im Jahre 1545 ließ er sich dazu herbei, das Abenteuer seines Bruders Heinrich zu unterstützen, der sein Land zurückerobern wollte. Nur glücklichen Zufällen war es zu verdanken, daß Christoph nach dem Scheitern des Feldzugs das Hochstift nicht verlor. Als 1547 kaiserliche Truppen nach Norddeutschland kamen, erhoffte er davon die Wiederherstellung des Glaubens und seiner landesfürstlichen Stellung. Das Heer war jedoch zu schwach, Bremen konnte nicht genommen werden. Nach dem Sieg der Protestanten bei Drakenburg im Jahre 1547 wurde der Widerstand der Katholiken, vor allem der meisten Klöster, rücksichtslos gebrochen. Die beiden Stifte Bremen und Verden waren für Christoph verloren, wenn er auch 1549 wieder nominell als Herr anerkannt wurde. Beim Tode des Bischofs war der katholische Glaube im Bistum beinahe ausgelöscht.

Christoph ist von protestantischer Seite sehr schlecht beurteilt worden. Für Wiedemann gibt es über ihn fast überhaupt nichts Gutes zu sagen; er zeiht ihn der Leichtfertigkeit, der Verschwendungssucht, der Unenthaltsamkeit, der Streitsucht, des Ehrgeizes, des Egoismus, der Erbarmungslosigkeit, der Skrupellosigkeit, der Launenhaftigkeit und des Eigensinns. Nach Entholt war er gar „einer der minderwertigsten Kirchenfürsten, die Deutschland aufzuweisen hatte". Friedrich Prüser kanzelt ihn ähnlich ab. Die zahlreichen absprechenden, ja abfälligen Urteile, die Christoph erfahren hat, sind jedoch ungerecht. Sein Charakterbild ist gewiß nicht frei von Schatten. Er war eine leidenschaftliche Natur, lebte zeitweilig unenthaltsam und machte Fehler. Ein schlimmes Erbe von seinen Ahnen, der fortwährende Kampfzustand, die nervliche und körperliche Überbeanspruchung, das Verlassensein von Freunden und Helfern vermögen manches an seinen sittlichen Mängeln zu erklären. Dennoch war er durchaus bemüht, seiner hohen Stellung gerecht zu werden. Es ist unzutreffend zu behaupten, Christoph habe „für alles eher Sinn und Geschick" gehabt „als für kirchliche Angelegenheiten" und es sei ihm allein um seine Einkünfte zu tun gewesen (Carl Hieronymus Wilhelm Sillem). 35 Jahre lang, meist auf sich allein gestellt, aber unermüdlich kämpfte Christoph gegen die neue Lehre. Dazu riet ihm sein Gewissen, nicht Eigennutz. Wäre er zum Protestantismus übergegangen, hätte er sich ein ruhiges, angenehmes Leben verschaffen können. Er hat niemals in seiner Treue zum Glauben geschwankt. Christoph ist einer der wenigen Bischöfe jener Zeit, die über Jahrzehnte hinweg unter ungünstigsten Bedingungen ihre geistliche und zeitliche Gewalt mutig und zähe verteidigt haben. In einer hoffnungslosen Lage hielt er mit bewundernswerter Hartnäckigkeit aus und führte den Kampf. Ganz richtig schreibt Theodor Wolters, daß „sein Ausharren trotz widrigster Umstände, der Verzicht auf ein behagliches Rentnerdasein, wie es ihm die Dänen vorschlagen", anerkannt werden müsse. Die Nuntien, denen es an Scharfblick nicht fehlte, haben Christoph gerechter beurteilt als seine protestantischen Kritiker. Campeggio bezeichnete ihn am 26. Juni 1530 als würdigen und guten Bischof (è degno prelato et de li boni). Morone schrieb am 2. Juni 1540, Christoph sei ein Mann von guter Religion und großem Mut, der mit der Rechten und mit der Linken dienen könne (huomo... di buona religione e di grand'animo, qual può servire con la destra et con la sinistra).

II.

Georg von Braunschweig-Wolfenbüttel (1558-1566)

Dem Christoph folgte sein Bruder Georg von Braunschweig nach. Am 4. April 1558 wurde er zum Erzbischof von Bremen, am 14. April 1558 zum Bischof von Verden postuliert. Seit 1554 war er Administrator des Bistums Minden. Als Georg gewählt wurde, war die Mehrheit des Bremer Domkapitels bereits protestantisch. Georg war innerlich dem Luthertum geneigt und nur nach außenhin katholisch. Dieser Schein genügte, den Papst zu täuschen. Pius IV. erteilte ihm am 14. Februar 1561 die Bestätigung für Bremen und Verden, verlangte aber, daß sich Georg innerhalb von vier Monaten die Bischofskonsekration erteilen lasse. Der Erzbischof ist dieser Auflage niemals nachgekommen.

Die Bestellung Georgs zum Erzbischof von Bremen war keine segensreiche Maßnahme. Es fehlte ihm an der religiösen, sittlichen, charakterlichen und theologischen Eignung für sein Amt. Während seiner Lebenszeit galt er als ein Katholik, der aber nicht unverdächtig war. Vor seinem Tode empfing er das Abendmahl unter beiden Gestalten. Georg war vor allem auf Karriere und Einkünfte bedacht, nicht auf Arbeit und Dienst. 1527 war er zum Erzbischof von Riga postuliert worden, war aber von der Zustimmung zur Postulation zurückgetreten. Als Kölner Domherr hatte er Leben und Taten des Hermann von Wied kennengelernt. Vermutlich hätte er ihn gern nachgeahmt, scheute aber vor den zu gewärtigenden Verwicklungen und Kämpfen zurück. Er war ein geistig interessierter Lebemann. Seine Konkubine gebar ihm zwei Söhne. In seiner Amtsführung war er zurückhaltend, mäßig und friedfertig. Die Regierung des Stifts überließ er dem Domkapitel.

Georg sah zu, wie der Protestantismus in seinen Stiften die katholischen Restbestände vernichtete, und gestattete sogar in den letzten Jahren seines Lebens die Verheiratung der Geistlichen. Unter seiner Regierung drang der Kalvinismus in dem Bistum vor und verdrängte das Luthertum. Der bremische Protestantismus neigte in der Folgezeit immer mehr dem reformierten statt dem lutherischen Bekenntnis zu. Die Konkordienformel wurde von ihm nicht angenommen. In der Stadt tobten unter der Regierung Georgs gehässige Streitigkeiten der verschiedenen protestantischen Richtungen, und so erfüllte sich das Gesetz, unter dem der Protestantismus angetreten war.

III.

Heinrich von Sachsen-Lauenburg (1567-1585)

Heinrich von Sachsen-Lauenburg wurde am 17. Februar 1567 im Alter von 19 Jahren zum Erzbischof von Bremen postuliert; zwei Jahre darauf trat er die Regierung an. Er war seit 1574 auch „Bischof" von Osnabrück und seit 1577 von Paderborn.

Heinrich von Sachsen-Lauenburg hing schon, als er zum Erzbischof von Bremen postuliert wurde, dem Protestantismus an. Dem Papst gegenüber gab er sich als treuen Anhänger der katholischen Kirche aus, um auf diese Weise die päpstliche Bestätigung zu erschleichen. Dafür wußte er sich hoher Fürsprache zu bedienen. Kaiser Maximilian ersuchte am 10. Januar 1568 dringend den Papst, Heinrich, der katholisch und dem Heiligen Stuhl ergeben sei, zu bestätigen. Pius V. war indes nicht so leicht zu täuschen; er bezeichnete in seiner Antwort den Postulierten als im Glauben verdächtig. Damit hatte er völlig recht. Denn Heinrich war „ein wahres Muster jener zwischen katholischer und protestantischer Haltung abwechselnden Pfründenjäger" (Moriz Ritter). Um die Religion war es ihm wenig zu tun, am katholischen Glauben war ihm gar nichts gelegen. Es ging ihm allein um die Macht. Er trachtete danach, sich aus seinen drei Bistümern ein weltliches Herzogtum zu schaffen. Dementsprechend verhielt er sich bei seiner Regierung. Er beseitigte die Reste des Katholizismus im Erzstift. Nicht anders verfuhr er in seinen beiden anderen Sprengeln. Jedesmal, wenn in den Stiften Osnabrück und Paderborn ein katholischer Pfarrer starb, suchte Heinrich einen neugläubigen an seine Stelle zu setzen. Da er sich seiner Sache nicht völlig sicher war, bemühte er sich weiterhin unablässig um die päpstliche Bestätigung. Sein Schreiben an Kardinal Otto Truchseß von Waldburg vom 9. Dezember 1572 läßt erkennen, wieviel ihm daran gelegen war. Die Angelegenheit ließ sich nicht schlecht an. Der Informativprozeß, den der Nuntius Kaspar Gropper im November/Dezember 1573 über Heinrich anstellte, enthielt für seine Kölner Zeit lauter Aussagen von Personen, die dem Postulierten katholischen Glauben und ehrbare Sitten bescheinigten. Aber einmal handelte es sich dabei allein um Zeugnisse über äußere Betätigung, nicht über die Gesinnung, und zum anderen blieb die Entwicklung unberücksichtigt, die der Mann genommen hatte. Vielleicht jeder wirklichen Überzeugung bar, paßte er sich mit der ihm eigenen Witterung für seinen Vorteil stets an. Der Nuntius Alessandro Trivio erschien im März 1575 im Erzstift Bremen. Er fand in den Klöstern Zeven, Harsefeld und Lilienthal noch katholischen Gottesdienst. Aber über die konfessionelle Stellung Heinrichs gewann er keine Klarheit. Er hielt ihn am 4. April 1575 für ein Produkt seiner jeweiligen Umgebung. Da diese in Bremen protestantisch war, gerierte er sich hier als Protestant. Am 25. Oktober 1575 ließ sich Heinrich durch einen Prädikanten mit der Anna van Broich, seiner langjährigen Geliebten, trauen. Die Trauung wurde jedoch geheimgehalten. Die Frau verfiel allgemeiner Abneigung am Hofe und beim Volke. Als Regent war Heinrich tüchtig. Die Schulden wurden getilgt, die Einnahmen wuchsen. Das Recht wurde geordnet, die Gerichte wurden verbessert. Auch die Regierung Heinrichs war von endlosen theologischen Streitigkeiten im Schoße des Protestantismus erfüllt. Er starb im Alter von 36 Jahren. Mit seiner Wahl war das Bremer Erzstift für die Kirche verloren.

IV.

Johann Adolf von Holstein-Gottorp (1585-1596)

Johann Adolf von Holstein erhielt 1585 im Alter von zehn Jahren das Erzstift Bremen und 1586 das Hochstift Lübeck. Das inzwischen kalvinistische Kapitel zu Bremen wählte selbstverständlich nur einen protestantischen ,,Bischof", dem Bonhomini am 1. August 1585 wenigstens Friedensliebe bescheinigte. 1589, also im Alter von 14 Jahren, trat er die ,,Regierung" an. Die päpstliche Bestätigung wurde nicht eingeholt; sie wäre auch unerreichbar gewesen. Seit 1590 war er regierender Herzog von Holstein-Gottorp. Er war ohne Einfluß auf die Verhältnisse im Lande. Religiös gesehen war er (dem Kalvinismus zuneigender) Protestant, aber nicht verheiratet. Als er sich 1596 verehelichte, mußte er auf sein Amt verzichten, weil das Domkapitel fürchtete, er werde das Stift erblich machen.

V.

Johann Friedrich von Holstein-Gottorp (1596-1634)

Johann Friedrich von Holstein war seit 1594 der ,,Koadjutor" seines Bruder Johann Adolf im Bistum Lübeck. Am 6. August 1596 verzichtete dieser auf das Erzbistum Bremen zugunsten des Bruders. Daraufhin wurde Johann Friedrich am 22. Oktober 1596 im Alter von 17 Jahren zum ,,Erzbischof" gewählt. Die päpstliche Bestätigung wurde nicht einzuholen versucht. 1607 trat er die Nachfolge seines Bruders auch in Lübeck an. Er war seinem Amt nicht gewachsen. Er war zwar verständig, gutmütig und liebenswürdig, aber er besaß weder Charakter noch Konsequenz, schwankte hin und her und galt infolgedessen mit Recht als unzuverlässig. Als sich das Glück der Waffen im Dreißigjährigen Kriege zeitweise der katholischen Seite zuwandte, schien er einer (begrenzten) katholischen Restitution nicht in den Weg treten zu wollen. Unter dem Schutz der kaiserlichen Truppen wurde der Katholizismus in dem Erzbistum, die Stadt Bremen ausgenommen, weitgehend wiederhergestellt, wenn auch zunächst nur äußerlich. In Stade konnte das Restitutionsedikt zum Teil durchgeführt werden. Auch in Buxtehude gab es gewisse Anfänge einer Rekuperation. Aber das Erscheinen Gustav Adolfs machte alle Erfolge wieder zunichte.

Johann Friedrich mußte im Dreißigjährigen Kriege zeitweilig dem katholischen Erzherzog Leopold Wilhelm von Österreich weichen. 1628 war er bereit, ihn als Koadjutor und Nachfolger anzunehmen. Später fiel er jedoch vom Kaiser ab und ging zu den Schweden über. Er war viel mehr Landesherr als geistlicher Vorgesetzter. Theologisch neigte er dem Kalvinismus zu. Als Verwalter der zeitlichen Dinge bewies Johann Friedrich eine glückliche Hand. Ebenso verstand er es, sich tüchtige Helfer heranzuziehen. Unter seiner Regierung wurden aber auch zahlreiche Prozesse gegen angebliche Hexen geführt. Gegen seinen im Jahre 1600 sich äußernden Plan, zu heiraten, bezogen die bremischen Stände Stellung, so daß er die Hochzeit unterließ. Dieser famose „Bischof" führte bis zu seinem Tode ein außerordentlich freizügiges Geschlechtsleben, dem eine Anzahl von Kindern entsprossen. Seit 1621 war der dänische Prinz Friedrich „Koadjutor" des Erzstiftes, zwei Jahre später „Bischof" von Verden. Die katholische Religion war in den ersten Jahrzehnten des 17. Jahrhunderts keineswegs erloschen. Noch zur Zeit der Dordrechter Synode (1618/19) gab es Katholiken in Bremen. Aber niemand kam ihnen zu Hilfe. Der Westfälische Friede gab das Erzstift Bremen (und das Stift Verden) der schwedischen Krone als weltliches Reichslehen (Art. X § 7 IPO).

2. Kapitel

Erzbistum Hamburg

Beckey, Kurt, Die Reformation in Hamburg, Hamburg 1929

Dehio, Georg, Geschichte des Erzbistums Hamburg-Bremen bis zum Ausgang der Mission, 2 Bde., Berlin 1877

Dreves, Lebrecht, Geschichte der Katholischen Gemeinden zu Hamburg und Altona. Ein Beitrag zur Geschichte der nordischen Missionen, 2. Aufl., Schaffhausen 1866

Gallois, J. G., Geschichte der Stadt Hamburg. Nach den besten Quellen bearbeitet, 3 Bde., Hamburg 1853-1856

Hering, Hermann, Doktor Pomeranus, Johannes Bugenhagen. Ein Lebensbild aus der Zeit der Reformation (= Schriften des Vereins für Reformationsgeschichte 6. Jgg. 1. Stück), Halle 1888

Jensen, Wilhelm, Das Hamburger Domkapitel und die Reformation (= Arbeiten zur Kirchengeschichte Hamburgs Bd. 4), Hamburg 1961

Linkemeyer, C., Bilder aus der Geschichte der katholischen Gemeinden in Hamburg und Altona, in: Festschrift zum 75jährigen Jubiläum des Bonifatiusvereins. Hrsg. vom Generalvorstand des Bonifatiusvereins, Paderborn 1924, 256-311

Linkemeyer, Carl, Hamburg im Zeichen des Krummstabes. Studien aus dem Mittelalter, Hamburg 1926

Linkemeyer, Carl, Das katholische Hamburg in Vergangenheit und Gegenwart, Hamburg 1931

Rolfs, Chr., Zur dithmarsischen Reformationsgeschichte: Beiträge und Mitteilungen des Vereins für schleswig-holsteinische Kirchengeschichte. II. Reihe (kleine Schriften). I. Heft, Kiel 1897, 1-54

Scheib, Otto, Die Reformationsdiskussionen in der Hansestadt Hamburg 1522-1528. Zur Struktur und Problematik der Religionsgespräche (= Reformationsgeschichtliche Studien und Texte Heft 112), Münster/Westf. 1976

Schönecke, Walter, Personal- und Amtsdaten der Erzbischöfe von Hamburg-Bremen vom Jahre 831 bis 1511. Phil. Diss. Greifswald, Greifswald 1915

Schwentner, B., Hamburg: LThK IV, 1932, 805f.

Seegrün, Wolfgang, Das Erzbistum Hamburg — eine Fiktion?: Zeitschrift des Vereins für Hamburgische Geschichte 60, 1974, 1-16

Sillem, Carl Hieronymus Wilhelm, Die Einführung der Reformation in Hamburg (= Schriften des Vereins für Reformationsgeschichte 16), Halle 1886

Christoph von Braunschweig-Wolfenbüttel (1511-1558)

Das Erzbistum Hamburg war seit dem 9. Jahrhundert mit dem Bistum Bremen vereinigt. Der Sitz des Erzbischofs war in Bremen. Seit 1223 war der lange Streit um Titel und Würde des Metropoliten und Erzbischofs dahin entschieden, daß beides bei Bremen lag und drei Dignitäre des Hamburger Kapitels den Erzbischof mitwählten. Das Domkapitel in Hamburg blieb bestehen. Dieses übte im wesentlichen die geistliche Gewalt über Hamburg aus. Der Hamburger Dompropst war seit 1223 Offizial für den rechts der Elbe gelegenen Teil des Erzbistums. Die Geistlichkeit der Stadt Hamburg selbst unterstand dem Domdekan. Lange vor der Losreißung Hamburgs von der katholischen Kirche hatte das Domkapitel das Band, das es an den Erzbischof von Bremen knüpfte, immer mehr gelöst; dieser unterhielt nur lockere Beziehungen nach Hamburg. Vielfältiger Streit zwischen dem Domkapitel und dem Rat der Stadt sowie soziale Unruhen hatten den Boden für das Wittenberger ,,Evangelium" bereitet. Die Stellung des Domkapitels mit seinen reichen Gerechtsamen zu brechen, war eines der Hauptmotive für die Einführung der Glaubensneuerung. Das Kapitel wiederum hatte keine Macht in dem seiner Regierung unterstehenden Gebiet; es konnte gegen die Protestantisierung von oben nichts tun.

Ordo Steenmehl predigte als erster seit 1521 in lutherischem Sinne in Hamburg. Ihm folgte 1523 der ehemalige Rostocker Franziskaner Stephan Kempe. In Hamburg kann keine Rede davon sein, daß alle oder auch nur die Mehrheit der katholischen Geistlichen zum Protestantismus abgefallen seien. Es gab vielmehr genügend Kleriker, die der Verführung des Luthertums widerstanden. Vor allem die Dominikaner vertraten die Wahrheit mutig und treu. Es sei an Augustinus von Getelen erinnert. Er war ein ebenso gewandter wie entschiedener Gegner der Irrlehre. Seine wissenschaftliche Bildung und sein Predigttalent sicherten ihm eine zahlreiche Zuhörerschaft. Das Hamburger Domkapitel fühlte sich freilich selbst der andringenden Irrlehre theologisch nicht gewachsen, bemühte sich aber um Theologen, die den Glauben verteidigten. In den entscheidenden ersten Jahren hatte das Kapitel keinen energischen und tatkräftigen Führer. Der Hamburger Dompropst, Joachim von Klitzing (1505-1539), war gleichzeitig Dompropst in Brandenburg und Magdeburg, und diese Ämterhäufung hinderte ihn, bei der Abwehr des Protestantismus in Hamburg die Rolle zu spielen, die ihm angestanden hätte. Ende des Jahres 1526 war der Protestantismus in Hamburg herrschend. Unter Führung von Geistlichen wie Barthold Moller wehrte sich der treugebliebene Teil des Klerus tapfer gegen die Angriffe der Neuerer.

Entscheidend für den Sieg der Neuerung wurde auch in Hamburg das Verhalten des Stadtrates. Erzbischof Christoph bemühte sich, auf ihn einzuwirken. Ende 1522 und am 20. Januar 1523 versuchte er, durch zugleich mahnende und maßvolle Schreiben an den Rat den kirchlichen Wirren in Hamburg zu steuern. Am 10. März 1523 wurde in Buxtehude ein Provinzialkonzil gehalten, das sich gegen die lutherische Lehre wandte. Erzbischof Christoph ließ daran anschließend dem Hamburger Rat am 19. März 1523 ein warnendes Schreiben zugehen. Der Rat verhielt sich anfangs zögernd und unschlüssig; er fürchtete die drohenden protestantischen Bürger, und deswegen ging er nicht entschieden gegen den Abfall vor. Als der Stadtrat erkannte, daß sich Christoph gegen die aufsässige Stadt Bremen nicht durchzusetzen vermochte, wurde er noch furchtsamer gegenüber den rechtswidrigen Wühlereien der Neuerer in Hamburg. Man griff, wenn auch aus verschiedenen Motiven, zu dem Mittel des Glaubensgespräches, um eine Klärung bzw. Entscheidung herbeizuführen. Im Mai 1527 fand eine Disputation zwischen katholischen und protestantischen Vertretern vor dem Rat statt. Die grundsätzlichen Gegensätze zwischen alter und neuer Lehre blieben unausgeglichen. Es zeigte sich, daß die theologische Prinzipienlehre der eigentliche Streitgegenstand war. Eine gemeinsame Basis und ein gemeinsamer Maßstab der Diskussion existierten nicht mehr. Die Erörterung war allein in der Lage, die Standpunkte beider Seiten zu klären, aber sie versagte als Schiedsinstanz. Das Kolloquium von 1527 machte sichtbar, daß das Verfahren bezüglich der Religionsneuerung aus der Hand der geistlichen in die der weltlichen Obrigkeit übergegangen war.

Noch am 5. August 1527 versicherte der Rat den Erzbischof seiner Ergebenheit, mußte aber die gewaltsam eingeführten Änderungen in den Kirchspielen zugeben; er empfahl die Einberufung eines Provinzialkonzils zur Abwehr der Irrlehre. Ob das Schreiben ganz ehrlich gemeint war, ist nicht sicher. Denn der Rat gab den Widerstand gegen die Neuerung mehr und mehr auf. Jedoch wurde noch 1527 in allen Pfarrkirchen Hamburgs die katholische Messe gefeiert. Im Dom wurden im Winter 1527/28 sogar gehaltvolle Kontroverspredigten gehalten. Am 12. März 1528 traten indes vier lutherisch gesinnte Männer in den Rat ein. Dieser trieb jetzt die sogenannte Reformation voran. Wie die Magistrate vieler anderer Städte ließ auch der Hamburger Rat erneut eine Disputation zwischen katholischen Geistlichen und protestantischen Prädikanten veranstalten, um dann mit einem Schein des Rechts die Neugläubigen, denen er ohnehin zuneigte, zum Sieger zu erklären. Am 28. April 1528 fand das zweite öffentliche Religionsgespräch zwischen Katholiken und Protestanten statt; es konnte nur zugunsten der Wittenberger Lehre ausgehen. Indem nämlich der Rat die Bibel, d. h. das explizite Wort der Heiligen Schrift, als Richter in der Disputation aufstellte, entschied er sich von vornherein für das protestantische Prinzip. Selbstverständlich war mit der Bibel nicht die sich selbst auslegende, sondern die von dem Wittenberger autoritativ interpretierte Heilige Schrift gemeint. Die Diskussion trug darum mehr den Charakter eines Verhörs als eines offenen Gesprächs; eine wirkliche umfassende Auseinandersetzung unterblieb. Die Protestanten gingen von ihrem Biblizismus aus, die Katholiken bedienten sich unterschiedlicher Methoden. Aber da ja nicht der Wortlaut, sondern das Verständnis der Bibel ausschlaggebend ist für deren Beweiswert, war eine Einigung von vornherein nicht zu erwarten, selbst wenn die Katholiken sich auf den Boden der protestantischen Argumentationsweise begeben hätten. Die Folge des protestantischen ,,Sieges" war die zwangsweise durchgeführte Vernichtung der katholischen Religion in Hamburg. 1528 wurde der katholische Klerus aus der Stadt vertrieben, 1529 der katholische Gottesdienst verboten. Erzbischof Christoph legte am 30. Juni 1528 beim Stadtrat Verwahrung gegen die Serie von Rechtsbrüchen ein und forderte die Wiedereinsetzung in den vorigen Stand. Am 14. Januar 1529 verwandte er sich in seinem Schreiben für die vertriebenen Geistlichen. Aber seinem Recht fehlte die Macht. Auch das Eintreten des Kaisers für die Katholiken änderte nichts am Gang der Entwicklung. Mit den üblichen Tricks wurde das katholische Leben Hamburgs erstickt. Dabei tat sich u. a. Bugenhagen hervor. Artikel 59 des Rezesses von 1529 ordnete an, daß, wer sich nicht an die Bugenhagensche Kirchenordnung hält, ,,der soll in dieser Stadt und ihrem Gebiete nicht geduldet, gerichtlich verfolgt und nach Gelegenheit der Tat bestraft werden". Trotzdem war Hamburg niemals ohne Katholiken, die sich im Verborgenen hielten. Die Hamburger Katholiken ließen sich keineswegs allesamt ohne weiteres verführen. Es gab auch viel Anhänglichkeit an den wahren Glauben und manches Beispiel treuen Bekenntnisses. In dem rechtsgelehrten Bürgermeister Hinrich Salsborch hatten die Katholiken eine Stütze, bis er 1529 nicht mehr im Rat erscheinen durfte und 1531 auf seinen Platz im Rat verzichten mußte. Das Domkapitel versuchte, seine Rechte vor dem Reichskammergericht zu verteidigen. Die Prozesse zogen sich über Jahrzehnte hin und endeten erst, als das Kapitel bereits mehrheitlich protestantisch war. Die 1528 nicht ausgewiesenen Mitglieder des Domkapitels setzten den katholischen Gottesdienst im Dom fort. Im Jahre 1529 besuchten noch viele Gläubige, darunter zahlreiche vornehme Frauen, die hl. Messe. Als protestantische Pöbelhaufen den Gottesdienst störten, ordnete der Stadtrat die Einstellung desselben an (15. August 1529). Ein kaiserlicher Schutzbrief öffnete wieder die Domportale (8. Dezember 1529). Am 10. Mai 1531 ließ der Stadtrat den Dom erneut schließen. Die ihn verurteilende Entscheidung des Kammergerichts vom 7. Juli 1533 beantwortete Hamburg mit der Annäherung an den Schmalkaldischen Bund, dem es später beitrat (1536). Damit glaubte die Stadt die Macht zu besitzen, die dem Recht zu trotzen imstande war. Der Sieg des Kaisers von 1547 vermochte sich in Hamburg nicht auszuwirken; das Interim wurde nicht angenommen.

Ähnlich wie in Hamburg erfolgte die Vernichtung der katholischen Religion in dem übrigen Gebiet des Bistums. Dithmarschen galt als ein Marienland, und dies war es auch. Dort predigte Nikolaus Boie das neue ,,Evangelium". Die Dominikaner von Meldorf und andere widersetzten sich der Protestantisierung, und Erzbischof Christoph unterstützte sie. Das Domkapitel führte von 1527 bis 1532 einen Prozeß vor dem Reichskammergericht gegen die Serie von Rechtsbrüchen, mit denen die sogenannte Reformation in Dithmarschen vordrang. Aber der Protestantismus setzte gegen das

Recht die Gewalt und siegte damit. Mehrfach versuchte Erzbischof Christoph durch Verhandlungen, die Dithmarscher von ihrem Abfall abzuhalten (1532/33), indes ohne Erfolg. Christoph konnte in der Folgezeit nur hoffen, daß ein Eingreifen des Kaisers das Recht wiederherstellen werde. Aber diese Hoffnung erfüllte sich nicht. Christoph hat auch in Hamburg für den Glauben getan, was er konnte. Das Fehlen der Machtmittel erklärt seinen Mißerfolg.

3. Kapitel

Bistum Lübeck

Becker, Johann Rudolph, Umständliche Geschichte der Kaiserl. und des Heil. Römischen Reichs freyen Stadt Lübeck, 2 Bde., Lübeck 1782/84

Brandt, A. von, Geist und Politik in der Lübeckischen Geschichte. Acht Kapitel von den Grundlagen historischer Größe, Lübeck o.J. (1954)

Illigens, Everhard, Geschichte der Lübeckischen Kirche von 1530 bis 1896, das ist Geschichte des ehemaligen katholischen Bistums und der nunmehrigen katholischen Gemeinde, sowie der katholischen Bischöfe, Domherren und Seelsorger zu Lübeck von 1530 bis 1896, Paderborn 1896

Jannasch, Wilhelm, Geschichte des lutherischen Gottesdienstes in Lübeck. Von den Anfängen der Reformation bis zum Ende des Niedersächsischen als gottesdienstlicher Sprache (1522-1633), Gotha 1928

Jannasch, Wilhelm, Reformationsgeschichte Lübecks vom Petersablaß bis zum Augsburger Reichstag 1515-1530 (= Veröffentlichungen zur Geschichte der Hansestadt Lübeck Bd. 16), Lübeck 1958

Jannasch, Wilhelm, Heinrich III. Bockholt: NDB 8, 1969, 368

Malchow, Carl, Geschichte des Lübecker Domkapitels. 1. Thl.: Von seiner Gründung bis zur Mitte des 13. Jahrhunderts. Phil. Diss. Rostock, Rostock 1881

Mantels, Balthasar (Rantzau): ADB 2, 1875, 27

Mantels, Detlev (von Reventlow): ADB 5, 1877, 81f.

Metzler, J., Lübeck: LThK VI, 1934, 668-670

Metzler, J., Lübeck: LThK VI, 2. Aufl., 1961, 1165-1167

Schreiber, Heinrich, Die Reformation Lübecks (= Schriften des Vereins für Reformationsgeschichte 20. Jgg. 1. Stück Nr. 74), Halle 1902

Schwentner, Bernhard, Die Rechtslage der katholischen Kirche in den Hansestädten Hamburg, Bremen und Lübeck. Zugleich eine Zusammenstellung der die kathol. Kirche in den drei Hansestädten betreffenden staatlichen und kirchlichen Gesetze und Verordnungen, Hamburg 1931

Suhr, Wilhelm, Die Lübecker Kirche im Mittelalter. Ihre Verfassung und ihr Verhältnis zur Stadt (= Veröffentlichungen zur Geschichte der Hansestadt Lübeck Bd. 13), Lübeck 1938

I.

Johannes Grimholt (1510-1523)

Johannes Grimholt wurde am 10. Januar 1510 zum Bischof von Lübeck gewählt und erhielt am 8. April 1510 die päpstliche Bestätigung. Er war ein unbedeutender Mann, der die geistliche Jurisdiktion nicht nachdrücklich zur Geltung zu bringen wußte. Der Protestantismus drang auch in Holstein ein; der Bischof Johann war wegen der Macht des Herzogs Friedrich I. nicht in der Lage, dem Abfall zu wehren. Dessen Sohn Christian II. trieb die Neuerung erst recht voran. Anfang der zwanziger Jahre wird das Luthertum auch in Lübeck faßbar, aber anders, als es der Urheber der Bewegung wünschte. Denn es zeigte sich scharfer und mehrheitlicher Widerstand. Lübeck war unter den Städten Niedersachsens „fast die letzte" (Johann Rudolph Becker), die den Protestantismus von Amtes wegen einführte. In Lübeck werden der Unfriede, den der Protestantismus in deutsche Lande getragen, und das Unheil, das er über das Reich gebracht hat, so recht deutlich faßbar.

II.

Heinrich III. Bockholt (1523-1535)

Der Besetzungsvorgang ging nach dem Tode Grimholts auffallend schnell vor sich. Grimholt starb am 27. Mai 1523. Am 31. August 1523 erhielt Heinrich Bockholt bereits die päpstliche Bestätigung. Er war ein gebildeter und geistig regsamer Mann. Bockholt war Doctor iuris und Auditor Rotae Romanae. Er war an Kunst, Musik und Literatur interessiert. Bockholt war bei seiner Wahl zum Bischof bereits Priester. Im März 1524 empfing er in Eutin die Bischofskonsekration, am 16. Mai 1524 hielt er in Lübeck sein erstes feierliches Hochamt. Merkwürdig ist, daß der Bremer Metropolit bei der Konsekration nicht zugegen war. In seinem Fehlen kündigte sich vielleicht der Mangel an, der den gesamten Abwehrkampf gegen die protestantische Bedrohung überschattete: das völlig ungenügende Zusammenwirken der beiden Bischöfe. Bockholt gab sich redlich Mühe, das ihm übertragene Amt auszufüllen. Er war dem katholischen Glauben aufrichtig ergeben und im Dienst der Kirche eifrig. Seine Hofhaltung wurde vom Domkapitel als zu kostspielig erachtet.

Lübeck gehört zu den vielen Städten, in denen der Sieg des Protestantismus erst nach heftigen Kämpfen errungen wurde. Vor allem der Rat und seine Anhänger hielten lange Zeit treu am Glauben fest. Der Bischof arbeitete Hand in Hand mit dem Rat. Die Verteidiger der heiligen Religion wurden von dem Domkapitel tatkräftig unterstützt. Dieses wachte sorgfältig über die Erhaltung des Glaubens in Lübeck. Indes wurde bis 1524 versäumt, energisch gegen die Irrlehre vorzugehen. Der abgefallene Johannes Osenbrügge wurde zwar in Haft genommen. Als er 1528 freigelassen wurde, mußte er versprechen, die Stadt Lübeck in einem Umkreis von zehn Meilen meiden zu wollen. Wenn so in der Stadt Lübeck die Aufforderung zum Abfall nicht geduldet wurde, so wurde doch in benachbarten Orten weiter lutherisch gepredigt. Der Rat verbot das Auslaufen zum protestantischen Gottesdienst nach Oldesloe und Wismar. Auch in Lübeck traten immer wieder lutherische Sendboten auf. Der gefährlichste und radikalste war Thomas Aderpul; mit seinen aufreizenden Reden verführte er viele einfache Leute. Als er sich verheiratete, wurde er eingesperrt und aus der Stadt verwiesen. Auch mehrere andere Prädikanten und Bürger wurden entweder ausgewiesen oder in der Stadt bestraft. Das katholische Leben schien sich behaupten zu können. Die überkommenen Formen der Frömmigkeit standen noch in Übung. An der großen Lübecker Prozession 1525 nahmen der Bischof, Herzog Albrecht von Mecklenburg und Bischof Georg von Viborg teil.

Bischof Heinrich Bockholt widerstrebte der lutherischen Neuerung ernstlich und energisch. In der Bekämpfung des Protestantismus übertraf er das Domkapitel an Mut und Tatkraft. Bockholt war aber gleichzeitig ein Träger echten katholischen Reformwillens, der die eigene Person nicht ausnahm. Im Jahre 1525 legte er dem Domkapitel die von ihm neu bearbeiteten Constitutiones synodales vor. Ebenso erstellte er eine reformierte Ordnung der Lübecker Domkirche.

Der Bischof machte sich nichts vor. Er beobachtete mit Besorgnis die anschwellende Flut der Irrlehre. Ihren Anhängern ging es gar nicht um eine echte innerkatholische Reform, sondern um die Zerstörung der Kirche. Die angeblich religiösen Forderungen verbargen meist eigennützige Interessen: mehr Bequemlichkeit, mehr Unabhängigkeit, weniger Pflichten, weniger Lasten. Unter der Bürgerschaft bestanden bedeutsame Unterschiede in der Einstellung zu dem Luthertum. Die Patrizier und die Kaufleute waren erheblich mehr ablehnend gegenüber dem neuen ,,Evangelium" als die Zünfte und die Handwerker. Noch schienen die ersteren das Regiment der Stadt in der Hand zu haben. 1528 veranlaßte der Rat die öffentliche Verbrennung der Schriften des Wittenberger Reformators. Ende August 1528 gelang es dem Bischof indes schon nicht mehr, die Entfernung der lutherisch predigenden Andreas Wilms und Johannes Walhoff aus ihren Ämtern zu erreichen. Entgegen der optimistischen Ansicht der Bürgermeister sah er klar die Gefahren, die von den Predigten dieser Männer ausgingen. Eine Art Seismograph für die konfessionellen Verhältnisse waren regelmäßig die Feier der Prozessionen und die Beteiligung an ihr. Am 30. Mai 1529 zogen der Bischof und der anwesende Rigaer Erzbischof Thomas in der großartigen Lübecker Prozession mit. An der Prozession, die am Weißen Sonntag 1530 im Dom gehalten wurde, nahmen drei Bürgermeister und 14 Ratsherren teil. Noch einmal wurde am zweiten Sonntag nach Pfingsten 1530 die herkömmliche große Prozession in Lübeck gehalten, bei der zwei Bürgermeister, nicht aber der Bischof anwesend waren. Doch nunmehr stand das Verhängnis unmittelbar vor der Tür. Die lutherische Bewegung griff aus den bekannten Gründen weiter um sich. Ihre Anhänger benutzten die Mißstimmung wegen Steuern, um ihre Forderungen zu erheben. Wie in vielen anderen Gemeinwesen und Territorien wurde auch in Lübeck Druck ausgeübt, d.h. die Geldbewilligung von der Freigabe der lutherischen Predigt abhängig zu machen versucht. Das ,,lautere Wort Gottes" wurde schließlich durch Aufruhr und Terror zum Siege geführt (1530). Am 2. Juli 1530 wurde der Dom von den Protestanten usurpiert. Der katholische Gottesdienst wurde verboten, die Teilnahme an ihm unter Strafdrohung gestellt, die Geistlichen mußten die Stadt verlassen. Bugenhagen vollendete die Zerstörung des Katholizismus in Lübeck. Der Kaiser suchte dem verletzten Recht gegen die Gewalt zu Hilfe zu kommen; die Fürsten, auf die er den Rat für Unterstützung verwies, waren indes nicht in der Lage, wirksam einzugreifen. Es war so weit gekommen in Deutschland, daß man des Kaisers spottete. Dennoch regte sich auch jetzt noch Widerstand katholischer Priester, Ordensleute und Laien in Lübeck; er wurde durch Verbote und Ausweisungen gebrochen. Ein Mann wie der Bürgermeister Nikolaus Brömse hoffte lange noch, daß es dem Rat gelingen werde, die katholische Religion in Lübeck wiederherzustellen. 1531 kam Hermann Bonnus als Superintendent in die Stadt. Das Domkapitel zeigte sich jetzt nachgiebig. Die meisten Kanoniker verließen angesichts des Terrors die Stadt und begaben sich zum Bischof nach Eutin. Als Eutin 1534 von Lübeck besetzt wurde, entflohen der Bischof und die Domherren nach Hamburg.

III.

Detlev von Reventlow (1535-1536)

Nach dem Tode Bockholts wählte das Domkapitel den Detlev von Reventlow zum Bischof. Das Kapitel war bei seiner Wahl nicht frei, sondern wurde von dem dänischen König Christian III. gelenkt. Detlev war Kanzler der Könige Friedrich I. und Christian III. von Dänemark. Er war Dr. iur. und mehrfacher Domherr, aber dem Luthertum zugeneigt. Die häufig festzustellende Tatsache, daß das Domkapitel im 16. Jahrhundert religiös schwankende Männer zu Bischöfen wählte, war in der Hauptsache auf den Einfluß benachbarter Fürsten zurückzuführen, dem das Kapitel sich beugte, um nicht deren Gunst zu verlieren und des Kirchenvermögens verlustig zu gehen. Diese Überlegung zahlte sich auch in Lübeck aus. Dank der Wahl eines lutherisch gesinnten Mannes durfte das Kapitel nach Lübeck zurückkehren. Detlev von Reventlow erhielt die päpstliche Bestätigung am 20. Dezember 1535. Diese erstaunliche Tatsache erklärt sich wohl einmal aus der damals noch bestehenden Unsicherheit über den Konfessionsstand vieler Personen, zum anderen aus der Erwartung, das Entgegenkommen des Heiligen Stuhles werde bei dem Begünstigten ein gutes Echo wecken. Darin sollte sich der Papst jedoch täuschen. Bis dahin war im Chor der Lübecker Domkirche noch die hl. Messe gefeiert worden. Reventlow schaffte diesen Rest katholischen Gottesdienstes ab und ordnete die Predigt des Wittenberger ,,Evangeliums" an der Domkirche und in allen übrigen

Kirchen des Hochstiftes an. Den Domherren legte er den Übertritt zum Protestantismus nahe. Nach Eutin berief er den Paul Severin als lutherischen Prediger.

IV.

Balthasar von Rantzau (1536-1547)

Der Nachfolger Detlevs war Balthasar von Rantzau. Er war ein gelehrter, in Staatsgeschäften — als Kanzler des dänischen Königs Christian III. — erfahrener Mann und insofern dem Herrscher genehm. Als das Kapitel ihn wählte, mußte er versprechen, die Ausübung der katholischen Religion nicht zu hindern. Er suchte auf Wunsch des Kapitels die Bestätigung des Papstes nach und erlangte sie am 22. Dezember 1536. Auch später riß die Verbindung mit dem Heiligen Stuhl nicht völlig ab. Paul III. gestattete ihm 1537, die Konsekration um ein Jahr zu verschieben. 1539 und 1542 erfolgten weitere Verlängerungen. Wo Rantzau konfessionell genau stand, ist unsicher. Er war vielleicht Anhänger einer Zwischenreligion, ließ aber angesichts seiner Ohnmacht der Entwicklung ihren Lauf. Noch immer gab es in Lübeck treu katholische Bürger, die mit fester Zuversicht einen Umschwung zugunsten der katholischen Sache erwarteten. 1543 starb der eifrig katholische Bürgermeister Nikolaus Brömse, 1544 der ebenfalls katholische Bürgermeister Jochim Gercken. Zeugnis der unerschütterlichen Zuversicht Brömses ist die Tatsache, daß er in seinem Testament die Abhaltung von Seelenmessen anordnete, die nach Wiederherstellung des katholischen Gottesdienstes in der Jakobikirche gehalten werden sollten. Der Bischof starb, verschleppt um eines Erpressungsversuches willen (1545), 1547 in Gefangenschaft.

V.

Jodocus Hoetfilter (1547-1551)

Die Wahl des Jodocus Hoetfilter durch das Lübecker Domkapitel kann wohl nur so erklärt werden, daß die Mehrheit seiner Mitglieder noch der Kirche anhing. Denn Hoetfilter war eindeutig katholisch. Der Papst bestätigte die Wahl am 14. Dezember 1548. Hoetfilter war bescheidener Herkunft, aber im Studium nur um so eifriger. Er befand sich während des Augsburger Reichstags 1530 bei Campeggio. In einer Aufzeichnung vom 27. Mai 1530 meinte er, das durch Verführung und Furcht irregeleitete Volk möchte lieber der katholischen Religionsübung folgen als der protestantischen. Zur Zeit seiner Wahl zum Bischof weilte er seit mehreren Jahren in Rom. Paul III. und Julius III. verwandten ihn in kurialen Geschäften. Leider blieb er auch nach der Wahl in Rom. Erst 1551 schien es, daß er sein Bistum aufsuchen wollte; er starb jedoch vor der

Abreise. Der Protestantismus schritt unterdessen in Lübeck voran. Mit anderen norddeutschen Städten vereint, lehnte die Stadt das Interim ab. Der Kaiser war zu schwach, dem Recht zu Hilfe zu kommen und die Halsstarrigkeit der Rebellen zu brechen.

VI.

Theodorich (Dietrich) von Rheden (1551-1555)

Mit der Wahl des Theodorich von Rheden gab die Mehrheit des Lübecker Kapitels erneut seine katholische Gesinnung kund. Denn auch er war unzweideutig katholisch. Am 15. Juni 1551 erhielt er die päpstliche Bestätigung. Dietrich von Rheden war ebenso befähigt wie fleißig, ein gewandter und kenntnisreicher Jurist, Doktor des kanonischen Rechtes. Leider war er alt und erblindet. Er war bei seiner Wahl Domherr von Mainz und ging für kurze Zeit nach Lübeck. Er gab dem dortigen Katholizismus keine Chance mehr; das Bistum schien ihm für die Kirche verloren. Gleichzeitig erkannte er, daß er der Lage nicht gewachsen war, und sprach darum den Verzicht aus. In Lübeck wuchs inzwischen die lutherische Intoleranz. Protestantische Engländer, die dort Zuflucht suchten, wurden auf Betreiben der Prädikanten nicht aufgenommen, die Wiedertäufer und die Sakramentierer erbittert verfolgt.

VII.

Andreas von Barby (1556-1559)

Nach dem Verzicht Rhedens postulierte das Domkapitel den Andreas von Barby. Er war der uneheliche Sohn des Nikolaus von Barby. Andreas von Barby wurde dem Domkapitel vom dänischen König Christian III. aufgedrängt. Die päpstliche Bestätigung erhielt er nicht, obwohl er vielleicht noch katholisch war. Er empfing lediglich die niederen Weihen. Andreas war begabt und gewandt, aber ohne geistliche Kraft und wohl auch ohne kirchliches tiefgehendes Interesse. Er war mit politischen Aufträgen in dänischen Diensten beschäftigt und hatte weder Zeit noch Lust, sich um die religiösen Verhältnisse des Bistums zu kümmern. Außerdem war er ohnmächtig. Der ,,Bischof" vermochte in seiner Diözese keine Jurisdiktion mehr auszuüben. Der schwache Mann hatte aber wohl eine gewisse Anhänglichkeit an die Kirche. Denn während er die katholische Religion als Kanzler Christians III. in Dänemark unterdrückt hatte, schützte er als ,,Bischof" von Lübeck die katholischen Domherren (Everhard Illigens). Der Stadtrat von Lübeck drang dem Domkapitel in dieser Zeit lutherische Mitglieder auf, was aber Andreas rückgängig machte. Die katholischen Kanoniker standen nicht allein auf weiter Flur. Lange bis in die zweite Hälfte des 16. Jahrhunderts gab es in Holstein noch viele Katholiken, ja ganze katholische Orte. Aus Mangel an Seelsorgern, wegen der Entbehrung des Gottesdienstes und unter der Einwirkung der Prädikanten erlosch allmählich der Glaube.

VIII.

Johannes IX. Tiedemann (1559-1561)

Johannes Tiedemann wurde vom Kapitel gewählt, dessen Dekan er war. Er suchte um die päpstliche Bestätigung seiner Wahl nach und erhielt sie am 29. November 1560. Johannes Tiedemann war vermutlich noch katholisch. Everhard Illigens spricht sogar von seiner „entschieden katholischen Gesinnung". Er war angeblich auch fromm und wohltätig. Einen folgenschweren Fehler beging er, als er, wohl auf Betreiben des Königs Friedrich II. von Dänemark und des Herzogs Adolf von Holstein, mit Zustimmung einiger Mitglieder des Domkapitels einen Koadjutor annahm, und zwar den Abt des (protestantisierten) Michaelisklosters zu Lüneburg, Eberhard von Holle. Denn dieser war religiös unzuverlässig, ja abgefallen.

IX.

Eberhard von Holle (1561-1586)

Eberhard von Holle machte seine Studien vermutlich in Wittenberg und Rostock. Er war ein gebildeter Mann, gleichzeitig aber genußsüchtig und prachtliebend. Ihn postulierte das Kapitel am 16. Mai 1561 zum Bischof von Lübeck. Es wird behauptet, an dieser Entscheidung sei zu erkennen, daß die Mehrheit des Kapitels nunmehr lutherisch gewesen sei. Indes ist dies fraglich. So eindeutig war die Haltung Holles zum Zeitpunkt seiner Postulation nicht. Er beschwor nämlich in der Wahlkapitulation, er wolle das Domkapitel „bey der alten christlichen catholischen Religion, wie von Anfang und Stiftung der Kirche im Gebrauch gewesen, und bis daher gehalten, unverworren bleiben lassen". Allerdings ist richtig, daß das Domkapitel zu diesem Zeitpunkt religiös gespalten war. Die katholischen Domherren hätten schon nach dem Tode Barbys gern den Christoph von Schönaich auf dem Lübecker Bischofsstuhl gesehen; sie arbeiteten jetzt am Heiligen Stuhl gegen Holle. Der Nuntius Commendone, der 1561 in Lübeck erschien, war ein entschiedener Gegner Holles. Er führte einen großen Teil des Unheils darauf zurück, daß aus äußeren Rücksichten häretische oder schwankende Männer zu Bischöfen gewählt bzw. postuliert würden; dadurch werde jede Hoffnung zunichte gemacht, der katholischen Kirche wieder aufzuhelfen. Holle kam um die päpstliche Zulassung ein. Tatsächlich gewährte sie der Heilige Stuhl am 31. August 1562, also unter dem Pontifikat Pius' IV. (1559-1565), der in den meisten Angelegenheiten die äußerste Nachsicht an den Tag legte. Moriz Ritter stellt richtig fest, daß Holle durch „Heucheln" die päpstliche Bestätigung erschlich. Denn er war seit langem innerlich Protestant.

Holle war gewandt und kenntnisreich, jedoch weltlich eingestellt und sittlich nicht einwandfrei, ja ein verderbter Mensch. Sein Ehrgeiz trug ihn von dem Amte eines Abtes des Benediktinerklosters auf den Lübecker Bischofsstuhl. Seit 1566 war er auch noch Administrator des Bistums Verden. Im Jahre 1565 bekannte sich Holle offen zum Protestantismus, wobei er als symbolische Geste ein Meßbuch öffentlich dem Erdboden übergeben ließ. Der katholische Gottesdienst im Chor des Domes hatte bereits 1535 eingestellt werden müssen; Holle aber übergab diesen Teil der Kirche zu Weihnachten 1571 den Prädikanten. Er war bestrebt, den katholischen Glauben überall auszurotten und das Luthertum an seine Stelle zu setzen, was ihm auch in seiner langen Regierung gelang. Die Nuntien sannen darüber nach, wie den katholischen Resten in Norddeutschland Hilfe gebracht werden könne. Delfino schlug 1573 (in Unkenntnis der für Lübeck gewährten Zulassung) vor, das Lübecker und das Verdener Kapitel sollten Holle zur Einholung der päpstlichen Bestätigung anhalten und nach erfolglosem Ablauf einer Frist zur Neuwahl schreiten. Eine dahingehende Aufforderung richtete Gregor XIII. tatsächlich an das Verdener, aber wohl nicht an das Lübecker Kapitel. Letzteres wäre auch nicht leicht möglich gewesen, denn für Lübeck war Holle ja die Bestätigung gewährt worden. Delfino versuchte im Jahre 1575 vergeblich, die Absetzung des abgefallenen Bischofs gemäß dem Augsburger Religionsfrieden zu erreichen; die Macht dazu war nicht vorhanden. 1575 war das Kapitel vielleicht noch überwiegend oder jedenfalls noch teilweise katholisch. Seine Mitglieder feierten die Messe in Privathäusern. Aber die Protestantisierung schritt fort. Viele Domherrenstellen wurden mit Lutheranern besetzt. 1582 war die Mehrheit der Kanoniker mit Sicherheit protestantisch. Doch gab es immer noch eine beträchtliche Zahl von Katholiken im Kapitel. In einem Schreiben vom 9. Mai 1585 erklärten sich neun Lübecker Domherren gegenüber dem Kölner Nuntius Bonhomini bereit, das tridentinische Glaubensbekenntnis in das Statut des Kapitels aufzunehmen, wiesen aber auf die Unmöglichkeit hin, die übrigen Kanoniker dafür zu gewinnen. Die erhoffte Hilfe von Kaiser und Papst traf nicht ein.

X.

Johann Adolf von Holstein-Gottorp (1586-1607)

Noch zu Lebzeiten Holles empfahl der Herzog Adolf von Holstein dem Kapitel, seinen Sohn Friedrich zum Koadjutor von Lübeck zu wählen. Allein dazu kam es nicht. Jedoch befestigte sich bei den Domherren die Überzeugung, daß nur ein Bischof aus einem mächtigen Fürstenhaus sie hinreichend schützen könne. So wurde am 16. September 1586 der Bruder Friedrichs von Holstein, Johann Adolf, zum „Bischof" postuliert. Er erlangte niemals die päpstliche Bestätigung. Johann Adolf war seit 1585 bereits „Erzbischof" von Bremen, obwohl er erst elf Jahre alt war. Bonhomini beurteilte ihn als Liebhaber von Ruhe und Frieden, aber als der neuen Lehre zugetan. Die katholischen Domherren hegten zeitweise gewisse Hoffnungen, Johann Adolf werde sich dem katholischen Glauben zuwenden, aber sie erfüllten sich nicht. 1596 heiratete er die dänische Prinzessin Augusta. 1597 übernahm Johann Adolf die Regierung seiner Länder. Er dankte 1607 ab. Ihm folgte sein Bruder Johann Friedrich. Von 1586 bis 1803 kamen die Lübecker „Bischöfe" aus dem Hause Holstein-Gottorp. Lübeck wurde nicht säkularisiert, sondern bestand weiter als lutherischer geistlicher Staat. Kraft des Westfälischen Friedens blieb in Lübeck ein aus Katholiken und Protestanten gemischtes Kapitel erhalten, wobei aber am Normaltag des 1. Januar 1624 nur sechs Kanonikate den ersteren zustanden (Art. V § 23 und Art. XIII §§ 1-14 IPO). Später verminderte sich die Zahl auf vier. Dieser Stand wurde bis 1804 gewahrt. Der katholische Gottesdienst konnte so, wenn auch unter bescheidenen Verhältnissen und bei ständiger Bedrückung, aufrechterhalten werden.

4. Kapitel

Bistum Ratzeburg

Fromm, Christoph, Herzog zu Mecklenburg: ADB 4, 1876, 240f.

Jordan, K., Ratzeburg: RGG V, 3. Aufl., 1961, 802

Kahl, H.-D., Ratzeburg: LThK VIII, 2. Aufl., 1963, 1008f.

Kähler, Otto, Zur Geschichte des Bistums und Doms zu Ratzeburg: Zeitschrift der Gesellschaft für Schleswig-Holsteinische Geschichte 74/75, 1951, 244-275

Kuhle, J., Geschichte des Bisthums Ratzeburg. Theil II. Der Bischof Evermod. Phil. Diss. Rostock, Rostock 1876

Masch, Gottlieb Matthias Carl, Geschichte des Bisthums Ratzeburg, Lübeck 1835

Metzler, J., Ratzeburg: LThK VIII, 1936, 649

Neuendorff, Joachim Heinrich, Die Stiftsländer des ehemaligen Bisthums Ratzeburg, topographisch und geschichtlich dargestellt, Rostock, Schwerin 1832

Notz, Ferdinand v., Der Dom zu Ratzeburg. Ein Siegesdenkmal christlichen Glaubens, nordischen Geistes und deutsch-heldischen Blutes, Ratzeburg o.J. (1931)

Schreiber, Hans Henning (Hrsg.), Der Dom zu Ratzeburg. Acht Jahrhunderte, Ratzeburg 1954

I.

Heinrich Berkmeyer (1511-1524)

Das Bistum Ratzeburg lag teilweise in Lauenburg, teilweise in Mecklenburg. Wie fast überall machte sich auch in diesem Stift bei der Besetzung des Bischofsstuhles der Einfluß der umgebenden Territorialherren geltend. Auf Betreiben des Herzogs Magnus von Sachsen-Lauenburg wurde am 28. Juni 1511 dessen Kanzler, der Domkapitular Heinrich Berkmeyer, zum Bischof gewählt. Die päpstliche Bestätigung erhielt er am 10. September 1511. Berkmeyer verfügte über Qualitäten. Er war klug, urteilsfähig, geschickt und geschäftsgewandt. Auch die Gabe der Rede war ihm eigen. Vor seiner Beförderung zum Bischof stand er über zwei Jahrzehnte im Dienste des Herzogs von Sachsen-Lauenburg. Aber alte Verdienste schützten ihn nicht vor neuen Repressalien. Als er dem Herzog Magnus nicht zu Willen war, überfiel dieser das Stiftsland, setzte den Bischof zeitweilig gefangen und nötigte ihn zu weitgehenden Verzichten auf Güter und Rechte. An diesem Beispiel ist zu ersehen, wie mächtige und gierige Landesherren schon vor der sogenannten Reformation mit der Kirche umgingen. Die Abfallbewegung lieferte ihnen dann noch die eingängigen Rechtfertigungsgründe für ihre Beutezüge. In dieser Zeit machte sich das Luthertum in dem Bistum Ratzeburg bemerkbar. Heinrich Berkmeyer war der Glaubensneuerung nicht zugetan. Er litt schwer unter der Bedrückung durch den Herzog von Lauenburg. Dadurch trat die Sorge für die Erhaltung des Glaubens in den Hintergrund. Julius Wiggers bemerkt richtig, daß durch die weltliche Bedrängnis ,,der Sinn für die kirchliche Gefahr abgestumpft" wurde. Aber angesichts der Gewalttätigkeit des Lauenburgers waren gegen dessen Willen energische Maßnahmen wider die Glaubensneuerung nicht durchzuführen.

II.

Georg von Blumenthal (1524-1550)

Georg von Blumenthal war bereits Bischof von Lebus, als er im Oktober 1524 zum Oberhirten von Ratzeburg postuliert wurde. Der Papst gab ihm mit der Zulassung vom 6. März 1525 die Erlaubnis, dieses Bistum zu behalten. Das Schwergewicht der Tätigkeit Georgs lag in dem brandenburgischen Bistum. Wohl seit 1530 war er nicht mehr in Ratzeburg, sondern in Lebus.

Die Irrlehre drang, von ihren fürstlichen Nutznießern begünstigt, in dem Bistum Ratzeburg vor. Georg von Blumenthal war ein entschiedener Gegner des Luthertums. ,,Seine lange Regierung war nichts als ein unablässiger Kampf für die Unwandelbarkeit und Unverletzlichkeit der Römischen Kirche, ihrer Diener und Güter gegen die jugendlich und unaufhaltsam vorwärts schreitende und oftmals ungerechte und schonungslose

Zeit" (Julius Wiggers). Er mußte die bittere Erfahrung machen, daß die besten Anläufe zur Erhaltung des katholischen Glaubens nicht zum Ziele führten, wo ihnen der weltliche Arm keine Hilfe gewährte. Das Wittenberger „Evangelium" hatte Herzog Magnus von Lauenburg gerade noch gefehlt. Jetzt besaß er den ideologischen Unterbau, um sein Vorgehen zu rechtfertigen. Er riß die in seinem Gebiet gelegenen Kapitelsgüter an sich, zwang die Pfarrer, die Abgaben an ihn statt an den Bischof zu entrichten, und setzte, wo immer er es vermochte, protestantische Prädikanten ein. Bischof Georg dachte nicht daran, zu kapitulieren; er wehrte sich vielmehr, so gut er es vermochte. So ließ er 1529 den aus Lübeck entwichenen und nun in seiner Diözese agitierenden Thomas Aderpul gefänglich einziehen. Der Adel des Klützer Winkels benutzte diese Maßnahmen, die bischöflichen Dörfer zu plündern. Das ganze Leben Georgs war von Unruhe und Sorge erfüllt; aber er zerbrach nicht. In dem kleinen Stiftsland hielt sich der Glaube. In dem unter Herzog Albrecht stehenden Teil Mecklenburgs blieb die katholische Religion bis zum Sternberger Landtag vom 19. Juni 1549 bewahrt. Für den Abwehrkampf des Bistums war die Reichsunmittelbarkeit des Stiftes Ratzeburg ein gewisser Schutz. Das Domkapitel behauptete sie gegen die Übergriffe des Herzogs von Lauenburg. Da die Reichsunmittelbarkeit von Ratzeburg — anders als von Lebus — unstrittig war, nahm Blumenthal bei Reichstagen auf der Fürstenbank Platz. Durch Teilnahme an letzteren und im Dienst des Kurfürsten Joachim I. war er häufig außerhalb seiner Bistümer beschäftigt. Er sorgte aber nach Kräften für die geistliche Betreuung der ihm Anvertrauten. So bestellte er einen Domherren zum Domtheologen, der an Sonn- und Feiertagen zu predigen und „alle Wochen eine theologische Lektion zu halten" hatte. Dennoch vermochte er das Fortschreiten des Abfalls nicht zu verhindern. Ende der dreißiger Jahre befanden sich bereits Lutheraner im Domkapitel. Das katholische Leben hielt an, wo es nicht durch Gewalt oder Verführung erdrosselt wurde. Am Dom und an anderen Orten bestand bis zum Tode des Bischofs der katholische Gottesdienst weiter.

III.

Christoph von der Schulenburg (1550-1554)

Christoph von der Schulenburg war wohl bereits lutherisch beeinflußt, als er am 22. November 1550 zum Bischof postuliert wurde, wenn er auch noch als Katholik galt. Am 22. Mai 1551 erhielt er die päpstliche Zulassung. Die Jahre seiner Amtsführung waren von Unruhe erfüllt. Auch er hatte unter seinem gewalttätigen Nachbarn schwer zu leiden. 1552 ließ Herzog Franz von Sachsen-Lauenburg die Bischofsstadt überfallen, den Dom ausplündern und teilweise zerstören, die Häuser der Domherren berauben und einige gefangennehmen.

Christoph war kein Kämpfer; er fühlte sich den Anforderungen der Zeit nicht gewachsen und entzog sich den Schwierigkeiten. Am 5. Oktober 1554 resignierte er zugunsten des Mecklenburgers Christoph gegen eine Abfindung von 10000 Talern auf sein Bistum. Er war jetzt wohl Lutheraner. Am 25. Januar 1555 verheiratete er sich. Damit war das katholische Bischofsamt in Ratzeburg zu Ende. Die Bischöfe hatten ihr Land gut regiert. Ferdinand von Notz bezeichnet ihr vierhundertjähriges Regiment als „weise, milde und gerecht".

IV.

Christoph von Mecklenburg (1554-1592)

1554 war das Ratzeburger Domkapitel noch überwiegend katholisch. Es postulierte den Mecklenburger Herzog Christoph, der noch minderjährig war, zum „Bischof". An seiner Stelle übernahm dessen Bruder Johann Albrecht mit dem Kapitel die Regierung des Stiftes. Christoph war ein Sohn des katholischen Herzogs Albrecht, und diese Tatsache gab wohl bei seiner Postulation den Ausschlag. Er gab das (trügerische) Versprechen ab, die katholische Religion zu erhalten. Nach Erreichen der Mündigkeit suchte Christoph beim Apostolischen Stuhl um Bestätigung nach. Sie wurde ihm begreiflicherweise nicht erteilt. Ungeachtet dieses Mangels trat er 1562 selbst die Regierung des Stiftes an. Er führte sie in lutherischem Sinne. Christoph berief den Domherrn Lorenz von Schach zum Statthalter. Dieser trieb die Protestantisierung voran. Die im Jahre 1564 erfolgende Visitation des Herzogtums Lauenburg suchte die Reste der katholischen Religion zu zerstören. Die Protestantisierung des Bistums vollzog sich nach und nach, so daß die Gläubigen kaum gewahr wurden, was vor sich ging. Das Volk wurde regelrecht um seinen Glauben betrogen. Um diese Zeit brach auch die letzte Säule des Katholizismus in Ratzeburg. Das Domkapitel stellte 1566 seinen Mitgliedern die Verheiratung frei und nahm einen protestantischen Domprediger in Dienst; damit zeigte es an, daß es selbst vom Glauben abgefallen war.

Christoph von Mecklenburg war ein ehrgeiziger Mann, der nach einflußreichen Posten strebte. 1555 wurde er auch „Koadjutor" des Erzbischofs Wilhelm von Riga. Als solcher war er jahrelang von Ratzeburg abwesend. Nach seiner Rückkehr (1569) verheiratete er sich (1573). Von ihm war kein Schutz des Glaubens zu erwarten. Allmählich wurden die Pfarreien des Stiftslandes mit Lutheranern besetzt. 1581 wurde dieses visitiert, d.h. es wurden die Reste des katholischen Glaubens ausgetilgt. Der „Sieg" ist dem Protestantismus nicht leicht geworden. Auch im Norden Deutschlands gab es treue Katholiken, die an ihrem Glauben hingen. Noch lange waren alte Leute „mit der Papisterei behaftet". Noch im Jahre 1581 wallfahrtete das Volk zur Gottesmutter nach Büchen.

V.

Karl von Mecklenburg (1592-1610)

Christoph starb 1592. Sein jüngerer Bruder Karl, bereits seit 1575 „Koadjutor" mit dem Recht der Nachfolge, folgte ihm als „Administrator". In der Kapitulation verpflichtete er sich auf die Augsburgische Konfession. Damit war über jeden Zweifel klar, daß das Bischofsamt in Ratzeburg aufgehört hatte. Karl war ein starker Trinker und hatte vier uneheliche Kinder. Die protestantischen geistlichen Angelegenheiten wurden von dem Dompropst und dem Superintendenten besorgt. Danach wurden noch zweimal „Administratoren" bestellt: August von Braunschweig-Lüneburg (1610-1636) und Gustav Adolf von Mecklenburg (1636-1648). Im Westfälischen Frieden fiel Ratzeburg an Mecklenburg (Art. XII § 1 IPO).

5. Kapitel

Bistum Schwerin

Grotefend, Ulrich III., Herzog von Mecklenburg: ADB 39, 1895, 225f.

Jesse, Wilhelm, Geschichte der Stadt Schwerin. Von den ersten Anfängen bis zur Gegenwart, Schwerin i. M. 1913/14

Kahl, H.-D., Schwerin: LThK IX, 2. Aufl., 1964, 547

Metzler, J., Schwerin: LThK IX, 1937, 383f.

Rische, A., Verzeichnis der Bischöfe und Domherren von Schwerin mit biographischen Bemerkungen, Ludwigslust 1900

Schmaltz, Karl, Kirchengeschichte Mecklenburgs, 3 Bde., Schwerin i. Meckl. 1935-1952

Schönfelder, Albert (Hrsg.), Die Agende der Diözese Schwerin von 1521 (= Liturgische Bibliothek. Sammlung gottesdienstlicher Bücher aus dem Deutschen Mittelalter. 2. Bd. Ritualbücher), Paderborn 1906

Stein, Fritz, Herzog Magnus von Mecklenburg Bischof von Schwerin, ein Vorkämpfer der Reformation (= Anlage zum Programm des Großherzoglichen Gymnasium Fridericianum zu Schwerin i. M.), Schwerin i. M. 1899

Wiggers, Julius, Kirchengeschichte Mecklenburgs, Parchim, Ludwigslust 1840

I.

Johann von Thun (1504-1506)

Das Bistum Schwerin stand in starker Abhängigkeit von den mecklenburgischen Herzögen; vor allem suchten sie Einfluß auf die Wahl des Bischofs zu nehmen. Johann von Thun erhielt am 24. Mai 1504 die päpstliche Bestätigung. Er gab sich große Mühe, Klerus und Klöster geistlich zu erneuern. Die Kürze seiner Regierungszeit verhinderte nachhaltige Erfolge.

II.

Peter Walkow (1508-1516)

Nach dem Tode Thuns blieb der Schweriner Bischofsstuhl zwei Jahre vakant. Erst später vermochte sich das Kapitel auf Peter Walkow zu einigen. Am 20. Februar 1508 erhielt er die päpstliche Bestätigung. Walkow war ein gelehrter und tüchtiger Mann, persönlich untadelig und diensteifrig. Mit gewissen Einschränkungen bewährte er sich als Bischof von Schwerin. Er war ein frommer Prälat, der seinen Sprengel trefflich verwaltete, aber vorwiegend Jurist und Ökonom und nicht ein starker geistlicher Regent. Das Unglück brach unter seinem Nachfolger über das Bistum herein.

III.

Magnus von Mecklenburg (1516-1550)

Unter dem Druck des Herzogs Heinrich von Mecklenburg fand sich das Domkapitel 1516 bereit, den siebenjährigen Sohn des Herzogs, Magnus, zum Bischof von Schwerin zu postulieren und ihm als Vormund seines Sohnes die weltliche Administration des Bistums zu übertragen. Papst Leo X. gab diesem ,,Unfug" (Karl Schmaltz) am 5. November 1516 die Bestätigung. Er bestimmte, daß Magnus mit 21 Jahren die Administration des Bistums übernehmen und mit 27 Jahren die Bischofskonsekration empfangen sollte. Durch diese unseligen Handlungen wurde das Stift tatsächlich landsässig, d. h. völlig abhängig von dem Landesherren. Das Verhängnis nahm seinen Lauf. Am 15. Juni 1516 wurden dem Knaben Magnus von dem Havelberger Bischof die niederen Weihen erteilt. Die geistliche und die weltliche Verwaltung wurden vorerst dem Zutfeld Wardenberg übertragen, in dessen Abwesenheit den beiden Domkapitularen Heinrich Banzkow und Ulrich Malchow. Zum Weihbischof wurde Dietrich Hüls aus Stade bestellt. Der vom Papst zum Administrator ernannte Dekan Zutfeld Wardenberg erließ nützliche Vorschriften für den Gottesdienst, vermochte aber eine kraftvolle Regierungstätigkeit nicht zu entfalten. Julius Wiggers hebt richtig hervor, daß ,,die Kraft des Kirchenregiments durch die Unmündigkeit des Bischofs und den Einfluß seines Vaters und Vormundes mannigfach gehemmt" war. Das Schweriner Domkapitel war sich in dieser Zeit seiner Verantwortung für das Bistum wohl bewußt. 1519 suchte es eine echte Reform des Klerus und des Volkes, der Seelsorge, des Gottesdienstes und der Kirchenzucht in Angriff zu nehmen. Auch 1520, 1521 und 1529 ergingen weitere nützliche Publikationen von Mandaten, einer Agende und des Breviers. Aber wo die Disziplin im Zusammenbruch begriffen ist, nützen die besten Maßnahmen nichts, wenn die Macht fehlt, sie gegen Widerspenstige durchzusetzen.

Das religiöse Schicksal Mecklenburgs hing von dem Verhalten des Landesherrn ab; dieses aber gab Anlaß zu ernster Sorge. Herzog Heinrich besuchte 1523 Luther in Wittenberg. 1524 erbat er sich von diesem einen Prediger. Entsprechend seiner Sympathie für den Wittenberger unterließ der Herzog die notwendigen Maßnahmen gegen den Abfall in seinem Lande. Das Wormser Edikt wurde in Mecklenburg nicht verbreitet, geschweige denn durchgeführt. Prediger des Luthertums warfen die Fackel der Zwietracht in das Volk. Agitation, Täuschung und Gewalt wirkten zusammen, um den katholischen Glauben zu zerstören. Joachim Kützker genannt Slüter verbreitete seit 1521 das Wittenberger „Evangelium" in Rostock. 1531 unterband der Rat der Stadt den katholischen Gottesdienst. 1534 wurde den Bürgern unter Geldstrafe der Besuch des Gottesdienstes in der Umgebung verboten. In Schwerin predigte zuerst Heinrich Möllens die lutherische Lehre. Ihm folgte der Domscholaster Jürgen Westphal. Seit 1529 hetzte Ägidius Faber gegen die katholische Kirche und ihre Einrichtungen. Das Schweriner Domkapitel hielt am Glauben fest und leistete lange Zeit hinhaltenden Widerstand gegen seine Zerstörung durch die Wittenberger Bewegung. Das Gremium suchte sich mutig der Neuerung entgegenzustemmen; es veröffentlichte im Jahre 1521 die Exkommunikationsbulle gegen Luther. Es rief den weltlichen Arm um Schutz an, aber dies war vergeblich. Herzog Heinrich ließ die Protestantisierung geschehen. Wenn er von den Katholiken um Hilfe angegangen wurde, versagte er sich regelmäßig. Wenn gegen die Neugläubigen vorgegangen werden sollte, schützte er sie. Dennoch kam die Glaubensneuerung vielerorts nur gegen den zähen Widerstand der Katholiken voran. Die Wesensart Herzog Heinrichs war freilich nicht progressiv. Um der Ordnung und um des Kaisers willen sah er auf bedächtiges Vorgehen. Lange Zeit war er der Meinung, die „Reformation" lasse sich unter Beibehaltung der kirchlichen Organisation und des katholischen Gottesdienstes durchführen. Auch wegen des Gegensatzes zu seinem katholischen Bruder und Mitregenten Albrecht blieb er aber nach außen hin zurückhaltend. Er selbst nahm noch 1529 mit seinem Sohn Magnus an der Fronleichnamsprozession in Schwerin und 1532 zu Weihnachten an der Messe teil, obwohl er sich schon im Jahre 1526 dem Torgauer Bunde angeschlossen, d. h. sich als Protestant bekannt hatte. Der Nürnberger Religionsfriede von 1532 befreite Herzog Heinrich von der Furcht vor dem Eingreifen des Kaisers. Im folgenden Jahr empfing er das Abendmahl unter beiderlei Gestalt, was unter den obwaltenden Umständen nur als Vollzug des Abfalls zum Protestantismus gedeutet werden konnte. Danach wurde er aktiv in der Vernichtung der katholischen Religion. Im Jahre 1535 wurde in Mecklenburg von Heinrich eine (Teil-)Visitation veranlaßt. Sie war jedoch wirkungslos, da sie nur von Geistlichen durchgeführt wurde und der behördliche Druck fehlte, was ein neues Beispiel dafür ist, daß das „reine Evangelium" ohne Gewalt nicht durchgesetzt werden konnte. Im Lande und am Hofe gab es noch sehr viele Katholiken, nicht zuletzt den Kanzler Caspar von Schönaich. Die Visitation von 1541/42 griff darum zur Gewalt.

Hemmend wirkte auf Herzog Heinrich sein katholischer Bruder und Mitregent Albrecht. Dieser entwickelte sich zunächst immer mehr zu einem mutigen Verteidiger des katholischen Glaubens. Er war darauf bedacht, in dem Bereich seiner Macht die Neuerung zu unterdrücken und den Katholiken zu Hilfe zu kommen. Herzog Albrecht war indes durch seine häufige und lange Abwesenheit verhindert, den Schutz der Kirche wirksam in die Hand zu nehmen. Später fand er sich aus ehrgeiziger Berechnung zur Duldung des Luthertums bereit. Dennoch war sein Landesteil im Jahre 1535 noch ganz überwiegend katholisch, auch sein Kanzler Jetze.

Die Lehrer und Erzieher des Knaben Magnus waren frühe Anhänger Luthers. So ließ Herzog Heinrich den Konrad Pegel in Wittenberg das neue „Evangelium" kennenlernen. Der junge „Bischof" wuchs daher völlig in lutherischem Geiste auf. Mit den sogenannten Reformatoren verband ihn persönlicher und brieflicher Verkehr. Im Jahre 1526 ließ Herzog Heinrich seinem 17jährigen Sohn vorzeitig die volle Administration des Bistums übertragen, d. h. sie faktisch in seine eigenen Hände legen. Er trat damit, wie sich bald zeigte, auch die geistliche Regierung des Bistums an, zumal Wardenberg 1527 in Rom von plündernden Landsknechten erschlagen wurde. 1532 übernahm Magnus dank einer Dispens Clemens' VII. die Regierung des Stiftes. Er bezeichnete sich als „Postulatus confirmatus" oder „Administrator" des Stiftes. Magnus empfing die Huldigung der Stände. Er legte weder den Treueid gegenüber dem Papst ab noch empfing er die Bischofsweihe, betrieb aber aus Vorsicht bis 1540 deren Aufschub beim Heiligen Stuhl. An der lutherischen Gesinnung des „Bischofs" war nicht zu deuteln. Auf katholischer Seite bestanden je länger, desto weniger Zweifel an der Richtung, die er einschlagen werde. Herzog Albrecht hatte zeitweilig den Plan, einen seiner (altgläubigen) Söhne an die Stelle des neugläubigen Magnus als Bischof von Schwerin zu setzen, aber er kam nicht zur Ausführung. Im Jahre 1534 wurde die Glaubensspaltung in Mecklenburg durch einen Vertrag über die Teilung der Kirchen offenbar gemacht. Herzog Heinrich ging Ende der dreißiger Jahre immer systematischer an die Ausrottung des alten Glaubens in seinem Lande. Wer sich der Neuerung widersetzte, und das waren nicht wenige, vor allem gebildete und vornehme Kreise, dessen Widerstand wurde gebrochen. Die Visitationen räumten mit dem Glauben auf. „Bischof" Magnus mußte bis 1538 hinsichtlich der Protestantisierung gewisse Rücksichten nehmen. Auf dem 1538 abgehaltenen Landtag zu Parchim aber forderte er die Durchführung der „Reformation" im ganzen Lande, d. h. an erster Stelle das Verbot der hl. Messe. Seit dem Jahre 1539 machte er sich daran, sein Stiftsland vollständig zu protestantisieren. 1540 erschien die erste Kirchenordnung des Magnus. Mit List und Gewalt wurde nun die neue Lehre durchgesetzt. Magnus half dabei nach Kräften mit. Die Visitation von 1541/42 versetzte dem Katholizismus einen heftigen Stoß. Der Widerstand vieler Gläubiger und Priester gegen die aufgedrungene Protestantisierung ist gut bezeugt. Von 204 visitierten Dorfpfarrern waren noch 63 katholisch. Aber die Visitation schlug durch.

Im Jahre 1542 war die Protestantisierung des Stiftslandes erfolgt. Der ,,Bischof" forderte die Pfarrer auf, eine Frau zu nehmen. Er selbst verheiratete sich 1543 mit Elisabeth, der Tochter König Friedrichs I. von Dänemark; die Ehe war kinderlos. Den höchsten Autoritäten in Reich und Kirche war die Entwicklung in Schwerin nicht entgangen. Magnus wurde von Kaiser und Papst aufgefordert, seinem Amt zu entsagen, aber er trotzte den Mandaten. Selbst der Erfolg des Kaisers im Schmalkaldischen Krieg vermochte an dem Abfall Mecklenburgs nichts zu ändern; seine Macht reichte nicht aus, um in dem Land eine Wende herbeizuführen. Der Landtag von Sternberg im Jahr 1549, an dem Magnus teilnahm, verwarf sogar das Interim und proklamierte Mecklenburg als ein protestantisches Land, wenn auch der katholische Glaube keineswegs erloschen war.

IV.

Ulrich I. von Mecklenburg (1550-1603)

Magnus starb am 18. Januar 1550. Das Domkapitel postulierte am 26. März 1550 Ulrich, den Sohn des (verstorbenen) Herzogs Albrecht von Mecklenburg, zum Bischof. Diese Entscheidung war bemerkenswert für die Einstellung des Kapitels. Denn Ulrich war in Bayern erzogen worden, hatte die Universität Ingolstadt besucht und war daher zur Zeit seiner Postulation wohl noch katholisch. Jedenfalls ließ er sich sogleich in Wismar von dem aus Schweden vertriebenen Bischof von Skara die niederen Weihen erteilen. In der Wahlkapitulation versprach er den Schutz der katholischen Religion, die Verrichtung der bischöflichen Pflichten und die Einholung der päpstlichen Bestätigung. Diese erging jedoch nicht, da sich der Heilige Stuhl Ulrichs nicht sicher war. Tatsächlich wandte sich dieser bald immer mehr dem Luthertum zu und verheiratete sich im Jahre 1556 mit der Witwe seines Vorgängers, 1588 in zweiter Ehe mit Anna von Pommern. Der ,,Administrator" begünstigte auch die neue Lehre. Die Visitationen der fünfziger Jahre suchten den Rest des Katholizismus im Gebiet des Stiftes auszurotten. Einige Frauenklöster leisteten auch jetzt noch hartnäckigen Widerstand. Am 21. Februar 1568 stimmte das Domkapitel der Aufhebung der Religionsvorschrift in der Wahlkapitulation von 1550 zu. Es verzichtete auf seine Mitwirkung bei der Regierung des Bistums, der Anschluß des Stiftes an das Herzogtum Mecklenburg bereitete sich vor. Zu dieser Zeit dürfte das Domkapitel ganz überwiegend lutherisch gewesen sein. Der Bruder Ulrichs, Herzog Johann Albrecht I., vernichtete die Reste der katholischen Kirche im übrigen Mecklenburg, vor allem durch die Kirchenordnungen und die nach ihnen vorgehenden Visitationen. Widerstand wurde teilweise mit Waffengewalt gebrochen. 1577 erkannte Ulrich die Konkordienformel an und kurz vor seinem Tode verkündete er die von David Chyträus revidierte Kirchenordnung. Nach seinem Tode gab es noch einige protestantische ,,Bischöfe" bzw. ,,Administratoren", so als unmittelbaren Nachfolger dessen Enkel Ulrich II. (1603-1624). Der Westfälische Frieden sicherte den Mecklenburger Herzögen das Bistum Schwerin (Art. XII § 1 IPO).

4. Abschnitt

Kirchenprovinz Gnesen

1. Kapitel

Bistum Breslau

Biermann, G., Geschichte des Protestantismus in Österreichisch-Schlesien, Prag 1897

Dittrich, Hermann, Bischof Balthasar von Promnitz. 1539-1562. Kurzes Lebensbild, in: 25. Jahresbericht des Neißer Kunst- und Altertumsvereins, Neiße 1921, 7-9

Eberlein, Hellmut, Schlesische Kirchengeschichte (= Das Evangelische Schlesien Bd. I), 3. Aufl., Goslar 1952

Engelbert, Kurt, Kaspar von Logau, Bischof von Breslau (1562-1574) I. Tl. Ein Beitrag zur schlesischen Reformationsgeschichte (= Darstellungen und Quellen zur schlesischen Geschichte 28. Bd.), Breslau 1926

Engelbert, Kurt, Maßnahmen des Bischofs Kaspar von Logau (1562-1574) zur Hebung des Katholizismus im Bistum Breslau: Archiv für schlesische Kirchengeschichte 3, 1938, 127-151; 4, 1939, 149-164

Engelbert, Kurt, Beiträge zur Geschichte des Breslauer Bischofs Kaspar von Logau (1562-1574): Archiv für schlesische Kirchengeschichte 10, 1952, 121-147

Engelbert, Kurt, Beiträge zur Geschichte des Breslauer Bischofs Martin von Gerstmann (1574 bis 1585): Archiv für schlesische Kirchengeschichte 15, 1957, 171-188

Engelbert, Kurt, Gerstmann, Martin v.: NDB 6, 1964, 328

Engelbert, Kurt, Das Bistum Breslau im Dreißigjährigen Kriege: Archiv für schlesische Kirchengeschichte 23, 1965, 85-148; 24, 1966, 127-181; 25, 1967, 201-251

Engelbert, Kurt, Erzherzog Karl von Österreich, in: Neubach, Helmut, Petry, Ludwig (Hrsg.), Schlesier des 15. bis 20. Jahrhunderts (= Schlesische Lebensbilder 5. Bd.), Würzburg 1968, 41-50

Geschichte Schlesiens. Hrsg. von der Historischen Kommission für Schlesien, I, 3. Aufl., Stuttgart 1961; II: Darmstadt 1973

Gottschalk, J., Samulski, R., Breslau: LThK II, 2. Aufl., 1958, 672-676

Grünhagen, Martin (Gerstmann), Bischof von Breslau: ADB 20, 1884, 472-475

Grünhagen, C., Geschichte Schlesiens, 2. Bd.: Bis zur Vereinigung mit Preußen (1527 bis 1740), Gotha 1886

Heyne, Johann, Denkwürdigkeiten aus der Geschichte der katholischen Kirche Schlesiens von der ersten Hälfte des 15. bis in die Mitte des 17. Jahrhunderts (1418-1648) im Entwicklungsgang der kirchlichen Tatsachen und Zustände urkundlich dargestellt (= Dokumentierte Geschichte des Bistums und Hochstifts Breslau Bd. 3), Breslau 1868, Neudruck Aalen 1969

Hoffmann, Hermann, Engelbert, Kurt, Aufzeichnungen des Breslauer Domherrn Stanislaus Sauer († 1535) über den Bischof von Salza (1520-1539) und seine Zeit. Ein Beitrag zur Vorgeschichte der Reformation in Schlesien: Archiv für schlesische Kirchengeschichte 15, 1957, 124-170

Jedin, Hubert, Originalbriefe des Bischofs Jacob v. Salza an die Päpste Clemens VII. und Paul III. betr. seine Stellung zur Reformation (1524-1536): Zeitschrift des Vereins für Geschichte und Altertum Schlesiens 62, 1928, 82-100

Jedin, Hubert, Die Beschickung des Konzils von Trient durch die Bischöfe von Breslau: Archiv für schlesische Kirchengeschichte 1, 1936, 60-74

Jedin, Hubert, Die Krone Böhmen und die Breslauer Bischofswahlen 1468-1732: Archiv für schlesische Kirchengeschichte 4, 1939, 165-208

Jerin-Gesess, Constantin von, Bischof Andreas von Jerin, Kaiser Rudolphs II. Gesandter in Polen 1589-96. Urkundlich nach Akten des k. k. Haus-, Hof- und Staats-Archivs zu Wien bearbeitet, in: Dreißigster Bericht der wissenschaftlichen Gesellschaft Philomathie in Neiße vom Oktober 1898 bis Oktober 1900, Neiße 1901, 1-102

Jungnitz, Joseph, Martin von Gerstmann, Bischof von Breslau. Ein Zeit- und Lebensbild aus der schlesischen Kirchengeschichte des 16. Jahrhunderts, Breslau 1898

Jungnitz, Joseph, Die Bischofswahl des Bonaventura Hahn: Zeitschrift des Vereins für Geschichte und Alterthum Schlesiens 34, 1900, 253-288

Jungnitz, Joseph, Die Breslauer Germaniker, Breslau 1906

Köhler, Joachim, Das Ringen um die tridentinische Erneuerung im Bistum Breslau. Vom Abschluß des Konzils bis zum Sieg der Habsburger in der Schlacht am Weißen Berg 1564-1620. Kath.-Theol. Diss. Tübingen (= Forschungen und Quellen zur Kirchen- und Kulturgeschichte Ostdeutschlands Bd. 12), Köln, Wien 1973

Köhler, Joachim, Jerin, Andreas v.: NDB 10, 1974, 413-414

Köstlin, Julius, Johann Heß, der Breslauer Reformator: Zeitschrift des Vereins für Geschichte und Alterthum Schlesiens 6, 1864/5, 97-131, 181-265

Konrad, Paul, Die Einführung der Reformation in Breslau und Schlesien. Ein Rückblick nach 400 Jahren (= Darstellungen und Quellen zur schlesischen Geschichte 24. Bd.), Breslau 1917

Markgraf, Johann V. (Turzo), Bischof von Breslau: ADB 14, 1881, 188-189

Markgraf, Jakob (von Salza), Bischof von Breslau: ADB 13, 1881, 538-540

Marschall, Werner, Geschichte des Bistums Breslau, Stuttgart 1980

Menzel, Josef Joachim, Johannes V. Turzo, Bischof von Breslau: NDB 10, 1974, 482-483

Meyer, Arnold Oskar, Zur Geschichte der Gegenreformation in Schlesien. Aus vatikanischen Quellen: Zeitschrift des Vereins für Geschichte und Alterthum Schlesiens 38, 1904, 343-361

Montbach, M. von, Statuta Synodalia S. Ecclesiae Wratislaviensis, Breslau 1855

Naegele, Anton, Andreas von Jerin, Fürstbischof von Breslau. Zeit- und Lebensbild eines Schwaben aus dem 16. Jahrhundert: Der Katholik 91, 1911, 23-45, 110-129, 280-294, 358-385

Naegele, Anton, Der Breslauer Fürstbischof Andreas Jerin von Riedlingen (1540-1596). Bilder aus dem Leben und Wirken eines Schwaben in Schlesien, Mainz 1911

Naegele, Anton, Andreas von Jerin, Fürstbischof von Breslau. Zeit- und Lebensbild eines Schwaben aus dem 16. Jahrhundert: Der Katholik 91, 1911, 23-45, 110-129, 280-294, 358-385

Otto Carolus, De Iohanne V. Turzone, Episcopo Wratislaviensi Commentatio, Breslau 1865

Otto, Carl, Ueber die Wahl Jacobs von Salza zum Bischof von Breslau und die derselben unmittelbar folgenden Ereignisse. (September 1520 bis September 1521.): Zeitschrift des Vereins für Geschichte und Alterthum Schlesiens 11, 1871/2, 303-327

Paulinyi, Oskar, Johann V. Thurzo, Bischof von Breslau, in: Andreae, Friedrich, Graber, Erich, Hippe, Max (Hrsg.), Schlesier des 16. bis 19. Jahrhunderts (= Schlesische Lebensbilder 4. Bd.), Breslau 1931, 1-6

Regesten des aus dem alten deutschen Herrenstande hervorgegangenen Geschlechts Salza zugleich mit einer kritischen Zusammenstellung aller die Fürsten, Herren (Voigte), Grafen und Freiherren von Salza in Deutschland, Schweden und Rußland betreffenden Acten, Schriften und Bücher und einer die innere und äußere Geschichte des Geschlechts umfassenden literar-historischen Einleitung, Leipzig 1853

Ryba, Josef, Die Katholische Restauration in den Fürstentümern Troppau und Jägerndorf: Archiv für schlesische Kirchengeschichte 5, 1940, 152-186; 14, 1956, 153-173; 15, 1957, 208-229

Sabisch, Alfred, Beiträge zur Geschichte des Breslauer Bischofs Balthasar von Promnitz (1539-1562). I. Tl.: Bis zum Regierungsantritt. Kath.-Theol. Diss. Breslau, Oppeln 1936

Sabisch, Alfred, Jakob v. Salza, Bischof von Breslau: NDB 10, 1974, 312-313

Sabisch, Alfred, Die Bischöfe von Breslau und die Reformation in Schlesien. Jakob von Salza († 1539) und Balthasar von Promnitz († 1562) in ihrer glaubensmäßigen und kirchenpolitischen Auseinandersetzung mit den Anhängern der Reformation (= Katholisches Leben und Kirchenreform im Zeitalter der Glaubensspaltung. Vereinsschriften der Gesellschaft zur Herausgabe des Corpus Catholicorum 35), Münster/Westf. 1975

Sabisch, Alfred (Bearb.), Acta Capituli Wratislaviensis 1500-1562. Die Sitzungsprotokolle des Breslauer Domkapitels in der ersten Hälfte des 16. Jahrhunderts (= Forschungen und Quellen zur Kirchen- und Kulturgeschichte Ostdeutschlands Bd. 10/1 und 2, Bd. 14/1 und 2) Köln, Wien 1972-1976

Schulte, Lambert, Kleine Schriften Tl. 1 (= Darstellungen und Quellen zur schlesischen Geschichte 23. Bd.), Breslau 1918

Seppelt, F. X., Altaner, B., Breslau: LThK II, 1931, 544-548

Soffner, Johannes, Geschichte der Reformation in Schlesien, Breslau 1886/87

Stenzel, Gustav Adolf Harald, Urkunden zur Geschichte des Bisthums Breslau im Mittelalter, Breslau 1845

Sutter, Berthold, Karl, Erzherzog von Österreich, Bischof von Breslau: NDB 11, 1977, 241-242

Tüchle, Hermann, Erste Versuche der katholischen Wiedererneuerung in Schlesien. Eine Denkschrift des Friedrich Staphylus, in: Iserloh, Repgen, Reformata Reformanda II, 114-129

Velsen, Dorothee von, Die Gegenreformation in den Fürstentümern Liegnitz — Brieg — Wohlau. Ihre Vorgeschichte und ihre staatsrechtlichen Grundlagen (= Quellen und Forschungen zur Reformationsgeschichte Bd. XV), Leipzig 1931

Wagner, Oskar, Reformation in Schlesien. Ein Beitrag zur deutschen Kirchen- und Geistesgeschichte, Leer (Ostfriesland) 1967

Wagner, Oskar, Mutterkirche vieler Länder. Geschichte der Evangelischen Kirche im Herzogtum Teschen 1545-1918/20 (= Studien und Texte zur Kirchengeschichte und Geschichte 1. Reihe. Bd. IV/1-2), Wien, Köln, Graz 1978

Wagner, Romuald, Beiträge zur Geschichte des Breslauer Bischofs Johannes von Sitsch. 1600-1608: Archiv für schlesische Kirchengeschichte 4, 1939, 209-221

Zeißberg, Karl, Erzherzog von Österreich: ADB 15, 1882, 315-318

Ziegler, Heinrich, Die Gegenreformation in Schlesien (= Schriften des Vereins für Reformationsgeschichte 6. Jgg. 3. Stück), Halle 1888

Zimmermann, Gerhard, Das Breslauer Domkapitel im Zeitalter der Reformation und Gegenreformation (1500-1600). Verfassungsgeschichtliche Entwicklung und persönliche Zusammensetzung (= Historisch-Diplomatische Forschungen 2. Bd.), Weimar 1938

I.

Johann V. Turzo (1506-1520)

Die Bischöfe von Breslau besaßen ein ansehnliches eigenes Territorium, in dem sie als Landesherren regierten. Sie waren auch lange Zeit Oberlandeshauptleute von Schlesien und hatten als Fürsten von Neiße-Grottkau den Vorrang unter den schlesischen Herzögen. Die Bischöfe von Breslau waren jedoch keine Reichsfürsten.

Johann Turzo wurde am 11. Februar 1502 zum Koadjutor des Bischofs Johann Roth gewählt, am 12. August 1503 von Alexander VI. bestätigt. Am 8. Februar 1506 wurde Johann in den Besitz des Bistums eingeführt. Am 22. März 1506 ließ er sich zum Bischof konsekrieren.

Johann Turzo war ein gelehrter Mann. Er studierte in Krakau und in Padua, wurde Magister artium und Dr. decret. Turzo war ein begeisterter Humanist, ein Verehrer des Erasmus. Er war aber von leichtsinnigem Wandel, ein Lebemann und Spieler. Er verschwendete das Geld für seine Neigungen und um als Mäzen zu gelten. Turzo war ein Mann, der für Lebenshaltung, Repräsentation und Bauten außerordentlich hohe Geldmittel verbrauchte. Er erbaute das nach ihm benannte Schloß Johannisberg. Das Kapitel tadelte wiederholt das Finanzgebaren des Bischofs heftig und mahnte ihn, sich schlechten Umgangs und des verbotenen Spiels zu enthalten. Die aszetische Strenge ging dem lebensfrohen und kunstbeflissenen Fürsten ab. Es fehlte ihm an Energie und Initiative. Oberlandeshauptmann von Schlesien war er nur von 1507 bis 1509. Er trat seine Würde dem Herzog Kasimir II. von Teschen ab.

Das Luthertum drang früh in Schlesien ein. Flugschriften und Bücher fanden ja ihren Weg überallhin. Die schlesischen Druckereien waren ohne Ausnahme in den Händen von Protestanten. Auch das deutsche Kirchenlied leistete einen wichtigen Beitrag für die Verbreitung reformatorischen Gedankengutes. Die schlesischen Fürsten und Städte sympathisierten regelmäßig mit der neuen Lehre.

Turzo war ,,ein aufgeklärter Herr" (Gustav Adolf Harald Stenzel). Er stand mit Erasmus in regem Briefwechsel und war bekannt mit Luther und Melanchthon. Zumindest am Anfang muß Turzo mit manchen Bestrebungen der beiden letzteren einverstanden gewesen sein; er bewies ihnen mehrfach sein Wohlwollen. Luther bezeichnete Turzo am 13. November 1520 als ,,omnium episcoporum huius saeculi optimus". Bei seiner bekannten Sucht zu übertreiben wird man allerdings dieser Äußerung kein allzu großes Gewicht beilegen dürfen, zumal sie nach dem Tode des Bischofs fiel. Turzo war ein Bischof, der ,,modern" sein wollte. ,,Modern" war damals die Universität Wittenberg, ,,modern" waren die Lehren eines gewissen Martin Luther, und diesem ,,modernen" Lehrer führte Turzo 1519 den Breslauer Domherren Dominikus Schleupner zu. Turzo war auch der Gönner und Förderer des Johann Heß, der schon früh mit den Wittenbergern in Beziehung getreten und ihren Geist übernommen hatte. Daß Turzo dem Luthertum energisch entgegengetreten wäre, ist unerweislich.

Johann Turzo war eine jener zwiespältigen Naturen, die das Rechte erkennen und anderen einschärfen, es aber selbst nicht verwirklichen und deren Wirken daher erfolglos bleiben muß. Er war bemüht, den Klerus geistlich und sittlich zu heben, belastete ihn aber gleichzeitig durch hohe Steuern. An Mandaten fehlte es nicht. Am 23. April 1509 hielt er eine Diözesansynode ab. Dabei wurden bisherige Statuten eingeschärft und neue verbindlich gemacht. Am 28. April 1511 ließ Johann auf der Diözesansynode die Dekrete der Provinzialsynode von Petrikau (1510) vorlesen und machte sie verbindlich. Auch 1512, 1514 und 1517 wurden Synoden abgehalten. Der Erlaß von Vorschriften und die Durchführung waren jedoch auch in Schlesien zwei verschiedene Dinge. Das Domkapitel mahnte den Bischof, besser auf die Disziplin in Klerus und Volk zu achten.

Im Unterschied zu anderen Diözesen war das Breslauer Domkapitel mehrheitlich intakt. Die meisten Domherren waren wissenschaftlich gebildet, moralisch einwandfrei, priesterliche Persönlichkeiten mit Eifer für die Kirche. Die Leipziger Disputation öffnete dem Breslauer Domkapitel die Augen, wohin Luther steuerte, und es bezog Stellung gegen ihn. Dadurch mußte es zu Spannungen mit dem lauen und untätigen Bischof kommen. Das Domkapitel bezichtigte ihn der Nachlässigkeit und schlechter Verwaltung. In den folgenden Jahrzehnten des Niedergangs der heiligen Religion in Schlesien und des Versagens der Bischöfe war es das Breslauer Kapitel, das dem Protestantismus den entschiedensten Widerstand entgegensetzte. Durch die trostlosen Zustände ließ es sich nicht entmutigen; es war den Bischöfen Halt und Stütze.

II.

Jakob von Salza (1520-1539)

Am 1. September 1520 wurde der Subdiakon Jakob von Salza zum Bischof von Breslau gewählt. Erst am 24. Juli 1521 erhielt er die päpstliche Bestätigung. Leo X. verzögerte die Bestätigung des einstimmig gewählten Jakob von Salza aus politischen und fiskalischen Überlegungen. Erst ein Jahr nach der Wahl konnte der neue Bischof von seiner Diözese Besitz ergreifen.

Jakob von Salza studierte in Leipzig, Bologna und Ferrara; er erwarb den Grad eines Dr. iur. utr. Er war ein gelehrter Mann, vor allem in beiden Rechten erfahren, und besaß einen scharfen Verstand sowie eine gute Rednergabe. Es fehlte ihm jedoch die theologische Bildung. Als Regent und Verwalter war er befähigt. Aber seiner Begabung entsprach nicht sein Charakter. Er war friedliebend und sanft, nachgiebig und schwach, verhängnisvolle Eigenschaften in einer Zeit, die Kraft und Mut verlangt hätte. Sein beliebtestes Mittel, mit unangenehmen Tatsachen fertig zu werden, war, sie nicht zur Kenntnis zu nehmen bzw. zu tun, als ob er sie nicht sähe. Salza glaubte, dadurch, daß er die Augen schloß vor dem Abfall, Zeit gewinnen zu können, aber die Zeit arbeitete gegen ihn. Mut und Unerschrockenheit gingen ihm ab, dem Kampf ging er aus dem Wege. Er vernachlässigte die geistliche Seite seines Amtes. Ein protestantischer Autor faßte sein Urteil über ihn dahin zusammen, er habe auf beiden Schultern getragen.

Zu Anfang der zwanziger Jahre breitete sich das Luthertum in Schlesien rasch aus. Friedrich II., Herzog von Liegnitz, Brieg und Wohlau, schloß sich als erster schlesischer Fürst dem Luthertum an und führte seit 1521 den Protestantismus durch obrigkeitlichen Zwang ein. Die Katholiken leisteten lange Zeit starken Widerstand. Entscheidend für das Schicksal des Glaubens in Schlesien mußte das Verhalten Breslaus, der Hauptstadt des Landes, werden. Hier gab es früh Lutheraner im Rat. Johannes Heß, der beinahe ein Jahr (1519/20) bei den Wittenberger Irrlehrern verbrachte, wurde in Breslau wieder aufgenommen, als wenn nichts gewesen wäre, zum Priester geweiht (1520) und zum Hofgeistlichen des Herzogs Karl I. von Münsterberg-Öls bestellt. 1523 berief ihn der Rat von Breslau an die Maria-Magdalena-Kirche. Im April 1524 ließ der Rat eine Disputation in der Dorotheenkirche abhalten, in der Heß auftrat. Im September 1524 ordnete er die Alleinherrschaft des Luthertums in allen Kirchen der Stadt an. Breslau wurde seit 1524 von Anhängern der neuen Lehre beherrscht. Dabei verfolgte der Rat geschickt eine Politik der Täuschung, indem er immer wieder erklärte, er lasse sich nicht von Luther, sondern vom Worte Gottes leiten. Gleichzeitig suchte er sich dem Bischof durch scharfes Vorgehen gegen die Wiedertäufer zu empfehlen. 1525 stellte der Breslauer Rat den Ambrosius Moiban als Prediger an der Elisabethkirche an. Im gleichen Jahr wurde zum erstenmal die öffentliche Fronleichnamsprozession in Breslau verhindert. Morone schrieb am 2. Juni 1538 aus Breslau, die ganze Stadt sei vom Luthertum angesteckt und die Katholiken verbärgen aus Furcht ihren Glauben. Auch in anderen schlesischen Fürstentümern wurde das Luthertum etabliert. Der Markgraf Georg protestantisierte seine oberschlesischen Besitzungen. 1533 führte er die protestantische Kirchenordnung ein. Seit 1536 wurde die heilige Religion in den Herzogtümern Münsterberg und Öls planmäßig zerstört. Unter der Regierung Jakobs wurde der größere Teil Schlesiens dem Protestantismus zugeführt.

Der Breslauer Bischof versagte angesichts der Abfallbewegung fast gänzlich. Salza war unschlüssig und nach der Entscheidung halbherzig. Nach Werner Marschall stand er dem eindringenden Luthertum ,,hilflos und wenig entschlossen" gegenüber; es habe bei der Leitung des Bistums ,,eine große Unsicherheit und Unklarheit" bestanden. Salza erweckte den Anschein, daß ihm seine Einkünfte wichtiger waren als die Fragen des Glaubens. Das Domkapitel übertraf ihn an Eifer für die Erhaltung der katholischen Religion bei weitem. Immer wieder mahnte es den Bischof an seine Pflichten. So forderte es ihn auf, seinen Wohnsitz von Neiße nach Breslau zu verlegen, um seine Regierungsaufgaben in der unheilschwangeren Zeit wirksam wahrnehmen zu können. Salza lehnte ab. Immer wieder war er zu Zugeständnissen bereit, gewährte sogar dem Breslauer Rat in einer Übereinkunft freie Predigt des ,,Evangeliums", d. h. das Recht, das Luthertum einzuführen. Fast zu jeder Maßnahme mußte er gedrängt und gestoßen werden. Die Ereignisse der Protestantisierung verharmloste er. Die Feier des Abendmahls unter beiderlei Gestalt und die Verheiratung der Geistlichen duldete er. Dennoch besaß er Einsicht in das ungeheure Werk der Zerstörung, das die sogenannte Reformation anrichtete. Im Jahre 1522 schilderte der Bischof in einem durch den Kanonikus Stanislaus Sauer erhaltenen Schreiben an Hadrian VI. die verheerenden Folgen der Ausbreitung der lutherischen Irrlehre für die Religion. In seinem Brief vom 28. Juni 1525 an Clemens VII. zeichnete er erneut ein düsteres Bild der kirchlichen Lage in Schlesien. Am 2. April 1524 forderte er die Abhaltung eines Konzils und die Beseitigung der Gravamina, die Besetzung der höheren Kirchenämter mit gelehrten und glaubensfesten Personen und die Bereitstellung geeigneter Theologen für die Bekämpfung der Irrlehre.

Jakob von Salza neigte kaum dem Protestantismus zu, wie immer wieder behauptet worden ist. Aber er verhielt sich so, daß eine solche Meinung entstehen konnte. Denn er legte der Ausbreitung der Irrlehre nichts in den Weg, und seine Haltung begünstigte die falsche Meinung, es handle sich beim Luthertum nicht um eine Trennung von der Kirche. Typisch für sein fatales Gebaren war sein Verhalten gegenüber dem Domherren Dominikus Schleupner. Dieser hatte 1519/20 in Wittenberg geweilt und kam als Lutheraner nach Breslau zurück. Er wurde um 1522 Kanzler des Bischofs, bis er 1523 als lutherischer Prediger nach Nürnberg ging. Salzas Familienangehörige in Schlesien wandten sich dem Protestantismus zu.

Es fehlte Salza an Tatkraft. Mit gutem Zureden war dem Abfall nicht beizukommen. Zu aufopfernder Bekämpfung der Irrlehre aber war er nicht bereit. An ein gewaltsames Aufräumen dachte er nicht. Während das Domkapitel lange Zeit mit König Sigismund von Polen in Verbindung stand, wollte der Bischof von dessen Eingreifen nichts wissen. Die zuständige weltliche Obrigkeit, also zuerst König Ludwig, danach König Ferdinand, erkannte die Gefahr, die von der religiösen Rebellion ausging, und suchte ihr zu wehren, aber es fehlte ihr, zumal angesichts der Bedrohung durch die Türken, die Macht. Der König von Böhmen glaubte, auf die Unterstützung der schlesischen Stände angesichts der Türkengefahr angewiesen zu sein, und war daher nicht in der Lage, die Kirche mit den ihm eigenen Mitteln zu schützen; seine Autorität war gering. Als König Ludwig 1521 sich in einem Mandat gegen den organisierten Abfall wandte, blieb es unbeachtet. Das Mandat Ferdinands von 1527 wurde nicht auf die Lutheraner angewandt, sondern nur auf deren innerprotestantische Gegner, und stärkte so mittelbar das Luthertum. Das Mandat vom 1. August 1528 erlitt dasselbe Schicksal.

III.

Balthasar von Promnitz (1539-1562)

Balthasar von Promnitz wurde am 18. September 1539 zum Bischof gewählt; er erhielt am 21. April 1540 die päpstliche Bestätigung. Sein Vorgänger Jakob von Salza hat das Verdienst, sich erfolgreich gegen den Versuch gewehrt zu haben, ihm einen Koadjutor fürstlichen Geblütes aufzudrängen. Denn dieser hätte das Bistum höchstwahrscheinlich protestantisiert. Aber der Mann, der dann tatsächlich sein Nachfolger wurde, war nicht viel besser.

Balthasar von Promnitz stammte aus wohlhabendem Hause. Er war ein begabter Mann, klug und verständig. Promnitz studierte in Frankfurt an der Oder und in Wittenberg. Er erwarb den Grad eines Lizentiaten der Rechte. Er war emsig in der Förderung von Wissenschaft und Kunst. Promnitz war vorsichtig abwägend und freundlich entgegenkommend. Er war friedliebend und milde, besonnen und langsam im Handeln. Eifer und Findigkeit entfaltete er dann, wenn es galt, seinen Besitz zu mehren und seine Familie durch Landerwerb zu bereichern. Seine hohen Einkünfte benutzte er vorzugsweise zur Förderung seiner Verwandten. Unter seiner Regierung blühte der Nepotismus. In den geistlichen Stand trat er mehr aus irdischen Überlegungen denn aus religiösem Eifer. Promnitz war mehr Politiker als Bischof. Er versäumte und vernachlässigte seine kirchlichen Pflichten, weil er dadurch ungestörter seine politischen Interessen verfolgen zu können meinte. Er hielt weder Visitationen noch (bis 1554 und 1558) Diözesansynoden ab. Seit 1545 hatte er keinen Weihbischof mehr, und das bedeutete, daß das Sakrament der Firmung in der Diözese Breslau nicht mehr gespendet wurde. Obwohl König Ferdinand I. ihn persönlich aufgefordert hatte, am Trienter Konzil teilzunehmen, fand sich Promnitz dazu nicht bereit. Der weiteren Einladung desselben, zwölf Schlesier in das Germanikum nach Rom zu entsenden, kam er nicht nach. Werner Marschall bescheinigt Promnitz ,,schwaches Verantwortungsbewußtsein seinem eigenen katholischen Kirchenvolk gegenüber". Auch der Kontroverstheologe Friedrich Staphylus vermochte einen wirklichen Wandel des Bischofs nicht hervorzubringen. Promnitz hätte niemals Bischof werden dürfen (Alfred Sabisch).

Während der Regierungszeit des Promnitz machte der Protestantismus weitere Eroberungen in Schlesien. Seit dem Tode des Herzogs Georg zog das Luthertum im Herzogtum Sagan ein (1539). In den unter der böhmischen Krone stehenden Erbfürstentümern Jauer, Schweidnitz und Glogau suchten die Landstände der Irrlehre eine Heimstatt zu verschaffen. Die Entwicklung begann in den zwanziger Jahren und erreichte um die Mitte des 16. Jahrhunderts ihren Gipfel. Im Bistumsland Neiße und Grottkau breitete sich die lutherische Bewegung ebenfalls in gewissem Umfang aus. In der Grafschaft Glatz suchte Ernst von Bayern (1548-1560) ernsthaft die katholische Religion zu schützen bzw. wiederherzustellen. Leider verhinderte sein früher Tod die Vollendung des Werkes. König Ferdinand von Böhmen hielt treu zum Glauben und tat, was in seinen Kräften stand, um ihn zu erhalten, aber er fand keinen Gehorsam. Sein 1550 ergangenes Mandat, das die Entlassung der nicht ordnungsgemäß geweihten Inhaber geistlicher Stellen befahl, blieb unausgeführt.

Balthasar von Promnitz hatte, wie erwähnt, in Wittenberg studiert und war erst nach der Exkommunizierung Luthers nach Leipzig übergesiedelt. Der Besuch der Wittenberger Hochschule legte vermutlich den Grund für seine spätere nachgiebige Haltung gegenüber dem Luthertum (Alfred Sabisch). Er war ,,kein Gegner der Protestanten, vielleicht sogar ein Nikodemus, der den Stachel nicht los wurde" (Konrad). Nach Alfred Sabisch war seine ,,gemäßigte, beinahe unkirchliche Einstellung zum Glaubenskampf" schon bei seiner Wahl bekannt; er habe denn auch die Hoffnungen der schlesischen Protestanten ,,nicht enttäuscht". Es war in der Tat verdächtig, daß der Rat von Breslau eifrig für seine Wahl eintrat. Denn der Rat war mehrheitlich protestantisch und versprach sich von Promnitz keine Behinderung des Vordringens des Luthertums. Die Protestanten begrüßten daher seine Wahl mit lautem Jubel. Promnitz beobachtete gegenüber der reformatorischen Bewegung die Haltung, die bei Bischöfen angesichts unangenehmer Vorgänge häufig ist: Er tat so, als gäbe es sie gar nicht, er nahm sie einfach nicht zur Kenntnis. So lebte und handelte er unter Fiktionen. Gegenüber der Abfallbewegung war er nachgiebig und schwach. Er sah den Fortschritten des Protestantismus in seinem Bistum mit größter Ruhe zu und rührte keinen Finger, um der neuen Lehre entgegenzutreten. Zu publizistischen Angriffen auf den Klerus schwieg er. Seine vertraulichen Beziehungen zu den protestantischen Fürsten Schlesiens hemmten den energischen Widerstand gegen die Ausbreitung der Häresie im Lande. Promnitz erteilte auf Kirchenämter Präsentierten die Einsetzung, ohne zu untersuchen, ob sie katholisch waren und ob sie die Priesterweihe erhalten hatten. Man wird darüber hinaus sagen müssen, daß Promnitz der Neuerung zuneigte und sie begünstigte. Auch Johann Heyne meint, daß er protestantischen Vorstellungen nahestand. Promnitz hat durch zahlreiche Rechtsakte, durch die den Protestanten Besitz und Rechte übertragen wurden, den Aufbau und die Festigung des protestantischen Kirchenwesens in erheblichem Umfang gefördert. Heyne bemerkt: „Es ist das einstimmige Zeugnis aller Gegner der katholischen Kirche, daß ohne den Bischof Balthasar von Promnitz die lutherische Reformation nicht so feste und tiefe Wurzeln in Schlesien hätte schlagen können." Promnitz hat vor allem die Protestantisierung des in kirchlichem Besitz stehenden Herzogtums Neiße-Ottmachau-Grottkau maßgeblich verschuldet. Er stellte hier protestantisch gesinnte Pfarrer und Lehrer an, unterband nicht die neugläubige Predigt und tat nichts gegen liturgische Willkür. Er ließ zu, daß sogar in der Pfarrkirche zu Neiße der Gemeinde der Kelch gereicht wurde, noch ehe Paul IV. es erlaubt hatte. In der Herrschaft Pleß, die er 1548 erwarb, duldete er weiterhin die lutherische Lehre, ja gestattete ihren Anhängern, sich als Gemeinde zu konstituieren, während er verpflichtet und berechtigt gewesen wäre, die Häresie zu beseitigen. Die Gegner der Religionsneuerung ermahnte er zu Frieden und Verträglichkeit, statt sie in ihrem schweren Abwehrkampf zu unterstützen. Zum Schmalkaldischen Krieg trugen die schlesischen Fürsten und Stände entgegen dem Verlangen des Kaisers nur in minimalem Umfang bei, und Promnitz war daran nicht unschuldig. Paul IV. hielt den Breslauer Bischof für der Häresie verdächtig und schrieb ihm die Absicht zu, die katholische Religion zu beseitigen, was aber nicht zutraf. Zeitweilig dachte der Heilige Stuhl daran, ihm als einem geheimen Begünstiger der Häretiker den Prozeß zu machen.

Daß ein energisches Verhalten des Bischofs möglich gewesen wäre und von den Katholiken erwartet wurde, zeigen die mehrmaligen lebhaften Vorstellungen, die das Domkapitel gegen den Bischof wegen seiner Nachlässigkeit erhob. Das Kapitel führte mit ihm eine deutliche Sprache. Am 28. Januar 1558 forderte es Promnitz auf, „endlich aufzuwachen". Das Domkapitel suchte ihn zu einer persönlichen Visitation seines Bistums zu bewegen. König Ferdinand gab ihm am 9. September 1551 ein Patent, das ihn zur Visitation in den Fürstentümern Ober- und Niederschlesiens ermächtigte. Es war alles vergeblich; Promnitz nahm keine Visitation vor. Wenn er sich an den Bemühungen des Domkapitels, die katholische Religion zu erhalten, beteiligte, dann mehr gezwungen und pflichtgemäß als freudig und freiwillig. Friedrich Staphylus schrieb am 22. Februar 1555, der Hof des Bischofs in Neiße sei ganz lutherisch. Nach Sabisch war Promnitz aus selbstsüchtigen Motiven „ein typischer Kompromißpolitiker". In Breslau wirkten für die Verteidigung des Glaubens Johann Cochlaeus, Michel Hillebrant und Friedrich Staphylus. Letzterem ist es zu verdanken, daß im Jahre 1555 eine katholische Druckerei in Neiße entstand. Das Domkapitel rief angesichts des Mangels an deutschen Geistlichen polnische Priester und Ordensleute ins Land.

IV.

Kaspar von Logau (1562-1574)

Kaspar von Logau wurde vom Kaiser auf das Bistum Wiener Neustadt präsentiert und am 13. März 1560 vom Papst eingesetzt. Am 16. Februar 1562 postulierte ihn das Breslauer Domkapitel zum Bischof. Pius IV. ließ die Postulation am 17. April 1562 zu, und so vertauschte Logau das Bistum Wiener Neustadt mit Breslau.

Kaspar von Logau war ein gebildeter und gelehrter Mann, kenntnisreich und sprachbegabt, beredt und fleißig. Er studierte zunächst in Leipzig, später in Padua. Als Regent des Bistums war er nachlässig und schwach. Entschuldigend fällt für ihn ins Gewicht, daß er tuberkulös war und an dieser Krankheit starb. Seine Verwandten bevorzugte er in vielfacher Hinsicht, obwohl sich unter ihnen nicht wenige Anhänger der Religionsneuerung befanden.

Die kirchliche und religiöse Lage Schlesiens verschlimmerte sich unter der Regierung Logaus beinahe von Tag zu Tag. Lutheraner und Kalvinisten, Schwenkfeldianer und Wiedertäufer beherrschten das Land. An dieser Entwicklung war das Verhalten des Kaisers nicht ohne Schuld. Die Hinneigung Maximilians II. zu der neuen Lehre war offenkundig. In Streitfällen bezog er die protestantische Position. Unter seiner Regierung machte der Protestantismus in Schlesien neue Eroberungen. Pius IV. gab 1564 die Feier der Kommunion unter beiden Gestalten auch für Schlesien frei.

Logau zeigte am Anfang seiner Regierung einen gewissen Eifer, aber er hielt nicht an. Vermutlich im Hinblick auf die protestantenfreundliche Gesinnung Kaiser Maximilians glitt er immer mehr in Konnivenz gegenüber dem Protestantismus und in Gleichgültigkeit ab. Er war während des größten Teils seiner Regierung völlig passiv in der Verteidigung des Glaubens. Die Fortschritte des Protestantismus ließen ihn gleichgültig. Nichts vermochte ihn aus seiner Lässigkeit herauszuholen. Mit den protestantischen Fürsten und Ständen pflog er vertrauten Verkehr, und um es mit ihnen nicht zu verderben, ließ er den Katholizismus zugrunde gehen. Die führenden Beamtenstellen besetzte er mit Lutheranern. 1571 ernannte er einen Protestanten zum Kanzler in seinem Stiftsland. Die Kinder beweibter Priester stellte er in der Erbfolge jenen aus rechtmäßiger Ehe gleich. Der Klerus und die Gläubigen hatten an ihm nicht den geringsten

Halt. Kein Wunder, daß die Abfälle sich mehrten und die Neuerung wie ein Brand um sich griff. Delfino schrieb am 5. Januar 1564, der schlesische Adel sei über die Maßen von der Häresie ergriffen. Der Protestantismus drang bis in die letzten Winkel ein, es bildeten sich lutherische Gemeinden, wo sie bisher nicht bestanden, es nahmen Geistliche Frauen auch im Fürstentum Neiße, das doch dem Bischof als Landesherrn unterstand. In der bischöflichen Residenz Neiße spendeten unter den Augen des Bischofs Geistliche die Kommunion unter beiden Gestalten und unterrichteten dem Luthertum zuneigende Lehrer.

Das Domkapitel beklagte oft in bitteren Worten die Nachlässigkeit des Bischofs, dem es mehr um das Zusammenraffen von Geld als um die Erhaltung der heiligen Religion zu tun sei und der seine Autorität als Oberlandeshauptmann nicht zum Wohl der Kirche gebrauche.

Seit 1545 war die Stelle des Weihbischofs vakant. Allen Mahnungen zum Trotz sorgte Logau nicht für die Wiederbesetzung. Das 1565 eröffnete Priesterseminar hatte Mangel an Subsistenzmitteln und siechte dahin. Das Generalkapitel der Breslauer Domherren vom 1. Juni 1568 erhob die schwersten Vorwürfe gegen die Pflichtvergessenheit und die Gleichgültigkeit sowie gegen die Geldgier des Bischofs, Anklagen, die weder aus der Luft gegriffen noch ungerecht waren. Immer wieder forderte das Domkapitel den Bischof auf, seines Amtes eingedenk zu sein und die Kirche zu verteidigen. Es drängte Logau mehrfach, Visitation zu halten. Der Bischof unterließ sie. Endlich gelang es dem Kapitel doch (1570), ihm die Zustimmung zur Visitation abzuringen. Tatsächlich wurde 1571 ein Teil des Bistums visitiert. Heyne sagt von Logau, ,,er glich dem Schilfrohre, das vom Winde hin- und hergetrieben wird, und während er Schwätzern sein Ohr lieh und den besonnenen Rat seines Domkapitels verschmähte, wurde er leicht dahin gebracht, seiner Pflicht zu vergessen''. Ein wohl aus dem Jahre 1574 stammender Bericht zeichnet ein düsteres Bild von Leben und Wirken Logaus.

Schlesien hatte in den entscheidenden Jahrzehnten des 16. Jahrhunderts drei schwache Männer zu Bischöfen: Jakob von Salza, Balthasar von Promnitz und Kaspar von Logau. Von ihnen wurde richtig festgestellt, daß sie sich angesichts der protestantischen Gefahr ,,fast untätig verhielten'' (F.X. Seppelt). Die Breslauer Bischöfe sahen nicht oder, besser, wollten nicht sehen, was sich vor ihren Augen abspielte. Alle Bischöfe von Salza bis Gerstmann duldeten verheiratete Geistliche auf Pfarrstellen, sogar im Bischofsland Neiße. Familienpolitische Interessen wurden bei der Vergabe des kirchlichen Besitzes den religiösen Belangen vorangestellt. Die drei in Frage kommenden Breslauer Bischöfe nahmen nicht am Konzil von Trient teil. Sie begründeten ihr Fernbleiben mit ihrer Stellung als Landeshauptmann von Schlesien. Der Vorwurf der Nachlässigkeit, den schon die Zeitgenossen gegen sie erhoben haben, kann ihnen auch rückblickend nicht erspart bleiben. Die Versuche Alfred Sabischs, die Breslauer Bischöfe weitgehend von der Anklage, versagt zu haben, zu entlasten, scheitern schon an dem Vergleich ihrer Haltung mit jener des Breslauer Domkapitels. Wo sich beispielsweise Promnitz außerstande erklärte, königlichen Mandaten nachzukommen, da drängte das

Kapitel auf strenge Durchführung. Das Domkapitel hatte mit Sicherheit ein besseres Urteil darüber, was möglich und tunlich war, als die Bischöfe.

V.

Martin Gerstmann (1574-1585)

Bei seiner Wahl am 1. Juli 1574 war Martin Gerstmann der Kandidat des Kaisers. Schon am 1. September 1574 bestätigte der Papst die Wahl. Am 6. Februar 1575 empfing Gerstmann die Konsekration.

Der aus Bunzlau stammende Gerstmann war in seiner Jugend protestantisch gewesen. Er studierte in Frankfurt an der Oder und in Padua, wo er zum Dr. jur. utr. promovierte. Dort ist er vermutlich katholisch geworden. Gerstmann war vorzüglich begabt und bildungsbeflissen. Der Wissenschaft galt sein Interesse, dem Schulwesen widmete er Aufmerksamkeit. Gerstmann zeigte in den Staatsgeschäften Klugheit und Gewandtheit; er war ein vorzüglicher Diplomat. Aber der ihm anhaftende Mangel an Entschiedenheit kann nicht übersehen werden. Mildernd fällt ins Gewicht, daß der Bischof oft krank war und seine Leiden sich seit 1575 verschlimmerten; die Gicht bereitete ihm in zunehmendem Maße Beschwerden und Schmerzen.

Das Breslauer Domkapitel hoffte, in Gerstmann einen entschlossenen Verteidiger des Glaubens zu gewinnen. Energisches Vorgehen gegen den Protestantismus war indes seine Sache nicht. Er vertraute mehr auf die Diplomatie als auf die Festigkeit. Nun war er ja als Oberlandeshauptmann in gewissem Maße auf den guten Willen der mehrheitlich protestantischen Fürsten und Stände angewiesen. Aber er benutzte seine staatliche Stellung nicht zum Vorteil der katholischen Religion, ließ sich vielmehr von ihr fesseln. Das Amt veranlaßte ihn zu mancher Rücksichtnahme und hielt ihn von konsequentem Durchgreifen in kirchlichen Dingen zurück. Zu dem Herzog Georg II. von Brieg, dem Führer der schlesischen Protestanten, stand er in enger, vertrauter Beziehung. Man kann sagen, daß die beiden Fürsten befreundet waren. Der Bischof nahm an Hochzeiten des Brieger Hauses teil und machte ihm häufig Geschenke. Herzog Georg II. von Brieg war aber ein rücksichtsloser Förderer protestantischer Interessen in Schlesien. Soweit seine Macht reichte, sorgte er überall dafür, daß protestantische Prediger eingesetzt wurden. Die Freundschaft des Bischofs mit dem protestantischen Herzog von Brieg wurde ihm von eifrigen Katholiken übel genommen; sie war nicht geeignet, bei Klerus und Gläubigen das Bewußtsein zu schärfen, daß es in Schlesien um Sein oder Nichtsein der katholischen Kirche ging. Es zeigt sich, daß enger, vertraulicher Umgang der katholischen Bischöfe mit den Führern des Protestantismus die ersteren regelmäßig daran hindert, die katholische Sache mit Energie und Nachdruck zu betreiben. Das nahe Verhältnis hemmt, ja lähmt ihre Aktivität. Gerstmann war tolerant und lehnte die konfessionelle Polemik ab. Es fehlte ihm die Konsequenz, die Männern wie Echter oder

Aschhausen eigen war. So hielt er in der Stelle des bischöflichen Kanzlers den Protestanten Simon Hauswald.

Im Bereich dessen, was übriggeblieben war vom schlesischen Katholizismus, bemühte sich Gerstmann um Reformen. 1580 hielt er eine Diözesansynode ab. Hier wurden die Dekrete des Trienter Konzils verkündet. Gleichzeitig wandte er sich mit Schärfe gegen den Konkubinat der Geistlichen. Die vier Archidiakone von Breslau, Liegnitz, Glogau und Oppeln beauftragte er mit der Visitation der Pfarreien ihrer Sprengel. Der Bericht der Visitation von 1579 läßt erkennen, daß der Laienkelch in Schlesien im Gebrauch war. Auf Drängen des Nuntius, aber wohl auch aus eigener Neigung berief Gerstmann Jesuiten an die Kathedralkirche nach Breslau. Er bemühte sich auch ernstlich um die Reform der Klöster. Das Priesterseminar verlegte er aus Breslau nach Neiße. Symptomatisch für die Lage zur Zeit Gerstmanns war der Streit um die Kirche in Brostau. Kaiser Rudolf ordnete 1579 ihre Rückgabe an die Katholiken an. Aber am 28. Februar 1581 zogen die Protestanten wieder dort ein. Gerstmann mußte sich mit dem Simultangebrauch zufriedengeben. Eine grundlegende Besserung der inneren und der äußeren Lage der katholischen Kirche in Schlesien trat unter ihm nicht ein.

VI.

Andreas Jerin (1585-1596)

Das Breslauer Domkapitel wählte am 1. Juli 1585 einstimmig den Andreas Jerin zum Bischof. Seine Wahl wurde vom Kaiser begünstigt. In dem Breve vom 31. August 1585 ermächtigte Sixtus V. Jerin, schon vor Eintreffen des Bestätigungsschreibens von seiner Diözese Besitz zu ergreifen. Am 3. Februar 1586 erhielt er die Bischofskonsekration.

Andreas Jerin stammte aus Riedlingen. Er war theologisch gebildet, gelehrt und ein Freund der Wissenschaften. Er studierte zunächst in Dillingen und holte sich hier den Grad eines Mag. art. Jerin wurde dann Germaniker. Er weilte von 1566 bis 1571 in Rom und erwarb sich dort eine vielseitige Bildung. Am 13. Dezember 1568 empfing er die Priesterweihe. 1571 erwarb er in Bologna den Grad eines Doktors der Theologie; er galt als vorzüglicher Theologe. Jerin war ein sittenreiner und untadeliger Priester. Er hielt eine strenge Tagesordnung ein, von der er, obwohl er mit Arbeit überhäuft war, nicht abging. Er war beherrscht im Essen und Trinken, beobachtete das Fasten, verrichtete die Gebete und feierte täglich die hl. Messe. Minucci bescheinigte 1588 Jerin Frömmigkeit, Gelehrsamkeit und einwandfreien Lebenswandel. Leider war er kränklich. Mit ihm beginnt eine bessere Zeit für die katholische Kirche in Schlesien. Von einer „machtvollen Persönlichkeit als Kirchenfürst und Staatsmann" (Anton Nägele) wird man aber wohl nicht sprechen können.

Jerin verzweifelte nicht angesichts der trostlosen Lage, in der er die Diözese Breslau übernahm, und legte die Hände nicht in den Schoß. Von ihm ging Ermutigung aus. Er war eifrig darauf bedacht, den Besitzstand der Katholiken zu erhalten und zu erweitern, und er war um den Rückerwerb verlorener Kirchengüter bemüht. Zähe rang er um die Besetzung der Pfarreien mit katholischen Priestern. Der fast völlig protestantisch gewordene Adel bereitete ihm dabei die größten Schwierigkeiten. Die Entfernung des Prädikanten aus Neustadt/OS mißlang ihm (1581). Dagegen ersetzte der Komtur der Johanniter, Hans Mettich, in seinem Einflußbereich die Prädikanten durch Priester (1594). Wie fast überall sah sich auch der Breslauer Bischof wegen Mangels an einwandfreien Priestern daran gehindert, die fehlerhaften von ihren Stellen zu entfernen. Jerin schrieb am 10. Juni 1586 in seinem Brief an den Nuntius Philipp von Sega, er habe von seiner Amtsübernahme an überlegt, wie er das zusammengebrochene Gebäude der Religion wiederherstellen könne; er gab zu erkennen, daß er seine Hoffnung auf die jungen Priester setzte. 1592 veranstaltete er eine Diözesansynode, deren Statuten heilsame Bestimmungen über Seelsorge und Gottesdienst, Predigt und Unterricht, Klerus und Kirchenvermögen trafen. Besonderes Augenmerk richtete er auf die Bildung der Geistlichen in der Hl. Schrift, den Kirchenvätern und dem Katechismus und ließ sich ihre Versorgung mit geeigneten Büchern angelegen sein. Wissenschaft und Kunst förderte er nach Kräften. Jerin war eifrig in der Verbreitung bzw. Wiederherstellung des Glaubens. Er war bedacht auf Predigt und Katechese, würdige und schöne Feier des Gottesdienstes und Schmuck der Kirchen. Die Erziehung der Jugend lag ihm am Herzen. Die tridentinische Reform nahm er in Angriff. Aber es fehlte ihm an Kraft und Widerstandsfähigkeit. Die wenigen Jesuiten, die Jerin nach Breslau gezogen hatte, mußten die Stadt 1595 unter dem Druck der Stände verlassen. Sie beklagten sich aber auch über den Bischof, der ihnen (jetzt) abgeneigt sei und ihre Feinde begünstige. Das Bild Jerins ist nicht ohne Schatten. Seine Landsleute im Domkapitel begünstigte er über ihr Verdienst. So gab es unerfreuliche Streitigkeiten zwischen der „schlesischen" und der „schwäbischen" Partei. Kaiser Rudolf II. (1576-1612) leistete er wichtige politische Dienste. Fünf Legationen führten ihn nach Lublin, Warschau und Krakau. Anton Nägele spricht von seiner „staunenswerten kirchlichen und politischen Tätigkeit". Der Erfolg stellte sich freilich vorerst nicht ein. Die Zahl der Protestanten nahm immer noch zu. Der Bericht Jerins vom 10. Juni 1586 über den Zustand seiner Diözese ist ein erschütterndes Dokument. Darin stellte der Bischof fest, daß gegenüber 160 katholischen Geistlichen sieben- bis zehnmal so viele protestantische vorhanden seien.

VII.

Bonaventura Hahn (1596-1599)

Die Wahl des neuen Bischofs war überschattet durch den Gegensatz zwischen schwäbischen und schlesischen Domherren im Breslauer Kapitel. Der Kandidat des Kaisers war Paul Albert, das Kapitel wählte am 5. Dezember 1596 einstimmig den Bonaventura

Hahn. Papst Clemens VIII. war anfangs für letzteren. Bonaventura Hahn besuchte die Universitäten Wien und Ingolstadt, wo er den Grad eines Dr. phil. erlangte. Später studierte er in Rom und Bologna; hier erwarb er den Dr. jur. utr. 1577 empfing er die Priesterweihe. Er war ein sittlich einwandfreier und frommer Mann. Aber Albert gab nicht auf, und durch die Unterstützung des Kaisers gelang es, Clemens VIII. zu gewinnen, der Hahn die Bestätigung nicht gab. Im Februar 1599 legte der Papst Hahn nahe, zu verzichten, und dieser entsprach dem päpstlichen Wunsche. Daraufhin erklärte der Papst am 18. März 1599 Hahns Wahl für nichtig und befahl eine neue Wahl. Daß in den Wirren dieser Zeit nichts für die katholische Erneuerung geschah, ist verständlich. 1597 zogen die Jesuiten in Glatz ein und begannen ihre segensreiche Arbeit.

VIII.

Paul Albert (1599-1600)

Paul Albert wurde am 5. Mai 1599 zum Bischof von Breslau gewählt, am 18. August 1599 vom Papst bestätigt. Albert empfing seine Ausbildung in Rom, wo er als Zögling des Germanikums drei Jahre Philosophie und vier Jahre Theologie studierte. In Bologna erwarb er den Grad eines Dr. theol. Albert war hervorragend begabt, besaß treffliche Kenntnisse und Beredsamkeit und zeigte Eifer für die katholische Erneuerung, war aber auch ehrgeizig und eßlustig. Er starb vor Empfang der Bischofskonsekration im Alter von 43 Jahren.

IX.

Johannes VI. von Sitsch (1600-1608)

Johann von Sitsch wurde am 18. Juli 1600 zum Bischof von Breslau gewählt; er erlangte am 24. Januar 1601 die päpstliche Bestätigung.

Johann Sitsch studierte in Krakau und Wien, angeblich auch in Italien. 1577 empfing er die Priesterweihe. Sitsch war ein begabter und gebildeter Mann. Er war persönlich tugendhaft. Sitsch starb im 56. Lebensjahre an Tuberkulose, die ihm zweifellos schon vor dem Tode erheblich zu schaffen gemacht hat.

Sitsch nahm das Werk der Erneuerung in die Hand. Im Stiftslande entließ er die Protestanten aus den Ämtern und ersetzte die lutherischen Magistrate der bischöflichen Städte durch katholische. Er wirkte auch auf den Kaiser ein, daß in amtliche Stellen möglichst Katholiken eingewiesen wurden. Sitsch schlug dem Kaiser schärfere Maßnahmen zur Wiederherstellung der katholischen Religion vor, konnte aber damit nicht durchdringen. Den lutherischen Predigern suchte er Schranken zu setzen. Er verbot den

Besuch ihrer Predigten sowie das ,,Auslaufen'' zum protestantischen Gottesdienst und gab einige Pfarrkirchen dem katholischen Gottesdienst zurück. Die Rechte der Kirche wahrte er nachdrücklich. Sitsch suchte 1603 die Kirche zu Brostau wieder allein für den katholischen Kult zu gewinnen, mußte aber in dem Streit nachgeben. Vereinzelt traten dem Bischof bei seinem Bemühen um die Restitution der heiligen Religion jetzt auch weltliche Herren an die Seite. So stellte Abraham von Dohna 1601 in seinem Herrschaftsbereich die katholische Religion wieder her. Durch Visitationen suchte Sitsch den Klerus zu reinigen. Von 1602 bis 1606 fand eine allgemeine Visitation statt. Danach hielt der Bischof eine Diözesansynode ab. Die Päpste Clemens VIII. und Paul V. waren mit ihm nicht recht zufrieden; sie hielten ihn für zu wenig energisch. In der Generalinstruktion für den Nuntius Giovanni Stefano Ferrerio vom 20. Januar 1604 wurde Sitsch jedoch als wertvoller und eifriger Bischof bezeichnet (prelato di valore et di zelo), wenn er auch immer wieder der Aufmunterung bedürfe. Im ganzen muß Sitsch als ein guter Bischof erachtet werden. In seinem Schreiben an den Papst vom 6. November 1605 konnte er eine bemerkenswerte Bilanz seines Wirkens für die Erhaltung und Wiederherstellung der katholischen Religion aufmachen, mußte freilich auch zugeben, daß die weltlichen Herren sein bischöfliches Wirken in ihren Gebieten verhinderten.

X.

Karl von Österreich (1608-1624)

Karl von Österreich wurde im Alter von 17 Jahren am 7. Juli 1608 zum Bischof von Breslau postuliert. Paul V. ließ die Postulation zu und teilte dies am 2. September 1608 dem Erzherzog Karl mit. Er wurde zunächst zum Administrator des Bistums bestellt. Das Domkapitel entschied sich für den Erzherzog, weil es von den Habsburgern Schutz und Hilfe angesichts des Drucks der Protestanten erhoffte. Darin wurde es nicht enttäuscht. Der Bischof war ebenso treu katholisch wie sein Bruder Ferdinand. Er war entschlossen, nach Kräften für die katholische Erneuerung zu wirken. Über den Empfang bzw. Nichtempfang der Weihen durch ihn liegen widersprüchliche Nachrichten vor. Seit 1618 war er auch Hochmeister des Deutschen Ordens. Leider weilte er häufig längere Zeit außer Landes.

Karl hatte kein Universitätsstudium absolviert. Sein Wissen war lückenhaft und ungenügend. Wegen seiner jugendlichen Unerfahrenheit gab ihm Erzherzog Ferdinand zeitweilig den Bischof Stobaeus als Berater und Stellvertreter zur Seite. Leider war Karl charakterlich unausgeglichen, zu Streichen aufgelegt und streckenweise von unwürdigem Benehmen. Gelegentlich zeigte er Widerwillen gegen den geistlichen Stand, in den ihn seine Eltern hatten aufnehmen lassen. Man bedenke, daß Karl 18 Jahre alt war, als er die Regierung des Bistums Breslau übernahm. Zum Glück hatte er im Domkapitel gut ausgebildete, von Glaubenseifer erfüllte Männer zur Verfügung. 1613 erlebte Karl die Freude, daß der Herzog Adam Wenzel von Teschen zum katholischen Glauben zurückkehrte. Eifrige Beförderer der Wiederherstellung der katholischen Religion waren Georg von Oppersdorf, Karl von Liechtenstein und Karl Hannibal von Dohna.

Die katholische Restauration im Bistum Breslau war angesichts der Machtverhältnisse auf die Unterstützung des Hauses Habsburg angewiesen. Die Regierung Rudolfs II. erwies sich wegen der von ihm den Protestanten gewährten Rechte für die Katholiken Schlesiens als verhängnisvoll. Am 26. August 1609 stellte er den Majestätsbrief aus, der den Protestanten in Schlesien Parität einräumte. Erzherzog Karl protestierte am 30. Oktober 1609 gegen diese Gleichstellung. Matthias bestätigte jedoch 1611 den Majestätsbrief. Diese Maßnahmen ermunterten die Protestanten. Sie begehrten in bekannter Manier im Stiftsland Neiße für sich Rechte, die sie den Katholiken in protestantischen Territorien konsequent verweigerten. Es gelang ihnen, Schule und Kirche zu errichten. Dabei hatten sie jedoch nicht mit der Entschlossenheit des Erzherzogs Karl gerechnet. Als er 1614 nach Schlesien zurückkehrte, nahm er den Kampf auf. In den folgenden Jahren gab es fortwährend Forderungen, Attacken und Übergriffe der Protestanten. Seit der Beteiligung der Schlesier an dem böhmischen Aufstand war der Weg für kraftvolle Maßnahmen des Erzherzogs Karl frei. Die schlesischen Protestanten mußten ihre Unterstützung des Gegenkönigs Friedrich V. von der Pfalz mit dem Verlust des Majestätsbriefes bezahlen. Die Fürstentümer Jägerndorf, Oppeln, Ratibor, Schweidnitz und Jauer erhielten katholische Fürsten, die sich um die Wiederherstellung der katholischen Religion bemühten. Zusammen mit den katholischen Herzögen von Troppau und Teschen besaß die katholische Partei unter den schlesischen Standesherren jetzt die Mehrheit. Karl machte seit 1622 von dem Reformationsrecht Gebrauch und betrieb energisch die Rekatholisierung seines weltlichen Territoriums und seit 1623 auch der Grafschaft Glatz. Von Protesten und Unruhen ließ er sich nicht beeindrucken. 1624 eröffneten die von ihm berufenen Jesuiten ein Kolleg in Neiße. Auch der inneren Erneuerung seines Sprengels wandte Erzherzog Karl sich zu. 1614 ordnete er die Visitation der Diözese Breslau an; sie kam nach mehrfachen Unterbrechungen erst nach 12 Jahren zum Abschluß. Das Volk war in Schlesien wie anderswo teilweise besser als der vielfach noch sehr der Reform bedürftige Klerus. Die Gewährung des Laienkelchs sah Karl als verhängnisvoll an; nach seiner Meinung hatte sie den Abfall gefördert. Deswegen verbot er 1624 diese Weise der Kommunionspendung. Leider verließ Karl 1624 als Vizekönig von Portugal sein Bistum. Als Administrator ließ er den Archidiakon Petrus Gebauer zurück. In jedem Falle war durch ihn die Wendung zum Aufstieg des schlesischen Katholizismus eingeleitet worden. Er starb im Alter von 34 Jahren.

2. Kapitel

Bistum Lebus

Grimm, Heinrich, Dietrich, Bischof von Lebus: NDB 2, 1955, 733

Grimm, Heinrich, Dietrich von Bülow, Bischof von Lebus, in seinem Leben und Wirken. Gleichzeitig ein Beitrag zur Geschichte des Bistums Lebus wie zur Kultur- und Bildungsgeschichte des deutschen Ostens um 1500: Wichmann-Jahrbuch für Kirchengeschichte im Bistum Berlin XI/XII, 1957/1958, 5-98

Hirsch, Th., Dietrich, Bischof von Lebus: ADB 5, 1877, 182-183

Kosmann, J. W. A., Heinsius, Th., Denkwürdigkeiten und Tagesgeschichte der Mark Brandenburg, 10 Bde., Berlin 1796-1800

Ludat, Herbert, Bistum Lebus. Studien zur Gründungsfrage und zur Entstehung und Wirtschaftsgeschichte seiner schlesisch-polnischen Besitzungen, Weimar 1942

Müller, F., Die Reformation in der Neumark, Landsberg a. W. 1917

Riedel, Adolph Friedrich (Hrsg.), Codex diplomaticus Brandenburgensis. Sammlung der Urkunden, Chroniken und sonstigen Quellenschriften für die Geschichte der Mark Brandenburg und ihrer Regenten. Des ersten Haupttheiles oder der Urkunden-Sammlung für die Orts- und specielle Landesgeschichte fünfter Band, Berlin 1845

Schäfer, K. H., Lebus: LThK VI, 1934, 443f.

Stasiewski, B., Lebus: LThK VI, 2 Aufl., 1961, 870

Stasiewski, Bernhard, Georg v. Blumenthal: NDB 6, 1964, 224

Wohlbrück, Siegmund Wilhelm, Geschichte des ehemaligen Bisthums Lebus und des Landes dieses Nahmens, 3 Tle., Berlin 1829-32

I.

Dietrich von Bülow (1490-1523)

Das Bistum Lebus lag im Osten der Mark Brandenburg. Bischof und Domkapitel residierten in Fürstenwalde. Die brandenburgischen Kurfürsten suchten auf die Bischofsernennung Einfluß auszuüben. Papst Nikolaus V. versprach am 10. September 1447 dem Kurfürsten Friedrich II., für seine Lebensdauer nur von ihm benannte Geistliche zu Bischöfen in den Bistümern der Mark Brandenburg zu ernennen. Das Recht der landesherrlichen Bischofsnomination wurde dadurch nicht begründet. Das Domkapitel zu Lebus bestand daher Rechtens auf dem freien Wahlrecht. Aber seine Macht reichte regelmäßig nur aus, den vom Kurfürsten empfohlenen Kandidaten zu wählen.

Dietrich von Bülow war ein gelehrter Mann, der mehrere deutsche Universitäten besucht und wohl in Bologna die Würde eines Doktors beider Rechte erlangt hatte. Nach dem Tode des Bischofs Ludwig von Burgsdorf im Jahre 1490 wählte das Domkapitel den Günther von Bünau zu seinem Nachfolger. Der Kurfürst Johann bestritt die Gültigkeit der Wahl, weil das von ihm behauptete Präsentationsrecht nicht berücksichtigt worden war. Bünau verzichtete daraufhin auf das aus der Wahl erworbene Recht. Das Domkapitel postulierte nunmehr den Dietrich von Bülow, den der Kurfürst vorgeschlagen hatte, und er erhielt am 5. November 1490 die päpstliche Zulassung. Wohl im Herbst 1491 empfing Bülow die Bischofskonsekration.

Dietrich war ein Mann von reinem sittlichen Wandel und ernster Lebensauffassung, fromm und gerecht. Er war ein eifriger Förderer der Wissenschaft und ein Freund (vor allem) der Philosophie. An der Gründung der Universität Frankfurt war er hervorragend beteiligt. Der Bischof ging ganz in seinen Amtspflichten auf; er war unermüdlich in geistlichen und zeitlichen Angelegenheiten tätig. Für die Verbesserung des kirchlichen Lebens und die Abstellung von Mißständen war er aufgeschlossen. Er drang auf würdigen Gottesdienst und ließ die liturgischen Bücher drucken. Den von Luther verworfenen Ablaß bejahte, schätzte und praktizierte er. Die Diözese Lebus war pastoral gut betreut, das Volk lebte mit der Kirche. Dietrich war auch ein vorzüglicher Haushalter, persönlich bescheiden, gegen seine Untertanen gerecht und auf die Förderung ihres Wohles in jeder Hinsicht bedacht. Seine Temporalienverwaltung war geschickt. Das Stiftsgebiet mehrte er, hinterließ aber bei seinem Tode einige Schulden.

Das Vertrauen seines Landesfürsten belud Dietrich mit vielen Aufgaben der Politik und der Diplomatie. Als der brandenburgische Kurfürst 1521 zum Reichstag nach Worms ging, blieb er als Statthalter zurück. Zu Lebzeiten des Bischofs war von einem nennenswerten Einfluß der lutherischen Bewegung in der Diözese Lebus nichts zu bemerken. Dietrich hielt selbstverständlich ohne Wanken am katholischen Glauben fest. Die Bulle „Exsurge Domine" wurde im November 1520 im Kollegiengebäude der Universität Frankfurt an der Oder angeschlagen. An dieser Hochschule hatte der Bischof eine zuverlässige Stütze. Konrad Wimpina hatte sofort Luther als Irrlehrer durchschaut und den Kampf gegen ihn aufgenommen. Neben ihm wirkten der Dominikaner Johannes Mensing und Wolfgang Redorffer für die Verteidigung des Glaubens gegen die Häresie. Bischof Dietrich drang vor allem auf positive Vorkehrungen zur Abwehr der lutherischen Bewegung. Er legte großen Wert auf religiöse Bildung durch Predigt, Unterricht und Druckschriften, um die Gläubigen vor der andringenden Irrlehre zu schützen.

II.

Georg von Blumenthal (1523-1550)

Der Nachfolger des Dietrich von Bülow war Georg von Blumenthal. Er erwarb in Frankfurt an der Oder die Würde eines Doktors beider Rechte. 1520 wurde er zum Bischof von Havelberg gewählt, verzichtete aber auf Drängen des Kurfürsten, des Erzbischofs Albrecht und des Papstes auf das Bistum. 1523 wurde er zum Bischof von Lebus gewählt. Die Bestätigung erhielt er am 6. April 1524. Als am 2. Oktober 1524 Bischof Heinrich Berkmeyer in Ratzeburg starb, postulierte ihn das dortige Kapitel zum Bischof. Auf Verwendung Kardinal Albrechts vom 17. Februar 1525 ließ der Papst die Postulation zu und gestattete Blumenthal, das Bistum Lebus zu behalten. Die beiden Diözesen grenzten nicht aneinander, sondern waren durch die Bistümer Brandenburg und Havelberg voneinander getrennt.

Blumenthal war fest im katholischen Glauben verwurzelt und betrachtete das Luthertum als verderbliche Irrlehre. Er widersetzte sich der Neuerung beharrlich und geschickt. Mit Energie und Härte führte er den Kampf gegen die Abfallbewegung. Bei den Protestanten war er entsprechend verhaßt. Im Jahre 1528 überfiel der protestantische Nickel von Minkwitz seine Residenz Fürstenwalde und plünderte sie aus. An der Frankfurter Universität wirkten weiter als verlässige Verteidiger der Kirche Konrad Wimpina, Johannes Mensing und Ruprecht Elgersma sowie Wolfgang Redorffer. Im Verein mit dem Kurfürsten Joachim I. erhielt Blumenthal die katholische Religion. ,,Noch zehn Jahre nach Bülows Tod war die Diözese Lebus fest in der Hand seines bischöflichen Nachfolgers" (Heinrich Grimm). Als 1535 der ihm zugetane und gesinnungsverwandte Kurfürst Joachim I. starb, mochte er ahnen, daß nun eine schwere Zeit für die Kirche anbrechen werde. Noch verlief das religiöse Leben in den gewohnten Bahnen. Nach einer Urkunde vom 25. Januar 1537 stifteten die Leinweber der Stadt Frankfurt einen Altar, an dem für ewige Zeiten in der Woche drei hl. Messen gefeiert werden sollten. Wo das Volk nicht aufgehetzt und verführt wurde, hing es in ruhiger Überzeugung dem wahren Glauben an. Aber die lutherische Neuerung griff von nun an immer mehr in dem Bistum um sich; sie wurde begünstigt von Kurfürst Joachim II. von Brandenburg und Markgraf Johann von Küstrin. Dieser führte in seinen Landesteilen den Abfall schroff und rücksichtslos durch. Er bediente sich dazu des bewährten Mittels der Visitation. Blumenthal setzte der von ihm 1538 bis 1539 angeordneten Kirchenvisitation festen Widerstand entgegen. Als der Prediger zu St. Nikolai in Frankfurt 1538 in der Christnacht den Gottesdienst auf lutherische Weise hielt, rügte der Bischof dieses Vorgehen. Aber in der damaligen Zeit war das Recht wehrlos. Die Lutheraner suchten und fanden gegen die Jurisdiktion des Bischofs Schutz und Unterstützung bei dem Fürsten. Der Bischof vermochte sich nur noch in dem Teil seines Bistums durchzusetzen, das er gleichzeitig als Landesherr regierte, aber auch hier nicht mehr vollständig. Der Markgraf Johann von Küstrin ließ 1539 das Sternberger Land, das dem Bischof von Lebus unterstand, gegen dessen Widerspruch visitieren und teilweise protestantisieren. Die 1540 erlassene lutherische Kirchenordnung für Brandenburg beraubte den Bischof außerhalb seines Stiftsgebietes der Jurisdiktion. Die 1541 von dem Kurfürsten angeordnete allgemeine Visitation sparte die Orte des Stiftes noch aus. Der Markgraf Johann von Küstrin ließ jedoch 1551 erneut das Sternberger Land visitieren und endgültig protestantisieren. Wer sich nicht fügte, wurde vertrieben. Georg von Blumenthal ist ein Beispiel dafür, daß auch ein vorzüglicher Bischof ohne politischen und militärischen Rückhalt die Protestantisierung seines Sprengels durch einen übermächtigen Landesherren nicht hindern konnte.

III.

Johann VIII. Horneburg (1551-1555)

Nach dem Tode Blumenthals begann das Ringen um seine Nachfolge. Das Kapitel widersetzte sich mutig dem Druck des brandenburgischen Kurfürsten, der ihm seine Prinzen Friedrich und Siegmund sowie den Herzog Joachim von Münsterberg als Kandidaten vorschlug, und erklärte, einen gelehrten und treuen Katholiken wählen zu wollen. Es kürte zunächst den bewährten Wolfgang Redorffer zum Bischof, der aber auf Druck des Kurfürsten am 16. Januar 1551 auf seine aus der Wahl erworbenen Rechte verzichtete. Danach wurde Johann Horneburg postuliert. Er erbat und erhielt die päpstliche Bestätigung am 5. Oktober 1551.

Johann Horneburg war ein gelehrter Mann; er hatte den Grad eines Doktors in beiderlei Recht erworben. Vor seiner Bischofswahl war er u. a. Dompropst von Brandenburg. Horneburg selbst blieb dem alten Glauben treu, mußte aber zusehen, wie das Bistum durch die weltliche Gewalt protestantisiert wurde. Der Markgraf Johann beseitigte mit rücksichtsloser Gewalt die Reste des Katholizismus. Unter Beteiligung entfesselter Pöbelscharen wurde die „Reformation" durchgesetzt. Horneburg schwieg dazu nicht, sondern erhob seine Stimme zur Verteidigung von Wahrheit und Recht. In seinem Schreiben an den Markgrafen Johann vom 14. Juni 1552 protestierte er gegen dessen Gewaltmaßnahmen zur Einführung der sogenannten Reformation, kennzeichnete das Luthertum unverblümt als schädliche Irrlehre und Abfall von der katholischen Kirche, forderte ihn zur Rückkehr zum katholischen Glauben auf, bat um die Wiedereinsetzung der vertriebenen Geistlichen und erinnerte den Fürsten an seine Verantwortung vor Gott. Wenige Oberhirten in gefährdeter Lage führten zu dieser Zeit eine derart mutige Sprache wie der Bischof von Lebus. Aber niemand kam den bedrängten Katholiken in Brandenburg zu Hilfe.

IV.

Joachim Friedrich von Brandenburg (1555-1598)

Der Markgraf Joachim Friedrich war der Enkel des Kurfürsten Joachim II. Er war bereits „Bischof" von Havelberg. Das Lebuser Domkapitel hielt es für richtig, dem Drängen des Landesherren nachzugeben und dessen Kandidaten zu postulieren. Vater und Großvater des Postulierten waren zwar Lutheraner, der Prinz war bei der Postulation erst neun Jahre alt und hatte lediglich die Tonsur erhalten. Aber der Kurfürst hatte zugesagt, daß er das Stift nicht einziehen werde, wenn seinem Wunsch entsprochen werde. Joachim Friedrich versprach, als er zum Bischof von Lebus postuliert wurde (1555), die Erhaltung des katholischen Gottesdienstes. Er suchte auch um die Zulassung der Postulation nach und erhielt sie. Joachim Friedrich war jedoch Lutheraner. 1566 wurde er zum „Erzbischof" von Magdeburg gewählt. Sein Vater, der Kurprinz, Markgraf Johann Georg, verwaltete fortan das Stift Lebus als Administrator. Das Domkapitel war ein Hort katholischen Widerstandes. Seine Mitglieder blieben bis zum Ende dem Glauben treu. Allmählich gerieten jedoch durch den Tod der altgläubigen Domherren die Katholiken in die Minderheit. Nach dem Tode Redorffers (1559) war dieser Prozeß beendet. 1571 kam Markgraf Johann Georg, der Administrator des Stiftes Lebus, zur Kurfürstenwürde. Als solcher ließ er das Bistum eingehen, indem er es zu seinem Lande schlug, womit das Ziel der „Reformation" erreicht war. Joachim Friedrich führte zwar weiter den Namen eines Bischofs von Lebus, hatte aber keinen Einfluß auf das geraubte Stiftsgebiet. Als er 1598 an Stelle seines Vaters Kurfürst wurde, legte er den Bischofstitel ab.

5. Abschnitt

Kirchenprovinz Köln

1. Kapitel

Erzbistum Köln

Binterim, Mooren, Die Erzdiöcese Köln bis zur französischen Staatsumwälzung. Neu bearbeitet von Albert Mooren, 2 Bde., Düsseldorf 1892/3

Braubach, Max, Ernst, Herzog von Bayern: NDB 4, 1959, 614f.

Canones Concilii Provincialis Coloniensis, Coloniae 1538

Coenen, Dorothea, Die katholische Kirche am Niederrhein von der Reformation bis zum Beginn des 18. Jahrhunderts. Untersuchungen zur Geschichte der Konfessionsbildung im Bereich des Archidiakonates Xanten unter der klevischen und brandenburgischen Herrschaft (= Reformationsgeschichtliche Studien und Texte Heft 93), Münster/Westf. 1967

Dolan, John Patrick, The Influence of Erasmus, Witzel and Cassander in the Church Ordinances and Reform Proposals of the United Duchees of Cleve during the Middle Decades of the 16th Century (= Reformationsgeschichtliche Studien und Texte Heft 83), Münster/Westf. 1957

Ennen, Leonard, Geschichte der Reformation im Bereiche der alten Erzdiözese Köln, Köln, Neuß 1849

Ennen, Ernst, Herzog von Baiern: ADB 6, 1877, 250-257

Ennen, Ferdinand, Erzbischof und Kurfürst von Köln: ADB 6, 1877, 691-697

Ennen, Hermann V. von Wied: ADB 12, 1880, 135-147

Foerster, Hans, Reformbestrebungen Adolfs III. von Schaumburg (1547-56) in der Kölner Kirchenprovinz (= Reformationsgeschichtliche Studien und Texte Heft 45 und 46), Münster i. W. 1925

Franzen, August, Die Kölner Archidiakonate in vor- und nachtridentinischer Zeit. Eine kirchen- und kirchenrechtsgeschichtliche Untersuchung über das Wesen der Archidiakonate und die Gründe ihres Fortbestandes nach dem Konzil von Trient (= Reformationsgeschichtliche Studien und Texte Heft 78 und 79), Münster/Westf. 1953

Franzen, August (Hrsg.), Die Visitationsprotokolle der ersten nachtridentinischen Visitation im Erzstift Köln unter Salentin von Isenburg 1569 (= Reformationsgeschichtliche Studien und Texte Heft 85), Münster/Westf. 1960

Franzen, August, Ferdinand, Herzog von Bayern: NDB 5, 1961, 90

Franzen, August, Friedrich IV. Graf v. Wied: NDB 5, 1961, 512f.

Franzen, August, Gebhard Frhr. zu Waldburg: NDB 6, 1964, 113f.

Franzen, August, Hermann von Wied (1477-1552), in: Poll, Bernhard (Hrsg.), Rheinische Lebensbilder III, Düsseldorf 1968, 57-77

Franzen, August, Hermann von Wied, Kurfürst und Erzbischof von Köln, in: Der Reichstag zu Worms von 1521, Worms 1971, 297-315

Graff, Karl Heinrich, Der Kölner Kurfürst Salentin von Isenburg (= Veröffentlichungen des Kölnischen Geschichtsvereins e. V. 15), Köln 1937

Greven, J., Köln: LThK VI, 1934, 80-93

Haaß, Robert, Adolf III., Graf von Schaumburg: NDB 1, 1953, 83f.

Haaß, R., Doppelfeld, O., Weyres, W., Köln: LThK VI, 2. Aufl., 1961, 383-394.

Hansen, Joseph, Der Informativprocess de vita et moribus des Kölner Erzbischofs Gebhard Truchsess: Mittheilungen aus dem Stadtarchiv von Köln 20. Heft, Köln 1891, 39-66

Hansen, Joseph (Bearb.), Rheinische Akten zur Geschichte des Jesuitenordens 1542-1582 (= Publikationen der Gesellschaft für Rheinische Geschichtskunde XIV), Bonn 1896

Jedin, Hubert, Fragen um Hermann von Wied: Historisches Jahrbuch 74, 1955, 687-699

Köhn, Mechtild, Martin Bucers Entwurf einer Reformation des Erzstiftes Köln. Untersuchung der Entstehungsgeschichte und der Theologie des „Einfaltigen Bedenkens" von 1543 (= Untersuchungen zur Kirchengeschichte Bd. 2), Witten 1966

Linneborn, Johannes, Zur Reformtätigkeit des Erzbischofs von Köln Adolf III. von Schaumburg (1547-1556) in Westfalen: Zeitschrift für vaterländische Geschichte und Altertumskunde 65, 1907, 145-190

Lipgens, Walter, Neue Beiträge zum Reformationsversuch Hermanns von Wied aus dem Jahre 1545: Annalen des historischen Vereins für den Niederrhein 149/150, 1950/51, 46-73

Lipgens, Walter, Kardinal Johannes Gropper 1503-1559 und die Anfänge der katholischen Reform in Deutschland (= Reformationsgeschichtliche Studien und Texte Heft 75), Münster/Westf. 1951

Lippert, Walter, Beiträge zur Politik Ferdinands von Köln im dreißigjährigen Kriege bis zum Tage von Schleusingen im Juli 1624. Phil. Diss. Leipzig, Naumburg a. d. S. 1916

Lojewski, Günther von, Bayerns Weg nach Köln. Geschichte der bayerischen Bistumspolitik in der zweiten Hälfte des 16. Jahrhunderts (= Bonner Historische Forschungen Bd. 21), Bonn 1962

Lossen, Gebhard, Truchseß von Waldburg: ADB 8, 1878, 457-470

Lossen, Max, Der Kölnische Krieg, 2 Bde., I: Gotha 1882, II: München, Leipzig 1897

Lossen, Salentin, Graf von Isenburg: ADB 30, 1890, 216-224

Müller-Diersfordt, Heinrich, Hermann von Wied † 15.8.1552. Seine Stellung innerhalb der deutschen Reformation: Monatshefte für Evangelische Kirchengeschichte des Rheinlands N. F. 1, 1952, 161-172

Postina, Alois, Der Karmelit Eberhard Billick. Ein Lebensbild aus dem 16. Jahrhundert (= Erläuterungen und Ergänzungen zu Janssens Geschichte des deutschen Volkes II. Bd., 2. u. 3. Heft), Freiburg i. Br. 1901

Redlich, Otto R., Jülich-bergische Kirchenpolitik am Ausgang des Mittelalters und in der Reformationszeit, 2 Bde. (= Publikationen der Gesellschaft für Rheinische Geschichtskunde XXVIII), Bonn 1907-1915

Schwarz, Reinhold, Personal- und Amtsdaten der Bischöfe der Kölner Kirchenprovinz von 1500-1800 (= Veröffentlichungen des Kölnischen Geschichtsvereins e. V. 1), Köln 1914

Solzbacher, Joseph, Kasper Ulenberg. Eine Priestergestalt aus der Zeit der Gegenreformation in Köln (= Katholisches Leben und Kämpfen im Zeitalter der Glaubensspaltung 8), Münster/Westf. 1948

Stiasny, Hans H. Th., Die strafrechtliche Verfolgung der Täufer in der freien Reichsstadt Köln (= Reformationsgeschichtliche Studien und Texte Heft 88), Münster/Westf. 1962

Stieve, Felix, Die Politik Baierns 1591-1607. Erste Hälfte (= Briefe und Acten zur Geschichte des Dreißigjährigen Krieges in den Zeiten des vorwaltenden Einflusses der Wittelsbacher 4. Bd.), München 1878

Stupperich, Robert, Hermann V. Graf von Wied: NDB 8, 1969, 636f.

Unkel, Karl, Die Coadjutorie des Herzogs Ferdinand von Bayern im Erzstift Köln: Historisches Jahrbuch 8, 1887, 245-270, 583-608

Van Gulik, Wilhelm, Johannes Gropper (1503-1559). Ein Beitrag zur Kirchengeschichte Deutschlands, besonders der Rheinlande im 16. Jahrhundert (= Erläuterungen und Ergänzungen zu Janssens Geschichte des deutschen Volkes V. Bd., 1. und 2. Heft), Freiburg i. Br. 1906

Varrentrapp, C., Hermann von Wied und sein Reformationsversuch in Köln. Ein Beitrag zur deutschen Reformationsgeschichte, Leipzig 1878

Varrentrapp, C., Zur Charakteristik Hermanns von Wied, Bucers und Groppers: Zeitschrift für Kirchengeschichte 20, 1900, 37-58

Weiler, Peter, Die kirchliche Reform im Erzbistum Köln (1583-1615) (= Reformationsgeschichtliche Studien und Texte Heft 56 und 57), Münster i. W. 1931

Wittstadt, Klaus, Atilio Amalteo (1606-1610). Bemühungen eines Nuntius um Katholische Reform, in: Von Konstanz nach Trient, München, Paderborn, Wien 1972, 695-711

Wolf, Gustav, Aus Kurköln im 16. Jahrhundert (= Historische Studien Heft LI), Berlin 1905

I.

Hermann von Wied (1515-1547)

Hermann von Wied wurde vom Kölner Metropolitankapitel zum Erzbischof gewählt und erlangte am 13. Juni 1515 die päpstliche Bestätigung. Bei seiner Wahl war er erst Subdiakon; er empfing aber bis 1518 alle folgenden Weihen bis zur Bischofskonsekration einschließlich. Seit 1532 war er auch noch Administrator des Bistums Paderborn.

Die Erhebung dieses Mannes zum Erzbischof von Köln stellt der Wahlkörperschaft kein gutes Zeugnis aus. Weder intellektuell noch charakterlich ragte er über das Durchschnittsmaß hinaus. Hermann war ungebildet, nicht einmal des Lateinischen mächtig, und nicht geistig interessiert. Er war auch nicht fromm und nicht von religiösem Eifer erfüllt. Den Gottesdienst im Kölner Dom besuchte er selten. Seine leidenschaftliche Liebe galt der Jagd. Nach dem Bericht des Nuntius Morone vom 8. Mai 1540 bezeichnete König Ferdinand den Kölner Erzbischof als einen ,,Mann von wenig Religion und wenig Geist", der während der Karwoche, die er in seinem Hause verbracht habe, niemals zum Gottesdienst erschienen, wohl aber jeden Tag zur Jagd gegangen sei. Hermann lebte nicht enthaltsam. Mit mehreren Konkubinen zeugte er Kinder. Weitblick und Zielklarkeit, Souveränität des Regierens und entschlossene Initiative gingen ihm ab. Er war keine herrscherliche Persönlichkeit, leicht beeinflußbar und für sein hohes Amt ungeeignet. Gegenüber der doppelten Aufgabe seiner Stellung als Reichsfürst und Oberhirt versagte er. Er war ganz überwiegend weltlicher Territorialherr und betätigte sich fast ausschließlich auf dem Gebiet der Temporalien. Die geistliche Seite seines Amtes vernachlässigte er.

Hermann machte hinsichtlich seiner religiös-kirchlichen Haltung eine Entwicklung durch, jedoch eine solche vom Besseren zum Schlechteren. Er billigte ursprünglich den lutherischen Abfall nicht. Bis zum Ende der dreißiger Jahre ging er gegen die Glaubensneuerer vor. Allerdings war er von Anfang an ein Gegner des Wormser Ediktes. Seit dem Benefizienstreit mit dem Heiligen Stuhl, der im Jahre 1527 anhob, bahnte sich bei Hermann ein antirömischer Affekt an. Mit dem Voranschreiten der lutherischen Neuerung begann er sich stärker mit theologischen Fragen und Angelegenheiten der Reform zu beschäftigen, was vor allem dem Einfluß gläubiger, eifriger Männer (Johannes

Gropper, Eberhard Billick, Johannes Nopel) zuzuschreiben war. Unter ihnen machte Gropper seit 1530 eine Wendung vom irenischen Humanisten zum bewußt katholischen Theologen durch. Im Frühjahr 1536 tagte in Köln das Provinzialkonzil. Bezeichnend für diese Synode war die Tatsache, daß die (drei) Ortsoberhirten der fünf Suffraganbistümer allesamt nicht persönlich an ihr teilnahmen. Die (1538 gedruckten) Reformkonstitutionen der Kölner Provinzialsynode vom 10. März 1536 stellen ein eindrucksvolles Programm innerkirchlicher Erneuerung dar. Sie umfassen beinahe das gesamte religiös-kirchliche Leben in Bistum und Pfarrei, sowohl was den Klerus in seinen verschiedenen Stufen als auch was die Laien betrifft. Umfassende Reformdekrete wurden verabschiedet. Aber ihre Verwirklichung nahm Hermann nicht in die Hand. Ihm lag wohl nicht mehr daran, die Konzilsstatuten durchzusetzen. Denn dadurch wäre die katholische Religion gestärkt worden. Daran aber hatte er zu diesem Zeitpunkt kein Interesse mehr. Im Anschluß an das Provinzialkonzil wurde eine Visitationsordnung ausgearbeitet und die Visitation in Angriff genommen, aber ihre Durchführung scheiterte, nicht zuletzt an der Haltung der jülich-klevischen Herzöge Johann (1511-1539) und Wilhelm (1539-1592), die glaubten, der religiösen Wirren Herr werden und die theologischen Gegensätze überbrücken zu können, indem sie durch landesherrliche Gewalt jenen Reformen zum Durchbruch verhalfen, die etwa in der Nähe der Vorstellungen des Erasmus von Rotterdam lagen. Zu dieser Zeit muß Hermann dem Luthertum nähergetreten sein, obwohl August Franzen die spätere Behauptung Hermanns, er sei zu dieser Zeit nicht mehr überzeugter Katholik gewesen, als wahrscheinlich unzutreffend ansieht. Der innere Werdegang Hermanns ist heute nicht mehr eindeutig aufzuhellen; auch die Motive, die den Wandel seiner Gesinnung hervorgerufen haben, sind nicht zweifelsfrei zu bestimmen (Mechtild Köhn). Hermann war jedenfalls bereits 1532 dazu gekommen, die Lutheraner zu dulden; die Protestanten begannen, auf ihn aufmerksam zu werden. Er stand in eifrigem Gedankenaustausch mit protestantischen Fürsten und Theologen. Die Reise, die er 1536 nach Brandenburg und Sachsen unternahm, näherte ihn weiter dem Luthertum an. Vom 24. bis 29. September 1536 traf er in Lochau mit Joachim II. von Brandenburg und Johann Friedrich von Sachsen zusammen. Seit 1539 stand er in brieflichem Kontakt mit Melanchthon. Bei dem Religionsgespräch zu Hagenau (1540) knüpfte er Beziehungen zu Martin Butzer an. Nach dem Regensburger Abschied (1541) umgab er sich mit lutherischen Räten. Der ungeheuerliche Gedanke, das Erzstift auf einen Schlag zu protestantisieren, nahm Gestalt in ihm an. Er suchte und fand den Mann, der die Durchführung dieser Aufgabe übernehmen sollte, in Martin Butzer. Dieser wurde sein neuer Vertrauter und Ratgeber, Gropper und Nopel ließ er dagegen fallen. 1542 kam Butzer, 1543 Melanchthon nach Bonn. Letzterer inspirierte den Plan, das Religionswesen in Köln umzugestalten. Auf dem Landtag von 1542 ließ sich Hermann von den Ständen die Zustimmung zu der Kirchenreform geben. Was er darunter verstand, wurde klar, als er Butzer zum Prediger in Bonn machte und dem Domkapitel seine neue Kirchenordnung vorlegte. Kaspar Hedio, Johann Pistorius und Gerhard Steuper stießen zu Butzer. Weitere Prädikanten suchten an anderen Orten das Volk der Kirche abwendig zu machen. Hermann förderte und schützte die lutherische

Predigt und den protestantischen Gottesdienst. Er wollte auf einmal, durch eine obrigkeitliche Verordnung, sein Erzbistum und sein Kurfürstentum dem Protestantismus zuführen. In einer umfangreichen Schrift faßte er seine Pläne für die Protestantisierung des Erzstifts zusammen und übergab sie der Öffentlichkeit. Im September 1543 war der Druck der Kirchenordnung bereits vollendet. Auf dem Speyerer Reichstag im Februar 1544 ließ ihn Hermann verteilen. Die Kirchenordnung Butzers ist jedoch niemals die amtliche Kirchenordnung des Kölner Erzstiftes geworden; ein entsprechendes Mandat Hermanns existiert nicht.

Das Kölner Erzbistum und mit ihm die katholische Kirche in West- und Norddeutschland gerieten durch den Abfall Hermanns in große Gefahr. Der Verlust von Köln hätte vermutlich unabsehbare Folgen gehabt. Der ganze Norden und Westen Deutschlands wäre wohl der katholischen Kirche verlorengegangen. Eberhard Billick malte in seinem Brief an den Nuntius Verallo vom 30. Juni 1545 die Folgen des Verhaltens Hermanns eindringlich aus. Die Absicht des verräterischen Erzbischofs scheiterte jedoch am Widerstand der Stadt und der Universität Köln, des Domkapitels und der Jesuiten. Das Domkapitel brachte es fertig, den Stadtrat und die Universität in seine Abwehrfront gegen Hermann einzugliedern. Johannes Gropper, Eberhard Billick und Gerhard Kalkbrenner sowie Johann Nopel, Bernhard von Hagen und Thomas von Rheineck waren die Hauptträger des Widerstandes in Köln. Das Kapitel erkannte scharfsichtig die Taktik der Neuerer, mit scheinbar harmlosen Änderungen zu beginnen und dann zu der großen Umwälzung fortzuschreiten. Als Hermann im Januar 1544 ihm vorschlug, wenigstens der Einstellung von Prädikanten, der Austeilung des Abendmahls unter beiden Gestalten sowie der Tauffeier und dem Kirchengesang in deutscher Sprache zuzustimmen, lehnte das Kapitel dies ab. Das Domkapitel forderte vielmehr am 24. September 1544 von ihm die Entlassung der Prädikanten und die Abschaffung der Neuerungen. Als er sich weigerte, wurde am 9. Oktober 1544 in Köln die Appellation an Kaiser und Papst unterzeichnet. Als Hermann am 15. Oktober 1544 vorschlug, seine Kirchenordnung allein aufgrund der Heiligen Schrift zu beurteilen, wies dies das Domkapitel am 25. Oktober 1544 mit der treffenden Erwiderung zurück, daß es gerade schriftgemäß sei, in auftauchenden Streitfragen über die Lehre der Kirche Konzilien entscheiden zu lassen.

Auch der Kaiser stellte sich gegen den Apostaten. Er hatte von ihm keine gute Meinung; einmal sagte er über ihn: ,,Warum fängt er Neuerungen an? Er versteht kein Latein, und in seinem ganzen Leben hat er nur drei Messen gehalten, von denen ich selbst zwei gehört habe. Er versteht nicht das Confiteor. Reformieren heißt nicht einen anderen Glauben oder eine andere Religion einführen.'' Karl V. zwang 1543 den Herzog von Jülich-Kleve-Berg, seine lutherische Politik aufzugeben, und stellte 1544 einen Schutzbrief für das Erzstift aus. Der Sieg Karls V. über den Herzog von Kleve gab den Kölner Katholiken Rückenwind. Hermann von Wied lenkte scheinbar ein. In Wirklichkeit blieb er jedoch seinem Vorhaben treu. Als er meinte, wieder freier atmen zu können, begünstigte er von neuem die Protestantisierung. Ein Teil des Domkapitels stellte sich auf seine Seite. Die Katholiken schienen in einer aussichtslosen Lage; die meisten Hilferufe nach außen stießen auf taube Ohren. Lediglich das Erscheinen der ersten Jesuiten in Köln war ein Lichtblick. Canisius gelang es endlich, den Kaiser zur klaren Parteinahme für die Katholiken zu gewinnen. Hermann von Wied aber gab nicht nach, vertraute vielmehr auf das Bündnis der protestantischen Fürsten. Im Jahre 1546 ging der Kaiser mit konkreten Befehlen gegen ihn vor. Auch der Heilige Stuhl trat aus seiner Reserve heraus. Hermann wurde am 18. Juni 1545 von Paul III. vorgeladen, am 8. Januar 1546 suspendiert, am 16. April 1546 exkommuniziert und am 3. Juli 1546 abgesetzt. Der Koadjutor Adolf von Schaumburg übernahm die Verwaltung des Erzbistums. Der Kaiser unterstützte entschlossen den Administrator. Auf dem Landtag im Januar 1547 wurde Adolf als Erzbischof inthronisiert, und alsbald ging er an die Abstellung der Neuerungen. Hermann gab zu, daß er die Partie verloren hatte. Am 25. Januar 1547 resignierte er auf Paderborn, am 25. Februar 1547 auf Köln. Auf seinem Stammsitz Wied starb er am 15. August 1552 als Lutheraner. Das Erzstift Köln war vor der Protestantisierung gerettet, aber das ungeheure Ärgernis, welches der Abfall des Kölner Erzbischofs bei den Katholiken hervorgerufen hatte, konnte nicht ungeschehen gemacht werden.

II.

Adolf III. von Schaumburg (1547-1556)

Adolf von Schaumburg wurde auf Wunsch Hermanns am 17. Dezember 1533 vom Domkapitel zum Koadjutor gewählt und von Paul III. 1535 bestätigt. Er stand fest zum katholischen Glauben. Schon zur Regierungszeit Hermanns war er eine zuverlässige Stütze der Katholiken; eng arbeitete er mit der katholischen Mehrheit des Domkapitels zusammen. Durch Breve vom 3. Juli 1546 forderte Paul III. den Koadjutor auf, die Regierung anzutreten. Adolf machte am 11. Dezember 1546 bekannt, daß er dies tue. Am 24. Januar 1547 wählte ihn das Domkapitel zum Erzbischof.

Adolf trat ein schlimmes Erbe an, ein zerrüttetes Erzstift und eine darniederliegende Kirche. Aber er verzagte nicht, sondern begab sich an die Arbeit. Adolf besaß eine vortreffliche Kenntnis der Materie, er verfügte über den für einen Regenten erforderlichen Weitblick und über einen festen Willen. Er verstand es, die reformwilligen Kräfte seines Bistums heranzuziehen und mit ihnen zusammenzuarbeiten. Allerdings traten ihm manche innere und äußere Widerstände entgegen. Zeit seines Lebens mußte er gegen Kleinlichkeit und Starrheit, Opferscheu und Bequemlichkeit, Eigennutz und Uneinsichtigkeit des Klerus kämpfen. Die ganze Zeit seiner Regierung fehlte es ihm an den notwendigen Finanzmitteln, ohne die nun einmal auch im geistlichen Bereich vieles nicht erreicht werden kann.

Adolf ging entschieden gegen den Protestantismus vor. Für schwächliche Kompromisse, die nur der Ausbreitung der Irrlehre zugute kamen, war er nicht zu haben. Auch Gropper war inzwischen zu solcher Klarheit der Sicht gelangt, daß er im Jahre 1557 trotz eindringlicher Bitten des Kaisers und des Canisius die Teilnahme an dem Religionsgespräch in Worms ablehnte. Äußere Befreiung von den Häretikern und innere Erneuerung gingen bei Adolf Hand in Hand. Die Erhaltung des alten Glaubens durfte nach seiner Ansicht nicht zusammenfallen mit der Bewahrung der alten Mißstände. Adolf wußte, daß eine Krankheit nicht geheilt wird, wenn nicht eine sichere Diagnose gestellt wird, die allen Betroffenen zur Kenntnis gebracht wird, weil bei moralischen Leiden die Selbsthilfe unentbehrlich ist. Aus dieser Erkenntnis schilderte er am 9. September 1547 der Geistlichkeit die katastrophale Lage der Kirche. Die Formula reformationis, die am 9. Juli 1548 auf dem Reichstag zu Augsburg veröffentlicht wurde, gab ihm das Rahmenprogramm für sein Wirken als Erzbischof von Köln. Ab Herbst 1548 hielt er zweimal im Jahre Diözesansynoden. Nach seinem Beispiel und auf seine Mahnung hin schritten auch seine Suffragane zur Abhaltung von Diözesansynoden. Im Oktober 1548 fand die erste Kölner Diözesansynode statt. Ihren Hauptstoß richtete sie gegen die undisziplinierten und abgefallenen Geistlichen und Ordensleute. Gegen den entschiedenen Willen des Erzbischofs wagte sich auf der Synode Opposition nicht hervor. Die Nacharbeit mußte in der Visitation erfolgen. Diese begann am Tag nach Beendigung der Synode beim Domkapitel, kam dann aber nur ziemlich langsam voran. In der Vertretung des Erzbischofs, der teilweise persönlich die Visitation vornahm, waren Männer wie der Weihbischof Nopel und der Kanzler Bernhard von Hagen tätig. In jedem Falle wurde die katholische Reform in Angriff genommen; man ging vom Beschließen zum Handeln über. Ebenso bemühte sich Adolf um die Wiederherstellung der geistlichen Gerichtsbarkeit. Er besaß die Einsicht in die Notwendigkeit einer straffen Disziplin in der Kirche. Adolf förderte die Kräfte der Erneuerung, die, wie die Verhältnisse lagen, mehrheitlich von außen kommen mußten. Die Jesuiten errichteten ein Gymnasium und ein Theologenkonvikt. Der Erzbischof entzog sich auch seinen gesamtkirchlichen Aufgaben nicht. Er wohnte der zweiten Tagungsperiode des Trienter Konzils zusammen mit Gropper bei.

Vom 11. März bis 6. April 1549 tagte in Köln das Provinzialkonzil. Kein einziger Diözesanbischof der fünf Suffraganbistümer nahm daran teil. Das Ausbleiben der Männer, die bestimmt waren, die Hauptträger der katholischen Erneuerung zu sein, mußte entmutigend wirken. Adolf stellte sich auf dem Konzil persönlich der Kritik. Die Gesandten der abwesenden Suffraganbischöfe besaßen diese Demut nicht. Bald brach der Konflikt aus über die Verbindlichkeit der Formula reformationis. Vor allem die Utrechter Vertreter zeigten sich anmaßend und uneinsichtig. In der Folgezeit wurden Beratungen über die Schulen, die Weihekandidaten, die Geistlichen, die Visitationen und die Synoden abgehalten. Die Dekrete, die daraus hervorgingen, waren, gemessen an den Verhältnissen, befriedigend. Adolf machte sich nachhaltig daran, die Beschlüsse des Provinzialkonzils zu verwirklichen. Die vielfältigen Widerstände, die er dabei fand, entmutigten ihn nicht. Den Weg der Nachsicht und der Indulte, den Karl V. 1549 wiederum und von neuem einschlug, hielt Adolf für verfehlt. Er kannte die Psyche der Abgefallenen besser, wußte, daß sie sich weigern würden, als huldvolle Gewährung aus des Papstes Hand entgegenzunehmen, was sie als ihr gutes Recht ansahen, und befürchtete, daß die Vermehrung der Unklarheit lediglich der weiteren Protestantisierung Vorschub leisten würde. Adolf suchte auch auf Erzbischof Sebastian von Heusenstamm in Mainz einzuwirken, damit er nicht durch Inanspruchnahme der Dispensen den Nerv der mühsam neu aufgerichteten Disziplin treffe, aber ohne Erfolg; Sebastian ging den Weg des geringeren Widerstandes. Nach Genehmigung der Provinzialstatuten durch den Kaiser nahm Adolf die Vorbereitung der Visitation außerhalb der Stadt Köln in Angriff. Gropper erstellte eine Visitationsordnung, die 1550 in Köln gedruckt und auf der Frühjahrssynode desselben Jahres publiziert wurde. Mit bitterer Enttäuschung mußte Adolf erleben, daß der mächtige Herzog von Kleve die Visitation verhinderte. Allen Widerständen und Mißerfolgen zum Trotz hatte der Erzbischof bei seinem Tode die tröstliche Gewißheit, getan zu haben, was ihm möglich war.

III.

Anton von Schaumburg (1556-1558)

Anton von Schaumburg war der jüngere Bruder seines Vorgängers und wie dieser dem katholischen Glauben treu ergeben. Als Subdiakon wurde er am 26. Oktober 1556 zum Erzbischof gewählt; Paul IV. bestätigte ihn am 6. Oktober 1557. Seine Gesundheit war schlecht. Er starb, bevor er die Priesterweihe empfangen hatte. Seine Amtszeit war damit angefüllt, die katastrophalen finanziellen Verhältnisse des Erzstiftes Köln zu bessern, leider vergeblich. Die Kürze seiner Regierungszeit verhinderte ein tiefgreifendes Wirken.

IV.

Johann Gebhard von Mansfeld (1558-1562)

Johann Gebhard von Mansfeld war ein begabter Mann, klug und verständig, belesen und beredt. Er war katholisch, aber der Glaube war wegen seiner sittlichen Schwäche nicht lebendig. Von ihm war bekannt, daß er im Konkubinat lebte. Trotzdem wählte ihn das Kapitel am 26. Juli 1558 zum Erzbischof. Gropper versuchte in Rom seine Bestätigung zu vereiteln. Bei Paul IV. gelang ihm dies. Dagegen ließ sich Pius IV. bewegen, ihm am 31. Januar 1560 die Rechte eines geborenen Legaten zu übertragen.

Johann Gebhard war in jeder Hinsicht des Amtes unwürdig. Als Bischof änderte er seinen Lebenswandel nicht. Er ließ sich nicht zum Priester weihen, nahm seine Mätresse in das Bischofshaus auf und gab unsagbares Ärgernis. Der Jesuit Leonhard Kessel hat uns in seinem Bericht vom August 1560 ein düsteres Bild seines Lebenswandels und des von ihm gegebenen Anstoßes hinterlassen. Die Konkubine fuhr im eigenen Wagen vor dem Bischofshaus vor. Sie hatte großen Einfluß auf den Erzbischof, der von vielen benutzt wurde, um etwas von ihm zu erreichen. Mansfeld vermochte seiner Leidenschaft nicht Herr zu werden. Er war eifrig bedacht auf seine Kinder, denen er in Köln Häuser erwarb und für deren Karriere er sorgte. Er war auch verschuldet und in Geldsachen unzuverlässig. In der Umgebung des Erzbischofs fanden sich fast ausschließlich religiös laue oder protestantisierende Laien.

Das schlechte Beispiel des Erzbischofs und Landesherren wirkte auf die Diözesanen und Untertanen zurück. Unter ihm setzte der kirchliche Niedergang erneut ein; der Erzbischof war nicht imstande, ihm zu wehren. Finanzielle Not bedrückte ihn, und die geistlichen Angelegenheiten traten dahinter zurück. Die Lage der Kirche verschlimmerte sich unaufhörlich. Die Liebe zum Glauben und die Achtung vor der Religion sanken. Vom Erzbischof schloß man auf den gesamten Klerus und die Kirche. Die Neigung zum Protestantismus nahm zu. Als guter Zug Johann Gebhards sei erwähnt, daß er gegenüber der Gesellschaft Jesu wohlwollend und freigebig war. Im Bereich der Verwaltung wirkte er nicht ungeschickt. So erließ er eine Hofordnung und eine Kanzleiordnung. Ansätze zu organisatorischen Verbesserungen und zu einer Hebung der Rechtspflege kamen nicht voran. Johann Gebhard erhob beim Papst gegen die (unerläßliche) Neuordnung der Kirchenorganisation in den Niederlanden Vorstellungen, was ihn als kurzsichtigen und kleinlichen, von finanziellen Interessen bewegten Mann zeigt, dessen Politik von dem fiskalischen Geist beherrscht war.

V.

Friedrich IV. von Wied (1562-1567)

Friedrich von Wied war ein Neffe des abgesetzten.Erzbischofs Hermann von Wied und des Bischofs Friedrich von Wied zu Münster. Er wurde am 19. November 1562 vom Kapitel gewählt, aber vom Papst nicht bestätigt. Wie Anton von Schaumburg und Johann Gebhard von Mansfeld empfing er niemals die Priesterweihe.

Friedrich war verdächtig, insgeheim Protestant zu sein. Der Jesuit Leonhard Kessel zeigte sich in seinem Schreiben vom 10. Juli 1563 mißtrauisch hinsichtlich seiner Glaubenshaltung. Er gab sich zwar nach außen als Katholik, neigte aber wohl innerlich dem Protestantismus zu. Allein aus Berechnung, nicht aus Überzeugung blieb er vermutlich bei der Kirche. In jedem Falle fehlte ihm katholisches und kirchliches Bewußtsein. Er unterhielt enge Beziehungen zu seinen protestantischen Verwandten und wählte zu seiner Lektüre fast ausschließlich protestantische Schriften. Der lutherische Theologe Georg Cassander ging bei ihm ein und aus. Wie der Düsseldorfer Hof war auch Friedrich wohl Anhänger eines Kompromißkatholizismus. Er duldete die Ausbreitung der protestantischen Lehre ohne Gegenwehr und unterstützte die Freistellungsbewegung. Seine Hauptsorge waren die gewaltigen Schulden, die das Erzstift drückten. Er war ein tüchtiger, sparsamer Verwalter. Irgenwelche geistlichen Initiativen aber gingen von ihm nicht aus. Auf der Wiener Konferenz vom Juli/August 1563 stimmten die Kölner Vertreter regelmäßig wie die Mainzer. Mit dem Domkapitel hatte er ständig Streit.

Das kirchliche Leben ging unter seiner Regierung weiter zurück. Überkommene Übungen wurden fragwürdig oder unterlassen. Selbst die heilige Messe geriet in den Sog der Protestantisierung und drohte zerstört zu werden. Immer mehr drangen protestantische Vorstellungen in die Katholiken ein. Diese wußten vielfach nicht mehr, was katholisch und was protestantisch ist. ,,Konfessionelle Unsicherheit blieb das ganze 16. Jahrhundert ein charakteristischer Zug der Kirchengeschichte am Niederrhein" (Dorothea Coenen). Auch das Domkapitel war jetzt von der Neuerung ergriffen. Nach einem Bericht aus dem Jahre 1569 war zu dieser Zeit die Mehrzahl der adeligen Domherren vom Glauben abgefallen oder religiös und kirchlich unzuverlässig. Das Fehlen eines Weihbischofs war für ein so großes Bistum wie Köln beinahe ein Verhängnis. Die Zuwanderung niederländischer Kalvinisten mit ihrer schroff antikatholischen Haltung verschärfte den konfessionellen Gegensatz am Niederrhein. Der Kampf gegen die religiösen Neuerer wurde vom Kölner Magistrat und vom Domkapitel, von ersterem allerdings teilweise mit lässiger Hand, geführt. Im Erzstift zeigten sich hie und da Erscheinungen des Abfalls. Der Erzbischof versäumte es, die Stellen zu besetzen, die für die Abwehr des Protestantismus unentbehrlich waren.

Die protestantischen Grafen der Wetterau rieten Friedrich, von neuem zu versuchen, was Hermann von Wied nicht gelungen war, nämlich die Protestantisierung und die Säkularisierung des Erzstiftes. Friedrich ging darauf nicht ein, aber nicht wegen religiöser Hemmungen, sondern aus Furcht, es werde ihm ebenso ergehen wie seinem Verwandten. Indes weigerte er sich, das tridentinische Glaubensbekenntnis abzulegen. Friedrich fürchtete die Abhängigkeit vom Papst, die er durch die Ablegung von Glaubensbekenntnis und Eid vergrößert sah, und die Verschlechterung des Verhältnisses zu dem protestantischen Teil der Landschaft, der den Versuch, ihn wieder zum Glauben zurückzuführen, vermutlich mit Verweigerung von Geldbewilligungen beantwortet hätte. Der Papst forderte ihn am 13. November 1564 auf, das beeidete Glaubensbekenntnis abzulegen. Friedrich antwortete ihm ausweichend; der Eid sei eine Neuerung und überflüssig, überdies für das Erzstift gefährlich. Für den Apostolischen Stuhl aber war die Eidesleistung eine Grundsatzfrage. Kaiser Maximilian II. beschwor in seinem Schreiben vom 31. Mai 1566 Pius V., sich mit dem bisher üblichen Eid zufrieden zu geben und auf die Ablegung des tridentinischen Glaubensbekenntnisses zu verzichten. Aber der Papst gab nicht nach. In dem Breve vom 24. Mai 1567 kritisierte Pius V. erneut den Friedrich von Wied, weil er seine Pflichten nicht erfülle, aber auch das Kölner Kapitel, das dreimal hintereinander unfähige Personen zu Erzbischöfen gewählt hatte. Gleichzeitig erreichte das Zerwürfnis Friedrichs mit dem Domkapitel seinen Höhepunkt. Als er erkannte, daß ihm nichts anderes übrigbleiben werde, als auf seinen Anspruch aus der Wahl zu verzichten, wurde er in der Erfüllung seiner Pflichten noch nachlässiger. Inzwischen war das Hauptbedenken, das Friedrich gegen die Eidesleistung hatte, durch den Vorgang des Trierer Erzbischofs entfallen. Aber er war wohl jetzt überzeugt, daß ihm eine ersprießliche Regierung nicht mehr möglich sein werde. Am 25. Oktober 1567 mußte er abdanken.

VI.

Salentin von Isenburg (1567-1577)

Salentin von Isenburg hatte das Amt eines Kölner Erzbischofs nicht gesucht. Man mußte ihn drängen, die am 23. Dezember 1567 erfolgte Wahl anzunehmen. Ihre Bestätigung wurde beinahe ein Drama. In der umfangreichen Wahlkapitulation verpflichtete er sich u.a., die Priesterweihe zu empfangen und einen Weihbischof zu bestellen bzw. widrigenfalls zu verzichten. Diese Bestimmung sollte ihm noch schwer zu schaffen machen.

Salentin war eine zwiespältige Persönlichkeit. Er war ein fähiger Mann, für das Amt eines weltlichen Regenten trefflich geeignet; es fehlte ihm weder an Energie noch an klaren Zielen. Er war auch überzeugter Katholik, fromm und sittlich einwandfrei, der Kirche ergeben und in der Verwaltung erfahren. Er war schließlich ein eigenwilliger und unabhängiger Mann, der sich nicht von seinen Räten lenken ließ, vielmehr selbständig entschied. Aber er war kein geeigneter Bischof. Nach seiner Veranlagung neigte er mehr zu der Tätigkeit als weltlicher Landesherr denn als geistlicher Oberhirt. Sein Auftreten war ungeistlich. Er war eigennützig und genußsüchtig. Zeitweilig scheint er daran gedacht zu haben, sein Stift in ein erbliches Fürstentum zu verwandeln. Jedenfalls schrieb Morone am 25. Mai 1576 von dem Gerücht, Salentin habe geäußert, er werde eine Frau nehmen und Kurfürst bleiben. Er war „innerlich gespalten und in seiner Entschlußkraft durch Familienangelegenheiten gehemmt" (August Franzen). Ständig beschäftigte er sich mit dem Gedanken, sein Bischofsamt aufzugeben und eine Ehe zu schließen. Schon bei Annahme der Wahl erklärte er seine Absicht, zu einem späteren Zeitpunkt auf sein Amt verzichten zu wollen. Da er sich außerdem weigerte, die Bestätigungstaxe zu bezahlen und das Trienter Glaubensbekenntnis abzulegen, versagte ihm Pius V. die Bestätigung. Im Jahre 1565 erbte er die Grafschaft Isenburg-Grenzau. Er war der letzte seines Stammes. Die Entscheidung wurde nun für ihn unausweichlich.

Am 17. Juli 1568 forderte Pius V. das Kapitel auf, darum bemüht zu sein, daß Salentin sich zum Priester weihen lasse. Der gewählte Erzbischof lehnte dies ab. Am Kaiser, dem er ergeben war, hatte er eine Stütze gegenüber den Pressionen Pius' V. Der Papst traute Salentin nicht. Er ließ dem Kaiser 1569 sagen, die Kölner Kirche werde seit 14 Jahren eher von Dieben als von wahren Hirten geleitet. Pius V. bemühte sich, Salentin zum Rücktritt zu bewegen. Am 13. August 1569 sprach der Papst dem Kaiser von dem Gerücht, Salentin werde sich als Häretiker erklären. Zu Lebzeiten Pius' V. war das Verhältnis des gewählten Kölner Erzbischofs zum Apostolischen Stuhl nicht mehr zu heilen. Nachdem Gregor XIII. zur Regierung gekommen war, sandte ihm Salentin am 23. Oktober 1573 ein Ergebenheitsschreiben. An dem Nuntius Kaspar Gropper und dessen Gehilfen Elgard hatte er Freunde, die ihn der Römischen Kurie warm empfahlen. Wie sich aus dem Brief vom 16. Oktober 1573 an den Kardinal von Como ergibt, gelang es Kaspar Gropper, Salentin dafür zu gewinnen, das Trienter Glaubensbekenntnis abzulegen, indem er ihm bewies, daß es Ausdruck seiner eigenen Überzeugung sei. Als er letzteres getan hatte, gab ihm Gregor XIII. (unter Verzicht auf Gebühren) am 9. Dezember 1573 die Bestätigung. Am 21. April 1574 wurde Salentin auch zum Bischof von Paderborn postuliert. Gregor XIII. ließ die Postulation am 14. September 1574 zu. Der Heilige Stuhl war jetzt davon überzeugt, daß Salentin der Kirche von Nutzen sei, und versuchte, ihn im geistlichen Stand zu halten, aber alle Bemühungen waren vergeblich. Am 13. September 1577 sprach er seinen Verzicht vor dem Kapitel aus, um heiraten und sein Geschlecht vor dem Aussterben bewahren zu können. Sein dringender Wunsch, das Domkapitel zu veranlassen, der Annahme des Ernst von Bayern als Koadjutors zuzustimmen, ging nicht in Erfüllung.

Die Regierung Salentins gereichte Köln nicht zum Schaden, wenn sie auch erhebliche Mängel aufwies. Er war in seiner Tätigkeit durch die Rechte, den Widerstand und die Wahlkapitulation des Domkapitels schwerwiegend gehemmt. Als eine seiner vordringlichsten Aufgaben betrachtete er es, die Finanzen des Erzstifts in Ordnung zu bringen. Er übernahm ein schwer verschuldetes Stift. Es gelang ihm, einen beträchtlichen Teil der Schuld zu tilgen, was seinem Verwaltungsgeschick ein gutes Zeugnis ausstellt. Manches Stiftsgut, das seine Vorgänger verschleudert hatten, löste er wieder ein. Wasser- und Landstraßen ließ er in guten Zustand versetzen. Das Bauen war seine besondere Freude, wobei er Wohnbauten, aber auch Festungsbauten seine Sorge zuwandte, denn er fühlte sich als Soldat und wußte um die Bedeutung militärischer Macht. Das Schulwesen förderte er lebhaft. Leider trat seine geistliche Tätigkeit hinter der weltlichen Regierung zurück. Dennoch wäre es ungerecht, zu sagen, er habe dafür nichts getan. Er war bemüht, die kirchlichen Verhältnisse im Erzstift zu bessern. Ein Weihbischof fehlte, so daß die bischöflichen Funktionen unterblieben. Salentin schlug einen Theologieprofessor für dieses Amt vor. Aber Pius V. verweigerte seine Zustimmung und forderte den Erzbischof auf, sich selbst weihen zu lassen. Erst Gregor XIII. gab nach. Seit 1568 dachte Salentin daran, die fällige, oft geforderte Gesamtvisitation des Erzbistums in Angriff zu nehmen. Das Domkapitel machte ihm Schwierigkeiten, indem es u.a. auf die (noch nicht erfolgte) Bestätigung als notwendige Voraussetzung verwies. Im Juni 1569 begann er trotzdem mit der Visitation. Doch nur ein kleiner Teil des Erzbistums wurde davon erfaßt, und auch dieser häufig nur oberflächlich. Immerhin war damit der Anfang der Reform gemacht. Die ungünstigen Verhältnisse im Domkapitel vermochte Salentin nicht entscheidend zu ändern. Unter seiner nachlässigen Hirtenschaft kamen

Protestanten in das Gremium bzw. verblieben darin, was für die Zukunft berechtigte Befürchtungen weckte. Gelegentlich forderte er die Kapitulare zu einem besseren Lebenswandel und zur Ablegung des katholischen Glaubensbekenntnisses auf (4. März 1577). Oft benutzte er die Drohung mit seinem Rücktritt, um sich das Kapitel gefügig zu machen. Der Salentin zu Hilfe entsandte Kaspar Gropper bekam den heftigen Widerstand des Domkapitels gegen eine durchgreifende Reform zu spüren. Seit 1573 strebte Salentin die Errichtung eines Priesterseminars an. Das Kapitel unterstützte ihn jedoch nicht hinreichend, und der Klerus sträubte sich gegen die ihm angesonnene Besteuerung. Salentins Eifer ließ im Laufe der Jahre immer mehr nach, eine allgemeine und energische Reform kam nicht zustande. Auch sein am Anfang vorhandener Wille, die katholische Religion wiederherzustellen, machte bald einer bedauerlichen Tatenlosigkeit Platz. Die Gefahr, die von den reformierten niederländischen Immigranten ausging, erkannte er. Der Nuntius Biglia gewann auf dem Reichstag zu Speyer 1570 eine bessere Meinung über Salentin. Er erkannte sein Vorgehen gegen die aus den Niederlanden eindringenden Kalvinisten und seine finanziellen Aufwendungen für seinen Dienst lobend an. Politisch besaß Salentin Klugheit und Weitblick. Er unterstützte die spanische Politik in den Niederlanden. 1572 traf er zum Erstaunen des Herzogs Alba in Reiteruniform im Lager der Spanier ein. In Deutschland dagegen unterhielt er gute Beziehungen mit vielen protestantischen Fürsten.

VII.

Gebhard II. Truchseß von Waldburg (1577-1583)

Gebhard Truchseß von Waldburg machte seine Studien in Dillingen, Ingolstadt, Löwen und Perugia. Er besaß angesehene Benefizien; seit 1574 war er Dompropst in Augsburg und Domdechant in Straßburg. Bei der Wahl am 5. Dezember 1577 unterlag der vom Apostolischen Stuhl begünstigte Herzog Ernst von Bayern dem von protestantischer Seite geförderten Gebhard Truchseß von Waldburg. Es mußte auffallen, daß die Wahl Gebhards von den Protestanten lebhaft begrüßt wurde, wie der Nuntius Bartholomäus Portia am 22. Dezember 1577 berichtete. Doch galt Gebhard bei seiner Wahl allgemein als katholisch; war er doch der Neffe des Augsburger Kardinals Otto. Der Kardinal von Como schrieb sogar am 28. Dezember 1577, Gebhard werde als guter Katholik angesehen (essendo questo soggetto tenuto assai buono et catholico). Da der Heilige Stuhl dennoch Bedenken trug, ihm die Bestätigung zu erteilen, ließ sich Gebhard 1578 Diakonats- und Priesterweihe spenden und legte am 24. April 1578 das tridentinische Glaubensbekenntnis ab. Der im Jahre 1579 von dem Nuntius Castagna eingeleitete Informativprozeß verlief für ihn günstig. Am 19./29. März 1580 erfolgte seine Bestätigung. Er hat die Bischofskonsekration nie empfangen.

Gebhard war gutmütig und schwach, an Herrschertalent fehlte es ihm. Es war ihm nicht gegeben, die Voraussetzungen seiner Pläne und die Folgen seiner Taten realistisch einzuschätzen. Sein Leben als junger Kanonikus in Augsburg war nicht einwandfrei gewesen. Er war ein Freund von Tafel und Keller, manchmal in zu starker Weise. Nach Erlangung der päpstlichen Bestätigung ließ er sich gehen und führte ein zügelloses, verschwenderisches Leben. Er gab sich in vermehrtem Maße dem üppigen Essen, dem Trunk und dem unerlaubten Umgang mit Frauen hin. Er knüpfte ein Verhältnis mit der Gräfin Agnes von Mansfeld, einer protestantischen (weltlichen) Stiftsdame in Gerresheim bei Düsseldorf an (1579). Diese Verfehlung wurde sein Verhängnis. Die Brüder der Frau drängten Gebhard 1581 zu dem Versprechen, sie zu heiraten; der protestantische Teil des Domkapitels bestärkte ihn in dieser Absicht. Sein Ziel, die Agnes von Mansfeld zu heiraten, konnte Gebhard aber, wenn er seine Frau nicht der Armut preisgeben wollte, nur verwirklichen, wenn es ihm gelang, in seiner Stellung zu verbleiben. Dies wiederum war allein dann möglich, wenn er das Erzstift dem Protestantismus zuführte und selbst Protestant wurde. So machte er sich daran, seine religiöse Überzeugung zu zerstören. Gebhard scheint bis zum Jahre 1581 dem katholischen Glauben ergeben gewesen zu sein. Jedenfalls sind seine Maßnahmen zur Erneuerung des kirchlichen Lebens, die er in den ersten Jahren seiner Regierung erließ, kaum als bloße Versuche, den Papst und den Kaiser über seine wahre Gesinnung zu täuschen, zu begreifen. Sein lockerer Lebenswandel und protestantische Freude erschütterten aber in ihm die Anhänglichkeit an den katholischen Glauben, in dem er erzogen worden war und gelebt hatte, und gewannen ihn für das reformatorische Christentum. Bis in das Jahr 1582 stand Gebhard im Ruf eines tätigen und treuen Katholiken. In Wirklichkeit war er bereits 1581 entschlossen, zum Protestantismus überzugehen, um seine Geliebte heiraten zu können, und sich gleichzeitig in seiner Würde zu behaupten. Was er vorhatte, war Verrat an Reich und Kirche. Er wollte das Erzstift säkularisieren, d. h. gegen den Geistlichen Vorbehalt verstoßen, und die Religion freistellen, d. h. den katholischen Glauben vernichten. Zu diesem Zweck zog er die Wetterauer Grafen ins Vertrauen. Am 6. August 1582 eröffnete er sein Vorhaben auch dem (ebenfalls verheirateten) Heinrich, Erzbischof von Bremen und Bischof von Osnabrück und Paderborn. Damit suchte er militärische Hilfe. Nach außen hin spielte Gebhard weiter den eifrigen Katholiken und den Freund der Jesuiten. Doch blieben seine Pläne nicht verborgen. In seinen Berichten vom 6., 8. und 20. Juni 1582 meldete Kardinal Ludwig Madruzzo zum erstenmal dem Heiligen Stuhl, daß Gebhard für die Freistellung eintrete und der Agnes von Mansfeld die Ehe versprochen habe. Wie sich aus dem Schreiben des Kardinals von Como vom 22. September 1582 ergibt, war sich der Papst um diese Zeit bereits bewußt, was in Köln auf dem Spiele stand, nämlich die Erhaltung oder der Untergang der katholischen Religion in weiten Teilen des Deutschen Reiches. Die Protestantisierung des Kölner Erzstifts mußte zunächst für die Stellung des Katholizismus in Nordwestdeutschland verhängnisvolle Auswirkungen haben. Eine weitere Folge wäre gewesen, daß fortan die Mehrheit der Kurfürsten protestantisch gewesen und ein protestantisches Kaisertum in die Nähe gerückt wäre. Gebhard verfolgte weiter die Politik der Täuschung. In den Monaten August bis Oktober 1582, als er längst abgefallen war, heuchelte er nach außen den Katholiken und nahm regelmäßig an der Messe teil. Die Gerüchte verdichteten sich aber Ende des Jahres 1582 zur Gewißheit. Nun blieb ihm nichts anderes übrig als selbst zu handeln. Am 19./29. Dezember 1582 bekannte sich Gebhard öffentlich zum Protestantismus, brach mit der Kirche und gab die Religionsübung im Stift frei. Am 22. Dezember/1. Januar 1582/3 setzte er sich in Bonn fest. Am 16./26. Januar 1583 gewährte er seinen Untertanen Religionsfreiheit und erklärte, in dem Besitz seines Amtes bleiben zu wollen. Am 23. Januar/2. Februar 1583 vermählte er sich öffentlich mit Agnes von Mansfeld in Bonn.

In dieser Stunde der höchsten Gefahr erweckte Gott Männer, die der bedrohten Religion zu Hilfe kamen. Das Verdienst, das Erzstift Köln gerettet zu haben, ist auf mehrere Personen und Gremien verteilt. Der größte Anteil kommt den katholischen Mitgliedern des Domkapitels zu. Das Kapitel ergriff die Initiative; es berief den Landtag ein, und dieser erklärte sich gegen Gebhard. Auf das unaufhörliche Drängen des Domkapitels hin schritt der Papst zu Privation und Exkommunikation. Am 22. März/1. April 1583 sprach Gregor XIII. die Absetzung über Gebhard aus. Das Domkapitel wurde zur Neuwahl aufgefordert. Der Nuntius Bonhomini wurde vom Heiligen Stuhl ermächtigt, selbst einen Erzbischof zu ernennen, wenn aus der Wahl des Domkapitels kein geeigneter hervorgehen sollte. Am 23. Mai/2. Juni 1583 wählte das Kölner Kapitel Ernst von Bayern einstimmig zum Erzbischof. Ernst konnte nur mit größter Mühe und unter fortwährendem Drängen dazu bestimmt werden, sich für das Erzbistum Köln zur Verfügung zu stellen. Seine Wahl brachte die Rettung. Die Verbindung der Hauspolitik der bayerischen Wittelsbacher mit den katholischen Belangen trug den Sieg über das von Gebhard eingefädelte Spiel davon. Gleichzeitig wurde militärische Unterstützung ins Land gerufen. Der abtrünnige Erzbischof zog sich vor den bei Aachen erscheinenden spanischen Truppen in das westfälische Stiftland zurück, wo er den Kampf gegen die katholische Religion eröffnete. Er suchte und fand Schutz bei den kalvinistischen Generalstaaten. Ein jahrelanger Krieg verwüstete das Stift. Die protestantischen niederländischen Truppen verheerten das Land. 1589 zog sich Gebhard auf die Domdechanei in Straßburg zurück. Hier starb er am 31. Mai 1601 kinderlos. Der Schaden, den dieser Erzbischof über seine Diözese und über ganz Deutschland brachte, war unermeßlich.

VIII.

Ernst von Bayern (1583-1612)

Mit Ernst von Bayern beginnt die Reihe von fünf bayerischen Prinzen auf dem Kölner Erzstuhl. Der junge Mann machte eine erstaunliche Karriere, die allein aus seiner Zugehörigkeit zu dem zuverlässig katholischen Haus Wittelsbach zu erklären ist. Der

Knabe (1554 geboren) wurde in der Schule der Jesuiten humanistisch und theologisch gebildet. Am 18. Oktober 1566 wurde er in Freising zum Bischof postuliert, am 20. Dezember 1566 zugelassen. Am 7. März 1573 wurde er zum Bischof von Hildesheim postuliert und erhielt ebenfalls die Zulassung. Am 21. Dezember 1574 empfing er in Rom die Subdiakonatsweihe, im Jahre 1577 die Diakonats- und 1579 die Priesterweihe. Der Empfang der Priesterweihe durch Ernst ist jedoch nicht über jeden Zweifel erhaben. Es ist möglich, daß das Zeugnis vom 19. September 1583 über die angeblich am 19. März 1579 empfangene Weihe eine Gefälligkeitsurkunde darstellt. Denn Ernst hat stets behauptet, er sei nicht Priester, und er hat auch nie diese Weihe ausgeübt. Er war der Meinung, daß seine Aufgabe mehr den Arm des Fürsten als die Hand des Priesters benötigte. Am 30. Januar 1581 wurde er in Lüttich zum Bischof postuliert und am 3. April 1581 bestätigt. Am 2. Juni 1583 wurde er, wie erwähnt, einstimmig zum Erzbischof von Köln postuliert. Die protestantischen Domherren wurden aus dem Kapitel ausgeschlossen; künftig konnte niemand mehr sein Mitglied werden, der nicht das Trienter Glaubensbekenntnis abgelegt hatte. Ernst fand die übrigen Bewerber um den Kölner Erzstuhl mit Geldbeträgen ab. Lange Zeit mußte er um das Erzbistum kämpfen, wobei ihm die Hilfe seines Bruders, des Herzogs Ferdinand von Bayern, wertvoll war. Am 18. Mai 1585 wurde er zum Bischof von Münster postuliert und am 27. November 1585 zugelassen. Außerdem war er seit 1581/83 Administrator der Abtei Stablo-Malmedy. Ernst von Bayern hatte mithin fünf Bistümer und eine Abtei inne. Wenn man fragt, wie er zu einer solchen Stellung aufsteigen konnte, so ist daran zu erinnern, daß es nur wenige mächtige katholische Fürstenhäuser gab, die mit ihren Kräften die katholischen Bistümer gegen die Begehrlichkeit der Protestanten schützen konnten, und daß die Domkapitel und der Papst bei der Bischofswahl und -bestätigung auf die Kandidaten angewiesen waren, welche die betreffenden Familien anbieten konnten, auch wenn sie nicht die erforderlichen religiös-sittlichen Eigenschaften aufwiesen.

Ernst war geistig überdurchschnittlich begabt. Er war wissenschaftlich interessiert und den Gelehrten zugetan, kunstsinnig und sprachgewandt; er beherrschte das Lateinische, das Italienische und das Französische. Er besaß eine seltene Gabe des Umgangs mit Menschen und ebenso eine wirksame Beredsamkeit. Ernst war ehrgeizig und eifrig auf sein Ansehen bedacht. Er war den Freuden der Sinne ergeben, hatte aber dadurch weder hohen Sinn noch Willenskraft verloren. Charakterlich war er einerseits großzügig und mildtätig, andererseits leidenschaftlich, eigensinnig und träge. Sein Lebenswandel war nicht nur eines Bischofs, sondern auch eines Fürsten unwürdig. Sowohl dem Trinken als auch dem weiblichen Geschlecht war er ergeben. Am 17. September 1587 mußte der Nuntius Frangipani den Apostolischen Stuhl davon unterrichten, daß Ernst in Westfalen eine Frau, Gertrud von Plettenberg, hatte, die ihm eine Tochter gebar. Mit Gertrud von Plettenberg unterhielt er offen ein dauerndes Verhältnis. Mit ihr reiste er umher und erschien in Lüttich und Spa. Daraus ergab sich großer Schaden für die katholische Sache. Denn die Protestanten zögerten nicht, Ernsts Schwächen propagandistisch auszunutzen. Leidenschaftlich ging er dem Würfelspiel nach und verschwendete seine Einkünfte. Seine Schulden brachten ihn in Abhängigkeit, sein ständiger Geldmangel machte ihn unfähig, seine Länder gegen die Einfälle feindlicher Truppen zu schützen. Stets ging er in weltlicher Kleidung. Nachts trieb er sich in den Gassen umher und besuchte einzelne Bürger, um mit ihnen zu zechen. Der Bericht des Kölner Nuntius Ottavio Frangipani an Minuccio Minucci vom 9. September 1593 gibt ein drastisches Bild des Lebenswandels des Erzbischofs Ernst. „Niemand achtet ihn mehr, und er ist die Fabel des Volkes geworden.“ Er ließ sich selten in der Kirche sehen. Die priesterlichen Funktionen übte er kaum aus. Mit dem Domkapitel und dem Rat von Köln lag er häufig im Streit. In Rom war man über den ärgerniserregenden Lebenswandel des Erzbischofs entsetzt. Der gestrenge Papst Sixtus V. ließ ihm dennoch alles durchgehen, weil er fürchtete, er könnte bei härterem Zufassen zu den Protestanten überwechseln. Denn gelegentlich gab Ernst seinen Kritikern und auch dem Papst zu verstehen, daß er in der Lage sei, ihnen große Ungelegenheiten zu bereiten, was wohl nur als Drohung mit einer Annäherung an die Protestanten verstanden werden kann. Ernst war im übrigen guten Willens und machte Vorsätze, die er auch für eine gewisse Zeit einhielt. Die Nuntien rieten im allgemeinen zur Duldung seiner Eskapaden. Bonhomini bemerkte am 10. September 1585, man solle Ernst eine gewisse Nachsicht bezeigen, dann werde er der katholischen Religion in Deutschland sehr nützlich sein.

Ernst war mehr Fürst als Geistlicher. Er besaß politischen Weitblick und ein klares Urteil. In seiner Politik war er ein zuverlässiger Verbündeter des Kaisers und Spaniens. Die Interessen des Katholizismus förderte er nach Kräften. Auf dem Regensburger Reichstag von 1594 wandte er sich beispielsweise entschieden gegen die Zulassung der protestantischen „Bischöfe“ zur geistlichen Fürstenbank. Hartnäckig wehrte er sich dagegen, daß jemand als Vertreter des Erzbistums Magdeburg auf dem Reichstag Sitz und Stimme habe, der nicht vom Papst bestätigt sei.

Aus all diesen Gründen kam es unter der Regierung Ernsts in Köln nicht zu durchgreifenden Maßnahmen zugunsten der katholischen Reform. Er hat für die Erneuerung des religiösen Lebens nicht viel getan. Franzen geißelt „seine geistliche und weltliche Mißregierung“. Er spricht sogar davon, Ernst habe „durch seinen anstößigen Lebenswandel und seine Pflichtvergessenheit“ das Erzbistum von neuem „einer schweren Existenzprobe“ unterworfen. Die wiederholten Mahnungen des Papstes, die notwendigen Reformen durchzuführen, stießen auf taube Ohren. „Er brachte weder die Tatkraft noch das nötige Interesse für eine derartige Aufgabe mit“ (August Franzen). Immerhin ließ er es an Vorschriften nicht fehlen, die wenigstens die Richtung zeigten, in die man gehen mußte, wenn der Glaube wieder aufgerichtet werden sollte. Durch Mandate schärfte er die äußeren Erfordernisse des christlichen Lebens ein. Er sorgte dafür, daß an mehreren Orten seiner Bistümer Kollegien der Jesuiten gegründet wurden.

Ein Segen war es, daß Gregor XIII. 1584 einen ständigen Nuntius in Köln bestellte. Ihm ließ Ernst zumindest zeitweilig freie Hand für seine Reformtätigkeit. Die Nuntien waren es, die das Werk der katholischen Erneuerung in die Hand nahmen: Giovanni Francesco Bonhomini und Ottavio Frangipani. Schrittweise suchten sie die Beschlüsse des Trienter Konzils in das Leben überzuführen. 1599 fand sich das Domkapitel bereit, eine Bestimmung in seine Statuten aufzunehmen, wonach niemand in es eintreten könne, der nicht das tridentinische Glaubensbekenntnis abgelegt hätte.

Am 29. April 1595 wählte das Kölner Domkapitel Ferdinand von Bayern zum Koadjutor. Clemens VIII. gab am 18. Dezember 1596 die Bestätigung. Diese Wahl befreite Ernst wenigstens für einen Teil seines Erzstiftes von der Verwaltung. In Westfalen regierte er weiter, wobei meist die ,,Jungfer Gertrud" in seiner Nähe weilte.

IX.

Ferdinand von Bayern (1612-1650)

Nach dem Tode Ernsts folgte ihm Ferdinand von Bayern nach. Als er im Winter 1592/93 in Rom weilte, gab ihm Clemens VIII. ein Eligibilitätsbreve. Ferdinand wurde 1595 Koadjutor in Köln, 1601 in Lüttich, 1611 in Hildesheim und Münster; 1618 erhielt er das Bistum Paderborn. Dazu kamen die Abteien Berchtesgaden und Stablo-Malmedy. Diese Kumulation war notwendig, denn sie allein brachte genügend politische und militärische Macht in eine Hand, um dem Druck und der Begehrlichkeit der umgebenden protestantischen Fürsten zu widerstehen. Die einzelnen Stifte mußten allerdings auf die Vorteile verzichten, die sie aus der umfassenden Fürsorge des ständig anwesenden Landesherrn hätten ziehen können.

Ferdinand begann das Werk der Erneuerung. Er war 18 Jahre alt, als er sein Amt in Köln antrat. Er war ein tiefgläubiger, echt kirchlicher, frommer und aszetischer Mann, der seinen Diözesanen und Untertanen das Beispiel ungeheuchelter Tugend gab. Sein tadelfreier Lebenswandel, seine echte Frömmigkeit und seine Liebenswürdigkeit gewannen ihm die Herzen. ,,Eine Hauptursache seines Erfolges lag in seiner Persönlichkeit selbst, die zum erstenmal seit langen Jahren den Gläubigen des Erzbistums das vorlebte, was von ihnen verlangt wurde" (Weiler). Dennoch empfing Ferdinand weder die Priesterweihe noch die Bischofskonsekration. Er war von dem Geist der Trienter Beschlüsse durchdrungen und suchte ihnen den Weg in die Praxis zu bahnen. Köln hatte in ihm ,,den tridentinischen Reformbischof" (August Franzen). Er nahm die Erneuerung in eigene Regie, die Initiative zur Reform ging von ihm aus. Zahlreiche Erlasse dienten der Belehrung von Klerus und Volk und der Abstellung von Mißbräuchen. Ferdinand ging schrittweise bei der Durchführung der Reform vor, und auf diese Weise verhinderte er, daß sich zu starker Widerstand gegen die Forderungen erhob. Gelegentlich war freilich auch er mutlos und verzweifelte am Erfolg seiner Bemühungen. Aber immer wieder raffte er sich auf und arbeitete weiter. Eine starke Stütze hatte er an seinem Vater, dem frommen Herzog Wilhelm von Bayern. Die Visitationen wurden in Gang gesetzt, Diözesansynoden abgehalten, die Reformbeschlüsse des Konzils von Trient in die Praxis umzusetzen begonnen. Am 6. Juli 1601 rief er den Kirchenrat ins

Leben. Ihm wurde die Aufgabe der allgemeinen Visitation übertragen. Der Kirchenrat war nun das Instrument der kirchlichen Erneuerung. Nach Überwindung zahlreicher Hindernisse konnte am 30. November 1615 endlich ein Seminar für angehende Priester eröffnet werden, dessen Leitung er den Jesuiten übertrug. Die tridentinischen Reformbeschlüsse bezüglich der hl. Weihen wurden durchgeführt. 1614 gab Ferdinand das Kölner Rituale, an dem 15 Jahre gearbeitet worden war, neu heraus, das nicht nur die Ordnung und die Texte der Sakramentenspendung, sondern auch vorzügliche Seelsorgeanweisungen enthielt. 1618 erschien das neue Brevier, das im wesentlichen mit dem römischen übereinstimmte. 1626 wurde das neue Missale publiziert, das ebenfalls weitgehend dem römischen angepaßt war. Das Vierzigstündige Gebet wurde gefördert und ausgedehnt. In den Kölner Pfarrkirchen wurde die Katechese eingeführt. Für die Seelsorge stützte sich der Erzbischof stark auf die Orden der Jesuiten und Kapuziner, aber auch der Franziskanerrekollekten, der Karmeliten und der Serviten.

Ferdinand war von der Alleinberechtigung der katholischen Religion durchdrungen. Die Bekehrung der Irrgläubigen war ihm ein Herzensanliegen und eine heilige Pflicht. Ferdinand bekämpfte die Zugeständnisse, die Kaiser Matthias und sein Ratgeber Klesl den Protestanten zu machen geneigt waren. Gleichzeitig ging er den richtigen Weg, die Politik zur Erhaltung der katholischen Religion einzusetzen, indem er eng mit seinem Bruder Maximilian von Bayern zusammenarbeitete. Mit militärischer Macht sollte der brandenburgische Prätendent im Jülichschen Erbfolgestreit vertrieben und dann ein Schlag gegen die protestantischen Holländer geführt werden. Mit Nachdruck wirkte er für ein Bündnis der katholischen Fürsten. Er war ein eifriger Beförderer der Liga. Eng arbeitete er mit den spanischen Niederlanden zusammen. Er betrieb auch die Übertragung der pfälzischen Kurwürde an Bayern. Fast während der ganzen Zeit seiner Regierung herrschte am Niederrhein Kriegszustand. Holländer und Schweden hausten in unbeschreiblicher Weise im Erzstifte. Seinen Neffen Max Heinrich nahm er als Koadjutor in Köln (1642), Hildesheim (1643) und Lüttich (1649) an.

2. Kapitel

Bistum Lüttich

Berlière, Ursmer, Les évêques auxiliaires de Liège, Bruges, Lille, Paris 1919

Bormans, S., Georges d'Autriche, in: Biographie Nationale VII, Bruxelles 1880-1883, 612-618

Brecher, August, Die kirchliche Reform in Stadt und Reich Aachen von der Mitte des 16. bis zum Anfang des 18. Jahrhunderts (= Reformationsgeschichtliche Studien und Texte Heft 80/81), Münster/Westf. 1957

De Marneffe, E., La Principauté de Liège et les Pays-Bas au XVIe siècle. Correspondance et documents politiques, 4 Bde., Liège 1887-1895

Diereckx, M., Lüttich: LThK VI, 2. Aufl., 1961, 1242-1244

Fredericq, P., Corpus documentorum inquisitionis haereticae pravitatis Neerlandicae, 5 Bde., Gand 1889-1906

Halkin, Léon-E., Le Cardinal de la Marck, Prince-Évêque de Liège (1505-1538) (= Bibliothèque de la Faculté de Philosphie et Lettres de l'Université de Liège Fasc. XLIII), Liège, Paris 1930

Halkin, Léon-E., Histoire religieuse des règnes de Corneille de Berghes et de Georges d'Autriche Princes-Évêques de Liège (1538-1557) (= Bibliothèque de la Faculté de Philosphie et Lettres de l'Université de Liège Fasc. LXXII), Liège, Paris 1936

Halkin, Léon-E., La Réforme en Belgique sous Charles-Quint, Brüssel 1957

Harsin, Paul, Études critiques sur l'histoire de la principauté de Liège 1477-1795, 3 Bde., Lüttich 1955-1959

Le Roy, Alphonse, Berghes (Corneille de), in: Biographie Nationale II, Bruxelles 1868, 214-218

Le Roy, Alphonse, Berghes (Robert de), in: Biographie Nationale II, Bruxelles 1868, 231-237

Le Roy, Alphonse, Ernest de Bavière, in: Biographie Nationale VI, Bruxelles 1878, 632-645

Le Roy, Alphonse, Groesbeck (Gérard de), in: Biographie Nationale VIII, Bruxelles 1884-1885, 329-342

Lonchay, H., Marck (Erard de la), in: Biographie Nationale XIII, Bruxelles 1894-1895, 497-512

Pirenne, Henri, Histoire de Belgique des origines à nos jours, 5. Aufl., I: Bruxelles 1928; II: 3. Aufl., Bruxelles 1923

Polain, Eugène, Ernest de Bavière, Évêque et Prince de Liège 1581-1612: Bulletin de l'Institut Archéologique Liegeois LIII, 1929, 23-167

Polain, Eugène, La vie à Liège sous Ernest de Bavière (1581-1612). Études archéologiques: Bulletin de l'Institut Archéologique Liégeois LIV, 1930, 27-91; LV, 1931, 104-183

Rütten, F., Lüttich: LThK VI, 1934, 740-744

Tihon, Camille, La Principauté et le Diocèse de Liège sous Robert de Berghes (1557-1564) (= Bibliothèque de la Faculté de Philosophie et Lettres de 1' Université de Liège Fasc. XXXI), Liège, Paris 1922

Wenzelburger, Eberhard von der Mark: ADB 5, 1877, 548f.

I.

Erhard van der Marck (1505-1538)

Das große niederländisch-deutsche Bistum Lüttich erstreckte sich über die Herzogtümer Brabant, Luxemburg und Geldern sowie über die Grafschaften Hennegau, Namur, Limburg und Falkenberg, umfaßte also das östliche Belgien, Teile von Holland und Luxemburg und einige Gebiete der heutigen Diözesen Aachen und Trier. Es hatte seinen Schwerpunkt in den (späteren spanischen) Niederlanden. Die Landesherren übten einen starken Einfluß auf die Besetzung des Bischofsstuhles aus. Der Bischof von Lüttich besaß ein ansehnliches Gebiet, das er als Fürst regierte.

Erhard van der Marck wurde am 30. Dezember 1505 durch den Domdekan im Namen seiner Mitkanoniker via Spiritus Sancti zum Bischof von Lüttich gewählt; er war der Kandidat des Papstes und des Königs von Frankreich. Erhard van der Marck erhielt am 25. Februar 1506 die päpstliche Bestätigung für die Diözese Lüttich. Von 1507 bis 1529 hatte er auch das Bistum Chartres inne. Seit 1520 war er noch Erzbischof von Valencia und Abt von St. Michel in Antwerpen. Erhard konzentrierte seine Kraft auf Lüttich; er kümmerte sich wenig um Chartres und ließ sich in Spanien niemals sehen. Am

9. August 1521 wurde er auf Ansuchen Karls V. zum Kardinal kreiert. Er nahm jedoch niemals an einem Konklave teil.

Erhard war gebildet, sprachenkundig und redegewandt. Er war von spontaner Art, liebte eine offene Sprache und hielt nichts von Leisetreterei. Er wußte mit Menschen umzugehen, verstand etwas von der Psychologie der Massen und besaß Führertalent. Er war fest, standhaft und beharrlich, ja hartnäckig, streng und erforderlichenfalls auch hart. Erhard war rastlos tätig und wirkte unermüdlich, aber vor allem als Landesherr, Diplomat und Mäzen. Er ließ große Bauten aufführen, die gewaltige Summen verschlangen. Er war ein Renaissancefürst und ein Freund der Wissenschaften und der Gelehrten. Als fürstlicher Regent hatte er beachtliche Leistungen aufzuweisen. Die Verbesserung der Rechtspflege nahm er erfolgreich in die Hand. Die Ordonnanz vom 18. Dezember 1532 suchte das Gerichtswesen gründlich zu reformieren. In der Politik spielte er eine wichtige, wenn auch nicht immer glückliche Rolle. Er war ein politischer Kopf, einfallsreich und wendig, der um das Durchsetzbare wußte und, seine Ziele unbeirrt festhaltend, sie auf wechselnden Wegen zu erreichen suchte. Er praktizierte mit Geschick „la politique de banquet" (Paul Harsin). Eine Zeitlang konspirierte er mit Frankreich gegen den Kaiser. Später schlug er sich auf die Gegenseite und war daran beteiligt, Karl V. gegen Franz I. zum Kaiser zu erheben. Erhard gewann auch wachsendes Verständnis für die Aufgaben und die Nöte des Reiches, so für die Abwehr der Türken.

Erhard war gläubig und eifrig; es fehlte ihm auch nicht an Frömmigkeit. Aber er war charakterlich nicht völlig einwandfrei. Ehrgeiz, Prachtliebe und Kunstliebhaberei verschlangen große Summen, die er besser für andere Zwecke verwendet hätte. Auch nach Ausbruch der lutherischen Abfallbewegung fuhr er fort, das Leben eines Fürsten zu führen, statt seinen Haushalt einzuschränken und die ersparten Mittel der Verteidigung der katholischen Sache zuzuführen.

Erhard war ein Anhänger echter kirchlicher Reform und um Hebung von Klerus und Volk bemüht. Er sah dem Klerus nichts nach, sondern wachte streng über seiner einwandfreien Lebensführung. Mehrfach erließ er scharfe Mandate gegen Mißstände und drohte den Schuldigen kanonische Strafen an. Das Mandat vom 15. Januar 1526 zielte darauf, im Anschluß an die Regensburger Reformordnung Campeggios von 1524 die Unordnung, die Verderbnis und die Bestechlichkeit im Klerus zu beseitigen; es wandte sich scharf, ja rigoros gegen Unsittlichkeit und Disziplinlosigkeit. Die Ordonnanz vom 29. November 1537 nahm sich der Kollegiatkapitel an. Die Verhältnisse unter den Ordensleuten waren besser als im Weltklerus. Erhard arbeitete eng mit dem Nuntius Hieronymus Aleander zusammen; sein Versuch, die durch Privilegien ausgehöhlte bischöfliche Gewalt zu restituieren, hatte keinen Erfolg. Erhard verbesserte die liturgischen Bücher. 1527 erschien eine neue Ausgabe des Lütticher Missales, 1535 eine solche des Breviers. Erhard konnte die katholische Reform beginnen, aber nicht vollenden. Er hat mehr beabsichtigt als erreicht (Paul Harsin).

Schriften Luthers fanden Eingang in die Niederlande, Studenten und Kaufleute schleppten die Irrlehre ein. Hier profitierte sie von Mängeln im Klerus und sozialen Spannungen. Erhard war dem Protestantismus entschieden abgeneigt. Ein voreiliger und unüberlegter Brief des Erasmus an Luther vom 30. Mai 1519 reihte ihn unter Luthers Freunde ein, was er nie war. Möglicherweise stand er gewissen (echten) Reformforderungen aufgeschlossen gegenüber, aber er erkannte bereits sehr früh, wohin Luthers Weg führte. Auf seine Ermunterung hin verurteilte die Universität Löwen am 7. November 1519 die Aufstellungen des Wittenbergers. Die zweite Hälfte seiner Regierung war ein einziger Kampf gegen die Irrlehre. Am 28. September 1520 führte Erhard den Nuntius Hieronymus Aleander, seinen Freund, bei Karl V. ein. Dieser ordnete sogleich die Exekution der Bulle „Exsurge Domine" in Brabant an. Am 17. Oktober 1520 befahl Erhard als erster Bischof des Reiches seinerseits den Vollzug dieser Bulle. Sein Edikt ist das älteste, textlich erhaltene gegen die sogenannte Reformation. Es verband die Abwehr der Häresie mit seelsorglichen Anweisungen wie der Vorschrift sonntäglicher Predigt. Auf dem Wormser Reichstag (1521) spielte Erhard eine wichtige Rolle. Er war dafür, Luther, der mehrmals vergeblich vor dem Reichstag erschienen war, nicht mehr anzuhören und ein allgemeines Edikt gegen ihn und seine Parteigänger zu erlassen. Dank seiner Kenntnis der deutschen Sprache vermochte er eifrig im Sinne der Unterdrückung der Irrlehre bei den deutschen Fürsten zu wirken, wie Aleander am 8. Mai 1521 bemerkte. Nach der Rückkehr von Worms veröffentlichte Erhard die Bulle „Decet Romanum" vom 3. Januar 1521, wohl in der ersten Hälfte des Juni 1521. Dieser Linie blieb er auch fernerhin treu. Auf dem Augsburger Reichstag 1530 trat er dem Nuntius zur Seite und zog sich den Haß Philipps von Hessen zu. In der Frage des Allgemeinen Konzils teilte er den Standpunkt des Heiligen Stuhles.

Die Niederlande waren die Heimat Karls V., und ihnen galt seine besondere Zuneigung und Sorge. Das weite Entgegenkommen und die große Geduld, die er den deutschen Protestanten bewies, zeigte er in den Niederlanden nicht. Er ging früh gegen die Abgefallenen und die Wühler vor, und Erhard stellte sich ganz hinter ihn. Karl V. erließ zahlreiche Mandate gegen die Irrlehre, von denen jenes vom 14. Oktober 1529 besonders umfassend war. Er schuf eine staatliche Inquisitionsbehörde. Sie folgte einem Strafsystem, das zwischen dem Vergehen der Häresie und dem Vergehen der Zuwiderhandlung gegen die in Sachen der Häresie erlassenen Edikte unterschied. Bei der Aburteilung des ersteren waren Doktoren der Theologie als Gutachter beteiligt. 1523 wurden Johann Esch und Heinrich Voes in Brüssel hingerichtet. Clemens VII. wollte Erhard zum Generalinquisitor der Niederlande machen, aber die Statthalterin, Margareta von Österreich, widerstrebte dieser Absicht. Der Bischof ertrug die Demütigung ohne Ressentiment, stellte sich vielmehr der Statthalterin selbstlos zur Verfügung.

In dem Fürstentum Lüttich fiel der Kampf für die katholische Religion mit dem Kampf für die Staatsform zusammen, weil Luther ja die geistlichen Fürsten heftig attackierte und ihrer weltlichen Stellung entkleidet sehen wollte. Erhard stellte sich kraftvoll jeder protestantischen Infiltration seiner Diözese entgegen. Er war bis zu seinem letzten Tage ein entschiedener Vorkämpfer der katholischen Kirche. Das Wormser Edikt bedurfte, um in dem Fürstentum Lüttich in Kraft treten zu können, der Annahme durch die Stände. Erhard drängte darauf. Die Stände des Stiftes verschoben im Jahre 1523 die Publikation des Wormser Edikts, aber der Bischof ließ sich in seinem Kampf gegen die Häresie nicht beirren; 1527 erreichte er die Annahme des Edikts. Nach anderer Ansicht, die durch Paul Harsin vertreten wird, ist jedoch das Wormser Edikt im Fürstentum Lüttich den Ständen weder vorgelegt noch von ihnen abgelehnt worden. Beauftragte des Bischofs untersuchten das Land und brachten Abtrünnige vor das Offizialatsgericht. Es fehlte nicht an Widerstand gegen dieses Verfahren. Die Bürger von Lüttich wollten allein vor ihrem Gericht Recht nehmen. Die Ausdehnung der kaiserlichen Gesetze gegen die Protestanten auf sein Fürstentum konnte Erhard angesichts des Widerstands der Stände nicht erreichen. Das geplante Edikt vom Juli 1532 läßt aber die Unerbittlichkeit erkennen, mit der er der Häresie entgegentrat. Seit 1533 ging die Strafverfolgung der Häretiker unter den Laien auf die weltlichen Gerichte über. Die Jahre 1533 und 1534 wurden die großen Jahre der Gegenreformation in Lüttich. Von 1535 bis 1538 ergingen wenige Urteile. Die Vollstreckung der Strafe war Sache der weltlichen Behörden. Einige Abgefallene, die sich hartnäckig weigerten, von ihrer Meinung abzugehen, wurden hingerichtet, viele erhielten andere Strafen. Insgesamt erlitten unter der Regierung Erhards im Stift 20 Protestanten die Todesstrafe. Im allgemeinen war das Vorgehen gegen die Neuerer im Fürstentum Lüttich geschickter und weniger rigoros als in den spanischen Niederlanden. Mit Erhard begann die wohlwollende Aufnahme der Engländer, die wegen ihres Glaubens aus dem Vaterland weichen mußten.

II.

Corneilles de Berghes (1538-1544)

Am 29. Juni 1522 wählte das Domkapitel den Kornelius von Berghen zum Koadjutor; er erhielt aber erst 1530 die päpstliche Bestätigung. Den Bischofsstuhl verdankte er Karl V., der ihn aus politischen Gründen darauf erhoben wissen wollte. Beim Tode Erhards trat er als dessen Nachfolger die Regierung an. Als er am 24. Juni 1544 resignierte, hatte er die Priesterweihe noch nicht empfangen.

Die Amtszeit des Corneilles war eine Mischung von Tragödie und Komödie. Er war kein tüchtiger Bischof, vielmehr ein charakterloser, mürrischer und schwacher, unentschlossener und oberflächlicher Mensch, der sich mehr zum weltlichen Leben als zum Klerus hingezogen fühlte. Die Abneigung gegen den geistlichen Stand, zu dem er keine Berufung spürte, überwand und verbarg er niemals; er gab vielmehr wiederholt zu verstehen, daß er weder die Priesterweihe empfangen noch das Bischofsamt auf Dauer innehaben wolle. Immerhin umgab sich Corneilles mit guten Ratgebern und erhob sich gelegentlich zu lobenswerten Bemühungen. So verstand er es, sein Land zu regieren und ihm Sicherheit zu verschaffen. Ihm verdankt es vorzügliche Gerichts- und Polizeiordnungen. Als Bischof wirkte er dagegen fast überhaupt nicht; das Domkapitel trat in die Lücke, die seine Untätigkeit frei ließ. In seiner Bischofsstadt Lüttich residierte er selten. Die gesamte Zeit seiner „Regierung" war damit ausgefüllt, einen Koadjutor für ihn zu finden. Es war dies der Onkel Karls V., Georg von Österreich, Erzbischof von Valencia. Aber dieser wurde auf der Reise durch das feindliche Frankreich 22 Monate festgehalten. Am 3. Januar 1541 wählte das Lütticher Kapitel Georg zum Koadjutor. Am 23. Februar 1541 gab Paul III. seine Zustimmung. Corneilles hatte oft verlauten lassen, er wolle von seinem Amt zurücktreten, um sich zu verheiraten. Bei seiner Resignation war er 44 Jahre alt. Aber auch zur Eingehung einer Ehe fehlte ihm der Willensentschluß.

Die religiöse Revolution erfüllte die ganze Dauer der Amtsinhaberschaft des Corneilles. Luthertum und Wiedertäufertum drangen in das Bistum ein. Daß Corneilles dem Luthertum zuneigte, ist eine durch nichts bewiesene Behauptung. Aber er blieb im wesentlichen gleichgültig gegenüber dem dramatischen religiösen Ringen seiner Zeit. Der Kampf gegen die Häresie wurde aufgrund der kaiserlichen Mandate geführt. Der Bischof entzog sich dieser Pflicht nicht, ohne sich freilich besonders anzustrengen. 1540 publizierte Corneilles ein Mandat, welches das kaiserliche Edikt vom 22. September 1540 auf das Stift ausdehnte. 1541 erließ er ein Generaledikt. Die bischöfliche Inquisition behauptete unter ihm ihre Zuständigkeit, namentlich außerhalb der Hauptstadt. Der Widerstand Karls V. bzw. seiner Statthalter erhielt das Land im ganzen beim katholischen Glauben.

III.

Georg von Österreich (1544-1557)

Georg von Österreich war einer der vielen unehelichen Söhne des Kaisers Maximilian und mithin ein Onkel des Kaisers Karl V. Aufgrund seiner Abstammung gelangte er zu hohen kirchlichen Ämtern. 1525 wurde er Bischof von Brixen, residierte aber wenig in seiner Diözese, war vielmehr lange Zeit in diplomatischen Missionen unterwegs. Nach dem Verzicht auf Brixen und dem Versprechen, die Priester- und Bischofsweihe empfangen zu wollen, designierte ihn Karl V. 1538 für das Erzbistum Valencia. Dort nahm er seine bischöflichen Pflichten ernst und ließ sich tatsächlich die erwähnten Weihen spenden. 1541 wählte ihn das Lütticher Domkapitel zum Koadjutor, und der Papst ernannte ihn dazu am 23. Februar 1541 gegen den Widerstand der französischen Kardinäle. Auf der Reise nach Deutschland wurde er jedoch fast zwei Jahre in Frankreich gefangengehalten; erst 1543 kam er in Brüssel an. Am 24. Juni 1544 ergriff er Besitz von seinem neuen Bistum.

Georg war klug und gebildet, gütig und freundlich, ein Freund der Wissenschaften und ein Liebhaber der Musik. Er besaß die Eigenschaften eines Regenten und regierte sein Fürstentum mit Geschick. Er vereinte Kraft mit Milde. Er war gewiß kein ursprünglicher Geist. Aber er verstand es, sich erstklassige Gehilfen zu wählen. Sein Privatleben war leider nicht einwandfrei. Der uneheliche Sohn des Bischofs wurde Geistlicher und Propst in Löwen. So kann er nicht als wahrer Hirte nach dem Evangelium angesehen werden, wie ihn das Bistum brauchte.

Der Protestantismus versuchte von neuem, in den Niederlanden vorzudringen. Georg von Österreich arbeitete ihm entschieden entgegen. Er war ein entschlossener Gegner der protestantischen Häresie. In der Affäre Hermanns von Wied bezog er eindeutig Stellung; er unterstützte den Kölner Klerus in seinem Widerstand gegen den abtrünnigen Erzbischof. In seinem Stift ging er energisch gegen die Glaubensneuerung vor. Zusammen mit der Regentschaft der Niederlande arbeitete er an der Eliminierung der Irrlehre. Zur Bekämpfung des Protestantismus empfahl er die Überwachung der Drucker und der Büchereien, vertieften Religionsunterricht in den Schulen sowie Aufrechterhaltung der Ordnung und verbesserte Ausbildung der Priester. Die eigenartigen Machtverhältnisse in seinem Fürstentum legten ihm manche Fesseln an. Das Edikt, das den Ständen im Dezember 1545 unterbreitet wurde, wurde nur in abgeschwächter Form publiziert. 1547 schloß sich Georg in Augsburg dem Bündnis der deutschen katholischen Fürsten gegen die Protestanten an. In politischer Hinsicht arbeitete er aufs engste mit der in Brüssel residierenden Statthalterin des Kaisers zusammen. Ohne Rücksichtnahme auf die habsburgische Politik und ohne deren Schutz hätte er sich angesichts der feindseligen Nachbarn gar nicht behaupten können. Fortwährende Einfälle der Franzosen überschatteten seine Regierung.

In den spanischen Niederlanden wurde der Kampf gegen die Glaubensneuerung weiterhin energisch geführt. Am 29. April 1550 erließ Karl V. ein ins einzelne gehendes Edikt gegen den Protestantismus. In seinem Schreiben vom 27. Februar 1555 an Kaiser Karl machte Georg wohlüberlegte Vorschläge, wie man durch gezielte Maßnahmen den Unterricht zu heben und die Ausbildung der Geistlichen zu verbessern vermöge, wodurch der Irrlehre am sichersten entgegengearbeitet werden könne. Georg erneuerte 1555 das Edikt von 1545. Da das bisherige Verfahren zu wenig wirksam war, wollte er die Strafverfolgung von der staatlichen in kirchliche Regie nehmen. Aber er vermochte sich gegen die Stände nicht durchzusetzen. Den Augsburger Religionsfrieden ließ er in seinem Bistum nicht promulgieren. Als Georg starb, waren die Glaubensneuerer in seinem Bistum, vor allem in seinem Stiftsland, zurückgedrängt und beinahe machtlos; lediglich in Limburg und im Kempenland gab es noch Herde.

Die katholische Erneuerung begleitete den Kampf gegen den Protestantismus. Georg hielt Residenz in Lüttich und strebte, allen Schwierigkeiten zum Trotz, dem Ziel der katholischen Reform zu. Er hielt 1548 eine Diözesansynode ab, auf der er die Augsburger „Formula reformationis“ und heilsame Synodalstatuten publizierte. In achtzehn Kapiteln wurde beinahe der ganze Umkreis des kirchlichen Lebens abgeschritten. Vor allem wurde großer Wert auf die Ausbildung und Prüfung der Weihekandidaten sowie auf die Besetzung der kirchlichen Stellen mit geeigneten und würdigen Geistlichen gelegt. Die Synodalstatuten zeigten sich von den Statuten des Kölner Provinzialkonzils von 1536 beeinflußt. Die Durchführung der löblichen Vorschriften entsprach freilich nicht ihrer Zielsetzung. An dem Provinzialkonzil zu Köln 1549 nahm Georg nicht teil. Bei der ersten Sitzungsperiode des Trienter Konzils war kein Vertreter der Diözese Lüttich anwesend. 1551 schickte Georg den Grégoire Sylvius de Tonelet nach Trient und ordnete öffentliche Gebete für das Gelingen des Konzils an. Im Jahre 1553 gab er ein neues Rituale heraus. Georg förderte den Jesuitenorden. 1547 ließen sich die ersten belgischen Jesuiten in Löwen nieder. Auch die alten Orden, Dominikaner und Franziskaner, Kartäuser und Benediktiner, trugen zu einer echten katholischen Reform bei.

Spätestens seit 1546 suchte Karl V. dem Bischof Georg einen Koadjutor zu geben. Das Lütticher Kapitel stellte eine Liste von fünf Namen auf. Karl V. entschied sich für Robert van Berghen. Das Kapitel wählte ihn am 25. August 1550 zum Koadjutor mit dem Recht der Nachfolge. Die päpstliche Einwilligung erfolgte erst am 25. Juni 1554. Georg war von schwächlicher Gesundheit, die ihn beispielsweise hinderte, an dem 1549 abgehaltenen Kölner Provinzialkonzil teilzunehmen. Nach langem Leiden starb er am 5. Mai 1557.

IV.

Robert van Berghen (1557-1564)

Robert van Berghen war ein gelehrter und frommer Mann. Bereits am 28. November 1557 empfing er die Bischofskonsekration; kurz zuvor muß er die Priesterweihe erhalten haben. Mitte Dezember feierte er die Primiz. Unter seiner Regierung ordnete Paul IV. die Zirkumskription in den Niederlanden neu. In der Bulle vom 12. Mai 1559 errichtete er 14 neue Diözesen; Mecheln, Cambrai und Utrecht wurden Metropolitansitze. Die seit langem angestrebte Maßnahme kam aber für Holland zu spät; denn dort tobte der Aufstand.

Unter Bischof Robert breitete sich der Protestantismus weiter aus. Mit Ermutigung der französischen und holländischen Reformierten drang jetzt der Kalvinismus in das Bistum ein. Während das Luthertum und das Wiedertäufertum vor allem die flämischen und deutschen Teile der Diözese erfaßt hatten, machte der Kalvinismus seine Eroberungen unter der wallonischen Bevölkerung. Robert war voller Eifer, die katholische Religion in seinem Bistum zu erhalten. Während seines Studiums in Löwen war er zum entschiedenen Gegner des Protestantismus geworden. Bei der Versammlung der Stände am 14. Dezember 1557 drang er auf energisches Vorgehen gegen den Abfall. Das Domkapitel trat ihm treu zur Seite. Beide aber waren überzeugt, daß noch wichtiger als die Bestrafung der Abtrünnigen die Unterrichtung der Gläubigen sei. Sie bemühten sich darum vor allem um gute Prediger. Die häretische Propaganda aber war unermüdlich und arbeitete gleichzeitig von Frankreich und aus dem Reich. Robert van Berghen sah sich daher genötigt, Inquisitoren zu bestellen; unter ihnen waren tüchtige und aktive Männer. Die Kompetenzverteilung zwischen ihnen und den (weltlichen) Gerichten verhinderte jedoch ein rasches Durchgreifen. Das Edikt vom 6. März 1562 faßte die bisher ergangenen Bestimmungen gegen die Häresie zusammen. Gegen den Widerstand, der ihm entgegentrat, rief Robert Kaiser Ferdinand an, der ihm auch prompt Hilfe gewährte. Der spanisch-niederländische Krieg bedeutete für Land und Leute eine schwere Belastung. Robert fühlte sich den Schwierigkeiten nicht mehr gewachsen. Seit 1562 krank und seit 1563 regierungsunfähig, resignierte er; 1564 wurde der Verzicht angenommen. Bei dem Darniederliegen der Regierungsgewalt nimmt es nicht wunder, daß die Häresie daraus Nutzen zog. Es kam zu Störungen des katholischen Gottesdienstes. Mit raffinierter Berufung auf Privilegien der Stadt Lüttich wußten sich Abgefallene der Bestrafung zu entziehen. Vielfach bezogen sich Lutheraner jetzt auf den Augsburger Religionsfrieden. Auch das häufige Angehen des Kammergerichts entnervte die bischöfliche Gewalt. Die 1562 beginnenden Generalinquisitionen gingen schleppend vor sich, während doch rasches Eingreifen vonnöten war.

V.

Gerhard van Groesbeek (1564-1580)

Am 6. März 1563 wählte das Lütticher Kapitel den Gerhard van Groesbeek zum ständigen Koadjutor, am 11. April 1564 zum Bischof. Am 16. Dezember 1564 oder erst am 23. Februar 1565 erhielt er die päpstliche Bestätigung. Er hatte bereits lange vor seiner Wahl zum Bischof die Priesterweihe empfangen und erhielt 1565 die Bischofskonsekration. Seine Befähigung wurde auch außerhalb seiner Diözese erkannt. 1568 dachte man in Paderborn daran, ihn für den dortigen Bischofssitz zu postulieren.

Gerhard war ein tüchtiger Bischof. Er hatte seine Studien in Rechtswissenschaft und Theologie in Löwen und Paris gemacht. Er besaß vorzügliche Kenntnis der Sprachen und war von glänzender Beredsamkeit, die ihm bei Verhandlungen mehr als einmal nützlich war. Gleichzeitig hatte er ein Herz für die Armen. Gerhard war auch ein kluger Regent. Er war in der Verwaltung erfahren und geschickt. Am 3. Juli 1572 erließ er eine vielbewunderte Gerichtsordnung. Er war großmütig und versöhnlich; sosehr er imstande war, zu kämpfen und notfalls unbeugsam zu bleiben, sosehr war er fähig, zu vergessen. Gregor XIII. kreierte ihn am 21. Februar 1578 zum Kardinal als Anerkennung seines Eifers für den Glauben. Sein Epitaph sagt, daß er keine anderen Feinde hatte als die der Religion und des Vaterlandes.

Gerhard van Groesbeek begann, die Beschlüsse des Konzils von Trient durchzuführen, wenn auch erst nach langem Zögern. Er war einer der ersten Bischöfe des Reiches, die das Trienter Glaubensbekenntnis ablegten. An der Erneuerung des Klerus und des Volkes arbeitete er zäh und klug. Die Jesuiten gründeten mehrere Niederlassungen im Stiftsland.

Auch unter der Regierung des Bischofs Gerhard hielt der Ansturm der Irrlehren an. In den Niederlanden tauchten Prediger aus Deutschland und der Schweiz auf und riefen offen zum Abfall von der Kirche auf. Auch in das Fürstentum Lüttich drang die Irrlehre ein. Die Sektierer konzentrierten ihre Tätigkeit auf die deutschsprachigen Gebiete der Niederlande und des Stiftes Lüttich. Sie sammelten Bewaffnete um sich und entweihten die heiligen Orte; eine Revolte brach aus. Schwere religiös-soziale Unruhen suchten das Fürstentum Lüttich heim. Es kam zu Verwüstungen von Kirchen und zur offenen Rebellion. Der Aufstand wurde aber niedergeworfen, die Ordnung wiederhergestellt. 1568 versuchte sich Wilhelm von Oranien Lüttichs zu bemächtigen. Eine Anzahl von Untertanen des Fürstentums machte gemeinsame Sache mit den niederländischen Aufständischen. Aber die Gefahr konnte überwunden werden. Gerhard zeigte sich den Schwierigkeiten seiner Regierung gewachsen. Er ging energisch gegen den Protestantismus vor, wenn auch die Lütticher Inquisition nicht mit der spanischen zu vergleichen war. Gerhard wirkte darauf hin, daß sich Landtage 1565 und 1566 einmütig zum katholischen Glauben bekannten. Die Ordonnanzen vom 14. April und 27. September 1567 befahlen die Ausweisung der Protestanten aus dem Fürstentum. Der Bischof ließ Jesuiten aus Köln kommen, die erfolgreich predigten. Allerdings war ihr Wirken nur vorübergehend. Gerhard wich auch dem Kampfe nicht aus. Er zog selbst gegen das aufrührerische Hasselt zu Felde. Im ganzen gesehen war sein Vorgehen gegen die Irrlehre erfolgreich. Lediglich in den nördlichen Gebieten des Stiftes gelang es ihm nicht, alle protestantischen Keime zu beseitigen.

VI.

Ernst von Bayern (1581-1612)

Die drei folgenden bayerischen Bischöfe Ernst (1581-1612), Ferdinand (1612-1650) und Maximilian Heinrich (1650-1688) gehörten dem bayerischen Herzogshause an, das damals die Hauptsäule des Katholizismus im Deutschen Reich war. Sie waren allein schon durch ihre Ämterkumulation daran gehindert, persönlich dem Bistum Lüttich die wünschenswerte Aufmerksamkeit zu widmen. Dennoch war ihre Regierung der Diözese von Nutzen. Sie verstanden es im allgemeinen, sich tüchtige Mitarbeiter heranzuziehen. Durch eine geschickte Politik im Rahmen des Reiches und der europäischen Mächte schützten sie ihr Bistum.

Am 30. Januar 1581 wählte das Kapitel einmütig Ernst von Bayern zum Bischof von Lüttich. Er wurde nicht postuliert, sondern gewählt, weil er trotz Inhaberschaft zweier Bistümer ein Eligibilitätsbreve besaß. Am 3. Februar 1581 wählten die Mönche von

Stablo und Malmedy Ernst zum Abt der beiden Klöster. Der Papst gab Ernst zunächst ein Breve zur Administration des Bistums für die Dauer von sechs Monaten. Die Bestätigung erfolgte erst in einem Konsistorium im April 1582. Ernst wurde 1583 vom Papst als wahrer Bischof von Köln und Lüttich sowie als Administrator von Hildesheim und Freising bezeichnet.

Ernst von Bayern war eine zwiespältige Persönlichkeit. Alphonse Le Roy stellt richtig fest, daß er Fehler, aber auch starke Seiten hatte. Seine Impulsivität, seine Jagdleidenschaft, seine Trinkfreudigkeit, seine Unausgeglichenheit, seine Unbeherrschtheit, seine Vergnügungssucht, sein Mangel an Ausdauer und Geduld waren für einen Bischof schwere Hemmnisse eines gedeihlichen Wirkens. Es mangelte ihm sodann an Organisationstalent und zäher Konsequenz, wie sie einem Regenten notwendig sind. Es war weiter seine Schwäche, daß er danach trachtete, geliebt zu werden. Leider lebte er auch in Lüttich nicht enthaltsam; hier hatte er eine Tochter, die er anerkannte und ausstattete. Ernst besaß Einsicht in seine Schwächen, aber er vermochte sie zeitlebens nicht zu überwinden. Allerdings starb er fromm und in echter Reue über seine Fehler. Auf der anderen Seite waren Ernst große Gaben und Talente eigen. Er besaß Sinn für Gerechtigkeit, sicheres Urteil über die Dinge, Klugheit und durchdringenden Verstand. Er galt als Gelehrter und pflegte die Wissenschaften, liebte die Künste und förderte sie. Seine Kenntnis des Französischen, des Italienischen und des Spanischen kam ihm in Lüttich gut zustatten. Besonders ausgebildet waren seine diplomatischen Fähigkeiten und seine Verhandlungskunst. Die Tätigkeit Ernsts von Bayern in seinem Lütticher Sprengel war erfolg- und segensreich. H. Lonchay bezeichnet ihn als „un grand prince". Freilich war Ernst notgedrungen häufig von seinem Bistum abwesend; er hielt sich meist in Bonn oder in Arnsberg auf. Eugène Polain sieht als das größte Unrecht Ernsts an, daß er, der ein fähiger Staatsmann gewesen sei, nicht in Lüttich residiert hat.

Viele Jahre der Regierung Ernsts waren mit Streit und Krieg erfüllt. Seit 1583 mußte er sechs Jahre lang um das Erzbistum Köln gegen den abgefallenen Gebhard Truchseß von Waldburg kämpfen, der die Unterstützung der Holländer, des Herzogs von Zweibrücken und des Pfälzers Johann Kasimir fand. Die Lütticher Stände leisteten ihm dabei keine Hilfe. Wilhelm von Oranien suchte durch seine Emissäre Unruhe und Aufruhr im Fürstentum Lüttich zu verbreiten, um Ernst am energischen Vorgehen im Kölner Krieg zu hindern. Die immer noch anhaltenden Kämpfe zwischen Spanien und den Vereinigten Provinzen schufen fortwährend Unsicherheit in dem Bistum und Stift Lüttich. Ernst mußte die Einfälle der Niederländer abwehren.

Ernst war gegen die katholische Reform keineswegs gleichgültig. Er suchte die Sitten und die Disziplin des Pfarrklerus zu bessern sowie seine Bildung zu heben. Er hatte bei diesem Bemühen unbestreitbare Erfolge. In Saint-Trond und in Lüttich errichtete er ein Seminar nach Vorschrift des Konzils von Trient. Im Oktober 1585 verkündete der Nuntius Bonhomini in Abwesenheit des Bischofs auf einer Synode in Lüttich die Dekrete des Konzils von Trient. Den Widerstand gegen einige Vorschriften des Tridentinums brach Ernst, indem er eine Reihe von undisziplinierten Geistlichen bestrafen ließ. Bonhomini visitierte 1585 den größten Teil des Bistums. Ernst unterstützte das so begonnene Werk der Regeneration. In dem Generalvikar Lävinus Torrentius besaß er einen entschiedenen Förderer der kirchlichen Erneuerung.

So bedauerlich und unentschuldbar die sittliche Schwäche Ernsts war, so sicher ist, daß er ein aufrichtiger und überzeugter Katholik war. Dem Protestantismus setzte er entschiedenen Widerstand entgegen. Aber er war alles andere als ein fanatischer Verfolger; vielmehr zog er die Geduld und die Überzeugung der Gewalt vor. Ergriffene Häretiker ließ er stets zuerst durch gelehrte Theologen, vor allem Karmeliter und Dominikaner, unterrichten, denen es meist gelang, die Verirrten zur Wahrheit zurückzuführen. Nur gegen Hartnäckige brachte er die vorgesehenen Strafen in Anwendung. Das Lütticher Kapitel war mit seinem zögernden und nachsichtigen Vorgehen gegen die Häretiker nicht einverstanden. Ernst erlangte von den Ständen, daß die öffentlichen Beamten am Tage ihrer Bestellung einen Treueid gegenüber der Kirche schwören, daß die Bewohner offen den Glauben bekennen und Abweichende das Land verlassen mußten. Das Edikt, das Ernst am 30. März 1588 erließ, legte eine Serie von Maßnahmen fest, die dem Eindringen der Irrlehre in den Lütticher Sprengel wehren sollten. In Aachen wurde die Alleinherrschaft des katholischen Gottesdienstes und des katholischen Unterrichtes wiederhergestellt. Der Geist der Lütticher Bevölkerung zeigte keine starke Empfänglichkeit für die Ideen der sogenannten Reformatoren, so daß die Unterdrückung derselben ohne erhebliche Anstrengung erfolgte. Das Vorgehen gegen die Häretiker in den Jahren 1590, 1592 und 1595 geschah überwiegend in den an Holland angrenzenden Gebieten. In seinem Verhalten gegenüber den Abgefallenen ließ er sich von den Einsprüchen und Drohungen des protestantischen Holland nicht beirren, wie vor allem sein würdiges Schreiben vom 16. Februar 1593 ausweist.

3. Kapitel

Bistum Minden

Eckhardt, Albrecht, Heinrich Julius: NDB 8, 1969, 352-354

Holscher, Ludwig August Theodor, Beschreibung des vormaligen Bisthums Minden nach seinen Grenzen, Archidiaconaten, Gauen und alten Gerichten. Ein historischer Versuch, Münster 1877

Honselmann, K., Minden: LThK VII, 2. Aufl. 1962, 424f.

Krause, Georg (von Braunschweig-Wolfenbüttel): ADB 8, 1878, 635-637

Krieg, Martin, Die Einführung der Reformation in Minden: Jahrbuch des Vereins für Westfälische Kirchengeschichte 43, 1950, 31-108

Olpp, Theodor, Aus dem kirchlichen Leben des Fürstbistums Minden im Reformationsjahrhundert: Jahrbuch des Vereins für Westfälische Kirchengeschichte 49/50, 1956/57, 44-70

Olpp, Theodor, Die Stellung der Mindener Bischöfe zur Reformation: Jahrbuch des Vereins für Westfälische Kirchengeschichte 49/50, 1956/57, 34-43

Philippi, F., Wartenberg, Franz Wilhelm: ADB 41, 1896, 185-192

Pleß, Viktor, Die Einführung der Reformation in Minden, Minden i. W. 1930

Roberg, Burkhard, Kuriale Reformbemühungen in Stift und Bistum Minden nach dem Trienter Konzil, in: Von Konstanz nach Trient, München, Paderborn, Wien 1972, 675-694

Sauer, Christian, Herzog von Braunschweig und Lüneburg: ADB 4, 1876, 162f.

Sauer, Franz von Waldeck: ADB 7, 1878, 290-292

Schrader, Franz Xaver, Die Weihbischöfe, Officiale und Generalvikare von Minden vom 14. bis zum 16. Jahrhundert: Zeitschrift für vaterländische Geschichte und Alterthumskunde 55 (2. Abt.), 1897, 3-92

Schroeder, Friedrich Wilhelm, Chronik des Bistums und der Stadt Minden, Minden i. W. 1886

Schwaiger, Georg, Franz Wilhelm Graf v. Wartenberg: NDB 5, 1961, 365

Spannagel, Carl, Minden und Ravensberg unter brandenburg-preußischer Herrschaft von 1648-1719, Hannover, Leipzig 1894

Spannagel, Carl, Zur Geschichte des Bistums Minden im Zeitalter der Gegenreformation: Zeitschrift für vaterländische Geschichte und Alterthumskunde 55 (1. Abt.), 1897, 194-217

Spehr, F., Heinrich Julius: ADB 11, 1880, 500-505

Wohltmann, Hans, Georg, Herzog von Braunschweig-Lüneburg: NDB 6, 1964, 208f.

Wurm, H. J., Minden: LThK VII, 1935, 194-196

I.

Franz I. von Braunschweig-Wolfenbüttel (1508-1529)

Im Bistum Minden machte sich die Herrschaft des Hauses Braunschweig stark geltend. Im 16. Jahrhundert stammten fünf Bischöfe aus diesem Geschlecht. Franz I. wurde 1508, im Alter von 16 Jahren, zum Bischof postuliert und am 14. Juli 1508 von Julius II. zugelassen. Er war der Sohn Herzog Heinrichs des Älteren von Braunschweig-Wolfenbüttel und der Bruder Christophs, der 1500 Koadjutor, 1511 Erzbischof von Bremen wurde. Wegen seiner Jugend führten Vormünder die Regierung des Bistums. Im Jahre 1511 übernahm er selbst die Leitung. Wegen der ihm fehlenden Weihen verwaltete er das Stift als Administrator.

Franz verspürte wenig Neigung zu dem Berufe eines Bischofs in sich; er ließ sich lediglich standesgemäß versorgen, als er das Bistum Minden annahm. Die Weihen hat er nie empfangen. Seine Erziehung scheint nicht genügend sorgfältig gewesen zu sein; er war unzureichend gebildet. Das unglückliche Bistum war mit diesem Bischof schlecht bedient.

Solange der Vater des Franz lebte — er starb 1515 —, gingen die Dinge ihren verhältnismäßig geregelten Lauf; denn Heinrich der Ältere war ein bedächtiger Mann. Nach dem Tod des Vaters geriet Franz jedoch immer mehr unter den Einfluß schlimmer Berater, die ihn in seinem ungeistlichen Wandel bestärkten. Er war ein sittenloser und lasterhafter Mensch. Geschlechtliche Ausschweifungen, Schuldenmachen und Raubüberfälle zeichnen ein düsteres Bild seines Charakters. Im Feld, beim Turnier und bei Gelagen suchte er seine Freude und sein Genügen. Geistliche Angelegenheiten und Regierungsgeschäfte fanden sein Gefallen nicht. Selten war Franz in seiner Diözese anwesend. Unruhig und rücksichtslos verscherzte er sich das Ansehen bei seinen Untertanen und das Vertrauen seiner Diözesanen. Fortwährend befand er sich in kriegerischen Auseinandersetzungen mit seinen Nachbarn und entfernteren Herrschaften. Auch mit dem Bischof von Hildesheim stand er zeitweilig im Kampfe. Die ,,Hildesheimer Stiftsfehde'' ist ein düsteres Kapitel politisch-militärischer Auseinandersetzungen in einer Zeit, in der dunkle Wolken am religiösen Horizont aufzogen und die Einigkeit der katholischen Fürsten notwendig war.

Die Lebensführung und die Mißwirtschaft des Franz schwächten das Ansehen der Kirche und die Anhänglichkeit an sie. Unter ihm hatte es die Glaubensneuerung leicht, im Bistum einzudringen und sich auszubreiten. Denn der Hinweis auf das völlige Ungenügen der leitenden Person genügte vielen, die von ihm repräsentierte Sache abzulehnen. Vor allem junge Männer, die an den Universitäten Wittenberg und Leipzig studierten, trugen die Irrlehre ins Bistum. Die beiden Geistlichen, die in der Bischofsstadt im Sinne des Luthertums predigten, Albert Nisius und Johann Marienkinck, blieben jahrelang im wesentlichen unbehelligt. Der Bischof unternahm nichts gegen die Neuerer. Freilich kam das ,,reine Evangelium'' nicht allein durch die Macht seiner Bezeugung zur Herrschaft. Wie in vielen anderen Städten bereiteten auch in Minden Rechtswidrigkeiten und Gewalttaten der sogenannten Reformation den Weg. Die Seele des katholischen Widerstandes war der Domdechant Burchard von dem Busche. Das Domkapitel verbündete sich im Jahre 1526 mit dem Erzbischof Christoph von Bremen gegen das Luthertum. Aber Gewalt und Unrecht waren stärker als dieses Bündnis. Der Rat kapitulierte vor dem Ausschuß der 36. Seit 1529 wurden sämtliche Kirchen bis auf den Dom protestantisiert und die Geistlichen vertrieben. Franz starb am 29. November 1529 an den Folgen seines wüsten Lebens. In der Zeit der Sedisvakanz sandte der Graf von Hoya den Nicolaus Cragius nach Minden, der den Pöbel aufhetzte und revolutionäre Umwälzungen hervorrief.

II.

Franz II. von Waldeck (1530-1553)

Mit Franz II. von Waldeck erhielt das unglückliche Bistum Minden von neuem einen Oberhirten, der nur als ein Verhängnis für es bezeichnet werden kann. Die vom Domkapitel bestellten Kompromissare postulierten am 10. Februar 1530 den Franz von Waldeck, Clemens VII. erteilte ihm am 18. Januar 1531 die Zulassung. Damit war es noch nicht genug der Ehren für diesen Mann. 1532 wurde er für Münster und Osnabrück postuliert und erhielt auch für diese beiden Bistümer die Admission. Damit vereinigte er eine beträchtliche Macht in seiner Hand, die, wie sich bald zeigen sollte, nicht für die Kirche, sondern gegen sie eingesetzt wurde. Franz war zu dieser Zeit lediglich Subdiakon. Erst 1540 wurde er zum Diakon und Priester, 1541 zum Bischof geweiht.

Die Regierungstätigkeit und der Lebenswandel dieses Mannes, der dem Trunk und der geschlechtlichen Unsittlichkeit ergeben war, gereichten der Kirche zum schweren Schaden. Franz lebte verschwenderisch und in den Tag hinein, „arm an Geld und Ehre" (Caspar Schele). Den Freuden der Tafel war er zugetan. Mit seiner Mätresse, Anna Pölmann, erzeugte er eine zahlreiche Nachkommenschaft. Er hielt diese Frau, der er verfallen war, beinahe wie eine Ehefrau. Ihr Einfluß auf den Bischof war sehr groß. Das Beispiel der skandalösen Aufführung des Franz auf das Volk und den Klerus mußte verheerend sein; es lieferte den Neuerern scheinbar die Begründung für die Berechtigung ihrer Forderungen.

Franz von Waldeck war religiös und kirchlich unzuverlässig. Es wäre seines Amtes gewesen, dem Protestantismus entgegenzutreten und seine Bistümer für den Glauben zu erhalten. Aber er kam dieser Aufgabe nicht nach. Er mußte sich mit Herzog Heinrich von Wolfenbüttel wegen seines Stiftes auseinandersetzen, und in dieser Zeit wurde in der Bischofsstadt Minden das Luthertum herrschend. Der Ausschuß der 36 betrieb durch Nikolaus Krage die Protestantisierung. Gegen katholische Bürger ging er mit Schärfe vor; die Ausübung des katholischen Gottesdienstes wurde verboten. Der Rat von Minden blieb zwar noch geraume Zeit mehrheitlich katholisch und bemühte sich nach Kräften um die Erhaltung der Religion. Später aber berief er den Gerhard Oemiken zur Ordnung des Kirchenwesens in die Stadt. Er und Urbanus Rhegius hetzten das Volk gegen die Katholiken auf. Diese riefen das Recht gegen den Terror an. Das Reichskammergericht entschied am 27. März 1536 zugunsten der Katholiken. Aber die Entscheidung wurde von der Stadt nicht beachtet. Die Katholiken wandten sich daraufhin an den Kaiser. Am 9. Oktober 1538 wurde die Reichsacht über Minden verhängt. Aber da sich der Schmalkaldische Bund dagegen wandte, wurde sie nicht ausgeführt. So zeigt dieses Beispiel von neuem, wie sich die Neuerung unter Mißachtung von Recht und Gerechtigkeit durchsetzte. Der Bischof freilich war zu nachhaltiger Verteidigung des Glaubens nicht gewillt. Er durfte 1543 in Minden feierlich einreiten, weil er nicht daran dachte, die Katholiken energisch zu schützen.

Franz von Waldeck fehlte nicht nur durch Versäumnis, sondern auch durch Handeln. Der Bischof förderte in seinem Stift die lutherische Neuerung, der er seit 1535 zuneigte. Er beteiligte sich an dem Kampf der zum Schmalkaldischen Bund gehörigen Fürsten gegen den katholischen Herzog Heinrich von Braunschweig-Wolfenbüttel. Als katholischer Bischof half er, diese Säule des Katholizismus in Norddeutschland zu stürzen. In dem eroberten Land wurde der Protestantismus eingeführt. Gegenüber dem Papst und dem Kaiser gab sich Franz weiterhin als Katholik aus, obwohl er in seiner Brust verräterische Pläne schmiedete. Möglicherweise empfing er die Bischofskonsekration lediglich in der Absicht, dadurch einen um so sichereren Rechtstitel für die Säkularisierung seiner Bistümer zu gewinnen (Hans Foerster). Die Protestanten wußten, daß Franz von Waldeck einer der Ihren war. Heinrich Bullinger rühmte in einem

Schreiben an Johannes Travers vom 12. Oktober 1543, daß die Bischöfe von Köln und Münster sowie von Minden und Osnabrück unerschrocken fortführen bei der Förderung des „Evangeliums". Allein die politische Entwicklung zwang den heuchlerischen Mann zur Vorsicht. Als sich das Blatt wendete, trat er sogar den Rückzug an. Nach dem Sieg Karls V. über die Schmalkaldener gab er sich wieder als treuen Katholiken aus und gebärdete sich katholisch, um seine Stellung zu behaupten. Das Schicksal des abgesetzten Erzbischofs von Köln, Hermann von Wied, stand ihm als warnendes Beispiel vor Augen. Dieses Doppelspiel verhalf ihm dazu, sich in seinen Ämtern zu behaupten. Im Herzen blieb er dem Protestantismus zugetan. Seine Gesinnungslumperei verscherzte ihm jeden Respekt. Die Folge seines Eigennutzes, seiner Unaufrichtigkeit und seines Schwankens war, daß er von beiden Seiten als unzuverlässig angesehen wurde. Die Katholiken trauten ihm nicht, weil sie in ihm einen geheimen Anhänger des Luthertums sahen, und die Protestanten verachteten ihn, weil sie ihm den Mangel an Mut verübelten, für die als richtig erkannte Religion offen einzutreten. Franz selbst mußte erkennen, daß die Erwartungen, die er auf die Anhänger der Glaubensneuerung gesetzt hatte, trogen. Seine protestantischen Freunde, um deren Gunst er würdelos bat, versprachen ihm viel und hielten fast nichts; die Hilfe, die sie ihm verhießen, traf nicht oder nur in völlig unzulänglichem Maße ein. Inzwischen war der Heilige Stuhl auf den unsicheren Kantonisten in Minden aufmerksam geworden. Paul III. berief ihn am 11. Juni 1547 nach Rom, damit er sich dort verantworte. Aber Franz kam der Einladung nicht nach, und seine Weigerung blieb auch ohne Folgen. Der Papst war nicht gewillt oder nicht imstande, den Verräter seines Amtes zu entsetzen.

Das Interim vom 15. Mai 1548 wurde auch im Bistum Minden eingeführt, konnte sich aber nicht durchsetzen. Eine teilweise Restitution des Katholizismus in Minden war nicht von Dauer. Die Verhältnisse waren weit fortgeschritten; die Mehrheit des Klerus war bereits lutherisch. Am 18. Februar 1549 machte Franz in Lübbecke auf der Diözesansynode die Formula reformationis bekannt. Die Versammlung war ein klägliches Unternehmen und zeitigte fast überhaupt keine Wirkung. Die katholische Reform kam nicht voran; Franz betrieb sie auch nicht aus innerem Drang und schon gar nicht mit Begeisterung, sondern lediglich von den Umständen gezwungen. Herzog Philipp von Braunschweig, der in seine Diözese einfiel, veranlaßte ihn am 24. April 1553, auf das Bistum Minden zugunsten seines Bruders Julius von Braunschweig zu verzichten.

Franz von Waldeck ist eine der kläglichsten Gestalten unter dem deutschen Episkopat der sogenannten Reformationszeit. Er war ein Mann, „der fast seine ganze Regierungszeit hindurch aus politischen Gründen den Protestantismus offen und versteckt gefördert hatte, selbst in offenkundigem Konkubinate lebte und erst, als ihm das Wasser zum Halse stieg, wieder den Katholiken herausgekehrt hatte" (Hans Foerster). Franz von Waldeck war charakterlos und handelte gewissenlos. Joseph Lortz kennzeichnet ihn als einen Mann, „dessen innerste Seele gespalten, dessen Wesen Wankelmut und bedenkenloser Kompromiß war, der würdelos zu betteln verstand und schließlich das fand, was er verdiente: die Verachtung beider Lager". Die Auswirkungen seiner Regierung für die Lage des Katholizismus in Norddeutschland waren verhängnisvoll.

III.

Julius von Braunschweig-Wolfenbüttel (1553-1554)

Mit Julius von Braunschweig-Wolfenbüttel erhielt das unglückliche Bistum Minden zum drittenmal einen denkbar ungeeigneten Oberhirten. Dieser war früh für den geistlichen Stand bestimmt worden, zu dem er keine Neigung verspürte und für den er nicht geeignet war. Er sympathisierte frühzeitig mit der neuen Lehre, was seinem Vater, Herzog Heinrich dem Jüngeren, großen Kummer verursachte. Julius wurde als Bischof nie vom Papst bestätigt. Von einer Regierung des Bistums durch ihn kann keine Rede sein. Aber der Protestantismus machte in der Zeit, in der er sich als Herrn des Sprengels betrachtete, weitere Fortschritte. 1553 fielen seine beiden älteren Brüder in der Schlacht bei Sievershausen; er sollte nun die Regierung in seinem Stammland übernehmen. Daher verzichtete er 1554 zugunsten seines Onkels Georg auf das Bistum.

IV.

Georg von Braunschweig-Wolfenbüttel (1554-1566)

Georg von Braunschweig stand im Alter von 60 Jahren, als er zum Bischof postuliert wurde. Die Bestätigung erging am 16. Dezember 1555. Er war der Bruder des Erzbischofs Christoph von Bremen und des Bischofs Franz von Minden. Auch er wurde in die geistliche Laufbahn eingeführt, für die er weder Vorliebe noch Eignung besaß. Als Knabe war er zum Erzbischof von Riga postuliert worden, hatte aber später seine Zustimmung zu der Postulation zurückgezogen. Er war ein gebildeter Mann, der ein angenehmes Leben liebte und nicht enthaltsam lebte. Ihm fehlte es schon von daher an sittlicher Kraft. Die Bischofskonsekration empfing er nicht. Gerade wegen seiner mangelnden bischöflichen Qualitäten war er den Protestanten willkommen. Die Stadt Minden veranstaltete ihm einen großartigen Empfang, weil sie wußte, daß er die kirchlichen Zustände nicht ändern würde. 1558 wurde er noch zum Erzbischof von Bremen und Administrator von Verden postuliert. Paul IV. verweigerte die Bestätigung; erst Pius IV. gewährte sie im Jahre 1561. So war dieser zwielichtige Mann Herr dreier Bistümer.

Georg hatte zweifellos auch gute Eigenschaften. Als Regent war er tüchtig. Aber es fehlte ihm an eindeutiger Glaubensüberzeugung. Er galt als katholisch; falls er es wirklich war, dann war seine Haltung müde und resigniert. Von Eifer für die katholische Sache war bei ihm nichts zu spüren. Das Domkapitel war zu Recht mit seiner Nachlässigkeit in der Religionsfrage sehr unzufrieden. Sein Verhalten gegenüber dem Protestantismus war zweideutig. Er unternahm nichts gegen ihn, duldete vielmehr seine weitere Verbreitung im Lande. An den Dom zu Minden berief Georg 1557 den Konvertiten Theobald Thamer als Prediger. Dessen Aufforderung, eine Synode abzuhalten, beantwortete er mit dem Hinweis, die Geistlichen seien der Irrlehre unwiderruflich verfallen. Auf dem Sterbebett empfing er das Abendmahl unter beiden Gestalten.

V.

Hermann von Schaumburg (1567-1582)

Hermann von Schaumburg wurde am 13. Februar 1567 zum Bischof von Minden postuliert. Er gehörte zu dieser Zeit nicht dem geistlichen Stande an. Die päpstliche Bestätigung wurde daher zunächst nicht erteilt, obwohl sich Kaiser Maximilian am 21. Februar 1568 beim Papst dafür verwandte. Das Domkapitel handelte verantwortungslos, als es den Sohn des protestantischen Grafen Otto von Schaumburg zum Bischof erkor und ihm auch ohne päpstliche Bestätigung die Schlösser Petershagen und Rahden auslieferte. Es übertrug ihm sogar die Regierung des Bistums, nachdem er die Zusicherung gegeben hatte, sie im Namen des Domkapitels zu führen. Hermann war im Herzen Protestant. Aber um das Bistum zu erlangen, legte er das katholische Glaubensbekenntnis ab und versprach, die Dekrete des Konzils von Trient durchzuführen. Auf diese Weise täuschte er auch den Papst. In dem Schreiben vom 22. Februar 1573 an Gregor XIII. bat Hermann dringend um die baldige endliche Bestätigung. Er versprach darin Treue zum katholischen Glauben und Ergebenheit gegenüber dem Apostolischen Stuhl. Der Papst gab ihm tatsächlich auf die Empfehlung Salentins von Isenburg am 29. Mai 1573 die Bestätigung, die ihm Pius V. verweigert hatte.

Hermann von Schaumburg war ein lasterhafter Mensch; sein Lebenswandel war ärgerniserregend. Sein Finanzbedarf war unersättlich. Für seine kostspieligen Prozesse und Reisen preßte er aus den Geistlichen und den Klöstern Geld heraus. Den zahlungsunwilligen Abt von Loccum verprügelte er eigenhändig. Die Regierung seines Bistums führte er in protestantischem Sinne. Der katholische Glaube erlosch in immer mehr Menschen. Der Apostolische Stuhl wurde auf Hermann von Schaumburg aufmerksam. Am 4. Dezember 1574 forderte Gregor XIII. den Bischof von Lüttich auf, den Bischof von Minden, um dessen Bestätigung er sich bemüht hatte, zur Pflichterfüllung anzuhalten. Es änderte sich indes nichts. Hermann blieb der bequeme Genießer, dem es um Einkünfte, nicht um den Glauben zu tun war. Auch die Nuntien vermochten ihn nicht aus seiner Lethargie zu reißen. Alexander Trivius berichtete am 27. März 1575, Hermann habe sich auf seine Machtlosigkeit als Entschuldigung seiner Untätigkeit berufen. Das Domkapitel war noch immer katholisch und hielt den Gottesdienst im Dom ab. Indes verbot der Stadtrat den Bürgern die Teilnahme. Am 29. Januar 1582 legte der Bischof sein Amt nieder und heiratete.

VI.

Heinrich Julius von Braunschweig-Wolfenbüttel (1582-1585)

Mit Heinrich Julius kam erneut ein Glied des Hauses Braunschweig-Wolfenbüttel in den Besitz des Bistums Minden, aber wiederum ein unwürdiger und untauglicher Mann. Ihm war es lediglich um politische Macht zu tun, die er durch den Erwerb von Stiften zu mehren gedachte. Das Bistum Minden wurde durch seine ungeeigneten Bischöfe buchstäblich zugrunde gerichtet.

Heinrich Julius war der Sohn des Herzogs Julius von Braunschweig-Wolfenbüttel; er war 1564 geboren. 1566 postulierte ihn das Domkapitel von Halberstadt (im Alter von zwei Jahren) zum Administrator unter der Bedingung, daß die Regierung des Stifts 12 Jahre lang in der Hand des Kapitels liegen solle. Nach Ablauf der zwölf Jahre ließ ihm der Vater, der ebenso wie sein Sohn Protestant war, durch den Abt Johann von Iburg die Tonsur erteilen, um dem Knaben die Einkünfte des Stiftes zu sichern. 1581 schloß Heinrich Julius einen Vertrag mit dem Mindener Domkapitel, wonach ihn dieses bei Eintritt der Vakanz wählen werde. Tatsächlich geschah es so: Er wurde am 3. März 1582 für Minden postuliert. Unbegreiflicherweise erhielt er am 7. Juli 1582 die päpstliche Zulassung. Die Regierung Gregors XIII. war von einer schlimmen Nachsichtigkeit und Schwäche in den deutschen Angelegenheiten.

Das Domkapitel hoffte, in Heinrich Julius einen Verteidiger der katholischen Sache gefunden zu haben, sah sich aber rasch bitter getäuscht. Dieser merkwürdige Bischof war zwar begabt und gut ausgebildet, vor allem im römischen Recht. Aber religiös war er uninteressiert. Er hing offen dem Protestantismus an. Am 12. März 1583 erklärte er sogar das Augsburgische Bekenntnis als das allein berechtigte in Minden. Unter ihm wurde der Katholizismus fast zur Gänze ausgerottet. Lediglich das Domkapitel und mit ihm der Dom blieben katholisch. Heinrich Julius wollte sich mit Dorothea, der Tochter des Kurfürsten August von Sachsen, verheiraten. Darum verzichtete er am 25. September 1585 auf sein Amt und übernahm die Regierung des Herzogtums Braunschweig-Wolfenbüttel.

VII.

Anton von Schaumburg (1587-1599)

Nach dem Verzicht des Heinrich Julius wußte das Mindener Domkapitel lange Zeit nicht, wie es weitergehen und wen es zum Bischof wählen solle. Zwei Jahre verstrichen mit ergebnislosen Verhandlungen. In dieser Spanne verlor das Kapitel das Wahlrecht; die Bestellung des Bischofs devolvierte auf den Kölner Metropoliten. Erzbischof Ernst zögerte nicht, zu handeln; er ernannte den Kölner Domdekan Anton von Schaumburg zum Bischof von Minden. Das Mindener Kapitel suchte sich gegen ihn zu wehren, aber der Papst bestätigte am 11. September 1587 die erfolgte Ernennung.

Mit Anton von Schaumburg war nach langer Zeit wieder ein Katholik Bischof von Minden geworden; es ist merkwürdig genug, daß das eigens gesagt werden muß. Er legte das tridentinische Glaubensbekenntnis ab und erhielt die päpstliche Bestätigung ohne Anstände. Die Bischofsweihe scheint er nie empfangen zu haben. Überhaupt war er alles andere als ein Bischof nach dem Muster des Trienter Konzils. Wenn einem Bericht zu trauen ist, praktizierte dieser merkwürdige Bischof seinen Glauben überhaupt nicht. Er soll in seiner Residenz Petershagen niemals die Messe besucht und die Sakramente empfangen haben und ohne Empfang der Sterbesakramente gestorben sein. In katholischen Kreisen galt Anton als Apostat, was aber nicht zutrifft. Daß er dem katholischen Glauben anhing, ist unbestreitbar. Aber er war kein Mann des Eifers und der Energie. Kraftvolle Bemühungen für die Erhaltung und den Schutz der katholischen Religion waren von ihm nicht zu erwarten. Während seiner Regierung geschah nichts, um den Katholizismus im Stift zu bewahren oder gar wiederherzustellen. Anton ließ vielmehr dem Protestantismus in Minden freie Bahn. Er hinderte sogar den eifrigen Propst von Levern, Gottschalk von Ledebur, daran, das Stift wieder dem katholischen Glauben zuzuführen. Dem Bischof fehlten freilich auch die geeigneten Mitarbeiter. Seine Umgebung, die Räte und der Kanzler, war protestantisch. Er war auf sie angewiesen und glaubte sie nicht ersetzen zu können. Zu allem Unglück hatte Anton Unfrieden mit der wichtigsten geistlichen Korporation im Bistum. Das Domkapitel bereitete ihm unausgesetzt Schwierigkeiten, ja ging gegen ihn auf „Kollisionskurs" (Burkhard Roberg). Ein Teil des Kapitels war damals wohl schon protestantisch. Nur so erklärt sich, daß es am 6. September 1597 den protestantischen Herzog Christian von Braunschweig-Lüneburg zum Koadjutor wählte. Schließlich hinderten die weltlichen Gewalten den Bischof daran, kraftvoll an der Wiederaufrichtung des Katholizismus zu arbeiten. Der übermächtige Einfluß des Hauses Braunschweig vereitelte jeden Fortschritt zugunsten der Katholiken. Die Schwäche der landesherrlichen Stellung des Bischofs ließ ein wirksames Eingreifen zugunsten der katholischen Erneuerung oder gar der Rekatholisierung kaum zu. Die Bemühungen der päpstlichen Nuntien, den Katholizismus in Minden zu erhalten und zu stärken, blieben erfolglos.

VIII.

Christian von Braunschweig-Lüneburg (1599-1629)

Christian von Braunschweig-Lüneburg war erneut ein völlig ungeeigneter Oberhirt für das Bistum Minden. Er wurde wohl in erster Linie deswegen gewählt, weil er dem

Hause Braunschweig-Lüneburg angehörte. Das Domkapitel erhoffte von der Anlehnung an dieses mächtige Geschlecht Schutz. Bereits 1597 postulierte es den Christian zum Koadjutor Antons. Die Wahlkapitulation, die Christian am 6. September 1597 in Minden beschwor, verpflichtete ihn, die päpstliche Bestätigung seiner Wahl einzuholen und den katholischen Glauben als den allein berechtigten zu schützen sowie sein Amt aufgeben zu wollen, wenn er seinen kirchlichen Stand verändern oder eine Ehe schließen wolle. Es hätte dem katholischen Teil des Domkapitels klar sein müssen, daß die Einhaltung dieser Versprechen von dem Angehörigen eines protestantischen Fürstenhauses schwerlich zu erwarten war. Als Christian im Februar 1599 dem Bischof Anton nachfolgte, verpflichtete er sich am 6. März 1599 erneut, die päpstliche Bestätigung zu erbitten. Obwohl diese nicht erging, kam der Mann in den Besitz des Bistums. Das Kapitel übertrug ihm die Verwaltung; er führte die Regierung des Stiftes als Administrator.

Christian von Braunschweig war nach Erziehung und Gesinnung Protestant. Aber auf katholischer Seite erhoffte man eine Zeitlang die Konversion des ,,Bischofs". Der Kölner Erzbischof Ernst von Bayern unternahm es, Christian für den katholischen Glauben zu gewinnen. Er traf mit ihm persönlich zusammen. Das Ergebnis der Unterredung war der Brief, den Christian am 14. Juli 1599 an Clemens VIII. richtete. Darin machte er Hoffnungen auf seine Bekehrung zum katholischen Glauben und versprach, diesen schützen bzw. wiederherstellen zu wollen. Der bischöflichen Verwaltung des Bistums wolle er sich enthalten, bis er die Bestätigung des Papstes erlangt haben werde, um deren schleunige Erteilung er bat. Die zeitliche Verwaltung des Stifts sollte Gottschalk von Ledebur übernehmen. Die erwartete Bestätigung erging jedoch nicht. Clemens VIII. fürchtete die fatale Präzedenzwirkung eines solchen Schrittes. Außerdem traute er dem Christian wohl nicht. Dennoch gab man auf katholischer Seite die Hoffnung nicht auf. Zunächst schien sich die Sache der Bekehrung gut anzulassen. Seit August 1599 hielt Johann Pistorius Gottesdienst und Predigt in dem bischöflichen Schloß zu Petershagen und unterwies Christian im katholischen Glauben, vermutlich an Hand seines ,,Wegweisers vor alle verführte Christen". Aber seine Bemühungen trafen auf entgegengesetzte Einflüsse. Die lutherischen Verwandten bearbeiteten den schwankenden Christian. Ebenso drangen die protestantischen Fürsten in ihn, von seinem Vorhaben, katholisch zu werden, abzustehen. Diesem doppelten Einfluß erlag der junge Mann. Man wird nicht umhin können, Christian als schwach und unselbständig zu bezeichnen. Die Liebe zur Welt und die Bindung an seine protestantischen Verwandten verhinderten, daß die Hoffnungen auf Konversion sich erfüllten. Daß er überzeugter Protestant war, ist unwahrscheinlich. Dagegen sprechen sein Verhalten gegenüber der Union und deren auswärtigen Verbündeten, seine Anhänglichkeit an den Kaiser und die Tatsache, daß er bis an sein Lebensende unverheiratet blieb. Auf dem Landtag vom 28. Februar 1600 gestand Christian im Stift jedermann die freie Religionsübung zu. Damit gab er an sich dem Katholizismus immerhin eine gewisse Chance, die freilich angesichts der Machtverhältnisse nicht genutzt werden konnte. Versuche einer katholischen

Restitution mißlangen. Die Errichtung einer Niederlassung der Jesuiten in Minden, welche die katholischen Domherren versuchten, wurde mit Gewalt unterbunden. Als sein ältester Bruder Ernst 1611 starb, wurde Christian regierender Herzog von Lüneburg mit der Residenz Celle, wo er sich gewöhnlich aufhielt; in Minden ließ er sich selten sehen. Aber er behielt die Administration des Bistums bei. Der Katholizismus war dort um diese Zeit keineswegs tot. Aber die lange Regierung des protestantischen Herrn mußte ihn kontinuierlich vermindern.

IX.

Franz Wilhelm von Wartenberg (1630-1648)

Franz Wilhelm von Wartenberg war 1625 zum Bischof von Osnabrück gewählt worden. Mit großer Tatkraft hatte er dort die katholische Restauration betrieben. Wegen seines Eifers für die katholische Sache ernannte ihn der Kaiser zum Kommissar für die Ausführung des Restitutionsediktes. Dieses wurde in der Stadt Minden zur großen Freude der Katholiken durchgeführt, die daraufhin eine öffentliche Prozession veranstalteten. Franz Wilhelm beließ den Protestanten in der Bischofsstadt nur zwei Kirchen. Am 13. September 1629 übertrug der Papst das Bistum Minden an Franz Wilhelm, falls das Domkapitel zustimme. Christian war nicht bereit, sein vermeintliches Recht aufzugeben. 1630 wurde Franz Wilhelm von einer Minderheit des Domkapitels zum Koadjutor gewählt; die Mehrheit hielt an Bernhard von Mallinckrodt fest. Der Papst bestätigte diesen jedoch nicht. Franz Wilhelm ließ durch Beauftragte von dem Dom und der Residenz in Minden Besitz ergreifen. Sein Engagement in Norddeutschland vermehrte sich in der Folgezeit noch beträchtlich. 1630 wurde er Bischof von Verden, 1633 Administrator von Hildesheim, 1645 Apostolischer Vikar für Bremen.

Mit Franz Wilhelm von Wartenberg erhielt das Bistum Minden eine säkulare Persönlichkeit zum Bischof. Er war durch die Erziehung, die er im Elternhaus und in Ingolstadt und Rom genossen hatte, für die Aufgabe, die der Herr der Geschichte ihm gestellt hatte, bestens vorbereitet. Franz Wilhelm war hervorragend begabt, hatte eine rasche Auffassungsgabe, war in Theologie und Recht vorzüglich ausgebildet und beherrschte die (frei gesprochene) lateinische Sprache. Er besaß einen festen Charakter, unbeugsame Willensstärke, beharrliche Konsequenz und unerschütterliche Standhaftigkeit. Franz Wilhelm war auch in der Praxis der Geschäfte gewandt, kannte sich in der Verwaltung aus, verfügte über organisatorische Gaben und vermochte sich zur Weite des Blickes zu erheben. Er war von tiefem Glauben und inniger Frömmigkeit erfüllt. Der Eifer für Gottes Sache verzehrte ihn. Er stellte sein ganzes Leben und all seine Kraft in den Dienst der Erhaltung und der Wiederherstellung des Glaubens. Wäre er nicht mit Gewalt aus seinem Bistum vertrieben worden, hätte er es wieder zum katholischen Glauben zurückgeführt.

Franz Wilhelm schien sich zunächst durchsetzen zu können und versuchte, den Katholizismus zu restituieren. Am 22. Juli 1632 zog er in Minden ein. Er berief die Jesuiten in seine Residenzstadt und veranstaltete im Oktober 1632 eine Diözesansynode. Aber die Wirren des Dreißigjährigen Krieges verhinderten nachhaltige Erfolge. Der Einfall der Schweden machte die Errungenschaften der Ausführung des Restitutionsediktes zunichte, 1633 mußte Franz Wilhelm aus seinem Bistum weichen. Minden blieb ein Zankapfel zwischen den Parteien. Die schwedische Besatzung brachte für die Katholiken schwere Zeiten mit sich. Die Schweden gaben 1634 die Kirchen in Minden wieder den Protestanten. Der Bischof konnte sich in seinem Stift nicht sehen lassen. Aber er blieb kompromißlos. Franz Wilhelm weigerte sich, einen protestantischen Koadjutor anzunehmen und damit Bischof von Minden bleiben zu können, wie ihm der schwedische Gesandte, Salvius, 1647 vorschlug. Der Westfälische Frieden gab, allem Sträuben Franz Wilhelms zum Trotz, das Stift Minden an Brandenburg (Art. XI § 4 IPO). Franz Wilhelm führte aber auch nach 1648 den Titel eines Bischofs von Minden. Die Katholiken behielten den Dom in Minden und 11 von 18 Domherrenstellen.

4. Kapitel

Bistum Münster

Beckmann, J., Rot(h)mann: LThK VIII, 1936, 1013f.

Bömer, Aloys, Gottfried von Raesfeld, in: Bömer, Aloys, Leunenschloß, Otto, Bauermann, Johannes (Hrsg.), Westfälische Lebensbilder III, Münster i. W. 1934, 232-248

Börsting, Heinrich, Geschichte des Bistums Münster, Bielefeld 1951

Börsting, Heinrich, Schröer, Alois (Bearb.), Handbuch des Bistums Münster, 2 Bde., 2. Aufl., Münster 1946

Brand, Albert, Geschichte des Fürstbistums Münster. Ein Heimatführer im Rahmen der westfälisch-deutschen Geschichte, Münster i. W. 1925

Braubach, Max, Ernst, Herzog von Bayern: NDB 4, 1959, 614f.

Brune, Friedrich, Der Kampf um eine evangelische Kirche im Münsterland 1520-1802, Witten-Ruhr 1953

Cornelius, C. A. (Hrsg.), Berichte der Augenzeugen über das münsterische Wiedertäuferreich (= Die Geschichtsquellen des Bisthums Münster 2. Bd.), Münster 1853

Detmer, Johann, Graf von Hoya: ADB 14, 1881, 246-250

Detmer, Heinrich (Hrsg.), Hermanni a Kerssenbroch Anabaptistici Furoris Monasterium Inclitam Westphaliae Metropolim Evertentis Historica Narratio, 2 Tle. (= Die Geschichtsquellen des Bisthums Münster 5. u. 6. Bd.), Münster 1899/1900

Emmerich, Ferdinand (Hrsg.), Das Bistum Münster, Münster 1934

Ennen, Ernst, Herzog von Baiern: ADB 6, 1877, 250-257

Fischer, Franz, Die Reformationsversuche des Bischofs Franz von Waldeck im Fürstbistum Münster (= Beiträge für die Geschichte Niedersachsens und Westfalens 6. Heft), Hildesheim 1907

Franzen, August, Ferdinand, Herzog von Bayern: NDB 5, 1961, 90

Geisberg, Max, Die Stadt Münster, 4 Tle. (= Bau- und Kunstdenkmäler von Westfalen 41. Bd.), Münster 1932-1935

Hager, Werner, Münster in Westfalen, München, Berlin 1961

Hermann Hamelmanns Geschichtliche Werke. Kritische Neuausgabe. Bd. II. Reformationsgeschichte Westfalens. Hrsg. von Klemens Löffler (= Veröffentlichungen der Historischen Kommission für die Provinz Westfalen), Münster i. W. 1913

Harleß, Wilhelm (II.), Bischof von Münster: ADB 43, 1898, 127f.

Hegel, E., Münster in Westfalen: LThK VII, 2. Aufl., 1962, 683-687

Heger, Adolf, Die Landespolitik Herzog Ernsts von Bayern als Administrator von Münster. Phil. Diss. Göttingen, Göttingen 1931

Hüsing, Augustin, Der Kampf um die katholische Religion im Bisthum Münster, nach Vertreibung der Wiedertäufer 1535-1585. Actenstücke und Erläuterungen, Münster 1883

Immenkötter, Herbert (Hrsg.), Die Protokolle des Geistlichen Rates in Münster (1601-1612) (= Reformationsgeschichtliche Studien und Texte Heft 104), Münster/Westf. 1972

Janssen, Johannes (Hrsg.), Die münsterischen Chroniken von Röchell, Stevermann und Corfey (= Die Geschichtsquellen des Bisthums Münster 3. Bd.), Münster 1856

Keller, Ludwig, Die Gegenreformation in Westfalen und am Niederrhein. Actenstücke und Erläuterungen. Erster Theil. (1555-1585.) (= Publicationen aus den K. Preußischen Staatsarchiven. 9. Bd.), Leipzig 1881; Zweiter Theil (1585-1609.) (= Publicationen aus den K. Preußischen Staatsarchiven 33. Bd.), Leipzig 1887; Dritter Theil (1609-1623.) (= Publicationen aus den K. Preußischen Staatsarchiven 62. Bd.), Leipzig 1895

Klümper, Theresia, Landesherr und Städte im Fürstbistum Münster unter Ernst und Ferdinand von Bayern (1585-1650). Phil. Diss. Münster, Emsdetten 1940

Kohl, Wilhelm, Die Durchsetzung der tridentinischen Reformen im Domkapitel zu Münster, in: Reformatio Ecclesiae, Paderborn, München, Wien, Zürich 1980, 729-747

Krumbholtz, R. (Bearb.), Westfälisches Urkunden-Buch 8. Bd.: Die Urkunden des Bistums Münster von 1301-1325, Münster 1913

Löffler, Klemens (Hrsg.), Reformationsgeschichte Westfalens (= Hermann Hamelmanns Geschichtliche Werke. Kritische Neuausgabe. Bd. II), Münster i. Westf. 1913

Löffler, Klemens, Reformationsgeschichte der Stadt Münster, Gütersloh 1918

Rothert, Hermann, Westfälische Geschichte, 3 Bde., Gütersloh 1949-1951

Sauer, Franz von Waldeck: ADB 7, 1878, 290-292

Schafmeister, Karl, Herzog Ferdinand von Bayern Erzbischof von Köln als Fürstbischof von Münster (1612-1650). Phil. Diss. Münster, Haselünne i. H. 1912

Schmidt, Heinrich, Die Reformation in Ostfriesland. Grundzüge ihrer Entwicklung bis 1540: Jahrbuch der Gesellschaft für niedersächsische Kirchengeschichte 69, 1971, 7-31

Schulte, Aloys, Aus dem alten Münster. Erinnerungen, Skizzen und Studien, Münster i. W. 1936

Schultze, Victor, Waldeckische Reformationsgeschichte, Leipzig 1903

Schwarz, Wilhelm Eberhard, Die Anfänge des münsterischen Fürstbischofs Johann v. Hoya (1566-1568): Zeitschrift für vaterländische Geschichte und Altertumskunde 69. Bd., 1. Abt., 1911, 14-71

Schwarz, Wilhelm Eberhard (Hrsg.), Die Akten der Visitation des Bistums Münster aus der Zeit Johanns von Hoya (1571-1573) (= Die Geschichtsquellen des Bistums Münster 7. Bd.), Münster 1913

Seegrün, Wolfgang, Johann IV. Gf. v. Hoya: NDB 10, 1974, 509

Seiler, Harald, Münster, die alte Stadt, Münster 1948

Spehr, F., Erich II., Herzog von Braunschweig-Grubenhagen: ADB 6, 1877, 202f.

Spieckermann, Heinrich, Beiträge zur Geschichte des Domkapitels zu Münster im Mittelalter. Phil. Diss. Münster, Emsdetten/Westf. 1935

Stapper, R., Münster in Westfalen: LThK VII, 1935, 371-377

Stupperich, Robert, Glaube und Politik in der westfälischen Reformationsgeschichte: Jahrbuch des Vereins für Westfälische Kirchengeschichte 45/46, 1952/53, 97-121

Thiekötter, Hans, Die ständische Zusammensetzung des Münsterschen Domkapitels im Mittelalter (= Münstersche Beiträge zur Geschichtsforschung III. Folge V. Heft. Der ganzen Reihe 56. Heft), Münster/Westf. 1933

I.

Erich von Sachsen-Lauenburg (1508-1522)

Erich von Sachsen-Lauenburg wurde am 20. Mai 1502 zum Bischof von Hildesheim gewählt, am 2. Dezember 1502 von Alexander VI. bestätigt. Allerdings verzichtete er schon im nächsten Jahre zugunsten seines Bruders Johann. Am 24. Februar 1508 wählte ihn das Münsteraner Domkapitel zum Bischof, am 16. August 1508 gab ihm der Papst die Bestätigung. 1509 empfing er die Priesterweihe und hielt Primiz. Erich war an sich eine friedliche und umsichtige Natur. Die Fehden mit dem Grafen Nikolaus von Tecklenburg belasteten jedoch seine Regierungszeit. Die Ablenkung des Bischofs durch kriegerische Verwicklungen war dem Bistum nicht günstig. Protestantische Regungen begannen sich zu zeigen. Einige Geistliche und Lehrer in Münster suchten Kontakt zu dem Wittenberger, so Peter Gymnich und Johann Caesarius, und streuten häretische Gedanken aus.

II.

Friedrich III. von Wied (1522-1532)

Friedrich von Wied wurde am 6. November 1522 durch Kompromißwahl zum Bischof von Münster gewählt, am 30. Januar 1523 vom Papst bestätigt. Er empfing niemals die Bischofskonsekration. Mit Friedrich von Wied bestieg zum ersten Mal im 16. Jahrhundert ein Kandidat des Herzogshauses Kleve den Münsteraner Bischofsstuhl; ihm folgten Franz von Waldeck, Wilhelm von Ketteler und Bernhard von Raesfeld, die allesamt von dem mächtigen Geschlecht protegiert wurden.

Friedrich von Wied stammte aus einer Sippe, deren bekanntester Vertreter die Kirche am Niederrhein in große Gefahr brachte. In Köln regierte sein Bruder, Hermann von Wied. Beide Männer waren für ihr Amt ungeeignet. Es war ein Unglück für die Kirche, daß ausgerechnet sie in entscheidungsvollen Jahren zwei sehr bedeutende deutsche Bistümer regierten. Friedrich von Wied war unfähig und schwach; er war der ihm als Bischof und Landesherr gestellten Aufgabe nicht gewachsen, schon gar nicht in den Stürmen der Glaubensneuerung. Von Eifer und Energie in der Erfüllung seines Amtes war nichts zu spüren. Er lebte seinen Liebhabereien und betrieb mit Rührigkeit lediglich seine eigenen Interessen. Nach Johann Caspar Möller war Friedrich von Wied „ein Schwächling, dumm, träge von Natur", in der Kenntnis des Glaubens „kaum über die Anfangsgründe hinaus" gediehen.

Unter Friedrich von Wied drang der Protestantismus in Stadt und Bistum Münster erobernd vor. In Münster wird besonders deutlich, daß die lutherische Lehre einen sehr erheblichen Teil ihrer Stoßkraft aus sozialrevolutionären Vorstellungen herleitete. Auch in Münster hatte, wie in vielen anderen Städten, der Pöbel seinen gewichtigen Anteil an der sogenannten Reformation. Der Bernhard Rothmann hielt hier seine aufrührerischen Predigten. Der Bischof zeigte sich schwach und unentschieden. Lange Zeit war er duldsam gegenüber dem Treiben Rothmanns und unternahm nichts gegen den Agitator. Erst auf Drängen anderer ließ er sich zu schwächlichen Verboten herbei, um die sich der Hetzer nicht kümmerte. Der Protestantismus drang daher laufend weiter vor. Nach Heinrich Börsting trug an dem Fortschreiten der Glaubensneuerung die Schuld „die schwache und schwankende Persönlichkeit des Bischofs". Mit ein paar Briefen gedachte er den Aufrührern beizukommen. Das Domkapitel vermochte den Bischof nicht zum Durchgreifen zu veranlassen. Die Folgen solcher Nachlässigkeit zeigten sich rasch. Im Jahre 1532 waren die Pfarrkirchen von Münster in der Hand der Protestanten. Rothmann wurde zwar ausgewiesen, aber vor den Toren der Bischofsstadt hetzte er weiter gegen die katholische Kirche, ohne daß der Bischof gegen ihn einschritt. Friedrich von Wied zog sich vor den Unannehmlichkeiten und Kämpfen der Zeit ins Privatleben zurück. Er wollte aber von seinem Bistum loskommen, ohne dessen Einkünfte zu verlieren. Tatsächlich trat er es gegen eine hohe Rente ab. Am 24. März 1532 resignierte er zugunsten des Erich von Braunschweig-Grubenhagen, der bereits die Bistümer Osnabrück und Paderborn innehatte.

III.

Erich II. von Braunschweig-Grubenhagen (1532)

Erich von Braunschweig-Grubenhagen wurde am 6. März 1508 zum Bischof von Osnabrück gewählt, am 6. September 1508 von Julius II. bestätigt. Am 17. November 1508 wurde er zum Bischof von Paderborn postuliert und erhielt am 20. April 1509 ebenfalls von Julius II. die Zulassung. Am 27. März 1532 wurde er schließlich zum Bischof von Münster postuliert. Er versprach eine tatkräftige Regierung. Erich scheint auch zu festerem Vorgehen gegen den Rothmann entschlossen gewesen zu sein, aber der jähe Tod hinderte ihn daran. Er starb vor der Bestätigung am 14. Mai 1532. Nach seinem Tode brach auf dem seit Jahren unterwühlten Boden der Aufruhr aus.

IV.

Franz von Waldeck (1532-1553)

Franz von Waldeck war seit 1530 Bischof von Minden, seit 1532 auch von Münster und von Osnabrück. Am 16. August 1532 erhielt er die päpstliche Bestätigung. Er besaß damals keine sakramentale Weihestufe. Am 28. Dezember 1540 ließ er sich zum Diakon, am 29. Dezember zum Priester und am 1. Januar 1541 zum Bischof weihen.

Franz von Waldeck war wegen seines Charakters und seiner Gesinnung für Münster ein ebenso großer Schaden wie für die beiden anderen Bistümer, denen er vorstand. Sein Lebenswandel war anstößig und ärgerniserregend. Franz war ein notorischer Konkubinarier, der seiner Konkubine ein prächtig ausgestattetes Haus in Iburg zur Verfügung stellte. Seine unerlaubten Beziehungen müssen sich über viele Jahre erstreckt haben, wie sich aus der Tatsache ergibt, daß ihm die Anna Pölmann acht Kinder gebar. Im Unterschied zu anderen Bischöfen, die im Punkt der geschlechtlichen Sittlichkeit ebenfalls schwach waren, sich aber bekehrten und dann tadelfrei lebten, ist von Franz nicht bekannt, daß er jemals Reue gezeigt und sich von seiner Sünde abgewendet hätte. Er war ein unehrlicher, verschlagener Mensch. Lüge, Täuschung und Verstellung waren die wirksamen Mittel seiner Politik. Alois Schröer spricht von „seiner ganzen menschlichen Armseligkeit“ und „seiner bekenntnismäßigen Haltlosigkeit“.

Es war ein Verhängnis, daß die religiöse Haltung des Franz vor seiner Bestätigung nicht genügend bekannt war. Denn er war bereits lutherisch gesinnt, als er noch nicht Bischof war, rückte aber mit seiner Einstellung nicht heraus, um nicht die ihm übertragenen Pfründen zu verlieren und seine Karriere zu gefährden. Als er Bischof geworden war, suchte er seine Absicht durchzuführen, seine Bistümer zu protestantisieren und in weltliche Fürstentümer umzuwandeln. Der in den Wahlkapitulationen eingegangenen Verpflichtung, die katholische Kirche zu erhalten und gegen die Religionsneuerung zu schützen, kam er nicht nach. Sein Hofkaplan war Lutheraner. Von Anfang an begünstigte Franz den Protestantismus in seinen Stiften. Im Bunde mit Philipp von Hessen, der ihn beriet, verschaffte er mehrfach den Protestanten einflußreiche Positionen. Seine Wahl bedeutete eine Schwenkung in der Politik des münsterischen Hochstiftes von Köln nach Kassel. Am 29. Oktober 1532 schloß Franz ein Schutz- und Trutzbündnis mit Philipp von Hessen ab. Gestützt auf diese Verbindung, zeigte er seine wahre Gesinnung. In dem Vertrag vom 14. Februar 1533 räumte er den Münsteraner Protestanten sämtliche Pfarrkirchen der Stadt ein. Nur der Bischof, das Domkapitel und die geistlichen Kollegien behielten die katholische Religionsübung. Bernhard Rothmann tauchte von neuem auf und verfaßte die protestantische Kirchenordnung. Er vertrat indes allmählich auch unlutherische Gedanken und wandte sich dem Täufertum zu. Die Wiedertäufer richteten unter ihrem König Johann von Leyden ihr Reich in Münster auf. Die Greuel desselben brauchen an dieser Stelle nicht dargestellt zu werden. Um das Wiedertäuferreich in Münster zu zerschlagen, schaute Franz nach militärischer Hilfe aus. Er nahm sie, wo er sie fand, von protestantischen und katholischen Fürsten. Diese aber trachteten danach, daß jeweils ihr Bekenntnis nach der Eroberung der Stadt herrschend werden sollte. Vor allem der Landgraf von Hessen drängte darauf, dem Luthertum freie Bahn zu lassen. Dabei war er sich des Bischofs sicher; dieser sagte ihm zu, das „Evangelium" in Stadt und Stift einzuführen. Aber da der Kurfürst von Köln und der Herzog von Kleve, von denen der Münsteraner Bischof finanziell abhängig war, auf der Wiederherstellung der katholischen Religion bestanden, mußte sich Franz fügen. In der Folgezeit wirkten vortreffliche Männer in Münster. Das Domkapitel wachte streng über die Erhaltung des katholischen Glaubens.

Der Bischof Franz aber hing weiter protestantischen Vorstellungen an. Darauf setzten die Protestanten ihre Hoffnungen. Martin Butzer schlug in seiner Schrift „Von den Kirchengütern" aus dem Jahre 1540 den deutschen Bischöfen vor, den Protestantismus in ihren Stiften einzuführen, sich zu Landesherren der kirchlichen Gebiete zu machen und zu heiraten. Diese Gedanken nahm Franz von Waldeck begierig auf. Jahrelang bemühte er sich, protestantischen Fürsten und Theologen die Zustimmung zu seiner sofortigen Verheiratung abzuringen, womit sie jedoch aus selbstsüchtigen Motiven nicht einverstanden waren. 1541 trat er offen mit seinem Plan hervor, das Luthertum im Stift Münster einzuführen. Den protestantischen Fürsten half er mit Truppen, um Herzog Heinrich von Braunschweig-Wolfenbüttel, die Hauptstütze der katholischen Kirche in Norddeutschland, aus seinem Land zu vertreiben. Im Jahre 1543 bekannte sich Franz als Protestanten. Auf dem Landtag tat er seine Entschlossenheit kund, das Stift nach den Prinzipien des Luthertums zu „reformieren". Die Stände widersetzten sich jedoch zum größeren Teil; vor allem erhob das Domkapitel entschiedenen Widerspruch. Dennoch führte Franz an manchen Orten des Stifts die Neuerungen ein und schützte die Abfallenden. Auf dem Landtage des Jahres 1544 protestierte das Domkapitel energisch dagegen. Aber Franz ließ sich nicht beirren. Er protestantisierte nach Kräften auch Minden und Osnabrück. Dann suchte er um Aufnahme in das Bündnis der protestantischen Fürsten, den Schmalkaldischen Bund, nach, also in eine Vereinigung, die der Wahrung der protestantischen Belange diente. Dadurch wollte er Rückendeckung gewinnen für seinen Plan, das Stift zu säkularisieren, d.h. es in ein weltliches, erbliches Herzogtum umzuwandeln. Zum Glück erhoben sich Gegenkräfte gegen den Verräter. Unter ihnen ist an erster Stelle das Domkapitel zu erwähnen. Ihm ist es hauptsächlich zu verdanken, daß Münster nicht lutherisch wurde. Auch die Mehrheit des Rates von Münster war und blieb katholisch, hatte aber nicht mehr die Macht, dem Druck von unten zu wehren. Die Münsteraner Vorgänge wurden andernorts beobachtet. Das Osnabrücker Domkapitel schrieb im Jahre 1545 an Papst Paul III., daß der Bischof Franz „die katholische Religion erschüttert" habe und selbst „irrgläubig" geworden sei. Auch der Apostolische Stuhl durchschaute jetzt den Bischof. Papst Paul III. lud ihn am 11. Juni 1547 ein, nach Rom zu kommen, um sich dort zu verantworten. Der Bischof weigerte sich, das zu tun, bat aber, als die Sache ernst wurde, um Nachsicht und beteuerte seine kirchliche Gesinnung. Das Münsteraner Domkapitel deckte ihn, freilich nicht aus Wohlwollen, sondern aus Eigennutz; es befürchtete, daß nach dessen eventueller Absetzung der Kaiser das Bistum an sich ziehen werde. Die Angelegenheit kam nicht zum Austrag, Franz blieb im Besitz seiner Bistümer.

Die Erfolge des Kaisers im Jahre 1547 zwangen Franz, von seinen verräterischen Plänen abzulassen. Als der Schmalkaldische Bund ihm bei seinen Säkularisationsbestrebungen nicht helfen konnte, trat er von ihnen zurück, und die Niederlage von Mühlberg (1547) machte seine Absichten vollends zunichte. Nun gelobte er (12. Mai 1548), dem katholischen Glauben treu bleiben und ihn schützen zu wollen. Am 15. Oktober 1548 erschien Franz auf der Herbstsynode zu Münster und schärfte hier die kanonischen Satzungen ein. Der Klerus war über die neue Haltung des Bischofs verwundert. Sein Widerruf war indes nicht ehrlich gemeint; seine Gesinnung änderte er nicht, wie sich aus manchen Handlungen erkennen läßt. So stand er beispielsweise den Grafen von Waldeck, seinen Verwandten, gegen den Kaiser bei, als dieser nach dem Schmalkaldischen Krieg mit ihnen Abrechnung halten wollte. Wenn er auch seit dieser Zeit seine Bistümer nicht mehr zu protestantisieren suchte, so tat er auch nichts Ernsthaftes, um den katholischen Glauben zu schützen und zu verteidigen und die Sitten zu heben und zu verbessern. Im Oktober 1548 beteiligte sich Franz zwar, wie erwähnt, an der Münsteraner Herbstsynode, und diese bekannte sich zu der Reform und leitete eine solche tatsächlich ein. Aber die Synode verpuffte beinahe wirkungslos; ihre Weisungen standen mehr auf dem Papier, als daß sie in das Leben übergeführt wurden. Das Beispiel, das der Bischof mit seinem eigenen Wandel gab, war nicht dazu angetan, seinen Reformforderungen Nachdruck zu verschaffen. Die im März 1551 abgehaltene Diözesansynode faßte erneut heilsame Beschlüsse bezüglich der Geistlichen. Am 3. März 1551 erließ Franz ein umfangreiches Reformmandat, das die kanonischen Bestimmungen für den Klerus einschärfte. Aber er dachte selbst nicht daran, ihnen Achtung zu verschaffen, seitdem er den Kaiser nicht mehr zu fürchten hatte. Er stand innerlich nicht hinter den Beschlüssen zur Reform, war vielmehr durch seine Lebensführung ein offenkundiger Widerspruch zu derselben. Der Versuch, alles mit einem Male zu bessern, war auch in sich zum Scheitern verurteilt; ein schrittweise erfolgendes Vorgehen hätte mehr gefruchtet. Nach Trient schickte Franz den Weihbischof Johannes Kridt als Vertreter. Er blieb innerlich Protestant bis an sein Ende und starb ohne Empfang der Sakramente als „verus lutheranus et sacramentarius". Alois Schröer nennt ihn schlicht einen „Häretiker".

V.

Wilhelm II. von Ketteler (1553-1557)

Das Bistum Münster hätte es verdient gehabt, nach Franz von Waldeck wieder einen echt katholischen Bischof zu erhalten. Unglücklicherweise war das nicht der Fall. Denn sein Nachfolger, Wilhelm von Ketteler, war eine schwankende Erscheinung. Er wurde am 21. Juli 1553 gewählt, am 10. Dezember 1553 von Julius III. bestätigt; er war bei seiner Wahl Subdiakon. Sein Bruder war der livländische Landmeister des Deutschen Ordens, Gotthard von Ketteler, der im Jahre 1561 Livland an Polen übergab und als protestantischer Herzog von Kurland und Semgallen dieses Herzogtum vom polnischen König zu Lehen nahm. Ähnlich verhängnisvoll war die Regierung Wilhelms von Ketteler in Münster. Er ließ der Protestantisierung freien Lauf, ohne etwas dagegen zu unternehmen. Zu seiner Zeit herrschten im Hochstift Münster ungefähr die Zustände, wie sie vom Augsburger Interim für protestantische Gebiete vorgesehen waren: Priesterehe, Abendmahl unter beiden Gestalten, Gottesdienst in deutscher Sprache, seltener Sakramentenempfang, Rückgang des Klosterlebens. Ketteler hing nach wie vor der Meinung an, durch ein Nationalkonzil könnten die „Reformen" bewirkt werden, die geeignet seien, die Einheit der Kirche zu erhalten. Aber die ihm vorschwebende Einheit war jedenfalls nicht die katholische. Die protestantisierende Gesinnung Kettelers erhellt deutlich aus seinem Schreiben vom 29. März 1557, in dem er die Leistung des Trienter Eides und den Empfang der Bischofskonsekration ablehnte. Dieses Dokument läßt eine bedenkliche Affinität zu lutherischen Vorstellungen erkennen. Man kann Wilhelm kaum noch der altkirchlichen Reformpartei zurechnen; er war innerlich kein Katholik mehr, sondern lutherisch gesinnt. Von einem Bischof, der den Zölibat als wider Gottes Willen bezeichnete, war für die katholische Sache nichts zu erwarten. Denn damit wandte er sich einschlußweise gegen die Kirche als Institution. Der Heilige Stuhl sah seiner verhängnisvollen Regierung lange zu; aber eines Tages war seine Geduld doch erschöpft. In dem Breve vom 18. Juni 1557 gestand Paul IV. dem Ketteler eine letzte Dreimonatsfrist zum Empfang der Weihe und zur Leistung des Treueids zu; bei ungenütztem Verstreichen der Zeitspanne sei der Bischofsstuhl erledigt. Dieses Ultimatum tat seine Wirkung. Ketteler fehlte der Mut, zu kämpfen, und die Kraft, für seine Überzeugung Beschwerden auf sich zu nehmen. Daher resignierte er am 3. Dezember 1557. Gegen Bewilligung einer Jahresrente von 1000 Gulden zog er sich nach Coesfeld zurück. Ketteler gab wohl auch deswegen sein Amt auf, weil er das Fiasko seiner Bestrebungen, einen „Reformkurs" zwischen dem Trienter Konzil und dem Luthertum zu steuern, erleben mußte. Seinen protestantischen Neigungen blieb er nach seiner Resignation treu. So beteiligte er sich an den Arbeiten zur Erstellung einer Kirchenordnung, die im Herzogtum Kleve eingeführt werden sollte, d.h. er bot seine Hand zu der darin vorgesehenen Annäherung an den Protestantismus. Er starb erst 1582. An Wilhelm von Ketteler ist eine Beobachtung zu machen, die seit dem 16. Jahrhundert ihre Gültigkeit nicht eingebüßt hat. So erbittert die Protestanten die katholische Kirche bekämpften, so wenig hatten sie gegen einen Bischof einzuwenden, der seine Kritik allein gegen die eigene Religion richtete. Ebenso waren die lauen, protestantisierenden Katholiken mit ihm einverstanden. Ein Mann von seiner Art, der beinahe jeden gewähren ließ, war bei ihnen sehr beliebt.

VI.

Bernhard von Raesfeld (1557-1566)

Bernhard von Raesfeld wurde am 4. Dezember 1557 zum Bischof von Münster gewählt und am 23. Dezember 1558 von Paul IV. bestätigt. Er war zwar nicht der Mann, nach dem die eifrigen Katholiken des Bistums Münster sehnsüchtig Ausschau hielten, aber er war besser als seine Vorgänger. Bernhard war durchaus glaubenstreu und kirchlich gesinnt. Von Religonsgesprächen hielt er nichts. Erfolg erwartete er von einer gemeinsamen Reform der katholischen Stände in ihren Gebieten. Auf das Trienter Konzil setzte er große Hoffnungen. Daran teilzunehmen, konnte er sich nicht entschließen. Auf der dritten Tagungsperiode war er weder selbst noch durch Prokuratoren vertreten; er glaubte, sein Bistum wegen der bedrohlichen Zeitverhältnisse nicht verlassen zu können. Bernhard von Raesfeld war weder körperlich noch geistig seinem Amt gewachsen. Sein katholisches Bekenntnis und sein guter Wille waren nicht mit Tatkraft verbunden; er war eine schwache Gestalt und im Kampf für die katholische Religion lau, in jeder Hinsicht hilflos. Raesfeld entbehrte ,,jener entschiedenen Gesinnung und Tatkraft, die vor keiner Schwierigkeit zurückschreckt, wenn es sich um die Verfolgung hoher Ziele handelt“ (Wilhelm Eberhard Schwarz). Die Macht des Landesherren langte unter ihm wegen verschiedener innerer und äußerer Niederlagen beinahe auf dem Nullpunkte an. Seine Finanzen waren heillos zerrüttet.

Der Protestantismus war unter der Regierung Bernhards weiter im Angriff. Die Herrschaft Gemen wurde der Irrlehre zugeführt. Während die Protestanten überall weltliche Machtmittel zur Erreichung ihrer Ziele einsetzten, lehnte er dies ab. Eine gegenreformatorische Tätigkeit entfaltete er nicht; er fürchtete den Protestantismus. In Bocholt sorgte Gottfried von Raesfeld dafür, daß die Prädikanten vom Bischof ausgewiesen wurden.

Bernhard war betroffen und zermürbt von der Erfahrung, daß seine bischöfliche Autorität angesichts der starken Stellung von Domkapitel und Ritterschaft zu schwach war. Am 13. Juni 1566 schrieb ihm (wie den übrigen deutschen Bischöfen) Pius V., der Hauptgrund für die Verbreitung der Irrlehren sei das schlechte Leben des Klerus. Hier müsse er ansetzen, die Diözese visitieren, die Geistlichen zur Zucht anhalten. Der Papst erinnerte den Bischof an seine Verantwortung und an das Gericht. Aber Bernhard besaß nicht die Kraft, den Mahnungen nachzukommen. Die religiösen Streitigkeiten, das Aufbegehren der Untertanen, die finanzielle Not, das alles machte ihm so zu schaffen, daß er sich zur Resignation entschloß; das Schreiben des Papstes gab ihm den letzten Anstoß, um sein Vorhaben auszuführen. Am 25. Oktober 1566 sprach er den Verzicht aus. Seine Resignation war eine Flucht vor den Schwierigkeiten und Kämpfen, die zu bestehen waren.

VII.

Johann III. von Hoya (1566-1574)

Johann von Hoya vereinte die Bistümer Osnabrück, Münster und Paderborn in seiner Hand. Am 5. Oktober 1553 postulierte ihn das Osnabrücker Domkapitel zum Bischof, am 30. März 1554 gab ihm Julius III. die Zulassung. Das Münsteraner Domkapitel postulierte ihn am 26. Oktober 1566; am 23. Juli 1567 erteilte ihm Pius V. die Zulassung. Pius V. gestattete Hoya, als Bischof von Münster Administrator von Osnabrück zu bleiben. Hoya leistete als einer der ersten unter den deutschen Bischöfen den vom Trienter Konzil vorgeschriebenen Glaubenseid und wurde am 4. und 5. Oktober 1567 zum Priester und Bischof geweiht. Am 22. Februar 1568 postulierte ihn das Domkapitel von Paderborn zum Bischof; am 6. November 1568 sprach Pius V. die Zulassung aus. Hoya hatte für diese ungewöhnliche Ämterkumulation hohe Protektoren gefunden. Der Trienter Bischof, Christoph Kardinal Madruzzo, rühmte ihm Klugheit, Sittenreinheit, Gelehrsamkeit, Vorbildlichkeit und Scharfsinn nach. Kardinal Granvella bezeugte seine Zuverlässigkeit im Glauben, seine Geschäftserfahrung und seine sittliche Integrität. Kardinal Commendone bestätigte ihm Eifer in der Verteidigung der katholischen Religion.

Johann von Hoya war in der Tat eine außergewöhnliche Persönlichkeit. Sein Lebensschicksal hatte ihm die Kenntnis vieler Länder, von Finnland bis Spanien, verschafft. Er vermochte sich in sieben Sprachen zu verständigen. In Italien studierte er die Rechte. Ein Jahr lang war er Präsident des Reichskammergerichts. Er war gelehrt und ein Freund von Kunst und Wissenschaft. Der Bischof von Trient, der ihn auf dem Konzil kennenlernte, stellte ihm wegen seiner geistigen Gaben und seiner Lebensführung ein glänzendes Zeugnis aus. Der Jesuit Johann von Reidt bezeichnete ihn als vir integerrimus et doctissimus.

Johann, der sich zunächst noch nachlässig oder zurückhaltend gezeigt hatte, bekannte sich nach dem Empfang der Priesterweihe und der Bischofskonsekration nachdrücklich zu der katholischen Erneuerung. Allerdings war seine Haltung in Osnabrück und Paderborn zumindest zeitweilig weniger eindeutig und entschieden als in Münster. Hier führte er die Regierung im Bistum und Hochstift mit fester Hand. Er besaß Energie, die Behebung von Mißständen in Angriff zu nehmen, und Konsequenz, um seine Reformarbeit trotz Widerständen weiterzuführen. Er wußte, worauf es ankam und an welchem Punkt eine Reform einsetzen mußte. Hoya war Jurist, der zuerst Richter, dann Präsident des Kammergerichts in Speyer gewesen war. So wendete er der weltlichen und der geistlichen Gerichtsbarkeit in Stift und Bistum besondere Aufmerksamkeit zu; er ordnete beiderlei Gerichtsbarkeit neu. Ebenso war ihm klar, wieviel für die Erhaltung der Religion auf genügende Finanzmittel und eine geordnete Finanzwirtschaft ankam. Daher errichtete er eine eigene bischöfliche Finanzbehörde, die Rechenkammer.

Mit Johann von Hoya setzte die katholische Reform in Münster ein. Durch Wort und Tat suchte er die heilige Religion zu stärken. In Hirtenbriefen wirkte er auf die Gläubigen ein, forderte vor allem zu regem Empfang der Sakramente auf. Auf erledigte Pfarreien suchte er zuverlässige Geistliche zu bringen. Die Mahnungen des Papstes und das Beispiel der Erzbischöfe von Köln und Trier sowie das Drängen Gottfrieds von Raesfeld bewogen den Bischof, alsbald an die Frage einer Generalvisitation des Bistums heranzugehen. Die große allgemeine Visitation vollzog sich in den Jahren 1571 bis 1573. Eine Kommission, der u.a. Offizial und Generalvikar angehörten, machte sich an die Arbeit. Aufgrund einer Instruktion, die 300 Fragen enthielt, war die Untersuchung zu führen. Die Visitation stellte fest, daß der protestantische Sog schwächer wurde, dagegen der Zustand des Klerus immer noch zu Sorgen Anlaß gab. Die Zahl der Geistlichen, die für die Seelsorge zur Verfügung standen, reichte nicht aus. Ihre Ausbildung war überwiegend ungenügend. Der Laienkelch wurde in einer Anzahl von Gemeinden gereicht. Dogmatische Irrtümer waren verhältnismäßig selten. Dagegen gab es viele sittliche Schwächen im Klerus. Der frühe Tod des Bischofs verhinderte, daß die Visitation so fruchtbar wurde, wie es wünschenswert gewesen wäre. Ebenso nahm Hoya die Erneuerung der Klöster und die Besserung des Schulwesens in die Hand.

Das Domkapitel war auch in Münster der Hort des Widerstandes gegen das Luthertum. Bei der Mehrheit seiner Mitglieder hatte sich die Überzeugung von der Notwendigkeit einer kirchlichen Reform durchgesetzt, und sie arbeitete mit dem Bischof zusammen. Der entschiedenste Vorkämpfer der katholischen Kirche war der Domdechant Gottfried von Raesfeld. Das Domkapitel erhielt neue Statuten, in denen den Domherren, die Archidiakone waren, die zweimalige Visitation ihrer Bezirke zur Pflicht gemacht wurde (1569). Nach dem Vorangehen Gottfrieds von Raesfeld nahmen auch die letzteren die Dienstbesuche ihrer Sprengel in Angriff. Johann veranlaßte das Domkapitel, den Johann Wilhelm von Kleve zum Koadjutor zu wählen.

Johann von Hoya wußte, wieviel an einer klaren, verständlichen und eindringlichen Darstellung der Glaubenslehre gelegen ist. Dafür stand jetzt vor allem der Catechismus Romanus zur Verfügung. Auf der Herbstsynode 1572 wurde der Römische Katechismus für Münster publiziert. In einem Dekret vom 21. Oktober 1572 schrieb der Bischof seine allgemeine Benutzung durch die Geistlichen vor. Für den religiösen Volksunterricht war der Katechismus des Canisius seit 1562 ein gutes Hilfsmittel. Hoya war befreundet mit letzterem. Der Wunsch des Bischofs, Jesuiten in seiner Diözese zu haben, wurde nicht erfüllt. Johann wußte, daß er sein religiöses Reformwerk nur vollbringen konnte, wenn ihn die Macht der Waffen vor Anschlägen der Protestanten schützte. Er suchte Hilfe in seiner schwierigen Lage dort, woher allein sie kommen konnte, bei der spanischen Regierung in den Niederlanden; mit Herzog Alba war er befreundet.

Hoya konnte in den wenigen Jahren der Wirksamkeit, die ihm beschieden waren, vieles nur beginnen, nicht vollenden. Die Heilung der Schäden und die Abstellung der Mißstände war eine Arbeit von Jahrzehnten. Der Nuntius Kaspar Gropper, der 1573 nach Münster kam, bemängelte, daß der Bischof immer noch Protestanten in amtlichen Stellungen dulde. Die Schilderung der Lage, die Johann von Hoya Gropper nach dessen Schreiben vom 20. Oktober 1573 gab, war wohl zu günstig. Aber daß das Ergebnis der Absichten und der Bemühungen des Bischofs nicht seinen Erwartungen entsprach, lag nicht an ihm. Es sollte auch nicht vergessen werden, daß er seit geraumer Zeit an Epilepsie litt, zu der später noch Tuberkulose trat. Wenn von den Münsteraner Bischöfen im Zeitalter der Glaubensspaltung gesprochen wird, sollte der Name Johann von Hoya mit Ehren genannt werden.

VIII.

Johann Wilhelm von Kleve (1574-1585)

Es war das Unglück vieler deutscher Diözesen des 16. Jahrhunderts, daß eine begonnene hoffnungsvolle Entwicklung durch einen Wechsel auf dem Bischofsstuhl jäh abgebrochen oder wenigstens unterbrochen wurde. Diese Erscheinung ist auch in Münster zu beobachten. Auf den kraftvollen Johann von Hoya folgte der schwache Johann Wilhelm von Kleve. Das Domkapitel postulierte ihn am 23. Dezember 1571 zum Koadjutor cum spe succedendi; die päpstliche Bestätigung erfolgte nicht. Daher postulierte ihn das Domkapitel am 28. April 1574 zum Bischof. Johann Wilhelm war damals 12 Jahre alt. Gerade die Jugend des Prinzen war ein Grund, weshalb die Postulation zustande kam; denn sie verhieß dem Domkapitel und den Ständen des Hochstiftes eine lange Zwischenregierung. Der Postulierte war weder bestätigt noch besaß er die Ausübung der Regalien. Die Regierung von Bistum und Hochstift lag daher zunächst beim Domkapitel bzw. bei einem Ausschuß von Domkapitel und Ritterschaft. Für die weltliche Verwaltung des Stiftes wählte das Domkapitel den Konrad von Westerholt als Statthalter, dem ein Regierungskollegium zur Seite stand. Westerholt war ein erbitterter und gefährlicher Gegner der Rekatholisierung und der katholischen Erneuerung.

Als am 9. Februar 1575 der Erbprinz von Kleve plötzlich starb, war klar, daß der Postulierte, Johann Wilhelm, die Regierung des Landes würde antreten und darum auf das Bistum verzichten müssen. Von diesem Zeitpunkt an bewarben sich mehrere Personen um den Münsteraner Bischofsstuhl, vor allem Herzog Ernst von Bayern und Herzog Heinrich von Sachsen-Lauenburg. Die Partei im Domkapitel, die dem Protestantismus zuneigte, richtete ihre Blicke auf den Administrator von Bremen und Osnabrück, Heinrich von Sachsen-Lauenburg. Dieser war eine zwielichtige, verschlagene Persönlichkeit. Er wurde 1567 zum Erzbischof von Bremen erwählt; es glückte ihm jedoch nicht, die päpstliche Bestätigung zu erhalten. Um das Bistum Osnabrück zu erlangen, legte er das Trienter Glaubensbekenntnis ab, allerdings mit einer einschränkenden Klausel. Maximilian II. gab ihm die vorläufige Einweisung in die weltliche Regierung, die Heinrich am 11. Mai 1575 antrat. Heinrich war sittlich und charakterlich nicht einwandfrei, aber auch im Glauben zumindest schwankend. Er unterhielt ein Verhältnis mit der Anna Broich und ließ sich schließlich durch einen Prädikanten mit ihr trauen, obwohl er als Subdiakon an der Eingehung einer Ehe verhindert war. Nach außen hin heuchelte er Ergebenheit gegen Kirche und Papst. 1576 postulierte ihn daher die Mehrheit des Münsteraner Domkapitels zum Bischof. Allen päpstlichen Vorhaltungen zum Trotz beharrte sie bei dieser Entscheidung. Ernst von Bayern focht die Wahl an, vermochte sich aber nicht durchzusetzen.

1579 wurde Johann Wilhelm zum Administrator ernannt, 1580 trat er die Administration an. Er tätigte geschickte Ernennungen. Lubbert Meier wurde Generalvikar, Siegler und Offizial in einer Person. Den nach Münster geflohenen Bischof von Haarlem, Gottfried von Mierlo, machte Johann Wilhelm zum Weihbischof. Vereinzelte Maßnahmen zur Wiederaufrichtung der katholischen Religion folgten. Johann Wilhelm betrieb auch die Ansiedlung von Jesuiten in Münster, jedoch vergeblich. Dagegen versagte der Administrator bei der dringenden Aufgabe, die Visitation weiterführen zu lassen. Die katholische Erneuerung wurde gehemmt; es geschah wegen vielfacher Händel nichts für die Wiederbelebung der katholischen Religion im Bistum. Dagegen breitete sich der Protestantismus aus. Gottfried von Raesfeld war es zu verdanken, daß das Domkapitel, in das Protestanten eingedrungen waren, am 12. November 1583 den Beschluß faßte, alle neu eintretenden Mitglieder auf das tridentinische Glaubensbekenntnis zu verpflichten. Der Administrator ließ sich vom Kapitel bewegen, dasselbe von künftig aufzunehmenden Landesbeamten zu verlangen. Johann Wilhelm, inzwischen Erbprinz von Kleve geworden, verzichtete später auf das Bistum und verheiratete sich (1585), folgte seinem Vater als regierender Herzog von Kleve (1592), starb aber kinderlos (1609).

IX.

Ernst von Bayern (1585-1612)

Mit Ernst von Bayern trat eine mehrschichtige Persönlichkeit an die Spitze des Bistums Münster. Er wurde 1566 Bischof von Freising, 1573 auch von Hildesheim, 1581 zusätzlich von Lüttich, 1583 weiter Erzbischof von Köln und 1585 schließlich noch Bischof von Münster. Um die letzte Würde hatte sich Ernst heiß bemüht. Bereits 1575 war, wie erwähnt, versucht worden, ihm das Bistum Münster übertragen zu lassen, damals aber vergeblich. Nun wurde er am 18. Mai 1585 zum Bischof von Münster postuliert und erhielt die päpstliche Zulassung am 27. November 1585.

Persönlich war Ernst alles andere als vorbildlich. Sein Wandel war lange Zeit von Leichtsinn und Genußsucht geprägt. Die Kosten seiner Hofhaltung drückten die Stände des Bistums Münster; seine aufwendige und sinnliche Lebensführung erregte schweres Ärgernis. Aber er war nicht bösartig, sondern lediglich schwach. Es fehlte ihm weder an gutem Willen noch an Ansätzen zur Besserung. In seinen letzten Jahren zeigte er die

Frömmigkeit, die er in früherer Zeit hatte vermissen lassen. An der katholischen Gesinnung Ernsts war kein Zweifel möglich. Er kämpfte energisch für die Erhaltung der heiligen Religion. Schon seine Ernennung war ein Erfolg für die katholische Sache; damit war die Gefahr abgewandt, daß Münster in ein weltliches Herzogtum umgewandelt und dem Protestantismus zugeführt wurde. Auf den Reichstagen war er ein entschiedener Verfechter der katholischen Belange. So wandte er sich 1594 gegen den Antrag der protestantischen Stände, den protestantischen Inhabern von Bischofsstühlen einen Platz auf der Bank der geistlichen Fürsten zu verschaffen. Ebenso forderte er, daß Magdeburg nur dann auf dem Reichstag Sitz und Stimme haben könne, wenn der Erzbischof vom Papst bestätigt worden sei. Ernst drängte frühzeitig auf einen Zusammenschluß der katholischen Fürsten. Ihm war klar, daß die Aggressivität der Protestanten ihre einzige Schranke an der Macht der Katholiken finden würde, und er hoffte, daß die Rekatholisierung in den einzelnen Territorien entschlossener in die Hand genommen werden würde, wenn deren Herren sich militärisch und politisch gedeckt wüßten. Aber ängstliche Gestalten wie der Mainzer Erzbischof Johann Schweikart wichen aus, Kaiser Rudolf II. war zu einem energischen Schritt nicht mehr fähig. Erst als Maximilian von Bayern die Sache in die Hand nahm, kam sie voran. Ernst förderte die Liga eifrig. Allen Vorstellungen des Domkapitels zum Trotz, das Angst vor den protestantischen Nachbarn des Stiftes Münster hatte, hielt er an dem Bündnis fest.

1590 kam Ernst das erste Mal nach Münster und gab bei diesem Besuch seine Maximen für katholische Erneuerung und Rekatholisierung bekannt. 1592 ließ er eine Visitation des Bistums vornehmen. Sie zeigte die weitgehende protestantische Infiltration. Ernst nahm die Abschaffung der Irrlehre und die Wiederherstellung des Glaubens in die Hand. Er ersetzte, wo er es vermochte, die Prädikanten durch Priester und stellte den katholischen Gottesdienst wieder her. Die protestantischen Einrichtungen und Übungen wurden beseitigt. Den geistlichen Gerichten gab er neue Ordnungen, welche die Rechtspflege verbesserten und gleichzeitig der Rekatholisierung zu Hilfe kamen. Dabei fand er viel Widerstand. Offene oder geheime Protestanten suchten die zur Rekatholisierung angeordneten Maßnahmen zu sabotieren. Die Opposition, der Ernst bei seiner Politik der kirchlichen Wiederherstellung begegnete, entmutigte ihn jedoch nicht, sondern festigte seine Überzeugung von der Dringlichkeit dieses Werkes. Dabei war er sich als politischer Kopf der drohenden Gefahren wohl bewußt und suchte ihnen in kluger Weise zu begegnen. Ernst unterhielt enge Beziehungen zu den spanischen Niederlanden. Bis 1609 hatte er für seine Maßnahmen an den spanischen Truppen einen starken Rückhalt. Durch den Übergang der jülichschen Lande an Johann Sigismund von Brandenburg und Wolfgang Wilhelm von Pfalz-Neuburg fühlten sich jedoch die im Stift befindlichen Protestanten ermutigt. Sie standen in Kollusion mit den protestantischen Mächten. So hatte Ernst fast während seiner gesamten Regierungszeit mit militärischen oder politischen Verwicklungen zu tun.

Ernst war aber auch um die katholische Erneuerung besorgt. Er drang auf Veröffentlichung der Trienter Dekrete in Münster, die wenigstens teilweise erfolgte. Auf seine

Veranlassung oder mit seiner Zustimmung begannen in der Diözese Münster verheißungsvolle Maßnahmen. Im Jahre 1588 zogen die ersten Jesuiten in Münster ein. Sie stellten die Lehrer für das Gymnasium, seit 1606 auch für die von ihnen damit verbundene philosphisch-theologische Lehranstalt. Weitere Residenzen des Ordens folgten. Die Tätigkeit der Jesuiten als Lehrer, Prediger und Beichtväter sowie als Volksmissionare führte in Volk und Klerus in gewissem Umfang einen religiösen Umschwung herbei. Ernst ordnete auch Maßnahmen zur Besserung des Klerus an; vor allem befahl er die Abschaffung des Konkubinates. Als Statthalter und Domkapitel sich säumig zeigten, erneuerte er seine Weisungen. Leider lebte der Bischof selbst nicht enthaltsam; sein schlechtes Beispiel war ein starkes Hindernis für die Besserung des Klerus. Der Nuntius Frangipani prangerte am 17. September 1587 den ärgerniserregenden Lebenswandel Ernsts an (di molto scandalo abominevole a tutti buoni). Aber Ernst machte aus seinem Versagen nicht eine Weltanschauung oder eine Religion. Trotz seiner Schwäche fuhr er in seinen Bemühungen zur katholischen Erneuerung fort. Etwa seit 1591 forderte er die Abschaffung des Laienkelches. Im Jahre 1592 erschien die von ihm herausgegebene Agende. Den Domherren wurde der Trienter Glaubenseid auferlegt. Clemens VIII. drängte ihn 1597 zur Errichtung eines tridentinischen Seminars in Münster, aber dazu kam es nicht. Dagegen errichtete Ernst 1601 nach bayerischem Vorbild einen Geistlichen Rat. Er bestand aus dem Weihbischof Nikolaus Arresdorf als Präsidenten und fünf Mitgliedern, unter denen der Generalvikar war. Seine Aufgabe war, kurz gesagt, die Erneuerung von Gottesdienst, Klerus, Klöstern und Unterricht im Sinne des Konzils von Trient sowie die Bekehrung oder Entfernung der Irrgläubigen. Die an dieses Gremium geknüpften Erwartungen waren jedoch größer als die Erfolge. Ernst war bewußt, daß der deutsche Katholizismus nur in engem Anschluß an den Apostolischen Stuhl erneuert werden konnte. Am 20. Dezember 1606 schrieb er an das Münsteraner Domkapitel und die Statthalter, anstelle eines Teils der Predigt solle der Römische Katechismus gelehrt werden. Im Jahre 1607 erschien Ernst noch einmal persönlich in Münster, um die katholische Erneuerung in die Hand zu nehmen. Es scheint, daß er infolge schlechter Behandlung auf die Stadt nicht gut zu sprechen war. Die Regierung des Stiftes ließ er durch den Statthalter und das Kollegium der Geheimen Räte führen. Die Aufgaben und die Kämpfe der Zeit zwangen Ernst, seine Untertanen stark zu besteuern. Die von ihm übernommenen Schulden konnten nicht abgetragen werden, aber sie wurden auch nicht vermehrt, was angesichts der Verhältnisse als eine große Leistung seiner Finanzwirtschaft gelten muß.

1595 nahm Ernst seinen Neffen Ferdinand von Bayern als Koadjutor für Köln, 1601 auch für Lüttich und 1611 für Hildesheim und Münster an. Obwohl die Generalstaaten dagegen arbeiteten, wählte das Münsteraner Kapitel den Ferdinand am 5. August 1611 einstimmig zum Koadjutor. Damit war die Fortsetzung der Bemühungen Ernsts in Münster gesichert. Beim Tode Ernsts von Bayern hatten sich die Verhältnisse im Bistum Münster zwar gebessert, aber waren noch nicht gut. Die katholische Religion war keineswegs überall wiederhergestellt oder gar die ausschließliche. An vielen Orten gab es noch Protestanten. Vor allem die im Westen gelegenen Orte des Stiftes widersetzten sich unter dem Schutz der Niederländer der katholischen Religion und blieben wegen der Nähe der Kalvinisten gefährdet. Immer noch waren Zuchtlosigkeit, Verweltlichung, Unwissenheit und Konkubinat im Klerus weit verbreitet. Aber es war ein gewichtiger Ansatz für die völlige Restitution der Kirche gemacht. Die Kräfte waren bereitgestellt und wurden stärker, mit denen die große Aufgabe fortgeführt werden konnte.

X.

Ferdinand von Bayern (1612-1650)

Ferdinand von Bayern war eine begabte Persönlichkeit. Sein privates Leben war einwandfrei. Er war fromm, der Kirche ergeben und von religiösem Eifer erfüllt. Die Weihen hat er nie empfangen, vermutlich weil er ihre Verpflichtungen angesichts seiner Arbeitslast nicht glaubte erfüllen zu können. Ferdinand war eine herrscherliche Persönlichkeit. Seine Regierung war durch Klugheit, Tatkraft und Konsequenz gekennzeichnet. Er gehörte nicht zu den Typen, die vor lauter Überlegen nicht zum Handeln kommen.

Ferdinand von Bayern vereinigte in seiner Hand die Bistümer Köln, Münster, Paderborn, Hildesheim und Lüttich. Wenn sie geschlossen katholisch gewesen wären, hätte er damit eine ziemlich große Macht besessen, die für eine Rekatholisierung Norddeutschlands in großem Stil hätte eingesetzt werden können. Leider war dies nicht der Fall. Als Ernst starb, war ein erheblicher Teil der Bevölkerung des Stiftes Münster noch protestantisch. Vor allem im Niederstift waren infolge des Widerstandes des Osnabrücker Bischofs Sigismund und der protestantischen Beamten die Maßnahmen zur Rekatholisierung ohne erheblichen Erfolg geblieben. Angesichts der inneren Verhältnisse seiner Sprengel mußte Ferdinand daher seine Aufmerksamkeit diesen selbst zuwenden. Dank der relativ großen Macht, die er in seiner Hand vereinte bzw. durch Bündnisse gewann, konnte er aber die katholische Restitution ohne Rücksicht auf die Drohungen von Nachbarn und Untertanen in Angriff nehmen. Mit ihm schlug auch in Münster ,,die große Stunde der tridentinischen Erneuerung'' (Alois Schröer). Von nun an wurde nicht mehr bloß abgewehrt, sondern angegriffen.

Ferdinand sah es als seine oberste Pflicht an, die Einwohner seines Stifts zum katholischen Glauben zurückzuführen. Er war davon überzeugt, daß dies zu deren eigenem Vorteil sei. In der Instruktion, die das Datum vom 1. Juli 1612 trägt, legte Ferdinand seinen Räten in Münster eine Art Regierungsprogramm vor, dessen Hauptpunkt die Wiederaufrichtung des katholischen Glaubens war. Die erfolgreiche Durchführung der Rekatholisierung bedurfte der Mitwirkung der Magistrate der Städte. Diese aber setzten ihr aus verschiedenen Gründen häufig Widerstand entgegen. Vor allem fürchteten sie um ihre Selbständigkeit. Außerdem waren die Annehmlichkeiten des neuen „Evangeliums" groß. Daß die Städte beispielsweise gegen die Wiedereinführung des lästigen Sendgerichts waren, läßt sich vom Standpunkt eines bequemen Christentums aus verstehen. Angesichts dieser Lage war die katholische Restitution nur möglich, wenn die politische Unabhängigkeit der Städte beseitigt wurde, die Hauptherde des Protestantismus waren, und die Stellung des Landesherren gegenüber den Stadträten gefestigt wurde. Konsequent und klug arbeitete Ferdinand auf dieses Ziel hin. Er ging schrittweise vor und sorgte zuerst für die Besetzung der Magistrate mit Katholiken. Dabei hatte er manche Kämpfe zu bestehen. Sodann wurde die Erteilung des Bürgerrechts an die katholische Religion geknüpft. Das kirchlich zu Osnabrück, politisch zu Münster gehörige Niederstift wurde nach und nach zum Glauben zurückgeführt. Ferdinand übertrug seine Rekatholisierung dem tüchtigen Generalvikar Johannes Hartmann. In den Jahren 1613/14 besuchte er persönlich die Städte. Jetzt wurde reiner Tisch gemacht. Die Kirchen wurden den Katholiken zurückgegeben, die Prädikanten ausgewiesen, die Einwohner vor die Wahl zwischen Annahme des katholischen Glaubens und Auswanderung gestellt. 1614 wurde nach 70jähriger Unterbrechung zum erstenmal wieder in Meppen die Fronleichnamsprozession abgehalten. Im gleichen Jahre berief Ferdinand die Jesuiten dorthin, später nach Vechta. Bei ihnen lag die Rekatholisierung in guten Händen. Die Städte, die sich den Religionsverordnungen Ferdinands widersetzten, suchte er durch gütliches Zureden, aber auch durch Strafmaßnahmen zum Gehorsam zu bewegen. Gegenüber dem Adel war er dagegen häufig nachsichtig und verzichtete auf die Durchführung mancher Religionsedikte.

Rekatholisierung und kirchliche Reform gingen Hand in Hand. 1613 wurde eine Diözesansynode gehalten und der Anfang mit einem Seminar gemacht. In den Jahren 1613 bis 1616 wurde das gesamte Bistum von Weihbischof und Generalvikar visitiert. Die Visitation war sorgfältig vorbereitet und wurde gewissenhaft durchgeführt. Im Anschluß daran erließ Ferdinand fünf Reformdekrete im Geist des Trienter Konzils. Scharf ging er gegen sittenlose Geistliche vor. Die bewährtesten Helfer für sein großes Werk fand Ferdinand in der Gesellschaft Jesu. Unter dem Eindruck des Beispiels, das die Jesuiten gaben, rafften sich auch andere Orden auf und brachten eine gewisse Teilerneuerung zustande.

Ferdinand erkannte klar, daß der Erziehung der Jugend entscheidende Bedeutung für die Zukunft des Katholizismus zukam. Die Bekehrung von unten herauf, d.h. durch die Gewinnung des Nachwuchses für die katholische Religion, zeitigte regelmäßig die größten und nachhaltigsten Erfolge. Er verbot daher den Besuch nichtkatholischer Schulen, forderte von den Lehrern die Ablegung des tridentinischen Glaubensbekenntnisses und entfernte lutherische Lehrpersonen. Am 20. Februar 1621 ließ Ferdinand das Religionsedikt verkündigen. Hier wurden umfassende Weisungen für den Schutz, die Pflege und die Förderung der katholischen Religion erlassen. Das Religionsedikt vom 9. November 1624 setzte neben die politischen Maßnahmen ausdrücklich die Belehrung und die Unterweisung, vor allem durch die Jesuiten, in Einzelgesprächen und Volksmissionen. Besondere Aufmerksamkeit wurde wiederum der Unterrichtung der Jugend geschenkt. Der Bischof und sein Generalvikar waren sich darüber im klaren, daß nicht alle Bekehrungen lauteren Motiven entsprangen und echt waren. Um so größere Mühe verwandten sie auf die innere Gewinnung der Menschen für den Glauben.

Der Dreißigjährige Krieg schien zeitweise die Möglichkeit zu einer Wiederbelebung des katholischen Glaubens in Norddeutschland zu bieten. Ferdinand wurde mit der Durchführung des Restitutionsediktes im niederrheinisch-westfälischen Kreise beauftragt. Er war rastlos für die Wiederherstellung der heiligen Religion tätig. Die Konsequenz des Bischofs zeitigte allmählich ihre Erfolge. Etwa seit 1633 war das Stift Münster äußerlich wieder katholisch. Für die seelsorgliche Nacharbeit blieb freilich noch viel zu tun. Die Einfälle der Hessen brachten zwar Rückschläge, aber nach ihrem Abzug wurde die religiöse Einheit wiederhergestellt.

Selbstverständlich konnte Ferdinand stets nur vorübergehend in Münster weilen. Es mußte ihm daher daran gelegen sein, zuverlässige Vertreter zu gewinnen. Ferdinand bestellte den Generalvikar zu seinem allgemeinen Vertreter mit ausgedehnter Kompetenz und übertrug das Amt dem tatkräftigen Johannes Hartmann. In diesem (bis 1621) und Petrus Nikolartius hatte er ausgezeichnete, ebenso energische wie eifrige Helfer.

Die Reformarbeit wurde Ferdinand nicht leicht gemacht. Der Widerstand des Domkapitels hemmte seine Bemühungen um kirchliche Erneuerung und Wiederherstellung der Einheit des Glaubens im Bistum. Die eigenen (weltlichen) Beamten des Bischofs versagten dem Generalvikar die Vollstreckung seiner Maßnahmen gegen den Klerus. Eine wesentliche Besserung desselben kam daher nicht zustande. Im Oberstift traten Städte und Adlige den Bemühungen um Rekatholisierung entgegen. Auch von außen kam starker Druck. Immer wieder mußte sich Ferdinand der Generalstaaten erwehren, die zugunsten der Protestanten intervenierten, ja mit Gegenmaßnahmen drohten. Er ließ sich jedoch davon nicht imponieren, berief sich vielmehr auf das Reichsrecht und seine Stellung als Landesherr. Viele Jahre lang hatte das Stift Münster unter Kriegswirren zu leiden, welche die innere Aufbauarbeit verhinderten. Die Einfälle der Schweden und des Landgrafen von Hessen brachten dem Stift schweren Schaden. Die widrigen Zeitumstände — der Dreißigjährige Krieg — ließen vieles nicht zur Reife kommen oder zerstörten es. Dennoch gab Ferdinand nicht auf, sondern hielt zäh an seinen Zielen fest.

Ferdinand war auch ein politischer Kopf; er sah sich nach Verbündeten um. Begreiflicherweise arbeitete er eng mit dem Herzog bzw. Kurfürsten von Bayern zusammen. Er begriff die Notwendigkeit des Zusammenschlusses der Katholiken und unterstützte die Liga durch Geldzahlungen. Der Apostolische Stuhl suchte ihm nach Kräften beizustehen. Seine Stellung wurde weiter gestärkt durch den Übertritt des Pfalzgrafen Wolfgang Wilhelm von Pfalz-Neuburg zur katholischen Kirche (1613). Im ganzen war Ferdinand eine der großen Bischofsgestalten des 17. Jahrhunderts, ein Vorbild an Klugheit, Eifer und Konsequenz bei der Ausübung seines Amtes.

5. Kapitel

Bistum Osnabrück

Albers, Bruno, Eitel Friedrich, Cardinal von Hohenzollern-Sigmaringen 26. Sept. 1582-18. Sept. 1625: Mittheilungen des Vereins für Geschichte und Alterthumskunde in Hohenzollern 31, 1897/98, 1-63; 32, 1898/99, 161-176

Bär, Max, Das Protokoll des Albert Lucenius über die Kirchenvisitation von 1624/25: Mittheilungen des Vereins für Geschichte und Landeskunde von Osnabrück 25/1900, 1901, 230-282

Berning, Wilhelm, Das Bistum Osnabrück vor Einführung der Reformation (1543) (= Das Bistum Osnabrück Bd. 3), Osnabrück 1940

Berning, Wilhelm, Die Relatio status des Osnabrücker Bischofs Franz Wilhelm von Wartenberg aus dem Jahre 1641: Mitteilungen des Vereins für Geschichte und Landeskunde von Osnabrück 60, 1940, 133-152

Detmer, Heinrich, Johann, Graf von Hoya: ADB 14, 1881, 246-250

Fink, Erich (Hrsg.), I. Das älteste Stadtbuch von Osnabrück. II. Das Legerbuch des Bürgermeisters Rudolf Hammacher zu Osnabrück (= Osnabrücker Geschichtsquellen Bd. IV), Osnabrück 1927

Flaskamp, Franz, Das Wiedenbrücker Verhör. Ein Beitrag zur Geschichte der Gegenreformation: Jahrbuch des Vereins für Westfälische Kirchengeschichte 45/46, 1952/53, 151-192

Flaskamp, Franz, Ein Zwischenbericht der Osnabrücker Reformationsgeschichte: Jahrbuch der Gesellschaft für niedersächsische Kirchengeschichte 58, 1960, 113-134

Forst, Hermann, Cardinal Eitel Friedrich von Hohenzollern-Sigmaringen, Bischof von Osnabrück († 1625): Mittheilungen des Vereins für Geschichte und Altertumskunde in Hohenzollern 27, 1893/94, 116-131

Forst, Hermann, Urkundliche Beiträge zur Lebensgeschichte des Cardinals Eitel Friedrich v. Hohenzollern-Sigmaringen, Fürstbischofs von Osnabrück: Mittheilungen des Vereins für Geschichte und Landeskunde von Osnabrück 19, 1894, 95-154

Forst, H. (Hrsg.), Politische Correspondenz des Grafen Franz Wilhelm von Wartenberg, Bischofs von Osnabrück, aus den Jahren 1621-1631 (= Publicationen aus den K. Preußischen Staatsarchiven 68. Bd.), Leipzig 1897

Freckmann, Johannes, Die capitulatio perpetua und ihre verfassungsgeschichtliche Bedeutung für das Hochstift Osnabrück. (1648-1650.) Phil. Diss. Münster, Osnabrück 1906

Garrelts, Heinrich, Die Reformation Ostfrieslands nach der Darstellung der Lutheraner vom Jahre 1593 nebst einer kommentierten Ausgabe ihrer Berichte (= Abhandlungen und Vorträge zur Geschichte Ostfrieslands 22. und 23. Heft), Aurich 1925

Goldschmidt, B. A., Lebensgeschichte des Kardinal-Priesters Franz Wilhelm, Grafen von Wartenberg, Fürstbischofs von Osnabrück und Regensburg, Minden und Verden, Osnabrück 1866

Hebeisen, Gustav, Die Bedeutung der ersten Fürsten von Hohenzollern und des Kardinals Eitel Friedrich von Hohenzollern für die katholische Bewegung Deutschlands ihrer Zeit zur 300jährigen Erinnerung an den 28. März und den 28. April 1623 zugleich ein Beitrag zur Vorgeschichte des 30jährigen Krieges: Mitteilungen des Vereins für Geschichte und Altertumskunde in Hohenzollern 54-57, 1920-1923, 1-180

Hoffmeyer, Ludwig, Chronik der Stadt Osnabrück. Bearb. u. erweit. von Ludwig Bäte, 3. Aufl., Osnabrück 1964

Hoyer, Hugo, Untersuchungen über die Reformationsgeschichte des Fürstentums Osnabrück unter den Bischöfen Erich II. von Grubenhagen und Franz I. von Waldeck: Zeitschrift der Gesellschaft für niedersächsische Kirchengeschichte 32/33 (1927/28), Braunschweig 1928, 76-200

Kohl, Wilhelm, Johann von Hoya, in: Stupperich, Robert (Hrsg.), Westfälische Lebensbilder X, Münster i. W. 1970, 1-18

Krause, Philipp Sigismund, postulirter Bischof von Verden und Osnabrück: ADB 26, 1888, 69-71

Krusch, Bruno, Die Wahlen protestantischer Bischöfe von Osnabrück vor dem westfälischen Frieden: Mitteilungen des Vereins für Geschichte und Landeskunde von Osnabrück 33/1908, 1909, 217-274

Lünenborg, H., Osnabrück: LThK VII, 1935, 800-804

Metzler, Johannes, P. Johannes Arnoldi S.J. Blutzeuge der norddeutschen Diaspora 1596-1631. Ein historisches Zeitbild, Paderborn 1931

Meyer, Agnes, Beiträge zur Geschichte des Bischofs von Osnabrück Johanns von Hoya und seiner Zeit. Phil. Diss. Münster, o. O. und o. J.

Möller, Johann Caspar, Geschichte der Weihbischöfe von Osnabrück, Lingen a. d. Ems 1887

Niehus, L., Osnabrück: LThK VII, 2. Aufl., 1962, 1265-1267

Niehus, Laurenz, Aus der Geschichte des Bistums Osnabrück, 3. Aufl., Hildesheim 1965

Philippi, F., Wartenberg: ADB 41, 1896, 185-192

Philippi, F., Bär, M. (Bearb. u. Hrsg.), Osnabrücker Urkundenbuch, 4 Bde., Osnabrück 1892-1902

Prinz, Joseph, Das Territorium des Bistums Osnabrück (= Studien und Vorarbeiten zum Historischen Atlas Niedersachens 15. Heft), 2. unveränd. Aufl., Osnabrück 1973

Rothert, Hermann (Bearb.), Die mittelalterlichen Lehnbücher der Bischöfe von Osnabrück (= Osnabrücker Geschichtsquellen Bd. V), Osnabrück 1932

Rothert, Hermann, Geschichte der Stadt Osnabrück im Mittelalter, 2 Tle. (= Osnabrücker Mitteilungen. Mitteilungen des Vereins für Geschichte und Landeskunde von Osnabrück 57./58. Bd.), Osnabrück 1966 (Neudruck der Ausgabe 1937/38)

Runge, F. (Hrsg.), Die niederdeutsche Bischofschronik bis 1553 (= Osnabrücker Geschichtsquellen Bd. II), Osnabrück 1894

Runge, Friedrich, Die Wahl des Kardinals Eitel Friedrich von Hohenzollern zum Bischof von Osnabrück: Mittheilungen des Vereins für Geschichte und Landeskunde von Osnabrück 24/1899, 1900, 156-199

Sauer, Franz von Waldeck: ADB 7, 1878, 290-292

Schirmeyer, Ludwig, Osnabrück und das Osnabrücker Land. Geschichtliche Durchblicke, Paderborn 1948

Schöttke, Gustav, Die Stände des Hochstifts Osnabrück unter dem ersten evangelischen Bischof Ernst August von Braunschweig-Lüneburg (1662-1698): Mitteilungen des Vereins für Geschichte und Landeskunde von Osnabrück 33/1908, 1909, 1-66.

Schwaiger, Georg, Kardinal Franz Wilhelm von Wartenberg als Bischof von Regensburg (1649-1661) (= Münchener Theologische Studien. I. Historische Abteilung 6. Bd.), München 1954

Schwaiger, Georg, Franz Wilhelm Graf v. Wartenberg: NDB 5, 1961, 365

Seegrün, Wolfgang, Johann IV. Gf. v. Hoya: NDB 10, 1974, 509

Seling, Konrad (Hrsg.), Das Bistum Osnabrück, Berlin 1934

Stratenwerth, Heide, Die Reformation in der Stadt Osnabrück. Phil. Diss. Tübingen (= Veröffentlichungen des Instituts für europäische Geschichte Mainz Bd. 61), Wiesbaden 1971

Stüve, C., Geschichte des Hochstifts Osnabrück, 3 Tle., o. O. 1853-1882, Nachdruck: Osnabrück 1970

I.

Erich von Braunschweig-Grubenhagen (1508-1532)

Erich von Braunschweig-Grubenhagen folgte dem am 9. Februar 1508 gestorbenen Konrad von Rietberg als Bischof von Osnabrück nach; am 6. September 1508 erhielt er die päpstliche Bestätigung. Nach dem am 27. September 1508 erfolgten Tode des Hermann von Hessen wurde er auch für Paderborn postuliert und erlangte am 20. April 1509 die Zulassung des Papstes.

Erich war persönlich fromm und erfüllte seine religiösen Pflichten gewissenhaft. Täglich betete er mit seinen Kaplänen das kirchliche Stundengebet. Er war um das gottesdienstliche Leben des Bistums Osnabrück besorgt. 1516 veranstaltete er den Druck eines Breviers. Der Gebrauch der Ablässe, die Feier des Jubeljahres (1525) und das Gebet für die Verstorbenen waren ihm selbstverständliche katholische Übungen. Für eine echte Reform war er aufgeschlossen. Aber Streit mit den Ständen und Konflikte über die Landesgrenzen brachten Unruhe in seine Regierungszeit. Lange Zeit erschütterten kriegerische Auseinandersetzungen das Stift. Durch allerlei Händel mit Adeligen war der Bischof fortwährend beschäftigt, so daß die geistlichen Angelegenheiten zu kurz kamen. Unter Erich von Grubenhagen rissen arge Mißstände im Bistum ein.

Als erster predigte der Augustiner Gerhard Georg Hecker die neue Lehre in Osnabrück. Ihm trat der Rektor der Domschule, Johann Poll, zur Seite. Später kamen noch andere hinzu. Zunächst geschah nichts gegen diese gefährliche Untergrabung des katholischen Glaubens. Jahrelang, von 1521 bis 1526, konnten die protestantischen Prediger ungehindert in der Stadt Osnabrück die Irrlehre verbreiten. Erst als Adolf Clarenbach auch noch gegen die kirchliche Sitte vorging, wurde das Domkapitel wach. Fortan bekämpfte es die Neuerung. Bischof Erich erfüllte anfangs seine Pflichten als Oberhirt sorgfältig und ging in dem Falle des Clarenbach gegen die protestantische Bewegung vor. Indes sah er mehr darauf, daß äußerlich die Ordnung aufrechterhalten blieb; der Lehre der Geistlichen wandte er nicht genügend Aufmerksamkeit zu. Von einer gewissen Lauheit in der Verteidigung der katholischen Religion ist er daher nicht freizusprechen. Es fehlten ihm vor allem Eindeutigkeit und Konsequenz in seiner ganzen Haltung.

Mit den führenden protestantischen Reichsfürsten stand er in engem Kontakt. Im Jahre 1521 schloß er mit Philipp von Hessen einen Beistandspakt. Bezeichnend ist, daß ausgerechnet dieser ihn ersuchte, zum Reichstag in Regensburg 1527 zu erscheinen bzw. sich dort vertreten zu lassen. Auch aus seinem privaten Leben sind Vorgänge bekannt, die ihn ins Zwielicht stellen. Als der Graf Konrad von Tecklenburg die Schwester des hessischen Landgrafen, eine ehemalige Nonne, heiratete, gab er sich zum Trauzeugen her. Angesichts solcher Charakterlosigkeit nimmt es nicht wunder, daß Bischof Erich vor dem Reichstag von Speyer im Jahre 1529 von den lutherischen Fürsten als in ihrem Sinne verlässig eingestuft wurde. Auf dem Reichstag dieses Jahres vertraute er seine

Stimme dem berüchtigten Grafen Albrecht von Mansfeld, einem Lutheraner aus dem Anhang des Kurfürsten Johann von Sachsen, an. Erichs Vertreter schloß sich denn auch den Protestanten an, als diese gegen die Entschließung der katholischen Mehrheit Protest einlegten. Auch nach dem denkwürdigen Reichstag von 1529 unterstützte Erich die lutherischen Fürsten gegen den katholischen Kaiser; er fiel damit den Bemühungen um die Erhaltung des Glaubens in den Rücken. Seine religiöse und kirchliche Haltung in den letzten Jahren seines Lebens ist nicht eindeutig. Zumindest nährten seine Beziehungen zu den hessischen und sächsischen Fürsten den Verdacht, er neige dem Protestantismus zu. Möglicherweise war jedoch dieses Verhalten allein von politischen Überlegungen bestimmt. Es ist ihm jedenfalls hoch anzurechnen, daß er sich auf dem Reichstag zu Augsburg 1530 durch treue Katholiken wie Otto Beckmann vertreten ließ und auch bei der Auswahl der Offiziale und Hilfsbischöfe eine glückliche Hand bewies. Obwohl er schon zwei Bistümer, Osnabrück und Paderborn, innehatte, ließ er sich 1532 auch noch zum Bischof von Münster postulieren. Gewisse Zweifel an seiner Gesinnung wurden niemals ausgeräumt. Campeggio berichtete am 23. Juni 1532, Erich von Braunschweig-Grubenhagen habe angeblich die Absicht gehabt, aus den Bistümern Münster, Minden und Osnabrück einen weltlichen Staat zu machen und eine Frau zu nehmen. Was immer an dem Gerücht sein mag, so ist sicher, daß er sich dem Eindringen der reformatorischen Lehre in seiner späteren Zeit nicht mehr entgegenstellte. An Einkünften und Macht war ihm mehr gelegen als an der Erhaltung des katholischen Glaubens. Auch dem Domkapitel war die Tragweite der reformatorischen Bewegung damals nicht im vollen Umfang aufgegangen. Geschäfte um Pfründen überwucherten die fundamentale Sorge um die Sicherung der Religion.

II.

Franz von Waldeck (1532-1553)

Die Verhältnisse in Osnabrück waren beim Tode Erichs von Grubenhagen nicht günstig; sie wurden unter seinem Nachfolger katastrophal. Franz von Waldeck wurde am 11. Juni 1532 zum Bischof von Osnabrück postuliert. Bereits am 1. Juni 1532 war er zum Bischof von Münster, am 10. Februar 1530 zum Bischof von Minden gewählt worden. Die päpstliche Admission vom 16. August 1532 ließ ihn Münster und Osnabrück als Bischof, Minden als Administrator regieren. Vermutlich glaubte der Apostolische Stuhl, sich des Mannes durch Entgegenkommen versichern zu können. Das Domkapitel dürfte ihn gewählt haben, weil die Stände des Stiftes in dem Angehörigen eines unbedeutenden Grafenhauses ein gefügiges Werkzeug zu finden hofften.

Die Beförderung des Franz von Waldeck zum Bischof war ein Unglück für die Diözese Münster und darüber hinaus für die ganze katholische Kirche in Deutschland. Franz war weder geeignet noch würdig für das Bischofsamt. Die Gaben, die ein geistlicher Regent besitzen muß, gingen ihm ab; vor allem fehlte es ihm an Entschiedenheit und Kraft des Willens. Er lebte unenthaltsam. Bei dem Aufruhr der Wiedertäufer in Münster trat ein unehelicher Sohn des Bischofs als Page des „Königs von Sion" auf. In den vierziger Jahren war die Anna Pölmann seine Konkubine. Mit ihr hatte er 1543 bereits vier Kinder erzeugt, die er zu versorgen trachtete. Insgesamt hatte er angeblich acht Kinder. Da sein Lebenswandel bekannt war, ging davon eine niederziehende Wirkung auf Klerus und Volk aus. Von einem solchen Bischof mochte sich niemand etwas sagen lassen. Unter ihm wurden die Zustände im Bistum nicht besser, sondern schlimmer. Er hatte gar nicht die Absicht, zu reformieren. Die Abhaltung der Diözesansynode von 1533 und die Teilnahme an dem Kölner Provinzialkonzil von 1536 können nicht als Beweise für den Willen des Bischofs zu einer katholischen Erneuerung gewertet werden, sondern sind lediglich Zeichen der Vorsicht, die zu einem schrittweisen Vorgehen riet. Für seine oberhirtliche Tätigkeit hatte Franz wenig Zeit. Fortwährende Fehden mit angrenzenden Herren beanspruchten seine Kräfte.

Im Jahre 1532 machte die Neuerung in Stadt und Bistum Osnabrück große Fortschritte. In der Stadt wurden die Marien-, die Johannes- und die Katharinenkirche mit Lutheranern versehen. Wegen der Unruhen, die wohl von seiten der Wiedertäufer erregt wurden, ließ Franz von Waldeck die ortsfremden Prädikanten ausweisen. Aber der lutherischen Bewegung selbst trat er aus durchsichtigen Gründen nicht entgegen. Nach begründeter Ansicht hatte Franz bereits in dem Augenblick, da er dem Domkapitel versprach, die lutherische Neuerung zu bekämpfen, die Absicht, seine Stifte zu protestantisieren und sie in ein weltliches Fürstentum zu verwandeln. Dementsprechend waren seine Taten. Der Bischof gestattete seinem protestantisch gesinnten Hofkaplan Johann von Syburg, in der Marienkirche zu predigen, und danach dasselbe dem Stephan Krumtunger. Am 1. Januar 1541 ließ er sich zum Bischof weihen, was lediglich als Tarnung seines Planes, die Stifter zu säkularisieren, zu verstehen ist. Seit 1541 näherte er sich dem Schmalkaldischen Bunde, 1543 suchte er um Aufnahme in ihn nach. Seit 1541 wurde im Bunde mit dem Bischof die Protestantisierung der Stadt Osnabrück planmäßig betrieben. 1542 schenkte er dem Rat drei Bettelordenklöster, damit er mit ihnen lutherische Prädikanten unterhalten konnte. Von Stadt und Bischof eingeladen, kam Hermann Bonnus am 25. Januar 1543 aus Lübeck nach Osnabrück, um hier die lutherische Ordnung aufrichten zu helfen. Mit Wissen und Willen des Bischofs nahm er die Protestantisierung von Stadt und Bistum in die Hand. Er reiste durch die gesamte Diözese, überall den Abfall organisierend. Die Pfarreien wurden weithin mit Prädikanten besetzt. Am 11. Mai 1543 bestätigte Franz die Kirchenordnung des Bonnus, „eine löveliche, christliche und heilsame kerkenordenunge". Am 13. Juni 1543 begehrte er bremische Prediger für sein Bistum.

Doch gab es in Osnabrück noch Männer, die dem Verrat nicht tatenlos zusahen. Das Domkapitel hielt dem Glauben unerschütterlich die Treue, widersetzte sich der Religionsneuerung und nahm Verbindung zu dem Domkapitel in Köln auf, das im Kampfe für den katholischen Glauben eine führende Stellung innehatte. Was in Osnabrück für den katholischen Glauben erhalten wurde, war nicht dem Bischof, sondern dem Domkapitel zu verdanken. Der Dom blieb katholisch. Der Stadtrat verbot jedoch den Besuch des katholischen Gottesdienstes. Obwohl Franz vom Domkapitel wegen Häresie beim Heiligen Stuhl angezeigt wurde, blieb er bis an sein Lebensende im Besitz des Bistums. Dies war seinem taktisch geschickten Verhalten zu verdanken. Vor dem Domkapitel und politischem Druck wich er nämlich zurück und gab sich den Anschein, er wolle die Protestantisierung, an der er doch so viel Schuld trug, ungeschehen machen. Angesichts des Sieges des Kaisers bei Mühlberg und aus Furcht vor Verlust seiner Bistümer erklärte sich Franz im Januar 1548 bereit, die Religionsneuerungen im Stift wieder abstellen zu lassen, die Stadt Osnabrück ausgenommen. Im März 1548 entsandte er eine Kommission, die Weltlichen und Geistlichen die alte Religion einschärfen sollte. Auf dem Oeseder Landtag vom 12. Mai 1548 legte Franz vor den Landständen ein Treuegelöbnis zum katholischen Glauben ab. Das Interim brachte in der Stadt Osnabrück eine katholische Restauration, die aber seit 1552 zum großen Teil wieder zunichte gemacht wurde; der Bischof gab seine Zustimmung, daß der Pollius in die Stadt zurückkehrte. Am 12. Februar 1549 verkündete Franz auf der Diözesansynode zu Osnabrück die katholische Reform gemäß der Formula reformationis. Es blieb freilich im wesentlichen bei Worten; Taten folgten regelmäßig nicht. So zeitigte die Diözesansynode wenig positive Ergebnisse. Die Jahre von 1547 bis 1553 verbrachte Franz in Iburg mit behaglichem Nichtstun. Der Schaden, den er angerichtet hatte, war nicht wiedergutzumachen.

Franz von Waldeck war einer der schlechtesten deutschen Bischöfe des 16. Jahrhunderts. Nach Hermann Lange war er ,,eine typische schwankende Gestalt in der Geschichte, ein Mann ohne eigentliche Überzeugung, auf dessen Andenken zudem durch sein notorisch anstößiges Privatleben dunkler Schatten fällt''.

III.

Johann von Hoya (1553-1574)

Johann von Hoya wurde im Alter von 24 Jahren am 5. Oktober 1553 zum Bischof von Osnabrück postuliert und erhielt am 30. März 1554 die päpstliche Zulassung. Am 1. Januar 1555 wurde ihm die Frist zum Empfang der Weihen und der Konsekration, 1561 jene für die Konsekration verlängert. Am 26. Oktober 1566 wurde er auch zum Bischof von Münster postuliert. Die Zulassung des Papstes erfolgte am 23. Juli 1567, aber lediglich als eines Administrators von Münster. Nach Konrad Eubel wurde dagegen Johann von Osnabrück nach Münster transferiert und ihm die Administration von Osnabrück übertragen. Am 22. Februar 1568 wurde er noch zum Bischof von Paderborn postuliert. Er wurde auch in diesem Bistum nur als Administrator zugelassen. Am 5. Oktober 1567 feierte er die erste Messe. Danach ließ er sich zum Bischof weihen.

Johann von Hoya war ein gelehrter und geistvoller Mann, geschult im Recht und sprachgewandt. Sein Charakter war undurchsichtig. An seiner katholischen Gesinnung besteht kein Zweifel. Im ersten Abschnitt seiner Regierung zeigte er jedoch keinen Eifer in kirchlichen Angelegenheiten. Vielerorts ließ er die Dinge laufen und wehrte dem Verfall nicht. Allerdings war er in dieser Zeit viel von seinem Bistum abwesend entweder am Kammergericht oder durch Reisen. Außerdem war die ganze Zeit seiner Regierung durch bedrückende Geldnot verdüstert. Angesichts der starken Verschuldung des Stiftes wäre größere Sparsamkeit des Bischofs vonnöten gewesen. Johann von Hoya besaß einerseits das Zeug zu einem tüchtigen Regenten. Durch Verbesserung der Rechtspflege und Reorganisation der Behörden wirkte er wohltätig für sein Land. Es war sein Ziel, den Menschen, die ihm anvertraut waren, in der Unbeständigkeit der Verhältnisse feste Richtlinien zu geben. Gleichzeitig war er durch seine äußere Politik darauf bedacht, zu Macht und Geld zu kommen. Am 11. November 1555 schloß er ein Bündnis mit dem König von Spanien, Philipp II., um Schutz für sein Stift zu gewinnen. Anderseits neigte Johann von Hoya zur Schönfärbung der Lage in seinen Bistümern. Kritiker seiner Amtsführung wollte er durch eine unaufrichtige Berichterstattung des Zustandes beruhigen. Es ist bekannt, daß dies eine Versuchung vieler Bischöfe ist.

Im zweiten Abschnitt seiner Regierung trat Johann von Hoya fester auf. Petrus Canisius, der 1564 im Dom zu Osnabrück predigte, machte auf ihn einen starken Eindruck. Seit 1568 ging er energisch daran, die Trienter Dekrete durchzuführen. 1570 hielt er eine Diözesansynode ab, 1571 wiederum. In den Schreiben an seinen Offizial vom 13. Januar 1570 und 18. März 1571 forderte Johann vom Klerus den Besuch der Diözesansynoden, die Predigt der katholischen Lehre und die Verwendung des tridentinischen Katechismus, und in dem Mandat vom 18. März 1571 rief er zur Annahme der tridentinischen Dekrete auf. Johann versuchte auch stärkeren Einfluß auf die Besetzung der Pfarrstellen zu gewinnen und die unrechtmäßige Resignation zugunsten anderer zu unterbinden. Gegen diese Maßnahmen gab es manche geheime Obstruktion, so daß ihnen kein großer Erfolg beschieden war.

Auch im Verhältnis zum Protestantismus sind bei Johann von Hoya zwei Perioden zu unterscheiden. Bis zu seiner Wahl zum Bischof von Münster nahm er trotz seiner katholischen Gesinnung eine träge Zwischenstellung ein, die zu dem im Stift sich herausbildenden konfessionellen Mischzustand paßte. Es waren wohl vorwiegend politische Gründe, die ihn von einer energischen Restauration des Katholizismus abhielten. Seine schwache Stellung im Stift, die hohen Schulden und die Sorge vor Repressalien benachbarter protestantischer Fürsten erklären, daß er in der frühen Zeit seines Bischofsamtes nicht entschiedener gegen den Protestantismus auftrat. Johann von Hoya mied das Risiko. Er prüfte und zauderte, oft zu lange. Selten ergriff er die Initiative, und nur dann, wenn er sich des Erfolges sicher war. Er war „kein Mann des entschlossenen Zugreifens" (Wilhelm Kohl). In gewisser Hinsicht wurden auch Johann von Hoya die Finanzen zum Verhängnis. Er liebte eine aufwendige Hofhaltung, die zumal angesichts der Schuldenlast, die das Stift drückte, völlig unangebracht war. Um die

Schulden tilgen oder tragen zu können, benötigte er die Landstände, und deren Hilfe wurde nur gewährt, wenn er gegenüber lutherischen Neigungen nachsichtig war. Auf dem Reichstag zu Augsburg im Jahre 1566 ließ er sich durch einen Protestanten vertreten, obwohl über Religionsfragen verhandelt wurde. Nach seiner Konsekration zum Bischof trat er energischer für die katholischen Prinzipien ein. Aber eine kraftvolle Rekatholisierung kam auch jetzt nicht in Gang. Vielleicht lag dieses Versäumnis in dem schlechten Befinden des Bischofs begründet. Johann war stets kränklich. Angeblich litt er an Epilepsie. Er starb an Tuberkulose im Alter von 45 Jahren; sein ungünstiger Gesundheitszustand ist bei seiner Beurteilung zu berücksichtigen. In jedem Falle ließ er seine Bistümer in einer äußerst bedrohten Lage zurück.

IV.

Heinrich von Sachsen-Lauenburg (1574-1585)

Heinrich von Sachsen-Lauenburg ist eine jener unseligen Figuren, die wegen ihrer Unaufrichtigkeit der Kirche im 16. Jahrhundert schweren Schaden zugefügt haben. Am 17. Februar 1567 postulierte das Bremer Domkapitel den siebzehnjährigen Mann zum Erzbischof, aber da er der Häresie verdächtig war, erteilte ihm Pius V. nicht die Zulassung. Am 22. Juni 1574 postulierte ihn sodann das Osnabrücker Domkapitel zum Bischof, aber auch diesmal erhielt er nicht die päpstliche Zulassung. Kaiser Maximilian II. gab ihm freilich für beide Stifte ein Administrationsindult. Am 14. Oktober 1577 postulierte ihn schließlich das Paderborner Domkapitel zum Bischof; wiederum bekam er die Zulassung nicht. Die Mehrzahl des Osnabrücker Kapitels war zu dieser Zeit noch katholisch und gab sich Mühe, durch die Wahlkapitulation den katholischen Charakter des Stiftslandes zu erhalten. Um so befremdlicher ist es, daß es sich für den Lauenburger entschied. Das Kapitel wurde nicht stutzig, daß der Kurfürst August von Sachsen und der Landgraf Wilhelm von Hessen Heinrich empfahlen. Er stammte aus einer Familie, die der Augsburgischen Konfession anhing, und man konnte seiner eigenen katholischen Überzeugung zumindest nicht sicher sein. Freilich trieb er ein falsches Spiel und täuschte seine Umgebung. Um in Osnabrück postuliert zu werden, gab er jedes gewünschte Versprechen ab. In der Wahlkapitulation verpflichtete er sich, die katholische Religion zu erhalten, die Weihen zu empfangen und die päpstliche Bestätigung einzuholen. Der Professio fidei, die er am 22. Juni 1574 leistete, war indes eine Formel angehängt, die den Vorbehalt zuvor gemachter Eide und Versprechungen machte. Daraufhin wurde er zum Bischof von Osnabrück postuliert. Obwohl Heinrich längst innerlich Protestant war, suchte er unter Vorspiegelung falscher Tatsachen um die päpstliche Zulassung für Osnabrück nach, die ihm für Bremen verweigert worden war. Der Vorwurf der Unwahrhaftigkeit gegen ihn ist begründet. Die Zulassung des Papstes wurde ihm nicht zuteil, was ihn nicht hinderte, entgegen seinem Versprechen die Leitung des

Bistums zu behalten. Man sieht daraus, auf welchem Tiefpunkt das Recht des Reiches und die Macht des Heiligen Stuhles angelangt waren. Heinrich gab nicht auf. Im Jahre 1576 stellte er dem Papst neuerlich in heuchlerischer Weise seine Treue vor, obwohl er zu diesem Zeitpunkt bereits eine Handlung getätigt hatte, die den Bruch mit der Kirche offenkundig machte. Am 25. Oktober 1575 ließ er sich von seinem Hofprediger Gode mit der Anna van Broich heimlich trauen. Dieser Akt verschaffte Heinrich das vorbehaltlose Vertrauen der Protestanten; jetzt waren sie seiner völlig sicher. Sie suchten diesen Mann in höchste Stellen zu bringen. Als Kurfürst Salentin von Köln im Jahre 1575 plante, auf sein Amt zu verzichten, schlug der lutherische Kurfürst Ludwig von der Pfalz ihm Heinrich als seinen Nachfolger vor; dazu kam es glücklicherweise nicht. Ebenso trachtete Heinrich in den Jahren 1575 bis 1577 danach, Bischof von Münster zu werden. Auch dieser Plan mißlang jedoch. Der Apostolische Stuhl behandelte ihn vorsichtig, weil er von schroffem Entgegentreten noch größeren Schaden befürchtete. Die Congregatio Germanica, die am 24. März 1578 über die Zulassung Heinrichs für Paderborn beriet, lehnte eine Empfehlung an den Papst, ihn zu bestätigen, ab, sprach sich aber dafür aus, den Gewählten zu mahnen, für die drei Bistümer die Professio fidei abzulegen, worauf ein neuer Informativprozeß eingeleitet werden könne. Heinrich wiederholte in den folgenden Jahren noch mehrmals den Versuch, die Bestätigung zu erhalten, jedoch vergeblich.

Heinrich betätigte sich in Osnabrück hauptsächlich als Landesfürst und weniger als Bischof. Es gelang ihm nicht, des unaufhörlichen Streites der verschiedenen protestantischen Richtungen Herr zu werden. Die katholische Religion litt unter seiner Regierung Schaden. Er starb schon mit 35 Jahren. Die Zeit der drei Bischöfe Heinrich von Sachsen-Lauenburg, Bernhard von Waldeck und Philipp Sigismund von Wolfenbüttel, die dem Protestantismus zuneigten, war eine Epoche des Niedergangs für Osnabrück. Unter ihnen eroberte die neue Lehre das Bistum.

V.

Wilhelm von Schenking (1585)

Am 20. Juli 1585 wählte das Domkapitel den Wilhelm von Schenking zum Bischof, aber er starb schon vier Tage später. Da er katholisch war, hätte seine Regierung das Bistum Osnabrück wieder auf den rechten Weg bringen können.

VI.

Bernhard von Waldeck (1585-1591)

Bernhard von Waldeck wurde am 25. Oktober 1585 zum Bischof von Osnabrück postuliert. Das Domkapitel war damals wohl noch überwiegend katholisch, wenn auch nicht untadelig. Daß es den Waldecker auf den Bischofsstuhl erhob, war ein schwerer Fehler. Denn Bernhard stammte aus einer dem Protestantismus anhängenden Familie und war wohl selbst dem Augsburger Bekenntnis ergeben; er verhielt sich lediglich nach außen hin vorsichtig. In der Kapitulation von 1585 versprach Bernhard, das Domkapitel und die dessen Jurisdiktion Untergebenen in der katholischen Lehre zu schützen, sich selbst nach der katholischen Lehre zu verhalten und dabei zu bleiben, an seinem Hof einen gelehrten katholischen Priester anzustellen und im Stift für die Bewahrung der katholischen Religion zu wirken. Den vorgeschriebenen Eid und das Glaubensbekenntnis leistete er (am 29. Januar 1586) gegen seine Überzeugung, um die päpstliche Bestätigung zu erlangen. Einzelne Katholiken durchschauten ihn. Der Kölner Nuntius Bonhomini traute ihm von Anfang an nicht. Am 22. Oktober 1585 empfahl er dem Heiligen Stuhl, die Postulation nicht zuzulassen. Papst Sixtus V. fand sich jedoch am 25. Mai 1587 dazu bereit und dispensierte vom Mangel des vorgeschriebenen Alters, des Doktorgrades und der höheren Weihe sowie von dem Hindernis seiner Abstammung von Häretikern. Dieses Entgegenkommen war ein ebenso schwerer Fehler wie die Postulation, was bald offenbar wurde. Nachdem Bernhard vom Papst die Zulassung und vom Kaiser die Regalien erhalten hatte, zeigte er seine wahre Gesinnung als Protestant; er förderte das Luthertum und schädigte die Kirche, wo immer er es vermochte. Er war als Mensch und als Regent unzulänglich. Es fehlte ihm an Charakter und Kraft in gleicher Weise. Er empfing keine Weihen und wurde in Iburg beigesetzt. Das Domkapitel lehnte es ab, ihn, den Protestanten, im Dom zu bestatten.

VII.

Philipp Sigismund von Braunschweig-Wolfenbüttel (1591-1623)

Nach dem Tode des Bernhard von Waldeck wurde es nicht besser, sondern schlimmer im Bistum Osnabrück. Sein Nachfolger Philipp Sigismund von Braunschweig-Wolfenbüttel war einer jener rücksichtslosen Pfründenjäger, von denen die Vertreter der neuen Lehre die Kirche angeblich befreien wollten. Er war ein Sohn des Herzogs Julius von Braunschweig-Wolfenbüttel. Sein Bruder, Heinrich Julius, wollte ihm 1585 das Bistum Minden abtreten, aber das Geschäft verzögerte sich. Am 16. September 1586 postulierte ihn das Verdener Kapitel zum Administrator. Die päpstliche Bestätigung suchte er nicht nach. Am 26. Mai 1591 postulierte ihn sodann das Osnabrücker

Domkapitel zum Administrator. Das Kapitel war gespalten. Von 17 Domherren erklärten sich neun für Philipp Sigismund. Damals war nur eine Minderheit im Domkapitel einem entschiedenen Katholizismus zuzurechnen; lange Zeit kam das Kapitel aus Halbheit und Zerrissenheit nicht heraus. Es konnte keinen Zweifel geben, daß Philipp Sigismund bereits bei seiner Wahl dem Luthertum zugetan war. Der Heilige Stuhl forderte daher vor der Erteilung der Bestätigung den Übertritt zum katholischen Glauben. Aber Philipp Sigismund lehnte dieses Ansinnen ab. Ohne päpstliche Bestätigung trat er am 24. August 1591 die Administration an und behauptete sich darin. Er sollte die Regierung des Bistums 32 Jahre innehaben.

Philipp Sigismund besaß nichts von einem Bischof. Er war ein herrischer, genußsüchtiger Mann. Er lebte nicht enthaltsam und besaß einen illegitimen Sohn. Für Musik und Malerei war er aufgeschlossen. Ein starker Tätigkeitstrieb beseelte ihn. Er hatte ein ausgeprägtes Rechtsempfinden und war um Erhaltung des Friedens bemüht. Der Nuntius Frangipani sprach sich am 27. Februar 1592 nicht ungünstig über den Postulierten aus. Aber dieses positive Urteil konnte nur für seine Herrschergaben, nicht für seine religiöse Haltung gelten. Denn Philipp Sigismund war offener Protestant und förderte überall die protestantische Politik. Er hielt sich für berechtigt und verpflichtet, in seinem Bistum in religiöser Hinsicht alles in dem Zustand zu belassen, in dem er es beim Antritt seiner Regierung vorgefunden hatte. Dieser Grundsatz hinderte nicht, daß der Protestantismus im Bistum fortschritt. Denn bei seiner Amtsübernahme war eben die Religionsneuerung gleichzeitig im Besitz und im Angriff. In der Umgebung des „Bischofs" gaben Protestanten den Ton an; sein Kanzler Fürstenberg war Lutheraner. Unter solchem Regiment wurden die weltlichen und geistlichen Ämter durchwegs mit Protestanten besetzt. Am Ende seiner Regierung saßen auf beinahe allen Pfarreien des Stiftes protestantische Geistliche. Wenn die lange Regierung Philipp Sigismunds dem Bistum nicht noch größeren Schaden verursachte, so ist dies dem Domkapitel zu verdanken, in dem sich allmählich ein entschiedenerer Standpunkt durchsetzte. Der Katholizismus wurde vor allem durch den Propst Sixtus von Liaukema und den Dechanten Theodor von Morrien erhalten.

VIII.

Eitel Friedrich von Hohenzollern-Sigmaringen (1623-1625)

Mit Eitel Friedrich von Hohenzollern-Sigmaringen erhielt das Bistum Osnabrück endlich wieder einen katholischen Bischof. Er brachte die Wendung zum Besseren. Eitel Friedrich trat in jugendlichem Alter in den geistlichen Stand und erwarb eine Reihe von Kanonikaten in den vornehmsten deutschen Domkapiteln. Kaiser Ferdinand II. hielt große Stücke auf ihn. Gemäß seinem Wunsch beförderte Paul V. den jungen Mann 1621 zum Kardinal. Als solcher war Eitel Friedrich während seiner römischen

Jahre der getreue Fürsprecher der Liga beim Apostolischen Stuhl. Der Papst schätzte ihn ebenfalls hoch und empfahl ihn schon am 23. November 1612 dem Osnabrücker Domkapitel für die Bischofswahl. So geschah es auch nach dem Tode Philipp Sigismunds. Am 18. April 1623 postulierte ihn das Osnabrücker Domkapitel zum Bischof, am 2. Oktober 1623 gab ihm Urban VIII. die Zulassung.

In der kurzen Zeit seiner Regierung suchte Eitel Friedrich das religiöse Leben seines Bistums zu erneuern. Er selbst und sein Generalvikar Albert Lucenius waren eifrige Förderer der katholischen Reform. Letzterer nahm 1624/25 eine Visitation des fürstbischöflichen Gebietes vor. Die Visitationen des Lucenius zeichneten sich durch Wahrhaftigkeit, Genauigkeit und Energie aus. Die Visitation von 1624/25 bot im ganzen ein trauriges Bild der Diözese. Sie zeigte, daß die Sittlichkeit und der Bildungsstand des Klerus noch keineswegs befriedigend waren. Auch Zuneigung zum Luthertum wurde nicht ganz selten festgestellt. Manchen Geistlichen waren die Unterschiede zwischen der katholischen Religion und der lutherischen Lehre nicht geläufig.

Nach seinem Einzug in die Bischofsstadt ergriff Eitel Friedrich Maßnahmen, die dem konfessionellen Frieden dienen sollten. Er verbot den katholischen Geistlichen das Schmähen auf den Kanzeln und verlangte dasselbe von den Prädikanten. Am 4. März 1625 hielt der Bischof eine Diözesansynode ab, die der Durchführung der Dekrete des Trienter Konzils galt. Er reinigte die Geistlichkeit von Irrgläubigen, ging gegen Konkubinarier vor, sorgte für tauglichen Nachwuchs und förderte eine Seelsorge, die mit den kirchlichen Grundsätzen in Einklang stand. Gleichzeitig rief Eitel Friedrich die Jesuiten nach Osnabrück, die durch Schulunterricht, Exerzitien und Volksmissionen segensreich wirkten. Ihnen begegnete der Haß der Protestanten. Der Stadtrat verbot den Bürgern, Schüler der Jesuitenschule zu beherbergen, und als die Jesuiten zu Ostern 1625 im Dom und in der Dominikanerkirche zum erstenmal predigten, wurde der Gottesdienst gestört. Eitel Friedrich leistete in der kurzen Zeit seiner Regierung Großes. Allzu früh starb er am 19. September 1625 in Iburg.

IX.

Franz Wilhelm von Wartenberg (1625-1661)

Mit Franz Wilhelm von Wartenberg erhielt das Bistum Osnabrück den wohl bedeutendsten seiner Oberhirten. Am 27. Oktober 1625 postulierte ihn das Domkapitel zum Bischof; am 25. April 1626 übertrug ihm Urban VIII. die Verwaltung. Erst am 12. März 1628 konnte er in seine Bischofsstadt einziehen. In der Folgezeit erhielt Franz Wilhelm noch zahlreiche andere Würden. Am 13. September 1629 erließ der Papst ein Breve, das ihm die Vollmacht gab, das Bistum Minden zu übernehmen, falls das Kapitel zustimme. Am 22. Juli 1631 zog Franz Wilhelm in Minden ein. Am 26. Januar 1630 übertrug ihm Urban VIII. auch noch das Bistum Verden. Alle diese Bistümer bedeuteten angesichts ihrer inneren Verfassung schwere Bürden für den mit ihnen Beliehenen. Es ist ein Zeichen für das Verantwortungsbewußtsein und die Kraft, über die Franz Wilhelm verfügte, daß er sie sich auf die Schultern legen ließ. Er besaß zu dieser Zeit noch keine höheren Weihen. Die bischöflichen Funktionen nahm zunächst der Weihbischof von Paderborn, Johann Pelking, später der eigens für Osnabrück bestellte Hilfsbischof Caspar Münster wahr. Erst 1634 empfing Franz Wilhelm die beiden ersten höheren Weihen, am 29. November 1636 ließ er sich zum Priester weihen, am 8. Dezember 1636 zum Bischof konsekrieren.

Franz Wilhelm war theologisch und juristisch gebildet; er hatte eine treffliche Schulung im Dienst der Verwaltung genossen. Er besaß herrscherliche Gaben wie klare Erkenntnis des Notwendigen, sichere Prinzipien, Organisationstalent, Festigkeit und Konsequenz bei der Durchführung von Maßnahmen; Mut und Unerschütterlichkeit in Schicksalsschlägen waren ihm eigen. Er war ein starker Charakter, fest und geradling, mutig und tapfer. Er war schonungslos gegen sich selbst und leistete einen bewunderungswürdigen persönlichen Einsatz; er fürchtete den Kampf nicht, führte ihn vielmehr in vorderster Linie. Er war gleichzeitig ein frommer, innerlicher und demütiger Mann, der für sich selbst nichts, für Gott alles suchte. Franz Wilhelm war ein Bischof nach dem Muster des Karl Borromäus. Er besaß großen Seeleneifer, dem er alles, Besitz, Gesundheit und Bequemlichkeit, unterordnete. Der Kirche war er von Herzen ergeben; sie erhöht zu sehen, ihr die Menschen zuzuführen, sie zu verteidigen, betrachtete er als seine Lebensaufgabe. Darin ließ er sich durch nichts und niemanden beirren. Was er anderen Bischöfen voraushatte, war die Folgerichtigkeit des Handelns. Franz Wilhelm war weiter emsig tätig in der kirchlichen Verwaltung, in persönlicher Fühlungnahme und im Vorantreiben der Erneuerung; er war der unermüdliche Motor seines Bistums. Er war die Verkörperung eines unerbittlichen Willens zur (echten) Reform. Franz Wilhelm hatte kein leichtes Leben; der Erfolg war sein Begleiter nicht. Er erlebte die Zerstörung von vielen hoffnungsvoll begonnenen Werken seiner rastlosen Mühe. Aber er wurde durch keinen Schicksalsschlag gebeugt und durch kein Unglück zum Abweichen von seiner klaren Linie gebracht. Franz Wilhelm war auch ein politischer Kopf. Die Entwicklungen im Spiel der Kräfte beobachtete er sorgfältig. Stets war er auf Sammeln, Vereinigen, Verteidigen und Ausnützen jeder Konstellation bedacht. Man kann sagen, daß er einer der hervorragendsten Bischöfe der katholischen Erneuerung war. Er überragte turmhoch viele andere Oberhirten mit Durchschnittsmaß.

Katholische Reform und Ausmerzung des Protestantismus gingen bei Franz Wilhelm Hand in Hand. Die Rekatholisierung war für ihn zuoberst eine innere Erneuerung im religiösen Sinne, die Begründung einer echt katholischen Überzeugung; die äußeren Maßnahmen, die er dafür ergriff, standen lediglich im Dienste dieses Zieles. Auf zahlreichen Klerusversammlungen ließ er sich die religiöse und sittliche Erneuerung der Geistlichen sowie die Hebung der Seelsorge angelegen sein. Am 27./28. März 1628 veranstaltete er seine erste große Diözesansynode in Osnabrück. Ihre Statuten richteten sich nach den Dekreten des Trienter Konzils und den Erfordernissen des Bistums. Diese

Versammlung eröffnete die Reihe der jeweils im Frühjahr und im Herbst gehaltenen Synoden. Sie dienten der Verkündigung und der allmählichen Durchführung der tridentinischen Reformen. Sogleich nach Abschluß der Synode ordnete Franz Wilhelm eine Generalvisitation an, die der Generalvikar Albert Lucenius leitete. Bei dieser erstmaligen Maßnahme blieb es nicht. Durch immer wieder vorgenommene Visitationen richtete der Bischof mit Güte und Strenge die Disziplin in seiner Diözese auf. Im Mai 1628 rief er ein Priesterseminar ins Leben und betraute Jesuiten mit seiner Leitung. Bald danach gründete er ein Konvikt für adelige Studenten. Das Gymnasium der Jesuiten in Osnabrück nahm eine glückliche Entwicklung; ihm gliederte er 1630 eine philosophisch-theologische Lehranstalt an. In seinen drei niederdeutschen Bistümern gründete Franz Wilhelm insgesamt 13 Seminarien und Konvikte, um vor allem gute Priester heranzubilden. 1630 teilte er sein Bistum neu ein und bestellte geeignete Geistliche zu Dekanen. Er förderte die Errichtung neuer und die Wiederherstellung alter Klöster. Die Jesuiten wirkten durch eifrige Missionstätigkeit.

Franz Wilhelm hatte eine bestimmtes Programm zur Wiederherstellung des Glaubens. Die äußeren Maßnahmen mußten vorangehen, um freie Bahn für die innere Gewinnung der Menschen zu schaffen. So wurden entfremdete Kirchen dem katholischen Gottesdienst zurückgegeben, die protestantischen Prediger und Lehrer ausgewiesen, katholische Bürgermeister und Ratsherren eingesetzt, die Bürger zur Rückkehr zum Glauben zu bewegen gesucht. Danach und daneben liefen die Bemühungen für die Begründung katholischer Überzeugung in den Menschen. Predigten und Einzelbelehrung, Unterrichtung der Kinder und feierlicher Gottesdienst waren die seelsorglichen Mittel, um sie von der Irrlehre zur katholischen Religion zurückzuführen. Franz Wilhelm verschmähte in der ihm eigenen Folgerichtigkeit äußere Anreize nicht, um den doch ebenfalls äußeren Verlockungen des Protestantismus — wie bequemes und freies Leben — zu begegnen. So wurden die Katholiken bei Besteuerung, Einquartierung und Vergabe von Posten vor den Protestanten begünstigt, was sich allerdings als eine zweischneidige Maßnahme herausstellte, da sie Verbitterung hervorrief und viele dem Predigtwort unzugänglich machte. Der Kampf um die Wiederherstellung des Glaubens wurde Franz Wilhelm nicht leicht gemacht. Trotz und Widerstand auf der einen, Obstruktion, Müdigkeit und Versagen auf der anderen Seite traten ihm entgegen. Es gibt ja zu allen Zeiten Katholiken, die sich das Lob der Nichtkatholiken dadurch zu verschaffen suchen, daß sie katholische Belange nicht oder nicht fest vertreten. Aber der Bischof gab nicht nach und wurde nicht irre an seinen Zielen. Die Überzeugung von der ihm gewordenen Sendung gab ihm die Kraft, Kritik und Feigheit in den eigenen Reihen zu ertragen. Noch viel weniger ließ er sich von den Mißständen niederdrücken. Die traurigen Verhältnisse, die er z.B. in Quakenbrück vorfand, entmutigen ihn nicht einen Augenblick. Franz Wilhelm war wahrhaft ein unerschrockener Mann; in ihm war etwas Stählernes, ja Heldisches. Dazu paßt, daß er um die Bedeutung der militärischen Macht angesichts der Bedrohung der Feinde wußte. 1629 erbaute er deshalb die Petersburg bei Osnabrück.

Als Kaiser Ferdinand II. am 6. März 1629 das Restitutionsedikt erließ, wurden Franz Wilhelm und der Reichshofrat von Hyen zu kaiserlichen Kommissaren für den niedersächsischen Kreis und für den westlich der Elbe liegenden obersächsischen Kreis bestellt. Außerdem wurde Franz Wilhelm Subdelegat des Kurfürsten Ferdinand von Köln, der für die Restitution im niederrheinisch-westfälischen Kreis zuständig war, für die Bistümer Minden und Verden. In diesen Funktionen war Franz Wilhelm fast ununterbrochen unterwegs, um die katholische Religion in den genannten Gebieten wiederherzustellen. Die Aufgabe war übermenschlich schwer. Sie hätte nur gelingen können, wenn Jahrzehnte friedlicher Arbeit gegeben worden wären. Aber eben dies war nicht der Fall. Die Protestanten paktierten fast überall mit den Reichsfeinden; so geschah es auch in Norddeutschland. Das Erscheinen des schwedischen Königs auf deutschem Boden veränderte die gesamte politische Lage. Die katholische Restitution wurde jäh beendet. Als Franz Wilhelm von der Landung Gustav Adolfs hörte, verzagte er nicht, sondern ergriff Maßnahmen, um die militärische Bereitschaft des Stiftes zu erhöhen. Er schien zu spüren, daß die Zeit gegen ihn arbeitete, und drängte daher auf Beschleunigung des Bekehrungswerkes. Nach der Eroberung Magdeburgs forderte er die Osnabrücker Protestanten auf, bis zum Pfingstfest katholisch zu werden. Doch der Widerstand derselben nahm zu; sie wußten, daß der Schwedenkönig im Vordringen war. Der Tod Gustav Adolfs bei Lützen am 16. November 1632 gewährte Franz Wilhelm noch einmal eine Atempause. Aber im Frühjahr 1633 stieg die Gefahr für Osnabrück. Franz Wilhelm war fieberhaft bemüht, eine Truppe zusammenzubekommen, die dem Feind mit Aussicht auf Erfolg entgegentreten konnte. Er hielt sich selbst an der Front auf. Am 24. Juli 1633 verließ er indes vor der drohenden Einschließung die Stadt, die sich auf die Dauer nicht halten konnte. Am 12. September 1633 zogen die Feinde in Osnabrück ein. Franz Wilhelm war nun ein Verbannter. Er mußte zusehen, wie in seinen Stiften unter der Macht der schwedischen Wafffen die Protestantisierung von neuem durchgeführt wurde. Die Priester wurden vertrieben, katholische Amtspersonen verloren ihre Stellen, dem Volk wurde die Irrlehre gepredigt. Der Terror der schwedischen Besetzung schien sein ganzes Werk wieder zunichte zu machen. Der Protestantismus verdrängte von neuem die katholische Religion. 17 Jahre lang hielten die Feinde des Reiches und der Kirche das Hochstift besetzt.

Franz Wilhelm war in der Zeit seines Exils alles andere als untätig. Er wirkte vielmehr unermüdlich für die Einheit der Katholiken und den Sieg ihrer gerechten Sache. Der Statusbericht, den er 1641 dem Papst erstattete, gibt einen guten Einblick in seine Absichten, Kämpfe und Niederlagen. In dieser Zeit bemühte sich das Kapitel einer bayerischen Diözese um ihn. Am 9. November 1641 wurde Franz Wilhelm zum Koadjutor cum spe successionis in Regensburg postuliert, am 18. Januar 1642 vom Papst zugelassen. Die in Bayern übernommene Würde war für ihn kein Anlaß, seine Bürde in Norddeutschland abzuwerfen; sie vergrößerte sich im Gegenteil noch. Am 4. Mai 1645 wurde Franz Wilhelm zum Apostolischen Vikar für das vakante Erzbistum Bremen ernannt. Praktische Bedeutung hatte diese Ernennung allerdings nicht, weil zur Einführung des Bischofs in die Hansestadt die Macht fehlte. 1649 folgte Franz Wilhelm dem Bischof von Regensburg nach. 1660 wurde er Kardinal.

Franz Wilhelm vergaß über seinem bayerischen Bistum nicht die norddeutschen Bistümer. Ab 1644 hielt er von neuem Visitationen in Teilen der Diözese Osnabrück, die vom Feinde frei waren, ab. Auf einer Reihe von Synoden bahnte er die katholische Reform an. Bei den Friedensverhandlungen in Osnabrück suchte er die katholischen Interessen kraftvoll zu vertreten, konnte aber den Verlust von Bremen, Minden und Verden nicht verhindern. Ebensowenig vermochte er zu vereiteln, daß das Stift Osnabrück nach dem Westfälischen Frieden abwechselnd von einem katholischen Bischof und von einem protestantischen ,,Bischof" aus dem Hause Braunschweig-Lüneburg regiert werden sollte (Art. XIII IPO). Die kirchlichen Verhältnisse der Gemeinden richteten sich nach dem Stand in dem Normaljahr 1624. Die 1650 verabschiedete Capitulatio perpetua Osnabrugensis machte aus dem Hochstift Osnabrück ein grundsätzlich paritätisches Staatswesen.

Als Franz Wilhelm am 27. November 1650 nach Osnabrück zurückkehrte, war seine Tatkraft ungebrochen. Sogleich nahm er den Wiederaufbau in die Hand, allerdings in den Schranken, die ihm der Westfälische Friede und die Capitulatio perpetua setzten. In dieser zweiten Periode seines Schaffens war er womöglich noch eifriger tätig als in der ersten, weil er die Katholiken ertüchtigen wollte, die Nachfolge eines protestantischen ,,Bischofs", die bevorstand, durchzustehen. Im ganzen gesehen hat Franz Wilhelm als einer der größten Bischöfe zu gelten, welche die katholische Kirche in Deutschland je gehabt hat.

6. Kapitel

Bistum Utrecht

Axters, Stephanus, Geschiedenis van de vroomheid in de Nederlanden, 3 Bde., Antwerpen 1950-1956

Blok, P. J., Geschichte der Niederlande. I: Bis 1300 (= Allgemeine Staatengeschichte. 1. Abt.: Geschichte der europäischen Staaten, 33. Werk. 1. Bd.), Gotha 1902

Buchberger, M., Kleyntjens, J., Niederlande: LThK VII, 1935, 550-555

de Jong, Otto Jan, Niederländische Kirchengeschichte seit dem 16. Jahrhundert (= Die Kirche in ihrer Geschichte. Ein Handbuch Bd. 3 Lief. M 2 S. 193-233), Göttingen 1975

Franzen, August, Die Kelchbewegung am Niederrhein im 16. Jahrhundert. Ein Beitrag zum Problem der Konfessionsbildung im Reformationszeitalter (= Katholisches Leben und Kämpfen im Zeitalter der Glaubensspaltung 13), Münster i. W. 1955

Kalkoff, Paul, Die Anfänge der Gegenreformation in den Niederlanden, 2 Tle. (= Schriften des Vereins für Reformationsgeschichte 21. Jgg. 2. Stück und 4. Stück Nr. 79 und 81), Halle a. d. S. 1903/04

Kottje, Raymund, Diözesan- und Landesgrenzen. Zur historischen Bedeutung der Errichtung neuer Kirchenprovinzen und Diözesen in den Niederlanden 1559/61, in: Iserloh, Repgen, Reformata Reformanda II, 304-316

Linde, S. van der, Miskotte, K. H., Randwijk, S. C. van, Niederlande: RGG IV, 3. Aufl., 1960, 1460-1471

Müller, P. L., Heinrich II., Bischof von Utrecht: ADB 11, 1880, 625f.

Müller, P. L., Georg Freiherr Schenck von Tautenberg: ADB 31, 1890, 66f.

Munier, W. A. J., Willem van Eckenvoirt (1464-1534) und seine Benefizien. Ein Beispiel der Pfründenhäufung im Spätmittelalter: Römische Quartalschrift 53, 1958, 146-184

Neu, Heinrich, Friedrich, Markgraf von Baden: NDB 5, 1961, 592f.

Post, R. R., Geschiedenis der Utrechtsche Bisschopsverkiezingen tot 1535 (= Bijdragen van het Instituut voor middeleeuwsche Geschiedenis der Rijks-Universität te Utrecht XIX), Utrecht 1933

Post, R. R., Kerkgeschiedenis van Nederland in de Middeleeuwen, 2 Bde., Utrecht, Antwerpen 1957

Rütten, F., Utrecht: LThK X, 1938, 464-466

Schulte, v., Friedrich Freiherr Schenck von Tautenburg: ADB 31, 1890, 66

Slee, van, Friedrich von Baden: ADB 8, 1878, 45

Winkelmann, P. H., Niederlande: LThK VII, 2. Aufl., 1962, 952-955

I.

Friedrich von Baden (1496-1517)

Dem Bischof von Utrecht waren schon seit dem 14. Jahrhundert die Hände gegenüber dem Klerus von Utrecht stark gebunden. Die fünf Kapitel der Stadt erwiesen sich in Streitfällen regelmäßig als stärker denn der Bischof; dieser verlor praktisch seine Jurisdiktion über die aufmüpfigen Kanoniker. Der Bischof von Utrecht wurde regelmäßig durch das Domkapitel und die vier Kollegiatkapitel der Bischofsstadt gewählt. Aber die Regel erlitt häufige Ausnahmen. Weltliche Mächte wie die Grafen von Holland und Geldern nahmen darauf Einfluß; Maximilian I. erhielt sogar von Innozenz VIII. ein Präsentationsrecht. Er schlug 1493 den Friedrich von Baden als Koadjutor des damaligen Bischofs von Utrecht, David von Burgund, vor. Das Kapitel wählte ihn daraufhin am 13. Mai 1496 zum Bischof. Der Papst erteilte ihm am 26. November 1496 die Bestätigung. Bei seiner Wahl war er 18 Jahre alt und hatte die Subdiakonatsweihe empfangen. Von seiner Tätigkeit ist nicht viel Ruhmreiches zu berichten. Er lag im Streit mit benachbarten Fürsten. Die fortwährenden Kriege bedingten die Erhebung immer neuer Steuern, was Friedrich die Zuneigung seiner Diözesanen kostete. Bis 1514 unterstützte er die Politik des Hauses Habsburg; in diesem Jahre wandte er sich Frankreich zu, um mit dessen Hilfe das Bistum Utrecht mit der Diözese Metz zu vertauschen. Karl V. veranlaßte ihn, auf das Bistum Utrecht zugunsten Philipps von Burgund zu verzichten. Friedrich führte ein Leben als Fürst. Die kirchliche Seite seines Amtes kam bei ihm zu kurz, die Seelsorge litt Schaden.

II.

Philipp von Burgund (1517-1524)

Philipp von Burgund war einer der vielen unehelichen Söhne des Herzogs Philipp des Guten von Burgund (1419-1467). Er war zunächst in politischen Aufgaben und diplomatischen Missionen beschäftigt. Zum Bischofsamt kam er lediglich durch politische Erwägungen. Friedrich von Baden war zur Resignation geneigt; die Burgunder wollten einen Vertrauensmann auf dem Utrechter Bischofsstuhl haben und bestimmten den Philipp. Friedrich bezeichnete ihn tatsächlich als seinen Nachfolger, Leo X. übertrug ihm am 18. März 1517 das Bistum. Philipp war bei seiner Ernennung noch Laie. Der Weihbischof Jacobus de Ridder spendete ihm vom 20. bis 24. Februar 1518 die Weihen einschließlich der Priesterweihe, der Bischof von Lüttich und der erwähnte Hilfsbischof erteilten ihm am 28. Februar 1518 die Bischofskonsekration.

Philipp war politisch und militärisch auf der Höhe, zudem ein Freund und Förderer der Künste, aber auch ein sinnlicher Mann, der dem Spiel ergeben und dem weiblichen Geschlecht zugetan war. Er besaß weder Eignung noch Neigung noch Ausbildung zum Bischof. Er erhielt seine Würde lediglich in der Absicht, den nördlichen Vorposten der burgundischen Macht zu verteidigen. Aber gerade als Politiker und militärischer Führer versagte Philipp völlig. Er verlor alles Vertrauen am Brüsseler Hof. Verbittert überließ er sich dem Trunk und umgab sich mit Gelehrten und Künstlern. Er hielt viel von Pracht, Macht und Geld und betrug sich als ein Renaissanceprälat, der seinen kirchlichen Aufgaben nicht gewachsen war. Er hielt zwar zweimal im Jahre eine Synode ab, aber die Ausführung der synodalen Dekrete kam nicht voran.

Auch in den Niederlanden streuten die Glaubensneuerer schon früh ihre Irrtümer aus und hetzten gegen die Kirche. In Dordrecht verbreitete der Augustinerprior Heinrich von Zütphen die Irrlehre. Die Aufstellungen Luthers fanden wohl den Weg in die Niederlande, konnten aber dort nicht herrschend werden. Es gehört zu den Eigentümlichkeiten des niederländischen Protestantismus, daß in ihm die lutherische Lehre von den radikaleren Strömungen der Kalvinisten und der Wiedertäufer zurückgedrängt wurde. Die Wiedertäufer setzten alle Vorsicht und Zurückhaltung beiseite und wollten mit der Kirche gründlich aufräumen. Der niederländische Protestantismus zeichnete sich durch eine besondere Aggressivität aus; er war in der Verneinung stärker als in der Bejahung. Kaiser Karl V., der Herr der Niederlande, suchte dem Abfall beizukommen. Die treibende Kraft gegen die Neuerung war der päpstliche Nuntius Aleander.

III.

Pfalzgraf Heinrich II. bei Rhein (1524-1529)

Heinrich von Bayern vereinigte mehrere Bistümer in seiner Hand. Am 18. Dezember 1523 wurde er zum Koadjutor in Worms erwählt, am 16. März 1524 erhielt er die päpstliche Bestätigung. Karl V. empfahl ihn für den Utrechter Bischofsstuhl. Am 6. Mai 1524 postulierte ihn das Utrechter Domkapitel; am 15. Juli 1524 gab Clemens VII. die Zulassung. Heinrich kam in ein unruhiges Land und in eine aufrührerische Hauptstadt. Er wurde von der Bevölkerung, die der Herzog von Geldern unterstützte, vertrieben und konnte erst mit Hilfe Karls V. in seine Herrschaft eintreten. Heinrich suchte einen Weg aus den Schwierigkeiten und fand ihn. Im Jahre 1528 übertrug er die weltliche Souveränität auf den Kaiser in dessen Eigenschaft als Herzog von Brabant und Graf von Holland und behielt nur die Spiritualien für sich. Damit hatte die politische Selbständigkeit des Stiftes Utrecht ein Ende. Von nun an war der Bischof von Utrecht lediglich geistlicher Oberhirt; das Fürstentum wurde ein Bestandteil Burgunds. Diese Maßnahme stärkte die habsburgische Macht, entzog aber dem Bischof alle äußeren Hilfsmittel seiner Oberhirtengewalt. 1529 verzichtete Heinrich gegenüber dem Papst auf das Bistum und zog sich nach Deutschland zurück. Dort wurde er zunächst Koadjutor, dann Bischof von Freising.

IV.

Wilhelm III. van Enkevoirt (1529-1534)

Mit Wilhelm van Enkevoirt erhielt das Bistum Utrecht einen Oberhirten, der auf seine Art ein Beispiel der unglücklichen Praktiken ist, die zu der damaligen Zeit bei der Besetzung von Bischofsstühlen vorkamen. Wilhelm van Enkevoirt lebte nämlich von 1489 bis zu seinem Tode in Rom. Er war seit 1523 Bischof von Tortosa und (der einzige von Hadrian VI. kreierte) Kardinal. Am 1. Oktober 1529 verlieh ihm Clemens VII. das Bistum Utrecht. Wilhelm van Enkevoirt war ein Pfründenjäger großen Stils. Im ganzen hatte er, wenn auch nicht gleichzeitig, etwa 100 Benefizien inne. Dabei war er ein sittenreiner und frommer Mann, der enge Beziehungen zu den Verteidigern des katholischen Glaubens unterhielt. In seinen beiden Bistümern ist er jedoch nie erschienen. Wilhelm ließ das Bistum Utrecht durch Jakob Wittigen verwalten. Der Kampf gegen die Irrlehre wurde geführt, aber nicht mit durchschlagendem Erfolg. Die Wiedertäufer wurden gewaltsam unterdrückt.

V.

Georg von Egmond (1534-1559)

Die fünf Utrechter Kapitel wählten am 26. Oktober 1534 (nach vorangegangener Designation durch Karl V.) den Georg von Egmond zum Bischof; er war damals Diakon. Paul III. erteilte ihm am 26. Februar 1535 die Bestätigung. Georg von Egmond war ein Gegner des Protestantismus. Aber er begriff, daß dessen Abwehr mit Reform im eigenen Lager, vor allem des Klerus, einhergehen mußte, und nach dieser Einsicht handelte er. Im Februar 1549 hielt er zur Durchführung der Formula reformationis eine Diözesansynode ab. Dabei trat zutage, daß fast alle Anwesenden, auch der Bischof, Bedenken gegen Teile dieses Dokumentes trugen, das ihnen nicht genügend eindeutig erschien. Die daneben angenommenen Statuten zeigten dagegen echten Reformwillen.

Die große Ausdehnung der Bistümter Lüttich und Utrecht war einer von dem Bischof geleiteten intensiven Seelsorge nicht günstig. Seit langem war an eine Errichtung neuer Diözesen gedacht worden. Teile der Niederlande gehörten zu den Bistümern Reims, Metz, Köln, Trier, Osnabrück und Münster. Diese Gebiete sollten abgetrennt und eigenen Bistümern zugeschlagen werden. Gleichzeitig sollte von den neuen Zentren die Bekämpfung der Irrlehre energisch in Angriff genommen werden. Durch die Bulle ,,Super universas" vom 12. Mai 1559 nahm Paul IV. auf Ersuchen Philipps II. von Spanien eine neue Organisation der Bistümer in den Niederlanden vor. Utrecht wurde Metropolitansitz, dem die Diözesen Groningen, Leuwarden, Deventer, Haarlem und Middelburg unterstellt wurden; die Bistümer 's-Hertogenbosch und Roermond kamen zu der Kirchenprovinz Mecheln. Der Aufstand der Niederlande und der Widerstand des Protestantismus vereitelten die ordnungsgemäße Besetzung der meisten dieser Bistümer.

VI.

Friedrich Schenk von Tautenburg (1560-1580)

Friedrich von Tautenburg war studierter Jurist und eine Zeitlang am Speyerer Reichskammergericht tätig. Er stand Karl V. nahe. 1534 wandte er sich dem Studium der Theologie zu und empfing 1536 die Priesterweihe. 1560 wurde er zum Erzbischof von Utrecht gewählt. Am 10. März 1561 erhielt er die päpstliche Bestätigung.

Der Erzbischof erlebte schlimme Zeiten. Im Jahre 1555 übergab Karl V. die Niederlande an seinen Sohn Philipp II. von Spanien. Gegen die spanische Herrschaft rebellierte ein Teil der Bevölkerung. Die kalvinistischen Prediger schürten die Leidenschaften und hetzten das Volk auf. Der Adel organisierte den Aufstand gegen die Regierung. Die Spanier suchten der Empörung durch milde und strenge Maßnahmen Herr zu werden, die durch Margarete von Parma, den Herzog Alba, Luis de Requeséns und Alessandro Farnese ins Werk gesetzt wurden. Der Aufstand der niederländischen Protestanten war entlarvend für deren wahre Einstellung. Gerade die Maßnahmen einer echten Reform, wie sie in den Niederlanden vorgenommen wurde, brachten die Nutznießer des Schlendrians gegen die katholische Kirche auf. 1561 gaben sich die niederländischen Kalvinisten in der Confessio Belgica eine Bekenntnisschrift. 1573 wurde in der Provinz Holland die katholische Religionsübung verboten. Die Genter Pazifikation von 1576 gab dem Statthalter von Holland und Seeland, Wilhelm von Oranien, freie Hand in bezug auf die Religion. Er benutzte sie, um den Katholizismus zu zerstören. Am 23. Januar 1579 schlossen sich die sieben nördlichen Provinzen in der Utrechter Union zusammen. 1581 wurde der katholische Gottesdienst verboten, obwohl die Katholiken noch die Mehrzahl bildeten. 1588 wurde die Republik der Vereinigten Niederlande gegründet. Die Katholiken wurden erbittert, teilweise blutig verfolgt. Zeitweise wurde eine Geheimseelsorge versucht. Bis weit in das 17. Jahrhundert hinein hielten große Teile der Bevölkerung am Glauben fest. In den größeren Städten konnte die katholische Religion niemals ganz ausgelöscht werden. Die nördlichen Provinzen Groningen, Friesland und Drente wurden jedoch völlig protestantisiert.

Der Bischof Friedrich von Tautenburg war angesichts der politischen Verhältnisse nicht imstande, sein Amt auszuüben. Er erhielt noch mehrere Nachfolger, aber sie konnten sich in den Generalstaaten nicht sehen lassen.

6. Abschnitt

Kirchenprovinz Lund

1. Kapitel

Bistum Reval

Bienemann, Friedrich, Die Anfänge unserer Reformation im Lichte des Revaler Rathsarchivs: Baltische Monatsschrift 29, 1882, 415-460

Hansen, Gotthard v., Die Kirchen und ehemaligen Klöster Revals, 3. verm. Aufl., Reval 1885

Hasselblatt, R., Die Metropolitanverbindung Revals mit Lund: Mittheilungen aus der livländischen Geschichte 14, 1890, 461-466

Hauptmann, Peter, Baltikum II: ThRE V, 1980, 145-159

Hellmann, M., Johannes Blankenfeld: LThK V, 2. Aufl., 1960, 1010

Johansen, P., Reval: RGG V, 3. Aufl., 1961, 1077

Kaestner, Georg, Das refundirte Bisthum Reval. Untersuchungen zur Geschichte von Harrien und Wirland im dreizehnten Jahrhundert. Phil. Diss. Göttingen, Göttingen 1876

Nottbeck, Eugen von, Neumann, Wilhelm, Geschichte und Kunstdenkmäler der Stadt Reval. 1. Bd.: Die Geschichte der Stadt Reval; 2. Bd.: Die Kunstdenkmäler der Stadt, Reval 1904

O'Rourke, E., Reval: LThK VIII, 1936, 855f.

O'Rourke, E., Reval: LThK VIII, 2. Aufl., 1963, 1268

Schrenck, Erich von, Baltische Kirchengeschichte der Neuzeit (= Abhandlungen der Herder-Gesellschaft und des Herder-Instituts zu Riga 5. Bd. Nr. 4), Riga 1933

Wittram, R., Baltische Länder: RGG I, 3. Aufl., 1957, 850-856

I.

Gottschalk Hagen (1509-1513)

Das Bistum Reval gehörte rechtlich zu der Kirchenprovinz Lund. Indes bestanden zu dem in Dänemark residierenden Metropoliten keine tatsächlichen Beziehungen. Die Revaler Bischöfe besuchten die Provinzialkonzilien von Riga. Der Bischof von Reval besaß kein eigenes Gebiet, in dem er Landesherr gewesen wäre; entsprechend gering war seine Macht, was sich in der Zeit der Glaubensspaltung drastisch zeigte.

Die sogenannte Reformation empfahl sich den Menschen vor allem durch ihren wesentlichen Zug, der auf Bequemlichkeit ging. Eine Einrichtung der Kirche, die besonders verhaßt war, weil sie den Leidenschaften und der Eitelkeit zugleich nahetrat, war das Rüge- und Strafverfahren des Sends oder Sendgerichts. Diese Beobachtung trifft auf die Stadt Reval in vollem Umfang zu. Die Bürger von Reval wehrten sich schon zu

Beginn des 16. Jahrhunderts gegen die Abhaltung des Sends in ihrer Stadt. Der Bischof Nikolaus Roddendorp (1493-1509) vermochte nur noch eine Visitation, keinen Send zu halten, noch weniger sein Nachfolger Gottschalk Hagen (1509-1513).

II.

Johannes Blankenfeld (1514-1524)

Hagen folgte für kurze Zeit (1514) Christian Zervekow. Danach gelangte Johannes Blankenfeld auf den Revaler Bischofsstuhl, einer der bedeutendsten Bischöfe des 16. Jahrhunderts. Er hatte in Bologna die Rechte studiert und war dann Professor an der Universität Frankfurt gewesen. Blankenfeld leistete dem Kurfürsten von Brandenburg als Rat und Gesandter große Dienste. Seit 1512 war er als Orator desselben und als Generalprokurator des Deutschen Ordens in Rom tätig. Mit Unterstützung des Hochmeisters des Deutschen Ordens, des Markgrafen Albrecht von Brandenburg-Ansbach, erhielt er 1514 vom Papst das Bistum Reval übertragen. Der erste Besuch Blankenfelds in seinem Bistum dauerte von Oktober 1515 bis Juni 1516. Dem Wunsche des Hochmeisters folgend, mußte er sich wieder nach Rom begeben. 1518 bekam er von Leo X. auch noch das Bistum Dorpat, für welches (oder wahlweise einige andere Bistümer) er sich bereits 1517 hatte eine Exspektanz erteilen lassen.

Blankenfeld trat in Reval ein schweres Erbe an. Die Emanzipationsgelüste der Bürger warteten nur auf eine eingängige Ideologie, um die Herrschaft des Bischofs abzuwerfen. Der Konflikt hatte grundsätzliche Bedeutung, entzündete sich aber an der Frage des Sends, der den Bürgern von Reval lästig war. Blankenfeld war nicht der Mann, der vor Pressionen zurückwich. Die Bedeutung dieses Rügeverfahrens für die Disziplin in der Kirche, aber auch für die Abwehr von Irrlehren war ihm bewußt, und er war entschlossen, es zu erhalten und vorzunehmen. Blankenfeld kündigte 1520 die Abhaltung des Sends in Reval an; gegen den Widerstand des Magistrats berief er sich auf das geistliche Recht und den Gehorsam gegenüber dem Papst. Die Pest vereitelte sein Vorhaben. Ob er den Send 1522 bei seinem Besuch in der Stadt abgehalten hat, ist zweifelhaft. Inzwischen waren die Parolen Luthers in Reval bekannt geworden und hatten hier begreiflicherweise ein starkes Echo gefunden; der Wittenberger besaß die Gabe, den Menschen das zu sagen, was sie hören wollten. 1523 richtete er ein eigenes Schreiben an die Bewohner von Reval, Riga und Tarbthe in Livland. Die Prädikanten Johann Lange, Hermann Marsow und Zacharias Hasse predigten als erste in Reval den Abfall vom Glauben und verführten einen Teil der Bürgerschaft. Die Bettelmönche, vor allem die Dominikaner, leisteten energischen Widerstand. Der Protestantismus vermochte sich mit friedlichen Mitteln nicht durchzusetzen und schon gar nicht die gesamte Bürgerschaft zu ergreifen.

Blankenfeld schwankte keinen Augenblick in der Beurteilung des Wittenberger Augustinermönches. Ihm war von vornherein klar, daß seine Thesen die Zerstörung des

Glaubens und der Kirche bedeuteten. Er nahm den Kampf auf. In Reval setzte der Bischof gegen den Widerstand des Magistrats die Verkündigung der Verurteilung Luthers durch. 1522 forderte Blankenfeld den Rat von Reval auf, das Wormser Edikt zu publizieren. Der Rat lehnte das Ansinnen am 7. März 1522 ab, allerdings damals wohl noch nicht wegen lutherischer Neigungen, sondern wegen seines gespannten Verhältnisses zum Klerus und aus Furcht vor etwa zu gewärtigenden Mißhelligkeiten mit Anhängern Luthers. Dem Bischof fehlte es an der Macht, die Veröffentlichung zu erzwingen. Es gelang ihm auch nicht, auf dem im Juni 1522 gehaltenen Landtag zu Wolmar eine Entschließung gegen das Luthertum durchzusetzen. Das bedeutete, daß die Mehrheit der Stände der Wittenberger Lehre keinen Widerstand entgegensetzte. Die Stadt Reval benutzte die religiösen Wirren, um ihre politischen Ziele zu erreichen. Geschickt spielte sie den Deutschen Orden gegen den Bischof aus und suchte ein Bündnis der Städte gegen Blankenfeld zustande zu bringen. Im Januar 1524 unterstützte Reval das aufsässige Dorpat, im März 1524 nahm es gegen Blankenfelds Beschwerden die Prädikanten vor dem Ordensmeister in Schutz.

Als Blankenfeld 1524 die Nachfolge Lindes in Riga antrat, mußte er Reval aufgeben. Er kann für sich in Anspruche nehmen, alles getan zu haben, was in seinen Kräften stand, um den Glauben zu schützen und zu erhalten. Daß er den mit Macht gepaarten Interessen unterlag, mindert seinen großen Einsatz nicht. Nun schritt die Protestantisierung geschwind voran. Die vom 17. bis 23. Juli 1524 von den livländischen Ständen in Reval gepflogenen Beratungen endigten in einem die neue Lehre begünstigenden Beschluß. Ende Mai 1524 verbot der Stadtrat von Reval den Dominikanern das Predigen und gebot ihnen, ihre Kirche den Prädikanten zur Verfügung zu stellen. Der Ordensmeister Plettenberg suchte die Mönche zu schützen. Die Folge seines Eingreifens war der Bildersturm vom 14. September 1524, der das Inventar dreier Kirchen vernichtete. Die Predigt des neuen ,,Evangeliums" zog den Vandalismus nach sich. Unermeßliche Werte wurden vernichtet. Die Zerstörung der bildlichen und figürlichen Äußerungen des katholischen Glaubens war lediglich der Auftakt zum Vorgehen gegen die Gläubigen selbst. Gewaltsame Maßnahmen der Gilden gegen die ,,Domgänger" wurden unnachsichtig gehandhabt. Im September 1524 führte der Rat obrigkeitlich eine lutherische Kirchenordnung ein. Im Januar 1525 wurden die Dominikaner ausgewiesen; sie fanden Aufnahme in dem bischöflichen Schloß Borkholm. Zu dieser Zeit war die Mehrheit der Bewohner Revals noch katholisch. Es gab auch Geistliche, die der Irrlehre widerstanden, wie die beiden Domprediger. Der Rat setzte darum am 28. Oktober 1524 eine Strafdrohung gegen jene fest, die das Luthertum der Wahrheit gemäß als Häresie bezeichneten.

III.

Georg von Tiesenhausen (1525-1530)

Der Nachfolger Blankenfelds wurde Georg von Tiesenhausen. Er wurde am 17. März 1525 zum Bischof gewählt, am 21. Juli 1525 erlangte er die päpstliche Bestätigung. Tiesenhausen wurde 1527 auch Bischof von Ösel. In der Zeit zwischen dem Abgang Blankenfelds und dem Amtsantritt Tiesenhausens spielte sich die Machtergreifung des Protestantismus in der Stadt Reval ab. Jetzt drang die Glaubensneuerung gewaltsam vor. Auch in Reval hielten viele Gläubige aller ,,Reformation" zum Trotz am katholischen Glauben fest und besuchten mutig den Gottesdienst. Der angesehene alte Bürgermeister Heise Pattiner beispielsweise stand treu zur heiligen Religion. Da griff der Rat zum äußersten Mittel. Er faßte einen Beschluß, wonach Katholiken nicht mehr in der Stadt geduldet werden dürften und der Besuch des Gottesdienstes im Dom, im Michaelis- und im Birgittenkloster streng verboten sei.

Die Vertreter des ,,reinen Evangeliums" befehdeten sich untereinander heftig und teilten sich in Parteien je nach dem ,,Fortschritt" in der Preisgabe von Glaubensinhalten. Wenn dem Bischof die erforderlichen Machtmittel zur Verfügung gestanden hätten, wäre es ihm leicht möglich gewesen, die katholische Religion wieder aufzurichten. Aber er war leider ohnmächtig. Der Deutsche Orden trat ihm nicht zur Seite.

IV.

Johannes V. Romet (1531-1536)

Johannes Romet wurde vom Kapitel gewählt und erhielt am 30. August 1531 die päpstliche Bestätigung. Von seiner Wirksamkeit ist wenig bekannt. Der Adel in Harrien und Wierland setzte der neuen Lehre bis in die zweite Hälfte des 16. Jahrhunderts starken Widerstand entgegen.

V.

Arnold II. Anebad (1536-1551)

Arnold Anebad wurde ebenfalls vom Kapitel gewählt und am 1. September 1536 vom Papst bestätigt. Er nahm den Friedrich von Ampten zum Koadjutor an.

VI.

Friedrich von Ampten (1551-1557)

Friedrich Ampten wurde vom Kapitel gewählt und am 22. März 1553 vom Papst bestätigt. Er war der letzte katholische Bischof. In Mauritius Wrangel wurde ihm ein Koadjutor beigesellt (1554-1557). Derselbe führte von 1558-1560 den Titel eines (gewählten) Bischofs. Ihm folgte von 1560 bis 1561 Magnus Herzog von Holstein. Er war der letzte Inhaber des katholischen Bistums Reval. Sein (protestantischer) Nachfolger war Peter Foling. Magnus starb 1583 als „Bischof" von Kurland in Pilten.

Am 4. Juni 1561 unterwarfen sich die Stadt Reval und die Ritterschaft von Estland dem schwedischen König Erich XIV. Der Dom blieb bis 1565 (nach anderen Autoren nur bis 1561) katholisch. In diesem Jahre wurde der katholische Gottesdienst abgeschafft. Auch in Livland ragten die Klosterfrauen durch Treue zur heiligen Religion hervor. Das Michaeliskloster der Zisterzienserinnen hielt tapfer am katholischen Glauben fest, obwohl den Nonnen ein protestantischer Prediger aufgezwungen wurde. 1543 wurde es zwangsweise aufgehoben. Das Birgittenkloster hielt sich inmitten der protestantischen Woge bis zum Jahre 1577, als die Russen es zerstörten.

2. Kapitel

Bistum Schleswig

Boockmann, Andrea, Ahlefeldt, Gottschalk, in: Klose, Olaf, Rudolph, Eva, Hayessen, Ute (Hrsg.), Schleswig-Holsteinisches Biographisches Lexikon V, Neumünster 1979, 19-21

Cehak, Carl, Kirchengeschichte der Provinz Schleswig-Holstein. Zum Gebrauch in Seminaren und höheren Schulen sowie für Lehrer und Lehrerinnen bearbeitet, Breslau 1909

Feddersen, Ernst, Philippismus und Luthertum in Dänemark und Schleswig-Holstein, in: Scheel, Otto (Hrsg.), Festschrift für Hans Schubert zu seinem 70. Geburtstag (= Archiv für Reformationsgeschichte Ergänz.-Bd. 5), Leipzig 1929, 92-114

Feddersen, Ernst, Kirchengeschichte Schleswig-Holsteins Bd. II: 1517-1721 (= Schriften des Vereins für Schleswig-Holsteinische Kirchengeschichte Nr. 19 der größeren Druckwerke), Kiel 1938

Göbell, W., Schleswig: LThK IX, 2. Aufl., 1964, 417-419

Hansen, Reimer, Jessen, Willers (Hrsg.), Quellen zur Geschichte des Bistums Schleswig (= Quellensammlung der Gesellschaft für Schleswig-Holsteinische Geschichte 6. Bd.), Kiel 1904

Harms, Klaus, Das Domkapitel zu Schleswig von seinen Anfängen bis zum Jahre 1542 (= Schriften des Vereins für schleswig-holsteinische Kirchengeschichte. 1. Reihe (größere Publikationen). 7. Heft), Kiel 1914

Jensen, Wilhelm, Ahlefeldt, Gottschalk: NDB 1, 1953, 109

Lau, Georg Johann Theodor, Geschichte der Einführung und Verbreitung der Reformation in den Herzogthümern Schleswig-Holstein bis zum Ende des sechszehnten Jahrhunderts, Hamburg 1867

Metzler, J., Schleswig: LThK IX, 1937, 272f.

Michelsen, A. L. J., Schleswig-Holsteinische Kirchengeschichte. Nach hinterlassenen Handschriften von H. N. A. Jensen überarb. u. hrsg., 4 Bde., Kiel 1873-1879

Pauls, Volquart, Geschichte der Reformation in Schleswig-Holstein (= Schriften des Vereins für schleswig-holsteinische Kirchengeschichte 1. Sonderheft), Kiel 1922

Schmitt, Ludwig, Die Verteidigung der katholischen Kirche in Dänemark gegen die Religionsneuerung im 16. Jahrhundert, Paderborn 1899

Schubert, Hans von, Kirchengeschichte Schleswig-Holsteins auf Grund von Vorlesungen an der Kieler Universität (= Schriften des Vereins für schleswig-holsteinische Kirchengeschichte. I. Reihe (größere Publikationen). 3. Heft), Kiel 1907

Schwaiger, Georg, Die Reformation in den nordischen Ländern, München 1962

Stoltenberg, Theodor, Gottschalk von Ahlefeldt und Tilemann von Hussen, der letzte katholische und der erste lutherische Bischof in Schleswig. Aus der Schleswiger Bischofschronik, Schleswig 1925

Witt, F., Der Katholizismus in Schleswig-Holstein seit der Reformation (= Schriften des Vereins für schleswig-holsteinische Kirchengeschichte. II. Reihe (Beiträge und Mitteilungen) 5. Heft), Kiel 1900, 1-30

Gottschalk von Ahlefeldt (1507-1541)

I.

Das konfessionelle Schicksal von Schleswig-Holstein im 16. Jahrhundert ist eng mit der dänischen Kirchengeschichte verknüpft. Denn das Herzogtum Schleswig stand in einem Lehensverhältnis zu Dänemark, das Herzogtum Holstein zum Deutschen Reiche. In Dänemark gab es damals ein Erzbistum (Lund) und sechs Bistümer (Roskilde, Odense, Viborg, Börglum, Aarhus, Ripen), wozu noch das bezüglich seiner Landeszugehörigkeit umstrittene Bistum Schleswig kam. Das Herzogtum Schleswig war unter die Bistümer Ripen, Odense und Schleswig, das Herzogtum Holstein unter Bremen, Lübeck und Ratzeburg aufgeteilt. Das Bistum Schleswig litt unter dem Konflikt, daß sowohl das Deutsche Reich als auch Dänemark es für sich in Anspruch nahmen. Bischof Gottschalk tendierte nach Dänemark und bestritt die Zugehörigkeit seines Bistums zum Deutschen Reich.

II.

Gottschalk von Ahlefeldt war ein vielseitig gebildeter, ja gelehrter Mann. Er machte seine Studien in Rostock und Bologna, hier wurde er 1501 zum Doctor decretorum promoviert. Anschließend war er Kanzler des Herzogs Friedrich von Holstein. 1507 wurde er Bischof von Schleswig. Gottschalk besaß Klugheit, Scharfsinn und Urteilsfähigkeit in hohem Maße. Er war ein zielbewußter und fester Charakter, aber kein Kämpfer. Gottschalk war ebenso gläubig wie fromm, sowohl als Regent wie als Bischof gewandt und umsichtig. Er war unermüdlich tätig und überaus fleißig, stets besorgt um das

Wohl seines Bistums. Er oblag eifrig dem Predigtamt, verfaßte eine Agende für sein Bistum und gab ein Brevier heraus. Ebenso bewährte er sich als vorzüglicher Finanz- und Verwaltungsfachmann. Unbeirrt hielt er am katholischen Glauben fest und setzte seinen bischöflichen Dienst auch in den durch Luther verursachten Wirren fort. Noch am 18. Juni 1528 rekonziliierte der Bischof die Kirche und den Friedhof zu Odenbüll auf Nordstrand und erteilte dabei einen Ablaß von 40 Tagen.

III.

Der Protestantismus machte sich in dem Bistum Schleswig früh bemerkbar. Husum und Hadersleben waren die Hauptherde der Neuerung. Tilemann von Hussen war maßgeblich an der Einführung des Luthertums in Schleswig beteiligt. Die sogenannte Reformation ging auch in Dänemark und Schleswig-Holstein mit den bekannten Begleiterscheinungen vor sich. Die Hetze der Prädikanten führte zu Ausschreitungen und Bilderstürmen. Die Änderungen im Gottesdienst im Dom zu Schleswig wurden „mit Peitsche und Zuckerbrot" durchgesetzt (Feddersen). Die Mönche und Nonnen wurden überall vertrieben. Auch in Dänemark und in Schleswig-Holstein war bei Fürst und Adel das Verlangen nach dem Kirchengut die entscheidende Triebfeder für die Begründung des Luthertums.

IV.

In Dänemark wurde die Glaubensneuerung durch den König Christian II. (1513-1523) gefördert. Seine Stellung zum Protestantismus war schwankend, entsprechend der politischen Lage. Die sogenannte Reformation war für den skrupellosen Herrscher lediglich das Mittel, seine Macht und sein Vermögen zu vermehren, indem er den Einfluß der Kirche und des Adels brach (Georg Schwaiger). Er rief 1521 den Andreas Bodenstein alias Karlstadt in sein Land, wurde aber von seinem Thron abgesetzt. In Sachsen wandte er sich völlig dem Protestantismus zu.

Sein Nachfolger König Friedrich I. (1523-1533) gab vor seinem Regierungsantritt die Zusage, sich dem Luthertum zu widersetzen. Prälaten und Adel veranlaßten ihn zu dem Versprechen, die katholische Kirche schützen und die Neuerung unterdrücken zu wollen. Aber er hielt sich nachher nicht daran. Friedrich I. neigte vielmehr zum Protestantismus und setzte der Abfallbewegung keinen Widerstand entgegen. Anfangs beobachtete er persönlich Zurückhaltung im Vorantreiben der sogenannten Reformation, weil er seine eigene Position im Lande nicht gefährden wollte. Am 7. August 1524 erließ er für Dänemark und Schleswig-Holstein eine Art Toleranzedikt, das die Religion dem einzelnen freigab. Das bedeutete angesichts der Verhältnisse die Ausstellung eines Freibriefes für die Neuerer. Im Jahre 1525 übertrug Friedrich I. die Regierung der beiden

Herzogtümer seinem Sohn Christian als Statthalter. Dieser war lutherisch gesinnt und begünstigte die protestantische Bewegung offen. Unter seiner Herrschaft konnten die Prädikanten die Irrlehre ungestört ausbreiten. Die Hardesvögte rissen das Kirchenregiment an sich, hielten Visitation ab und kontrollierten die Kirchenrechnung. Die heiligen Sachen der Kirche wurden entwendet, zahlreiche Kirchengüter verschleudert. Dem Bischof wurde das ihm zustehende Drittel des Zehnts entzogen, mancherorts die Zehntleistung völlig eingestellt.

V.

Unglücklicherweise waren die jurisdiktionellen Verhältnisse in Dänemark in jenen Jahren nicht geordnet. Nach dem Tode des Erzbischofs von Lund, Birger Gunnersen (1497-1519), wählte das Domkapitel Aage Jepsen Sparre zum Oberhirten, einen vorzüglichen Geistlichen. Leider erlangte er nicht die päpstliche Bestätigung. Päpstliche und königliche Kandidaten stritten sich um das Erzbistum. Erst seit 1526 konnte sich Sparre als erwählter, aber nicht bestätigter Erzbischof — ohne Bischofsweihe — durchsetzen. Unter diesen unglücklichen Verhältnissen mußte die Abwehr des Luthertums leiden. Gottschalk von Ahlefeldt, der Bischof von Schleswig, trat ebenso wie Ivar Munk, der Bischof von Ripen (1499-1536), dem Protestantismus entgegen. Ob es mit dem gehörigen Nachdruck geschah, ist umstritten. Gottschalk erwies sich jedenfalls auf den Landtagen zu Kiel (1526 und 1533) und Rendsburg (1525 und 1540) als zäher und schlagfertiger Verteidiger der Kirche. Auch Ivar Munk war ein gelehrter und tatkräftiger Mann. Dem Luthertum widerstrebte er entschieden. Leider hatte Munk eine Liaison mit der Ida Pogwich, der zwei Söhne entsprossen, so daß seinem Kampf die Unterlage sittlicher Integrität teilweise fehlte. 1531 resignierte er auf sein Bistum, 1539 starb er. Ihm folgte Olaus Munk, der letzte katholische Bischof von Ripen. Er wurde ordnungsgemäß gewählt und bestätigt. Der Odenseer Reichstag von 1531 zwang ihm das Versprechen ab, die Verbreitung der lutherischen Lehre in seinem Bistum und die Verheiratung der Prediger sowie den Austritt der Mönche und Nonnen nicht hindern zu wollen. Die übrigen dänischen Bischöfe verhielten sich unterschiedlich angesichts der religiösen Neuerung. Jens Andersen Beldenak, der Bischof von Odense (1501-1529), war ein wenig geistlicher Herr. Nicht viel anders stand es um Niels Stygge Rosenkrantz, den Bischof von Börglum (1483-1533), und dessen Koadjutor Stygge Krumpen (1519-1536). Lage Urne, der Bischof von Roskilde (1512-1529), hielt dagegen die Neuerung mit Energie nieder. Der eifrigste Bischof war Ove Bille, der Oberhirt von Aarhus (1520-1536). Er erkannte klar die Schäden und die Notwendigkeiten der Zeit. Mit Hilfe einer eigenen Druckerei verbreitete er die Schriften des Paulus Helie. Dieser, der ,,Erasmus Dänemarks'', wendete sich enttäuscht von Luther ab, als er erkannte, daß er die Kirche nicht erneuerte, sondern zerstörte. Jörgen Friis, der Bischof von Viborg (1521-1536), versuchte gegen die Aussäer des Irrtums vorzugehen, aber er fand nicht die Hilfe des weltlichen Arms.

VI.

Der Herzog Christian förderte in seinem Gebiet weiter die Glaubensneuerung; 1528 gab er Nordschleswig eine lutherische Kirchenordnung. Die katholischen Oberhirten waren keineswegs starr, sondern durchaus flexibel, um den Glauben zu retten. Auf dem Landtag zu Kiel 1526 erklärten sich die Prälaten unter der Führung Gottschalks bereit, dem König eine gewaltige Summe, die zum Verkauf bzw. zur Verpfändung kirchlicher Besitzungen zwang, zu zahlen, und erhielten dafür das Versprechen der Unterdrückung der Irrlehre. Aber der König stand nicht zu seinem Wort. Im gleichen Jahre 1526 gab er vielmehr offen zu verstehen, daß er sich der neuen Lehre zugewandt habe, indem er die Fastengebote der Kirche mißachtete und das Abendmahl unter beiderlei Gestalt empfing. Friedrich I. zwang dem Schleswiger Dom den Lutheraner Marquard Schuldorp als Pfarrer auf. Im Schiff der Kirche wurde fortan das Luthertum verkündigt, während im Chor die hl. Messe gefeiert wurde. Von Schleswig-Holstein breitete sich der Protestantismus nach Norden aus. Auf dem Herrentag von Odense im Jahre 1526 gaben die Bischöfe wichtige Rechte bezüglich des Erwerbs von Kirchenvermögen preis, um dafür vom Adel Unterstützung bei der Abwehr des Protestantismus zu erhalten. Aber das von den Adligen gegebene Versprechen wurde rasch und vielfältig gebrochen. Immerhin ist der von den Bischöfen ausgesprochene Verzicht ein wichtiges Beispiel für die Tatsache, daß es an Oberhirten nicht fehlte, denen der Glaube über irdisches Gut ging. Im Jahre 1527 wurde den dänischen Bischöfen untersagt, sich um Bestätigung an den Papst zu wenden. Damit trat die Abspaltung Dänemarks von der Kirche offen zutage. Die dänischen Bischöfe gaben aber ihre Bemühungen nicht auf, den katholischen Glauben zu erhalten. 1527 luden sie Eck und Cochlaeus ein, nach Dänemark zu kommen, um für die heilige Religion einzutreten. Beide waren leider an ihren Stellen unabkömmlich. Der Herrentag zu Odense im Jahre 1527 gewährte dem Luthertum nicht nur Duldung, sondern grundsätzliche Gleichberechtigung. Beide Seiten sollten vom König geschützt werden. Doch Toleranz war nicht nach dem Sinn der Protestanten; sie wollten die Alleinherrschaft. Die Prädikanten traten keck auf und strebten nach Vernichtung der katholischen Kirche.

VII.

Die dänischen Bischöfe sahen klar. Sie waren sich einig, daß die Neuerer vom katholischen Glauben abgefallen waren und daß ihnen darum um des Gewissens willen widerstanden werden müsse. Bis zum Jahre 1529 waren sie sich in der Ablehnung des Protestantismus einig. Als jedoch Jens Andersen im Jahre 1529 das Bistum Odense dem Knud Henriksen Gyldenstjerne übergab, kam zum erstenmal ein Mann zum Bischofsamt, der den Protestantismus begünstigte. Ebenso verpflichtete sich Joachim Rönnov, der 1529 Bischof von Roskilde wurde, den Prädikanten freien Lauf zu lassen. Auf dem

Herrentag von Kopenhagen (1530) fanden Religionsverhandlungen statt. Beide Seiten tauschten Schriftsätze aus, was verständlicherweise zu niemandes Bekehrung führte. Gleichzeitig schürten die Prädikanten den Haß gegen die Kirche. Dieser Herrentag brachte den Lutheranern weitere Vorteile. Die Protestanten schritten von Eroberung zu Eroberung. Im Jahre 1532 verzichtete Sparre auf das Erzbistum Lund. Sein Nachfolger, Torbern Bille, mußte sich dazu verpflichten, die lutherische Predigt dulden zu wollen; er war aber persönlich bemüht, den katholischen Glauben zu erhalten. Als Friedrich I. 1533 starb, waren die Bischöfe von Roskilde, Joachim Rönnov, und von Odense, Kanut Gyldenstjerne, bereit, den Protestantismus zu tolerieren. Die übrigen Bischöfe widersetzten sich weiter dem Abfall. Sie waren dem Ansturm der Neuerung jedoch nicht gewachsen. Es fehlte ihnen die Macht, die heilige Religion gegen die Revolution von oben wirksam zu verteidigen. Schleswig-Holstein und die bedeutendsten Städte Dänemarks waren um diese Zeit bereits überwiegend protestantisch. Dennoch war die katholische Kirche alles andere als ausgelöscht. Vor allem starke Teile des Adels hielten am Glauben fest. Auf dem Land und in fast allen Bischofsstädten waren die Bewohner mehrheitlich katholisch. Auf dem Juni-Landtag 1533 in Kiel wurde erneut beiden Religionen Duldung verheißen. In Wirklichkeit bestand keine Gleichberechtigung zwischen der katholischen Kirche und dem Luthertum. Denn die erstere wurde nach Kräften unterdrückt, das letztere mit allen Mitteln gefördert. Auf dem Herrentag von 1533 in Kopenhagen hatten die Katholiken noch einmal die Mehrheit. Die Bischöfe sollten nach seinen Beschlüssen die katholische Religion wiederherstellen und die Prädikanten vertreiben. Tatsächlich fingen einzelne von ihnen an, gegen die Lutheraner vorzugehen. Aber dieser kurze Aufschwung war bald vorüber. Ein Bürgerkrieg brach aus. Um die Wirren zu beenden, wurde der lutherische Christian III. zum König gewählt.

VIII.

König Christian III. (1534-1559) war entschlossen, die katholische Kirche in seinem Lande zu zerstören. Mit harter Hand etablierte er seine Macht. Am 20. August 1536 holte er zum Gewaltstreich aus. Er ließ die sieben Bischöfe gefangennehmen, um auf diese Weise die katholische Kirche vernichtend zu treffen. Auf dem Reichstag zu Kopenhagen 1536 ließ sich der König seine Gewaltakte sanktionieren. Alle Bischöfe wurden abgesetzt, ihr Eigentum eingezogen. Sie erhielten nur dann die Freiheit, wenn sie auf ihre Rechte verzichteten. Alle bis auf einen kamen dem Ansinnen nach. Joachim Rönnov allein blieb unbeugsam. Er weigerte sich, den Revers zu unterschreiben, daß er sich in das Privatleben zurückziehen und der lutherischen Lehre nicht widerstreben werde. Rönnov wurde zeit seines Lebens gefangengehalten; er starb 1544. Die übrigen Bischöfe erhielten die Freiheit und beträchtliche Güter zur Bestreitung ihres Lebensunterhaltes. Der Reichstag im Oktober 1536 beschloß die Abschaffung der katholischen Religion. Der König erklärte das Luthertum zur Staatsreligion und verbot jede katholische Religionsübung. In dem Brief, den Luther am 2. Dezember 1536 an Christian III. richtete, spendete er ihm Beifall für die Ausrottung der Bischöfe des Landes.

Aber auch jetzt war der Kampf noch nicht zu Ende. 1537 und 1540 bestand noch immer eine starke katholische Minderheit in Schleswig-Holstein mit den Bischöfen von Schleswig und Lübeck an der Spitze. Es fehlte nicht an Widerstand der Bevölkerung. An vielen Orten, wie beispielsweise auf den Inseln Föhr und Sylt, gab es ergreifende Beispiele der Treue zum katholischen Glauben. Ebensowenig ließ sich der gesamte Klerus zum Luthertum verlocken oder zwingen. Aber die Macht des Königs war stärker. Am 2. September 1537 veröffentlichte er für Dänemark die neue Kirchenordnung, die 1539 Gesetzeskraft erhielt. Sie sollte auch in Schleswig-Holstein eingeführt werden. Als Christian III. am 3. März 1540 dem Landtag in Rendsburg seine lutherische Kirchenordnung vorlegte, erhob sich noch einmal starker Widerstand der Katholiken, die von Wulf Pogwisch und den Bischöfen von Schleswig und Lübeck geführt wurden; der König wich zurück, ging aber auf dem Wege der tatsächlichen Protestantisierung weiter. Gottschalk von Ahlefeldt starb am 25. Januar 1541. Mit seinem Tode verstummte der öffentliche Widerspruch gegen die Entkatholisierung. 1541 wurden durch eine königliche Kommission die letzten Klöster beseitigt. 1542 wurde in Rendsburg die Kirchenordnung für Schleswig-Holstein angenommen. Die Katholiken wurden erbarmungslos verfolgt. König Christian IV. (1588-1648) verbot katholischen Priestern unter Androhung der Todesstrafe, den Boden Dänemarks zu betreten.

Tilemann von Hussen wurde der erste protestantische „Bischof" in Schleswig. Ihm folgten noch einige protestantische „Bischöfe". 1549 wurde ihm in der Person des Prinzen Friedrich ein „Koadjutor" gegeben, selbstverständlich in der eindeutigen Absicht, damit das Stift enger an die Krone Dänemarks heranzuführen. 1551 wurde Friedrich „Bischof" von Schleswig, später auch noch von Hildesheim. Nach seinem Tode (1556) folgte ihm Herzog Adolf von Gottorp, der seinen ältesten Sohn Friedrich 1569 zum Administrator postulieren ließ. Nach dem Tode Adolfs (1586) zog König Friedrich II. das Stift als Lehen Dänemarks ein.

7. Abschnitt

Kirchenprovinz Magdeburg

1. Kapitel

Erzbistum Magdeburg

Bormann, Albert, Hertel, Gustav, Geschichte des Klosters U. L. Frauen zu Magdeburg, Magdeburg 1885

Danneil, Fr. H. O. (Hrsg.), Protokolle der ersten General-Kirchen-Visitation im Erzstifte Magdeburg anno 1562-1564, Magdeburg 1864

Delius, Walter, Die Reformationsgeschichte der Stadt Halle a. S. (= Beiträge zur Kirchengeschichte Deutschlands Bd. I), Berlin 1953

Greischel, Walther, Der Magdeburger Dom, Berlin 1929

Hurter, Friedrich von, Geschichte Kaiser Ferdinands II. und seiner Eltern. Personen-, Haus- und Landesgeschichte, 10. Bd., Schaffhausen 1861

Janicke, Ernst von Magdeburg: ADB 6, 1877, 291-293

Janicke, Sigmund von Brandenburg: ADB 34, 1892, 294-297

Möbius, Helga, Der Dom zu Magdeburg (= Das christliche Denkmal Heft 50/51), Berlin 1961

Redlich, Paul, Cardinal Albrecht von Brandenburg und das Neue Stift zu Halle 1520-1541. Eine kirchen- und kunstgeschichtliche Studie, Mainz 1900

Schrader, Franz (Hrsg.), Die Visitationen der katholischen Klöster im Erzbistum Magdeburg durch die evangelischen Landesherren 1561-1651. Theologische Gutachten, Visitationsprotokolle und andere Akten (= Reformationsgeschichtliche Studien und Texte Heft 99), Münster/Westf. 1969

Schrader, Franz, Kardinal Albrecht von Brandenburg, Erzbischof von Magdeburg, im Spannungsfeld zwischen alter und neuer Kirche, in: Von Konstanz nach Trient, München, Paderborn, Wien 1972, 419-445

Schrader, Franz, Caspar Querhamer. Ein katholischer Laie nimmt Stellung zur Reformation, in: Bäumer, Remigius (Hrsg.), Reformatio Ecclesiae, Paderborn, München, Wien, Zürich 1980, 367-400

Schultze, Johannes, Joachim Friedrich von Brandenburg: NDB 10, 1974, 438f.

Schwineköper, Berent, Ernst von Sachsen: NDB 4, 1959, 615f.

Steinstraß, Josef, Das ehemalige Erzbistum Magdeburg, Düsseldorf o. J.

Weber, Erich, Das Domkapitel von Magdeburg bis zum Jahre 1567. Ein Beitrag zur Verfassungs- und Verwaltungsgeschichte der deutschen Domkapitel. Phil. Diss. Halle-Wittenberg, Halle a. S. 1912

Weidel, Karl, Kunze, Hans, Das Kloster Unser Lieben Frauen in Magdeburg (= Germania sacra Serie B: Germania sacra regularis I. Die Abteien und Canonien c) Die regulierten Chorherrenstifte), Augsburg 1925

I.

Ernst von Sachsen (1476-1513)

Als die Glaubensspaltung über Deutschland hereinbrach, war es eine stehende Gewohnheit, daß der Adel seine Verwandten in die hohen kirchlichen Stellen zu bringen suchte. Nicht Fähigkeit des Erwählten und das Seelenheil der Gläubigen waren die entscheidenden Gesichtspunkte, nach denen die Fürsten die Bischofsstühle besetzt sehen wollten, sondern die Interessen ihres Hauses und ihres Territoriums. Die unselige Praxis, die hohen Kirchenämter für Fürsten und Adelige vorzubehalten, zeigte sich im Falle des Erzbistums Magdeburg in besonders krasser Weise. Hier war es Kurfürst Ernst von Sachsen, der auf seinen Vorteil bedacht war. Sein Sohn Ernst wurde 1476 im Alter von elf Jahren vom Domkapitel zum Erzbischof postuliert. Den vereinten Bemühungen dreier Gesandter des Kurfürsten gelang es, Papst Sixtus IV. zu bewegen, die Postulation zuzulassen. Der junge Prinz sollte Administrator sein, bis er das Alter erreichen würde, um die Bischofskonsekration zu erhalten. Bis zur Volljährigkeit sollte die weltliche Regierung des Erzstiftes in den Händen seines Onkels, des Herzogs Albrecht von Sachsen, liegen. 1467 erhielt Ernst die niederen Weihen. 1477 bestellte ihn der Papst förmlich zum Administrator des Erzbistums und legte das 27. Lebenjahr für den Empfang der Bischofskonsekration fest, 1485 wurde der 20jährige Mann (mit Dispens vom fehlenden Alter) zum Priester geweiht. Damit waren aber der Ausnahmen nicht genug. 1479 erhielt der Prinz auch die Administration des Bistums Halberstadt; der Papst stimmte 1480 der Übertragung des zweiten Bistums zu. Aufgrund einer neuerlichen Dispens wurde der 25jährige Ernst 1489 zum Bischof konsekriert.

Nun war Ernst von Sachsen weder ein schlechter Bischof noch ein unfähiger Regent. Er erfüllte vielmehr die Pflichten beider Ämter gewissenhaft. Er machte sich einen Namen durch Bautätigkeit und Kunstpflege. Dennoch lockerte sich unter seiner Regierung die kirchliche Disziplin bedenklich. Der Erzbischof scheint sittlich nicht einwandfrei gelebt zu haben. Ein Versagen auf dem Gebiet des priesterlichen Wandels wird erfahrungsgemäß nicht nur von vielen Menschen zur Entschuldigung eigener Schwächen benutzt, sondern führt auch leicht zur Erschütterung des Glaubens.

II.

Albrecht von Brandenburg (1513-1545)

Kurfürst Joachim I. von Brandenburg löste den sächsischen Kurfürsten bei dem Bemühen, das Erzbistum Magdeburg mit einem Familienangehörigen zu besetzen, ab. Sein 24jähriger Bruder sollte den Bischofsstuhl erhalten. Albrecht wurde in der Tat am 30. August 1513 vom Domkapitel zu Magdeburg einstimmig zum Erzbischof gewählt.

Am 9. September 1513 postulierte ihn das Domkapitel zu Halberstadt zum Administrator dieses Bistums. Der Papst gab die Bestätigung bzw. die Zulassung am 2. bzw. 16. Dezember 1513. Aber damit war es noch nicht genug der Würden für den jungen Mann. Albrecht wurde am 9. März 1514 (auch noch) zum Erzbischof von Mainz postuliert. Nicht das Wohl der Kirche, sondern lediglich dynastische Gründe rieten zu einer derartigen Ansammlung von Bistümern in einer Hand. Alle, die dabei mitwirkten, haben sich vor Gott und der Geschichte schuldig gemacht. Eine solche Ämterkumulation war selbst Leo X. zu viel; er weigerte sich anfangs, sie zu genehmigen. Aber es gelang der brandenburgischen Diplomatie, seinen Widerstand zu überwinden. Am 18. August 1514 bestätigte der Papst Albrecht als Erzbischof von Mainz und von Magdeburg sowie als Administrator von Halberstadt. Ein paar Jahre darauf erhöhte er den doppelten Metropoliten noch weiter. Am 1. August 1518 wurde Albrecht zum Kardinal kreiert.

Die Bestellung Albrechts zum Regenten dreier Bistümer war eine krasse Fehlentscheidung. Der Mann war weder seinen Ämtern noch der Zeit gewachsen. Gutmütigkeit und Weichheit, die ihm eigneten, waren keine Mitgift für eine Herrscherpersönlichkeit. Ebenso fehlten ihm Kraft und Initiative, Mut und Weitblick. Angesichts der starken Macht, welche die Angehörigen des Brandenburger Geschlechtes in Deutschland besaßen, ist die Vermutung begründet, daß die religiöse Entwicklung eine andere Richtung eingeschlagen hätte, wenn sich diese Fürsten einig gewesen wären in der tatkräftigen, entschlossenen und offensiven Verteidigung des katholischen Glaubens. Aber Albrecht verstand es nicht, seine beträchtliche Macht zu konzentrieren und einen Unruheherd nach dem anderen auszuräumen. Er war nicht die stählerne Persönlichkeit, die den Aufstand mit starker Faust niedergeworfen hätte. Statt dessen dissimulierte und lavierte er. Lange Zeit begriff er entweder nicht, was die Stunde geschlagen, oder besaß er nicht die Kraft, sich dem Auftrag zu stellen, den Gott ihm gab. Eine kostspielige Hofhaltung verschlang viel Geld. Der Kardinal hatte stets hohe Schulden. In der ungeheuren Not der Zeit entfaltete er eine Bautätigkeit, die große Summen verschlang. 1520 wurde der Bau des Magdeburger Domes durch Albrecht vollendet. „Er war damals im höchsten Glück, aber ohne Wachsamkeit" (Walther Greischel). Er hätte das Bauen einstellen und die Hofhaltung einschränken müssen, um so die Mittel zu gewinnen, die für ein wirksames Vorgehen gegen die Aufrührer unerläßlich waren. Auch religiös war Albrecht dem ausbrechenden Sturm nicht gewachsen. Er war nicht die tiefgläubige, verinnerlichte Persönlichkeit, die, auf Gott vertrauend, den Kampf um Sein oder Nichtsein mit der ganzen Glut der Liebe zu Gott geführt hätte. Seine hemmungs- und kritiklose Sucht, Reliquien zu sammeln, gab das Heilige der Lächerlichkeit preis und zog ihm selbst den Spott Luthers zu.

Albrecht war kein Mann des Kampfes, sondern des Friedens. Seine Kampfesscheu aber wurde ihm zum Verhängnis. Gegen einen zu allem entschlossenen Gegner ist Friedensliebe Unsinn und Bemühen um Ausgleich Verrat. Albrecht trat in Magdeburg so wenig rechtzeitig und nachdrücklich gegen die Glaubensneuerung auf wie in Halberstadt und Mainz. Luther konnte mit dem ersten Fürsten des Reiches zufrieden sein.

Den beliebten Vorwurf, er habe voreilig und schroff das Berechtigte an einer „Reformbewegung" abgeblockt, konnte man Albrecht nicht machen. In dem Streit um den Ablaß, mit dem Luther seine Revolution begann, war der Erzbischof durchaus einsichtig und guten Willens, Mißbräuche abzustellen. In seiner Korrespondenz mit Luther im Jahre 1520 war Albrecht weder hochfahrend noch schroff, vielmehr mild väterlich. Der Wittenberger Mönch vergalt ihm die Güte auf seine Art. Im Jahre 1521 erpreßte Luther den Kardinal mit der Drohung, er werde die (bis heute nicht bekannte) Schmähschrift „Wider den Abgott zu Halle" drucken lassen, wenn er nicht die Verkündigung des Ablasses in Halle beende und die Verheiratung der Geistlichen dulde. Albrecht zeigte sich gefügig. Er wußte, warum er dem Wittenberger Agitator nachgab. Denn er lebte eine Zeitlang unenthaltsam und fürchtete, daß dieser anrüchige Lebenswandel von dem sprachgewaltigen Vielschreiber angeprangert und er damit kirchlich und politisch erledigt würde.

Seit 1521 machte das Luthertum in Stadt und Hochstift Magdeburg rasche Fortschritte. In der Stadt Magdeburg waren es vor allem Augustiner wie Johannes Voigt und Melchior Myritz, die vom katholischen Glauben abfielen und das Volk verführten. Gegen die abtrünnigen Prediger standen namentlich die Dominikaner und die Franziskaner auf. Der Erzbischof und seine Beamten aber griffen nicht ein, wie es ihre Pflicht gewesen wäre. Jeder Tag schwächte die Position der Kirche. Von Juni bis August 1524 erregten verhetzte Haufen Tumulte in wehrlosen Klöstern der Stadt. In diesem Jahre setzte der Pöbel zu der religiösen die soziale Revolution. Der Rat der Stadt Magdeburg wich vor ihm zurück. In der Folgezeit wurde durch Drohung und Täuschung dem neuen „Evangelium" Bahn gebrochen. Ausschreitungen, Aufruhr und Drangsalierungen waren die Mittel, mit denen die Bewegung voranging; Rechtsbrüche ohne Zahl säumten ihren Weg. Ende Juni 1524 weilte Luther selbst acht Tage in Magdeburg. Weder der Stadtrat noch die Erzbischöfliche Behörde schritten gegen den in Reichsacht befindlichen Mönch ein. Wenig später waren die sechs Pfarrkirchen Magdeburgs in der Hand der Abgefallenen. Als die Prämonstratenser des Klosters Unserer Lieben Frau sich weigerten, an den drei städtischen Patronatskirchen den katholischen Gottesdienst einzustellen, setzte die Bürgerschaft rechtswidrig und gewaltsam Prädikanten ein. Der Rat der Stadt bereitete den militärischen Widerstand gegen den Stadtherrn, den Erzbischof, vor. Kardinal Albrecht dachte jedoch nicht an Kampf; er begnügte sich mit einem Bericht an den Kaiser und einem Prozeß beim Reichskammergericht. Beides war angesichts der Entschlossenheit des Gegners wertlos. Zusammen mit seinem Bruder, dem Kurfürsten von Brandenburg, hätte er der Rebellion wohl Herr werden können. Das Schreiben Albrechts an Herzog Georg vom 18. August 1525 zeigt die Fadenscheinigkeit der Gründe, mit denen er die Religionsneuerung in Magdeburg auf sich beruhen ließ.

Die Bauernaufstände führten zur ersten Vereinigung der katholischen Fürsten in Norddeutschland. 1525 schlossen Herzog Georg von Sachsen, die Herzöge von Braunschweig und die Kurfürsten Joachim und Albrecht ein Bündnis. Ihm folgte 1533 der in Halle geschlossene Bund. Aber die hier gesammelte Kraft trat nicht in Aktion gegen das

Luthertum und seine Förderer. In den folgenden Jahren wurde der Abfall in Magdeburg weitergetrieben, nicht zuletzt unter dem Eindruck der Hetze des Nikolaus von Amsdorf. Das ,,lautere Evangelium'' wirkte freilich nicht allein durch seine innere Kraft, sondern bedurfte der Nachhilfe von außen. So wurde der Besuch des katholischen Gottesdienstes unter Androhung einer hohen Geldstrafe untersagt. 1531 schloß sich Magdeburg dem Schmalkaldischen Bund an. Im Domkapitel begann der Abfall zum Protestantismus mit dem Übergang des Dompropstes. Die Franziskaner mußten die Stadt verlassen.

In Halle a. d. S., der Residenzstadt des Magdeburger Erzbischofs, waren es vornehmlich zur Umgebung oder zu den Vertrauten Albrechts gehörige Geistliche, die zum Luthertum übergingen. Der Erzbischof behandelte sie mit einer Nachsicht und einer Schonung, die den Abfall ermutigen mußten, während er die Dominikaner und Franziskaner, die den Ernst der Lage erkannt hatten und zur Abwehr aufriefen, zum Frieden ermahnte. Walter Delius nennt es mit Recht ,,bezeichnend'' für die Zustände im Erzstift Magdeburg, daß ein Mann wie Thomas Müntzer, der bereits 1513 in Halle als Revolutionär aufgetreten war, sich im Winter 1522/23 erneut in der Stadt halten konnte. 1523 fiel der Propst von Neuwerk, Nikolaus Demut, ein Vertrauter Albrechts, zum Protestantismus ab. Als der Kardinal gegen ihn einschreiten wollte, floh er nach Wittenberg. Der Prediger des Neuen Stifts zu Halle, Georg Winkler, lehrte seit 1524 das Luthertum; angeblich wohnte der Erzbischof derartigen Predigten bei. In jedem Falle ist sicher, daß Albrecht nicht früh genug und nicht hinreichend energisch gegen die Rebellion einschritt. Erst seit 1528 suchte er mit zahlreichen Edikten und Maßnahmen der Neuerung in Halle zu wehren. Aber sein anstößiger Lebenswandel, seine Verschwendungssucht und seine ständigen Geldforderungen taten dem Erfolg seiner Maßnahmen Abbruch und führten dem Luthertum neue Anhänger zu. Außerdem fehlte ihm die Härte, die für den Kampf mit dem zu allem entschlossenen Gegner notwendig war. Die von Albrecht mit der literarischen Verteidigung der katholischen Religion betrauten Crotus Rubeanus und Michael Vehe waren für diese Aufgabe nur bedingt geeignet und wurden überdies von ihm noch behindert. Für die guten Dienste, die der Magdeburger Erzbischof ihm und seiner Bewegung durch sein Zaudern und Zögern geleistet hatte, bedankte sich Luther auf seine Art. Als Albrecht in der Frage der Ausweisung einiger Lutheraner aus Halle festblieb, forderte er die Gemeinde in Dessau auf, Gott um die Vernichtung der ,,Bluthunde'' Georg von Sachsen und Albrecht von Magdeburg zu bitten. Der erstere starb 1539. Sein Tod wirkte sich auch im Erzbistum Magdeburg aus; fortan fehlte Albrecht seine Unterstützung. Dieser war inzwischen mürbe geworden. Seine Kampfkraft war nie groß; jetzt aber war sie am Ende. Dazu kam seine chronische Geldnot. Beide Momente wirkten zusammen, um ihn kapitulationsbereit zu machen. Ende 1540 bis Frühjahr 1541 tagte in Calbe a. d. S. die Versammlung der Landstände der Stifter Magdeburg und Halberstadt. Albrecht hatte sie um die Bewilligung einer Sondersteuer gebeten. Die Stände waren bereit, ihm 500 000 Gulden zuzugestehen, falls er die freie Ausübung der lutherischen Religion in den Stiften gestatte. Albrecht ging auf diese Bedingung ein. Am 25. Januar 1541 übernahmen die Stände seine Schulden. Als Gegengabe mußte er u. a. der Aufhebung des Neuen Stiftes in Halle zustimmen. Mit den üblichen „unevangelischen" Mitteln wurde das Wittenberger „Evangelium" allmählich überall in der Stadt zur Alleinherrschaft zu führen gesucht. Dem katholischen Glauben erstanden aber auch in Halle mutige Verteidiger. Es gab Laien und Geistliche, die scharfsinnig und entschieden der Irrlehre entgegentraten. Es sei nur an das Ratsmitglied Kaspar Querhammer und an den Pfarrer Matthias Metz erinnert. Der erstere kämpfte bis zu seinem Tode (1557) mit Wort und Schrift für die heilige Religion.

III.

Johann Albrecht von Brandenburg-Ansbach (1545-1550)

Im Jahre 1523 ließ Albrecht seinen Vater, den Markgrafen Johann Albrecht von Brandenburg-Ansbach, zum Koadjutor mit dem Recht der Nachfolge in Magdeburg bestellen. Dieser wurde 1545 Erzbischof von Magdeburg und Administrator von Halberstadt. Johann Albrecht war der Bruder des (abgefallenen) Hochmeisters Albrecht von Brandenburg. Sein Lebenswandel entsprach lange Zeit nicht den Anforderungen, die an einen Geistlichen zu stellen sind. Immerhin empfing er die Priester- und die Bischofsweihe und erlebte eine Bekehrung. Er war leidend und deswegen bis zu einem gewissen Grad an einer umfassenden Tätigkeit gehindert.

Johann Albrecht war fest im katholischen Glauben verwurzelt und blieb diesem unerschütterlich treu. Er nahm gegenüber der Irrlehre eine klare, ja unbeugsame Haltung ein. Durch Standhaftigkeit und kluge Bündnisse suchte er in seinen Stiften dem katholischen Glauben zu erhalten, was möglich war. Die ihn umgebenden lutherischen Mächte machten es ihm schwer. Die Protestanten verhinderten, daß er in seiner Kathedralkirche zu Magdeburg inthronisiert wurde. Er machte daher Halle zu seiner Residenz. Es war bezeichnend für die Lage, daß Luther mehrfach in diese Stadt kommen und dort, vom Rat empfangen, predigen konnte; dabei polemisierte er gegen die Mönche, deren tapferes Ausharren beim Glauben seinen Anhängern ärgerlich war. In Magdeburg hielt das Domkapitel, vom Dompropst abgesehen, am katholischen Glauben fest; ebenso blieben die Kollegiatstifte St. Sebastian und St. Nikolaus der Kirche treu. Aber der Terror gegen sie ging weiter. 1546/47 wurde der Katholizismus in der Stadt beinahe ausgelöscht. Von Magdeburg aus griff der Abfall weiter um sich; Johann Albrecht fehlten die Machtmittel, um ihn zu hindern. Im Schmalkaldischen Krieg wurde Halle vom Kurfürsten Johann Friedrich von Sachsen besetzt. Wilde Exzesse tobten gegen die Priester und die Katholiken. Die Mönche und die Nonnen wurden vertrieben. Johann Albrecht mußte fliehen. Der Kurfürst von Sachsen zwang ihn am 3. Januar 1547, die Stifte Magdeburg und Halberstadt an ihn gegen eine Jahresrente abzutreten. Nach der siegreichen

Beendigung des Krieges schien sich in Halle eine katholische Restauration anzubahnen. Johann Albrecht wurde am 12. Juli 1548 wieder in seine Rechte als Oberhirt der Stifte Magdeburg und Halberstadt eingesetzt. Der Erzbischof kehrte in die Stadt zurück, die Mönche nahmen ihre segensreiche Arbeit wieder auf, der katholische Gottesdienst wurde von neuem gefeiert. Das Interim konnte jedoch nicht durchgesetzt werden. Magdeburg blieb verloren. Die unter der Reichsacht stehende Stadt trotzte allen Mandaten des Kaisers; sie traute ihm nicht die Macht zu, sie zu vollstrecken. Karl V. gab nun Moritz von Sachsen den Befehl, die Exekution vorzunehmen. Eine Reihe von Fürsten beteiligte sich an dem Feldzug. Das falsche Spiel, das Moritz auch in dieser Sache trieb, vereitelte jedoch die Restitution der katholischen Kirche in Magdeburg. Gegen das Interim entfachten die Magdeburger Prädikanten einen Sturm. Ihnen war nicht an Ausgleich, sondern an Vernichtung des Katholizismus gelegen.

IV.

Friedrich von Brandenburg (1550-1552)

Im Jahre 1547 wählte das Domkapitel zu Magdeburg den Friedrich von Brandenburg zum Koadjutor Johann Albrechts. Nach dessen Tod gingen sowohl Magdeburg als auch Halberstadt an Friedrich über. Sein Vater, Kurfürst Joachim II., hatte sich dem Protestantismus zugewandt. Er selbst wurde aber nicht in das Luthertum übergeführt. Zur Zeit seiner Wahl war er 20 Jahre alt. Friedrich war ein gutmütiger, leutseliger und wohl auch frommer Mann, allerdings kaum im katholischen Glauben unerschütterlich verwurzelt, vielmehr verunsichert. Paul III. zögerte mit der Bestätigung. In Rom war man gegen die Brandenburger mißtrauisch geworden. Eine Gesandtschaft Joachims II. an das Konzil von Trient, die Papst und Konzil schmeichelte und Versprechungen machte, brachte die Wendung herbei. Am 24. August 1552 erhielt der Markgraf Friedrich, der unterdessen auch von dem Halberstädter Domkapitel zum Bischof postuliert worden war, die päpstliche Bestätigung als Erzbischof von Magdeburg. Am 19. März 1552 zog er in Halle ein. In seiner Begleitung befand sich der unzweifelhaft katholische Bischof von Lebus, Johann Horneburg. Friedrich starb jedoch schon am 3. Oktober 1552. Wäre er länger am Leben geblieben, hätten sich vermutlich die wahre Gesinnung seines Vaters und die Absicht, die er mit der Übertragung des Erzbistums an seinen Sohn verfolgte, in böser Weise enthüllt. Schon mit seinem Nachfolger rückte der Kurfürst von Brandenburg seinem Ziel, der Beherrschung und der Einverleibung des Erzstiftes, näher.

V.

Sigismund von Brandenburg (1552-1566)

Nunmehr — 1552 — postulierte das Magdeburger Domkapitel den 14jährigen Sohn Sigismund des Kurfürsten Joachim II. von Brandenburg zum Erzbischof. Julius III. erteilte die Bestätigung. Offensichtlich war der Papst schlecht unterrichtet oder glaubte, durch Nachgiebigkeit noch etwas retten zu können. Die Zulassung der Postulation war ein Mißgriff, mit dem der Heilige Stuhl ein wichtiges Recht aus der Hand gab. Der Knabe war nämlich in protestantischer Umgebung aufgewachsen und konnte zweifellos nicht als katholisch bezeichnet werden. Mit 16 Jahren wurde Sigismund volljährig (1554) und übernahm die Leitung des Erzbistums, die in Wahrheit sein Vater innehatte. Da er in Magdeburg nicht residieren konnte, hielt er sich in Halle und in Calbe auf. Auf dem Reichstag zu Augsburg im Jahre 1555 war man sich bereits darüber im klaren, daß Sigismund innerlich dem Luthertum anhing. Der Nuntius Zacharias Delfino erwartete am 2. Juni 1555, daß er sich nach Abschluß des Religionsfriedens sogleich offen als Lutheraner erklären werde. Am 31. Juli 1555 hielten es Lippomani und Delfino für wahrscheinlich, daß der 17jährige Jüngling sich verheiraten und die Stifte Magdeburg und Halberstadt zu einem weltlichen Staate machen werde. In der Tat hielt der vom ,,reinen Evangelium" ergriffene ,,Erzbischof" sich in Halle eine Konkubine. Die Künder des neuen ,,Evangeliums" zeigten ja häufig einen erschreckenden geistigen und sittlichen Tiefstand. Für Halle liegen Zeugnisse vor, daß die Bewohner zum großen Teil jede Freude an dem neuen ,,Evangelium" verloren hatten und nicht einmal mehr am Sonntag den Gottesdienst besuchten.

Im Erzbistum taktierte Sigismund zunächst immer noch vorsichtig. In dem Vertrag von Wolmirstedt vom 29. Januar 1558 versprachen sich Rat und Bürger von Magdeburg einerseits, Erzbischof, Domkapitel und Klerus anderseits sich gegenseitig in ihrer jeweiligen Religion zu dulden. Dem Domkapitel gelang es, 1558 nach Magdeburg zurückzukehren. Es versuchte, den katholischen Gottesdienst wiederherzustellen. Die Prädikanten entfachten dagegen eine wüste Hetze, der Rat verbot den Besuch unter Androhung von Strafen, Pöbelhaufen störten den Gottesdienst. In der Stadt regierten die beiden Prädikanten Major und Flacius. So sah die ,,Gewissensfreiheit" aus, die angeblich der ,,Reformation" zu verdanken ist. Durch die Besetzung freiwerdender Stellen mit Protestanten gerieten die Katholiken im Domkapitel in die Minderheit. Am 5. Dezember 1561 beschloß die protestantische Mehrheit, an der Kathedralkirche einen Prädikanten anzustellen. In Halle konnten sich vorerst noch katholische Reste halten. Sigismund stellte am 7. November 1559 dem Dominikanerkloster einen Schutzbrief aus. Aber die Maßnahmen des Jahres 1561 vernichteten die öffentliche katholische Religionsübung. Die Dominikaner hielten bis 1561 in Halle aus.

Sigismund suchte weiter den Schein zu wahren. Als der Nuntius Giovanni Francesco Commendone ihn aufsuchte, versprach er, an dem Konzil zu Trient persönlich teilzunehmen, und sandte dem Papst ein schmeichlerisches Schreiben. Aber seine Gesinnung war eine andere. Als Sigismund am 14. September 1561 die Visitation der noch katholischen Klöster anordnete, konnte man bereits erkennen, daß er nicht mehr am Glauben festhielt. Am 5. Dezember 1561 beschloß er mit den Ständen, in den Stiften Magdeburg und Halberstadt eine Generalvisitation halten zu lassen, d. h. den Protestantismus einzuführen. Am 6. Dezember 1561 vollzog der Erzbischof öffentlich seinen Abfall zum Protestantismus in einer Botschaft an den Rat von Magdeburg. Wiederum verschaffte ein ungeheuerlicher Rechtsbruch dem neuen ,,Evangelium" einen gewaltigen Vorteil. Auch für das Erzbistum und das Erzstift Magdeburg galt der Geistliche Vorbehalt des Augsburger Religionsfriedens. Sigismund hätte infolgedessen sein Amt niederlegen müssen, als er zum Luthertum überging. Aber er setzte sich über das Recht hinweg, dem keine Macht zu Hilfe kam, und verblieb entgegen dem Augsburger Religionsfrieden im Besitz seines Sprengels. Niemand vermochte ihn daran zu hindern. In der Folgezeit ließ er es sich angelegen sein, die Überreste des Katholizismus im Erzstift zu vernichten. Am 14. Januar 1562 erging seine Visitationsordnung, in der die Abschaffung der Messe und anderer ,,Abgötterei" befohlen wurde. Von 1562 bis 1564 wurde die allgemeine Visitation abgehalten. Die Klöster und Stifter wurden entweder geleert und eingezogen oder fielen unter dem Druck der Gewalt von selbst ab. Am 8. Mai 1566 ließ Sigismund auf dem Regensburger Reichstag die Erklärung abgeben, daß er und sein Land der Augsburger Konfession zugehörig seien. Kurz vor seinem Tode empfing er das Abendmahl unter beiden Gestalten. Er starb mit 29 Jahren am 13. September 1566 als letzter (45.) Erzbischof von Magdeburg.

VI.

Joachim Friedrich von Brandenburg (1566-1598)

Das Magdeburger Domkapitel postulierte nunmehr den zwanzigjährigen Joachim Friedrich zum ,,Erzbischof". Er war ein Sohn des Johann Georg von Brandenburg und vereinigte bereits die drei brandenburgischen Landesbistümer (Havelberg, Lebus, Brandenburg) in seiner Hand. Um Bestätigung der Wahl durch den Papst bemühte sich niemand. Der Kaiser weigerte sich indessen, ihm die Regalien zu übertragen. Joachim Friedrich sollte lediglich das Erzstift, also das Gebiet, in dem der Erzbischof Territorialherr war, als Administrator regieren. Es wurde erwartet, daß er, wie üblich, neben Magdeburg auch Halberstadt übernehmen würde. Das Domkapitel von Halberstadt lehnte es jedoch ab, die bisherige Sitte weiterzuführen, daß es den jeweiligen Erzbischof von Magdeburg zum Administrator des Bistums Halberstadt postulierte.

Joachim Friedrich verehelichte sich 1570. Seine Absicht war, sich in dem ehemaligen Erzstift zum erblichen Herzog zu erheben. Ein Vertrag mit dem Domkapitel (1592) sicherte ihm zu, daß einer seiner Söhne ihm nachfolgen werde. Joachim Friedrich hatte als ungeweihter und weiheunfähiger Protestant selbstverständlich kein Recht, als legitimer Repräsentant des Magdeburger Erzbistums zu gelten. Trotz der eindeutigen Rechtslage stellte er indes auf dem Augsburger Reichstag 1582 den Antrag, daß ihm der Platz eingeräumt werde, den bisher die (katholischen) Erzbischöfe im Reichstag innegehabt hatten; er drang aber damit nicht durch. Auf dem Regensburger Reichstag 1594 holte er sich erneut eine Niederlage. Um diese Zeit wurde in Köln vorexerziert, daß der Geistliche Vorbehalt rechtliche Geltung besaß und daß das Reich hier die Kraft hatte, ihm Achtung zu verschaffen. Aber ein ähnlicher Versuch, das verletzte Recht in Magdeburg herzustellen, wurde nicht unternommen.

Joachim Friedrich betätigte sich als wackerer Protestant, indem er die Protestantisierung des Erzstiftes fortsetzte. Am 15. Januar 1567 gab er den Ständen das Versprechen, die noch vorhandenen katholischen Stifte und Klöster zu vernichten. Am 20. November 1567 wurde der protestantische Gottesdienst im Dom etabliert. Am 30. November 1567 empfingen alle Domherren, den Senior des Kapitels ausgenommen, zum erstenmal das Abendmahl unter zweierlei Gestalt. Um einen Katholiken von vornherein daran zu hindern, in das Domkapitel einzutreten, entschied dieses, künftig nur noch Verheiratete oder solche, die versprechen, die Ehe einzugehen, in seine Körperschaft aufzunehmen. Am 4. Juli 1570 beschloß der Landtag zu Calbe, die katholische Religion in den verbliebenen Klöstern abzuschaffen. Am 20. November 1570 unterzeichnete Joachim Friedrich eine Anweisung an die Visitatoren, wonach die Reste katholischen Wesens zerstört werden sollten. Die danach durchgeführten Visitationen erzielten dank des Widerstandes katholischer Ordensleute nur Teilerfolge. So war 1597 die Hälfte der (sechs) Konventualen des Magdeburger Prämonstratenserklosters noch katholisch. Im Januar 1578 wurde die Konkordienformel eingeführt. Inzwischen gab es innerhalb des Protestantismus mannigfache Lehrstreitigkeiten. Der Administrator neigte immer mehr dem Zwinglianismus zu. 1598 legte er die Administratur nieder, um als Kurfürst die Regierung Brandenburgs zu übernehmen.

VII.

Christian Wilhelm von Brandenburg (1598-1631)

Christian Wilhelm war der jüngste Sohn des Administrators Joachim Friedrich. Er übernahm das ,,Bischofsamt" im Alter von 10 Jahren. Bis zum Volljährigkeitsalter (21. Lebensjahr) sollte das Domkapitel die Regierung innehaben, das zu dieser Zeit bereits ausschließlich aus Protestanten zusammengesetzt war. Dennoch besaß es das Bewußtsein der Verantwortung für das Stiftsgebiet. In der Wahlkapitulation, die das Domkapitel 1598 dem zu wählenden Administrator vorlegte, bedang es sich aus, daß er nicht heiraten dürfe bzw. bei Verheiratung die Administration niederlegen müsse. Auf diese Weise wollte das Kapitel verhüten, daß das Erzstift ein erbliches Anhängsel des

Kurfürstentums Brandenburg würde. Aus der Wahlkapitulation und einer späteren Erklärung ergibt sich, daß sich der Administrator zu der Duldung der restlichen katholischen Klöster im Erzbistum bereitgefunden hatte. Am 28. Februar 1599 wurde der Knabe in Halle als Administrator vorgestellt. Erst 1609 übernahm er selbst die Regierung. Später heiratete er. Eine neue Wahlkapitulation veranlaßte ihn zu versprechen, keine Ansprüche auf die Wahl eines seiner (zu erhoffenden) Söhne zu seinem Nachfolger zu erheben. 1613 trat Christian Wilhelm zum Kalvinismus über. Mit der Existenz der katholischen Klöster im Erzstift Magdeburg hatte er sich abgefunden. Im Dreißigjährigen Krieg stand Christian Wilhelm gegen den Kaiser, d.h. er betrieb Hochverrat. Er wurde gefangengenommen. Während seines Aufenthaltes in Österreich kehrte er zum katholischen Glauben zurück. In dieser Zeit schien der heiligen Religion von der Vorsehung noch einmal eine Chance gegeben zu werden. Seit 1624 verstärkte sich die katholische Aktivität im Erzbistum Magdeburg. Der Papst ernannte am 14. Oktober 1628 den Erzherzog Leopold Wilhelm zum Erzbischof von Magdeburg. Die Rückgabe ehemals katholischer Klöster begann. Der katholische Gottesdienst wurde mancherorts wiederhergestellt. Das Restitutionsedikt von 1629 konnte jedoch in Magdeburg nicht dauerhaft durchgeführt werden. Das Erscheinen der Schweden machte die kurzfristigen Erfolge der Katholiken zunichte. Im Prager Frieden verzichtete Leopold Wilhelm auf das Erzbistum Magdeburg, er behielt aber das Bistum Halberstadt. Nach Christian Wilhelms Gefangennahme erhielt der Herzog August von Sachsen die Administration des Erzstiftes. Im Westfälischen Frieden wurde bestimmt, daß Stadt und Stift Magdeburg nach seinem Tode als weltliches Herzogtum dem Kurfürstentum Brandenburg zugeschlagen werden, was tatsächlich 1680 geschah. Art. V § 9 IPO sicherte aber den Bestand der (fünf) katholischen Klöster.

2. Kapitel

Bistum Brandenburg

Abb, Gustav, Wentz, Gottfried, Das Bistum Brandenburg. 1. Teil (= Germania sacra 1. Abt.: Die Bistümer der Kirchenprovinz Magdeburg. 1. Bd. Das Bistum Brandenburg), Berlin, Leipzig 1929

Bünger, Fritz, Wentz, Gottfried, Das Bistum Brandenburg. 2. Teil (= Germania sacra 1. Abt.: Die Bistümer der Kirchenprovinz Magdeburg. 3. Bd. Das Bistum Brandenburg), Berlin 1941

Curschmann, Fritz, Die Diözese Brandenburg. Untersuchungen zur historischen Geographie und Verfassungsgeschichte eines ostdeutschen Kolonialbistums, Leipzig 1906

Delius, Walter, Anfänge reformatorischer Bestrebungen in der Mark Brandenburg: Jahrbuch für Berlin-Brandenburgische Kirchengeschichte 40, 1965, 9-23

Delius, Walter, Die Kirchenpolitik des Kurfürsten Joachim II. von Brandenburg in den Jahren 1535-1541: Jahrbuch für Berlin-Brandenburgische Kirchengeschichte 40, 1965, 86-123

Delius, Walter, Die Kirchenpolitik Joachims I.: Jahrbuch für Berlin-Brandenburgische Kirchengeschichte 49, 1974, 7-41

Großmann, Julius, Berner, Ernst, Schuster, Georg, Zingeler, Karl Theodor (Bearb. u. Hrsg.), Genealogie des Gesamthauses Hohenzollern, Berlin 1905

Hammer, Karl Heinz, Kurfürst Joachim I. von Brandenburg auf dem Reichstag zu Augsburg 1530: Wichmann-Jahrbuch des Geschichtsvereins Katholische Mark I, Berlin 1930, 116-133

Heckel, Johannes, Die evangelischen Dom- und Kollegiatstifter Preußens, insbesondere Brandenburg, Merseburg, Naumburg, Zeitz. Eine rechtsgeschichtliche Untersuchung (= Kirchenrechtliche Abhandlungen 100. u. 101. Heft), Stuttgart 1924

Heinrich, Gerd, Kurfürst Joachim von Hohenzollern, Markgraf von Brandenburg, in: Der Reichstag zu Worms, Worms 1971, 336-351

Henkys, Jürgen (Hrsg.), 800 Jahre Dom zu Brandenburg. Im Auftrage des Domkapitels Brandenburg herausgegeben, Berlin 1965

Hoppe, Willy, Die Mark Brandenburg, Wettin und Magdeburg. Ausgewählte Aufsätze. Eingeleitet und hrsg. von Herbert Ludat, Köln, Graz 1965

Jablonski, Leo, Geschichte des fürstbischöflichen Delegaturbezirkes Brandenburg und Pommern, 2 Bde., Breslau 1929

Jacobi, Rudolf von, Die Flucht der Kurfürstin Elisabeth von Brandenburg: Hohenzollern-Jahrbuch 13, 1909, 155-196

Lentz, Samuel, Diplomatische Stifts-Historie von Brandenburg, worin die Bischöfe beschrieben und die Dom-Pröbste, Dechante und Dom-Herren bekant gemachet werden, Halle 1750

Liesigk, H., Blumenfeldt, A., Brandenburgische Kirchengeschichte (= Religionskundliche Quellenbücherei 19), Leipzig 1927

Müther, Hans, Volk, Waltraud, Der Dom zu Brandenburg (= Das christliche Denkmal Heft 20), Berlin 1955

Opgenoorth, Ernst, Die Ballei Brandenburg des Johanniterordens im Zeitalter der Reformation und Gegenreformation (= Beihefte zum Jahrbuch der Albertus-Universität Königsberg/Pr. XXIV), Würzburg 1963

Pfeiffer, Gerhard, Die Brandenburg-Nürnbergische und die kurbrandenburgische Kirchenordnung in der katholischen Kritik des 16. Jahrhunderts, in: Aus Reformation und Gegenreformation. Festschrift für Theobald Freudenberger (= Würzburger Diözesangeschichtsblätter 35./36. Bd.), Würzburg 1974, 123-147

Riedel, Adolph Friedrich (Hrsg.), Codex diplomaticus Brandenburgensis. Sammlung der Urkunden, Chroniken und sonstigen Quellenschriften für die Geschichte der Mark Brandenburg und ihrer Regenten. Des 1. Haupttheils oder der Urkunden-Sammlung für die Orts- und spezielle Landesgeschichte 4. Bd., Berlin 1844

Schimmelpfennig, Hieronymus (Scultetus): ADB 12, 1880, 390f.

Schmid, Ludwig, Die älteste Geschichte des erlauchten Gesamthauses der Königlichen und Fürstlichen Hohenzollern, 3 Tle., Tübingen 1884-88

Schultze, Johannes, Die Mark Brandenburg, 5 Bde., Berlin 1961-1969

Schultze, Johannes, Hieronymus Sculteti: NDB 9, 1972, 112f.

Schultze, Johannes, Jagow, Matthias von: NDB 10, 1974, 300f.

Schwarze, Matthias von Jagow: ADB 20, 1884, 654-657

Sehling, Emil (Hrsg.), Die evangelischen Kirchenordnungen des XVI. Jahrhunderts. 3. Bd. Die Mark Brandenburg. Die Markgrafenthümer Ober-Lausitz und Nieder-Lausitz. Schlesien, Leipzig 1909

Stasiewski, Bernhard, Die katholische Kirche im Bereich des Bistums Berlin. Ein geschichtlicher Überblick, Berlin 1938

Steinmüller, Paul, Einführung der Reformation in die Kurmark Brandenburg durch Joachim II. (= Schriften des Vereins für Reformationsgeschichte 20. Jgg. 3. Stück Nr. 76), Halle a. S. 1903

Stenzel, Gustav Adolf Harald, Geschichte des preußischen Staats. 1. Thl.: Vom Jahre 1191 bis 1640, Hamburg 1830

Themel, Karl, Was geschah am 1. und 2. November 1539 in Berlin und Spandau? Eine Studie über den Beginn der märkischen Reformation und über die Geschichte ihrer Forschung: Jahrbuch für Berlin-Brandenburgische Kirchengeschichte 40, 1965, 24-85

Tschirch, Otto, Geschichte der Chur- und Hauptstadt Brandenburg an der Havel. Verfaßt im Auftrage der städtischen Behörden. Festschrift zur Tausendjahrfeier der Stadt 1928/29, 2 Bde., Brandenburg (Havel) 1928

Volz, Hans, Die Vermählung des Brandenburger Bischofs Matthias von Jagow im Jahre 1541: Jahrbuch für brandenburgische Kirchengeschichte 27, 1932, 67-82

Wolf, Johann, Geschichte des Geschlechts von Hardenberg, 2 Tle., Göttingen 1823

Zscharnack, Leopold, Das Werk Martin Luthers in der Mark Brandenburg. Von Joachim I. bis zum Großen Kurfürsten. Denkschrift zum deutschen Reformationsjubelfest, Berlin 1917

I.

Hieronymus Scultetus (Schultz) (1507-1521)

Das Bistum Brandenburg besaß ursprünglich eine reichsunmittelbare Stellung. Die Markgrafen zwangen es aber faktisch in die Landsässigkeit. Die Kurfürsten von Brandenburg suchten ihren Einfluß auf die Besetzung der in ihrem Territorium gelegenen Bistümer geltend zu machen. Der Papst Nikolaus V. gestand dem Kurfürsten Friedrich II. 1447 als persönliches Privileg die Nomination der Bischöfe der in der Mark Brandenburg gelegenen Diözesen zu. Die Bischöfe von Brandenburg wurden in der Folgezeit unter dem bestimmenden Einfluß des Landesherren erhoben. So war es auch bei Hieronymus Scultetus (Schultz). Der Kurfürst von Brandenburg sorgte dafür, daß er 1507 dem Bischof Joachim von Bredow nachfolgte. Die Wahl erfolgte nach dem 29. Mai 1507. Als Bischof bezeichnete er sich ab 30. Juli 1507. Die Bestätigung des Papstes erlangte er am 6. Oktober 1507.

Vom Landesherrn war und blieb Schultz abhängig. Der Kurfürst bediente sich seiner als Rates und Gesandten, wofür ihn Klugheit und Umsicht empfahlen. Schultz war begabt und tüchtig, vor allem sehr wortgewandt, aber in der Theologie wenig bewandert. Er war ein vor allem in der Rechtswissenschaft gebildeter Mann. Als Offizial der Niederlausitz, Pfarrer in Cottbus und Propst in Salzwedel hatte er Erfahrung in Rechtsprechung und Seelsorge erworben. Noch im Jahr seiner Ernennung wandelte er das Domkapitel in ein weltgeistliches Stift um. 1516 ließ er das Meßbuch der Brandenburger Diözese neu drucken. Aleander sah in ihm am 5. April 1521 „einen willensstarken und verschlossenen Mann", welcher der Kirche treu ergeben sei.

Es ist wichtig, sich zu erinnern, daß der nicht zur Mark Brandenburg gehörige Teil des Bistums, nämlich die Stadt Wittenberg und ihre Umgebung, bereits einige Jahre vor dem Auftreten Luthers im Konflikt mit dem Bischof lebte. 1512 hielt dieser eine Synode in Ziesar. Die Wittenberger Geistlichen erschienen dazu nicht. Vom 21. November 1512 bis 15. April 1515 lag über Wittenberg das von ihm wegen Gefangennahme eines Geistlichen durch den Magistrat verhängte Interdikt. Hier fand der abtrünnige Augustinermönch den erwünschten Widerhall mit seiner Agitation. Von Wittenberg aus drang die bequeme Botschaft in die umgebenden Gebiete, vor allem durch Studenten; in den Jahren 1518 bis 1521 studierten 89 Angehörige der Mark Brandenburg an der Universität Wittenberg. Schultz oblag es als erstem, den 1517 ausbrechenden Ablaßstreit zu schlichten. Luther übersandte ihm seine 95 Thesen. Wie die meisten Zeitgenossen glaubte der Bischof zu Beginn der Bewegung an die guten Absichten Luthers. Er meinte anfangs, dieser wolle eine echte Erneuerung der katholischen Kirche, und so wähnte er, dem aufsässigen Augustinermönch mit gutem Zureden beikommen zu können. Der Bischof sandte zuerst, Ende November 1517, den Abt Valentin von Lehnin zu Luther. Dieser bat den Mönch in seinem Auftrag, mit seinen Publikationen zurückzuhalten und um des Ärgernisses willen eine Zeitlang zu schweigen. Schultz kannte den Wittenberger noch nicht, sonst hätte er sich nichts von dem Gespräch erwartet. Luther stimmte zwar zunächst dem Vorschlag, den ihm der Abt von Lehnin unterbreitet hatte, zu. In dem Brief vom 13. Februar 1518 an den Bischof erklärte er sogar, seine Ansichten völlig dem Urteil der Kirche zu unterstellen. Der trotzige Wittenberger dachte aber nicht daran, auf die Dauer stillzuhalten. Im Mai 1518 veröffentlichte er die probationes de virtute indulgentiarum und sandte sie dem Bischof mit einem demütig klingenden Begleitschreiben zu. Schultz suchte ihm noch einmal gütlich zuzureden, daß er nicht öffentlich über die Kraft des Bannes disputiere. Der Bischof sah Luthers Kühnheit nicht zu Unrecht in dem Rückhalt begründet, den er an der Universität Wittenberg und dem sächsischen Kurfürsten besaß. Aber er hoffte noch auf einen Ausgleich durch Gespräche. Im Februar 1519 reiste er selbst nach Wittenberg, um Luther in freundlicher Weise von seinem falschen Weg abzubringen; er zeigte damit, wieviel ihm an der Bekehrung des Irrlehrers lag und wie wenig er dabei seiner Würde achtete. Indes verkannte er damit sowohl den Charakter Luthers als die Gründe der von diesem hervorgerufenen Bewegung. In Wirklichkeit hätte allein rasches und scharfes Durchgreifen im Verein mit der weltlichen Gewalt helfen können. Erst allmählich erkannte auch Schultz, worum es sich bei der von Wittenberg ausgehenden Sturmflut handelte. Langsam begriff er, daß hier anderes im Gange war als eine katholische Reform. An diesem Prozeß des Umdenkens waren in nicht geringem Maß die Theologen der Universität Frankfurt an der Oder beteiligt. Johann Tetzel veröffentlichte am 20. Januar 1518 an dieser Hochschule 106 Sätze, die von Konrad Wimpina stammten. Darin wurden Luthers Irrtümer aufgedeckt und vor allem die Tragweite derselben klargestellt. Ende April/Anfang Mai 1518 verteidigte Tetzel in Frankfurt 50 Thesen, die den entscheidenden Punkt im Streit mit Luther angingen, nämlich die Frage der Autorität der Kirche. In Frankfurt wurde Tetzel zum Doktor der Theologie promoviert. Als Schultz eingesehen hatte, daß Luther nicht mehr im Glauben der Kirche stand, bemühte er sich, sein Bistum vor der eindringenden Irrlehre zu bewahren. Am 29. September 1520 wurde die Bannandrohungsbulle gegen Luther in Brandenburg angeheftet. Damit gab er aber seine Anstrengungen um einen Ausgleich keineswegs auf. Auf dem Reichstage zu Worms suchte er Luther erneut zum Nachgeben zu bewegen. Damit zeigte er freilich wiederum, daß er den Mann immer noch nicht durchschaut hatte. Schultz besaß nach wie vor das Vertrauen seines Landesherren. 1521 sorgte der Kurfürst dafür, daß er auch noch das Bistum Havelberg erhielt. Später verzichtete er auf die Diözese Brandenburg.

II.

Dietrich IV. von Hardenberg (1521-1526)

Am 17. Mai 1521 wurde Dietrich von Hardenberg vom Papst zum Bischof von Brandenburg ernannt. Er hatte in Erfurt studiert und war anschließend im Dienste des Kurfürsten von Brandenburg tätig. Als Domherr von Hildesheim erledigte er auch Aufträge für seinen Bischof.

Das Luthertum drang aus begreiflichen Gründen auch in das Kurfürstentum Brandenburg ein. Studenten und Händler brachten die häretischen Aufstellungen mit, die Schriften des Wittenbergers kursierten beinahe überall. Als der aus Dänemark vertriebene König Christian II. sich 1522 in Berlin bei seiner Schwester, der Kurfürstin Elisabeth, einfand, machte er sie mit dem neuen ,,Evangelium" bekannt; sie bezeigte dem Luthertum bald ihre Sympathie. Der Kurfürst war dagegen ein entschiedener Gegner der Häresie und gleichzeitig um eine echte katholische Reform bemüht. Die neue Lehre beurteilte er denkbar ungünstig. Er sah in seinem Schreiben vom 4. Mai 1525 in dem Aufruhr der Bauern die Frucht der Aufstellungen Luthers. Der Kurfürst bemühte sich, allerdings mit unzureichenden Mitteln, der aus Wittenberg eindringenden Neuerung zu wehren. Nicht sogleich und nicht überall wurde die Trennung von der Kirche erkannt und noch weniger alsbald und unnachsichtig geahndet. Der innerlich zum Luthertum abgefallene Johannes Brießmann konnte beinahe ein Jahr lang in der Klosterkirche Cottbus die Irrlehre predigen. Städte und Adel begünstigten den Protestantismus, der ihnen einen Zuwachs an Macht und Gewinn und einen Abbau an Beschwerlichem und Lästigem verhieß. Die Bredows und Rochows beispielsweise begannen schon um 1530 mit der Einziehung von Kirchengütern. Es ist richtig festgestellt worden: ,,Bei der Ausbreitung des Protestantismus standen religiöse Ideen keineswegs im Vordergrunde" (Bernhard Stasiewski). Dafür zeigten sich die schädlichen Folgen der Neuerung rasch und drastisch. Das religiöse Leben ließ augenblicklich nach, die Opferwilligkeit verfiel, die Sitten lockerten sich. Das angenehme ,,Evangelium" des Wittenbergers fand bei manchen lebhaften Anklang. Um in den Genuß seiner ,,Errungenschaften" zu kommen, mußten die Vertreter des katholischen Glaubens eliminiert und Anhänger der falschen Lehre etabliert werden. Die Räte der Städte und der Adel setzten daher dem Luthertum zuneigende Pfarrer und Lehrer ein. Da äußerlich und für den Uneingeweihten nicht erkennbar im Gottesdienst scheinbar beinahe alles beim alten blieb, war es gar nicht leicht, den Anhängern der Irrlehre beizukommen.

Dietrich von Hardenberg war eifrig in der Erhaltung des Glaubens und in der Abwehr des Protestantismus. Wo er dogmatisch stand, machte der Bischof kund, als er am 4. Oktober 1521 einen Ablaß verkünden ließ, dessen finanzieller Ertrag dem Bau der Domkirche in Brandenburg zufallen sollte. Die irrigen Aufstellungen Luthers über den Ablaß hatten ihn also nicht im geringsten berührt. Zugleich zeigte er damit, daß er einen entscheidenden Grundsatz begriffen hatte, wie der Kampf gegen die Irrlehre geführt werden mußte: nicht durch Zurückweichen und Abschwächen, sondern durch Verteidigen und Betonen der katholischen Einrichtungen und Übungen. Dietrich von Hardenberg war rastlos tätig, um den katholischen Glauben in seinem Bistum zu erhalten. Er lehnte 1524 das Ansuchen der Neustadt Brandenburg, einen Prädikanten anzustellen, ab. Am Sonntag Oculi 1524 verbot der Rat von Brandenburg den Vertrieb und das Lesen lutherischer Schriften sowie den Gesang lutherischer Lieder. 1525 forderte Bischof Dietrich den Rat von Zerbst auf, den von ihm an der Nikolauskirche angestellten Prädikanten zu entlassen; der Magistrat weigerte sich, dem Ersuchen nachzukommen. Am 24. Dezember 1525 wandte sich Hardenberg daher an den Fürsten Johann von Anhalt, um die Entfernung des Lutheraners zu erreichen. Allein die Verwendung des Fürsten war vergeblich. Es wurde sogar an die Bartholomäuskirche ein Prädikant berufen. Der Bischof ließ nicht locker. Er ging den Magdeburger Metropoliten, den Kurfürsten von Brandenburg und den Herzog von Sachsen um Beistand an. Diese wandten sich auch schriftlich an die Fürsten von Anhalt und den Magistrat von Zerbst. Als sich daraufhin wieder nichts änderte, versuchte es Hardenberg noch einmal mit Schreiben an die Fürstin Margaretha und den Magistrat, jedoch auch diesmal vergeblich. Dieses Beispiel zeigt einerseits, wie zäh der Bischof um die Erhaltung des Glaubens rang, und beweist anderseits, daß mit geistlichen Mitteln gegen die Inhaber der politischen Macht nichts zu erreichen war.

III.

Matthias von Jagow (1526-1544)

Matthias von Jagow wurde wiederum von Kurfürst Joachim I. für den Brandenburger Bischofsstuhl benannt. Er hatte in Leipzig, Frankfurt und Bologna Theologie und Rechtswissenschaft studiert und den Grad eines Doktors beider Rechte erworben. Zeitweilig war er Assessor am Reichskammergericht. Im Gefolge des Kurfürsten Joachim I. weilte er 1521 auf dem Reichstag zu Worms. Da er lediglich die niederen Weihen und den Subdiakonat empfangen hatte, konnte das Domkapitel ihn nur postulieren. Wegen Behinderung des Papstes Clemens VII. erteilte ihm Kardinal Albrecht als Erzbischof von Magdeburg am 8. Dezember 1527 die (provisorische) Zulassung. Gleichzeitig ermahnte er ihn, um die päpstliche Bestätigung einzukommen und die Weihen zu empfangen. Erst sechs Jahre später, am 4. November 1532, ließ Clemens VII. die Postulation zu, forderte aber, daß Matthias die weiteren Weihen empfinge und den Treueid gegenüber dem Heiligen Stuhl leiste. Jagow tat keines von beiden. In seiner Korrespondenz mit seinem Metropoliten suchte er Ausflüchte, um den Empfang der Weihen und der Konsekration hinauszuschieben. In dem vorliegenden Falle ist dieses (nicht eindeutige) Verhalten als Ausdruck der Unentschiedenheit und der Ablehnung der Bindung zu deuten.

Matthias von Jagow war eine sittlich korrupte Persönlichkeit. Seine Lebensführung war anstößig. Er umgab sich mit zweifelhaften Personen und hatte aus dem Verhältnis zu der Else Fingerlein zwei uneheliche Kinder. Der Metropolit, Albrecht, forderte ihn auf, seinen Lebenswandel zu bessern und verdächtige Personen aus seiner Umgebung zu entfernen, aber es war vergeblich. Matthias stand auch charakterlich nicht hoch. Er war ein bequemer, eigennütziger Mann, der den Mantel nach dem Winde hing.

Als Matthias sein Amt antrat, waren die sächsischen und anhaltinischen Teile seines Bistums bereits in starkem Maße von der Irrlehre ergriffen. Der Bischof verpflichtete sich, ihr zu wehren. Aber es fehlten ihm Eifer und Initiative in gleichem Maße. Er legte dem Vordringen des Luthertums keine Hindernisse in den Weg. Matthias von Jagow scheint schon früh dem Pfarrer von St. Katharinen in Brandenburg, Thomas Baitz, die Feier der Messe in deutscher Sprache gestattet oder nachgesehen zu haben. Mit diesem Schritt pflegte die religiöse Neuerung eingeleitet zu werden, und er war regelmäßig von der lutherischen Predigt begleitet. Wie so viele Bischöfe besaß Matthias nicht die Kraft, den Anfängen zu wehren. In naiver Kurzsichtigkeit und schwacher Gutmütigkeit meinte er, die Bewegung „abfangen" und in gemäßigte Bahnen lenken zu können, wenn er ihr gewisse Konzessionen machte. Indes mußte das Luthertum kraft seiner eigenen Prinzipien nicht nur zeitbedingte Formen der Kirche, sondern diese selbst zerstören. Sittliche Verderbnis, fehlender Kampfesmut gegen die Irrlehre und Unwahrhaftigkeit treten regelmäßig zusammen auf. Diese Beobachtung gilt auch für Matthias von Jagow. Derselbe Mann, der nichts gegen das Fortschreiten der Irrlehre in seiner Diözese unternahm, erging sich 1534 in einem Schreiben an den Heiligen Stuhl heftig über das Treiben des Luthertums. Seine Entrüstung war kaum echt. Denn er duldete das Wirken lutherischer Prediger in seinem Bistum und ergriff trotz der Vorhaltungen des Domkapitels keine Maßnahmen gegen sie. Zu Lebzeiten Joachims I. hielt er äußerlich am katholischen Glauben fest. Aber nach dessen Tod enthüllte er seine wahre Gesinnung oder, vielleicht noch besser, seinen Opportunismus. Am 18. April 1539 war er Teilnehmer einer Versammlung der Ritterschaft, die sich zum Protestantismus bekannte. Anfang November 1539 reichte er in Berlin und Spandau das Abendmahl unter beiderlei Gestalt und gab dadurch nach damaliger Ansicht zu verstehen, daß er zum Luthertum übergegangen war. 1540 unterschrieb Matthias (als einziger der brandenburgischen Bischöfe) die protestantische Kirchenordnung. Hand in Hand mit Kurfürst Joachim II. und den lutherischen Theologen Jakob Stratner und Georg Buchholzer betrieb er die Protestantisierung des Landes. Freilich dürfte Matthias nur mit halbem Herzen bei der Sache gewesen sein, vielleicht vor allem von Erwägungen wirtschaftlicher Art bestimmt. Luther, der ihn 1540 lobend hervorhob, kanzelte ihn 1542 als gottlosen Papisten und schlaffen Egoisten ab. „Ein überzeugter Protestant ist Matthias wohl niemals gewesen“ (Gustav Abb — Gottfried Wentz). Unter der Einwirkung des Kurfürsten und des Stratner nahm der sechzigjährige Mann 1541 die Katharina von Rochow zur Frau und hielt öffentlich Hochzeit. Wie es oft mit Verrätern geht, daß sie nämlich die Achtung aller verlieren, so widerfuhr es auch Matthias von Jagow. Sein Übertritt hatte die Folge, daß ihn der Kurfürst wenig beachtete, ja geradezu vernachlässigte. Er verschwand in der Versenkung, auf dem Gut Wachau, das ihm zugewiesen worden war. Gegen kirchliche Disziplinarmaßnahmen schützte ihn sein Landesherr. Als Kardinal Albrecht den Kurfürsten mittelbar aufforderte, Jagow das Bistum zu nehmen, erklärte Joachim II., wer dem Bischof den Episkopat nehmen wolle, müsse zuerst ihn selbst seines Besitzes berauben.

Das religiöse Schicksal Brandenburgs wurde von dem Landesherrn entschieden. Kurfürst Joachim I. war einer der hellsichtigsten und entschiedensten Gegner der Irrlehre. Er erkannte klar das Prinzip des Protestantismus, nämlich die eigene Meinung gegen die Lehre der Kirche zu setzen. 1530 begab sich Joachim I. in Begleitung von Männern wie Georg von Blumenthal, Wolfgang Redorffer und Konrad Wimpina zum Augsburger Reichstag. Dort zeigte er sich besser über die Tragweite der lutherischen Bewegung unterrichtet als beispielsweise der Bischof von Augsburg. Von der geharnischten Rede, die Joachim I. im September 1530 auf dem Reichstag gegen die Protestanten hielt, distanzierte sich sein schwächlicher Bruder, Erzbischof Albrecht. In der Abwehr des Protestantismus war der Kurfürst unerbittlich, und zwar nicht aus irdischen Beweggründen, sondern aus religiöser Überzeugung. Im Jahre 1532 erklärte er in Nürnberg, lieber Land und Leute verlieren als das Luthertum gestatten zu wollen. Kurfürst Joachim I. von Brandenburg verlangte häufig ein schärferes Verfahren gegen die Neuerung, als Karl V. es zu seinen Lebzeiten für angemessen hielt. 1533 gründete er mit Herzog Georg von Sachsen, Kardinal Albrecht und den Braunschweiger Herzögen den Halleschen Bund zum Schutz des katholischen Glaubens. Zu einem offensiven Vorgehen kam es jedoch nicht. In seinem Gebiet konnte sich der Protestantismus nicht durchsetzen, wenn sich auch protestantische Regungen zeigten. Seit 1528 bekannte sich die Frau des Kurfürsten zum Luthertum. Als ihr Gatte ihr deswegen seinen Unwillen bezeigte, floh sie nach Sachsen. Die Söhne des Kurfürsten, Joachim und Hans, neigten ebenfalls dem Protestantismus zu. Das neue „Evangelium“ mit seiner fleischlichen Freiheit war zu verlockend, als daß es nicht allen Mahnungen, Verboten und Widerlegungen getrotzt hätte. Dennoch konnte es sich in Brandenburg nicht offen zeigen und schon gar nicht die Herrschaft erringen. Noch auf dem Berliner Landtag 1535 hielten Kurfürst und Landstände am alten Glauben fest. Das Beispiel Joachims I. zeigt, daß es einem relativ mächtigen und konsequenten Fürsten auch in Norddeutschland möglich war, die katholische Religionsübung des Landes zu erhalten.

Die Gefahr für die Kirche erwuchs aus dem Thronwechsel. Joachim I. ließ sich zwar vor seinem Tode von seinem Sohn das eidliche Versprechen geben, die katholische Religion erhalten zu wollen, und Joachim II., mit der Prinzessin Hedwig von Polen in zweiter Ehe verheiratet, schwur, die Rechte der Kirche zu schützen. Aber nach dem Tode des Vaters brach der neue Kurfürst sein Versprechen. Am 5. Oktober 1539 ließ er sich durch Matthias von Jagow im Berliner Dom „in aller Stille" (Willy Hoppe) das Abendmahl unter beiden Gestalten reichen, ohne damit jedoch schon damals den Übertritt zum Luthertum zu vollziehen. Er war lange Zeit überzeugt oder gab wenigstens vor, daß gewisse Änderungen in Verfassung und Gottesdienst mit der Gliedschaft in der einen Kirche Christi zu vereinbaren seien. Joachim II. war eine widersprüchliche Persönlichkeit, die offensichtlich niemals zu völliger Klarheit über ihren kirchlichen Standort kam. Er suchte vor allem, lange Zeit politisch zwischen dem Bündnis der Katholiken und den Protestanten stehend, seine Vorteile zu erreichen. Joachim war doppelzüngig. Katholischen Fürsten versicherte er, beim katholischen Glauben bleiben, protestantischen versprach er, das Luthertum einführen zu wollen. Im Unterschied zu ihm war der Markgraf Johann von Küstrin ein entschiedener Lutheraner. Er übertraf den Kurfürsten an Entschlossenheit, sein Land zu protestantisieren; er vertrieb die katholischen Geistlichen und zerstörte katholische Einrichtungen. Nicht zuletzt sein Drängen veranlaßte Joachim II., am 1. November 1539 öffentlich das protestantische Abendmahl zu empfangen. Schon vorher ließ er das Luthertum in Berlin und Brandenburg predigen. Kurfürst Joachim II. fiel so faktisch zum Protestantismus ab und zog sein Land nach sich, auch wenn sein offizieller Übertritt erst in das Jahr 1563 zu setzen sein mag. Die Kurfürstin Hedwig blieb dagegen dem katholischen Glauben treu. Aber ihre Macht war gering.

Im Jahre 1540 wurde die Kirchenordnung erlassen, die an vielen ehemals katholischen Formen und Bräuchen festhielt, obwohl sich der Inhalt wesentlich gewandelt hatte. Zu der Gewalt trat somit die Lüge, um das Volk in die Irrlehre zu führen. Die Menschen wurden über die Tragweite der Neuerungen getäuscht; sie meinten, man stelle Mißstände ab, bleibe aber katholisch. Ein durchreisender katholischer Bischof stellte fest, daß nach außen kein Unterschied zwischen dem katholischen und dem in Brandenburg gehaltenen Gottesdienst zu erkennen sei. Leopold Zscharnack nennt die Kirchenordnung von 1540 „die katholisierendste Kirchenordnung der deutschen Reformation". Reste katholischer Zeremonien erhielten sich bis ins 18. Jahrhundert. Aber katholisch war eben lediglich das Äußere, nicht der Geist.

1540 ordnete der Kurfürst die Visitation der märkischen Kirchen an. Damit sorgte er für die Ausrottung des katholischen Glaubens. Denn bei den Visitationen wurde scharf gegen die Katholiken durchgegriffen. Auch hier ging es nicht ohne Kämpfe ab. Es gab durchaus Widerstand im Lande, beim Domkapitel, beim Klerus und in vielen Klöstern. Obwohl das Domkapitel nicht auf hohem geistigen Niveau stand, stemmte es sich doch der religiösen Umwälzung entgegen; wenigstens in seinen Patronatspfarreien suchte es den katholischen Glauben aufrechtzuerhalten. Aber der Bischof und der Kurfürst besetzten die freiwerdenden Stellen mit Protestanten, so daß dieser Faktor des Widerstandes allmählich ausfiel. Der Brandenburger Dompropst, Johann von Meiendorff, erklärte, er wolle die Kirchenordnung zwar nicht anfechten, sie aber auch nicht sich zu eigen machen. Daraufhin wurden ihm die Einkünfte gesperrt, bis er sich der Kirchenordnung unterwerfen würde. Der Hunger sollte ihn also in die Knie zwingen. Das Domkapitel nahm zwar 1541 die Kirchenordnung an, aber ohne Überzeugung und ohne tatsächliche Durchführung. Nach dem Sieg Karls V. über den Schmalkaldischen Bund verpflichtete es die Prädikanten, sich die (katholischen) Weihen spenden zu lassen, und zeigte damit, daß es weiter auf dem Boden der katholischen Lehre stand. Der Nachfolger des 1545 gestorbenen Dompropstes Meiendorff, Johannes Horneburg, wahrte ebenso mit Geschick und Mut die katholischen Belange. Die Niederlage des Kaisers 1552 veränderte aber die Lage wieder. Jetzt nahm man in Brandenburg keine Rücksichten mehr. Unter dem Druck des Kurfürsten kamen Protestanten ins Kapitel. 1557 führte es faktisch die Kirchenordnung ein.

Auch in der Mark Brandenburg haben nicht wenige Ordensleute der Kirche die Treue gehalten. Es sei nur an die Zisterzienserklöster Lehnin, Chorin und Himmelspfort erinnert. Auch die Bettelmönche schlugen sich zum Teil hervorragend. So durchzog im Jahre 1541 ein mutiger Franziskaner die Dörfer um die Stadt Brandenburg und predigte dort gegen Luther, die Kirchenordnung und die Visitation. Die Folge war, daß er festgenommen wurde. Ein wunderbares Beispiel heldenhaften Widerstandes gegen die Glaubensneuerung gab das Franziskanerkloster in der Altstadt Brandenburg. Die Mönche beharrten nicht nur beim Glauben und feierten weiter die hl. Messe, sondern nahmen sogar neue Mitglieder in den Konvent auf. Erst 1561 mußten sie der Gewalt weichen und ihre Kirche dem protestantischen Gottesdienst öffnen. Aber noch über ein Jahrzehnt behaupteten sie sich in Brandenburg. Ebenso bot so manches Nonnenkloster in der Mark ein ergreifendes Beispiel der Treue zum katholischen Glauben. Verbote, Verhaftungen und auch Terrormaßnahmen sorgten dafür, daß sie allmählich eingingen.

Der Widerstand des Klerus und der Ordensleute ist nicht zu erklären ohne die Annahme, daß es an zahlreichen Orten gläubige Laien gab, die den Abfall nicht mitmachten, sondern zu den Priestern hielten und ihre Dienste in Anspruch nahmen. Freilich wurde durch Druck und Zwang versucht, sie von ihrer Überzeugung abzubringen. Vor allem die Jugend mußte als verloren gelten, weil sie im Haß gegen das ,,Papsttum" erzogen wurde. Eine Zeitlang vermochte sich eine katholische Geheimseelsorge in der Mark Brandenburg zu behaupten. Im Jahre 1561 wurde geklagt, daß im Lande heimlich ,,papistische Winkelmessen" gefeiert würden. Bis zum 17. Jahrhundert hielten sich kleine katholische Inseln im Meer des Protestantismus.

IV.

Joachim von Münsterberg-Öls (1545-1560)

Nach dem Tod Jagows ließ Joachim II. die bischöfliche Residenz besetzen und zwang die Untertanen des Stiftes, ihm den Treueid abzulegen. Unter dem Druck des

Kurfürsten postulierte das Domkapitel nach langem Zögern am 18. März 1545 den protestantischen Herzog Joachim von Münsterberg-Öls zum „Bischof". Dieser gerierte sich bis zu seinem am 4. Juni 1560 gegenüber dem Domkapitel ausgesprochenen Verzicht als Inhaber des Bischofstitels. Er empfing weder eine Weihe noch die päpstliche Bestätigung und übte auch keine bischöflichen Funktionen aus. Das Bischofsamt war zu einer bloßen Sinekure geworden. Die Zahl der katholischen Domkapitulare verminderte der Kurfürst systematisch. Der Katholizismus im Lande ging immer mehr zurück.

1548 arbeiteten Johann Agricola, der Hofprediger Joachims II., Julius Pflug und Michael Helding das Interim aus. Joachim suchte es in seinem Lande einzuführen, und er hatte damit in gewissem Umfang Erfolg.

„Unter dem Zeichen des Interims nahm das kirchliche Leben sehr bald wieder ein katholisches Gepräge an" (Julius Heidemann). 1549 zog wieder die Fronleichnamsprozession durch die Straßen von Berlin. Einzelne Stellenbesetzungen erfolgten in kirchlichem Sinne. 1549 wurde der treu katholische Johann Horneburg zum Dompropst in Brandenburg gewählt. Doch gab es auch Widerstand gegen das Interim. In manchen Teilen des Landes wurde es nicht, in anderen nur bruchstückhaft oder äußerlich angenommen. Johann von Küstrin akzeptierte das Interim für sein Gebiet niemals. Der Umschwung des Jahres 1552 machte die Erfolge auch andernorts wieder zunichte. Joachim II. verhielt sich immer noch nicht völlig eindeutig. Er bezeichnete sich, wenn er es für nützlich hielt, als gehorsamen Sohn der katholischen Kirche, so auf dem Trienter Konzil.

V.

Joachim Friedrich von Brandenburg (1560-1571)

Im Jahre 1560 ließ der Kurfürst seinen 1546 geborenen Enkel Joachim Friedrich, der bereits seit 1553 „Bischof" von Havelberg und seit 1555 „Bischof" von Lebus war, zum „Bischof" von Brandenburg postulieren. Eine Zulassung erfolgte nicht. Damit waren die drei Bistümer des Landes in der Hand eines Angehörigen des Brandenburger Hauses vereinigt. Die Administration des Stiftes nahm der Vater Joachim Friedrichs, Johann Georg, in die Hand. Im Jahre 1571 vollzog der nunmehrige Kurfürst Johann Georg den Schritt, auf den letztlich die Maßnahmen der vergangenen Jahrzehnte hingezielt hatten. Das Bistum Brandenburg wurde ein Teil des Kurfürstentums. Johann Georg verfügte aber auch nach Gutdünken über die Bistümer Havelberg und Lebus, ohne sich um deren „Bischof" Joachim Friedrich zu kümmern. Als Joachim Friedrich 1598 selbst die Regierung des Kurfürstentums antrat, wurden die bisherigen Stiftsgüter endgültig kurfürstliches Domanialgut. Statt der katholischen Bischöfe, die man beseitigt hatte, besaß jetzt der Landesherr die Stellung eines obersten Bischofs und regierte autoritärer in die „Kirche" hinein, als es je ein Papst oder Bischof getan hatte.

3. Kapitel

Bistum Havelberg

Allendorff, Johannes, Wilsnack: LThK X, 2. Aufl., 1965, 1171

Heckel, Johannes, Bilder aus der Geschichte des Domstiftes Havelberg seit der Reformation: Forschungen zur Brandenburgischen und Preußischen Geschichte 39, 1927, 51-74

Heidemann, Julius, Die Reformation in der Mark Brandenburg, Berlin 1889

Hennig, Bruno, Kurfürst Friedrich II. und das Wunderblut zu Wilsnack: Forschungen zur Brandenburgischen und Preußischen Geschichte 19, 1906, 391-422

Methling, Harry, Das Wunderblut von Wilsnack: Jahrbuch für brandenburgische Landesgeschichte 2, 1951, 30-35

Müther, Hans, Schwarzzenberger, Ute, Der Dom zu Havelberg (= Das christliche Denkmal Heft 13), Berlin 1954

Pfändter, Karl, Die Havelberger Bischöfe in ihren Beziehungen zu König, Papst und Landesfürsten: Wichmann-Jahrbuch des Geschichtsvereins Katholische Mark I, Berlin 1930, 95-115

Polthier, Wilhelm, Geschichte der Stadt Wittstock, Berlin 1933

Riedel, Adolph Friedrich (Hrsg.), Codex diplomaticus Brandenburgensis. Sammlung der Urkunden, Chroniken und sonstigen Quellenschriften für die Geschichte der Mark Brandenburg und ihrer Regenten. Des 1. Haupttheils oder der Urkunden-Sammlung für die Orts- und specielle Landesgeschichte 3. Bd., Berlin 1843

Rudloff, Richard, Heiligengrabe I. Geschichte seiner Entstehung und Entwicklung bis zum Abschluß der Reformation (= Prignitzer Volksbücher 29), 2. Aufl., Pritzwalk 1927

Schäfer, K. H., Havelberg: LThK IV, 1932, 847f.

Schultze, Johann, Geschichte der Stadt Neuruppin, 2. völlig überarb. u. erweit. Aufl., Berlin 1963

Simon, Johannes, Kloster Heiligengrabe. Von der Gründung bis zur Einführung der Reformation 1287-1549: Jahrbuch für Brandenburgische Kirchengeschichte 24, 1929, 3-136

Simon, Johannes, Kloster Heiligengrabe. 1. Tl.: Von der Gründung bis zur Einführung der Reformation 1287-1549, o.O. u. o.J. (=Sonderdruck aus dem Jahrbuch für Brandenburgische Kirchengeschichte 1929)

Stasiewski, B., Havelberg: LThK V, 2. Aufl., 1960, 38-40

Wendt, Karl, Geschichte der Vorderstadt Neubrandenburg in Einzeldarstellungen, Neubrandenburg 1922

Wentz, Gottfried, Das Bistum Havelberg (= Germania sacra. Erste Abteilung. Die Bistümer der Kirchenprovinz Magdeburg. Zweiter Band. Das Bistum Havelberg), Berlin 1933

Wohlbrück, Siegmund Wilhelm, Geschichtliche Nachrichten von dem Geschlechte von Alvensleben und dessen Gütern, 3 Bde., Berlin 1819-1829

Zoellner, Alfred, Chronik der Stadt Havelberg. Geschichte der Stadt, des Domes und des Bisthumes Havelberg, 2 Bde., Rathenow 1893

I.

Johann III. von Schlabrendorff (1501-1520)

Der Bischof von Havelberg war ursprünglich Reichsfürst, vermochte aber seine reichsunmittelbare Stellung gegenüber dem Markgrafen von Brandenburg nicht zu behaupten. Die Markgrafen bzw. Kurfürsten mengten sich in starkem Maße in die Besetzung des Bischofsstuhles ein, so daß das Wahlrecht des Domkapitels eingeengt wurde. Kurfürst Friedrich II. erhielt vom Papst die Erklärung, daß er lediglich Personen, die von ihm nominiert waren, die Bestätigung als Bischof erteilen werde. Dieses persönliche Privileg wurde von den folgenden Herrschern als dingliches uminterpretiert. Die Bischöfe residierten anfangs in Havelberg, seit der zweiten Hälfte des 13. Jahrhunderts in Wittstock.

Johann von Schlabrendorff wurde nach vorgängiger Benennung durch den Kurfürsten am 29. August 1501 zum Bischof gewählt. Er erhielt am 3. Dezember 1501 die päpstliche Bestätigung. Johann war damals Subdiakon. Am 16. Juli 1503 empfing er die Bischofskonsekration. Johann war in der Rechtswissenschaft ausgebildet und Doktor der Dekrete. Als Rat seines Landesherrn war er stark an diesen gebunden und von ihm abhängig. Dem Wunsch des Kurfürsten entsprechend, wandelte er das Prämonstratenserdomkapitel in Havelberg in ein weltgeistliches Kapitel um, behielt aber für sich selbst bis zu seinem Tode das Gewand des Ordens bei. Schlabrendorff ließ Missale und Brevier drucken, letzteres mit einer Sammlung von Diözesanstatuten. Das Luthertum mag sich unter seiner Regierung auch im Bistum Havelberg bemerkbar gemacht haben. Aber eine ernsthafte Gefahr bildete es vorläufig nicht. Zu der Verführung und Verlockung durch die neue Lehre mußten erst das schlechte Beispiel der Vorgesetzten, der amtliche Druck und Gewaltaktionen treten, damit das Volk von der Kirche losgerissen wurde. Wie sehr die Haltung des Klerus zu der Glaubensneuerung von dem Landesherren abhing, zeigte sich in Brandenburg; der größte Teil der Geistlichen blieb der Kirche unter Kurfürst Joachim I. treu.

II.

Hieronymus Scultetus (Schultz) (1521-1522)

Nach dem Tode Schlabrendorffs wählte das Havelberger Domkapitel Georg von Blumenthal zum Bischof. Der Kurfürst von Brandenburg aber hatte andere Pläne. Blumenthal sollte Lebus und Ratzeburg erhalten, wogegen Havelberg von Hieronymus Scultetus (Schultz) übernommen werden sollte; er setzte sich durch. Joachim I. veranlaßte Blumenthal zum Verzicht auf sein aus der Wahl erworbenes Recht. An seiner Stelle nominierte der Kurfürst den Brandenburger Bischof Schultz. Diesem wurde das Bistum Havelberg übertragen (12. April 1521), das er aber nur ein Jahr innehatte. Das Bistum Brandenburg behielt er zunächst bei, später verzichtete er darauf. Am 26. Oktober 1522 wurde Busso von Alvensleben vom Papst zum Koadjutor mit Nachfolgerecht bestellt.

Das Luthertum suchte sich währenddessen im Bistum Havelberg zu etablieren. Wandernde Handwerksgesellen, reisende Kaufleute und schweifende Prädikanten warben für den Abfall. Sie untergruben die Anhänglichkeit an die Kirche, die Achtung vor dem Klerus und die Treue zum Glauben. Ihr bequemes ,,Evangelium" zündete bei der Masse. So sammelten sie zunächst Gruppen um sich, hielten kleine Versammlungen, wurden bei Wachsen ihrer Anhänger dreister und suchten sich der Kanzel zu bemächtigen, bis die Obrigkeit sie auswies. In jedem Falle aber war die (offene oder geheime) Spaltung der Menschen die Folge ihrer unseligen Tätigkeit.

III.

Busso II. von Alvensleben (1522-1548)

Busso von Alvensleben hatte — wie Matthias von Jagow — in Leipzig und Bologna Theologie und Rechtswissenschaft studiert und den Grad eines Doktors der Rechte erworben. Er war ein geschickter Vertreter und Unterhändler im Dienste seines Landesherren. Am 5. Laterankonzil nahm er als kurfürstlicher Abgeordneter teil. Er war für die Wahl Albrechts von Brandenburg zum Erzbischof von Magdeburg und Administrator von Halberstadt tätig und erreichte bald danach als Beauftragter des Magdeburger Metropolitankapitels die Genehmigung des Papstes für die Übertragung des Erzbistums Mainz an Albrecht unter Beibehaltung von Magdeburg, wobei ihm der Kardinal Schiner wertvolle Hilfe leistete. Als Subdiakon wurde er 1522 Koadjutor mit Nachfolgerecht des Hieronymus Schultz. Am 10. November 1522 scheint er noch eigens postuliert worden zu sein, aber eine nochmalige Zulassung dürfte nicht eingeholt worden sein. Am 24. März 1523 wurde er inthronisiert. Busso ließ sich, wohl im September 1534, die Bischofskonsekration erteilen.

Über den Lebenswandel Bussos von Alvensleben liegen unterschiedliche Nachrichten vor. Ein (protestantischer) Chronist sagte von ihm: ,,Er war der erste in der Kirche und verließ sie zuletzt; seinen Hausgenossen und Domherren war er Führer zur Übung der Tugenden und zur Pflege der Wissenschaften; die Vorteile der Kirche wußte er überall und mit allem Eifer wahrzunehmen." Dieses Urteil wird durch alles, was wir von dem Bischof Busso wissen, bestätigt. Aber eine Zeitlang, vermutlich vor dem Empfang der höheren Weihen und in jedem Fall vor Erlangung der Bischofswürde, war er unenthaltsam. Angeblich hatte er zwei natürliche Söhne, Levin und Joachim, die den Zunamen Halvensleben führten. Busso mag als junger Mann gelegentlich schwach gewesen sein, aber hat bereut und sich bekehrt.

Busso von Alvensleben hielt standhaft am katholischen Glauben fest und suchte in dem Bistum und in dem Stiftsland das Vordringen des Protestantismus zu verhindern. Zu Lebzeiten des Kurfürsten Joachim I. wehrte er zusammen mit seiner zahlreichen Verwandtschaft in der Priegnitz und in der Altmark die religiöse Neuerung ab. Aus seinen ,,Statuta ad clerum" von 1528 sprechen echter Wille zur Reform und treu katholische Gesinnung.

Ein Teil des Bistums gehörte zu Mecklenburg. Als Johannes Beckmann und Henning Kruckow die lutherische Lehre in Neubrandenburg zu verbreiten suchten, schritt der Bischof scharf gegen sie ein. Die Franziskaner traten ebenfalls entschieden gegen sie auf. Aber der Herzog Albrecht deckte sie. Eine Zeitlang bestanden katholischer und protestantischer Gottesdienst nebeneinander. Die Visitationen zerstörten dann die heilige Religion. Auch in Neubrandenburg wurde „besonders innige Freundschaft der neuen Lehre von denen entgegengebracht", die der Kirche „Leistungen an Geld und Naturalien" zu entrichten hatten (Karl Wendt).

Die Lage im brandenburgischen Teil des Bistums änderte sich mit dem Tode Joachims I. Jetzt wurde das zum Kurfürstentum gehörige Gebiet der Diözese protestantisiert. In dem Stiftsland war die Lage vorerst noch günstiger. Katholiken, die sich den Glauben bewahren wollten, siedelten in Orte des Hochstiftes wie Wittstock und Wilsnack über. Der Bischof versuchte auch jetzt, in einzelnen Fällen gegen die neugläubigen Prediger einzuschreiten. Aber es fehlte ihm die Macht zu nachhaltiger Unterdrückung der Irrlehre. Die weltliche Gewalt hinderte ihn an der Ausübung seiner bischöflichen Rechte und Pflichten. Die freiwerdenden Ämter wurden mit Lutheranern besetzt. In den meisten Städten der Priegnitz besaß zwar das Domkapitel das Patronatsrecht über die Pfarrkirchen. Es hätten darum, wenn das Recht beachtet worden wäre, keine Prädikanten angestellt werden können. Aber damals regierte nicht das Gesetz, sondern die Gewalt. Die katholischen Pfarrer wurden vertrieben, lutherische Prediger an ihre Stelle gesetzt.

Die Mittel, die der Kurfürst von Brandenburg zur Vernichtung der katholischen Religion gebrauchte, waren der Erlaß einer Kirchenordnung und die Vornahme von Visitationen. Als die protestantische Kirchenordnung im März 1540 in Berlin den Landständen vorgelegt wurde, wiesen die Prälaten, den Matthias von Jagow ausgenommen, sie entschieden zurück. Nach der trotzdem erfolgenden Annahme verfaßten sie einen mutigen Protest, der das Treiben der Neuerer teilweise deutlich beim Namen nannte. Der Bischof und sein Generalvikar, Peter Conradi, lehnten es ab, über die protestantische Kirchenordnung auch nur zu verhandeln. Der Widerstand des Bischofs gegen die Kirchenordnung ist um so höher zu bewerten, als sie seine äußere Stellung durchaus gewährleistete. Julius Heidemann gibt zu, daß die Einführung der protestantischen Kirchenordnung „nicht imstande" war, „sofort den Katholizismus zu überwinden", den „zwei angesehene Bischöfe voll Kraft noch verteidigten". 1540 begann auch die protestantische Visitation, durchgeführt von weltlichen und geistlichen Personen. Sie dauerte etwa zwei Jahre und betrieb die zwangsmäßige Protestantisierung. Busso von Alvensleben wehrte sich mit Erfolg gegen das Eindringen der Visitatoren in den Teil seines Bistums, in dem er Fürst war. Die Visitation zerstörte die zahlreichen Klöster im Lande. Die Niedrigkeit der Motive trat dabei besonders deutlich zutage. Busso von Alvensleben bemühte sich, den bedrängten Ordensleuten zu Hilfe zu kommen. Als der Kurfürst beispielsweise das Kloster Heiligengrabe zuerst dem Erasmus von Retzdorff, dann dem Curt von Rohr verschrieb, suchte der Bischof die Nonnen zu schützen, leider aus

Mangel an Macht vergeblich. Das Kloster fiel nach heroischem Widerstand dem protestantischen Terror zum Opfer. Busso von Alvensleben schaute sich nach Unterstützung in diesem ungleichen Kampf um. Von Karl V. erwirkte er am 20. September 1545 einen Schutzbrief für Bistum und Domkapitel. Aber das Unheil ließ sich durch Schreiben nicht aufhalten. 1545 wurde die Stadt Havelberg — ohne den Dom — protestantisiert.

Busso war in dieser Zeit keineswegs untätig. Er suchte seine bischöflichen Pflichten weiter zu erfüllen. So visitierte er beispielsweise am 17. August 1543 das Prämonstratenserstift Jerichow. Mit ihm standen viele katholische Männer und Frauen. So hielten die meisten Mitglieder des Havelberger Domkapitels am katholischen Glauben fest. Noch 1547 hatten die Katholiken in dieser Körperschaft die Mehrheit und suchten sogar im Stift den Protestantismus zu beseitigen. Auch im Klerus gab es viel mannhaften Widerstand gegen den Zwang zum Abfall. Dasselbe gilt für die Orden. Die Klöster wurden überwiegend gewaltsam aufgehoben. Bedauerlicherweise sind die meisten Zeugnisse dieser für die sogenannten Reformatoren wenig schmeichelhaften Opposition nicht erhalten. Busso von Alvensleben war der letzte katholische Bischof in Havelberg.

IV.

Friedrich von Brandenburg (1548-1552)

Nach dem Tode Bussos bestimmte Kurfürst Joachim II. von Brandenburg das Domkapitel, den siebenjährigen Prinzen Friedrich zum ,,Bischof'' zu wählen, der bereits Koadjutor von Magdeburg war. Bei dieser Gelegenheit zeigte es sich, daß der Katholizismus in Havelberg noch keineswegs erloschen war, sondern im Domkapitel eine feste Stätte hatte. Als 1544 der treu katholische Dechant Joachim Friese starb, wurde zwar der Lutheraner Wolfgang von Arnim an seine Stelle gebracht. Nach dessen Tod (1547) aber kam wieder ein tapferer Verteidiger des Glaubens in den Besitz der Würde, Peter Conradi. In seinem 1558 abgefaßten Testament bestimmte er hohe Summen für die Erhaltung des katholischen Gottesdienstes. Die Protestanten waren für ihn die ,,lutherische Faktion''. Busso war ihm sehr zugetan. Unter seinem Einfluß bestand das Kapitel vor der Postulation Friedrichs darauf, daß dieser der Häresie entsage, katholisch werde, beim Papst um Lossprechung von den zugezogenen Zensuren einkomme und die Zulassung der Postulation erbitte. Der Vater des Knaben ging auf diese für einen Lutheraner exorbitanten Bedingungen ein, und so blieb dem Domkapitel nichts anderes übrig, als die Postulation vorzunehmen. Friedrich legte tatsächlich am 30. September 1548 das katholische Glaubensbekenntnis ab und versprach dem Papst Gehorsam.

Die Admission der Postulation erteilte der Papst jedoch nicht; er war sich des jungen Mannes nicht sicher. Die Leitung der geistlichen Angelegenheiten des Bistums übernahm der Propst Johann von Walwitz. Walwitz war katholisch, hatte aber als Dechant des Magdeburger Domkapitels seinen Wohnsitz in Magdeburg. Daher wurde das Bistum tatsächlich von Peter Conradi geleitet. Er versuchte, dem Glauben durch Anstellung katholischer Geistlicher wieder aufzuhelfen, wurde aber regelmäßig durch die weltliche Gewalt daran gehindert. Daß die Katholiken in dem erbitterten Kleinkrieg nicht Sieger bleiben konnten, war angesichts der Verteilung der Machtmittel klar; aber daß sie den aussichtslosen Kampf geführt haben, ist ein leuchtendes Zeugnis ihrer Treue zum Glauben. Besonders instruktiv ist der Verlauf der Unterdrückungskampagne gegen die heilige Religion in Wittstock. Erst am 8. September 1549 wurde in der Hl. Geist-Kirche zum erstenmal das Abendmahl unter beiderlei Gestalt gereicht. Dagegen schützte das Domkapitel in der Hauptkirche der Stadt den katholischen Gottesdienst. Am 6. Dezember 1549 wurde die protestantische Abendmahlsfeier in der Wittstocker Pfarrkirche erzwungen. Der katholische Pfarrer, Johannes Köppen, hielt aber weiter die hl. Messe, bis er zwangsweise entfernt wurde; am 26. Mai 1550 feierte er zum letztenmal das Meßopfer. In der Schloßkapelle blieb katholischer Gottesdienst bis 1556 erhalten. Die zeitlichen Dinge des Bistums bestimmte maßgebend der Kurfürst, und darauf kam es ihm ja auch an. Er kümmerte sich wenig um die Rechte des Kapitels und erlaubte sich viele Übergriffe. So war die Zeit der Sedisvakanz unerfreulich für das Bistum und das Stift.

Der „Bischof" Friedrich hatte die niederen Weihen empfangen. Er war Erzbischof von Magdeburg und Bischof von Halberstadt. In diese Zeit fiel ein denkwürdiges Ereignis, das noch einmal den Mut des Domkapitels in helles Licht stellt. Die Protestanten von Wilsnack riefen 1548 einen Prädikanten an ihren Ort, Joachim Ellefeld. In der Kirche fanden katholischer und protestantischer Gottesdienst nebeneinander statt. Die dabei entstehenden Reibereien veranlaßten den Ellefeld, am 28. Mai 1552 die vom Volk verehrten Hostien zu verbrennen. Das Domkapitel ließ ihn verhaften und wollte ihm den Prozeß machen. Aber der Kurfürst befahl, ihn zu befreien, und so blieb das Verbrechen ungesühnt; der Täter wurde lediglich des Landes verwiesen.

V.

Joachim Friedrich von Brandenburg (1553-1608)

Als Friedrich 1552 starb, ließ der Kurfürst 1553 vom Kapitel seinen Enkel Joachim Friedrich, einen siebenjährigen Knaben, zum „Bischof" postulieren und ihm die niederen Weihen erteilen. Er erhielt weiter die Diözesen Lebus (1555) und Brandenburg (1560). Ein Kind von 14 Jahren vereinigte so die drei brandenburgischen Landesbistümer. Damit war das Ziel der „Reformation" erreicht und das Schicksal des Katholizismus besiegelt; die Bistümer wurden unter ihm restlos protestantisiert und säkularisiert.

Der Kurprinz Johann Georg übernahm für seinen Sohn die Verwaltung des Stiftes Havelberg. Damals war der katholische Glaube in Havelberg noch keineswegs erloschen. Der katholische Gottesdienst wurde weiterhin ausgeübt. Der Dekan Peter Conradi war bemüht, niemanden in das Kapitel aufzunehmen, der nicht Kleriker war, um auf diese Weise eine gewisse Garantie zu haben, daß die neuen Mitglieder Katholiken waren. Aber das Mittel versagte; es drangen immer mehr Protestanten in das Gremium ein. Mutig wehrte sich das Domkapitel gegen protestantische Übergriffe. Das Recht stand auf der Seite der Katholiken. Zur Zeit des Augsburger Religionsfriedens waren Havelberg und Lebus noch katholische Bistümer. Der Geistliche Vorbehalt hätte sie geschützt, aber die Brandenburger Herren setzten sich darüber hinweg. Als der Dechant Peter Conradi 1561 starb, war es um den Glauben geschehen. Am 27. April 1561 forderte Markgraf Johann Georg das Domkapitel auf, den katholischen Gottesdienst abzuschaffen und die lutherische Kirchenordnung anzunehmen. Im gleichen Jahre erklärte der Kurfürst in seiner Visitations- und Konsistorialordnung, es würden noch immer „papistische Winkelmessen heimlich im Lande celebrirt". Sie müßten abgetan und bei schwerer Strafe verboten, die „Celebrirenden" ausgewiesen werden. So siegte das neue „Evangelium" in Brandenburg.

In der Folgezeit wurde die kaschierte Angliederung der in Brandenburg gelegenen Stiftsländer an das Kurfürstentum zu einer offenen Annexion. 1567 wurder der „Bischof" Joachim Friedrich auch noch Administrator von Magdeburg. Als Johann Georg 1571 die Regierung des Kurfürstentums antrat, wurde das Bistum Havelberg — unter Mißachtung der Rechte des „Bischofs" Joachim Friedrich — praktisch mit der Mark vereinigt, indem der Kurfürst die bischöflichen Ämter dem Domanialbesitz eingliederte. Die Rechte des „Bischofs", des nunmehrigen Kurprinzen Joachim Friedrich, blieben unberücksichtigt. Als dieser 1598 die Herrschaft im Kurfürstentum antrat, erledigte sich auch diese Frage.

4. Kapitel

Bistum Merseburg

Buchwald, Georg (Hrsg.), Die Matrikel des Hochstifts Merseburg 1469 bis 1558, Weimar 1926

Feifel, Erich, Grundzüge einer Theologie des Gottesdienstes. Motive und Konzeption der Glaubensverkündigung Michael Heldings (1506-1561) als Ausdruck einer katholischen „Reformation" (= Untersuchungen zur Theologie der Seelsorge Bd. XV), Freiburg, Basel, Wien 1960

Feifel, Erich, Der Mainzer Weihbischof Michael Helding (1506-1561). Zwischen Reformation und katholischer Reform (= Institut für europäische Geschichte Mainz. Vorträge Nr. 33), Wiesbaden 1962

Förstemann, Carl Eduard (Hrsg.), Neues Urkundenbuch zur Geschichte der evangelischen Kirchen-Reformation, 1. Bd., Hamburg 1842, Neudruck: Hildesheim, New York 1976

Fraustadt, Albert, Die Einführung der Reformation im Hochstifte Merseburg, größtentheils nach handschriftlichen Quellen dargestellt, Leipzig 1843

Friedensburg, Walter (Bearb.), Die Protokolle der Kirchenvisitationen im Stift Merseburg von 1562 und 1578 (= Geschichtsquellen der Provinz Sachsen und des Freistaates Anhalt Neue Reihe Bd. 11), Magdeburg 1931

Heinemann, v., Georg III., Fürst von Anhalt: ADB 8, 1878, 595f.

Höß, Irmgard, Episcopus evangelicus. Versuche mit dem Bischofsamt im deutschen Luthertum des 16. Jahrhunderts, in: Iserloh, Hallensleben, Confessio Augustana und Confutatio 499-516

Kehr, Paul (Bearb.), Urkundenbuch des Hochstifts Merseburg. 1. Thl. (962-1357.) (= Geschichtsquellen der Provinz Sachsen und angrenzender Gebiete 36. Bd.), Halle 1899

Lau, Franz, Georg III. von Anhalt (1507-1553), erster evangelischer ,,Bischof" von Merseburg. Seine Theologie und seine Bedeutung für die Geschichte der Reformation in Deutschland: Wissenschaftliche Zeitschrift der Karl-Marx-Universität Leipzig. Gesellschafts- und sprachwissenschaftliche Reihe 3. Jgg., 1953/54, 139-152

Liliencron, v., Adolf, Fürst von Anhalt: ADB 1, 1875, 120

Pallas, K., Die Versuche des Bischofs Adolf von Merseburg, den kirchlichen Neuerungen innerhalb seiner Diözese entgegenzutreten, und das Verhalten des Kurfürsten Friedrichs d. W. und seines Bruders Herzogs Johann dazu. 1522-1525: Zeitschrift des Vereins für Kirchengeschichte der Provinz Sachsen 23, 1927, 1-54

Paulus, Nikolaus, Michael Helding. Ein Prediger und Bischof des 16. Jahrhunderts: Der Katholik 74, 1894, II, 410-430, 481-502

Sehling, Emil (Hrsg.), Die evangelischen Kirchenordnungen des XVI. Jahrhunderts. 1. Abth. Sachsen und Thüringen, nebst angrenzenden Gebieten. 2. Hälfte. Die vier geistlichen Gebiete (Merseburg, Meißen, Naumburg-Zeitz, Wurzen), Amt Stolpen mit Stadt Bischofswerda, Herrschaft und Stadt Plauen, die Herrschaft Ronneburg, die schwarzburgischen Herrschaften, die reußischen Herrschaften, die schönburgischen Herrschaften, die vier Harzgrafschaften: Mansfeld, Stolberg, Hohenstein, Regenstein, und Stift und Stadt Quedlinburg, die Grafschaft Henneberg, die mainzischen Besitzungen (Eichsfeld, Erfurt), die Reichsstädte Mühlhausen und Nordhausen, das Erzbisthum Magdeburg und das Bisthum Halberstadt, das Fürstenthum Anhalt, Leipzig 1904

Wolf, Gustav, Die Entstehung des Augsburger Interims: Deutsche Zeitschrift für Geschichtswissenschaft N.F. 2, 1897/98, 39-88

Wurm, H. J., Merseburg: LThK VII, 1935, 107-109

I.

Adolf von Anhalt-Zerbst (1514-1526)

Die sächsischen Bistümer Meißen, Merseburg und Naumburg verloren im Laufe des 15. Jahrhunderts faktisch ihre (rechtlich weiterbestehende) Reichsunmittelbarkeit und gerieten in die Abhängigkeit der sächsischen Herzöge. Der Einfluß des Landesherren auf die Bistümer war stark; er sollte ihnen zur Zeit der Glaubensspaltung verhängnisvoll werden.

Adolf von Anhalt war seit 1507 Koadjutor des Bischofs von Merseburg. 1514 folgte er Thilo von Trotha als Diözesanbischof nach.

Adolf von Anhalt war ,,einer der gelehrtesten und tätigsten Bischöfe seiner Zeit" (Albert Fraustadt). Er war theologisch gut gebildet. Die Heilige Schrift war ihm wohlvertraut. Adolf nahm seine Berufung ernst. Er übte sein geistliches Amt persönlich aus und predigte selbst. An seiner Anhänglichkeit an die Kirche und an seiner Treue zum Heiligen Stuhl ist kein Zweifel möglich. Adolf war auch echten Reformen, d.h. der Abstellung von Mißbräuchen, geneigt, nicht aber der Zerstörung des Glaubens. Wie viele andere fand er zu Beginn in dem Auftreten Luthers manches berechtigt, erkannte freilich sehr bald, daß dieser viel zu weit ging und nicht besserte, sondern niederriß; jetzt sah er in Luthers Beginnen gottwidrige Auflehnung. Adolf erkannte, daß das, was ihm als neues „Evangelium" präsentiert wurde, nichts anderes als der alte Irrtum war, den Leute wie Wiclif und Hus schon vertreten hatten. Der Wittenberger bemühte sich auf seine Art um Adolf von Anhalt; mehrfach richtete er Schreiben an den Bischof. Dieser entgegnete ihm höflich mahnend und appellierte an seine Verantwortung, ohne freilich etwas zu erreichen.

Adolf von Anhalt bemühte sich, dem vordringenden Protestantismus zu wehren. Die von Herzog Georg geförderte Leipziger Disputation suchte er in der richtigen Erkenntnis zu verhindern, daß die Wahrheit des Glaubens nicht von dem Geschick disputierender Professoren abhängig gemacht werden dürfe. Eck brachte am 25. September 1520 die Bannandrohungsbulle nach Merseburg, wo sie sogleich verlesen und angeschlagen wurde. Dagegen wurde sie in den zur Diözese gehörigen Teilen des Kurfürstentums Sachsen erst nach einem halben Jahr veröffentlicht. In dem Hochstift ging Adolf im Januar 1521 gegen die Neuerung durch Einziehung und Verbrennung von häretischen Schriften vor. Der 1522 unternommene Versuch, der Zerstörung der katholischen Religion in dem zum Kurfürstentum Sachsen gehörenden Teil seines Bistums Einhalt zu bieten, scheiterte an dem Widerstand des verschlagenen Landesherrn. Ohne Unterstützung des weltlichen Arms waren bischöfliche Mandate nicht mehr durchzusetzen. Der Kurfürst gab dem Bischof auf sein Andringen ausweichende Antworten, arbeitete auf Zeitgewinn und deckte die aufrührerischen Geistlichen. Das Ringen Adolfs mit Friedrich von Sachsen ist beispielhaft für die Lage eines gläubigen und eifrigen Bischofs angesichts eines abgefallenen Landesherrn und soll daher kurz geschildert werden. Am 20. Februar 1522 schrieb Adolf dem Kurfürsten Friedrich von Sachsen einen Brief, dem er eine Ausfertigung des Mandats des Reichsregiments vom 20. Januar 1522 gegen die lutherische Neuerung und eine eigene Verordnung gegen dieselbe beilegte und in dem er um Auskunft bat, wie er, der Kurfürst, sich dazu stellen werde. In seiner Antwort vom 7. März 1522 erklärte sich Friedrich damit einverstanden, daß der Bischof gegen jene, die wider die heilige christliche Kirche und das Wort Gottes handelten, auftrete; er sei selbst bereit, alles zu fördern, was zu Gottes Ehre und zur Ausbreitung des Wortes, zur Stärkung des Glaubens und zum Heil der Seelen geschehe. Dieses zugleich listige und zweideutige Schreiben zeigte für den, der zu lesen verstand, daß der Kurfürst gerade nicht gewillt war, dem Bischof beim Vorgehen gegen den Abfall den Schutz des weltlichen Armes zu gewähren. Die Folgezeit machte offenbar, daß es so war. Die beiden Abgesandten, die Friedrich an den Bischof schickte, ließen die Katze aus dem Sack, als sie erklärten, daß die Fürsten bei Dingen, die in der Schrift begründet seien, nicht eingreifen könnten. Das bedeutete die einschlußweise erfolgende Aussage, daß die Neuerung im Recht sei. Der Bischof versuchte in den folgenden Monaten und Jahren immer wieder, die Unterstützung des Kurfürsten für die Dämpfung der Rebellion zu gewinnen. Aber dieser wies ebenso beharrlich das Ansinnen ab. Am 12. April 1524 bat Bischof Adolf den Kurfürsten um Geleit für die von ihm geplante Visitationsreise und um

Abstellung einiger seiner Räte zu diesem Zweck. Der Kurfürst gestand zwar beides zu, tat aber gerade das nicht, worauf es dem Bischof angekommen wäre, nämlich die von ihm angeordneten Maßnahmen durch die landesherrliche Gewalt durchzusetzen; seine Räte wirkten bei der Visitation als bloße Statisten. Die Politik des Kurfürsten war auf Zeitgewinn gerichtet, währenddessen der Abfall vorangetrieben werden konnte. Sein Nachfolger, Johann, folgte derselben Linie. Daran vermochte das Treffen, das Bischof Adolf wohl im August 1525 zu Eilenburg mit ihm hatte, nichts zu ändern. Johann bezog im Gegenteil offener für die Irrlehre Position als sein Bruder. Die Geistlichen, die sich nicht eine Frau zulegten, galten den protestantischen Obrigkeiten und Visitatoren als des „Papsttums" verdächtig.

Im Jahre 1524 veranstaltete Adolf eine Visitation vornehmlich in dem kurfürstlichen Teil seines Bistums. Er gewann dabei einen Einblick in das Ausmaß des Abfalls. Beispiele des zugleich mutigen und gerechten Vorgehens des Bischofs waren die Urteile, die er im August 1524 gegen abtrünnige Pfarrer und Mönche verhängte. Aber die Visitation blieb angesichts der Unterstützung, welche die abgefallenen Geistlichen von seiten des Landesherrn erhielten, im wesentlichen erfolglos; der Bischof bekam sogar ihre Frechheit zu spüren. Der Kirchenbann war unwirksam, wie Adolf voll Bitterkeit feststellen mußte. Falls es zutrifft, was Michael von der Straße am 3. Mai 1524 dem Kurfürsten Friedrich berichtete, daß der Bischof dem mit der Bibel argumentierenden Prediger von Borna die Lehre der Kirchenväter entgegenhielt, so tat er dies völlig zu Recht. Denn nach der Lehre der Kirche ist die übereinstimmende Lehre der Väter ein unfehlbarer Beweisgrund für den Glauben. Wenn der Kanzler Gregor Brück und der Lizentiat Benedikt Pauli den Bischof aufforderten, mehr mit der Bibel als mit den Vätern zu unterrichten, dann kann das nur als blutiger Hohn verstanden werden. Denn beide Vertreter des Kurfürsten wußten genau, daß die Bibel nicht ausreicht, um die Lehren und Einrichtungen der Kirche zu begründen.

Um so nachhaltiger bemühte sich Adolf in dem Bistumsteil, der im Herzogtum Sachsen lag, Verführung und Abfall zu verhüten. Zwar breitete sich auch hier die Infektion aus. Aber die feste Hand des Landesherrn hielt doch im allgemeinen die katholische Religion aufrecht. Im Laufe der Jahre wuchs unter dem Eindruck des rücksichtslosen Vorgehens der Neuerer die Erbitterung des Bischofs gegen das Luthertum immer mehr. Er erkannte, daß dem Aufruhr nur mit Hilfe der politischen und militärischen Macht beizukommen war, und schloß sich aus diesem Grunde immer enger an Herzog Georg an. Dieser ermunterte seinerseits am 21. März 1525 den Bischof, die Ketzerei auszutilgen. Trotz seiner Entschiedenheit in der Ablehnung des Protestantismus wies Adolf Vermittlungsbemühungen keineswegs ab, soweit sie mit dem Glauben zu vereinbaren waren. Angeblich war er um der erhofften Erhaltung der kirchlichen Einheit sogar bereit, Laienkelch und Priesterehe zu konzedieren. Aber diese Zugeständnisse waren zu keinem Zeitpunkt der sogenannten Reformation imstande, deren Urheber und Nutznießer zur katholischen Religion zurückzuführen.

II.

Vinzenz von Schleinitz (1526-1535)

Vinzenz von Schleinitz wurde am 9. April 1526 zum Bischof von Merseburg gewählt; am 2. September 1526 erhielt er die päpstliche Bestätigung. Er war ein schwacher Mann, der zumindest in den Angelegenheiten des Stiftes von Konrad Kraft und Georg Reuter, zwei Beamten, gelenkt wurde. Seinem Hochstift war Vinzenz ein guter Herr und ein sparsamer Verwalter. Auch im Widerstand gegen die Religionsneuerung schwankte er nicht. Herzog Georg unterstützte ihn dabei. Verdächtige Geistliche wurden verhört und bestraft. 1527 gab Hieronymus Emser seine Übersetzung der Bibel heraus, wozu ihn die Bischöfe von Meißen und Merseburg veranlaßt hatten. Vinzenz von Schleinitz sah die Irrlehre weiter um sich greifen. Die Neuerung zeigte sich jetzt auch im Hochstifte. Priestermangel trat ein. Ein Merseburger Domherr, Fürst Georg von Anhalt, fiel vom Glauben ab. In dem Brief, den Vinzenz am 28. Januar 1529 an Clemens VII. schreiben ließ, gab er deutlich zu erkennen, in welcher Gefahr sich das Bistum befand. Er regte die Bestellung eines Koadjutors mit dem Recht der Nachfolge an und empfahl dem Papst, dem Domkapitel Julius Pflug für den Posten vorzuschlagen. Vinzenz suchte also rechtzeitig sein Haus zu bestellen. Die Gefahr, die bei einem Wechsel im Bischofsamt und in der Zeit der Vakanz auftrat, war ihm wohl bewußt.

III.

Sigismund von Lindenau (1535-1544)

Das Merseburger Kapitel wählte Sigismund von Lindenau mit 9 von 12 Stimmen zum Bischof. Die Befürchtungen Herzog Georgs, der abgefallene Georg von Anhalt könnte Bischof werden, erfüllten sich glücklicherweise nicht. Am 14. Juni 1535 erhielt Sigismund die päpstliche Bestätigung.

Die Amtszeit Sigismunds war von Unruhe und Kämpfen erfüllt. Der Protestantismus suchte die heilige Religion zu zerstören und das Hochstift zu säkularisieren. Sigismund wankte und wich nicht, er blieb dem katholischen Glauben unerschütterlich ergeben. Nach Kräften wirkte er der zerstörerischen Neuerung entgegen. Im Hochstift ging er energisch gegen Häretiker vor; er verwies sie des Landes. Der Priestermangel nahm zu. Herzog Georg ahnte, daß seinem Tod die Vernichtung der katholischen Kirche in seinem Lande folgen werde, und suchte diesem Schicksal vorzubeugen, leider vergeblich. Manche Katholiken meinten, die Abfallbewegung könne durch gewisse Zugeständnisse beschwichtigt werden. Die Anhänger der Mittelpartei am Hofe des Herzogs empfahlen dem Bischof, sich beim Papst dafür zu verwenden, die Kommunion unter beiden Gestalten und die Priesterehe zu konzedieren. Bischof Sigismund war ratlos, neigte aber zur Ablehnung der Vorschläge. Bevor die Sache weiter betrieben wurde, starb Herzog Georg, die treueste Stütze der Kirche. Sein Nachfolger, Herzog Heinrich, protestantisierte sein Land sogleich und rücksichtslos.

Im Unterschied zum Bischof Johann von Meißen, der dem drohenden Sturm durch Konzessionen begegnen wollte, erwartete Sigismund davon nichts; er hielt vielmehr Bischof Johann für zu nachgiebig und zu furchtsam. Er sah sich nach weltlichem Schutze um und hoffte, ihn in Herzog Heinrich dem Jüngeren von Braunschweig gefunden zu haben. Der Kaiser bemühte sich, die Reichsstandschaft des Merseburger Bischofs zu stärken, um ihm auf diese Weise den Schutz des Reiches zu sichern. Aber Herzog Heinrich von Sachsen ließ sich davon nicht beirren; er wußte, daß der Kaiser nicht imstande war, dem Bischof wirksam zu Hilfe zu kommen. Die Neuerung zeigte sich nun auch stärker im Hochstift. Sigismund setzte sich hier energisch zur Wehr. Die Stände des Hochstiftes stellten sich überwiegend hinter den Bischof, aber die Tatsache, daß eine Minderheit bereits protestantisch war (1539), schwächte seine Position gegenüber dem Herzog. Ebenso suchte er in den zum Herzogtum Sachsen gehörigen Bistumsteilen die katholische Religion zu erhalten. Aber der Landesherr betrieb unerbittlich die Protestantisierung. Dem Bischof blieb nichts übrig, als papierene Proteste an den Herzog zu richten und auf den Schutz des Nürnberger Bundes zu bauen. Dieser beschloß auf seinem Bundestage im Januar 1540, die sächsischen Bischöfe zu verteidigen. Aber diese Absichtserklärung war ohne Folgen. Sigismund mußte zusehen, daß der hohe Beitrag, den er an Herzog Georg für den Bund bezahlt hatte, von dessen Nachfolger für den gegenteiligen Zweck verwendet wurde. Trotz hartnäckiger Gegenwehr ging die Protestantisierung weiter. Herzog Heinrich von Braunschweig tat für die sächsischen Bistümer, was er konnte, aber das war nicht viel; denn er war selbst von Feinden umgeben. Mit dem Regierungsantritt des Moritz von Sachsen wuchsen die Gefahren für Sigismund. Denn dieser Herrscher wollte die bereits bestehende Schutzherrschaft über die sächsischen Hochstifte zur Landeshoheit ausbauen. Sigismund blieb unbeugsam und beharrlich, war der Kirche ergeben und vertraute auf den Beistand des Kaisers und des Nürnberger Bundes. Er rief auch das Reichskammergericht gegen die Pläne des Moritz an, wandte sich an König Ferdinand und unterrichtete Herzog Ludwig von Bayern. Am 20. Oktober 1541 erklärte er, eher das Stift räumen als sich zum Glaubensabfall bewegen zu lassen. Zu allem Unglück wurde Herzog Heinrich von Braunschweig zeitweilig aus seinem Land vertrieben; Sigismund verlor damit seinen letzten Beistand. Seit 1542 wurden Kirchen des Hochstiftes offen protestantisiert. Bischof Sigismund war alles andere als resigniert oder feige. Er kämpfte vielmehr um jede Stelle, begab sich persönlich an den Ort des Abfalls, mußte aber der Gewalt weichen, die Herzog Moritz den Stiftsuntertanen bereitwillig zur Verfügung stellte. Seit 1543 verhielt sich Moritz, als sei er Landesherr des Hochstiftes. In der Bischofsstadt wurde das Wittenberger „Evangelium" verkündet. Der Bischof kämpfte bis zum letzten Atemzuge für die katholische Religion. Er wurde von vielen Geistlichen, vor allem Mönchen, wacker unterstützt. Der auf Moritz angewiesene Kaiser mochte es mit diesem nicht verderben und konnte Sigismund keinen wirksamen Beistand gewähren. 1543 zwang Herzog Moritz das Domkapitel zu dem Versprechen, keinen Bischof zu wählen, der nicht seine Zustimmung finde. Damit sollte die endgültige Einverleibung des Stiftes in das Herzogtum vorbereitet werden. Sigismund von Lindenau hat als einer der tapfersten Bischöfe der Zeit der Glaubensspaltung zu gelten. Sein Andenken steht in Ehren, auch wenn er erfolglos war.

IV.

August von Sachsen (1544-1547)

Nach dem Tode Sigismund von Lindenaus wollte das Merseburger Domkapitel wieder einen katholischen Bischof wählen. Es hatte die Absicht, am 28. Januar 1544 zur Wahl zu schreiten. Aber Moritz, der Herzog von Sachsen, ließ es drohend wissen, daß dies nur mit seinem Wissen und Willen geschehen könne. So unterblieb die Wahl zunächst. Erst nach mehreren Monaten, in denen das Kapitel bearbeitet wurde, kam es am 16. Mai 1544 zu der einstimmigen Postulation des Herzogs August, des Bruders von Moritz, zum Administrator. Die päpstliche Zulassung der Postulation erfolgte nicht. August hatte nichts von einem Bischof an sich; er war ein weltlicher Fürst. Er war von vornherein entschlossen, das Stift durch Protestantisierung für sich zu gewinnen. August hielt sich selten für längere Zeit in Merseburg auf. Die weltliche Regierung des Hochstifts wurde maßgeblich von Herzog Moritz bestimmt. Für die geistliche Seite seines Amtes ernannte August den Dompropst Georg III. von Anhalt-Dessau zu seinem „Koadjutor"; er wurde am 2. August 1545 durch Luther zum „Bischof" „ordiniert". Georg von Anhalt war zumindest teilweise schon protestantischen Einflüssen bei seiner Erziehung ausgesetzt gewesen. Später ging er unter dem Einfluß seiner Angehörigen und seiner Umgebung ganz zum Luthertum über. Als er „Koadjutor" des „Bischofs" August von Merseburg wurde, war er längst Protestant. Er hat diese Stellung nur vier Jahre versehen. Die Bischofsweihe hat er nie empfangen. Georg war Parteigänger der Philippisten, d.h. er führte Vorstellungen des Melanchthon weiter. Er war maßgebend an der Kirchenordnung beteiligt, mit der Herzog Moritz sein Land protestantisierte (1544). Die (abgeänderte) Kirchenordnung Herzog Heinrichs wurde auch im Stift Merseburg durchgesetzt. Seine Art der Reformation — mit Beibehaltung vieler katholischer Bräuche — war besonders gefährlich, weil sie vielen Menschen verbarg, was eigentlich vor sich ging. Georg von Anhalt ließ Anton Musa freie Hand bei der Einführung der Glaubensneuerung. Die Visitation von 1544/45 zerstörte die katholische Religion im Hochstift beinahe vollends. Erstaunlich war, daß immer noch Mönche, Nonnen und Geistliche unerschütterlich am Glauben festhielten.

Bei der Wahl Augusts war der größte Teil des Domkapitels noch katholisch, und er blieb es auch. Die Domherren suchten wenigstens im Dom den katholischen Gottesdienst zu sichern. Das Kapitel gab sich auch Mühe, in den Kapitelspfarreien katholische

Geistliche einzusetzen, hatte damit aber kaum Erfolg; es fehlten ihm die Machtmittel, um seine Rechte zu behaupten. In den Kapitelsdörfern wurde der Protestantismus eingeführt. Auch im Dom wurde protestantischer Gottesdienst veranstaltet. Dennoch erhielten die Domherren den katholischen Kult in den Kapellen der Kathedralkirche aufrecht, wobei sie mutig die Ungereimtheiten des Protestantismus in Predigten aufdeckten. Mit Würde, katholischem Selbstbewußtsein und Tapferkeit suchten sie die katholische Religion zu bewahren. Auch in der Schule bemühte sich das Kapitel, durch treue katholische Lehrer den Glauben zu erhalten, unterlag freilich dem Druck des Herzogs.

In der zweiten Hälfte der vierziger Jahre schien sich eine für die Kirche günstige Wende anzubahnen. Als der Schmalkaldische Krieg ausbrach, forderte Moritz den Fürsten Georg auf, Gebete für den Kaiser anzuordnen. Zumindest ein Teil der protestantischen Pfarrer fügte sich der Weisung nicht. Die Schlacht von Mühlberg erzwang die Wende. Entgegen dem Wunsch des neuen Kurfürsten Moritz suchte der Kaiser das Hochstift Merseburg wiederherzustellen. Er forderte August auf, das Stift abzutreten, da seine Postulation nicht zugelassen worden war und er sich inzwischen verheiratet hatte. August verzichtete am 27. September 1548 auf die Administration des Stiftes. Danach legte auch Georg sein Amt als ,,Koadjutor" nieder. Georg zog sich 1551 nach Anhalt zurück und förderte das Leipziger Interim. 1553 ist er in Dessau gestorben.

V.

Michael Helding (1549-1561)

Die Merseburger Domherren wollten die Gunst der Stunde nutzen und einen katholischen Bischof haben. Der Kaiser schlug nach dem Verzicht Augusts den Mainzer Weihbischof Michael Helding als Bischof vor. Das Domkapitel widerstrebte diesem Vorschlag; es neigte wohl Julius Pflug zu. Befremdlich wirkt, daß Georg von Anhalt bei den Verhandlungen zur Bischofswahl eine bedeutsame Rolle spielte, als ob er nicht vom Glauben abgefallen wäre. Aber so war eben die Lage lange Zeit: Protestantische Domherren wurden als zum Kapitel zugehörig betrachtet, obwohl sie doch an sich durch ihren Abfall vom Glauben ihr Benefizium verloren hatten. Als Pflug selbst dem Kapitel die Wahl Heldings empfahl, konnte dieses nicht umhin, am 28. Mai 1549 den Kandidaten des Kaisers zu postulieren. Die Zulassung erfolgte am 16. April 1550 durch Julius III. Es ist für die Verhältnisse bezeichnend, daß Fürst Georg in dieser Zeit (1549/50) im Merseburger Dom weiter das protestantische ,,Evangelium" predigte.

Michael Helding war eine Persönlichkeit, die in der Zeit der Glaubensspaltung einen besonderen Rang einnimmt. Er war ein Mann, der Humanismus, Theologie und Jurisprudenz in seiner Person vereinte. Helding war seit 1533 Domprediger, seit 1537 Hilfsbischof in Mainz. Als Prediger und Katechet leistete er tüchtige Arbeit. In seinen Predigten stützte er sich vorwiegend auf die Heilige Schrift und die Liturgie. Weit verbreitet waren die beiden von ihm verfaßten Mainzer Katechismen. Helding stand sittlich auf der Höhe und war charakterlich einwandfrei. Die Gaben eines Regenten waren ihm in gewissem Umfang zu eigen. Der Nuntius Delfino stellte ihm am 28. Mai 1561 das Zeugnis eines sehr gelehrten Mannes von exemplarischem Lebenswandel aus, der durch seine schriftstellerische Tätigkeit der Kirche große Dienste geleistet habe.

Helding war aufgeschlossen für echte Anliegen der sogenannten Reformatoren. An der Abstellung von Mißbräuchen war ihm viel gelegen; er war ein führender Vertreter der vortridentinischen katholischen Reform. Helding war lange Zeit der Meinung, es könne noch ein Ausgleich zwischen Katholiken und Lutheranern erreicht werden, und er stellte sich bereitwillig für Vermittlungsversuche zur Verfügung. Er nahm an den Religionsgesprächen in Worms (1541), Regensburg (1546) und Augsburg (1547) teil. In seinen Hoffnungen auf eine mögliche Vergleichung zeigte sich Helding als wenig scharfsinnig. Männer wie Cochläus, Fabri und Nausea erkannten viel früher als er, daß Formelkompromisse, Konzessionen und Religionsgespräche untaugliche, ja gefährliche Mittel waren, um die Getrennten wieder mit der Kirche zu vereinen. 1545/6 weilte Helding als Vertreter des Mainzer Erzbischofs auf dem Konzil zu Trient. Im Mai/Juni 1546 arbeiteten Pflug und Helding den Entwurf einer Vergleichsformel aus. Auf dem Augsburger Reichstag 1547/8 war er auf der Seite jener, die den Protestanten durch Laienkelch und Priesterehe entgegenkommen wollten. Heldings Name bleibt für immer verknüpft mit dem Augsburger Interim, jenem Versuch Karls V., durch ein Reichsgesetz die Glaubensspaltung rückgängig zu machen. Der erste Entwurf des Interims vom Dezember 1547 wurde von Helding, Fannemann, Billick und Malvenda ausgearbeitet und nach der Kritik de Sotos abgeändert. Der zweite Entwurf vom März 1548 hat wiederum maßgeblich Helding zum Verfasser. Die Augsburger Religionsdeklaration vom 15. Mai 1548 folgte inhaltlich im wesentlichen der katholischen Lehre, drückte sie aber in der Sprache der Neuerer aus. Der Text war wohl zumeist richtig in dem, was er enthielt, kann indes nicht als vollständig gelten. Das Interim war als Gesetz für die protestantischen Territorien bestimmt. Für die katholischen Gebiete wurde die Formula reformationis vom 14. Juni 1548 erlassen. Sie wollte in der Kirche den Prozeß der Erneuerung einleiten, von dem man sich die Rückkehr der Abgewichenen erhoffte. Es mußte sich nun zeigen, ob und wieweit beide Gesetze in die Wirklichkeit des Lebens übergeführt werden konnten.

Helding kam erst gegen Ende des Jahres 1550 in sein Bistum. Er war entschlossen, die vor allem von dem Dompropst Georg von Anhalt vorangetriebene Protestantisierung aufzuhalten bzw. rückgängig zu machen. Aber sogleich zeigten sich die Schwierigkeiten, die aus der Machtlosigkeit des Bischofs selbst in seinem eigenen Gebiet resultierten. Er mußte am 2. Dezember 1550 die (allerdings verklausulierte) Zusage geben, an dem Religionsstand im Hochstift, das schon mehrheitlich protestantisch war, nichts zu ändern. Das leicht unverschämte Auftreten, das Fürst Georg bei dieser Gelegenheit an den Tag legte, mußte dem neuen Bischof zeigen, was ihn in seinem Bistum erwartete. Er wußte auch, wessen er sich von Kurfürst Moritz zu versehen hatte, und suchte ihn durch gefälliges, maßvolles Verhalten milde zu stimmen. Helding ging mit gläubiger Überzeugung, Mut und Geschick an sein schweres Werk. Seine Ernennung gab den Merseburger Katholiken neue Zuversicht. Man hoffte, wenigstens den gegenwärtigen Stand halten zu können; um die katholische Lehre überall in dem Stift durchzusetzen, fehlten dem Bischof die Machtmittel. Helding wandte keine Gewalt an, um die Angehörigen seines Stiftes zum Glauben zurückzuführen, sondern war freundlich und gütig. In einzelnen Gesprächen suchte er die Geistlichen von der Wahrheit der katholischen Religion zu überzeugen. In seiner Verkündigung ließ er sich auf keine Kompromisse ein, predigte vielmehr den Glauben ohne Abstriche. In das Domkapitel berief er gläubige Geistliche. Einzelne Benefizien vermochte er mit rechtgläubigen Priestern zu besetzen. Das konziliante Verhalten Heldings hinderte freilich die Prädikanten nicht am Schmähen. Seit seinem Erscheinen in Merseburg ist Helding klar geworden, daß es keine Möglichkeit mehr zu einem Kompromiß zwischen Katholiken und Lutheranern gab.

Helding war nicht imstande, das Interim in seiner Diözese einzuführen. Kurfürst Moritz von Sachsen machte den Versuch, an der Stelle des Augsburger Interims das von Melanchthon und Georg von Anhalt geschaffene Leipziger Interim durchzusetzen, hatte aber damit keinen Erfolg. Das Schreiben Heldings an den Kaiser vom 7. Oktober 1551 zeigt, daß die Protestanten gar nicht daran dachten, sich dem Interim zu unterwerfen. Wie in Merseburg war es fast überall. Eine schonungslose Darstellung des völligen Fehlschlags des Interims enthält die Denkschrift des Reichsvizekanzlers Seld, die vor dem 20. März 1554 verfaßt wurde. Die Fronten waren längst fest geworden und ließen sich durch Kompromisse nicht mehr überbrücken.

Helding war nur eine kurze Wirksamkeit in Merseburg beschieden. Der verräterische Kampf, den Kurfürst Moritz gegen Kaiser und Reich führte, konnte nicht ohne Rückwirkung auf das Bistum bleiben. Die Ereignisse des Jahres 1552 zwangen Helding zu immer größerer Rücksichtnahme. Die weltlichen Gewalten setzten seinem Bemühen steigenden Widerstand entgegen. Die Rechte, die der Augsburger Religionsfrieden ihm gab, konnte er nicht in Anspruch zu nehmen wagen. Häufig war er von Merseburg abwesend, 1555 in Augsburg, 1556 in Karlsbad, 1557 in Worms. Bei dem Religionsgespräch zu Worms zeigte er, daß er die grundlegenden Kontroverspunkte zwischen Katholiken und Protestanten erfaßt hatte, nämlich die der gemeinsamen Basis und der entscheidenden Instanz, d.h. den Gegensatz in der theologischen Prinzipienfrage. Richtig erklärte er vor Beginn des Religionsgespräches, man müsse sich zunächst über die von beiden Seiten anzuerkennenden Autoritäten und die wahren Quellen der religiösen Erkenntnis einigen, wenn die Verhandlungen zu einem Erfolg führen sollten. 1558 wurde Helding als Kammerrichter an das Kammergericht in Speyer berufen. Er setzte für Merseburg einen Verwaltungsrat ein. Am 12. März 1558 nahm er zum letzten Mal die Erteilung einer (niederen) Weihe vor. Seitdem ließ er sich nicht mehr in seinem Bistum sehen, was wohl nur als Ausdruck der inneren Resignation verstanden werden kann. 1561 wurde Helding Vorsitzender des Reichshofrates in Wien. Trotz der Übernahme dieses Amtes war er bis zu seinem Tode nominell Bischof von Merseburg. Die Versuche, das Domkapitel zu Lebzeiten Heldings zu bestimmen, einen Koadjutor zu wählen, scheiterten. Es drangen jetzt immer mehr Protestanten in das Kapitel ein.

VI.

Alexander von Sachsen (1561-1565)

Nach dem Tode Heldings forderte der Kaiser das Kapitel auf, einen katholischen Bischof aus seiner Mitte zu wählen. Aber Kurfürst August ließ am 12. Dezember 1561 seinen siebenjährigen Sohn Alexander zum Administrator des Bistums postulieren. Damit war der Weg vorgezeichnet, den das Hochstift Merseburg einschlagen würde, nämlich den Anschluß an das Haus Kursachsen. Der Administrator Alexander starb 1565. Jetzt zog Kurfürst August das Stift für sein Haus ein. Der Augsburger Religionsfriede blieb hier wie an vielen anderen Stellen unbeachtet. Die Visitationen von 1562 und 1578 räumten mit den Resten des Katholizismus auf.

5. Kapitel

Bistum Naumburg

Borkowsky, Ernst, Die Geschichte der Stadt Naumburg an der Saale (= Deutsches Land und Leben in Einzelschilderungen. Landschaftskunden und Städtegeschichten. II. Städtegeschichten), Stuttgart 1897

Borkowsky, Ernst, Naumburg a. d. S. Eine Geschichte deutschen Bürgertums 1028 bis 1928. Im Auftrage der Stadt Naumburg zur Neunhundertjahr-Feier, Jena 1928

Brenner, Pflug, Julius: ADB 25, 1887, 688-691

Brunner, Peter, Nikolaus von Amsdorf als Bischof von Naumburg. Eine Untersuchung zur Gestalt des evangelischen Bischofsamtes in der Reformationszeit (= Schriften des Vereins für Reformationsgeschichte Nr. 179), Gütersloh 1961

Bunke, W., Naumburg-Zeitz: LThK VII, 2. Aufl., 1962, 846f.

Cardauns, Ludwig, Zur Kirchenpolitik Herzog Georgs von Sachsen vornehmlich in seinen letzten Regierungsjahren: Quellen und Forschungen aus Italienischen Archiven und Bibliotheken Bd. 10 H. 1, 1907, 101-151

Herrmann, Bruno, Die Herrschaft des Hochstifts Naumburg an der mittleren Elbe (= Mitteldeutsche Forschungen Bd. 59), Köln, Wien 1970

Hoffmann, Ernst, Naumburg a. S. im Zeitalter der Reformation. Ein Beitrag zur Geschichte der Stadt und des Bistums (= Leipziger Studien aus dem Gebiet der Geschichte VII. Bd., 1. Heft), Leipzig 1901

Jansen, Albert, Julius Pflug. Ein Beitrag zur Geschichte der Kirche und Politik Deutschlands im sechzehnten Jahrhundert: Neue Mittheilungen aus dem Gebiet historisch-antiquarischer Forschungen 10. Bd. 1. Hälfte, Halle, Nordhausen 1863, 1-110; 10. Bd. 2. Hälfte, Halle, Nordhausen 1864, 1-212

Jedin, H., Pflug, Julius v.: LThK VIII, 2. Aufl., 1963, 429f.

Lepsius, C. P., Geschichte der Bischöfe des Hochstifts Naumburg vor der Reformation. Ein Beitrag zur Geschichte des Osterlandes, nach den Quellen bearbeitet. 1. Tl., Naumburg 1846

Müller, Otfried, Schriften von und gegen Julius Pflug bis zu seiner Reise nach Trient 1551/1552. Ein Bericht aus der Stiftsbibliothek Zeitz, in: Iserloh, Repgen, Reformata Reformanda II, 29-69

Offele, Wolfgang, Ein Katechismus im Dienste der Glaubenseinheit. Julius Pflugs ,,Institutio Christiani Hominis" als katechetischer Beitrag zur interkonfessionellen Begegnung (= Koinonia. Beiträge zur oekumenischen Spiritualität und Theologie Bd. 6), Essen 1965

Julius Pflug, Correspondance, recueillie et éditée avec introduction et notes par J. V. Pollet, 3 Bde., Leiden 1969-77

Rogge, Joachim, Amsdorff, Nikolaus von: ThRE II, 1978, 487-497

Schäfer, K. H., Naumburg-Zeitz: LThK VII, 1935, 457f.

Schöppe, Karl, Naumburger Chronik. Ergänzt, berichtigt und herausgegeben von Friedrich Hoppe. Erster Teil, Naumburg a. d. S. 1929

Schubert, Ernst, Der Naumburger Dom. Fotos von Fritz Hege, Berlin 1968

Voßler, Otto, Herzog Georg der Bärtige und seine Ablehnung Luthers: Historische Zeitschrift 184, 1957, 272-291

Wassermann, Kurt, Hege, Fritz, Naumburg. Stadt und Dom, Dresden 1952

I.

Johann von Schönberg (1492-1517)

Das Bistum Naumburg besaß ein weltliches Territorium, in dem der Bischof Landesherr wie andere Fürsten war. Aber seit dem 12. Jahrhundert wurde das Stift immer mehr abhängig von dem es umschließenden Haus Wettin. Seine Reichsunmittelbarkeit wurde von den sächsischen Fürsten untergraben und bestritten. Bei der Erbteilung von 1485 war der Schutz des Stiftes Naumburg dem ernestinischen Zweig der Wettiner zugefallen. Diese Nähe sollte ihm im Zeitalter der Glaubensspaltung zum Verhängnis werden.

Johann von Schönberg war seit 1483 Koadjutor, seit 1492 Residenzialbischof der Diözese Naumburg. Er war ein Herr, der das Leben, vor allem die Freuden der Tafel, liebte. Dennoch suchte er den Klerus zu reformieren. Ebenso war ihm daran gelegen, das klösterliche Leben zu heben. Aber das mitreißende Vorbild, das jedenfalls bei den Gutwilligen allezeit wirksamer als die besten Vorschriften ist, gab er nicht. Als Regent war Johann tüchtig. Die wirtschaftliche Lage seines Stiftes war gut, die Besteuerung der Untertanen mäßig. Im Jahre 1512 wurde auf Drängen des sächsischen Kurfürsten Friedrich Pfalzgraf Philipp bei Rhein vom Domkapitel zum Koadjutor des Bischofs gewählt.

II.

Pfalzgraf Philipp bei Rhein (1517-1541)

Als Bischof Johann von Schönberg am 26. September 1517 starb, trat Philipp, Herzog von Bayern und Pfalzgraf bei Rhein, seine Nachfolge an. Aber dieser war zugleich Bischof von Freising und hielt sich meist dort auf. In Naumburg ließ er sich nur selten sehen (1518 und 1522). Das Bistum wurde durch die Stiftsregierung in Zeitz verwaltet, d. h. ein aus dem Domkapitel bestehendes Gremium, dem ein Statthalter vorstand. Es war ein schwer erträglicher Zustand, daß der Bischof der Diözese Naumburg weitab in Freising residierte und nur durch Beauftragte und Schreiben auf die Ereignisse Einfluß zu gewinnen versuchte. In einer Zeit, in der rasche, energische und durchgreifende Entscheidungen notwendig waren, war ein Kollegium denkbar ungeeignet, die Rechte des Bistums zu vertreten. Philipp spürte das Unbefriedigende dieses Zustandes; er dachte mehr als einmal daran, die Regierung der Diözese in andere Hände zu legen. Nach seinem Schreiben vom 2. März 1533 an das Naumburger Kapitel beabsichtigte er, auf das Bistum zugunsten eines sächsischen Fürstensohnes zu verzichten. Aber der Plan wurde nicht ausgeführt; die in Aussicht genommenen Personen ermutigten auch nicht dazu. Als Bischof und Landesherr war Philipp von Bayern nicht ungeeignet. Er war friedfertig, weise und vorsichtig. In weniger stürmischen Zeiten wäre seine Regierung vermutlich fruchtbar gewesen.

Der Herd des religiösen Abfalls war vom Bistum Naumburg nicht weit entfernt, und lutherische Einflüsse machten sich hier früh bemerkbar. Am 5. April 1521 weilte Luther in der Stadt Naumburg. Aber er fand dort kühle Aufnahme. Im Jahre 1521 stellte das Domkapitel den Johann Langer als Prediger an, der damals wohl noch katholisch war, später aber den religiösen Aufruhr nach Naumburg trug. In den folgenden Jahren wurde die lutherische Agitation durch Wort und Schrift betrieben. Seit 1524 wurde auch in Naumburg die Saat sichtbar, die neugläubige Predigten ausgestreut hatten. Am 1. März 1525 wurden Papsttum und andere katholische Einrichtungen offen verhöhnt. Nach Ernst Borkowsky war der Fortschritt des Protestantismus in der Stadt Naumburg „weniger von religiösen als von politischen Einflüssen geleitet". Die städtischen Behörden sahen im Luthertum „ein treffliches Mittel zur erheblichen Steigerung ihrer Machtmittel", für den „finanziellen Aufschwung" und für die Lösung von der Hoheit des Bischofs. Die Stadt Naumburg witterte die Gelegenheit, vom Bischof unabhängig zu werden und sich auf seine Kosten zu bereichern. „Die neue Lehre bot die Möglichkeit, sich endlich von der jahrhundertelangen Bischofsherrschaft zu lösen" (Wassermann-Hege). Soziale Gärung verband sich mit dem Bestreben, lästige Ordnungen der Kirche (wie das Fastengebot) abzuwerfen, zu dem, was man „Reformation" nennt. Es darf nie vergessen werden, daß im 16. Jahrhundert handfeste irdische Interessen sich in ein religiöses Gewand hüllten. Der Johann Langer wußte all die verschiedenartigen Bestrebungen mit religiösen Wendungen zu erklären und zu rechtfertigen. Der Stadtrat von Naumburg machte ihn 1525 zum Prediger an St. Wenzel. Der Abfall von der Kirche wurde nun offen propagiert. 1529 gestattete der Magistrat den lutherischen Gottesdienst.

Philipp tat, was in seinen Kräften stand, um der Rebellion Herr zu werden. Allerdings lag die Abwehr stärker bei seinen Vertretern in Zeitz. Die bischöfliche Regierung suchte mit Mandaten gegen die Neuerung vorzugehen, hatte aber damit nur kurzfristig Erfolg. Denn der sächsische Kurfürst deckte, ja ermutigte mit seiner Macht den Aufruhr. Auch ein Mandat des Kaisers, das Philipp im Jahr 1529 erlangte, vermochte Naumburg nicht zum Gehorsam zurückzuführen. Der 1530 angestellte Prediger an St. Wenzel, Wolfgang von Rotschitz, der dem Luthertum zuneigte, gab sich anfangs äußerlich als Katholik, zeigte aber seit 1533 klar, daß er abgefallen war. Schwankende Gestalten, heimliche Protestanten und opportunistische Leisetreter haben damals wie allezeit der Kirche häufig mehr Schaden zugefügt als offene Gegner. Unter dem Schutz des sächsischen Kurfürsten berief die Stadt Naumburg 1532 einen Prädikanten an St. Wenzel. Allen Mahnungen der legitimen Obrigkeit setzte sie in offenkundigem Eidbruch die Rebellion entgegen. Die Hetze gegen die heilige Religion putschte die Massen auf. Ein mutwillig angelegter Brand, der als Racheakt an dem Domkapitel zu verstehen war, zerstörte 1532 den Naumburger Dom beinahe völlig. Philipp suchte seiner und der Kirche Sache auf dem Rechtswege zu verteidigen, aber die Macht war gegen ihn. Seit 1533 erkannte er wohl die Aussichtslosigkeit des Kampfes. Im Herbst 1536 kam der Nikolaus Medler nach Naumburg, ein rücksichtsloser, ja brutaler Kämpfer für das Wittenberger „Evangelium“. Unter seinem Einfluß wurde die Protestantisierung unnachsichtig vorangetrieben. Im Jahre 1540 war nur der Dom noch ein Hort der katholischen Kirche. Im Jahre 1537 brachte Philipp eine Klage vor dem Reichskammergericht gegen seine Bischofsstadt ein und erwirkte kaiserliche Mandate gegen sie. Aber der Beistand des sächsischen Kurfürsten war mächtiger als der gute Wille des Kaisers. Philipp hielt den Anspruch auf Reichsunmittelbarkeit seines Stiftes aufrecht, und Karl V. bestätigte ihn. Herzog Heinrich von Sachsen sprach ihm dagegen die Reichsstandschaft ab.

Philipp war freilich auch kein Bischof, wie ihn die Zeit gebraucht hätte. Er war ein Mann, dem harte Entschlossenheit abging. Bequem und kränklich, ging er dem Kampf möglichst aus dem Wege, und wenn er unvermeidlich wurde, suchte er ihn aus der Ferne zu führen. Die Last der Auseinandersetzungen mit dem Protestantismus und dem Kurfürsten von Sachsen überließ er dem Domkapitel und der Regierung des Stiftes. Das Domkapitel erwies sich als ein hartnäckiger Verteidiger der katholischen Kirche. Besonders geschickt kämpfte der Domdechant Günther von Bünau für Bistum und Hochstift. Indes stand das Kapitel allein einem begehrlichen und überlegenen Gegner gegenüber. Es wußte, daß Bistum und Stift immer dann am meisten gefährdet waren, wenn ein Bischof gestorben und ein neuer noch nicht ernannt war, und trachtete deswegen danach, einen Koadjutor zu gewinnen, der sofort in das Amt eintrat, wenn es vakant wurde. Der sächsische Kurfürst wollte aber die Bestellung eines Koadjutors nur mit seiner Zustimmung zulassen, d. h. den neuen Bischof völlig von sich abhängig machen. So unterblieb die heilsame Maßnahme.

III.

Julius Pflug (1541-1564)

Am 6. Januar 1541 starb Philipp in Freising. Etwa zehn Tage später traf die Nachricht in Zeitz ein. Am 20. Januar 1541 wählte das Kapitel einstimmig Julius Pflug zum neuen Bischof. Pflug war bis dahin Propst von Zeitz gewesen. Er war ein humanistisch gebildeter, ja gelehrter Mann, der seine Studien in Leipzig, Bologna und Padua gemacht hatte. Sein Lebenswandel war ohne Makel, für (echte) Reformen war er aufgeschlossen. Aber er war keine entschlossene Führernatur. Sein Ideal war das des stillen, vom Tageskampf unbehelligten Gelehrten. Zum Regenten fehlten ihm Weitsicht, Härte und Kompromißlosigkeit. Aus seinen Briefen gewinnt man den Eindruck, daß er oft in optimistischer Stimmung die Realitäten nicht richtig beurteilte und unerfüllbare Erwartungen nährte. Daran, daß er begriff, was auf dem Spiele stand und was gewagt werden mußte, hinderte ihn auch seine Theologie. Er stand der geistigen Welt des erasmischen Humanismus nahe. Von dem dogmatisch unklaren, skeptischen Erasmus war jedoch in der Grundlagenkrise der Zeit eine Hilfe nicht zu erwarten. In religiösen Fragen vertrat Pflug einen vermittelnden Standpunkt. Er glaubte noch an die Möglichkeit, die streitenden Religionsparteien zu versöhnen, ja er war lange Zeit gelähmt durch seine aussichtslosen Versuche, das Unvereinbare zu vereinen. Bei den Religionsgesprächen spielte er eine gewichtige Rolle. Er sah die Fehler und Schäden im eigenen Lager, aber auch die Vorzüge und Leistungen beim Gegner. Ende April 1534 fand in Leipzig ein von Herzog Georg und Kardinal Albrecht veranstaltetes Religionsgespräch statt, an dem Pflug teilnahm. Die Protestanten wichen nicht von ihren falschen Aufstellungen zurück. Eine Bereitschaft zur Nachgiebigkeit zeigten allein die katholischen Disputanten. Dem Regensburger Religionsgespräch des Jahres 1541, dem Pflug ebenfalls beiwohnte, wurde das sogenannte Regensburger Buch zugrunde gelegt, an dessen Abfassung er wohl beteiligt war. Er machte hier Zugeständnisse, die nicht geduldet werden konnten.

Pflug hatte manche durchaus richtige Erkenntnisse. So schrieb er beispielsweise Ende Januar 1538 an Georg Witzel, es sei besser, jetzt mit Heilungsmaßnahmen für die Kirche in Deutschland zu beginnen als sie zu verschieben, weil man auf das Konzil warte. In der Tat lähmte das Harren auf den Zusammentritt der Kirchenversammlung die Aktivität der Katholiken. Aber Pflug selbst war kein Mann der Tat; er war ohne Entschiedenheit und kam häufig vor lauter Bedenken nicht zum Handeln. Diese Unschlüssigkeit zeigte sich besonders verhängnisvoll anläßlich seiner Wahl zum Bischof. Das Domkapitel von Naumburg hatte sich auf ihn geeinigt; an ihm war es, die Wahl anzunehmen. Eine rasche Entscheidung tat not. Doch in dieser gefahrvollen Stunde versagte Pflug. In seinem Schreiben vom 13. Februar 1541 bat er sich Bedenkzeit aus, „damit ich nit mehe auff mich lade den ich ertragen moge". Pflug zögerte also, die Wahl anzunehmen; er war kein Mann des Kampfes und scheute das Risiko. Beides aber würde ihm als Bischof von Naumburg nicht erspart bleiben. Pflug wußte, daß Johann Friedrich, der sächsische Kurfürst, sein Feind war, der seine eigenen Pläne mit dem Naumburger Hochstift hatte. Mit der Wahl war das Kapitel dem Kurfürsten zuvorgekommen. Denn dieser war entschlossen, das Kapitel an der freien Wahl zu hindern und einen protestantischen „Bischof" einzusetzen. Ein ganzes Jahr verging, bevor Naumburg wieder einen legitimen Oberhirten erhielt. In dem Jahr, das Pflug untätig verstreichen ließ, gingen die Neugläubigen gewaltsam vor, um seine Besitzergreifung des Bistums zu verhindern; Naumburg und Zeitz lehnten sich offen gegen die Regierung auf. Der Kurfürst Johann Friedrich erzwang zuerst die Zulassung eines Prädikanten, des Nikolaus Medler, im Naumburger Dom und setzte einen Beamten für die weltliche Regierung des Stifts ein. Das Domkapitel verlor damit seine führende Position, das Stift seine Selbständigkeit. Der unglaubliche Gewaltakt dieses Vertreters des reinen „Evangeliums" war nur einer aus einer Kette von Rechtsbrüchen. Wiederholt wurde versucht, den Kurfürsten zu bewegen, den Pflug als Bischof zu akzeptieren. Aber Johann Friedrich wies solche Interzessionen schroff ab, denn sie widersprachen seinen selbstsüchtigen Absichten. Umgekehrt scheiterten die mehrfachen Versuche des Kurfürsten, das Kapitel zum Verzicht auf Pflug zu bewegen und zur Neuwahl zu veranlassen, am Widerstand des Kapitels. Der Kurfürst beschloß nun, dem Bistum auf eigene Faust einen lutherischen „Bischof" zu geben. Das Domkapitel sollte in ein Konsistorium umgestaltet werden. Als geeignete Person betrachtete Johann Friedrich den Nikolaus von Amsdorf, einen Freund Luthers, der damals in Magdeburg wirkte. Die Gefahr stieg damit aufs höchste. Das begriff endlich auch Pflug. Kurz vor der Einführung des neuen „Bischofs" entschied er sich, die Wahl anzunehmen. Am 12. Januar 1542 teilte er dem Domkapitel seinen Entschluß mit. Damit trat der Kampf in ein neues Stadium. Denn der Kurfürst dachte nicht daran, vor dem Recht zurückzuweichen, sondern hielt an seiner Absicht fest. Luther selbst war an dieser makabren Angelegenheit maßgeblich beteiligt. Die Fragen des Rechtes schob er wie gewohnt mit souveräner Unbekümmertheit beiseite. Ein katholischer Bischof war für ihn ein „Wolf". Der Wittenberger zerstreute die Gewissensbedenken der Stiftsstände gegen den ihnen zugemuteten Eidbruch; sie seien dem Domkapitel keinen Gehorsam schuldig, weil es sich unfähig gezeigt habe, einen christlichen Bischof zu wählen. Am 20. Januar 1542 „ordinierte" Luther den Amsdorf zum „Bischof" und „inthronisierte" ihn. Am folgenden Tage fand die Huldigung der Untertanen statt. Gewalt ging vor Recht. Amsdorf war ein Intrusus. Er zeigte sich unfähig und unwillig, die Rechte des Stifts zu wahren; der Vertreter des Kurfürsten schaltete im Lande, als ob es schon dem Kurfürstentum zugeschlagen wäre, und das war ja der Zweck der religiös verbrämten Aktion. Der wirkliche Herr in Naumburg war nicht Amsdorf, sondern Medler. Er war ein reizbarer, heftiger und maßloser Charakter, ständig Streit suchend und in Streit verwickelt, herrisch und beleidigend. Ernst Borkowsky nennt ihn „einen leidenschaftlichen, unnachsichtigen Kampfhahn, der keine rasche Tat und kein giftiges Wort zurückhielt". Die Protestantisierung des Stiftes wurde nun rücksichtslos betrieben. Durch die Visitation, die Amsdorf im Januar und Februar 1545 hielt, sollte die katholische Religion ausgerottet werden. Wenn auch das nicht gelang, so wurde sie doch erheblich geschwächt.

Pflug reichte im März 1542 gegen den Eindringling eine Klage bei dem Reichstag zu Speyer ein. Kaiser Karl V. erkannte ihn als rechtmäßigen Bischof und Fürsten des Reiches an, sah sich aber lange Zeit nicht imstande, etwas Wirksames für ihn zu tun. Von einem allgemeinen Wunsch der Naumburger Diözesanen, den Protestantismus anzunehmen, kann keine Rede sein. Pflug verfügte über viele Anhänger in seinem Bistum. Der katholische Adel, vor allem die Ritterschaft des Stiftes, blieb ihm treu. Aber es fehlten ihnen die Mittel, sich gegen die übermächtigen sächsischen Herzöge zu wehren. Auch die Kapitel in Naumburg und Zeitz waren Pflug ergeben. Allerdings wurden ihnen von dem Kurfürsten und dem Amsdorf protestantische Mitglieder aufgedrungen. Papst Paul III. verwandte sich beim Kaiser für Pflug. Karl V. trat entschieden für den rechtmäßigen Bischof ein. Am 8. August 1545 belehnte er ihn auf dem Reichstag zu Worms mit dem Bistum Naumburg. Im Oktober 1545 befahl der Kaiser dem Kurfürsten, Amsdorf und seine Beamten aus dem Bistum zu entfernen; allerdings wurde das Schreiben erst im März 1546 abgesandt. Es blieb ohne Beachtung. Inzwischen war die Entwicklung bis zu einem Punkt fortgeschritten, den selbst Karl V. nicht mehr hinnehmen konnte. Ende Juli 1546 wurde Johann Friedrich in die Acht erklärt; der Kampf hatte begonnen. Der Schmalkaldische Krieg verhalf Pflug zu seinem Recht. Amsdorf mußte fliehen. Am 30. November 1546 konnte Pflug in seine Bischofsstadt einziehen und versuchen, die Wiederherstellung des Katholizismus in Angriff zu nehmen bzw. wenigstens die Reste desselben zu erhalten. Er wurde im Dom inthronisiert und nahm die Huldigung der Stadt entgegen. Im Dezember 1546 mußte er allerdings noch einmal weichen. Doch im Mai 1547 konnte er endgültig in Naumburg Residenz nehmen. Das Strafgericht, das die Stadt wegen ihrer politischen Unzuverlässigkeit verdient hatte, wendete er ab.

Das Bistum Naumburg war inzwischen fast zur Gänze protestantisiert worden. Die Menschen, vor allem die durch die sogenannte Reformation wirtschaftlich bereicherten, dachten nicht daran, sich die Erleichterungen, Freiheiten und Gewinne wieder nehmen zu lassen, die sie der Zerstörung der Kirche verdankten. Pflug vermochte daher nur weniges zu retten. Gewalt konnte und wollte er nicht anwenden; angesichts der Machtverhältnisse waren ihm die Hände weithin gebunden. Denn Karl V. schöpfte seinen Triumph über die Schmalkaldener nicht genügend aus. Die Aufräumungsarbeit wurde seit 1547 nicht konsequent in die Hand genommen. Georg Witzel sprach bereits am 4. Juni 1547 in einem Brief an Pflug die ahnungsvolle Befürchtung aus, daß der Sieg des Kaisers nicht ausgenutzt werden könnte; werde jedoch die jetzt gebotene Chance nicht wahrgenommen, werde sie nicht leicht wiederkehren (Jamiam occasio est in manu; qua neglecta difficillimum erit, quod modo facillimum). Angesichts der mangelnden Konsequenz der kaiserlichen Politik mußte Pflug stillhalten. Der Protestantismus wurde von ihm geduldet, die Rekatholisierung nicht energisch in Angriff genommen. Für die Wiederherstellung des Glaubens fehlte es ihm an geeigneten Geistlichen. 1550 schuf er daher in Zeitz ein Priesterseminar, das aber nicht recht gedieh. Es ist bezeichnend für Pflugs Einstellung, daß er sich 1561 (vergeblich) darum bemühte, den

Georg Cassander für diese Anstalt zu gewinnen. Pflug gab sich große Mühe, jungen Männern seines Bistums das Universitätsstudium zu ermöglichen, wobei er Köln wegen der dort wirkenden Jesuiten bevorzugte. Seine Bemühungen, gläubige Priester aus anderen Bistümern nach Naumburg zu ziehen, waren fast völlig erfolglos. Um so mehr nahm er sich der Reform des vorhandenen Klerus an. Unermüdlich forderte er die Geistlichen zu einem würdigen Lebenswandel auf. Er drang beim Domkapitel auf zuverlässige Teilnahme am Stundengebet und am Domgottesdienst. Die Vergabe von Kanonikaten an Kinder, die Erteilung von Anwartschaften und die Freistellung von der Residenzpflicht sollten künftig aufhören. Der Erfolg entsprach jedoch nicht den Bemühungen. Die Reform des Domkapitels kam nur wenig voran. 1551/2 nahm Pflug für kurze Zeit am Trienter Konzil teil. Als die Einladung zur dritten Sitzungsperiode erging, entschuldigte er sich wegen Kränklichkeit. Sehr viel war dem irenischen Pflug am Ausgleich der Spannungen in seinem Stift gelegen. In dem großen Pastoralschreiben von 1562 rief er die Angehörigen der verschiedenen Religionen zu Friede und Versöhnlichkeit auf.

Auf dem Reichstag zu Augsburg 1548 wurde Pflug als Reichsfürst von neuem anerkannt. Als Landesherr wirkte er segensreich. Pflug war milde und wohlwollend, versöhnlich und entgegenkommend gegenüber jedermann. ,,Als Regent war Pflug ein Muster von Toleranz; wenigstens in seinem Jahrhundert hatte er sicherlich weder unter den weltlichen noch den geistlichen Herren seines Gleichen" (Albert Jansen). Er sorgte für Friede und Sicherheit im Lande, ordnete die Finanzen, schützte das Recht und trat sittlichen Exzessen entgegen. Aber der Druck Sachsens hielt an. In Zeitz richtete Kurfürst August ein protestantisches Konsistorium ein. Vereinzelt gab es unbefriedigende konfessionelle Mischverhältnisse. Im Naumburger Dom bestand ein Simultaneum von Katholiken und Protestanten.

Pflug lernte durch bittere Erfahrungen dazu. Allmählich ging ihm auf, was der Protestantismus war und wessen er sich von seinen Anhängern zu versehen hatte. Sein Vertrauen auf die Möglichkeit eines Vergleiches ließ nach. Am 4. Dezember 1545 schrieb er an Moritz von Hutten, daß er von dem Religionsgespräch, das Karl V. neuerlich festgesetzt hatte, nichts erwarte, daß es vielmehr für die Katholiken darauf ankomme, den erzürnten Gott zu versöhnen, was nur durch Abstellung der Mißstände und lautere Ausübung des Hirtenamtes geschehen könne. Als Pflug von dem Reformwillen der in Trient versammelten Bischöfe erfuhr, schrieb er am 17. März 1546 hoffnungsvoll an Valentin von Teteleben: ,,Wenn jene sich bessern, deren Leben ein Vorbild für die Herde sein muß, und sich wieder auf die Dienstobliegenheiten (munera) besinnen, mit deren Titeln sie sich schmücken, wird Gott ohne Zweifel bald wieder gnädig auf seine Kirche schauen und sie völlig aus aller Gefahr erretten." Der Ruf des Vermittlungstheologen, der Pflug anhing, bewirkte, daß er auch in der Folgezeit zu den Ausgleichsversuchen zwischen den Religionsparteien herangezogen wurde. In die Monate Juni bis August 1547 fällt ein Gutachten, das Pflug für den Bischof von Arras verfaßte. Darin zeichnete er die Möglichkeiten des Entgegenkommens gegenüber den Protestanten in der Lehre und in der Disziplin ab, gab die notwendigen Reformen der Sitten an und nannte die von den Protestanten zu fordernden Konzessionen. Sehr hoffnungsvoll klingen diese Ausführungen nicht. Wenn er dabei breit über die Eheauffassung der Protestanten handelt, dann mag ihm dunkel oder klar bewußt gewesen sein, daß diese niemals eine ,,Frucht'' der ,,evangelischen'' Freiheit wie die Ehescheidung aufgeben würden und daß daran das gesamte Einigungswerk scheitern mußte. Dasselbe galt für die ebenfalls von ihm erwähnte pflichtmäßige Einzelbeicht. Pflugs Gesinnung und seine Ansichten über die Glaubensspaltung ergeben sich kaum irgendwo deutlicher als aus seinem Mitte Oktober 1552 geschriebenen Brief an Johannes Gropper. Darin sah er als Hauptgründe für die Ausbreitung des Luthertums die Sittenverderbnis im Klerus (perversitatem morum ordinis nostri) und die Verdammung der katholischen Lehre und des katholischen Gottesdienstes als abergläubisch und götzendienerisch durch die protestantische Agitation an. Von der Abstellung der ersteren und der Überwindung der letzteren erwartete er die Rückkehr vieler Schismatiker zur Kirche. Den Lutheranern warf er vor, daß sie weithin Christus mit den Lippen bekennen, aber durch ihren Lebenswandel verleugnen, wobei sie, im Unterschied von den Katholiken, ihre Laster nicht zugeben, sondern verteidigen. Die fleischliche Freiheit, die Luther gebracht habe, füge nicht nur der Kirche, sondern auch dem deutschen Vaterland schwersten Schaden zu (Tollit enim e republica jus aequabile, turbat pacem publicam, lacerat patriam).

Trotz wachsender Einsicht in die Mentalität der Protestanten wollte Pflug nicht völlig von der Hoffnung lassen, die er auf Religionsgespräche und Konzessionen setzte. So nahm er an dem Religionsgespräch zu Worms 1557 teil. Hier trat er allerdings den Protestanten eindeutig entgegen. Pflug ist einer der Urheber des Augsburger Interims. Er nahm an den zu ihm führenden und vom September 1547 bis zum Mai 1548 dauernden Augsburger Verhandlungen teil. Das Interim war keine völlig geglückte Darstellung der katholischen Lehre. Die Begrifflichkeit ist an nicht wenigen Stellen unbestimmt. Über die Rechtfertigung trug Pflug noch zu einem Zeitpunkt falsche Gedanken vor, als das Konzil von Trient schon eine Entscheidung über diesen Gegenstand getroffen hatte. Allerdings bemühte er sich 1548 in Leipzig um eine entsprechende Korrektur. Auf das Augsburger Interim setzte Pflug große Hoffnungen. Zuversichtlich kehrte er in seine Diözese zurück und nahm hier Gespräche mit Melanchthon und Georg von Anhalt auf. Im Dezember 1548 kam es zu Verhandlungen über die Annahme des Interims in Kursachsen. Pflug mußte erleben, daß seine Erwartungen bitter enttäuscht wurden. Die Protestanten waren zu keinem Zeitpunkt bereit, zu der Lehre der Kirche zurückzukehren. Außerdem hätte sich Pflug sagen müssen, daß das protestantische Formalprinzip eine dauernde und in Gesetzesform erfolgende Festlegung des Glaubens ausschloß. Dennoch wollte er den Protestanten durch die Gewährung von Priesterehe und Laienkelch entgegenkommen. Am 1. Januar 1549 richtete er daher zusammen mit dem Meißener Bischof an den Kaiser die Bitte, beim Papst auf ein entsprechendes Indult hinzuwirken. In der Instruktion für Johannes Weidemann vom 2. Mai 1550 erbat er die Vollmacht, vom Zölibat dispensieren zu dürfen. Diese Unternehmungen beruhten nicht auf einer grundsätzlichen Ablehnung des Zölibats. Pflug war vielmehr von der Überlegenheit eheloser Priester über verheiratete Geistliche überzeugt, aber er meinte, daß die Zustände in seinem Bistum die Durchführung des katholischen Ideals jedenfalls in der Gegenwart nicht zuließen. Pius IV. gestattete am 16. April 1564 für sein Bistum den Gebrauch des Laienkelches.

Pflug war ein geschätzter theologischer Schriftsteller. 1562 erschien in Köln seine „Institutio christiani hominis", eine der „ausgewogensten katechetischen Leistungen des 16. Jahrhunderts" (Wolfgang Offele). Darin wird die katholische Lehre in engem Anschluß an die Bibel und die Kirchenväter, aber auch mit stetem Blick auf die protestantischen Ansichten dargestellt. Pflug war auch ein Oberhirt, der das ihm anvertraute Volk durch das Wort reichlich nährte. Er zählt zu den bedeutenden Predigern seiner Zeit. Er war schließlich ein eifriger Briefschreiber. Alle seine Aktivitäten waren indes vergeblich; das Bistum Naumburg war für den Glauben verloren. Pflug scheiterte, weil die Verhältnisse stärker waren als er.

Nach dem Tode Pflugs übernahmen protestantische Administratoren, die der Kurfürst von Sachsen einsetzte, das Bistum. Am 19. September 1564 postulierte das Domkapitel den elfjährigen Sohn Alexander des Kurfürsten August auf dessen Wunsch zum Administrator des Bistums. An seiner Stelle führten Räte des Kurfürsten das Regiment. Der junge Herzog starb schon am 8. Oktober 1565. Am 21. Oktober 1565 eröffnete der Kurfürst August den Vertretern des Domkapitels, er wünsche die Wahl des Bischofs Johann von Meißen, seiner Kreatur. Das Kapitel postulierte jedoch nach kurzem Widerstand den Kurfürsten selbst für 21 Jahre; im Falle seines Ablebens sollten ihm seine Erben bis zum Ablauf der Frist folgen. Trotz der ihm zugesicherten eigenen Verwaltung ging das Stift bald in dem Kurfürstentum auf. Die geistliche Verwaltung führte der Superintendent in Zeitz. Dem Augsburger Religionsfrieden zuwider eignete sich Sachsen das Bistum Naumburg an. Die Kurfürsten machten aus der Personal- eine Realunion. Seit 1580 war das Domkapitel völlig protestantisch.

8. Abschnitt

Kirchenprovinz Mainz

1. Kapitel

Erzbistum Mainz

Brück, Anton Philipp, Der Mainzer Regierungswechsel im Jahre 1582: Mainzer Almanach. Beiträge aus Vergangenheit und Gegenwart, Mainz a. Rh. 1957, 116-144

Brück, A., Mainz: LThK VI, 2. Aufl., 1961, 1300-1305

Brück, Anton Philipp, Kardinal Albrecht von Brandenburg, Kurfürst und Erzbischof von Mainz, in: Der Reichstag zu Worms von 1521, Worms 1971, 257-270

Burger, Willy, Die Ligapolitik des Mainzer Churfürsten Johann Schweikhard von Cronberg in den Jahren 1604-1613 (= Würzburger Studien zur Geschichte des Mittelalters und der Neuzeit Heft 1), Leipzig 1908

Decot, Rolf, Religionsfrieden und Kirchenreform. Der Mainzer Kurfürst und Erzbischof Sebastian von Heusenstamm 1545-1555 (=Veröffentlichungen des Instituts für europäische Geschichte Bd. 100), Wiesbaden 1980

Delius, Walter, Kardinal Albrecht und die Wiedervereinigung der beiden Kirchen: Zeitschrift für Kirchengeschichte 62, 1942/43, 178-189

Diepenbach, Wilhelm (Bearb.), Stenz, Carl (Hrsg.), Die Mainzer Kurfürsten, Mainz o.J.

Gaß, Joseph, Zur Mainzer Bischofswahl vom Jahre 1514: Der Katholik 74, 1894, II, 9-26

Gess, Felician (Hrsg.), Akten und Briefe zur Kirchenpolitik Herzog Georgs von Sachsen, 2 Bde., Leipzig, Berlin 1905/17

Gredy, H., Kardinal-Erzbischof Albrecht II. von Brandenburg in seinem Verhältnisse zu den Glaubensneuerungen, Mainz 1891

Grimm, Heinrich, Albrecht, Markgraf von Brandenburg: NDB 1, 1953, 166f.

Heim, Hugo Eberhard, Wolfgang Erzbischof und Kurfürst zu Mainz, aus dem hohen Geschlechte der Kämmerer von Worms und Reichsfreyherrn von Dalberg, Mainz o.J.

Held, Paul, Ulrich von Hutten. Seine religiös-geistige Auseinandersetzung mit Katholizismus, Humanismus, Reformation (= Schriften des Vereins für Reformationsgeschichte Jgg. 46, Heft 1 [Nr. 144]), Leipzig 1928

Herrmann, Fritz, Das Interim in Hessen. Ein Beitrag zur Reformationsgeschichte, Marburg 1901

Herrmann, Fritz, Die evangelische Bewegung zu Mainz im Reformationszeitalter, Mainz 1907

Herrmann, Fritz (Bearb. u. Hrsg.), Die Protokolle des Mainzer Domkapitels. 3. Bd.: Die Protokolle aus der Zeit des Erzbischofs Albrecht v. Brandenburg 1514-1545 (= Die Protokolle des Mainzer Domkapitels seit 1450 III, 1 und 2), Paderborn 1932/74

Jahr, Hannelore (Bearb.), Die evangelischen Kirchenordnungen des XVI. Jahrhunderts. 8. Bd. Hessen. I. Hälfte. Die gemeinsamen Ordnungen. I. Die Landgrafschaft Hessen bis zum Tode Philipps des Großmütigen (1567). II. Die Zeit der gemeinsamen Synoden und Ordnungen der geteilten Landgrafschaften (1567-1582), Tübingen 1965

Kalkoff, Paul, W. Capito im Dienste Erzbischof Albrechts von Mainz. Quellen und Forschungen zu den entscheidenden Jahren der Reformation (1519-1523) (= Neue Studien zur Geschichte der Theologie und der Kirche 1. Stück), Berlin 1907

Kalkoff, Paul, Zu Luthers römischem Prozeß: Zeitschrift für Kirchengeschichte 31, 1910, 48-65, 368-414

Kißling, J. B., Lorenz Truchseß von Pommersfelden (1473-1543), Domdechant von Mainz. Ein Zeit- und Lebensbild aus der Frühzeit der Kirchenspaltung. Theol. Diss. Freiburg i. Br., Mainz 1906

Knieb, Philipp, Geschichte der katholischen Kirche in der Freien Reichsstadt Mühlhausen in Thüringen von 1525 bis 1629. Nach archivalischen und anderen Quellen bearbeitet (= Erläuterungen und Ergänzungen zu Janssens Geschichte des deutschen Volkes V. Bd., 5. Heft), Freiburg i. Br. 1907

Lenhart, Ludwig, Die Mainzer Synoden von 1548 und 1549 im Lichte der im Schloß-Archiv Vollrads/Rhg. aufgefundenen Protokolle: Archiv für mittelrheinische Kirchengeschichte 10, 1958, 67-111

Paulus, Nikolaus, Gerhard Lorichius, ein Convertit des 16. Jahrhunderts: Der Katholik 74, 1894, I, 503-528

Roesgen, Manfred von, Kardinal Albrecht von Brandenburg. Ein Renaissancefürst auf dem Mainzer Bischofsthron, Moers 1980

Schmidt, J., Mainz: LThK VI, 1934, 802-808

Stimming, Manfred, Die Wahlkapitulationen der Erzbischöfe und Kurfürsten von Mainz (1233-1788). I. Tl. Phil. Diss. Göttingen, Göttingen 1909

Veit, Andreas Ludwig, Kirche und Kirchenreform in der Erzdiözese Mainz im Zeitalter der Glaubensspaltung und der beginnenden tridentinischen Reformation (1517-1618) (= Erläuterungen und Ergänzungen zu Janssens Geschichte des deutschen Volkes X. Bd., 3. Heft), Freiburg i.Br. 1920

Wenck, Karl, Die Stellung des Erzstiftes Mainz im Gange der deutschen Geschichte, Kassel 1909

I.

Albrecht von Brandenburg (1514-1545)

Albrecht von Brandenburg wurde 1490 geboren; er war der zweite Sohn des brandenburgischen Kurfürsten Johannes Cicero, ein Bruder des Kurfürsten Joachim I. Albrecht empfing 1513 die Priesterweihe und wurde Erzbischof von Magdeburg sowie Administrator von Halberstadt. 1514 wurde er auch noch zum Erzbischof von Mainz postuliert. Das Domkapitel sah in dem Angehörigen des Hauses Brandenburg einen Schutz gegen die vom Hause Wettin drohenden Gefahren. Am 18. August 1514 erhielt Albrecht die Zulassung bzw. die Bestätigung für die drei Bistümer. Am 2. Juli 1514 empfing er die Bischofskonsekration. Als Erzbischof von Mainz war er Kanzler des Reiches und hatte den Vorsitz im Kollegium der Kurfürsten. 1518 wurde er zum Kardinal kreiert. Als solcher hätte er Recht und Pflicht gehabt, sich an den Papstwahlen zu beteiligen. Aber Albrecht nahm an keinem Konklave (1521, 1523, 1534) teil. Er war ein Mann, der ohne jede Leistung und ohne jedes Verdienst in frühem Alter zu den höchsten Würden erhoben wurde, welche die Kirche zu vergeben hat.

Albrecht war bildungsmäßig und charakterlich den hohen Ämtern, die ihm sein Ehrgeiz und die Macht seiner Verwandten verschafften, nicht gewachsen. Andreas Ludwig Veit hat ganz richtig darauf hingewiesen, daß Albrecht schon dadurch Unrecht beging, daß er sich zum Erzbischof von Mainz wählen ließ. Die Selbsterkenntnis, daß er nach Wissen und persönlicher Artung diesem Posten nicht gewachsen war, hätte ihn davon abhalten müssen, sich um den Mainzer Erzstuhl zu bemühen. Er war in humanistischem Geist erzogen. Seine Studien machte er in Frankfurt an der Oder. Er verfügte über eine gewisse Bildung, die aber keinen genügenden Tiefgang besaß. Noch weit verhängnisvoller waren jedoch die Schattenseiten seines Charakters. Albrecht war träge und oberflächlich, weich und gutmütig, schwach und wankelmütig. Alle diese Mängel machten ihn für seine Ämter denkbar ungeeignet. „Eine nervös reizbare, schwächlich schöngeistige Natur wie Albrecht hätte niemals Bischofs- und Regentenpflichten übernehmen dürfen" (J.B. Kißling). Der Nuntius Morone hielt den Mainzer Kardinal am 6. März 1540 richtig für schwach, furchtsam und ehrgeizig. Selbstverständlich hatte Albrecht auch gute Eigenschaften. Menschlich war er gütig und leutselig. Als Landesfürst war er umsichtig und besorgt. In bezug auf das staatliche, gemeindliche und wirtschaftliche Leben erließ er nützliche Vorschriften. Aber Albrecht war eben vor allem Bischof, Metropolit und erster Kirchenfürst des Deutschen Reiches. Es waren also von ihm namentlich geistliche Qualitäten verlangt, doch daran fehlte es weit. Die Religiosität Albrechts war weder genügend tief noch hinreichend tragfähig. Er betätigte sich als eifriger Sammler von Reliquien, was nicht darauf schließen läßt, daß er die Rangordnung des Heilsgeheimnisses vollauf begriffen hatte. Statt sich an die Offenbarung zu halten, ließ er sich von Astrologen die Zukunft deuten. Theologisch war er fast gar nicht gebildet. Eine seelsorgerliche Ausrichtung war bei ihm kaum festzustellen.

Albrecht war bequem, eitel und genußsüchtig. Er war ständig in Geldnot und darum fortwährend bestrebt, sich solches zu verschaffen. Ruhm- und Verschwendungssucht hemmten den wirksamen Dienst des Bischofs in schwerwiegender Weise. Albrecht war ein Liebhaber von Baukunst, Malerei und Musik. Er gefiel sich in der Rolle des Mäzens. In Festen, Bauten und Liebhabereien vergeudete er die Gelder, die für die Verteidigung des katholischen Glaubens bitter nötig gewesen wären. Seine Unfähigkeit, eine ordentliche Haushaltsgebarung in seinem Land durchzuführen, war der Anlaß zu dem Ablaßstreit. J. B. Kißling spricht von der „Gedankenlosigkeit, Unerfahrenheit und Skrupellosigkeit" der Finanzwirtschaft Albrechts.

Albrecht bemühte sich nicht, einen Lebenswandel zu führen, der seiner Stellung und dem Ernst der Lage angemessen war. Es ist gewiß, daß er eine Zeitlang selbst den Zölibat nicht hielt, den er anderen einzuschärfen hatte. In dem Schreiben vom 1. Dezember 1521 drohte Luther Erzbischof Albrecht mit Enthüllungen. Der Wittenberger wußte, weshalb er ihm Furcht einjagen konnte, die dunklen Punkte seines Privatlebens aufzudecken, und Albrecht wußte, weshalb er den wortgewaltigen Agitator in einem demütigen Schreiben um Schonung anging. Über seinen sündhaften Umgang mit Frauen kann angesichts des Zeugnisses des Herzogs Georg von Sachsen ein Zweifel nicht bestehen. Am 8. Dezember 1526 behauptete zwar Albrecht in einem Schreiben an letzteren, die über ihn verbreitete Meinung, er lebe unzüchtig, sei üble Nachrede. Aber dieser Brief läßt sich unschwer so deuten, daß damit lediglich der Vorwurf abgewehrt werden sollte, er treibe öffentlich und in skandalöser Weise Unzucht. Von einer „ausschweifenden Neigung zum andern Geschlechte" (Klamer Wilhelm Frantz) kann bei ihm jedoch nicht die Rede sein. Außerdem dürfte Albrecht nicht bis an sein Lebensende seiner Schwäche nachgegeben haben. Immerhin ist es begreiflich, daß von einem solchen Oberhirten keine anfeuernden Impulse auf Klerus und Volk ausgehen konnten. „Das Übel kam von oben. Es mangelten das gute Beispiel und die gewissenhafte Aufsicht" (Andreas Ludwig Veit).

Albrecht war keine innerlich gefestigte, zielklare und kraftvolle Persönlichkeit. Er war vielmehr eine Gestalt im Widerspruch, ein Mann von kläglicher Halbheit, eine schwankende Erscheinung, an der niemand einen Halt hatte. Wie die unsicheren Bischöfe aller Zeiten legte er großen Wert darauf, als fortschrittlicher und aufgeschlossener Kirchenfürst zu gelten. Dem Genuß hingegeben, prachtliebend und weichlich, wich er dem notwendigen Kampf aus. Albrecht war ein Mann ohne Mut und Kraft. Mit jedermann wollte er in Frieden leben, auch wenn Pflichten höherer Art Eingreifen und Auseinandersetzung forderten. Die Zeitgenossen haben diese Schwäche des Kardinals erkannt. Kaiser Karl V. beispielsweise warf ihm seine Feigheit vor. In den ersten Jahren der lutherischen Bewegung suchte er sich aus dem Streit herauszuhalten, um Ruhe zu haben. Während die Protestanten ständig siegreich vorrückten, redete er fortwährend von Frieden und Milde. Er verkannte gründlich das Wesen der Religionsneuerung, die eben Angriff war, der sowohl gewaltlos wie gewaltsam vorgetragen werden konnte. Sein Jammern und sein Klagen vermochten gegen die Entschlossenheit der Protestanten nichts auszurichten. Vergeblich suchte er sich durch Lavieren und Stillhalten ihr Entgegenkommen zu erkaufen. Weil er nicht bereit war, einiges zu opfern, war er dazu verurteilt, alles zu verlieren.

Wie viele Bischöfe liebte Albrecht ein behagliches Leben. Sein Hof war ein Skandal. Dort waren zahlreiche lutherisch Gesinnte in einflußreichen Stellen tätig. In seiner persönlichen Gegenwart trugen Prediger lutherische Lehren vor. Johannes Cochläus, der Nuntius Aleander und viele andere waren davon überzeugt, daß maßgebende Personen in der Umgebung des Erzbischofs heimlich der lutherischen Neuerung ergeben seien. Nur Albrecht schien es nicht zu merken. Wolfgang Fabricius Capito, der glühende Hasser der Kirche, war sein theologischer Ratgeber. Wichtigen politischen Äußerungen Kardinal Albrechts lagen Entwürfe Capitos zugrunde. Dieser war einer der Hauptdrahtzieher und -träger der Politik der Obstruktion, die darauf gerichtet war, alle gegen Luther gerichteten Beschlüsse und Maßnahmen zu durchkreuzen. Jahrelang hat er seine verräterische Tätigkeit am Hofe Albrechts betrieben. Capito gab sich den Anschein, als gehe er dem Nuntius Aleander zur Hand, während er in Wahrheit jede wirksame Maßnahme gegen die Neuerer zu unterbinden suchte. Ulrich von Hutten, der heruntergekommene Hetzer und Wüstling, war jahrelang der Vertraute Albrechts. Als dieser in Mainz einzog, feierte ihn Hutten in einem Gedicht. Albrecht übertrug Hutten u. a. die gewichtige Mission, ein Bündnis mit dem französischen König zu schließen. Wo die Zusammenarbeit der rheinischen Kurfürsten vonnöten war, entzog sich Albrecht. Zum Vorgehen gegen Franz von Sickingen steuerte er nichts bei. Die Vertreter des theologischen Liberalismus protegierte Albrecht. So buhlte er um die Gunst des Erasmus von Rotterdam.

Selbstverständlich drang das Luthertum in das Erbistum Mainz ein. Viele Geistliche der Mainzer Erzdiözese wandten sich der Irrlehre zu und steckten die ihnen Anvertrauten damit an. Vor allem die Städte Frankfurt, Erfurt, Miltenberg und Tauberbischofsheim fielen immer mehr dem Luthertum zu. Auch in der Bischofsstadt gab es protestantische Regungen. Die schonungslose Ausnützung klerikaler Privilegien hatte in Mainz einen bösen Antiklerikalismus erzeugt. Albrecht war in der Abwehr der Religionsneuerung nachlässig. Luther übersandte ihm seine 95 Thesen. In dem Brief vom 31. Oktober 1517 erklärte er seine gehorsame Unterwerfung unter die Kirche. Das entschiedene Vorgehen Luthers gegen Albrecht in der Ablaßfrage schüchterte ihn nachhaltig ein. Albrecht suchte jedem Streit mit Luther möglichst aus dem Wege zu gehen. Eine recht zahme Anzeige bei dem Heiligen Stuhl ausgenommen, hat Albrecht das ganze Jahr 1518 verstreichen lassen, ohne dem Aufrührer energisch entgegenzutreten. Auch in der Folgezeit behandelte er den Wittenberger schonend und entgegenkommend. Jahrelang unternahm er nichts Ernstliches gegen die Agitation Luthers. Gerade in den Anfängen der Abfallbewegung wäre nach allem, was wir wissen, die Religionserneuerung noch zu unterdrücken gewesen. Die Langmut Albrechts und seiner Kollegen wurde von den Anhängern der neuen Lehre nicht honoriert. Das zögernde Verhalten der Bischöfe machte sie vielmehr nur um so kecker und mutiger. Gleichzeitig wandten sie erfolgreich eine Vernebelungstaktik an. Den führenden Anhängern Luthers war es darum zu tun, über die wahren Ziele der Bewegung bei Fürsten und Bischöfen ein Zwielicht zu breiten, um sie so vom Eingreifen abzuhalten, damit sich die lutherische Lehre in weitesten Kreisen ausdehnen könne. Sie wirkten auf Zeitgewinn hin und suchten die Vollziehung der päpstlichen Verurteilung zu hintertreiben oder wenigstens zu verzögern. Albrecht arbeitete ihnen bei diesem Bestreben in die Hände. Weil er als einziger deutscher Bischof in der Bannbulle gegen Luther mit der Vollstreckung des Bannes beauftragt worden war, suchte er die Verbreitung der Bulle zu verhindern, denn er fürchtete den Unwillen der Anhänger Luthers. Albrecht hat durch seine Saumseligkeit verschuldet, daß das Mandat des Kaisers vom Dezember 1520, das die Gefangennahme und Auslieferung Luthers vorsah, nicht ausgefertigt und schließlich durch Friedrich den Weisen hintertrieben wurde. Auf dem Wormser Reichstag sprach er sich für das Aufschieben der längst fälligen Entscheidung gegen Luther aus. Seine ständige Taktik der Vermittlung, wo nichts mehr zu vermitteln war, begünstigte die kirchliche Revolution. Bei dem Zustandekommen des Wormser Edikts spielte Albrecht eine unrühmliche Rolle. Er wäre vor allen anderen berufen gewesen, die Verabschiedung und Durchführung des Gesetzes zu betreiben, das der lutherischen Bewegung Einhalt gebieten konnte. Es war unerhört, daß er als der Kanzler des Reiches das Wormser Edikt nicht unterzeichnete. Aber ihm war mehr an Schlägen gegen den Apostolischen Stuhl als an der Unterdrückung der religiösen Revolution gelegen. Das Versagen Albrechts auf dem Wormser Reichstag, also in einem Augenblick höchster Bedeutung, verschaffte Luther durch Verschleppung der Entscheidung wertvollen Aufschub. In der Veröffentlichung und Vollziehung des Wormser Edikts ging Albrecht ebenfalls mit dem denkbar schlechtesten

Beispiel voran. Als es 1522 in Magdeburg publiziert wurde, war dies nicht dem Erzbischof und Metropoliten, sondern den Katholiken im Domkapitel und im Rat der Stadt zu verdanken. In der Stadt Mainz konnte sich der Protestantismus unbehindert ausbreiten. Erst als Albrecht merkte, daß seine eigene Stellung bedroht war, gab er seine laxe Haltung gegenüber der Irrlehre und seine Renitenz gegen den Inhaber des Primats auf. So kann sein Verhalten nur als ein Verhängnis für Kirche und Reich bezeichnet werden. In dem Breve, das Hadrian VI. am 28. November 1522 an Albrecht richtete, hieß es ganz richtig, daß sich das lutherische Gift nur wegen der Nachlässigkeit und des fehlenden Eifers für Gott bei denjenigen, die rechtzeitig hätten eingreifen müssen, habe verbreiten können, und zwar verdienten die geistlichen Fürsten einen strengeren Tadel als die weltlichen. Am 3. Oktober 1523 machten die Vertreter der Erzbistümer Köln und Trier in Koblenz den Mainzer Abgesandten lebhafte Vorstellungen über die ungestörte Ausbreitung des Luthertums in der Erzdiözese Mainz. „Ein Julius Echter in den Anfängen der Glaubensspaltung und in Mainz hätte zweifellos bei der überragenden Stellung, die der Erzbischof Kurfürst von Mainz im Rate der Fürsten hatte, das rollende Rad gewendet und bald der katholischen Reform zum Siege verholfen" (Andreas Ludwig Veit).

Lange Zeit stand Albrecht dem Papsttum zumindest reserviert gegenüber. Der Heilige Stuhl konnte sich auf ihn nicht verlassen. Während Deutschland in Flammen stand, stritt er mit der Römischen Kurie um die Würde eines Legaten. Noch Jahrzehnte später war keine vertrauensvolle Zusammenarbeit zwischen Albrecht und dem Papst zustande gekommen. Der Nuntius Morone sprach am 4. Januar 1540 davon, daß die deutschen Bischöfe dem Heiligen Stuhl entfremdet seien. Am 11. März 1540 berichtete er, daß nach Meinung König Ferdinands die rheinischen Kurfürsten in zeitlicher Hinsicht vom Kaiser und in geistlicher Hinsicht vom Papst unabhängig sein möchten.

Immer wieder hat sich Albrecht gemeinsamen Unternehmungen, wie dem für den 1. März 1522 geplanten Fürstentag, entzogen. Er ist der typische Vertreter der Politik der Beschwichtigung und der Leisetreterei. Die zugleich kläglichen und unterwürfigen Briefe, die er Luther schrieb, sind ein beschämendes Zeugnis der Furcht und der Schwäche. Als Luther exkommuniziert und geächtet war, ließ Albrecht ihm mitteilen, er sei für ihn und werde ihn schützen. Niemals hat Albrecht eine ähnliche öffentliche Abrechnung mit dem Wittenberger gehalten wie etwa Herzog Georg in seinem Brief an Luther vom 28. Dezember 1525. Die Auswirkungen dieses Verhaltens des ersten Kirchenfürsten des Deutschen Reiches waren verheerend. Die nicht aufhörenden Versuche, Luthers Bestrebungen wohlwollend und verharmlosend zu deuten, waren einer der Gründe, weshalb die Rechtgläubigen gelähmt wurden und Widerstand sich erst spät formieren konnte. Das Verhalten Albrechts hat nicht wenige schwankende Reichsstände der Neuerung zugeführt. Auch in den folgenden Jahren änderte Albrecht seine Haltung nicht grundlegend. Am 10. September 1523 erließ er zwar ein Mandat gegen „die lutherische Sekte", aber es war kein Signal für ein konsequentes Durchgreifen gegen die Irrlehrer. 1523 veranlaßte er wohl das Vorgehen gegen Johann Drach und Anton Scherpfer in Miltenberg,

1524 wurde Jakob Kammerlander aus dem Kurstaat verwiesen und wurden lutherische Geistliche gefangengesetzt. Aber einzelne Maßnahmen an bestimmten Orten reichten nicht mehr aus, den Brand einzudämmen. Auf dem Regensburger Konvent vom Juli 1524 erschien Albrecht nicht. Sein Anschluß an den Regensburger Bund (1524) und an den Dessauer Bund (1525) war mehr politisch als religiös bestimmt und bedeutete nicht das Aufgeben seiner Passivität. Das Dessauer Bündnis von 1525 versagte vor der Aufgabe, die ihm eigentlich gestellt gewesen wäre. Gegen die Bauern war man stark, aber gegen die Lutheraner schwach. Es war Herzog Georgs Handschrift, wenn in dem Dessauer Abschied vom 19. Juli 1525, den Albrecht unterschrieb, ,,die verdammte lutherische Sekte'' als Wurzel des Aufruhrs der Bauern bezeichnet wurde. Auch später sprach sich Albrecht immer wieder für friedliche Verständigung aus, und das mit Leuten, die notorisch jeder Verständigung widerstrebten und nur auf Zeitgewinn hinarbeiteten, um immer weitere Eroberungen zu machen. Einzelne seiner Handlungen sind in ihrer verräterischen Würdelosigkeit nicht zu unterbieten. Als der ehemalige Mönch Luther und die einstige Nonne Katharina von Bora sich verheirateten, überreichte der deutsche Primas ihnen ein Hochzeitsgeschenk von 20 Gulden. Durch die Initiative des Mainzer Domkapitels trafen sich die Vertreter der Kapitel der Mainzer Kirchenprovinz im November 1525 in Mainz, um hier zu beraten, wie man dem Protestantismus entegentreten könne.

Lange Zeit hofften die Glaubensneuerer, Albrecht werde sich auf ihre Seite neigen und das Kirchengut zur Ausstattung eines weltlichen Herzogtums benutzen, und sie wirkten in diesem Sinne auf den Erzbischof ein. Am 2. Juni 1525 forderte Luther Albrecht unverblümt auf, sich zu verheiraten, das Bistum zu einem weltlichen Fürstentum zu machen und dem geistlichen Stand eine Absage zu erteilen; dabei verwies er auf den Vetter des Erzbischofs, den Hochmeister des Deutschen Ordens. Wenn er, der Mainzer Erzbischof, vorangehe, würden andere Bischöfe nachfolgen. Luther stand mit seinen Erwartungen nicht allein, und sie richteten sich auch nicht nur auf den Mainzer Metropoliten. Ein Protestant schrieb über die Bischöfe Albrecht von Mainz, Hermann von Köln und Christoph von Augsburg: ,,Diese drei sind halb evangelisch, möchten leiden, daß man sie zu weltlichen Fürsten machte; wären sie alle wie die drei, so käme man wohl mit ihnen aus.'' Noch im Jahre 1532 hatte Melanchthon Hoffnung, Kardinal Albrecht auf die Seite Luthers zu ziehen. In dieser Absicht widmete er ihm seinen Kommentar zum Römerbrief. Die Bemühungen um Albrecht wären unverständlich, wenn er durch sein Verhalten nicht Anlaß zu der Erwartung gegeben hätte, er werde sich u. U. der Neuerung anschließen. Albrecht scheint tatsächlich zeitweilig daran gedacht zu haben, sich zu verheiraten und seine Stifter zu säkularisieren. Bis 1525 wurde auch von Katholiken die Möglichkeit nicht ausgeschlossen, daß er sich dem Luthertum zuwende-te. Der Bauernaufstand dürfte ihn davon abgebracht haben. 1525 liegt ein erster Einschnitt in seiner Haltung, insofern er von nun an die sozialrevolutionäre Seite der lutherischen Bewegung zu fürchten begann. Mit dieser Einschränkung kann man sagen, er habe sich jetzt von den Neuerungen abgewandt. Aber diese Änderung in der Einstellung bedeutet nicht, daß Albrecht nunmehr begonnen hätte, mutig und tatkräftig der Irrlehre entgegenzuarbeiten. Soweit es ihm möglich war, hinderte er vielmehr in seinen drei Bistümern die Bekämpfung Luthers und seines Anhangs, und auf den Reichstagen wirkte er hemmend. Auf dem Reichstag zu Augsburg 1530 wurde das Urteil über Albrecht gefällt: „Der Erzbischof von Mainz zeigt sich bald so, bald anders, und weiß man nie recht, wohin er fallen wird." Als Kurfürst Joachim von Brandenburg damals den Protestierenden die strenge Anwendung der geltenden Gesetze in Aussicht stellte, distanzierte sich Albrecht von seinem Bruder. 1532 führten Albrecht und der Kurfürst Ludwig von der Pfalz Gespräche mit den protestantischen Vertretern, u. a. dem Johann Friedrich von Sachsen, in Schweinfurt. Die Protestanten zeigten sich unnachgiebig. Albrecht aber bereitete mit dem Kurfürsten von der Pfalz dem sogenannten Nürnberger Religionsfrieden den Weg. Er konnte jetzt nicht mehr die Ausrede anwenden, man wolle die Bewegung nicht zum Äußersten treiben. Die Zerstörungen durch den Protestantismus lagen ihm deutlich vor Augen. Mit Aufruhr und Terror bahnte sich das neue „Evangelium" den Weg wie beispielsweise 1529 in Göttingen. Den Bürgern wurden hohe Strafen für den Besuch des katholischen Gottesdienstes angedroht. Am 11. Juni 1528 verzichtete Albrecht auf die Ausübung seiner Jurisdiktion in der Landgrafschaft Hessen und im Kurfürstentum Sachsen; seit 1528 war mithin seine Oberhirtengewalt in Hessen und Thüringen lahmgelegt. Für Geldbewilligung war er bereit, die lutherische Predigt zu gestatten. So belohnte er die Bereitschaft der Stände, seine Schulden zu bezahlen, mit der Einräumung freier Religionsübung an die Protestanten in Magdeburg und Halberstadt. Die kaiserliche Acht gegen Magdeburg machte er nicht bekannt. Am 21. November 1533 schlossen Albrecht, die Domkapitel von Magdeburg und Halberstadt, der Kurfürst von Brandenburg, Herzog Georg von Sachsen, Herzog Erich von Braunschweig-Calenberg und Herzog Heinrich von Braunschweig-Wolfenbüttel den Halleschen Bund, ein reines Defensivbündnis, das zu keinen Taten schritt. Allzu lange lehnte Albrecht es ab, wirksame Mittel gegen das Luthertum anzuwenden. Bis 1540 widersetzte er sich einem militärischen Eingreifen gegen die Neugläubigen; danach aber war es zu spät, weil Joachim von Brandenburg und Georg von Sachsen gestorben waren. In dieses Jahr fiel eine erneute Wendung Albrechts zu größerer Entschiedenheit. Albrecht erwartete jetzt nichts mehr von Religionsgesprächen. Nach dem Bericht Morones vom 14. April 1541 erklärte er, die Lutheraner wollten nicht zur Vereinigung mit den Katholiken kommen, sondern diese zu sich herüberziehen. Albrecht kannte nun endlich die Protestanten gründlich und nahm bei ihrer Charakterisierung kein Blatt mehr vor den Mund; man denke nur an seine „Sententia super concilio celebrando in Germania" von 1541. Jetzt setzte er weder auf Konzil noch Kolloquium mehr Hoffnung, sondern riet zur Anwendung von Gewalt. In den vierziger Jahren sah Albrecht den Abschluß eines Offensivbündnisses der Katholiken und die Aufnahme des Kampfes gegen die Protestanten als von Religion und Reichsrecht gefordert an. Am 3. Juni 1541 sprach er sich gegenüber Contarini dahin aus, daß die Dinge einen anderen Verlauf genommen hätten, wenn der König von Frankreich Kaiser wäre. Überhaupt schien Albrecht das Bündnis mit Frankreich mehr zu versprechen für die Aufrechterhaltung der katholischen Religion als das Lavieren des Kaisers. Die Wendung des Mainzer Metropoliten blieb Luther nicht verborgen, und er reagierte darauf in seiner Art. 1541 war Albrecht für ihn ,,der Teufel zu Mainz".

Man kann nicht sagen, daß Albrecht für die innere Erneuerung der Kirche nicht aufgeschlossen gewesen sei oder nichts dafür getan habe. Aber einmal gab er nicht das mitreißende Beispiel einer rücksichtslosen eigenen Reform, und zum anderen geschah, was er ins Werk setzte, zu spät und ohne gehörigen Nachdruck. Im September 1526 lud Albrecht seine Suffragane ein, mit ihm vereint in den Diözesen seiner Kirchenprovinz eine Reform des Klerus einzuleiten. Auf eigene Faust und ohne den Metropoliten versammelten sich die Suffragane im November 1526 zu dem Landauer Reformkonvent, auf dem interessante Statuten vereinbart wurden, die sich teilweise an die Regensburger Reformordnung anlehnten. Später zeigte Albrecht für die katholische Erneuerung größeren Eifer. 1541 setzte er eine Kommission ein, die eine für die ganze Kirchenprovinz vorgesehene Reformordnung ausarbeiten sollte und tatsächlich ausgearbeitet hat; aber für ihre Durchsetzung geschah ,,so gut wie nichts" (Georg Pfeilschifter). Im Jahre 1542 überreichte Albrecht dem Nuntius Morone den Entwurf der Reform, der wohl im wesentlichen den Valentin von Teteleben zum Verfasser hat. Morone stellte dem Albrecht der vierziger Jahre kein schlechtes Zeugnis aus. Auch Sfondrato schrieb am 9. Januar 1544, er sei ein guter, dem Heiligen Stuhl ergebener Geistlicher, dem das Schicksal der katholischen Religion zu Herzen gehe. Dennoch vermochte Albrecht die Schwäche seines Charakters nicht zu überwinden. Auf dem Reichstag zu Speyer im Jahre 1544 zeigte er sich den Protestanten gegenüber wieder nachgiebig. Den Beitritt zu der Appellation des Kölner Domkapitels gegen Hermann von Wied lehnte er ab. ,,Albrecht blieb katholisch und stand in den öffentlichen Verhandlungen auf seiten der Kirche; ein Vorkämpfer der katholischen Sache wurde er jedoch nicht" (Andreas Ludwig Veit). An der ersten Sitzungsperiode des Trienter Konzils nahm er nicht teil, sandte aber drei Prokuratoren, darunter den Weihbischof Michael Helding. Bevor das Konzil eröffnet wurde, starb er im 55. Lebensjahr.

Das Urteil über Albrecht von Brandenburg kann nicht günstig lauten. Das Mißverhältnis zwischen Talent, Charakter und Leistung auf der einen, Aufgabe und Anforderung auf der anderen Seite ist zu offensichtlich, als daß es übersehen werden könnte. Albrecht war schwach und blieb schwach; er wuchs nicht mit seinem Amt und mit den Nöten der Zeit. Seine Schwäche ward der Kirche Verhängnis. ,,Seine Mittelmäßigkeit inmitten des Wellenschlags der kirchlich-politischen Revolution gereichte der Gesamtheit Deutschlands zum Unglück" (Andreas Ludwig Veit). Es ist sicher, daß auch bei festem Auftreten Albrechts und der deutschen Bischöfe die Ausbreitung des Protestantismus nicht gänzlich verhindert worden wäre. Aber von ihm und vielen deutschen Bischöfen muß festgestellt werden, daß sie versagt und nicht getan haben, was sie hätten tun können. Es sind zwei verschiedene Dinge, nach heroischem Einsatz übermächtigen Einflüssen zu unterliegen und wegen halbherzigen Bemühens an einem Zusammenbruch mitschuldig zu werden.

II.

Sebastian von Heusenstamm (1545-1555)

Sebastian von Heusenstamm wurde am 20. Oktober 1545 zum Erzbischof von Mainz gewählt; am 27. Januar 1546 erhielt er die päpstliche Bestätigung. Heinrich Pope schrieb am 11. Dezember 1545 anläßlich der Wahl Sebastians zum Mainzer Erzbischof an Julius Pflug, es werde um die katholische Kirche (erst) wieder gut stehen, wenn zu Bischöfen wie einst Fischer und nicht eher Unzüchtige (scortatores) berufen würden. Diese allgemein gehaltene Bemerkung sollte wohl keine Kritik an dem neuen Mainzer Metropoliten sein. Denn dieser war sittlich und religiös einwandfrei. An seiner Gläubigkeit und Kirchlichkeit ist nach Rolf Decot ebensowenig zu rütteln wie an seiner grundsätzlichen Treue zu Kaiser und Reich. Er war theologisch gebildet und besaß Kenntnisse der Heiligen Schrift und der Kirchenväter. Lange Zeit war er in der Illusion befangen, es sei ein Ausgleich zwischen Katholiken und Protestanten möglich. Er war nach Anton Philipp Brück ein Vertreter „der Mainzer kirchlichen Vermittlungspartei". Die in Mainz beheimatete Kunst, sich in jedem Fall zu arrangieren, beherrschte er virtuos.

Die Maxime des politischen Handelns Sebastians hieß: Neutralität und Nachgiebigkeit. Sein Hauptbestreben war, den protestantischen Fürsten gefällig zu sein. Dem Philipp von Hessen gab er vor seiner Wahl zum Bischof zu verstehen, daß er dem Protestantismus zuneige, was den Landgrafen bewog, sich für ihn zu verwenden. Seine Kirchenpolitik, deren „Grundgesetz" nach Andreas Ludwig Veit „eine geradezu lächerliche Angst vor den protestantischen Fürsten und seine Hinneigung zu Hessen" war, wirkte sich verhängnisvoll aus. Sein ständiges Taktieren, Lavieren und Nachgeben tat der katholischen Sache schweren Eintrag. Mehr als einmal fiel er bei Verhandlungen den Vorkämpfern des Glaubens in den Rücken. Den tapferen Verteidiger der katholischen Lehre Gerhard Lorichius verwies er aus Mainz, um den Protestanten nur ja nicht zu mißfallen. Im Schmalkaldischen Krieg erklärte er sich für neutral, statt dem Kaiser zu Hilfe zu eilen und für die katholische Sache zu kämpfen.

Die kompromißbereite Haltung, die Sebastian dem Philipp von Hessen in reichspolitischen Fragen zeigte, war jedoch nicht mit Nachgiebigkeit in Glaubensfragen gleichzusetzen. Hier vergab er dem katholischen Dogma nichts. Freilich war er zu einem gewissen Entgegenkommen bereit. Er war Präsident der von Karl V. 1548 berufenen Kommission zum Ausgleich der konfessionellen Gegensätze. Das Interim war, wenn man den entscheidenden Beitrag Pflugs und Heldings bedenkt, in gewissem Sinn „eine Mainzer Arbeit" (Rolf Decot). Nach der Vorlesung des Interims erklärte Sebastian, wohl etwas voreilig, alsbald die Annahme durch die Stände. Dieses Reichsgesetz wurde mit großen Hoffnungen begrüßt; nicht wenige erwarteten davon die Wiederherstellung der Glaubenseinheit. Die Antwortschreiben, die Sebastian auf seine Rundschreiben zur Einführung des Interims erhielt, waren jedoch ernüchternd. Er vermochte es in den protestantisch gewordenen Teilen seines Sprengels fast nirgendwo durchzusetzen. Die Protestanten dachten gar nicht daran, sich von neuem unter die Jurisdiktion des Mainzer Erzbischofs zu beugen. In dem Krieg zwischen Moritz von Sachsen und dem Kaiser suchte Sebastian zu vermitteln. Das Ergebnis war der unglückliche Passauer Vertrag vom 27. Juli 1552. Aber die Nachgiebigkeit schützte den Mainzer Kurfürsten nicht davor, von Albrecht Alcibiades von Brandenburg überfallen und ausgeplündert zu werden. Seit den Erfahrungen des Jahres 1552 vertraute Sebastian für die Zukunft mehr dem Frieden als dem Schutz des Kaisers. Nunmehr drang er auch zu der Erkenntnis durch, daß ein Ausgleich der religiösen Differenzen zumindest für jetzt nicht zu erreichen war. Entsprechend seiner ganzen Haltung steuerte er in Augsburg (1555) auf einen Vertrag hin, der dem Passauer inhaltlich folgte. Der Augsburger Religionsfriede war für ihn, pragmatisch denkend, eine sich aus den Machtverhältnissen und der Interessenlage ergebende Notwendigkeit. Die Instruktion, die Sebastian am 11. März 1555 nach Augsburg sandte, faßte einen unbegrenzten Religionsfrieden unter Verzicht auf das Verlorene ins Auge.

In gewissem Umfang nahm Sebastian die Erneuerung von Klerus und Volk in die Hand. Dabei war das Domkapitel ein schweres Hemmnis. Als er ihm am 9. März 1547 den Entwurf einer Visitationsordnung vorlegte, erfuhr er lebhaften Widerspruch. Zur Durchführung der Formula reformationis berief er 1548 eine Diözesansynode nach Mainz ein. Die Vorschriften derselben waren nützlich. Um sie durchzuführen, bedurfte es gründlicher Visitationen. Dem Domkapitel gestand Sebastian die Selbstvisitation zu, d.h. er verzichtete auf Durchführung der Beschlüsse. Die vom Erzbischof selbst in Angriff genomme Visitation des Domstiftes blieb ohne nennenswertes Ergebnis. Für die anderen Stifte, Pfarreien und Klöster bestellte er eine Visitationskommission unter dem Vorsitz Heldings. Von Oktober 1548 bis in das Jahr 1550 wurden in der Stadt Mainz, im Mainzer Erzstift und in den übrigen Gebieten der Mainzer Erzdiözese Visitationen abgehalten bzw. versucht. In den meisten Territorien, die nicht zum Erzstift gehörten, erwies sich die Visitation als undurchführbar oder als zwecklos. Ein ernsthafter Versuch zur Rekatholisierung wurde nicht gemacht und war auch aussichtslos. Die Diözesansynode vom November 1548 zielte auf die Wiederherstellung der kirchlichen Disziplin, nicht auf Lehrfragen. Für die wirksame Besserung des Klerus gab sie nichts her. Denn es fehlte nicht an Gesetzen, sondern an ihrer Durchführung. Darin aber hat Sebastian nichts geleistet. Er kam „nicht über eine theoretische Mißbilligung der bestehenden Mißstände hinaus“ (Andreas Ludwig Veit).

Im Mai 1549 hielt Sebastian ein Provinzialkonzil ab. Von seinen Suffraganbischöfen erschien nur ein einziger, der von Eichstätt. Die Bistümer Chur, Hildesheim und Verden waren überhaupt nicht vertreten. Der Synode lag ein umfangreiches Programm zur Bewältigung vor. Die Beschlüsse legten die katholische Lehre dar und formten die disziplinären Forderungen der Formula reformationis in entsprechende Gesetze um. Die Seele des Provinzialkonzils war nicht der Metropolit Sebastian, sondern sein Weihbischof Helding. Die Synode hätte heilsam wirken können, wenn ihre Vorschriften beobachtet worden wären, aber das geschah nicht. In der Folgezeit gab Sebastian seinem Diözesanklerus zwei wichtige Bücher in die Hand. Am 25. März 1551 veröffentlichte er eine neue Agende, die ihn als durchaus katholisch und zugleich liturgisch kompromißbereit zeigt. 1553 erschien der Katechismus des Michael Helding zu Mainz im Druck.

Zu dem Trienter Konzil scheint Sebastian zumindest zeitweise wenig Vertrauen gehabt zu haben. Den Weihbischof Helding berief er davon ab. Zu der zweiten Sitzungsperiode wollte er ursprünglich ebenso wie die übrigen beiden geistlichen Kurfürsten lediglich Prokuratoren abordnen. Marcello Crescenzio antwortete dem Mainzer Erzbischof in einem scharfen Schreiben, in dem er auf die große Verantwortung der rheinischen Erzbischöfe für das Gelingen oder das Scheitern des Konzils hinwies. Sebastian erschien dann doch in Trient. Er war 1551/52 auf dem Konzil anwesend und trug zu den Verhandlungen durchaus sachliche Äußerungen bei. Gegenüber der Gewährung des Laienkelches für Deutschland brachte er Bedenken vor. Am 11. März 1552 verließ er Trient unter Hinweis auf den Ausbruch des Krieges im Reich.

Das Urteil über Sebastian ist schwankend. Kardinal Otto Truchseß schrieb am 1. November 1545, Sebastian sei immer furchtsam und kleinmütig, er werde sich möglicherweise aus Angst von seinen dem Luthertum und dem Landgrafen von Hessen zugeneigten Räten bestimmen lassen. Die beiden päpstlichen Gesandten Girolamo Verallo und Girolamo Dandino berichteten am 10. Dezember 1545 nach Rom, Heusenstamm werde von den Dienern des hessischen Landgrafen gelenkt. Der Nuntius Pighino bezeichnete ihn dagegen am 5. November 1548 als vorzüglichen Mann (huomo vigilantissimo et molto da bene), der sein Land von Häretikern gereinigt und seinen Klerus reformiert habe. Seine Macht habe aber an den Grenzen seines (weltlichen) Territoriums ein Ende. Rolf Decot beurteilt ihn in seiner Monographie relativ günstig. Dennoch wiegen sein Mangel an Entschiedenheit und an wirksamer Solidarität schwer. Man wird nicht darum herumkommen, zuzugeben, daß er der katholischen Religion Schaden zugefügt hat.

III.

Daniel Brendel von Homburg (1555-1582)

Daniel Brendel von Homburg wurde am 18. April 1555 vom Mainzer Kapitel gewählt und am 23. August 1555 vom Papst bestätigt. Persönlich war er dem katholischen Glauben ergeben und lebte sittlich einwandfrei. Aber seine Regierung war weitgehend ein Lavieren wie bei seinem Vorgänger. Diplomatische Künste und die Sorge um Geld überwucherten seine geistliche Pflicht.

Das beherrschende Ereignis in der Regierungszeit Daniel Brendels war die abschließende dritte Sitzungsperiode des Konzils von Trient. Als der Konzilsnuntius Zaccaria Delfino die süddeutschen Bischöfe besuchte, um sie für die Teilnahme daran zu gewinnen, machte er enttäuschende Erfahrungen. Was er hörte, waren Entschuldigungen und Ausreden. Delfino nahm in seinen Berichten kein Blatt vor den Mund und verwies auf den schlimmen Lebenswandel, die theologische Ignoranz und die Reformunwilligkeit vieler Bischöfe. Auch die rheinischen Erzbischöfe erschienen nicht in Trient, ja schickten nicht einmal Prokuratoren. Am 3. März 1562 erklärten sie dem Kaiser, der sie drängte, sich zu der Versammlung zu begeben, die Protestanten könnten in ihrem Erscheinen auf dem Konzil möglicherweise einen Bruch des Religionsfriedens sehen. Mit solchen lächerlichen Ausflüchten drückten sie sich um die Teilnahme an einem Ereignis, das sie unzählige Male als unerläßlich ausgegeben hatten. Die deutschen Bischöfe hatten an den gewichtigen Entscheidungen der dritten Tagungsperiode keinen Anteil. Dabei kann man nicht sagen, daß Daniel Brendel Anhänger einer liberalen Theologie gewesen sei. In der Wiener Verhandlung betreffend Laienkelch und Priesterehe vertraten seine Abgesandten die richtige Meinung, daß der große Abfall ganz andere Ursachen habe als die Verweigerung der Kommunion unter beiden Gestalten; von der Priesterehe hielt der Erzbischof nichts, vom Laienkelch wenig. Als Pius IV. am 16. April 1564 den deutschen Bischöfen den letzteren zugestand, ließ Daniel das Breve mit der Konzession, die er für verfehlt hielt, in seiner Diözese nicht verkünden. Petrus Canisius überbrachte ihm persönlich die Dekrete des Trienter Konzils (1565). Pius V. drang in ihn, für ihre Durchführung durch den Reichstag zu sorgen. Dieser Aufforderung kam Daniel nur mit Auswahl nach. Auf dem Reichstag in Augsburg 1566 trat er entschieden für die Aufrechterhaltung des Augsburger Religionsfriedens ein und erklärte auch die Unterwerfung der katholischen Stände unter die Beschlüsse des Konzils, die den Glauben betrafen, kündigte aber den Widerstand gegen Disziplinarreformen des Trienter Konzils an. So war Daniels Haltung zwiespältig. Er war kein Mann, der ganze Arbeit leistete. Geschmeidig, wie er war, ging er voraussehbaren Schwierigkeiten möglichst aus dem Wege. Die Hoffnung, die manche auf den Mainzer Metropoliten setzten, er werde zur Verkündigung der Trienter Dekrete ein Provinzialkonzil einberufen, erfüllten sich nicht; auch das Drängen des Papstes blieb erfolglos. Dieses Versagen Daniels hatte schwerwiegende Auswirkungen. Elgard hob mit Recht hervor, daß das Gelingen der katholischen Erneuerung wesentlich von dem Verhalten der Mainzer abhing, weil Mainz die Metropole für den größten Teil Deutschlands und der Kurfürst der erste Fürst des Reiches nach dem Kaiser seien. Der Bericht, den Kaspar Gropper am 1. Oktober 1573 über Mainz und die Mainzer Kirchenprovinz an den Kardinal von Como sandte, zeigt die düstere Lage der katholischen Religion und das Fehlen hervorragender Persönlichkeiten auf den meisten Bischofsstühlen.

In gewissem Umfang arbeitete Brendel an der kirchlichen Regeneration. Er sah die Notwendigkeit, das Niveau des Klerus zu heben. Der Versuch, in der Stadt Mainz den Konkubinat abzustellen, verlief jedoch im Sande, vermutlich wegen des Widerstandes des Domkapitels, in dem „nicht wenige an diesem scheußlichen Laster litten" (Nikolaus Elgard). Immerhin hat er das Verdienst, die Jesuiten nach Mainz berufen zu haben; ihre Wirksamkeit machte sich bald wohltätig bemerkbar. Sie bildeten das Zentrum der katholischen Restauration im Bistum. Das Mainzer Jesuitenkolleg stattete er mit den erforderlichen Subsistenzmitteln aus (1568). Die Jesuiten wurden von vielen Mainzer Geistlichen nicht gern gesehen. Ihre Verkündigung, bei der Kritik am Klerus nicht fehlte, war ihnen ein Dorn im Auge. Wie andere Bischöfe setzte Daniel seine Hoffnung auf die junge Generation; er tat daher manches für die Heranbildung guter und tüchtiger Priester. 1574 entsandte er acht Jünglinge in das Germanikum. Das Domkapitel sah die Verpflichtung der Germaniker, die Priesterweihe zu empfangen, als für den Adel unzumutbar an. Der größere Teil des Adels war kirchlich unzuverlässig und reformfeindlich. Da er noch immer in den Stiften maßgebend war, mußte dies ein schweres Hemmnis für die wahre Reform bedeuten. Daniel aber nahm denselben Adel, welcher der Kirche durch seine im besten Fall zweideutige, vielfach offen lutherfreundliche Haltung fortwährend den größten Schaden zufügte, in Schutz und wehrte sich gegen das Reformdekret des Konzils von Trient, wonach die Domkapitel auch Bürgerlichen zugänglich sein müßten. Petrus Canisius bezeichnete noch im Jahre 1568 das Mainzer Domkapitel als eines der verkommensten in Deutschland. ,,Während die deutsche Kirche den Kampf um Sein oder Nichtsein ausfocht, tobte im Mainzer Kapitel ein wüster Streit um die Pfründen" (Andreas Ludwig Veit). Wenigstens akzeptierte es die Ablegung des tridentinischen Glaubensbekenntnisses als Voraussetzung der Aufnahme. Die Beschlüsse des Trienter Konzils veröffentlichte Daniel nicht in seiner Diözese. 1578/82 verkündete er wenigstens das Dekret ,,Tametsi". Zu einer Visitation ließ er sich von dem Nuntius Gropper nicht bewegen. Immer wieder klagte er, es fehlten ihm die notwendigen Männer, die er als Visitatoren aussenden könne. Ebensowenig fand er sich zu der Abgabe des Versprechens bereit, lediglich Katholiken, die das Trienter Glaubensbekenntnis abgelegt hatten, auf Ämter und Benefizien zu berufen und Häretiker davon auszuschließen.

In der Frage der Rekatholisierung verhielt sich Daniel Brendel vorsichtig. Auch er gehörte zu der sogenannten katholischen Vermittlungspartei, deren Anhänger für eine kraftvolle katholische Restitution regelmäßig nicht brauchbar waren. Noch immer hatte er in seiner Umgebung mehr Protestanten als Katholiken. An seinem Hofe duldete er eine Menge Lutheraner. Als der päpstliche Nuntius Commendone im Jahre 1562 nach Mainz kam, fand er dort viele Protestanten. Die vom Papst geforderte Rekatholisierung Erfurts hielt Daniel für unmöglich. Dem Kaiser trat er nicht nachhaltig genug zur Seite. Der Politiker überwog den Bischof. Statt bei seinem Tode ein Kapital von 120000 Gulden zu hinterlassen, hätte er dieses Geld nutzbringender für die Unterstützung der katholischen Sache verwenden sollen. Seine Lauheit machte ihn dem Papst Pius V. verdächtig. Wenn er von manchen als geheimer Förderer des Protestantismus angesehen werden konnte, so ist dies auf die Tatsache zurückzuführen, daß sein Handeln nicht von Zweideutigkeit frei war. Die Furcht vor den ihn umgebenden protestantischen Fürsten lähmte den Erzkanzler des Reiches. In diesen Zeiten zeigte es sich eben, wer bereit war, ein Risiko einzugehen, und wer nicht. Mit den Protestanten suchte er in Frieden zu leben. In dieser Absicht widersetzte er sich der Einbeziehung Spaniens in den Landsberger Bund und in dessen Umwandlung in ein katholisches Schutzbündnis. Immerhin suchte er zu erhalten, was vom Katholizismus übrig war, und arbeitete vorsichtig auf eine langsame Stärkung der Kirche hin. 1562 wurde zum erstenmal wieder die Fronleichnamsprozession in Mainz abgehalten; der Erzbischof nahm gegen Bedenken seines Hofes daran teil. Es gelangen ihm auch einige Erfolge, die sich in der Zukunft auszahlen sollten. 1559 zog er die Grafschaft Rieneck-Lohr als heimgefallenes Lehen ein, der Kaiser wendete ihm die Grafschaft Königstein-Eppstein zu, 1565 löste er das verpfändete Orb und verpfändete Ämter im Eichsfeld ein. Seit 1574 nahm er sich des Eichsfelds an, wo die Bevölkerung, von den Beamten des Erzbischofs begünstigt, sich großenteils der Neuerung zugewandt hatte. Freilich ging er sehr schonend vor, so daß seinen Maßnahmen zunächst wenig Erfolg beschieden war. Erst die von ihm eingesetzte Reformkommission vermochte langsam, aber stetig die Rekatholisierung voranzubringen. Die Einleitung der Wiederherstellung der katholischen Religion in einem Gebiet, das von hessischen, braunschweigischen und sächsischen Landen umgeben war, muß als große Tat Daniel Brendels bezeichnet werden. Nikolaus Elgard, der bereits 1575 sich mehrere Monate lang des kirchlich verwahrlosten Eichsfelds angenommen hatte, wurde zum Weihbischof in Erfurt ernannt. Leider starb er schon 1587. Brück rühmt Daniel nach, daß er sich auf den Reichstagen unerschütterlich gegen die protestantische Forderung, den Untertanen geistlicher Fürsten den Übertritt zum Protestantismus freizustellen, wandte. Es soll auch nicht vergessen werden, daß der bedrängte Abt von Fulda, Balthasar von Dernbach, an ihm eine Stütze hatte.

IV.

Wolfgang von Dalberg (1582-1601)

Wolfgang von Dalberg wurde am 20. April 1582 vom Mainzer Domkapitel zum Erzbischof gewählt und erhielt am 3. September 1582 die päpstliche Bestätigung. Er ließ sich 1584 die Bischofskonsekration erteilen.

Dalberg war persönlich fromm. Es wird von ihm gerühmt, daß er niemals das Breviergebet unterließ. Sein sittliches Verhalten war eine Zeitlang nicht einwandfrei. Er hatte Enkel, also muß er wohl auch Kinder gehabt haben. Dalberg war keine tatkräftige, entschlossene Persönlichkeit, sondern ein unentschiedener Mann, der sich nur schwer zum Handeln aufzuraffen vermochte. Angst und Anpassung bestimmten sein Verhalten. Andreas Ludwig Veit bescheinigt ihm „Mangel an jeder Initiative" und „Tatenlosigkeit in der kirchenpolitischen Sphäre seines Amtes". Kardinal Madruzzo bezeichnete ihn als furchtsam (1582).

Wolfgang von Dalberg war ein Vertreter jener Richtung, welche die Protestanten durch äußerste Nachgiebigkeit ruhig zu halten suchte. Auch er war ein Anhänger der sogenannten Vermittlungspartei. Er war ein redegewandter, in Verhandlungen geschickter Politiker, der mit dem Pfälzer und dem sächsischen Kurfürsten in freundlichem Verkehr stand. Sein defaitistisches Verhalten entmutigte und lähmte die Vorkämpfer des katholischen Glaubens. Kläglich und erbärmlich war die Haltung, die er im Kölnischen Krieg einnahm. Dem Abfall des Kölner Erzbischofs Gebhard sah er tatenlos zu. Die Nuntien waren mit ihm unzufrieden. Germanico Malaspina, Bonhomini und Minutio Minucci hielten ihn für verdächtig; sie trauten ihm zu, er könne dem Beispiel Gebhards von Köln folgen. Wie sein Vorgänger duldete Wolfgang Protestanten an seinem Hofe und in seiner Bischofsstadt. Die von den Päpsten und den Nuntien wiederholt geforderte Reinigung des Hofes und des Gebietes von Irrgläubigen nahm er nicht ernsthaft in Angriff. Der Nuntius Bonhomini schrieb am 21. Juni 1585, der Erzbischof sei sehr kalt bei der Förderung der katholischen Religion und habe den Hof voll von Häretikern, von denen er sich nicht befreien wolle oder sich nicht zu befreien wisse. Furcht vor den protestantischen Fürsten und Rücksichtnahme auf den protestantischen Adel ließen ihn in Lethargie verharren. Auf Vorschläge und das Andringen anderer Bischöfe und der päpstlichen Nuntien antwortete er mit Ausflüchten, die seine Untätigkeit nicht entschuldigen konnten. Die Empfehlung Julius Echters, einen Fonds für militärische Zwecke unter den geistlichen Ständen zu schaffen, stieß bei ihm auf taube Ohren. Immerhin soll zweier verdienstlicher Aktionen Wolfgangs gedacht werden. Einmal bekämpfte er die gefährliche Freistellungsbewegung, die den geistlichen Fürsten an den Nerv ging. Zum anderen löste er die verpfändeten Ämter Scharfenstein im Eichsfeld (1583) und Naumburg in Hessen (1588) ein. Die Rekatholisierung seiner hochstiftischen Besitzungen ging nicht recht voran.

Schwäche und Furcht bestimmten Wolfgang, auch an die Reform nur mit Halbheit heranzugehen. „In der Durchführung der katholischen Reformation hinkte Wolfgang hinterher, weil er sich von den eingebildeten Rücksichten auf die protestantischen Fürsten und auf seine Adelsgenossen nicht losmachte" (Andreas Ludwig Veit). Auch Brück spricht von seiner „Ängstlichkeit und Nachgiebigkeit". Sein Hauptprinzip war: Quieta non tangere. Von jeder Änderung im Sinne einer echten Reform sah er Risiken ausgehen. Er bemühte sich, die Schäden der Reste des Interims zu beseitigen. Besonderes Augenmerk wandte er den Schulen zu. Die Dekrete des Trienter Konzils führte er jedoch nicht durch. „Ein Reformator im Sinne und Geiste des Tridentinums ist Erzbischof Wolfgang nie gewesen" (Andreas Ludwig Veit). Das Domkapitel zwang ihm in der Wahlkapitulation das Zugeständnis ab, ihm das Recht der Selbstvisitation zu belassen, d.h. die Möglichkeit, im bisherigen Schlendrian weiterzuleben. Im November 1594 führten der Wormser Bischof, Georg von Schönberg, der Weihbischof, Stephan Weber, und der Domscholaster, Johann Schweikart von Kronberg, eine Visitation durch, die den traurigen Zustand der Mainzer Kirche offenbarte. 1595 machte der Erzbischof einen Anlauf, die ganz überwiegend „verheirateten" Geistlichen zur Entlassung ihrer Konkubinen zu bewegen, wenn auch nicht mit durchschlagendem und nachhaltigem Erfolg. Aber der Kampf gegen die Praxis wurde nicht aufgegeben. Genauere Auswahl der Geistlichen und schärfere Zulassungsbedingungen sicherten die Neubesetzung der

Stellen mit besseren Kräften. Die 1598 vorgenommene Visitation stieß auf den formierten Widerstand des Mainzer Sekundarklerus; es gibt kein Zeugnis dafür, daß er vom Bischof gebrochen wurde. Statt der nicht abgehaltenen Visitationen sollten die Kapitelskonferenzen der Behebung von Mißständen im Klerus dienen. Damit wurde freilich lediglich die Verantwortung für die Reform von stärkeren auf schwächere Schultern gelegt. 1599 erschien eine neue Agende, die sich an die Trienter Reformbeschlüsse anlehnte, 1601 ein neues Missale. Der Agende war der kleine Katechismus des Petrus Canisius beigegeben. Weder eine Provinzial- noch eine Diözesansynode wurde abgehalten. Die für Mainz typische Haltung im 16. Jahrhundert war das Lavieren, das Finassieren und das Sich-Arrangieren. ,,Woran es im Verlauf des unseligen Jahrhunderts in Mainz fehlte, waren Erzbischöfe, die starken Fußes in das Lager der katholischen Reformation traten, statt sich in Halbheiten und Rücksichten auf wirkliche und eingebildete Gefahren von innen und außen zu ergehen" (Andreas Ludwig Veit).

V.

Johann Adam von Bicken (1601-1604)

Johann Adam von Bicken wurde am 15. Mai 1601 zum Bischof gewählt und erlangte am 27. August 1601 die päpstliche Bestätigung. Mit ihm kam zum erstenmal ein Zögling des Germanikums auf den Mainzer Erzstuhl. Johann Adam zeigte, daß seine Vorgänger nur zu feige gewesen waren, energische Schritte zu unternehmen. Er war entschlossen, seinen Hof von Protestanten zu befreien, und es gelang ihm. 1603 stellte Johann Adam seine Hofgesellschaft vor die Alternative, katholisch zu werden oder den Hof zu verlassen. Ebenso war er gewillt, sein Hochstift wieder katholisch zu machen. Wo er es vermochte, setzte er die katholische Religon in den früheren Stand. Die Herrschaften Königstein und Rieneck wurden rekatholisiert und mit katholischen Priestern versorgt. Die Grafschaft Königstein durchzog der Erzbischof persönlich, begleitet von Domherren und Jesuiten, und lehrte das Volk. Das Eichsfeld wurde visitiert, der katholische Glaube wieder aufgerichtet. Im Jahre 1602 wurde in der Stadt Mainz eine Mission abgehalten und ein Jubiläum gefeiert, wobei der Erzbischof und das Domkapitel die hl. Kommunion empfingen. Daß dies als ein bedeutsamer Erfolg eigens vermerkt werden muß, zeigt, welche Zustände zuvor geherrscht hatten. Ein Handbuch für die Seelsorger wurde herausgegeben. So hat Johann Adam von Bicken das Beispiel eines von seiner Sendung erfüllten, eifrigen und tätigen Bischofs gegeben. Sein früher Tod verhinderte durchgreifende Maßnahmen.

VI.

Johann Schweikart von Kronberg (1604-1626)

Johann Schweikart von Kronberg wurde am 17. Februar 1604 zum Erzbischof von Mainz gewählt; am 2. August 1604 erhielt er die päpstliche Bestätigung. Auch er war aus dem Germanikum hervorgegangen. Obwohl er zum Nachgeben neigte und ihm der Mut nicht angeboren war, raffte er sich doch immer wieder zum Handeln und Widerstehen auf. Johann Schweikart von Kronberg suchte die Beschlüsse des Trienter Konzils mit Energie durchzuführen. Die Kirchenordnung von 1615 faßte die Reformvorschriften der vergangenen Jahrzehnte zusammen, Additionsartikel von 1617 ergänzten sie. Damit war eine feste Grundlage für die katholische Erneuerung geschaffen. Immer noch war der Mangel an guten Priestern ein schweres Hemmnis der kirchlichen Erneuerung. Im Jahre 1618 rief der Erzbischof die Kapuziner nach Mainz. In dem Weihbischof Stephan Weber und dem Generalvikar Friedrich von Sickingen standen ihm tüchtige Helfer zur Seite.

Johann Schweikart trat bei dem Kampf gegen die Irrlehre in die Fußstapfen seines Vorgängers. Die Rekatholisierung von Königstein und Lohr brachte er voran. Ebenso schritt die Restauration im Eichsfeld fort. Jesuiten und Kapuziner bewiesen auch hier ihr Geschick und ihren Eifer. In dem 1623 gewonnenen Territorium an der Bergstraße eröffnete er die Rekatholisierung. Wenig voran kam die katholische Sache in Erfurt und in Frankfurt. Bei dem Werk der Wiederherstellung der katholischen Religion bediente sich der Erzbischof vor allem der Jesuiten und der Kapuziner. Zu den beiden Kollegien der Jesuiten in Mainz und Heiligenstadt traten Niederlassungen in Erfurt und Aschaffenburg.

Die Regierungszeit Johann Schweikarts war von politischen Sorgen überschattet und von Kämpfen erfüllt. Die wichtigsten protestantischen Fürsten schlossen 1610 ihr hoch- und landesverräterisches Bündnis mit Frankreich. Bald danach überfielen sie die Bistümer Bamberg, Würzburg, Speyer, Worms, Mainz und Straßburg. In dieser gefährlichen Zeit, als die Anhänger der Neuerung zur Vernichtung der katholischen Religion in Deutschland ansetzten, hielt der Erzbischof von Mainz dem Kaiser die Treue. In der Jülichschen Angelegenheit (1612), bei der Weiterführung der Liga und bei der Königswahl (1612) war er im kaiserlichen und katholischen Sinne tätig. Der Kampf und die Rüstung für die bewaffnete Auseinandersetzung lagen ihm wie den meisten seiner bischöflichen Kollegen nicht. Moriz Ritter spricht von den geistlichen Fürsten der damaligen Zeit als einer „tatenscheuen Masse“. Dennoch legte Johann Schweikart in richtiger Erkenntnis der Bedeutung militärischer Macht für die Verteidigung des Glaubens Wert auf die Befestigung von Mainz. Die Notwendigkeit einer selbstlosen Konzentration begriff er leider nicht. Der Bau des Schlosses in Aschaffenburg verschlang enorme Summen.

2. Kapitel

Bistum Augsburg

Braun, Placidus, Geschichte der Bischöfe von Augsburg, 3 Bde., Augsburg 1813/14

Bucher, Otto, Die humanistischen und gegenreformatorischen Bestrebungen Johann Egolfs von Knöringen (1537-1575) vor seiner Wahl zum Bischof von Augsburg: Historisches Jahrbuch 74, 1955, 242-251

Bucher, Otto, Johann Egolf von Knöringen als Bischof von Augsburg: Zeitschrift für bayerische Landesgeschichte 19, 1956, 128-167

Bucher, Otto, Marquard von Berg, Bischof von Augsburg (1575-1591): Zeitschrift für bayerische Landesgeschichte 20, 1957, 1-52

Bucher, Otto, Johann Egolf von Knöringen, in: Pölnitz, Götz Frhr. von (Hrsg.), Lebensbilder aus dem Bayerischen Schwaben VI, München 1958, 323-334

Bucher, Otto, Bischof Marquard von Berg, in: Pölnitz, Götz Frhr. von (Hrsg.), Lebensbilder aus dem Bayerischen Schwaben VII, München 1959, 173-182

Bucher, O., Knöringen: LThK VI, 2. Aufl., 1961, 360

Herold, Reinhold, Geschichte der Reformation in der Grafschaft Oettingen 1522-1569 (= Schriften des Vereins für Reformationsgeschichte 20. Jgg. 2. Stück Nr. 75), Halle a. S. 1902

Kalkoff, Paul, Die Bulle „Exsurge". Ihre Vollziehung und die Bischöfe von Eichstätt, Augsburg, Regensburg und Wien: Zeitschrift für Kirchengeschichte 37, 1918, 89-174

Repgen, Konrad, Wartenberg, Chigi und Knöringen im Jahre 1645. Die Entstehung des Plans zum päpstlichen Protest gegen den Westfälischen Frieden als quellenkundliches und methodisches Problem, in: Vierhaus, Rudolf, Botzenhart, Manfred (Hrsg.), Dauer und Wandel der Geschichte. Aspekte europäischer Vergangenheit. Festgabe für Kurt von Raumer zum 15. Dezember 1965, Münster 1966, 213-268

Roth, Friedrich, Augsburgs Reformationsgeschichte, 4 Bde., München 1901-1911

Roth, Fr., Johann Egolf von Knöringen: ADB 50, 1905, 683f.

Schmauch, Hans Peter, Christoph von Stadion (1478-1543), Bischof von Augsburg (1517-1543), und seine Stellung zur Reformation. Phil. Diss. München, o. O. 1956 Masch.

Schröder, A., Augsburg: LThK I, 1930, 804-809

Siebert, Ferdinand, Zwischen Kaiser und Papst. Kardinal Truchseß von Waldburg und die Anfänge der Gegenreformation in Deutschland, Berlin 1943

Spindler, Joseph, Heinrich V. von Knöringen, Fürstbischof von Augsburg (1598-1646). Seine innerkirchliche Restaurationstätigkeit in der Diözese Augsburg: Jahrbuch des Historischen Vereins Dillingen 24, 1911, 1-138

Spindler, Joseph, Heinrich V. von Knöringen, Fürstbischof von Augsburg (1598-1646). Seine kirchenpolitische Tätigkeit. (II. Teil): Jahrbuch des Historischen Vereins Dillingen 28, 1915, 1-254

Stauffer, Otto, Truchseß von Waldburg: ADB 24, 1887, 634-640

Steichele, Christoph von Stadion: ADB 4, 1876, 224-227

Steichele, v., Heinrich (V.) von Knöringen: ADB 11, 1880, 451-453

Thurnhofer, Franz Xaver, Bernhard Adelmann von Adelmannsfelden, Humanist und Luthers Freund (1457-1523). Ein Lebensbild aus der Zeit der beginnenden Kirchenspaltung in Deutschland (= Erläuterungen und Ergänzungen zu Janssens Geschichte des deutschen Volkes II. Bd., 1. Heft), Freiburg i. Br. 1900

Weitnauer, Alfred, Die Bevölkerung des Hochstifts Augsburg im Jahre 1650 (= Allgäuer Heimatbücher 25. Bändchen), Kempten/Allgäu 1941

Zapf, Georg Wilhelm, Christoph von Stadion, Bischof von Augsburg. Eine Geschichte aus den Zeiten der Reformation, Zürich 1799

Zoepfl, Friedrich, Kardinal Otto Truchseß von Waldburg, in: Pölnitz, Götz Frhr. von (Hrsg.), Lebensbilder aus dem Bayerischen Schwaben IV, München 1955, 204-248

Zoepfl, Friedrich, Christoph v. Stadion: NDB 3, 1957, 242f.

Zoepfl, F., Augsburg: LThK I, 2. Aufl., 1957, 1076-1079

Zoepfl, Friedrich, Bischof Christoph von Stadion, in: Pölnitz, Götz Frhr. von (Hrsg.), Lebensbilder aus dem Bayerischen Schwaben VII, München 1959, 125-160

Zoepfl, Friedrich, Heinrich von Knöringen, Bischof von Augsburg, in: Schrott, Ludwig (Hrsg.), Bayerische Kirchenfürsten, München 1964, 168-179

Zoepfl, Friedrich, Heinrich V. v. Knöringen: NDB 8, 1969, 337f.

Zoepfl, Friedrich, Das Bistum Augsburg und seine Bischöfe im Reformationsjahrhundert (= Geschichte des Bistums Augsburg und seiner Bischöfe II), München, Augsburg 1969

I.

Christoph von Stadion (1517-1543)

Christoph von Stadion wurde dem kranken Bischof Heinrich von Lichtenau als Koadjutor mit dem Recht der Nachfolge beigegeben. Die päpstliche Bestätigung erging am 20. April 1517; am 12. April 1517 war aber der Vorgänger bereits gestorben. Am 5. Juli 1517 empfing er die Bischofskonsekration.

Stadion war ein begabter, gebildeter und gelehrter Mann. Er war Humanist, der mit Erasmus in Briefwechsel stand, von ihm geistig abhängig war und ihn tief verehrte. Er machte seine Studien zuerst in Tübingen, wo er Magister wurde, danach in Bologna und in Ferrara, wo er den Doktor des kanonischen Rechtes erwarb. Er war fromm, demütig und schlicht. Doch muß er eine Zeitlang unenthaltsam gelebt haben. In den Jahren nach 1530 wurde ihm ein natürlicher Sohn geboren. Der Sekretär des Nuntius Petrus van der Vorst bezeichnete sogar den Bischof am 29. Dezember 1536 als „weibernärrisch".

Stadion erkannte die Schäden der Zeit. Im Jahre 1517 erhob er Klage über die Genußsucht, die mangelnde Frömmigkeit und das weltliche Treiben vieler kirchlicher Würdenträger. Auf seine Weise bemühte er sich um Besserung der Schäden in Klerus und Volk, jedoch vergeblich. Am 1. Oktober 1517 hielt er in Dillingen eine Diözesansynode ab; ihre Dekrete sollten Zucht und Ordnung allenthalben wiederherstellen. Stadion war nicht aus dem Holz geschnitzt, aus dem man Kämpfer macht. Er war ein weicher, unselbständiger Mann, friedfertig, ja zaghaft und furchtsam; er ging Kampf und Streit möglichst aus dem Wege. Seine Sehnsucht galt „den friedlichen, gesicherten und ruhigen Zeiten" (Hans Peter Schmauch), die ihm nicht beschieden waren. Seiner ganzen Persönlichkeitsstruktur nach war er nicht geeignet, sich dem Strom der Irrlehre entgegenzuwerfen. Stadion besaß nie die kraftvolle Entschlossenheit, die eine Entscheidung mit all ihren Konsequenzen auf sich nimmt; er war seinem Amt in bewegter Zeit nicht gewachsen.

In Augsburg gewann Luther bereits 1518 Anhänger. Er weilte ja selbst in diesem Jahre in der Stadt und hatte dort das Gespräch mit Kardinal Thomas de Vio. Die Augsburger Buchdrucker waren mit dem Druck seiner Schriften beschäftigt, die hier also gleichsam aus der Werkstatt verbreitet werden konnten. Die Bevölkerung fiel überwiegend zu der neuen Lehre ab. Die Stadt Augsburg tat sich bereits 1528 mit Ulm, Nürnberg und Straßburg zu einem Bündnis zusammen. Später schloß sie sich dem Schmalkaldischen Bunde an. Andere Gebiete der Diözese Augsburg erlagen ebenfalls der protestantischen Predigt. Der Abfall Württembergs, Pfalz-Neuburgs, Öttingens, der Reichsstädte Augsburg, Memmingen, Kaufbeuren, Dinkelsbühl und Donauwörth (diese fünf mit katholischer Minderheit) sowie von Nördlingen, Giengen, Bopfingen und Aalen brachte dem Bistum große Einbußen. Stärker als in anderen Sprengeln lebten Katholiken und Protestanten vermischt, was große Gefahren für den katholischen Glauben mit sich brachte, vor allem wegen der häufigen Mischehen.

Stadion meinte anfangs, er dürfte die in lutherischem Sinne predigenden Geistlichen unbehelligt wirken lassen. Er war den dogmatischen Fragen, die durch das Auftreten Luthers gestellt waren, nicht gewachsen. Die Tragweite der von dem Wittenberger hervorgerufenen Bewegung ging ihm zunächst nicht auf. Stadion schwankte bis 1520 in seiner Haltung zu Luther. Das Schreiben Ecks, das ihn zur Verkündigung der Bannandrohungsbulle aufforderte, zwang ihn jedoch, Stellung zu nehmen. Stadion wollte zur Verkündigung der Bulle Eck vorschicken, machte allerlei Ausflüchte und suchte sich zu entschuldigen. Endlich kam die Publikation am 30. Dezember 1520 zustande, aber nur notgedrungen und auf Drängen Johann Ecks. Nach Christoph Friedrich von Stälin folgte er bei seinem Vorgehen gegen das Luthertum „hauptsächlich fremden Antrieben". Der Hauptgrund seiner Absage an das Luthertum war die seinem Ordnungssinn entgegengesetzte Bewegung der Massen. Die dogmatische Verfehltheit des Luthertums konnte oder wollte er nicht begreifen.

Die Personalpolitik des Bischofs war unglücklich. Seine Förderung des Johann Ökolampad war zumindest eine Ungeschicklichkeit. Mit der Berufung des Urban Rhegius zum Domprediger 1520 tat er erneut einen argen Mißgriff. Denn dieser verbreitete in Wort und Schrift die Irrlehre. Auf dem Reichstag zu Worms (1521) trat Stadion eher bremsend auf. 1522 ersuchte er den Rat zu Augsburg, ihm den Karmeliterprior, Johann Frosch, und den Prediger in der Moritzkirche, Johann Speiser, auszuliefern, aber der Rat fand sich dazu nicht bereit. 1523 kamen Stephan Agricola, 1524 Rhegius und Michael Keller nach Augsburg. Sie und andere verführten die Bevölkerung. Tumultuöse Vorfälle, Störungen des Gottesdienstes und Angriffe gegen verehrungswürdige Gegenstände waren die Folgen der Predigt des neuen „Evangeliums". Gewalt und Terror begleiteten die Augsburger „Reformation". Der Rat wurde vom Pöbel unter Druck gesetzt. In den Jahren 1523/24 versuchte Stadion einen gewissen Widerstand gegen die Neuerer. So ging er gegen Kaspar Haslach, Johann Frosch, Kaspar Aquila und Kaspar

Ammann vor. Mit Diözesansynoden und Mandaten suchte er der Neuerung beizukommen. Aber seine Wendung gegen das Luthertum geschah zu spät, mit ungeeigneten Mitteln und ohne die erforderliche Härte. Die Erfolglosigkeit seines Eingreifens nährte seine ständig stärker werdende Verzagtheit. 1524 schloß er sich dem Regensburger Bündnis an. Am 1. Oktober 1524 verkündete er die Reformvorschriften Lorenzo Campeggios. Nach dem Bauernkrieg erlahmte Stadions Eifer in der Bekämpfung der Irrlehre immer mehr. Es fehlte ihm die Kraft, gegen den Strom zu schwimmen. Die Freundschaft mit Erasmus lähmte ihn erst recht und zerstörte den Rest seines Kampfeswillens. Die Gegensätze im Reich wurden nicht dadurch gemildert, daß Stadion sich für neutral erklärte; er stärkte damit lediglich die revolutionäre Partei.

Die Einschätzung, die Stadion den Neuerern zuteil werden ließ, war nicht genügend realistisch. Er stand dabei unter dem ungünstigen Einfluß des Erasmus, den er 1530 in Freiburg besuchte. Lange Zeit hielt er einen Ausgleich mit den Lutheranern für möglich und gefiel sich in der Rolle des über den Parteien stehenden Vermittlers. Fortwährend mahnte er zu Eintracht, Friede und Versöhnung angesichts von Leuten, die unaufhörlich auf Eroberung ausgingen. Dementsprechend verhielt er sich auf dem Augsburger Reichstage von 1530. Er sprach sich günstig über die Confessio Augustana aus, ja bezeichnete sie angeblich als „reine Wahrheit", erkannte also weder die gefährliche Zweideutigkeit noch die Auslassungen dieses Dokumentes und begriff nicht, daß die Lutheraner sich in der Lehre von der Kirche getrennt hatten. Die gründliche theologische Bildung fehlte ihm. Sein Kirchenbegriff war defizient. Die Bedeutung des Dogmas war ihm nicht in vollem Maße aufgegangen. Der Erzbischof von Salzburg und der Kurfürst von Brandenburg traten ihm denn entschieden entgegen. Der Gesandte der Republik Venedig bezeichnete ihn am 26. Juni 1530 als „dubioso", d.h. schwankend.

Seit dem Augsburger Reichstag von 1530 war Stadion im wesentlichen resigniert und passiv. In der Folgezeit wuchs seine Neigung, immer mehr von Recht und Dogma der Kirche preiszugeben. In seinem Schreiben vom 8. August 1533 hielt er die Gewährung des Laienkelches und der Priesterehe, die Aufhebung der Fastengebote und die Verwendung der deutschen Sprache beim Gottesdienst für notwendig. Nach dem Bericht, den der Nuntius am 20. Mai 1535 gab, war Stadion der Meinung, der Papst müsse vor Beginn des Konzils und ohne dieses gewisse Mißstände beseitigen, weil dies die Lutheraner dem Konzil geneigt machen werde. Um des Friedens und des Ausgleichs mit den Neuerern willen wollte er selbst die Abschaffung der Messe bei diesen tolerieren und die Einzelbeicht fallen lassen. Christoph von Stadion wurde von katholischer wie von protestantischer Seite als halb der Glaubensneuerung zugetan angesehen und mit dem schwankenden Albrecht von Brandenburg und dem abgefallenen Hermann von Wied in eine Reihe gestellt. Nach dem Bericht des Nuntius Morone vom 26. Mai 1540 stand Stadion in dem Ruf, mehr Lutheraner als Katholik zu sein. Am folgenden Tage schrieb er, dem Augsburger Bischof erscheine es leicht, die Einheit mit den Protestanten wiederherzustellen, man brauche ihnen nur den Laienkelch und die Priesterehe zuzugestehen. Wenige Tage später war Stadion indes anderer Meinung und hielt jetzt die Einigung für unerreichbar. Morone bemerkte am 2. Juni 1540, der Bischof gelte allgemein mehr als Lutheraner denn als Katholik, und verwies auf seine Konzessionsbereitschaft gegenüber den Protestanten. Schmauch spricht in den späteren Lebensjahren von Stadions „Indifferentismus" und „Adogmatismus" und will damit die „unkatholische, ja unreligiöse Haltung des Bischofs" ausdrücken.

Je länger die religiösen Wirren dauerten, um so mehr schwand bei Stadion die Zuversicht und machte tatenlosem Pessimismus Platz. Am 22. Juli 1534 beschloß der Große Rat von Augsburg die gewaltsame Durchführung der sogenannten Reformation. 1537 wurden die Geistlichen aus Augsburg vertrieben; der katholische Gottesdienst hörte auf. Nach dem Beschluß des Rates vom 18. Januar 1537 verließen Bischof und Kapitel die Bischofsstadt. Die Erfolglosigkeit seiner Vermittlungsversuche und die schweren Verluste, die sein Bistum „nicht ohne seine Schuld" (Friedrich Zoepfl) hinnehmen mußte, zermürbten ihn. Am 8. Februar 1542 berichtete Morone aus Speyer, Stadion sei völlig resigniert; er sei der Meinung, daß alles vergebens sein werde und die Bischöfe auch beim besten Willen nichts ausrichten könnten. Stadion überließ das Kämpfen anderen und führte in Dillingen das Leben eines Philosophen.

II.

Otto Truchseß von Waldburg (1543-1573)

Otto Truchseß von Waldburg wurde am 10. Mai 1543 vom Kapitel gewählt und erhielt am 1. Juni 1543 die päpstliche Bestätigung. Noch im Jahr seiner Wahl empfing Otto die Priester- und die Bischofsweihe. Im Konsistorium vom 19. Dezember 1544 verlieh ihm Paul III. die Würde eines Kardinals. Sein Plan, Nachfolger Albrechts von Brandenburg in Mainz zu werden, scheiterte an der Kurzsichtigkeit des Mainzer Domkapitels. Ebensowenig gelang es ihm, den Kölner Erzstuhl zu besteigen.

Otto von Waldburg war gut begabt. Er machte seine Studien in Tübingen, Dôle, Padua, Pavia und Bologna, wo er den Doktorgrad erwarb. Er hatte nicht Theologie, sondern nur Philosophie und Rechtswissenschaft studiert. Aber was ihm an theologischen Kenntnissen fehlte, das ersetzte er durch die Heranziehung zuverlässiger Gelehrter. Er war ein Freund und Förderer der Wissenschaften und Künste. Auf eigene Kosten unterhielt er eine Kapelle.

Otto von Waldburg war ein frommer Mann. Er war einer der wenigen deutschen Bischöfe seiner Zeit, die selbst die hl. Messe feierten, die Sakramente spendeten und predigten, den Prüfungen der Weihekandidaten beiwohnten und Visitationen abhielten. Er war ein glühender Marienverehrer mit besonderer Zuneigung für Loreto. Er unterwarf sich mehrmals den ignatianischen Exerzitien. Jene von 1550 hatten einen völligen Wandel seines Lebens zur Folge. Er las von jetzt an täglich die Messe, lebte sehr bescheiden und zeigte sich als Bischof noch eifriger als zuvor.

Otto von Waldburg war eine überdurchschnittliche Persönlichkeit. Er war von verzehrendem Eifer für Glaube und Kirche erfüllt. Alles Zaudern und Zögern war ihm verhaßt. Unter den deutschen Bischöfen seiner Zeit ragte er durch Mut, Entschlußkraft und Festigkeit einsam hervor. Kardinal Hosius schrieb am 14. Juni 1560: ,,Gäbe es in Deutschland sieben Bischöfe von seinem Schlag, die mit gleichem Eifer auf Schutz und Erhaltung der katholischen Kirche bedacht wären, dann stünde es um die Religion in jenem Lande besser.'' Sein Handeln war in entscheidenden Fragen geradlinig und konsequent. Hinter den praktischen Maßnahmen sah er stets die prinzipielle Seite. Für Feilschen und Taktieren in religiösen Dingen hatte er nichts übrig. Er war ein Mann, der sich nicht scheute, gegen den Strom zu schwimmen. Wenn es ihm notwendig schien, widersetzte er sich sogar seinen Gönnern und Freunden, wie z. B. in der Kelchfrage dem bayerischen Herzog Albrecht. Den Protestanten war er wegen seiner kompromißlosen Haltung verhaßt, vielen Katholiken war er deswegen lästig. An Freimut gegenüber den Päpsten ließ er es nicht fehlen, und nicht selten verlor er dadurch deren Geneigtheit. Gleichzeitig war er von tiefer Liebe zu seinem deutschen Vaterland erfüllt. Wohl kaum jemand hat beim Heiligen Stuhl so oft, so warm und so eindringlich für Deutschland gesprochen und geworben wie Otto. Den Kompromißkatholiken ging er mit seinem Drängen und Eifern auf die Nerven. Sie waren froh, daß er so viele Jahre in Rom weilte und nicht aus der Nähe seine Ansicht geltend machen konnte.

Otto von Waldburg fehlten die Schattenseiten nicht. Er hatte ,,selbst zu wenig Tiefe, um in die Tiefe wirken zu können'' (Friedrich Zoepfl). Die Pfründenhäufung war auch bei ihm nicht überwunden. Er war ein starker Esser und Trinker. Er liebte jedenfalls zeitweise einen üppigen Lebensstil und lebte auf hohem Fuße. Gleichzeitig war er aber auch freigebig und mildtätig. Im Umgang mit Geld hatte er eine unglückliche Hand. Fast die ganze Zeit seiner Regierung war er tief verschuldet. Sein ständiger Geldmangel zwang ihn zu immer neuen Finessen, Ausflüchten und Bittgängen. Die Schulden drückten ihn und schwächten seine Stellung. Arbeiten und Geschäfte, aber auch der Druck seiner Feinde zwangen ihn, fast zwei Drittel der dreißig Jahre seiner Regierung außerhalb seiner Diözese zu verweilen. Seine Abwesenheit schadete dem Bistum. Canisius hat ihm dieserhalb wiederholt in das Gewissen geredet. Dabei war er nicht gesund. Mit noch nicht vierzig Jahren war seine Gesundheit bereits ruiniert. Jahrzehntelang litt er an Nierensteinen mit den Peinen, die ihm diese verursachten, oft suchten ihn Katarrhe und Magenbeschwerden heim. In den letzten Jahren seines Lebens kränkelte er fortwährend. Er hat mit den schlechten Neigungen seiner Natur wahrhaft gerungen. Am 21. Februar 1573, kurz vor seinem Tode, schrieb er an Herzog Albrecht: ,,So habe ich mein Lebtag viel gelitten, mich viel bemüht und bisweilen unrecht gehandelt.''

Bischof Otto war ein glühender Beförderer der katholischen Erneuerung und in deren Dienst rastlos tätig. Seine Diözese suchte er durch Verordnungen, Visitationen und Diözesansynoden zu erneuern. Noch im Jahre seiner Ernennung berief er eine Diözesansynode ein. Die Konstitutionen, die er 1543 herausgab, schlossen sich an die bekannten Reformvorschläge Campeggios aus dem Jahre 1524 an. Auf der Synode des

Jahres 1548 suchte er die Formula reformationis ins Leben überzuführen. Otto wußte auch um die Macht der Druckerpresse im Kampf um den Glauben. Wohl im Jahre 1549 ließ er in Dillingen eine Druckerei eröffnen. Es war ja der schwere Nachteil der Verteidiger der katholischen Religion, daß die katholischen Druckereien nicht entfernt so leistungsfähig waren wie die protestantischen, so daß diese den Büchermarkt beherrschten. Wertvolle Schriften bedeutender Theologen blieben unveröffentlicht. Otto stand in engen Beziehungen zu den Jesuiten und überhaupt zu den Vorkämpfern des katholischen Glaubens in Deutschland. Er hatte begriffen, daß eine Erneuerung der Kirche die Heranbildung eines neuen Klerus voraussetzte. Aus dieser Überzeugung war er eifrig für die Errichtung von Anstalten zur Bildung und Erziehung tätig. Die Schaffung des Kollegiums zum hl. Hieronymus in Dillingen, aus dem die Universität hervorging, war eine große Tat. 1554 eröffnete die Hochschule ihre Tore. Keinen Erfolg hatte er mit seinem Wunsch, ein tridentinisches Priesterseminar in seiner Diözese zu errichten. Das Germanikum in Rom förderte er.

Obwohl Otto wie wenige andere für das Konzil von Trient wirkte, nahm er selbst an den Sitzungen nicht teil. Er war aber am Anfang der einzige deutsche Bischof, der Vertreter zu der Versammlung schickte. Otto publizierte als erster deutscher Bischof in seinem Sprengel die Beschlüsse des Konzils von Trient und suchte sie durchzuführen. Das Religionsmandat vom 5. März 1565 war ein kleines Kompendium christlicher Lebensführung. 1567 hielt er die große Reformsynode zur Durchführung der Beschlüsse des Trienter Konzils ab. Ihr Ergebnis waren umfangreiche Synodalstatuen. Sie berühren fast alle Gebiete des kirchlichen Lebens. Die Statuten Ottos sind für Glaube und Disziplin hochbedeutsam. Besonders erwähnenswert ist die darin vorgetragene Lehre über das Meßopfer. Noch wichtiger als der Erlaß von Formvorschriften war ihre Durchführung. Die Statuten sahen daher Visitationen durch die Dekane und durch den Bischof vor. Für diese Aufgabe erließ der Bischof eine eingehende Instruktion. Leider muß auch für diese Synode wie für viele andere festgestellt werden, daß sie weithin toter Buchstabe blieb. Daran war nicht zuletzt der Bischof selbst schuld. Er verzettelte sich mit seinen mannigfachen Tätigkeiten, fing vieles an, ohne es zu Ende zu führen, und war allein schon durch seine häufige Abwesenheit von seiner Diözese außerstande, nachhaltig und zäh ein Projekt zu verfolgen. Das schlechte Beispiel des Bischofs, der nicht Residenz hielt, mußte sich nach unten auswirken.

Als Otto von Waldburg Bischof wurde, gingen die Eroberungen des Protestantismus noch weiter. So mußte er zusehen, wie die Grafschaft Öttingen protestantisiert wurde. Otto war ein entschiedener und tatkräftiger Gegner des Protestantismus. Ihm ging es nicht mehr lediglich um Erhaltung dessen, was noch übrig war von der katholischen Religion, sondern um Wiedergewinnung des verlorenen Teiles. Er wurde als „der erste Vertreter der Gegenreformation im Reich“ bezeichnet (F. Siebert). Er war auf den Reichstagen ein unermüdlicher Vorkämpfer des Katholizismus. Konzessionen an die Neuerer wie Priesterehe und Laienkelch war er entschieden abgeneigt. Unaufhörlich bewegte ihn der Gedanke, die religiöse Einheit Deutschlands im katholischen Glauben wiederherzustellen. Den Weg dazu sah er nicht in Gesprächen der Theologen und Verhandlungen der Bischöfe mit den Neuerern, sondern im einträchtigen Zusammenwirken von Kaiser und Papst; eifrig bemühte er sich darum, die Harmonie zwischen beiden obersten Gewalten der Christenheit zu verwirklichen. Von Religionsgesprächen versprach er sich weder einen Erfolg noch wahren Nutzen. Otto erkannte, daß die katholische Kirche in Deutschland sich ohne politische Macht nicht behaupten konnte. Deswegen warb er unermüdlich für einen Bund der katholischen Fürsten im Reich und in Europa und setzte er auf Bayern und Spanien. Gegen die Gewalt, die an so vielen Orten der Glaubensneuerung zum Sieg verholfen hatte, wollte er die Gewalt setzen. Deswegen beförderte er den Schmalkaldischen Krieg eifrig und nahm aktiv daran teil. Als dank des Erfolgs der kaiserlichen Waffen am 16. Februar 1547 ein kaiserliches Regiment in Augsburg einzog, konnte zum Trost der Katholiken endlich wieder die hl. Messe gefeiert werden. Am 2. August 1548 schloß Otto mit Augsburg einen Restitutionsvertrag. Bereits im Jahre 1566 hatten die Katholiken in Augsburg von einem Zehntel auf 50 % der Bevölkerung zugenommen. Die Vermittlungspolitik Karls V. hielt Otto für verfehlt. Der Verrat des Moritz von Sachsen zwang ihn zum Verlassen seines Bistums. Dem Reichstag, der die Religionsfrage lösen sollte, sah er mit starker Beunruhigung entgegen. Er protestierte als einziger Reichsstand gegen den Augsburger Religionsfrieden. Nach seinen eigenen Worten hielt er nichts vom Lavieren. Dementsprechend war er bei den Protestanten einer der bestgehaßten Männer. Er ließ sich aber weder durch Lockungen noch Drohungen, weder durch Verluste noch durch Verbannung von seinem geraden Weg als Bischof und dem Kaiser ergebener Reichsfürst abbringen. Dabei war er von Starrheit und Fanatismus weit entfernt. Er zeigte sich vielmehr flexibel, wußte der Römischen Kurie oft die Rücksicht auf die deutschen Verhältnisse nahezulegen und suchte als Generalinquisitor die Häretiker zu gewinnen.

Otto von Waldburg war ein unermüdlicher Motor der Sammlung der Katholiken und der kirchlichen Erneuerung. Dafür wirkte er in seinem Bistum, im Reich, bei den deutschen Fürsten und an der Römischen Kurie. In seiner eigenen Diözese vermochte er seine Ziele nicht zur Gänze zu erreichen. Er schuf indes Grundlagen, auf denen seine Nachfolger weiterbauen konnten.

III.

Johann Egolf von Knöringen (1573-1575)

Johann Egolf von Knöringen wurde vom Kapitel am 18. Mai 1573 zum Bischof von Augsburg gewählt und erlangte am 31. Juli 1573 die päpstliche Bestätigung. Das Domkapitel zwang ihm eine Wahlkapitulation auf, die von Abneigung gegen die Jesuiten erfüllt war. Knöringen war ein gebildeter Mann. Seine Studien machte er an den Universitäten zu Ingolstadt, Bologna und Freiburg im Breisgau. Er war ein Freund der Gelehrten und ein Liebhaber der Bücher. Mit vielen Humanisten stand er in Verbindung. Er förderte Kunst und Wissenschaft und erfüllte seine geistlichen Pflichten gewissenhaft. Die Bischofskonsekration empfing er jedoch nicht. Bezüglich seiner katholischen Haltung hatten die Zeitgenossen keine Bedenken. Sittlich war er wohl einwandfrei. Aber er war kränklich, unselbständig und schwach. Es fehlte ihm an Kraft und Entschiedenheit. ,,Der tragische Fehler Knöringens war es, nicht nein sagen zu können" (Otto Bucher). Er wollte es jedem recht tun und verdarb es darum mit allen.

Die katholische Reform kam 1573 nicht voran in der Diözese Augsburg. Aus Furcht vor dem Domkapitel wagte es der Bischof nicht, sich tatkräftig der Jesuiten zu bedienen. Vereint mit dem Domkapitel wandte er sich sogar gegen die Errichtung eines Jesuitenkollegs in Augsburg. Die Geistlichkeit suchte er durch Mahnungen und Strafdrohungen zu heben. Im Jahre 1574 erließ er ein Mandat zur Besserung des Klerus, aber es fehlte an der Ausführung. Lediglich im Kampf gegen den Konkubinat scheint der Bischof einigermaßen energisch durchgegriffen zu haben. Die Mandate gegen das Zinsnehmen, die er erließ, waren wirtschaftlich gesehen verfehlt. Als er im Alter von 37 Jahren starb, war im Bistum Augsburg kaum etwas erreicht.

IV.

Markward II. von Berg (1575-1591)

Markward von Berg wurde am 26. Juli 1575 vom Domkapitel zum Bischof gewählt; am 23. September 1575 erhielt er die päpstliche Bestätigung. Bei seiner Wahl war er erst Diakon. Reformfreudige Kreise sahen seinem Amtsantritt mit Bestürzung entgegen. Die Nuntien erwarteten von ihm Schlimmes. Denn Markward hatte als Bamberger Domdechant lange Zeit in öffentlichem Konkubinat gelebt und galt als kirchlich unzuverlässig sowie als Gegner der Reform. Immerhin versprach er, sich von der Frau zu lösen. Tatsächlich unternahm er manches, um die Ablehnung, auf die er in Reformkreisen stieß, zu durchbrechen. Im Advent 1575 empfing er die Priesterweihe, am 1. Januar 1576 feierte er seine Primiz, am 15. Januar 1576 erhielt er die Bischofskonsekration.

Markward hatte seine Studien in Ingolstadt, Padua und wohl auch Pavia sowie in Bologna gemacht, dort 1554 den Grad eines Dr. jur. utr. erworben. Er war zweifellos ein liberal eingestellter Mann, aber seit der Übernahme des Bischofsamtes gab er sich Mühe, das religiös-sittliche Leben in seinem Bistum zu heben und der Irrlehre zu wehren. In zahlreichen Mandaten wandte er sich der Disziplin des Klerus, dem Gottesdienst und der Katechese zu. Energisch ging er gegen Konkubinarier vor. Er ließ Pfarreien und Klöster seiner Diözese visitieren, aber wohl ziemlich lasch und schlampig. Die Dekane wurden 1590 an ihre Pflicht zur Visitation erinnert. Markward führte auch die neuen liturgischen Bücher in seiner Diözese ein. Lange Zeit hatte er Differenzen mit der Gesellschaft Jesu, bediente sich aber in späteren Jahren ihrer Mitglieder für die Seelsorge. Die Befürchtungen, die man bei seiner Wahl gehegt hatte, erfüllten sich nicht, jedenfalls nicht im vollen Umfang. Der Mann wuchs mit dem Amt. Als starker Reformbischof kann er freilich nicht gelten. Es fehlte ihm der Wille zu letztem Einsatz, weil er „letztlich selbst keine religiöse Persönlichkeit" war (Otto Bucher). Ninguarda stellte 1579 fest, daß die Firmung seit vielen Jahren im Bistum Augsburg nicht mehr gespendet worden sei. Kardinal Madruzzo urteilte am 21. Juli und am 19. September 1582 ungünstig über den Bischof von Augsburg.

V.

Johann Otto von Gemmingen (1591-1598)

Johann Otto von Gemmingen wurde am 21. März 1591 zum Bischof gewählt und am 10. Mai 1591 vom Papst bestätigt. Sein Lebenswandel war unbescholten, seine Frömmigkeit echt, seine Tugend unbestritten. Er erfüllte seine Pflichten als Bischof gewissenhaft. Die Visitation ließ er in Verbindung mit den Versammlungen der Landkapitel vornehmen. Jährlich zweimal sollten sich die Geistlichen des Kapitels versammeln. Dabei werde ein bischöflicher Visitator zugegen sein, der alle Mitglieder zu überprüfen habe. In der Instruktion vom 1. April 1593 gab er dem Klerus ein Kompendium der Lebensführung und der Seelsorge an die Hand. Die Dillinger Akademie, die hohe Kosten verursachte, erhielt er mit Anspannung aller Kräfte. Im Sommer 1592 begann die Visitation der im Bistum gelegenen Klöster, um die Disziplin wiederherzustellen. Dennoch konnte der Bischof den Abfall vieler Diözesanen nicht verhindern. Das enge Zusammenleben mit den Häretikern, der Besuch häretischer Schulen und die Lehre bzw. der Dienst bei häretischen Meistern und Herren waren dafür verantwortlich. Am 25. Oktober 1591 erließ er deshalb ein Religionsmandat, das vor allem von der Sorge für die Erhaltung des Glaubens jener Katholiken eingegeben war, die nichtkatholische Schulen besuchten oder bei nichtkatholischen Herren in der Lehre waren. In zwei Mandaten aus dem Jahre 1594 befaßte sich der Bischof mit den sittlichen Mängeln und der religiösen Unwissenheit des Volkes. Die unbefriedigenden Zustände im Unterricht der Jugend und im Glaubenswissen der Erwachsenen suchte er durch die Vorschrift zu beheben, daß jeden Sonntag eine Katechese gehalten werden müsse. Der Bischof sandte Jesuiten aus, um Volksmissionen zu halten. Als Landesherr und Reichsfürst leistete Johann Otto weniger. Clemens VIII. rügte ihn wegen seines Fehlens auf dem Regensburger Reichstag 1594, wodurch die katholische Seite geschwächt wurde.

VI.

Heinrich V. von Knöringen (1598-1646)

Heinrich von Knöringen studierte in Dillingen, Ingolstadt und Rom. Das Augsburger Domkapitel erhob ihn am 29. November 1598 durch Kompromißwahl auf den Bischofsstuhl. Er war damals erst 28 Jahre alt. Am 19. April 1599 erhielt er die päpstliche Bestätigung. Zu Ostern 1599 feierte er seine Primiz auf dem Berg Andechs. Am 13. Juni 1599 empfing er die Bischofskonsekration.

Heinrich von Knöringen wirkte vor allem durch sein Beispiel. Er verlangte nichts, was er nicht selbst übte. Er war ein Muster an Sittenreinheit, aszetischer Haltung und wachsamer Zucht. Wie alle großen Bischöfe war er streng gegen sich selbst, und zwar strenger als gegen alle anderen. Er war vom frühen Morgen bis zum späten Abend bei der Arbeit, er war sehr gewissenhaft in den Übungen der Frömmigkeit, er war von Begeisterung für den Glauben und von glühendem Eifer für die Kirche erfüllt. Seine am 14. Juni 1611 erlassene Hofordnung ist von spartanischem Geist geprägt. Äußerste Sparsamkeit und geschickte Wirtschaftspolitik verschafften ihm die Mittel für seine ausgreifenden Unternehmungen. Nach Joseph Spindler war er „ein Mann der strengsten Selbstzucht, ein Mann von zielbewußter Energie, von seltener Arbeitslust und Arbeitskraft, von tiefer Frömmigkeit". Das „Grundmotiv" aller seiner Unternehmungen sei „die Liebe zur katholischen Kirche" gewesen. In Prinzipienfragen war er von unbeugsamer Festigkeit, ja Schroffheit. Sein doppeltes Ziel, das innerkirchliche Reformieren und das äußere Restaurieren, verfolgte er mit zäher Hartnäckigkeit. Heinrich war alles andere als ein weltfremder Theoretiker. Er war ein erfahrener Seelsorger, dem stets die Praxis vor Augen stand. Pastorale Klugheit war ihm nicht ein Deckmantel für Feigheit, sondern das Werkzeug seines entschiedenen Willens zur effektiven Besserung.

Heinrich von Knöringen war eine herrscherliche Persönlichkeit, der Tatkraft zu eigen war. Seine Regierung war entschieden und kraftvoll. Sie fiel in eine Zeit tiefgehender religiöser und politischer Kämpfe. Die ersten Visitationen, die Heinrich veranstaltete, boten ein tristes Bild von Klerus und Volk. Aber der Bischof ließ sich nicht entmutigen. Seine Aufgabe stand klar vorgezeichnet vor ihm: die Geistlichen zu bessern, das Volk zu heben, beide im katholischen Glauben zu festigen. Er nahm sich ihrer an „mit strenger Folgerichtigkeit und eiserner Zähigkeit, wenn es sein mußte auch mit Härte" (Friedrich Zoepfl). Die beiden Generalvikare Petrus Wall und Kaspar Zeiler waren ihm treue, gesinnungsverwandte Helfer. Mit vielen Mandaten suchte er den Klerus und die Laien zu erneuern. Im Mai 1600 erließ er das grundlegende Religionsmandat; es enthielt in gewisser Hinsicht die Grundsätze und Ziele seiner Regierung. Es wurde mehrfach wiederholt und 1623 gedruckt. Die Statuten der großen Diözesansynode, die vom 3. bis 10. Oktober 1610 in Augsburg abgehalten wurde, wurden eine Art Grundgesetz des Bistums; sie betrafen den Glauben, den Gottesdienst, die Geistlichen und die Kirchensatzungen. Heinrich verfiel nicht in den Fehler vieler Bischöfe, den Erlaß von

Mandaten mit einer tatsächlichen Besserung der Verhältnisse zu verwechseln. Er wußte, daß es konsequenter Arbeit bedurfte, um das Recht im Leben durchzusetzen. Das geeignete Mittel dafür waren die Visitationen. Heinrich ließ sie in doppelter Gestalt vornehmen. Alle drei bis fünf Jahre hatte der Dekan die Pfarreien seines Kapitels zu visitieren. In bestimmten Abständen hielten Beauftragte des Bischofs Generalvisitationen ab. Über jede Visitation ließ sich der Bischof genauen Bericht erstatten. Heinrich besuchte auch persönlich die Pfarreien, prüfte, rügte und besserte. Er hörte sich die Predigten seiner Geistlichen an und gab durchdachte Anweisungen über Pflicht, Häufigkeit und Inhalt derselben. Heinrich verlangte von den Geistlichen die Abhaltung einer Katechese am Sonntag und wachte streng über die Einhaltung dieser Vorschrift. Die Klöster unterwarf er alle vier Jahre einer Visitation. Damit nicht, wenn die Visitatoren weitergezogen waren, die alten Mißstände wiederkehrten, überprüfte er ihre Abstellung. Durch Mahnungen, aber auch durch strenges Einschreiten suchte er den Ordensgeist zu erhalten bzw. wiederzuerwecken. Im Hochstift setzte Heinrich die (weltlichen) Beamten dazu ein, bei der Durchführung seiner kirchlichen Verordnungen mitzuwirken. Sie mußten jährlich sein Religionsmandat verlesen und Personen, die ihren religiösen Pflichten nicht nachkamen, melden. Er stellte weiter eigene Religionsagenten auf, welche die Erfüllung der kirchlichen Verpflichtungen zu überwachen, also beispielsweise die Beichtzettel einzusammeln und zu prüfen hatten. Die Aufgaben der Religionsagenten beschrieb er in dem Memoriale vom 6. August 1619 und in der Instruktion vom 17. Oktober 1625. Ihre Aufgabe war es, die Untertanen zur genauen Erfüllung der religiösen Pflichten anzuhalten und vor den Einflüssen der Andersgläubigen zu schützen. An zahlreichen Orten richtete er Klöster ein oder erneuerte die alten. Vor allem die Kapuziner wirkten segensreich. Die Jesuiten sandte er zu Volksmissionen und Aushilfen aus; sie hielten allein im Jahre 1610 44 Missionen ab. Am 14. Juni 1606 erhielt die Universität zu Dillingen eine Fundation, die sie auf festen Boden stellte. 1614 trat das tridentinische Seminar an diesem Ort ins Leben. Die Berichte der Generalvisitation von 1642 bis 1644 zeigen, daß die rastlose Mühe des Bischofs nicht vergeblich war. Eine allgemeine Besserung war eingetreten.

Heinrich war eifrig um die Erhaltung und die Wiederherstellung der katholischen Religion bemüht; dafür war ihm keine Anstrengung zu groß. Wie Otto Truchseß von Waldburg war er ein scharfer Gegner des Augsburger Religionsfriedens; bezüglich der Aufhebung seiner Jurisdiktion sah er ihn als nicht verbindlich an. Im Mai 1600 erließ er zum erstenmal sein Religionsmandat, eine Zusammenfassung der Gebote christlicher Lebensführung. Daraus ist besonders seine Sorge um die in der Fremde lebenden Kinder hervorzuheben, die er vor Glaubensabfall, Lauheit und Mischehen bewahrt sehen wollte. In einer Verordnung vom 10. März 1603 verbot er, ein Kind in die Schule, in den Dienst oder in die Lehre an einen Ort zu schicken, wo die öffentliche und freie katholische Religionsübung nicht möglich war. Durch eine Reihe gezielter Maßnahmen — wie Forderung eines Zeugnisses über Osterbeicht und Osterkommunion — sorgte er dafür, daß katholische Söhne und Töchter, die sich in gemischte oder protestantische Gebiete begaben, fortan fester zu ihrem Glauben standen. In dem Augsburger Hochstift schritt er streng gegen Häresieverdächtige ein. Durch Ankauf von Dörfern gelang entweder die Rekatholisierung der Bewohner oder wurde die drohende Protestantisierung verhütet. In Donauwörth und in Neuburg wurde die katholische Religion wiederhergestellt, in Augsburg und Dinkelsbühl gewann sie verlorenes Terrain zurück. In Memmingen und Kaufbeuren gelang es, Jesuiten niederzusetzen. Zahlreiche Konversionen waren die Frucht des Wirkens Heinrichs. Seine tätige Sorge für die katholische Religion trug ihm den Haß und den Neid vieler Protestanten ein.

Heinrich setzte auch die Politik für die Zwecke der Rekatholisierung ein. Eifrig wirkte er für den Zusammenschluß der katholischen Fürsten in der Liga; für sie brachte er im Laufe der Jahre gewaltige Summen auf. Das Stift freilich verschuldete stark und stand vor dem finanziellen Ruin. Unermüdlich wirkte er auf den Kaiser ein, um den Katholiken ihre verlorenen Rechte und Güter zurückzugeben. Die Frucht seiner Bemühungen war das Restitutionsedikt von 1629. In zahlreichen Reichsstädten und in den Herrschaften Grönenbach und Öttingen sowie im Herzogtum Württemberg nahm er die Wiederherstellung der katholischen Religion in Angriff. Die verheißungsvollen Maßnahmen zur Durchführung des Restitutionsediktes wurden indes durch die Schweden zunichte gemacht. Ihr Einfall vertrieb den Bischof aus seiner Residenzstadt. Heinrich weilte zwei Jahre lang teils in Füssen, teils in Imst. Über die unsäglichen Leiden, welche die Katholiken seiner Diözese von den Schweden und ihren Verbündeten erdulden mußten, gibt der Bericht, den der Bischof 1635 nach Rom sandte, erschütternde Auskunft. Erst der Sieg von Nördlingen brachte einen Umschwung. Der Westfälische Friede ordnete die Verhältnisse nach dem Normaljahr. Bis zum Schluß seines Lebens blieb Heinrich, allen Schicksalsschlägen zum Trotz, ungebrochen. Die Inschrift auf seinem Grabstein in Dillingen bezeichnet ihn richtig als ,,unerschütterliche Stützmauer für die Religion und das Haus Gottes" (murus immobilis pro religione et domo dei).

3. Kapitel

Bistum Chur

Bistum Chur, 2 Bde. (= Helvetia Christiana), Kilchberg, Zürich 1942

Bloesch, E., Geschichte der schweizerisch-reformierten Kirchen, 2 Bde., Bern 1898/99

Büchi, A., Chur: LThK II, 1931, 955-959

Cahannes, Johann, Das Kloster Disentis vom Ausgang des Mittelalters bis zum Tode des Abtes Christian von Castelberg, 1584: Studien und Mitteilungen aus dem Benedictiner- und dem Cistercienser-Orden mit besonderer Berücksichtigung der Ordensgeschichte und Statistik 19, 1898, 601-618; 20, 1899, 83-101, 212-234

Camenisch, Emil, Bündnerische Reformationsgeschichte, Chur 1920

Dierauer, Johannes, Geschichte der Schweizerischen Eidgenossenschaft, 5 Bde. (= Allgemeine Staatengeschichte. 1. Abt.: Geschichte der europäischen Staaten 26. Werk), Gotha 1920-1924

Fetz, Johannes, Die Schirmvogtei des Hochstiftes Chur und die Reichsvogtei in der Stadt Chur: Katholische Schweizer-Blätter für Wissenschaft und Kunst 3, 1861, 419-437, 483-502, 547-566, 625-637, 675-683, 747-758; 4, 1862, 18-26, 80-88, 138-145, 218-222

Fetz, Chur: KL III, 2. Aufl., 1884, 345-357

Gall, Robert, Die Rechtsstellung des Bischofs von Chur als Administrator ehemals konstanzischer Bistumsteile in der Schweiz. Kirchenrechtlich-historische Untersuchung des Status quo. Kan. Diss. Rom (= Pontificium Institutum Utriusque Iuris. Theses ad lauream N. 97), Freiburg/Schweiz 1954

Handbuch der Schweizer Geschichte, 2 Bde., Zürich 1972/77

Hübscher, B., Chur: LThK II, 2. Aufl., 1958, 1196-1198

Jenny, Wilhelm, Johannes Comander. Lebensgeschichte des Reformators der Stadt Chur, 2 Bde., Zürich 1969/70

Kind, Christian Immanuel, Die Reformation in den Bistümern Chur und Como. Dargestellt nach den besten ältern und neuern Hilfsmitteln, Chur 1858

Leu, J. B., Kirche und Staat in der Schweiz seit der Glaubensspaltung: Katholische Schweizer-Blätter für Wissenschaft und Kunst 3, 1861, 195-216, 275-294

Mayer, Johann Georg, Das Konzil von Trient und die Gegenreformation in der Schweiz, 1. Bd., Stans 1901

Mayer, Johann Georg, Geschichte des Bistums Chur, 2 Bde., Stans 1907/14

Pfister, Rudolf, Kirchengeschichte der Schweiz, 2 Bde., Zürich 1964/74

Pieth, Friedrich, Bündnergeschichte, Chur 1945

Reinhardt, Heinrich, Steffens, Franz, Die Nuntiatur von Giovanni Francesco Bonhomini 1579-1581. Einleitung: Studien zur Geschichte der katholischen Schweiz im Zeitalter Carlo Borromeo's (= Nuntiaturberichte aus der Schweiz seit dem Concil von Trient nebst ergänzenden Aktenstücken 1. Abt.), Solothurn 1910

Riggenbach, B., Komander: RE X, 3. Aufl., 1901, 653-656

Schiess, Traugott (Hrsg.), Bullingers Korrespondenz mit den Graubündnern, 3 Tle. (= Quellen zur Schweizer Geschichte 23.-25. Bd.), Basel 1904-1906

Sulzberger, H. G., Geschichte der Reformation im Kanton Graubünden, o. O. 1880

Vasella, Oskar, Abt Theodul Schlegel von Chur und seine Zeit. 1515-1529, Freiburg/Schweiz 1954

Vasella, Oskar, Reform und Reformation in der Schweiz. Zur Würdigung der Anfänge der Glaubenskrise (= Katholisches Leben und Kämpfen im Zeitalter der Glaubensspaltung 16), Münster i. W. 1958

I.

Paulus Ziegler von Ziegelberg (1505-1541)

Das Bistum Chur umfaßte das Gebiet der drei Bünde (Graubünden), einen Teil von Vorarlberg, Liechtenstein, den Vintschgau, das Urserental (Uri), Teile von St. Gallen und die Gemeinden Niederurnen und Kerenzen im Glarner Lande. Das Schwergewicht des Bistums lag im schweizerischen Territorium, wenn auch die österreichischen Anteile beachtlich waren. Graubünden bestand aus drei Gliedern, dem Gotteshausbund, dem Oberen (oder Grauen) Bund und dem Zehngerichtebund. Der Gotteshausbund vereinigte Gebiete, die einst dem Bischof von Chur unterstanden, sich aber von dessen Herrschaft mehr oder weniger frei gemacht hatten; zu ihm gehörte auch das Domkapitel von Chur. Der Obere oder Graue Bund umfaßte die Gebiete und Orte Disentis, Räzüns, Sax-Misox, Lugnez, Hohentrins, Flimser Wald, Rheinwald und Schams. Dem Zehngerichtebund gehörten die Gemeinden in Davos, Prätigau, der Herrschaft Schanfigg und Curwalden an.

Der Vorgänger Zieglers, Bischof Heinrich VI., resignierte im Jahre 1505. Ziegler scheint am 6. Juni 1506 vom Papst als Administrator von Chur bestätigt worden zu sein. Im Jahre 1507 empfing er die Priesterweihe; durch den Kaplan Leonhard Hinderberger aus Feldkirch ließ er sich in der Feier der Messe unterrichten. Erst nach dem Tode Bischof Heinrichs (1509) nahm er den Titel Bischof an und empfing die Bischofsweihe. Ziegler galt als Ausländer; er hatte es wegen seiner Herkunft und wegen seiner engen Beziehungen zum österreichischen Hof bei den engen Schweizern nicht leicht. Er war klug, maßvoll und von diplomatischem Geschick. Das Wohl seines Bistums lag ihm am Herzen; aber ein Kämpfer war er nicht. 1520 gab er das Churer Brevier neu heraus. Ziegler war ein Humanist und Mäzen, ein Förderer der Kunst und ein Gönner der Künstler. Ziegler besaß, wie aus einem Rechnungsbuch erhellt, eine Tochter mit Namen Emerita, die ihm vermutlich nach Antritt des Oberhirtenamtes geboren wurde. Der Konstanzer Chronist Gregor Mangold will sogar wissen, daß ihm nach Übernahme des Bistums Chur von einer Nonne des Zisterzienserinnenklosters Feldbach eine Tochter geboren wurde. Ob dies Tatsache oder geflissentlich kolportierte Verleumdung ist, vermag ich nicht mit Sicherheit zu entscheiden.

Ziegler übernahm ein schweres Erbe. Streitigkeiten und Emanzipationsbestrebungen hatten das Vertrauen zum Bischof untergraben. Die geistliche Gerichtsbarkeit wurde als lästig empfunden. Das Volk war religiös heruntergekommen. Die Seelsorge war ungenügend. Die religiöse Unterweisung befriedigte weithin nicht. Ein Teil des Klerus war verderbt. Es fehlte ihm an theologischer Bildung und priesterlicher Erziehung.

In diese Verhältnisse stießen die Parolen Zwinglis. Durch die Proklamation des Gemeindeprinzips legte er die Bestellung (und die Absetzung) der Pfarrer in die Hände der Gemeindeangehörigen, die er aufgehetzt hatte. Die Folge war die Vertreibung der katholischen Geistlichen. Auch in der Schweiz war die Absicht, sich von politischer Abhängigkeit und wirtschaftlichen Lasten zu befreien, eines der Hauptmotive für den Anschluß an die sogenannte Reformation. Im Klerus waren nicht selten verderbte Elemente die heftigsten Agitatoren für die neue Lehre. Unter den sog. Reformatoren in Chur waren Geistliche, die zuvor wegen Konkubinats hatten in Strafe genommen werden müssen (Johann Comander, Jakob Spreiter, Samuel Frick). In dem nahe gelegenen Zürich setzte sich der neue Glaube 1523/24 durch. Von dort aus breitete sich die Bewegung im Bistum Chur aus. Seit 1524 fand die Glaubensneuerung in dem Hochstift Eingang. Im April 1524 wurde der Prädikant Johannes Comander an die St. Martinskirche in Chur berufen und begann dort seine verhängnisvolle Tätigkeit. Die Katholiken setzten dem Comander durchaus Widerstand entgegen, dank der geschickten Arbeit des Abtes von St. Luzius in Chur, Theodul Schlegel, zeitweilig in Verbindung mit den Wiedertäufern. Bald spannten die Protestanten die bürgerlichen Behörden gegen die Kirche ein. Der Ilanzer Artikelbrief vom 4. April 1524 diente, obwohl er so nicht gemeint war, dazu, den Protestantismus voranzubringen; denn er etablierte das Gemeindeprinzip. Am 8./9. Januar 1526 wurde in Ilanz eine Disputation abgehalten; ihre Grundlage sollte lediglich die Heilige Schrift bilden, Richter sollten die Abgesandten der Drei Bünde sein. Notgedrungen, um dem Gegner das Feld nicht kampflos zu überlassen, beteiligten sich die hervorragendsten Geistlichen des Bistums Chur, u.a. der Weihbischof Stephan Tschuggli und der Generalvikar Christoph Metzler, an der Auseinandersetzung; sie schlugen sich trefflich. Comander hatte in 18 Thesen die üblichen protestantischen Lehren aufgestellt, die, weil bequem und leicht, den Ohren schmeicheln. Der Bundestag in Chur gab im Februar 1526 die Predigt der neuen Lehre frei. Der folgende Bundestag in Davos überließ sogar jedem die Wahl zwischen katholischem Glauben und Protestantismus. Der Ilanzer Bundestag vom 25. Juni 1526 schritt weiter zum Abbau kirchlicher Einrichtungen. U. a. sollte künftig kein Bischof ohne Mitwirkung des Bundestages gewählt werden. Seit dem Erlaß der Ilanzer Artikel vom 25. Juni 1526 verbreitete sich die Neuerung noch rascher als bisher.

Ob Ziegler die revolutionäre Gewalt des Protestantismus von Anfang an in vollem Umfang begriffen hat, ist fraglich. Er suchte auf dem Wege des Rechtes seine Stellung zu behaupten. Der Bischof protestierte gegen die Artikelbriefe beim Reichstag und bei dem kaiserlichen Statthalter, und diese erließen auch mehrere Mahnschreiben an die Drei Bünde, die aber tauben Ohren begegneten. In den folgenden Jahren und Jahrzehnten schritt der Abfall von der Kirche unaufhaltsam fort. Lediglich die erleuchtete Seelsorge guter Pfarrer und die Macht einzelner weltlicher Obrigkeiten vermochten ihn zu verhindern oder zu verlangsamen. Der Bischof suchte der Neuerung mit Mandaten an die Geistlichen entgegenzuwirken. Ein Eid vor der Priesterweihe sollte Gewähr dafür bieten, daß nur katholische Kandidaten die Weihe empfingen. Das Verhalten Zieglers wirkt jedoch planlos, unentschlossen und nicht zielstrebig. Er war für friedliche Zeiten vielleicht als Oberhirt geeignet, nicht aber für eine Epoche des Sturms. 1525 zog er sich in den Vintschgau, nach Fürstenberg, zurück. Dort und in Öttingen hielt er sich in der Folgezeit auf, also unter dem Schutze Österreichs und Bayerns. Der Generalvikar und der Weihbischof blieben in Chur. Lange Zeit trug sich Ziegler mit dem Gedanken, auf das Bistum zu resignieren. Der Abt von St. Luzi, der energische Theodul Schlegel, traf die Vorbereitungen für die Bestellung eines Nachfolgers. Aber das Vorhaben wurde verraten. Schlegel, einer der mutigsten und geschicktesten Verteidiger des Glaubens, wurde gefangengenommen, gefoltert und am 23. Januar 1529 hingerichtet. Der Domdekan Castelmur nahm seine Stelle als Führer der Katholiken ein. Die Absicht, zu resignieren, ließ sich der Bischof vom Domkapitel ausreden. Allen Bitten des letzteren zum Trotz blieb er jedoch außer Landes.

Inzwischen ging der Ansturm der Neuerer weiter. Die Klöster wurden aufgehoben oder zum Aussterben verurteilt, die Einkünfte der Kirche abgeschafft oder vorenthalten. Im zweiten Kappeler Krieg sandten die Graubündner den Reformierten Hilfstruppen. Das Glaubensgespräch von Süs im Jahre 1537 hatte den Übergang vieler Gemeinden im Unterengadin zum Protestantismus zur Folge. Die Protestanten waren unentwegt im Angriff, den Katholiken mangelte es an Mut und Kraft zu beherzter Verteidigung. Es ist schwer zu begreifen, daß Ziegler nicht in Anlehnung an die katholischen Kantone und an das Haus Habsburg imstande war, seine Landeshoheit zu behaupten und den Glauben zu schützen. Was beherzte und kluge Männer trotz des Ansturms der Neuerung zu vollbringen vermochten, dafür ist der Abt des Klosters Disentis, Andreas de Falera (1512-1528), ein Beispiel. Allerdings war Karl V. entweder nicht willens oder nicht imstande, wirksam in die Schweizer Angelegenheiten einzugreifen. Ziegler rief ihn 1530 vergeblich um Hilfe an. Die Österreicher waren jedoch in der Lage, in Vorarlberg und in Liechtenstein den Abfall zu verhindern. Das Verdienst, das Bistum gerettet zu haben, fällt einerseits Österreich und den katholischen Orten zu, erklärt sich anderseits aus Familieninteressen.

II.

Luzius Iter (1541-1548)

Das Domkapitel wagte es nach dem Tode Zieglers angesichts des zweiten Ilanzer Artikelbriefes vom 25. Juni 1526 nicht, ohne Verhandlungen mit den weltlichen Behörden einen neuen Bischof zu wählen. Diese legten ihm in den schmachvollen sechs Artikeln Bindungen auf, die den Bischof in seiner Handlungsfreiheit tief beschränkten. U. a. sollte er auf alle Rekatholisierungsversuche verzichten. Das Domkapitel verpflichtete sich für den zu wählenden Bischof, diese schändlichen Bedingungen anzunehmen und zu beobachten. Die Mitglieder des Domkapitels waren zum großen Teil egoistische, korrupte und ungeistliche Männer, die lediglich an ihren Einkünften hingen. Die Domherren, die trotz der Bedrückungen und Verfolgungen in Chur ausgehalten hatten, wählten am 5. Oktober 1541 Luzius Iter zum Bischof. Er wurde am 10. Mai 1542 von Paul III. bestätigt. Am 4. Januar 1545 empfing er die Bischofskonsekration. Iter beschwor die erwähnten sechs Artikel und stellte darüber am 20. Oktober 1541 eine Urkunde aus.

Iter hatte in Köln den Grad eines Magister artium philosophiae erworben, war also humanistisch gebildet. Er war ein liberaler Mann, und seine Regierung war infolgedessen von Schwäche gekennzeichnet. Er war bequem und weich, suchte das Leben zu genießen, nicht aber sich Kämpfen und Unannehmlichkeiten auszusetzen. Da er an sich und andere geringe Anforderungen stellte, machte er sich bei seinen Untergebenen beliebt. Er war milde und nachsichtig und gegenüber den Neugläubigen entgegenkommend; er soll sogar Pate bei protestantischen Taufen gewesen sein. Seine „Umsicht und Friedensliebe" werden gerühmt (Mayer). Er war bei den Protestanten gern gesehen, denn von ihm war eine kraftvolle Wahrnehmung der katholischen Belange nicht zu erwarten. Theodor Schwegler spricht von dem „faulen Frieden", den er sich erkaufte. In dem Streit zwischen Spanien und Österreich auf der einen, Frankreich auf der anderen Seite entschieden sich die Schweizer Katholiken im allgemeinen für die ersteren, die Protestanten für das französische Bündnis. Unter den Protestanten traten Freisinnige auf, welche Lehren wie die von der Unsterblichkeit der Seele, der Gottheit Christi und der Dreifaltigkeit leugneten.

III.

Thomas Planta (1549-1565)

Der Einfluß der weltlichen Gewalt auf die Churer Bischofswahl war dieses Mal noch stärker als bei der vorigen. Wieder gab das Kapitel wie 1541 an Stelle des zu wählenden Bischofs das Versprechen, die sechs Artikel gewissenhaft beobachten zu wollen. Am 21. Dezember 1549 wurde Thomas Planta gewählt; er beschwor wie sein Vorgänger die berüchtigten sechs Artikel. Die Partei des Bartholomäus von Salis rief gegen die Wahl Plantas den Apostolischen Stuhl an, konnte jedoch nicht mit ihrem Vorbringen durchdringen. Planta erlangte am 19. März 1550 die päpstliche Bestätigung.

Thomas Planta war 29 Jahre alt, als er zum Bischof gewählt wurde. Er war für sein Amt ungeeignet. Weder seine Eigenschaften noch sein Lebenswandel empfahlen ihn. Planta war zwar gebildet und geschickt; es fehlte ihm nicht an Geschäftsgewandtheit. Er galt aber als ein gleisnerischer Mann, dessen Zusagen nicht zu trauen sei. Von ihm ging das Wort um, er hinke an seinen Füßen und an seinem Glauben. Auf protestantischer Seite bestanden zeitweise Hoffnungen, der Bischof werde sich für ihre Sache gewinnen lassen. Planta war kein Vorbild seines Klerus. Er hatte unerlaubten Umgang mit Frauen. Planta wollte das Leben genießen. Philipp Gallicius berichtete am 16. Januar 1554 dem Bullinger, er habe die vornehmen Frauen der Stadt zu einem Tanzvergnügen in sein Schloß eingeladen. Johann Fabricius schrieb am 3. April 1559, der Bischof sei ganz den Freuden der Tafel hingegeben (se ventri totum dedidit).

Planta war kein Eiferer für Gottes Sache. Er war mit den Sorgen und Arbeiten für seine weltlichen Rechte derart beschäftigt, daß darüber seine geistlichen Pflichten zu kurz kamen. Für kurze Zeit nahm er am Konzil von Trient teil (1551/52). Es fehlte ihm an Klarheit, Entschiedenheit und Festigkeit des Glaubens. In manchen Fragen dachte er nicht katholisch. Mit den protestantischen Predigern stand er auf vertrautem Fuß. Sein äußerst rücksichtsvolles Verhalten gegenüber den Neugläubigen brachte ihn in Verdacht. Seine Gegner erhoben schwere Beschuldigungen gegen ihn, aber die Inquisition fand sie nicht für stichhaltig. „Kein anderer Bischof von Chur hat so wenig seiner Würde und seiner Aufgabe entsprochen wie er“ (Mayer).

Unter Planta schritt die Glaubensneuerung wiederum voran. Vor allem der abgefallene Bischof Vergerio von Capo d'Istria warb für sie und fügte der Kirche durch seine haßerfüllte Agitation schweren Schaden zu. In der Zeit von 1550 bis 1557 fiel fast das ganze Engadin vom Glauben ab. Der Protestantismus machte Fortschritte sogar im Veltlin. Die für kurze Zeit dort wirkenden Jesuiten wurden 1561 vertrieben. Im Gotteshausbund bildete sich jetzt endgültig eine protestantische Mehrheit der Gemeindestimmen. 1560/61 schien das Bistum Chur dem Untergang nahe. Hilfe konnte nur von außen kommen.

Die starke konfessionelle Mischung verführte die Katholiken zu Nachgiebigkeit und Indifferenz. Die Sonn- und Feiertage wurden entheiligt, die kirchlichen Ehenormen blieben unbeachtet. Das Volk kam religiös und sittlich immer mehr herunter. Der Klerus wies nur ganz wenige überdurchschnittliche und nicht viele würdige Seelsorger auf. Der Empfang der Sakramente ging immer mehr zurück; die Heilige Ölung und die Firmung wurden kaum noch gespendet.

Als der Bischof starb, bedauerte Bullinger in seinem Schreiben an Johannes Fabricius vom 4. Mai 1565 seinen Tod. Fabricius gab am 7. Mai 1565 zu verstehen, seiner Meinung nach habe der Bischof nicht im Sinne gehabt, sein Leben lang Bischof zu bleiben. Am 3. September 1565 war er allerdings aufgrund von Schriftstücken, die der verstorbene Bischof hinterlassen hatte, anderer Ansicht; denn darin beklagte dieser sich bitter über die Machenschaften der Protestanten.

IV.

Beatus a Porta (1565-1581)

Beatus a Porta hatte in Freiburg/Breisgau und Paris studiert. Als Pfarrer von Feldkirch hatte er sich erfolgreich um die Erhaltung und die Verteidigung des Glaubens bemüht. Er wurde am 26. Mai 1565 zum Bischof von Chur gewählt, mußte jedoch lange um sein Recht an dem Churer Bischofsstuhl kämpfen. Denn der Erzpriester von Sondrio, Bartholomäus von Salis, warf sich zum Bischof auf, ließ sich von den Vorstehern des Gotteshausbundes in das bischöfliche Schloß einsetzen und gerierte sich als Regent des Bistums. Die Anhänger des Salis brachten Prozesse gegen den Bischof in Gang und hetzten das Volk gegen ihn auf. Aber Beatus a Porta verstand es, den Papst von der Gerechtigkeit seiner Sache zu überzeugen; am 24. August 1565 bestätigte ihn Pius IV. Der Kampf war damit freilich nicht ausgestanden. Die Mehrheit des Gotteshausbundes hielt weiter zu dem Salis. Erst am 15. November 1566 beschloß der Gotteshausbund, den Beatus a Porta als Bischof von Chur anzuerkennen. Am 2. Januar 1567 bezog er das Bischofshaus in Chur.

Die Zustände im Bistum Chur waren schlimm. Klöster wurden aufgehoben oder zum Aussterben bestimmt. Weltliche Herren und Orte rissen die Jurisdiktion an sich, schieden Ehen und zogen Geistliche vor Gericht, verliehen die Benefizien an ,,Ohrenkrätzler und Schmeichler", zogen das Einkommen der Pfründen an sich, schalteten die Hoheitsgewalt des Bischofs aus, schützten straffällig gewordene Geistliche vor dessen

Strafen, nahmen die Abgaben für ihre Zwecke in Anspruch. Das Bistum war schwer verschuldet, der Bischof allein deswegen in seiner Amtsführung sehr behindert. Das Bistum hätte sich vielleicht gar nicht mehr halten können, wenn ihm nicht die katholischen Orte und der Erzbischof von Mailand ihre Unterstützung hätten zuteil werden lassen. Der Obere Bund stand stark unter dem Einfluß der katholischen Orte und vereitelte oder milderte so häufig den Einsatz der Drei Bünde für die protestantische Sache. Seit 1570 machte sich der Einfluß Karl Borromeos in Graubünden bemerkbar. Johannes von Planta, der mächtigste Herr im Oberen Bund, war der Kirche treu ergeben. Er wurde jedoch 1572 hingerichtet, weil er im Auftrag des Papstes entfremdetes Kirchengut zurückforderte. 1576 fielen Celerina und St. Moritz dem Protestantismus zu, 1577 drang er in Bergün ein.

Beatus a Porta erkannte, was zu tun war, aber er hatte nicht die Kraft, es zu vollbringen. Die Ermutigung, die Karl Borromeo ihm zuteil werden ließ (1570), vermochte es nicht, ihn von seiner Furcht und seiner Tatenlosigkeit zu befreien. Karl Borromeo, der sich stark der Sache der Schweizer Katholiken annahm, hatte von ihm keine gute Meinung. Der Gotteshausbund war dem Bischof nach wie vor feind, verkürzte ihm seine Rechte und kümmerte sich nicht um die Intervention der eidgenössischen Orte. 1574/5 wollte er sich sogar zum „Kastenvogt" aufwerfen. Diesem Ansinnen trat der Bischof entschieden entgegen. Die katholischen Orte verloren schließlich die Geduld angesichts der nicht endenden Streitigkeiten, ihr Interesse an dem Churer Bischof ließ nach. Sie machten ihn zum Teil für die Auseinandersetzungen verantwortlich, die ihm sein Leben vergällten. Lange Zeit weilte Beatus a Porta außerhalb seiner Bischofsstadt. Die Zusammenkunft mit Felician Ninguarda am 2. September 1577 benützte er, um die Bitte vorzubringen, ihm in der Person des Abtes von St. Gallen einen Koadjutor mit Nachfolgerecht zu geben. Trotz des Drängens der Nuntien Ninguarda und Bonhomini lehnte Beatus es ab, seine Residenz von Fürstenberg wieder nach Chur zu verlegen. Schließlich betrieb Bonhomini seine Absetzung; er war überzeugt, daß die Schwierigkeiten in der Person des Beatus lagen, und hielt dafür, daß der Bischof um des Bistums willen verzichten müsse. Des Streites müde, sprach Beatus die Resignation aus und zog sich nach Tirol zurück.

Die Schwäche der Bischöfe und die fortwährenden Streitigkeiten brachten das Bistum Chur herunter; dazu kam der Ansturm der Glaubensneuerer. Weniger die Bischöfe als die Nuntien verwandten sich eifrig und furchtlos für die Erhaltung des Glaubens und die Besserung der Sitten. Es sei an die Namen Ninguarda und Bonhomini erinnert. Im Februar 1576 besuchte der Franziskaner Francesco Sporeno im Auftrag des Papstes den Bischof in Fürstenberg und hielt eine Visitation im Vintschgau ab. Im Jahre 1578 weilte Ninguarda fast einen Monat in Fürstenberg, visitierte zusammen mit dem Bischof Geistliche und Ordensleute in der Umgebung und beschäftigte sich mit dem Domkapitel. Der Klerus war zu einem beträchtlichen Teil in einem beklagenswerten Zustand. Die Hoffnung der treuen Katholiken lag bei der heranwachsenden Generation. Es fehlte aber im Bistum an Bildungsstätten, vor allem an einem Priesterseminar.

Die Graubündner Priesterkandidaten weilten teilweise im Jesuitenkolleg zu Luzern (seit 1577) und Freiburg/Schweiz (seit 1582), teilweise im Collegium Helveticum zu Mailand (1579) und im Germanikum zu Rom. Später wurden Churer Theologen auch nach Dillingen und Wien entsandt. In der Schweiz war an vielen Stellen das Volk besser als der Klerus. Einzelne hervorragende Laien erwarben sich größte Verdienste bei der Verteidigung der Kirche. Eine eindrucksvolle Persönlichkeit unter den klösterlichen Prälaten war der Abt von Disentis, Christian von Castelberg (1566-1584). Er sah klar den Zerfall im Innern und die Ohnmacht nach außen, die für das Kloster kennzeichnend waren, als er sein Amt antrat. Aber er verzagte nicht, sondern ging in der Überzeugung, Werkzeug Gottes zu sein, an die Wiederherstellung. In kurzer Zeit bildete er einen neuen Konvent heran, in dem der Geist des Trienter Konzils lebendig war. Castelberg hielt strenge Disziplin, wobei er selbst das erste Beispiel gab. Der Abt brachte es fertig, sein dem Untergang nahes Kloster zu blühendem Leben zu führen. Ebenso wandte er sich nach außen. Er hielt häufig Missionen in den Pfarreien seines Gebietes ab. Dabei zog er selbst von einem Ort zum anderen, feierte das Meßopfer und hielt die Predigt.

V.

Petrus II. Rascher (1581-1601)

Petrus Rascher wurde am 3. Juni 1581 zum Bischof von Chur gewählt; er erlangte am 6. November 1581 die päpstliche Bestätigung. Rascher war eine unglückliche Gestalt. Er war schwach und nachlässig in der Sorge für die Erhaltung des Glaubens. In seinem Brief spricht Karl Borromeo von der ,,ungeheuerlichen Untätigkeit" (supina socordia) des Bischofs. Die beschwörenden Mahnungen des Mailänder Bischofs schlug er in den Wind, ein Zusammentreffen mit ihm vermied er; Karl Borromeo vermochte ihn nicht von seiner Lauheit zu befreien und zur Aktivität aufzurütteln. Angeblich lebte Rascher nicht enthaltsam. Der Nuntius Bonhomini warf ihm am 17. April 1585 Konkubinat, Trunksucht und Einmischung in eine fremde Diözese vor. Auch Sixtus V. tadelte ihn wegen seines Lebenswandels.

Ein solcher ambivalenter Schwächling unternahm selbstverständlich nichts gegen die Irrlehre. Seinen protestantischen Bruder machte er zu seinem Hofmeister. Infolgedessen ging das Wort um, ein Kalviner lenke nach seinem Dafürhalten den Bischof. ,,In der Zeit seiner Regierung ruhten die Religionskämpfe, denn die Protestanten hatten von ihm, dem wenig Befähigten, Energielosen nichts zu befürchten" (Ernst Tomek). Der Protestantismus breitete sich weiter aus. 1583 drang die Irrlehre in Feldis und Scheid, 1584 in Mutten und Seewis, 1590 in Filisur und 1592 in Almens ein. Bis zum Beginn des 17. Jahrhunderts ging eine Gemeinde nach der anderen der katholischen Kirche verloren. 1582 beseitigte jedoch Karl Borromeo die Irrlehre im Misox. Zwar verhinderten die Drei Bünde im Veltlin seine Visitation, aber er predigte 1582 in Tirano.

Auf die Vorstellungen der Nuntien hin begann Rascher in der zweiten Periode seiner Regierung, die Trienter Dekrete durchzuführen. 1592 nahm er eine Visitation im Vintschgau vor. Er ließ das Missale und das Brevier von Chur neu drucken. Die Verhältnisse im Domkapitel besserten sich. Würdige Männer traten in es ein, die Statuten wurden erneuert.

VI.

Johann V. Flugi (1601-1627)

Johannes Flugi wurde am 1. Februar 1601 zum Bischof von Chur gewählt und erlangte am 9. April 1601 die päpstliche Bestätigung. Mit ihm erhielt das Bistum Chur endlich wieder einen geeigneten und würdigen Oberhirten. Er war ein entschiedener und tatkräftiger Mann von treu kirchlicher Gesinnung und echter Hingabe an seinen Beruf, ein Bischof, der sein Amt ernst nahm. Er übte die bischöflichen Funktionen eifrig aus, visitierte sein Bistum und predigte persönlich. Unter ihm setzte die tridentinische Reform kraftvoll ein. Flugi ging daran, die schlimmen Zustände zu bessern, und erließ heilsame Verordnungen für Klerus und Volk. Er bemühte sich auch, die hohen Schulden des Bistums abzutragen.

Die Zeiten waren unruhig, fortwährend von kirchlichen und politischen Kämpfen erfüllt. Die Schweiz stand damals im Spannungsfeld der Mächte. Eine jede suchte sich Anhang im Lande zu schaffen. Während Österreich und Spanien die Katholiken unterstützten, hielten es Frankreich und Venedig mit den Protestanten. Der französische Gesandte bei den Drei Bünden, Coeuvres, war ein Kalvinist, der dem Bischof unsägliche Schwierigkeiten bereitete. Flugi hielt sich an das Haus Habsburg. Aber was die Österreicher ihm verschafften, entriß ihm wieder der Einzug der Franzosen. Er hatte unter der Verfolgung der Protestanten schwer zu leiden. Mit Gewalt verbreiteten sie weiter ihre Lehre. Den Churer Katholiken wurde der Besuch des katholischen Gottesdienstes verboten. Die Gemeinden der Umgebung wurden ganz oder teilweise protestantisiert. Für die Katholiken wurde eine Proskriptionsliste aufgestellt. Der Bischof floh nach Tirol, wurde sogar zum Tode verurteilt. Im April 1618 drängte der protestantische Sturm vom Engadin nach Bergell und dem Veltlin, Blutspuren nach sich ziehend. Dagegen übten die Katholiken des Veltlin Vergeltung. Dank des Eingreifens Österreichs konnte 1622 der Mailänder Vertrag abgeschlossen werden, der eine gewisse Restitution der Katholiken vorsah. Der Bischof kehrte nach Chur zurück und hielt dort 1623 und 1624 die feierliche Fronleichnamsprozession. Später mußte er aber noch zweimal nach Feldkirch fliehen. Flugi sorgte für die Errichtung der Kapuziner-Missionen in Rätien. Ihre selbstlose und eifrige Tätigkeit war von schönen Erfolgen gekrönt. Bei der Missionierung erlitt Fidelis von Sigmaringen am 24. April 1622 den Martertod. Unter Flugi wandten sich die religiösen Zustände der Diözese zum Besseren. Am 24. August 1627 verzichtete er in die Hände des Nuntius auf sein Bistum.

4. Kapitel

Bistum Eichstätt

Bruggaier, Ludwig, Die Wahlkapitulationen der Bischöfe und Reichsfürsten von Eichstätt 1259-1790. Eine historisch-kanonistische Studie (= Freiburger Theologische Studien 18. Heft), Freiburg i. Br. 1915

Buchner, Franz Xaver, Schulgeschichte des Bistums Eichstätt vom Mittelalter bis 1803, Kallmünz 1956

Deutsch, Josef, Kilian Leib, Prior von Rebdorf. Ein Lebensbild aus dem Zeitalter der deutschen Reformation. I. Teil. Bis zum Ausgang der sozialen Revolution (1471-1525). Phil. Diss. Bonn, Münster i. W. 1909

Druffel, von, Ueber die Aufnahme der Bulle ,,Exsurge Domine" — Leo X. gegen Luther — von Seiten einiger Süddeutschen (sic) Bischöfe: Sitzungsberichte der philosophisch-philologischen und historischen Classe der k. b. Akademie der Wissenschaften zu München. Jgg. 1880, München 1880, 571-597

Götz, Johann Baptist, Die Glaubensspaltung im Gebiete der Markgrafschaft Ansbach-Kulmbach in den Jahren 1520-1535. Auf Grund archivalischer Forschungen (= Erläuterungen und Ergänzungen zu Janssens Geschichte des deutschen Volkes V. Bd., 3. und 4. Heft), Freiburg i. Br. 1907

Götz, Johann Baptist, Die religiöse Bewegung in der Oberpfalz von 1520 bis 1560. Auf Grund archivalischer Forschungen (= Erläuterungen und Ergänzungen zu Janssens Geschichte des deutschen Volkes X. Bd., 1. u. 2. Heft), Freiburg i. Br. 1914

Graber, R., Bauch, A., Eichstätt: LThK III, 2. Aufl., 1959, 724-726

Heidingsfelder, Franz, Die Zustände im Hochstift Eichstätt am Ausgang des Mittelalters und die Ursachen des Bauernkrieges (= Würzburger Studien zur Geschichte des Mittelalters und der Neuzeit Heft 3), Leipzig 1911

Heidingsfelder, Fr., Eichstätt: LThK III, 1931, 582-586

Herold, Reinhold, Geschichte der Reformation in der Grafschaft Oettingen 1522-1569 (= Schriften des Vereins für Reformationsgeschichte 20. Jgg. 2. Stück Nr. 75), Halle a.S. 1902

Kalkoff, Paul, Die Bulle ,,Exsurge". Ihre Vollziehung durch die Bischöfe von Eichstädt (sic), Augsburg, Regensburg und Wien: Zeitschrift für Kirchengeschichte 37, 1918, 89-174

Neuhofer, Theodor, Gabriel von Eyb, Fürstbischof von Eichstätt, 1455-1535. Ein Lebensbild aus der Wende vom Mittelalter zur Neuzeit, Eichstätt 1934

Neuhofer, Theodor, Gabriel v. Eyb: NDB 6, 1964, 9f.

Reiter, Ernst, Martin von Schaumberg, Fürstbischof von Eichstätt (1560-1590), und die Trienter Reform (= Reformationsgeschichtliche Studien und Texte Heft 91/92), Münster/Westf. 1965

Ried, Karl, Die Durchführung der Reformation in der ehemaligen freien Reichsstadt Weißenburg i. B. Auf Grund archivalischer Quellen dargestellt (= Historische Forschungen und Quellen 1. Heft), München, Freising 1915

Ried, Karl, Moritz von Hutten, Fürstbischof von Eichstätt (1539-1552), und die Glaubensspaltung. Auf Grund archivalischer Quellen bearbeitet (= Reformationsgeschichtliche Studien und Texte Heft 43 und 44), Münster i. W. 1925

Sax, Julius, Die Bischöfe und Reichsfürsten von Eichstädt (sic) 745-1806. Versuch einer Deutung ihres Waltens und Wirkens nach den neuesten Quellen zusammengestellt, 2 Bde., Landshut 1884/85

Sax, Julius, Geschichte des Hochstiftes und der Stadt Eichstätt. Neue, verbesserte Auflage von Joseph Bleicher, Eichstätt 1927

I.

Gabriel von Eyb (1496-1535)

Gabriel von Eyb machte seine Studien in Erfurt, Ingolstadt und Pavia; hier erwarb er den Grad eines Dr. decr. Am 5. Dezember 1496 wurde er zum Bischof von Eichstätt gewählt, am 2. März 1497 erhielt er die päpstliche Bestätigung. Am 16. April 1497 empfing er die Bischofskonsekration.

Gabriel war ein gebildeter, ja ein gelehrter Mann. Er war geschäftskundig und welterfahren, besonnen und klug. Er war auch fromm und sittenrein. Seinem Hochstift war er ein geschickter Verwalter, der sich um die Abrundung des Gebietes und die Schaffung tüchtiger Beamter bemühte. Er war ein sparsamer Haushalter, der dank seiner umsichtigen Finanzpolitik eine starke Bautätigkeit entfaltete und viele Künstler mit Aufträgen bedachte.

Die Mißbräuche, die Luther zum Anlaß seines Auftretens nahm, existierten im Bistum Eichstätt nicht. Hier wurde die Lehre über den Ablaß rein gepredigt; gegen finanzielle Ausbeutung desselben schritten die Bischöfe entschieden ein. Allerdings war der Zustand des Klerus in dieser Diözese nicht besser als anderswo. Der Bischof leitete keine großangelegte Reform ein. In seiner fast vier Jahrzehnte umspannenden Regierung wurde keine einzige Diözesansynode abgehalten.

Durch die in der Diözese Eichstätt gelegene Universität Ingolstadt erfolgte die früheste Abwehr der Irrtümer des Wittenberger Augustinermönches; sie stellte ein Bollwerk des katholischen Glaubens dar. Bischof Gabriel veranlaßte Johannes Eck, seine „Adnotationes" zu Luthers Thesen zu verfassen. Der Domherr Bernhard von Adelmann hing zumindest zu Anfang der neuen Lehre an. Er spielte Luther die Schrift Ecks in die Hände. Bernhard von Adelmann wurde exkommuniziert. Seine Abschwörung war kaum ehrlich gemeint. Sein späteres Verhalten zeigt, daß er ein geheimer Parteigänger Luthers blieb. Im allgemeinen setzte sich Eyb mutig gegen die Neuerung zur Wehr. Die Bulle „Exsurge Domine" wurde von Papst Leo X. am 15. Juni 1520 erlassen. Bischof Gabriel ließ sie als erster deutscher Bischof schon zehn Tage nach ihrer Zustellung, am 29. Oktober 1520, in Eichstätt und Ingolstadt veröffentlichen. Bereits am 24. Oktober 1520 befahl er, die lutherischen Bücher abzuliefern. Gabriel ging auch mit der Androhung kanonischer Strafen und mit Klagen beim Schwäbischen Bund und beim Kaiser vor; aber der Nürnberger Religionsfriede führte zur Niederschlagung des Verfahrens.

Wie viele andere Bischöfe konnte Eyb die Ausbreitung der Religionsneuerung in dem Hochstift, nicht aber in den übrigen weltlichen Territorien, die seine Diözese bildeten, verhüten. Die Glaubensneuerung setzte sich in Nürnberg, Weißenburg, der Markgrafschaft Ansbach, in Pappenheim und in der Oberpfalz durch. Diese Wirkung wurde von den Territorialherren teils beabsichtigt, teils ermöglicht. Markgraf Georg von Ansbach (1527-1543) führte den Protestantismus energisch und zielbewußt in seinem Gebiet ein. In der Oberpfalz hinderte Ludwig V. die Ausbreitung der Neuerung nicht. Eine zielbewußte Gegenreformation kam unter Eyb nicht zustande. An dem Regensburger Konvent nahm er nicht teil. Immerhin zog er Männer wie Johann Anton Braun, Matthäus Luchs und Lorenz Hochwart nach Eichstätt, welche die Richtung zur katholischen Reform einschlugen.

Es ist eine bekannte Erscheinung, daß Niedergang und Zersetzung von den Zeitgenossen nicht zugegeben werden, weil sie durch die Erkenntnis des Unheils in ihrer Ruhe gestört würden. So macht man in Optimismus, verharmlost den Zerfall und tröstet sich mit Wunschvorstellungen. Gabriel Eyb war einer der wenigen deutschen Bischöfe jener Zeit, welche keine Illusionen nährten. Er beurteilte die religiöse Lage pessimistisch und erwartete ein Fortschreiten der kirchlichen Revolution. Eyb meinte, daß die Verwirrung der Geister und die geistige Ansteckung erst einen Höhepunkt erreichen müßten, ehe der Umschlag erfolgen könne: „Man laß das pferd auslaufen und darnach hau mit gaißlen zu!" Er erkannte auch das Versagen vieler Bischöfe hellsichtig. Auf dem Reichstag zu Augsburg 1530 suchte er manchem seiner Amtsbrüder das Gewissen zu schärfen. Aber er selbst gestand mit Bitterkeit, daß sein Mahnen vergeblich sei: „Es hafft nichts, es gehet nichts zu herzen." Für das Konzil war Gabriel zu haben, wenn er auch wegen seines Alters sein Fernbleiben ankündigte.

II.

Christoph von Pappenheim-Stülingen (1535-1539)

Christoph von Pappenheim wurde am 14. Dezember 1535 zum Bischof gewählt und am 28. Januar 1536 vom Papst bestätigt. Er war eine schwache Persönlichkeit. Unter ihm schritt die Glaubensneuerung fort. Als Papst Paul III. das Konzil nach Mantua einberief, dachte Christoph daran, sich vertreten zu lassen; das Verlassen des Bistums erschien ihm unter den obwaltenden Umständen zu risikoreich. Er starb schon im 46. Lebensjahr.

III.

Moritz von Hutten (1539-1552)

Moritz wurde am 27. Juni 1539 einstimmig zum Bischof von Eichstätt gewählt, am 7. Mai 1540 durch Paul III. bestätigt. Lange währte der Streit um die Würzburger Propstei, die Moritz auch als Bischof behalten wollte; im Verlauf dieser Zwistigkeiten wurde er sogar exkommuniziert. Erst drei Jahre nach der Wahl empfing er die Bischofskonsekration (1542).

Moritz von Hutten war ein sittenreiner und frommer Mann. Bei einem Jesuiten machte er geistliche Übungen. Seine Neigung galt dem Amte des Bischofs, nicht jenem des Territorialherren. Die Pflichten als Fürst beanspruchten ihn nach seinem Empfinden zu stark. Gelegentlich klagte er über sich selbst, daß er das Geistliche über dem Weltlichen vernachlässige, z.B. die Feier der hl. Messe versäume. Moritz war eine jener gütigen, aber auch weichen Persönlichkeiten, wie sie im katholischen Klerus in großer Zahl anzutreffen sind. Er war keine Herrschernatur und auch kein entschlossener und fester Regent. Es fehlte ihm an Entschiedenheit und Tatkraft; Bedenken und Vorsicht hemmten ihn. Er litt unter der Bürde seines Amtes, trug sich mit dem Gedanken zu resignieren und sehnte sich gelegentlich nach dem Tode. Für die Zeit des Kampfes war er nicht geeignet. Er war ein friedfertiger und toleranter Mann, ohne jedoch dem katholischen Glauben etwas zu vergeben. Zum Glück standen ihm tatkräftige Mitarbeiter zur Seite. In dem Generalvikar Willibald Frankmann und dem Weihbischof Leonhard Haller erkor er sich aufrichtig überzeugte, fromme und tüchtige katholische Männer zu Helfern. Er förderte Johann Eck, rief Vitus Amerbach und Johann Cochläus nach Eichstätt und nahm Jesuiten in Ingolstadt auf.

Unter der Regierung des Moritz von Hutten war der Protestantismus noch immer im Angriff und machte weitere Eroberungen. Im Jahre 1542 brach Pfalz-Neuburg mit der katholischen Kirche, wenige Jahre später mußte die Oberpfalz zum größten Teil als verloren gelten. Im Rahmen seiner Möglichkeiten suchte Moritz die Menschen bei der Kirche zu halten. Er entwarf als erster eine Strategie des Vorgehens, die angesichts der Lage und seiner begrenzten Kräfte notwendig war. Während er sich mit den zum Protestantismus Übergegangenen nicht befaßte, suchte er die Schwankenden und Zweifelnden zu halten bzw. zu gewinnen. Er war freilich mehr bedacht, zu bewahren als zurückzuerobern. Seinen Bemühungen um Erhaltung des Glaubens stand die Übermacht der weltlichen Fürstengewalt entgegen. Die Prediger wurden von dem pfälzischen Kurfürsten gegen das Einschreiten der Bischöflichen Behörde geschützt. Lediglich jene Teile des Bistums verharrten im Glauben, die zum Eichstätter Hochstift, dem Herzogtum Bayern und dem Deutschen Orden gehörten. Zweimal gelang es dem Bischof, durch käuflichen Erwerb (des Amtes Titting und des Ortes Treuchtlingen) die katholische Religion zu erhalten bzw. wiederherzustellen. Von 1547 bis 1552 wurde die Rekatholisierung des Neuburger Gebietes, wenn auch ohne Nachdruck, betrieben; die Ereignisse des Jahres 1552 vernichteten alle Erfolge. Viele aus ihren Klöstern vertriebene Ordensleute suchten bei Hutten um Aufnahme und Schutz nach.

Moritz wartete auf das Konzil und zögerte mit entschlossenen Maßnahmen. Vom Konzil erhoffte er Klärung und Einigung, denn er sah in ihm den entscheidenden Richter in Sachen des Glaubens. Damit verkannte er freilich die Lage. Er begriff nicht, daß die Protestanten von dem Konzil lediglich die Bestätigung ihrer Aufstellungen hinnehmen und jeder Konzilsentscheidung spotten würden, die ihren Ansichten widersprach. Im Juni 1543 traf der Bischof in Trient ein, reiste wenige Tage später nach Bologna zum Papst und war im August wieder in Eichstätt. Das Konzil wurde zunächst vertagt, dann aber doch 1545 eröffnet. Moritz fand sich jetzt nicht dazu ein. 1551 sandte er wenigstens den Weihbischof Haller nach Trient.

Moritz erkannte nicht sofort klar, daß es eine Versöhnung zwischen Neu- und Altgläubigen nicht geben konnte; er hoffte lange Zeit auf einen Ausgleich. Zu diesem Zweck wurden Religionsgespräche abgehalten. Es war dies ein Lieblingsgedanke Karls V. Er erwartete viele Jahre hindurch von derartigen Kolloquien eine Einigung der streitenden Religionsparteien. Den Protestanten waren diese Religionsverhandlungen sehr gelegen; sie erkannten darin ein Mittel, um Zeit zu gewinnen und ihre Lehre weiter zu verbreiten. Auf dem Regensburger Religionsgespräch im Jahre 1546 führte Moritz (ungern) den Vorsitz. Freundlich und verträglich gegen alle Anwesenden, wohnte er dem Kolloquium jedoch nur teilweise bei. Mit Julius Pflug wurde er zu jener mittleren Partei gerechnet, die einen Ausgleich mit den Protestanten für nicht unmöglich hielt. Die Religionsgespräche waren indes Versuche mit untauglichen Mitteln. Der Spalt war von Anfang an unüberwindlich. Eine Verständigung zwischen beiden Parteien war aussichtslos. Allmählich dämmerte diese Erkenntnis auch Moritz von Hutten. In dem Schreiben an Julius Pflug vom 18. März 1551 gab er zu verstehen, daß er nicht an einen aufrichtigen Frieden in Deutschland glaube, solange die religiöse Spaltung andauere.

Die Formula reformationis bot Moritz Anlaß, vom 26. bis 28. November 1548 eine Diözesansynode abzuhalten. Er lud dazu auch die protestantischen Geistlichen ein, aber keiner erschien. Die Reformbestimmungen wurden vorgetragen, den Teilnehmern wurde Gelegenheit geboten, ihre Beschwerden zu äußern. Die Synode faßte heilsame Beschlüsse zur Hebung der Religiosität und zur Förderung der Bildung in Klerus und Volk. Im folgenden Jahr nahm Moritz an der Provinzialsynode in Mainz als einziger Suffraganbischof persönlich teil und beteiligte sich lebhaft an den Verhandlungen. Im Anschluß daran begann er mit der Pfarrvisitation in seinem Bistum. Aber eine vollständige Visitation des Hochstiftes erfolgte ebensowenig wie die Abhaltung einer zweiten Diözesansynode. Der Erfolg des Erlasses der Vorschriften war gering. Den sittlichen Stand des Klerus vermochte der Bischof nicht allgemein zu heben. Nicht einmal gegenüber dem Domkapitel konnte er sich durchsetzen. Im November 1549 trafen die Jesuiten Canisius, Salmeron und Le Jay in Ingolstadt ein. Leider war ihres Bleibens nicht lange.

Moritz scheint das Interim eine Zeitlang für ein geeignetes Mittel gehalten zu haben, die Einheit mit den Getrennten wiederzubringen, war aber überwiegend skeptisch. Er bemühte sich um seine Durchführung und ging dabei bis an die Grenze des Möglichen. Die Protestanten verhielten sich abweisend oder arbeiteten auf Zeitgewinn. Ganz richtig konnte der Nuntius Pietro Bertano am 31. März 1549 an Paul III. schreiben: „Ganz Oberdeutschland hat das Interim angenommen mit dem Wort, aber nicht in der Tat.“ Seit 1555 war das Interim tot. Der Versuch des Kaisers, die Einheit im Glauben wiederherzustellen, war gescheitert.

IV.

Eberhard II. von Hirnheim (1552-1560)

Eberhard von Hirnheim wurde am 22. Dezember 1552 vom Kapitel postuliert und am 22. Februar 1553 vom Papst zugelassen. Es fehlte ihm nicht an gutem Willen, wohl aber an Energie. Er war krank und infolgedessen in seiner Tätigkeit gehemmt. Die Regierung der Diözese führte er recht und schlecht.

V.

Martin von Schaumberg (1560-1590)

Martin von Schaumberg wurde am 17. Juli 1560 vom Kapitel zum Bischof gewählt und erhielt am 4. September 1560 die päpstliche Bestätigung.

Martin von Schaumberg war ein gebildeter Mann und gleichzeitig eine untadelige Persönlichkeit. Er war bemüht, seinem Klerus ein gutes Beispiel zu geben. Er hielt streng Residenz, trug die geistliche Kleidung und war im Umgang mit Frauen äußerst zurückhaltend. In seiner Hofhaltung war er einfach und sparsam. Martin war ein frommer Mann. Er zelebrierte gewöhnlich dreimal in der Woche und wohnte an den übrigen Tagen der Messe bei; in der Advents- und Fastenzeit feierte er täglich die Messe. Die liturgischen Funktionen im Dom vollzog er persönlich. In der Stadt Eichstätt spendete er auch selbst die Firmung. Eine überdurchschnittliche oder gar herrscherliche Persönlichkeit war Bischof Martin jedoch nicht. Er besaß nicht die Kraft, selbständig und deckungslos zu handeln. Vor jeder Maßnahme schaute er bei seinen Nachbarbischöfen um, wie sie dazu stehen würden. Er legte auch eine ,,an Gutmütigkeit grenzende Nachsicht und Güte'' (Ernst Reiter) an den Tag. Auseinandersetzungen mied er, Konflikten wich er aus. ,,Schaumberg war nicht von kämpferischer Natur; er ging lieber den Weg des Zuredens und Verhandelns'' (Ernst Reiter). Eine Stütze fand er in dem Weihbischof Leonhard Haller. Dieser weilte an seiner Stelle 1562/63 in Trient.

Im Rahmen seiner Persönlichkeitsstruktur bemühte sich Martin um die Erneuerung seines Bistums. In religiösen und sittlichen Fragen nahm er eine entschiedene Haltung ein; von kirchlichen Strafmitteln machte er eifrig Gebrauch. Er führte die Reformen des Trienter Konzils in seinem Bistum nach Kräften durch. Von dem System der Diözesansynoden ging er ab zu der Methode der Kapitelsversammlungen. Dem Rechtswesen und der Rechtspflege wandte er gesteigerte Aufmerksamkeit zu. Mit Energie und Ernst nahm er den Kampf gegen die Mißstände im Klerus auf. Im Jahre 1565 ließ er große Teile der Diözese visitieren, womit er Leonhard Haller und Johann Jakob Kuchner beauftragte. Martin prägte das Wort: ,,Der Priester muß ein Heiliger sein, sonst ist er ein Satan, und leichter befehlige ich dann einen Haufen Soldaten als Geistliche.'' Der

Kampf gegen den Konkubinat war schwer und von manchen Hindernissen begleitet. Da viele Pfarrer Landwirtschaft betrieben und wegen ihres Unterhaltes betreiben mußten, konnten sie die Hilfe einer Frau nicht leicht entbehren. Wie die Verhältnisse lagen, entwickelte sich aus der Arbeitsgemeinschaft in nicht ganz wenigen Fällen eine eheähnliche Verbindung. Wie zweischneidig der Einsatz der kanonischen Strafgewalt in jener Zeit war, erlebte der Bischof bei seinem Vorgehen gegen konkubinarische Geistliche. Manche, die er züchtigte, zogen in Diözesen, wo man duldsamer gegen Konkubinarier war, andere fielen vom Glauben ab und wurden protestantische Religionsdiener. Angesichts dieser Verhältnisse war den Maßnahmen des Bischofs Erfolg nur in geringem Maße beschieden. Das Domkapitel war ein arges Hindernis jeder nachhaltigen Besserung. Mit Eifer betrieb Martin die Reform der in seinem Bistum gelegenen Klöster. Durch Visitationen suchte er die Ordensleute zu der Höhe des Ideals zurückzuführen. Im Jahre 1562 errichteten die Jesuiten in Eichstätt ihr erstes Kolleg auf deutschem Boden. Martin gründete 1564 das erste Priesterseminar nach den Weisungen des Konzils in Deutschland, das Collegium Willibaldinum. Viele Jünglinge entsandte er in das Deutsche Kolleg zu Rom. In seinem Bistum waren bei seinem Tode die religiösen Verhältnisse durchaus befriedigend. Der Priestermangel war behoben, die im Dienst stehenden Priester waren zu fast zwei Dritteln im Eichstätter Seminar oder an auswärtigen Stätten ausgebildet worden. Martin war nach Joseph Schmidlin „ein wahrer Reformator der Diözese". Dennoch blieb vieles an seiner Wirksamkeit bruchstückhaft. Die vom Trienter Konzil geforderten häufigen Visitationen fanden nicht statt. Diözesansynoden wurden nicht abgehalten. Das Trienter Glaubensbekenntnis wurde nicht eingeführt.

Im Glaubenskampf tat Martin manches, wenn auch nicht genug. Das Hochstift hielt er von der Häresie frei. Gegen Geistliche, die protestantisch predigten, schritt er energisch ein. Nichtkatholiken, die sich im Stiftsland niederlassen wollten, wurden nur aufgenommen, wenn sie zuvor der Irrlehre abschworen. Er war auch bemüht, die Konversion einzelner Personen zum katholischen Glauben zu erreichen. Nicht überall, wo er das Recht oder die Pflicht gehabt hätte, trat er mit Nachdruck für die Erhaltung oder Wiederherstellung der katholischen Religion ein. Die Verluste, die Eichstätt durch die sogenannte Reformation erlitt, waren enorm. Zählte das Bistum im Jahre 1480 insgesamt 301 Pfarreien, so waren es im Jahre 1589 noch 140. Auf den Reichstagen setzte sich Martin entschieden für die Aufrechterhaltung des Geistlichen Vorbehalts ein.

VI.

Caspar von Seckendorf (1590-1595)

Caspar von Seckendorf wurde am 12. August 1590 vom Domkapitel zum Bischof gewählt und am 23. Januar 1591 vom Papst bestätigt. Erst 1592 ließ er sich die Diakonats- und Priesterweihe, 1593 die Bischofskonsekration spenden. Er war gutmütig, aber weder intelligent noch energisch. Er war ein kranker Mann; zur Regierung der Diözese war er unfähig. 1593 ließ er auf Drängen des päpstlichen Legaten Hieronymus von Portia eine Anzahl von Pfarreien visitieren. Der Heilige Stuhl veranlaßte ihn 1593, sich einen Koadjutor zu nehmen. Am 18. November 1593 wurde Johann Konrad von Gemmingen zum Koadjutor gewählt. Im Mai 1594 übernahm er die Administration des Bistums.

VII.

Johann Konrad von Gemmingen (1595-1612)

Johann Konrad von Gemmingen folgte dem Caspar von Seckendorf nach dessen am 28. April 1595 erfolgten Tod als Bischof von Eichstätt nach. Er wurde am 23. Mai 1595 installiert und am 2. Juni 1596 konsekriert.

Johann Konrad von Gemmingen hatte in Paris die Rechte und in Italien Theologie studiert sowie England und Spanien besucht. Er besaß Welt- und Menschenkenntnis, Sicherheit im Auftreten, kultivierte Sitten und Freundlichkeit gegen jedermann. Aber er zauderte bei Entscheidungen. Er kehrte stark den Fürsten hervor, der Bauten aufführte, Kunstschätze sammelte und sich als Mäzen gerierte. Er ließ einen botanischen Garten anlegen und ein stattliches Schloß errichten. Er war ein gewiegter Finanzmann. Aus seinem großen Vermögen machte er freigebig Geschenke. Er war auch als Politiker tüchtig. Aber der Liga trat er nicht bei. Sein Territorium hielt er von Häretikern frei, häretische Bedienstete, die er vorfand, ersetzte er nach und nach. Mit Mut und Zähigkeit kämpfte er um die Erhaltung und korrekte Besetzung der Pfarreien, die auf dem Gebiet häretischer Fürsten bestanden. Gegen Übergriffe von benachbarten Häretikern wehrte er sich entschieden. Die Generalvisitation, die der Generalvikar Vitus Priefer 1601 und 1602 vornahm, klärte die Lage und hätte dem Bischof willkommenen Anlaß zum Eingreifen geboten; aber daran ließ er es fehlen. Das Seminar kam unter ihm herunter, ja war dem Eingehen nahe.

VIII.

Johann Christoph von Westerstetten (1612-1636)

Johann Christoph von Westerstetten wurde am 4. Dezember 1612 vom Kapitel zum Bischof gewählt und am 28. März 1613 vom Papst bestätigt. Am 6. Januar 1593 hielt er seine Primiz. Johann Christoph von Westerstetten erlebte erfreuliche Fortschritte der katholischen Religion. Die Konversion des Pfalzgrafen Wolfgang Wilhelm von Neuburg leitete die Rekatholisierung seines Landes ein. Sie erfolgte schrittweise und vorsichtig, unter Duldung der Protestanten. 1615 wurde in vier oberpfälzischen Ämtern die katholische Relgionsübung freigegeben. Seit 1626 wurde die übrige Oberpfalz rekatholisiert. 1614 trat der Graf Gottfried Heinrich von Pappenheim zum Glauben über. Die Rekatholisierung seines Gebietes wurde in Angriff genommen. Am 17. Mai 1617 wurde der Bischof Mitglied der Liga. Er rief Kapuziner nach Eichstätt. Der Klerus besserte sich, die religiöse Betreuung des Volkes wurde intensiver, der Gottesdienst wurde nach dem römischen Ritus geordnet, Bruderschaften blühten auf, die Häufigkeit des Sakramentenempfangs nahm zu.

5. Kapitel

Bistum Halberstadt

Becker, Karl, Chronik der Stadt Halberstadt/Harz, Berlin 1941

Boettcher, Neue Halberstädter Chronik von der Gründung der Bistums i. J. 804 bis zur Gegenwart, Halberstadt 1913

Brackmann, Albert, Urkundliche Geschichte des Halberstädter Domkapitels im Mittelalter. Ein Beitrag zur Verfassungs- und Verwaltungsgeschichte der deutschen Domkapitel. Phil. Diss. Göttingen, Wernigerode 1898

Frantz, Klamer Wilhelm, Geschichte des Bisthums, nachmaligen Fürstenthums Halberstadt von seiner Gründung ums Jahr 800 bis zur Aufnahme in die Provinz Sachsen im Jahr 1816 für Gebildete aller Stände herausgegeben, Halberstadt 1853

Geist, Gustav, Die Säkularisation des Bistums Halberstadt im westfälischen Friedenskongresse, auf Grund archivalischen Materials dargestellt. Phil. Diss. Halle-Wittenberg, Halle a. S. 1911

Giesau, Hermann, Der Dom zu Halberstadt (= Deutsche Bauten 16. Bd.), Burg b. Magdeburg 1929

Götze, Ludwig, Urkundliche Geschichte der Stadt Stendal, Stendal 1873

Hilling, Nikolaus, Beiträge zur Geschichte der Verfassung und Verwaltung des Bistums Halberstadt im Mittelalter, Lingen a. d. Ems 1902

Klapper, J., Engfer, H., Halberstadt: LThK IV, 2. Aufl., 1960, 1328-1330

Langenbeck, Wilhelm, Geschichte der Reformation des Stiftes Halberstadt. Phil. Diss. Göttingen, Göttingen 1886

Ludewig, Friedrich August, Heinrich Julius, Herzog zu Braunschweig und Lüneburg. Ein biographischer Versuch, Helmstedt 1833

Nebe, Gustav (Bearb.), Die Kirchenvisitationen des Bisthums Halberstadt in den Jahren 1564 und 1589. Nebst einer Einleitung enthaltend die Geschichte der Einführung der Reformation im Halberstädtischen (= Geschichtsquellen der Provinz Sachsen und angrenzender Gebiete 12. Bd.), Halle 1880

Opel, Julius Otto, Kampf des Protestantismus und des Katholizismus im Stift Halberstadt. 1612-1620: Zeitschrift für preußische Geschichte und Landeskunde 7, 1870, 61-86

Opel, Julius Otto, Der niedersächsisch-dänische Krieg, 3 Bde., I: Halle 1872; II: Magdeburg 1878; III: Magdeburg 1894

Die Reformation in der Stadt Braunschweig. Festschrift 1528-1978. Hrsg. vom Stadtkirchenverband Braunschweig, Braunschweig 1978

Reller, Horst, Vorreformatorische und reformatorische Kirchenverfassung im Fürstentum Braunschweig-Wolfenbüttel (= Studien zur Kirchengeschichte Niedersachsens 10), Göttingen 1959

Richter, Gerhard, Stendal, Herz der Altmark. Ein Gang durch eine Stadt und ihre acht Jahrhunderte, 3. Aufl., Stendal 1965

Sachs, Hannelore, Der Dom zu Stendal (= Das christliche Denkmal Heft 57), Berlin 1962

Sauerland, H. V., Katholizismus und Protestantismus in den norddeutschen Diözesen Magdeburg, Halberstadt, Hildesheim, Paderborn, Minden, Osnabrück, Lübeck und Münster im Jahre 1607. Aus den Akten des päpstlichen Staatssekretariats: Römische Quartalschrift für christliche Alterthumskunde und Kirchengeschichte 14, 1900, 384-392

Schmidt, Gustav (Hrsg.), Urkundenbuch des Hochstifts Halberstadt und seiner Bischöfe 1. Thl. (= Publicationen aus den K. Preußischen Staatsarchiven 17. Bd.), Leipzig 1883

Schwineköper, Berent, Christian d. J., Herzog von Braunschweig-Lüneburg-Wolfenbüttel: NBD 3, 1957, 225f.

Spehr, Christian der Jüngere, Herzog von Braunschweig-Wolfenbüttel: ADB 4, 1876, 677-683

Spehr, F., Heinrich Julius, Herzog von Braunschweig-Wolfenbüttel: ADB 11, 1880, 500-505

Wertheim, Hans, Der tolle Halberstädter. Herzog Christian von Braunschweig im pfälzischen Kriege 1621-1626. Ein Abschnitt aus dem Dreißigjährigen Kriege, 2 Bde., Berlin 1929

Weskamp, Albert, Herzog Christian von Braunschweig und die Stifter Münster und Paderborn im Beginne des dreißigjährigen Krieges (1618-1622) (= Münsterische Beiträge zur Geschichtsforschung 6. Heft), Paderborn 1884

Wurm, H. J., Halberstadt: LThK IV, 1932, 794-797

Xylander, Heinrich Ritter von, Herzog Christian d. J. von Braunschweig und Lüneburg (1599-1626) genannt „Der tolle Bischof". Das Leben eines protestantischen Führers aus dem Beginn des 30jährigen Krieges. Phil. Diss. Jena, Halle/Saale 1927

I.

Albrecht von Brandenburg (1513-1545)

Seitdem im Jahre 1479 der Erzbischof von Magdeburg, Ernst II. von Sachsen, zum Koadjutor von Halberstadt gewählt worden war, blieb das Bistum bis 1566 mit dem Erzbistum Magdeburg verbunden. Das Domkapitel von Halberstadt ließ sich bei dieser Verknüpfung von zwei Überlegungen leiten. Einmal versprach es sich für sich selbst ein selbständigeres Handeln, wenn der Bischof nicht oder jedenfalls nicht dauernd im Bistum weilte, und zum anderen erhoffte es sich Schutz, wenn die Macht des relativ starken Erzbistums dem Halberstädter Stift zugute kam. Ernst von Sachsen starb am 3. August 1513. Ihm folgte im Dezember 1513 Albrecht von Brandenburg nach. Er war Erzbischof von Magdeburg und Administrator von Halberstadt, seit 1514 auch noch Erzbischof von Mainz und seit 1518 Kardinal. Seine Fähigkeiten und sein Charakter standen in einem verhängnisvollen Mißverhältnis zu seiner Position. Mittelmäßigkeit und Schwäche waren schon in normalen Zeiten keine geeignete Mitgift für einen Mann in einer derart herausragenden Stellung; sie mußten katastrophal werden in einer Zeit des Aufruhrs.

Spätestens 1521 begannen einige Mönche das Luthertum in Halberstadt zu predigen; zwei Jahre ließ man sie gewähren, bis das Domkapitel sie aus der Stadt wies. Der Propst Eberhard Wiedensee aber, der die treibende Kraft der Irrlehre war, und der Domprediger Hammenstedt, der ebenfalls dem Luthertum anhing, blieben zunächst unbehelligt. So breitete sich der Abfall weiter aus. Die Grafen von Hohnstein und von Stolberg waren seine eifrigen Förderer. Die Neuerer verwendeten alle Mittel der Propaganda, um der Kirche zu schaden und ihre Vorstellungen zu verbreiten. Conrad Drache richtete eine Druckerei in Halberstadt ein, aus der 1522 eine Bibel in plattdeutscher Sprache hervorging. Die Kraft der protestantischen Ideen reichte freilich nicht aus, um die Bevölkerung vom Glauben abwendig zu machen. Rechtsbrüche und Gewalttaten begleiteten hier wie überall die sogenannte Reformation. Im Unterschied von anderen Bischofsstädten gab es jedoch in Halberstadt stets eine Reihe von mutigen und geschickten Verteidigern der katholischen Religion. Der heftigste Widerstand gegen den Abfall ging von dem Domkapitel und den Kollegiatstiften aus. Der Weihbischof Heinrich Leucker war ein tatkräftiger Gegner der Irrlehre. Auch sein Nachfolger Johannes Mensing (1539-1541) trat der Glaubensneuerung entgegen. Er war als Angehöriger des Dominikanerordens und Professor an der Universität Frankfurt an der Verfassung der Confutatio auf dem Augsburger Reichstag 1530 beteiligt. Er nahm auch an den Religionsgesprächen zu Worms 1540 und Regensburg 1541 teil. Schließlich bezog er literarisch gegen die Irrlehren der Glaubensneuerer Stellung.

Der Bischof war in Halberstadt der Lage ebensowenig gewachsen wie in Magdeburg. Albrecht ließ es wie überall auch hier an energischem Vorgehen fehlen. Ein Beispiel seiner Schlaffheit ist die lange Duldung des Augustinerchorherrn Eberhard Wiedensee, der lutherisch predigte. Es war dem Weihbischof Heinrich Leucker zu verdanken, daß Wiedensee vorgeladen, abgesetzt und verhaftet wurde; indes entkam er seinen Bewachern. Der Bauernkrieg hinterließ im Stift Halberstadt furchtbare Verwüstungen. Die von Luthers Hetze aufgestachelten oder sich jedenfalls auf ihn berufenden Haufen zerstörten zahlreiche blühende Klöster. Diese Ereignisse schienen eine Wende zu bringen. Im Jahre 1525 sah es aus, als sei der Protestantismus in Halberstadt niedergeworfen; nach dem Bauernkrieg hielten sich seine Anhänger lediglich im Verborgenen in der Stadt. In der Bischofsstadt ging man auch später zeitweilig entschieden gegen die Neuerer vor. 1529 wurde der Prediger Winnigstedt aus Halberstadt ausgewiesen. Aber die Behörden ließen es an Konsequenz fehlen. Die Anhänger des Luthertums suchten die Prädikanten in der Umgebung auf. Ringsum festigte sich das Luthertum. Seit 1540 erhob der Protestantismus auch in Halberstadt wieder sein Haupt.

Den Umtrieben der Neuerer in Braunschweig, die sich seit 1522 bemerkbar machten, suchte Albrecht am 2. Januar 1528 mit einem Mahnschreiben beizukommen. Damit war keine Wirkung mehr zu erzielen. Der widerstrebende Rat der Stadt wurde unter Druck gesetzt, protestantisiert und von den Katholiken „gesäubert". So konnte die „Reformation" vonstatten gehen. Die katholische Predigt und die Feier der hl. Messe wurden verboten. Am 5. September 1528 wurde die „Kirchenordnung" angenommen.

Das alles ging keineswegs widerstandslos vor sich, so sehr die Ablehnung der ,,Reformation" von protestantischer Seite minimalisiert zu werden pflegt. Bei der Wahl zum Rat im November 1529 wurde ein Fünftel der Ratsherren ihres Ratsstuhles entsetzt, weil sie ,,Papisten" waren. Da niemand den Katholiken zu Hilfe kam, standen sie auf verlorenem Posten. Auch die Stiftsherren in Stendal hatten zwar seit der Visitation von 1541 sich bereit erklärt, die protestantische Kirchenordnung anzunehmen, hielten aber am Glauben fest. Die Nonnen des Annaklosters lehnten es noch 1552 ab, das Abendmahl unter beiden Gestalten zu empfangen. 1543 bestand noch die Fronleichnams-Bruderschaft in der Stadt.

Seit 1523 war Albrechts Vetter, der Markgraf Johann Albrecht von Brandenburg, Koadjutor für Magdeburg und Halberstadt. Ab 1541 überließ er ihm die Verwaltung der beiden Stifte. Dieses Jahr brachte eine verhängnisvolle Entscheidung. Albrecht gab die Augsburgische Konfession frei. Damit war die Diözese dem Luthertum ausgeliefert. Lediglich die Klöster und die Stifter sollten bis zu einem künftigen Konzil in ihrer katholischen Religionsübung belassen werden. Ausschlaggebend für diesen Entschluß war Albrechts Geldnot. Die Stände knüpften ihre Bewilligung an die Gestattung der freien Übung der Augsburgischen Konfession.

II.

Johann Albrecht VI. von Brandenburg-Ansbach (1545-1550)

Johann Albrecht von Brandenburg war, wie erwähnt, Koadjutor Albrechts mit dem Recht der Nachfolge und trat nach dessen Tod die Regierung im Bistum Halberstadt an. Er war wie Albrecht gleichzeitig Erzbischof von Magdeburg. Johann Albrecht war gehbehindert und trug deswegen den Beinahmen ,,der Lahme". Er war treu katholisch und von Eifer für die Kirche erfüllt, suchte eine echte Reform des Klerus in Gang zu setzen und befahl dazu u. a. die Abschaffung der Konkubinen. Er versuchte auch, die katholische Religion in dem reißenden Strom des Protestantismus zu erhalten. Indes fehlte es ihm an Macht, um dem Recht zu dienen und dem Unrecht zu wehren. So mußte er zusehen, wie 1549 die Grafen von Wernigerode das Kloster Ilsenburg an sich rissen und die Mönche vertrieben. Im Schmalkaldischen Kriege wollte ihm Kurfürst Johann Friedrich von Sachsen das Stift Halberstadt entziehen. Aber 1548 erhielt er es zurück. Um eine wirksame Rekatholisierung vornehmen zu können, fehlten ihm die Mittel. Johann Albrecht war ein sparsamer und tüchtiger Haushalter, der die Schulden des Stiftes abzutragen und die versetzten Güter wieder einzulösen unternahm.

III.

Friedrich III. von Brandenburg (1550-1552)

Dem Johann Albrecht folgte ein Sohn Joachims II. von Brandenburg, Friedrich. Bereits 1547 schlug ihn sein Vorgänger als Koadjutor vor, obwohl er erst 1530 geboren war und somit in jugendlichem Alter stand. Johann Albrecht dachte wohl daran, daß ein Angehöriger des mächtigen Brandenburger Fürstenhauses am ehesten das Stift vor der Begehrlichkeit der Fürsten und vor der völligen Protestantisierung schützen könne. Die Kapitel von Magdeburg und Halberstadt postulierten den Friedrich unter der Bedingung, daß die Regierung bis zum Eintritt der Mündigkeit bei ihnen liegen sollte. Wegen des Abfalls seines Vaters zum Protestantismus konnte er erst am 12. September 1552 die Bestätigung des Papstes erlangen. Friedrich regierte in Halberstadt tatsächlich nur ein halbes Jahr. Ob er bei längerem Leben die Erwartungen, die von katholischer Seite auf ihn gesetzt wurden, erfüllt hätte, ist zweifelhaft. Der Hort des Glaubens war in dieser Zeit das Domkapitel; es widerstand entschieden dem Luthertum.

IV.

Sigismund von Brandenburg (1552-1566)

Sigismund von Brandenburg war ein Halbbruder seines Vorgängers, 1538 geboren und protestantisch erzogen. Das Domkapitel zu Magdeburg postulierte ihn im Alter von kaum 14 Jahren zum Erzbischof. Das Kapitel war gespalten; ein Teil stimmte für Sigismund, der andere Teil für den Dompropst, Christoph Graf von Stolberg. Sigismund setzte sich durch. Am 6. Juli 1556 erhielt er die päpstliche Bestätigung für Halberstadt, was vermutlich auf beruhigende Versprechungen zurückzuführen ist, die er machte. Wie so viele andere täuschte Sigismund den Apostolischen Stuhl über seine wahre Einstellung. Er war lutherisch gesinnt und ließ in seiner Residenz zu Halle lutherisch predigen. Durch Wolfgang von Anhalt bewogen, erklärte er sich öffentlich für die neue Lehre. Im ganzen Lande begünstigte er das Luthertum. Am 5. Dezember 1561 beschloß der Landtag zu Calbe eine Generalvisitation für Magdeburg und Halberstadt. Sie begann, abgesehen von dem bereits 1562 visitierten Aschersleben, im Stift Halberstadt am 6. Juni 1564 und wurde am 3. Dezember 1564 beendet. Die Visitation suchte den Katholizismus überall auszumerzen, Klöster und Stifter ausgenommen. In den Kirchen, die gleichzeitig Stifts- und Pfarrkirchen waren, herrschten unerquickliche Simultanverhältnisse.

V.

Heinrich Julius von Braunschweig-Wolfenbüttel (1566-1613)

Der am 15. Oktober 1564 geborene Heinrich Julius von Braunschweig-Wolfenbüttel wurde 1566 auf Betreiben seines Großvaters, Heinrich des Jüngeren, und seines Vaters, Julius, von dem noch überwiegend katholischen Domkapitel zum Bischof von Halberstadt postuliert. Das Kapitel glaubte sich in seiner Kurzsichtigkeit mit dem Versprechen begnügen zu können, daß der zweijährige Knabe katholisch erzogen werden solle, obwohl der katholische Großvater hoch betagt, der Vater aber lutherisch war. Mit 18 Jahren sollte der junge Mann die Regierung übernehmen. Der Heilige Stuhl sah weiter als das Domkapitel, gab sich vor allem über die Absichten des Herzogs Julius keiner Täuschung hin. Er lehnte darum die Zulasung der Postulation ab. Das Kapitel aber ließ den Postulierten nicht fallen. Vermutlich hoffte es auf eine Sinnesänderung des Knaben oder fürchtete Schlimmes für den Fall einer Neuwahl. Während seiner Minderjährigkeit lag die Regierung des Stiftes bei dem Domkapitel. 1568 kam Herzog Julius nach dem Tode seines Vaters zur Regierung. In seiner protestantischen Umgebung wurde der junge postulierte „Bischof" erzogen. Die protestantischen Theologen ließen keinen Augenblick locker, ihn dem Protestantismus zuzuführen bzw. dabei zu halten.

In Halberstadt gab es um diese Zeit noch eine nicht unbeträchtliche Minderheit von Katholiken. Trotz jahrzehntelangen Kampfes und zahlloser Schikanen hielten sie dem Glauben die Treue. Als Elgard 1575 nach Halberstadt kam, wurde die hl. Messe noch in mehreren Kirchen unter Beteiligung katholischer Laien gefeiert. Der Heilige Stuhl suchte nun in Halberstadt reinen Tisch zu machen. Papst Gregor XIII. ordnete am 7. Mai 1575 die Neuwahl des Bischofs an. Herzog Julius hinderte indes das Kapitel daran. Das Recht, in diesem Falle der Augsburger Religionsfriede, blieb unbeachtet; die Gewalt setzte sich durch. Allen weiteren Plänen, die vor allem um die Bestellung des Ernst von Bayern zum Bischof kreisten, entzog die Erteilung der Regalien an Heinrich Julius durch Kaiser Maximilian II. den Boden: 1578 wurde Heinrich Julius vom Kaiser für volljährig erklärt und übernahm selbst die Regierung, und kein Papst vermochte ihn daran zu hindern. Im gleichen Jahr ließ der Herzog Julius, um evtl. doch noch die päpstliche Bestätigung für seinen Sohn zu erhalten, diesem durch den Abt zu Huysburg die Tonsur und die niederen Weihen erteilen und ihn dann im Dom inthronisieren. Diese Handlungen waren reine Täuschungsmanöver und nicht ehrlich gemeint. Sie hatten nicht den gewünschten Erfolg; die päpstliche Bestätigung wurde nicht gewährt. Der Ehrgeiz und der Landhunger des Braunschweiger Herzogs waren durch den Gewinn von Halberstadt für einen Angehörigen des Hauses keineswegs gestillt. Am 7. Juli 1582 wurde Heinrich Julius auf Betreiben seines Vaters auch zum „Bischof" von Minden gewählt. Die Bemühung um päpstliche Bestätigung blieb allerdings hier ebenso erfolglos wie für Halberstadt. 1589 übernahm Heinrich Julius die Regierung von Braunschweig-Wolfenbüttel, ohne deswegen das Stift Halberstadt aufzugeben.

Heinrich Julius lebte wie ein Fürst und zeigte unstreitig die Eigenschaften eines tüchtigen Regenten. Aber ihm fehlte die Eignung zum Bischof. Er war weder ein Theologe noch ein geistlicher Mensch. Seine Lebensführung war ärgerniserregend; er war dem Wein und dem weiblichen Geschlecht ergeben. Als entschieden worden war, daß Heinrich Julius die Nachfolge seines Vaters im Land antreten sollte, mußte er auch heiraten. 1585 nahm er die Dorothea von Sachsen zur Frau. Damit rückte für die beiden Stifte, die er innehatte, die Gefahr nahe, zu erblichen Territorien gemacht zu werden. Das Domkapitel von Minden bestand zunächst auf der Abdankung des ,,Bischofs", als es vernahm, daß er sich verlobt hatte; später fand es sich jedoch mit der Verheiratung ab.

Als Heinrich Julius die Regierung von Halberstadt antrat, war ein großer Teil der Bevölkerung des Stiftes noch katholisch. Domkapitel, vier Kollegiatstifte und zahlreiche Klöster hielten damals noch treu zum katholischen Glauben. Das Wirken der seit 1586 in Halberstadt befindlichen Jesuiten begann erste Erfolge zu zeitigen. Der ,,Bischof" versprach, den Status quo in der Religionsübung aufrechtzuerhalten, außer daß die Obrigkeit (Kaiser), das Domkapitel und die Stände einer Änderung zustimmten. Aber Heinrich Julius brach sein Versprechen. 1589 ordnete er eine Kirchenvisitation an und suchte die Protestantisierung des Stiftes Halberstadt durchzuführen. Die Visitation erfolgte von April bis Oktober 1589. Sie etablierte überall, von einigen Klöstern abgesehen, den Protestantismus. Katholischer Gottesdienst in Halberstadt wurde noch im Dom und in der Liebfrauenkirche abgehalten. Als Heinrich Julius erkannte, daß der Protestantismus nicht durch die Macht des Wortes allein durchzusetzen war, griff er zur Gewalt. Seit 1591 ging er unter Einsatz der staatlichen Macht gegen die beachtlichen Inseln katholischen Lebens im Stift vor. Die Jesuiten wurden ausgewiesen. Die gesamte öffentliche Ausübung der katholischen Religion sollte nunmehr auch in den Stiften unterdrückt werden. Am 21. September 1591 wurde zum erstenmal im Dom protestantisch gepredigt, bald danach auch im Paul- und Moritz-Stift. Im Liebfrauen-Stift wurde die erste protestantische Predigt am 1. Januar 1604 gehalten. Inzwischen war das Domkapitel protestantisch unterwandert worden. Es fügte sich zunächst dem Befehl des Fürsten im wesentlichen, wies aber das Ansinnen auf Protestantisierung durch geschickt eingeführte Bedingungen ab. Schließlich gab es doch nach. Allerdings blieb die katholische Religionsübung im Dom erhalten. Zu dieser Zeit befanden sich im Stift Halberstadt noch zahlreiche Katholiken. Als sich Kaiser Rudolf II. für sie verwandte, gab Heinrich Julius eine lügnerische Darstellung der Verhältnisse. Auch Papst Clemens VIII. nahm sich der Katholiken in Halberstadt an und beklagte die Lässigkeit des Mainzer Metropoliten, Wolfgang von Dalberg. Mit Hartnäckigkeit betrieb Heinrich Julius die Auslöschung des Katholizismus. Er zwang die Klöster und Stifte zum Einstellen des katholischen Gottesdienstes und zur Annahme lutherischer Prediger. Von der Gewissensfreiheit, die angeblich der sogenannten Reformation zu verdanken ist, war nichts zu spüren. In den Halberstädter Klöstern und Stiften und bei der katholisch gebliebenen Bevölkerung geschah eine Gewissensnötigung schlimmster Art. Der Katholizismus rettete sich dennoch bis ins 17. Jahrhundert. 1607 gab es noch einige katholische

Domherren. Seit 1605 war sogar der katholische Matthias von Oppeln Domdekan. Ihm gelang es, den Bischof zu bewegen, einem Beschluß des Kapitels, wonach Katholiken von ihm ausgeschlossen sein sollten, die Genehmigung zu versagen. In den folgenden Jahren konnte sich die katholische Religion in Halberstadt nicht nur behaupten, sondern sogar die Zahl ihrer Anhänger vermehren. Der katholische Gottesdienst war wieder allgemein zugänglich, es wurden selbst Prozessionen abgehalten. Der ,,Bischof" freilich, der seit 1607 mehrere Jahre lang am Hof des Kaisers in Prag weilte, trat den hiergegen aufbegehrenden lutherischen Domherren zunächst zur Seite und versicherte sie seiner Unterstützung bei der Abwehr des Katholizismus, wie sein Brief vom 15. Februar 1613 deutlich zeigt. Auf die Beschwerde der katholischen Domherren gegen die Forderung des (protestantischen) Religionseids hin widerrief Heinrich Julius jedoch dahin gehende Beschlüsse der protestantischen Mehrheit des Kapitels.

VI.

Heinrich Karl (1613-1615), Rudolf III. (1615-1616) und Christian von Braunschweig-Wolfenbüttel (1616-1623)

Als Heinrich Julius 1613 in Prag gestorben war, postulierte das Domkapitel seinen Sohn Heinrich Karl, der im Alter von vier Jahren stand, zum ,,Bischof"; er starb 1615. Ihm folgte sein Bruder Rudolf III., der 1602 geboren war und 1616 als Tübinger Student starb. Nun wurde sein Bruder Christian am 6. August 1616 von 15 Domherren einstimmig zum ,,Bischof" postuliert; er war damals 17 Jahre alt. Als dritter Sohn des Herzogs Heinrich Julius war Christian selbstverständlich Protestant. In Holland lernte er den Haß gegen die katholische Kirche und das Kaisertum. Obwohl ihm der Kaiser die Belehnung versagte, behauptete er sich als Administrator im Stift; so schlecht war es damals um die Autorität des Reichsoberhauptes bestellt. Christian war zu keinem Entgegenkommen gegenüber den noch immer in Halberstadt vorhandenen Katholiken bereit, trat vielmehr allen Versuchen, die katholische Präsenz im Bistum zu verstärken, entschieden entgegen. Er hatte nichts von einem Bischof an sich; er war ein rücksichtsloser Söldnerführer, der seinem Bistum unermeßlichen Schaden zufügte. Seine geistlichen Benefizien sah er lediglich als Einkommensquellen an, die ihm gestatteten, seinen Neigungen zu leben. Christian war eine Abenteurernatur, ähnlich wie Ernst von Mansfeld. Seine sengenden und plündernden Kriegshaufen brachten großes Elend über die von ihnen erreichten Gebiete. 1623 verzichtete er auf das Stift Halberstadt. Um diese Zeit schienen die Waffen des Kaisers noch einmal eine Wende zum Besseren in Halberstadt herbeizuführen. Im Jahre 1616 hatte das Domkapitel den ,,Erzbischof" von Magdeburg, Christian Wilhelm von Brandenburg, zum ,,Koadjutor" des ,,Bischofs" Christian gewählt, 1624 den Herzog Friedrich von Holstein. Am 24. Dezember 1627 wurde Leopold Wilhelm von Österreich, ein Sohn Kaiser Ferdinands II., zum Bischof postuliert (1627-1662). Unter dem Schutz des Hauses Habsburg wäre in ruhigen Zeiten der Katholizismus in Halberstadt vermutlich wieder erstarkt. 1629 wurde das Restitutionsedikt in Halberstadt vollzogen. Die meisten Kirchen und Stifter wurden den Katholiken zurückgegeben. Aber das Kriegsglück wendete sich bald wieder. Das Eingreifen der Schweden zerstörte die hoffnungsvollen Ansätze. Es fehlten jetzt endgültig die Machtmittel, um das Bistum für die katholische Kirche zu erhalten. Im Westfälischen Frieden fiel das Stift als weltliches Fürstentum an Kurbrandenburg. Entsprechend dem Normaljahr sollten von 16 Mitgliedern des Domkapitels vier Katholiken sein (Art. V § 23 und XI § 1 IPO).

6. Kapitel

Bistum Hildesheim

Algermissen, Konrad, Burchard v. Oberg: NDB 3, 1957, 25f.

Algermissen, K., Hildesheim: LThK V, 2. Aufl., 1960, 344-346

Bertram, Adolf, Die Bischöfe von Hildesheim. Ein Beitrag zur Kenntniss (sic) der Denkmäler und Geschichte des Bisthums Hildesheim, Hildesheim 1896

Bertram, Adolf, Geschichte des Bisthums Hildesheim, 3 Bde., Hildesheim 1899-1925

Joachim Brandis' des Jüngeren Diarium ergänzt aus Tilo Brandis' Annalen 1528-1609. Hrsg. von M. Buhlers, Hildesheim 1902

Erdmann, Georg, Reformation und Gegenreformation im Fürstenthum Hildesheim (= Veröffentlichungen zur niedersächsischen Geschichte 1. Heft), Hannover 1899

Euling, Karl (Hrsg.), Chronik des Johan Oldecop (= Bibliothek des Litterarischen Vereins in Stuttgart CXC), Tübingen 1891

Gebauer, J., Geschichte der Stadt Hildesheim, 2 Bde., Hildesheim, Leipzig 1922/24

Grube, Karl, Der Niedergang der katholischen Religion im Bisthum Hildesheim während des 16. Jahrhunderts und die Restaurationsversuche derselben: Historisch-politische Blätter 101, 1888, 481-505, 645-671

Grundmann, Herbert (Hrsg.), Valentin von Tetleben. Protokoll des Augsburger Reichstages 1533. Hrsg. und eingeleitet (= Schriftenreihe der Historischen Kommission bei der Bayerischen Akademie der Wissenschaften Schrift 4), Göttingen 1958

Jan, Helmut v., Johann IV. Herzog von Sachsen-Lauenburg: NDB 10, 1974, 489-491

Klewitz, Hans-Walter, Studien zur territorialen Entwicklung des Bistums Hildesheim. Ein Beitrag zur historischen Geographie Niedersachsens (= Veröffentlichungen der Historischen Kommission für Hannover, Oldenburg, Braunschweig, Schaumburg-Lippe und Bremen. Studien und Vorarbeiten zum Historischen Atlas Niedersachsens 13. Heft), Göttingen 1932

Krause, Johann IV., Bischof von Hildesheim: ADB 14, 1881, 224-226

Looz-Corswarem, Otto Graf, Balthasar (Merklin): NDB 1, 1953, 566f.

Lüntzel, Adolf, Die Annahme des evangelischen Glaubensbekenntnisses von Seiten der Stadt Hildesheim im Jahre 1542, Hildesheim 1842

Lüntzel, H. A., Geschichte der Diöcese und Stadt Hildesheim, 2 Tle., Hildesheim 1858

Maring, Johannes, Diözesansynoden und Domherrn-Generalkapitel des Stifts Hildesheim bis zum Anfang des XVII. Jahrhunderts. Ein Beitrag zur geistlichen Verfassungsgeschichte des Bistums Hildesheim (= Quellen und Darstellungen zur Geschichte Niedersachsens Bd. XX), Hannover, Leipzig 1905

Maring, J., Hildesheim: LThK V, 1933, 34-38

Ritter, A., Sprengler, A. (Bearb.), Die evangelischen Kirchenordnungen des XVI. Jahrhunderts. 6. Bd. Niedersachsen. I. Hälfte. Die Welfischen Lande. 1. Halbbd. Die Fürstentümer Wolfenbüttel und Lüneburg mit den Städten Braunschweig und Lüneburg, Tübingen 1955

Ritter, A., Sprengler, A. (Bearb.), Die evangelischen Kirchenordnungen des XVI. Jahrhunderts. 6. Bd. Niedersachsen. I. Hälfte. Die Welfischen Lande. 2. Halbbd. Die Fürstentümer Calenberg-Göttingen und Grubenhagen mit den Städten Göttingen, Northeim, Hannover, Hameln und Einbeck. Die Grafschaften Hoya und Diepholz. Anhang: Das Freie Reichsstift Loccum, Tübingen 1957

Scholz, Günter, Die Aufzeichnungen des Hildesheimer Dechanten Johan Oldecop (1493-1574). Reformation und katholische Kirche im Spiegel von Chroniken des 16. Jahrhunderts (= Reformationsgeschichtliche Studien und Texte Heft 103), Münster/Westf. 1972

Sprengler-Ruppenthal, Anneliese, Zur reformatorischen Kirchenrechtsbildung: ZSavRG, Kan. Abt. 66, 1980, 393-420

Die Hildesheimer Stiftsfehde (1519-1523). Nach den Quellen bearb. von Wilhelm Roßmann (†), hrsg. u. ergänzt von Richard Doebner, Hildesheim 1908

I.

Johannes IV. von Sachsen-Lauenburg (1503-1527)

Johannes von Sachsen-Lauenburg erhielt das Bistum durch Resignation seines Bruders Erich vom 12. Juli 1503 und päpstliche Bestätigung vom 13. Juli 1504. Bei der Ernennung zum Bischof war er lediglich Minorist. Erst am 6. Januar 1511 empfing er die Bischofskonsekration.

Johannes war ein edler und tapferer Mann, der in seinem Leben durch schwere Prüfungen hindurchgehen mußte. Er suchte in erster Linie — aus verständlichen Gründen — seine politisch und landesherrlich machtlose Stellung zu verbessern, worüber aber die geistlichen Belange zu kurz kamen; er verstand es besser, das Schwert zu führen als den Hirtenstab. Aleander äußerte am 11. Mai 1521 eine sehr gute Meinung über ihn; er sei gleichzeitig ein guter Soldat und Geistlicher. Er war ein sparsamer Haushalter und ein zäher Charakter; seine Hofhaltung war bescheiden. Die zur Tilgung der Schulden notwendige Besteuerung brachte ihn in Konflikt mit der Ritterschaft des Stiftes. Auch mit der Stadt Hildesheim gab es Unzuträglichkeiten. Er bemühte sich, die Burgen und die Güter des Stiftes aus den Pfandschaften einzulösen; dabei stieß er auf den Widerstand der Ritter. Als er den Braunschweiger Herzögen seinerseits die Einlösung der Pfandschaft verweigerte, machte er sich diese zu Feinden. Johannes arbeitete und kämpfte für sein Bistum und sein Stift „in wohlmeinendster Absicht und mit ruhmvollem Eifer“ (Adolf Bertram). Es fehlte ihm jedoch das Augenmaß, um seine und seiner Feinde Kräfte richtig einzuschätzen. Von 1519 bis 1523 tobte die Stiftsfehde. Vordergründig handelte es sich dabei um Querelen niederdeutscher Fürsten; im Hintergrund stand die Rivalität zwischen Frankreich und dem Haus Habsburg. Der jahrelange Kampf war ein Verhängnis für alle Beteiligten, vor allem für die Diözese Hildesheim. In der Zeit, als das Luthertum in das Bistum eindrang, zog der Bischof jedenfalls teilweise aus weltlichen Rücksichten zu Felde und verfiel sogar zeitweilig der Ächtung durch den Kaiser. Das Stift wurde erobert und verwüstet. Am 13. Mai 1523 wurde zu Quedlinburg der Friedensvertrag abgeschlossen. Das Ergebnis war die Zerstückelung des Hochstiftes. Das „Große Stift" mit acht Ämtern fiel an das Haus Braunschweig. Das „Kleine Stift" bestand lediglich noch aus den Ämtern Marienburg, Steuerwald und Peine. Damit war die politische Macht des Bistums vernichtet. Die Stiftsfehde hatte religiös gesehen verheerende Folgen. Der Bischof mußte in die Verbannung gehen. Die Diözese entbehrte jahrelang des Oberhirten. Die Bevölkerung empfand Erbitterung gegen ihn. So war der Boden für die Religionsneuerung bereitet. Luthers Schriften verbreiteten sich seit Anfang des Jahres 1519 in Hildesheim; seine Lehre gewann Anhänger. 1522 stellten zum erstenmal einige Bürger der Stadt das Ansinnen, ihnen Prädikanten zu verschaffen. Der Rat und die Vierundzwanzig erklärten sich 1525 gegen die Irrlehre, wiesen Verbreiter derselben aus und ordneten die Verbrennung der aufrührerischen Schriften an. Seit 1526 stand Hans Wildefüer als Bürgermeister an der Spitze des Rates, ein hochbegabter, tapferer, energischer, überzeugt katholischer Mann. Soweit er es vermochte, nahm er nicht nur die Verteidigung, sondern auch die Erneuerung der Kirche in die Hand. Johannes trat im Jahre 1527 das Bistum an Balthasar Merklin als Administrator ab. Er lebte bis 1. November 1547 als Dompropst zu Ratzeburg.

II.

Balthasar Merklin (1527-1531)

Balthasar Merklin machte seine Studien in Paris und Bologna. Er war in der Kanzlei Kaiser Maximilians I. und Kaiser Karls V. tätig; in der letzteren Eigenschaft weilte er von 1522 bis 1528 in Spanien. Merklin war ein gebildeter Humanist, kenntnisreich und geschäftsgewandt. 1527 wurde er Reichsvizekanzler und Koadjutor des Bischofs von Konstanz. Auf ihn richteten sich nun die Blicke der Hildesheimer Katholiken. Merklin wurde am 6. Mai 1527 vom Domkapitel zum Bischof postuliert. Am 1. Februar 1528 erklärte er sich damit einverstanden. Am 9. März 1530 erhielt er die päpstliche Zulassung. Am 25. Juli 1530 empfing er in Augsburg die Bischofskonsekration. Da Merklin gleichzeitig Bischof von Konstanz wurde, konnte er in Hildesheim lediglich als Administrator wirken. Er war fast ständig von seinem Bistum abwesend und hielt sich nur ein paar Tage in seiner Bischofsstadt auf. In der übrigen Zeit weilte er in den Diensten des Kaisers auf Reichstagen und war auf Reisen. In Hildesheim empfand man lebhaft das Unbefriedigende dieses Zustandes. Bürgermeister Hans Wildefüer suchte mit zwei

Domherren den Bischof persönlich auf, um ihn zur Rückkehr in sein Bistum zu bewegen, leider vergeblich. Dennoch hat Merklin nach Oldecops Zeugnis für das Bistum getan, was in seiner Macht stand. Vergeblich mühte er sich um die Restitution des Stiftes. Die Herzöge von Braunschweig waren nicht zu bewegen, das entrissene Gebiet zurückzugeben. Das Luthertum drang unter seiner Regierung weiter vor. Die Stellung des Hildesheimer Rates inmitten einer protestantischen Umgebung wurde immer schwieriger. In dieser Zeit machten sich erneut protestantische Tendenzen in der Stadt Hildesheim bemerkbar. Das Stadtregiment schritt 1529 und 1530 dagegen ein. Am 29. November 1530 bekräftigten die Stadtregierung und die Gemeinheit ihre Treue zum Glauben. Der Rat wußte um das Unheil, das von der Religionsneuerung zu erwarten war.

III.

Otto III. von Schaumburg (1531-1537)

Otto von Schaumburg wurde am 28. Juli 1531 im Alter von knapp 17 Jahren durch das Domkapitel zum Bischof von Hildesheim postuliert. Die Zulassung erfolgte nicht. Der postulierte Bischof konnte gar nicht zugelassen werden, weil er das Kapitel über seine Entschließung bezüglich der auf ihn gefallenen Postulation im unklaren ließ. Er nahm sich sechs Jahre Zeit, um zu überlegen, ob er die Postulation annehmen solle. In einer Zeit beispielloser Gefahren besaß das Bistum Hildesheim keinen Bischof. Otto von Schaumburg hatte für den geistlichen Stand weder Eignung noch Neigung. Er empfing keine Weihe, tat nichts für Diözese und Stift und resignierte schließlich, um eine Tochter des Herzogs Barnim von Pommern zu heiraten. Das traurige Beispiel dieses Mannes stellte selbst für das an Abnormitäten nicht arme 16. Jahrhundert einen beschämenden Rekord dar. In der Stadt Hildesheim war die Mehrheit der Bewohner noch katholisch. Dennoch gingen die Wühlereien von innen und die Beeinflussung von außen weiter. Gegen Drohgebärden und Tumult griff der Rat 1532 scharf durch. Aber Wildefüer mußte sich sagen, daß die Zeit für den Abfall arbeitete. Die neue Botschaft war verlockend, der Kaiser in auswärtige Kämpfe verwickelt, der Bischof fiel aus. Karl V. erkannte in seinem Schreiben vom 8. Juli 1536 die Standhaftigkeit des Stadtrates von Hildesheim im Glauben an. Dagegen wurde Goslar protestantisiert. In dem Fürstentum Calenberg drang das Luthertum ohne Gegenwehr des Herzogs Erich vor. Aufruhr und Unruhen waren nötig, damit die neue Lehre 1532/33 in Hannover zur Herrschaft kam. Unter der Regierung Philipps I. breitete sich der Protestantismus in dem Herzogtum Grubenhagen aus. Der dem Abfall zugeneigte Herzog Ernst von Lüneburg begünstigte die Neulehre in seinem Herrschaftsgebiet und rottete die katholische Religion aus. Niedersachsen drohte dem Glauben völlig verloren zu gehen.

IV.

Valentin von Teteleben (1537-1551)

Vom Papst zur Neuwahl aufgefordert, wählte das Hildesheimer Domkapitel am 30. September 1537 den Mainzer Generalvikar Valentin von Teteleben zum Bischof. Am 11. Januar 1538 erhielt er die päpstliche Bestätigung. Am 2. Februar 1538 empfing er die Bischofskonsekration. Am 23. Mai 1538 ergriff er Besitz von seinem Bistum.

Valentin von Teteleben besaß Bildung und Wissenschaft in hohem Maße. Er war Doktor der Hl. Schrift und der Rechtswissenschaft. Valentin war von einwandfreiem Lebenswandel, seeleneifrig, rastlos tätig. Im Dienste seiner Aufgabe entfaltete er einen ungeheuren Fleiß. Der Kirche war er treu ergeben.

Valentin war fest im Glauben verwurzelt und zur Verteidigung gegen den Protestantismus entschlossen. Er ging energisch gegen die Neuerung vor, wo immer er es vermochte. Am 1. August 1538 veröffentlichte er eine grundsätzliche Belehrung über den katholischen Glauben in Abwehr der lutherischen Irrlehre. Damit beendete er den gefährlichen Zwischenzustand, in dessen Dämmerlicht der Protestantismus seine Eroberungen machte. Auf der Frühjahrssynode vom 17. März 1539 erließ Valentin umfangreiche Synodalstatuten, denen er die Bestätigung Pauls III. verschaffte. Sie sind eine wohlgelungene Synthese zwischen den überkommenen Vorschriften und den von der Zeit geforderten Bestimmungen. Das geringschätzige Urteil Georg Pfeilschifters über sie ist höchstens insofern angebracht, als sie auf die zeitbedingten Erfordernisse nicht genügend eingingen. In letzterer Hinsicht ist die Aufnahme der Reformatio cleri Germaniae des Kardinals Campeggio von 1524 bedeutsam. Die 50 Kapitel der von Valentin selbst entworfenen Statuten bilden eine Art Summe der kirchlichen Disziplin für den Klerus und das Volk. Die folgenden 58 Kapitel für das Leben der Kanoniker sind durch Stellen aus der Heiligen Schrift, den Kirchenvätern und großen mittelalterlichen Theologen bereichert.

Valentin suchte eifrige und einwandfreie Priester für den Dienst seiner Kirche heranzuziehen. In dem Dominikaner Balthasar Fannemann gewann er einen tüchtigen Prediger und Weihbischof.

Der Protestantismus breitete sich unter dem Schutz und mit Förderung der Landesherren weiter aus. Valentin mußte erleben, wie die Fürsten der Gebiete, die zu seinem Bistum gehörten, ihre Länder protestantisierten: Braunschweig-Lüneburg, Braunschweig-Calenberg, zeitweilig Braunschweig-Wolfenbüttel und das von ihm eroberte Große Stift. Mit Geschick und Zähigkeit suchte er letzteres zurückzugewinnen. Von Land und Leuten hingen nun einmal Stärke und Mittel eines Bischofs im 16. Jahrhundert ab. Die katholische Religion konnte nur durch politische und militärische Macht geschützt werden. Valentin betrieb den von Bischof Johannes eingeleiteten Prozeß beim Heiligen Stuhl weiter. Das für die Stiftsrestitution günstige Urteil vom 27. August 1540 konnte aus Mangel an Macht nicht exekutiert werden. Der Kaiser versagte sich dem wiederholt an ihn herangetragenen Wunsch, die Vollstreckung vorzunehmen. Karl V. setzte politische Erwägungen über rechtliche Argumente; sein Minister Granvella behandelte Teteleben als Ruhestörer. Der Heilige Stuhl, vor allem der Legat Contarini, suchte Valentin vergeblich vorzustellen, daß die „causa universale" der Religionsangelegenheit den Vorrang vor der „causa particulare" seines Stiftes haben müsse. Das bedeutete konkret, daß man es mit dem einzigen zuverlässig katholischen Laienfürsten Norddeutschlands, dem Herzog Heinrich dem Jüngeren von Braunschweig-Wolfenbüttel, nicht verderben wollte. Am 25. Juni 1548 verwies der Kaiser die Sache an das Reichskammergericht.

In der Stadt Hildesheim bereitete sich eine unheilvolle Wende vor. Seit dem Tode des Bürgermeisters Hans Wildefüer (1542) fehlte den Hildesheimer Katholiken der klarsichtige und standhafte Führer. Etwa gleichzeitig damit mußte Herzog Heinrich der Jüngere von Braunschweig, der letzte zuverlässige Verteidiger der Kirche unter den norddeutschen Fürsten, sein Land verlassen. Die Lutheraner in der Stadt und die siegreichen Angehörigen des Schmalkaldischen Bundes drängten auf Annahme der neuen Lehre. Der Rat und die Vierundzwanzig Mann wollten Religionsfreiheit gewähren, aber das genügte den Boten des Luthertums nicht; unduldsam forderten sie die Alleinherrschaft, und sie setzten sich durch. Im August 1542 trat auch die Stadt Hildesheim zum Luthertum über. Der unselige Bugenhagen erschien am 1. September 1542 in der Stadt. Dennoch gab es damals noch viele Katholiken in Hildesheim. Am 3. September 1542 hielt der in Disputationen mit den Neugläubigen erfahrene Balthasar Fannemann in Gegenwart vieler Lutheraner und auch der Prädikanten noch einmal eine zweistündige Predigt im Dom, in der er in wohlabgewogener Weise Ausführungen über das rechte Verstehen der Heiligen Schrift machte und der selbst seine Feinde die Qualität nicht absprechen konnten; sein Angebot, mit ihnen zu disputieren, nahmen sie nicht an, weil sie sich dem geistvollen Dominikaner nicht gewachsen fühlten. Am Abend vor Mariae Geburt verbot der Rat Fannemann das Predigen. Den Katholiken in der Stadt Hildesheim untersagte er am 28. September 1542 den Besuch des katholischen Gottesdienstes, der noch von dem Domkapitel und einigen Klöstern gehalten wurde. Als Teteleben am 1. Oktober 1542 in seiner Bischofsstadt eintraf, mußte er erkennen, daß Macht vor Recht ging; er erlebte, wie katholische Männer und Frauen gewaltsam aus der Laurentiuskapelle herausgeholt wurden, wo sie sich durch die Beicht für die Kommunion vorbereiten wollten. Am 10. November 1542 verließ er Hildesheim, voller Bitterkeit im Herzen. Der Bischof wandte sich an das Kammergericht, um das Recht zu suchen. Am 19. Dezember 1542 gebot dieses dem Hildesheimer Rat die Wiederherstellung der katholischen Religion. Der Rat machte unverfrorene Ausflüchte und vertraute im übrigen auf den Schutz des Schmalkaldischen Bundes, dem er sich 1543 anschloß. Der Feldzug gegen die katholische Religion ging weiter. Im März 1544 wurde den Geistlichen auch der stille Gottesdienst verboten, 1546 den Bürgern bei Verweigerung des Abfalls die Verweisung aus der Stadt angedroht und das ehrliche Begräbnis versagt. Valentin schrieb am 5. November 1545 an den Generalvikar der Stadt Rom: „Ich und meine Kirche sind ganz vernichtet, sowohl an zeitlichen als geistlichen Gütern und selbst in religiöser Hinsicht.“ Auf dem Reichstag zu Regensburg 1546 brachte er schwere Anklagen gegen die rechtswidrige Gewalttätigkeit der Neuerer vor. Die Denkschrift, die Teteleben im April/Mai 1546 für König Ferdinand ausarbeitete, läßt an klarer Erkenntnis der Absichten der Protestanten und an präziser Angabe der notwendigen Gegenwirkung nichts vermissen.

Der Sieg von Mühlberg führte in Hildesheim nicht zu einer dauerhaften und allgemeinen Restitution der katholischen Religion. Das Domkapitel ließ zwar am 1. November 1548 zum erstenmal wieder die Messe durch Geläut ankündigen. Einige Klöster wurden wieder besetzt. Der öffentliche Gottesdienst blieb jedoch verboten. In seinem Gutachten vom Mai 1547, das im Lager vor Wittenberg verfaßt wurde, stellte Valentin von Teteleben nicht ohne Grund die Restitution der entrissenen kirchlichen Güter an die Spitze der Aufgaben, die dem bevorstehenden Reichstag zu Augsburg oblägen. Die Rückerstattung der Kirchen sollte dann den Bischöfen die Möglichkeit bieten, die häretischen Prediger durch Katholiken zu ersetzen. In demselben Gutachten forderte Valentin den Widerruf aller Konzessionen, welche die Protestanten vom Kaiser erpreßt hatten, und die kategorische Entscheidung der Religionsstreitigkeiten einzig durch das Konzil von Trient, auf dem die Protestanten lediglich als Angeklagte (tanquam rei ad concilium citati seu remissi) zu erscheinen hätten. In seinem im September/Oktober 1547 zu Augsburg verfaßten Gutachten stellte Valentin die Forderung auf, der Kaiser solle verhindern, daß fernerhin jemand zu dem Luthertum oder einer anderen Sekte übergehe. Karl V. ließ sich jedoch zu den vorgeschlagenen Maßnahmen, wohl mit Rücksicht auf die Hanse, nicht bewegen. Das Hildesheimer Hochstift wurde ebensowenig in den alten Stand versetzt. Valentins entschiedene Haltung in der Religionsfrage machte ihn beim Kaiser und dessen Ratgebern unbeliebt, bei den Protestanten verhaßt. Karl V. verfolgte seine verfehlte Politik des versuchten Ausgleichs mit den Protestanten weiter; er erließ das Interim und die Formula reformationis. Valentin war mit beidem nicht einverstanden. Er unterzog die Märzformel des Interims Ende März/Anfang April 1548 einer scharfen Kritik; er sah bei seinem Erlaß schlimme Folgen voraus. In seinem Schreiben vom 20. Juni 1548 gab Valentin eindeutig seine scharfe Opposition gegen die kaiserliche Formula reformationis zu erkennen, mit der Karl V. seine Zuständigkeit überschreite und die gegen das ebenfalls vom Kaiser erlassene Interim verstoße. Das Interim war bekanntlich ein Fehlschlag; es konnte sich auch in Hildesheim nicht durchsetzen.

Leider gab Valentin von Teteleben kein gutes Beispiel, insofern er nicht in seinem Bistum aushielt. Von 14 Jahren, die er Bischof von Hildesheim war, weilte er kaum drei Monate in seinem Sprengel. Nur durch Briefe verkehrte er fortan mit dem katholisch gebliebenen Teil seiner Diözesanen. Adolf Bertram gibt als Entschuldigung dafür an, der Bischof habe sich in persönlichen Bemühungen darum kümmern müssen, daß er die politische Gewalt und damit die wirtschaftliche Macht in dem verlorenen Teil seines Territoriums zurückgewann. Tatsächlich war der Bischof unermüdlich tätig. Mit persönlichen Vorstellungen und Verhandlungen bei den Häuptern der protestantischen Partei und bei den protestantischen Ständen sowie mit Prozessen vor dem Kammergericht versuchte er die katholische Religion zu schützen. Ebenso ging er das Reichsregiment, König Ferdinand und den Kaiser an. Aus Trient (1543) richtete er dringende Vorstellungen an den Apostolischen Stuhl, das Allgemeine Konzil so bald wie möglich zu veranstalten. Valentin war einer jener seltenen Männer, die es sich im Leben nie leicht machen und stets eine größere Last als andere tragen. Irdischen Lohn hat er dafür nicht empfangen.

V.

Friedrich von Holstein (1551-1556)

Am 3. Oktober 1551 postulierte das Hildesheimer Domkapitel den Friedrich von Holstein zum Bischof. Der neue Bischof war der Sohn des Königs Friedrich I. von Dänemark und der Bruder des Königs Christian III. Er war lutherisch getauft und erzogen worden; die Firmung hatte er nicht empfangen. 1549 wurde er von dem Schleswiger „Bischof" Tilemann von Hussen zum Koadjutor angenommen. Es war eindeutig ein Versagen des Domkapitels, einen derart jungen Mann (1529 geboren), den weder Eignung noch Neigung, weder Gläubigkeit noch Tugend empfahlen, zum Bischof zu wählen. In unbegreiflicher Blindheit oder Unehrlichkeit verwandten sich Domkapitel und Kaiser beim Apostolischen Stuhl für die Bestätigung einer Person, die im Herzen lutherisch gesinnt war und einen lockeren Lebenswandel führte. Der Kaiser ernannte Friedrich bereits am 23. März 1553 zum Administrator des (weltlichen) Stiftes. Julius III. dispensierte ihn vom Mangel des kanonischen Alters und ließ am 6. Juli 1554 die Postulation zu. Als Friedrich in Hildesheim einritt, schickte er 20 Jagdhunde voraus, als er am 17. September 1554 im Dom inthronisiert wurde, machte dieser merkwürdige „Bischof" keine Kniebeuge vor dem Allerheiligsten. „Statt in die Kirche zu gehen, ritt er lieber mit einem Habicht spazieren" (Georg Erdmann).

Friedrich war unfähig und unwürdig, empfing nie eine Weihe und sympathisierte mit dem Protestantismus. Die Gunst der Stunde nach dem Interim konnte so auch wegen seines Versagens nicht genutzt werden. Mit dem einzigen katholischen Fürsten in seiner Umgebung, dem Herzog Heinrich dem Jüngeren von Braunschweig-Wolfenbüttel, lebte er in erbitterter Feindschaft. Das Bistum erfuhr schlimme Zeiten. Die Raubzüge zweier fürstlicher Verbrecher, des Grafen Volrad von Mansfeld und des Markgrafen Albrecht von Brandenburg-Kulmbach, brachten schweren Schaden über das Land. In religiöser Hinsicht war von Friedrich nichts zu erhoffen. In der Wahlkapitulation, die er erstmals am 24. Oktober 1551 unterzeichnete und am 17. September 1554 noch einmal ausstellte, verpflichtete er sich, das Domkapitel, die Klöster und die Stifte bei der katholischen Religion zu belassen. In dem Vertrag vom 21. Juli 1553 erkannte er den

Besitzstand der Lutheraner in Hildesheim an. Um weltlicher Vorteile willen sicherte er freie Ausübung des lutherischen Bekenntnisses zu. Der Vertrag erhielt allerdings nicht die Zustimmung des Domkapitels, die für derartige Vereinbarungen unerläßlich war, und muß deswegen als nichtig erachtet werden. Gegen Ende seines Lebens gestand er ein, die Protestantisierung der katholischen Stifte in Hildesheim gewünscht zu haben. Tatsächlich begünstigte er den Protestantismus, wo er es vermochte. Das Vorgehen des Hildesheimer Stadtrates gegen die verbliebene katholische Religionsübung ließ er geschehen.

Friedrich gab persönlich das denkbar schlechteste Beispiel für Klerus und Volk. Er lebte seinen Vergnügungen und Liebhabereien, statt seine ganze Sorge dem bedrohten Glauben zuzuwenden. Dieser merkwürdige Bischof besuchte nicht den Gottesdienst, dafür um so mehr Trinkgelage und Gastereien. Ein Chronist schrieb über ihn: ,,Niemals ging der Bischof zur Kirche, er hörte keine Messe, sondern fraß und soff gleich einem gemeinen Mann.'' Die Steuern verwendete er zum großen Teil für seine aufwendige Hofhaltung. Trunksucht und Unzucht zerstörten seine Gesundheit; er starb an der Syphilis. Die Schäden pflanzten sich vom Haupt auf die Glieder fort. Unter seiner Regierung verkam der Klerus regelrecht.

VI.

Burchard von Oberg (1557-1573)

Burchard von Oberg wurde am 31. März 1557 zum Bischof von Hildesheim gewählt. Die Lutheraner quittierten diese Wahl mit zorniger Entrüstung, was einerseits ein gutes Licht auf den Erkorenen warf, anderseits eine schwierige Regierung erwarten ließ. Burchard wurde dem Papst in dem am 23. Dezember 1558 abgehaltenen Konsistorium zur Bestätigung vorgeschlagen; sie wurde am 23. Januar 1559 erteilt. Erst am 30. November 1562 konnte der Bischof in die Stadt Hildesheim einziehen. 1567 ließ er sich die Bischofskonsekration erteilen.

Burchard von Oberg war ein überzeugter Anhänger des katholischen Glaubens und von einwandfreiem Lebenswandel, fromm und zuchtvoll, sittlich über jeden Verdacht erhaben, charakterfest und beharrlich. Inmitten einer feindlichen Umgebung hielt er starkmütig aus. Er war endlich ein würdiger und tatkräftiger Hirte, wenn er auch zu durchgreifenden Maßnahmen nicht über die notwendigen Mittel verfügte.

Burchard besaß einen klaren Blick für die Machtverhältnisse und für die ihm zur Verfügung stehenden Kräfte. Behutsam und doch fest suchte er den zusammengeschmolzenen Besitzstand der katholischen Kirche zu erhalten und zu schützen. Lange Zeit stritt der neue Bischof mit dem Domkapitel um die Wahlkapitulationen. Erst der Vertrag vom 21. Oktober 1562 beendete die Differenzen. Ebenso rang er um die Wiedererlangung des Kleinen Stiftes mit dem Holsteiner Herzog. Das Amt Steuerwald erwarb er 1564 zurück. Aber Peine konnte vorerst nicht wiedergewonnen werden. Um die ungeheuren Schulden abzutragen, mußte Burchard sein Stift mit schweren Steuern belasten. Schließlich hatte er Streitigkeiten mit der Stadt Hildesheim zu bestehen; sie weigerte sich, die Steuern zu bezahlen, beeinträchtigte unaufhörlich die Rechte und Freiheiten von Kirche und Klerus, behinderte die katholische Religionsübung und ließ die Prädikanten ihre Schmähungen gegen die heilige Religion vorbringen. Oberg forderte die Stadt auf, sämtliche Stifte in den Stand zur Zeit des Passauer Vertrages zu setzen. Die Prädikanten wüteten daraufhin erst recht gegen den Bischof. Auf dessen Bitte bestellte Kaiser Ferdinand I. den Herzog Heinrich von Braunschweig zum Konservator von Bischof und Land. Dieser trat tatsächlich energisch für seine Schutzbefohlenen ein. Doch Oberg vermochte sich gegen den Stadtrat von Hildesheim nicht durchzusetzen. In der Einigung vom 22. November 1562 erreichte er keine Verbesserung des bisherigen Zustandes. Obwohl Hildesheim ein mittelbarer Stand war, wurde der Stadt der Schutz des Augsburger Religionsfriedens vom Bischof eingeräumt. Das bedeutete, daß alle eingezogenen Güter als endgültig verloren angesehen wurden. Wenigstens den Stiften, den Pfarreien und dem Klerus wurde freie Religionsübung zugesichert. Der Besuch des katholischen Gottesdienstes blieb in Hildesheim mit Geldstrafe bedroht; es gab keine Möglichkeit zu einer Rekatholisierung. Der Jesuit Peter Haupt schilderte am 7. März 1567 die schlimme Lage der Kirche in Hildesheim. Burchard mußte zusehen, wie Herzog Adolf von Holstein, solange er die Macht dazu besaß, in den Ämtern Steuerwald und Peine die von „Bischof" Friedrich zugelassene oder geförderte Protestantisierung zu vollenden suchte.

Eine gewisse Stütze für die Hildesheimer Katholiken war der betagte Herzog Heinrich der Jüngere von Braunschweig-Wolfenbüttel. Dessen Sohn Julius war jedoch Protestant. Nach dem Tode des Vaters (1568) führte er das Luthertum in Braunschweig-Wolfenbüttel und im Großen Stift zum Siege.

Burchard bemühte sich, die verbliebenen Reste des Katholizismus in Hildesheim und in dem kleinen Gebiet, in dem er die weltliche Gewalt besaß, zu erhalten, zu erneuern, zu festigen und wiederherzustellen. Der Zustand im Klerus war nicht günstig. Ein Teil desselben war nur nach außen hin katholisch, und seine protestantischen Neigungen bildeten eine ernste Gefahr für das Volk. Nicht wenige Geistliche lebten unenthaltsam, und ihnen fehlte regelmäßig der seelsorgerliche Eifer. In das Domkapitel waren lutherisch gesinnte Adlige eingedrungen. Viele Geistliche waren ungebildet, manche unsittlich. Burchard fand sich mit diesen Verhältnissen nicht ab und leitete die Besserung ein. Er ging gegen Mißstände beim Klerus der Stifter und der Klöster vor, er führte eine Reform des Domkapitels durch. Seine Tätigkeit war segensreich. Er belebte den kirchlichen Geist in Klerus und Volk. Bereits seit 1567 ließ Burchard die Ernennung eines Koadjutors in Gestalt des Herzogs Ernst von Bayern betreiben. Zu seinen Lebzeiten erfüllte sich der Plan jedoch nicht.

VII.

Ernst von Bayern (1573-1612)

Das Domkapitel begriff, daß die katholische Religion in dem Bistum Hildesheim nur erhalten werden konnte, wenn zu dem Recht auch die Macht kam. Aus dieser Erwägung postulierte es am 7. März 1573 einstimmig einen Bischof aus dem bayerischen Herzogshause, den Administrator des Bistums Freising, Herzog Ernst. Kardinal Hosius setzte sich bei Papst Gregor XIII. lebhaft für die Zulassung der Postulation ein und hatte damit Erfolg. Am 4. Oktober 1573 wurde Ernst Administrator des Bistums Hildesheim. Die mit ihm anhebende Verbindung der Diözese Hildesheim mit dem Hause Wittelsbach sollte mit kurzer Unterbrechung beinahe 200 Jahre andauern; sie gereichte ihr im wesentlichen zum Segen.

Ernst von Bayern kam in seiner langen Regierung nur ein einziges Mal für sieben Monate in sein Bistum, was wenig verwunderlich ist, wenn man weiß, daß er außer Hildesheim noch die Bistümer Freising, Lüttich, Köln und Münster in seiner Hand vereinte; vom 30. Oktober 1580 bis zum 3. Juni 1581 residierte er in Steuerwald. Wo der Bischof nicht aus der Nähe sein Amt verwaltete, konnte sein persönlicher Einfluß auf Religion, Sitte und Disziplin sich kaum wohltätig bemerkbar machen. Dennoch war allein die Tatsache, daß ein Angehöriger des relativ mächtigen Hauses der bayerischen Wittelsbacher den Bischofsstuhl innehatte, ein starker Schutz gegen Übergriffe von protestantischer Seite. Ernst verfocht in allen seinen vielfältigen Ämtern und Funktionen entschieden die katholischen Belange; er wußte auch aus der Ferne heilsame Maßnahmen einzuleiten. Was er an Reformbemühungen unterließ, suchten päpstliche Gesandte wie Alexander Trivius und von Ernst abgeordnete Visitatoren nachzuholen.

Zunächst mußte sich Ernst auf den Boden der Tatsachen stellen. In den beiden Urkunden von 1576 und 1581 erkannte er die bestehenden konfessionellen Verhältnisse in Stadt und Stift an. Geschickt und klug suchte Ernst die katholische Religionsübung zu erhalten und in einem späteren Stadium auch zu erweitern. Der Gottesdienst konnte dort, wo er noch bestand, seit seiner Besitzergreifung wenigstens öffentlich und regelmäßig abgehalten werden. Wiederholt wandte sich Ernst gegen das vom Stadtrat zu Hildesheim aufgestellte Verbot, den katholischen Gottesdienst zu besuchen. Lange Zeit wirkte Heinrich Winich als Domprediger und verteidigte gewandt und mutig den katholischen Glauben. Ernst rief die Jesuiten nach Hildesheim; seit 1601 unterhielten sie ein Kolleg. Sie wirkten in der Stadt und darüber hinaus mit wachsendem Erfolg. Ihre Schule genoß einen guten Ruf, so daß selbst Protestanten ihre Kinder ihnen anvertrauten. Der Bekennermut der bisher meist lauen Katholiken nahm zu, der Sakramentenempfang stieg. Die Protestanten suchten die Jesuiten aus der Stadt zu verdrängen, aber Ernst erwirkte für sie ein Mandat des Kaisers.

Ernst war entschlossen, in seinem weltlichen Territorium die katholische Religion wiederherzustellen, und es gelang ihm in erstaunlich großem Maße. Katholische Geistliche wurden im Stiftsland eingesetzt. Das Amt Peine wurde zurückgekauft, allerdings mit Aufrechterhaltung der protestantischen Religionsübung (1603). Durch hartnäckige Verweigerung der Steuern erzwang die Ritterschaft 1581 von Ernst die Zusicherung, sie bei dem Luthertum zu belassen. Ein Prozeß am Reichskammergericht, durch den Ernst seine Rechte gegen die Herzöge von Braunschweig und Holstein erstreiten wollte, kam leider nicht zum Ziel.

Auch für die innere Erneuerung geschah einiges unter der Regierung des Bischofs Ernst. Die erforderlichen Diözesanbehörden wurden eingerichtet. Ernst besetzte das Offizialat neu und schuf einen Geistlichen Rat. 1608/09 wurde durch Kommissare des Mainzer Metropoliten und des Hildesheimer Bischofs eine Visitation vorgenommen. Sie begann bei dem Domkapitel und endete bei den Landpfarrern. Der Klerus war katholisch, aber leider nicht insgesamt sittenrein, was den Protestanten willkommenen Stoff zu Angriffen gegen die katholische Religion bot.

VIII.

Ferdinand von Bayern (1612-1650)

Am 2. Januar 1611 postulierte das Hildesheimer Domkapitel den Herzog Ferdinand von Bayern zum Koadjutor mit dem Recht der Nachfolge. Der Papst ließ die Postulation am 18. Mai 1611 zu. Ferdinand war ein tief innerlicher, frommer, sittenreiner und asketischer Mann, von verzehrendem Eifer für Gottes Ehre und der Seelen Heil erfüllt. Von ihm läßt sich Besseres sagen als von seinem Vorgänger. Am 17. Dezember 1629 sprach das Urteil des Kammergerichts dem Bischof das Große Stift wieder zu. Am 6. März 1629 war das Restitutionsedikt ergangen, das die Kirchengüter, die seit dem Passauer Vertrag entrissen worden waren, den Katholiken zurückgab. Man machte sich auch im Bistum Hildesheim an die Ausführung. Am 16. November 1632 zog Franz Wilhelm von Wartenberg im Auftrag Ferdinands in Hildesheim ein. Sofort machte er sich an die Wiederherstellung der katholischen Religion, ordnete die Zurückgabe der Kirchen und die Ausweisung der Prädikanten an. Am 18. Januar 1633 ließ er den Max Heinrich von Bayern zum Koadjutor Ferdinands wählen, um das Bistum zu sichern. Franz Wilhelm selbst wurde zum Administrator von Hildesheim bestellt und am 23. November 1633 vom Papst bestätigt; er hielt eine Diözesansynode ab. Die Gewinne, welche die katholische Sache im Dreißigjährigen Kriege machte, waren leider nicht allesamt von Dauer. Das Erscheinen der Schweden wendete die Lage. Lediglich die Wiederherstellung der katholischen Religion in zahlreichen Dörfern des Amtes Steuerwald erwies sich als beständig. In dem höchst bedeutsamen Vertrage vom 27. April 1643 wahrte sich Bischof Ferdinand im wesentlichen seine Freiheit zur Rekatholisierung im Großen Stift. Das Werk der Missionierung wurde mit Eifer und Geschick von ihm betrieben. Der Westfälische Friede besiegelte die Verluste durch die sogenannte Reformation (Art. V § 33 IPO). Er stellte die Erfolge der seit 1643 betriebenen Rekatholisierung in Frage; doch gelang es, die schlimmsten Auswirkungen abzuwenden. Die Wiedergewinnung des Verlorenen ging weiter.

7. Kapitel

Bistum Konstanz

Albert, Peter M., Die reformatorische Bewegung zu Freiburg bis zum Jahre 1525: Freiburger Diözesanarchiv N. F. 19, 1919, 1-80

Bader, Josef, Der constanzische Bischof Dr. Balthasar Merklin, Reichsvicekanzler, Bisthumsverweser zu Hildesheim und Stiftspropst zu Waldkirch: Freiburger Diözesanarchiv 3, 1868, 1-24

Egli, Emil (Hrsg.), Heinrich Bullingers Diarium (Annales vitae) der Jahre 1504-1574. Zum 400. Geburtstag Bullingers am 18. Juli 1904 (= Quellen zur schweizerischen Reformationsgeschichte II), Basel 1904

Fabian, Ekkehart, Holbein-Manuel-Schmid-Studien. Historisch- bio- und ikonographische Untersuchungen dreier Schwurgruppenbildnisse von Ambrosius Holbein, Niklaus Manuel Deutsch und Thomas Schmid. Ein Beitrag zur Geschichte der Renaissance und der Reformation am Oberrhein und Bodensee (= Schriften zur Kirchen- und Rechtsgeschichte Nr. 32), Tübingen 1965

Finsler, Georg (Hrsg.), Die Chronik des Bernhard Wyss 1519-1530 (= Quellen zur schweizerischen Reformationsgeschichte I), Basel 1901

Fleischlin, Bernhard, Schweizerische Reformationsgeschichte, 2 Bde., Stans 1907/08

Ginter, H., Konstanz: LThK VI, 1934, 173-176

Gröber, Konrad, Die Reformation in Konstanz von ihrem Anfang bis zum Tode Hugos von Hohenlandenberg (1517-1532): Freiburger Diözesanarchiv N. F. 19, 1919, 120-322

Hauser, Kaspar (Hrsg.), Die Chronik des Laurencius Boßhart von Winterthur 1185-1532 (= Quellen zur schweizerischen Reformationsgeschichte III), Basel 1905

Holl, Konstantin, Fürstbischof Jakob Fugger von Konstanz (1604-1626) und die katholische Reform der Diözese im ersten Viertel des 17. Jahrhunderts (= Studien aus dem Collegium Sapientiae zu Freiburg i. Br. 1. Bd.). Freiburg i. Br. 1898

Lauer, Hermann, Die Glaubensneuerung in der Baar: Freiburger Diözesanarchiv N. F. 19, 1919, 81-119

Metzger, Hans, Vorstudien zu einer Geschichte der tridentinischen Seelsorge-Reform im eidgenössischen Gebiet des Bistums Konstanz. Theol. Diss. Freiburg i. Ue., o. O. und o. J.

Pistorius, Joannes, Rerum Germanicarum Veteres iam primum publicati Scriptores VI, 3. Aufl. von Burcardus Gotthelffius Struvius, Regensburg 1726

Rothenhäusler, Konrad, Der Untergang der katholischen Religion in Altwürttemberg in seinen Ursachen dargestellt, Leutkirch 1887

Scheib, Otto, Die theologischen Diskussionen Huldrych Zwinglis. Zur Entstehung und Struktur der Religionsgespräche des 16. Jahrhunderts, in: Von Konstanz nach Trient, München, Paderborn, Wien 1972, 395-417

Schellhaß, Karl, Gegenreformation im Bistum Konstanz im Pontifikat Gregors XIII. (1572-1585), Karlsruhe 1925

Segesser, A. Ph. v., Ludwig Pfyffer und seine Zeit. Ein Stück französischer und schweizerischer Geschichte im sechszehnten Jahrhundert, 4 Bde., Bern 1880-1882

Stälin, Christoph Friedrich von, Württembergische Geschichte. Tl. 4: Schwaben und Südfranken vornehmlich im 16. Jahrhundert, Stuttgart 1873

Stark, Franz, Die Glaubensspaltung im Lande Appenzell bis zur Badener Disputation, Appenzell 1955

Staub, Ignaz, Dr. Johann Fabri, Generalvikar von Konstanz (1518-1523), bis zum offenen Kampf gegen M. Luther (August 1522). Beilage zum Jahresbericht der Stiftsschule Einsiedeln im Studienjahre 1910/11, Einsiedeln (Schweiz) 1911

Thoma, Werner, Die Kirchenpolitik der Grafen von Fürstenberg im Zeitalter der Glaubenskämpfe (1520-1660). Ein Beitrag zur Geschichte der Kirchenreform und Konfessionsbildung (= Reformationsgeschichtliche Studien und Texte Heft 87), Münster/Westf. 1963

Widmoser, Eduard, Kardinal Andreas von Österreich, Markgraf von Burgau, in: Pölnitz, Götz Frhr. von (Hrsg.), Lebensbilder aus dem Bayerischen Schwaben IV, München 1955, 249-259

Willburger, August, Die Konstanzer Bischöfe Hugo von Landenberg, Balthasar Merklin, Johann von Lupfen (1496-1537) und die Glaubensspaltung (= Reformationsgeschichtliche Studien und Texte Heft 34-35), Münster i. W. 1917

I.

Hugo von Hohenlandenberg (1496-1528)

Das Bistum Konstanz war zur Zeit der Glaubensspaltung der ausgedehnteste deutsche Kirchensprengel. Es umfaßte den größten Teil des außerbayerischen süddeutschen Raumes und weite Gebiete der Innerschweiz. Am Anfang des 16. Jahrhunderts zählte die Diözese Konstanz 1835 Pfarreien und mehr als 15000 Geistliche. Hier wie überall lag Zündstoff aufgehäuft, in den geschickte Agitatoren nur den Funken zu werfen brauchten. Es sei an erster Stelle auf die Empfindlichkeit, ja Gereiztheit vieler Diözesanen gegen ihren Oberhirten verwiesen. In der Schweiz bestand weithin eine Abneigung gegen den Konstanzer Bischof, die vom Mißtrauen bis zum offenen Ungehorsam reichte. Schon vor Ausbruch der Glaubensneuerung konnte der Bischof seine Jurisdiktion im schweizerischen Bistumsanteil nicht mehr voll zur Geltung bringen.

Der Klerus des Bistums befand sich zum großen Teil in einer schlimmen Lage. Weltliches Treiben und unsittlicher Lebenswandel waren an der Tagesordnung. Ein Teil des Klerus war sogar unkirchlich, bar der Gottesfurcht und Frömmigkeit. Der Unterricht an Domschulen und Universitäten war vielfach ungenügend oder sogar glaubens- und sittengefährdend. Bei der Zulassung von Bewerbern um die Weihen herrschte eine unverantwortliche Nachsicht. Die mit unzureichendem Wissen und ohne wirkliche Berufung Geweihten bedeckten das Priestertum mit Schmach und Schande. Das schamlose Verhalten vieler Geistlicher trug ihnen die Verachtung und den Haß der Laien ein, ihr schlechtes Beispiel fand vielfältige Nachahmung bei diesen.

Hugo von Hohenlandenberg hatte 1496 den Konstanzer Bischofsstuhl bestiegen. Er war ein unselbständiger, schwacher und nachgiebiger Mensch, der nicht energisch durchgreifen konnte. Johann Eck reihte Hugo im Jahre 1523 unter die ,,Episcopi neutrales" ein, die kleinmütig und ohne Initiative seien. In den entscheidungsvollen Jahren

1522 bis 1529 legte der Bischof zu viel Gewicht auf die zeitliche und die weltliche Seite seines Amtes und vernachlässigte seine geistlichen Pflichten; so übte er kaum jemals das Predigtamt aus. Seine Mätresse beherrschte ihn weitgehend. ,,Dominatur enim super eum Jezabel quaedam pessima'', schrieb Johann Wanner in Konstanz am 4. Dezember 1523 an Joachim von Watt in St. Gallen.

Am Vorabend der Glaubensspaltung bemühte sich der Bischof um Besserung des Klerus, der Klöster und des Volkes. Die Schreiben, die Hugo 1516 und 1517 an den Klerus erließ, waren gutgemeint, aber ohne Erfolg; der Klerus, meist von der weltlichen Obrigkeit gedeckt, widersetzte sich allem, was Zucht und Ordnung bedeutete. Von scharfem Durchgreifen des Bischofs konnte nicht die Rede sein. Einem solchen versagten sich auch z. T. die weltlichen Autoritäten, dieselben, die später die Schäden in der Kirche zum Anlaß nahmen, um die sog. Reformation einzuführen. Sie schützten widerspenstige Geistliche gegen den Bischof. Die bischöfliche Autorität war auf einem Tiefpunkt angekommen. Der Bischof war fast ständig in Geldnot. Die hohen Steuern, mit denen er den Klerus belegte, vielleicht belegen mußte, schufen Verdrossenheit, Uneinigkeit und Unzufriedenheit. Die Geistlichen widersetzten sich den immer wiederholten Geldforderungen des Bischofs. Politische Ambitionen und soziale Gärung ergriffen auch Teile des Klerus. Bischof Hugo mußte die Geistlichen warnen, sich nicht in politische Aktivitäten (gegen das Haus Österreich) und in soziale Agitation (im Zusammenhang mit den Bauern) zu stürzen. Hugos Mahnungen an den Klerus stießen aber u.a. deswegen ins Leere, weil er selbst nicht das Vorbild eines tadelfreien Prälaten war. Nach Konrad Gröber hätte ,,nur eine ganz außergewöhnlich starke, kluge und heiligmäßige Persönlichkeit'' eine Wende herbeiführen können, aber das war Bischof Hugo nicht; er reichte nicht über das Mittelmaß hinaus. Seine ,,von Haus aus schwach entwickelte Willenskraft'' nahm mit zunehmendem Alter immer mehr ab (Konrad Gröber). Er meinte, durch Milde und Nachsicht eine Revolution zähmen zu können.

Die protestantischen Aufstellungen drangen früh, von Luther und Zwingli ausgehend, in die Diözese Konstanz ein. In Zürich setzte Zwingli durch, daß die Bannbulle gegen Luther nicht veröffentlicht wurde, rief zum Ungehorsam gegen die Kirche auf und schritt selbst zu einer heimlichen Verheiratung. Nach dem Beispiel Luthers gedachte auch Zwingli, das neue Evangelium durch Religionsgespräche zu fördern, die auf der protestantischen Basis des ,,Durch die Schrift allein'' abgehalten wurden. Am 29. Januar 1523 fand in Zürich ein solches Kolloquium statt, an dem u. a. Zwingli und Johannes Fabri teilnahmen. Das Gespräch entwickelte sich nicht zu einer regelrechten Disputation, sondern versandete in einem Gerede über verschiedene Gegenstände des Glaubens. Es zeigte sich, daß es keine gemeinsame Grundlage mehr gab. Der Rat von Zürich deckte und schützte den Irrlehrer Zwingli und forderte ihn, den angeblich niemand des Irrtums überführt hatte, auf, das Evangelium wie bisher zu verkündigen; ebenso wies er die übrigen Priester an, nur das zu predigen, was sie aus der Schrift beweisen könnten. Bischof Hugo lehnte am 17. und 21. Oktober 1523 die Einladung zu der zweiten Züricher Disputation mit dem Bemerken ab, die Artikel derselben widerstritten den Satzungen der Kirche. Dieses Gespräch vom 26. bis 28. Oktober 1523 verlief noch unglücklicher als das erste. Am Gründonnerstag 1525 wurde in Zürich die Messe abgeschafft, ihr Besuch außerhalb der Stadt verboten. Zwingli richtete sein System des Glaubenszwanges und der Gewissensnötigung auf, etablierte die Staatskirche protestantischer Prägung und trieb die Leute mit Strafdrohungen unter die Kanzel der Prädikanten. Als die Wiedertäufer aufgrund ihrer Forschung in der Heiligen Schrift zu anderen Ergebnissen kamen als er, wurden sie grausam verfolgt. Vom 21. Mai bis 8. Juni 1526 fand in Baden die große Glaubensdisputation statt. Hier trug Johann Eck den Sieg über Ökolampadius davon, was aber auf das Fortschreiten des Abfalls ohne Einfluß blieb. In der Schweiz kam zu den übrigen Motiven der sogenannten Reformation noch der Haß gegen das Haus Habsburg, gegen den Kaiser und das Reich hinzu. In Bern war die Strategie der Neugläubigen dieselbe wie in Zürich. Hugo bemerkte am 31. Dezember 1527 zu der geplanten Berner Disputation, die Neugläubigen würden an ihrer Auslegung der Heiligen Schrift festhalten, eigensinnig und anmaßend ihre private Interpretation gegen das Verständnis der allgemeinen Kirche setzen, sich niemals für überwunden erklären und keinen Richter über sich anerkennen, ganz abgesehen von der fehlenden Kompetenz, über die Lehre der allgemeinen Kirche zu urteilen. Als im Januar 1528 Bern sich der Neuerung anschloß, war die Vormacht der Neuerer in der Schweiz endgültig etabliert. Die deutschsprachigen Kantone der Schweiz fielen zum größten Teil dem Zwinglianismus zu. Die Protestantisierung der gesamten Schweiz scheiterte an dem Widerstand von Luzern, Uri, Schwyz, Unterwalden und Zug.

Die Lehre Zwinglis drang auch in Süddeutschland ein. Städte wie Konstanz, Reutlingen, Ulm und Eßlingen schlossen sich dem Zwinglianismus an. In Konstanz breitete sich die lutherische Bewegung rasch aus. 1521 war die Mehrzahl der Einwohner ihr bereits zugefallen. In mehreren Kirchen predigten Anhänger der neuen Lehre. Die Folgen der Verbreitung der zwinglianischen und lutherischen Irrlehre waren verheerend. Die verwirrenden Auseinandersetzungen im Klerus und unter den Theologen nahmen dem Volk jede Gewißheit, ja jeden Halt in Glaubenssachen. Dennoch war der Abfall nicht allgemein. An den meisten Orten hielten sich Katholiken in größerer oder kleinerer Zahl. Ein Beispiel für Treue zum Glauben bot die Universität Tübingen, und zwar nicht nur die theologische Fakultät, sondern alle anderen Fakultäten ebenso.

Der Konstanzer Bischof spielte angesichts der ungeheuren Bedrohung der Kirche eine klägliche Rolle. Es fehlte ihm an Menschenkenntnis und Kraft zur Trennung in gleicher Weise. Unter seinen Freunden und Vertrauten waren so manche Anhänger der Glaubensneuerung wie Fritz Jakob von Andwil und Heinrich Bullinger. 1521 stellten das Domkapitel und Bischof Hugo den lutherisch gesinnten Johann Wanner als Domprediger in Konstanz an. Völlig deplaciert war Hugos Verhalten gegenüber Zwingli. Lange Zeit, bis 1522, versuchten er und sein Generalvikar, den Abgefallenen zu besänftigen und durch Eingehen auf seine Vorstellungen, Nachsicht und Entgegenkommen zu gewinnen bzw. bei der Kirche zu halten. Hugo sandte im April 1522 den Weihbischof M. Fattlin, den Kanzler F. Brändlin und den Domprediger Johannes Wanner nach Zürich, die durch gutes Zureden des religiösen Aufruhrs Herr zu werden suchten. Der Besuch endete erwartungsgemäß erfolglos. In seinem Hirtenschreiben vom 2. Mai 1522 gab Hugo zwar zu erkennen, daß er begriffen hatte, worum es dem Protestantismus ging, nämlich um die Erneuerung längst verurteilter Irrtümer. Erasmus von Rotterdam war aber noch am 28. Dezember 1522 davon überzeugt, daß Hugo die protestantische Bewegung unterstütze. Tatsächlich blieb er die ganze Zeit seiner Regierung milde gesinnt gegenüber den Aufrührern; er meinte, mit der Dauer werde die Spaltung überwunden werden. Niemals verhängte er über Zwingli und seinen Anhang die Exkommunikation. Konrad Gröber nennt ihn einen Bischof, „der sich zwar an den Mitläufern versuchte, aber ängstlich davor hütete, einen der Rädelsführer zu packen". Hugo „gab immer dem stärkeren Druck nach" (Konrad Gröber). Er verdiente sich mit dieser jämmerlichen Haltung eine Zeitlang eine gewisse Schonung von seiten der Aufrührer, die dafür die Rechtgläubigen in der Umgebung des Bischofs attackierten. Mit Zurückweichen und Lavieren suchte er sich den Frieden zu erkaufen; so wuchs das Unheil immer mehr. Hugo rief gegen die Neuerung das Recht an, aber eben dieses hatte die religiöse Revolution zerstört; Klagen, Einsprüche und Proteste waren die kümmerlichen Mittel, mit denen er gegen die unaufhörlichen Rechtsbrüche der Neuerer vorging. Die Macht mobilisierte er nicht, und deswegen scheiterte er kläglich. Der Satz August Willburgers ist richtig: „In der Reformationszeit konnte sich nur der Recht verschaffen, der die Gewalt dazu besaß." Schon Zeitgenossen warfen Hugo vor, daß er zu saumselig in der Bekämpfung der Irrlehrer sei.

Bischof Hugo suchte auch durch (gehaltvolle) Hirtenbriefe der Erregung Herr zu werden. In dem Schreiben „Inter ceteras solicitudines" vom 2. Mai 1522 wandte er sich an den Klerus und die weltlichen Obrigkeiten, rief zu Eintracht und Wachsamkeit auf, beschwor die Adressaten, die Kirche nicht zu verlassen, und ordnete das Gebet für die Aufrührer an. Selbstverständlich hörte niemand auf diese gutgemeinten Worte. Besonders bekannt wurden seine Schreiben „Paulus electionis vas" vom 10. Juli 1523 und „Dudum sane" vom 9. Januar 1524. Sie stellen bedeutende Leistungen dar, blieben aber im Toben des Aufruhrs ohne Wirkung. Am 1. Juni 1524 gab der Bischof eine Lehrschrift über die Bilderverehrung und das Meßopfer heraus. Auch dieses Dokument war gediegen, konnte indes keine erkennbare Wirkung zeitigen.

Eine Schlüsselstellung in dem entscheidenden ersten Jahrzehnt des großen Abfalls nahm Johannes Fabri, der von 1518 bis 1527 Generalvikar des Bistums Konstanz war, ein. Wie viele andere begrüßte er anfangs Luthers Auftreten und spendete zunächst seinen Schriften Beifall. Er wähnte, in Luther sei der ersehnte Reformer gekommen. Er verschaffte sich alle Schriften Luthers, deren er habhaft wurde, und machte sich mit Eifer an das Studium der Kirchenväter und der Konzilsbeschlüsse. Am 12. Mai 1520 bemerkte er über ihn: „Das meiste, was er schrieb, ist wahr." Fabri schwankte lange hin und her, gab Luther recht und spottete über Johannes Eck, verkehrte mit Zwingli und gab seine Verehrung für ihn öffentlich kund und beeinflußte auch den Bischof in diesem Sinne. Geraume Zeit meinte er, bei Zwingli durch freundliches Zusehen mehr ausrichten zu können als durch energisches Zupacken. 1520 weilte er zweimal bei ihm in Zürich. Zu dieser Zeit hatte Zwingli den Boden der katholischen Kirche längst verlassen. Auch gegenüber Luther hielt Fabri scharfes Vorgehen für unangebracht. Erst in der zweiten Hälfte des Jahres 1520 begann er zu begreifen, wohin der Wittenberger trieb. Dennoch dauerte es noch einige Zeit, bis er öffentlich und eindeutig gegen dessen Irrlehren zu Felde zog. Im Jahre 1522 übergab er in Rom sein Werk gegen Luther dem Druck, in dem er Kirche, Papsttum und die katholische Lehre verteidigte. Erst 1523 erkannte er die volle Tragweite der Lehre Zwinglis; von nun an wirkte er ihr tätig entgegen. Andere Verteidiger des Glaubens traten neben ihn. In Balthasar Brennwald (1491-1518) und Melchior Fattlin (1518-1548) verfügte das Bistum Konstanz über tüchtige und eifrige Weihbischöfe. Leider versagte das Domkapitel. Weder durch das Beispiel des eigenen Lebens noch durch verantwortliche Mitarbeit war es ein Hort des Widerstandes gegen die Neuerung.

Bischof Hugo gab als Hauptursache für den Abfall der Geistlichen vom Glauben deren sittliche Mängel an. Er begriff, daß die Irrlehre nicht abgewehrt werden könne, wenn es nicht gelänge, den Klerus zu einem einwandfreien Lebenswandel und zu gewissenhafter Erfüllung seiner Pflichten zu bewegen. Ansätze dazu wurden gemacht. Der Offizial des Bischofs zitierte die lutherisch gesinnten Geistlichen vor sein Gericht, aber diese erschienen nicht, weil sie von den Herren und den Stadträten in ihren falschen Ansichten bestärkt und geschützt wurden. Nach der (ersten) Züricher Disputation faßte Fabri den richtigen Entschluß, Hilfe da zu suchen, von wo allein sie kommen konnte, vom Hause Österreich. Die österreichische Regierung ging in Württemberg mit zahlreichen Mandaten gegen die Irrlehre vor. Aber der Erfolg war bescheiden. Die geistlichen Zuchtmittel, über die der Bischof verfügte, verfingen nicht mehr, weltliche Strafen erzeugten Mißstimmung und Widerstand. Nur eine eiserne Hand hätte, falls sie über einen genügend langen Zeitraum sich hätte auswirken können, Zucht und Ordnung wiederherstellen können. Leider stand sie nicht zur Verfügung. Der Bischof suchte den Schwierigkeiten zu entfliehen. 1526 verließ er seine Bischofsstadt und die zahlreichen in ihr noch immer vorhandenen Katholiken und siedelte nach Meersburg über. ,,Nun konnte er ungehindert den Passiven spielen, was ihm so gut anstand" (Konrad Gröber). 1529 verzichtete Hugo auf sein Bistum in die Hände des Papstes und zog sich nach Markdorf zurück.

II.

Balthasar Merklin (1529-1531)

Balthasar Merklin hatte in Paris und Bologna die Rechtswissenschaften studiert und die Würde eines Doktors erworben. Kaiser Maximilian I. diente er als Berater, Karl V. als Vizekanzler. Er war ein umfassend gebildeter Mann. Seit 1527 war er Coadiutor cum iure succedendi des Konstanzer Bischofs. 1527 wurde er auch noch für das Bistum Hildesheim postuliert. Er lebte sittlich einwandfrei und war rastlos tätig. Er hat die lutherische Bewegung von Anfang an durchschaut. Im September 1521 sollte er das Wormser Edikt Konstanz publizieren, wurde aber daran gehindert. Vom Beginn der Regierung Karls V. war er entweder in dessen Umgebung oder in diplomatischen Sendungen unterwegs und konnte daher seiner Diözese wenig Kraft widmen. Das Bistum mußte in einer entscheidungsvollen Zeit des kraftvoll regierenden Bischofs entbehren.

Alle, die Merklin kannten, erwarteten von ihm Großes für die katholische Sache. Seit Oktober 1529 war der tüchtige Christoph Metzler Generalvikar und Offizial. Das Domkapitel stand dem Bürgerlichen Merklin freilich unfreundlich gegenüber. Er widmete seine ganze Kraft der Erhaltung bzw. Wiederaufrichtung der heiligen Religion. Auf dem Augsburger Reichstag 1530 war er bemüht, den Verkehr zwischen dem Kaiser und den Ständen zu vermitteln. Während des Reichstags ließ er sich am 3. Juli 1530 von seinem Metropoliten zum Bischof weihen. Als der Kaiser nach dem ergebnislosen Abschluß des Reichstages an die Anwendung von Gewalt dachte, lehnte dies Merklin ab. Sein allzu früher Tod war ein Unglück nicht nur für die Diözese Konstanz.

III.

Hugo von Hohenlandenberg (1531-1532)

Nach dem Tode Merklins verfiel das Domkapitel auf den unglücklichen Gedanken, Hugo von Hohenlandenberg noch einmal auf den Konstanzer Bischofsstuhl zu berufen. Am 30. August 1531 erhielt er die päpstliche Bestätigung. In den wenigen Monaten seiner zweiten Regierung ereigneten sich wichtige politische Entscheidungen. Aber Hugo war passiv. Das Bistum hätte einen Bischof gebraucht, der Kraft, Klugheit, Weitblick und Wissenschaft vereinte. Statt dessen erhielt es einen schwachen Greis, der unfähig war, die Diözese zu leiten.

IV.

Johann IV. von Lupfen (1532-1537)

Johann von Lupfen hatte zweifellos manche Qualitäten. An Intelligenz und Erfahrung fehlte es ihm nicht. Aber ein Eiferer und ein Kämpfer war er nicht, sondern ein unschlüssiger und bequemer Mann, der die Dinge treiben ließ. Ihm mangelten nicht nur Tatkraft und Opferbereitschaft, sondern auch Verständnis und Liebe für die Sendung eines Bischofs. Er war mehr den weltlichen als den geistlichen Aufgaben seines Amtes zugewandt und vernachlässigte die kirchlichen Belange. In Geschäften war er gewandt und geschickt, aber er bewies diese Eigenschaften mehr in eigenen als in amtlichen Angelegenheiten. Nur zögernd und unter Bedingungen nahm er die Wahl zum Bischof an. Die Einholung der Bestätigung durch den Papst suchte er möglichst lange hinauszuschieben, weil er Geld sparen, die Priesterweihe und die Bischofskonsekration nicht empfangen sowie seine bisherigen Benefizien behalten wollte. Fortwährend bat er die Päpste um Verlängerung der Frist zum Empfang der fehlenden höheren Weihen; er kam über die Subdiakonatsweihe nicht hinaus. Die Bestätigung erfolgte am 16. Dezember 1533. Geraume Zeit betrieb er den Plan, auf sein Bistum gegen eine Pension in die Hände des Georg von Österreich, des Brixener Bischofs, zu verzichten. Auch in den späteren Jahren spielte er wiederholt mit dem Gedanken der Resignation, freilich mit einer entsprechenden Pension, die das verarmte Bistum gar nicht aufbringen konnte. ,,Viel geschah unter seiner Regierung nicht" (August Willburger).

Johann von Lupfen sah die Protestantisierung voranschreiten. Der größere Teil der schweizerischen Gebiete des Bistums, Württemberg und die bedeutendsten Reichsstädte wandten sich der Irrlehre zu. Der Sieg der katholischen Kantone im Jahre 1531 wurde von Johann nicht genügend tatkräftig ausgenutzt. Das von ihm erstrebte Bündnis mit den fünf Orten kam nicht zustande. Der Nürnberger Anstand vom 23. Juli 1532 verschaffte den Neuerern wiederum eine Frist zur Festigung ihres Kirchenwesens. Die österreichische Regierung suchte zwar dem bedrängten Katholizismus nach Kräften zu Hilfe zu kommen. Aber der Schwäbische Bund zerfiel; Österreich vermochte Württemberg nicht zu behaupten. Nach der Wiedereroberung seines Landes im Jahre 1534 nahm Herzog Ulrich von Württemberg dessen Protestantisierung vor. Die Geistlichen mußten entweder abfallen oder ihre Stelle aufgeben. Die Magistrate wurden mit Anhängern der neuen Lehre besetzt. Den Gläubigen wurde der Besuch des katholischen Gottesdienstes auch in benachbarten Gebieten verboten. Bischof Johann besaß keine Macht, der Zerstörung der katholischen Religion zu wehren, und beschränkte sich auf Mahnungen und Proteste. Seine Regierungszeit war mit Niederlagen, Verlusten und Enttäuschungen angefüllt. Der Bischof führte im März 1537 den wohl nie ganz aufgegebenen Plan des Verzichtes auf sein Bistum aus; am 27. Juli 1537 nahm ihn der Papst an. Johann baute sich ein Schloß, auf das er sich zurückzog.

V.

Johannes V. von Weeze (1538-1548)

Nach dem Rücktritt Johanns blieb der Konstanzer Bischofssitz lange unbesetzt. Erst am 9. April 1538 postulierte das Domkapitel Johannes von Weeze zum Bischof. Am 14. Juli 1538 erhielt er die Zulassung des Papstes. Er war vorher designierter Erzbischof von Lund in Dänemark, von dort aber 1524 vertrieben worden. Weeze weilte fast ununterbrochen am Hof des Kaisers, der ihn als seinen Ratgeber und Gesandten benutzte. In den Berichten der Diplomaten jener Zeit erscheint sein Name unzählige Male. An seiner katholischen Gesinnung besteht kein Zweifel. Morone bezeichnete am 3. März 1542 Weeze als den reformeifrigsten der Bischöfe. Aber die Notwendigkeit, Reichspolitik und kirchliche Belange zu versöhnen, veranlaßte ihn zu manchen Kompromissen. Im Frankfurter Anstand von 1539 kam er den Protestanten zum Schaden der katholischen Sache entgegen. In Konstanz ließ er sich kaum sehen. Die Abwesenheit des Bischofs von seiner Diözese tat dieser nicht gut. Religiöses Leben und kirchliche Disziplin gingen zurück. Auch der Niedergang im Klerus und in den Klöstern hielt unter seiner Regierung an. Immerhin suchte der Weihbischof Melchior Fattlin zu tun, was in seinen Kräften stand. An der ersten Sitzungsperiode des Trienter Konzils nahm Weeze nicht teil.

VI.

Christoph Metzler (1548-1561)

Christoph Metzler wurde am 2. Juli 1548 zum Bischof gewählt und erhielt am 20. März 1549 die päpstliche Bestätigung. Er war gebildet, fromm und tatkräftig. Sein Lebenswandel war einwandfrei. Delfino bezeichnete ihn am 28. Mai 1561 als gelehrt und ehrbar lebend. Metzler war uneigennützig und freigebig gegenüber den Armen. Er war ein guter Bischof. Ihm lag die religiöse und sittliche Erneuerung von Klerus und Volk am Herzen, und er nahm sie mit den geeigneten Mitteln in Angriff. 1549 hielt er eine Diözesansynode in Markdorf. Im Jahre 1550 ließ er eine Teilvisitation des Bistums vornehmen. Unter seiner Regierung tauchte der Plan auf, das Bistum Konstanz zu teilen und für den Schweizer Anteil eine eigene Diözese zu errichten oder wenigstens einen Hilfsbischof für die fünf Orte zu bestellen. Metzler war davon nicht angetan. Er war um das Konzil von Trient und die damit verbundene katholische Reform eifrig bemüht. 1551/52 weilte er selbst in Trient und beteiligte sich an den Verhandlungen. Er erlebte die Genugtuung, daß kaiserliche Truppen das rebellische Konstanz bezwangen und daß infolgedessen die katholische Religion in der Bischofsstadt wiederhergestellt wurde. Der Bischof aber blieb in Meersburg. Leider war die Serie der Verluste für die Kirche noch nicht zu Ende. Im Jahre 1556 protestantisierte Herzog Christoph die zahlreichen noch vorhandenen Klöster seines Landes. Der Bischof konnte ihm nicht wehren.

VII.

Markus Sittich II. von Hohenems (Altemps) (1561-1589)

Markus Sittich war der Neffe Papst Pius' IV. und der Vetter des hl. Karl Borromäus. Diese Verwandtschaft wurde für sein kirchliches Schicksal bestimmend. Markus Sittich

war nämlich zunächst Soldat. Erst als sein Onkel Papst wurde, trat er in die geistliche Laufbahn ein. Pius IV. ernannte ihn zuerst zum Bischof von Cassano und beförderte ihn um. Bischof Metzler weigerte sich, ihn als Coadjutor cum iure successionis anzunehmen. Auf Empfehlung des Nuntius Volpe wurde er aber am 6. Oktober 1561 zum
nehmen. Auf Empfehlung des Nuntius Volpe wurde er aber am 6. Oktober 1561 zum
Bischof von Konstanz gewählt. Am 24. Oktober 1561 erlangte er die päpstliche Bestätigung. Er besaß damals noch keine höhere Weihe. Erst in Trient empfing er die Subdiakonats- und die Diakonatsweihe.

Markus Sittich verdankte seine kirchliche Laufbahn seinen Verbindungen und nicht seinen Qualitäten oder Leistungen. Er war weder fähig noch tüchtig; in den vielen Stellungen, die ihm zuteil wurden, bewährte er sich nicht. 1561 bis 1563 war er — wegen seiner deutschen Herkunft und als Bischof des größten deutschen Bistums — einer der fünf Legaten auf dem Konzil von Trient, bei dem er jedoch sachlich nicht viel zu bestellen hatte. Er besaß keine hinreichende allgemeine und schon gar keine theologische Bildung, wohl aber einen unehelichen Sohn. Von seinen Zeitgenossen wurde er sehr ungünstig beurteilt, und diese Kritik war zum großen Teil berechtigt. Er war seinem Amt und seinen Stellungen nicht gewachsen.

Für die Diözese Konstanz war die Ernennung des Markus Sittich zum Bischof ein Verhängnis. Er war fast ständig von seinem Bistum abwesend und weilte lediglich in den Jahren 1561, 1562, 1566 und 1567 jeweils für kurze Zeit in seinem Sprengel. Vom Jahre 1568 bis 1589 scheint er nicht mehr in Konstanz gewesen zu sein. In Rom besaß er, wenn auch in unterschiedlicher Reichweite, bedeutenden Einfluß. Er beriet den Papst in militärischen Fragen und wurde regelmäßig in Angelegenheiten, welche die deutschsprachigen Länder betrafen, herangezogen. In diplomatischen Missionen zeigte er Geschick. Er gab sich als Mäzen und führte in Rom kostspielige Bauten auf.

Markus Sittich ließ es nicht völlig an gutgemeinten Maßnahmen zur Hebung des Klerus und zur Besserung des Volkes fehlen. In dem Mandat vom 17. Juni 1566 gab er namentlich den Verfehlungen der Angehörigen des geistlichen Standes die Hauptschuld für den Abfall so vieler von der katholischen Kirche. Die Diözesansynode von 1567 verabschiedete vorzügliche Statuten, die 1568 promulgiert wurden. Was fehlte, war ihre Verwirklichung. Die 1571 in Gang gesetzte Visitation wurde abgebrochen. Man begnügte sich damit, die Dekane nach Konstanz zu rufen und ihnen dort Fragen vorzulegen. Markus Sittich war besorgt um die Heranbildung guter Priester und stellte dafür beträchtliche Summen zur Verfügung, aber das Priesterseminar, zu dessen Errichtung Pius V. ihn aufforderte, kam weder auf der Synode 1567 noch später zustande. Das Projekt scheiterte am Widerstand derer, welche die Kosten aufbringen sollten, vor allem der Klostervorsteher.

Ein schweres Hindernis einer echten Erneuerung war die Unzulänglichkeit des Markus Sittich. Als er auf Durchführung der Trienter Reformen drang und dazu die Notwendigkeit der Unterstützung durch den weltlichen Arm herausstellte, antworteten ihm die Eidgenossen, er solle zunächst einmal selbst durch Einhaltung der Residenz seinen

Gehorsam gegen das Konzil beweisen. Klerus und Volk fühlten sich von ihrem Diözesanbischof vernachlässigt, ja im Stich gelassen. Er war eben alles andere als ein Seelsorger. Der Klerus wußte auch um seine Konkubine und seine Nachkommenschaft. Es nimmt nicht wunder, daß er sich von einem solchen Oberhirten nichts sagen lassen wollte. Die schweizerische Geistlichkeit bezeichnete den Bischof gar als Mietling, kreidete ihm an, daß er weder die Messe lese noch predige und daß er die Gelder des Bistums vergeude. Das Domkapitel stieß in dasselbe Horn; es legte Mißstände wie Verschleuderung des Kirchenvermögens und Niedergang der kirchlichen Disziplin dem Bischof zur Last, weil dieser nicht Residenz halte. Die katholischen Kantone der Schweiz forderten den Bischof mehrfach auf, sich in Konstanz niederzulassen. Aber Pius IV. und sogar Sixtus V. entschuldigten ihn. Die päpstlichen Gesandten waren mit Markus Sittich sehr unzufrieden. Der Nuntius Ninguarda nahm in seinen Berichten kein Blatt vor den Mund und schrieb, was er von der Pflichterfüllung des Konstanzer Bischofs hielt. Der Nuntius Santonio sah am 20. Dezember 1586 nur zwei Möglichkeiten; entweder halte der Bischof Residenz in seinem Bistum, oder dieses müsse einem anderen Oberhirten übertragen werden.

Gleichzeitig reagierte Markus Sittich sehr empfindlich auf die Beeinträchtigung seiner Rechte als Oberhaupt seiner Diözese. Gegen den damals erneut auftauchenden Plan, für die innere Schweiz ein eigenes Bistum zu errichten, etwa in Einsiedeln, wehrte er sich entschieden. So blieb alles beim alten. Immerhin suchten die Nuntien die Hirtentätigkeit zu ersetzen, an der es der Bischof fehlen ließ. So führten Portia, Bonhomini und Ninguarda Visitationen durch, die Nachlässigkeit des Bischofs ergänzend. In Balthasar Wurer besaß Konstanz einen fähigen und eifrigen Weihbischof. Der Nuntius Bartolommeo Portia zeigte hohe Wertschätzung für ihn.

Für die Gefährdung des Glaubens hatte Markus Sittich nicht den rechten Blick; er entfaltete im Glaubenskampf keine Initiative. Hervorragende Laien wie Ludwig Pfyffer von Luzern leisteten mehr für die katholische Sache als der zuständige Bischof. Am 5. Oktober 1586 schlossen die katholischen Orte der Schweiz in Luzern den „Goldenen Bund", in dem sie sich zu unbedingter Erhaltung des katholischen Glaubens und gegenseitiger Hilfeleistung verpflichteten. 1581 errichteten die Kapuziner ihr erstes Kloster in Altdorf, dem bald viele andere folgten. Seit 1571 gelang die Rekatholisierung der Markgrafschaft Baden-Baden.

VIII.

Andreas von Österreich (1589-1600)

Andreas von Österreich verdankte seine kirchliche Karriere ebenfalls seiner Abstammung. Bereits 1576 (mit 18 Jahren) wurde er, ein Sohn Erzherzog Ferdinands von Tirol und der Philippine Welser, Kardinal. 1580 wurde er Coadjutor c. i. s. des Bischofs von

Brixen. Als 1591 der Bischof Johannes Thomas starb, wurde er Oberhirt dieses Bistums. 1589 wurde Andreas vom Konstanzer Domkapitel zum Bischof postuliert; Sixtus V. gab am 31. Juli 1589 die Zulassung.

Andreas war ein Mann mit trefflichen Eigenschaften. Er war geistig gut begabt und eifrig im Erwerb von Kenntnissen. Sein Lebenswandel war vorbildlich, seine Frömmigkeit echt, seine geistliche Haltung untadelig. Die höheren Weihen empfing er jedoch nicht. Das Vorbild eines tridentinischen Bischofs war er nicht, sondern viel mehr Fürst. Bei dem Erwerb seiner zahlreichen Benefizien bediente er sich simonistischer Mittel. Im Umgang mit anderen war er bescheiden, freundlich und leutselig, gegenüber den Armen freigebig. Mit dem Gelde konnte er allerdings nicht umgehen. Sein kostspieliger Lebensstil stürzte ihn in Schulden. Er war fest und entschieden, notfalls auch hart; dem Kampf ging er nicht aus dem Wege. In der Verwaltung war er geschickt. Als Statthalter in Tirol und in den Niederlanden war er mit schweren Bürden weltlicher Regierung beladen. Wegen seiner vielen (kirchlichen und weltlichen) Ämter konnte er nicht in seinem Bistum Residenz halten.

Andreas übernahm das Bistum Konstanz in einem traurigen Zustand. Die kirchliche Disziplin war verfallen, der Klerus war weithin ungebildet und lebte ärgerniserregend, die Klöster lagen darnieder. Das schlechte Beispiel der Geistlichen und Ordensleute hatte verhängnisvolle Wirkungen auf die Laien. Als Andreas einen ersten Überblick über die Diözese gewonnen hatte, überfiel ihn beinahe Mutlosigkeit. Indes riß er sich zusammen, umgab sich mit tüchtigen Ratgebern und begann beherzt den Kampf um die Erneuerung. Er bejahte die katholische Reform, aber er nahm sie eben vor wie ein Landesfürst, nicht wie ein Bischof, d. h. durch Mandate und Beauftragte, nicht durch persönliche seelsorgliche Tätigkeit. An erster Stelle wandte er sich dem Klerus zu. Die Weihekandidaten mußten sich in einer Prüfung über das nötige Wissen ausweisen. Die im Amt befindlichen Geistlichen wurden durch Visitation zur Ordnung zurückzuführen gesucht. Energisch ging Andreas gegen den Konkubinat vor. Von auswärts suchte er gute Priester zu gewinnen und die Pfarreien mit ihnen zu besetzen. Seit 1592 wirkten von ihm berufene Jesuiten in Konstanz. Ihrer Arbeit waren große Erfolge beschieden. Er ließ in der Diözese die Beschlüsse des Trienter Konzils publizieren. In Georg von Hallwyl besaß Andreas einen tüchtigen Weihbischof, in dem Generalvikar Johann Pistorius hatte er einen Helfer zur Seite, der gewillt war, mit eiserner Hand Ordnung zu schaffen. 1591 wurde dieser auf Drängen des Papstes zum Visitator ernannt und begann mit der Visitation. Der Konvertit gab sich auch viel Mühe, Protestanten zur Rückkehr in die katholische Kirche zu veranlassen. Leider trat er 1594 zurück. 1596 hielt Andreas eine Teilsynode für den Breisgau und Schwaben ab. 1599 gab er das römische Brevier heraus und schrieb es allgemein vor. Die Besserung der Klöster glückte ihm nur zum geringen Teil. Im Jahre 1579 kam Giovanni Francesco Bonhomini als ständiger Nuntius in die Schweiz und ließ sich in Luzern nieder. Unermüdlich das Land durchziehend, wirkte er auf die Reform im Sinne des Trienter Konzils hin. Bei den Behörden und im Volk fand er regelmäßig Unterstützung, dagegen beim Klerus viel Widerstand.

Er und seine Nachfolger stützten sich vor allem auf die Jesuiten. In Luzern erschienen 1574 die ersten Angehörigen dieses Ordens, in Freiburg konnte 1582 ihr Kolleg eröffnet werden, in dem am 21. Dezember 1597 Petrus Canisius starb.

IX.

Johann Georg von Hallwyl (1601-1604)

Johann Georg von Hallwyl wurde am 2. Januar 1601 zum Bischof gewählt und am 18. Juni 1601 vom Papst bestätigt. Er war ein gebildeter Theologe, ein frommer Priester und vom Eifer für Gottes Haus erfüllt. Er hielt Residenz in seinem Bistum, sein Lebenswandel war vorbildlich, seine Hofhaltung war bescheiden. Als asketischer Mann hielt er sich bei Essen und Trinken zuchtvoll zurück. Er empfing die Bischofskonsekration und übte die bischöflichen Funktionen persönlich aus. Seine Predigten machten tiefen Eindruck. Wo immer es ihm möglich war, betrieb er selbst Seelsorge an den Kranken. Nach Jahrzehnten erlebte das Bistum wieder einen echten Seelenhirten als Bischof.

Johann Georg von Hallwyl ist den Bischöfen zuzurechnen, die für die katholische Erneuerung arbeiteten. Daß er guten Willens war, zeigt die von ihm persönlich vorgenommene Visitation des Bistums. Hallwyl war nicht von guter Gesundheit. Um so höher ist es ihm anzurechnen, daß er sich immer wieder aufraffte, um die beschwerlichen Reisen durchzuführen. Er stand in enger Beziehung zu den Jesuiten. Er traf die Vorbereitungen dafür, daß sie in Konstanz ein Kolleg errichten konnten. Bei seinen Visitationsreisen ließ er sich von einem Priester der Gesellschaft Jesu begleiten. Nach ursprünglicher Distanz wurde er ein eifriger Förderer der Kapuziner. Gegenüber dem Klerus war er verständnisvoll und leutselig. Aber dem Laster war er feind. Er duldete in den Wohnungen der Geistlichen keine Haushälterin unter 40 Jahren. 1603 erschien das neue (römische) Missale, das der Bischof allgemein vorschrieb. Andreas hinterließ ihm eine erdrückende Schuldenlast; Johann Georg vermehrte sie trotz seiner Sparsamkeit. Sichtbare Erfolge blieben ihm versagt. Er starb zu früh, um die Frucht seiner Maßnahmen zu sehen.

X.

Jakob Fugger (1604-1626)

Jakob Fugger war Angehöriger des berühmten Geschlechtes in Augsburg. Studien und Reisen hatten ihm eine gute Allgemeinbildung, aber auch solide theologische Kenntnisse verschafft. Daneben war er ein vorzüglicher Kanonist und Jurist. Er vereinte Charakterstärke mit Bildung, untadeligen Lebenswandel mit Seelsorgseifer. 1592 feierte er in Augsburg seine Primiz. Am 27. Januar 1604 wurde er zum Bischof gewählt, am 5. Mai 1604 bestätigt, am 25. Juli 1604 zum Bischof konsekriert.

Mit Jakob Fugger erhielt das Bistum Konstanz einen guten Oberhirten. Sein Lebenswandel war unbescholten, seine Fömmigkeit echt, sein Eifer unbestritten. Im Umgang war er freundlich und leutselig, den Armen ein Vater, den Kindern ein Freund. Er lebte einfach, wenn auch nicht so anspruchslos wie sein Vorgänger. Als Glied einer Familie, die mit scharfen Augen beobachtet wurde, mußte er mit unerbittlicher Kritik rechnen; aber selbst seine ärgsten Gegner vermochten seine Sittenreinheit nicht in Zweifel zu ziehen. Er war ein echter Priester und ein wahrer Hirt. Der Bischof zelebrierte an den Sonn- und Feiertagen und besuchte an den übrigen Tagen die Messe, beichtete regelmäßig alle acht Tage und trug die bischöfliche Gewandung. Die Pontifikalfunktionen übte er zusammen mit seinem Weihbischof aus. In Notzeiten ordnete er die Abhaltung des Vierzigstündigen Gebets in seiner Diözese an.

Fugger besaß ein klares Konzept; er wußte, was er wollte. Seine Tätigkeit verzettelte sich nicht, sondern war einheitlich und zielgerichtet: die Reform nach Maßgabe des Trienter Konzils. Es war stets sein Bemühen, die Rechtslage sauber festzulegen; er war vom Nutzen des Kirchenrechts für die Seelsorge überzeugt. Er leitete die Wiedergewinnung der Jurisdiktion des Bischofs, die weitgehend in andere Hände übergegangen war, ein. Unermüdliche Verfolgung der bischöflichen Rechte, zähe Verhandlungen und kostspielige Prozesse schufen hier allmählich Wandel. Im Oktober 1609 hielt er eine Diözesansynode ab. Die vortrefflichen, später immer wieder aufgelegten Statuten galten beinahe allen Bereichen des kirchlichen und religiösen Lebens. Bei Eröffnung und Abschluß der Synode wurde der Zusammenhang zwischen Abfall vom Glauben und Zerfall im Inneren deutlich beim Namen genannt; das Salz sei schal geworden. Die Synode verkündete auch eine wohlüberlegte Visitationsordnung. Persönlich und durch andere oblag der Bischof der Visitation. In dem Weihbischof Jakob Mirgel stand ihm eine tüchtige Kraft zur Seite. Neben ihn trat 1619 Johann Anton Tritt von Wildern.

Wie allen wahren Reformern galt Fuggers erste Sorge dem Klerus und dessen Nachwuchs. Für die Zulassung zu den Weihen erließ er verschärfte Bestimmungen. Konkubinarier setzte er, auch wenn sie zum höheren Klerus gehörten, ab. Wenige Dinge lagen ihm mehr am Herzen als die katholische Unterweisung der Jugend durch Religionsunterricht, Christenlehre und Predigt. Das Domkapitel suchte er durch die Aufnahme promovierter Bürgerlicher zu erneuern. Die gesamte Zeit seiner Regierung war leider vom Streit mit diesem Gremium überschattet. Enge Beziehungen unterhielt er zu dem eifrigen Abt Georg Wegelin von Weingarten. Mit seiner Hilfe ließ er sich die Reform der Klöster angelegen sein. Seine Gunst und seine Freundschaft galten in besonderem Maße den Jesuiten; ihnen gewährte er jede denkbare Unterstützung, ihren Rat holte er bei jeder Unternehmung ein. Daneben war er ein großer Verehrer und Förderer des Kapuzinerordens. Bei den Kapuzinern suchte und fand er geistliche Stärkung und seinen Beichtvater. Noch als Dompropst hatte Fugger 1603 in Konstanz ein Kapuzinerkloster gestiftet, als Bischof weihte er es 1604 ein. Die Jesuiten und die Kapuziner befestigten und vertieften in vielen Gläubigen die Religion, brachten sie zu religiöser Praxis zurück und führten sie zum Sakramentenempfang. 1605 errichtete Fugger in Luzern das seit langem geforderte Bischöfliche Kommissariat. Damit war den besonderen Verhältnissen in der Schweiz in etwa Rechnung getragen. Fugger war ein hervorragender Verwaltungsfachmann. Den hohen finanziellen Verpflichtungen, die das Bistum drückten, verstand er nachzukommen. Er sanierte, zum erheblichen Teil mit seinem privaten Vermögen, die Finanzen des Bistums in beträchtlichem Umfang.

Fugger war von der Schädlichkeit des Protestantismus überzeugt; seinem Vordringen stemmte er sich mit Entschiedenheit entgegen. Mit zäher Ausdauer kämpfte er für die Erhaltung und die Wiedergewinnung der Rechte der Kirche. Gern hätte er die in der Schweiz liegenden Orte des Hochstifts wieder dem katholischen Glauben zugeführt. Jedoch waren seinen Absichten wegen der drohenden Haltung der Züricher und der anderen protestantischen Kantone enge Grenzen gesetzt. In Konstanz wurden Mandate erlassen, die einen Aufschwung des Katholizismus in der Stadt bewirkten. Bei den Katechesen und den Predigten der Jesuiten fanden sich vielfach auch Nichtkatholiken ein; nicht wenige wurden für den Glauben gewonnen. Schon in den beiden letzten Jahrzehnten des 16. Jahrhunderts hatte die Zahl der Katholiken im Bistum stark zugenommen. Erst recht vollzog sich unter seiner Regierung ein gewisser Aufschwung in der Diözese. Irrgläubige, aber auch Namenskatholiken und mächtige Geistliche setzten freilich seinem Reformwerk anhaltenden Widerstand entgegen. In vielen Fällen meinte der Bischof eine Maßnahme aufschieben, Schäden übersehen und günstigere Zeiten abwarten zu sollen.

Als einer der ersten Bischöfe trat Fugger dem von Herzog Maximilian von Bayern vorgeschlagenen Bündnis der katholischen Fürsten bei und hielt ihm wie wenige andere die Treue. Als der Vertrag am 10. Juli 1609 unterzeichnet wurde, stand sein Name darunter. Die drei geistlichen Kurfürsten folgten erst am 30. August 1609. Fugger war eifrig bemüht, neue Mitglieder für den Bund zu gewinnen. Zu diesem Zweck wandte er sich brieflich und durch Gesandte an bekannte Prälaten. Wie bei vielen anderen Unternehmungen hatte Fugger auch hier mit dem Unverständnis und dem Widerstand seines Domkapitels zu ringen. Es war ihm bewußt, daß der Protestantismus stets im Angriff gegen die katholische Kirche ist. An einen dauerhaften Frieden von seiten der Protestanten glaubte er nicht. Am 20. Dezember 1610 schrieb er, die Protestanten seien auf die Vernichtung der katholischen Religion überhaupt aus. „Die Protestanten werden die feindselige Gesinnung gegen uns beibehalten, solange sie im Glauben mit uns uneins sind.“

8. Kapitel

Bistum Paderborn

Bauermann, Johann, Die katholische Visitation Lippes im Jahr 1549. Ein Beitrag zur Geschichte des Interims in Westfalen: Jahrbuch des Vereins für westfälische Kirchengeschichte 44, 1951, 113-146

Bessen, Georg Joseph, Geschichte des Bisthums Paderborn, 2 Bde., Paderborn 1820

Die Erzdiözese Paderborn. Festschrift aus Anlaß der Erhebung des Bistums Paderborn zur Erzdiözese, Paderborn 1930

Evelt, Julius, Die Weihbischöfe von Paderborn. Nebst Nachrichten über andere stellvertretende Bischöfe und einem Verzeichnis der bischöflichen Generalvicarien und Officiale derselben Diöcese, Paderborn 1869

Herte, A., Paderborn: LThK VII, 1935, 866-870

Holscher, Ludwig August Theodor, Die ältere Diöcese Paderborn nach ihren Grenzen, Archidiaconaten, Gauen und alten Gerichten, Münster 1886

Honselmann, Klemens, Dietrich v. Fürstenberg: NDB 3, 1957, 684f.

Honselmann, K., Bäumer, R., Paderborn: LThK VII, 2. Aufl., 1962, 1343-1346

Kesting, Franz, Aus Huysburgs Tagen. Ein Beitrag zur Paderborner Bistumsgeschichte und der Sächsischen Diaspora, Paderborn 1953

Krause, Heinrich III., Erzbischof von Bremen: ADB 11, 1880, 506f.

Leineweber, Lorenz, Die Paderborner Fürstbischöfe im Zeitalter der Glaubensspaltung. Ein Beitrag zur Reformationsgeschichte des Stifts Paderborn. Theol. Diss. Münster i. W., Münster 1908

Löher, Franz von, Geschichte des Kampfes um Paderborn 1597 bis 1604, Berlin 1874

Ohlberger, Joseph, Geschichte des Paderborner Domkapitels im Mittelalter. Phil. Diss. Münster, Hildesheim 1911

Paderborn. Bilder von Albert Renger-Patzsch mit einer Einführung von Reinhold Schneider und kunstgeschichtlichen Erläuterungen von Wilhelm Tack, 2. Aufl., Paderborn 1949

Pieler, Franz Ignaz, Leben und Wirken Caspar's von Fürstenberg. Nach dessen Tagebüchern. Auch ein Beitrag zur Geschichte Westfalens in den letzten Decennien des 16. und im Anfang des 17. Jahrhunderts, Paderborn 1873

Richter, Wilhelm, Geschichte der Stadt Paderborn, 2 Bde., Paderborn 1899-1903

Simon, Paul (Hrsg.), Sankt Liborius. Sein Dom und sein Bistum. Zum 1100jährigen Jubiläum der Reliquienübertragung im Auftrage des Metropolitankapitels herausgegeben, Paderborn 1936

Spehr, F., Erich II., Herzog von Braunschweig-Grubenhagen: ADB 6, 1877, 202f.

I.

Erich von Braunschweig-Grubenhagen (1508-1532)

Erich von Braunschweig-Grubenhagen war seit 1508 Bischof von Osnabrück. Nach dem Tode des Bischofs Hermann von Hessen wurde er auch für Paderborn postuliert. In der Bestätigungsurkunde vom 20. April 1509 wurde Erich, abweichend von dem sonst üblichen Brauch, als „verus Praesul et Pastor", also als wirklicher Bischof beider Bistümer, nicht bloß als Administrator der zweiten Diözese, bezeichnet. Am 27. März 1532 wurde Erich schließlich noch von dem Münsteraner Kapitel für dieses Bistum postuliert. Er starb vor der Gewährung der Zulassung am 14. Mai 1532. Die Häufung der Bistümer in der Hand Erichs ist wohl aus der Überlegung zu erklären, die Macht der drei Stifte zu konzentrieren.

Zuerst in den angrenzenden Gebieten, dann aber auch im Stift Paderborn drang der Protestantismus vor. Das Stift wurde von seiner Umgebung mit lutherischen Schriften überschwemmt. In der Bischofsstadt verführten drei Minoriten das Volk. Auch in Paderborn war der Boden für den Abfall vor allem durch Neid über die Exemtion und Verärgerung über materielle Vorteile des Klerus bereitet. Das neue „Evangelium" verhieß der Bevölkerung Verbesserung der rechtlichen und der wirtschaftlichen Lage. 1528 entstand ein mehrere Tage anhaltender Aufruhr gegen den Klerus in Paderborn. Bischof Erich griff nicht mit Gewalt ein, sondern ließ sich zu einem Vergleich mit der Stadt herbei. Daraus ergibt sich klar, worauf es den Bürgern vordringlich ankam: nicht um die Gewinnung von Zugeständnissen in der Religion, sondern um die Abstellung von Mißständen im wirtschaftlichen Bereich. Allerdings gab es eine Gruppe von Lutheranern in der Stadt Paderborn. Sie suchten und fanden Rückhalt bei dem Landgrafen von Hessen. Bischof Erich war zunächst ein eifriger Verteidiger des katholischen Glaubens und schritt in Ausführung des Wormser Ediktes energisch gegen die lutherische Neuerung ein. Außerhalb des Stiftsgebietes fehlte ihm jedoch regelmäßig die Macht, seine Verfügungen durchzusetzen. Leider wurden auch die notwendigen inneren Maßnahmen wie gründliche Unterrichtung des Volkes, vor allem der Jugend, nicht in genügendem Maße angewandt. In den letzten Jahren seiner Regierung nahm Erich eine schwankende Haltung ein, die dazu angetan war, die Ausbreitung des Protestantismus zu begünstigen. Es war verdächtig, daß er mit dem Kurfürsten von Sachsen und dem Landgrafen von Hessen freundschaftliche Beziehungen unterhielt und diese sich dafür verwandten, daß er auch noch das dritte Bistum, Münster, erhielt. Bei der Hochzeit des Grafen von Tecklenburg, der eine abtrünnige Nonne heiratete, trat er als Trauzeuge auf. So bestehen Zweifel an seiner kirchlichen Gesinnung. Die Rücksicht, die er auf den mächtigen Landgrafen Philipp nahm, war freilich verständlich. Denn das kleine und schwache Stift Paderborn unterlag ständig dem starken und bedrohlichen Einfluß von Hessen. Die Zeit der Sedisvakanz war regelmäßig ein gefährlicher Augenblick für die katholische Religion. Nach dem Tode Erichs nahmen die Lutheraner eigenmächtig zwei Kirchen in Paderborn für die neue Lehre in Beschlag.

II.

Hermann von Wied (1532-1547)

Hermann von Wied war seit 1515 Erzbischof von Köln. Nach dem Tode Erichs postulierte ihn das Paderborner Domkapitel zusätzlich zum Bischof von Paderborn. Er galt damals noch als katholisch und war es wohl auch. Jedenfalls erhielt er am 14. September 1532 die Zulassung des Papstes. Hermann war von 1532 bis 1547 Administrator von Paderborn.

Der Protestantismus setzte sich zu dieser Zeit in Höxter und Lemgo, danach in ganz Lippe und in Waldeck durch. In den dreißiger Jahren drang er auch im Paderborner Stift weiter vor. In der Stadt Paderborn verbanden sich religiöse Neuerung, soziale Forderungen und politische Ambitionen zu Unbotmäßigkeit und Widerstand. Als friedliche Mittel versagten, die Rebellion beizulegen, griff Hermann zur Bestrafung der Aufrührer. Der Rezeß vom 16. Oktober 1532 verpflichtete die Stadt Paderborn auf den alten Glauben. Aber dem Bischof lag mehr an der Herstellung der Ordnung als am Unterbinden der Verbreitung der Irrlehre. Denn er selbst geriet immer mehr auf die schiefe Ebene. Dem päpstlichen Legaten Aleander war er bereits seit 1531 in seiner Glaubenshaltung verdächtig. Allerdings dachte er zu dieser Zeit wohl noch nicht an den Abfall von der Kirche. Seit der zweiten Hälfte der dreißiger Jahre betrieb er jedoch zielbewußt den Verrat. Er duldete in seiner Umgebung protestantische Geistliche. Sein eigener „Beichtvater" predigte die lutherische Lehre. Nach Bonn berief er den Straßburger „Reformator" Butzer, der dort sogleich eifrig in protestantischem Sinne tätig war. Auch Melanchthon fand sich bei dem Erzbischof ein. Ähnlich verlief die Entwicklung in Paderborn; Hermann suchte auch dieses Stift zu protestantisieren. Am 10. Januar 1545 erklärte er die früheren Verträge mit Paderborn, soweit sie die Religion betrafen, für aufgehoben und empfahl der Stadt die Annahme der protestantischen Kirchenordnung. Er verrechnete sich aber hier genauso wie in Köln. Domkapitel und Stände von Paderborn lehnten es ab, dem Mandat nachzukommen. Die weitere Entwicklung im Leben dieses Verräters braucht hier nicht dargestellt zu werden. Am 6. Januar 1547 resignierte Hermann auf das Paderborner Stift in die Hände des Domkapitels.

III.

Rembert von Kerssenbrock (1547-1568)

Rembert von Kerssenbrock wurde am 3. März 1547 vom Kapitel zum Bischof von Paderborn gewählt. Am 1. Juli 1547 erhielt er die Bestätigung des Papstes. Bei seiner Wahl war er Diakon. 1548 empfing er die Bischofskonsekration.

Rembert war in Rom ausgebildet worden, und er war ein gelehrter Mann. Sein Lebenswandel war einwandfrei, seine Frömmigkeit echt, seine Liebe zur Kirche tief, sein

Eifer für die Religion offenkundig. Er war jedoch fast 70 Jahre alt, als er zum Bischof gewählt wurde, und es fehlten ihm Energie und Spannkraft.

Die kirchliche Haltung Remberts war offenkundig und eindeutig. Er war als Pfarrer in Osnabrück von seiner Stelle vertrieben worden, weil er sich der Einführung des Luthertums entschieden entgegenstemmte. Auch in Paderborn setzte er sich energisch gegen den Protestantismus zur Wehr. Auf der im Oktober 1548 in Paderborn abgehaltenen Dözesansynode ließ er die Formula reformationis veröffentlichen. Anschließend fand eine Visitation statt (1549). Ihr standen schwerwiegende Hindernisse von seiten des Klerus und der weltlichen Gewalten entgegen. Die Visitation ergab das traurige Bild einer im Niedergang befindlichen, von der Irrlehre zersetzten Kirche. Es zeigte sich, daß die Glaubensneuerung tiefer in die Bürgerschaft eingedrungen war, als es äußerlich schien. Rembert ließ sich jedoch nicht entmutigen, sondern machte sich daran, zu erhalten, was von der katholischen Religion noch vorhanden war, und möglichst auch das, was verlorengegangen war, zurückzubringen. Der Bischof hatte im Klerus eine Reihe von zuverlässigen Helfern bei seinen Reformbemühungen, aber es waren überwiegend jene zwiespältigen Männer, die ihr treues Festhalten am Glauben durch ihren Lebenswandel in Mißkredit brachten. In den protestantisierten Gebieten des Bistums suchte Rembert dem Interim Geltung zu verschaffen. Aber fast niemand nahm es mit innerer Zustimmung an. Nur die Furcht vor dem Kaiser öffnete den Visitatoren die Türen. Immerhin scheint der Bischof das Interim bis zu einem gewissen Grade durchgesetzt zu haben. An dem Mainzer Provinzialkonzil 1549 nahm Rembert nicht teil. Seine Beschlüsse blieben in Paderborn toter Buchstabe. Der Klerus ließ sich nicht bessern. Der Passauer Vertrag und der Augsburger Religionsfriede sanktionierten die Protestantisierung weiter Teile des Bistums. Danach lösten sich Lippe und Waldeck endgültig von der Jurisdiktion des Paderborner Oberhirten los. Die protestantisch gewordenen Herren schafften das Interim sogleich ab.

Wo es ihm möglich war, suchte Rembert Mißstände zu beseitigen und die Abgefallenen zum Glauben zurückzuführen. Er unternahm es, wenigstens in seinem weltlichen Gebiet den Glauben zu erhalten bzw. wiederherzustellen. Hier drang der Protestantismus in seinen letzten Lebensjahren erneut vor. Unterstützt von den lutherischen Bürgern und dem lutherischen Teil des Magistrats, predigten 1566 Johann Bredenbeck und Martin Hoitbandt die neue Lehre in Paderborn. Während der erstere zur Ruhe gebracht werden konnte, agitierte der zweite immer mehr. Erst nach langen Bemühungen gelang es dem Bischof, seine Ausweisung zu erreichen; bald darauf kehrte er jedoch in die Stadt zurück. Am 7. Oktober 1567 verließ er sie endgültig, rief aber den hessischen Landgrafen um Schutz an. Bischof Rembert erinnerte dagegen an den Augsburger Religionsfrieden, nach dem er gehandelt habe. Hier zeigte sich seine Charakterstärke; er war durch keinen Druck der mächtigsten protestantischen Reichsfürsten zu bewegen, dem Hoitbandt die Rückkehr zu gestatten.

Zur zweiten und dritten Sitzung des Trienter Konzils konnte Rembert wegen Alters und Kränklichkeit nicht kommen. Die Frage seiner Nachfolge wurde drängend. Man sah sich nach einem Fürsten um, der auf die Macht seines Hauses rechnen konnte, wenn es um den Schutz des Stiftes und die Erhaltung des Glaubens ging. 1553 verschaffte Herzog Heinrich von Braunschweig seinem Sohn Julius das Amt des Koadjutors in Paderborn. Als dieser zum Erbfürsten avancierte, gab er jedoch die Stelle auf. Nun bemühten sich mehrere Mächte, dem Kapitel die Wahl eines anderen Koadjutors zu empfehlen, aber dieses ließ sich auf nichts ein. Auch der Bischof zeigte sich störrisch. So gelang es Herzog Heinrich nicht, den Johann von Hoya als Koadjutor aufzudrängen. Rembert lehnte es jetzt ab, sich überhaupt einen Koadjutor zu bestellen. Die Frage blieb ungelöst.

Im ganzen ist festzustellen, daß Rembert von Kerssenbrock mit Eifer bemüht war, Mißstände zu beheben, die Ausbreitung der lutherischen Lehre zu verhindern und die Abgefallenen für die Kirche wiederzugewinnen. Lorenz Leineweber nennt ihn „den eifrigsten und den tugendreichsten Bischof, der in dieser Periode auf dem Bischofsstuhl in Paderborn gesessen hat". Der Erfolg blieb ihm leider versagt. Kränklichkeit und hohes Alter — er starb mit 90 Jahren — hemmten seine Wirksamkeit.

IV.

Johann II. von Hoya (1568-1574)

Johann von Hoya war 1553 zum Bischof von Osnabrück gewählt und 1566 zum Bischof von Münster postuliert worden. Er wurde nun auch noch für Paderborn postuliert, weil das Domkapitel die Notwendigkeit erkannte, an der Spitze des Bistums einen mächtigen Fürsten zu besitzen, der den Bestrebungen der Nachbarn, das Stift einzuziehen und die katholische Religion auszutilgen, energischen Widerstand zu leisten imstande war, und dafür schien Johann geeignet, wenn er die politische Kraft dreier Stifte in seiner Hand vereinte. Das Konzil von Trient hatte den Schaden, den die Ämterhäufung regelmäßig für die Intensität der Seelsorge bedeutete, erkannt und sie darum verboten (Sess. VII de ref. c. 4; sess. XXIV de ref. c. 17). Aber die Umstände waren manchmal gebieterischer als an sich noch so berechtigte Grundsätze, und die Päpste haben sich dieser Erkenntnis nicht verschlossen. Gegen seine Prinzipien verstoßend, erlaubte Pius V. dem Hoya, nun auch noch ein drittes Bistum zu übernehmen, allerdings in der abgeschwächten Form des Antritts der zeitweiligen Verwaltung; er ließ ihn am 6. November 1568 als Administrator von Paderborn zu.

Johann von Hoya traf in Paderborn schwierige Verhältnisse an. Das Domkapitel war gespalten. Neben den Katholiken standen die Lutheraner und eine dritte Gruppe, die jedenfalls von dem tridentinischen Katholizismus nichts wissen wollte. Die drei Fraktionen lebten in scharfem Gegensatz zueinander. Den katholischen Domherren gelang es in erbitterten Kämpfen, den reformfreundlichen Heinrich von Meschede als Domdekan durchzudrücken. Leider fanden sich Johann von Hoya und der gutgesinnte Teil des Kapitels nicht zu einmütigem Handeln zusammen. Jahrelange Auseinandersetzungen entzweiten den Bischof mit den katholischen Domherren. Sie waren mit ihm nicht zufrieden, weil er nicht genügend energisch den katholischen Besitzstand wahrte bzw. wiederherstellte. In dieser Hinsicht trafen sie sich mit anderen Kritikern. Der Kardinal Zaccaria Delfino traute Johann ebenfalls nicht. Tatsächlich beobachtete er eine zwiespältige Haltung, die wohl nur aus politischen Rücksichten zu erklären ist. So nahm er in die Regierung seines Hochstiftes protestantisch gesinnte Männer auf. Er ernannte einen Kalvinisten zum Statthalter des Stiftes Paderborn und stellte ihm drei lutherische Räte zur Seite. Noch befremdlicher war eine Äußerung, die er gegenüber seinem Nachbarn, dem Landgrafen von Hessen, machte. Am 25. November 1569 schrieb er ihm, in einem etwaigen Religionskrieg werde er sich auf die Seite der Protestanten stellen. Zu einer kraftvollen Rekatholisierung konnte sich Johann nicht entschließen. Die zögernde Haltung, die er gegenüber dem Protestantismus in Büren einnahm, zog ihm den Verdacht zu, er sei der Neuerung geneigt. Indes dürfte das Verhalten Johanns durch taktische Überlegungen bestimmt gewesen sein. Er wartete ab. Im Jahre 1572 teilte er dem Domkapitel mit, daß ein sofortiges und schneidendes Vorgehen gegen die Neugläubigen im Augenblick nicht möglich sei. Vermutlich wäre er, wenn ihm eine längere Regierungszeit beschieden gewesen wäre, zu einem günstigeren Zeitpunkt energischer für den Glauben eingetreten. Durch bestimmte Maßnahmen zeigte Johann seine katholische Gesinnung. Den wieder zurückgekehrten Hoitbandt ließ er sogleich von neuem ausweisen, und als sich Landgraf Wilhelm von Hessen für den Agitator verwandte, antwortete er ihm in geschickter und würdiger Weise, „er hoffe nicht, daß der Landgraf in einem fremden Lande die Gleichheit der Religion tadeln werde, da er in dem seinigen so sehr auf selbe dringe". Gewisse Maßnahmen zeigten, daß Johann den Katholizismus erhalten und stärken wollte. In dem Rezeß vom 11. Februar 1569 wurde die Geltung der früheren Bestimmungen bezüglich der Religion in der Stadt Paderborn festgestellt. Johann führte den römischen Katechismus in seinem Bistum ein. Leider kam wohl die geplante deutsche Übersetzung desselben nicht zustande. Der Plan, eine Generalvisitation zu veranstalten, wurde ebenfalls nicht ausgeführt. Lediglich die Untersuchung der Archidiakonatsbezirke kam in Gang; sie enthüllte ein trostloses Bild der kirchlichen Lage. Große Erfolge waren Johann im Verlauf seiner Regierung nicht beschieden. Bei seinem Tod war die Lage nicht wesentlich besser geworden. Trotzdem muß Johann als ein Vorläufer der Gegenreformation gelten.

V.

Salentin von Isenburg (1574-1577)

Am 21. April 1574 postulierte das Paderborner Kapitel den Erzbischof Salentin von Köln zum Bischof. Am 14. September 1574 erhielt er die päpstliche Zulassung als Administrator. Das Bistum Paderborn wurde dadurch erneut zum Anhängsel des Kölner Erzbistums. Aber die Maßnahme war notwendig, wenn sich der Katholizismus in einer feindseligen Umgebung behaupten wollte.

Salentin von Isenburg hatte Stärken und Schwächen. An seiner katholischen Gesinnung war kein Zweifel. Durch Ablegung des tridentinischen Glaubensbekenntnisses zeigte er seinen Willen, die Beschlüsse des Trienter Konzils durchzuführen. Die religiöse Neuerung gedachte er durch die Visitation der Archidiakone bekämpfen zu lassen. Besonderes Gewicht legte er auf die Errichtung katholischer Schulen. Das von ihm in Paderborn gestiftete Gymnasium wurde von großer Bedeutung für die Erhaltung und Wiederaufrichtung der katholischen Religion im Stift. Die Ernennung des dringend notwendigen Weihbischofs scheiterte an der Frage der Finanzierung. Wie in Köln bewies Salentin auch in Paderborn sein Geschick als Verwalter der Temporalien des Bistums, vor allem bei der Einlösung verpfändeter Güter. Im ganzen war seine Regierung für Paderborn wohltätig.

VI.

Heinrich von Sachsen-Lauenburg (1577-1585)

Um so größer war das Unglück, welches das Bistum Paderborn traf, als es nach Salentins Resignation den Heinrich von Lauenburg zum ,,Bischof" erhielt. Heinrich war bereits ,,Erzbischof" von Bremen und ,,Bischof" von Osnabrück, als er im Herbst 1577 zum Bischof von Paderborn postuliert wurde. Die päpstliche Zulassung erlangte er nicht. Der Heilige Stuhl traute ihm nicht, und sein Mißtrauen war in mehrfacher Hinsicht berechtigt. Denn der Charakter Heinrichs war anrüchig, sein Lebenswandel anstößig. Er war leichtsinnig und verschwenderisch und lebte nicht enthaltsam; 1575 heiratete er heimlich die Anna van Broich. Er hielt diese Frau wie eine Fürstin und reiste mit ihr umher, was begreiflicherweise jeden Versuch einer katholischen Reform im Keim erstickt hätte, falls er ihn gemacht hätte. Heinrich war kirchlich unzuverlässig; er war Protestant, wenn er dies auch nicht jederzeit außer Zweifel stellte. Vielmehr täuschte er seine Umgebung und den Papst, um durch Sammeln von Bistümern ein eigenes Land bilden zu können, in dem er als (weltlicher) Fürst herrschte. Seinem Freund, dem abtrünnigen Erzbischof von Köln, Gebhard Truchseß von Waldburg, stand er mit Rat und Tat bei.

Heinrich versprach in der Wahlkapitulation, die katholische Kirche im Bistum Paderborn zu schützen und neue Lehren nicht zu dulden. Aber er hielt sich nicht an seine Zusage. Er ließ die Dinge laufen, wie sie liefen, und das bedeutete damals angesichts der Dynamik des Protestantismus, daß die Neuerung sich weiter verbreitete. Er verhinderte die Ausübung des protestantischen Kultes auch dort nicht, wo es in seiner Macht gelegen wäre. So weigerte er sich, protestantische Pfarrer, die an Kirchen der Bischofsstadt wirkten, auszuweisen, und stellte selbst lutherische Prediger an. Sein eigener Hofprediger begünstigte in Paderborn das Luthertum. Im Jahre 1578 gestattete er sogar seinen Untertanen, sich zum Protestantismus zu bekennen. In der Spätzeit seiner Regierung förderte er die Irrlehre, wo immer er es vermochte. Zeitweise meinte er, den Katholizismus völlig ausrotten zu können. Unter ihm erreichte der Protestantismus im Paderborner Stift seine weiteste Ausdehnung. In der Stadt Paderborn gewann das Luthertum die Übermacht. Erst die militärischen Erfolge der katholischen Mächte im Kölnischen Krieg brachten die auf die Protestantisierung des gesamten Hochstifts abzielenden Bestrebungen zum Stillstand.

Der Halt des Katholizismus war unter der Regierung Heinrichs der Teil des Domkapitels, der sich zu der katholischen Religion bekannte. Die katholischen Domherren arbeiteten den Tendenzen des Bischofs mit Entschiedenheit entgegen. Die katholische Minderheit des Domkapitels scharte sich um den Dompropst Dietrich von Fürstenberg. Am 13. Juli 1580 gelang es ihr, künftighin nur noch Katholiken als fähig zur Erlangung von Kanonikaten zu erklären. Dadurch war die bedeutendste geistliche Körperschaft des Bistums für den Glauben gesichert. Im gleichen Jahr berief das Kapitel die Jesuiten nach Paderborn. Sie wirkten am Gymnasium, durch Exerzitien und durch Volksmissionen, wenn auch zunächst ohne großen Erfolg. Der Administrator forderte das Domkapitel auf, sie zu entlassen, aber dieses weigerte sich, der Weisung nachzukommen. Im Gegenzug drängte das Domkapitel den Administrator, die Verpflichtungen zu erfüllen, die er in der Wahlkapitulation eingegangen war, wie Einholung der päpstlichen Bestätigung, Bestellung eines Weihbischofs und Ausweisung der Prädikanten. Natürlich war dies vergeblich. Heinrich dachte nicht daran, seine Versprechungen einzulösen. Aber der katholische Teil des Kapitels hatte mit seinem Vorbringen gezeigt, daß er entschlossen war, aus der Defensive in die Offensive überzugehen. Der neue Weihbischof Michael von Nortwyck war ein entschiedener Katholik.

VII.

Dietrich von Fürstenberg (1585-1618)

Nach dem Tode Heinrichs kam für das geprüfte Paderborner Bistum die Wende. Am 5. Juni 1585 wurde Dietrich von Fürstenberg zum Bischof von Paderborn gewählt. Der Nuntius Bonhomini bezeichnete am 30. Juni 1585 diese Wahl als die denkbar beste und den neuen Bischof als sehr eifrigen Schützer (zelosissimo protettore) der katholischen Religion. Am 7. Oktober 1585 erhielt Dietrich die päpstliche Bestätigung. 1598 empfing er die Bischofskonsekration.

Dietrich von Fürstenberg war die geeignete Persönlichkeit für den Paderborner Bischofsstuhl in schwerer Zeit. Er war sittenrein und streng, ein Freund der Wissenschaft und der Sprachen, fleißig und tätig, maßvoll und überlegt. Als Regent war er klug, tatkräftig und zäh. Er verzehrte sich in der Sorge für sein Land. Er war auch ein tüchtiger Haushalter, einfach und sparsam, aller Verschwendung feind. Ins einem Bruder Kaspar stand dem Bischof ein hervorragend kluger Berater zur Seite. Dietrichs Gläubigkeit war tief, echt und erprobt. Als Dompropst hatte er ein Statut durchgesetzt, wonach jeder neu eintretende Domherr sich eidlich zur Treue gegenüber dem katholischen Glauben verpflichten mußte. In dieser Haltung verharrte er als Bischof. Seine erste und oberste Sorge war die Erhaltung der wahren Religion. Er rettete den katholischen Glauben wenigstens in dem Hochstift.

Dietrich übernahm ein entsetzliches Erbe. Fast die Hälfte der Diözese war von ihren Herren seiner Jurisdiktion entzogen worden. Überall war er von feindseligen Fürsten und Grafen umgeben. In den Städten herrschte die protestantische Partei. Auch das Gebiet des Hochstiftes war mehrheitlich lutherisch. Im Domkapitel hatte er erbitterte Feinde. Der Klerus war weithin verkommen. Die Klöster waren teilweise in Auflösung. Wer diese Lage realistisch zur Kenntnis nahm, konnte den Mut verlieren. Aber Dietrich besaß etwas, was ihn stärkte, und das war „der stille eherne Glaube an sich und seine Sache" (Löher). Verzagtheit war ihm fern. Er war überzeugt, daß die katholische Kirche sich aus den Ruinen wieder erheben werde. Er erwartete nichts von aufsehenerregenden Aktionen, sondern alles von stiller, zäher Kleinarbeit. Schritt für Schritt wollte er sich vortasten, um das verlorene Terrain wiederzuerobern. Dabei wußte er sich geschickt seiner doppelten Stellung zu bedienen. Als Landesherr sammelte er Geld, verstärkte die Burgen, zog sich tüchtige Beamte heran und betrieb Rüstungen. Er wußte, daß das Recht auch der Macht bedurfte, um durchgesetzt werden zu können. Als Bischof säuberte er zunächst die Landpfarreien, die ihm unterstanden, von andersgläubigen und unsittlichen Elementen. Danach machte er sich auch in Paderborn ans Werk. Als 1598/99 spanische Truppen im Bistum Münster auftauchten, schien die Gelegenheit günstig, die Paderborner Hauptpfarrkirche den Protestanten zu entziehen. Die Maßnahmen mußten jedoch bald wegen des Durchmarsches eines hessischen Kontingentes rückgängig gemacht werden.

Doch der Bischof verlor sein Ziel nicht aus dem Auge. Wie an vielen anderen Orten im Deutschen Reich setzte sich die protestantische Partei auch in Paderborn dadurch ins Unrecht, daß sie gegen den Bischof in seiner Eigenschaft als Landesherr rebellierte. Damit verschaffte sie ihm die Möglichkeit, Gewalt zu gebrauchen. 1604 unterwarf der Bischof die Stadt Paderborn und konnte nunmehr das Werk der Rekatholisierung in dem Hauptort des Stiftes durchführen. Die Prädikanten wurden ausgewiesen, die protestantischen Schulen geschlossen, der heterodoxe Gottesdienst eingestellt. Das katholische Leben konnte sich jetzt unbehindert entfalten. Seit 1608 wurde in Paderborn wieder die Fronleichnamsprozession gehalten. Dietrich kam der Stadt Paderborn in wirtschaftlicher Hinsicht sehr entgegen. Aber die allgemeine Mißstimmung wegen der Unterwerfung war ein schweres Hindernis der Gewinnung der Bevölkerung für den Glauben. Auch außerhalb von Paderborn waren die Maßnahmen Dietrichs erfolgreich. Im Stift Corvey konnte die katholische Religion teilweise wieder aufgerichtet werden. Die

Herrschaft Büren wurde rekatholisiert, gleichzeitig in der Grafschaft Rietberg die katholische Religion wiederhergestellt. Dietrich wollte über ein rein katholisches Land herrschen. Ähnlich wie die protestantischen Landesherren mit ihren Machtmitteln konfessionell geschlossene Territorien geschaffen hatten, sollte auch das Stift Paderborn frei von Andersgläubigen sein. In Verfolgung dieses Zieles nahm Dietrich im Jahre 1612 die Rekatholisierung energisch in die Hand. Drei einschneidende Dekrete hielten die Bewohner des Stiftes zur katholischen Religionsübung an. Der Bischof ließ seinen Untertanen die Wahl zwischen Erfüllung der Osterpflicht bei dem zuständigen katholischen Pfarrer und Auswanderung. Die Umgehung der Dekrete nahm Dietrich nicht hin, erneuerte sie vielmehr 1613 und bewehrte sie mit Strafdrohungen. Er sah die Anwendung von Gewalt stets nur als letztes Mittel an, wenn alle anderen Wege nicht beschreitbar waren. Die angedrohte Ausweisung der Nichtkatholiken fand indes nur in wenigen Fällen statt. Das Stift wurde äußerlich im wesentlichen wieder katholisch. Nicht wenige beugten sich aber nur nach außen hin den bischöflichen Verordnungen. Es gab auch manche Rückfälle in die Irrlehre. Aus der Umgebung suchte der Protestantismus immer wieder in das Land einzudringen. Beim Tode Dietrichs war das Werk der Rekatholisierung des Paderborner Stiftes noch nicht abgeschlossen. Aber er brachte die protestantische Bewegung zum Stehen und begann damit, sie zurückzudrängen, und wurde so einer der maßgebenden Männer der Gegenreformation. Er blieb bei seinem Vorhaben, allen Widerständen zum Trotz. Durch Drohgebärden der umgebenden protestantischen Fürsten ließ er sich bei seinem Werk der Erneuerung nicht beirren. Der äußeren Rekatholisierung folgte die innere Gewinnung der Bevölkerung meist erst nach. Sie geschah vornehmlich durch Predigt und Katechese, wobei auf die Kontroverspunkte besonderes Gewicht gelegt wurde. Dazu trat die reiche Fülle katholischen Lebens mit seinen vielfältigen Ausdrucksformen. Die zuverlässigsten Helfer des Bischofs bei der Wiederherstellung des Glaubens waren die Jesuiten. 1612 kamen die Kapuziner nach Paderborn.

Über der Rekatholisierung vergaß Dietrich nicht die innere Erneuerung des Bistums. Ein Hauptanliegen war ihm die Besserung des Klerus. Hier ging er regelmäßig gütig, erforderlichenfalls aber auch rigoros vor. Bei dem Kampf gegen Glaubensabfall und Sittenverderbnis der Geistlichen schreckte er vor Verhaftung und Gefängnisstrafen nicht zurück. Dabei hatte er heftigen Widerstand zu überwinden. Vor allem der Adel schützte protestantisch gesinnte und korrupte Geistliche. 1612 verbot Dietrich den Geistlichen den Konkubinat unter Androhung der Amtsentsetzung. Mit unbeugsamer Strenge wachte er über der Einhaltung dieser Verordnung. Durch das Wirken der Jesuiten wurde auch der Klerus besser. Die Stifte und Klöster des Bistums suchte der Bischof von Abgefallenen und Untauglichen zu befreien sowie bildungsmäßig, religiös und sittlich zu heben. Das geplante Priesterseminar kam indes nicht zustande. Leider entzweite sich der Bischof mit dem Domkapitel wegen der Nachfolge in der Dompropstei. 1590 schlossen sich die Landstände gegen ihn zusammen. So mußte er das Reformwerk gegen ihren Widerstand in Angriff nehmen. Dietrich war nicht der Mann, der vor der Opposition in die Knie ging. Die Obstruktion im Domkapitel gegen seine Maßnahmen brach er durch die Absetzung des Domdekans. Dennoch gelang es dem Bischof nicht, das Kapitel wirksam zu reformieren. Dietrich legte großen Wert auf die jährlich abgehaltenen Synoden. Die Diözesansynode vom 18. Oktober 1594 schuf die rechtlichen Grundlagen für die kirchliche Reform. Ihre Statuten stellen eine Art Kompendium für Leben und Dienst des Klerus und der Ordensleute dar. Dabei lehnten sie sich stark an die Beschlüsse des Mainzer Provinzialkonzils von 1549 an. In den folgenden Jahren entfaltete sich ein reges Synodalleben. Bedeutsam war, daß Dietrich in Paderborn eine Druckerei eröffnete, aus der in der Folgezeit zahlreiche Schriften hervorgingen, die der kirchlichen Erneuerung dienten. 1597 erschien der kleine Katechismus des Johann von Detten in westfälischer Sprache. 1602 gab der Bischof eine neue Agende heraus, welcher der kleine Katechismus des Canisius beigeheftet war. Das religiöse Leben im Bistum erneuerte sich. Die Marienverehrung blühte wieder auf, die Anbetung des Herrn im Altarssakrament wurde eifrig gepflegt. Aber noch gab es eine schwere Sorge, die Dietrich bedrückte. Zahlreiche Westfalen besuchten die umliegenden protestantischen Universitäten, viele gingen dadurch dem Glauben verloren. Um diesem Übelstand abzuhelfen, gründete der Bischof die Universität in Paderborn. Wenn sie auch angesichts der beschränkten Mittel keinen überdurchschnittlichen Rang gewann, so hatte sie doch ihre Verdienste. Auch als Landesherr leistete Dietrich Bedeutendes. Er trug die Schulden des Stiftes ab und sammelte einen Schatz.

Das erfolgreichste Wirken eines Mannes ist gefährdet, wenn er nicht den Nachfolger findet, der sein Werk fortführt. Der Apostolische Stuhl drängte Dietrich, Ferdinand von Bayern zum Koadjutor anzunehmen. Der Bischof sträubte sich; er wünschte seinen Neffen als Nachfolger. Der Heilige Stuhl beharrte jedoch auf seinem Plan. Nach langem Drängen des Papstes wurde 1612 Ferdinand von Bayern zum Koadjutor bestellt. Damit war die katholische Religion in Paderborn gesichert. Ferdinand von Bayern (1618-1650) setzte die Religionspolitik seines Vorgängers fort. Er suchte den Katholizismus zu festigen. In dem kompromißlosen Johannes Pelking fand er für Paderborn einen vorzüglichen Mitarbeiter.

9. Kapitel

Bistum Speyer

Bartmann, Horst, Die Kirchenpolitik der Markgrafen von Baden-Baden im Zeitalter der Glaubenskämpfe (1535-1622): Freiburger Diözesan-Archiv 81, 1961, 3-352

Baur, Joseph, Philipp von Sötern, geistlicher Kurfürst zu Trier, und seine Politik während des dreißigjährigen Krieges, 2 Bde., Speyer 1897/1914

Benrath, Gustav Adolf, Baden I. Kirchengeschichtlich: ThRE V, 1980, 97-103

Bohlender, Rolf, Dom und Bistum Speyer. Eine Bibliographie (= Pfälzische Arbeiten zum Buch- und Bibliothekswesen und zur Bibliographie Heft 5), Speyer 1963

Bossert, Gustav, Beiträge zur badisch-pfälzischen Reformationsgeschichte: Zeitschrift für die Geschichte des Oberrheins 56, 1902, 37-89, 251-290, 401-449, 588-619; 57, 1903, 193-239, 643-695; 58, 1904, 19-68, 571-630; 59, 1905, 41-89

Brück, Anton Philipp, Der Speyerer Bischof Rudolf von Frankenstein als Mainzer Domherr, in: Stamer, Ludwig (Hrsg.), 900 Jahre Speyerer Dom. Festschrift zum Jahrestag der Domweihe 1061-1961, Speyer 1961, 303-309

Eger, Wolfgang, Kurfürst Ludwig V. der Friedfertige (von Wittelsbach), Pfalzgraf bei Rhein, in: Der Reichstag zu Worms von 1521, Worms 1971, 352-368

Friedensburg, Walter, Der Reichstag zu Speier 1526 im Zusammenhang der politischen und kirchlichen Entwicklung Deutschlands im Reformationszeitalter (= Historische Untersuchungen V), Berlin 1887

Gindely, Anton, Friedrich V. von der Pfalz, der ehemalige Winterkönig von Böhmen, seit dem Regensburger Deputationstag vom Jahre 1622 bis zu seinem Tode (= Abhandlungen der k. böhm. Gesellschaft der Wissenschaften VI. Folge, 12. Bd. Classe für Philosophie, Geschichte und Philologie Nr. 8), Prag 1885

Goeters, J. F. Gerhard (Bearb.), Die evangelischen Kirchenordnungen des XVI. Jahrhunderts. 14. Bd. Kurpfalz, Tübingen 1969

Häusser, Ludwig, Geschichte der rheinischen Pfalz nach ihren politischen, kirchlichen und literarischen Verhältnissen, 2 Bde., Heidelberg 1845

Knipschaar, Karl, Kurfürst Philipp Christoph von Trier und seine Beziehungen zu Frankreich. Phil. Diss. Marburg, Marburg 1895

Köhler, Hans-Joachim, Obrigkeitliche Konfessionsänderung in Kondominaten. Eine Fallstudie über ihre Bedingungen und Methoden am Beispiel der baden-badischen Religionspolitik unter der Regierung Markgraf Wilhelms (1622-1677) (= Reformationsgeschichtliche Studien und Texte Heft 110), Münster/Westf. 1975

Litzenburger, L., Speyer: LThK IX, 2. Aufl., 1964, 961-963

Merkel, Friedemann, Geschichte des evangelischen Bekenntnisses in Baden von der Reformation bis zur Union (= Veröffentlichungen des Vereins für Kirchengeschichte in der evang. Landeskirche Badens XX), Karlsruhe (Baden) 1960

Ney, Julius, Philipp II., Bischof von Speyer: ADB 26, 1888, 47-50

Pfeiffer, A., Speyer: LThK IX, 1937, 718-722

Remling, Franz Xaver, Das Reformationswerk in der Pfalz. Eine Denkschrift für die Heimath, sammt einem Umrisse der neueren pfälzischen Kirchengeschichte, Mannheim 1846

Remling, Franz Xaver, Geschichte der Bischöfe zu Speyer, 2 Bde., Mainz 1852/54

Schwartzenberger, Albert, Der Dom zu Speyer, das Münster der fränkischen Kaiser, 2 Bde., Neustadt a. d. Haardt 1903

Stamer, Ludwig, Kirchengeschichte der Pfalz. II. Teil: Vom Wormser Konkordat bis zur Glaubensspaltung (1122-1560), Speyer a. Rh. 1949

Stamer, Ludwig, Kirchengeschichte der Pfalz. III. Teil, 1. Hälfte. Das Zeitalter der Reform (1556-1685), Speyer 1955

Stiefenhöfer, Hermine, Philipp von Flersheim, Bischof von Speyer (1529-1552) und Gefürsteter Propst von Weißenburg 1546-1552. Ein Beitrag zur Geschichte der Reformation und der deutschen Westmark. Phil. Diss. München, Speyer a. Rh. 1941

Zeeden, Ernst Walter, Kleine Reformationsgeschichte von Baden-Durlach und Kurpfalz. Ein kurzgefaßter Überblick über den Beginn der Reformation und die Geschicke der Katholischen Kirche in der Markgrafschaft Baden-Durlach und in der Kurpfalz, Karlsruhe 1956

I.

Georg Pfalzgraf bei Rhein und Herzog in Bayern (1513-1529)

Georg wurde auf Wunsch seines Vaters, des Kurfürsten Philipp von der Pfalz, von dem keineswegs für ihn eingenommenen Speyerer Domkapitel am 12. Februar 1513 zum Bischof postuliert. Er war damals erst Subdiakon. Mit 26 Jahren war er sehr jung für die auf ihn wartenden Aufgaben. Aber der Papst dispensierte von dem Hindernis des fehlenden Alters und ließ die Postulation am 22. Juni 1513 zu. Am 10. Juli 1515 empfing Georg die Priesterweihe, am 22. Juli 1515 die Bischofskonsekration.

Georg von Bayern war Humanist und hatte geistige Interessen. Aber er war kein Regent; dazu fehlten ihm Entschiedenheit und Kraft in gleicher Weise. Er war ein liebenswürdiger, weicher und schwacher Mann. Mit dem Gelde konnte er nicht umgehen. Georg war der Bruder des Kurfürsten Ludwig V. von der Pfalz. Man hoffte daher, daß diese verwandtschaftliche Beziehung das schwache Hochstift vor dem Druck der relativ mächtigen Kurpfalz schützen werde. Aber diese Erwartung trog. Die Kurpfalz erlaubte sich immer erneut widerrechtliche Eingriffe in die Rechte des Speyerer Hochstiftes. In richtiger Einschätzung der Bedeutung militärischer Macht ließ Georg nach dem Bauernaufstand die Madenburg wieder errichten und die Udenheimer Burg verstärken. Am 4. Mai 1528 setzte er eine verbesserte Gerichtsordnung in Kraft. Georg ließ sich nur selten in seiner Bischofsstadt blicken. Den größten Teil des Jahres verbrachte er in dem rechtsrheinischen Udenheim.

Der Bischof stand dem Papsttum kühl und distanziert gegenüber. Die Römische Kurie konnte auf ihn nicht zählen. Johannes Eck betrachtete ihn mit Mißtrauen. Seiner Aufgabe als Oberhirt kam er in gewissem Umfang nach. Georg nahm sich des Klerus und des Volkes in seinem Bistum an. An Belehrungen und Ermahnungen ließ er es nicht fehlen. Das Bemühen, die Geistlichen zu bessern, war jedoch wenig erfolgreich. Besondere Aufmerksamkeit wandte er der würdigen Feier des Gottesdienstes zu.

Die Glaubensneuerung faßte zuerst in den Reichsstädten der Diözese Speyer Fuß und breitete sich von dort weiter aus. In der Stadt Speyer brachte der Magistrat das Luthertum voran. So mancher Welt- und Ordensgeistliche fiel dem neuen, bequemen „Evangelium" zu. Unter den Augen des Bischofs predigten sie die Wittenberger Botschaft und lehrten sie in den Schulen. Es gab sogar Geistliche, die Luthers Schriften in den Chor mitnahmen und sie dort während des Gottesdienstes lasen. In der Kurpfalz trat sehr früh der abgefallene ehemalige Dominikaner Martin Butzer als Anhänger des neuen „Evangeliums" auf. Ihm folgte bald der frühere Hospitaliter Johannes Schwebel. Luther hatte ja 1518 in Heidelberg disputiert. Der Kurfürst Ludwig V. von der Pfalz war religiös indifferent, begünstigte aber faktisch das Luthertum, was in gewisser Hinsicht folgerichtig war. So stellte er nacheinander zwei lutherisch gesinnte Geistliche als Hofprediger an. Dem gelegentlichen Vorgehen Ludwigs gegen die Neuerung fehlte die Konsequenz. Immer wieder verhielt er sich zweideutig oder gar entgegenkommend.

„Bei allem offiziellen Festhalten am alten Kirchenwesen wurden doch die Keime reformatorischer Bewegung nie ganz erstickt oder auch nur auf die Dauer ernsthaft behindert“ (J.F.G. Goeters). Im Jahre 1538 erließ er sogar ein Religionsedikt, das dem Luthertum auch rechtlich freie Bahn eröffnete. Der Markgraf Philipp von Baden-Durlach förderte ebenfalls in seinem Gebiet die Häresie. Nicht anders verhielt sich der Herzog Ulrich von Württemberg.

Georg von Bayern erkannte spätestens während des Reichstags zu Worms im Jahre 1521 die Bedrohung, die von Luther ausging. Er begriff auch die Gefährlichkeit der lutherischen Agitation durch die Flugschriften, die in das Land geworfen wurden. Georg verkündete als Bischof die Bannbulle, als Fürst die Achterklärung gegen Luther. In seinem Hirtenbrief vom 12. November 1521 appellierte er an den Gehorsam seiner Geistlichen und rief sie auf, der Religionsneuerung nicht nachzugeben. Am 28. April 1523 richtete er erneut ein eindringliches Schreiben an den Klerus. Die Regensburger Reformanordnungen machte er am 15. November 1524 für seine Diözese verbindlich. An Hirtenbriefen und Mahnungen an den Klerus ließ es der Bischof mithin nicht fehlen, aber auf deren Durchsetzung verwendete er keine genügende Mühe. Die Mandate und Strafen, die er erließ, konnten freilich bald außerhalb des Hochstiftes nicht mehr durchgeführt werden, weil der weltliche Arm nicht mehr für die Vollstreckung gewährt wurde, ohne ihn die Protestanten aber ihren Spott mit dem Bischof trieben. Es fehlte Georg jedoch auch an Entschiedenheit. Er wich dem Kampfe aus und trat den Neuerern nicht mit Festigkeit entgegen. Er zeigte keinen hinreichenden Eifer für die Verteidigung des Glaubens und entfaltete keine eigene Initiative, um des Abfalls Herr zu werden, sondern mußte zu allen Maßregeln gedrängt werden. Bequem, schwach und nachsichtig sah er der Ausbreitung der falschen Lehre zu. Den Neugläubigen begegnete er mit Schonung. Das Domkapitel redete ihm wiederholt ins Gewissen und machte ihm Vorhaltungen, ja verdächtigte ihn geheimer protestantischer Neigungen.

Besonders verhängnisvoll war die Personalpolitik des Bischofs. An seinem Hofe duldete er Anhänger des Luthertums. Das Domkapitel getraute sich nicht, dem Bischof bestimmte Angelegenheiten schriftlich zu eröffnen, weil es dessen protestantische Umgebung fürchtete. Jahrelang sah Georg zu, wie der Weihbischof Anton Engelbrecht, der die Stadtpfarrei in Bruchsal innehatte, den katholischen Glauben der ihm Anvertrauten untergrub. Er faßte nicht zu, sondern begnügte sich mit hilflosen Ermahnungen. Wie so oft in der Zeit der sogenannten Reformation verhinderten Feigheit und falsche Rücksichtnahme auf Menschen ein rechtzeitiges, energisches Eingreifen. Als schließlich doch die Absetzung des Abgefallenen unausweichlich wurde, entwich Engelbrecht nach Straßburg. Sein Nachfolger als Pfarrer von Bruchsal war ebenfalls ein Anhänger des Luthertums, der das Zerstörungswerk vollendete. Unterdessen wurde dem Abfall immer von neuem Zeitgewinn verschafft. Auf dem Speyerer Reichstag von 1526 zeigte sich das Zurückweichen der weltlichen Gewalt vor der Neuerung am deutlichsten. Bei dieser Gelegenheit besuchten viele Geistliche der Stadt die Predigten, welche die protestantischen Fürsten in ihren Wohnungen halten ließen. Erst seit 1528 raffte sich der Bischof, unter dem Druck des Domkapitels, zu einem gewissen Eingreifen gegen die Neuerung auf. Wenig später fiel er jedoch wieder in seine Saumseligkeit zurück. Auf dem stark besuchten Speyerer Reichstag von 1529 wurde kein Versuch mehr gemacht, den legalen Zustand wiederherzustellen; die Vorschrift, die freie Ausübung der katholischen Religion in den zur Neuerung abgefallenen Gebieten zu gestatten, war illusorisch.

II.

Philipp von Flörsheim (1529-1552)

Philipp von Flörsheim war seit 1523 Koadjutor mit dem Recht der Nachfolge in Worms, verzichtete aber auf Wunsch des Kurfürsten Ludwig zugunsten von dessen Bruder Heinrich. Am 22. Oktober 1529 wurde er zum Bischof von Speyer gewählt und am 19. Januar 1530 bestätigt. Kardinal Albrecht erteilte ihm die Bischofskonsekration.

Philipp war theologisch und juristisch vorzüglich ausgewiesen. Er hatte die Universitäten Heidelberg, Paris und Löwen besucht und die Grade eines Dr. theol. und eines Dr. jur. utr. erworben. Er war ein hochgebildeter und tieffrommer Mann, dem Heiligen Stuhl ergeben, in allen Geschäften erfahren und gewandt. Sein Lebenswandel war rein, in der Erfüllung seiner Amtspflichten war er eifrig. Die Diözesansynoden hielt er regelmäßig ab. In zahlreichen Hirtenschreiben gab er Weisungen, Ermahnungen und gelegentlich auch Strafandrohungen. Dem würdigen und feierlichen Gottesdienst wandte er seine besondere Aufmerksamkeit zu. Er übte persönlich die geistlichen Verrichtungen wie Feier der hl. Messe, Predigt, Spendung der Sakramente und Vornahme von Weihungen aus. In den ersten Jahren seiner Regierung war er viel mit Reichsgeschäften befaßt. Er diente Karl V. und dessen Bruder Ferdinand. Die Schuldenlast des Hochstiftes veranlaßte ihn, seine Hofhaltung zu vereinfachen.

Philipp von Flörsheim war ein entschiedener Anhänger des katholischen Glaubens. Er war vom Anfang seiner Regierung an eifrig bemüht, die heilige Religion zu erhalten und die Sitten des Klerus zu bessern. Eines der wichtigsten Mittel zu diesem Ziel war ihm die Wiederherstellung der Reinheit, Feierlichkeit und Schönheit des katholischen Gottesdienstes. Unerbittlich war er um Disziplin und würdiges Verhalten im Gotteshaus besorgt. Auf die Musik im Gottesdienst legte er großes Gewicht. Mit dem Schwergewicht der Verlockungen, die von der lutherischen Bewegung ausgingen, vermochten es diese Maßnahmen freilich nicht aufzunehmen. Philipp erkannte, daß die verheerenden Zustände in der Geistlichkeit einer der Hauptgründe für die Ausbreitung der Irrlehre waren. Er hielt daher den Klerus zu strenger Disziplin an. Entschieden suchte er mit Mißständen aufzuräumen. Mit scharfen Strafen ging er gegen unenthaltsame Kleriker vor. Unermüdlich war sein Bemühen, die Priester zu einem geistlichen Leben, fern jeder Leichtfertigkeit, anzuleiten. Aber wirksame Motive, die den Klerus mit echtem Berufsethos erfüllt und zur Bekehrung veranlaßt hätten, wußte Philipp nicht zu bieten.

Sorgfältig wehrte er das Eindringen religiös unzuverlässiger Geistlicher aus anderen Diözesen in sein Bistum ab. Im ganzen waren die Bemühungen um die Hebung des Klerus wenig erfolgreich. Franz Xaver Remling schreibt richtig: „Dem Verderben wurde auch wenig vorgebeugt, da man mehr im Allgemeinen eifrig ermahnte, als im Einzelnen ernst strafte." Dagegen vernachlässigte der Bischof die theologische Seite des Kampfes gegen den Protestantismus. Die Macht, die die Druckerpresse in jener Zeit besaß, schätzte er nicht genügend hoch ein. Von ihm ging keine für den Glauben hilfreiche Druckschrift aus. Der Besserung des Klosterlebens wandte er nicht viel Energie zu. Eine große Hilfe hatte der Bischof an den meist gut katholischen Mitgliedern des in Speyer befindlichen Kammergerichts. Die Ambivalenz in der Beurteilung Philipps ergibt sich aus einem Bericht Morones. Er schrieb am 21. Mai 1542 an Kardinal Contarini, von den deutschen Bischöfen könne man keine (echte) Reform erhoffen, „weil sie nicht den Geist Christi haben und zu sehr in ihren Lastern verwurzelt sind" (perchè non hanno il spirito di Cristo, e troppo sono invecchiati nelli loro vitii). Wenn sich einer etwas aufraffe, werde er sogleich von der Menge der Schlechten geduckt und schäme sich, als Christ zu leben, „und so löschen sie den Geist aus" (e cosí estinguono il spirito). Dies sei bei Philipp von Flörsheim zu beobachten, der viel getan habe, aber nicht zu beharren wage.

Angesichts der Nachlässigkeit seines Vorgängers hatte sich das Luthertum weit im Bistum verbreitet. Philipp mußte zusehen, wie sich die Neuerung fast in dem gesamten Gebiet der Diözese Speyer durchsetzte. Kurfürst Friedrich II. von der Pfalz (1544-1556) war ein unsicherer Kantonist und ein charakterloser Opportunist, der dem Luthertum kein Hindernis in den Weg legte. Dabei hätte er allen Anlaß gehabt, der Kirche dankbar zu sein. Der Papst kam ihm so sehr entgegen, daß er zahlreiche Klöster der Universität Heidelberg inkorporierte.

Kurfürst Friedrich II. mußte seit 1545 als abgefallen gelten. In den folgenden Jahren wurde der Katholizismus in seinem Herrschaftsgebiet weitgehend beseitigt. Sein Nachfolger Ottheinrich vollendete das Zerstörungswerk. Der Stadtrat von Speyer begünstigte die Irrlehre nach Kräften; seit 1540 wurde sie offen verbreitet. Auch in der Markgrafschaft Baden drang der Protestantismus vor. 1538 war beispielsweise Ettlingen fast völlig protestantisch. Ein Mann wie der Markgraf Ernst von Baden-Durlach war berechnend; er lehnte sich dorthin, wo er den größeren politischen Vorteil sah. Er zwang die Geistlichen seines Gebietes, eine Frau zu nehmen. Auch in manchen Dörfern des Hochstiftes Speyer machte sich die Neuerung bemerkbar.

Philipp erfaßte in den ersten Jahren seiner Regierung nicht die volle Tragweite der religiösen Neuerung. In seiner Behandlung der Neugläubigen zeigen sich Ratlosigkeit, wie ihnen beizukommen sei, und Schwanken zwischen Milde und Strenge. Jedenfalls war er nachsichtig gegenüber den Abgefallenen und sprach sich in diesem Sinne noch auf dem Augsburger Reichstag 1530 aus; an der Abfassung des damaligen Reichstagsabschieds war er beteiligt. Teilweise dachte und handelte er in erster Linie politisch, nicht religiös und theologisch, wobei freilich zu bedenken ist, daß dem Sog der Erleichterungen und Bequemlichkeiten, den das Luthertum entfachte, mit geistlichen Mitteln im allgemeinen nicht beizukommen war. Durch Erwerb von Rechten suchte er glaubensgefährdende Einflüsse von außen auf sein Gebiet auszuschalten. An Mahnungen und Warnungen ließ er es nicht fehlen, aber Handlungen und Maßnahmen waren selten. Nicht einmal in seinem Stiftsgebiet schritt er mit dem gebotenen Nachdruck ein. Dem Auslaufen zu protestantischen Predigern suchte er mit Verboten beizukommen. Am 10. April 1545 beurteilte das Domkapitel Flörsheims Religionspolitik ungünstig. Freilich waren Philipps Anstrengungen auch wegen der widrigen Zeitverhältnisse wenig erfolgreich. Die weltlichen Autoritäten, wie beispielsweise der Rat von Speyer, arbeiteten ihnen entgegen. Die Macht des Stadtrates war stärker als die Jurisdiktion des Bischofs. Wer nicht mehr glaubte, den vermochten Exkommunikation und Interdikt nicht zu schrecken. Daß die sogenannte Reformation überall verrottete Zustände angetroffen habe, ist ein längst widerlegtes Märchen. Die Visitation beispielsweise, die der Bischof von Speyer wohl 1550 in dem Kloster Frauenalb durchführte, ergab keine erheblichen Beanstandungen. Wie so oft in der Zeit der sogenannten Reformation litt auch der Kampf Bischof Philipps gegen die Religionsneuerung unter Rücksichten auf die Angehörigen. Franz von Sickingen war sein Schwager; immer wieder trat er für ihn ein, statt ihn dem verdienten Schicksal zu überliefern. Familieninteressen stellte er unbedenklich über Staatsnotwendigkeiten. Überhaupt sorgte er übermäßig für seine Verwandten.

Die Politik war einem rechtzeitigen und erfolgreichen Widerstand gegen die Irrlehre oft entgegen. Bischof Philipp hatte richtige Erkenntnisse, aber er fürchtete sich davor, sie in der Praxis zu verwirklichen. So erkannte er 1531, daß als letztes Mittel zur Wiederherstellung von Recht und Ordnung im Reiche nur die Gewalt in Frage komme und daß sie bald, noch zu Lebzeiten Herzog Georgs von Sachsen und des Kurfürsten Joachim I. von Brandenburg, angewendet werden müsse, schreckte aber gleichzeitig wieder vor dem Gedanken zurück. So ging die Entwicklung weiter bergab. Der sogenannte Religionsfrieden von Nürnberg 1532 ließ die Anhänger der Neuerung im ruhigen Besitz ihrer Eroberungen. Der Speyerer Bischof drang mit seinem Widerstand gegen die von den Protestanten geforderte Einstellung der gegen sie angestrengten Kammergerichtsprozesse nicht durch; das Recht wurde der Politik geopfert. In den folgenden 15 Jahren machten die Protestanten weitere Fortschritte. Karl V. benützte seinen Sieg von 1547 nicht, die Abgefallenen mit Gewalt in die Kirche zurückzuführen, erwartete vielmehr die Einigung durch friedliche Verhandlungen. Deren Produkt war das Augsburger Interim. In der Mitte der vierziger Jahre hielt Philipp die Zugeständnisse des Laienkelches, des deutschen Gottesdienstes und der Priesterehe für unerläßlich. Dennoch war er ein Gegner des Interims. Das Interim führte dazu, daß die katholische Religion neu aufzublühen schien. In Heidelberg wurde 1549 die Fronleichnamsprozession wieder abgehalten. Aber dieser trügerische Frühling ging rasch vorüber. Als Kurfürst Moritz von Sachsen, der Pfalzgraf Ottheinrich und der Markgraf Albrecht von Brandenburg-Kulmbach in treuloser und hochverräterischer Weise ihre Waffen gegen den Kaiser kehrten, zerbrachen die letzten Hoffnungen auf Wiederherstellung der katholischen

Religion. Der Passauer Vertrag von 1552 garantierte dem Protestantismus seinen Besitzstand. Die katholische Erneuerung war für Philipp von Flörsheim ein echtes Anliegen. Die Formula reformationis publizierte er auf der Diözesansynode vom Herbst 1548. Zu dieser Zeit scheint er den wahren Charakter des Protestantismus erkannt zu haben. Nach dem Bericht der Nuntien Aluigi Lippomano und Sebastiano Pighino vom 5. November 1548 sah er, der als zuverlässig katholisch geschildert wird, es als unerläßlich an, daß der Kaiser die lutherische Predigt unter Strafe verbiete, die lutherischen Bücher abschaffen lasse und ihre Verteidigungsanlagen zerstöre (istirpare i loro ridutti). Auf der Mainzer Provinzialsynode 1549 ließ sich der Bischof von Speyer vertreten. Am Konzil von Trient nahm Philipp nicht persönlich teil, entsandte aber seinen Weihbischof zu der zweiten Sitzungsperiode.

III.

Rudolf von Frankenstein (1552-1560)

Rudolf von Frankenstein wurde am 3. Oktober 1552 einstimmig zum Bischof postuliert und am 14. November 1552 vom Papst zugelassen. Am 26. November 1553 empfing er die Bischofskonsekration.

Rudolf war ein kenntnisreicher, geistvoller und redegewandter Mann. Auch für ihn war die Reform des Klerus das dringendste, freilich niemals erledigte Anliegen. In zahlreichen Hirtenschreiben suchte Rudolf auf die Geistlichen und das Volk einzuwirken. Unsittliche und disziplinlose Geistliche wurden gestraft, teilweise durch Einsperrung. Der Generalvikar Siegfried Pfefferkorn mühte sich rastlos um Besserung der Sitten bei Klerus und Volk. Im Dienste des Reiches erledigte der Bischof wichtige Aufträge und bewies dabei eine glückliche Hand. Der Weihbischof Georg Schweicker war 1551/52 als sein Vertreter in Trient.

Rudolf hatte sich der beiden protestantischen Kurfürsten Ottheinrich und Friedrich III. von der Pfalz zu erwehren. Bereits in den dreißiger Jahren duldete und förderte der erstere das Luthertum in dem ihm damals unterstehenden Herzogtum Neuburg und Sulzbach. Seit 1542 bekannte er sich öffentlich als Protestant. Als er Herr der Kurpfalz wurde, räumte er rücksichtslos mit der katholischen Religion in seinem neuen Besitztum auf. Rudolf mußte ansehen, wie seit 1556 die Protestantisierung der Pfalz in ihre entscheidende Phase trat. Der Nachfolger Ottheinrichs, Kurfürst Friedrich III., betrieb dann die Durchsetzung des Kalvinismus in seinem Gebiet. Seit 1562 hob er systematisch die Klöster und Stifter in der Rheinpfalz auf. Die Markgrafen Bernhard und Philibert von Baden-Baden ließen den Vormarsch des Protestantismus geschehen. In Baden-Durlach war Markgraf Ernst ähnlich abwartend und unentschieden; die Neuerung breitete sich aus. Markgraf Karl II. trat dann offen zum Protestantismus über. Die Grafen von Leiningen und von Nassau-Saarbrücken führten ebenfalls die Glaubensneuerung in ihren Gebieten ein. Die sogenannte Reformation kostete das Bistum Speyer zwei Drittel seiner Kirchen.

Rudolf besaß das Vertrauen des Kaisers Ferdinand. Für das 1557 in Worms stattfindende Religionsgespräch bestimmte dieser ihn zum Vorsitzenden, aber er ließ sich von Julius Pflug vertreten. In der letzten Zeit seiner Regierung war er geistig umnachtet, seit 1558 zur Leitung des Bistums unfähig. Am 16. August 1559 wählte das Domkapitel den Marquard von Hattstein zum Koadjutor. Pius IV. bestätigte die Wahl am 13. Mai 1560.

IV.

Marquard von Hattstein (1560-1581)

Marquard von Hattstein, der 1559 Rudolf als Koadjutor beigegeben worden war, folgte ihm nach seinem Tode als Speyerer Oberhirt nach. Er wurde am 18. Juli 1560 einstimmig zum Bischof gewählt. Bei seiner Wahl war er noch nicht Priester. Am 4. September 1560 erhielt er die päpstliche Bestätigung. Marquard wurde am 7. September 1561 zum Priester geweiht und am 8. September 1561 zum Bischof konsekriert. Im Jahre 1565 hatte er noch nicht seine Primiz, sein erstes hl. Meßopfer, gehalten. Dieses Versäumnis war bezeichnend für seine religiöse Haltung. Den geistlichen Angelegenheiten widmete er nur einen geringen Teil seiner Zeit und seiner Kraft. Nicht einmal an den hohen Festtagen wohnte er dem Gottesdienst in seiner Kathedralkirche bei. Die Politik belegte ihn in starkem Maße mit Beschlag. Er hatte gute Kenntnisse im Recht und besaß Geschäftsgewandtheit. Als Mitglied und Präsident des Reichskammergerichtes genoß er Achtung.

Marquard war kein tüchtiger Oberhirt. Zum Bischof fehlten ihm Entschiedenheit und Mut. Er war ein vorsichtiger, ja ängstlicher Mann, der sich leicht einschüchtern ließ. Die Reformen wagte er nicht ernsthaft in Angriff zu nehmen. Dennoch war er nicht völlig untätig. Er gab sich große Mühe, die Diszplin im Klerus wiederherzustellen. Den Übeln bei den Geistlichen suchte er mit Mahnungen und Strafen beizukommen. Am 7. Februar 1567 forderte er gemäß einem Schreiben Pius' V. den Generalvikar auf, ernstlich gegen Konkubinarier vorzugehen. Ein wachsames Auge hatte er auf die Stifte, deren Disziplin wiederherzustellen er bestrebt war. Aber die Besserung des Klerus schritt unter ihm nicht voran. Die für jede Reform unerläßlichen Visitationen scheint er nicht gehalten zu haben. Die Bedeutung einer knappen und präzisen Darlegung der Glaubenslehre war Marquard bewußt. Er förderte die Verbreitung des von Michael Helding verfaßten Katechismus. Das Domkapitel war mit seiner Amtsführung sehr unzufrieden. In Andreas von Oberstein, Christoph Nagel von Dirmstein, Jakob Gensar und Beatus Moses wußte er immerhin geschickte und tätige Generalvikare zu bestellen. Der Speyerer Domscholaster und spätere Domdekan Andreas von Oberstein betrieb die

Gründung eines Jesuitenkollegs in Speyer, die 1567 gelang. In der notvollen Lage der Kirche ging der Bischof (1568) daran, das Schloß in Udenheim neu zu bauen.

Im Kampfe gegen die Glaubensneuerung tat sich Marquard nicht hervor. Bezeichnend für seine Einstellung waren seine guten Beziehungen zu Kaiser Maximilian II. Seine Umgebung bestand zum erheblichen Teil aus Protestanten und Parteigängern des pfälzischen Kurfürsten. Sein enger Verkehr mit den letzteren gab dem Verdacht Nahrung, er stehe nicht mehr ungebrochen im katholischen Glauben, entsprang aber wohl vor allem der Furcht. Aufschlußreich ist die starke Teilnahme der protestantischen Nachbarfürsten an seinem Tod. Zeitweilig scheint Marquard mit dem Gedanken gespielt zu haben, das Stift zu säkularisieren und zu heiraten. Den Bischof von Worms ließ er in seinem Kampf gegen die Einziehung von Klöstern und Stiften im Stich. Mit neugläubigen Fürsten hatte er Auseinandersetzungen wegen der Besetzung von Benefizien. Gegen Geldzahlungen überließ er manche Pfründe den protestantischen Landesherren. Die zahlreichen von ihm beim Kammergericht angestrengten Prozesse hatten regelmäßig keinen Erfolg. Rücksichtslos ging Kurfürst Friedrich III. gegen die Reste des Katholizismus in seinem Gebiet vor. Bald suchte er auch das reine (lutherische) „Evangelium“ durch das reinste (kalvinistische) zu ersetzen. Sein Nachfolger, Kurfürst Ludwig VI., begünstigte wiederum das Luthertum. So schneidend wie seine Vorgänger mit den Katholiken verfahren waren, ging er gegen die Kalvinisten vor. Diese fanden teilweise Aufnahme bei seinem Bruder, dem Herzog Johann Kasimir, in Kaiserslautern. In Speyer suchte der Stadtrat jede Regung katholischen Lebens zu unterbinden bzw. die Bürger davon fernzuhalten.

V.

Eberhard von Dienheim (1581-1610)

Eberhard von Dienheim wurde am 20. Dezember 1581 vom Speyerer Domkapitel zum Bischof gewählt und am 19. Februar 1582 bestätigt. Am 1. Januar 1584 empfing er die Bischofskonsekration.

Eberhard von Dienheim war besser als sein Vorgänger. Er suchte in den katholisch gebliebenen Bistumsteilen eine Reform durchzuführen. Er erließ viele Mandate für die Besserung des Klerus. Denn ohne solche war kein Fortschritt der Religion zu erhoffen. So schrieb er beispielsweise den Geistlichen wenigstens viermalige Beichte im Jahre vor. Der Bischof scheint auch über die Einhaltung seiner Bestimmungen gewacht zu haben; denn er ließ nicht bloß mahnen, sondern auch strafen. Eine beträchtliche Zahl von Geistlichen wurde wegen Exzessen gefänglich eingezogen. Eberhard entsandte junge Männer ins Germanikum, um so einen Grundstock gut durchgebildeter und seeleneifriger Priester zu erhalten. Ebenso bemühte er sich, die Zucht in den Klöstern zu heben. 1582 verkündete er die Bestimmungen des Konzils von Trient über die Ehe. 1583 ließ er eine Visitation beginnen, die sich bis 1588 hinzog; sie förderte traurige Ergebnisse zutage. Der Verkündigung des Glaubens durch die Christenlehre schenkte der Bischof besondere Aufmerksamkeit. Papst Sixtus V. war mit ihm nicht zufrieden; er rügte vor allem, daß er im Klerus nicht genügend durchgreife. Die treibende Kraft bei den Reformbemühungen war das Domkapitel. Vor allem der Generalvikar Beatus Moses war rastlos tätig, um dem Gesetz Gottes und der Kirche Achtung zu verschaffen. Ihm standen Andreas von Oberstein und Adolf Wolf von Metternich zur Seite.

Eberhard von Dienheim vermochte es nicht, die Kräfte des Hochstiftes für die dringende religiöse Aufgabe zusammenzufassen. Er verstand nichts von Finanzen und wußte mit Geld nicht umzugehen. Seine Hofhaltung war kostspielig. Für Bauten wendete er große Summen auf. Die Schulden des Hochstiftes erreichten eine gewaltige Höhe. Für Geld wurden wertvolle Güter an Protestanten veräußert. Das Domkapitel machte ihm wegen seiner Finanzgebarung bittere Vorwürfe.

Eberhard ist nicht über jeden Zweifel erhaben, der Religionsneuerung zugeneigt zu haben. Er lebte ständig in Furcht vor seinen protestantischen Nachbarn, und diese war nicht unbegründet. Johann Kasimir, ein rücksichtsloser Kalvinist und zeitweilig Statthalter der Kurpfalz, erpreßte den Bischof und stellte den Kalvinismus in der Pfalz wieder her. Kurfürst Friedrich IV. war Kalvinist und suchte seiner Religion Vorschub zu leisten. An eine Rekatholisierung der verlorenen Gebiete des Bistums war nicht zu denken.

VI.

Philipp Christoph von Sötern (1610-1652)

Eberhard erhielt am 29. Mai 1609 einen Koadjutor, der ihm im folgenden Jahr nachfolgte, Philipp Christoph von Sötern. Am 12. August 1612 empfing er die Priesterweihe, am 15. August 1612 die Bischofskonsekration. Schon am folgenden Tage spendete er das Sakrament der Firmung, um kundzutun, daß er als geistlicher Hirte sein Amt wirklich ausüben wollte. Am 25. September 1623 wurde Philipp Christoph auch zum Erzbischof von Trier postuliert. Am 25. November 1623 erlangte er die Zulassung. Dank päpstlicher Dispens behielt er das Bistum Speyer bei. Als Kurfürst von Trier trat Speyer bei ihm in den Hintergrund; nur selten ließ er sich in seinem Bistum sehen.

Philipp Christoph war im geistlichen und weltlichen Recht vorzüglich gebildet und besaß die Kenntnis fremder Sprachen. Sein Charakter war zwiespältig. Er war einerseits eigensüchtig und rücksichtslos, selbstbewußt und arrogant. Sein Eigensinn und seine Familienpolitik brachten den kirchlichen Interessen schweren Schaden. Anderseits waren seine Treue zum katholischen Glauben und seine sittliche Integrität unbestreitbar. Er ging auf in der Sorge für die Erhaltung und Wiederherstellung der heiligen Religion. Mit feurigem Eifer und entschlossener Energie schuf er Ordnung in seinem

Stiftsland. Die Rechte seines Hochstifts verteidigte er mutig und zäh. Er wußte um die Notwendigkeit der Macht und der Rüstung. In Udenheim ließ er eine Festung erbauen. 1624 begann er damit, die Festung Ehrenbreitstein wiederherzustellen. Im Dienste des Reiches und des Mainzer Kurfürsten war er oft auf Reisen unterwegs. Obwohl er kränklich war, schonte er sich nicht.

Philipp Christoph arbeitete eifrig an der Erhaltung des katholischen Glaubens. Tapfer trat er für die katholische Religionsübung in den von Protestanten beherrschten Reichsstädten ein. Mit Hartnäckigkeit betrieb er den Rückerwerb von Orten, die dem Hochstift entfremdet waren, um in ihnen die katholische Religion wiederherzustellen. Große Erwartungen setzte er auf die 1616 berufenen Kapuziner, und diese enttäuschten ihn nicht. Den Jesuiten wies er eine Niederlassung in Bruchsal an. Er wandte auch der Disziplin des Klerus und dem Unterrichtswesen seine Aufmerksamkeit zu.

Philipp Christoph lebte in einer schweren Zeit. Unter Kurfürst Friedrich V. häuften sich die Übergriffe der Kurpfalz gegen das Hochstift Speyer. 1618 riß er mit seinen Verbündeten die im Bau befindliche Festung Udenheim nieder. Friedrich V. war Kalvinist, dachte aber nicht mehr an Änderungen des Kirchenwesens in seinem Lande. Dagegen entfesselte er in Böhmen einen rücksichtslosen Bildersturm. Seine Usurpation des böhmischen Königsthrones löste den Dreißigjährigen Krieg aus. In dessen erster Phase wurden dem Hochstift Speyer unermeßliche Schäden zugefügt. Die Waffen der Spanier und der Bayern verschafften den Katholiken zeitweilig die Freiheit der Religionsübung in der Kurpfalz. Mit Eifer ging der Bischof daran, die Resitution des der Kirche entrissenen Besitzes zu betreiben. Aber der Westfälische Friede enttäuschte seine hochgespannten Erwartungen. Unter dem Schutz der französischen und spanischen Waffen wurden an vielen Orten wieder katholische Seelsorger eingesetzt, die jedoch ebenfalls nach dem Westfälischen Frieden weichen mußten. Das Restitutionsedikt (1629) schien die Wiederherstellung der katholischen Religion einzuleiten. Doch der Einfall der Schweden vernichtete die Errungenschaften der Rekatholisierung. Unter dem Eindruck der schwedischen Macht blickte Philipp Christoph nach Westen. Er suchte Anlehnung an Frankreich, um Schutz vor den Schweden zu gewinnen, geriet aber dadurch in Gegensatz zu Kaiser, Reich und Spanien. Auf Drängen der Franzosen mußte er das abenteuerliche Projekt betreiben, den Kardinal Richelieu zum Koadjutor für das Bistum Speyer zu machen. Zeitweilig dachte er daran, dem französischen König die Kaiserkrone zu verschaffen. Dieses Paktieren mit dem Feind des Reiches kam ihn teuer zu stehen. Vom 26. März 1633 bis 10. April 1645 wurde er an verschiedenen Orten gefangengehalten. Das rückschauende Urteil wird ihm zuerkennen müssen, daß er eine tatkräftige Persönlichkeit war, die in einer schwierigen Lage auf einen Verbündeten setzte, dessen Eifer für die katholische Sache nicht rein war, sondern vom politischen Ehrgeiz gehemmt, ja paralysiert wurde.

10. Kapitel

Bistum Straßburg

Adam, Johann, Evangelische Kirchengeschichte der Stadt Straßburg bis zur Französischen Revolution, Straßburg 1922

Allemang, G., Lothringen, Karl (II): LThK VI, 1934, 657

Baum, Adolf, Magistrat und Reformation in Straßburg bis 1529, Straßburg 1887

Burg, André Marcel, Histoire de l'église d'Alsace, Colmar 1946

Burg, A. M., Die alte Diözese Straßburg von der bonifazischen Gründung (ca. 750) bis zum napoleonischen Konkordat (1802). Ein geschichtlicher Überblick mit besonderer Berücksichtigung des elsässischen Teiles: Freiburger Diözesanarchiv 86, 1966, 220-351

Chrisman, Miriam Usher, Strasbourg and the Reform. A Study in the Process of Change (= Yale Historical Publications Miscellany 87), New Haven, London 1967

Clauß, J. M. B., Honstein, Wilhelm v.: LThK V, 1933, 140f.

Politische Correspondenz der Stadt Straßburg im Zeitalter der Reformation. 1. Bd. 1517-1530, bearb. von Hans Virck, Straßburg 1882; 2. Bd. 1531-1539, bearb. von O. Winkelmann, Straßburg 1887; 3. Bd. 1540-1545, bearb. von Otto Winkelmann, Straßburg 1898; 4. Bd. 1546-1549, bearb. von Harry Gerber, Heidelberg 1931/33; 5. Bd. 1550-1555, bearb. von Walter Friedensburg, Heidelberg 1928

Crämer, Ulrich, Die Verfassung und Verwaltung Straßburgs von der Reformationszeit bis zum Fall der Reichsstadt (1521-1681) (= Schriften des Wissenschaftlichen Instituts der Elsaß-Lothringer im Reich an der Universität Frankfurt N.F. Nr. 3), Frankfurt a. M. 1931

Glöckler, L. G., Geschichte des Bisthums Straßburg, 2 Bde., Straßburg 1879/80

Hahn, Karl, Akten über Visitationen im Bistum Straßburg aus der Zeit von Johann von Manderscheid (1569-92): Zeitschrift für die Geschichte des Oberrheins N.F. 26, 1911, 204-249, 503-543, 573-587

Hahn, Karl, Die kirchlichen Reformbestrebungen des Straßburger Bischofs Johann von Manderscheid (1569-1592). Ein Beitrag zur Geschichte der Gegenreformation (= Quellen und Forschungen zur Kirchen- und Kulturgeschichte von Elsaß und Lothringen III), Straßburg 1913

Jantzen, Hans, Das Münster zu Straßburg (= Deutsche Bauten 21. Bd.), Burg b. Magdeburg 1933

Meister, Alois, Akten zum Schisma im Straßburger Domkapitel 1583-1592 (= Separat-Abdruck aus den Mittheilungen der Gesellschaft für Erhaltung der geschichtlichen Denkmäler im Elsaß Bd. XIX, I. Lieferung), Straßburg 1898

Meister, Aloys, Der Straßburger Kapitelstreit 1583-1592. Ein Beitrag zur Geschichte der Gegenreformation, Straßburg 1899

Paulus, Nicolaus, Die Straßburger Reformatoren und die Gewissensfreiheit (= Straßburger Theologische Studien 2. Bd., 2. Heft), Freiburg i. Br. 1895

Pfleger, L., Straßburg: LThK IX, 1937, 853-858

Rapp, Francis, La vie religieuse du couvent de St.-Nicolas-aux-Ondes à Strasbourg de 1525 à 1592, in: Histoire et sociologie religieuses (= Cahiers de l'association interuniversitaire de l'est), Strasbourg 1962, 15-30

Schmidlin, Josef, Die katholische Restauration im Elsaß am Vorabend des dreißigjährigen Krieges, Freiburg i. Br. 1934

Sdralek, Max, Die Straßburger Diözesansynoden (= Straßburger Theologische Studien 2. Bd., 1. Heft), Freiburg i. Br. 1894

Spach, Erasmus von Limburg: ADB 6, 1877, 159f.

Vierling, Joseph Fridolin, Das Ringen um die letzten dem Katholizismus treuen Klöster Straßburgs (= Straßburger Beiträge zur neueren Geschichte VIII. Bd.), Straßburg i. E. 1914

Wentzcke, Paul, Erasmus Schenk v. Limpurg: NDB 4, 1959, 554

Wittmer, Ch., Knittel, G., Straßburg: LThK IX, 2. Aufl., 1964, 1104-1107

Wolff, Richard, Die Reichspolitik Bischof Wilhelms III. von Straßburg, Grafen von Honstein. 1506-1541. Ein Beitrag zur Reichsgeschichte im Zeitalter Maximilians I. und Karls V. (= Historische Studien Heft LXXIV), Berlin 1909

Wolff, Richard, Beiträge zu dem Beginn der evangelischen Bewegung im Bistum Straßburg: Elsässische Monatsschrift für Geschichte und Volkskunde 1, 1910, 80-84

Wunder, Georg, Das Straßburger Landgebiet. Territorialgeschichte der einzelnen Teile des städtischen Herrschaftsbereiches vom 13. bis zum 18. Jahrhundert (= Schriften zur Verfassungsgeschichte Bd. 5), Berlin 1967

I.

Wilhelm III. von Honstein (1506-1541)

Wilhelm von Honstein wurde am 9. Oktober 1506 zum Bischof gewählt und am 4. Dezember 1506 vom Papst bestätigt. Er war bei der Wahl zum Bischof lediglich Subdiakon. Er empfing aber am 28. Februar 1507 die Priesterweihe und bald darauf im Straßburger Münster die Bischofskonsekration.

Wilhelm von Honstein war eine geistig bedeutende Persönlichkeit. Er hatte seine Bildung auf den Universitäten Freiburg und Pavia erworben. Er besaß die Gabe der Rede. Wilhelm war auch geschäftserfahren. Als Generalvikar des Mainzer Erzbischofs Berthold von Henneberg hatte er die Verwaltung gelernt und geübt. Die politischen Geschäfte nahmen ihn stark in Anspruch. An den Interessen des Deutschen Reiches war ihm viel gelegen.

Wilhelm von Honstein war kein Oberhirt, der sein geistliches Amt leicht nahm. Mit sittlichem Ernst erfüllte er seine Pflichten. Er war der erste Bischof von Straßburg seit 150 Jahren, der sich die Bischofskonsekration erteilen ließ und persönlich Pontifikalfunktionen vornahm. Der Kampf lag ihm allerdings nicht, und er wich ihm nach Möglichkeit aus. Konflikte vermied er regelmäßig durch Nachgiebigkeit. In seiner Treue zum katholischen Glauben wankte er jedoch nicht. Im Verlauf der Auseinandersetzungen mit den Neuerern wurde er sogar fester und entschiedener, so daß Miriam Usher Chrisman von seinem „stubborn resistance" spricht.

Das Luthertum fand in Straßburg frühzeitig viele Anhänger, die Haß gegen die katholische Religion säten, der sich schon 1518 in gewissen Aktionen entlud. 1521 predigte der Münsterpfarrer Matthäus Zell lutherisch. Zu ihm stießen Männer wie Wolfgang Capito, Martin Butzer und Kaspar Hedio, welche die neue Lehre in Straßburg verbreiteten. Sie und andere wie Peter Wichgram, Theobald Schwarz und Tilmann von Lyn verführten die Bevölkerung zum Abfall vom Glauben. Wilhelm von Honstein stand von vornherein in der Reihe der Gegner Luthers und widersetzte sich der Zerstörung der heiligen Religion durch die Neuerer. Er suchte die Verbreitung der Schriften des Wittenbergers zu verhindern und ging seit 1520 mit administrativen Maßnahmen gegen protestantische Prediger vor. Auch als Statthalter im Erzbistum Mainz suchte er energisch gegen das Luthertum durchzugreifen. Ebenso zeigte er auf den Reichstagen Entschiedenheit in der Verteidigung des Glaubens. Aber Erfolg war ihm nicht beschieden; er war nicht imstande, das Umsichgreifen der Religionsneuerung zu verhindern. Er mußte zusehen, wie sich in seiner Bischofsstadt die Häresie unter dem Schutz des Rates ausbreitete. Dieser erließ bereits Ende 1523 ein Mandat, wonach nur ,,das heilige Evangelium'', d. h. die lutherische Irrlehre, gepredigt werden dürfe. Als der Bischof die abgefallenen Geistlichen nach Zabern zitierte und diese sich weigerten, zu erscheinen, bat er den Magistrat, sie auszuweisen, aber die Ratsherren zeigten ihm taube Ohren. Der Bischof exkommunizierte die Apostaten. Doch der Kirchenbann hatte bei den Aufrührern seine Macht verloren; nach dem Beispiel Luthers spotteten sie seiner. Der Stadtrat schützte und begünstigte das Treiben der Prädikanten, vor allem seit dem Eintritt Jakob Sturms in den Magistrat (1524), und verhinderte die Durchführung bischöflicher Mandate. Er maßte sich die Besetzung der Pfarreien an und gestaltete den Gottesdienst um. Seit 1521 scheinen Protestanten sogar im Domkapitel gewesen zu sein. Der Domdekan Siegmund von Hohenlohe war lutherisch gesinnt.

Der Bischof sah sich nach Hilfe um. Er wandte sich (1524) an das Reichsregiment in Eßlingen und suchte Unterstützung bei Erzherzog Ferdinand und dem Landvogt des Unterelsaß. 1526 ging er den Reichstag von Speyer an und hoffte auf die Hilfe des Kaisers. Aber alle diese Bemühungen wurden nicht wirksam. Ihr Fehlschlagen ermutigte die Neuerer. Die Prädikanten betrieben eine wütende Hetze gegen die Kirche und ihre Einrichtungen, vor allem gegen Gelübde und Messe. Die Straßburger Klöster wurden mit den üblichen Mitteln geleert und anderen Zwecken zugeführt. Sechs Ordenshäuser hielten dem Ansturm stand, zwei Klöster der Dominikanerinnen, die Reuerinnen, die Hospitaliter (Johanniter), der Deutsche Orden und die Kartäuser (in Königshofen), vier davon bis zu der Wende von 1681. 1525 und 1526 wurde den Pfarr- und Ordensgeistlichen, 1529 den vier Hauptstiften der katholische Gottesdienst verboten. Die treuen Geistlichen suchten selbstverständlich die ungerechte Anordnung zu umgehen. In den folgenden Jahren erlebte das Wiedertäufertum in Straßburg eine starke Blüte; es tat dem Luthertum ernstlichen Abbruch, so daß dessen Gemeinde zu zerfallen drohte. Daraufhin holte der amtliche Protestantismus zu vernichtenden Schlägen gegen die lästige Konkurrenz aus und zeigte seine erschreckende Intoleranz.

Der katholischen Kirche erstanden in Straßburg so bedeutende Verteidiger wie Thomas Murner, Konrad Treger, Hieronymus Gebwiler und Johann Cochlaeus. Aber die Waffen des Geistes waren in der allgemeinen Erregung und angesichts des Trends nicht gefragt. Bischof Wilhelm ging das Kammergericht um Schutz des mißachteten Rechtes an. Aber die Stadt Straßburg kümmerte sich nicht um dessen Mandate. Straßburg wurde für gewisse Zeit das Zentrum des europäischen Protestantismus. Hier fanden sich Leute wie Calvin, Melchior Hofmann, Melchior Rink, Balthasar Hubmaier, Thomas

Salzmann und Caspar Schwenkfeld ein. Im Gebiet des Bistums trieben die Herren und die Städte die Protestantisierung weiter. 1534 brachte Ulrich von Württemberg seine elsässischen Gebiete zum Abfall von der Kirche. Mülhausen, Weißenburg und Landau wandten sich großenteils der Irrlehre zu.

Bischof Wilhelm war einer echten Reform des Klerus durchaus aufgeschlossen. Zeuge dieser Bereitschaft ist sein Mandat vom 19. Februar 1524. Ein nicht veröffentlichtes Dokument zeigt, wie willig der Bischof einer wirklichen Erneuerung gegenüberstand. Mißbräuche im gottesdienstlichen Leben sollten beseitigt, die deutsche Sprache in geringem Umfang zugelassen, die Predigt intensiviert, das Gebührenwesen neu geordnet werden. Aber der Glaube und der Gottesdienst sollten nicht angetastet werden.

Seit Ende 1537 nahmen die Prädikanten, die spürten, wie der Rat die Macht über die Religion immer mehr an sich zog, wieder Kontakt mit dem Bischof auf. Sie versuchten, ihn zu bewegen, sich dem Luthertum anzuschließen und gleichzeitig seine Stellung als Bischof wieder einzunehmen. Aber die ihm zugemuteten Konzessionen waren zu groß. Der Bischof gab den Prädikanten keine Antwort auf ihren Brief. Sogleich änderte sich der Ton, den sie ihm gegenüber anschlugen. Auch auf den zweiten Brief entgegnete Wilhelm von Honstein nicht. Auf das dritte Schreiben erwiderte er, von einem Gespräch erwarte er nichts, und verwies auf den Abschied des Augsburger Reichstags, der jede Neuerung verbot. 1540 wohnte Bischof Wilhelm dem Hagenauer Religionsgespräch bei. Die Verhandlungen beschäftigten sich mit Vorfragen und wurden nach einigen Wochen als aussichtslos abgebrochen.

Die endlosen religiösen Streitigkeiten machten den Bischof von Straßburg in seinen alten Tagen mürbe. Er war müde und hoffnungslos. Er sah kein Halten mehr und legte die Würde nieder. Die ,,Reformation" löschte die katholische Kirche in Straßburg nicht aus. Wohl verlor sie die Pfarreien und fast alle Klöster. Aber sie behielt wichtige Positionen: die Kapitel, den Bischof, die bischöfliche Verwaltung und die kirchlichen Gerichtshöfe.

II.

Erasmus von Limburg (1541-1568)

Erasmus von Limburg wurde vom Straßburger Kapitel zum Bischof gewählt und erhielt am 9. Dezember 1541 die päpstliche Bestätigung. Bei seiner Ernennung war er Subdiakon. Die Bischofskonsekration empfing er erst 1549. Erasmus hatte in Tübingen und Paris studiert. Er galt als fähig und kenntnisreich. In Wolfgang Tucher hatte er einen tüchtigen Generalvikar und Offizial an der Seite.

Erasmus von Limburg stand mit Protestanten in nahen Beziehungen; seine Wahl wurde darum von ihnen freudig begrüßt. Die Stadt Straßburg gab sich mehrfach Mühe, den Bischof zu bewegen, sich der Neuerung anzuschließen. Zeitweilig erwarteten die

Protestanten, er werde das Bistum dem Protestantismus zuführen. Erasmus wurde von katholischer Seite lutherischer Gesinnung bezichtigt; ihm wurde zugetraut, seinen Sprengel protestantisieren zu wollen. In mehreren Schreiben aus dem Jahre 1543 wehrte er sich gegen diesen Verdacht. Tatsächlich zeigte der Bischof eine merkwürdige Unschlüssigkeit; den Ereignissen stand er abwartend, nicht selbst handelnd gegenüber. Er gehörte der sogenannten Vermittlungspartei an. Bezeichnend für seine Regierung ist, daß die Protestanten seinen Tod bedauerten. Erasmus fehlte es an Tatkraft und Entschlossenheit in gleicher Weise; religiöser Eifer ging ihm ab. Er war mehr um seine Gesundheit als um das Schicksal der katholischen Kirche besorgt. Erasmus war leidenschaftlich der Jagd ergeben. Unter solchem Regiment schritt der Abfall im Bistum Straßburg fort. 1545 protestantisierte Graf Philipp IV. von Hanau-Lichtenberg sein Gebiet. Der Graf von Zweibrücken führte Bischweiler und Kleeburg der Irrlehre zu. Der Graf von Veldenz brachte Lützelstein und Steinthal zum Abfall. Die kleineren Herrschaften folgten diesen Beispielen.

Erasmus erkannte den Zusammenhang zwischen dem Abfall von der Kirche und dem sittlichen Tiefstand eines erheblichen Teils des Klerus. Er suchte ihm mit vielen Verordnungen beizukommen. Am 2. April 1549 hielt er die vorgesehene Diözesansynode zur Durchführung der kaiserlichen Formula reformationis in Zabern ab. Eine Generalvisitation wurde jedoch nicht in Angriff genommen. So fehlte es an der Durchführung der gutgemeinten Beschlüsse. Auf der Zaberner Diözesansynode 1560 wurden die Statuten von 1549 in erweiterter Form wiederholt. Erasmus bestellte den Johann Delphius zum Domprediger und Suffragan, d.h. zum Weihbischof. Der befähigte und gebildete Mann warf sich der Irrlehre entschieden entgegen. Erasmus nahm von Oktober 1551 bis März 1552 an dem Konzil von Trient teil.

Erasmus vermochte nicht, das Fortschreiten der Glaubensneuerung zu verhindern. Der Protestantismus drang auch in das stiftische Gebiet ein. Mit den Abgefallenen ging der Bischof darin sehr schonend um. 1548 wurde das Interim erlassen. Die Stadt Straßburg mußte sich ihm beugen. Am 23. November 1549 wurden in einem zwischen dem Magistrat und dem Bischof abgeschlossenen Vertrag das Münster, das Stift Allerheiligen sowie Alt- und Jung-St. Peter den Katholiken überlassen. Die Protestanten behielten die Kirchen St. Thomas, St. Aurelien, St. Nikolaus und St. Wilhelm. Diese Vereinbarung erschien vielen Katholiken ungünstig. Sie warfen dem Bischof zu große Nachgiebigkeit vor. Aber es war wohl kaum mehr zu erreichen. Der öffentliche katholische Gottesdienst in Straßburg wurde wiederhergestellt. Von 1549 bis 1555 war der Magistrat relativ tolerant. Danach regierte wieder die frühere Unduldsamkeit. Ein wirklicher Friede kam überhaupt nicht zustande. Der Bischof mußte schon am 14. September 1551 an den Kaiser berichten, daß die von den Prädikanten aufgehetzten Anhänger der neuen Lehre die Katholiken beunruhigten und bedrängten. Im Jahre 1558 predigte Petrus Canisius im Straßburger Münster, herangeführt durch den Weihbischof Johann Delphius. Zur Gründung eines Kollegs der Jesuiten kam es nicht. In der Bischofsstadt wurde nach dem Augsburger Religionsfrieden die katholische Religionsübung unmöglich gemacht. Der Pöbel und der Stadtrat waren sich einig in der Absicht, mit der heiligen Religion aufzuräumen. Der katholische Klerus durfte zwar in der Stadt residieren und seine Güter verwalten, nicht aber öffentlich seinen Glauben ausüben. Die Katholiken wurden vom Besuch des Gottesdienstes abgehalten. Im Jahre 1559 wurden das Münster und die beiden Kirchen St. Peter der katholischen Religionsübung entrissen. Der katholische Gottesdienst hörte in allen Straßburger Kirchen auf. Nur in einigen Klöstern wurde noch die hl. Messe gefeiert. Bischof Erasmus rief gegen dieses Unrecht den Kaiser an. Dieser erließ Mandate zugunsten der Katholiken. Der Stadtrat kümmerte sich nicht darum. In der Stadt Straßburg besaßen die Katholiken jetzt weder Bürgerrecht noch öffentlichen Gottesdienst; ihr Abfall zum Protestantismus wurde mit allem Nachdruck gefördert. Das Domkapitel residierte in Molsheim oder Zabern. In der Stadt Straßburg selbst trat eine günstige Wende für den Katholizismus erst 1681 ein, als die freie Reichsstadt der französischen Krone unterstellt wurde.

Um die Gewißheit zu haben, daß nach seinem Tod der Bischofsstuhl nicht in protestantische Hände fiel, suchte der Papst durch Petrus Canisius den Erasmus zu gewinnen, sich einen Koadjutor mit dem Recht der Nachfolge zu wählen; aber der Bischof ließ sich zu der so heilsamen und vielfältig bewährten Maßnahme nicht herbei.

III.

Johann von Manderscheid-Blankenheim (1569-1592)

Nach dem Tode des Erasmus hofften die Protestanten, das Domkapitel werde einen lutherisch gesinnten Geistlichen zum Bischof wählen. Sie dachten an Männer wie den Pfalzgrafen Richard von Zweibrücken-Simmern, den Grafen Adolf von Solms und den Grafen Georg von Sayn-Wittgenstein. Bezeichnend für die Lage im Domkapitel war es, daß am Tage der Bischofswahl (26. Januar 1569) Johannes Marbach für die protestantischen Domherren im Münster eine Predigt hielt, während für die katholischen eine stille Messe in der Chorsakristei gefeiert wurde. Die Wahl fiel auf den Domdechanten Johann Graf von Manderscheid-Blankenheim. Vermutlich hatte sie deswegen diesen Ausgang, weil beide Parteien ihn für sich zu gewinnen hofften. Man war sich nämlich nicht darüber im klaren, wo Johann kirchlich stand; im allgemeinen galt er als dogmatisch indifferent oder als „Kompromißkatholik“ mit protestantischen Neigungen; seine Mutter war lutherisch. Aber Gott lenkt die Geschicke häufig anders, als Menschen planen und erwarten. Die Wahl des Johann von Manderscheid sollte sich als ein Werk der Vorsehung erweisen.

Johann von Manderscheid hatte ursprünglich kaum geistliche Neigungen. Er ließ sich erst spät die höheren Weihen erteilen; nur sehr selten beschäftigte er sich mit seinen eigentlichen Aufgaben. Insofern schien er zunächst die Erwartungen der Feinde des Glaubens zu erfüllen. Die Einholung der päpstlichen Bestätigung seiner Wahl schob er auf, weil er die Beschlüsse des Trienter Konzils nicht anerkennen und das tridentinische Glaubensbekenntnis nicht ablegen wollte. Erst vier Jahre nach der Wahl suchte er darum nach, vermutlich deswegen, weil er sich Hoffnung auf den Kölner Erzstuhl machte. Der Heilige Stuhl erteilte ihm am 26. Juni 1573 die Bestätigung.

Als Regent war Johann von Manderscheid geeignet. Er verfügte über einen klugen Kopf, einen scharfen Verstand und praktischen Sinn. Eine ausgesprochene Begabung für die Politik und die Diplomatie war ihm eigen. Er hatte auch einen starken Willen, Fleiß und Arbeitslust und war kein Freund von Halbheiten. Die Regierung des Bistums führte er mit fester Hand; er besaß Überblick über seinen Sprengel, war auch über Einzelheiten unterrichtet und nahm sich selbst geringer Dinge persönlich an. Gleichzeitig war er ein kunstsinniger Mensch. Seine Neigung galt der Musik und der Baukunst; bedeutende Bauten entstanden vor allem in Molsheim. Seine Zeit verbrachte er aber nicht mit Liebhabereien und Vergnügungen, sondern mit dem Studium von Akten. Für die rechtliche Seite der Dinge hatte er eine auffällige Neigung. Um den Erwerb oder die Verteidigung von Rechten und Besitzungen seines Bistums rang er mit zäher Energie. Trotz schwacher Gesundheit war Johann von unverwüstlicher Arbeitskraft. Bei seinen Untergebenen sah er auf genaue und rasche Erledigung der Geschäfte. Für Organisation und Verwaltung eignete ihm eine besondere Gabe. Die Finanzen hielt er in Ordnung. Gegenüber den Juden war er grundsätzlich tolerant und unvoreingenommen; er verlangte, daß auch ihnen Gerechtigkeit geschehe.

Religiös gesehen ging im Laufe seiner Regierung in Johann von Manderscheid eine Wandlung vor. Er bewährte sich als kluger und sittlich einwandfreier Bischof. Die innerkirchlichen Verhältnisse und die äußeren Zustände waren ungünstig, als er sein Amt antrat. Aber es war seine Größe, daß er sich davon nicht niederdrücken ließ, sondern sich mit Mut und zäher Energie an die Besserung machte. Zuerst nahm er sich der Aufgabe an, den Klerus zu heben. Durch Zureden, Ermahnungen und Belehrungen verstand er es, in manchem Geistlichen wieder kirchlichen Sinn zu erwecken und katholisches Bewußtsein zu schaffen. Seit dem Jahre 1576 ließ er sich dazu bewegen, die Visitation des Bistums in Angriff zu nehmen. Durch Visitationen und Inquisitionen sorgte er für Abstellung von Mißständen und Ärgernissen, wobei er vor Strafen nicht zurückschreckte. Johann von Manderscheid regierte nicht aus unnahbarer Ferne und lediglich vom Schreibtisch. Ihm war viel an der persönlichen Fühlungnahme mit dem Klerus und den Laien seiner Diözese gelegen. In Zabern versammelte er kapitelweise die Geistlichen des Bistums und redete ihnen ins Gewissen. Auch einzeln nahm er sich Kleriker vor, die eine Verfehlung begangen hatten. Er griff auch erforderlichenfalls zu Strafen, um eine Besserung zu erreichen. Konkubinen von Geistlichen ließ er entfernen. Besonderes Augenmerk schenkte er der Neuaufnahme von Klerikern, wofür ein Examen vorgeschrieben wurde. Mit Eifer kümmerte er sich um die Visitation der Pfarrgeistlichkeit. Die von ihm ausgesandten Kommissionen übten ihre Tätigkeit mit Sorgfalt und Erfolg aus. Daneben entsandte er den Fiskal zu Inquisitionen und traf aufgrund derselben seine Entscheidungen. Unbeirrt nahm er die Wiederherstellung der bischöflichen Autorität gegenüber den Klöstern in die Hand; gegenüber der Berufung auf Exemtion zog er die Trienter Dekrete heran. Ebenso betrieb er nachhaltig die innere Erneuerung der Klöster.

Manderscheid hat das Verdienst, im Jahre 1579 die Jesuiten nach Molsheim gerufen zu haben, an die er sich im Laufe seiner Regierung immer mehr anschloß. In ihnen sah er zuverlässige und unentbehrliche Mitarbeiter seines Reformwerkes. Auf Drängen des Papstes und der Jesuiten fand er sich bereit, die höheren Weihen zu empfangen, übte sie allerdings wenig aus. Die kirchliche und religiöse Erneuerung der Laien ließ sich Johann ebenfalls angelegen sein. Sorge für die Heilighaltung des Sonntags, Aufstellung von Kirchenordnungen, Verbreitung des Katechismus, Belebung der Bruderschaften, feierliche Gestaltung der Gottesdienste, Einhaltung der Fastengebote, Vorgehen gegen Winkel- und Mischehen und Wiederherstellung zerstörter oder beschädigter Kirchen, das waren die Aufgaben, die ihn beschäftigten. Johann von Manderscheid führte den Katechismus des Canisius in seinem Gebiet ein und belebte den Glaubensunterricht. Das Schulwesen hob er in großem Umfang. Karl Hahn bezeichnet ihn richtig neben Julius Echter von Mespelbrunn als den eifrigsten Förderer der katholischen Erneuerung zu seiner Zeit.

Johann von Manderscheid erwarb auch im Laufe seiner Regierung eine entschiedene Haltung gegenüber dem Protestantismus. Als er im Jahre 1579 seinen Einzug in Straßburg hielt, vermied er es, das Münster zu betreten, in dem der katholische Gottesdienst verboten war. Er wußte um die Tatsache, daß, wer nicht dazugewinnt, verliert. Wo er er vermochte, betrieb er daher seit 1581 die Rekatholisierung seines Gebietes. Nur Katholiken durften dort aufgenommen werden. Er sah auch nicht tatenlos zu, wie manche Territorialherren des Elsaß unter Berufung auf den Augsburger Religionsfrieden ihre Untertanen der Irrlehre zuführten, versuchte vielmehr, sie in Gesprächen und in Briefen dazu zu bewegen, von der Protestantisierung Abstand zu nehmen oder damit zu warten.

Wenig Freude erlebte Johann von Manderscheid mit seinem Domkapitel. Dieses Gremium suchte sich vom Bischof möglichst selbständig zu halten, ihm aber gleichzeitig seinen Willen aufzuzwingen, vor allem durch die Wahlkapitulationen. Das Domkapitel war ebenso vornehm wie verweltlicht. Johann von Manderscheid wagte es zunächst nicht, von seinen Mitgliedern die Ablegung des Glaubensbekenntnisses als Bedingung der Aufnahme zu fordern. Bei dem Bemühen, das Domkapitel selbst zu reformieren, stieß er auf harten Widerstand. Erst im Kapitelsstreit konnte er erreichen, daß zur Aufnahme in das Kapitel die Ablegung des Glaubensbekenntnisses vorgeschrieben und damit die Trennung von Katholiken und Protestanten durchgeführt wurde. Damit hatte es folgende Bewandtnis. Am 1. April 1583 wurde der Kölner Erzbischof Gebhard Truchseß von Waldburg abgesetzt und exkommuniziert. Am 4. Juni (14. Juni n. St.) 1583 wurden die Kapitulare Johann von Winnenberg und Hermann Adolf von Solms, am 13. (23. Juni) auch Georg von Wittgenstein ihrer Benefizien und Würden für verlustig erklärt und gebannt. Alle Genannten waren Mitglieder des Straßburger Kapitels.

Die in Köln exkommunizierten Domherren wollten nun ihre Stellen in Straßburg antreten. Gebhard Truchseß von Waldburg war der Führer der protestantischen Fraktion im Domkapitel. Im Sommer 1589 nahm er Wohnung in Straßburg und gerierte sich als Domdekan, der er früher gewesen war. Die Katholiken im Kapitel weigerten sich, mit den protestantischen Domherren in Gemeinschaft zu treten, die Protestanten in Straßburg, im Elsaß und im Reich suchten diese zu schützen. Bischof Johann erkannte von Anfang an die Gefahren, die von dem Streit ausgingen, und drängte die katholischen Domherren zur Abwehr. Er organisierte und inspirierte den Widerstand gegen die ihrer Würden entsetzten Kapitulare. Am 3. Dezember 1583 schloß das Kapitel die exkommunizierten Domherren aus. Diese aber konstituierten sich selbst als „Domkapitel" und ergänzten ihre Reihen durch weitere Protestanten. Die katholischen Domkapitulare begaben sich nach Molsheim und Zabern. Der Bischof ahnte, daß ein langer Kampf bevorstand, der nicht lediglich mit den Waffen des Rechtes würde ausgefochten werden. Aus wohlerwogenen Gründen ließ er 1583 seine Residenz, die Burg Hohbarr, neu herrichten. Leider stand der geschlossenen und rührigen protestantischen Partei im Reiche keine ähnliche katholische gegenüber. Vor allem versagten die drei geistlichen Kurfürsten. Dagegen zeigten sich Herzog Wilhelm von Bayern und Julius Echter von Würzburg mannhaft. Der Streit kostete den Bischof viel Geld und erschöpfte seine Kasse. Als er starb, konnte er sich aber sagen, daß er seine Hirtenpflichten nach Kräften erfüllt und die Grundlage für den Aufstieg der katholischen Religion gelegt hatte.

IV.

Karl von Lothringen (1592-1607)

Da ein Teil des Straßburger Domkapitels vom katholischen Glauben abfiel und sich als eigenes „Kapitel" konstituierte, gab es eine Zeitlang zwei Kapitel, ein katholisches und ein protestantisches. An der Spitze des letzteren stand ein verheirateter Bischof. Mit diesem „Kapitel" schloß der Straßburger Stadtrat 1591 ein Schutz- und Trutzbündnis. Als Bischof Johann von Manderscheid gestorben war, schritten die getrennten Kapitel in Zabern und in Straßburg zur Wahl des Nachfolgers. Die Katholiken postulierten den Bischof von Metz, Karl von Lothringen (1592-1607), die Protestanten den 15jährigen Markgrafen Johann Georg von Brandenburg. Beide Kapitel hatten darauf Bedacht genommen, einen Mann zum Bischof zu wählen, hinter dem eine beachtliche Hausmacht stand. Johann Georg war der Sohn des Kurfürsten Joachim Friedrich von Brandenburg. Er betrieb in Straßburg seine Studien und lebte hier in ausgelassener Weise; er war alles andere als ein geeigneter und würdiger Bischof. Karl war der zweite Sohn des Herzogs Karl III. von Lothringen. Der 1567 geborene Knabe wurde 1578 Bischof von Metz und 1589 Kardinal und päpstlicher Legat von Lothringen. Karl erhielt am 1. Juli 1592 die päpstliche Zulassung als Administrator für Straßburg. Er wurde von den katholischen Domherren in der Hoffnung gewählt, daß er, gestützt auf die Macht seines Hauses, den katholischen Glauben werde wirksam schützen können. Darin wurden sie nicht enttäuscht. Karl wehrte sich mit Waffen und Prozessen gegen die Protestanten. Dadurch wurde der Kapitelskrieg zum Bischofskrieg. Zwei Jahre tobte ein erbitterter Kampf (1592/93). Der Vertrag vom 9. März 1593 brachte keinen endgültigen Ausgleich. 1603 entbrannte der Streit von neuem. Erst am 22. November 1604 wurde der Hagenauer Friede geschlossen. Darin verzichtete der ,,Administrator" Johann Georg auf seine Position gegen eine gewaltige Geldzahlung.

Bischof Karl suchte nach Möglichkeit den Glauben im Hochstift zu erhalten und zu vermehren. In den bischöflichen Orten ging er daran, die katholische Religion wiederherzustellen. Maria Magdalena von Andlau unterstützte er bei ihrem Restaurationswerk. Als Karl erkrankte, postulierte das Domkapitel am 8. September 1598 den dreizehnjährigen Erzherzog Leopold von Österreich zum Koadjutor mit dem Recht der Nachfolge. Erst am 9. Juni 1599 erklärte dieser sich einverstanden. Am 18. August 1599 erhielt er die päpstliche Bestätigung. Seit 1605 hatte Leopold in Adam Petz einen treuen und tüchtigen Weihbischof an seiner Seite.

V.

Leopold von Österreich (1607-1625)

Bereits im Jahre 1598 wurde der dreizehnjährige Knabe Leopold von Österreich Koadjutor von Passau. Aus den bekannten Gründen erwarb er 1599 auch die Koadjutur in Straßburg; man hoffte, daß er wegen seiner Herkunft aus dem Hause Österreich imstande sein werde, das Bistum zu schützen und die katholische Religion wiederherzustellen. Leopold hat die in ihn gesetzten Erwartungen nicht enttäuscht. Er war gläubig und der Kirche ergeben; gleichzeitig besaß er Charakterfestigkeit und Regierungstalent. In der Verwaltung war er umsichtig, gewandt und erfahren. Auf mehreren Posten, welche seine habsburgischen Verwandten ihm übertrugen, bewährte er sich. Er war auch ein tüchtiger militärischer Befehlshaber. In der Regierung seiner Bistümer war er eifrig. Er leitete die Diözese Straßburg als Administrator. Da er die höheren Weihen nicht empfing, mußte der Weihbischof Adam Petz für die geistlichen Bedürfnisse sorgen. In dieser Zeit der Not kam es eben vor allem darauf an, einen Bischof zu erhalten, der Treue und Glauben mit Tatkraft verband. Die längste Zeit brachte Leopold in Passau bzw. auf Reisen zu, nur gelegentlich erschien er in Straßburg. Aber durch Schreiben und Anordnungen suchte er unermüdlich das Wohl des westlichen Bistums zu fördern.

Als der 21jährige junge Mann 1608 in seinem Bistum erschien, war er selbstverständlich keine reife Persönlichkeit, sondern begann erst allmählich in das Amt hineinzuwachsen, das er nicht angestrebt hatte. Schwere Zeiten standen bevor. Im Markgräflerkrieg (1609/10) wurde ein großer Teil des Bistums Straßburg von den protestantischen Truppen verheert. 1610 weilte Leopold im Auftrag Kaiser Rudolfs II. als militärischer Führer im Rheinland, um die jülichsche Erbschaft zu sequestrieren. Der Feldzug ging unglücklich aus. In dem habsburgischen Bruderzwist eilte Leopold dem Kaiser Rudolf mit Truppen zu Hilfe, war aber auch hier glücklos. Am 9. April 1611 rügte Paul V. den Administrator, weil er über den zahlreichen weltlichen Geschäften das geistliche Wohl seiner Diözese vernachlässige. 1612 kehrte Leopold in sein Bistum zurück. In diesem Jahr entfaltete er eine reiche kirchliche Tätigkeit. Er ging mit Entschiedenheit daran, die katholische Kirche wieder in ihre Stellung einzusetzen. Er förderte die Jesuiten. 1615 legte er den Grundstein ihrer Kirche in Molsheim. Bald danach führte er die Gesellschaft Jesu in Schlettstadt ein. Er gründete Schulen, Kollegien und Seminarien. 1614 ließ er die Diözese visitieren. Leopold nahm sich auch des kirchlichen Gerichtswesens an, richtete das Amt des Fiskalprokurators ein und erließ eine neue Gerichtsordnung. Zähe rang er um die Erhaltung und Wiederherstellung des Glaubens in dem Hochstift, aber auch in den Orten, die als Lehen oder Pfand ausgegeben waren sowie anderen (katholischen) Herren gehörten. Die katholische Restauration machte Fortschritte. Seit 1604 wandte sich Hagenau dank des friedlichen und segensreichen Wirkens der Jesuiten immer mehr dem Glauben zu. 1623 führte Leopold die katholische Religion wieder in der Abtei Selz ein. In Straßburg selbst blieb die katholische Religionsübung freilich aus dem öffentlichen Leben verbannt. Die verbliebenen katholischen Einrichtungen litten unter fortwährenden Schikanen, Erpressung und Mißhandlung. Leopold war nicht in der Lage, hier wirksam Abhilfe zu schaffen. Am Horizont zogen dunkle Gewitterwolken auf. Schwere Zeiten standen bevor; Leopold war ihnen gewachsen. Als Kurfürst Friedrich V. von der Pfalz sich gegen Kaiser Ferdinand II. zum König von Böhmen aufwarf, sandte er, der ja ein Bruder des Kaisers war, der Liga Truppen, die an der Schlacht vom Weißen Berge beteiligt waren. In den folgenden Kämpfen wurde das Bistum erneut von protestantischen Truppen unter Ernst von Mansfeld ausgesogen und verwüstet. Leider zog sich Leopold jetzt zurück. Mit päpstlicher Dispens schied er aus dem geistlichen Stande und heiratete. Er verzichtete zugunsten seines Neffen Leopold Wilhelm von Österreich (1625-1662) auf das Bistum.

11. Kapitel

Bistum Verden

Bergmann, Leo, Der Dom zu Verden, Hannover 1833

Bückmann, Rudolf, Das Domkapitel zu Verden im Mittelalter. Phil. Diss. Münster, Hildesheim 1912

Hodenberg, Wilhelm von, Verdener Geschichtsquellen, 1. Heft, Hannover 1852

Klippel, Georg Heinrich, Mittheilungen aus dem Leben des Bischofs Eberhard von Holle. Ein Beitrag zur Reformations- und Culturgeschichte des XVI. Jahrhunderts, in: Programm des Dom-Gymnasiums zu Verden 1857, S. 9-23

Krause, Eberhard, confirmirter Bischof des Stifts Lübeck, Administrator zu Verden: ADB 5, 1877, 547f.

Krause, Philipp Sigismund, postulirter Bischof von Verden und Osnabrück: ADB 26, 1888, 69f.

Metzler, J., Verden: LThK X, 1938, 540-542

Meyer, Carl, Die Stadtgeschichte von Verden an der Aller, Verden a. d. Aller 1913

Ortenberg, Emil Fr. Jul. v., Aus Verdens Vergangenheit. Sittenbilder aus dem Zeitalter der Reformation, Stade 1876

Pfannkuche, Ch. G., Die aeltere Geschichte des vormaligen Bisthumes Verden, Verden 1830

Pfannkuche, Chr. G., Die neuere Geschichte des vormaligen Bisthumes und jetzigen Herzogthumes Verden, Verden 1834

Prüser, Friedrich, Christoph, Herzog von Braunschweig-Wolfenbüttel: NDB 3, 1957, 243f.

Schäfer, Walter, Eberhard von Holle. Bischof und Reformator. Aus den Quellen dargestellt (= Beiheft zum 65. Bd. des Jahrbuches der Gesellschaft für Niedersächsische Kirchengeschichte 1967), Verden 1967

Sprengler-Ruppenthal, Anneliese (Bearb.), Die evangelischen Kirchenordnungen des XVI. Jahrhunderts. 7. Bd. Niedersachsen. II. Hälfte. Die außerwelfischen Lande. 1. Halbbd. Erzstift Bremen, Stadt Stade, Stadt Buxtehude, Stift Verden, Stift Osnabrück, Stadt Osnabrück, Grafschaft Ostfriesland und Harlingerland, Tübingen 1963

Weise, E., Verden: LThK X, 2. Aufl., 1965, 674f.

Wohltmann, Hans, Eberhard v. Holle: NDB 4, 1959, 229

Wohltmann, Hans, Georg, Herzog von Braunschweig-Lüneburg: NDB 6, 1964, 208f.

Wrede, Adolf, Die Einführung der Reformation im Fürstentume Lüneburg bis zum Jahre 1530. Phil. Diss. Göttingen, Göttingen 1887

Wrede, Adolf, Ernst der Bekenner, Herzog von Braunschweig und Lüneburg (= Schriften des Vereins für Reformationsgeschichte 6. Jgg. 4. Stück), Halle 1888

I.

Christoph von Braunschweig-Wolfenbüttel (1502-1558)

Das Verdener Domkapitel postulierte am 11. Juli 1502 den Christoph von Braunschweig-Wolfenbüttel zum Bischof. Es geschah unter der Bedingung, daß er sich angesichts seiner Jugend die folgenden sechs Jahre von der Regierung des Bistums fernhalte. Indes wurde er schon nach drei Jahren unter gewissen Einschränkungen zur Regierung zugelassen. Christoph war bereits 1500 zum Koadjutor des Erzbischofs Johann Rode von Bremen bestellt worden. 1511 folgte er diesem nach. Das Bistum Verden wurde ihm belassen. Das Erzbistum Bremen war erheblich größer und viel bedeutender als die Diözese Verden. Aus Gründen, die in dem Verhalten der Stände lagen, hielt sich Christoph gewöhnlich im Bistum Verden auf. Er gehörte zu den Bischöfen der ersten Hälfte des 16. Jahrhunderts, die sich die höheren Weihen erteilen ließen. Seine Primiz fand in Bremen am 6. Januar 1519, in Verden am 2. Februar 1519 statt.

Das Charakterbild Christophs ist von der protestantischen Polemik arg verzeichnet worden. Tatsächlich stehen neben manchem Licht starke Schatten. Indes erfuhr er im Laufe seines langen Lebens eine Wendung zum Besseren. Man bedenke, daß Christoph

18 Jahre alt war, als er die selbständige Regierung des Bistums Verden antrat. Er war eine Zeitlang sittlich nicht einwandfrei. Aber er hat mit seiner unglücklichen Erbanlage gerungen und sich aus dem Schlamm herausgearbeitet. Auch sein Charakter war nicht ohne Kanten. Er war energisch, streng und gelegentlich hart, in jedem Falle ein begabter Regent, der wußte, was er wollte. Er bemühte sich, Ordnung in die Temporalienverwaltung des Bistums zu bringen. Aber seine Einnahmen blieben stets hinter seinen Verpflichtungen zurück. Seine Ausgaben belasteten das Stift mit Schulden, aber es waren zum größten Teil notwendige Aufwendungen, die er machte. Fast ständig hatte er Auseinandersetzungen mit dem Domkapitel. Aber das war das Schicksal der meisten damaligen Bischöfe, auch und gerade der reformfreudigsten. Entgegen andersgearteten Behauptungen nahm Christoph seine geistliche Aufgabe ernst. An der inneren Regeneration von Klerus und Volk war ihm durchaus gelegen, und er arbeitete daran mit Eifer und mit Energie. Für den Gottesdienst hatte er ein gesteigertes Interesse. 1516 ließ er ein Brevier für den Klerus seines Bistums in Basel drucken. Christoph gab sich Mühe, das Domkapitel und den Klerus überhaupt zu einem einwandfreien Leben und gewissenhafter Erfüllung ihrer Pflichten anzuhalten. Zwar war er selbst geraume Zeit tadelnswürdig, vor allem weil er nicht enthaltsam lebte; aber er bekehrte sich und ging von da an dem Klerus mit gutem Beispiel voran. Um nachhaltige Erfolge zu erzielen, hätte er reale Macht besitzen müssen; daran gebrach es ihm. Es fehlte ihm die Hilfe des weltlichen Armes. Christoph war der katholischen Kirche ergeben und stand insoweit seinem Bruder Heinrich nahe. Unermüdlich und unverzagt verteidigte er die Kirche. Er hat sich in gefahrvoller Zeit und in aussichtsloser Lage als mutiger Vorkämpfer des Glaubens bewährt. Christoph hatte neben sich den gelehrten Dominikaner Augustin von Getelen, der die Lehre der Kirche beredt vortrug. Zu seinen Lebzeiten war sein Bemühen im Stift Verden erfolgreich. Er erhielt das Stiftsland durch energische Maßnahmen der katholischen Kirche. Den Johann Bornemacher ließ er auf Betreiben des Verdener Kapitels wegen seiner irrigen Lehren hinrichten (1526). ,,Die Verdener bewiesen in jener großen Zeit eine erstaunliche Unempfänglichkeit für das Licht der Wahrheit'', bemerkt Ortenberg zu dem Verhältnis der Stadt Verden zu dem Luthertum. Leider kam wegen des Zwistes zwischen Bischof und Domkapitel meist kein gemeinsames Vorgehen gegen die religiöse Neuerung zustande. Anders war es um die Teile des Bistums bestellt, die unter der Landesherrschaft des Herzogs von Lüneburg standen. Herzog Ernst von Lüneburg war anfangs von der lutherischen Bewegung wenig angetan, die in seinem Bruder Otto und dem Kanzler Johann Förster eifrige Beförderer fand. Spätestens seit der zweiten Hälfte der zwanziger Jahre aber wandte er sich immer mehr dem Luthertum zu. Der Gewinn, den er aus seiner Begünstigung zu ziehen gedachte, war stärker als alle gewissensmäßigen Bedenken. Im Jahre 1526 trat er dem Bündnis der protestantischen Fürsten bei. Seit dieser Zeit ging Ernst aktiv gegen die katholische Kirche in seinem Territorium vor. Die Katholiken, vor allem die Franziskaner, wehrten sich mutig gegen den Gewissenszwang. Den zweideutigen Beschluß des Landtags vom August 1527 nahm Ernst zum Anlaß, sein Land zu protestantisieren. Seine eigene Schwester

entzog er durch Arglist dem Kloster. Wer sich nicht beugte, wurde verjagt. Das gläubige Volk sah der Vertreibung seiner Seelsorger erschüttert und erbittert zu. Christoph unterstützte die standhaften Kanoniker des Stiftes Bardowieck bei ihrem Widerstand gegen den Zwang zum Glaubensabfall. Der Herzog Ernst kümmerte sich jedoch nicht um das Pönalmandat, das er gegen ihn vom Kammergericht erwirkte. 1543 erlosch mit dem Stift der katholische Glaube in dem nicht zum Hochstift gehörigen Teil des Bistums Verden. Die unglückliche Schlacht von Drakenburg hatte die Besetzung des Stiftes Verden durch die Protestanten zur Folge. Der Augsburger Religionsfrieden besiegelte das Erlöschen der bischöflichen Gewalt in den lüneburgischen und brandenburgischen Teilen der Diözese.

II.

Georg von Braunschweig-Wolfenbüttel (1558-1566)

Georg von Braunschweig-Wolfenbüttel war der Bruder Christophs. Sein Ehrgeiz bescherte ihm eine bewegte Ämterlaufbahn. Er wurde 1527 für das Erzbistum Riga postuliert, verzichtete aber auf etwaige Ansprüche. 1554 wurde er Bischof von Minden. 1558 wurde er kurz hintereinander zum Erzbischof von Bremen und Bischof von Verden postuliert. Die Bestätigung, die Paul IV. versagte, erteilte Pius IV. am 14. Februar 1561 für Bremen und Verden; dagegen übertrug er ihm für Minden nur die Administration mit dem Befehl, sich innerhalb von vier Monaten die Bischofskonsekration erteilen zu lassen; Georg hat sie nie empfangen.

„Bischof" Georg war ein unsicherer Kantonist. Er war ein epikuräischer Schöngeist. Die Neigung zum Wohlleben, die ihm eigen war, ließ keine Bereitschaft für Kampf und Entbehrung um des Glaubens willen in ihm aufkommen. Er wollte das Leben genießen. Die Enthaltsamkeit, die einem Bischof auferlegt war, beobachtete er nicht. Er hatte zwei Söhne von einer Ottilie. Als Regent seines Stiftes war er tüchtig, umsichtig und sparsam. Georg neigte mindestens teilweise dem Luthertum zu. Dementsprechend erlaubte er den Geistlichen die Verheiratung und gewährte den Laien die Kelchkommunion. Etwa seit 1562 betrieb er offen die Protestantisierung seines Stiftes. Um diesem Schritt Dauer zu verleihen, ließ er 1564 den Eberhard von Holle zu seinem Koadjutor mit dem Recht der Nachfolge postulieren. Während Georgs Regierungszeit scheint die Mehrheit der Domkapitulare protestantisch geworden zu sein. In der Todesstunde nahm er das Abendmahl unter beiderlei Gestalt. Georg starb am 4. Dezember 1566. Am 18. Dezember 1566 übernahm Holle die Geschäfte eines Administrators des Stiftes Verden.

III.

Eberhard von Holle (1566-1586)

Eberhard von Holle war unter der Aufsicht seines Onkels, des Abtes Herbort von Holle, lutherisch erzogen worden und hatte vermutlich in Wittenberg und Rostock studiert. Seit Ende 1555 war er „Abt" des (protestantisierten) Michaelsklosters in Lüneburg. Er war seit 1561 erwählter Bischof von Lübeck. Es war schon bezeichnend, daß er dieses Amt auf eine Empfehlung des Königs Friedrich von Dänemark, des Herzogs Adolf von Holstein und des Herzogs Heinrich von Lüneburg erlangt hatte. 1564 machte ihn Georg zum Koadjutor von Verden. Unter Berufung auf diese Stellung trat er die Regierung in Verden am 18. Dezember 1566 an. Das Domkapitel hielt jedoch eine eigene Wahl für erforderlich, die am 21. Februar 1567 stattfand. Daraus kann ein gewisses Widerstreben gegen Holle erschlossen werden. Er bemühte sich um die päpstliche Bestätigung seiner Wahl für Verden, aber er erlangte sie nicht.

Eberhard war für das Amt eines Bischofs denkbar ungeeignet. Es fehlte ihm an den erforderlichen Eigenschaften des Charakters und des Herzens. Er war geschäftsgewandt und weltkundig und stand bei Kaiser Maximilian II. in Ansehen; an den Reichstagen zu Speyer, Regensburg und Augsburg nahm er lebhaften Anteil. Den Freuden der Tafel und des Bechers war er zugetan. Nach zuverlässigen Berichten war er gelegentlich betrunken. Eifrig sorgte Holle für seine Verwandten.

Eberhard von Holle war bei seinem Erscheinen in Verden bereits Protestant, und als solcher gerierte er sich auch. Am 4. Dezember 1567 trug er den Geistlichen und den Ständen des Stiftes sein Protestantisierungsprogramm vor. Noch war der katholische Glaube im Stift keineswegs erloschen, und es gab vereinzelt auch (ohnmächtige) Gegenwehr. Der Domscholaster Dietrich von Dincklage erhob Einspruch gegen die Protestantisierung des Domes und seines Gottesdienstes, und er machte Holle auf die Folgen aufmerksam, die diese Entwicklung auf sein Bestreben, die päpstliche Bestätigung zu erlangen, haben müsse. Aber der „Bischof" glaubte wohl schon zu diesem Zeitpunkt, auch ohne diese auskommen und sich im Besitz seines Amtes behaupten zu können. Allerdings war der Katholizismus in Verden zu dieser Zeit keineswegs erloschen. Das Domkapitel dürfte noch überwiegend katholisch gewesen sein, und es bekannte sich dazu. Das Generalkapitel vom 23. Juni 1568 faßte den Beschluß, daß der Gottesdienst nach altem Brauch gehalten werden solle, bis ein Allgemeines Konzil etwas anderes anordne, und daß beim Predigen das Schelten gegen das Papsttum unterlassen werden solle. Aber diese mutige Stellungnahme konnte die Entwicklung nicht aufhalten, weil sie nicht durch politische und militärische Macht gedeckt war. Holle betrieb weiter die Protestantisierung. Am 2. September 1568 rückte er mit der neuen Gottesdienstordnung heraus, die am 29. September 1568 vom Landtag angenommen wurde. Am 10. Oktober 1568 wurde der erste Gottesdienst neuer Art im Dom gehalten und angeblich auf Holles Betreiben die katholische Messe im Dom abgeschafft. Danach bestellte er zwei Superintendenten und einen Generalsuperintendenten. Eine protestantische Kirchenordnung wurde eingeführt. Ende des Jahres 1569 war der lutherische Gottesdienst an allen Kirchen der Stadt Verden etabliert. 1573 führte Holle durch eine Visitation das Stift endgültig dem Luthertum zu; das katholische Leben begann zu erlöschen. Eberhard und alle Prediger des Stiftes unterzeichneten die Konkordienformel von 1577. Am Heiligen Stuhl wußte man, daß das Domkapitel noch überwiegend katholisch war, und holte zu einem Schlag gegen den eingedrungenen ,,Bischof" aus. In dem Breve vom 27. November 1574 erklärte Gregor XIII., er mißbillige die Postulation Holles auf den Verdener Bischofsstuhl und lasse sie nicht zu; obwohl er wegen der Nachlässigkeit des Kapitels einen Bischof ernennen könne, lasse er ihm das Wahlrecht, fordere es aber auf, so bald wie möglich zur Bischofswahl zu schreiten. Aber dieser Appell war vergeblich. Das Kapitel wagte es nicht, der Weisung des Papstes nachzukommen, was seinen Mitgliedern wahrscheinlich den Verlust ihrer Stellen gekostet hätte. Die Macht des Apostolischen Stuhles reichte nicht mehr nach Verden. Eberhard behauptete sich in seiner Stellung. Ein päpstliches Breve vom 19. April 1583 mahnte das Domkapitel erneut, einen katholischen Bischof zu wählen. Aber auch diesmal trat keine Wirkung ein. Wohl die Mehrzahl der Domherren war beim Tode Eberhards noch katholisch.

IV.

Philipp Sigismund von Braunschweig-Wolfenbüttel (1586-1623)

Am 16. September 1586 postulierte das Verdener Domkapitel den am 1. Juli 1568 geborenen Philipp Sigismund von Braunschweig-Wolfenbüttel zum ,,Bischof". Er suchte nicht mehr um päpstliche Bestätigung nach, die ihm auch kaum zuteil geworden wäre. Später gewann Philipp Sigismund noch weitere Benefizien. 1591 wurde er zum Bischof von Osnabrück postuliert, seit 1598 war er auch Dompropst in Halberstadt. Er war ein Sohn des Herzogs Julius von Braunschweig und protestantisch erzogen. Dementsprechend verhielt er sich auch als ,,Bischof" von Verden. Er baute das protestantische Kirchenwesen weiter aus. Die Kirchenordnung Holles gab anscheinend zu beunruhigender Vielfalt Anlaß. Deswegen führte Philipp Sigismund 1607 eine neue Kirchenordnung im Stift ein. Es ist bezeichnend, daß diese Ordnung bei den Ständen auf entschiedenen Widerstand stieß; die Folge war eine Unsicherheit, welche Kirchenordnung nun galt, die Eberhards oder die Philipp Sigismunds. Es hielten sich damals noch Reste des Katholizismus in Verden, und Philipp Sigismund schützte sie angeblich.

V.

Friedrich von Dänemark (1623-1629)

Prinz Friedrich war der 1609 geborene Sohn des dänischen Königs Christian IV. Am 11./12. März 1619 postulierte das Verdener Domkapitel auf Betreiben Philipp Sigismunds den Knaben zum ,,Koadjutor" Philipp Sigismunds. Friedrich von Dänemark war Protestant. Er war gleichzeitig ,,Erzbischof" von Bremen. Von einer Regierung Friedrichs konnte nicht die Rede sein. Das Glück der Waffen im niederdeutsch-dänischen Krieg schien auch für das Bistum Verden noch einmal bessere Tage heraufzuführen. In dem Frieden von Lübeck vom 12. Mai 1629 entsagte Christian den Ansprüchen seines Sohnes auf das Bistum.

VI.

Berthold von Königseck (1629)

Im Domkapitel befanden sich seit 1619 drei katholische Domherren, von denen einer durch Erste Bitte des Kaisers in das Gremium gelangt war. Sieben der fünfzehn Kapitulare wählten am 19./29. September 1629 den Grafen Berthold von Königseck zum Bischof. Die bei dieser Wahl vorwaltende Absicht des Domkapitels ergibt sich aus der Wahlkapitulation. Danach sollte der neue Bischof niemanden der Religion wegen bedrängen, den Dom und die Andreaskirche wieder für den lutherischen Gottesdienst öffnen lassen und alles im bisherigen Zustand belassen. Königseck hatte sich bereit gefunden, alle diese Bestimmungen, die eine katholische Restauration unmöglich machten, zu akzeptieren. Die Durchführung des Restitutionsediktes wäre durch sie vereitelt worden. Königseck unterrichtete am 9. Oktober 1629 den Kölner Nuntius von dem Ausgang der Wahl und bat um die Bestätigung des Papstes. Der Nuntius sah die Wahl als ungültig an, weil der ,,Bischof" von einer Mehrheit protestantischer Kapitulare gewählt worden war. Auch der katholische Kanoniker Hermann Christoph von Mandelsloh protestierte gegen die Wahl und führte für ihre Nichtigkeit mehrere Gründe an. Berthold von Königseck war Katholik; er wurde jedoch vom Papst nicht bestätigt. Dieser ernannte am 26. Januar 1630 den Franz Wilhelm von Wartenberg zum Bischof von Verden.

VII.

Franz Wilhelm von Wartenberg (1630-1648)

Franz Wilhelm von Wartenberg wurde mit der Ernennung zum Bischof von Verden eine neue, schwere Last auf die Schultern gelegt. Allein sein Eifer für Gottes Sache vermochte ihn zur Annahme derselben zu bewegen. Fanz Wilhelm zog am 1. Mai 1630 in Verden ein, legte das tridentinische Glaubensbekenntnis und den bischöflichen Treueid ab. In einer Ansprache an das Kapitel gab er Kunde von seiner Einschätzung der Lage und seinem Programm. Sogleich nahm er das Werk der katholischen Erneuerung auf. Da das Verdener Stift zur Zeit des Augsburger Religionsfriedens katholisch gewesen war, fiel es unter das Restitutionsedikt. Am 6. Mai 1630 hielt Franz Wilhelm eine Synode ab und veröffentlichte die tridentinischen Dekrete. An der Synode nahmen die katholischen Geistlichen, aber auch etwa 30 Prädikanten teil. Von letzteren erklärten sich drei bereit, sich im katholischen Glauben unterrichten zu lassen. Am 7. Mai 1630 verbot Franz Wilhelm den lutherischen Predigern fernerhin die Ausübung geistlicher Funktionen und gebot ihnen, das Stift innerhalb von acht Tagen zu verlassen; die Frist wurde später auf vier Wochen verlängert. Franz Wilhelm suchte den katholischen Gottesdienst an möglichst vielen Orten wiederherzustellen. Es fehlte ihm aber an Priestern. Die Jesuiten wirkten in dem kleinen Restgebiet der Diözese Verden mit schönem Erfolg und eröffneten auch eine Schule. Viele Protestanten, darunter der einflußreiche Prediger und Theologieprofessor Philipp Caesar, bekehrten sich. 1631 ordnete Franz Wilhelm eine Visitation der Verdener Diözese an; sie wurde von dem Generalvikar Philipp Luttrinchausen vorgenommen. Die katholische Erneuerung nahm einen verheißungsvollen Anfang. Da brachen die Schweden in das Stift ein. Sie vernichteten die Keime neuen Lebens. Der Jesuit Johannes Arnoldi erlitt den Martertod. Friedrich von Dänemark erschien 1635 erneut in Verden und betrachtete sich als erwählten Bischof von Verden. Im Westfälischen Frieden wurde das Stift Verden weltliches Herzogtum, das an Schweden fiel (Art. X § 7 IPO).

12. Kapitel

Bistum Worms

Boos, H. (Hrsg.), Quellen zur Geschichte der Stadt Worms, 3 Tle., Berlin 1886-1893

Boos, Heinrich, Geschichte der rheinischen Städtekultur von ihren Anfängen bis zur Gegenwart mit besonderer Berücksichtigung der Stadt Worms, 2. Ausg., 4 Bde., Berlin 1897-1901

Der Dom zu Worms. In Verbindung mit Gustav Behrens, Philipp Brand, Georg Haupt, Friedrich M. Illert und Otto Schmitt beschrieben und gewürdigt von Rudolf Kautzsch, 2 Tafelbde., 1 Textbd., Berlin 1938

Der Dom zu Worms. Wegweiser und Deutung (= Wormatia sacra Heft 2), 4., durchges. u. erweit. Aufl., Worms 1960

Eberhardt, Hildegard, Die Diözese Worms am Ende des 15. Jahrhunderts nach den Erhebungslisten des ,,Gemeinen Pfennigs'' und dem Wormser Synodale von 1496. (Teildruck). Phil. Diss. Halle-Wittenberg, Halle a. d. Saale 1917

Illert, Friedrich M., Alt-Worms. Ein Stadtbild, Worms 1925

Illert, Friedrich M., Worms im wechselnden Spiel der Jahrtausende, Worms 1958

Illert, F. M., Worms: LThK X, 2. Aufl., 1965, 1224-1229

Illert, Georg, Worms. Aufgenommen von Helga Schmidt-Glaßner, München, Berlin 1970

Irschlinger, Robert, Zur Geschichte der Herren von Hirschhorn (= Sonderheft 1 der Heimatkundlichen Zeitschrift ,,Der Odenwald'' des Breuberg-Bundes, Neustadt im Odenwald), Michelstadt i. O. 1969

Schaab, Meinrad, Die Diözese Worms im Mittelalter: Freiburger Diözesan-Archiv 86, 1966, 94-219

Schannat, Johannes Friedrich, Historia Episcopatus Wormatiensis, 2 Bde., Frankfurt a. M. 1734

Schmidt, Jakob, Worms: LThK X, 1938, 970-976

Seiler, Alois, Das Hochstift Worms im Mittelalter (= Der Wormsgau Beiheft 4), Worms 1936

Wormatia sacra. Beiträge zur Geschichte des ehemaligen Bistums Worms. Aus Anlaß der Feier der 900. Wiederkehr des Todestages des Bischofs Burchard hrsg. vom Festausschuß, Worms 1925

I.

Johannes III. von Dalberg (1482-1503)

Johannes von Dalberg wurde zum Bischof von Worms postuliert und am 9. Oktober 1482 zugelassen. Er war ein kluger Regent, ein vorzüglicher Priester und ein strenger Bischof. Das Verhältnis des Bischofs zu den Bürgern seiner Bischofsstadt war schlecht. Zeitweilig belegte er sie mit dem Interdikt. Die politische, militärische und finanzielle Kraft des Hochstiftes Worms und dementsprechend des Bischofs war gering.

II.

Reinhard II. von Rippur (1503-1533)

Reinhard von Rippur wurde am 29. August 1503 als Subdiakon vom Domkapitel zum Bischof gewählt. Die Bestätigung des Papstes erhielt er am 9. Februar 1504. Unter ihm dauerten die Auseinandersetzungen mit den Bürgern der Stadt an, die sich der Herrschaft des Bischofs zu entwinden suchten. Wegen seiner Anhänglichkeit an den geächteten Kurfürsten Philipp von der Pfalz geriet der Bischof mit dem Kaiser in Konflikt. Erst nach Maximilians Tod kam es zu einer Aussöhnung mit der Stadt Worms. Kaum war der Friede geschlossen, wandte sich die Stadt der Glaubensneuerung zu. Diese faßte in Worms früh Fuß. Der Stadtrat deckte ihre Anhänger. Wie fast überall verbanden sich in Worms politische und soziale Bestrebungen mit der religiösen Bewegung. Die gespannten Beziehungen zwischen Bischof und Stadt waren ein Hauptgrund, weshalb letztere seit Luthers Anwesenheit im Jahre 1521 immer mehr dem Protestantismus verfiel. „Die Klerisei blieb fast ohne Ausnahme der alten Kirche treu" (Friedrich M. Illert). Ähnlich wie in der Bischofsstadt machte die Irrlehre im Bistum ihre Eroberungen, von den Herren kräftig unterstützt. So wurde beispielsweise im Jahre 1522 von Hans III. Landschad von Steinach ein Prädikant zum Pfarrer von Neckarsteinach bestellt. Bald darauf wurde ein protestantischer Prediger auch nach Hirschhorn gerufen. Die dortigen Karmeliter wehrten sich erbittert gegen die zwangsweise erfolgende Protestantisierung. Alter und Schwäche hinderten den Bischof, sich wirksam der Irrlehre entgegenzustemmen. Auch seinen sonstigen Pflichten scheint er nicht nachgekommen zu sein. 1517 beklagte sich der Rat von Worms bei den Reichsständen in Mainz, seit 14 Jahren sei das Sakrament der Firmung nicht mehr gespendet worden. Am 17. April 1523 wurde Reinhard der Philipp von Flörsheim als Koadjutor mit Nachfolgerecht beigegeben, doch dieser verzichtete später und wurde 1529 Bischof von Speyer. Reinhard selbst resignierte 1523 in die Hände des Domkapitels auf die Ausübung seines Amtes; er starb am 19. April 1533.

III.

Heinrich IV. Pfalzgraf bei Rhein (1533-1552)

Heinrich von Bayern wurde nach der Resignation Philipps am 18. Dezember 1523 Koadjutor von Worms; er blieb es bis zum Tode Reinhards am 19. April 1533. Er war der Bruder des Bischofs Georg von Speyer sowie des Kurfürsten Ludwig von der Pfalz. Vermutlich erwartete das Domkapitel, daß dieser ihm im Kampfe gegen die Religionsneuerung beistehen werde. 1524 wurde er auch Bischof von Utrecht, verzichtete aber 1528 auf das Bistum. Seit 1541 war er auch Bischof von Freising.

Heinrich war weder seinem Amt noch den Schwierigkeiten der Zeit gewachsen. Erneut gab es heftige Konflikte mit der Stadt Worms, die gegen die Steuerprivilegien des Klerus vorging. Im Jahre 1526 fanden die Streitigkeiten von 30 Jahren Dauer zwischen Stadt und Bischof zwar mit einer Rachtung einen Abschluß. Sie brachte aber keine Versöhnung, sondern lediglich eine Ruhestellung. Die Protestantisierung des Bistums ging weiter. Aleander beschrieb am 7. Oktober 1531 Worms als einen Zufluchtsort für alle Arten von Häretikern. Der Rat von Worms nahm gezwungenermaßen das Interim an, bis ihm der Augsburger Religionsfriede freie Hand gab. Bischof Heinrich war ein Gegner des Luthertums. Er stemmte sich der religiösen Neuerung entgegen, aber im wesentlichen ohne Erfolg. Als er beispielsweise den abgefallenen Heinrich Stoll aus Worms auswies, wurde er Pfarrer und später Professor in Heidelberg. Der Nuntius Pighino schilderte am 5. November 1548 den Bischof als eine unbedeutende Persönlichkeit (persona fredda et da poco). An der Mainzer Provinzialsynode 1549 nahm er persönlich nicht teil. Vom 24. Oktober 1540 bis 18. Januar 1541 wirkte Peter Faber in Worms. Er beobachtete hier den Abfall aus der Nähe und stellte fest, daß dieser nicht aus den Scheingründen der Lutheraner, sondern aus dem ärgerniserregenden Leben vieler Geistlicher resultiere; er war davon überzeugt, daß das Beispiel eines vorbildlichen Wandels das Volk, sofern es nicht von der weltlichen Gewalt und den Prädikanten gehindert würde, zum Glauben zurückführen könne.

IV.

Theodorich II. von Bettendorf (1552-1580)

Theodorich von Bettendorf wurde am 10. März 1552 vom Kapitel postuliert und erhielt am 28. November 1552 die Zulasung. Unter ihm lebte der Streit mit der Stadt Worms wieder auf. Zwischen Stadt und Bischof bestand fast ununterbrochen ein Kleinkrieg. Es war für ihn nicht leicht, ein derart feindseliges Gemeinwesen zur Bischofsstadt zu haben. Von September bis Dezember 1557 fand ein Religionsgespräch in Worms statt. Den Vorsitz führte Julius Pflug, ihm standen Michael Helding und Georg Sigmund Seld zur Seite. Auf protestantischer Seite wirkte u. a. Johann Brenz mit. Das Ergebnis war nicht eine Verständigung, sondern die klare Erkenntnis der Gegensätze. Bischof Theodorich mußte zusehen, wie der Kurfürst von der Pfalz mit der Protestantisierung fortfuhr und ihr den größten Teil seines Bistums zuführte. 1565 hob Friedrich III. das Kollegiatstift Neuhausen auf, das unter der Landeshoheit des Wormser Bischofs stand. Zu einem Vorgehen gegen ihn konnte sich der Reichstag nicht entschließen. Kaiser Maximilian suchte mit Schreiben dem Unrecht abzuhelfen, das von dem pfälzischen Kurfürsten und der Stadt Worms dem Bischof und der Kirche angetan wurde, aber vergeblich.

V.

Georg von Schöneburg (1580-1595)

Georg von Schöneburg wurde am 22. März 1580 vom Kapitel gewählt und am 16. Januar 1581 vom Papst bestätigt. Die Stadt Worms war im wesentlichen protestantisch, der Bischof residierte in Dirmstein oder Ladenburg, was den Gläubigen nicht gut bekam. Die Nähe des Kurpfälzers war eine ständige Gefahr für das Bistum. Der Bischof kam aus den Streitigkeiten mit Johann Kasimir von der Pfalz nicht heraus. Auf dem Reichstag zu Regensburg 1594 führte der Bischof bittere Klage über die Vergewaltigung durch den pfälzischen Kurfürsten.

VI.

Philipp I. von Rodenstein (1595-1604)

Philipp von Rodenstein wurde am 16. September 1595 zum Bischof von Worms gewählt und am 15. Juli 1596 bestätigt. Im Rahmen seiner Kräfte nahm er seine Aufgaben wahr. Er war vor allem bemüht, die Geistlichen zu bessern.

VII.

Philipp II. Kratz von Scharfenstein (1604)

Philipp Kratz wurde am 4. Mai 1604 zum Bischof von Worms gewählt und starb bereits knapp ein Vierteljahr später, am 17. Juli 1604, bevor er die päpstliche Bestätigung erlangt hatte.

VIII.

Wilhelm von Effern (1604-1616)

Wilhelm von Effern war, als er am 17. August 1604 zum Bischof gewählt wurde, bereits Priester; er erlangte am 12. September 1605 die päpstliche Bestätigung. Er focht zwei Streitigkeiten mit der Pfalz und der Stadt Worms erfolgreich durch. 1606 erschienen zum erstenmal Jesuiten in Worms, 1609 erwirkten sie ein Schutzprivileg des Kaisers, 1613 ließen sie sich endgültig hier nieder. Die Reste des Katholizismus konnten sich konsolidieren.

13. Kapitel

Bistum Würzburg

Amrhein, August, Reformationsgeschichtliche Mitteilungen aus dem Bistum Würzburg 1517-1573 (= Reformationsgeschichtliche Studien und Texte Heft 41 und 42), Münster i. W. 1923

Bendel, Franz J., Reihenfolge der Bischöfe und Weihbischöfe von Würzburg (= S.-A. aus dem Schematismus der Diözese Würzburg 1932), Würzburg 1932

Bibra, Wilhelm Frhr. von, Beiträge zur Familien-Geschichte der Reichsfreiherren von Bibra. Auf Grund urkundlicher Nachrichten bearbeitet, 2 Bde., München 1880/82

Bigelmair, A., Würzburg: LThK X, 1938, 994-1003

Dünninger, Josef, Julius Echter, in: Schrott, Ludwig (Hrsg.), Bayerische Kirchenfürsten, München 1964, 160-167

Englander, Clara, Das Werden des Würzburger Collegs der Societas Jesu (Fürstbischof Wirsberg und Kirchenlehrer Canisius), in: Herbipolis jubilans, Würzburg 1952, 519-536

Franz, Gunther (Bearb.), Die evangelischen Kirchenordnungen des XVI. Jahrhunderts. 15. Bd. Württemberg. I. Tl. Grafschaft Hohenlohe, Tübingen 1977

Freudenberger, Theobald, Der Würzburger Domprediger Dr. Johann Reyß. Ein Beitrag zur Geschichte der Seelsorge im Bistum Würzburg am Vorabend der Reformation (= Katholisches Leben und Kämpfen im Zeitalter der Glaubensspaltung 11), Münster i. W. 1954

Freudenberger, Theobald, Dr. Johann Eck und die Würzburger Bischofswahl vom 1. Juli 1540: Jahrbuch für fränkische Landesforschung 34/35. Festschrift für Gerhard Pfeiffer, Neustadt (Aisch) 1975, 519-535

Göbl, Lorenz von Bibra: ADB 19, 1884, 174-178

Hefele, Friedrich, Der Würzburger Fürstbischof Julius Echter von Mespelbrunn und die Liga (= Würzburger Studien zur Geschichte des Mittelalters und der Neuzeit Heft 6), Würzburg 1912

Heßdörfer, Clemens Valentin (Hrsg.), Julius Echter von Mespelbrunn, Fürstbischof von Würzburg und Herzog von Franken (1573-1617). Eine Festschrift, Würzburg 1917

Himmelstein, Franz Xaver, Synodicon Herbipolense. Geschichte und Statuten der im Bisthum Würzburg gehaltenen Concilien und Dioecesansynoden, Würzburg 1855

Hoyer, Ernst, Fürstbischof Konrad III. von Thüngen als Richter, in: Herbipolis jubilans. 1200 Jahre Bistum Würzburg. Festschrift zur Säkularfeier der Erhebung der Kiliansreliquien, Würzburg 1952, 433-477

Leier, Heinrich, Reformation und Gegenreformation im Hochstifte Würzburg unter Fürstbischof Melchior Zobel v. Guttenberg 1544 bis 1558: Theologisch-praktische Monats-Schrift 13, 1903, 401-409, 502-511

Markert, Emil, Ein Visitationsbericht aus Julius Echters Zeit, in: Herbipolis jubilans, Würzburg 1952, 537-554

Merzbacher, Friedrich (Hrsg.), Julius Echter und seine Zeit. Gedenkschrift aus Anlaß des 400. Jahrestages der Wahl des Stifters der Alma Julia zum Fürstbischof von Würzburg am 1. Dezember 1573. Im Auftrag der bayerischen Julius-Maximilians-Universität Würzburg hrsg., Würzburg 1973

Michel, Lothar, Der Gang der Reformation in Franken. Auf Grund kritischer Übersicht über die bisherige Literatur dargestellt (= Erlanger Abhandlungen zur mittleren und neueren Geschichte Bd. IV), Erlangen 1930

Neuer-Landfried, Franziska, Die Katholische Liga. Gründung, Neugründung und Organisation eines Sonderbundes 1608-1620 (= Münchner Historische Studien, Abt. Bayerische Geschichte, Bd. 9), Kallmünz 1968

Opitz, Gottfried, Der Streit um die Würzburger Dompropstei (1536-1540), in: Herbipolis jubilans, Würzburg 1952, 501-518

Pölnitz, Götz Frhr. von, Julius Echter von Mespelbrunn, Fürstbischof von Würzburg und Herzog von Franken (1573-1617) (= Schriftenreihe zur bayerischen Landesgeschichte Bd. 17), München 1934

Pölnitz, Götz Frhr. von, Fürstbischof Julius Echter von Mespelbrunn (= Mainfränkische Hefte Heft 36), Würzburg 1959

Pölnitz, Götz Frhr. v., Julius Echter v. Mespelbrunn: NDB 10, 1974, 655f.

Schaffrath, Otto, Fürstabt Balthasar von Dernbach und seine Zeit. Studien zur Geschichte der Gegenreformation in Fulda (= 44. Veröff. des Fuldaer Geschichtsvereins), Fulda 1967

Scharold, C. G., Korrespondenz zwischen dem Kaiser Karl V., dem Fürstbischofe Konrad III. zu Würzburg und deren Räthen über die 1538 im deutschen Reiche obgewalteten Religionswirren: Archiv des historischen Vereins von Unterfranken und Aschaffenburg 5. Bd. 3. Heft, Würzburg 1839, 59-75.

Scharold, K. G., Ein Blick in die Geschichte der Reformation im ehemaligen Bisthume Würzburg: Archiv des historischen Vereins für den Untermain-Kreis 3, 1836, III, 103-131

Schattenmann, Paul, Die Einführung der Reformation in der ehemaligen Reichsstadt Rothenburg ob der Tauber (1520-1580) (= Einzelarbeiten aus der Kirchengeschichte Bayerns VII. Bd.), München 1928

Schubert, Ernst, Julius Echter von Mespelbrunn, in: Pfeiffer, Gerhard (Hrsg.), Fränkische Lebensbilder III, Würzburg 1969, 158-193

Specker, Hans Eugen, Die Reformtätigkeit der Würzburger Fürstbischöfe Friedrich von Wirsberg (1558-1573) und Julius Echter von Mespelbrunn (1573-1617): Würzburger Diözesangeschichtsblätter 27, 1965, 29-125

Wegele, Friedrich von Wirsberg: ADB 8, 1878, 60-63

Wegele, v., Julius Echter von Mespelbrunn: ADB 14, 1881, 671-684

Wegele, v., Konrad III. von Thüngen: ADB 16, 1882, 632-634

Weikard, J. G. Fr., Auch einige Notizen über die Pfarrei Hendungen: Archiv des historischen Vereins von Unterfranken und Aschaffenburg 5. Bd. 1. Heft, Würzburg 1839, 121-151

Wendehorst, Alfred, Friedrich v. Wirsberg: NDB 5, 1961, 598f.

Wendehorst, Alfred, Würzburg: LThK X, 2. Aufl., 1965, 1271-1276

Wendehorst, Alfred, Zobel: LThK X, 2. Aufl., 1965, 1393

Wendehorst, Alfred, Das Bistum Würzburg 1803-1957, Würzburg 1965

Wendehorst, Alfred, Das Bistum Würzburg. Ein Überblick von den Anfängen bis zur Säkularisation: Freiburger Diözesanarchiv 86, 1966, 9-93

Wendehorst, Alfred, Das Bistum Würzburg. Tl. 3. Die Bischofsreihe von 1455 bis 1617 (= Germania sacra. N. F. 13. Die Bistümer der Kirchenprovinz Mainz), Berlin, New York 1978

Wendehorst, Alfred, Konrad II. v. Thüngen: NDB 12, 1980, 532f.

Wendehorst, Alfred, Konrad III. v. Bibra: NDB 12, 1980, 533

Wittstadt, Klaus, Würzburger Bischöfe 712-1979, Würzburg 1979

I.

Lorenz von Bibra (1495-1519)

Lorenz von Bibra wurde am 12. Mai 1495 zum Bischof von Würzburg gewählt und am 10. Juli 1495 vom Papst bestätigt. Am 11. Oktober 1495 erhielt er die Bischofskonsekration. Seine Studien in Heidelberg und Erfurt führten ihn dem Humanismus zu. Neben den beiden erwähnten Hochschulen kannte er auch die Universitäten von Mainz und Köln, Orléans und Paris. Er blieb zeitlebens der Wissenschaft verbunden und unterhielt Beziehungen zu vielen Gelehrten seiner Zeit. Er war ein Mann der Studierstube und des Hofes, aber nicht des Kampfes. Jedem Konflikt ging er aus dem Wege. Dennoch war er ein eifriger Oberhirt, vor allem um Theologie und Gottesdienst bemüht; er setzte die von seinem Vorgänger begonnene Reform der Klöster fort. Allerdings stellte er die geistlichen Belange hinter seinen weltlichen Aufgaben zurück. Die Finanzwirtschaft des Hochstifts brachte er zur Blüte. Rechts- und Münzwesen, Verwaltung und Polizei nachhaltig zu bessern, gelang ihm jedoch nicht.

Die politische Begabung des Bischofs war wenig entwickelt. Er setzte fast immer auf das falsche Pferd. Die fortwährende Feindseligkeit des Markgrafen von Ansbach verhieß für die Zukunft nichts Gutes. Die Anlehnung an den Kurfürsten von Sachsen, die Lorenz suchte, sollte sich bald als brüchig erweisen. Noch fataler war das Bündnis, das er mit Herzog Ulrich von Württemberg schloß. Die Entfremdung vom Kaiser und die Feindschaft des Schwäbischen Bundes wogen ebenfalls schwer.

Lorenz von Bibra war Luther sehr gewogen. Als dieser sich zum Augsburger Reichstag begab, hatte der Bischof am 19. April 1518 mit ihm ein Gespräch. Lorenz scheint nicht begriffen zu haben, daß es bei dem Auftreten Luthers um anderes ging als um den Streit zwischen Humanisten und Scholastikern. An seiner Rechtgläubigkeit besteht jedoch kein Zweifel, wenn man z.B. bedenkt, daß er zu der Zeit der Durchreise Luthers eine außerordentliche Wallfahrt der Stiftsgeistlichen vorschrieb und sich für das Kiliansfest eine Ablaßbewilligung zugunsten des Dombaues besorgte. Im Domkapitel gab es Männer, die den lutherischen Ideen zugetan waren. Lorenz erkannte die Notwendigkeit einer kirchlichen Erneuerung; er ließ es auch an Mandaten zur Besserung von Klerus und Klosterleuten nicht fehlen. Aber eine durchgreifende Reform kam nicht zustande. Als Lorenz nach langem Leiden starb, mußte er um die Zukunft seines Bistums bange sein.

II.

Konrad II. von Thüngen (1519-1540)

Konrad von Thüngen hatte seine Studien in Italien gemacht. Auch er war ein Freund der Humanisten und der Wissenschaften. Konrad führte einen einwandfreien Lebenswandel. Er wurde am 15. Februar 1519 vom Kapitel gewählt und am 13. April 1519 vom Papst bestätigt. Am 23. April 1519 wurde er zum Priester geweiht, am 2. Oktober 1519 empfing er die Bischofskonsekration.

Der Protestantismus drang von allen Seiten in das Bistum Würzburg ein, vor allem in die Städte und in die Ritterschaft. So verbreitete beispielsweise Johann Draconites in Miltenberg und Waltershausen die Wittenberger Lehre. Schon als Konrad gewählt wurde, zeigte es sich, daß es sogar im Domkapitel eine neugläubige Partei gab. Mehrere Domherren fielen denn auch zum Protestantismus ab. Zwei Domprediger, Paul Speratus und Johann Graumann-Poliander, gingen denselben Weg. Selbst der Weihbischof Johann Pettendorfer wandte sich der neuen Lehre zu und schloß 1527 in Nürnberg eine Ehe.

Konrad stemmte sich mit Kraft der Religionsneuerung entgegen; er hatte begriffen, daß die Abwehr der Häresie die Aufgabe war, hinter der alle anderen zurücktreten mußten. An den entscheidenden Reichstagen von 1520 bis 1530 nahm er in eigener Person teil und trat kompromißlos gegen die Neuerung auf. Sein Verhalten auf dem

Reichstag zu Augsburg 1530 zeigt, daß er die Unvereinbarkeit von protestantischer Meinung und katholischer Lehre erkannt hatte. Der neue Weihbischof Augustin Marius war ihm ein treuer und gelehrter Helfer im Kampf gegen die Irrlehre. Weitere Mitarbeiter waren Lorenz Fries, Daniel Stiebar und Bartholomäus Arnoldi. Bischof Konrad zögerte nicht, zu handeln. Im Jahre 1520 verbot er das Studium an der Universität Wittenberg. Als einer der ersten Bischöfe ließ er die Bulle „Exsurge Domine" veröffentlichen und, was mehr ist, durchführen. Am 20. Januar 1521 erging ein Mandat zur Reform des Klerus. 1523 schritt der Bischof gegen die beiden Chorherren des Stiftes Neumünster, Friedrich Fischer und Johann Apel, die sich verheirateten, ein. Die Tätigkeit Konrads für die Abwehr des Protestantismus und die Erhaltung der katholischen Religion war nicht vergeblich. Er verhinderte, daß sich die Irrlehre in der Bischofsstadt durchsetzte. Dennoch gelang es ihm nicht, das Fortschreiten des Abfalls wirksam zu unterbinden. Wenn der Bischof apostasierte und ungehorsame Geistliche vor sein Gericht lud, wurden sie von ihren Obrigkeiten gedeckt und geschützt.

Konrad suchte persönlich auf die Fürsten einzuwirken, um sie beim Glauben zu halten. So bat er im Mai 1529 den Markgrafen von Ansbach-Kulmbach, sich nicht von der katholischen Kirche zu trennen und die eingeführten Neuerungen wieder abzustellen. Es zeigte sich in dem Verhalten der Bischöfe, die Oberhirten über Ansbach-Kulmbach waren, der Mangel, der für die Zeit der Glaubensspaltung verhängnisvoll war, nämlich das Fehlen gemeinsamen Vorgehens.

Konrad verband die Abwehr der andringenden Häresie mit dem Bemühen um religiös-sittliche Besserung. Er unterhielt Beziehungen zu zahlreichen Wegbereitern der katholischen Erneuerung. Seit 1528 stimmte er in die Forderung nach einem Allgemeinen Konzil ein. Konrad war bestrebt, das Niveau des Klerus zu heben, weil davon der Stand des Volkes abhing. Bildung und Sittenreinheit hießen seine Forderungen an die Geistlichen. Angesichts des Konkubinates verzagte er nicht. Bemerkenswert sind seine Mandate vom 20. Januar 1521 und 27. Juni 1523. Er ging mit Strafen gegen ketzerische und sittenlose Geistliche und Ordensleute vor. 1526 scheint eine Teilvisitation des Bistums erfolgt zu sein. 1527/28 visitierte Konrad mit päpstlicher Vollmacht die Klöster und griff dabei mit fester Hand ein. Seine gutgemeinten Maßnahmen hatten leider nur geringen Erfolg. Manche Übeltäter entzogen sich der Bestrafung durch Flucht in protestantische Gebiete.

Die politische Haltung Konrads war klug und selbstlos. Er unterstützte den Kaiser, wo er es vermochte. Auf den Reichstagen trat er für das kaiserliche Interesse ein. Der Bauernkrieg tobte in dem Bistum besonders arg und richtete unermeßliche Schäden an. Mit Hilfe des Schwäbischen Bundes stellte Konrad die Ordnung wieder her und hielt strenges Gericht über die Aufrührer. Dem am 10. Juni 1538 in Nürnberg errichteten Bund katholischer Fürsten trat er nicht bei. Eine Zeitlang drohte dem Hochstift der Überfall Philipps von Hessen und Johanns von Sachsen; nur gegen eine hohe Summe konnte sich Konrad von dem bevorstehenden Einfall freikaufen. Die vielen Rückschläge und die schweren Prüfungen, die über ihn kamen, brachen ihn nicht und machten ihn weder an seinen Überzeugungen noch an seinen Zielen irre.

III.

Konrad III. von Bibra (1540-1544)

Konrad von Bibra machte seine Studien in Köln, Bologna, Erfurt und Ingolstadt. Für seine Erhebung auf den Würzburger Bischofsstuhl arbeiteten Philipp von Hessen und Wilhelm von Grumbach, was für ihn wenig schmeichelhaft ist. Er wurde am 1. Juli 1540 vom Kapitel zum Bischof gewählt; am 27. August 1540 erlangte er die päpstliche Bestätigung. Siebenmal ließ er sich vom Heiligen Stuhl Aufschub für den Empfang der Priesterweihe und der Bischofskonsekration geben; bis zu seinem Tode kam es nicht dazu.

Konrad von Bibra war ein leutseliger, bequemer, und geselliger Herr; aber es fehlte ihm an den Gaben eines Bischofs. Er besaß kein Regierungstalent und keine Führungskraft, war vielmehr arbeitsscheu und liederlich. Seinem Klerus war er kein Vorbild der Enthaltsamkeit; er hatte zwei uneheliche Kinder. Er war allerdings auch ein kranker Mann; ein Steinleiden lähmte seine Wirksamkeit. Luther zeigte sich 1542 davon überzeugt, daß der Würzburger Bischof ihm zuneige. Tatsächlich nahm dieser nicht eindeutig gegen die Neuerung Stellung. Von energischem Kampf gegen die zerstörerische Irrlehre kann bei ihm überhaupt nicht die Rede sein. Die Glaubensspaltung drang unter seiner Regierung weiter vor. Die Grafschaft Hohenlohe wurde davon ergriffen, Schweinfurt wandte sich der Häresie zu, die Grafschaft Henneberg wurde protestantisiert, Rothenburg ob der Tauber führte das Luthertum ein. Die Reform der Klöster, die Paul III. ihm auftrug, kam nicht zustande. Als das Konzil für den 1. November 1542 nach Trient einberufen wurde, ließ er sich entschuldigen. Dem 1543 vom Papst zu ihm gesandten Erzbischof von Armagh, Robert Vauchop, der ihm vermutlich ins Gewissen reden sollte, ging er aus dem Wege. Die Zügel der Regierung glitten ihm immer mehr aus der Hand. Das Domkapitel erhob gegen seine Mißwirtschaft heftige Klagen.

IV.

Melchior Zobel von Giebelstadt (1544-1558)

Melchior Zobel wurde am 19. August 1544 vom Domkapitel zum Bischof von Würzburg gewählt und am 27. Oktober 1544 vom Papst bestätigt. Entsprechend der von ihm unterzeichneten Wahlkapitulation ließ er sich am 23. August 1545 die Bischofskonsekration erteilen. Zobel studierte in Wittenberg (ohne den abwesenden Luther zu hören) und in Leipzig. Bezeichnend für ihn ist, daß er entgegen dem Verbot 1521 die Universität Wittenberg bezog. Die Einflüsse dieses Aufenthaltes blieben zeitlebens in ihm wirksam. Er war zwar kein Anhänger Luthers, aber behielt seine freundliche Gesinnung gegenüber dem Humanismus und bewies den Lutheranern Entgegenkommen. Der Religionsneuerung stand Zobel ziemlich gleichgültig und abwartend gegenüber. An seinem Hof ging er gern mit Andersgläubigen um. Unter seinen Beamten waren Protestanten, seine Berater waren mehrheitlich Anhänger der neuen Lehre. Bis 1559 wirkte der lutherisch gesinnte Johann Sylvanus als Hofprediger in Würzburg. Das Domkapitel machte Zobel wegen seiner Untätigkeit und seiner Gleichgültigkeit angesichts der fortschreitenden Neuerung Vorhaltungen. Tatsächlich war dieser schwach und saumselig in Religionsangelegenheiten. Er machte von dem Recht, seine Untertanen zum katholischen Bekenntnis zu verpflichten bzw. zurückzuführen, keinen Gebrauch, obwohl ihn das Domkapitel ersuchte, in dem Hochstift nach dem Grundsatz Cuius regio illius religio zu verfahren. Ein Grund, vielleicht der Hauptgrund seiner Passivität lag darin, daß er angesichts der verheerenden Finanzlage des Hochstifts auf die Ritterschaft angewiesen war, daß aber diese Finanzquelle vermutlich versiegt wäre, wenn er mit der Rekatholisierung begonnen hätte. Auch war er durch den Markgrafenkrieg und die Grumbachschen Fehden abgehalten, sich mit voller Kraft der Abwehr der Häresie zu widmen. Bobadilla beurteilte jedenfalls am 27. Juni 1545 Zobel als zuverlässig katholisch.

Melchior Zobel nahm an einer Reihe von Reichstagen teil. Er war auf Erhaltung und Schutz seines Hochstiftes bedacht. Er trat dem Landsberger Bund bei. Zobel war militärisch geübt und beschlagen; er liebte das Heerwesen und zog selbst ins Feld.

Melchior Zobel nahm auf die religiös-sittliche Erneuerung von Klerus und Volk in gewissem Umfang Bedacht. Er ließ Visitationen der Kirchen und Klöster durchführen, beteiligte sich auch zeitweise selbst daran. Im November 1548 hielt er zur Durchführung der Formula reformationis eine (schwach besuchte) Diözesansynode ab. Hier und in folgenden Mandaten suchte er die Besserung der Sitten des Klerus zu befördern. Aber alle diese Vorschriften blieben im wesentlichen toter Buchstabe. Die Schrift, die er im Jahre 1550 dem Augsburger Reichstag einreichte, entwirft ein erschütterndes Bild der Auflösungserscheinungen, die auf das Konto der sogenannten Reformation zu setzen waren. Infolge der Agitation Luthers, der sich zur Leugnung von immer mehr Glaubenswahrheiten hinreißen ließ, entstand eine allgemeine Unsicherheit; auch viele wohlmeinende Katholiken wußten nicht mehr, was zu glauben notwendig ist. Das Domkapitel war mehrheitlich alles andere als ein Vorbild für Klerus und Volk. Auf der ersten Sitzungsperiode des Trienter Konzils war der Würzburger Bischof nicht anwesend, sandte aber einen Prokurator. Zu der zweiten Sitzungsperiode (1551/52) schickte er den Weihbischof Georg Flach. Zobel erkannte die Wichtigkeit der religiösen Unterweisung und der Kontroverspredigt. In den Jahren 1554/55 bestimmte er an drei Würzburger Stiften je ein Kanonikat, um damit drei Doktoren der Theologie auszustatten, die in den Städten des Bistums predigen und theologische Vorträge halten sollten. Der

Bischof starb eines gewaltsamen Todes. Der Mörder war der Ehemann der Tochter Bischof Konrads III. von Bibra.

V.

Friedrich von Wirsberg (1558-1573)

Friedrich von Wirsberg wurde am 27. April 1558 vom Domkapitel zum Würzburger Bischof gewählt; er erlangte am 4. November 1558 die Bestätigung des Papstes. Er hatte seine Studien in Ingolstadt und Tübingen gemacht. 1545 hatte er die Priesterweihe empfangen. Am 9. April 1559 ließ er sich die Bischofskonsekration erteilen.

Friedrich hatte einen klaren Blick für die Schäden und die Erfordernisse der Zeit. Der Hirtenbrief, den er 1560 erließ, zeigt, daß er sich nichts vormachte, sondern die wirkliche Lage sah. Als Domdekan und Visitator war er schon vor seiner Ernennung zum Bischof als Anhänger einer wirklichen Reform hervorgetreten. Er war von Eifer für die Erneuerung der Kirche durchdrungen und ging in seinem Amte auf; die Reform war ihm eine Herzensangelegenheit. Er schärfte unermüdlich die Beobachtung der kanonischen Vorschriften ein. Er unterzog sich selbst des Predigtamtes sowie der Sakramentenspendung und beteiligte sich persönlich an der Visitation der Pfarreien. Er war ein energischer, ja unbeugsamer Mann. Friedrich besaß aber auch ein unglückliches Temperament. Er war ein leidenschaftlicher Willensmensch, der die praktische und taktische Seite seiner Planungen oft vernachlässigte. Als Landesherr bewies er keine glückliche Hand. Die Zerrüttung der Finanzen des Hochstiftes vermochte er nicht zu beseitigen; dahingehenden Bemühungen des Domkapitels suchte er sich, wenn sie ihm Einschränkungen auferlegten, zu entziehen.

Friedrich von Wirsberg lehnte die Glaubensneuerung aus Überzeugung ab und sann darüber nach, wie er sie zurückdrängen könnte, aber es fehlte ihm die Macht, ihr wirksam zu begegnen. Der Bischof begriff, daß es für die Zukunft der Kirche entscheidend wichtig war, die Jugend im Glauben zu erhalten und zu festigen. So errichtete er in Würzburg eine höhere Schule, die freilich nicht recht gedieh. 1567 berief er die Jesuiten nach Würzburg, die ein Gymnasium errichteten. Dazu schuf er ein Konvikt, den Vorläufer des Priesterseminars. Unermüdlich rang er um einen theologisch durchgebildeten, frommen und sittenreinen Klerus. Großes Gewicht legte er auf würdige Feier des Gottesdienstes und verständige Teilnahme daran. 1564 ließ er eine Agende erscheinen. Mehrmals predigte Petrus Canisius auf Friedrichs Ersuchen in Würzburg. Dieser äußerte in seinem Schreiben vom 10. März 1567 eine sehr düstere Ansicht über die kirchliche Lage im Würzburger Hochstift. Friedrich war gewillt, an der dritten Sitzungsperiode des Trienter Konzils teilzunehmen, beauftragte aber dann den Eichstätter Weihbischof Leonhard Haller mit seiner Vertretung. Die Dekrete des Trienter Konzils ließ er den Geistlichen öffentlich vorlesen, den Eid auf das Trienter Glaubensbekenntnis schrieb er vor. Er war ein Sämann, dem es nicht vergönnt war, zu ernten.

VI.

Julius Echter von Mespelbrunn (1573-1617)

Julius Echter machte seine Studien in Mainz, Köln, Löwen, Douai, Paris, Angers und Pavia; danach weilte er etwa ein Jahr im Collegium Romanum zu Rom. Er erwarb den Grad eines Lizentiaten des kanonischen Rechts. Zeitlebens behielt er ein ernstes Interesse für die Wissenschaften. Echter wurde am 1. Dezember 1573 im Alter von 28 Jahren vom Kapitel zum Bischof von Würzburg gewählt, am 4. Juni 1574 wurde ihm die päpstliche Bestätigung zuteil. Im Mai 1575 empfing er die Priesterweihe und die Bischofskonsekration.

Julius Echter war einer jener seltenen Bischöfe, die für ihr Amt gleichsam geschaffen sind. Er besaß die Gaben des Verstandes ebenso wie des Willens; Klugheit paarte sich bei ihm mit Willenskraft, Besonnenheit mit Mut. Er war ein selbständiger, ja schöpferischer Geist. Er war der geborene Regent, hatte Überblick und Weitsicht, klare Ziele und die Energie, sie zu erreichen, besaß aber auch Verwaltungsgeschick, Organisationstalent und Geschäftsgewandtheit. Ihm waren Tatkraft, Zähigkeit und Folgerichtigkeit zu eigen. Er benutzte Widerstände nicht wie viele andere Bischöfe als Alibi, um von seinen Plänen abzugehen; vielmehr erstarkte sein Wille an den Hindernissen. Hemmnisse, die seinen Unternehmungen entgegentraten, räumte er entschlossen, gelegentlich auch rücksichtslos aus dem Wege. An seinen Grundsätzen machten ihn weder Niederlagen noch Erfolge, weder Aussicht auf Beförderung noch Furcht vor Zurücksetzung irre. Rastlos und umfassend war seine Regierungstätigkeit. Er wußte um die Bedeutung, die das Geld auch für die Religion besitzt. Echter ordnete die Finanzen seines Hochstiftes, worin eine Voraussetzung des Werkes der Rekatholisierung lag. Durch Einfachheit und Sparsamkeit verschaffte er sich die Mittel für seine kostspieligen Unternehmungen. Er formte sein Hochstift zu einem modernen Staat. Nur wenn es innerlich und äußerlich gesichert war, konnte er an die Aufgabe herangehen, die ihn mit seinen protestantischen Nachbarn in Konflikt bringen mußte. Echter war eine wahre Führergestalt, nicht der Präsident eines Debattierklubs. Von endlosen Beratungen und gar von dem Hereinreden vieler hielt er nichts. Er war überzeugt, daß nur eine straffe zentrale Leitung von Bistum und Hochstift in der Lage sei, den Aufgaben und Anforderungen der Zeit zu genügen, und der Erfolg gab ihm recht. Er hat als Vertreter des Frühabsolutismus zu gelten. Das Domkapitel war von seinem autoritären Regierungsstil wenig angetan. Er war stets fest, herb, ja erforderlichenfalls hart, niemals weich, nachgiebig und gutmütig schwach. Echter war wegen seiner Kompromißlosigkeit ein unbequemer Mann. Er widerstand auch dem Apostolischen Stuhl, wo dieser einer konniventen Haltung das Wort redete, die er für fehl am Platze hielt. Seine sittliche Integrität war über jeden Zweifel erhaben und machte ihn unangreifbar. Er war streng gegen andere, weil er noch strenger gegen sich selbst war. Er hielt sich nicht unnahbar in Burgen oder Palästen auf, er überließ sich nicht pastoralfremder Ästhetik, er suchte nicht Erholung und

Abwechslung in der Jagd, sondern verzehrte sich in Arbeit. Echter war nicht beliebt und leutselig. „Er gehört zu den einsamen Naturen, ein Autokrat zäher Willenskraft, der ausdauernd und zielbewußt seine Pläne durchzusetzen wußte" (Klaus Wittstadt). Den Ehrgeiz, Kardinal zu werden, was ihm leicht möglich gewesen wäre, hatte er nicht. Er bedurfte einer solchen Erhöhung nicht, um in seiner rastlosen Tätigkeit fortzufahren. Einem so unbequemen Manne wie ihm war es nicht vergönnt, als Erzbischof von Mainz in noch weit größerem Rahmen zu wirken. Am 19. April 1582 erhielt er bei der Mainzer Erzbischofswahl die meisten, aber nicht ausreichenden Stimmen. Bei den Wahlen vom 15. Mai 1601 und vom 17. Februar 1604 wurde er von den Päpsten protegiert, aber nicht gewählt. Echter war fromm und unerschütterlich im Glauben verwurzelt. Er war ein echter, wesenhafter Christ.

Echter nahm die katholische Erneuerung im Sinne des Konzils von Trient entschlossen in die Hand. Als er sein Amt übernahm, sah es schlimm aus in seinem Bistum. „Franken wimmelte von entsprungenen Mönchen und Nonnen, und viele beweibte Pfarrer, statt die Herde Christi zu weiden, wüteten wie Wehrwölfe unter den Lämmern" (Franz Xaver Himmelstein). Die entscheidende Wende zum Besseren erwartete er von dem heranwachsenden Geschlecht. Erziehung und Unterricht der kommenden Generation lagen ihm daher wie weniges andere am Herzen. Der Bildung des Klerus und der führenden Laien wandte er seine tatkräftige Aufmerksamkeit zu. Er errichtete drei Konvikte sowie ein Seminar für Adlige. Im Jahre 1575 rief er die Universität ins Leben; ihre Eröffnung erfolgte im Jahre 1582. Immer wieder suchte er Seelsorge, Gottesdienst und Lebensführung der Geistlichen zu verbessern und zu erneuern. Unter dem 2. Januar 1584 erließ er eine Zusammenfassung der Vorschriften für den Klerus, die „ein vollständiger Pastoralunterricht" (Franz Xaver Himmelstein) war und die Kult und Heilsdienst auf eine sichere Grundlage stellte. Mit dem undisziplinierten Klerus, der die Pflichten seines Standes und der Seelsorge häufig schlecht erfüllte, hatte Echter mehr Mühe als mit den Protestanten. Erst der nach und nach eintreffende Ersatz brachte eine Besserung. Neue Pfarreien wurden errichtet und neue Kirchen erbaut, von letzteren die enorme Zahl von 300, wobei das Aufbringen der dafür erforderlichen gewaltigen Mittel wunderbar erscheint. Mit Strenge und mit Klugheit ging er an die Wiederaufrichtung der Disziplin in den Klöstern heran. Er begünstigte die Jesuiten, aber auch die Franziskaner und die Kapuziner. Den Armen, Kranken und Notleidenden galt seine tatkräftige Fürsorge; durch die Errichtung und die Erneuerung der milden Stiftungen schuf er ein vorbildliches Sozialwesen in seiner Diözese.

Nachdem Echter die katholische Religion befestigt hatte, ging er zum Angriff gegen die Irrlehre vor. Er begriff, daß die politische Existenz eines geistlichen Fürstentums mit dem katholischen Glauben seiner Bewohner stand und fiel, und er begann damit, ihn wieder in seine Rechte einzusetzen. Echter wußte, welche Schwierigkeiten ihm bevorstanden, aber er schreckte nicht davor zurück. Er nahm den Kampf auf angesichts eines in der Diözese lebenden protestantischen Adels und angesichts ringsum wohnender mächtiger protestantischer Fürsten; vor allem der Markgraf Joachim Ernst von

Ansbach war ein rücksichtsloser, gewalttätiger Nachbar. Anfangs hatte es geschienen, als zaudere, ja schwanke er; manchem Freund der Reform war er zu langsam vorangeschritten. Indes war es wohl lediglich die Erkenntnis des Möglichen, was ihn veranlaßte, einen günstigen Zeitpunkt für die Rekatholisierung abzuwarten. Im Jahre 1582 gab Kursachsen auf dem Reichstag die Declaratio Ferdinandea preis. Der abtrünnige Erzbischof Gebhard Truchseß von Waldburg verlor sein gewagtes Spiel. Nach dem Sieg der katholischen Sache in Köln breitete sich unter den Katholiken frische Zuversicht aus, und Echter entschloß sich jetzt zu der nie aus dem Auge verlorenen Offensive. Zwischen seiner früheren und seiner späteren Haltung besteht nicht ein Gegensatz, sondern die Kontinuität, die für das Reifen einer Angelegenheit charakteristisch ist. Er entsandte Missionare und Visitationskommissionen, die das Werk der Rekatholisierung voranbrachten. Er selbst zog, von Mitgliedern der Gesellschaft Jesu begleitet, durch das Land. 1585 und 1586 besuchte Echter alle wichtigen Städte seines Stiftes. Wie alle klugen katholischen Erneuerer ging auch er schrittweise vor. Zuerst ersetzte er die lutherischen Lehrer durch katholische; denn die Hoffnung der Kirche war die Jugend. Danach beseitigte er die Prädikanten; denn von ihnen ging der Abfall aus, und sie nährten die Hartnäckigkeit im Irrtum. Weiter besetzte er die Stellen der Ratsherren fortan nur noch mit Katholiken. Das Beispiel der führenden Männer war allemal ein wichtiges Motiv für die religiöse Entscheidung der Bevölkerung. Schließlich stellte er die Bewohner vor die Wahl, in den Schoß der Kirche zurückzukehren oder auszuwandern. Dabei belehrte und ermahnte er sie persönlich, spendete ihnen die hl. Kommunion und lud sie zu einem Mahle ein. In all diesen Bemühungen zeigte sich Echter als eifriger Seelsorger. Die Sorge um die ihm anvertrauten Seelen war der tiefste Grund seiner Rekatholisierungsmaßnahmen. In der Bischofsstadt Würzburg vollzog sich die katholische Restitution ohne nennenswerten Einsatz von Gewalt durch Beispiel, Belehrung und Erziehung. In unzähligen Gesprächen rang er um die Seelen suchender, zweifelnder und irrender Menschen.

Das Würzburger Stift wurde unter Echter wieder dem Glauben gewonnen. Im Jahre 1590 war das Bistum im wesentlichen wieder katholisch. Echter besaß die Kraft, „um in einem Jahrzehnt die Würzburger Verhältnisse von Grund aus umzugestalten, die Mutloseren und Schwächeren unabwendbares Verhängnis erschienen" (Pölnitz). Frisches und reiches religiöses Leben, wie es allein der Katholizismus zu entfalten vermag, blühte auf und befriedigte den religiösen Sinn der Bevölkerung. Echter war auch darauf bedacht, den Gläubigen katholisches Selbstbewußtsein zurückzugeben. Diesem Zweck diente u.a. der festliche und ergreifende äußere Gottesdienst. Eine neue Generation überzeugter, von missionarischer Begeisterung erfüllter Katholiken wuchs heran. Viele Konvertiten zeichneten sich durch Eifer und Frömmigkeit sogar vor manchen Geistlichen aus. Die seelsorglichen Erfolge, die Echter und ihm nahe stehende Männer wie Eucharius Sang und Johannes Molitor errangen, waren nach Gottes Segen dem verzehrenden, bedingungslosen Einsatz der eigenen Persönlichkeit zu verdanken, der den meisten Klerikern eben abging.

Die protestantischen Fürsten suchten Echters Bemühungen zu hemmen und zu durchkreuzen; sie griffen auch zu Drohungen. Der Bischof ließ sich davon nicht beirren. Höflich, aber bestimmt wies er die Interventionen zurück. Er sah sich nach Freunden um. Da er der am meisten bedrohte katholische Fürst war, warb er auch am frühesten und am eifrigsten um den Zusammenschluß der katholischen Fürsten. Herzog Wilhelm V. von Bayern sagte ihm seine und des Landsberger Bundes Hilfe zu, Papst Sixtus V. versprach ihm Unterstützung. Unermüdlich betrieb Echter das Bündnis der katholischen Fürsten. Der Liga war er von Herzen zugetan, obwohl er einige Zeit zurückhaltend gegenüber dem Bund war, dessen Gründungsmitglied er war. 1617 schloß er mit Bayern, Bamberg, Eichstätt und Ellwangen ein regionales Verteidigungsbündnis. Seine Bündnisbemühungen waren stets defensiv. Echter setzte auch sein eigenes Land in den Verteidigungszustand, indem er die Miliz reorganisierte und ein Zeughaus errichtete.

Echter war nicht nur ein weit überdurchschnittlicher Bischof, sondern auch ein hochbefähigter, tatkräftiger und weitschauender Landesherr. Er ordnete Rechtspflege und Gemeindeverwaltungen. Die Finanzen des Hochstiftes hielt er in Ordnung. Er brachte entfremdete Rechte und Besitzungen des Hochstiftes zurück und tätigte Neuerwerbungen. In den 43 Jahren seiner Regierung gestaltete er das Bild seines Bistums von Grund auf um. Er schuf eine fest und dauerhafte Ordnung. Er war „einer der fähigsten Herrscher seiner Zeit", „ein seltener, innerhalb seiner Voraussetzungen ausgezeichneter Fürst" (Wegele). Echter gab den Bischöfen ein Beispiel, was sich bei unerschrockenem Beginnen und mutigem Durchgreifen erreichen ließ. Johann Gottfried I. von Aschhausen (1617-1622) und Philipp Adolf von Ehrenberg (1623-1631) arbeiteten in seinem Sinne weiter.

Echter war keineswegs auf die Angelegenheiten seines Bistums eingeengt. Er blickte über die Grenzen und nahm beispielsweise an der Rekatholisierung Bambergs lebhaften Anteil. Den Erzbischof von Köln, Ernst von Bayern, unterstützte er in seinem Kampf gegen den abtrünnigen Gebhard Truchseß von Waldburg mit ansehnlichen Geldmitteln. An den Geschäften des Reiches beteiligte er sich mit der ihm eigenen Gewandtheit und Tatkraft. Den Reichstagen wohnte er persönlich oder durch Vertreter bei. Echter besaß das Vertrauen des Kaisers Rudolf und war in seinem Dienste in wichtigen Angelegenheiten der Politik des Reiches tätig.

Das Bild Echters ist nicht ohne Schatten. In der Fürstabtei Fulda war ihm der 22jährige Benediktinerabt Balthasar von Dernbach, der 1570 gewählt worden war, mit dem Werk der katholischen Erneuerung vorangegangen. Allen, teilweise erbitterten Widerständen zum Trotz gelang es der Festigkeit und der Ausdauer Dernbachs, wenn auch völlig und endgültig erst nach Vertreibung und Wiedereinsetzung, sein Land zum katholischen Glauben zurückzuführen. Die gegen Dernbach erzürnten Stände des Stiftes beschlossen, sich des Fürstabtes zu entledigen. Zu diesem Zweck wandten sie sich an Echter und ersuchten ihn um seine Mithilfe; gleichzeitig versprachen sie die Vereinigung der Stifte Fulda und Würzburg in Personalunion. Echter ging auf diesen Handel ein. Mit vereinten Kräften wurde Dernbach zur Abdankung gezwungen. 1576 übernahm Echter von den Gegnern Dernbachs das Stift als Administrator. Er gedachte dadurch in erster Linie seinen Machtkreis zu erweitern. Echter gab an, er allein sei imstande, das Stift Fulda vor seinen protestantischen Nachbarn zu sichern, und er habe die Sache nur im Interesse des Glaubens unternommen. Dieser Argumentation ist die Berechtigung nicht abzusprechen. Die Angliederung der unmittelbar benachbarten Reichsabtei an das Hochstift Würzburg hätte diese vor der Begehrlichkeit ihrer Nachbarn und vor den religiösen Neuerungsgelüsten ihrer Stände geschützt und dem Hochstift einen bemerkenswerten Zuwachs an Macht gebracht. Das Vorgehen Echters in der Fuldaer Sache war aber ohne Zweifel nicht zu rechtfertigen. Papst und Kaiser waren über das Unrecht, zu dem er seine Hand geboten hatte, empört. Nach einem jahrzehntelangen Rechtsstreit wurde Dernbach 1602 wieder eingesetzt.

9. Abschnitt

Kirchenprovinz Prag

1. Kapitel

Erzbistum Prag

Bonaventura v. M., Magni, Valerian: LThK VI, 2. Aufl., 1961, 1283f.

Borový, Clemens, Anton Brus von Müglitz, Erzbischof von Prag (1561-1580). Historisch-kritische Biographie. (Von der Prager theolog. Fakultät gekrönte Preisschrift.): Oesterreichische Vierteljahresschrift für katholische Theologie 13, 1874, 1-72, 161-240, 321-370

Bretholz, Bertold, Geschichte Böhmens und Mährens, 4 Bde., Reichenberg 1921-25

Cysarz, Herbert, Prag im deutschen Geistesleben. Blicke durch ein Jahrtausend (= Schriftenreihe der Künstlergilde Bd. 1), Mannheim-Sandhofen 1961

Czerwenka, Bernhard, Geschichte der Evangelischen Kirche in Böhmen. Nach den Quellen bearbeitet, 2 Bde., Bielefeld, Leipzig 1869/70

Frind, Anton, Die Kirchengeschichte Böhmens im Allgemeinen und in ihrer besonderen Beziehung auf die jetzige Leitmeritzer Diöcese. Nach den zuverlässigsten, großentheils handschriftlichen Quellen bearbeitet, 2 Bde., Prag 1864/66

Frind, Anton, Die Kirchengeschichte Böhmens in der Husitenzeit. Nach den verlässigsten Quellen bearbeitet, Prag 1872

Frind, Anton, Die Geschichte der Bischöfe und Erzbischöfe von Prag, zur neunhundertjährigen Jubelfeier der Errichtung des Prager Bisthums verfaßt und dem Liebesfonde (sic) zur Unterstützung bedürftiger Priester gewidmet, Prag 1873

Frind, Anton, Die Kirchengeschichte Böhmens in der Administratorenzeit. Nach urkundlichen Quellen bearbeitet, Prag 1878

Gindely, Anton, Geschichte der Gegenreformation in Böhmen, Leipzig 1894

Hilgenreiner, K., Brus: LThK II, 1931, 597f.

Hilgenreiner, K., Prag: LThK VIII, 1936, 418-424

Huber, A. K., Prag: LThK VIII, 2. Aufl., 1963, 676-679

Hurter, Friedrich von, Geschichte Kaiser Ferdinands II. und seiner Eltern. Personen-, Haus- und Landesgeschichte, 8. Bd., Schaffhausen 1857

Hurter, Friedrich von, Geschichte Kaiser Ferdinands II. und seiner Eltern. Personen-, Haus- und Landesgeschichte, 9. Bd., Schaffhausen 1858

Kindermann, A., Harrach: LThK V, 2. Aufl., 1960, 17f.

Kroess, Alois, Geschichte der Böhmischen Provinz der Gesellschaft Jesu. I. Geschichte der ersten Kollegien in Böhmen, Mähren und Glatz von ihrer Gründung bis zu ihrer Auflösung durch die böhmischen Stände 1556-1619. Nach den Quellen bearbeitet (= Quellen und Forschungen zur Geschichte, Literatur und Sprache Österreichs und seiner Kronländer XI), Wien 1910

Palacky, Franz, Geschichte von Böhmen. Größtentheils nach Urkunden und Handschriften, 5 Bde., der 1. Aufl. 2. Abdruck, Prag 1844-1867, Neudruck: Osnabrück 1968

Peschek, Christian Adolph, Geschichte der Gegenreformation in Böhmen. Nach Urkunden und anderen seltenen gleichzeitigen Quellen bearbeitet, 2 Bde., Dresden, Leipzig 1844

Preidel, Helmut (Hrsg.), Die Deutschen in Böhmen und Mähren. Ein historischer Rückblick, Gräfelfing bei München 1950

Ričan, Rudolf, Das Reich Gottes in den böhmischen Ländern. Geschichte des tschechischen Protestantismus, Stuttgart 1957

Richter, Karl, Die böhmischen Länder von 1471-1740, in: Bosl, Karl (Hrsg.), Handbuch der Geschichte der böhmischen Länder II, Stuttgart 1974, 97-412

Rokyta, Hugo, Die böhmischen Länder. Handbuch der Denkmäler und Gedenkstätten europäischer Kulturbeziehungen in den böhmischen Ländern, Salzburg 1970

Schürer, Oskar, Prag. Kultur, Kunst, Geschichte, 5., veränd. Aufl., Stuttgart 1943

Seibt, F., Lohelius: LThK VI, 2. Aufl., 1961, 1129

Spahr, K., Caramuel v. Lobkowitz: LThK II, 2. Aufl., 1958, 936

Städte im Sudetenland. Geschichtlicher Beitrag von Emil Franzel und 250 Stadtgeschichten von Heribert Sturm und Rudolf Hemmerle, Augsburg o. J.

Steinherz, S., Eine Denkschrift des Prager Erzbischofs Anton Brus: Mitteilungen des Vereins für Geschichte der Deutschen in Böhmen 45, 1906, 172-177

Steinherz, S. (Hrsg.), Briefe des Prager Erzbischofs Anton Brus von Müglitz 1562-1563, Prag 1907

Sturmberger, Hans, Aufstand in Böhmen. Der Beginn des Dreißigjährigen Krieges, München, Wien 1959

Synodus archidioecesana Pragensis habita a. 1605, Prag 1762

Truc, Miroslav (Hrsg.), Album Academiae Pragensis Societatis Jesu 1573-1617 (1565-1624) (= Monumenta historica Universitatis Carolinae Pragensis 2), Prag 1968

Turnwald, Erik, Ökumenische Perspektiven. Zur Geschichte des deutschböhmischen Protestantismus (= Studien und Dokumente 6), Kirnbach ü. Wolfach 1971

Winter, E., Harrach: LThK IV, 1932, 830

Winter, E., Lohel: LThK VI, 1934, 632

Winter, Eduard, Tausend Jahre Geisteskampf im Sudetenraum. Das religiöse Ringen zweier Völker, Salzburg, Leipzig 1938

I.

Johannes Žák (1510-1525)

In Böhmen rangen seit der Christianisierung Christentum und Nationalismus miteinander. Das im 14. Jahrhundert zur Blüte geführte Kirchenwesen wurde durch die Hussiten bis auf Reste zerstört. Der Erzbischof von Prag, Konrad (von Vechta) (1412-21), trat am 21. April 1421 zu den Schismatikern über. 140 Jahre lang verwalteten Administratoren, die von dem Domkapitel gewählt wurden, den Sprengel. Ihnen stand das utraquistische Konsistorium gegenüber. Es war kein glücklicher Umstand, daß das Bistum Prag seit dem Abfall des Erzbischofs Konrad von Vechta unbesetzt blieb. Da die Administratoren lediglich Priester waren, mußten für die bischöflichen Weihehandlungen fremde Bischöfe ins Land geholt oder die Kandidaten in benachbarte Bistümer entsandt werden. Die Administratoren hatten mit einem schlimmen Priestermangel zu kämpfen. An vielen Orten wurden zwei oder drei Pfarreien von einem Priester verwaltet. Das Land kam in dieser Zeit nicht zur Ruhe. Fortwährend gab es Kämpfe zwischen Katholiken und Utraquisten. Die utraquistischen Patrone schalteten mit den Pfarreien nach ihrem Gutdünken.

In das religiös gespaltene Land drang nun auch noch das Luthertum ein. Mit vielen seiner Thesen rannte Luther bei den Utraquisten offene Türen ein. Die entschiedenen Hussiten hörten das Wittenberger „Evangelium“ mit freudiger Zustimmung. Den Böhmischen Brüdern galt er als neuer Prophet. Durch das von ihm proklamierte Bibelprinzip dokumentierte er seine geistige Verwandtschaft mit ihnen. Die Hussiten konstatierten mit Zufriedenheit, daß ihre Gedanken sich durch Luther in Deutschland durchsetzten. Luther erkannte früh, daß manche seiner Aufstellungen mit den Gedanken von Wiclif und Hus übereinstimmten. Er sprach sich am 5. Juli 1519 im Verlauf der Leipziger Disputation mit Johann Eck günstig über Hus aus. 1522 richtete er ein Schreiben an die Stände Böhmens, in dem er sie unter Berufung auf Hus für sein „Evangelium“ zu gewinnen suchte. In der Schrift „De instituendis ministris“ (1523) forderte er die Hussiten auf, sich von der katholischen Kirche zu trennen und eigene Priester zu bestellen. Da Luther dem Hussitismus und Utraquismus seine Sympathie bezeugte, verwundert es nicht, daß er aus diesem Milieu viele Anhänger fand. Der Protestantismus breitete sich in Böhmen rasch aus; jede Opposition gegen Papst und Kaiser konnte hier auf Beifall und Gefolgschaft rechnen. Der Konflikt zwischen den Bekenntnissen war verquickt mit der Auseinandersetzung zwischen den Hoheitsansprüchen des Landesfürsten und dem Beharren der Stände auf dem, was sie als ihre Rechte ansahen, wenn nicht gar die Religion lediglich der Deckmantel war für die Erweiterung der Macht der Stände gegen die Krone. Unter der Administration des Johannes Žák wandten sich die Utraquisten dem Luthertum zu, setzten lutherische Prediger ein und gestatteten Geistlichen und Laien, von der „evangelischen Freiheit“ Gebrauch zu machen, d.h. sich zahlreicher religiöser Pflichten zu entledigen. Lutherisch gesinnte Obrigkeiten protestantisierten ihre Untertanen und Bürger. Der Schüler Luthers Gallus Cahera wurde am 23. August 1523 zum Administrator des utraquistischen Konsistoriums und zum Hauptpfarrer an der Teinkirche in Prag gewählt. Auch die Brüder-Unität unterhielt von Anfang an freundliche Beziehungen zu Luther. Aber ihr Leiter Lukas stand manchen Aufstellungen des Wittenbergers mißtrauisch oder ablehnend gegenüber. Nach seinem Tod lenkte Johann Augusta in lutherisches Fahrwasser.

Die katholische Gegenwehr in Böhmen gegen den Protestantismus war in den ersten Jahrzehnten seines Auftretens schwach und erfolglos. König Ludwig war zwar besten Willens, dem bedrohten Glauben zu Hilfe zu kommen, aber der Krieg gegen die Türken band seine Kräfte; um die Hilfe des böhmischen Adels zu gewinnen, wurden die religiösen Fragen zurückgestellt. Der katholische Administrator Johann Žák, ein Tscheche, waltete treu seines Amtes, mußte jedoch zusehen, wie ein beträchtlicher Teil der Katholiken, vor allem in den deutschen Gebieten, zum Luthertum abfiel. Müde und mürbe gemacht, zog er sich 1525 auf seine Propstei nach Leitmeritz zurück.

II.

Ernst von Schleinitz (1525-1542)

Von 1511 bis 1525 war neben Johann Žák auch Ernst von Schleinitz Administrator, der ihm nach seinem Ausscheiden aus dem Amte nachfolgte. Während der Abwesenheit von Schleinitz leistete 1524 Nicolaus Houska den Dienst, von 1525 bis 1531 Johann Fabri. Von 1531 bis 1542 waltete Schleinitz persönlich seines Amtes. Unter seiner Administration geschah der Übergang Böhmens an das Haus Habsburg. Mit Ferdinand I. erhielt Böhmen einen König von seltenen Gaben; er war ein klarer Kopf, ein fester Charakter, ein rechtlich gesinnter Herrscher, ein beständiger Freund, ein treuer Gatte und ein tiefreligiöser Mann. Er regierte von 1526 bis 1564. Diese Zeit war ausgefüllt mit dem Bemühen, den katholischen Glauben gegen seine Widersacher zu schützen. Aber Ferdinand war „ein König mit gebundenen Händen" (Anton Frind). Er hatte sich die Wahl zum König mit erheblichen Zugeständnissen an die Stände erkaufen müssen. Von Sachsen aus drang der Protestantismus weiter in Böhmen ein und breitete sich immer mehr aus. Die Gefahr wuchs nach den Reichstagen von Speyer (1529) und Augsburg (1530). Ferdinand konnte zunächst nicht wirksam für die katholische Religion tätig werden. In den ersten Jahren seiner Regierung waren ihm wegen der politischen Verhältnisse die Hände gebunden; die Türkengefahr hielt unvermindert an. Dennoch ließ der König auch in dieser Zeit keinen Zweifel an seiner katholischen Überzeugung und an seiner Entschlossenheit, das Luthertum in Böhmen nicht für immer zu dulden. Da die von der Kirche Abweichenden von den weltlichen Großen geschützt wurden, lag das Schwergewicht des Kampfes gegen sie beim König. Der Administrator Ernst von Schleinitz war, wie sein Onkel, der Bischof von Meißen, Johann VII. von Schleinitz, ein treuer Verteidiger des Glaubens. Er mahnte und rügte, aber da ihm regelmäßig der weltliche Arm versagt blieb, stießen seine Mandate und Dekrete ins Leere. Die Utraquisten spalteten sich unter dem Eindruck der lutherischen Lehre in Altutraquisten und (protestantische) Neuutraquisten. Ferdinand I. unterstützte die Altutraquisten in der Hoffnung, ihnen durch Zugeständnisse den Rückweg in die Kirche zu bahnen. Die 1536/37 mit Hilfe Morones unternommenen Versuche, die Utraquisten mit der Kirche zu versöhnen, schlugen indes fehl. 1541 wurde der Neuutraquist Jan Mystopol zum utraquistischen Administrator gewählt. Auch Ernst von Schleinitz trat, müde und verbraucht, von seinem Amt zurück. Um diese Zeit schien die katholische Kirche in Böhmen dem Untergang nahe.

III.

Valentin Hahn von Mies (1542-1544)

Valentin Hahn waltete mit Johann Podbradský seines Amtes.

IV.

Johann Podbradský von Buchau (1544-1553)

Die Administratoren Valentin Hahn von Mies und Johannes Podbradský von Buchau waren durch Eifer und Kenntnisse ausgezeichnete Männer, die es an ernstem Bemühen, die Belange der Kirche zu wahren, nicht fehlen ließen. An König Ferdinand hatten sie einen starken Rückhalt. Aber seine Befehle drangen nicht mehr durch im Lande. Adel und Städte widersetzten sich dem König, als er sie zur Heeresfolge im Schmalkaldischen Krieg aufforderte. Es kam zu einer regelrechten Auflehnung. Auch in Böhmen konnte der Gewalt nur mit Gewalt begegnet werden. Der Sieg über die Schmalkaldener gab Ferdinand freie Hand. Die böhmischen Rebellen wurden streng bestraft. Der König war zum erstenmal wirklicher Herr des Landes. Jetzt konnte er auch mit größerer Kraft die Wiederherstellung geordneter kirchlicher Verhältnisse in die Hand nehmen. Er ging scharf gegen die Sekten, vor allem die Böhmischen Brüder, vor; die Lutheraner verschwanden aus der Öffentlichkeit, indem sie sich zu den Utraquisten zurückzogen. Die Vereinigung der letzteren mit den Katholiken kam dagegen nicht zustande. Dennoch hielt der König unbeirrt an seinem Ziel, der Rekatholisierung des Landes, fest. Valentin und Johann waren eifrig bemüht, die Rechte der Kirche gegen die Übergriffe des Adels und der Sektierer zu verteidigen.

V.

Heinrich Scribonius (1553-1561)

Der Administrator Heinrich Scribonius war durch Gelehrsamkeit und Beredsamkeit ausgezeichnet. Er war Priester, Doktor beider Rechte und Beichtvater der Königin Anna. Er besaß umfassende Kenntnisse in Theologie und Kirchenrecht und galt als hervorragender Prediger. Am 18. April 1556 zogen auf seinen, des Domkapitels und des Königs Wunsch Jesuiten in Prag ein. Andere Gründungen folgten nach. Wie überall entfaltete der Orden auch in Böhmen eine erfolgreiche Tätigkeit. Die Notwendigkeit, einen sittenreinen, religiös ergriffenen und theologisch gebildeten Klerus zu schaffen, wurde erkannt. Das Domkapitel und der Heilige Stuhl trafen Fürsorge für die Ausbildung würdiger Diözesanpriester. Ein Priesterseminar wurde errichtet. Daneben gab es noch ein Seminar für zwölf Kandidaten, die vom Hl. Stuhl unterhalten wurden. 1554 erließ Scribonius eine Instruktion für die kanonischen Visitationen, welche die Landdekane abhalten sollten. Der Katholizismus in Böhmen fing an, sich zu regenerieren. Der Kampf gegen die Irrlehre wurde in gewissem Umfang aufgenommen. Katholische Jesuitenzöglinge aus dem Adel betrieben systematisch die Rekatholisierung durch Mission auf ihren Gütern, Erwerb von Grundbesitz und Gründung von Kollegien. Am 8. Januar 1554 erließ der König ein Generalmandat, die Prädikanten aus dem Lande zu schaffen. Aber es fehlte an der konsequenten Durchführung. Der Augsburger Religionsfriede zeitigte, obwohl er gar nicht für Böhmen galt, dort verhängnisvolle Wirkungen; die Protestanten erstarkten von neuem. Täuschung, Priesternot und Rücksicht auf die benachbarten protestantischen Fürsten waren die Gründe, weshalb die Protestantisierung weiterging. Seit den sechziger Jahren waren die Neuutraquisten eindeutig Lutheraner.

VI.

Anton Brus von Müglitz (1561-1580)

Nach 140jähriger Sedisvakanz erhielt der Prager Erzstuhl endlich in Anton Brus wieder einen konsekrierten Oberhirten. König Ferdinand schlug ihn zum Erzbischof vor, Pius IV. ernannte ihn am 5. September 1561. Damit war ein entscheidender Schritt voran getan.

Brus war ein kluger und gerechter Priester. Er kam aus der Seelsorge, war Pfarrer und Feldgeistlicher gewesen. Gleichzeitig war er ein reich begabter und gebildeter Mann. Er hatte mehrere Universitäten besucht und sich die Kenntnis fremder Sprachen erworben. Brus war von dem Eifer für Gottes Sache erfüllt, der aus der gläubigen Überzeugung erwächst. Von seiner Frömmigkeit ist seine Verehrung der vierzehn heiligen Nothelfer hervorzuheben. Er führte einen ausgedehnten Briefwechsel, der zumeist der Förderung der katholischen Religion galt. Von fruchtlosen Klagen über die schlimmen Zustände hielt er wenig, um so mehr aber von tatkräftiger Arbeit. Seine unermüdliche Aktivität ist um so anerkennenswerter, als er unter Gicht und Koliken litt. 1560 wurde er Bischof von Wien. Die Feindschaft der Protestanten und die Gegnerschaft reformunwilliger Katholiken konzentrierten sich hier auf ihn, was nur für seine Qualität sprach. Er war außerdem Großmeister des Kreuzherrenordens. Brus behielt zunächst das Bistum Wien bei. Am 25. Juli 1562 übertrug der Kaiser dem Wiener Domkapitel die spiritualia, dem Dompropst Matthias Wertwein die temporalia des Bistums. 1572 wurde Brus auf den Olmützer Bischofsstuhl postuliert, aber er lehnte die Annahme ab.

Brus war ohne Zweifel katholisch, aber er war ein Vertreter des „landeskirchlichen Katholizismus" (Eduard Winter), der gewisse Konzessionen für die katholische Kirche in Deutschland und Böhmen forderte. Auf dem Konzil von Trient, das 1562 seine Sitzungen wieder aufnahm, setzte er sich als Orator des Königs von Böhmen leidenschaftlich für die Gewährung des Laienkelches ein. Das Konzil überließ die Sache am 16. Juli 1562 dem Papst. Pius IV. gewährte die Konzession für die Länder Ferdinands (und Albrechts von Bayern) am 16. April 1564. Aber bereits 1565 liefen Nachrichten angesehener Freunde der katholischen Reform beim Erzbischof ein, wonach der Laienkelch lediglich Verwirrung anrichte.

Brus begegnete den Utraquisten grundsätzlich mit einfühlsamer Milde; er neigte dazu, sie schonend zu behandeln, um sie nicht den Kalvinisten in die Arme zu treiben. Dennoch hatte er fortwährend Auseinandersetzungen mit den widerspenstigen Schismatikern, die stark zum Protestantismus neigten. Auch den Häretikern bewies Brus Schonung, soweit sie sich ruhig verhielten und dem utraquistischen Konsistorium gehorchten. König Ferdinand gab dem utraquistischen Konsistorium in Prag Weisung, dem neuen Erzbischof Gehorsam zu leisten, und dieser sollte fortan für Katholiken und Utraquisten Priester weihen. Aber diese letztere Anordnung brachte den Erzbischof in schwere Gewissenskonflikte. Denn die ihm von den Utraquisten zur Weihe zugesandten Kandidaten waren eben regelmäßig nicht rechtgläubig. Die Utraquisten steuerten immer mehr in den Protestantismus hinein. Der Erzbischof wandte sich daher wiederholt beschwerdeführend und mahnend an den Kaiser und dessen Beamte. Von 1562 bis 1564 lehnte es Brus ab, Utraquisten die Priesterweihe zu spenden. An Maximilian II. hatte der Erzbischof keine Stütze, denn dieser nahm bekanntlich eine den Protestantismus im geheimen oder gar offen begünstigende Haltung ein. Angeblich stellte der König den Patronen der Pfarreien ein Privileg aus, das sie berechtigte, einen Pfarrer ihres Bekenntnisses zu berufen. Viele Gutsbesitzer vertrieben daraufhin die katholischen Priester und setzten Prädikanten ein. Maximilian verlangte vom Erzbischof die Weihe der utraquistischen Geistlichen. Pius IV. gewährte am 15. April 1564 dem Prager Erzbischof das Recht, Priester zu weihen, welche die Kommunion auf beide Weisen spenden durften. Brus weihte nun 1565/66 an die hundert utraquistische Priester. Aber er geriet immer wieder in Gewissenskonflikte, wenn er die Weihe an Personen spenden sollte, deren gläubiger Gesinnung er nicht sicher war. 1567 schafften die Utraquisten die Kompaktaten ab und taten damit einen gewichtigen Schritt in Richtung auf den Protestantismus. Ab 1567 lehnte es Brus ab, Utraquisten die Priesterweihe zu spenden, wenn sie nicht zuvor das tridentinische Glaubensbekenntnis ablegten. Die Folge war, daß die Sekte ihre Geistlichen in Frankfurt und Leipzig „ordinieren" ließ, d.h. sie begnügte sich mit ungeweihten Predigern, was wiederum die noch weitergehende Annäherung an den Protestantismus begünstigte. Der Papst machte Brus 1568 Vorwürfe, daß er Utraquisten geweiht hatte, und verbot es ihm für die Zukunft. Selbst ein Schreiben Kaiser Maximilians an Pius V. vom 15. Januar 1572 war nicht imstande, die Erlaubnis zu erwirken, daß der Prager Erzbischof die Geistlichen der Utraquisten weihe.

Unter Maximilian II. wurden die Sekten wieder offensiv. Auf dem Landtag von 1575 wagten sich die lutherischen Utraquisten mit ihren Forderungen hervor; der König versprach ihnen Duldung. Es wurde ein gemeinsames Glaubensbekenntnis der Lutheraner, der Reformierten und der Böhmischen Brüder angenommen. Die sogenannte Confessio Bohemica hatte die Confessio Augustana zur Grundlage, machte aber der Brüder-Unität und den Hussiten Konzessionen; sie zeigte, wie weit die dogmatische Annäherung der Böhmischen Brüder an den Protestantismus gediehen war.

Dennoch verzagte Brus nicht. Der Thronwechsel brachte eine Wende. Rudolf II. war trotz seiner bedauerlichen Schwäche ein zuverlässiger Katholik und von bestem Willen erfüllt, den Glauben zu restituieren. Brus arbeitete mit dem Kaiser eng zusammen. Dieser übertrug ihm das Recht, die Pfarreien und Benefizien zu besetzen, deren Kollatur dem König zustand. Damit hatte der Erzbischof die Möglichkeit, katholische Seelsorger an die Stelle der utraquistischen zu setzen. Rudolf wies ihm gleichfalls die Jurisdiktion und das Besetzungsrecht für das Prager utraquistische Konsistorium zu. Es gelang Brus, einen Teil des schismatischen Klerus zur Einheit der Kirche zurückzuführen.

Brus war sowohl bemüht, das Fortschreiten des Protestantismus zum Stillstand zu bringen, als auch darum, die Disziplin im Weltklerus und bei den Ordensleuten wiederherzustellen. Dabei lehnte er sich an die Beschlüsse des Trienter Konzils an. In einem Schreiben vom 6. August 1563 sprach er die Hoffnung aus, daß das Konzil nicht nur definiere, sondern auch zur Ausführung gebracht werde, was den Gegnern der Kirche ihre Scheinargumente aus den Händen schlagen werde. Er selbst ging daran, dies zu tun.

Eine Provinzial- oder Diözesansynode zur Verkündigung und Durchführung des Konzils von Trient, die der Erzbischof ins Auge gefaßt hatte, ließ König Maximilian nicht zu. Aushilfsweise veranstaltete der Erzbischof Konvokationen, d.h. Versammlungen der Geistlichen eines Dekanates oder mehrerer Dekanate, die der Reform dienen, die Priester in ihrem Glauben stärken und in ihrer sittlichen Haltung befestigen sollten. Der Erzbischof nahm an ihnen soweit wie möglich persönlich teil. Brus versuchte, die Kirchendisziplin im katholisch gebliebenen Volk wiederherzustellen, aber diesem Bemühen standen das schlechte Beispiel vieler Kleriker und der umgebenden Protestanten in gleicher Weise entgegen. Den Verfehlungen des Klerus begegnete er zuerst mit Mahnungen und Warnungen; wenn diese fruchtlos blieben, wandte er die Strafmittel der Kirche an. Er griff energisch durch, wo es sich darum handelte, Ärgernis zu beseitigen. Entartete und ungehorsame Priester wurden streng bestraft. Gegen gefährliche Neuerungen ging er zuerst mit Anwendung der kirchlichen Disziplinarmittel und dann, wenn diese nichts fruchteten, mit Hilfe des weltlichen Armes vor. Auf eigene Kosten ließ der Bischof für den tschechischen Klerus die Postille des Johannes Wild übersetzen, um ihm ein zuverlässiges Handbuch zu verschaffen. Eifrig war er bedacht, daß die Adligen ihre Söhne möglichst katholischen Erziehungsanstalten anvertrauten. Im ganzen gesehen war die Amtszeit des Brus die Wende zum Besseren. ,,In Abwehr und Angriff kam System'' (Eduard Winter). Starke Unterstützung fanden die Katholiken bei dem in Prag residierenden Nuntius; er wurde zu ihrem tatsächlichen Führer. Brus war ein Freund und Gönner der Gesellschaft Jesu. Jesuiten, Nuntien, Erzbischöfe und andere arbeiteten „regelrechte Feldzugspläne zur Besetzung der Schlüsselpositionen und zur schrittweisen Ausschaltung der Gegner aus" (Karl Richter). Die Verwirklichung war allerdings bescheiden.

VII.

Martin Medek (1581-1590)

Martin Medek wurde vom Kaiser zum Erzbischof von Prag nominiert und vom Papst am 28. April 1581 eingesetzt. Er gehörte wie Brus dem Kreuzherrenorden an. Martin Medek war wohl guten Willens, aber schwankend und unzuverlässig. Die Nuntien hatten über ihn kein günstiges Urteil. Die materiellen Angelegenheiten und die Freuden der Tafel schienen ihm zumindest zeitweise mehr am Herzen zu liegen als Gottesdienst und Glaube. Er hatte wohl Einsicht in die Verhältnisse und machte auch treffliche Vorschläge zu ihrer Besserung, aber es fehlte ihm die kraftvolle Unterstützung durch den weltlichen Arm. Erzbischof Martin sah richtig einen großen Teil des Übels darin begründet, daß die Landtage sich in die religiösen Streitigkeiten einmischten und katholikenfeindliche Dekrete erließen. Das Land war von Häretikern durchsetzt. Sie beherrschten meist die Ämter und hatten sich die schönsten Kirchen angeeignet. Der Adel war überwiegend häretisch und zwang seine Untertanen in die Häresie. Die Patrone vertrieben die katholischen Pfarrer und setzten lutherische an ihre Stelle, verleiteten die Seelsorger zum Abfall und deckten abgefallene gegen Maßnahmen des Bischofs. Der Protestantismus dehnte sich infolgedessen immer noch weiter aus; die Katholiken waren neben Utraquisten, Lutheranern und Böhmischen Brüdern eine Minderheit im Lande. Die Universität Prag wurde von den Hussiten beherrscht. Das Husfest erneuerte jedes Jahr den Haß und die Schmähungen gegen die katholische Kirche. 1587 sagten der Administrator Wenzel Benešowský und seine Gefolgsleute dem hussitischen Bekenntnis vor dem Nuntius ab. 1591 söhnten sich der Administrator Fabian Retzek und eine Anzahl von Priestern mit der Kirche aus. Indes fehlte dieser Rückkehr die Breitenwirkung. Sehr viele Utraquisten waren eben Protestanten, die von einer Vereinigung mit der katholischen Kirche nichts wissen wollten. Kaiser Rudolf II. verbot 1584 und 1602 den radikalen Pikarditen die Religionsübung und ließ lediglich Katholiken und Utraquisten zu den Ämtern zu. Aber diese wie andere Vorschriften standen nur auf dem Papier. Erfolgreicher waren die Rekatholisierungsbestrebungen katholischer Adliger. Ein Mann wie Georg Popel von Lobkowitz drängte durch Ankauf von Gütern, die er dann rekatholisierte, systematisch den Protestantismus zurück.

In gewissem Umfang suchte Bischof Martin auch die innere Erneuerung seiner Diözese zu betreiben. So widmete er der Heranbildung eines gebildeten, sittenreinen und eifrigen Klerus seine Aufmerksamkeit. Das 1556 errichtete Seminar wurde durch Johann von Lobkowitz besser dotiert. Neue Jesuitenkollegien wurden eingerichtet. Die

Zustände in den Klöstern waren vielfach unbefriedigend, teilweise ärgerniserregend. Aber die Exemtion der Regularen hinderte den Erzbischof, sie zu visitieren. Die Erlaubnis zur Kommunion unter beiden Gestalten weitete er nicht mehr aus, weil sie den Katholiken nicht erforderlich, den Protestanten nicht genügend war.

VIII.

Zbinko II. Berka von Duba (1592-1606)

Zbinko Berka von Duba war seit 1583 Administrator des Bistums Regensburg. Am 21. Juni 1593 erhielt er die Einsetzung für Prag.

Als Zbinko die Regierung seiner Diözese antrat, fand er einen Sprengel mit religiös gespaltener Bevölkerung vor. Bis etwa 1590 wuchs die Zahl der Protestanten in Böhmen an. Man nimmt an, daß am Ende des 16. Jahrhunderts zwei Drittel von Böhmen den verschiedenen Sekten zugerechnet werden mußten und nur ein Drittel katholisch war. Alle Gegenwirkungen hatten den Rückgang der katholischen Religion nicht aufzuhalten vermocht. Die habsburgischen Herrscher besaßen zu wenig Autorität im Lande. Unter Maximilian II., Rudolf II. und Matthias setzte sich der Adel leichthin über königliche Anordnungen hinweg.

Wie in Österreich war auch in Böhmen der Adel das Haupthindernis der Rekatholisierung; seiner wurde der Erzbischof nicht Herr, ja ihn erreichte er mit seinen Mitteln überhaupt nicht. Bei den katholischen Grundherren zeigte sich jedoch eine gewisse Wende, insofern sie gegenüber den Utraquisten zurückhaltender wurden. Eine starke Stütze hatte der Erzbischof an seinem Neffen Zdenko Popel von Lobkowitz. Als dieser 1599 Oberstkanzler wurde, konnte die Rekatholisierung systematisch in die Hand genommen werden. Um 1600 wurden die Familien Slawata in Böhmen und Liechtenstein in Mähren katholisch. Am 2. September 1602 ließ Rudolf ein Mandat gegen die Böhmischen Brüder veröffentlichen.

Zbinko arbeitete auch umsichtig an der inneren Erneuerung der Kirche. Im Jahre 1594 nahm er persönlich die Visitation seines Bistums vor. Vor allem ließ er sich die Heranbildung guter Priester angelegen sein. Hier lag der Hauptmangel. Selbst für die wenigen Pfarreien, die er besetzen konnte, hatte er nicht genügend einwandfreie Seelsorger zur Verfügung. 1605 konnte der Erzbischof endlich eine Diözesansynode abhalten, auf der die Beschlüsse des Konzils von Trient verkündet wurden. Von der Synode gingen starke Impulse für die katholische Erneuerung aus. Dabei zeigte sich von neuem die unzählige Male bestätigte Beobachtung, wonach die religiösen, sittlichen und disziplinären Anforderungen der katholischen Kirche vielen, Katholiken wie Nichtkatholiken, zu streng erschienen, was einmal die Leichtigkeit des Abfalls zu den Sekten, zum anderen die Schwierigkeit der Rückkehr zum großen Teil erklärt. Mit dem protestantischen Minimalismus konnte und wollte die Kirche nicht konkurrieren; dieser verstand es allemal, sie zu unterbieten. Eine gewisse Regeneration des katholischen Lebens war unter der Regierung Zbinkos unverkennbar. Deutliche Zeichen dafür waren die wieder aufgenommene Spendung der Letzten Ölung und die zunehmende Übung der Einzelbeichte.

Am wenigsten Erfolg hatte der Erzbischof bei der für notwendig erkannten und teilweise durchgeführten Visitation der Klöster. Eifrig wirkten die Jesuiten, vor allem durch Predigt und Jugendunterricht. Auf sein Betreiben ließen sich 1599 die ersten Kapuziner in Prag nieder, die sogleich eine segensreiche Wirksamkeit begannen und hoch und niedrig anzogen.

IX.

Karl von Lamberg (1606-1612)

Karl Freiherr von Lamberg wurde auf Vorschlag Rudolfs II. vom Papst am 14. Mai 1607 als Bischof von Prag eingesetzt. Er war bei seiner Nomination erst 36 Jahre alt, aber ein schwerkranker Mann. Als Bischof war Karl völlig passiv und in jeder Hinsicht schwach. Er lebte in dem Zisterzienserstift Ossegg. Die Regierung lag bei dem Generalvikar und Koadjutor Lohelius. In der Amtszeit Karls unterzeichnete Rudolf II. am 9. Juli 1609 den verhängnisvollen Majestätsbrief. Darin wurden den protestantischen Ständen, d.h. den Utraquisten und den Böhmischen Brüdern, freie Religionsübung zugestanden, das utraquistische Konsistorium und die Universität von neuem den Häretikern ausgeliefert und die unselige Einrichtung der Defensoren geschaffen. Der Majestätsbrief wurde dem Kaiser mit der Gewalt der Waffen abgetrotzt. Der Erzbischof war nicht bereit, dieses Dokument anzuerkennen, das alle Errungenschaften und Erwartungen der Katholiken zerstörte. Die Feinde der Kirche erhoben kühner denn je ihr Haupt. Der verhängnisvolle Bruderzwist zwischen Rudolf und Matthias hemmte die Rekatholisierung und verschaffte dem Protestantismus Vorteile. 1611 fielen die Hussiten wie in früheren Jahrhunderten erneut über die Katholiken her.

X.

Johannes VII. Lohelius (1612-1622)

Johannes Lohelius war bereits seit 1611 Koadjutor, seit 1603 Weihbischof seines Vorgängers gewesen. Am 30. April 1612 hatte ihn der Papst als Koadjutor cum iure successionis bestätigt. Er war durch theologische Bildung und vorbildlichen Lebenswandel ausgezeichnet. Er war ein ganzer Mann, entschieden und fest. ,,Eiserner Wille verband sich bei ihm mit einer ungewöhnlichen Klugheit'' (Eduard Winter). Er war entschlossen, die katholische Sache nicht preiszugeben, sondern zu fördern und voranzubringen. Der Abt von Strahov, Caspar Questenberg, stand dem Erzbischof als fähiger und eifriger Kanzler zur Seite.

Der Mangel an geeigneten Priestern und die Ohnmacht des Erzbischofs bei der Verleihung der meisten Benefizien waren schwere Hindernisse für die Reform, die Lohelius tatkräftig in Angriff nahm. Er begann, die ihm gewährte Besetzung der Pfarreien auf den königlichen Gütern in Böhmen für die Beseitigung des Protestantismus zu nutzen. Er bediente sich der Macht des Grundherrn für die Rekatholisierung und forderte die Prälaten und katholischen Adligen zur Nachahmung auf. Besondere Gunst wandte er den Klöstern zu, an denen er bereits eine starke Stütze bei seinen Erneuerungsbemühungen hatte. Seit 1613 begann er, den Druck protestantischer Schriften nach Möglichkeit zu beschränken. Zum Glück für die katholische Sache wurde Ferdinand von Steiermark am 29. Juni 1617 (als späterer Nachfolger des Matthias) zum König von Böhmen gekrönt.

Zunächst standen noch schwere Zeiten bevor. Wie fast überall waren auch in Böhmen mit der protestantischen Bewegung soziale und politische Motive verbunden; sie richteten sich gegen das Haus Habsburg und gegen die Deutschen. Die protestantischen Adligen sahen in der protestantischen Bewegung das geeignete Mittel, Hilfstruppen für ihre ständischen, d.h. politischen Ziele zu gewinnen. In Böhmen bildete sich eine Verschwörung der Protestanten gegen den König. Am 23. Mai 1618 wurden zwei königliche Statthalter, Slawata und Martinitz, aus einem Fenster der Prager Burg gestürzt. Damit war das Signal für den Aufstand gegeben. Eine neue Verwaltung wurde gebildet, ein Heer aufgestellt, die Nebenländer wurden zum Aufruhr aufgefordert und Verhandlungen mit Frankreich eingeleitet. Der Erzbischof mußte fliehen. Am 19. August 1619 sprachen die böhmischen Stände in Prag die Absetzung Ferdinands als König von Böhmen aus, und in den folgenden Tagen schlossen sich die Abgesandten der Nebenländer dieser Erklärung an. Am 26./27. August 1619 wählten die erwähnten Personen Kurfürst Friedrich V. von der Pfalz zum neuen König von Böhmen. Die Revolte war perfekt. Der Bischof der Unität, Cyrill, setzte Friedrich V., assistiert von dem Administrator Dicastus, die böhmische Krone auf. Nach dem Einzug des „Winterkönigs" in Prag wütete vor Weihnachten ein Bildersturm im Veitsdom. Der Sieg des Protestantismus schien vollkommen, ein protestantisches Kaisertum begann sich abzuzeichnen. Aber die Rebellen hatten sich verrechnet. Das Haus Habsburg wehrte sich, und die Wittelsbacher kamen ihm zu Hilfe. Ferdinand II. und Maximilian von Bayern zogen für Recht und Religion ins Feld. Der Sieg am Weißen Berge gab dem König freie Hand gegen die Aufrührer. Ihre Bestrafung war freilich erstaunlich mild. Nunmehr wurde die Rekatholisierung energisch in Angriff genommen. Erzbischof Lohelius legte seine Gedanken zur Restitution des Katholizismus unter dem 1. Dezember 1620 vor. Darin forderte er, daß den Städten und den protestantischen Grundherren jedes Recht bei der Besetzung von Benefizien entzogen und ihm übertragen werde, daß die Pfarreien auf den königlichen Gütern mit katholischen Priestern besetzt und daß die Karls-Universität und das

Gymnasium in Soběslau den Jesuiten übertragen würden. Im Dezember 1621 mußten die nichtkatholischen Geistlichen, ausgenommen die unter dem Schutz des Kurfürsten von Sachsen stehenden Lutheraner, Prag verlassen. Im Frühjahr 1622 geschah dasselbe mit den altutraquistischen Predigern. Im Oktober 1622 wurden auch die bisher tolerierten protestantischen Religionsdiener ausgewiesen. Allerdings wurden viele Mandate, die Ausweisung der Prädikanten betreffend, oft nur nachlässig oder gar nicht durchgeführt. Die Konsequenz, welche vor allem die mittel- und norddeutschen Fürsten bei der Vertilgung der katholischen Religion gezeigt hatten, wurde in Böhmen nicht erreicht. So blieben selbst in Prag nichtkatholische Geistliche zurück, die ihre Anhänger zu Gottesdiensten versammelten. Auch Streitigkeiten unter den Katholiken wirkten sich hindernd oder hemmend auf die Rekatholisierung aus. Es standen sich zwei Parteien gegenüber. Die eine forderte eine konsequente Wiederherstellung des Katholizismus, die andere war bereit, die Nichtkatholiken zu tolerieren. Der Nuntius Caraffa bestand auf energischem Vorgehen. In diesem Zusammenhang stellte er in Gegenwart des Kaisers die Frage: „Wo duldet Sachsen einen einzigen katholischen Priester oder katholischen Gottesdienst?“ Nach seiner Rückkehr in die Bischofsstadt machte sich Lohelius an die Aufbauarbeit. Neue Kräfte gaben der Seelsorge starken Auftrieb. Zahlreiche Anhänger der böhmischen Konfession schlossen sich der katholischen Kirche an, teilweise aus Überzeugung, teilweise aus Furcht oder Eigennutz. Die Zahl der Katholiken nahm zu; viele Konversionen ermutigten den Erzbischof und seine Helfer. Auch Adlige kehrten zum Glauben zurück, wiesen die Prädikanten aus und stellten katholische Priester an. Ganz entschieden befahl Lohelius den beweibten Priestern die Trennung von ihrer Frau. 1622 wurde der Laienkelch abgeschafft.

XI.

Ernst Adalbert von Harrach (1623-1667)

Ernst Adalbert Graf von Harrach wurde mit 24 Jahren zum Erzbischof vorgeschlagen und am 9. Januar 1623 eingesetzt. Mit ihm kam zum erstenmal ein Germaniker auf den Prager Bischofsstuhl. Harrach war ein ebenso begabter wie kenntnisreicher Mann. Er war energisch und zielstrebig, fromm und persönlich anspruchslos. Er verstand es, tüchtige Mitarbeiter wie den Abt Questenberg von Strahov, den Kapuziner Valerian Magni und den Zisterzienser Caramuel von Lobkowitz heranzuziehen.

Im Verein mit den Königen Ferdinand II. und Ferdinand III. führte Harrach die Gegenreformation in Böhmen durch. Ferdinand II. sah richtig die Unruhen und den Haß, das Zerstören und die Kriege, die seit über hundert Jahren Böhmen und von da sich verbreitend die angrenzenden Gebiete verwüsteten, von den abweichenden Religionsmeinungen ausgehen; sie mußten daher beseitigt werden. Er war davon überzeugt, daß die Wiederherstellung der katholischen Religion seine Pflicht als Christ und als Regent und für seine Untertanen in zeitlicher und ewiger Hinsicht ein Segen sei. Das historische Urteil lautet, daß die Beseitigung der Häresie, politisch gesehen, gedeihlich war (Hans Sturmberger).

Ferdinand II. wünschte, daß die Nichtkatholiken durch Belehrung für den Glauben gewonnen würden. Zunächst ging daher die Rekatholisierung regelmäßig milde, mit freundlicher Behandlung, religiösem Unterricht und gutem Zureden vonstatten. Dabei suchte man die angesehenen Leute der Orte zuerst zu gewinnen, weil ihr Beispiel viele nach sich zog. Gleichzeitig wurde der öffentliche Gottesdienst der Protestanten unterbunden; ihre Kirchen wurden geschlossen, weggenommen oder (in wenigen Fällen) zerstört. Die protestantischen Geistlichen wurden entfernt, und zwar zuerst die kalvinischen, dann die lutherisch-böhmischen und schließlich die deutsch-lutherischen. Der Vertrieb protestantischer Schriften wurde verboten. Die Durchführung der Maßnahmen ließ jedoch zu wünschen übrig. Nicht wenige Prediger verbargen sich oder kehrten wieder zurück. Noch 1627 gab es in allen Teilen des Landes Prädikanten, die nicht nur die Irrlehre verbreiteten, sondern offen gegen die legitime Obrigkeit wühlten. Das königliche Patent vom 29. März 1624 erklärte in Böhmen allein die katholische Religion für erlaubt. An zahlreichen Orten ging die Rekatholisierung leicht vonstatten. Die abweichende Lehre war bei vielen nicht eine Überzeugung geworden, mit der sie verwachsen gewesen wären. Die echten Bekehrungen waren, dank des Wirkens hervorragender Ordensgeistlicher, zahlreich. Vor allem die Jesuiten wirkten mit beharrlichem Eifer und mit großer Aufopferung bei dem schwierigen Werk mit. Manche katholische Geistliche zeigten sich großzügig gegenüber Vorbehalten, die zum katholischen Glauben Übertretende machten; sie vertrauten darauf, daß die Konvertiten schon allmählich in die reine Fülle der heiligen Religion hineinwachsen würden. Allerdings gab es auch Scheinbekehrungen; sie schufen einen Kryptoprotestantismus, der sich infolge ausländischer Einflüsse hielt und unter Kaiser Joseph II. offen hervorwagte.

Erst wenn diese Mittel nichts fruchteten, griff man zu strengeren Maßnahmen wie z.B. Abweisung von Ämtern und Zünften. Auch hier gab es Obstruktion und Widerstand. So ging die Ersetzung der protestantischen Beamten durch Katholiken an vielen Orten nur langsam vonstatten. Am hartnäckigsten erwiesen sich jene Familien, die seit mehreren Generationen dem Utraquismus anhingen. Sie wurden vor die bekannte Alternative gestellt, entweder katholisch zu werden und in der Heimat zu bleiben oder bei ihrer religiösen Ansicht zu verharren und dann auszuwandern. Diejenigen, die hartnäckig blieben, mußten grundsätzlich das Land verlassen. Dieses Schicksal war für die Betroffenen weniger schlimm, als man es sich heute vorstellt. Bei der damaligen Knappheit an Menschen konnten die Exulanten in vielen Ländern bereitwillig Aufnahme finden und sich leicht eine neue Existenz gründen. Viele Auswanderer waren überzeugt, daß sie nach einiger Zeit in ihre Heimat würden zurückkehren können. Man darf sodann nicht übersehen, daß es damals, auch unabhängig von den Maßnahmen zur Wiederherstellung der heiligen Religion, eine beträchtliche Auswanderung gab. Die meisten europäischen Länder hatten Mangel, nach dem Dreißigjährigen Kriege sogar schlimmen Mangel an Menschen, und ihre Obrigkeiten suchten mit allen denkbaren Mitteln den Zuzug von außen zu fördern. Die Lage war im 18. Jahrhundert wenig verändert. Man bedenke, daß unter der Regierung Friedrichs II. von Preußen (1740-1786) etwa 300000 Menschen in sein Land einwanderten. Es ist schließlich noch nicht untersucht, wie viele der Auswanderer, die sich zum Protestantismus bekannten, aus anderen als religiösen Gründen ihre Heimat verließen, wie viele unzweifelhafte Katholiken sich der nun einmal in Gang gekommenen Auswanderungsbewegung anschlossen, weil ihnen aus irgendwelchen Gründen die Heimat zu eng geworden war, und wie viele Katholiken sich wirklich oder nach außen dem Protestantismus zuwandten, um auf diese Weise ihr Land verlassen zu können und womöglich in den Genuß einer gezielten, geregelten und geförderten Auswanderung und Ansiedlung zu gelangen.

Die Regierung sah die Auswanderung freilich ungern und suchte sie zu erschweren. Nicht wenige erhielten Aufschub oder kehrten nach zeitweiligem Aufenthalt im Ausland in die Heimat zurück. Als unzulässiger Gewissensdruck wurde die Wahl, katholisch zu werden oder auszuwandern, nicht empfunden. Wer es wirklich als göttliches Gebot ansah, an dem protestantischen Bekenntnis festzuhalten, mußte eben seinem Gewissen folgen und anderswohin ziehen. Die große Schar derer, die lediglich der Propaganda erlegen und deswegen von der Kirche abgefallen war, hatte damit regelmäßig nicht einem Befehl des Gewissens gehorcht und wurde folglich auch nicht vergewaltigt, wenn sie veranlaßt wurde, wieder zum Glauben zurückzukehren. Man war auf katholischer Seite gewiß, daß Gottes Gnade den zunächst ausgeübten Zwang allmählich in freie Überzeugung verwandeln und daß die kommenden Geschlechter wie selbstverständlich sich in den Glauben eingewöhnen würden. In den Jahren 1622/23 war das Vorgehen noch zögernd und unsystematisch. Seit 1624 wurden umfassendere Maßnahmen eingeleitet. Jetzt konnte endlich auch der Hauptherd des Widerstandes ausgeräumt werden. In seinem großen Gutachten vom September 1626 arbeitete Harrach einen Generalplan für die katholische Erneuerung Böhmens aus. Am 31. Juli 1627 stellte der Kaiser alle Bewohner Böhmens, auch den bisher unberücksichtigt gelassenen Adel, vor die Wahl, zum Glauben zurückzukehren oder auszuwandern. Dem Adel wurde eine Frist von sechs Monaten eingeräumt, um sich über seine Gewissensentscheidung klar zu werden. Wer danach bei der Irrlehre verblieb, erhielt weitere sechs Monate zum Verkauf seiner Güter, „damit es nicht scheine, als ob der Kaiser die Reformation nicht zur Ehre Gottes, sondern um seines Gewinnes willen durchführen wolle“. Mit dem Rückhalt an dem Reformationspatent wurde die Rekatholisierung Böhmens in großem Stil eingeleitet. Kardinal Harrach gehörte der Reformationskommission an. Für die Subdelegierten erließ er am 15. Oktober 1627 eine eingehende Instruktion. Großer Wert wurde auf das Anhören der Predigt und die Einzelunterweisung gelegt. Über die Methode der Rekatholisierung gab es Streit zwischen zwei Gruppen, die, grob gesagt, durch die Jesuiten und die Kapuziner repräsentiert wurden. Die eine wollte von vornherein (auch) die staatliche Macht dafür einsetzen, die andere meinte, allein mit kirchlichen Mitteln zum Ziele kommen zu können. Die kriegerischen Ereignisse der Jahre 1631/32, 1639 und 1647/48 warfen das Werk der Rekatholisierung wieder zurück. 1631 mußte Harrach vor den einrückenden sächsischen Truppen aus Prag fliehen. Die Rekatholisierung erlitt einen Rückschlag. Aber es zeigte sich jetzt, daß die Wirksamkeit der katholischen Priester die meisten Menschen innerlich gewonnen hatte. Während nämlich die zurückkehrenden Emigranten hofften, die Bewohner würden in Massen zum Gottesdienst der Prädikanten strömen, ergab sich das genaue Gegenteil; die große Mehrheit hielt sich von den protestantischen Predigern fern. Die Tschechen setzten der Rekatholisierung mehr Widerstand entgegen als die Deutschen. Die deutsche Sprache breitete sich in der Folge dieser Maßnahmen in Böhmen stärker aus als je zuvor.

Selbstverständlich verknüpfte Harrach die Bekehrungsmaßnahmen mit einer inneren Erneuerung. Die Gottesdienste wurden erhebend gestaltet, die Kirchenmusik gepflegt. Große Aufmerksamkeit schenkte er der religiösen Unterweisung der Kinder. Im Weltklerus mangelte es noch lange an genügend zahlreichen und qualifizierten Priestern. Der Ordensklerus erlebte dagegen eine große Blüte. Polnische Geistliche wurden ins Land geholt, um den Priestermangel zu mildern. Nicht alle von ihnen machten den Katholizismus einladend. Organisatorische Maßnahmen sollten die Rekatholisierung zugleich erleichtern und sichern. 1655 wurde das Bistum Leitmeritz, 1660 Königgrätz errichtet. Die Erzdiözese Prag wurde in Vikariate eingeteilt. Als Harrach starb, war Böhmen im wesentlichen für den katholischen Glauben zurückgewonnen. Allerdings blieben gewisse häretische Herde erhalten und drangen von außen immer wieder Agitatoren ins Land.

2. Kapitel

Bistum Olmütz

Bretholz, Berthold, Geschichte Mährens, 1. Bd., Brünn 1893

d'Elvert, Christian, Zur Geschichte des Erzbisthums Olmütz und insbesondere seines mehrhundertjährigen Kampfes mit den mährischen Ständen und der Staatsgewalt, Brünn 1895

d'Elvert, Christian, Zur Geschichte der Juden in Mähren und Oesterr.-Schlesien mit Rücksicht auf Oesterreich-Ungarn überhaupt und die Nachbarländer, Brünn 1895

Hilgenreiner, K., Olmütz: LThK VII, 1935, 711-713

Kux, Johann, Geschichte der königlichen Hauptstadt Olmütz bis zum Umsturz 1918 (= Sudetendeutsche Stadtgeschichten Bd. 1), Reichenberg, Olmütz 1937

Müller, Lydia, Der Kommunismus der mährischen Wiedertäufer (= Schriften des Vereins für Reformationsgeschichte Jgg. 45, Heft 1 [Nr. 142]), Leipzig 1927

Müller, Willibald, Geschichte der königlichen Hauptstadt Olmütz von den ältesten Zeiten bis zur Gegenwart, Wien, Olmütz 1882

Schacherl, Lilian, Mähren. Land der friedlichen Widersprüche, München 1968

Seibt, F., Dietrichstein: LThK III, 2. Aufl. 1959, 388

Trampler, Richard, Correspondenz des Cardinals Franz Fürsten von Dietrichstein (von 1609-1611), Wien 1871

Winter, E., Dietrichstein: LThK III, 1931, 322

I.

Stanislaus I. Thurzo (1497-1540)

Stanislaus Thurzo war ein Sproß einer der angesehensten Familien Ungarns. Er hatte Theologie und Rechtswissenschaft studiert und den akademischen Grad eines Dr. decr. erworben. Mit 26 Jahren wurde er zum Bischof von Olmütz gewählt, am 30. Januar 1497 empfing er die päpstliche Bestätigung. Er war ein Humanist, der mit Gelehrten in Verbindung stand und sie förderte. Erasmus von Rotterdam und Ulrich von Hutten waren unter jenen, denen er seine Freigebigkeit zuwandte.

Stanislaus wollte ein guter Bischof sein. Er nahm sich der Besserung der religiösen und sittlichen Verhältnisse an. Zu diesem Zweck gab er 1498 Synodalstatuten heraus. Die gottesdienstlichen Bücher wurden erneuert. 1498 erschien eine Agende, 1499 wurden ein Missale, ein Psalterium und ein Brevier gedruckt.

Der Boden Mährens war seit Jahrzehnten durch die Hussiten und die Böhmischen Brüder unterwühlt. Die hussitische Bewegung hatte auch in Mähren schlimme Folgen. Die Autorität der Kirche war weithin erschüttert, ein anarchisches Sektenwesen grassierte im Lande. Hier mußte der Protestantismus günstige Voraussetzungen vorfinden. Ein erheblicher Teil namentlich der Stadtbevölkerung wendete sich der protestantischen Lehre zu. Bereits 1522 wurde Iglau durch Paul Speratus dem Luthertum zugeführt. In wiederholten Gesprächen suchte ihn der Olmützer Bischof auf den rechten Weg zurückzuführen, aber vergeblich. Der später ergriffene und zum Tode verurteilte Irrlehrer wurde lediglich ausgewiesen. In Mähren machten sich neben den lutherischen frühzeitig auch reformierte Einflüsse bemerkbar. Ebenso gewannen die Wiedertäufer Anhang. Mähren wurde zum Sammelpunkt der Schwärmer. Bischof Stanislaus erlebte in seiner unmittelbaren Umgebung bittere Enttäuschungen. Sein Weihbischof, Martin Göschl, heiratete eine Nonne des ihm als Propst unterstehenden Klosters Unter-Kanitz und fiel vom Glauben ab; er lebte als Wiedertäufer in Nikolsburg, wurde 1526 degradiert und später inhaftiert. Ein Verwandter des Stanislaus, Franz Thurzo, Bischof von Neutra, fiel zum Protestantismus ab. Die Irrlehre verbreitete sich durch die zunehmende Auflösung der Disziplin in der Kirche und durch die sich mehrenden Abfälle von Priestern und Ordensleuten. Unter diesen Umständen war die Hauptaufgabe des Bischofs der Kampf gegen die Häresien. Von Anbeginn seiner Regierung mußte er sich, im Verein mit päpstlichen Legaten, gegen die aggressiven Pikarditen wenden, von denen es in Mähren nicht wenige gab. Zu ihnen traten später die Protestanten. Seit 1522 ging der Bischof gegen die protestantische Predigt vor. Häretische Bücher ließ er öffentlich verbrennen. Aber seine Maßnahmen brachten die Woge des Abfalls nicht zum Stehen. Bei seinem Tode war die Mehrheit der Einwohner von Olmütz protestantisch.

II.

Bernhard Zoubek von Zdietin (1540-1541)

Bernhard Zoubek wurde zum Bischof von Olmütz postuliert und am 18. März 1541 vom Papst vorläufig zugelassen. Er war ein gebildeter Mann, vor allem ein Kenner des Rechts. Als Prediger war er berühmt. Auch Angehörige seiner Familie fielen von der Kirche ab. Die Wirksamkeit als Bischof war ihm nicht beschieden. Er starb noch vor der definitiven Bestätigung durch den Papst.

III.

Johann XIII. Dubravius (1541-1553)

Johannes von Skala-Dubraw wurde am 30. April 1541 zum Bischof von Olmütz gewählt und am 27. Juni 1541 vom Papst bestätigt. Er war philosophisch, theologisch und kanonistisch gut gebildet und ein bedeutender Gelehrter. Als vertrauter Mitarbeiter des Stanislaus Thurzo war er auch in allen Verwaltungsgeschäften versiert. Am 2. Januar 1542 empfing er die Bischofskonsekration. Im Dienste der Herrscher war er oft in Gesandtschaften unterwegs, zeichnete sich als Fürst und militärischer Führer aus und machte sich um die Abwehr der Türken verdient. Der Bekämpfung der Irrlehren widmete er dagegen wenig Kraft und Aufmerksamkeit. Infolge seiner Nachsicht oder Nachlässigkeit breiteten sich die Böhmischen Brüder und die Wiedertäufer in Mähren aus. Er suchte gegen die Pikarditen vorzugehen, hatte aber angesichts des Schutzes, den der Adel ihnen zuteil werden ließ, keinen Erfolg. Zahlreiche Geistliche und Lehrer in Mähren empfingen ihre Bildung auf den Universitäten Leipzig, Frankfurt, Wittenberg und Heidelberg und wurden von den protestantischen Grundherren auf Pfarreien und in Schulen untergebracht. Seit 1550 bestanden private protestantische Schulen in Olmütz. Die Stadtschule bei St. Mauritz war unter dem Einfluß des Stadtrates eine protestantische Anstalt. Der Bischof hoffte, daß es dem Konzil von Trient gelingen würde, die Utraquisten mit der Kirche zu versöhnen. Bei der Strafaktion nach der siegreichen Beendigung des Schmalkaldischen Krieges trat er für Maß und Milde ein.

IV.

Marcus Kühn (1553-1565)

Marcus Kühn wurde am 6. Oktober 1553 zum Bischof gewählt und erlangte die päpstliche Bestätigung am 22. Dezember 1553. Kühn war gebildet, fromm und sittenrein. Der Nuntius Girolamo Martinengo stellte ihm am 20. Oktober 1553 bezüglich seiner katholischen Gesinnung und seines Lebenswandels ein gutes Zeugnis aus. Kühn war ein milder Mann und ein eifriger Seelsorger. Aber er war kränklich, in Geschäften unerfahren und wenig geschickt. Fortwährend stand er im Streit mit dem Rat von Olmütz. Unter ihm überschwemmte eine neue Woge der Häresie das Bistum. Ordensleute verließen die Klöster, Geistliche predigten das Luthertum, Sektierer hielten Versammlungen ab. Die Irrlehre erhob auch in der Bischofsstadt ihr Haupt. Im Jahre 1553 fiel der Pfarrer der Mauritzkirche vom Glauben ab. 1556 führte der Pfarrer Johannes Kunczl von der Marienkirche praktisch das Luthertum in seiner Gemeinde ein. Der Bischof verwarnte ihn mehrfach und lud ihn vor. Kunczl erschien und versprach Gehorsam, ließ sich aber in seinem protestantischen Gehaben nicht stören. Erst als eine kaiserliche Kommission sich des Falles annahm, wurde Kunczl abgesetzt und ausgewiesen. 1557 mußte gegen den Pfarrer von St. Blasius, Martin Adler, eingeschritten werden. Der Stadtrat von Olmütz deckte ihn genauso wie die anderen abgefallenen Priester und entsprungenen Mönche. Unter solchem Schutz wühlte Adler weiter und nahm sogar eine Frau zu sich. Endlich wurde er auf Befehl des Kaisers aus der Stadt verwiesen. Er hielt sich in der Umgebung verborgen. Der Bischof traute sich zu Weihnachten nicht nach Olmütz. Der Generalvikar und Pfarrer von St. Mauritz wagte nicht, die Mitternachtsmesse zu feiern. Auf Befehl des Kaisers fand sich 1558 der Stadtrat bereit, die beiden in der Stadt befindlichen Prädikanten fortzuschaffen. 1558 bestand der Bischof auf seinem Recht, die vom Rat präsentierten Geistlichen in ihr Amt einzusetzen. Kühn war ein schwacher Mann. Er klagte über die Zunahme der Sekten, raffte sich aber nicht zu tatkräftigen Maßnahmen auf. Er stand der Entwicklung hilflos gegenüber. Er war nicht imstande, wirksame Maßnahmen gegen die Apostaten zu ergreifen, die viele Gläubige mit sich zogen. Der Stadtrat von Olmütz schützte die protestantischen Prediger, und die königliche Landesverwaltung vermochte es häufig nicht, sich ihm gegenüber durchzusetzen. 1564 wurde die Kelchkommunion gestattet. Aber diese Konzession begünstigte lediglich das nunmehr unmerkliche Fortschreiten des Protestantismus.

V.

Wilhelm Prusinowsky von Wiczkow (1565-1572)

Wilhelm Prusinowsky war Schüler der Jesuiten. Am 9. März 1565 wurde er zum Bischof gewählt, nach Erlangen der päpstlichen Bestätigung am 13. April 1565 empfing er die Bischofskonsekration.

In dieser Zeit regierte in Prag und im Deutschen Reich König und Kaiser Maximilian II., der den Protestantismus begünstigte. Maximilian machte 1565 einer Olmützer Gesandtschaft Versprechungen bezüglich der freien Ausübung des protestantischen Bekenntnisses. Der Protestantismus drang nunmehr siegreich vor. Es war aber auch nicht so, daß die Katholiken lediglich eine verschwindende Minderheit gewesen seien; vielmehr sind die Statistiken, die von den Autoren angeboten werden, regelmäßig zugunsten der Protestanten geschönt. Zur Zeit Maximilians II. wird die Zahl der Katholiken in Mähren auf ein Fünftel geschätzt, schwerlich zu Recht. Denn die propagandistische Tüchtigkeit und die Rücksichtslosigkeit der Nichtkatholiken ließen die Katholiken schwächer erscheinen, als sie waren. Im Vergleich zu anderen Gebieten Österreichs war die katholische Religion im Adel verhältnismäßig stark vertreten.

In Wilhelm Prusinowsky sandte Gottes Vorsehung dem Bistum Olmütz einen vorbildlichen Oberhirten. Er vereinte Energie und Klugheit, Gelehrsamkeit und Scharfsinn. Vor allem war er von brennendem Eifer für den Glauben erfüllt. Er rief die Jesuiten nach Olmütz, die bald mit großen Erfolgen ihre Arbeit durchführten. Am 4. Oktober 1569 konnten die 17 Mitglieder des Ordens das neue Gebäude beziehen. Ihr Kollegium gewann internationale Bedeutung. Für Priesterkandidaten und Adlige errichtete Prusinowsky in Verbindung mit den Jesuiten drei Schulen, eine Lateinschule, ein geistliches Seminar und ein weltliches Seminar. Den Schulen wandte der Bischof seine gesteigerte Aufmerksamkeit zu. Zum erstenmal seit langer Zeit konnte die Fronleichnamsprozession in Olmütz wieder gehalten werden; der Bischof selbst trug das Allerheiligste durch die Straßen der Stadt (1567). 1568 hielt Prusinowsky gegen den Willen Kaiser Maximilians die vom Konzil von Trient vorgeschriebene Diözesansynode ab. Sie wurde der Ausgangspunkt der katholischen Erneuerung in Mähren. Die Verwendung der (tschechischen und deutschen) Landessprache im Gottesdienst wurde abgelehnt. Prusinowsky war eifrig darauf bedacht, gute Schriften zu verbreiten; auf eigene Kosten ließ er die Bibelübersetzung Hieronymus Emsers drucken. Dieser Bischof leistete persönlich einen schonungslosen Einsatz. Entsprechend heftig war der Haß, der ihm von den Feinden der Kirche entgegenschlug. Übermütige protestantische Adelige überschütteten ihn mit Hohn und Spott. Bei dem Versuch, die Stadt Troppau zur Entfernung des Prädikanten zu bewegen, erfuhr er die Wut der Irrgläubigen und geriet in Lebensgefahr. Die Stadt setzte sich über das Recht hinweg, wonach sie nur einen Geistlichen annehmen durfte, den der Bischof approbiert hatte. Nach diesem Mißerfolg breitete sich der Protestantismus in Troppau noch weiter aus. Unter Prusinowsky erreichten die Übergriffe der Patrone gegen den Klerus ihren Höhepunkt; die Disziplin der Geistlichen kam dementsprechend herunter. Die Versuche, die Pikarditen zu bekehren, welche die Jesuiten unternahmen, blieben ohne großen Erfolg. Dennoch wurde dank der Energie des Bischofs dem Vordringen des Protestantismus bis zu einem gewissen Grade Einhalt geboten. Im Alter von 37 Jahren wurde der eifrige und furchtlose Mann aus dieser Zeitlichkeit abberufen. Ein Steinleiden hatte ihn lange Zeit furchtbar gequält.

VI.

Johannes XIV. Grodetzky (1572-1574)

Zu allem Unglück kam noch eine zwiespältige Bischofswahl über das Bistum Olmütz. Johannes Grodetzky wurde am 16. Juli 1572 gewählt und erlangte am 19. November 1572 die päpstliche Bestätigung. Er konnte erst nach Beilegung der Wahlstreitigkeiten von seinem Amt Besitz ergreifen. Grodetzky stammte aus der Diözese Breslau und war in Philosophie, Theologie und den Rechten trefflich gebildet. Als Propst in Brünn führte er die Jesuiten ein, als Bischof schützte er sie. Ein Privileg Maximilians II. vom 22. Dezember 1574 rief die Universität ins Leben. Grodetzky war leider ein kranker Mann, der sich von seiner Schwäche nicht erholen konnte. Es war ein großer Schaden für die Kirche, daß in entscheidungsvoller Zeit Männer den Bischofsstab führten, die körperlich den Anforderungen ihres Amtes nicht gewachsen waren.

VII.

Thomas Albinus von Helfenberg (1574-1575)

Thomas Albin wurde am 8. März 1574 zum Bischof von Olmütz gewählt; er erhielt am 8. Oktober 1574 die Bestätigung des Papstes. Er besaß die Eigenschaften, die ein Bischof besitzen muß. Er war Doktor beider Rechte, gelehrt, fromm und sittenrein. Aus einer vor seiner Weihe eingegangenen Ehe hatte er mehrere Kinder. Er war den Jesuiten zugetan und förderte sie. Er übernahm von seinen Vorgängern eine hohe Schuldenlast, die seine Handlungsfreiheit einengte. Sein früher Tod verhinderte, daß sich die auf ihn gesetzten Hoffnungen erfüllten. Es war ein Unglück, daß das Bistum Olmütz im 16. Jahrhundert so viele Bischöfe hatte, denen nur eine kurze Regierungszeit beschieden war. Die Unruhe des Wechsels im höchsten Amt der Diözese kam den Irrlehrern gelegen. In den siebziger Jahren weilte Felician Ninguarda mehrfach, reformierend, in Olmütz. Bis zu einem gewissen Grade wurde dadurch das Ausfallen der Bischöfe für die katholische Erneuerung ergänzt oder ersetzt.

VIII.

Johannes XV. Mezon von Teltsch (1576-1578)

Mezon wurde am 13. Februar 1576 zum Bischof gewählt und am 4. Mai 1576 von Gregor XIII. bestätigt. Er war der erste Olmützer Bischof, der aus dem Collegium Germanicum hervorging. In Rom hatte er 1575 die Priesterweihe empfangen; der Breslauer Bischof Gerstmann erteilte ihm die Bischofskonsekration. Mezon war umfassend und vielseitig gebildet, zeichnete sich aus durch Sittenreinheit und Klugheit und besaß Eifer für den Glauben. Er war aber auch mißtrauisch und wenig umgänglich im Verkehr und verfocht seine Rechte heftig; damit machte er sich manche Feinde. Für die katholische Reform war er eingenommen. Als die mährischen Stände 1576 einen Beschluß betreffs der religiösen Toleranz faßten, gab er seine Zustimmung nicht. Inzwischen begann sich der Wind zu drehen. Mit Kaiser Rudolf II. kam ein überzeugt katholischer Herrscher zur Regierung. Als Rudolf 1577 Olmütz besuchte, lehnte er das Ersuchen des Stadtrates nach Freigabe des Luthertums entschieden ab, befahl vielmehr den königlichen Städten, keine Prädikanten anzustellen und keine Protestanten in den Stadtrat aufzunehmen. Der Kaiser übertrug dem Bischof die Bücherzensur, die Olmützer Drucker mußten den Druck lutherischer Schriften einstellen, der Gebrauch des lutherischen Katechismus wurde verboten, zeitweilig der protestantische Schulmeister von St. Mauritz durch einen katholischen ersetzt. Der Bischof begünstigte die Jesuiten. Er würde an der um diese Zeit einsetzenden energischen Rekatholisierung vermutlich lebhaften Anteil genommen haben, wenn ihn nicht der Tod im Alter von 36 Jahren hinweggerafft hätte. Dennoch war die Lage zu dieser Zeit noch ernst. Angeblich war der Protestantismus ,,auf dem Wege, sich ganz Mähren zu erobern" (Johann Kux). Wenn dieses Urteil vielleicht auch übertrieben ist, so zeigt doch das Schreiben, in dem Brus am 18. April 1578 die ihm angebotene Berufung auf den Bischofsstuhl in Olmütz ablehnte, die großen Schwierigkeiten, die den mährischen Oberhirten erwarteten.

IX.

Stanislaus II. Pawlowsky von Pawlowitz (1579-1598)

Nach einer strittigen Doppelwahl zweier anderer Kandidaten wurde der Schlesier Stanislaus Pawlowsky am 10. Juni 1579 einstimmig zum Bischof von Olmütz gewählt; er erlangte am 26. August 1579 die päpstliche Bestätigung. Pawlowsky hatte seine Studien in Rom als Zögling des Germanikums gemacht. Er war glänzend begabt und vorzüglich gebildet. Er war ein gewissenhafter Bischof und eifriger Priester, der in den Bahnen weiterging, die Prusinowsky gewiesen hatte. Pawloswsky vereinte Mut mit diplomatischem Geschick. Er suchte für seine Person weder Ruhe noch Schonung. ,,Pawlowsky kannte nur ein Ziel: die entschiedene und bewußte Rekatholisierung seiner Diözese" (Eduard Winter). Er war rastlos tätig, energisch und konsequent; sein Wirken veränderte die Lage in Mähren. Er ist „der Regenerator des mährischen Katholizismus" (Joseph Schmidlin).

Pawlowsky traf sein Bistum in einem beinahe verzweifelten Zustand an. Mähren war ein Tummelplatz der Sekten, vor allem der Pikarditen und der Widertäufer; denn Deutschland lieferte jede Art von Irrgläubigen. Der Rektor des Noviziates der Jesuiten in Brünn schrieb am 1. November 1581 an den General in Rom, er sei weit herumgekommen, aber nirgends habe er ein Land gefunden, in dem so viele Sekten und Häresien zu finden seien wie in Mähren. Wie andere erfolgreiche Restauratoren des Katholizismus wollte Pawlowsky nicht alles auf einmal machen, sondern setzte Schwerpunkte, ging er nicht willkürlich, sondern nach bestimmten Plan vor. Er setzte dort ein, wo er sich auf ein eindeutiges Recht stützen konnte. Das Recht war bekanntlich ein besonders schwacher Punkt der sogenannten Reformation. Rechtsbrüche begleiteten überall ihren Weg. Die Katholiken hatten dagegen sicheren Rechtsboden unter den Füßen. In langwierigem Bemühen gelang es Pawloswsky, die katholische Religion in seiner Bischofsstadt wieder aufzurichten. Die protestantischen Lehrer wurden ausgewiesen. Von Konzessionen an die Neuerer hielt Pawlowsky nichts. Am 3. April 1585 schrieb er an Johann Leisentritt in Bautzen, daß die Gegner der rechtgläubigen Religion um so hartnäckiger würden, je mehr man ihnen zugestehe. Hand in Hand mit der Beseitigung der Irrlehre ging die katholische Erneuerung. Den Klerus, voran das Domkapitel, führte der Bischof zu Frömmigkeit und Disziplin zurück. Die Geistlichen ließ er visitieren, um sie zu festigen, zu heben und zurückzuführen. Den Entzug der geistlichen Gerichtsbarkeit über den Klerus durch die Herren suchte er rückgängig zu machen, weil er die Unterstellung der Geistlichen unter die weltliche Gerichtsbarkeit als ein Mittel erkannte, die Stellung der Kirche zu untergraben. Im Jahre 1591 hielt er eine Diözesansynode ab, auf der er die Beschlüsse des Trienter Konzils publizierte und heilsame Statuten, vor allem für den Klerus, erließ. In Olmütz erhielten die angehenden Priester ihre wissenschaftliche, in Kremsier ihre pastoral-praktische Ausbildung. Jetzt endlich standen gute Priester in größerer, wenn auch nicht ausreichender Zahl zur Verfügung, die an die Stelle der Abgefallenen oder der Zuchtlosen treten konnten. Pawlowsky legte größtes Gewicht auf die Besetzung der geistlichen Stellen mit würdigen, sittenreinen und kenntnisreichen Klerikern. Durch Kauf brachte er das Verleihungsrecht für manche kirchlichen Stellen in seine Hand. So erwarb er Groß-Wisternitz samt dem Patronatsrecht und vermochte die Pfarrei, in welche die Olmützer Protestanten ausgewichen waren, mit einem katholischen Priester zu besetzen. Eine ansehnliche Zahl von Gemeinden erhielt katholische Pfarrer. Nicht weniger als des Klerus nahm sich Pawlowsky der Laien an. Die schwankenden Gläubigen festigte er, die abgefallenen suchte er zurückzugewinnen. Dabei hatte er unbestreitbare Erfolge. Die Übertritte zur katholischen Kirche nahmen zu. Als besonders wirksam für die Rekatholisierung erwies sich der Besitz der Grundherrschaft. Wo der Bischof oder der König Grundherr war, konnte die katholische Religion völlig wiederhergestellt werden. Pawlowsky brachte die katholische Religion im Bistum kraftvoll voran, unterstützt von den hohen katholischen Beamten des Landes und dem auf katholischen Schulen erzogenen jungen Adel. An Kaiser Rudolf fand er wenig Rückhalt. Der Herrscher war guten Willens, aber ohne Mut. Wegen des Mangels an Unterstützung durch den König und wegen des Entgegenwirkens durch den protestantischen Adel konnte der Bischof freilich nur begrenzte Erfolge erzielen. Noch immer gab es eine beträchtliche Anzahl von Protestanten und überschwemmte protestantisches Schrifttum das Land. Pawlowsky huldigte nicht dem Fehler so vieler Bischöfe, nämlich sich etwas vorzumachen, um die traurige Wirklichkeit nicht sehen zu müssen; er gab vielmehr zu, daß trotz all seiner Bemühungen die Häresie in Mähren keineswegs beseitigt war.

X.

Franz von Dietrichstein (1599-1636)

Dietrichstein ging aus dem Germanikum hervor. Er wurde 1597 zum Priester geweiht und 1599 zum Kardinal erhoben. Dietrichstein wurde vom Olmützer Domkapitel am 26. Mai 1599 zum Bischof gewählt. Am 1. September 1599 erhielt er die päpstliche Bestätigung.

Franz von Dietrichstein war ein gelehrter und frommer Mann, streng gegen sich selbst und milde gegen andere, ein wahrer Regent und Vater der Armen. Er war ein Bischof, der seinen Priestern durch sein Beispiel voranleuchtete. Er predigte gern, spendete das Bußsakrament, teilte die Kommunion aus und schritt gelegentlich barfuß in sakramentalen Prozessionen einher. Die Spendung der Sakramente, die Betreuung der Kranken und die Abhaltung der Wallfahrten waren ihm besonders angelegen. Er selbst verbrachte ganze Nächte im Beichtstuhl. Im Noviziatshaus der Jesuiten zu Brünn oblag er den geistlichen Übungen. Er besaß Willenskraft und war der geborene Regent. Seit 1602 war Franz von Dietrichstein Stellvertreter des Landeshauptmanns. Er besaß das Vertrauen der Kaiser und der Päpste seiner Zeit. 1607 wurde er Präsident des kaiserlichen Geheimen Rates, von 1621 bis 1636 war er Gubernator von Mähren. Er förderte die Ausbreitung des Deutschtums in Mähren und war für Wissenschaft, Schulwesen und Kunst besorgt. Gleichzeitig war er jedoch seinem Bistum kein tüchtiger Verwalter in den zeitlichen Dingen; die Schuldenlast wuchs, der Bischof konnte nicht haushalten. Allerdings waren auch seine Ausgaben im Kampf gegen die Irrlehren hoch.

Franz von Dietrichstein ergriff energische Anstalten, um den Protestantismus zu unterdrücken. Die meisten Irrgläubigen sah er aus Unwissenheit der Häresie anhängen, wogegen er bei manchen Vornehmen Bosheit als Grund angab. 1598 wurden die obersten Ämter Mährens Katholiken übertragen. Von katholischen Standesherren unterstützt, arbeitete der Bischof an der Erhaltung und der Wiederherstellung der katholischen Religion. Mit einem seiner selbst nicht achtenden Eifer verwandte er sich für die Bekehrung der Abgeirrten. Er führte Tausende zum Glauben zurück. In seinen häufigen Predigten stärkte er die Katholiken und lud die Ungläubigen zur Rückkehr in die wahre Kirche ein; der Jugend erteilte er persönlich Unterricht. Die protestantischen Prediger und Lehrer wurden ausgewiesen, den Bewohnern wurde das Auslaufen zum nichtkatholischen Gottesdienst untersagt. Die Jesuiten entfalteten eine eifrige Missionstätigkeit. In vielen Städten kehrten zahlreiche Bürger zum Glauben zurück. Olmütz wurde (zunächst äußerlich) wieder eine katholische Stadt. Die Teilnahme an der Fronleichnamsprozession wurde zum Prüfstein der katholischen Gesinnung. In Troppau, wohin sich Franz persönlich unter Lebensgefahr begab, erreichte er die Ausweisung der Prädikanten. Katholische Grundherren folgten seinem Vorbild. So führte beispielsweise Albrecht von Waldstein, der Herr der Stadt Wsetin, die Rekatholisierung durch. Aus fünfzig katholischen Pfarreien in Mähren waren 1619 etwa 280 geworden. Dennoch gab es noch nicht wenige Protestanten im Lande. Die protestantischen Grundherren ließen in den königlichen Städten in ihren Häusern Gottesdienst halten, und er nahm infolge des Zulaufs von Bewohnern der Städte beinahe den Charakter öffentlichen Gottesdienstes an. Es kamen auch immer wieder Rückschläge vor, die vor allem der unglücklichen Politik Rudolfs und des Matthias anzulasten sind. Bei der Erneuerung des Olmützer Stadtrates am 23. April 1610 gelangten erneut Protestanten an die Spitze.

Franz von Dietrichstein wußte um die entscheidende Bedeutung des Klerus und der Klöster für die Verwurzelung der heiligen Religion in den Menschen. Immer noch war der Mangel an genügend vielen theologisch geschulten, seelsorgerlich befähigten und sittenreinen Priestern eines der Haupthindernisse der katholischen Reform. Für die Heranbildung guter Priester war Franz nichts zuviel. 1613 ließ er sich von Papst und Kaiser zum Visitator der Klöster seines Sprengels ernennen. Die Regeneration der katholischen Kirche hielt unter seiner Regierung an.

Der böhmische und mährische Aufstand brachte noch einmal dem Protestantismus große Vorteile und Gewinne. Franz von Dietrichstein wurde 1619 enteignet und ausgewiesen. Aber diese Erfolge der Feinde des Glaubens waren von kurzer Dauer. Die Empörung wurde niedergeworfen. Der Olmützer Bischof führte nach der Schlacht am Weißen Berge als kaiserlicher Generalkommissar die Bestrafung der Rebellen durch. Die Jesuiten kehrten zurück und faßten an Orten wie Iglau, Znaim, Hradisch, Troppau und Teschen Fuß. Zu ihnen traten die Kapuziner, die an vielen Orten Niederlassungen errichteten, und die Piaristen, die sich in zahlreichen Städten dem Unterricht zuwendeten. Ihre Tätigkeit war gesegnet. Viele Irrgläubige bekehrten sich in der Folge, andere wanderten aus. Ein Problem war die nicht unbeträchtliche Zahl geheuchelter Konversionen zur katholischen Kirche. 1622 wurde die Bewilligung des Laienkelches widerrufen. Mit Hilfe königlicher Mandate wurde die häretische Religionsübung abgestellt. Das Patent vom 9. April 1624 erklärte für Mähren die katholische Religion allein als erlaubt. Als Gehilfen bei der Rekatholisierung dienten dem Bischof vor allem Ernst Plateis von Plattenstein, Karl von Hüttendorf und Hans Jakob Freiherr von Magnis. Ihnen erteilte er am 8. Dezember 1624 eine Instruktion über ihr Vorgehen. Am 23. Januar und 22. März 1625 stellte Dietrichstein die Bewohner der königlichen Städte vor die Wahl, sich entweder zu bekehren oder nach Veräußerung ihres Eigentums Mähren zu verlassen. Auf dem in seiner Gegenwart gehaltenen Landtag von Znaim (27. Juni — 3. Juli 1628) bekundete der Kaiser seine Entschlossenheit, um des Friedens und der Wohlfahrt des Landes willen keinen anderen Glauben als den katholischen dulden zu wollen. Der Kaiser selbst machte die bekannte Alternative am 9. März und 2. September 1628 für Mähren verpflichtend. Der Termin für die Auswanderung wurde mehrmals verlängert. Immer noch war der protestantische Teil des Adels die Hauptstütze der Irrlehre. Ein Mann wie Karl von Zierotin unterhielt auf seinen Besitzungen Dutzende protestantischer Prediger. Dagegen wurde jetzt endlich eingeschritten. Am 9. März 1628 stellte Ferdinand II. auch den bisher tolerierten Adel vor die Wahl, entweder katholisch zu werden oder das Land zu verlassen.

10. Abschnitt

Kirchenprovinz Riga

1. Kapitel

Erzbistum Riga

Arbusow, Leonid, Livlands Geistlichkeit vom Ende des 12. bis ins 16. Jahrhundert: Jahrbuch für Genealogie, Heraldik und Sphragistik 1901, Mitau 1902, 1-60; 1902, Mitau 1904, 39-134

Arbusow, Leonid, Wolter von Plettenberg und der Untergang des Deutschen Ordens in Preußen. Eine Studie aus der Reformationszeit Livlands (= Schriften des Vereins für Reformationsgeschichte 36. Jgg. 2. Stück Nr. 131), Leipzig 1919

Arbusow, Leonid, Die Einführung der Reformation in Liv-, Est- und Kurland (= Quellen und Forschungen zur Reformationsgeschichte Bd. III), Leipzig 1921, Neudruck: Aalen 1964

Berendts, Alexander, Johann von Blankenfeld, Erzbischof von Riga, Bischof von Dorpat und Reval: Baltische Monatsschrift 53, 1902, 408-427; 54, 1902, 29-60

Bergengrün, Alexander, Herzog Christoph von Mecklenburg, letzter Koadjutor des Erzbistums Riga. Ein Beitrag zur livländischen und mecklenburgischen Geschichte (= Bibliothek Livländischer Geschichte II. Bd.), Reval 1898

Berkholz, C. A., Beiträge zur Geschichte der Kirchen und Prediger Riga's. 1. Abth.: Geschichte der einzelnen Kirchen nebst chronologischem Verzeichniß der Prediger und statistischen Auszügen aus den Kirchenbüchern, Riga 1867

Girgensohn, J., Markgraf Wilhelm von Brandenburg bis zu seiner Wahl zum Coadjutor des Erzbischofs von Riga: Mittheilungen aus dem Gebiete der Geschichte Liv-, Est- und Kurlands 14, 1890, 344-354

Hellmann, M., Livland: LThK VI, 2. Aufl., 1961, 1106f.

Helmsing, J. Th., Die Reformationsgeschichte Livlands in ihren Grundzügen dargestellt. Eine Festgabe zur Feier der Enthüllung des Luther-Denkmals in Worms, Riga 1868

Hoerschelmann, F., Andreas Knopken, der Reformator Rigas. Ein Beitrag zur Kirchengeschichte Livlands, Leipzig 1896

Karge, Paul, Die Reformation und Gottesdienstordnung des Markgrafen-Erzbischofs Wilhelm von Riga vom März 1546: Mitteilungen aus der livländischen Geschichte 22, 1924-1928, 120-161

Kleeberg, Gerhard, Die polnische Gegenreformation in Livland (= Schriften des Vereins für Reformationsgeschichte Jgg. 49 Heft 2 Nr. 152), Leipzig 1931

Klocke, Friedrich von, Wolter von Plettenberg, in: Bömer, Aloys, Leunenschloß, Otto (Hrsg.), Westfälische Lebensbilder I, Münster i. W. 1930, 358-383

Lahrkamp, H., Plettenberg: LThK VIII, 2. Aufl., 1963, 562

Lange, Harald, Der Streit zwischen dem Erzbischof Wilhelm und dem Rigaschen Domkapitel wegen der erledigten Propstei 1561: Mitteilungen aus der livländischen Geschichte 21, 1911-1923, 30-83

Lenz, Wilhelm, Johann VII. Blankenfelde: NDB 10, 1974, 520f.

Maybaum, Heinz, Christoph, Herzog zu Mecklenburg: NDB 3, 1957, 247

Muther, Blankenfeld: ADB 2, 1875, 689f.

O'Rourke, Eduard, Livland: LThK VI, 1934, 619f.

O'Rourke, Eduard, Riga: LThK VIII, 2. Aufl., 1963, 1308f.

Pohrt, Otto, Reformationsgeschichte Livlands. Ein Überblick (= Schriften des Vereins für Reformationsgeschichte Jgg. 46 Heft 2 Nr. 145), Leipzig 1928

Quednau, H., Johann Lohmüller, Stadtsyndikus in Riga, ein Träger deutscher Reformation in Nordosteuropa. Mit einer Auswahl aus seinen Schriften: Archiv für Reformationsgeschichte 36, 1939, 51-67, 253-269

Schiemann, Theodor, Charakterköpfe und Sittenbilder aus der baltischen Geschichte des 16. Jahrhunderts, Mitau 1877

Schiemann, Theodor, Wolter von Plettenberg: ADB 26, 1888, 282-288

Schnöring, Wilhelm, Johannes Blankenfeld. Ein Lebensbild aus den Anfängen der Reformation (= Schriften des Vereins für Reformationsgeschichte 23. Jgg. 1. Stück Nr. 86), Halle a. d. S. 1905

Schwartz, Ph., Ueber die Wahlen der livländischen Ordensmeister: Mittheilungen aus dem Gebiete der Geschichte Liv-, Est- und Kurlands 13, 1886, 453-468

Wittram, Reinhard (Hrsg.), Baltische Kirchengeschichte. Beiträge zur Geschichte der Missionierung und der Reformation, der evangelisch-lutherischen Landeskirchen und des Volkskirchentums in den baltischen Landen, Göttingen 1956

I.

Michael Hildebrand (1484-1509)

Unter Livland im weiteren Sinne verstand man im 16. Jahrhundert das gesamte Gebiet der baltischen Territorien Estland, Lettland und Kurland. Livland bestand aus Gebieten, die allesamt geistliche Landesherren hatten: den Erzbischof von Riga, die Bischöfe von Dorpat, Ösel-Wiek und Kurland sowie den Meister des Deutschen Ordens. Livland gehörte nominell zum Deutschen Reich. Die Landesherren empfingen vom Kaiser die Belehnung; sie waren deutsche Reichsfürsten. Livland hatte einen gemeinsamen Landtag. Er wurde vom Erzbischof und vom Ordensmeister einberufen und teilte sich in die vier Stände des Ordens, der Prälaten, der Ritterschaften und der Städte. Auch der Deutsche Orden bildete einen Teil des Deutschen Reiches. Er stand in Livland unter der ständigen Bedrohung der Russen, die auf seinen Staat drückten. Der Deutsche Orden hatte schon vor Ausbruch der Glaubensneuerung seinen geistlichen Charakter in starkem Maße eingebüßt und war zu einem politischen Unternehmen geworden.

In Livland bestanden das Erzbistum Riga und die Bistümer Dorpat, Reval, Ösel-Wiek und Kurland. Die Bistümer außer Reval besaßen bedeutenden Landbesitz. Zwischen ihnen und dem Deutschen Orden gab es eine ständige Rivalität, wer die Macht im Lande habe. Die Eifersucht und der Zwist zwischen dem Deutschen Orden und den Bischöfen bereiteten den Boden für die kirchliche Revolution. Innerhalb der Bistümer existierten starke Interessengegensätze zwischen Bischof und Rittern. Die Städte strebten nach Selbständigkeit. Die wirkliche Macht lag mehr bei der Ritterschaft und den Städten als bei den Bischöfen.

Der Rigaer Erzbischof Michael Hildebrand war ein frommer und pflichtbewußter, aber auch den erlaubten Freuden des Lebens zugetaner Mann.

II.

Kaspar Linde (1509-1524)

Kaspar Linde war nach fast einem Jahrhundert der erste frei gewählte Erzbischof; am 23. Mai 1509 erhielt er die päpstliche Bestätigung. Kaspar Linde war ein Bischof, der um die religiöse und sittliche Hebung seiner Anvertrauten besorgt war. Seine Reformbestrebungen scheiterten in der Hauptsache an dem Widerstand der Ritter und der Städte. Linde war aber auch schwach und furchtsam.

Unter Lindes Regierung machte sich das Wittenberger „Evangelium" in Livland bemerkbar. Die Gründe für seinen Erfolg waren hier keine anderen wie im deutschen Kernland. Die Agitation der Neuerer stützte sich auf die Unzufriedenheit der Bauern, Emanzipationsbestrebungen der Städter und die Spannungen zwischen dem Deutschen Orden und den Bischöfen. „Fast überall verbanden sich mit der mehr oder weniger klaren Erkenntnis des gereinigten Evangeliums die irdischen Leidenschaften und mancherlei Antriebe menschlich-gewöhnlicher Art" (Reinhard Wittram). Die Brüder Jakob und Andreas Knopken brachten den Protestantismus nach Riga. In der bekannten Mischung von sozialen Motiven, Geißelung von Mißständen, Ressentiments und dem Schein der Frömmigkeit hetzte vor allem Andreas Knopken das Volk auf. Geschickt erwähnte er in der ersten Zeit Luther überhaupt nicht. Im Sommer 1522 hatte er in Riga bereits die Anfänge einer protestantischen Gemeinde gebildet. Weder der Stadtrat noch der Ordensmeister Plettenberg unternahmen etwas gegen die Wühlarbeit Knopkens. Das von Plettenberg vorgeschlagene Kolloquium zwischen Abgefallenen und Katholiken, das am 12. Juni 1522 stattfand, war von vornherein durch Teilnehmer und Ort darauf hingerichtet, dem Knopken eine Propagandaplattform zu eröffnen. Die treibende Kraft des Protestantismus in Riga war der ehrgeizige und skrupellose Stadtsekretär Johannes Lohmüller. Mit dem Erscheinen von Sylvester Tegetmeyer aus Hamburg im Herbst 1522 wurde der an Zahl zunehmende Protestantismus in Riga fordernder und aggressiver. Fanatisch eiferte er gegen die katholische Kirche und ihre Einrichtungen. „Die scharf angreifende Sprache scheint mehr oder weniger allen evangelischen Predigern gemeinsam gewesen zu sein" (Reinhard Wittram). Im Oktober 1522 bestellte der Rat von Riga widerrechtlich Knopken und bald darauf Tegetmeyer zu Predigern an der Peters- und der Jakobuskirche. Durch Gewaltmaßnahmen der Mehrheit des Stadtrates wurden die beiden Pfarrkirchen in Riga mit Prädikanten besetzt. Knopken und Tegetmeyer gingen, vom Stadtrat gefördert und geschützt, daran, die Bevölkerung dem katholischen Glauben abwendig zu machen. Der Rigaer Stadtschreiber Johannes Lohmüller nahm persönliche Beziehungen zu Luther auf. Dieser wandte sich dreimal mit Sendschreiben an seine Anhänger in Livland und fachte das Feuer an. Die Irrlehre breitete sich aus. Die Katholiken ließen jedoch die Verführung des Volkes nicht widerstandslos geschehen. Vor allem die Franziskaner deckten auf der Kanzel die lutherischen Irrlehren auf. Der Erzbischof Linde sandte 1523 einige Mönche zum Papst und zu dem Markgrafen Philipp von Baden, der während der Abwesenheit Karls V. den Angelegenheiten des Reiches vorstand, um ein Einschreiten gegen die Aufrührer zu veranlassen. Die Protestanten spotteten jedoch der päpstlichen und der kaiserlichen Macht und nahmen die Mönche bei der Rückkehr gefangen. Die Saat, welche die Prädikanten mit ihrer Hetze gesät hatten, ging auf. Andreas Knopken und Sylvester Tegetmeyer entfesselten im Frühjahr 1524 einen Kloster- und Bildersturm in Riga. Mit Gewalt ging der protestantische Pöbel gegen die Katholiken vor. Die Kirchen wurden gestürmt und verwüstet. Mit den standhaften Gegnern der Neuerung machte man kurzen Prozeß. Am 2. April 1524 wurden die Franziskaner aus der Stadt ausgewiesen. Dasselbe Schicksal widerfuhr den Dominikanern und den Weltgeistlichen. Im November 1524 wurde der Dom zu Riga für den katholischen Gottesdienst geschlossen.

Kein einziger Bischof Livlands neigte der neuen Lehre zu. Der Metropolit Kaspar Linde wehrte ihr nach Kräften Auf dem Prälatentag zu Ronneburg im Jahre 1521 versammelte er die Bischöfe seiner Kirchenprovinz, um mit ihnen (auch) über die lutherische Bewegung zu sprechen. Es wurde beschlossen, die Bannbulle gegen Luther „zu gelegener Zeit“ bekanntzugeben. Vermutlich war dieses vorsichtige Vorgehen von der Furcht vor den oppositionellen Kräften im Lande bestimmt. In Riga scheint die Verkündigung der Bannbulle 1522 begonnen zu haben. In Dorpat und Reval erfolgte sie Anfang 1522. Die Stände lehnten dagegen auf dem Landtag zu Wolmar 1522 jedes Vorgehen gegen das Luthertum ab. Sie erklärten, die lutherische Sache solle im Land „in Ruhe hangen und bleiben“, bis sie außerhalb desselben durch ein Konzil oder anderswie entschieden werde. Das bedeutete freie Bahn für den Abfall. Die Herren und die Städte sahen in der Lehre Luthers das Mittel, die geistlich-weltliche Herrschaft der Bischöfe, die ihnen lästig war, zu beseitigen. Der Erzbischof Linde war alt und kränklich. Das Domkapitel drang in Erkenntnis der drohenden Gefahren darauf, ihm einen Koadjutor zu geben. Linde war damit einverstanden. Wohl in der zweiten Hälfte des Jahres 1522 wurde Johannes Blankenfeld dazu gewählt. Am 11. Mai 1523 ernannte Clemens VII. ihn zum Koadjutor Lindes mit dem Recht der Nachfolge.

III.

Johannes Blankenfeld (1524-1527)

Mit Blankenfeld kam der richtige Mann an den richtigen Platz. Er war am 2. August 1503 in Bologna zum Doctor utriusque iuris promoviert worden. In Leipzig hatte er als Mitglied der Juristenfakultät Zivilrecht gelehrt. In Frankfurt war er Professor derselben Fakultät gewesen. Seit 1514 war er Bischof von Reval, seit 1518 auch Bischof von

Dorpat. Er war ein begabter und gelehrter Mann, besaß diplomatische und Regentenbefähigung, hatte einen festen und unbeugsamen Charakter. Blankenfeld suchte Hilfe für die bedrohte Kirche in Livland. Im Juli 1523 schickte er eine aus zwei Franziskanern bestehende Gesandtschaft an den Heiligen Stuhl, um Maßnahmen gegen die Neuerer zu erwirken. Bomhover, einer der beiden Abgesandten, öffnete den Römern die Augen über das, was in Riga vorging. Später begaben sich die Rigaer Franziskaner auch zum Reichstag in Nürnberg, wo sie den Legaten Lorenzo Campeggio berieten, wie man der Irrlehre Herr werden könne; dabei wurden wertvolle Reformvorschläge unterbreitet. Blankenfeld hoffte auch auf die Unterstützung des Reiches. So brachte auf dem Reichstag zu Speyer im August 1526 der von den Protestanten aus Riga vertriebene Dominikanerprior Konrad Welder seine Klagen über die Lage in Livland vor. Aber das Reich vermochte den livländischen Katholiken nicht zu helfen. Die lutherischen Rigaer spotteten des Kaisers, weil sie seine Macht nicht zu fürchten hatten.

Linde starb am 29. Juni 1524, und Blankenfeld folgte ihm als Metropolit nach. Als er Erzbischof von Riga wurde, verzichtete er auf das Bistum Reval. Die Gegner des katholischen Glaubens formierten sich, als Blankenfeld das Erzbistum Riga übernahm. Auf dem Revaler Ständetag im Juli 1524 beschlossen die Vertreter von Riga, Reval und Dorpat, sich zur Verteidigung der Religionsneuerung zusammenzuschließen. Der Vertreter der Ritterschaft des Erzbistums Riga und des Bistums Ösel sprach sich ebenfalls in lutherischem Sinne aus, wenn auch hauptsächlich aus pragmatischen Gründen. Ende des Jahres 1524 wurde der katholische Gottesdienst in Riga gänzlich verboten. Blankenfeld ließ sich jedoch nicht entmutigen. Er nahm den Kampf gegen den Protestantismus entschieden auf. Wo er die Macht hatte, verjagte er die Prädikanten, so in Kokenhusen und Lemsal. An der Feindschaft gegen das protestantische Wesen hat er „festgehalten bis zum letzten Atemzuge, noch in der Todesstunde darauf bedacht, ihm Einhalt zu tun und es zu unterdrücken" (Schnöring). Blankenfeld konnte von sich sagen, daß mehr nicht getan werden konnte, als er getan hatte, um dem Unheil zu wehren. Bei seiner Abwehr standen ihm vereinzelt mutige Männer zur Seite. Ein unbeugsamer Kämpfer war und blieb der Franziskaner Antonius Bomhover. Er erduldete Haft und Verfolgung für seinen Glauben. Zeitweilig (1527) war er wieder in Riga und danach in Reval. Als die sogenannte Reformation schon die Macht in Riga errungen hatte (1526), überwogen die Anhänger der katholischen Kirche noch bei weitem; sie wurden nun gewaltsam protestantisiert. Fast überall in Livland lebten noch lange Zeit Katholiken und Protestanten nebeneinander. Aus den Klöstern schieden infolge Abfalls die unsicheren Elemente aus, während die verbleibenden Insassen um so treuer zur Kirche hielten.

Auf die Verhältnisse in Riga konnten die Ereignisse in Preußen nicht ohne Rückwirkung bleiben. Dort vollzog sich der Zusammenbruch des Deutschen Ordens. Am 10. April 1525 ließ sich Albrecht von Brandenburg in Krakau zum erblichen Herzog in Preußen unter der Oberhoheit Polens erklären. Nach dem Abfall des Hochmeisters vom katholischen Glauben hatte Livland ein protestantisches Land zum Nachbarn. Im livländischen Zweig des Deutschen Ordens drang die Neuerung langsam, aber stetig vor. Der Ordensmeister Wolter von Plettenberg (1494-1535) war zwar selbst Katholik, begünstigte aber aus Rivalität gegen den Rigaer Erzbischof die Protestanten. Er war ein tüchtiger und pflichtbewußter Regent; er betrieb Politik für den Nutzen des livländischen Zweiges des Deutschen Ordens, wie er ihn begriff. Die Ausbreitung des Protestantismus geschah gewaltsam und hätte nur durch Gewalt gehindert werden können. Dazu vermochte sich Plettenberg nicht zu verstehen. Der innere Krieg würde, so fürchtete er, das Land dem äußeren Feind ausliefern. Aus politischen Erwägungen sah er von energischem Eingreifen gegen den Protestantismus ab, aber gerade der Protestantismus zerstörte die politischen Grundlagen seiner Macht. Das Zögern und die Unentschlossenheit Plettenbergs verschafften der Irrlehre die Zeit, ihre Eroberungen zu machen. Immer wieder gab er den Neuerern nach, bis es zu spät war, um den katholischen Glauben zu erhalten. Plettenberg resignierte vor der Wucht der lutherischen Bewegung. Er kam den Bischöfen nicht zu Hilfe, beschwichtigte vielmehr die besorgten Prälaten. Von protestantischer Seite legte man ihm den Verrat am Orden nahe. Im Juni 1525 verfaßte der Stadtsekretär Johannes Lohmüller für Plettenberg eine Denkschrift mit dem Vorschlag, Livland in ein weltliches Fürstentum zu verwandeln. Im Januar 1526 stieß Friedrich von Heydeck, ein ehemaliger Angehöriger des Deutschen Ordens, in dasselbe Horn. Plettenberg lehnte jedoch das Ansinnen, das Land zu säkularisieren, ab. Er meinte, aus der lutherischen Bewegung politischen Gewinn schlagen zu können. Die Stadt Riga benutzte das neue ,,Evangelium'', um sich der Landeshoheit des Erzbischofs zu entziehen, und weigerte sich, Blankenfeld als ihren Herrn anzuerkennen. Zu diesem Zweck bediente sie sich des Interessengegensatzes zwischen Erzbischof und Deutschem Orden. Der Rat von Riga spielte den Heermeister Plettenberg gegen den Erzbischof aus; er erbot sich, ihn als seinen einzigen Herrn anzuerkennen. Nach anfänglichem Zögern erklärte sich Plettenberg dazu bereit. Am 21. September 1525 trat er die ihm angetragene Herrschaft in Riga an, die er sich mit der Zusicherung, den Protestantismus nicht hindern zu wollen, erkaufte.

Der Ständetag von Reval (1524) hatte den Beschluß gefaßt, der nächste Landtag solle über das konfessionelle Schicksal Livlands entscheiden. Die Erwartungen der Protestanten, man werde dann die völlige Protestantisierung beschließen, erfüllten sich jedoch nicht. Auf dem Landtag in Wolmar (1525) taten sich vielmehr die Katholiken gegen die protestantisch beherrschten Städte zusammen; sie entschieden, vor dem Konzil weder Aufruhr noch Neuerung im Lande zu dulden. Aber dieser Beschluß vermochte das Geschehene nicht rückgängig zu machen und die weitere Protestantisierung nicht aufzuhalten.

Blankenfeld hatte weder beim Papst noch beim Kaiser wirksame Hilfe gegen die Revolution unter lutherischem Vorzeichen finden können. In seiner Not richtete er seinen Blick nach Osten. Blankenfeld hatte stets gute Beziehungen nach Moskau unterhalten und zwischen dem Großfürsten und dem Hochmeister des Deutschen Ordens den Vermittler gespielt. Der Hochmeister hatte geraume Zeit selbst ein Bündnis mit Rußland betrieben, das Blankenfeld als Prokurator in Rom beim Heiligen Stuhl verteidigen mußte. Welche Erwartungen er jetzt auf das Moskauer Großfürstentum setzte, ist nicht sicher. Von einem Ersuchen an die Russen, ihm militärische Hilfe zu leisten, kann jedenfalls keine Rede sein. Der livländische Heermeister Plettenberg nahm indes seine Beziehungen nach Moskau zum Anlaß, ihn gefangennehmen zu lassen (Dezember 1525). Damit schien alles verloren. Doch die Ritterschaft von Riga, die an der Verhaftung Blankenfelds beteiligt war, trat bald auf die Seite des Erzbischofs und hielt treu bei ihm gegen die Anfeindungen aus. Es kam zu einem Ausgleich zwischen Blankenfeld und Plettenberg. Auf den Landtagen zu Wolmar im März und Juli 1526 unterwarfen sich die livländischen Bischöfe dem Ordensmeister. Sie gaben ihre Reichsunmittelbarkeit und ihre Landeshoheit in gewisser Hinsicht preis. Dadurch sollte die Einheitlichkeit der Regierung des Landes gesichert werden. Alles hing jetzt von dem Verhalten des Deutschen Ordens ab. Angesichts der sich mehrenden Verfallserscheinungen konnten jedoch darauf keine großen Erwartungen gesetzt werden. Der Abfall breitete sich in ihm aus; die Lockung mit Land und Frauen verfing bei vielen Mitgliedern.

Blankenfeld war trotz der zeitweiligen Gefangennahme ungebrochen und rastlos um die Erhaltung der katholischen Religion bemüht. Nach seiner Freilassung suchte er Anlehnung an Polen, konnte aber von dort wirksamen Schutz nicht erlangen. Seine letzte Hoffnung waren Kaiser und Papst, zu denen er am 3. August 1526 aufbrach. In Rom suchte er die Kurie zum Handeln gegen den Abfall im Deutschen Orden aufzurütteln; er arbeitete auf die Wahl eines neuen Hochmeisters hin. Die Bestätigung des Wolmarer Vertrages erreichte er vom Heiligen Stuhl nicht, worauf er vielleicht im stillen gehofft hatte. Aber der Papst vermochte dem Rigaer Erzbischof nicht zu helfen. Denn ihm wuchsen angesichts des Kriegs mit dem Kaiser die eigenen Sorgen über den Kopf. In Deutschland suchte Blankenfeld den Salzburger Erzbischof Lang und den kaiserlichen Statthalter Ferdinand auf und betrieb, allerdings vergeblich, die Wahl des Wolter von Plettenberg zum Hochmeister des Deutschen Ordens. Anschließend trat er die Reise zu dem in Spanien weilenden Kaiser Karl V. an. Er starb auf dem Wege am 9. September 1527 in Torquemada an der Ruhr. Die letzten Gedanken des sterbenden Bischofs galten seinen Bistümern.

Blankenfeld war ein Bischof, dem Mut, Einsatzbereitschaft, Kampfeswille und Tapferkeit in gleicher Weise eigen waren. Zäh und geschickt focht er für die heilige Religion. Auf einsamer Warte hielt er aus. Nach Wilhelm Schnöring war er „eine bedeutende, vielseitige und gewaltige Persönlichkeit, von hohem Verstande und großer Gelehrsamkeit, von bewundernswertem diplomatischem Geschick und gewandtem Benehmen, von verzehrendem Ehrgeiz und leidenschaftlichem, unbeugsamem Charakter, ein Mann, der hartnäckig festhält an dem Ziel, das er sich einmal gestellt hat, seiner Kirche und sich selbst treu bleibt bis zuletzt“. Blankenfeld wurde von Gott schwer geprüft, aber er hat nach menschlichem Urteil die Probe bestanden.

IV.

Thomas Schöning (1528-1539)

In Riga wurde nach Blankenfelds Tod der Propst Thomas Schöning zum Erzbischof gewählt. Erst im Januar 1531 wurde die Wahl bestätigt. Entscheidende Jahre gingen durch diese Verzögerung verloren. Thomas Schöning war dem katholischen Glauben ergeben und führte einen zähen, aber leider aussichtslosen Kampf gegen die Neuerung.

Das Ringen zwischen Katholiken und Abgefallenen dauerte viele Jahre. Aus den Verhandlungen des Ständetages zu Walk vom 21. Februar 1529 ergibt sich deutlich der verbreitete Widerstand gegen die Häresie. Schöning verstand, geschickt zu argumentieren. In seinem Schreiben an die Stadt Riga vom 29. August 1532 beispielsweise berief er sich seinerseits auf das Evangelium, um seine Stellung und seine Rechte zu behaupten. Der 1537 abgehaltene Landtag zu Wolmar faßte — allerdings ohne die Städte — einen Beschluß, der wohl nur als von der Absicht, die katholische Religion zu schützen, eingegeben verstanden werden kann.

Aber Schöning beging einen verhängnisvollen Fehler. Mit seiner Einwilligung wurde der Markgraf Wilhelm von Brandenburg am 9. September 1529 / 17. November 1531 sein Koadjutor mit Nachfolgerecht in Riga. Diese Ernennung hätte niemals geschehen dürfen; denn sie erfolgte allein aus politischen Rücksichten interessierter Kreise und führte zur Vernichtung der katholischen Religion. Für Herzog Albrecht von Preußen war die Bestellung seines Bruders zum künftigen Erzbischof von Riga lediglich eine Maßnahme, die der Erweiterung seiner Macht zu dienen bestimmt war. Er gedachte damit den Deutschen Orden in Livland zu schädigen. Daß Thomas Schöning den Markgrafen Wilhelm als Koadjutor annahm, ging auf Täuschung über dessen Gesinnung zurück. Der junge Mann hatte nämlich das Versprechen gegeben, die päpstliche Bestätigung seiner Bestellung einholen zu wollen, und dies schien Schöning für seine kirchliche Einstellung zu bürgen. In Wirklichkeit war Wilhelm völlig weltlich gesinnt und nur auf Versorgung bedacht. Sein Lebenswandel war eines Geistlichen unwürdig; er litt an Syphilis. Sein Landhunger war unersättlich. Sogleich nach seiner Ernennung zum Koadjutor betrieb er den Erwerb der Bistümer Dorpat, Reval und Ösel. Er ging darauf aus, es seinem Bruder nachzutun und Livland zu säkularisieren. Aber dagegen erhob sich heftiger Widerstand, den er nicht zu überwinden vermochte. Als ihm der große Abfall nicht gelungen war, nahm er eine zwiespältige Haltung ein. Im Herzen war er lutherisch gesinnt, nach außen aber gab er sich als Katholiken aus, um seinen Bischofsstuhl nicht zu verlieren.

V.

Wilhelm von Brandenburg (1539-1563)

Wilhelm von Brandenburg war der letzte ernannte, aber nicht mehr konsekrierte Erzbischof von Riga. Zur Täuschung des Papstes und der Katholiken holte er die päpstliche Bestätigung seiner Wahl ein. Bei Antritt des Amtes gab er das Versprechen ab, das Erzstift Riga unter dem Gehorsam des Papstes erhalten und sich von der römisch-katholischen Kirche nicht absondern zu wollen. Seine wahre Gesinnung sah jedoch anders aus. Am 17. Juli 1540 richtete er an Luther die Bitte, für ihn zu beten und ihm gelehrte Männer für den Kirchendienst, d. h. Propagandisten der Irrlehre, zu senden.

Wilhelm war ehrgeizig, aber geistig unbedeutend und charakterlich unzuverlässig. Es fehlte ihm an Einsicht und Kraft in gleicher Weise. Niemand hatte zu ihm Vertrauen, jedermann sah in ihm lediglich ein gefügiges Werkzeug seines Bruders. Man traute ihm zu, daß er Livland in ähnlicher Weise vom Deutschen Reich lösen könnte, wie es Albrecht mit Preußen getan hatte. Tatsächlich ließ er sich von dem ,,Beispiel'' des abtrünnigen Kölner Erzbischofs Hermann von Wied inspirieren. Er legte von Anfang an den Lutheranern kein Hindernis in den Weg, so daß sich die Neuerung immer weiter im Lande ausdehnte. Bezeichnend ist, daß sich die Stadt Riga im Jahre 1541 dem Schmalkaldischen Bund anschloß. Wilhelm arbeitete darauf hin, eine lutherische Kirchenordnung zu erlassen und das Erzstift offen dem Protestantismus zuzuführen. Am 24. Januar 1546 kündigte er seinem Bruder in Preußen die Etablierung des Luthertums in seinem Herrschaftsgebiet an. Aber noch einmal scheiterte das Unternehmen an den treu zum Glauben haltenden Geistlichen, dem Rigaer Domkapitel und dem Deutschen Orden. Es verdient, festgehalten zu werden, daß die tüchtigsten Mitglieder des Rigaer Domkapitels die entschiedensten Gegner der Protestantisierung waren. Noch immer hielt auch der Deutsche Orden in Livland grundsätzlich zur Kirche. Nach dem Tode Plettenbergs am 28. Februar 1535 wurde Hermann von Brüggenei (1535-1549) sein Nachfolger. Er stand fest im Glauben und schützte die heilige Religion mit starker Hand. Angesichts dieser Lage vermochte Wilhelm von dem Prälatentag zu Lemsal am 28. Februar 1546 die Zustimmung zur Protestantisierung nicht zu erreichen. Ebenso lehnte es der Wolmarer Landtag im Juli 1546 ab, die von Wilhelms Kanzler, Christoph Sturtz, ausgearbeitete lutherische Kirchenordnung anzunehmen. Auf dieser Tagung wurde auch der für Wilhelm peinliche Beschluß gefaßt, daß ein Koadjutor aus fürstlichem Hause in Zukunft lediglich mit Zustimmung der Herren und der Stände des Landes gewählt werden dürfe. Der skrupellose Erzbischof suchte seine schwankende Herrschaft durch Konzessionen auf religiösem Gebiet zu festigen. Im Oktober des Jahres 1546 gestand er der Stadt Riga die freie Ausübung des protestantischen Bekenntnisses zu, die ihn ihrerseits (zusammen mit dem Ordensmeister) als Herrn anerkannte. Riga weigerte sich, das Augsburger Interim anzunehmen. Der Kaiser ernannte 1551 eine Kommission, die aus dem Ordensmeister von der Recke und den Bischöfen Jost von

Dorpat und Johann von Kurland bestand und die dem Katholizismus wieder zu seinem Recht verhelfen sollte. Aber die Stadt leistete ihren Befehlen keinen Gehorsam. Um diese Zeit brach die Hauptstütze der Kirche in Livland zusammen: der Deutsche Orden. Im Jahre 1551 nahm der Ordensmeister Heinrich von Galen mit neun Gebietigern am protestantischen Gottesdienst im Dom zu Riga teil, 1554 ließ er einen estnischen (protestantischen) Katechismus herausgeben. Der Abfall des Deutschen Ordens beschleunigte auch in Riga das Ende der katholischen Religion. Der Landtagsabschied zu Wolmar vom 17. Januar 1554 bestimmte, daß jeder bis zu einem Allgemeinen Konzil ungehindert bei seinem Glauben gelassen werden solle. Der Augsburger Religionsfriede wurde auch von dem Vertreter des livländischen Meisters unterschrieben und erlangte auch in Livland Geltung. Damit war der Protestantismus hier reichsrechtlich anerkannt. Die Katholiken waren um diese Zeit noch eine beachtliche Minderheit im Lande. Die Franziskaner vermochten weiterhin in kleineren Städten mehrere Jahrzehnte lang die Seelsorge auszuüben.

VI.

Christoph von Mecklenburg (1563-1569)

Wilhelm von Brandenburg starb am 4. Februar 1563. Für diesen Fall hatte er bereits frühzeitig Vorsorge getroffen, indem er in Christoph von Mecklenburg einen Nachfolger bestellt hatte. Christoph trug den Namen nach dem Augsburger Bischof Christoph von Stadion, der sein Taufpate war. Es war seiner Mutter Anna nicht möglich, die katholische Erziehung des Knaben durchzusetzen; er war zeit seines Lebens Lutheraner. Oft äußerte er seinen Abscheu vor den ,,Papisten". Seit 1554 war Christoph — damals 17 Jahre alt — postulierter ,,Bischof" von Ratzeburg, das sein Bruder Johann Albrecht für ihn verwaltete. Erzbischof Wilhelm nahm im Jahre 1555 den achtzehnjährigen Christoph als Koadjutor für Riga an; dieser hoffte, die Nachfolge Wilhelms antreten zu können. Am 28. Januar 1556 ermächtigten die Domherren den Erzbischof, Christoph als seinen Koadjutor und Nachfolger zu postulieren und zu adoptieren. Am 5. Oktober 1557 wurde Christoph vom Domkapitel förmlich zum Koadjutor gewählt. Der Mann war völlig ungeeignet für den ihm zugedachten Posten. Der Wandel in Livland unter der neuen Lehre war zuchtlos, und Christoph ergab sich ihm völlig. Spielen und Trinken, Reden und Reisen füllten seine Tage aus; jeder ernsten Arbeit ging er aus dem Wege. Auf den Straßen von Riga trieb er Unfug, balgte und raufte sich. Dennoch wollte er legitimer Erzbischof werden. Johann Albrecht von Mecklenburg und Albrecht von Brandenburg schmiedeten Ende der fünfziger Jahre den abenteuerlichen Plan, die päpstliche Bestätigung für Christoph zu erschleichen. Zu diesem Zweck sollten falsche Zeugen gewonnen werden, die der Wahrheit zuwider beschwören sollten, daß Christoph katholisch sei. Zur Ausführung des verbrecherischen Unternehmens kam es nicht. Denn Christoph setzte bald Handlungen, die jede Aussicht auf eine Bestätigung schwinden ließen. Am 31. Oktober 1562 schloß er in Stockholm einen Heiratsvertrag, der ihm die schwedische Prinzessin Elisabeth als Frau vorsah.

Schon die Zeit der Koadjutorschaft Christophs war von Unruhe erfüllt. Kämpfe mit dem Deutschen Orden, Angriffe der Russen und Eindringen der Polen lösten sich ab. Mit dem Tode Wilhelms war das Erzbistum am Ende. Christoph von Mecklenburg war zwar jetzt nominell sein Inhaber, freilich ohne päpstliche Bestätigung. Aber das, was vom Deutschen Orden übrig war, ließ ihn nicht in den ruhigen Besitz seines Amtes kommen. Der letzte livländische Meister des Deutschen Ordens war Gotthard von Ketteler. Er ahmte die Meintat des Hochmeisters Albrecht von Brandenburg nach. Am 28. November 1561 schloß er den Vertrag von Wilna; er machte sich damit in Kurland und Semgallen zum (weltlichen) Herzog und unterstellte sein Land der Lehnshoheit Polens. 1566 heiratete er die Anna von Mecklenburg. Im Dienst des polnischen Königs nahm Ketteler das Stift Riga in Besitz. Als Christoph sich dagegen wehrte, wurde er von ihm gefangengenommen und an die Polen ausgeliefert. Erst 1569 wurde er frei, nachdem er seine Ansprüche auf das Erzstift Riga aufgegeben hatte. Am 27. Oktober 1573 heiratete er die Dorothea von Dänemark. Die von ihm schlecht behandelte Frau starb schon 1575. 1581 heiratete er die Elisabeth von Schweden. Um diese Zeit schien sich noch einmal eine Wende zum Besseren im Baltikum anzubahnen. Unter dem polnischen König Stephan Bàthory (1575-1586) begann die Wiederaufrichtung der katholischen Religion in Livland, an der die Jesuiten einen hervorragenden Anteil hatten. Aber die später hereinbrechende schwedische Herrschaft zerstörte die verheißungsvolle Säarbeit.

2. Kapitel

Bistum Dorpat

Akten und Recesse der livländischen Ständetage. 1. Bd. (1304-1460). 1. Lief. Hrsg. von Oskar Stavenhagen, Riga 1907; 2. Lief. Hrsg. von Oskar Stavenhagen und Leonid Arbusow jun., Riga 1923; 2. Bd. (1460-1494). 1. Lief. Bearb. von Albert Bauer, Riga 1934; 2. Lief. Bearb. von Albert Bauer, Riga 1938; 3. Bd. (1494-1535). Bearb. von Leonid Arbusow, Riga 1910

Ammann, A. M., Kirchenpolitische Wandlungen im Ostbaltikum bis zum Tode Alexander Newskis. Studien zum Werden der russischen Orthodoxie (= Orientalia Christiana Analecta 105), Rom 1936

Donnert, Erich, Der livländische Ordensritterstaat und Rußland. Der Livländische Krieg und die baltische Frage in der europäischen Politik 1558-1583, Berlin 1963

Gernet, Axel v., Verfassungsgeschichte des Bisthums Dorpat bis zur Ausbildung der Landstände (= Verhandlungen der gelehrten Estnischen Gesellschaft zu Dorpat 17. Bd.), Dorpat 1896

Hauptmann, Peter, Dorpat: ThRE IX, 1982, 158-162

Hellmann, M., Dorpat: LThK III, 2. Aufl., 1959, 525f.

Johansen, P., Wittram, R., Dorpat: RGG II, 3. Aufl., 1958, 251-255

Kleeberg, Gerhard, Die polnische Gegenreformation in Livland. Phil. Diss. Leipzig, Gräfenhainichen 1931

Metzler, J., Dorpat: LThK III, 1931, 426f.

Otto, Richard, Ueber die Dorpater Klöster und ihre Kirchen (= Verhandlungen der Gelehrten Estnischen Gesellschaft XXII. Bd. II. Heft), Dorpat 1910

Pohrt, Otto, Reformationsgeschichte Livlands. Ein Überblick (= Schriften des Vereins für Reformationsgeschichte Jgg. 46 Heft 2 [Nr. 145]), Leipzig 1928

Rauch, Georg von, Stadt und Bistum Dorpat zum Ende der Ordenszeit: Zeitschrift für Ostforschung 24, 1975, 577-625

Ripke, Justus Nicolaus, Die Einführung der Reformation in den Baltischen Provinzen und Dr. Martin Luther's persönliche Beziehungen zu derselben. Zum Andenken an die vor 400 Jahren erfolgte Geburt des großen Reformators. Mit einem Anhange, enthaltend Schriften und Briefe Luther's in 12 Beilagen, Riga 1883

Schnöring, Wilhelm, Johannes Blankenfeld. Ein Lebensbild aus den Anfängen der Reformation. Unter Benutzung von Vorarbeiten Sr. Excellenz des verstorbenen Staatssekretärs Wirkl. Geh. Rats Dr. v. Jacobi (= Schriften des Vereins für Reformationsgeschichte 23. Jgg. 1. Stück Nr. 86), Halle a. d. S. 1905

Wieser, Klemens, Nordosteuropa und der Deutsche Orden. Kurzregesten, 2 Bde., Bonn-Bad Godesberg 1969/72

I.

Christian Bomhower (1514-1518)

Das Bistum Dorpat hatte wegen der Nähe zu Rußland eine große strategische Bedeutung. Anders als der Bischof von Reval war jener von Dorpat Landesherr über ein ansehnliches Gebiet und als solcher Fürst des Deutschen Reiches und besaß Hoheitsrechte über die Bischofsstadt. Das Verlangen der Stadt nach Abschüttelung der Landeshoheit des Bischofs erhielt durch den Protestantismus die ideologische Begründung.

Christian Bomhower erlangte am 30. Oktober 1514 die Bestätigung des Papstes für das Bistums Dorpat, scheint aber nicht persönlich in seine Diözese gekommen zu sein. Er war iuris utriusque Doctor.

II.

Johannes III. Blankenfeld (1518-1527)

Das Domkapitel von Dorpat postulierte den Bischof Heinrich Basedow von Kurland zum Bischof. Der Papst ließ die Postulation jedoch nicht zu und ernannte Johannes Blankenfeld zum Bischof. Dieser war seit 1514 Bischof von Reval. Blankenfeld weilte seit 1518 in Dorpat und nahm die Regierung von Bistum und Stift in die Hand. Er wandte sich ganz dieser Aufgabe zu und gab 1519 das Amt eines Prokurators des Deutschen Ordens ab. Als Blankenfeld 1524 das Erzbistum Riga übernahm, gab er Dorpat nicht auf. Er bestellte eine Regierung, die aus zwei Domherren, vier Vasallen und zwei Bürgern bestand.

Blankenfeld war eine hervorragende, den Durchschnitt weit hinter sich lassende Persönlichkeit; er stand voll auf der Höhe der Aufgaben, die ihm gestellt waren. Der Ehre Gottes durch den Dienst der Kirche galt sein leidenschaftlicher Einsatz. Protestantische Autoren versuchen, Blankenfeld zu einem ehrgeizigen Karrieremacher zu stempeln; die Quellen berichten davon nichts. Blankenfeld wußte, worauf es ankam. Es war ihm klar, daß der Katholizismus ohne Disziplin verloren ist. Aus dieser Überlegung bemühte er sich um die Wiederaufrichtung von Send und Visitation. 1520 veranstaltete er eine Diözesansynode in Dorpat. Mit dem Großfürsten von Moskau hielt er gute Nachbarschaft, die für Dorpat angesichts der Schwäche des Deutschen Ordens lebensnotwendig war.

Blankenfeld erkannte auch von Anfang an das Häretische der Anschauungen Luthers, und er machte ihnen keine Konzessionen. Wo er stand, zeigte sich, als er am 25. Juni 1518 in der St. Petri-Kirche zu Cölln an der Spree (bei Berlin) einen Ablaß von 100 Tagen begründete. Mit dieser Tat bekannte er, daß er entschlossen war, die Lehre und die Einrichtungen der Kirche gegen das Wüten der Neuerer zu verteidigen. Unter ihm drang der Protestantismus im Bistum Dorpat ein. Blankenfeld wehrte sich nach Kräften gegen die Religionsneuerung und wandte alle Mittel an, die ihm zur Verfügung standen. Er war „der eigentliche Führer, das geistige Haupt der Reformationsfeinde im alten Livland" (Alexander Berendts). Der Bischof ließ die Bannbulle gegen Luther trotz heftiger Opposition des Rates von Dorpat veröffentlichen und auch das Wormser Edikt sogleich verkünden. Auf dem livländischen Landtag zu Wolmar im Jahre 1522 schlossen indes Ritter und Städte ein Bündnis gegen die Bischöfe, vor allem gegen den energischen Blankenfeld. Ihre Opposition fand einen Aufhänger in den Aufstellungen Luthers, die ihren Wünschen entgegenkamen. Sie lehnten es ausdrücklich ab, die Vollstreckung der Bannbulle gegen Luther zu dulden; die Religionssache solle in Livland von allen Seiten so lange in Ruhe gelassen werden, bis sie außerhalb des Landes durch ein Konzil oder anderswie entschieden werde. Die Bischöfe von Dorpat und von Ösel verließen daraufhin aus Protest den Landtag.

In Dorpat begann Hermann Marsow, ein Schüler Luthers, 1524 seine Wühlarbeit. Der Rat setzte ihn unter Mißachtung des Bischofs als Prediger der Pfarrkirche St. Maria ein. Allerdings gelang es, ihn zu vertreiben. Im Spätherbst 1524 hob Melchior Hofmann mit seinen agitatorischen Predigten in Dorpat an. Blankenfeld gab Befehl, ihn zu verhaften. Die Folge war, daß sich in der Stadt 1525 der erste Kirchen- und Klostersturm abspielte. Die Bettelmönche wurden vertrieben, der Dom gestürmt, das Schloß des Bischofs eingenommen. Auch die griechisch-orthodoxe Kirche des hl. Nikolaus wurde geplündert, was den Großfürsten von Moskau erbitterte und der Stadt Dorpat noch teuer zu stehen kommen sollte. Ein erschreckendes Zerstörungswerk zeigte den Sieg des neuen „Evangeliums" an. Aber noch einmal schien eine Besinnung einzutreten. Auf dem Landtag zu Wolmar im Juli 1525 wurde das Verbot jeder Neuerung beschlossen; die Städte unterlagen hier den Ritterschaften. Hofmann wurde aus Dorpat ausgewiesen. Aber er kehrte 1526 zurück und veranlaßte von neuem Klostersturm, Kirchenschändung und Plünderung. Auch der Marsow erschien später wieder in Dorpat. Das Ergebnis der Hetze und der Gewalt war, daß die städtischen Kirchen protestantisch wurden. Allein im Dom zu Dorpat blieb für die folgenden drei Jahrzehnte der katholische Gottesdienst erhalten. Den Bürgern verbot der Stadtrat unter Strafdrohung die Teilnahme daran. Blankenfeld wurde am 22. Dezember 1525 wegen seiner selbständigen Politik auf dem Schloß Ronneburg von der Ritterschaft des Erzstiftes Riga gefangengenommen. Auf dem Landtag zu Wolmar im Juni 1526 kam ein Vertrag zustande, in dem der Deutsche Orden den Schutz der Bischöfe, Kapitel und Ritterschaften übernahm, diese aber dafür den Lehnseid leisteten und sich damit zum Gehorsam verpflichteten. Blankenfeld versprach, sich bei Papst und Kaiser um die Bestätigung des Übereinkommens zu bemühen. Am 3. August 1526 begab er sich auf die Reise nach Rom und Spanien. Als er 1527 starb, galt sein letzter Gedanke seinen Bistümern. Er empfahl den Herzog Georg von Braunschweig-Lüneburg als seinen Nachfolger für Riga.

III.

Johann IV. Bey (1528-1543)

Die Neuwahl nach Blankenfelds Tod fiel auf den Dompropst Johannes Bey, der erst am 16. August 1532 die päpstliche Bestätigung erhielt. Der Protestantismus drängte von neuem vor. Sein Kirchenwesen nahm festere Gestalt an. Die Prediger des neuen „Evangeliums", die doch angeblich alles besser machen wollten, waren zum Teil sehr anrüchig. So beklagten sich die Vertreter Dorpats auf dem Landtag zu Wolmar am 31. Januar 1533 über einen Prädikanten, der die Obrigkeit lästere und wegen Trunkenheit die Predigt ausfallen lassen müsse. Der Beschluß des Landtags von Fellin vom 13. Februar 1534 sprach sich noch einmal gegen Aufruhr und Rechtswidrigkeiten jeder Art, also auch gegen die lutherische Umwälzung, aus. Noch 1540 hielt die Mehrzahl der Dorpater Ritterschaft am alten Glauben fest. Überhaupt blieben viele Menschen der Kirche treu. Der Bischof nahm in dieser Zeit keine starke Position ein; er fand sich notgedrungen mit dem Zustand ab. Dennoch war er angeblich „der bestgehaßte Mann bei allen Neugläubigen in Livland" (Paul Karge).

IV.

Jodocus von der Recke (1543-1551)

Jodocus von der Recke war vor seiner Wahl zum Bischof Propst von Dorpat. Er erlangte am 21. April 1544 die päpstliche Bestätigung. Jodocus war der Bruder des Ordensmeisters Johann von der Recke (1549-1551). Er verließ 1551 das Bistum, angeblich aus Furcht vor den Russen, und reiste in seine westfälische Heimat. In Münster wurde er Domkapitular. Als sein Versuch, den Bischofsstuhl zu besteigen, scheiterte, wandte er sich dem Protestantismus zu und verheiratete sich. Diese traurige Entwicklung des Bischofs mußte auf die Bekenner des Glaubens in Livland entmutigend wirken. Doch noch 1553 nahmen viele Leute an dem Gottesdienst des Dorpater Nonnenklosters St. Katharina teil.

V.

Hermann III. Weiland (1552-1558)

Hermann Weiland war vor seiner Wahl zum Bischof von Dorpat Abt des Zisterzienserklosters Valkena (Falkenau am Embach). Er scheint 1552 gewählt worden zu sein. Am 25. Juni 1554 erlangte er die päpstliche Bestätigung. Hermann Weiland löste die von seinem Vorgänger ausgegebenen Güter des Stiftes ein. Die Regierung überließ er im wesentlichen seinen Räten. 1553 entsandte er den Kanzler Georg Holzschuer zum Kaiser, um ihm seine Sorge vor der russischen Gefahr zu unterbreiten. Karl V. bestätigte am 27. Juni 1553 die Privilegien der Stadt und des Stiftes Dorpat und bestellte den Kurfürsten von Brandenburg, den Herzog von Stettin-Pommern und die Stadt Lübeck zu Konservatoren. Mehr zu tun war ihm angesichts des Verrats im eigenen Land und des Druckes von Frankreich nicht möglich. Wieder einmal blieb die heilige Religion infolge politischer Verwicklungen ungeschützt. Hermann Weiland übergab am 5. Juli 1558 das Stift dem Herzog Magnus. Er war der letzte katholische Bischof von Dorpat. Die Russen verschleppten ihn am 23. August 1558 nach Moskau. Dort wurde er bis zu seinem Lebensende (1563) in Gefangenschaft gehalten. Weiland wies das Ansinnen, zum Schisma überzugehen und sich so die Freiheit zu erkaufen, ab.

3. Kapitel

Bistum Ermland

Bernacki, Louis, La Doctrine de l'Église chez le Cardinal Hosius, Paris 1936

Buchholz, F., Ermland: LThK III, 1931, 766-768

Dittrich, Franz, Geschichte des Katholizismus in Altpreußen von 1525 bis zum Ausgange des 18. Jahrhunderts. Ein Beitrag zur Geschichte der brandenburgisch-preußischen Kirchenpolitik. 1. Bd.: Von der Säcularisierung des Ordensstaates bis zum Tode König Friedrichs I., Braunschweig 1901

Eichhorn, Anton, Der ermländische Bischof und Cardinal Stanislaus Hosius. Vorzüglich nach seinem kirchlichen und literarischen Wirken geschildert, 2 Bde., Mainz 1854/55

Eichhorn, Anton, Der ermländische Bischof Martin Kromer als Schriftsteller, Staatsmann und Kirchenfürst: Zeitschrift für die Geschichte und Alterthumskunde Ermlands 4, 1867-69, 1-470

Hellmann, M., Wermter, E. M., Ermland: LThK III, 2. Aufl., 1959, 1032-1035

Hipler, Franz, Die deutschen Predigten und Katechesen der ermländischen Bischöfe Hosius und Kromer, Köln 1885

Joachim, Erich, Die Politik des letzten Hochmeisters in Preußen Albrecht von Brandenburg, 3 Tle. (= Publicationen aus den K. Preußischen Staatsarchiven 50., 58. und 61. Bd.), Neudruck der Ausgabe 1892, 1894, 1895, Osnabrück 1965

Lortz, Joseph, Kardinal Stanislaus Hosius. Beiträge zur Erkenntnis der Persönlichkeit und des Werkes. Gedenkschrift zum 350. Todestag, Braunsberg i. O. 1931

Röhrich, Victor, Die Teilung der Diözese Ermland zwischen dem deutschen Orden und dem ermländischen Bischofe: Zeitschrift für die Geschichte und Alterthumskunde Ermlands 12, 1899, 217-266

Röhrich, Victor, Geschichte des Fürstbistums Ermland, Braunsberg 1925

Rescius, Stanislaus, Stanislai Hosii Vita (= Wyda conictwa teologiczne diecezji chelminskiej 2), Pelplin 1938

Schmauch, Hans, Die Besetzung der Bistümer im Deutschordensstaate (bis zum Jahre 1410): Zeitschrift für die Geschichte und Altertumskunde Ermlands 20, 1919, 643-752; 21, 1923, 1-102

Schmauch, Hans, Die kirchenpolitischen Beziehungen des Fürstbistums Ermland zu Polen: Zeitschrift für die Geschichte und Altertumskunde Ermlands 26, 1937, 271-337

Schmauch, Hans, Die kirchenrechtliche Stellung der Diözese Ermland: Zeitschrift für die Geschichte und Altertumskunde Ermlands 30, 1966, 465-495

Tschackert, Paul, Urkundenbuch zur Reformationsgeschichte des Herzogthums Preußen. 1. Bd. Einleitung (= Publicationen aus den K. Preußischen Staatsarchiven 43. Bd.), Osnabrück 1965 (= Neudruck der Ausgabe 1890)

Tschackert, Paul (Hrsg.), Urkundenbuch zur Reformationsgeschichte des Herzogthums Preußen. 2. u. 3. Bd. Urkunden (= Publicationen aus den K. Preußischen Staatsarchiven 44. u. 45. Bd.), Osnabrück 1965 (= Neudruck der Ausgabe 1890)

Vota, J., Der Untergang des Ordensstaates Preußen und die Entstehung der preußischen Königswürde. Aus den Quellen dargestellt, Mainz 1911

Wermter, Ernst Manfred (Hrsg.), Kardinal Stanislaus Hosius Bischof von Ermland und Herzog Albrecht von Preußen. Ihr Briefwechsel über das Konzil von Trient (1560-62) (= Reformationsgeschichtliche Studien und Texte Heft 82), Münster/Westf. 1957

Wermter, Ernst Manfred, Herzog Albrecht von Preußen und die Bischöfe von Ermland (1525-1568): Zeitschrift für die Geschichte und Altertumskunde Ermlands 29, 1957, 198-311

Wojtyska, Henry Damien, Cardinal Hosius Legate to the Council of Trent (= Studia Ecclesiastica 3. Historica 4. Dissertationes 5), Rom 1967

Wotschke, Theodor, Geschichte der Reformation in Polen (= Studien zur Kultur und Geschichte der Reformation Bd. I), Leipzig 1911

Zdrodowski, Francis J., The Concept of Heresy According to Cardinal Hosius. Theol. Diss. Washington (= The Catholic University of America. Studies in Sacred Theology. Second Series No. 2), Washington 1947

I.

Fabian Tetinger von Losieinen (1512-1523)

Das Bistum Ermland umfaßte den größten Teil des Preußenlandes. Der Bischof besaß auch ein beträchtliches Gebiet, in dem er Landesherr war. Er residierte in Heilsberg, das Domkapitel in Frauenburg. Das Bistum Ermland muß bis zur Protestantisierung der Erzdiözese Riga im Jahre 1566 als zur Kirchenprovinz Riga gehörig angesehen werden. Im Unterschied zu den Bistümern Samland und Pomesanien gelang es dem Bistum Ermland, sich gegenüber dem Deutschen Orden weitgehende Selbständigkeit zu erhalten. Die Bischöfe wurden nicht dem Orden entnommen. Nach dem zweiten Thorner Frieden (1466) unterstellte sich das Ermland der Oberherrschaft des Königs von Polen.

Fabian Tetinger von Losieinen wurde am 5. April 1512 zum Bischof gewählt und am 27. August 1512 vom Papst bestätigt. Als er zum Bischof erhoben wurde, war er Subdiakon. Zwar empfing er die Priester- und Bischofsweihe, enthielt sich aber zeit seines Lebens aller geistlichen Funktionen. Fabian war nicht zum Bischof geeignet und schon gar nicht den Schwierigkeiten seiner Zeit gewachsen. Er war ,,ein gelehrter und feiner zwar, aber auch ein weichlicher und weibischer Mann" (Anton Eichhorn), also einer der vielen Schwächlinge auf Bischofsthronen. Gegenüber dem Luthertum verhielt er sich zweideutig, so daß er in dem Verdacht stand, der Neuerung zuzuneigen. Es nimmt nicht wunder, daß der Klerus großenteils diesem schlechten Beispiel folgte. Der Glaube wurde zum Spielball von Meinungen, Sittenlosigkeit riß ein, die kirchliche Ordnung brach zusammen. Das Domkapitel appellierte an den Bischof, sich aus seiner Lethargie zu erheben und dem Zusammenbruch entgegenzuarbeiten, allein vergeblich. Der Bischof dachte nicht daran, gegen die Neuerung vorzugehen. Er hinterließ seinem Nachfolger eine zerrüttete Diözese.

II.

Moritz Ferber (1523-1537)

Moritz Ferber wurde am 14. April 1523 zum Bischof gewählt und am 17. Juli 1523 vom Papst bestätigt. Ferber war ein Gegner der sogenannten Reformation. Er sah den Abfall des Hochmeisters voraus und warnte den Papst. Albrecht von Brandenburg bereitete seinen Verrat umsichtig vor. Nach außen heuchelte er den Katholiken, obwohl er innerlich bereits zum Luthertum übergegangen war. Typisch für diese unehrliche Verschleierungstaktik ist die Rechtfertigungsschrift, die Albrecht auf dem Nürnberger Reichstag im April 1524 dem Legaten Campeggio überreichen ließ. Darin hob er u. a. seine Ergebenheit gegenüber dem Papst hervor. Ähnlich unaufrichtig war das Schreiben, das Albrecht am 13. Juni 1524 an den Bischof von Samland ergehen ließ und in dem er sich gegen die Religionsneuerungen wandte. Denn in dem Beibrief vom gleichen Tage zeigte er, daß er mit der Protestantisierung einverstanden war. Am 6. Juli 1525 erließ Albrecht das grundlegende Religionsmandat. Darin wurde den Geistlichen die lutherische Predigt befohlen, Widerspenstigen die Ausweisung angedroht. Moritz Ferber überschaute jedoch noch im Mai und Juli 1525 nicht die volle Tragweite des Schrittes, den Albrecht inzwischen vollzogen hatte. Der heillose Optimismus, der für viele Bischöfe anscheinend strukturell ist, hatte auch ihn erfaßt.

Der Protestantismus drang auch in das Ermland ein und verführte viele. Ferber ging daran, die katholische Religion im Bistum wiederherzustellen. Am 20. Januar 1524 erließ er ein mit der Exkommunikation bewehrtes Edikt gegen die Neuerung. Am 11. Mai 1525 richtete er ein beachtliches Pastoralschreiben an den Klerus. Darin warnte er vor theologischen Streitereien und forderte zum Lesen der Heiligen Schrift und der Kirchenväter auf. Weiter verlangte er lautere Predigt des Gotteswortes und untadeligen Lebenswandel. Allmählich ging Ferber auf, daß es bei dem Kampf mit dem Protestantismus um Sein oder Nichtsein der katholischen Kirche ging. In Braunsberg stellte er im August 1526 die katholische Einheit wieder her. Am 22. September 1526 drohte er den Häretikern die Ausweisung an, verbot lutherische Praktiken und untersagte den Umgang mit den Neuerern. Seine Maßnahmen hatten Erfolg. Im Hochstift beseitigte er weitgehend die Aufrührer. Erheblich schwerer war seine Aufgabe in dem Teil der Diözese, der dem Deutschen Orden unterstand. Denn hier deckte und förderte die politische Gewalt den Abfall und zerstörte den Katholizismus. Mutig versuchte Ferber gegen den inzwischen häretisch gewordenen Hochmeister seine Diözesanrechte durchzusetzen, aber es fehlten ihm die Machtmittel. Albrecht hinderte den Bischof daran, in dem zum Herzogtum Preußen gehörigen Teil seines Bistums die Jurisdiktion auszuüben. Die Säkularisierung des Staates des Deutschen Ordens entzog dem Bistum den größten Teil seines Gebietes. Das Mandat Albrechts vom 10. März 1528 wies die zum Bistum Ermland gehörigen Pfarreien des Herzogtums den (protestantischen) Diözesen Samland und Pomesanien zu, die in seinem Herrschaftsbereich lagen. Die Visitation von 1528/29 protestantisierte endgültig diese Gebiete. Ferber schickte sich nicht resigniert in die Verhältnisse, trachtete vielmehr danach, sie zu ändern. Bei einer Zusammenkunft am 8. Dezember 1530 versuchte er, den abgefallenen ehemaligen Hochmeister zur Rückkehr zum Glauben zu bewegen, freilich vergeblich. Moritz Ferber verdient in den Annalen des 16. Jahrhunderts einen ehrenvollen Platz. Sein Wirken ist um so höher anzuschlagen, als er inmitten des allgemeinen Abfalls in seiner Umgebung, vor allem des Hochmeisters des Deutschen Ordens und zweier preußischer Bischöfe, den Mut nicht sinken ließ, sondern unverdrossen den Kampf mit der verführerischen Neuerung aufnahm.

III.

Johann IV. Flachsbinder genannt Dantiscus (1537-1548)

Johann Dantiscus hatte sich seine Bildung in Greifswald und Krakau erworben. Große Reisen führten ihn bis nach Griechenland und in den Nahen Osten. Anschließend trat er in den Dienst der polnischen Könige, vor allem als Gesandter. 1515 wurde er zum Dr. iur. promoviert. 1530 erfolgte die Ernennung zum Bischof von Kulm. 1533 empfing er die Priesterweihe und die Bischofskonsekration. In dieser Zeit zeigte sich Dantiscus als geschmeidiger Weltmann, der es mit niemandem verderben möchte. Er unterhielt zu Herzog Albrecht geradezu freundschaftliche Beziehungen, führte mit ihm einen angeregten Briefwechsel, vermittelte ihm wichtige Nachrichten und unterstützte seine politischen Aktionen. Auf dem Reichstag zu Augsburg (1530) verwandte er sich als Gesandter des polnischen Königs beim Kaiser für den inzwischen abgefallenen ehemaligen Hochmeister. Diese Vorgänge zeigen, daß Dantiscus nicht aus dem Holz geschnitzt war, das für Bischöfe in einer sturmbewegten Zeit notwendig war.

Johann Dantiscus wurde am 22. September 1537 vom Ermländer Domkapitel zum Bischof postuliert und am 11. Januar 1538 vom Papst zugelassen. Der Übergang von der Diözese Kulm zum Bistum Ermland galt damals als Erhöhung. Dantiscus war ein literarisch gebildeter und im Recht bewanderter Mann; aber als Bischof bewährte er sich nicht. Wie viele Humanisten war er einem bequemen Leben zugeneigt und kampfesscheu. Es fehlte ihm an Eifer und Nachdruck im Streiten für die katholische Religion. Den gelegentlichen Mandaten gegen die Neuerer fehlte die Ausführung. Der Bischof besaß nicht die Kraft zur Konsequenz. Am 21. März 1539 befahl er für sein Stift die Ausweisung der Protestanten und die Beseitigung verbotener Bücher. Die Durchführung des Ediktes ist kaum erfolgt. An die Rückeroberung des Verlorenen dachte er nicht. Auf den im Herzogtum Preußen liegenden Teil seiner Diözese erhob er keine Ansprüche mehr. Dantiscus täuschte sich über die Lage wie viele seiner Kollegen. Die Möglichkeit eines Ausgleichs zwischen Katholiken und Protestanten hielt er für gegeben. Insbesondere setzte er große Hoffnungen auf das Regensburger Religionsgespräch von 1541. Sein Verkehr mit Protestanten nährte den Verdacht, daß er der Irrlehre zuneige und sie begünstige. In manchen Briefen gebrauchte er tatsächlich verfängliche Wendungen. Mit einem solchen Mann hatte der Protestantismus keine Schwierigkeiten. Als Regent erwarb er sich Verdienste um Rechtspflege und Wirtschaft seines Landes. Er war ein gewaltiger Briefschreiber und unterhielt eine ungeheure politische und private Korrespondenz.

IV.

Tiedemann Giese (1549-1550)

Tiedemann Giese, der wie sein Vorgänger bisher Bischof von Kulm gewesen war, wurde am 25. Januar 1549 vom Domkapitel für Ermland postuliert. Am 20. Mai 1549 erhielt er die Zulassung. Der neue Bischof war ein gelehrter Humanist. „Giese war einer der gebildetesten Männer, die Preußen in jener Zeit besaß“ (Paul Simson). Aber er war kein tüchtiger Oberhirt. Gelehrsamkeit allein ist eben keine Bürgschaft für die Fähigkeit zu regieren; ein Regent braucht vor allem Eigenschaften des Charakters. Giese versagte auch bei seiner Hauptaufgabe, den Glauben zu erhalten bzw. wiederherzustellen. Sein kirchlicher Standort war weder genügend klar noch entschieden und fest. Er war ein Anhänger der Vermittlungstheologie und neigte entweder der Neuerung zu oder gab ihr jedenfalls oft nach. Zu Herzog Albrecht stand er in freundschaftlichen Beziehungen. Unter ihm konnte der Irrlehre nicht Einhalt geboten werden.

V.

Stanislaus Hosius (1551-1579)

Stanislaus Hosius wurde im Jahre 1549 Bischof von Kulm. Am 11. Mai 1551 erhielt er nach der Postulation vom 2. März das Bistum Ermland. Mit ihm bekam die Diözese den Oberhirten, den die Vorsehung für sie bestimmt hatte.

Hosius war mit seltenen Geistesgaben ausgerüstet, besaß einen scharfen Verstand und war in den Wissenschaften bewandert. Er beherrschte die Heilige Schrift und die Glaubenslehre der Kirche mit gleicher Meisterschaft. In der Kirchengeschichte und im kanonischen Recht besaß er ausgedehnte Kenntnisse. Von den Kirchenvätern schätzte er Augustinus am höchsten. Er kannte aber auch die Theologie seiner Zeit. In Bologna war er Doctor utriusque iuris geworden. Hosius verband die verschiedenen theologischen Disziplinen in glücklicher Weise. Er vollzog in seiner Person die Wende (oder die Ergänzung) vom juristisch gebildeten Humanisten zum Theologen (Joseph Lortz).

Hosius war ein Bischof mit Führertalent und organisatorischer Begabung. Er war weder weltfremd noch unpraktisch, zeigte vielmehr große Geschäftsgewandtheit. Gewissenhaftigkeit und Pflichterfüllung prägten sein dienstliches Leben.

Hosius war erfüllt von Gottesfurcht und Frömmigkeit. Er war ein großer Beter, der das kanonische Stundengebet regelmäßig kniend und in der Kirche verrichtete. Hosius war geprägt „durch einen das ganze Leben tragenden schweren Ernst, durch denkbar strenge Kirchlichkeit, tiefe Religiosität und makellose Sittlichkeit" (Joseph Lortz). Seelen gewinnen, Seelen retten, das war sein stetes Streben. „Das Tiefste in ihm ist der Missionar und der Seelsorger" (Joseph Lortz). Im Unterschied von so manchem erasmisch gefärbten Bischof war seine katholische Haltung ungebrochen. Dem Kompromißkatholizismus stand er fern. Für die Bewahrung des katholischen Glaubens war ihm keine Mühe zu schwer. Literarisch, durch Predigten und Besprechungen sowie brieflich war er unermüdlich für die katholische Sache tätig. Die Aufgabe, den katholischen Glauben zu erhalten, zu verteidigen und auszubreiten, beherrschte sein Denken und Streben. Er war ein energischer und entschlossener Verfechter der katholischen Belange. Hosius führte den Kampf gegen die Religionsneuerung nicht aus irdischen Motiven, sondern aus religiöser Überzeugung; er sah es als seine Christen- und Priesterpflicht an, der Irrlehre zu widerstehen. Hosius handelte nicht planlos und isoliert, sondern überlegt und aufgrund eines strategischen Konzeptes. Er forderte unermüdlich die Bischöfe zur Zusammenarbeit bei der Abwehr der Irrlehre auf; sie sollte durch Beratung und Beschlußfassung vor allem auf Provinzialsynoden erfolgen. Die Grundsätze, die Hosius beim Kampf gegen die Irrlehre befolgte, waren: Man darf nicht abwarten; es gibt keine ungefährlichen Kleinigkeiten; die Häresie dringt leicht ein, kann aber nur sehr schwer zurückgedrängt werden (Joseph Lortz). Diesen Prinzipien verdankte er seine Erfolge. Dabei hatte er nichts von einem blindwütigen Eiferer an sich. Er war von Natur aus sanftmütig und friedliebend, in der Verteidigung des Glaubens jedoch scharf und unnachsichtig. Unerbittlich in den Grundsätzen, war er gegenüber den Personen langmütig, flexibel, gelegentlich sogar nachgiebig. Hosius täuschte sich nicht wie andere Bischöfe über den Ernst der Lage. Er sprach gelegentlich — für Polen — von der zusammenbrechenden Kirche (ruens ecclesia bzw. labans ecclesia). Obwohl ihm sein Ringen oft aussichtslos erschien, gab er den Kampf nicht auf; trotz der trostlosen Lage setzte er immer von neuem an.

Den entscheidenden Grund der Häresie sah Hosius in den Leidenschaften der Menschen, in Eitelkeit, Geltungsdrang, Ruhmsucht, Trotz und materiellen Interessen, vor allem im Fehlen der übernatürlichen Einstellung. Die Häretiker erheben ihre subjektive Auffassung über die Kirche. Die tiefste psychologische Wurzel der Häresie war für ihn die Überheblichkeit, der Stolz (una mater superbia omnes genuit). Hosius trug sich nicht mit trügerischen Illusionen über die Lehrmeinungen der Protestanten. Die Unvereinbarkeit ihrer Vorstellungen mit der katholischen Lehre war ihm eindeutig. Niemals ließ er sich den klaren Blick durch utopische Erwartungen trüben. Er war frei von den Wunschträumen, die hinter dem Augsburger Interim standen, und von der Aussichtslosigkeit eines Kompromisses überzeugt. Von Nachgiebigkeit in Einzelheiten gegenüber den Neuerern hielt er nichts. Er sah darin den Anfang einer zur Auflösung führenden Entwicklung, den Beginn der Zerstörung der Einheit der Kirche. Außerdem seien diese (an sich möglichen) Konzessionen gar nicht das Ziel der Protestanten, sondern die Abspaltung. Hosius war klar, daß das Eingehen auf die Forderungen der Neugläubigen lediglich deren Begehrlichkeit steigern würde. Gegen Laienkelch und Priesterehe nahm er daher entschieden Stellung; er erwartete von ihrer Gewährung schwere Nachteile für die Kirche. Er trat fest für die lateinische Liturgiesprache, die Kommunion unter einer Gestalt und den Zölibat ein. Hosius wußte, daß angesichts der Entschlossenheit des Gegners, die Kirche zu vernichten, nur eiserne Konsequenz Aussicht auf Erfolg hatte.

Hosius durchschaute den politischen Hintergrund der sogenannten Reformation und forderte darum den Einsatz (auch) politischer Mittel gegen sie. In Polen war er die Seele des Widerstandes gegen den Protestantismus und der katholischen Erneuerung. Er arbeitete den polnischen Königen die Maximen der Politik aus, die sie im Dienst der heiligen Religion einschlagen sollten. Dem Kaiser Maximilian II. suchte er unermüdlich die Augen für die Gefahren zu öffnen, die vom Protestantismus für Reich und Religion ausgingen. Auf rastlosen Reisen wirkte er für die Sache des Glaubens und der Kirche.

Von großer Bedeutung wurde des Hosius literarische Bekämpfung des Protestantismus. Durch die Lektüre der protestantischen Schriften gewann er genauen Einblick in das Denken der Neuerer. Die grundlegende protestantische Verirrung, das sogenannte Schriftprinzip, erfaßte er sofort. Er zeigte die Unhaltbarkeit und die Widersprüchlichkeit dieses protestantischen Formalprinzips auf, das sich, wie sich aus den fortwährenden Spaltungen und Verketzerungen im Protestantismus ergebe, selbst aufhebe. Geschickt wußte er die Erscheinung des Wiedertäufertums heranzuziehen, um die Ungereimtheiten der protestantischen Lehre zu erweisen. Die ständige weitere Zerklüftung des Protestantismus bot seiner Feder ein wirksames Argument. 1553 erschien sein Buch ,,Confessio fidei catholicae christiana'', eine klare und gründliche Darlegung der katholischen Glaubenslehre gegenüber der Confessio Augustana, die zahlreiche Auflagen erlebte.

Hosius erfuhr die Wirkungen seines schonungslosen Einsatzes für die heilige Religion. Von den Neugläubigen wurde er erbittert gehaßt. Seine Feinde, wie beispielsweise der abgefallene Bischof Vergerio, bekämpften ihn mit Gehässigkeit. Viele Schmähschriften gegen ihn erschienen. Aber nichts vermochte den Herold Jesu Christi zu beugen.

Im Stift Ermland gelang es Hosius, die Neuerer zu unterdrücken. Er ging stets zunächst mit Belehrung und Milde vor, und erst wenn dies nichts fruchtete, zeigte er eine feste Hand. Sorgfältig suchte er dem Eindringen heterodoxer Schriften in sein Bistum zu wehren. Sein besonderes Augenmerk galt der religiösen Bildung der Jugend. Mit dem Domkapitel stand er wegen seiner Abstammung leider nicht in gutem Einvernehmen. Von Paul IV. gerufen, begab er sich 1558 nach Rom. Am Heiligen Stuhl wirkte er als Berater vor allem für die Angelegenheiten der Länder, die von der Religionsneuerung betroffen waren. Im Jahre 1560 sandte ihn Pius IV. als Nuntius an den Kaiserhof zu Wien. Hier entfaltete er seine unermüdliche Tätigkeit, die zeigte, daß er auch über diplomatische Fähigkeiten verfügte. Am 26. Februar 1561 erhob ihn Pius IV. zum Kardinal. Auf der dritten Tagungsperiode des Konzil von Trient wirkte er als päpstlicher Legat. Im Februar 1564 war er nach langer Abwesenheit wieder in seinem Bistum. Hier warteten schwere Aufgaben auf ihn. Denn die Neuerung hatte in der Zwischenzeit wieder ihr Haupt erhoben. Von ihm gerufen, trafen am 1. November 1564 die ersten Jesuiten in Heilsberg ein. Ihr Braunsberger Kolleg entfaltete bald eine große Anziehungskraft. Auf der Diözesansynode zu Heilsberg (1565) publizierte er die Dekrete des Konzils von Trient. Am 11. Dezember 1566 ernannte ihn Pius V. zum Legatus a latere für Polen und später auch noch für die Diözese Ermland. Nicht überall war Hosius erfolgreich. 1567 zogen auf seinen Wunsch die Jesuiten in Elbing ein, wurden aber schon 1572 wieder ausgewiesen. Im August 1569 reiste er erneut nach Rom und blieb dort bis zu seinem Tode. Martin Kromer verwaltete in seiner Abwesenheit das Bistum, seit 1570 als Koadjutor mit dem Recht der Nachfolge. Gregor XIII. ernannte Hosius zum Großpönitentiar. Den deutschen Angelegenheiten wandte er nach wie vor besondere Aufmerksamkeit zu.

Hosius wollte gleichzeitig die Abgefallenen heimholen und die Schwankenden beim Glauben halten. Ihm war die Wahrheit des Satzes bewußt, daß, wer nicht gewinnt, verliert. So widmete er der Bekehrung der Getrennten viel Zeit und Kraft. Seine Schriften, seine Predigten und seine Seelsorge führten tatsächlich viele vom Glauben Abgewichene zurück. Zum Herzog Albrecht stand Hosius anfangs in guten bis leidlichen Beziehungen. Das Gespräch, das er 1552 in Danzig mit ihm führte, war der Beginn seiner sich über Jahre hinziehenden Bemühungen, den Herzog für die Rückkehr zum katholischen Glauben zu bewegen. Der ehemalige Hochmeister setzte indes all dem Werben nur trotzige Ablehnung entgegen. Später verbreiterte sich der Graben zwischen ihnen immer mehr. Hosius sorgte dafür, daß Albrecht 1561 eingeladen wurde, Vertreter zum Trienter Konzil zu entsenden. In einem ausführlichen Schreiben vom 12. Dezember 1561 versuchte er, den Herzog dafür zu gewinnen, die Versammlung zu beschicken. Aber das Antwortschreiben Albrechts vom 26. Juli 1562 enthielt eine deutliche Absage. Es zeigte sich, daß es keine gemeinsame Grundlage mehr zwischen den beiden Männern gab. In dem Teil der Diözese, die zu dem Herzogtum Preußen gehörte, war der katholische Glaube verloren. Die Stadt Elbing, die dem polnischen König unterstand, vermochte Hosius trotz mehrjähriger Bemühungen nicht zum katholischen Glauben zurückzuführen.

VI.

Martin Kromer (1579-1589)

Martin Kromer besaß ebensowenig wie Hosius das preußische Indigenat, das von dem Ermländer Domkapitel als erforderlich angesehen wurde, um Bischof in Ermland zu werden. Unter Widerspruch des Domkapitels machte Hosius ihn am 18. August 1569 zum Administrator des Bistums. Pius V. stellte in dem Konsistorium vom 2. Juni 1570 den Antrag, Kromer zum Koadjutor von Ermland mit dem Recht der Nachfolge zu ernennen; die Kardinäle stimmten zu. Nach dem Tode des Hosius übernahm er die Regierung des Bistums als Bischof (1579-1589). Am 6. Dezember 1579 empfing er die Bischofskonsekration.

Kromer war ebenso begabt wie fleißig. Als Theologe und Historiker besaß er eine ausgebreitete Gelehrsamkeit. Er war eine echte Herrscherpersönlichkeit, die gleich weit von Schwäche und Härte entfernt war, persönliche Rücksichtnahme nicht kannte, für Schmeicheleien unzugänglich war und heilsame Furcht verbreitete. Er arbeitete im Sinne des Hosius weiter. Seine erste Aufmerksamkeit galt dem Klerus. Mit Klugheit und Tatkraft zugleich schritt er zu einer allgemeinen Verbesserung der Verhältnisse, wobei er Milde mit Festigkeit verband. Durch Visitationen und die Abhaltung von Diözesansynoden rückte er den Mißständen zu Leib; Hirtenbriefe und Mandate verhüteten, daß der alte Schlendrian wieder einriß. Kromer verstand etwas von pastoraler Strategie. 1572/73 hielt er die erste Generalvisitation ab, 1581/82 (durch zwei Domherren) die zweite. Die Diözesansynode von 1582 bediente sich der Ergebnisse der vorangegangenen Visitation, um Gebrechen und Mängel zu beheben. Mit nimmermüdem Eifer suchte er Religiosität und kirchlichen Sinn im Volk zu entfachen und zu fördern, gebot den Gottesdienstbesuch und wachte über die öffentliche Sittlichkeit, hob das Schulwesen und sorgte für die Lehrer. Der Ehe, der Eheschließung, der Ehevorbereitung und dem Eheleben galt sein wachsamer Blick. Neue Frauenklöster blühten unter seiner fürsorglichen Hand auf.

Eifrig und energisch trat Kromer dem Abfall entgegen. Im Kampf gegen die erneuten Versuche, die Irrlehre in das Bistums zu tragen, setzte er seine Mittel als Landesherr ein. Konfessioneller Promiskuität suchte er mit aller Entschiedenheit zu wehren. Aus dem nahen Umgang mit den benachbarten Protestanten sah er religiöse Gleichgültigkeit erwachsen, die stets zum Schaden der katholischen Kirche ausschlug. Er warnte deswegen vor jeder Teilnahme an gottesdienstlichen Handlungen mit Nichtkatholiken und namentlich vor der Eingehung von Mischehen. Mit Schärfe suchte er das Eindringen, Verbreiten, Aufbewahren und Lesen protestantischer Schriften zu unterbinden. Die ganze Zeit seiner Amtstätigkeit über hatte er Sorgen mit der Stadt Elbing, die den katholischen Gottesdienst behinderte, ja verbot. Gleichzeitig bemühte sich Kromer, die Abgefallenen für den Glauben zurückzugewinnen. Die Synodalstatuten von 1575 befaßten sich einläßlich mit dem Verhalten gegenüber Häretikern und Schismatikern. Nicht mit Schimpfen und Schmähen, sondern mit Liebe und Freundlichkeit solle man ihnen begegnen und mit Klugheit ihre Irrtümer widerlegen. Aus seinen Diözesanstatuten ergibt sich, daß in den siebziger Jahren noch viele Leute aus dem Herzogtum Preußen in Pfarreien des Bistums kamen, die an der Grenze lagen, um dort zu beichten und zu kommunizieren. Großen Wert legte Kromer auf den Druck verbesserter liturgischer Bücher. Mit dem Domkapitel gab es immer wieder Reibereien; ein Hauptanlaß war, daß Kromer (als Pole) nicht das preußische Indigenat besaß. In jedem Falle war Kromers Tätigkeit als ermländischer Bischof gesegnet. Für Anton Eichhorn war er „ein Erretter der Diöcese Ermland, eine Zierde der polnischen Nation und eine Säule der katholischen Kirche“.

VII.

Andreas Bathory (1589-1598)

Es ist eine häufige Erscheinung der Kirchengeschichte, daß auf einen kraftvollen Oberhirten ein schwacher folgt. Diese Beobachtung läßt sich auch im Ermland machen. Andreas Bathory wurde von Kromer zum Koadjutor bestellt und vom Papst am 28. Juli 1584 bestätigt. Diese Ernennung war nicht glücklich. Andreas Bathory war kein überdurchschnittlicher Bischof. Nur selten hielt er sich in seinem Bistum auf. Familienangelegenheiten und -händel waren ihm wichtiger als sein Hirtendienst. Familienverbindungen verschafften ihm 1584 das Kardinalat. Dennoch war Bathory nicht gänzlich untätig. 1597 rief er die Franziskaner nach Wartenburg und nahm auf Drängen des Nuntius Malaspina eine Visitation seiner Diözese vor.

4. Kapitel

Bistum Kulm

Buchholz, Dantiscus, in: Kollmann, Christian (Hrsg.), Altpreußische Biographie I, Königsberg/Pr. 1941, 125

Froelich, Gottfried, Das Bistum Kulm und der Deutsche Orden, ein Beitrag zur Verfassungsgeschichte des Deutsch-Ordensstaates. I. Tl. Phil. Diss. Berlin, Danzig 1889

Giese, Artur, Die Danziger Patrizierfamilie Giese: Danziger familiengeschichtliche Beiträge 2, Danzig 1934, 111-121

Hellmann, M., Kulm: LThK VI, 2. Aufl., 1961, 657f.

Heuer, Reinhold, Siebenhundert Jahre Thorn 1231-1931 (= Ostland-Darstellungen 1), Danzig 1931

Hipler, F., Giese, Tiedemann Bartholomäus: ADB 9, 1879, 151-156

Hirsch, Th., Dantiscus, Johann D.: ADB 4, 1876, 746-750

Hirsch, Th., Hosius, Stanislaus: ADB 13, 1881, 180-184

Horst, Ulrich, Reformation und Rechtfertigungslehre in der Sicht Tiedemann Gieses: Zeitschrift für die Geschichte und Altertumskunde Ermlands 30, 1966, 38-62

Jedin, Hubert, Hosius, Stanislaus: NDB 9, 1972, 650-651

Koniecki, O., Geschichte der Reformation in Polen, 2. verm. u. verb. Aufl., Posen 1901

Krasinski, Valerian, Geschichte des Ursprungs, Fortschritts und Verfalls der Reformation in Polen und ihres Einflusses auf den politischen, sittlichen und literarischen Zustand des Landes, Leipzig 1841

Oswald, Josef, Riga und Gnesen im Kampf um die Metropolitangewalt über die altpreußischen Bistümer, in: Staatliche Akademie zu Braunsberg. Personal- und Vorlesungs-Verzeichnis Wintersemester 1942/43, o.O. u. o.J., 1-78

Rhode, Arthur, Der erste Berufsdiplomat in Polen. Johannes von Höfen, genannt Dantiscus (1485-1548), in: Deutsch-Polnische Nachbarschaft. Lebensbilder deutscher Helfer in Polen. Unter Mitwirkung zahlreicher Mitarbeiter hrsg. von Kurt Lück †, 3., veränd. u. erg. Aufl. hrsg. von Viktor Kauder, Würzburg 1957

Schmauch, Hans, Giese, Tiedemann, in: Kollmann, Christian (Hrsg.), Altpreußische Biographie I, Königsberg 1941, 213f.

Schultz, Franz, Geschichte der Stadt und des Kreises Kulm. 1. Thl.: Bis zum Jahre 1479, Danzig 1876

Simson, Paul, Geschichte der Stadt Danzig bis 1626, 3 Bde., Danzig 1913-1918 (Neudruck: Aalen 1967)

Stasiewski, Bernhard, Reformation und Gegenreformation in Polen. Neue Forschungsergebnisse (= Katholisches Leben und Kämpfen im Zeitalter der Glaubensspaltung 18), Münster/Westf. 1960

Steuer, A., Kulm: LThK VI, 1934, 289-291

Triller, Anneliese, Dantiscus, Johannes, Bischof von Ermland: NDB 3, 1957, 512-513

Triller, Anneliese, Giese, Tiedemann Bartholomäus: NDB 6, 1964, 379

Woelky, C. P., Der Katalog der Bischöfe von Culm: Zeitschrift für die Geschichte und Alterthumskunde Ermlands 6. Bd. 17.-20. Heft, Jgge. 1875-1878, Leipzig 1878, 362-441

Woelky, C. P. (Bearb.), Urkundenbuch des Bisthums Culm (= Neues Preußisches Urkundenbuch. Westpreußischer Theil. II. Abth.: Urkunden der Bisthümer, Kirchen und Klöster Bd. I), Danzig 1887

Wotschke, Theodor, Geschichte der Reformation in Polen (= Studien zur Kultur und Geschichte der Reformation Bd. I), Leipzig 1911

Wotschke, Theodor, Die Reformation im Lande Posen, Lissa i. P. 1913

I.

Johannes Konopacki (1508-1530)

Seit 1466 gehörte das Bistum Kulm zu Polen. Der Bischof wurde vom König nominiert. Die Kathedrale und das Domkapitel befanden sich in Kulmsee; der Bischof residierte in Löbau. Kulm gehörte zur Kirchenprovinz Riga. Faktisch wurde seit Beginn der sogenannten Reformation die Stellung Gnesens immer stärker, jene Rigas schwächer. Clemens VII. bezeichnete aber in seinem Schreiben vom 3. August 1530 an den Erzbischof von Riga über die Ernennung des Dantiscus zum Bischof von Kulm dieses Bistum als Suffragan von Riga.

Johannes Konopacki wurde nach Zession seines Vorgängers zum Bischof von Kulm erhoben und erlangte am 23. Februar 1509 die päpstliche Einsetzung. Der Protestantismus drang früh auch in das Bistum Kulm ein und verbreitete sich vor allem unter den Bewohnern deutscher Sprache. In Danzig, dessen Gebiet teils zu der Diözese Leslau, teils zum Bistum Pomesanien gehörte, machte sich der Abfall am frühesten bemerkbar. 1518 fing Jakob Knade an, das lutherische ,,Evangelium'' zu predigen. Man brachte Protestanten in die Pfarrstellen der Stadt. Mit Gewalt wurde gegen den Widerstand des Rates die neue Lehre durchgesetzt. In der Diözese Kulm war Thorn das Zentrum des Luthertums. Wie vielerorts verflochten sich auch hier religiöse und soziale Motive, um den Widerstand gegen Einrichtungen der Kirche zu erzeugen. Seit 1530 wurde in Thorn das Luthertum öffentlich gepredigt. König Sigismund August I. (1506-1548) war ein ehrgeiziger, auf Machterweiterung bedachter Mann. Er erließ gelegentlich Edikte gegen die Neuerer, aber kümmerte sich wenig um ihre konsequente Durchführung. Unter seiner Regierung konnte sich der Abfall ausbreiten. Johannes Konopacki war für sein Amt kaum geeignet. Er war untätig und sah dem Verderben zu, ja stand sogar im Verdacht, zum Luthertum hinzuneigen. Erst 1524 nahm er in Mandaten gegen die neue Lehre Stellung. In dem Breve vom 29. März 1529 ermunterte Clemens VII. die Bischöfe von Ermland und Kulm, eifrig gegen die Irrlehre zu kämpfen.

II.

Johannes von Höfen, auch Flachsbinder, gewöhnlich Dantiscus genannt (1530-1538)

Johannes Dantiscus war in seiner Frühzeit eine beinahe abenteuerliche Erscheinung. In seiner Jugend war er Soldat. Er war dann lange Zeit auf Reisen, zunächst um sich zu bilden, später im Dienst des polnischen Königs. Mehrere Jahre weilte er als Gesandter des letzteren am Kaiserhof. Er lernte so einen großen Teil Europas und den Nahen Osten kennen. Im Sommer 1523 weilte er in Wittenberg. Von Luthers Persönlichkeit war er enttäuscht. Auf den Universitäten Greifswald und Krakau erwarb er sich philosophische und juristische Kenntnisse; seine theologische Bildung war höchst lückenhaft. Als gebildeter Humanist unterhielt er einen ausgedehnten Briefwechsel und tat sich als Dichter hervor. In dieser Zeit führte er ein lockeres Leben, hart an der Grenze der Leichtfertigkeit. 1530 nominierte ihn König Sigismund für das Bistum Kulm. Kardinal L. Campeggio empfahl am 30. Juli 1530 Dantiscus dem Papst. Clemens VII. gab ihm am 3. August 1530 die Einsetzung. Ab 1532 weilte er wieder in Polen.

Seit seiner Ernennung zum Bischof änderte sich Dantiscus; er gab seinem Leben eine Wendung zu größerem religiösen Ernst. ,,Der Staatsmann wandelte sich zum Bischof, der Lebensgenießer zum sittenstrengen Mahner" (Arthur Rhode). Bis dahin besaß er lediglich die niederen Weihen. Am 25. März 1533 empfing er die Priesterweihe, am 14. September 1533 die Bischofskonsekration. Wegen des Abfalls des Bischofs von Pomesanien war er gleichzeitig Administrator dieses Bistums. 1537 postulierte ihn das Ermländer Domkapitel für dieses Bistum; Paul III. gab die Zulassung.

Dantiscus nahm seine Aufgabe als Bischof und Landesherr ernst. Seinen Diözesanen war er ein Beispiel treuer Pflichterfüllung und sittlich einwandfreien Lebenswandels. Beim Klerus drang er auf Bildung und Disziplin. Von Strafen machte er nur sparsamen Gebrauch. Er verbesserte die Rechtspflege und kümmerte sich um die wirtschaftliche Entwicklung seines Territoriums.

Die ganze Regierungszeit des Dantiscus war von dem Andringen der Glaubensneuerung überschattet. Der Bericht, den der Domherr Martin Czeme am 7. Dezember 1531 dem neuen Bischof über die Lage im Bistum erstattete, zeigte, daß der Protestantismus im Vormarsch war. Der Gnesener Metropolit, Jan Łaski, stemmte sich nach Kräften der Religionsneuerung entgegen. Zu diesem Zweck hielt er eine Reihe von Provinzialsynoden ab. Dantiscus stand der von Wittenberg ausgehenden Bewegung ablehnend gegenüber. Die Tiefe des konfessionellen Gegensatzes war ihm jedoch kaum aufgegangen. Sein Widerstand nährte sich nicht aus den letzten Gründen. Joseph Lortz spricht von ,,gewissen liberalen, überkonfessionellen Allüren des Dantiskus". Der Bischof trat der Neuerung entgegen, vermochte aber in Städten wie Graudenz und Thorn wenig auszurichten. Seine dem Wohlleben zuneigende Gemütsart verhinderte jenen schonungslosen Einsatz, den die Gefahr von ihm gefordert hätte. Mit dem ehemaligen Hochmeister

Albrecht stand er in besten Beziehungen, so daß er von manchen Zeitgenossen als Lutheraner angesehen wurde. Diese Freundschaft hatte die Wirkung, über die Tiefe der Spaltung zwischen Katholiken und Protestanten hinwegzutäuschen und die Entfaltung aller Kraft im Kampf für den wahren Glauben zu verhindern. Lange Zeit erhoffte er eine Einigung von Katholiken und Protestanten durch Religionsgespräche. In den beiden Schreiben vom 15. und 29. Oktober 1532 an Herzog Albrecht zeigte sich Dantiscus klar hinsichtlich der abgefallenen Bischöfe von Samland und Pomesanien.

III.

Tiedemann Giese (1538-1549)

Tiedemann Giese wurde vom polnischen König zum Bischof von Kulm nominiert und erhielt am 11. Januar 1538 die päpstliche Einsetzung. 1549 postulierte ihn das ermländische Domkapitel, Paul III. ließ die Postulation zu.

Tiedemann Giese war ein gebildeter Humanist. Seine Studien hatte er hauptsächlich in Leipzig gemacht. Er war theologisch gut geschult, und er ermangelte nicht katholischer Überzeugung, verwarf aber die Scholastik. Nach Ulrich Horst lehnte Giese die überkommene Theologie bewußt ab, und darum kannte er sie auch nicht genügend; er folgte damit einem gängigen Vorurteil. In mancher Hinsicht war er theologisch nicht klar. Hosius war der Ansicht, daß Giese Häresien vertrat. Joseph Lortz spricht von „verschwommenen, häresieartigen Gedanken Gieses". Giese erkannte indes die Glaubenswidrigkeit des Luthertums. Er war mit unter den ersten Kontroverstheologen und stellte die Ungereimtheiten der lutherischen Rechtfertigungslehre heraus. In seinem Antilogikon argumentierte Giese allein mit der Heiligen Schrift, vernachlässigte also die Kirchenväter und die mittelalterlichen Theologen. Er durchschaute die Irrtümer des Protestantismus weithin, machte ihm aber große, zu große Zugeständnisse. Giese war der typische Kompromißler. Er sandte seinen Neffen Rogge für das Studium ausgerechnet zu Melanchthon. Seine Schrift „De regno Christi" schickte er 1538 durch den Neffen zuerst an Erasmus und danach an Melanchthon zur Durchsicht. Die erhaltenen Bruchstücke von diesem Hauptwerk des Bischofs zeigen eine bedenkliche Geringschätzung der kirchlichen Tradition, vor allem der scholatischen Theologie. Giese war für die theologischen Kämpfe seiner Zeit nicht hinreichend gerüstet. Als er Bischof wurde, scheint es einen gewissen Umschwung in seinen Ansichten gegeben zu haben; er wurde vorsichtiger und bedenklicher.

Die Regierungstätigkeit Gieses litt unter den Schwächen seines Charakters. Es fehlten ihm Festigkeit und Entschiedenheit. Ohne Menschenkenntnis traute er leichthin gegebenen Versprechungen der Neuerer und sah sich später bitter getäuscht. Am 9. Dezember 1542 forderte Giese den Rat von Thorn auf, die kirchlichen Neuerungen wie die Nichtbeachtung der Feiertage und das Singen deutscher Lieder abzustellen, weil, wenn diesen Anfängen nicht widerstanden werde, daraus größere Gefahren entstehen könnten. Mit protestantischen Verwandten und Gelehrten hielt er Kontakt. Zu dem abgefallenen Hochmeister hatte er feste Beziehungen. Er bemühte sich um den Ausbau der Schule in Kulm. Der Erzbischof von Gnesen forderte ihn 1542 und 1547 zur Teilnahme an dem Provinzialkonzil auf, aber Giese kam der Einladung nicht nach, weil seiner Meinung nach das Bistum Kulm zur Kirchenprovinz Riga gehörte. Am 26. Juli 1547 ersuchte er den Herzog Albrecht, seinem Bruder Wilhelm, dem Erzbischof von Riga, dessen Suffragan er sei, anzuzeigen, daß er zu der Gnesener Provinzialsynode eingeladen sei, um von ihm Anweisungen zu erbitten, wie er sich verhalten solle. In dem Schreiben vom 5. August 1547 legte er Albrecht nahe, auf den Rigaer Erzbischof einzuwirken, daß dieser ihn und den Ermländer Bischof an sein Unterstellungsverhältnis erinnere.

IV.

Stanislaus Hosius (1549-1551)

Stanislaus Hosius machte seine Studien in Krakau, Padua und Bologna und erwarb den Grad eines Doktors beider Rechte. Hosius wurde vom polnischen König Sigismund August für das Bistum Kulm nominiert; Papst Paul III. erteilte ihm am 12. Juli 1549 die Einsetzung. Der neue Bischof weilte damals als königlicher Gesandter in Deutschland und in den Niederlanden. Auf dieser Reise traf er mit Philipp II. von Spanien, Kardinal Otto Truchseß von Waldburg, Peter de Soto und Petrus Canisius zusammen, also mit Männern, die für sein weiteres Leben bedeutungsvoll werden sollten. Hosius fand seine Diözese in einem traurigen Zustand vor. Er nahm die Besserung mit behutsamer, aber fester Hand in Angriff. Ohne Zögern ging er gegen die Glaubensneuerer vor. Seine hervorragende Gelehrsamkeit leistete ihm bei seinem Wirken große Dienste. Am 25. Juli 1550 ernannte Julius III. den Hosius zum Inquisitor haereticae pravitatis für Pomesanien. König Sigismund August II. (1548-1572) war nachlässig in der Erhaltung der katholischen Religion und konnte sich zu kraftvollen Maßnahmen nicht aufraffen. Seine Schlaffheit begünstigte die Glaubensneuerung. Auf den Reichstagen tobten heftige Kämpfe zwischen Bischöfen und Adel über dessen Rechte, wozu er die Freiheit von den bischöflichen Strafverfolgungen wegen Glaubensabfalls rechnete. 1551 postulierte das ermländische Domkapitel den Hosius zum Bischof, Julius III. gab die Zulassung.

V.

Johannes Lubodzieski (1551-1562)

Johannes Lubodzieski erlangte am 18. November 1551 die päpstliche Einsetzung. Er war „ein junger und nicht sehr zuverlässiger Mann“ (Anton Eichhorn). Energisches

Vorgehen lag ihm nicht. Wenn nicht Hosius ihn fortwährend gemahnt und ihm Hilfe geleistet hätte, hätte er alles laufen lassen. Anton Eichhorn spricht von seiner „Feigheit". 1554 agitierte der Rektor der Kulmer Schule, Johann Hoppe, gegen die Kirche, ohne daß Lubodzieski gegen ihn einschritt. Erst auf Drängen des Hosius und auf Mahnungen des Vizekanzlers Przerębski hin erließ er einen Ausweisungsbefehl gegen Hoppe. Infolge des Schutzes durch den Stadtrat und den Achaz von Zehmen konnte sich der Irrlehrer bis 1555 in der Stadt halten. Lubodzieski exkommunizierte den Johann Hyalin (Glaser) in Thorn, was jedoch angesichts der Haltung des Rates ohne Wirkung blieb. Am 28. Dezember 1558 gestattete König Sigismund August den lutherischen Bewohnern von Thorn die Predigt gemäß dem Augsburger Bekenntnis und den Empfang des Abendmahls unter beiden Gestalten, was von den Protestanten als Freigabe des lutherischen Bekenntnisses ausgelegt wurde. Die Kirchen der Stadt wurden unter Katholiken und Protestanten aufgeteilt. 1560 versuchte der Bischof, die Einsetzung eines katholischen Priesters in Thorn unter Androhung von Strafen zu erreichen. Aber der König gebot am 15. August 1560 dem Bischof, die Bewohner von Thorn nicht in der lutherischen Religionsübung zu behindern. Wegen des Eintretens von Danzig für die Protestanten und der schwankenden Haltung des Königs mußte er nachgeben.

VI.

Stanislaus Zelisławski (1562-1571)

Stanislaus Zelisławski wurde am 9. Oktober 1562 in sein Amt eingesetzt. Er war zuvor Abt des Zisterzienserklosters Pelplin. Als Bischof trat er den Neuerern entgegen. Aber der Abfall errang immer weitere Erfolge. Am 20. Mai 1567 befahl der polnische König auch diesem Bischof, die Bewohner von Thorn nicht in der protestantischen Religionsübung zu behelligen. Im Jahre 1569 erlangten die Protestanten an vielen Orten freie Ausübung ihrer Religion.

VII.

Petrus Kostka von Stangenberg (1574-1595)

Nach dem Tode des Stanislaus war die Diözese drei Jahre lang vakant. Erst am 4. Juni 1574 erhielt sie in Petrus Kostka wieder einen Oberhirten. Seit der Provinzialsynode zu Petrikau von 1577, deren Beschlüsse Gregor XIII. bestätigte, war der Kulmer Bischof gleichzeitig Administrator des Bistums Pomesanien und war die Zugehörigkeit Kulms zur Kirchenprovinz Gnesen eine feststehende Tatsache.

Petrus Kostka brachte endlich die Wendung im Bistum Kulm. Unter ihm wurde die wirkliche religiöse Erneuerung der Diözese eingeleitet und zum großen Teil durchgeführt. Auf dem Provinzialkonzil zu Petrikau im Jahre 1577 wurden die Dekrete des Konzils von Trient promulgiert. Am 12. Oktober 1583 hielt Kostka eine Diözesansynode in Kulmsee. Zu der Durchführung ihrer Beschlüsse visitierte er rastlos das Bistum. Auf der Petrikauer Provinzialsynode vom 1. bis 6. Oktober 1589 war Kostka durch seinen Bruder vertreten. Hier wurden wichtige Beschlüsse für die Rekatholisierung gefaßt. 1593 wurden die Jesuiten nach Thorn berufen. König Sigismund III. war ein gläubiger und eifriger Katholik. Unter ihm wurde die katholische Erneuerung entschieden aufgenommen. Als der König 1593 in Thorn weilte, ordnete er die Rückgabe der Hauptkirche an die Katholiken an. Im Jahre 1582 war es soweit, daß die Katholiken des Bistums Pomesanien den polnischen König angingen, sie gegen die Verfolgung im Herzogtum Preußen zu schützen. Sie baten um gültig geweihte Priester und um das hl. Meßopfer, allgemein um freie Religionsübung.

5. Kapitel

Bistum Kurland

Arbusow, Leonid, Wolter von Plettenberg und der Untergang des Deutschen Ordens in Preußen (= Schriften des Vereins für Reformationsgeschichte 36. Jgg. 2. Stück Nr. 131), Leipzig 1919

Busse, Karl Heinrich von, Herzog Magnus, König von Livland. Ein fürstliches Lebensbild aus dem 16. Jahrhundert. Aus dessen nachgelassenen Papieren hrsg. von Julius Freiherr von Bohlen, Leipzig 1871

Cruse, Karl Wilhelm, Curland unter seinen Herzögen, 2 Bde., Mitau 1833/36

Diederichs, H., Ein altes Verzeichnis der Bischöfe von Kurland: Mittheilungen aus dem Gebiete der Geschichte Liv-, Est- und Kurlands 13, 1886, 245-252

Geißler, Bruno †, Stökl, Günther, In Oriente Crux. Versuch einer Geschichte der reformatorischen Kirchen im Raum zwischen der Ostsee und dem Schwarzen Meer. Hrsg. von Herbert Krimm, Stuttgart 1963

Kallmeyer, Theodor, Die Begründung der evangelisch-lutherischen Kirche in Kurland durch Herzog Gotthard, ein kirchengeschichtlicher Versuch, nach den Quellen bearbeitet: Mittheilungen aus dem Gebiete der Geschichte Liv-, Ehst- und Kurland's 6. Bd. 1. u. 2. Heft, Riga 1851, 1-224

Kallmeyer, Theodor, Die evangelischen Kirchen und Prediger Kurlands. Bearbeitet, ergänzt und bis zur Gegenwart fortgesetzt von G. Otto, 2. Ausg., Riga 1910

Klocke, Friedrich von, Gotthard Kettler, in: Bömer, Aloys, Leunenschloß, Otto (Hrsg.), Westfälische Lebensbilder II, Münster i. W. 1931, 411-438

O'Rourke, E., Livland: LThK VI, 1934, 619f.

O'Rourke, E. Graf, Semgallen: LThK IX, 1937, 457

Schabert, Oskar, Baltisches Märtyrerbuch, Berlin 1926

Schiemann, Theodor, Charakterköpfe und Sittenbilder aus der baltischen Geschichte des sechszehnten Jahrhunderts, Mitau 1877

Schiemann, Theodor, Gotthard Kettler: ADB 15, 1882, 680-685

Schirren, C., Bischof Johann von Münchhausen: Baltische Monatsschrift 28, Riga 1881, 1-37

Schmidt, Oswald, Rechtsgeschichte Liv-, Est- und Curlands. Aus dem Nachlasse des Verfassers hrsg. von Eugen von Nottbeck (= Dorpater Juristische Studien 3), Dorpat 1894, Nachdruck Hannover-Döhren 1968

Sehling, Emil (Hrsg.), Die evangelischen Kirchenordnungen des XVI. Jahrhunderts. 5. Bd. Livland. Estland. Kurland. Mecklenburg. Freie Reichsstadt Lübeck mit Landgebiet und Gemeinschaftsamt Bergedorf. Das Herzogthum Lauenburg mit dem Lande Hadeln. Hamburg mit Landgebiet, Leipzig 1913

Seibertz, J. S., Gotthard Ketteler, letzter Herrmeister des deutschen Ordens in Livland und erster Herzog von Kurland: Zeitschrift für vaterländische Geschichte und Altertumskunde 29, Münster 1871, 2. Abth., 1-92

Seraphim, August, Die Geschichte des Herzogtums Kurland (1561-1795), 2., verm. Aufl., Reval 1904

I.

Heinrich II. Basedow (1501-1523)

Das Bistum Kurland umfaßte im wesentlichen das Gebiet, das durch die Hauptorte Mitau, Libau und Windau umschrieben ist. Der Sitz des Bischofs und des Domkapitels war Pilten. Das Hochstift setzte sich aus drei, nicht aneinander angrenzenden Territorien zusammen. Es umfaßte ein ansehnliches Gebiet, über das der Bischof als Landesherr regierte.

Heinrich Basedow wurde 1501 Bischof von Kurland. Die Nachrichten über ihn sind spärlich. Seine Stellung zu der Glaubensneuerung ist unbekannt. Jedenfalls wurde das Bistum Kurland nicht sogleich von der Irrlehre ergriffen. Allerdings konnte es von dem Eindringen der Neuerung in der Umgebung, vor allem in Riga, nicht unberührt bleiben.

II.

Hermann II. Ronneberg (1524-1537)

Hermann Ronneberg wurde von dem Kapitel zum Bischof von Kurland gewählt und erlangte am 2. März 1524 die päpstliche Bestätigung. Im nächsten Jahr ereignete sich der Abfall des Hochmeisters des Deutschen Ordens im benachbarten Preußen. Seit 1526 drang der Protestantismus von dort in Kurland ein und verbreitete sich allmählich in dem Bistum. Ab 1530 gab es fest angestellte Prädikanten. Untertanen des Deutschen Ordens waren die Hauptträger der Neuerung. Aber auch im Orden selbst gab es Anhänger derselben. So erklärte sich 1532 der Komtur von Windau, Wilhelm von der Balen, genannt Fleck, für das Luthertum. Für den 30. Januar 1532 liegt ein Religionsbündnis des Wilhelms von der Balen mit Riga vor, für den 6. Februar 1532 ein ebensolches der Stadt Riga mit Vasallen in Kurland. Nach Theodor Kallmeyer war die Annahme der Lehre Luthers in Kurland „weit mehr als Politik als dem Bewußtsein von ihren Vorzügen“ zuzuschreiben. Damit machte die Landschaft keine Ausnahme.

Bischof Ronneberg war überzeugter Katholik und entschiedener Gegner des Protestantismus. Er tat, was ihm möglich war, um die lutherischen Regungen zu bekämpfen. Der Bischof von Kurland begleitete Blankenfeld auf seiner Reise zum Reichsregiment. Die Abwesenheit Ronnebergs von seinem Bistum 1526-1527 dürfte das Eindringen der Irrlehre gefördert haben.

III.

Johannes V. von Münchhausen (1540-1560)

Johannes von Münchhausen war Domherr in Pilten, als er zum Bischof von Kurland gewählt wurde; am 16. Juli 1540 erlangte er die päpstliche Bestätigung. 1542 wurde er auch noch Administrator von Ösel. Johann war den Wissenschaften und Künsten geneigt, er liebte Geselligkeit und Festlichkeiten. Charakterlich stand er nicht hoch. C. Schirren nennt ihn einen „Schwächling".

In der Regierungszeit Johannes' breitete sich die Glaubensneuerung weiter aus. Bereits in den vierziger Jahren setzte der Ordensmeister eine Anzahl protestantischer Prediger in Kurland ein. Im Jahre 1556 hatten die Herren in ihren Besitzungen und die Städte des Landes mit Gewalt und Drohungen die neue Lehre zur Herrschaft gebracht.

Johannes von Münchhausen war kein Anhänger der Irrlehre; er wirkte ihr vielmehr entgegen. Aber er war kein tatkräftiger Mann; so blieb seine Gegnerschaft ohne nachhaltigen Erfolg. 1556 wurde Ulrich Behr zum Koadjutor des Bischofs von Kurland gewählt; er war Lutheraner. Die Einholung der Bestätigung des Papstes scheint nicht betrieben worden zu sein. Johann von Münchhausen verkaufte 1559 seine Besitzrechte am Stift Pilten (Kurland) ebenso wie am Stift Ösel an König Friedrich II. von Dänemark; er empfing 30 000 Taler für den „schmutzigen Handel" (Theodor Schiemann). Anschließend ging er nach Deutschland und verheiratete sich. Der dänische König überließ beide Stifte seinem Bruder, dem Herzog Magnus von Holstein. Ulrich Behr verzichtete 1561 zu Gunsten des Magnus auf seine angeblichen Ansprüche und erhielt dafür die Güter Edwahlen und Schleck. Magnus von Holstein verwaltete das Stift Kurland als protestantischer „Bischof". Er war indes alles andere als ein Bischof; er war eine Abenteurernatur. Magnus verbündete sich mit dem Zaren Iwan dem Schrecklichen und stürzte das Stift in schwere Wirren. 1569 schickte er eine Gesandtschaft nach Moskau. Iwan schenkte ihm ganz Livland, das ihm nicht gehörte, und beförderte ihn 1570 zum „König" von Livland. 1573 heiratete Magnus in Nowgorod eine Nichte Iwans. Er unterwarf sich zunächst Iwan, später Stephan Bathory. Aber weder das eine noch das andere vermochte ihn zu retten.

Etwa um die gleiche Zeit vollendete sich das Schicksal des Deutschen Ordens. Seit 1559 war Gotthard Ketteler als Nachfolger Fürstenbergs livländischer Ordensmeister. Spätestens 1556 war er auf einer Reise in Deutschland, die ihn auch nach Wittenberg führte, innerlich vom Glauben abgefallen. Dieser Schritt brachte ihm nicht geringen persönlichen Vorteil ein. Am 28. November 1561 vereinbarte Gotthard in Wilna mit König Sigismund August von Polen Unterwerfungspakten. Sie verwandelten Kurland und Semgallen in ein weltliches Herzogtum, dem das frühere Ordensland südlich der Düna, nördlich derselben Dünamünde zugesprochen wurden. Das Land wurde dem König von Polen als Lehnsherrn unterstellt. Am 5. März 1562 legte Ketteler im Ordensschloß zu Riga die Abzeichen des Deutschen Ordens ab; am 11. März 1566 heiratete er die Anna von Mecklenburg. Der Deutschmeister in Mergentheim, Wolfgang Schutzbar, genannt Milchling, protestierte gegen die Säkularisierung des Ordenslandes, vermochte aber nichts daran zu ändern. Das Land wurde von dem frischgebackenen Herzog protestantisiert. In dem Privilegium Gotthardinum vom 25. Juni 1570 gewährte er dem Adel Kurlands „freie Religionsübung nach der Augsburgischen Confession", also Unterdrückung des katholischen Glaubens. 1572 erhielt Kurland eine protestantische Kirchenordnung. Durch mehrere Visitationen rottete Ketteler den katholischen Glauben aus. Große Teile der Bevölkerung widerstrebten dem Protestantismus. Dessen Prediger waren zum großen Teil unbrauchbar. Gotthard suchte auch das Gebiet des Stiftes Kurland (Pilten) für sich zu gewinnen. Zu diesem Zweck drang er dem Magnus seinen Sohn Friedrich als Nachfolger im Stift auf. Aber seine Pläne erfüllten sich nicht.

6. Kapitel

Bistum Ösel

Busch, Nicolaus, Geschichte und Verfassung des Bistums Ösel bis zur Mitte des vierzehnten Jahrhunderts. Im Auftrage und auf Kosten der Stadt Riga hrsg. von L. Arbusow, Riga 1934

Hellmann, M., Ösel: LThK VII, 2. Aufl., 1962, 1261

Johansen, P., Oesel-Wiek: RGG IV, 3. Aufl., 1960, 1587

Metzler, J., Ösel: LThK VII, 1935, 796

Schiemann, Th., Rußland, Polen und Livland bis ins 17. Jahrhundert, 2 Bde. (= Allgemeine Geschichte in Einzeldarstellungen 2. Hauptabth. 10. Thl.), Berlin 1886/87

Schirren, C., Bischof Johann von Münchhausen: Baltische Monatsschrift 28, Riga 1881, 1-37

I.

Johann IV. Kievel (1515-1527)

Das Bistum Ösel bestand aus den baltischen Inseln Ösel und Dagö sowie aus der estländischen Küstenlandschaft Wiek. Der Bischof residierte in Arensburg. Er verfügte über ein nicht unbeträchtliches Gebiet als Landesherr. Die Kathedralkirche befand sich in Hapsal.

Johann Kievel wurde 1513 von Bischof Johannes Orges zum Koadjutor angenommen und folgte ihm 1515 auf dem Bischofsstuhl nach. Er war schon vor dem Auftreten des Protestantismus eifrig um die Erneuerung von Klerus und Volk bemüht. Durch Diözesansynoden, Visitationen und Send suchte er den Vorschriften Nachdruck zu verschaffen. Die vor dem 23. Mai 1519 erlassene Visitationsordnung des Bischofs stellt mit ihren 88 Fragen ein eindrucksvolles Dokument des Bemühens um kirchliche Disziplin dar. Aber gerade seine Bestrebungen im sittlichen Bereich — wie Anhalten zur kirchlichen Eheschließung und zur ehelichen Treue — brachten die Sittenlosen gegen ihn auf. Dazu trat die religiöse Neuerung, die Freiheit von vielen Banden verhieß. Sie breitete sich in der Diözese rasch aus. Der Rezeß des Prälatentages zu Ronneburg vom 28. Juli 1521 rechnete anscheinend damit, daß es genüge, die Bulle ,,Exsurge Domine" zu verlesen und zum Gehorsam zu mahnen. In dem Schreiben vom 21. April 1522 stellte sich Kievel in Blankenfelds Streit mit der Dorpater Ritterschaft entschieden auf dessen Seite. Spätestens seit 1524 war Kievel sich der Gefahr bewußt, daß die katholische Religion ausgelöscht werden könnte. Die Protestanten hatten die Macht. Auf dem Ständetage vom 17. Juli 1524 in Reval wurden Maßnahmen gegen einen Mönch beschlossen, der die Lutheraner Ketzer zu nennen wagte. In der Privilegienbestätigung, die Kievel am 15. Dezember 1524 in Hapsal vornahm, hieß es, die Predigt des Wortes Gottes solle nach dem Alten und dem Neuen Testament ,,szunder menschen geszetthe" unverfälscht erfolgen. Diese Wendung wird von manchen dahin verstanden, daß der Bischof die Verkündigung des ,,reinen" Wortes Gottes freigegeben habe. Aber daß der Bischof damit die Verbreitung der lutherischen Lehre intendiert habe, ist unglaubwürdig. Eine solche Haltung paßt nicht zu Kievel. Denn er pflegte enge Beziehungen zu Blankenfeld und ließ sich von ihm beraten. Außerdem wird in der katholischen Kirche das Wort Gottes unverfälscht dargeboten, so daß die erwähnte Wendung ebensogut auf die kirchliche Lehre Anwendung finden konnte. Allerdings ist letzte Klarheit darüber, wo Kievel in dieser Zeit stand, kaum zu gewinnen. Am 29. April 1525 lehnte er das Erscheinen auf dem vom Rigaer Erzbischof angesetzten Prälatentag zu Ronneburg ab. Auch auf neuerliches Andringen Blankenfelds unterbreitete er am 11. Mai 1525 fadenscheinige Entschuldigungen.

II.

Georg Tiesenhausen (1527-1530)

1527 starb Kievel. Sein Nachfolger wurde der Bischof von Reval, Georg Tiesenhausen; er behielt Reval bei. Es ist unsicher, ob er die päpstliche Bestätigung erlangt hat. Angeblich wurde ihm, der am 12. Oktober 1530 starb, am 6. November 1530 die Zeit für die Einholung derselben verlängert. In jedem Falle schritt in diesen Jahren die neue Lehre in dem Bistum fort.

III.

Reinhold Buxhövden (1532-1557) bzw. Wilhelm von Brandenburg (1532-1534)

Reinhold Buxhövden wurde regelrecht von dem Domkapitel gewählt, geriet aber mit diesem in Streit, worauf es an seiner Stelle den Markgrafen Wilhelm von Brandenburg, der Koadjutor von Riga war, postulierte. Der Heilige Stuhl stellte sich auf die Seite Wilhelms und forderte den Reinhold am 11. Juni 1533 zum Verzicht auf. Aber Reinhold gab seine Rechte nicht auf, sondern behauptete sich mit Gewalt. Als Wilhelm um die Bestätigung der Postulation für Ösel einkam, erkannte Vergerio sogleich, daß Wilhelm lediglich eine Figur im politischen Spiel Albrechts von Preußen darstellte; er beurteilte den Markgrafen sehr ungünstig. Wilhelm zog 1534 seine Zustimmung zu der Postulation zurück. Damit konnte Buxhövden endlich sein Amt antreten.

Die erwähnten Streitigkeiten waren der Verbreitung der neuen Lehre günstig. Am 25. Oktober 1532 schloß die Öselsche Ritterschaft ein Religionsbündnis mit der Stadt Riga. Reinhold Buxhövden war katholisch, trat aber wohl der Glaubensneuerung nicht entschieden entgegen. Freilich war er durch seinen erbitterten Streit mit dem Domkapitel und den Ständen schwer in seiner Handlungsfreiheit behindert. Er erkannte seine aussichtslose Lage und erbat sich am 9. August 1541 den Johann von Münchhausen als Koadjutor. Nach erfolgter Wahl des Kapitels scheint Johann am 9. Januar 1542 als Administrator eingesetzt worden zu sein. 1541 zog sich Bischof Reinhold nach Leal zurück. Johann von Münchhausen übernahm die Regierung des Bistums und sicherte dem Reinhold eine Pension zu.

Johann von Münchhausen bemühte sich, seine Aufgabe zu erfüllen, soweit es seine Kräfte und die Umstände zuließen. Er suchte die Rechte und Güter des Stiftes zu behaupten und für seine Untertanen in zeitlicher und geistlicher Hinsicht zu sorgen. Johann war lange Zeit der Religionsneuerung ehrlich abgeneigt. Dies ergibt sich z. B. aus seiner Einschärfung des unbeliebten Fastens und seiner Bitte um Gebet, die er an die Nonnen des Revaler Birgittenklosters richtete. Den durch das Luthertum verursachten Niedergang im Nonnenkloster zu Leal beklagte Johann mit scharfen Worten; um ihn abzustellen, fehlte ihm die Macht. Die von ihm geplante persönliche Visitation kam nicht zustande. Das Interim wollte er anfänglich durchsetzen, aber er hatte damit keinen Erfolg. Gegen Johann erhob sich die Opposition der Stände, vor allem auf der Zusammenkunft in Pernau im Juni 1552. Der Grund des Widerstandes war nicht zuletzt seine katholische Überzeugung. Als die Ritter im Jahre 1555 Klage führten, daß es ihnen an Pfarrern fehle, entgegnete der Bischof, er wolle die Pfarrkirchen mit katholischen Priestern besetzt sehen, und nach solchen lasse er auf seine Kosten in Deutschland suchen.

IV.

Johannes von Münchhausen (1557-1560)

1557 starb Bischof Reinhold. Nun trat Johann von Münchhausen, der seit 1542 Koadjutor seines Vorgängers war, die Regierung des Bistums Ösel als Bischof an.

Johann sah den fortschreitenden religiösen und politischen Zerfall in Livland. Es gibt kein Anzeichen dafür, daß er vom Glauben abfiel. Am 22. Januar 1558 brachen die Russen in Livland ein und verheerten das Land. Das Deutsche Reich, durch den von Luther hervorgerufenen Streit gelähmt, vermochte nicht zu helfen. Auf dem Landtag zu Wolmar im März 1558 wurde die allgemeine „Reformation" beschlossen, aber der Beschluß wurde nicht ausgeführt. Livland löste sich in dieser Zeit auf. Der polnische König Sigismund August wurde Schutzherr der Ordenslande und des Erzstiftes Riga, wobei er sich verpflichtete, die lutherische Religion zu erhalten. Am 26. September 1559 schloß König Friedrich II. von Dänemark mit Johann von Münchhausen einen Vertrag ab, durch den er das Stift Ösel für 30 000 Taler zugunsten seines Bruders, des Herzogs Magnus von Holstein, erwarb. Münchhausen verpflichtete sich, die Wahl des letzteren zum „Bischof" bei dem Domkapitel und den Ständen zu betreiben. Tatsächlich ging alles wunschgemäß vonstatten. Magnus erschien am 16. April 1560 auf Ösel und wurde zum „Bischof" gewählt. Johann von Münchhausen ging nach Deutschland und verheiratete sich. Die Priesterweihe hatte er nicht empfangen. Herzog Magnus war angesichts des allgemeinen Zerfalls in Livland lediglich darum bemüht, sich eine Herrschaft aufzubauen. Von irgendeiner religiösen Tätigkeit kann bei ihm nicht die Rede sein. Sein Wirken muß daher ungünstig beurteilt werden. Die katholische Religion verschwand nicht ohne weiteres. Auch im Bistum Ösel gab es Geistliche und Laien, die dem Glauben in dem religiösen und politischen Durcheinander die Treue bewahrten. Der katholische Gottesdienst hielt sich in Hapsal bis zum Jahre 1563, als die Schweden die Stadt eroberten.

7. Kapitel

Bistum Pomesanien

Cramer, H., Geschichte des vormaligen Bisthums Pomesanien. Ein Beitrag zur Landes- und Kirchen-Geschichte des Königreichs Preußen (= Zeitschrift des historischen Vereins für den Reg.-Bezirk Marienwerder 11.-13. Heft), Marienwerder 1884

Esser, A., Pomesanien: KL X, 2. Aufl., 1897, 157-162

Forstreuter, Kurt, Dobeneck: NDB 4, 1959, 4f.

König, Hans-Joachim, Paul Speratus. Reformator, Organisator des Kirchenwesens in Ostpreußen, evangelischer Bischof von Pomesanien 1484-1551, in: Miller, Max, Uhland, Robert (Hrsg.), Lebensbilder aus Schwaben und Franken IX, Stuttgart 1963, 18-39

Pisanski, Georg Christoph, Die Verdienste des pomesanischen Bischofs, Hiob von Dobeneck, um den Staat und die Gelehrsamkeit in Preußen, aus zuverlässigen Urkunden an das Licht gestellt, Königsberg 1763

Schmauch, H., Pomesanien: LThK VIII, 1936, 362f.

Schmauch, H., Pomesanien: LThK VIII, 2. Aufl., 1963, 601

I.

Hiob von Dobeneck (1501-1521)

Das Bistum Pomesanien lag in dem Ordensland Preußen zwischen Weichsel, Ossa und Drausensee. Der Bischof war Landesherr über einen beträchtlichen Teil seines Bistums. Die Residenz des Bischofs war Riesenburg. Kathedrale und Domkapitel waren in Marienwerder. Das Kapitel war dem Deutschen Orden inkorporiert. Seit dem Tode des Franziskanerbischofs Albert (1286) gehörten alle Bischöfe ebenfalls dem Orden an.

Hiob von Dobeneck wurde 1501 zum Bischof von Pomesanien gewählt und erlangte am 27. August 1501 die päpstliche Bestätigung. Er war ein befähigter, gebildeter und gewandter Mann, der sich auf allen Posten und bei allen Aufträgen, die ihm in seinem Leben zuteil wurden, bewährte. Er war der Vertraute des Hochmeisters Friedrich von Sachsen und verdankte ihm auch den Bischofsstuhl; leider starb dieser Bruder Herzog Georgs bereits 1510 im Alter von 37 Jahren. Verhängnisvoll sollte sich der Vorschlag Hiobs erweisen, den Markgrafen Albrecht von Brandenburg zum neuen Hochmeister des Deutschen Ordens zu wählen. Er hatte sich hierbei auf die Empfehlung des Herzogs Georg von Sachsen verlassen. Mit 21 Jahren trat Albrecht das Amt des Hochmeisters an, obwohl er bis dahin gar keine Beziehung zu dem Deutschen Orden gehabt hatte. Ihm blieb es vorbehalten, als einer der ersten hochgestellten Apostaten des 16. Jahrhunderts in die Geschichte einzugehen.

Hiob bewährte sich als Bischof von Pomesanien. Er war ein tatkräftiger Regent, dem die Religion und die Wissenschaft in gleicher Weise am Herzen lagen. Er verstand sich auch auf das Kriegswesen, was in einem Grenzlandbistum nicht zu verachten war. Unter seiner Regierung müssen sich protestantische Regungen auch in Pomesanien gezeigt haben. Hiob war gewiß kein Förderer des Luthertums. Aber die fortwährenden Spannungen oder Kämpfe zwischen dem Deutschen Orden und Polen hinderten die preußischen Katholiken, ihre Kräfte auf die Abwehr der Glaubensneuerung zu konzentrieren. Im Dezember 1519 rückte der König Sigismund von Polen gegen das Ordensland vor. Das Unheil traf zuerst das Bistum Pomesanien. Hiob mußte sich dem König in Riesenburg ergeben. Daß unter diesen Umständen die Aufmerksamkeit gegenüber der Irrlehre nachließ, ist begreiflich.

II.

Achilles de Grassis (1521-1523)

Nach dem Tode Hiobs von Dobeneck am 25. Mai 1521 sorgte Albrecht von Brandenburg dafür, daß das Domkapitel den Bischof Georg Polentz von Samland zum Bischof von Pomesanien postulierte. Polentz führte — ohne päpstliche Zulassung — die Verwaltung als Administrator. Der Papst verlieh das Bistum dem Kardinal Achilles de Grassis (1521-1523). Niemand in Preußen kümmerte sich um die päpstliche Provision. Daraus ersieht man, wie es damals um die päpstliche Autorität im Norden stand. Der Kardinal ließ sich übrigens niemals in seiner Diözese sehen. Polentz übte in Pomesanien sein Amt in ähnlich verhängnisvoller Weise aus wie in Samland.

III.

Erhard von Queis (1523-1529)

Als 1523 erneut ein Kardinal, Nikolaus de Rudolphis, mit dem Bistum ausgestattet wurde, wählte das Marienwerder Domkapitel im September 1523 in Königsberg den Erhard von Queis zum Bischof. Polentz zog sich daraufhin in das Bistum Samland zurück. Wiederum hatte der Hochmeister bei der Wahl den Ausschlag gegeben. Um das Bistum Pomesanien in die Verfügung des Deutschen Ordens zu bringen, sandte er im Juni 1523 den Queis nach Riesenburg; dieser schloß sich jetzt erst dem Deutschen Orden an. Er war zuvor Kanzler des früh zum Protestantismus übergegangenen Herzogs Friedrich von Liegnitz. Queis hatte in Frankfurt an der Oder und in Bologna die Rechte studiert. Er war in Amtsgeschäften und in der Diplomatie erfahren und kannte sich im Recht aus, aber ein Theologe war er nicht. Ebenso fehlte es ihm an religiöser Tiefe, festem Glauben und geistlicher Erfahrung; er war kein spiritueller Mensch. Die päpstliche Bestätigung erhielt Queis nicht. Er wurde 1525 als „episcopus electus" und „der postulierte Bischof des Stifts Riesenburg" bezeichnet. Obwohl er also gar nicht rechtmäßiger Inhaber des Bischofsamtes war, gerierte er sich als solcher. Da die Macht des Herzogs Albrecht hinter ihm stand, konnte er sich halten.

Queis kam als heimlicher Protestant in sein Bistum. Widerstand gegen die Ausbreitung der Irrlehre war von ihm nicht zu erwarten, sondern das Gegenteil. Schon 1524 erließ er eine Art protestantischer Kirchenordnung, „Themata episcopi Risenburgensis", die kaum von ihm ausgearbeitet war. Darin bekannte er seinen Abfall vom Glauben in völlig eindeutiger Weise, beseitigte alles, was in der Religion dem fleischlichen Menschen lästig sein konnte, wie Namhaftmachung der Sünden, Verpflichtung der Gelübde, Zölibat, Ehehindernisse, Fast- und Festtage, und führte ein, was ihm angenehm war, wie den Vertrauensglauben. In diesen Themata episcopi Risenburgensis hörten die Menschen die vielen zweifellos willkommene Kunde: „Es soll hinfort keine Beichte den Priestern geschehen" oder: „Es soll alles jeglicher Tag des Herrn sein, Fleisch oder Fisch zu essen, wie es einem jeden beliebt". Aufgrund dieses Programms wurde die Kirche Pomesaniens „reformiert". Eine irgendwie geartete Begründung der diktatorisch angeordneten Maßnahmen gab Queis nicht. Bei der Protestantisierung seines Sprengels ging er rücksichtslos vor. Als sich das Domkapitel der Serie von Rechtsbrüchen und dem Abfall von der Kirche widersetzte, wurden die Domherren inhaftiert. Sie scheinen schließlich der Gewalt gewichen zu sein und sich in das Unvermeidliche geschickt zu haben.

Queis stand dem Hochmeister bei seinem schmählichen Verrat an Orden, Kirche und Reich, der in dem Krakauer Vertrag vom 8. April 1525 und der Belehnung vom 10. April 1525 gipfelte, als Gehilfe bei. Auf dem Landtag von Königsberg im Mai 1525 huldigte er dem neuen Landesherren und bekannte sich dabei öffentlich als von der Kirche Abgefallenen. Am 23. Oktober 1527 trat er seine Landesherrschaft an den nunmehrigen Herzog Albrecht ab und wurde für diese Meintat persönlich gut versorgt; auch für seinen Bruder fiel Beute ab. Aber er entging nicht dem Verdikt von Zeitgenossen, die sich den Sinn für Recht und Ehre bewahrt hatten. Philipp von Creutz warf ihm vor, „treulos" am Orden geworden zu sein. Queis diente seinem Herrn auch weiterhin als Ratgeber und Unterhändler. Im Auftrage Albrechts reiste er nach Dänemark, um für ihn den Heiratsvertrag abzuschließen. Queis selbst verheiratete sich mit der Apollonia von Troppau-Münsterberg. Er hinterließ eine Tochter und starb früh. Dieser Mann zerstörte die heilige Religion im Bistum Pomesanien. Nur der polnische Anteil blieb katholisch; er wurde von dem Bischof von Kulm verwaltet. Der protestantisierte Teil des Bistums Ermland wurde auf die „Bistümer" Samland und Pomesanien aufgeteilt. Bis zum Jahre 1587 folgten Queis die protestantischen „Bischöfe" Paul Speratus (1530-1551), Georg Venediger (1567-1574) und Johann Wigand (1575-1587). Das gläubige Volk ging keineswegs mit wehenden Fahnen zum Protestantismus über. Noch im Jahre 1582 gab es in Pomesanien viele Katholiken, aber sie besaßen keine Freiheit, ihren Glauben zu praktizieren. Das geschah durch eine Bewegung, die angeblich die Gewissensfreiheit auf ihre Fahnen geschrieben hatte.

8. Kapitel

Bistum Samland

Böckel, G. A., Georg von Polentz, der allererste evangelische Bischof: Archiv für alte und neue Kirchengeschichte 4, 1820, 555-577

Erdmann, Georg von Polentz: RE VI, 3. Aufl., 1899, 541-543

Forstreuter, Kurt, Vom Ordensstaat zum Fürstentum. Geistige und politische Wandlungen im Deutschordensstaate Preußen unter den Hochmeistern Friedrich und Albrecht (1498-1525), Kitzingen/Main 1951

Hubatsch, Walther, Albrecht von Brandenburg-Ansbach. Deutschordens-Hochmeister und Herzog in Preußen 1490-1568 (= Studien zur Geschichte Preußens Bd. 8), Heidelberg 1960

Koch, Franz, Joachim Mörlin als samländischer Bischof vom Jahre 1567 bis 1571. Phil. Diss. Leipzig, Königsberg i. Pr. 1907

Laag, H., Die Einführung der Reformation im Ordensland Preußen: Neue kirchliche Zeitschrift 36, 1925, 857-873

Laag, H., Polentz: RGG V, 3. Aufl., 1961, 435

Polenz, Georg von, Georg von Polentz, der erste evangelische Bischof, Halle 1858

Poschmann, Brigitte, Bistümer und Deutscher Orden in Preußen 1243-1525. Untersuchung zur Verfassungs- und Verwaltungsgeschichte des Ordenslandes. Phil. Diss. Münster/Westf., Münster/Westf. 1962

Poschmann, Brigitte, Bistümer und Deutscher Orden in Preußen 1243-1525. Untersuchung zur Verfassungs- und Verwaltungsgeschichte des Ordenslandes. Phil. Diss. Münster: Zeitschrift für die Geschichte und Altertumskunde Ermlands 30, 1966, 227-355

Schmauch, H., Samland: LThK IX, 1937, 154f.

Schmauch, H., Samland: LThK IX, 2. Aufl., 1964, 297f.

Sehling, Emil (Hrsg.), Die evangelischen Kirchenordnungen des XVI. Jahrhunderts. 4. Bd. Das Herzogthum Preußen. Polen. Die ehemals polnischen Landestheile des Königreichs Preußen. Das Herzogthum Pommern, Leipzig 1911

Tschackert, Paul, Georg von Polentz, Bischof von Samland. Ein Charakterbild. Unter Benutzung vieler archivalischer Quellen entworfen, Leipzig 1888

Woelky, C. P., Mendthal, H. (Hrsg), Urkundenbuch des Bisthums Samland, Heft 1-3 (= Neues Preußisches Urkundenbuch. Ostpreußischer Theil. II. Abth. Urkunden der Bisthümer, Kirchen und Klöster. Bd. II), Leipzig 1891-1905

I.

Günther von Bünau (1505-1518)

Das Bistum Samland lag in Preußen zwischen dem Pregel, der Ostsee, der Memel und Litauen. Die Bischöfe residierten in Fischhausen. Das Domkapitel hatte seinen Sitz an der Kathedralkirche auf der Pregelinsel Kneiphof in Königsberg. Das Domkapitel war dem Deutschen Orden inkorporiert. Zu Bischöfen wurden nur Priester dieses Ordens gewählt. Über ein Drittel des Gebietes seiner Diözese herrschte der Bischof als Landesherr. Das religiöse Schicksal des Bistums Samland in der Zeit der Glaubensspaltung mußte sich an der Haltung des Deutschen Ordens entscheiden. Die Kirche im Ordensland Preußen war durch die Ein- und Übergriffe des Deutschen Ordens seit langem geschwächt und unfrei. Günther von Bünau hat die Anfänge der religiösen Neuerung noch miterlebt, zumal er öfters aus Preußen in seine Heimat Meißen kam; dort ist er auch am 14. Juli 1518 gestorben. Angeblich war er, mit der Politik des Hochmeisters unzufrieden, aus dem Lande geflohen. In jedem Falle bereiteten sich unter dem ungeistlichen Albrecht von Brandenburg schlimme Dinge vor.

II.

Georg von Polentz (1519-1550)

Georg von Polentz studierte in Bologna Rechtswissenschaft; er war Lizentiat der Rechte. Zeitweise diente er Papst Julius II. und Kaiser Maximilian I. Er trat dann in den Deutschen Orden ein und wurde Komtur in Königsberg. Der Hochmeister Albrecht schlug ihn zum Bischof von Samland vor, und das Kapitel wählte ihn. Polentz wurde am 23. März 1519 von Leo X. bestätigt. 1520 empfing er durch Hiob von Dobeneck die Bischofskonsekration.

Georg von Polentz war ein alter Vertrauter des Markgrafen Albrecht, des Hochmeisters des Deutschen Ordens, der in dieser Eigenschaft Sitz und Stimme unter den Reichsfürsten besaß und dem Reich den Treueid leistete. So erklärt es sich, daß er von ihm zum Bischof von Samland ausersehen wurde und ihm auch später gewichtige Dienste leistete. Als Albrecht 1522 nach Deutschland reiste, wurde Polentz zum stellvertretenden Regenten des Landes bestellt. Das war keine gute Wahl. Denn Polentz war charakterlich nicht auf der Höhe. Er war ein unbeherrschter, jähzorniger und ehrgeiziger Mann. Diese Schwächen machten ihn zum Inhaber der Regierungsgewalt wenig geeignet. Im Lande war er verhaßt. Während der Bauernunruhen riet er zu deren blutiger Unterdrückung.

Indem Polentz an die Spitze des Bistums Samland trat, zog eine große Gefahr für dieses herauf. Denn er war religiös unzuverlässig und nicht fest im Glauben verwurzelt. Polentz war vielleicht schon zum Zeitpunkt seiner Ernennung zum Bischof, sicher aber bei dem Empfang der Konsekration dem Luthertum zugetan. Das war die Religion, nach der sein Sinn stand. Luther tat das Seine, um ihn und andere Geistliche in Preußen für seine Lehre zu gewinnen. Am 28. März 1523 forderte er die Mitglieder des Deutschen Ordens zum Glaubensabfall und zum Gelübdebruch auf. Bei dem Polentz rannte er damit offene Türen ein. Bereits in der Mitte des Jahres 1523 predigte, nicht ohne Zustimmung des Bischofs, Georg Schmidt im Königsberger Dom die lutherische Lehre. Zu diesem traten andere Apostaten. 1523 schickte Luther auf Ersuchen Albrechts, hinter dem Polentz stand, den abgefallenen Franziskaner Johannes Brießmann nach Preußen. Seit September 1523 predigte dieser in Königsberg das Luthertum. Ende des Jahres 1523 entschloß sich der der Kirche innerlich entfremdete Bischof zum öffentlichen Abfall. Zu Weihnachten 1523 predigte er in Königsberg protestantisch; es waren die bekannten lutherischen Aufstellungen. Georg von Polentz war der erste Bischof, der unmißverständlich mit dem katholischen Glauben brach. Von nun an beförderte er offen die Ausbreitung des Luthertums; er erließ zu diesem Zweck, beginnend am 28. Januar 1524, Mandate und entsandte Prediger, um das Volk zur Trennung von der Kirche zu bewegen. In dem Edikt vom 28. Januar 1524 forderte Polentz zum Lesen der Schriften Luthers auf, leitete also planmäßig die Protestantisierung seiner Diözese ein. Schmählicher ist selten ein Verrat betrieben worden. In der Osterpredigt vom 27. März 1524 trieb Polentz die Verführung weiter. Die Folgen seiner Agitation waren Bilderstürme und Angriffe auf die Klöster. In der Pfingstpredigt vom 15. Mai 1524 geißelte er erneut „die elenden Papisten“. Am 15. August 1524 verordnete er obrigkeitlich das Luthertum und bedrohte jede Gegenäußerung mit Strafe. Von Königsberg aus schickte Polentz die Protestantisierer ins Land. Johann Brießmann, Johann Amandus und Paul Speratus nahmen die Abfallbewegung in Preußen in die Hände. Luther schaute zufrieden auf das „Werk“ des Polentz. 1525 widmete er dem abtrünnigen Bischof die Erklärung zu dem fünften Buch Moses.

Polentz ging bei seiner Apostasie in enger Fühlung mit Albrecht von Brandenburg, dem Hochmeister des Deutschen Ordens, vor. Als Oberhaupt eines geistlichen Ritterordens hatte dieser eine bischofsähnliche Stellung. Albrecht fehlten aber die Tiefe des Glaubens, die theologische Bildung, die Lauterkeit des Charakters und die aszetische Formung in gleicher Weise. Angesichts dieser persönlichen Artung ist es nicht verwunderlich, daß er im Jahre 1523 Beziehungen zu Luther aufnahm; er besuchte ihn zweimal. Der Wittenberger empfahl ihm, sein Land in ein weltliches, erbliches Herzogtum zu verwandeln. Das war der Rat, den Albrecht hören wollte; er machte sich ans Werk. Der Hochmeister versicherte sich zur Durchführung dieses Planes der Zustimmung seines Lehnsherren, des Königs Sigismund I. von Polen, und schritt zur Tat. Dabei verfuhr er taktisch geschickt. Den Papst täuschte er mit betrügerischen Vorstellungen über seine Absichten und sein Vorgehen. Clemens VII. war nämlich über den Abfall des Polentz unterrichtet und trug dem Lorenzo Campeggio auf, den Hochmeister seinetwegen anzugehen. Albrecht gab eine ausweichende Antwort und spielte weiter die Rolle des kirchentreuen Ordensoberen. Im Januar 1525 wies er den Polentz an, die eingeführten Religionsneuerungen rückgängig zu machen; aber dieser amtliche Befehl war, wie aus einem gleichzeitigen privaten Schreiben des Hochmeisters an den Bischof bekannt ist, lediglich zum Schein erlassen, also Betrug und Heuchelei. Nicht alle ließen sich von dem doppelzüngigen Albrecht täuschen. Ein erfahrener Mann wie Campeggio traute ihm schon lange nicht mehr. Er berichtete bereits am 22. August 1524 über die dem Hochmeister zugeschriebene Absicht, eine Frau zu nehmen und einen erblichen Staat zu schaffen. In dem Brief des Markgrafen Johann Albrecht an den Markgrafen Kasimir vom 12. September 1524 wurde gerüchtweise mitgeteilt, der Hochmeister wolle lutherisch werden und sich verheiraten. Am 22. Januar 1525 bezeichnete Campeggio diesen schlicht als Lutheraner. Aber ernsthafte Maßnahmen gegen den Hochmeister wurden nicht ergriffen. Die Macht des Papstes reichte nicht aus, um den Abfall zu verhindern. Preußen war abgelegen, im Norden Europas grassierte die Neuerung, der Kaiser war außer Landes, der polnische König, dem an der Entfernung des Ordens aus Preußen gelegen war, trat nicht an die Seite des Papstes, riet vielmehr dem Hochmeister zur Säkularisierung und half dabei mit. So nahm das Schicksal seinen Lauf. Am 8. April 1525 belehnte der polnische König Sigismund den bisherigen Hochmeister Albrecht mit dem Ostteil des Ordenslandes Preußen als einem weltlichen Herzogtum. Am 10. April 1525 huldigte Albrecht in Krakau dem polnischen König als erblicher Lehnsherzog von Preußen. Der große Verrat an der Kirche und am Deutschen Reich war perfekt. Das Ordensgebiet wurde nicht nur säkularisiert, sondern gleichzeitig auch protestantisiert. Die abgefallenen Priester Johannes Brießmann und Paul Speratus taten sich hierbei hervor. Albrecht war der erste deutsche Fürst, der das Prinzip des Landeskirchentums verkündete und durchführte. Das Edikt vom 6. Juli 1525 verbot die Predigt eines anderen Glaubens als des lutherischen unter Androhung strenger Strafen. Die Geistlichen hatten die Wahl zwischen Abfall und Vertreibung. Der abtrünnige Hochmeister tat bald darauf den Schritt, der seine Position unübersehbar deutlich machte. Im Jahre 1526 heiratete Albrecht Dorothea, die Tochter des Königs Friedrich I. von Dänemark. Sein Gehilfe Polentz nahm die kirchliche Trauung vor. Auch bei der zweiten Verheiratung des Herzogs leistete er ihm diesen Dienst.

Georg von Polentz war dem Albrecht von Brandenburg nicht nur völlig ergeben, sondern auch geistesverwandt. Wie er ihm in der Protestantisierung vorangegangen war, so tat er es auch im Bruch des Zölibates. Er lebte zunächst im Konkubinat und schritt dann (1525) öffentlich zur Verheiratung. Sein Apostatenhaß zeitigte dabei seltsame Früchte. Er ließ seine Bischofsmütze zerbrechen und von den Edelsteinen seiner Frau ein Schmuckstück machen. Nach dem frühen Tod derselben ging er eine zweite „Ehe" ein. Schon unter den Zeitgenossen gab es manche, die den Polentz scharf verurteilten. Philipp von Creutz bezeichnete ihn als „treulos und ehrlos". Polentz fiel nicht nur persönlich von der Kirche ab, sondern beraubte sie auch ihres Eigentums. Er übertrug nämlich seine Hoheitsrechte in dem Stift Samland an den nunmehrigen Herzog Albrecht. Was er tat, war die erste Säkularisierung eines deutschen Bistums, ein Anschlag gegen Kirche und Reich. Polentz wurde für seinen Verrat persönlich gut versorgt.

Die Vernichtung des katholischen Glaubens war nunmehr das gemeinsame Ziel des Polentz und Albrechts. Das protestantische Kirchenwesen wurde organisiert. Die Kirchenordnung wurde am 10. Dezember 1525 vom Landtag beschlossen und im März 1526 im Druck vorgelegt. Zur Beseitigung des katholischen Glaubens dienten die Visitationen. Die sogenannte Reformation verlief im Samland keineswegs ohne Widerstand. So traten beispielsweise viele Bewohner von Königsberg energisch dagegen auf, bis sie der Drohung mit der Gewalt nachgaben. Die Priester, die der Kirche treu blieben, wurden abgesetzt und ausgewiesen. Auch das Mittel der Täuschung erwies sich beim Übergang zum Protestantismus als wirksam. Die Neuerer beließen nämlich äußerlich vieles beim alten; so blieb beispielsweise die Erhebung der Hostie in dem nach wie vor als Messe bezeichneten Gottesdienst bis 1544 erhalten. Man benutzte weiter in gewissem Umfang die lateinische Sprache bei der liturgischen Feier und pflegte eifrig die Beichte. Vielen Gläubigen wurde daher nicht bewußt, was vor sich ging, und dementsprechend leisteten sie auch keinen Widerstand.

Der Abfall des Polentz blieb am Heiligen Stuhl nicht unbekannt. Aber der Papst besaß kein Mittel, ihn rückgängig zu machen. Auch der Kaiser war nicht imstande, das ungeheuerliche Geschehen in Preußen, den Verrat an Reich und Religion, zu ahnden. An (verspäteten) Maßnahmen ließ er es zwar nicht fehlen. So forderte er Albrecht am 14. November 1531 auf, das Land Preußen an den Administrator des Deutschen Ordens, Walter von Kronberg, abzutreten. Als der Abtrünnige nicht reagierte, belegte er ihn am 9. Januar 1532 mit der Reichsacht. Aber die Strafen ließen sich mangels Macht nicht vollstrecken.

Im Jahre 1546 ernannte Polentz den ehemaligen Franziskaner Johannes Brießmann zu seinem Stellvertreter. Bis 1587 erhielt das Bistum noch zweimal protestantische „Bischöfe", 1567 den Joachim Mörlin, 1573 den Tilmann Heßhusen. Beide waren unerfreuliche Erscheinungen. Bischof Hosius beschwerte sich am 19. Februar 1568 bei Herzog Albrecht über die durch Mörlin vertriebenen antikatholischen Hetzschriften. Das Schreiben fruchtete nichts. Vielmehr richtete Mörlin immer maßlosere Attacken gegen die Katholiken und gegen Hosius persönlich.

11. Abschnitt

Kirchenprovinz Salzburg

1. Kapitel

Erzbistum Salzburg

Albrecht, Dieter, Ernst, Herzog von Bayern: NDB 4, 1959, 619

Brackmann, Albert, Die Kurie und die Salzburger Kirchenprovinz (= Studien und Vorarbeiten zur Germania pontificia I), Berlin 1912

Datterer, Franz Paul, Des Cardinals und Erzbischofs von Salzburg Matthäus Lang Verhalten zur Reformation (von Beginn seiner Regierung 1519 bis zu den Bauernkriegen 1525). Phil. Diss. Erlangen, Freising 1890

Fischer, Wilhelm, Personal- und Amtsdaten der Erzbischöfe von Salzburg (798-1519). Phil. Diss. Greifswald, Anklam 1916

Greinz, Christian, Das Sociale Wirken der katholischen Kirche in der Erzdiözese Salzburg (= Das Sociale Wirken der katholischen Kirche in Oesterreich V. Bd.), Wien 1898

Greinz, Ch., Lang, Mattäus: LThK VI, 1934, 373f.

Hauthaler, Willibald, Cardinal Matthäus Lang und die religiös-sociale Bewegung seiner Zeit (1517-1540). Zumeist nach Salzburger Archivalien. I. Thl.: Bis zum Religionsmandat vom 22. Juli 1523: Mittheilungen der Gesellschaft für Salzburger Landeskunde. XXXV. Vereinsjahr 1895, Salzburg 1895, 149-201

Hauthaler, Willibald, Martin, Franz (Bearb.), Salzburger Urkundenbuch, 4 Bde., Salzburg 1918-1933

Heinisch, Reinhard Rudolf, Die bischöflichen Wahlkapitulationen im Erzstift Salzburg 1514-1688, Wien 1977

Hermann, F., Fuhrmann, F., Salzburg: LThK IX, 2. Aufl., 1964, 285-291

Hübner, Karl, Die salzburgischen Provinzialsynoden im XIV. Jahrhundert: Deutsche Geschichtsblätter 12, 1911, 97-126

Martin, Franz, Wolf Dietrich von Raitenau, Erzbischof von Salzburg (= Österreichische Bücherei Nr. 12), Wien, Leipzig o. J.

Martin, Franz, Salzburgs Fürsten in der Barockzeit 1587 bis 1771, 3. Aufl., Salzburg 1966

Mayr, Josef Karl, Aus Wolf Dietrichs letzten Regierungsjahren. Das Passauer Kriegsvolk: Mitteilungen der Gesellschaft für Salzburger Landeskunde 68. Vereinsjahr, 1928, 1-49

Paulus, N., Agricola, Stephan (der Ältere): LThK I, 1930, 149

Ortner, Franz, Reformation, katholische Reform und Gegenreformation im Erzstift Salzburg, Salzburg 1981

Rabenlechner, Michael Maria, Der Bauernkrieg in Steiermark (1525). Eine historische Studie (= Erläuterungen und Ergänzungen zu Janssens Geschichte des deutschen Volkes II. Bd., 5. Heft), Freiburg i. Br. 1901

Redlich, V., Sauer, J., Salzburg: LThK IX, 1937, 140-148

Schellhaß, Karl (Hrsg.), Der Dominikaner Felician Ninguarda und die Gegenreformation in Süddeutschland und Österreich 1560-1583. Bd. I: Felician Ninguarda als apostolischer Kommissar 1560-1578 (= Bibliothek des Preußischen Historischen Instituts in Rom Bd. XVII), Rom 1930; Bd. II: Felician Ninguarda als Nuntius 1578-1580 (= Bibliothek des Deutschen Historischen Instituts in Rom Bd. XVIII), Rom 1939

Schmid, Josef, Des Cardinals und Erzbischofs von Salzburg (1519-1540) Matthäus Lang Verhalten zur Reformation. Gekrönte Preisschrift, Fürth 1901

Stahl, Eva, Wolf Dietrich von Salzburg. Weltmann auf dem Bischofsthron, München 1980

Steinruck, Josef, Johann Baptist Fickler. Ein Laie im Dienste der Gegenreformation (= Reformationsgeschichtliche Studien und Texte Heft 89), Münster/Westf. 1965

Ulmann, Matthäus Lang: ADB 20, 1884, 610-613

Wagner, Hans, Kardinal Matthäus Lang, in: Pölnitz, Götz Frhr. von (Hrsg.), Lebensbilder aus dem Bayerischen Schwaben V, München 1956, 45-69

Widmann, Hans, Geschichte Salzburgs, 2. und 3. Bd. (= Allgemeine Staatengeschichte. III. Abt.: Deutsche Landesgeschichte 9. Werk), Gotha 1909/14

Wodka, J., Lang, Matthäus: LThK VI, 2. Aufl., 1961, 783

Zeißberg, v., Ernst, Herzog von Baiern: ADB 6, 1877, 249f.

Zeißberg, v., Marx Sittich: ADB 20, 1884, 532f.

Zwiedineck-Südenhorst, Hans von, Geschichte der religiösen Bewegung in Inner-Österreich im 18. Jahrhundert: Archiv für österreichische Geschichte 53, 1875, 457-546

I.

Leonhard von Keutschach (1495-1519)

Das Erzbistum Salzburg hatte im Mittelalter eine gewaltige Ausdehnung; es reichte von Bayern bis Ungarn. Als Landesherr gebot der Erzbischof über ein ansehnliches Gebiet. Der Salzburger Bischof war auch Metropolit. Die Salzburger Kirchenprovinz umfaßte die Diözesen Regensburg, Freising, Brixen, Chiemsee, Passau, Seckau, Gurk, Lavant, Wien und Wiener Neustadt. Der Salzburger Erzbischof besaß in den Eigenbistümern Gurk, Seckau, Chiemsee und Lavant das Besetzungsrecht für die Bischofsstühle.

Der Erzbischof und Metropolit, der seiner Aufgabe gewachsen sein sollte, mußte über besondere Vorzüge verfügen. Leonhard von Keutschach besaß sie nicht. Er wurde am 7. Juli 1495 auf dem Weg der Kompromißwahl zum Erzbischof von Salzburg gewählt. Alexander VI. bestätigte die Wahl am 13. November 1495. Am 17. April 1496 empfing Leonhard die Bischofsweihe. Der Erzbischof hatte zweifellos Qualitäten. Er lebte sittlich einwandfrei und war ein würdiger Priester. Er war auch ein tüchtiger Landesherr, der sich auf die Finanzverwaltung verstand. Er ordnete den Haushalt des Stiftes, nahm Einlösungen vor und stellte in Verfall geratene Festungen wieder her. Als Bauherr hat Leonhard Bedeutendes geleistet. Er ließ umfangreiche Bauarbeiten vornehmen. Sein Land regierte er mit fester, manchmal harter Hand; seine Verwandten begünstigte er. Der Erzbischof führte ein großes Haus und hielt eine reich gedeckte Tafel, wie man es damals von einem Regenten erwartete. Wäre er allein Landesherr und nicht auch Bischof gewesen, dann würde er als einer der bedeutendsten Fürsten seiner Zeit dastehen. Aber er vernachlässigte die kirchlichen Belange. Die Religion geht zurück, wenn sie nicht in der steten Spannung des Strebens nach oben steht. Daran ließ es Leonhard von Keutschach fehlen.

Im Welt- und Ordensklerus bestanden manche Mißstände. Doch für die ernsthafte Inangriffnahme tatkräftiger religiöser und sittlicher Erneuerung bei den Geistlichen und im Volk geschah nichts. 1512 hielt der Erzbischof zwar ein Provinzialkonzil ab, das die Bestimmungen der Mühldorfer Provinzialsynode von 1490 erneuerte. Aber seine Vorschriften blieben toter Buchstabe, die von dem Konzil angeordnete Visitation fand nicht statt. So lag auch in Salzburg genügend Zündstoff bereit, in den nur ein geschickter Agitator den Funken zu werfen brauchte. Von der hohen Politik hielt sich Leonhard im allgemeinen zurück. Dennoch blieben ihm Rechtshändel nicht erspart. Mit der Stadt Salzburg gab es mannigfache Zwistigkeiten. Die Bürger waren vor allem über die wirtschaftlichen Privilegien des Klerus erzürnt. Auf Wunsch des Kaisers Maximilian drängte Julius II. bzw. Leo X. dem Erzbischof den Matthäus Lang als Koadjutor mit dem Recht der Nachfolge auf.

II.

Matthäus Lang (1519-1540)

Matthäus Lang war ein begabter, gewandter und tätiger Mann. Er studierte in Ingolstadt, Tübingen und Wien und war juristisch und philosophisch gut geschult, ermangelte aber der theologischen Bildung. Seine rasche Auffassungsgabe und seine Sprachgewandtheit machten ihn vielseitig verwendbar. Als Privatsekretär Maximilians I., als einflußreicher Berater des Kaisers, als Diplomat und bei der Wahl Karls V. erwarb er sich große Verdienste, die nach der Sitte der Zeit mit kirchlichen Pfründen belohnt wurden. 1501 wurde er Koadjutor von Gurk, das er 1505 in Besitz nahm, aber von einem Statthalter und einem Weihbischof betreuen ließ. Julius II. verlieh ihm 1512 die Kardinalswürde. Zu dieser Zeit war er noch nicht Priester und erregte durch seine weltliche Kleidung Aufsehen und Ärgernis. 1514 wurde er Koadjutor Leonhards von Keutschach, nach dessen Tode folgte er ihm ohne weitere Wahlhandlung nach. Am 24. September 1519 empfing er endlich die Priesterweihe und am 25. September 1519 die Bischofskonsekration; am 26. September 1519 hielt er seine Primiz. 1521 verlieh ihm Karl V. das Bistum Cartagena mit dem Sitz in Murcia wegen seiner Verdienste um die Wahl des Kaisers. 1535 wurde er zum Bischof von Albano erhoben.

Lang führte das Leben eines Renaissancefürsten. Er war ein brillanter Weltmann und Höfling, aber in keiner Weise ein Geistlicher. Sein stolzes, hochfahrendes Wesen machte ihn überall unbeliebt. Lang war auch ein Humanist; er war für Kunst und Wissenschaft empfänglich und gab sich Künstlern und Literaten gegenüber als Mäzen. Lang war ehrgeizig und prunksüchtig. Seinen hohen Einnahmen entsprachen seine Ausgaben. Er liebte eine aufwendige Hofhaltung, gab üppige Gastmähler, veranstaltete Unterhaltungen, vergnügte sich im Tanz und verehrte Frauen. Sittlicher Verfehlungen kann er jedoch als Bischof nicht bezichtigt werden; aus früherer Zeit hatte er zwei uneheliche Kinder. Lang besaß ein starkes Selbstbewußtsein und entfaltete eine rastlose Tätigkeit, hielt sich aber auch für berechtigt, sich im Genuß für die Arbeit schadlos zu halten. Es sei indes nicht vergessen, daß er nach den furchtbaren Erfahrungen des Bauernkriegs seine Hofhaltung stark einschränkte. Als Landesherr war Lang tüchtig. Er regierte seinen Staat mit Klugheit und Tatkraft, und zwar ähnlich selbstherrlich wie sein Vorgänger. Er besaß die Gabe, vorzügliche Mitarbeiter zu entdecken und an sich zu ziehen. Lang hat ein reiches gesetzgeberisches Werk aufzuweisen; die allgemeine Landesordnung, die Bergwerksordnung und die Ordnung der Hauptmannschaft gehen auf ihn zurück. Er war ein organisatorisches Genie. Dem Forstbetrieb und dem Bergbau widmete er besondere Aufmerksamkeit. Die weltliche Landeshoheit erwies sich freilich auch in Salzburg als ein zweischneidiges Schwert für einen Bischof. Die Stadt Salzburg strebte nach Unabhängigkeit von ihrem Herrn. Die Steuererhebungen desselben erzeugten viel Erbitterung. Bauernunruhen brachen aus, die religiös verbrämt wurden. Wie sein Vorgänger sorgte Lang sehr für seine Verwandten. Häufig war er von seinem Bistum abwesend, sei es am Hof des Kaisers, sei es auf Reichstagen.

Die kirchliche Haltung Langs war zwiespältig. An seiner Treue zur katholischen Religion besteht kein Zweifel, aber er war nicht der demütige Mann, der alles der Sache unterordnet; sein Geltungsdrang behinderte seinen Dienst als Oberhirt. Lang betrieb lange Zeit passiven Widerstand gegen den Heiligen Stuhl, um eigennützige und ehrgeizige Absichten durchzusetzen. In einer Zeit unerhörter Not der Kirche war sein Bestreben darauf gerichtet, den Ehrenvorrang im Deutschen Reich zu gewinnen. Seit 1529 führte er tatsächlich den Titel eines ,,Primas von Deutschland". Der Nuntius Aleander hielt Lang und noch mehr seine Räte für Gegner der Römischen Kurie.

Lang war Luther auf dem Reichstag zu Augsburg (1518) begegnet. Vermutlich erfaßte er damals die Tragweite von dessen Auftreten nicht, tat es einerseits als Mönchsstreit ab, fand anderseits manche Reformforderungen berechtigt. Jedenfalls war er zunächst untätig und nachlässig, bloßer Zuschauer in einer Zeit, die höchste Aktivität verlangt hätte. Die Bulle ,,Exsurge Domine" wurde im Erzstift Salzburg nicht veröffentlicht. Dennoch war Lang alles andere als ein Freund der neuen Lehre, entwickelte sich vielmehr allmählich zu deren erbittertem Gegner. Zunächst lehnte er die lutherische Bewegung hauptsächlich deswegen ab, weil er erkannte, daß ihre Aufstellungen die Verfassung des Reiches zerstören mußten. Seine ersten Maßnahmen waren jedoch schwach. Den (heimlich verheirateten) lutherischen Agitator Paul Speratus ließ er lediglich ausweisen (1520), was diesem ermöglichte, seine Tätigkeit anderswo fortzusetzen. 1520 berief Lang Johann Staupitz, den einstigen Provinzial Luthers, als Prediger nach Salzburg. Der mystisch bewegte, irenisch gesinnte Mann hatte es lange Zeit nicht vermocht, sich klar und entschieden gegen den neugläubigen Untergebenen zu wenden. Es ist bezeichnend, daß Lang ausgerechnet ihn anstellte. Im März 1521 hatte der Erzbischof noch nichts unternommen, um das Feuer zu ersticken. Er verzögerte das von dem Nuntius Aleander geforderte sofortige Einschreiten gegen Luther und sprach sich für seine Einladung zum Reichstag aus. Als Luther am 17. April 1521 in Worms auftrat, führte Lang den Vorsitz der Sitzung. Hier mag ihm etwas mehr klar geworden sein, welche Gefahr von dem Wittenberger ausging. An der Arbeit, die zu dem Wormser Edikt vom 8. Mai 1521 führte, nahm er tätigen Anteil. In der eigenen Diözese aber geschah nichts. Die für 1521 angekündigten Unternehmungen — Synode und Visitation — fielen aus, so daß die Neuerer ungestört weiter wirken konnten. Erst Ende März 1522 ließ Lang ein Mandat an den Salzburger Diözesanklerus ausgehen. Darin wurde auf geistlichen Lebenswandel und gewissenhafte Pflichterfüllung, z. B. bei der Ausübung des Predigtdienstes, gedrungen. Vom 24. bis 31. Mai 1522 fand in Mühldorf eine Provinzialsynode statt (Mühldorfer Reformkonvent). Sie befaßte sich gleichzeitig mit der notwendigen kirchlichen Reform und der abzulehnenden unkirchlichen „Reformation", letzteres aber kaum in zureichendem Maße. Der Rezeß vom 31. Mai 1522 schärfte vor allem die Visitation als Mittel zur Abwehr der Irrlehre ein. Das Reformmandat vom 31. Mai 1522 ging mehr als gegen die Irrlehre gegen die Mißstände im Klerus vor. Ihrer Behebung standen jedoch schwerwiegende Hindernisse entgegen. Der Klerus konnte nicht wirksam reformiert werden, wenn man gleichzeitig alle seine Privilegien aufrechterhalten wollte; zu deren Abbau vermochte man sich jedoch nicht zu entschließen. Lang erkannte, daß die Durchführung der Konzilsbeschlüsse der Visitationen bedurfte, an der Geistliche und weltliche Beamte teilnehmen mußten, aber daran fehlte es.

Immerhin wurde er entschiedener. Auf dem Nürnberger Reichstage (1522/23) war Lang bereits klar geworden, daß nicht mehr eine weitere Prüfung der lutherischen Sache notwendig, sondern daß nur die Durchführung des Wormser Ediktes gefordert sei. Aber die Begünstiger Luthers setzten sich durch. Es geschah wieder nichts Durchgreifendes. Leider ging Lang in seinem eigenen Stift nicht konsequent gegen die Neuerung vor. Es wurde viel beraten und auch befohlen, aber wenig durchgeführt. Im März und April 1523 veranstaltete Lang mehrfach Überlegungen mit seinen Vertrauten in der Luthersache. Die von den Archidiakonen 1523/24 ziemlich lau vorgenommene Visitation ergab viele Mißstände im sittlichen und dienstlichen Verhalten der Geistlichen, dagegen kaum eine Hinneigung zum Luthertum. Trotzdem drang die Glaubensneuerung weiter vor. Sie war allerdings mehr versteckt als offen und gerade deswegen um so gefährlicher. Der Domprediger, der Augustiner Stephan Kastenbauer (Agricola), der lutherisch predigte, wurde einem Verfahren unterworfen, aber nach beruhigenden Erklärungen freigelassen. Auch gegen einzelne andere Geistliche wurden Untersuchungen eingeleitet. An dem Regensburger Bündnis vom Juli 1524 war Lang beteiligt; es war der erste Schritt zum gemeinsamen Vorgehen auf katholischer Seite zwecks innerer Erneuerung der Kirche und Abwehr der äußeren Bedrohung. Hier wurde beschlossen, energisch den Kampf gegen das Luthertum zu führen und sich gegenseitig Hilfe zu leisten. Die Regensburger Reformordnung vom 7. Juli 1524 ließ Lang in seinem Erzbistum verkünden. Im Oktober 1524 ordnete er für seinen Sprengel scharfe Ausführungsbestimmungen an. Die Diözesansynode vom 16. Mai 1525 wiederholte sie. Der Salzburger

Erzbischof war unbestreitbar eifrig bemüht, die Regensburger Beschlüsse in das Leben überzuführen. Dagegen waren die Vollzugsorgane, die Archidiakonen und die weltlichen Beamten, nachlässig. Auch diesmal gebrach es also an der Durchführung. Um so unerbittlicher wurden die Wiedertäufer verfolgt. Die in den folgenden Jahren erlassenen Mandate des Erzbischofs erzielten weder in seinem Stift noch in den übrigen Gebieten der Diözese nennenswerte Erfolge. Auf dem Speyerer Reichstag 1529 forderte Lang erneut die Durchführung des Wormser Ediktes. In Augsburg (1530) unterhielt er sich mit Melanchthon. Lang erkannte die Gefahren, die von der Glaubensneuerung für Gesellschaft, Staat und Volk ausgingen. Die Rettung erblickte er in einheitlichem Vorgehen der katholischen Fürsten. Jetzt war er überzeugt, daß der doppelten Rebellion nur durch die Gewalt der Waffen beizukommen sei. Die Protestanten sahen fortan in Lang einen ihrer gefährlichsten Gegner und griffen ihn entsprechend heftig an. Im Sommer 1534 wirkte Lang im Auftrag des Kaisers in Rom auf die Einberufung eines Allgemeinen Konzils hin. Auf der Provinzialsynode zu Mühldorf von 1537 wurde über dessen Beschickung verhandelt, wobei die Notwendigkeit, die Unterscheidungslehren zu kennen, hervorgehoben wurde. Lang suchte den Kampf gegen den Protestantismus mit dem Bemühen um innerkirchliche Erneuerung zu verbinden. So trug er Sorge für die Vermehrung der Pfarreien, um eine intensivere Pastoration zu ermöglichen. Das erwähnte Salzburger Provinzialkonzil von 1537 ging gegen Mißstände vor. Der Rezeß vom 25. Mai 1537 schenkte der Spendung der Sakramente, dem Predigtdienst, der Reinhaltung der kirchlichen Lehre, dem religiösen und sittlichen Leben des Klerus und der Besserung der Laien Aufmerksamkeit. Die vom König geforderte gutachtliche Stellungnahme zu strittigen Fragen der Glaubenslehre erfolgte dagegen nicht. Als Gegengewicht gegen den Schmalkaldischen Bund kam 1538 das Nürnberger Bündnis zustande; Lang gehörte ihm an. Bis zum Ende seines Lebens vermochte er die kirchliche Organisation und das religiöse Leben in seinem Sprengel aufrechtzuerhalten. Aber der Schein trog; der Boden war vielerorts unterwühlt. Zu einer Besserung der Verhältnisse im Klerus und bei den Orden war es ebenfalls nicht gekommen. Hieronymus Aleander berichtete am 9. September 1538 dem Papst aus Österreich, die Prälaten führten immer noch einen skandalösen Lebenswandel.

III.

Ernst von Bayern (1540-1554)

Ernst von Bayern hatte keinerlei Neigung zum geistlichen Stande; er wurde von seinem Vater, Herzog Albrecht IV., dazu bestimmt. Er war seit 1517 Administrator des Bistums Passau; 1540 gab er es auf. Ernst wurde 1540 vom Salzburger Kapitel zum Erzbischof postuliert. Der Papst erteilte die Zulassung am 21. Mai 1540 unter der Bedingung, daß er sich innerhalb von zehn Jahren die Priesterweihe erteilen lasse. An dieser

Klausel sollte Ernst scheitern; er ließ sich nämlich keine höhere Weihe spenden. An dieser Halbheit krankte seine gesamte Amtsführung; sie behinderte sein Wirken. Weil Ernst keine höheren Weihen hatte, wollte er schon aus diesem Grunde nicht auf dem Trienter Konzil erscheinen. Denn ein nicht konsekrierter Metropolit von Salzburg hätte sich neben den vielen geweihten Bischöfen aus Italien und Spanien schlecht ausgenommen. 1550 hatte Ernst noch immer nicht die Priesterweihe empfangen; er kam um Verlängerung der ihm gesetzten Frist ein. Als diese gewährt wurde, schritt er wiederum nicht zur Tat. Das 1554 neuerlich vorgebrachte Ansinnen, die Frist auszudehnen, lehnte der Papst ab. Daher trat Ernst 1554 von seinem Amt zurück und begab sich in die von ihm erworbene Grafschaft Glatz in Schlesien.

Ernst besaß durchaus Qualitäten, leider nicht jene, die für den Salzburger Erzbischof und Metropoliten erforderlich gewesen wären. Seine Stärke lag in der Wirtschaftsverwaltung, nicht im Bereich seiner oberhirtlichen Pflichten. Als Landesherr hinterließ er in Salzburg ein gutes Andenken. Sittlich scheint er nicht vorbildlich gewesen zu sein, wie es von einem Bischof erwartet wird. Angeblich lebte er in geheimer Ehe. Es ist denkbar, daß er sich dazu — als Nichtgeweihter — für berechtigt hielt und so dabei ein gutes Gewissen hatte. Im Hinblick auf den Glauben und seine Bedrohung sah Ernst klar. Er war, nicht zuletzt unter dem Einfluß des Jesuiten Le Jay, ein entschiedener Gegner des Protestantismus. Von Religionsgesprächen und Zugeständnissen hielt er nichts. In gewissem Umfang widmete sich Ernst den geistlichen Pflichten, wenn auch seinen Maßnahmen die mitreißende Kraft des persönlichen Beispiels fehlte. In den Jahren 1542 bis 1546 rief der Erzbischof viermal seine Suffraganbischöfe zu einer Konferenz zusammen. Für die Durchführung der Formula reformationis hielt Ernst im Februar 1549 eine gutbesuchte Provinzialsynode ab. Die behandelten Gegenstände waren die üblichen. Auf die katholischen Unterscheidungslehren wurde in gewissem Umfang Bedacht genommen. Für die Weihekandidaten sah man ein Examen vor. Die heilsamen Beschlüsse der Synode begegneten hartem Widerstand von seiten der Landesherren und der Stände. Die von ihr beabsichtigte Zusammenarbeit der geistlichen und weltlichen Macht bei der Bekämpfung des Protestantismus kam nicht zustande. Der Abfall mehrte sich, immer mehr protestantische Prediger drangen ein, die lutherische Lehre dehnte sich weiter aus. Die Hetze der protestantischen Emissäre und Schriften entmutigte die Katholiken, machte sie unsicher und verführte sie zu Lauheit. Ein erschreckender Mangel an Priestern stellte sich ein. Am 15. März 1543 schrieb der Erzbischof von Salzburg an den Stephan Rosin: „Niemand will sich mehr in [den] geistlichen Stand begeben.“ Die 1553 abgehaltene Mühldorfer Provinzialsynode wiederholte die früheren Bestimmungen gegen die Irrlehre und ihre Anhänger. Ihr Erfolg war gering, weil dem Oberhirten begeisterte Überzeugung und tapfere Konsequenz in gleicher Weise fehlten. Energisch ging Ernst lediglich gegen die Wiedertäufer vor.

IV.

Michael von Kuenburg (1554-1560)

Michael von Kuenburg wurde am 21. Juli 1554 vom Salzburger Kapitel zum Erzbischof gewählt und erlangte am 29. Oktober 1554 die päpstliche Bestätigung. Er ließ sich 1555 weihen und gab damit zu verstehen, daß er einem anderen Bischofsideal verpflichtet war als sein Vorgänger. Durch eine Visitation, die er durchführen ließ, verschaffte er sich einen realistischen Überblick über die religiöse Lage des Volkes und des Klerus. Ein großer Teil der Bevölkerung war von dem Luthertum angesteckt. Viele Geistliche warteten sehnsüchtig auf die Annehmlichkeiten, die sie von dem Sieg der lutherischen Bewegung erhofften. Großes Ärgernis gaben die meisten Domherren, die ihre Pflichten nachlässig oder gar nicht erfüllten. Michael von Kuenburg ging mutig gegen Pflichtvergessenheit und Schlendrian an und förderte die kirchliche Erneuerung eifrig. Mit Energie leitete er die Visitationen ein und beteiligte sich selbst daran. Allen Pfarrern und Lehrern ließ er Katechismen zugehen. Scharf wandte er sich gegen den Konkubinat der Geistlichen. 1557 gab er eine neue Agende heraus. Michael nahm auch den Kampf gegen das Luthertum auf. Er wollte von Konzessionen wie dem Laienkelch nichts wissen. In Augsburg war er 1555 ein entschiedener Gegner des dort abgeschlossenen Religionsfriedens. Wenn er ihm zustimmte, dann vor allem mit Rücksicht auf den Geistlichen Vorbehalt. Die relativ kurze Regierungszeit dieses Bischofs war mit rastloser Tätigkeit ausgefüllt.

V.

Johann Jakob von Kuen-Belasy (1560-1586)

Johann Jakob von Kuen-Belasy wurde am 28. November 1560 zum Erzbischof von Salzburg gewählt und erlangte die päpstliche Bestätigung am 15. Januar 1561. Er war guten Willens, aber ein Zauderer und ohne Energie, zaghaft und voller Bedenken. Es bedurfte des immer erneuten Zuredens und gelinden Druckes der Nuntien, um seinen Plänen und Versprechungen zur Verwirklichung zu verhelfen. Vor allem Felician Ninguarda erwarb sich hierbei die größten Verdienste. Seinem Stift war Johann Jakob ein trefflicher Verwalter, der viel für Verkehr, Wirtschaft und Rechtspflege tat. Darüber vernachlässigte er nicht die geistliche Seite seines doppelten Amtes. Während seine beiden Vorgänger meinten, nicht am Konzil von Trient teilnehmen zu können, entsandte Johann Jakob immerhin Vertreter, nämlich den Bischof von Lavant, Rettinger, den Dominikaner Ninguarda und den Dr. Johann Fickler. Dem ungestümen Verlangen nach Gewährung des Laienkelches war er nicht gewogen. Als dann das päpstliche Breve vom 16. April 1564 erging, ließ er sich jedoch herbei, die Einführung dieser Praxis zu gestatten. Die Konzession war von kurzer Dauer; bereits am 15. März 1571 wurde sie zurückgezogen. An Mandaten gegen die Religionsneuerung und zur Sittenbesserung ließ der Erzbischof es nicht fehlen. Aber es mangelte an einer überlegten Strategie des Vorgehens. Ninguarda trat mit Recht für Konzentration und gegen Verzettelung der Kräfte ein. Nach ihm sollte man, wie er in der Denkschrift vom 24. Februar 1573 ausführte, zuerst die noch katholischen Gebiete erneuern und befestigen und danach sich anderen Territorien zuwenden. Konkret gesprochen bedeutete dies, daß Salzburg reformiert wurde und von da aus die Reform voranschreiten sollte. Am 13. und 14. Oktober 1579 fand in München eine Konferenz statt, in der über die Durchführung der Rekatholisierung Innerösterreichs beraten wurde. An ihr nahm ein Vertreter des Erzbischofs teil. Im ganzen ist immer wieder festzustellen, daß jetzt manche heilsame Maßnahme eingeleitet wurde, daß aber nur Konsequenz in der Durchführung erfolgversprechend war. So mußte z. B. die Konfiskation häretischer Bücher mehrfach wiederholt werden, weil an Stelle der beschlagnahmten Schriften neue eingeführt wurden. Gleichzeitig wurden katholische Bücher verschenkt oder billig veräußert.

Johann Jakob suchte die Reformen des Konzils von Trient durchzusetzen. Die treibende Kraft der tridentinischen Erneuerungsbestrebungen in Süddeutschland war freilich Ninguarda. Die Reform Salzburgs ist, soweit sie in Gang kam, ihm zu verdanken. 1569 berief Johann Jakob eine Provinzialsynode zur Durchführung der Trienter Dekrete ein. Die Versammlung war gut besucht. Die Synodalstatuten lehnten sich vielfach an jene von 1549 an. Der Erhaltung des Glaubens und der Abwehr der Irrlehren wurde breiter Raum gewidmet. Visitationen und Synoden wurden eingeschärft. Papst Gregor XIII. bestätigte die Statuten, brachte aber viele Wünsche dazu an, mit denen sich die neuerliche Provinzialsynode von 1573 befaßte. Auch dieses zweite Salzburger Provinzialkonzil war der unermüdlichen Arbeit Ninguardas zu verdanken. Aber zwischen dem Programm und der Überführung desselben in die Praxis war eine weite Kluft. Nach zehn Jahren waren die heilsamen Vorschriften des Salzburger Provinzialkonzils noch immer nicht durchgeführt. Zum Teil war dieses Versäumnis auf den Widerstand der weltlichen Gewalt zurückzuführen; die beiden Provinzialkonzilien fielen ja in die verhängnisvolle Regierungszeit Maximilians II. Papst Pius V. forderte deswegen am 15. Februar 1571 den Kaiser auf, den Beamten Weisung zu geben, daß sie den Bischöfen der Kirchenprovinz Salzburg nicht in den Arm fielen, wenn diese die auf dem Provinzialkonzil erlassenen Bestimmungen durchführen wollten, sondern ihnen vielmehr die Hilfe des weltlichen Arms zu gewähren. Von Maximilian war freilich tatkräftige Mitwirkung bei der katholischen Erneuerung und erst recht bei der Rekatholisierung nicht zu erwarten. Johann Jakob aber begann mit der Visitation seines Bistums. Im Jahre 1582 eröffnete er das Priesterseminar, das dem bedrohlichen Priestermangel abhelfen sollte. Zu diesem Zeitpunkt war Johann Jakob allerdings nicht mehr fähig, seine Diözese selbst zu leiten. 1579 hatte er einen Schlaganfall erlitten, der ihn halbseitig lähmte; seine Kraft war seitdem gebrochen.

VI.

Georg von Khuenburg (1586-1587)

Georg von Khuenburg wurde im Jahre 1580 zum Koadjutor Johann Jakobs bestellt. Er widmete sich der katholischen Sache mit mehr Eifer als der Bischof. Leider war seine selbständige Amtszeit sehr kurz; ihm waren nur sieben Monate erzbischöflicher Regierung beschieden. Georg war sparsam und genügsam, und dieses Beispiel persönlicher Bedürfnislosigkeit war eine wirksamere Predigt als viele Mandate und Reden. Dem Protestantismus stand er scharf ablehnend gegenüber. Mit den Maßnahmen gegen die Abgefallenen hatte er mehr Erfolg als mit der religiösen Erneuerung der Katholiken. Wegen seiner gesundheitlichen Schwäche und wegen der lästigen Wahlkapitulationen bot er wiederholt seinen Verzicht an. Vor allem sehnte er sich danach, von den Pflichten als Regent eines Staates befreit zu werden. Dem Kapitel gelang es, ihn im Amt zu halten; denn es wußte niemanden, der ihn hätte ersetzen sollen.

VII.

Wolf Dietrich von Raitenau (1587-1612)

Wolf Dietrich von Raitenau war ein begabter und vielseitig interessierter Mann. Er zeigte als Jüngling religiöse Wärme und gute Absichten. Von 1576 bis 1581 weilte er im Collegium Germanicum in Rom. Er wurde als Vetter Pius' IV. am 2. März 1587 mit 28 Jahren von dem Domkapitel zum Erzbischof von Salzburg postuliert. Am 25. Mai 1587 ließ Sixtus V. die Postulation zu. Als Wolf Dietrich gewählt wurde, besaß er lediglich die niederen Weihen. Vor der Inthronisation ließ er sich die höheren Weihen einschließlich der Bischofskonsekration erteilen.

Wolf Dietrich wurde von vielen Seiten mit großen Erwartungen begrüßt, und es hatte den Anschein, als würden sie sich erfüllen. Der junge Erzbischof entfaltete anfangs einen lobenswerten religiösen Eifer. Er feierte häufig die Messe, pflegte das Stundengebet und predigte sogar mehrere Male im Dom. Aber seine schweren charakterlichen Schwächen zeigten sich ebenso früh. Er war ein hemmungsloser und zorniger Mensch. Die Beherrschung seiner selbst gelang ihm nicht; Rechthaberei und Zügellosigkeit verlor er sein ganzes Leben lang nicht. Wolf Dietrich lebte auch unenthaltsam. Mit der Salome Alt teilte er sein Leben, als sei sie seine Ehefrau. Aus der Verbindung gingen mindestens zehn Kinder hervor. Möglicherweise hat Wolf Dietrich mit Salome Alt eine Scheintrauung vornehmen lassen. Als er vom Heiligen Stuhl wegen seines Lebenswandels zur Rede gestellt wurde, leugnete er die gegen ihn erhobenen Vorwürfe ab. Aber die bayerischen Herzöge, die ihn in Rom angezeigt hatten und mit denen er fortwährend im Streit lag, ließen nicht locker. Sie deckten seine Verfehlungen schonungslos auf. Es ist bezeichnend, daß der Heilige Stuhl die sittlichen Entgleisungen des Salzburger Metropoliten nicht zum Anlaß nahm, um ihn seines Amtes zu entsetzen. Wolf Dietrich offenbarte auch andere Schwächen. Er besaß nicht die Standhaftigkeit und Zähigkeit, die seine Aufgaben verlangt hätten, war vielmehr Stimmungen und Launen unterworfen und daher wankelmütig. Sein Doppelamt als Oberhirt und Landesherr war zugegebenermaßen schwer zu führen. Denn die Interessenlage der beiden Pflichtenkreise deckte sich nicht immer. In dem Konflikt zwischen der geistlichen und der weltlichen Seite seines Amtes unterlag zumeist die erstere. Wolf Dietrich besaß auch zu wenig Augenmaß für das Mögliche. Er leitete Unternehmungen ein, welche die Kräfte seines Landes überforderten und zu Unruhen führten. Vor allem gab er sich der Kunst- und Bauneigung hin. Als Landesfürst entfaltete er eine großzügige, von Rücksichtslosigkeit und Despotismus nicht freie Tätigkeit. Selbstherrlich führte er seine weltliche Regierung. Er war ein strenger Herr, der aus den Untertanen viel Geld herauspreßte, das er für Hofhaltung und Repräsentation, aber auch für Zuwendungen an seine Angehörigen mit vollen Händen ausgab.

Kirchliche Kreise setzten auf Wolf Dietrich große Hoffnungen für die Abwehr der Glaubensneuerung und für die kirchliche Reform. Tatsächlich bekämpfte er anfangs den Protestantismus heftig. Die Ämter seines Landes besetzte er mit Katholiken. Mischehen suchte er zu verhindern. In dem Reformationspatent von 1588 stellte er die Bewohner seines Gebietes vor die Alternative, entweder katholisch zu werden oder das Land zu verlassen. Seinen Suffraganbischöfen Stobaeus und Brenner ließ er zunächst bei dem Werk der Rekatholisierung freie Hand. Indes rief er schon 1593 den Gurker Bischof von der ihm aufgetragenen apostolischen Visitation eigenmächtig zurück. In der ausgedehnten Erzdiözese Salzburg hielten sich Herde des Protestantismus. Die Gründlichkeit, mit der die protestantischen Landesherren in Deutschland ihre Territorien von Katholiken säuberten, wurde in der umgekehrten Richtung in Österreich nicht erreicht.

Wolf Dietrich organisierte sein Priesterseminar, berief den Johann Lampe zu dessen Leiter und schuf ihm ein neues Heim. Er rief auch neue Seelsorgestationen ins Leben und förderte die Errichtung von Klöstern. Zur Durchführung der katholischen Erneuerung bediente er sich nicht der Jesuiten, sondern der Kapuziner. Schon damals vertrat er freilich theologisch merkwürdige, abwegige und befremdliche Ansichten. Von nachhaltiger Wirkung seiner Maßnahmen kann keine Rede sein. Ein Mann mit diesem Charakter und mit dieser Lebensführung konnte nicht erwarten, daß seine Vorschriften zu sittlichem Wandel auf bereite Herzen stoßen würden.

Der zweite Abschnitt der Regierung Wolf Dietrichs wurde ein Verhängnis. Seit 1595/96 ließ sein Bekehrungseifer nach. Volkswirtschaftliche Erwägungen, aber wohl auch seine eigene religiös-sittliche Abwärtsentwicklung rieten ihm, von der Ausweisung nichtkatholischer Landeseinwohner Abstand nehmen. Der Erzbischof sprach sich jetzt für die Duldung der Protestanten aus. Das galt vor allem für die Bergknappen von Gastein. Ihnen räumte er bereits 1591 freie Ausübung des lutherischen Bekenntnisses ein. Auch den Gebirgsprotestantismus tastete er nicht an. Mehrfach stand er im Verdacht, der Irrlehre Vorschub zu leisten. Die starken Worte, die er zu seiner Verteidigung gebrauchte, verstärken diesen Verdacht. Auf den Reichstagen bezog Wolf Dietrich manchmal Positionen, die nur als Förderung der Protestanten verstanden werden können. Der katholischen Liga blieb er fern; er entzog damit diesem Bündnis seine relativ große Macht. Wolf Dietrich entglitt immer mehr katholischem Denken und Fühlen. In späten Jahren schien er nicht nur der Toleranz, sondern dem Indifferentismus zuzuneigen. Gegen den Verfall der Disziplin bei Geistlichen und Ordensleuten sowie den Laien wurde er zusehends gleichgültiger. Ursprünglich dem Apostolischen Stuhl sehr ergeben, reagierte er jetzt auf päpstliche Kritik an seinem Wirken und an seinem Lebenswandel gereizt. Seine Nachgiebigkeit gegen die Häretiker brachte ihm neuen Tadel von seiten des Papstes ein. Darauf antwortete Wolf Dietrich mit offener Widersetzlichkeit. Bezüglich der Pflicht der Romfahrt, die Sixtus V. den Bischöfen zur Pflicht machte, verstieg er sich zu der Ansicht, diese Obliegenheit betreffe nur die Bischöfe, die dem Heiligen Stuhl unmittelbar unterstehen; dagegen hätten seine Suffraganbischöfe ihm, dem Metropoliten, Bericht zu erstatten. Dem Apostolischen Nuntius bestritt er das Recht, im Gebiet seines Erzbistums tätig zu werden. Dieser Wandel des Erzbischofs ist psychologisch in der Hauptsache auf sein fortwährend unsittliches Leben zurückzuführen. Ein Mann mit seinem Wandel mußte entweder unter Gewissensbissen oder unter öffentlichen Vorwürfen, vielleicht sogar unter beidem leiden. Es war schwer möglich, daß er die Normen kraftvoll und mit Überzeugung einschärfte, die er unaufhörlich übertrat. Nun gab es auch andere Bischöfe, die wesentliche priesterliche Pflichten nicht erfüllten. Aber es besteht zwischen manchem von ihnen und dem Salzburger Metropoliten ein bezeichnender Unterschied: Dieser hielt sich zu seinem extravaganten Wandel für berechtigt und formte danach seine religiöse Überzeugung, d. h. er näherte sich protestantischen bzw. liberalen Aufstellungen. Während etwa Ernst von Bayern, der ja auch kein vorbildliches Leben führte, immer wieder Reue und Ansätze zur Besserung zeigte, ließ Wolf Dietrich derartige Regungen nicht erkennen. Möglicherweise trug er sich mit dem Gedanken, sein Stift in ein erbliches Fürstentum zu verwandeln; er hätte ihn vermutlich in die Tat umgesetzt, wenn ihm in dem Kampf mit Herzog Maximilian von Bayern der Sieg zugefallen wäre. Der lange schwelende Konflikt zwischen beiden Mächten kam endlich offen zum Ausbruch. In den Feindseligkeiten zwischen Salzburg und Bayern wurde Wolf Dietrich gefangengenommen. Am 7. März 1612 vollzog er die Resignation auf den erzbischöflichen Stuhl. Bis zu seinem Ende am 16. Januar 1617 wurde er in Gewahrsam gehalten. Religiös gesehen, muß die Zeit, in der er die doppelte Würde eines Erzbischofs und Metropoliten trug, als ein Unglück angesehen werden. Für viele Jahre fehlte der katholischen Sache der Rückhalt Salzburgs.

VIII.

Mark Sittich von Hohenems (1612-1619)

Mark Sittich von Hohenems wurde als Kandidat des Nuntius und Bayerns zum Erzbischof von Salzburg gewählt. Am 18. Juni 1612 erhielt er die päpstliche Bestätigung. Im September/Oktober 1612 empfing er die Priester- und Bischofsweihe.

Mark Sittich war der Kirche aufrichtig ergeben, persönlich fromm und eifrig. Fast täglich feierte er selbst die hl. Messe, häufig hielt er Predigten. Mark Sittich war sich auch seiner Rolle als Landesherr wohl bewußt. Die Rechte seines Stiftes verstand er zu behaupten. Als Bauherr trat er seinem Vorgänger an die Seite; es sei nur an den Dom zu Salzburg erinnert. Er häufte damit freilich eine große Schuldenlast auf das Erzstift. Seine Hofhaltung war fürstlich, und auch für seine Verwandten sorgte er nach Kräften. In den Freuden der Tafel, der Vorliebe für Feste und der Neigung zu Spielen wetteiferte er mit seinem Vorgänger. Sein Charakter und seine private Lebensführung waren ein psychologisches Hindernis für seine Reformmaßnahmen. Der gefangengehaltene Wolf Dietrich bedeutete für ihn eine stete Bedrohung.

Mark Sittich nahm sich der katholischen Erneuerung mit Eifer an. Er nützte die Zeit, die ihm gegeben war, mit Klugheit und Überlegung. Unter dem Patronat des hl. Karl Borromäus ging er daran, den Klerus zu bessern. Im Jahre 1613 setzte er eine Generalvisitation in Gang, aus deren Berichten zu entnehmen ist, wohin es mit den Geistlichen unter Wolf Dietrich gekommen war. Mit scharfen Mandaten schritt er gegen pflichtvergessene Kleriker ein; dabei schreckte er vor Geld- und Haftstrafen nicht zurück. Besondere Aufmerksamkeit widmete Mark Sittich dem Unterrichtswesen. 1617 rief er ein Gymnasium ins Leben, das er den Benediktinern übertrug; später trat dazu die Universität. Auf die Ordnung, Würde und Feierlichkeit des Gottesdienstes war er bedacht. Er bemühte sich, den römischen Ritus in seiner Erzdiözese durchzusetzen, und führte neue Formen der Andacht wie das Vierzigstündige Gebet ein. Persönlich beteiligte er sich, in das Gewand einer Bruderschaft gehüllt, an Prozessionen. Die sittliche Hebung des Volkes ließ sich der Bischof sehr angelegen sein. Daß wegen seiner Strenge manche sehnsüchtig nach dem Protestantismus ausschauten, ist verständlich. Gleichzeitig begann Mark Sittich die Beseitigung des Luthertums. Anders als Wolf Dietrich ließ er sich nicht von weltlichen Rücksichten abhalten, den Protestantismus in seinem Lande abzuschaffen. Nach dem Vorbild der Rekatholisierung in der Steiermark betrieben Kapuziner das Werk der Bekehrung. Im Pinzgau und im Pongau wurde der Glaube wieder aufgerichtet. Mark Sittich machte auch Schluß mit dem Protestantismus in Gastein, was weniger Mühe bereitete, als manche befürchtet hatten. Gegen das neuerliche Eindringen der Irrlehre wurden gezielte Maßnahmen getroffen. Der Katechismus wurde überall verteilt, Bruderschaften wurden eingeführt, der Gottesdienst wurde feierlich gehalten. Auf die äußere Gottesverehrung legte Mark Sittich großen Wert. Als Mark Sittich starb, war äußerlich die Macht der Irrlehre in der großen Salzburger Erzdiözese gebrochen. Politisch unterstützte er Bayern und den Kaiser Matthias nicht in dem Maße, wie seine kirchliche Überzeugung und sein religiöser Eifer es hätten erwarten lassen, vermutlich um Geld zu sparen. Dagegen trat er nachhaltig hinter König Ferdinand II.

2. Kapitel

Bistum Brixen

Egger, Josef, Geschichte Tirols von den ältesten Zeiten bis in die Neuzeit, 2 Bde., Innsbruck 1872/76

Freiseisen, Johann, Christoph IV. Andreas Freiherr von Spaur Bischof von Brixen (1601-1613) und das kirchliche Leben in seiner Diöcese. Separatabdruck aus dem „Priester-Conferenz-Blatt", Brixen 1900

Haid, K., Brixen: LThK II, 1931, 564-567

Hirn, Joseph, Erzherzog Ferdinand II. von Tirol. Geschichte seiner Regierung und seiner Länder, 2 Bde., Innsbruck 1885

Huter, Franz, Christoph IV. Andreas Frhr. v. Spaur: NDB 3, 1957, 244

Krones, Christoph Fuchs: ADB 4, 1876, 239

Krones, Christoph Andrä Frh. v. Spaur: ADB 4, 1876, 239f.

Posch, A., Madruzzo: LThK VI, 2. Aufl., 1961, 1265-1267

Sparber, Anselm, Kirchengeschichte Tirols. Im Grundriß dargestellt, Bozen 1957

Sparber, Anselm, Brixen: LThK II, 2. Aufl., 1958, 699f.

Stadlhuber, Josef, Johann VI. Thomas Freiherr von Spaur, Fürstbischof von Brixen (1578-1591), seine Diözese und sein Reichsfürstentum. Phil. Diss. Innsbruck Masch., Innsbruck 1959

Wolfsgruber, Karl, Das Brixner Domkapitel in seiner persönlichen Zusammensetzung in der Neuzeit 1500-1803 (= Schlern-Schriften 80), Innsbruck 1951

Zeißberg, Georg von Österreich: ADB 8, 1878, 637f.

I.

Christoph I. von Schrofenstein (1509-1521)

Christoph von Schrofenstein wurde am 5. Juli 1501 zum Koadjutor des Melchior von Meckau bestellt und übernahm nach dessen Tod das Bistum. Christoph war kein schlechter Bischof. Im Jahre 1511 hielt er eine Diözesansynode ab. Die Politik Kaiser Maximilians zog ihn stark in ihren Bann. Die wirtschaftlichen, sozialen und sittlichen, religiösen und kirchlichen Verhältnisse in Tirol waren solcherart, daß sie einen geeigneten Nährboden für jede Bewegung abgaben, die Besserung und Erleichterung verhieß.

II.

Sebastian Sprenger (1521-1525)

Sebastian Sprenger wurde am 9. April 1521 zum Bischof gewählt; am 1. Juli 1521 erlangte er die päpstliche Bestätigung.

Auch im Bistum Brixen drang das Luthertum ein und breitete sich aus, bald auch das Wiedertäufertum. In Hall predigten zuerst Jakob Strauß und danach Urban Rhegius die neue Lehre. ,,Die Frommen suchten in der neuen Lehre Trost in ihren Bedrängnissen, alle Unzufriedenen ein Heilmittel für die Gebrechen der Zeit, die Hetzer und Agitatoren eine wirksame Handhabe zur Erreichung ihrer egoistischen Ziele" (Josef Egger). Der Tiroler Adel blieb überwiegend der katholischen Kirche treu. In der Diözese Brixen fand das Wiedertäufertum stärkeren Anhang als Luthertum und Zwinglianismus. Trotz strenger Strafen und wiederholter Bekehrungsversuche wurden die Landesherren nicht mit den Wiedertäufern fertig. Erst gegen Ende des 16. Jahrhunderts war Tirol im wesentlichen frei von ihnen. Der Bischof war zu wenig tätig, um die religiöse Lage in Volk und Klerus zu bessern. Sein Vorgehen gegen die neue Lehre erbitterte deren Sympathisanten und Anhänger um so mehr, je weniger er den Anforderungen seines Amtes entsprach.

III.

Georg III. von Österreich (1525-1539)

Georg von Österreich war ein natürlicher Sohn des Kaisers Maximilian I., wurde mit Karl und Ferdinand in den Niederlanden erzogen und kam dann nach Spanien. Im Alter von 21 Jahren wurde er zum Bischof von Brixen postuliert, am 9. April 1526 erhielt er die Zulassung. Bis zur Vollendung des 27. Lebenjahres blieb er lediglich Administrator der Bistums. 1539 wurde er Erzbischof von Valencia, 1544 Bischof von Lüttich. Georg empfing nicht die Priesterweihe.

Georg von Österreich trat erst im November 1527 die Regierung der Diözese Brixen an. Auch nach der Übernahme seines Amtes weilte er meist außerhalb seines Bistums und hielt sich in Italien und in den Niederlanden auf. 1528 hielt er eine Diözesansynode in Brixen ab. Unter seiner Regierung verschlechterte sich die Lage in der Diözese Brixen immer mehr, ja verkam das Bistum. Er gab seinem Klerus das denkbar schlechteste Beispiel. Ein Teil der Geistlichen war unsittlich, den meisten fehlte die Bildung. Manche Priester waren lutherisch gesinnt und predigten in diesem Sinne. Das Brixener Domkapitel hatte allerdings keinen Abfall zum Protestantismus zu verzeichnen. Infolge Übergangs zur Irrlehre und Ausbleibens des Nachwuchses nahm die Zahl der Priester stark ab. Girolamo Aleander fand im Jahre 1538 viele Pfarrkirchen verwaist. Um dem Mangel zu begegnen, nahm man Ungeeignete oder Unwürdige in den Diözesanklerus auf und verschlimmerte so die Lage. Unter Georg von Österreich drang die lutherische Neuerung massiv vor. 1526 predigte Karlstadt in Klausen. In den Jahren 1527 bis 1529 wurde ein heftiger Kampf gegen die Wiedertäufer geführt. Seit 1530 verschärfte sich das Vorgehen noch. Vom Jahre 1532 an wurde die Mithilfe der Bevölkerung urgiert. Gegen Ende der dreißiger Jahre wurde die Praxis milder; man vertraute jetzt mehr auf Überredung und Belehrung als auf Zwang.

IV.

Bernhard Cles (1539)

Der Bischof von Trient, Bernhard Cles (1514-1539), wurde am 21. Januar 1539 vom Kapitel zum Bischof von Brixen postuliert; die Zulassung erfolgte am 21. Mai 1539. Cles stand dem Bistum Brixen nur kurze Zeit vor. Er arbeitete eng mit Ferdinand I. zusammen, um die Religionsneuerer abzuwehren. Der Kampf gegen die Irrlehre wurde entscheidend nicht von den Bischöfen, sondern von den Landesfürsten geführt. Cles machte sich auch daran, das kirchliche Leben zu bessern.

V.

Christoph von Fuchs (1539-1542)

Nach dem Intermezzo von Bernhard Cles erhielt Brixen in Christoph von Fuchs einen neuen Bischof. Er wurde am 1. September 1539 vom Kapitel gewählt und am 29. Oktober 1539 vom Papst bestätigt. Fuchs war als Laie Rat der Kaiser und Statthalter in Innsbruck gewesen. Nach dem Tode seiner Gattin trat er in den geistlichen Stand ein. Auch als Bischof wurde er von Ferdinand I. zu politischen Aufgaben herangezogen. 1540 wurde er erneut zum Statthalter ernannt. Fuchs war zu stark mit weltlichen Geschäften belastet, als daß er hätte eine gedeihliche Erneuerungsarbeit leisten können. Immerhin drang er in seinem Bistum auf Ordnung. Besonders angelegen ließ er sich das Bemühen um einen gediegenen Klerus sein. 1540 hielt er eine Diözesansynode ab. 1542 bekam er in Christoph Madruzzo einen Koadjutor.

VI.

Christoph III. Madruzzo (1542-1578)

Kardinal Christoph Madruzzo, Bischof von Trient, war der Vertraute Kaiser Karls V. Im Jahre 1542 (bis 1578) wurde er auch noch Bischof von Brixen. Madruzzo war sehr stark durch die politische Tätigkeit im Dienste Karls V. und Ferdinands I. beschäftigt. Nur selten und für kurze Zeit weilte er in seinen Diözesen. Das Bistum Brixen ließ er durch einen Koadjutor regieren, den Thomas von Spaur. Es geschah einiges, um Klerus und Volk zu heben. In den Jahren 1548, 1565, 1570 und 1576 wurden Diözesansynoden abgehalten. Sie vermochten den Klerus nicht entscheidend zu bessern. 1570/72 und 1577 ließ Christoph Visitationen im Bistum durchführen. Im Jahre 1576 unternahm der Bischof Sporeno in päpstlichem Auftrag eine Visitation des in Tirol gelegenen Anteils des Bistums Chur.

Der Protestantismus erfuhr in der Mitte des 16. Jahrhunderts von neuem einen Aufschwung in Tirol. Die Behörden waren lässig und schritten gegen die Anhänger der neuen Lehre nicht ein. Aber der Landesherr machte die Bekämpfung der Häresie zu seiner Aufgabe. Mit kirchlichen Mitteln allein war der Neuerung nicht beizukommen. Die Überwindung des Protestantismus in Tirol ist vor allem dem Kaiser Ferdinand I. (1519-1564) und noch mehr dem Erzherzog Ferdinand II. (1564-1595) zu verdanken. Am 16. September 1566 erklärte Ferdinand II. seinen entschiedenen Willen, Tirol von Irrlehren freizuhalten. In der Folgezeit ging er mit Mandaten und Visitationen tatkräftig gegen die Religionsneuerung vor. Erzherzog Ferdinand schrieb am 27. April 1570 an Bischof Spaur, daß es um die Religion und die Klöster in Tirol „nit wol stehen" würde, wenn er nicht als Landesherr sich der kirchlichen Verhältnisse angenommen hätte. Wenige Gegenstände beschäftigten die Regierung in so starkem Maße wie die Sorge, die Bevölkerung zum Empfang des Buß- und des Altarssakramentes zu bewegen. Die Enthaltung davon und erst recht die Weigerung, diese beiden Sakramente zu empfangen, galten, vielfach mit Recht, als Anzeichen des Abfalls vom Glauben. Daher wurden die Fastengebote und der Empfang von Osterbeicht und Osterkommunion eingeschärft. Die Ermahnungen und die Aufforderungen wurden öfter wiederholt. Durch immer erneute Visitationen suchte man der häretischen Schriften habhaft zu werden. Mit der Androhung der Ausweisung war es häufig nicht ernst. Die Bedrohten brachten es meist fertig, immer wieder Aufschub zu erlangen, bis die Sache einschlief. Gleichzeitig betrieb der Landesherr energisch die katholische Erneuerung durch Besserung des Klerus und Förderung der neuen Orden. Ferdinand I. errichtete 1562 in Innsbruck ein Kolleg der Jesuiten. Später kam der Orden auch noch nach Hall und Feldkirch. Männer wie Petrus Canisius und der Franziskaner Johannes Nas standen dem Erzherzog zur Seite. Am 7. Januar 1585 erließ er ein Generalmandat zur Austilgung der Häresie. Das detaillierte Religionsmandat vom 1. Juli 1585 erklärte, daß kein Nichtkatholik sich im Lande niederlassen dürfe. Als Ferdinand II. starb, war Tirol im wesentlichen katholisch. Nur in den Gebieten, die zum Hochstift Salzburg gehörten und in denen die Rekatholisierung lasch durchgeführt wurde, hielten sich protestantische Zellen.

VII.

Johann Thomas von Spaur (1578-1591)

Johann Thomas von Spaur war seit 1565 Koadjutor des Madruzzo. In dieser Zeit war er untätig und bequem, außerdem (und bis an sein Ende) ein leidenschaftlicher Jäger. Als er aber nach dessen Tod sein Amt antrat, ging eine Änderung in ihm vor. Er wurde eifrig und ein tätiger Freund kirchlicher Erneuerung. Josef Stadlhuber möchte Canisius „den auffälligen Gesinnungswandel vom Wohlleben des Koadjutors zum klarsichtigen, energischen Fürstbischof" zuschreiben. Spaur war fromm, aber schwach. Seinem guten Willen fehlten Kampfbereitschaft und Nachdruck. Er hatte das Konzept, „mit Eifer und in Anpassung an die Verhältnisse den bestmöglichen Effekt zu erzielen" (Josef Stadlhuber), und diesem Programm ist er in der Zeit seiner Oberhirtentätigkeit treu geblieben. Er nahm den Kampf gegen die Laster bei Klerus und Volk auf. Das wichtigste Mittel für die Besserung waren die Visitationen. Straff durchgeführte Visitationen lieferten einerseits ein ungeschminktes Bild der kirchlich-religiösen Lage und führten anderseits zur Abstellung mancher Mißstände. Erzherzog Ferdinand II. war ein eifriger Förderer der Visitationen; er verschaffte ihnen Nachdruck, indem er den Geistlichen einen weltlichen Beamten beigesellte. Auch päpstliche Beauftragte beteiligten sich an dieser Tätigkeit. Im Jahre 1579 visitierte der Bischof Ninguarda einen Teil der Diözese Brixen.

Spaur ließ 1582 erneut eine Visitation vornehmen, um Verdächtige aufzuspüren. Das Hauptmittel, Gewißheit über die Glaubensüberzeugung der Diözesanen zu gewinnen, wurde in der Ausstellung und dem Einsammeln der Beichtzettel gesehen. Weltliche und geistliche Obrigkeit arbeiteten bei der Anfertigung der Beichtregister und bei den Folgerungen, die aus der Nichtablieferung der Beichtzettel gezogen wurden, zusammen. Ein weiteres Mittel zur Prüfung der Gesinnung war die Suche nach verdächtigen Büchern. Ihr Besitz legte den Schluß auf häretische Ansichten nahe. Schließlich fiel die Forderung nach der Kommunion unter beiden Gestalten regelmäßig mit protestantischer Neigung zusammen. Der Laienkelch war in Tirol niemals zugelassen worden. So wurde sein Gebrauch zum Erkennungszeichen unkatholischer Haltung. Hatte die Untersuchung zur Erkenntnis Abgewichener geführt, setzte ein bestimmtes Verfahren ein. Die Lutheraner oder des Luthertums Verdächtigen wurden zuerst ohne Nennung des Namens von der Kanzel zum Gehorsam (gegenüber dem Beichtgebot) gemahnt, danach einzeln in ihren Häusern durch bischöfliche Beauftragte besucht, anschließend durch den Pfarrer belehrt und schließlich vor die Wahl gestellt, den Irrtum aufzugeben oder auszuwandern. Josef Stadlhuber stellt im allgemeinen ein mildes Vorgehen der weltlichen und der geistlichen Obrigkeit gegen Lutheraner fest. Spaur legte mehr Wert auf Belehrung durch Predigt und Unterricht als auf Bestrafung. Im Glauben Verdächtige sollten durch Unterweisung zur katholischen Religion zurückgeführt werden. Strenge Maßnahmen lagen ihm nicht. In den Erlassen von 1585, die in Zusammenarbeit mit

Spaur entstanden sind, wurden die Ablieferung verdächtiger Bücher, der Empfang von Beichte und Kommunion, Einschreiten gegen Ungehorsame und Visitation der Lehrer angeordnet. Die lutherische Bewegung war verhältnismäßig am stärksten in den Bergbaugebieten. Dennoch gelang es in der Diözese Brixen, ihrer eher und besser Herr zu werden als in dem benachbarten Erzbistum Salzburg. Erheblich strenger gingen die Behörden gegen die Wiedertäufer vor. Der Brixener Klerus wurde nicht in nennenswertem Umfang vom Protestantismus ergriffen. Der sittliche und der disziplinäre Stand der Geistlichen gaben dagegen mehr Anlaß zum Einschreiten. Als Wirtschafter war Spaur sparsam. Er besaß eine ausgesprochene Begabung für die Vermögensverwaltung. Im ganzen gesehen ist festzuhalten, daß er der kommenden Reform vorgearbeitet hat.

IX.

Andreas von Österreich (1591-1600)

Andreas von Österreich, ein Sohn des Landesfürsten Ferdinand II., war seit 1580 Koadjutor Spaurs. Nach dessen Tod übernahm er das Bistum. Seit 1576 war er Kardinal, seit 1589 Bischof von Konstanz. Andreas war um die Hebung von Klerus und Volk in Brixen bemüht. 1594 ließ er eine allgemeine Visitation anlaufen und erwirkte von seinem Vater ein Generalmandat zur Unterstützung derselben. Die Besserung des Klerus schritt voran. Die Belehrung des Volkes hob sich. Die Spendung der Letzten Ölung wurde wieder aufgenommen. Die Liturgie wurde vereinheitlicht.

X.

Christoph IV. Andreas von Spaur (1601-1613)

Christoph Andreas von Spaur hatte seine Ausbildung in Löwen empfangen. Als Domherr von Brixen waltete er des Amtes als bischöflicher Generalkommissar für die katholische Erneuerung im Bistum Brixen. 1570 empfing er die Priesterweihe. 1573 wurde er Bischof von Gurk, wo er für die katholische Reform großen Eifer bewies. Nach dem Tode des Andreas von Österreich wurde er am 7. Februar 1601 zum Bischof von Brixen postuliert und erhielt am 14. März 1601 die päpstliche Zulassung. 1603 verzichtete er auf das Bistums Gurk.

Christoph Andreas von Spaur war ein Bischof, der durch Glauben und Lebenswandel seinem Klerus und seinen Diözesanen voranleuchtete und einen Halt bot. Er eiferte für die Reinheit des Glaubens und für kirchliche Zucht. Christoph Andreas wurde „zum großen Reformator des Bistums" (Josef Wodka). Er führte die religiöse Erneuerung zum Ziele. In eigener Person und durch andere visitierte er die Diözese. Die Visitation zeigte dem Bischof Licht und Schatten in seinem Bistum, vor allem den Mangel an guten Priestern und infolgedessen die religiöse Vernachlässigung des Volkes. Anschließend hielt er eine Diözesansynode ab (1603). Sie leitete eine umfassende Reform ein. Ihre Statuten wurden für fast zwei Jahrhunderte die grundlegende Ordnung des Bistums. 1604 schrieb er den römischen Ritus im Bistum vor. 1604 und 1611 führte er die Fronleichnams- und die Rosenkranzbruderschaft ein. Er verbreitete das Vierzigstündige Gebet und förderte das Rorateamt in der Adventszeit. Besondere Aufmerksamkeit wendete Christoph Andreas der Klerusbildung zu. Wie seine Vorgänger Johann Thomas von Spaur und Andreas von Österreich sandte er jedes Jahr mehrere Jugendliche auf die Jesuitengymnasien nach Hall und Innsbruck und besonders Geeignete auf Universitäten. Die Domschule in Brixen wurde verbessert. 1607 wurde ein Priesterseminar in Brixen gegründet. Der Bischof wirkte durch sein Beispiel mindestens ebensoviel wie durch seine Anordnungen. Er war barmherzig und mildtätig, ein Vater der Armen. Seine Leistungen zwang er einem gebrechlichen Körper ab; er laborierte an einem Magenleiden, das ihm häufiges Erbrechen verursachte. Er verstand es, sich vorzügliche Helfer an die Seite zu stellen, wie den Weihbischof Simon Feuerstein, den Generalvikar Hieronymus Otto Agricola, Johannes Platzgumer und Alexander Fabri. 1603 wurden die Kapuziner nach Brixen berufen. Die Jesuiten erneuerten das Volk aus der Tiefe durch Unterricht, Predigten und Beichthören. Der Empfang der Sakramente stieg mächtig an; manchmal waren beinahe nicht genügend viele Beichtväter angesichts des Andrangs des Volkes zu finden.

3. Kapitel

Bistum Chiemsee

Bauerreiß, R., Chiemsee: LThK II, 2. Aufl., 1958, 1051-1053

Doll, J., Greinz, Ch., Chiemsee: LThK II, 1931, 858-860

Ficker, J., Pürstinger: RE XVI, 3. Aufl., 1905, 307-315

Fürst, Max, Das Bistum Chiemsee und seine Bischöfe: Heimatbilder aus dem Chiemgau Nr. 48-50 (= Beilage zum Traunsteiner Wochenblatt), Traunstein 1927

Greinz, Ch., Berthold Pürstinger, Bischof von Chiemsee (1465-1543): Mitteilungen der Gesellschaft für Salzburger Landeskunde 44. Vereinsjahr, 1904, 273-328

Rauchenbichler, Joseph, Reihenfolge der Bischöfe zu Chiemsee, in: Deutinger, Martin v. (Hrsg.), Beyträge zur Geschichte, Topographie und Statistik des Erzbisthums München und Freysing I, München 1850, 211-237

Schmuck, Josef, Die Prophetie „Onus ecclesiae" des Bischofs Berthold Pürstinger. Religiöse Kritik der Zustände in Kirche und Welt aus den ersten Jahren der Reformationszeit, Wien 1973

Schrötter, Georg, Der Reichsfürstentitel der Bischöfe von Chiemsee, in: Festgabe Karl Theodor von Heigel zur Vollendung seines sechzigsten Lebensjahres gewidmet, München 1903, 125-145

Wallner, Engelbert, Das Bistum Chiemsee im Mittelalter (1215-1508), Rosenheim 1967

Weiß, A., Cattaneus: ADB 4, 1876, 73f.

I.

Christoph Mandl von Steinfels (1502-1508)

Die Diözese Chiemsee umfaßte den Chiemsee und die umliegenden Pfarreien sowie das Grassautal, das Leukental, Brixental, Söll- und Elmautal in Tirol. Das Bistum Chiemsee hat zwar 600 Jahre bestanden, ist aber nie zu nennenswerter Bedeutung gelangt. Die Bischöfe von Chiemsee wurden regelmäßig durch den Salzburger Erzbischof ernannt und geweiht. Sie waren kein Reichsstand. Die Bischöfe sahen ihre Hauptaufgabe darin, dem Salzburger Metropoliten als Helfer und Berater zu dienen. Sie waren so häufig als dessen Weihbischöfe tätig und residierten meist in Salzburg, obwohl Herrenchiemsee ihr Sitz war. Da der Propst von Herrenchiemsee (salzburgischer) Archidiakon für das gesamte Gebiet des Bistums Chiemsee war, war der Streit um die Kompetenz in der Jurisdiktion gleichsam institutionalisiert. Rechts- und Finanzstreitigkeiten schufen in dem Bistum eine gespannte Atmosphäre.

Christoph Mandl war Doktor beider Rechte und als salzburgischer Kanzler tätig; er galt als gelehrter Mann.

II.

Berthold Pürstinger (1508-1526)

Der Salzburger Erzbischof Leonhard Keutschach ernannte Berthold Pürstinger 1508 zum Bischof. Er war ein gründlicher Kenner des Kirchenrechts sowie der Philosophie und der Theologie. Als Bischof von Chiemsee übte er gleichzeitig die Aufgaben des Weihbischofs von Salzburg aus und nahm in der Metropolitanstadt Wohnung. In den Jahren 1510 bis 1524 war Berthold in starkem Maße mit Weihefunktionen beschäftigt. Im Jahre 1512 fand in Mühldorf eine gemeinsame Synode der Bistümer Freising, Passau und Chiemsee statt. Berthold nahm die bischöfliche Visitationspflicht ernst. Gleichzeitig war er freigebig und machte beträchtliche religiöse und wohltätige Stiftungen. Der Bischof spielte in seinem Leben häufig die Rolle des Vermittlers, Besänftigers und Friedensstifters. Er war einer jener vielen wohlmeinenden Männer, denen es an der Härte und der Entschlossenheit mangelte, die angesichts der lutherischen Herausforderung am Platze gewesen wären. Er war kein Kämpfer. Energie und Ausdauer waren ihm nicht gegeben. Wohl oder übel mußte er sich mit dem eindringenden Luthertum befassen. Er sah im Protestantismus die vielleicht schlimmste bisher dagewesene Häresie. 1522 nahm er an der Mühldorfer Synode teil. Aber irgendeine kraftvolle Initiative ging von ihm nicht aus; er war müde. Am 11. Mai 1526 verzichtete er auf sein Bistum, lebte aber noch bis 1543.

Nach der Resignation begann Berthold eine reiche literarische Tätigkeit zu entfalten. In seiner ,,Tewtschen Theologey" (1528) legte er die erste katholische Dogmatik in deutscher Sprache vor. In ruhiger, sachlicher Darstellung lieferte er eine klare und warmherzige Summe des katholischen Glaubens. Leider war das Werk zu umfangreich und darum nur in beschränktem Maße abzusetzen. Die beiden Schriften ,,Teutsche Rational über das Ambt heiliger Mess" und ,,Kelichpüchel" (1535) waren dem Meßopfer gewidmet. Die Gabe, zündende Flugschriften nach der Manier Luthers in das Volk zu werfen, war ihm nicht eigen. Außerdem ließ sich selbstverständlich das neue ,,Evangelium" mit seiner fleischlichen Note erheblich leichter den Massen mundgerecht machen als die katholische Wahrheit. Berthold wird von manchen wohl mit Recht als Verfasser der Schrift ,,Onus ecclesiae" (1524) in Anspruch genommen. Darin wurden die Schäden und Nöte der Zeit offen beim Namen genannt, aber auch phantastische Zukunftsperspektiven entwickelt. Der Verfasser zeigte sich als pessimistischer Sittenprediger; nur das Zusammenwirken aller Stände könne die drohende Katastrophe abwenden. Die Protestanten suchten das Buch für ihre Zwecke auszuschlachten, obwohl sein Verfasser zur Zeit der Abfassung (1519) alles andere als eine Umwälzung im Sinne Luthers erhoffte. Diese Verwendung des Buches dürfte mitbestimmend gewesen sein bei dem Entschluß Bertholds, auf sein Bistum zu verzichten.

III.

Aegidius Rehm (1526-1536)

Aegidius Rehm war ein begabter Mann, der seine Studien an italienischen Universitäten machte und den akademischen Grad eines Doktors der Rechte erwarb. Er war gebildet und schriftstellerisch tätig. Anders als sein Vorgänger neigte Rehm zu entschiedenem Regieren und festem Zupacken, was ihn wenig beliebt machte. Nach ihm führte angeblich der Salzburger Erzbischof kurze Zeit die Administration des Bistums Chiemsee.

IV.

Hieronymus Meitinger (1536-1557)

Hieronymus Meitinger wird als gelehrt bezeichnet. Er war ein tüchtiger, umsichtiger Regent seines Bistums. 1538 fand in St. Johann eine Beratung des Klerus der Diözese über Vorkehrungen gegen die Glaubensneuerung statt. Meitinger nahm an den wiederholten Salzburger Synoden teil. 1552 weilte er für kurze Zeit — als Generalvikar und Weihbischof des Salzburger Metropoliten — in Trient. Er stimmte dort lediglich in seiner Eigenschaft als Titularbischof von Salona auf dem Konzil ab, obwohl er Prokurator des Salzburger Metropoliten war. Mehrfach erschien Meitinger im Auftrag seines Metropoliten auf Reichstagen.

V.

Christophorus II. Schlattl (1558-1589)

Christophorus Schlattl war Doktor der Rechte. Er nahm an der wichtigen Salzburger Provinzialsynode von 1569 teil. Unter Schlattl kamen, wie es das Konzil von Trient gewünscht hatte, jährliche Visitationen des Klerus in Gang. Der Bischof visitierte zwar regelmäßig seine Diözese, konnte aber die Verhältnisse in dem Chorherrenstift Chiemsee nicht wirksam bessern. 1581 hielt Schlattl in St. Johann eine Diözesansynode ab, die als Hauptgegenstand die Hebung des Klerus hatte.

VI.

Sebastian Cattaneo (1589-1609)

Sebastian Cattaneo stammte aus Mailand. Er gehörte dem Dominikanerorden an. Cattaneo war ein gelehrter Mann, der als Prediger und Professor Tüchtiges leistete und sich auch in Ämtern seines Ordens bewährte. Seine sittliche Haltung war ohne Tadel. Dem Erzbischof von Salzburg diente er als Theologe. Seine Werke wie das „Enchiridion controversiarum“ und die „Explicatio in Catechismum Romanum“ leisteten den Zeitgenossen wichtige Hilfen. 1582 berief ihn der Erzbischof von Salzburg zum Seminarrektor. Wolf Dietrich von Raitenau machte ihn zuerst zu seinem Generalvikar und ernannte ihn 1589 zum Bischof von Chiemsee.

Die Verhältnisse in dem Bistum waren zu dieser Zeit wenig erfreulich; ein Teil des Klerus lebte im Konkubinat. Cattaneo war an sich umsichtig und von Reformwillen erfüllt. Er nahm sich der wirtschaftlichen und disziplinären Verhältnisse in seinem Sprengel an. Aber ein nennenswerter Erfolg war ihm nicht beschieden; während seiner Regierungszeit kam die Reform im Bistum nicht voran. Cattaneo hatte seit 1595 einen Streit über die Jurisdiktion mit dem Salzburger Erzbischof. Er fürchtete den unberechenbaren und gewalttätigen Raitenau. Er schied daher aus seinem Bistum und ließ sich in Tirol nieder. Der Metropolit instruierte gegen ihn einen Prozeß und erklärte ihn seiner Würde für verlustig. Cattaneo fand jedoch Unterstützung bei den bayerischen Herzögen und Papst Clemens VIII. Dieser veranlaßte den Bischof zur Rückkehr nach Herrenchiemsee; die von ihm versuchte Aussöhnung mit dem Salzburger Erzbischof kam nicht zustande. Cattaneo verließ daher wieder das Refugium und zog sich über München und Innsbruck nach Mailand zurück. In diesem Streit schien es zeitweise, als seien die letzten Tage des Bistums gekommen.

VII.

Ehrenfried von Kuenberg (1610-1618)

Ehrenfried von Kuenberg stand dem Salzburger Erzbischof als Weihbischof und Generalvikar zur Seite. Wie in der Salzburger Erzdiözese förderte er auch in seinem Sprengel die katholische Reform. Der Katholizismus regenerierte sich.

4. Kapitel

Bistum Freising

Albrecht, Dieter, München und die Gegenreformation, in: Der Mönch im Wappen. Aus Geschichte und Gegenwart des katholischen München, München 1960, 167-180

Alckens, August, Freising. Stadt- und Dombergführer, Meitingen 1961

Bauerreiß, Romuald, Kirchengeschichte Bayerns, 6. Bd.: Das sechzehnte Jahrhundert, Augsburg 1965

Birkner, Joachim, Das Bistum Freising in den ersten Jahren der Reformation: Frisingia 2, 1925, 3-17

Catalogus Episcoporum Frisingensium oder Verzeichniß und kurze Chronik der Bischöfe von Freysing, in: Deutinger, Martin v. (Hrsg.), Beyträge zur Geschichte, Topographie und Statistik des Erzbisthums München und Freysing I, München 1850, 151-209

Joannis Freiberger origo christianae religionis ecclesiae Frisingensis seu vita s. Corbiniani primi Episcopi Frisingensis cum chronico Episcoporum Frisingensium, in: Deutinger, Martin v. (Hrsg.), Beyträge zur Geschichte, Topographie und Statistik des Erzbisthums München und Freysing I, München 1850, 26-102

Held, H., Freising: LThK IV, 1932, 174-178

Hoheneicher, Über die chronicas (catalogos) Episcoporum Frisingensium, in: Deutinger, Martin v. (Hrsg.), Beyträge zur Geschichte, Topographie und Statistik des Erzbisthums München und Freysing I, München 1850, 3-25

Hubensteiner, Benno, Die geistliche Stadt. Welt und Leben des Johann Franz Eckher von Kapfing und Liechteneck, Fürstbischof von Freising, München 1955

Lenk, Leonhard, Eck (Egk, Egkh), Leonhard v.: NDB 4, 1959, 277-279

[Karl] Meichelbeck's Geschichte der Stadt Freising und ihrer Bischöfe. Neu in Druck gegeben und fortgesetzt bis zur Jetztzeit von Pr. Anton Baumgärtner, Freising 1854

Riezler, Sigmund, Geschichte Baierns, 3.-5. Bd. (= Allgemeine Staatengeschichte I. Abt.: Geschichte der europäischen Staaten 20. Werk), Gotha 1889-1903

Roepke, Claus Jürgen, Die Protestanten in Bayern, München 1972

Schlecht, Joseph, Die Pfalzgrafen Philipp und Heinrich als Bischöfe von Freising: IV. Sammelblatt des Historischen Vereins Freising VI. und VII. Jahrgang, Freising 1898, 46-88

Schwaiger, Georg, Die Freisinger Weihematrikel der Jahre 1570 bis 1581, in: Iserloh, Repgen, Reformata Reformanda II, 236-252

Schwaiger, Georg, Freisinger Diözesansynoden im ausgehenden Mittelalter, in: Reformatio Ecclesiae, Paderborn, München, Wien, Zürich 1980, 259-270

Seifert, Arno, Weltlicher Staat und Kirchenreform. Die Seminarpolitik Bayerns im 16. Jahrhundert (= Reformationsgeschichtliche Studien und Texte Heft 115), Münster/Westf. 1978

Ziegler, A. W., Freising: LThK IV, 2. Aufl., 1960, 351-353

I.

Pfalzgraf Philipp bei Rhein (1498-1541)

Der Pfalzgraf Philipp bei Rhein war ein Sohn des Kurfürsten Philipp von der Pfalz, der fünf seiner Söhne mit Bischofsstühlen versorgte. In frühem Alter besaß er bereits angesehene Würden an Dom- und Kollegiatstiften, später wurde er Administrator von Worms und Utrecht. Am 3. Dezember 1498 wurde seine Postulation zum Bischof von Freising zugelassen. 1509 empfing Philipp die Bischofskonsekration. Seit 1512 war er Koadjutor des Bischofs von Naumburg, dessen Nachfolge er 1517 antrat.

Das Urteil über Philipp ist schwankend. Johannes Freiberger nennt ihn ,,fromm, klug und friedliebend"; er sei ,,voll von Verdiensten" gestorben. Georg Schwaiger stellt ihm das Zeugnis aus, die Freisinger Kirche trefflich verwaltet und sich den lutherischen Bestrebungen widersetzt zu haben. Für Romuald Bauerreiß war Philipp ,,ein durchaus kirchlich gesinnter und trotz seiner hohen Herkunft seeleneifriger Bischof". Nach Joseph Schlecht war er ein wirklicher Seelenhirt, der den Protestantismus von seinem Bistum abwehrte. Joachim Birkner stellt demgegenüber fest, daß Philipp nicht scharf und entschieden gegen die Neuerer vorging. Im ganzen wird man sagen müssen, daß der Bischof über das Durchschnittsmaß nicht herausragte. Er hielt im allgemeinen Residenz in Freising. Aber er beutete sein Bistum finanziell aus und blieb ihm seinen geistlichen Dienst schuldig. Philipp war baufreudig und auf den Schmuck der Domkirche bedacht. Er war wohltätig gegenüber den Armen.

Es gab im Bistum Freising vereinzelt lutherische Regungen, wenn es auch nicht zu einer organisierten Massenbewegung kam. Ein nicht unbeträchtlicher Teil der Adeligen und der Bürger, aber auch des Klerus und des Landvolks war protestantisch infiziert. 1519 druckte Hans Schobser in München lutherische Schriften. In den folgenden Jahren mehrte sich die Neigung zu der Neuerung in der Stadt. Die Maßnahmen der Herzöge gegen die Irrlehre wurden vom Stadtrat nur widerwillig durchgeführt. Anfang November 1520 ging Philipp die Aufforderung zu, die Bulle ,,Exsurge Domine" zu publizieren und zu exekutieren. Der Freisinger Bischof setzte sich daraufhin mit anderen süddeutschen Bischöfen ins Benehmen, um ihr Verhalten zu erforschen. Als er von ihnen ausweichende Antworten erhielt, zögerte er mit seinem Entschluß. Johannes Eck mußte Philipp in scharfer Weise zur Rede stellen, bevor dieser sich entschloß, die Bannandrohungsbulle gegen Luther zu verkündigen. Als Philipp am 10. Januar 1521 endlich das Publikationsmandat erließ, enthielt es Abschwächungen gegenüber der Bulle „Exsurge Domine". Der Grund für das auffällige Verhalten des Freisinger Bischofs bei der Publikation der Bulle „Exsurge Domine" war wohl Furcht. Philipp ging, wie die Bischöfe von Augsburg und Eichstätt, auf Zeitgewinn aus, weil er Unruhen unter der Bevölkerung befürchtete.

Zum Verständnis seiner Vorsicht ist zu bedenken, daß sie in eine Zeit fiel, in der auch die Herzöge von Bayern noch Zurückhaltung gegenüber der lutherischen Bewegung empfahlen. Erst 1522 vollzogen sie die entschiedene Wendung gegen die Irrlehre und drohten Polizeimaßnahmen gegen ihre Anhänger an. Das entscheidende Motiv, weshalb die bayerischen Herzöge sich der Neuerung nicht anschlossen, war ihre kirchliche Gesinnung; diese obsiegte über die Verlockung, ihr Gebiet durch die Einziehung geistlicher Territorien abzurunden. Die Herzöge sahen in der neuen Lehre einen Abfall vom katholischen Glauben und einen Nährboden sozialer und politischer Unruhe. Herzog Wilhelm erkannte, daß Luthers Irrlehre ihre Kraft aus dem ärgerniserregenden Leben vieler Geistlicher bezog. Am 5. März 1522 erging das erste scharfe Mandat gegen die Neuerung. Die Strafe, welche die Herzöge gegen Abgefallene verhängten, war regelmäßig die Landesverweisung.

Jetzt versteifte sich auch die Haltung Philipps. Er nahm 1522 an der Synode zu Mühldorf teil und erließ anschließend ein Reformmandat. In dem Schreiben vom 14. Juni 1522, mit dem Philipp dem Klerus die Beschlüsse der Mühldorfer Synode mitteilte, traf er die richtige Feststellung, daß es wenig nütze, Statuten und Mandate ergehen zu lassen, wenn sie nicht durchgeführt würden. Er forderte Gehorsam gegen die Beschlüsse unter Androhung der Exkommunikation. Aber die geistlichen Waffen versagten bei der Exekution der Bestimmungen. Angesichts der Wirkungslosigkeit der kirchlichen Mittel, die Zustände zu bessern, hätten die Bischöfe die Unterstützung durch die weltliche Gewalt begrüßen müssen. Aber ihre Auffassung von ihrem Amt und Eifersucht auf die staatliche Macht waren der Grund, weshalb sie den Eingriffen der Fürsten in das kirchliche Gebiet regelmäßig widerstrebten. So ersuchten 1532 die Bischöfe von Freising, Regensburg und Passau die bayerischen Herzöge, sich nicht in ihre Jurisdiktion einzumischen. 1535 beschwerten sich die Bischöfe in Regensburg erneut u. a. über die Bestrafung von Geistlichen durch die weltlichen Obrigkeiten. Trotz seiner Teilnahme an Reformsynoden tat Philipp umgekehrt wenig zur Durchführung der von den bayerischen Herzögen betriebenen Reform.

1522 berief Philipp den Theologen Augustin Marius zum Weihbischof. Dieser war gleichzeitig Pfarrer von St. Georg in Freising. Sein dortiger Stellvertreter scheint der lutherischen Lehre zumindest nahegestanden zu haben. 1526 ging Marius nach Basel, behielt aber die Stelle des Freisinger Weihbischofs bis 1529.

Herzog Wilhelm IV. und sein Kanzler Leonhard Eck sicherten sich die Unterstützung des Apostolischen Stuhles für ihre Religionspolitik. Die Saumseligkeit der Bischöfe war der Grund, weshalb Hadrian VI. am 12. Juni 1523 auf Andringen der Herzöge eine

Bulle ausstellte, in der die Strafverfolgung der Geistlichen unter gewissen Voraussetzungen den Bischöfen entzogen und einer geistlichen Kommission übertragen wurde. Clemens VII. dehnte die Ermächtigung am 5. Februar 1526 noch weiter aus. Am 6. Juli 1524 wurde in Regensburg von katholischen Fürsten Süddeutschlands, darunter den bayerischen Bischöfen, beschlossen, das Wormser Edikt gewissenhaft auszuführen, d. h. das Luthertum zu bekämpfen, wobei sie sich gegenseitig unterstützen wollten. In dem zweiten Religionsmandat der bayerischen Herzöge vom 2. Oktober 1524, das von den Kanzeln verlesen wurde, wurden die katholischen Einrichtungen und Übungen in Schutz genommen und eingeschärft sowie der Druck und die Verbreitung lutherischer Schriften untersagt. Auf der Regensburger Zusammenkunft von 1524, die der Bekämpfung des Protestantismus und der Erneuerung des Klerus dienen sollte, wies Philipp seine Vertreter an, die Sache dilatorisch zu behandeln. In dem Rundschreiben vom 10. Januar 1531 rief er den Klerus zu Bekehrung und Besserung auf.

Wie fast überall, wurde auch in Bayern rücksichtslos gegen die Wiedertäufer vorgegangen. Herzog Wilhelm vertrat die (im allgemeinen zutreffende) Ansicht, daß niemand ein Wiedertäufer werde, der nicht vorher lutherisch sei. Es läßt sich jedoch nicht übersehen, daß die Wiedertäufer in manchen wichtigen Punkten der katholischen Lehre näher standen als der lutherischen Auffassung; es sei an Gegenstände wie die Willensfreiheit und den Mangel an Klarheit der Heiligen Schrift erinnert.

Das dritte Religionsmandat der bayerischen Herzöge vom 12. Mai 1531 wandte sich stärker als die vorhergehenden der innerkirchlichen Erneuerung zu. 1537 forderte die Salzburger Provinzialsynode die Bischöfe auf, die Geistlichen zur Besserung zu bewegen. Der bayerische Kanzler entwarf 1536 einen Plan, wie, in Süddeutschland (Württemberg) beginnend und nach Norden (Hessen) fortschreitend, die Neuerung zurückgeworfen werden könne. Die Herzöge von Bayern zeigten, wie Konsequenz und Festigkeit der Häresie Herr wurden. Die Politik der Bischöfe war dagegen von ängstlicher Rücksicht auf die Protestanten bestimmt. Am 10. Juni 1538 kam in Nürnberg die „Christliche Einigung" zustande, ein Bündnis zum Schutz des katholischen Glaubens. Die Bischöfe blieben, abgesehen von den Erzbischöfen von Mainz und Salzburg, dem Bunde aus Furcht vor den Protestanten fern. In der „Christlichen Einigung" besaß das Herzogtum Bayern eine einflußreiche Stellung. Als der Frankfurter Anstand vom 19. April 1539 die Entscheidung neuerdings aufschob, erkannten die bayerischen Herzöge die Gefahr sogleich; sie sahen, wie in Sachsen und in den beiden Pfalzen das Luthertum vorrückte. Die Religionsgespräche zu Hagenau, Worms und Regensburg, die der Kaiser betrieb, stießen bei den bayerischen Herzögen auf entschiedene Ablehnung; sie sahen voraus, daß sie erfolglos sein würden und lediglich den Protestanten Zeitgewinn brachten. Herzog Ludwig beklagte sich 1540 bitter bei seinem Bruder über die Unentschlossenheit der Bischöfe und vor allem über das unglaubliche Verhalten des Erzbischofs von Köln. Herzog Wilhelm setzte dem Kaiser in Regensburg auseinander, daß er vor der Alternative stehe, sich entweder von der katholischen Kirche zu trennen oder auf den Ausgleich mit den Lutheranern zu verzichten, und daß der Kampf jetzt geführt werden müsse. Der Kaiser aber machte am 29. Juli 1541 den Protestanten geheime Zugeständnisse, während die bayerischen Fürsten, die den katholischen Glauben verteidigten, leer ausgingen. Dabei war klar, daß, wie Morone am 1. August 1541 nach Rom schrieb, der Übergang der letzteren zum Luthertum der katholischen Religion in Deutschland den Todesstoß versetzen würde. Im Februar 1540 wurde in Salzburg eine Versammlung von Vertretern der Herzöge und der bayerischen Bischöfe abgehalten. Hier wurde eine gemeinsame Untersuchung der kirchlichen Zustände beschlossen, wovon aber die geistliche Seite den Lebenswandel des Klerus ausgeschlossen wissen wollte. Die 1541 vorgenommene Visitation beschränkte sich auf den bayerischen Teil der Erzdiözese Salzburg. Das Verdienst, das Bistum Freising beim katholischen Glauben erhalten zu haben, fällt weder Philipp noch (seinem Nachfolger) Heinrich, sondern den Herzögen Wilhelm IV. und Ludwig zu. Als Herzog Wilhelm IV. starb, war in seinen Landen das Luthertum besiegt.

II.

Pfalzgraf Heinrich III. bei Rhein (1541-1551)

Pfalzgraf Heinrich war der Bruder Philipps und wurde diesem am 27. August 1540 als Koadjutor beigegeben. Auch er vereinte Worms, Utrecht und Freising in seiner Hand. Er empfing die Bischofskonsekration nicht. Heinrich war weder seiner Aufgabe als Administrator des Bistums Worms noch als Bischof von Utrecht gewachsen. Auch in Freising hinterließ seine Regierung keine nachhaltigen Spuren. Heinrich lebte verschwenderisch. Nach Johannes Freiberger war er ,,ein Freund des Klerus und der Armen'' sowie ,,ein tapferer Schützer der Gerechtigkeit''. Von Reformeifer kann bei ihm keine Rede sein. An den Salzburger Provinzialkonzilien nahm er nicht persönlich teil. Ebensowenig erschien er auf dem Trienter Konzil, ließ sich aber durch den Domdekan vertreten.

Heinrich nahm gegenüber dem Protestantismus zeitweilig eine schwankende Haltung ein. Herzog Wilhelm von Bayern hielt ihn für abgefallen, wie Kardinal Otto Truchseß von Waldburg am 14. März 1546 schrieb. In den vierziger Jahren betrieb allerdings Wilhelm selbst eine unselige Schaukelpolitik zum Schaden der katholischen Sache im Reich, aber auch in Bayern. Er wollte es mit keiner Seite verderben, um politische Vorteile — wie die Kurwürde — zu gewinnen. In dieser Zeit neigten sich manche Adlige dem Luthertum zu, und die Behörden ließen in ihrer Wachsamkeit gegen protestantische Regungen nach. In dem ersten Teil des Schmalkaldischen Krieges hausten die Truppen Schertlins von Burtenbach gegen die Klöster, ohne daß Bayern eingiff; die Unterstützung, die es dem Kaiser angedeihen ließ, war sparsam. Dieser versagte seinerseits Bayern den erhofften Siegespreis. Als im zweiten Teil des Krieges die Häupter der Schmalkaldener vom Kaiser gefangengenommen wurden, erhielt Bayern wiederum weder das begehrte Neuburg noch die ersehnte Kurwürde. Der religionspolitische Erfolg des Feldzuges war gleich Null. Herzog Wilhelm hielt 1548 die Wiederherstellung der katholischen Religion im größten Teil Deutschlands für möglich, und er gab auch die Mittel dazu an. Das Augsburger Interim sah er als verfehlt an. Ein gemeinsames und energisches Vorgehen der geistlichen und der weltlichen Gewalt zur Abstellung der Mißstände im Klerus und in den Klöstern kam unter der Regierung Wilhelms, von wenigen Anläufen abgesehen, nicht zustande. Die Salzburger Synode von 1549 war gutgemeint, aber es haperte bei der Durchführung ihrer Beschlüsse. Die Bischöfe schienen eher bereit, die schlimmen Verhältnisse im Klerus zu dulden, als der weltlichen Gewalt das Einschreiten gegen ihn zu gestatten. Auf die Bitte Herzog Wilhelms kamen 1542 die ersten Jesuiten, Faber und Le Jay, nach Bayern. Als diese bald wieder abzogen, trafen im November 1549 auf neuerliches Ersuchen des Herzogs drei Ordensangehörige in Ingolstadt ein.

III.

Leo Lösch (1552-1559)

Leo Lösch wurde am 15. Februar 1552 zum Bischof von Freising gewählt; die päpstliche Bestätigung erlangte er am 11. Mai 1552. Er war von größerem Eifer als seine Vorgänger erfüllt. Aber die von ihm 1557 zugesagte Generalvisitation wurde erst 1560 durchgeführt. Seit 1558 fand in den vier bayerischen Bistümern eine mit geistlichen und weltlichen Kommissaren besetzte Visitation statt. Am 9. März 1562 wertete man auf einer Konferenz in Salzburg ihre Ergebnisse aus. Lösch liebte und förderte die Wissenschaften, war selbst sprachenkundig. Politisch schwenkte er auf die bayerische Linie ein. Herzog Albrecht verhielt sich angesichts der Meintat des Moritz von Sachsen neutral. Der Passauer Vertrag sicherte dem Protestantismus den Bestand. Im Heidelberger Bunde vom 29. März 1553 fanden sich noch einmal katholische und protestantische Fürsten zusammen. Zahlreiche Familien des Adels hingen auch in dem Herzogtum Bayern der Irrlehre an. Auf dem Landtage zu Landshut im Dezember 1553 zeigten sich protestantische Regungen. Im Augsburger Religionsfrieden wurde den Protestanten politische Gleichberechtigung gewährt und damit die Gesetzgebung des Reiches in einem entscheidenden Punkte außer Kraft gesetzt. Am 1. Juni 1556 kam der Landsberger Bund zustande, der überwiegend katholisch war. Der Bischof von Freising trat ihm bei. Auf das Religionsgespräch zu Worms (1557) setzte man in Bayern keine Hoffnungen. Die im Herzogtum Bayern gelegenen Territorien Haag, Ortenburg und Waldeck wurden dem Protestantismus zugeführt. Der Einfluß der dort wirkenden Protestanten dehnte sich auch auf die in der Nachbarschaft gelegenen bayerischen Orte aus.

Herzog Albrecht war, als er die Regierung antrat, religiös lau. Protestantische Neigungen besaß er allerdings nicht. Aber er erlebte eine religiöse Wandlung. Im Mai 1554 erließ Albrecht ein weiteres Religionsmandat, welches das Festhalten am katholischen Glauben gebot. Wenig später sprach er sich jedoch für Konzessionen wie Laienkelch, Priesterehe und Milderung des Fastengebotes aus. Auf dem Landtag zu München im März 1556 wagten sich die lutherischen Herren erneut vor. Albrecht zeigte sich nachgiebig und gewährte Zugeständnisse, denen die bayerischen Bischöfe selbstverständlich ihre Zustimmung nicht geben konnten. Auf dem Landtag vom Dezember 1557 wies der Herzog indes die weltlichen Stände auf die fortwährend weitergehende Spaltung der Anhänger der Augsburger Konfession hin. Gegenüber Zasius erklärte er seine feste Entschlossenheit, lieber seine Herrschaft aufzugeben als den protestantischen Forderungen zu willfahren. Die Bischöfe berieten sich gemeinsam in Salzburg und lehnten am 5. Februar 1558 die angesonnenen religiösen Konzessionen ab. 1558 kam endlich die gemeinsame staatlich-kirchliche Visitation in den vier zur Salzburger Kirchenprovinz gehörigen bayerischen Bistümern zustande. Die dabei festgestellten Mängel überwogen bei weitem die lichten Seiten. Das Ungenügen eines großen Teils des Klerus zog schlimme Schäden beim Volk nach sich. Die Bischöfe waren von dem Versagen nicht ausgenommen, denn sonst hätte nicht in vielen Pfarreien bemerkt werden müssen, die Firmung sei seit langer Zeit nicht mehr gespendet worden. Auch häretische Ansichten und Bücher waren in nicht ganz geringem Umfang verbreitet. 1559 zog Herzog Albrecht V. die Jesuiten nach München. Das von ihnen geleitete Gymnasium erlebte einen mächtigen Zustrom. Aus ihm gingen gläubige und fromme Gebildete in großer Zahl hervor.

IV.

Moritz von Sandizell (1559-1566)

Moritz von Sandizell wurde am 12. Juni 1559 zum Bischof von Freising erwählt und erhielt am 13. März 1560 die päpstliche Bestätigung. Im Dezember 1561 machte er die Romfahrt. Moritz war gewiß nicht das Muster eines Bischofs. Aber er war ein tüchtiger Verwaltungs- und Finanzmann, der die Schulden des Hochstiftes tilgte und seinen Besitz mehrte. Am Konzil von Trient nahm er nicht teil. Auf dem Salzburger Provinzialkonzil 1562 war er dagegen anwesend. Hier wurde eine umfangreiche Reform beschlossen. Am 27. Juni 1562 hielt der Gesandte Herzog Albrechts, Augustin Paumgartner, seine denkwürdige Rede vor dem Trienter Konzil, wo er schonungslos die wirklichen Verhältnisse im Klerus, aber auch das Versagen der Bischöfe aufdeckte. Herzog Albrecht hielt die Zugeständnisse der Priesterehe und des Laienkelchs für unerläßlich, um der Kirche in deutschen Landen wieder aufzuhelfen. Auf dem Landtage zu Ingolstadt im März/April 1563 versprach er, den Gebrauch des Kelches sicherzustellen. Männer wie Hosius und Canisius sahen jedoch in dieser Konzession große Gefahren beschlossen. Der Kaiser trat Herzog Albrecht zur Seite und erhob dieselben Forderungen. Der

Papst gab endlich nach und fertigte am 16. April 1564 Breven an die deutschen Erzbischöfe aus, die den Laienkelch unter bestimmten Bedingungen freigaben. Die Salzburger Provinzialsynode Ende August/Anfang September 1564 faßte den Beschluß, von dem Privileg stillschweigend Gebrauch zu machen, ohne daß eine Publikation erfolgte. Als das Zugeständnis erreicht war, erkannte Albrecht, daß es wenig nützlich war, und er suchte es von nun an einzuschränken. Dem Herzog wurde klar, daß die Protestanten immer weiter drängen würden und daß darum Strenge besser angebracht sei als Nachgiebigkeit. Auf dem Landtag zu Ingolstadt im März/April 1563 zeigten sich die Lutheraner offener denn je. Sie standen jetzt in Opposition zu ihrem Landesherrn. Als ihr Führer wurde Joachim Graf von Ortenburg angesehen; er führte im Oktober 1563 das Luthertum in seiner Herrschaft ein. Die Grafschaft Ortenburg war reichsunmittelbar, wenn auch diese Stellung von Bayern bestritten wurde; gleichzeitig war der Graf aber herzoglicher Landsasse. Herzog Albrecht forderte den Grafen auf, die katholische Religion in der Grafschaft wiederherzustellen. Als dieser sich weigerte, schritt der Fürst mit Waffengewalt ein. Seit Ende 1563 versteifte sich die Haltung Albrechts in religiösen Dingen. Er wurde immer entschiedener und strenger. Jetzt bekämpfte er die Häresie tatkräftig. Die Prädikanten mußten weichen, die protestantischen Schulen wurden geschlossen, die häretischen Bücher vernichtet. Die Rekatholisierung Altbayerns wurde von Herzog Albrecht V. entschlossen in die Hand genommen. Seit 1564 wurden Missionen abgehalten. Wer sich nicht bekehren ließ, wurde aus dem Lande gewiesen. Als die protestantisierte Grafschaft Haag 1566 an Bayern fiel, wurde auch sie sogleich rekatholisiert, wobei der lutherische Prediger eifrig mitwirkte. Der Bischof von Freising spielte bei all diesen Maßnahmen keine bedeutende Rolle. 1566 resignierte Moritz auf sein Amt; er starb 1567.

V.

Ernst von Bayern (1566-1612)

Ernst von Bayern wurde zum Administrator von Freising postuliert, weil sein Vater es wünschte. Albrecht V. meinte, er könne das Bistum Freising am besten beim katholischen Glauben erhalten, wenn sein Sohn Bischof würde. Pius V. stimmte der Übernahme der Administration nur ungern und um des Vaters willen zu (20. Dezember 1566). Ernst machte mit Freising erst den Anfang einer der gewaltigsten Ämterkumulationen, welche die Geschichte der Kirche in Deutschland kennt. Später erhielt er nämlich noch die Bistümer Hildesheim, Lüttich, Köln und Münster. Ernst wurde zu diesen Erwerbungen überwiegend gedrängt. Der 1554 geborene Knabe hatte keine Neigung zum geistlichen Stande. Mehrfach erklärte er, desselben überdrüssig zu sein. Er hatte Freude an Spaß und Spiel, an der Jagd und dem Schießen, liebte die Musik, neigte zu Alchimie und Magie, gab sich ungezwungen dem Essen und dem Trinken hin und betätigte sich in amourösen Abenteuern. Sein Aufenthalt in Rom (1574) war durch manche Eskapaden getrübt. Angeblich zögerte Ernst auch wegen einer Liebschaft, sich aus Freising an den Rhein zu begeben. Es war schade, daß dieser Mann, der zu Hohem berufen schien, sich derart selbst demoralisierte. Er war begabt und von leichter Auffassungsgabe, aber es fehlten ihm die zähe Energie und die geduldige Arbeitswilligkeit. Er war freundlich, leutselig und freigebig, gegen Personen aus niederen Ständen entgegenkommend und gütig. Aber er neigte auch zu Leichtfertigkeit, Übermut und Jähzorn. Mit dem Geld ging er leichtsinnig um. Es fehlten ihm der sittliche Ernst und die geistliche Haltung. Ein Oberhirt nach tridentinischem Muster war er nicht. Am 16. September 1571 erhielt Ernst durch den Freisinger Hilfsbischof Sebastian Haidlauff die Weihe zum Akolythen. Im Jahre 1574 empfing er in Rom die Subdiakonatsweihe. Am 2. März 1577 wurde Ernst in Freising, wiederum durch Haidlauff, zum Diakon geweiht.

Dieser Mann war nun mit der Last von fünf Bistümern beladen. In Freising weilte Ernst selten. Er war fast ständig von seiner Diözese abwesend. Dennoch traf er eine Reihe von segensreichen Maßnahmen. 1568 ordnete er eine Visitation an, 1576 ließ er eine Diözesansynode abhalten. Auf dem Salzburger Provinzialkonzil 1569 war er anwesend; er verpflichtete sich, die Beschlüsse des Trienter Konzils in seiner Diözese durchzuführen. Er nahm Bedacht, die römische Liturgie im Bistum einzuführen. Dafür, daß er die Einkünfte des Hochstiftes weitgehend für seine großen Aufgaben und Unternehmungen in West- und Norddeutschland verwandte, wird man ihn nicht tadeln können. Zum Glück verstand er es, tüchtige Helfer bei der Ausübung des ihm übertragenen Amtes heranzuziehen. In Freising wirkten Männer wie der Weihbischof Bartholomäus Scholl, der Franziskaner Franziskus Ampferle und der Generalvikar Ludwig Schrenk. Die innere Erneuerung des Bistums Freising ließ freilich zu wünschen übrig. Der Nuntius Ninguarda stellte 1578 böse Mißstände fest. Vor allem der Klerus war zum erheblichen Teil undiszipliniert.

Mit Eifer und Erfolg betrieb Ernst die Rekatholisierung der innerösterreichischen Besitzungen des Bistums Freising. Der Kampf gegen die Neuerung in Bayern lag maßgebend in der Hand des Herzogs Albrecht. Dieser erließ am 30. September 1569 sein großes Religionsmandat, das gleichzeitig die Beseitigung der Irrlehre und die religiöse Erneuerung zum Ziele hatte. Anschließend erfolgte eine das ganze Land umfassende Visitation. Sie wirkte durch Belehrung und Verteilung guter Schriften wie durch Untersuchung und Bestrafung. Am 16. November 1569 ersuchte der Herzog die Bischöfe, die Visitation zu unterstützen, am 17. November 1570 ließ er sie ermahnen, die Firmung öfter zu spenden und den Empfang des Bußsakramentes zu fördern. Seit 1570 wurde den herzoglichen Beamten die Ablegung des tridentinischen Glaubensbekenntnisses zur Pflicht gemacht. 1571 verbot der Herzog den Laienkelch, und die Bischöfe schlossen sich der Maßnahme mit ihren Mandaten an. Als dem Herzog die wirtschaftlichen Schäden der Auswanderung von Protestanten vor Augen gestellt wurden, erklärte er, Gottes Ehre und das Heil seiner Untertanen stünden ihm höher als weltliche Rücksichten. Dem 1570 errichteten Religionsrat machte es der Herzog zur Pflicht, laufend Inspektionen im Lande zu halten, zu visitieren, zu examinieren und zu strafen. In Ortenburg wurde jedoch nach dem Urteil des Reichskammergerichts vom 4. Mai 1573 das Luthertum erst recht eingeführt. Seit Januar 1574 visitierte Felician Ninguarda in Freising, Regensburg und Passau, wobei Herzog Albrecht seine Unterstützung gewährte. Trotz der energischen Maßnahmen Albrechts V. war die katholische Religion vielerorts noch ungefestigt. Laien und Geistliche ließen in gleicher Weise kirchliche Zucht vermissen. Erst die Arbeit der Jesuiten, die 1559 in München ein Kolleg gegründet hatten, und der Kapuziner, die 1600 nach München kamen, bahnte eine Wende an. Wäre Ernst ein Bischof nach dem Vorbild des Karl Borromäus gewesen, hätte er die katholische Erneuerung ganz anders voranbringen können, als es tatsächlich geschah.

Herzog Wilhelm V. ließ sein Land und seine Untertanen vor dem Eindringen der Irrlehre schützen. Seit 1581 wurde Hohenwaldeck rekatholisiert. Der Bischof von Freising richtete gemäß dem Wunsch des Herzogs ein mahnendes Schreiben an die Bewohner von Miesbach und verhängte über die hartnäckig im Irrglauben Verharrenden die Exkommunikation. 1584 war das Werk vollendet. Die Herren von Maxlrain kehrten bis auf eine Ausnahme zum katholischen Glauben zurück. In dem Kölnischen Krieg rettete Herzog Wilhelm die katholische Religion in Nordwestdeutschland. Unter gewaltiger Anspannung aller Kräfte seines Gebietes wurde der Protestantismus im Rheinland niedergeworfen.

Herzog Maximilian I. war ein tiefgläubiger, sittlich hochstehender und beispielhaft frommer Landesherr. Seine Regierung war von Tatkraft und Klugheit geprägt. Luther hielt er, wie er am 20. Juni 1600 an den Pfalzgrafen von Neuburg, Philipp Ludwig, schrieb, für einen leichtfertigen, hoffärtigen und lasterhaften Menschen. Maximilian führte die Regierung im Geiste seiner Vorgänger. Eine Fülle von Erlassen regelte einerseits die religiöse Praxis und sorgte anderseits für die Aufrechterhaltung der Glaubenseinheit im Lande. Er führte das Prinzip der Landesreligion konsequent in seinem Gebiet durch. 1609 trat er in der Liga an die Spitze der katholischen Reichsfürsten.

5. Kapitel

Bistum Gurk

Aelschker, Edmund, Geschichte Kärntens von der Urzeit bis zur Gegenwart mit besonderer Rücksicht auf Culturverhältnisse, 2 Bde., Klagenfurt 1885

Braumüller, Hermann, Zur Geschichte des Klagenfurter Schulwesens in der Reformationszeit: Carinthia I, 114, 1924, 13-31

Braumüller, Hermann, Geschichte Kärntens (= Kärntner heimatkundliche Schriftenreihe 2. Bd.), Klagenfurt 1949

Budik, P. A., Hieronymus Balbus, Bischof zu Gurk, nach seinem Leben und Wirken dargestellt: Österreichische Zeitschrift für Geschichts- und Staatskunde 1, 1835, 361-363, 365-368

Cigoi, Alois, Das Sociale Wirken der katholischen Kirche in der Diöcese Gurk (Herzogthum Kärnten) (= Das Sociale Wirken der katholischen Kirche in Oesterreich I. Bd.), Wien 1896

Demus, Otto, Die Kunstdenkmäler des politischen Bezirkes Klagenfurt (Die Stadt Klagenfurt) (= Die Kunstdenkmäler Kärntens Bd. V, 1), Klagenfurt 1931

Hartwagner, Siegfried, Der Dom zu Gurk, Klagenfurt, Wien, Frankfurt/M. 1963

Jaksch, August von (Hrsg.), Die Gurker Geschichtsquellen, 2 Bde. (= Monumenta Historica Ducatus Carinthiae 1. u. 2. Bd.), Klagenfurt 1896/98

Jaksch, August, Geschichte Kärntens, 2 Bde., Klagenfurt 1928/29

Jaksch, August von, Wiessner, Hermann (Hrsg.), Die Kärntner Geschichtsquellen, 4 Bde. (= Monumenta Historica Ducatus Carinthiae 3.-6. Bd.), Klagenfurt 1904-1958

Khull, Ferdinand, Zur religiösen Bewegung in Kärnten während der Gegenreformation: Carinthia 1, 1897, 15-27

Klagenfurt. Ein Überblick von der Urzeit bis zur Gegenwart. Hrsg. von der Landeshauptstadt Klagenfurt zur Hundertjahrfeier ihrer Autonomie. Geleitet von Gotbert Moro, Klagenfurt 1950

Klebel, Ernst, Zur Geschichte der Pfarren und Kirchen Kärntens: Carinthia I, 115, 1925, 1-47; 116, 1926, 1-63; 117, 1927, 81-144

Legers, Paul, Kardinal Matthaeus Lang. Ein Staatsmann im Dienste Kaiser Maximilians I. Auf urkundlicher Grundlage dargestellt: Mitteilungen der Gesellschaft für Salzburger Landeskunde XLVI. Vereinsjahr 1906, Salzburg o. J., 437-517

Loserth, Johann, Die Reformation und Gegenreformation in den innerösterreichischen Ländern im XVI. Jahrhundert, Stuttgart 1898

Maier, Alois, Kirchengeschichte von Kärnten, 3 Tle., Klagenfurt 1951-1956

Mayer, Franz Martin, Kaindl, Raimund, Geschichte und Kulturleben Österreichs, I: Von den ältesten Zeiten bis 1493, 5. verb. Aufl., bearb. von Hans Pirchegger, Wien, Stuttgart 1958; II: Von 1493 bis 1792, 5. verb. Aufl., bearb. von Hans Pirchegger, Wien, Stuttgart 1960; III: Von 1792 bis zum Staatsvertrag von 1955, 5. verb. u. ergänzte Aufl., bearb. von Anton Adalbert Klein, Wien, Stuttgart 1965

Obersteiner, Jakob, Beiträge zur Gurker Bistumsgeschichte aus der Zeit der Reformation und Gegenreformation (nach archivalischen Quellen dargestellt): Carinthia I, 145, 1955, 543-576

Obersteiner, Jakob, Beiträge zur Gurker Bistumsgeschichte aus der Zeit der Reformation und Gegenreformation: Carinthia I, 146, 1956, 189-228

Posch, Waldemar, Der Dom zu Gurk, 3., verb. Aufl., Gurk 1958

Stein, Erwin (Hrsg.), Die Städte Deutschösterreichs. Eine Sammlung von Darstellungen der deutschösterreichischen Städte und ihrer Arbeit in Wirtschaft, Finanzwesen, Hygiene, Sozialpolitik und Technik, Bd. IV, Klagenfurt, Berlin-Friedenau 1929

I.

Matthäus Lang (1505-1522)

Das Bistum Gurk umfaßte nur ein kleines Gebiet. Zu ihm gehörten das Gurktal einschließlich der Pfarrei Reichenau, das Metnitztal, eine Seite des Glantales und die vier Pfarreien Obermühlbach, Kraig, Meiselding und St. Stefan am Krappfeld, wozu im 16. Jahrhundert Grades, Zienitz und Ingolstal kamen. Da dieser Sprengel aber im Herzen

Kärntens lag, hatte er seine Bedeutung, obwohl der größte Teil von Kärnten zum Erzbistum Salzburg gehörte.

1501 nahm der Bischof von Gurk, Kardinal Raymund Peraudi, den Matthäus Lang zum Administrator und Koadjutor seines Bistums an und erreichte die Bestätigung Alexanders VI. Lang erhielt das Bistum zur Anerkennung seiner Leistungen als Diplomat, und mit diplomatischen Aufgaben war er auch fernerhin ganz überwiegend beschäftigt. Er war ein reich begabter, fähiger Mensch, aber er war ein Weltmann und Politiker, kein Geistlicher und kein Bischof. Er hatte wohl Rechtswissenschaft und Philosophie, nicht aber Theologie studiert. Am Hof Kaiser Maximilians spielte er eine große Rolle; er wurde Leiter der kaiserlichen Kanzlei. Es waren Verdienste um die Politik, für die er mit dem Bistum Gurk belohnt wurde. Als Peraudi 1505 starb, ergriff Lang von der Diözese Besitz, obwohl er noch nicht eine einzige Weihe empfangen hatte. 1512 wurde er Kardinal. Julius II. gestattete ihm, das Koadjutorenamt von Salzburg zu übernehmen und gleichzeitig das Bistum Gurk beizubehalten; Leo X. bestätigte ihm am 13. Februar 1514 beides. Am 15. Juni 1519 wurde er Erzbischof von Salzburg. Am 9. Februar 1521 verzichtete Lang auf das Bistum Gurk, wofür ihn Karl V. mit dem Bistum Cartagena entschädigte.

Lang ließ sich in dem Bistum Gurk kaum sehen. Die Seelsorge hatte von ihm keinen Gewinn. Über sein Verhalten zum Protestantismus wird beim Erzbistum Salzburg gehandelt. Dagegen nahm er die Verwaltung der Temporalien mit Sorgfalt in die Hand.

II.

Hieronymus Balbus (1523-1526)

Erzbischof Lang ernannte den Hieronymus Balbus zum Koadjutor von Gurk; bald darauf nominierte ihn Ferdinand I. zum Bischof der Diözese. Am 23. Februar 1523 erklärte Hadrian VI., daß er den Verzicht Langs auf Gurk annehme und das Bistum dem Balbus übertrage. Am 11. März 1523 wurde letzterer als Bischof von Gurk präkonisiert.

Hieronymus Balbus war ein weitgereister Herr, Kriegsmann und Jurist. Sein Interesse galt der Wissenschaft und der Dichtung; er war als Humanist bekannt. Eng verbunden war er mit Peter Schlattl, dem Leiter der Gurker Domschule. Er war beredt und wortgewandt. Aber ein Theologe und ein Seelenhirt war er nicht. In sittlicher Hinsicht war Balbus vor seiner Ernennung zum Bischof nicht einwandfrei. Sein Metier war die Politik. Im Dienste König Ludwigs von Ungarn war er auf diplomatischen Missionen unterwegs, die ihn u.a. 1521 auf den Reichstag zu Worms führten. Ferdinand I. betraute ihn mit einer Sendung an Papst Hadrian VI., Karl V. schickte ihn zu Clemens VII. Angeblich blieb er mehrere Jahre in Rom.

Hieronymus Balbus gehörte zu jenen Klerikern des 16. Jahrhunderts, in denen nach ihrer Ernennung zum Bischof ein Wandel vor sich ging. Er bekehrte sich, ließ sich die Weihen erteilen und lebte fortan sittlich einwandfrei, seinen bischöflichen Aufgaben hingegeben. Balbus behielt auch den eindringenden Protestantismus im Auge. Er suchte die Neuerung nach Kräften zu bekämpfen. 1524 hielt er in Straßburg eine Diözesansynode ab. Ihre Statuten schlossen sich dem Programm des Regensburger Konventes an und hatten die Reform des Klerus zum Gegenstand. In dem vorangehenden Synodalschreiben vom 11. Januar 1524 schärfte der Bischof seine wichtigsten Forderungen an die Geistlichen ein und kündigte für die Zukunft die alljährliche Abhaltung einer Diözesansynode an. Clemens VII. bestellte am 11. März 1523 den 18jährigen spanischen Geistlichen Antonius von Hoyos zu seinem Koadjutor. 1526 verzichtete Balbus auf sein Bistum.

III.

Anton von Hoyos (1526-1551)

Nach dem Rücktritt des Balbus übernahm Hoyos am 25. Juni 1526 die Administration des Bistums Gurk. Er war von Geburt Spanier und besaß das Vertrauen des kaiserlichen Hofes. Bei seiner Ernennung zum Koadjutor war er 18 Jahre alt. Erst 1540 empfing er die Weihen. In seinem Bistum ließ er sich selten sehen. Auf den Salzburger Provinzialsynoden von 1537 und 1548 war er persönlich nicht anwesend. Die Diözese hatte von ihm jedenfalls lange Zeit kaum geistlichen Gewinn. Er war aber ein tüchtiger Finanzmann, und es gelang ihm, die Schuldenlast des Bistums zu tilgen. Anton von Hoyos war stark damit beschäftigt, für seine Verwandten zu sorgen, und zwar auch mit den Gütern des Bistums. Als er sich im Jahre 1551 aufmachte zum Konzil von Trient, wurde er unterwegs ermordet.

Auch in Kärnten drang das Luthertum früh ein und breitete sich aus den bekannten Gründen stark aus. Die Visitationen des Jahres 1528 stellten fest, daß der Adel mehrheitlich, die Städte zum großen Teil dem Protestantismus zuneigten. Unzufriedene, unsittlich lebende und festen Glaubens entbehrende Kleriker waren gewöhnlich die ersten, die sich von der neuen Lehre angetan zeigten. Das Volk war im allgemeinen besser als der Klerus und blieb selbst bei Abfall des Geistlichen überwiegend oder teilweise der heiligen Religion treu. Die machtvolle Propaganda der protestantischen Emissäre, das leichte „Evangelium", das sie verkündeten, und der Schein des Modernen, der sie umgab, waren ebenso erfolgreich wie das Beispiel und der Druck der Herren und Stadträte. Verführung und Zwang standen bei der Einführung des Luthertums in Kärnten Pate. König Ferdinand ließ an seiner katholischen Überzeugung keinen Zweifel. Er stellte sich in vielen Mandaten vor die Kirche, aber diese blieben meist unausgeführt. Die Beamten waren nicht mehr in der Hand des Herrschers. Dazu kam die Türkennot. Um den grausamen Feind abzuwehren, war die gesamte Kraft der habsburgischen Länder vonnöten. Den religiösen Angelegenheiten konnte entweder nicht die erforderliche Aufmerksamkeit zugewendet werden oder die schlechte militärische Lage wurde von den Protestanten zu erpresserischen Forderungen benutzt. Der Bischof Hoyos war zweifellos ein treuer Anhänger der Kirche und wehrte der Religionsneuerung. Der Hauptschaden war in Kärnten wie anderswo der Mangel an gebildeten und sittenreinen Priestern sowie an tüchtigen Predigern. Das Interim wurde auch in den Diözesen Gurk und Lavant insofern durchgeführt, als auf Verlangen der Laienkelch gewährt wurde.

IV.

Johann von Schönburg (1551-1555)

Johann von Schönburg wurde wie üblich durch den Erzbischof von Salzburg zum Bischof von Gurk ernannt. Er wirkte angeblich segensreich. Aber um diese Zeit gingen die Mißstände im Gurker Domkapitel einem Höhepunkt entgegen. Unter den Dompröpsten Adrian von Hornberg und Christian Spiritus gab es Mitglieder dieses Gremiums, die mit der Irrlehre sympathisierten. Angesichts solcher Verhältnisse war an eine nachhaltige Abwehr des Protestantismus nicht zu denken.

V.

Urban Sagstetter von Österreich (1556-1573)

Urban Sagstetter wurde ebenfalls durch den Salzburger Metropoliten zum Bischof von Gurk ernannt. Er war (seit 1563) zugleich Administrator des Bistums Wien. Sagstetter besaß manche Vorzüge. So war er ein tüchtiger Prediger, der im Stefansdom das Wort Gottes mit großem Erfolg verkündete. Als Priester war er tadelfrei. Besonderes Geschick besaß er für die Verwaltung der Temporalien seiner Diözese. Aber Sagstetter war ein schwacher, nachgiebiger Mann. Die Kraft und der Mut, die einen Bischof auszeichnen sollen, waren ihm nicht eigen. Gerade wegen seiner Geschmeidigkeit und Anpassungsfähigkeit konnte er sich jedoch bei Hofe behaupten. Als Begleiter König Ferdinands war er viel auf Reichs- und Landtagen unterwegs und besaß einen gewissen Einfluß auf die Politik.

Sagstetter war ein Vertreter jener Richtung, die dem Protestantismus durch Nachgiebigkeit entgegenkommen wollte und zu Kompromissen geneigt war. Er war bereit, die Protestanten zu tolerieren; an eine Rückeroberung verlorenen Terrains dachte er nicht. Aus dieser Haltung heraus war er ein eifriger Befürworter der Gewährung der Kommunion unter beiden Gestalten und erreichte auch den Laienkelch für seine Diözese.

Die Folgen zeigten sich: Seine Konzessionen ermutigten die Neugläubigen, ihre Forderungen zu erhöhen. Die häufige Abwesenheit Sagstetters von Gurk und seine Konnivenz taten der Diözese nicht gut. Das Bistum kam unter ihm regelrecht herunter. Die Geistlichen lebten überwiegend im Konkubinat, und der Bischof getraute sich nicht, entschieden dagegen vorzugehen. In der Tat war die Lage nicht einfach. Der Gurker Bischof zeichnete 1577 das Dilemma, in dem sich damals ein Bischof befand. Die Pfarrer waren meist Konkubinarier, und sie waren nicht bereit, von ihren Frauen zu lassen. Entsetzte man sie ihrer Ämter, gab es keinen Ersatz für sie. So meinten viele Oberhirten, es sei das kleinere Übel, einen nicht auf der Höhe seiner Berufung befindlichen Klerus zu dulden, als das Land ohne Priester zu lassen, zumal genügend Prädikanten bereit standen, um den Platz etwa verdrängter katholischer Geistlicher einzunehmen. Die so geübte Toleranz zeitigte freilich schwerwiegende Folgen. Wie der Klerus, so waren die Gläubigen; sie befanden sich religiös und sittlich auf einem tiefen Stande. Das Volk war im katholischen Glauben schlecht unterrichtet und zum Teil dem Luthertum verfallen. Die Synodalberichte erwähnen als Anhänger der neuen Lehre vorwiegend Adlige und von ihnen Abhängige. Der Adel war die treibende Kraft bei dem Abfall. Einzelne apostasierte Geistliche verbreiteten die Irrlehre, gedeckt von Adligen, wie der Pfarrer Leonhard Grebitschitscher von Liemberg, den die Herrschaft Feistritz schützte. Klagenfurt war zu Beginn der zweiten Hälfte des 16. Jahrhunderts fast ganz protestantisch; nur wenige Familien blieben katholisch. 1563 wurde der Abfall offenbar. Seit diesem Jahre predigte Martin Knorr öffentlich in Klagenfurt die neue Lehre. Geschützt von dem Burggrafen August Paradeiser mit dem Stadtrichter Andreas Perner, richtete er den protestantischen Gottesdienst ein. Eine ähnliche Entwicklung nahm die Bewegung in den anderen bedeutenderen Orten des Landes Kärnten. Der im Herbst 1563 zum Nuntius in Polen ernannte Giovanni Francesco Commendone mußte bei seiner Durchreise durch Kärnten die weitgehende Protestantisierung von Villach und St. Veit feststellen. Nach Jakob Obersteiner erreichte die protestantische Flut in der Diözese Gurk in der Mitte der sechziger Jahre ihren höchsten Stand.

Trotz der schlimmen Lage verzagte Sagstetter nicht und war nicht untätig, und das ist ihm hoch anzurechnen. Er besaß eine Gabe, die in dieser Zeit besonders wertvoll war: Er war ein tüchtiger Prediger. Anfangs mied er in der Verkündigung die Behandlung kontroverser Themen. Seit 1559 trat er deutlicher für die angefochtene katholische Lehre ein. Auf Geheiß Ferdinands arbeiteten der Gurker Bischof und ein kaiserlicher Rat das „Reformationslibell" aus, in dem nützliche, aber auch bedenkliche Vorschläge für die katholische Erneuerung gemacht wurden. Die (echte) Reform mußte oben beginnen. 1559 und 1564 brandmarkte daher Sagstetter offen die Mißstände in seinem Domkapitel. Dabei wies er auf das Ärgernis hin, das dadurch anderen gegeben werde und das Menschen zum Abfall vom Glauben verleite. Hier verzeichnete er einen Erfolg. Im Angesicht der von Kaiser Ferdinand I. für die deutschen Kronländer angeordneten Visitation der Stifte und Klöster nahm das Domkapitel am 11. Februar 1563 im Einvernehmen mit dem Bischof eine Reformordnung an. Das gebesserte Kapitel konnte ein wirksamer Helfer bei der Erneuerung des Bistums werden. Am 2. Februar 1564 forderte Sagstetter den Dompropst auf, nicht ungeeignete Priester auf die Pfarreien zu schicken. Wie notwendig diese Mahnung war, ergibt sich u.a. aus der Tatsache, daß in den Artikeln, die der Bischof am 2. Februar 1564 dem Domkapitel vorlegte, dem Pfarrer von Gurk vorgeworfen wurde, er mache im Kanon der Messe Auslassungen und führe Neuerungen in Lehre und Sakramentenspendung ein. Diese Beobachtung deutet auf lutherische Einflüsse. Besondere Aufmerksamkeit schenkte Sagstetter dem Schulwesen. Er sah mit Recht in guten Schulen einen wichtigen Posten bei der Abwehr der Häresie. Im August 1568 hielt er eine Synode ab. Auf dieser Versammlung ließ sich der Bischof von seinen Geistlichen die Lage im Bistum offen schildern. Er prüfte die Orthodoxie seiner Geistlichen, vor allem im Hinblick auf das eucharistische Opfersakrament. Aus den Akten der Diözesansynode, die unter Vorsitz Sagstetters abgehalten wurde, ergibt sich die Existenz protestantischer Einflüsse im Klerus. So mußte beispielsweise dem Pfarrer von Gurk erneut vorgehalten werden, daß er Teile des Meßkanons auslasse und daß statt der Einzelbeichte ein allgemeines Sündenbekenntnis abgehalten werde. Der Schulmeister von Gurk wurde vor der Verwendung bedenklicher Katechismen gewarnt. Jakob Obersteiner sieht in der Synode von 1568 „den Auftakt zur Gegenreformation“. Er mag insofern recht haben, als hier „die Fronten klar abgesteckt wurden“, gibt aber auch zu, daß Sagstetter „noch in der Defensive“ verblieb. In den folgenden Jahren kam der Bischof auf die wichtigsten Punkte seiner Beanstandungen zurück. Er forderte strenge Nachprüfung, ob die Geistlichen den großen und den kleinen Kanon bei der Messe läsen und ob die in Gebrauch befindlichen Meßbücher beide enthielten. Der Laienkelch war in gewissem Umfang üblich. So wurden beispielsweise im Jahre 1572 in der Pfarrei Gradenegg 118 Kommunionen unter einer und 126 unter beiderlei Gestalt ausgeteilt. Eines der sichersten Anzeichen für die Wirksamkeit protestantischen Einflusses war die Aufgabe der Spendung des Bußsakramentes. In der Fastenverordnung für 1573 ermahnte der Bischof den Klerus, die Gläubigen zur Einzelbeicht anzuhalten. 1573 wurde in Graz unter seiner Mithilfe ein Jesuitenkollegium errichtet. Die Arbeit der Jesuiten war von größten Erfolgen gekrönt. Mit ihren Schulen gewannen sie die kommende Generation für den Glauben.

VI.

Christoph Andreas von Spaur (1573-1603)

Christoph Andreas von Spaur folgte Urban Sagstetter als Bischof von Gurk nach. Seit 1592 war er auch salzburgischer Generalvikar für Unterkärnten, was für die einheitliche jurisdiktionelle Leitung Kärntens hilfreich war. 1601 wurde er Bischof von Brixen, blieb aber bis 1603 noch Bischof von Gurk. Spaur wurde mit manchen weltlichen Ämtern betraut. 1577 bis 1584 war er Statthalter Erzherzog Karls in Graz. Als kaiserlicher und landesfürstlicher Kommissar trat er auf Landtagen und Versammlungen auf.

Christoph Andreas von Spaur war eine kraftvolle Persönlichkeit, die den Kampf gegen den Protestantismus, der zu seiner Zeit auf dem Gipfel seiner Macht stand, entschieden aufnahm. Als Prediger und Redner auf den Landtagen bewährte er sich als unermüdlicher Verteidiger des Glaubens. Er hielt nichts von Kompromissen und rückte der Irrlehre entschlossen zu Leibe. Er ging endlich zur Offensive über. Er stand voll und ganz hinter den Beschlüssen des Trienter Konzils und suchte sie in seinem Bistum zu verwirklichen. ,,Von innerer Hingabe an sein Amt erfüllt, von hohem Verantwortungsbewußtsein getragen, verfolgte er mit eiserner Konsequenz, rastloser Energie und mit heiligem Eifer sein gestecktes Ziel'' (Jakob Obersteiner). Die Mittel, die er für die katholische Erneuerung einsetzte, waren Verordnungen, Visitationen, Predigten, Aussprachen und Briefe. Der vorhandene Klerus war überwiegend ungenügend gebildet. Soweit die Geistlichen geschult waren, hatten sie meist nur philosophische und juristische, nicht aber theologische Kenntnisse erworben. Viele waren dem Predigtamt nicht gewachsen. Die Briefe des Weihbischofs Manicordius enthalten drastische Beispiele für ihr mangelndes theologisches Wissen. Auch die Lebensführung zahlreicher Geistlicher war nicht tadelfrei. Trunksucht, Konkubinat, Vernachlässigung der Residenzpflicht, Versäumnis der religiösen Unterweisung des Volkes waren nicht selten. Spaur bemühte sich um die Erneuerung des Klerus. Er wußte, daß diese Arbeit nur gelingen konnte, wenn der Nachwuchs einen anderen Geist einatmete. So gründete er in Straßburg ein Priesterseminar. Spaur zog auch Priester von auswärts, vor allem aus seiner Heimatdiözese Trient, in das Bistums Gurk. Dennoch reichten sie nicht aus. In seinem Brief an den Grazer Nuntius vom 20. November 1585 klagte Spaur über den großen Priestermangel. Aber es zeigten sich erste Erfolge seiner rastlosen Bemühungen. Bei der Visitation des Domkapitels im Jahre 1585 konnte Spaur eine deutliche Besserung feststellen. Im päpstlichen Auftrag begann er die Visitation des Erzbistums Salzburg und des Patriarchats Aquileja, bis Wolf Dietrich ihn hinderte. Da er häufig von seiner Diözese abwesend war, erbat er sich einen Weihbischof, zuerst den Antonius Manicordius, danach Karl von Griming.

Spaur wurde seine Arbeit nicht leicht gemacht. Der Bericht über die Visitation von 1576 spricht von der Wirksamkeit der Prädikanten und ihrer Begünstigung durch Adel und Behörden. Gegen Spaur standen die Freiherren von Khevenhüller, die Schutzherren des Hochstifts, und die große Mehrheit der Stände. Besondere Sorge bereitete den Katholiken der bambergische Besitz in Kärnten. Hier tat sich der Freiherr von Hoffmann als unerbittlicher Protestantisierer hervor. Als er im Jahre 1583 dem Johann von Redwitz weichen mußte, begann sich Hoffnung abzuzeichnen; dessen Nachfolger Stadion betrieb sogar unermüdlich und erfolgreich die Wiedergewinnung der Abgefallenen. Spaur ließ sich von dem Widerstand nicht abhalten. Mit Zähigkeit erreichte er innerhalb von sieben Jahren die Rekatholisierung seines kleinen Bistums. Dabei ging er sowohl mit Belehrung als auch mit Strafen vor. Am Ende dieser Tätigkeit war der Teil der Diözese, über die er die weltliche Herrschaft besaß, wieder katholisch. 1584 war in der Pfarrei Gurk das Verhältnis von Kommunionempfang unter einer zu dem unter beiderlei Gestalt wie 1200 zu 34. Im Februar 1585 verbot der Bischof den Laienkelch in seiner Diözese, womit jedoch das Verlangen danach nicht sogleich erlosch; es gab noch lange Zeit Widerstand. Spaur hielt übrigens die Aufhebung der Kelchkommunion für ein Unglück. Der protestantische Adel blieb seine größte Sorge. Er unterhielt die Prädikanten, die das Volk vom Glauben abzubringen suchten. 1586 wurde beispielsweise in der Pfarrei Glantschach festgestellt, daß viele Pfarrangehörige den lutherischen Prediger in Liebenberg aufsuchten.

Auf protestantischer Seite wurden Einfluß und Macht der Herren und Städte für die Forcierung des Abfalls eingesetzt. Die katholische Seite konnte und mußte sich ebenfalls dieser Mittel bedienen, um das Volk beim Glauben zu halten. Dabei verfügte sie über den Vorteil, daß der Landesherr unzweifelhaft katholisch war. Seit dem Antritt der Regierung im Jahre 1564 mußte Erzherzog Karl mit den aufsässigen Ständen ringen, die ihre konfessionellen Forderungen benutzten, um ihre politische Macht zu steigern. Auf dem Brucker Tage von 1578 gab er angesichts des Druckes die mündliche Erklärung ab, dem Adel in Religionssachen nicht entgegentreten und die Bürger wegen des Glaubens nicht beschweren zu wollen. Aber diese erpreßte Konzession änderte nichts an der Gesinnung des Fürsten. Er bemühte sich sogar, die heilige Religion zu fördern, soweit es in seinen Kräften stand. Seit 1579 suchte Erzherzog Karl die landesfürstlichen Städte für den Glauben zurückzugewinnen.

Nach dem Tode Erzherzog Karls, in der Zeit der Regentschaft (1590-1596), wurden die protestantischen Stände immer dreister gegen die Regierung und gegen die Kirche. Auf dem Landtag zu Graz im Februar 1591 knüpften sie die Leistung der Huldigung an Erzherzog Ernst an die Gewährung völlig freier Religionsübung in Innerösterreich. Dasselbe geschah auf dem Landtag im März 1592. Unter dem Nachfolger Ernsts, dem Erzherzog Maximilian, gestalteten sich die Verhältnisse nicht besser. Der Protestantismus schien herrschend zu werden. Gegen Ende des 16. Jahrhunderts war Kärnten, von den slowenischen Gebieten abgesehen, vielleicht überwiegend protestantisch.

Erst als am 3. Mai 1595 die Landesverwaltung provisorisch und vorerst mit Einschränkungen dem Erzherzog Ferdinand übertragen wurde, zeigte sich wieder Hoffnung. Im Juli 1596 erreichte er die Volljährigkeit und die Rechte des Landesherren. Zu dem Huldigungslandtage entsandte der Kaiser als seine Kommissare u. a. den Bischof von Gurk.

Die katholische Erneuerung Kärntens allgemein setzte mit dem Regierungsantritt Ferdinands II. ein. Jetzt wurde, allerdings abgesehen vom Adel, reiner Tisch gemacht. Ferdinand erklärte, die Brucker Pazifikation binde ihn nicht, weil die Protestanten sie gebrochen hätten. Er verwies völlig zu Recht auf den Geist der Rebellion gegen den Landesherrn, der durch das Land ging. Auch in Kärnten war der Protestantismus eben zu keinem Zeitpunkt lediglich eine religiöse Bewegung, sondern stets auch auf weltliche, individuelle oder politische Vorteile gerichtet. Ausgehend von dem doppelten Angriffsziel des Protestantismus, setzte Erzherzog Ferdinand die staatlichen Mittel gegen ihn ein. Am 13. September 1598 wurde die Ausweisung der Prädikanten aus Graz und den landesfürstlichen Orten angeordnet. Im Dezember 1598 wurden die Bewohner der landesfürstlichen Städte vor die Wahl gestellt, zum Glauben zurückzukehren oder das Land zu verlassen. Die protestantischen Mitglieder der Stände leisteten hartnäckigen Widerstand. Unterstützt von den Bischöfen und bestärkt von seiner Mutter, wich Ferdinand vor der Drohung nicht zurück. Die Rekatholisierung Kärntens begann, als in der Steiermark bereits Erfolge erzielt worden waren. Die Reformkommission, mit Bischof Brenner und Landeshauptmann Hans Graf von Ortenburg an der Spitze, durchzog das Land und leistete ihre Arbeit nach dem Beispiel, das die Protestanten an so vielen Orten gegeben hatten. Die Prädikanten wurden ausgewiesen, katholische Beamte eingesetzt, die Bewohner der Orte zum Anhören der Predigt versammelt, die Kirchen den Katholiken zurückgegeben und die häretischen Bücher verbrannt. Die Visitationen waren erfolgreich. Seit der Generalreformation von 1600 war der Glaube im Gebiet des Bistums Gurk im wesentlichen gesichert. In Klagenfurt waren allerdings die Verhältnisse besonders schwierig. Die Landstände, die Herren der Stadt Klagenfurt waren, hatten dafür gesorgt, daß die katholische Religion in ihr beinahe vernichtet wurde. Jetzt begann die Gegenaktion. Am 1. Juni 1600 wurde die Ausweisung der protestantischen Geistlichen und Lehrer aus der Stadt angeordnet. Als sie dem Befehl keine Folge leisteten, brachte sie die Religionsreformationskommission dazu. Ihre Arbeit schien aber hier angesichts des Trotzes der Bürger zunächst vergeblich. Bischof Brenner kam daher im Jahre 1604 wiederum in die Stadt. Seiner von April bis Juli andauernden Tätigkeit war diesmal ein voller Erfolg beschieden. Als hartnäckig erwies sich lediglich eine Anzahl von Handwerkern, die aus Deutschland eingewandert waren. 1604 zogen die Jesuiten in Klagenfurt ein. Durch ihre Schule übten sie bestimmenden Enfluß auf das Geistesleben der Stadt aus. 1613 folgten die Franziskaner. Die Irrlehre hatte nunmehr in Kärnten, von den Sitzen des Adels abgesehen, keine legale Existenz mehr. Der junge Erzherzog hatte mit Entschiedenheit und Festigkeit sein Land dem Glauben zurückgewonnen. Als die Rekatholisierung ihre großen Erfolge erreicht hatte, resignierte Spaur in die Hand des Salzburger Metropoliten. Selbstverständlich wurzelte der katholische Glaube in vielen Neubekehrten nicht fest, aber das war mit der protestantischen Lehre nicht anders gewesen. Die Bekehrung ging eben häufig nicht tiefer als das protestantische Bekenntnis, das sie ersetzte. In der folgenden Zeit mußte die seelsorgliche Nacharbeit geleistet werden, die den echten Wandel der Überzeugung herbeiführte, was auch im allgemeinen gelang. In abgelegenen Orten hielten sich jedoch, von außen genährt, protestantische Kreise. Vor allem die Schlösser des Adels blieben Herde der Ansteckung und der Verführung. Wer von den protestantischen Adligen abhängig war oder in einem sozialen Gegensatz zu katholischen Herren stand, neigte häufig dem Luthertum zu. Die Visitation beispielsweise von Friedlach im Jahre 1601 ergab, daß der Herr Leonhard von Ernau auf seinem Schloß einen Prädikanten hatte, der viele Angehörige der Pfarrei verführte. Auch andere Anzeichen deuten darauf hin, daß sich die Menschen erst wieder in die heilige Religion einleben mußten. So war noch im Jahr 1606 die Spendung der Letzten Ölung in der Diözese Gurk selten.

VII.

Johann Jakob von Lamberg (1603-1630)

Johann Jakob von Lamberg wurde am 25. Februar 1603 zum Bischof von Gurk bestellt; am 26. September 1603 empfing er die Konsekration. Johann Jakob war dem Hause Habsburg eng verbunden. Er stand lange Zeit im Dienste des Erzherzogs Leopold, der Bischof von Straßburg und Passau war. Zeitweilig ging er mit Erzherzog Karl nach Breslau. Danach residierte er einige Jahre in seinem Bistum. 1611 wurde er erzherzoglicher Statthalter in Graz. Lamberg festigte und baute die Positionen aus, die Spaur zurückerobert hatte. Diözesansynoden und Generalvisitationen dienten ihm dazu, die übriggebliebenen Häretiker aufzufinden und sie zu bekehren. Tatsächlich ging deren Zahl ständig zurück. Im Jahre 1611 gab es in der Diözese Gurk angeblich nur noch 121 Nichtkatholiken. Anders war es dagegen um die Landstände bestellt. Auf dem Landtag des Jahres 1609 fanden sich noch 70 protestantische Ständemitglieder ein. Dem Landtag von 1611 gehörten je zur Hälfte Katholiken und Protestanten an. In dem ersten Jahrzehnt des 17. Jahrhunderts und noch darüber hinaus wurde der Protestantismus angesichts der habsburgischen Thronwirren wieder kühner; es gelang ihm, beiden sich bekämpfenden Personen, Rudolf und Matthias, Vorteile zu entwinden. Auch in Innerösterreich setzten die Protestanten zu neuen Vorstößen an. 1618 versuchte man sogar, Kärnten zum Abfall von seinem Fürsten zu bewegen. Die glückliche Entwicklung der folgenden Jahre zeitigte indes auch hier ihre Auswirkungen. Doch gab es noch im Jahre 1628 protestantische Landstände.

Lamberg ließ sich auch die Erneuerung des Klerus angelegen sein, den er nach den tridentinischen Vorschriften zu lenken bestrebt war, und er hatte Erfolg. Die Zahl der Geistlichen nahm zu. Häufig hielt er Diözesansynoden ab. Gleichzeitig vermehrte er den Besitz des Bistums. Als Lamberg starb, war seine Diözese restlos katholisch.

6. Kapitel

Bistum Lavant

Dexler, Helga, Beiträge zur Geschichte der Bischöfe von Lavant im Mittelalter. Phil. Diss. Wien, Wien 1953, Masch.

Hurter, Friedrich, Geschichte Kaiser Ferdinands II. und seiner Eltern, bis zu dessen Krönung in Frankfurt. Personen-, Haus- und Landesgeschichte, 4. Bd., Schaffhausen 1851

Klebel, Ernst, Zur Geschichte der Pfarren und Kirchen Kärntens: Carinthia I, 115, 1925, 1-47; 116, 1926, 1-63; 117, 1927, 81-144; Beiheft zu Carinthia I, 1928 — 118. Jgg. S. 1-44

Lukmann, F. X., Lavant: LThK VI, 1934, 424-426

Stepischneg, Jakob, Georg III. Stobaeus von Palmburg, Fürstbischof von Lavant. Nach seinem Leben und Wirken geschildert: Archiv für Kunde österreichischer Geschichtsquellen 15, 1856, 71-132

Tangl, Karlmann, Reihe der Bischöfe von Lavant, Klagenfurt 1841

Wodka, J., Lavant: LThK VI, 2. Aufl., 1961, 839f.

Zeißberg, v., Georg III. Stobaeus v. Palmburg: ADB 8, 1878, 677-679

I.

Leonhard I. Pewrl (1508-1536)

Das Bistum Lavant war sehr klein; es umfaßte nur wenige Pfarreien im Lavanttal und in dem angrenzenden steirischen Gebiet. Die Bischöfe wurden daher nicht selten noch mit anderen Aufgaben als der Diözesanleitung bedacht; so waren manche Generalvikare der Erzbischöfe von Salzburg und verwalteten in deren Auftrag die steiermärkischen Gebiete der Erzdiözese. Leonhard Pewrl wurde — wie alle Lavanter Bischöfe — von dem Salzburger Metropoliten ernannt, angeblich am 26. November 1508. Er kann nicht als herausragende Persönlichkeit angesehen werden. Er war kränklich und wenig tatkräftig. 1528 wurde ihm vom Erzbischof von Salzburg Philipp Renner als Koadjutor beigegeben. Aber Leonhard sträubte sich noch lange gegen ihn.

II.

Philipp I. Renner (1536-1555)

Philipp Renner folgte Leonhard Pewrl, der schon lange müde war, nach. Er nahm an der 1549 in Salzburg gehaltenen Provinzialsynode teil, auf der sich die Bischöfe mit der durch das Auftreten des Luthertums geschaffenen Lage beschäftigten. Die Beschlüsse wirken merkwürdig äußerlich und gehen die zentralen Punkte der Auseinandersetzung gar nicht an. Noch schlimmer war es um ihre Durchführung bestellt. Wie an vielen Stellen blieben sie auch im Bistum Lavant toter Buchstabe; der zum größten Teil protestantisch gewordene Adel widersetzte sich den Beschlüssen des Provinzialkonzils. Das Schicksal des Katholizismus in der Steiermark und in Kärnten hing freilich von anderen Kräften ab als der geringen Macht des Lavanter Bischofs.

III.

Martin Herkules Rettinger von Wispach (1556-1570)

Martin Rettinger verband Gelehrsamkeit mit Frömmigkeit; er galt als guter Theologe. Im Auftrag des Erzbischofs von Salzburg, Michael von Kuenburg, nahm er an dem Religionsgespräch von 1557 in Worms teil. Als Vertreter seines Metropoliten weilte er während der dritten Periode des Trienter Konzils für kurze Zeit in Trient. So gut, wie er es vermochte, mühte sich Rettinger um die katholische Erneuerung in seinem Bistum. Er ging gegen den Konkubinat der Geistlichen und gegen die Austeilung des hl. Sakramentes unter beiden Gestalten vor. Das Salzburger Provinzialkonzil von 1569 faßte die Bestimmungen gegen den Protestantismus zusammen.

IV.

Georg II. Agricola (1570-1584)

Georg Agricola folgte Rettinger nach und wurde am 7. Mai 1570 konsekriert. Er war Doktor beider Rechte. Er stand dem Bistum Lavant nur zwei Jahre als Bischof vor. 1572 erhielt er von Erzbischof Johann Jakob von Kuen-Belasy das Bistum Seckau übertragen und mußte darum auf Lavant verzichten. Er bekam aber gleichzeitig die Administration des Bistums Lavant in spiritualibus et temporalibus und behielt sie bis zu seinem Tode im Jahre 1584. Leider war er meist von dieser Diözese abwesend. In einer entscheidenden Periode der Geschichte fehlte dem Bistum der Oberhirt, der aus der Nähe und mit ganzer Kraft seinen Dienst an den Seelen ausübte. Die Disziplin im Klerus lockerte sich. Die heilsamen Beschlüsse des Salzburger Provinzialkonzils von 1569 kamen nicht zur Ausführung.

In dieser Zeit breitete sich die Irrlehre weiter aus, und zwar von oben nach unten. In Kärnten und Steiermark waren die maßgebenden Posten fast ausnahmslos in protestantischen Händen. Katholiken konnten nichts werden, wenn sie nicht zum Protestantismus übertraten. Die protestantischen Adligen wie Ungnad und Waldenstein suchten dem Luthertum immer weitere Verbreitung zu verschaffen. Besonders folgenschwer wurde es, daß der Bamberger Bischof Johann Georg Zobel 1578 in seinen Kärntener Besitzungen den treu katholischen Vicedom Georg von Wichsenstein gegen den fanatisch protestantischen Johann Friedrich Hoffmann ersetzte. Nun konnte er die Protestantisierung aus einer amtlichen Stellung heraus fortsetzen. Die Bauern wurden von den Gutsherren, von denen sie abhängig waren, zum Abfall gebracht. Die Abhaltung und der Besuch des katholischen Gottesdienstes wurden mit Gewalt verhindert. Die katholischen Geistlichen wurden vertrieben oder zum Übertritt verlockt. In den Klöstern gab es zumindest Parteiungen, wenn sie nicht völlig mit dem Glauben brachen.

Die Protestanten führten auf dem Lande einen ,,Kleinkrieg gegen alles Katholische" und auf den Landtagen einen ,,offenen Kampf" (Josef Wodka). Agricola gab ihnen nicht nach. Vor seiner Ernennung zum Bischof hatte er sich durch Treue zum Glauben in einer Zeit des Abfalls bewährt. Als Oberhirt blieb er dieser Haltung treu. Er war ,,eine Stütze des wankenden Katholizismus" (Josef Wodka). Aber seine Macht war gering, und so war nach menschlichem Ermessen die Vernichtung des Glaubens nur noch eine Frage der Zeit. Da erweckte Gott seiner Kirche Männer, die den Umschwung herbeiführten.

V.

Georg III. Stobaeus von Palmburg (1584-1618)

Georg Stobaeus ist vermutlich in Braunsberg/Ostpreußen geboren. Er erhielt am 19. Oktober 1584 die Einsetzung als Bischof von Lavant. Stobaeus hatte in Rom studiert; er war Zögling des Germanikums und Schüler des Robert Bellarmin. Später war er Pfarrer in Graz und Domdechant in Brixen. Er war ein gelehrter Theologe, nämlich Doktor der Heiligen Schrift. Religiös, sittlich und charakterlich stand er auf der Höhe der Aufgabe, die ihm die Vorsehung Gottes zugedacht hatte. Er vereinigte Gelehrsamkeit mit Welterfahrung, Bildung mit Menschenkenntnis, Klugheit mit Charakterfestigkeit. Er war tief im katholischen Glauben verwurzelt und ein eifriger Beter. Ehrgeiz lag ihm fern. Er verlangte nicht nach Ehrenstellen. Die Absicht Erzherzog Ferdinands, ihm das Kardinalat zu verschaffen, vereitelte er. Er war ein selbstloser Mensch, dem es allein um die Sache ging. Nach seinen eigenen Worten standen ihm bei seiner Amtsführung lediglich ,,die Ehre Gottes, das Heil meiner Schafe, das Wohl meiner Vorgänger" vor Augen.

Stobaeus war von glühendem Eifer beseelt und rastlos tätig; er schonte sich nicht. Er war seinen geistlichen Pflichten hingegeben; er predigte häufig, und seine Predigten zogen die Menschen an. Am 11. Januar 1618 konnte er schreiben, er sei von seinem Bistum niemals abwesend gewesen außer ,,auf höheren Befehl und in öffentlichen Angelegenheiten". Tatsächlich war er in amtlichem Auftrag oft unterwegs, u.a. in Polen, Spanien und Italien. Die Zeit, die ihm neben seinen geistlichen Aufgaben und weltlichen Geschäften blieb, verwendete er zum Studium, vor allem der Theologie, und zum Lesen der Heiligen Schrift.

Stobaeus war ein gütiger Mensch, der die ihm Anvertrauten liebte. Er war gastfreundlich, volksverbunden und leutselig. Haß und Rachsucht lagen ihm fern. Er hat seinem Wahlspruch ,,Noli vinci a malo, sed vince in bono malum" Ehre gemacht.

Stobaeus besaß eine Eigenschaft, die unter Bischöfen selten ist: Mut. Er war ein furchtloser Mann. Diese Unerschrockenheit bewies er bei dem großen Werk, das ihm aufgetragen war. Stobaeus war ein Feind endloser Beratungen und des zu nichts führenden Geredes; er war ein Mann der überlegten, aber entschlossenen Tat. Er wußte, daß bei seiner Aufgabe nichts so gefährlich war wie Zaudern und Zögern und daß allein Konsequenz zum Ziele führen konnte. Durch eine Fügung fand er in Erzherzog Ferdinand den Herrscher, der ihm kongenial war; ihm diente er auch in politischen Stellungen. 1597 erhob Ferdinand ihn zum Geheimen Rat und Statthalter in den innerösterreichischen Erblanden, was er bis 1609 blieb. Damit bewies der Herrscher eine glückliche Hand. Denn Stobaeus war einer der wenigen Bischöfe jener Zeit, die über staatsmännische Fähigkeiten verfügten. In dieser Zeit war er von seiner Diözese sehr viel abwesend und weilte meist in Graz, war aber auch auf großen Reisen mit Maria, der Mutter des Erzherzogs Ferdinand, unterwegs. Für ein Jahr führte er, stellvertretend für den Erzherzog Karl, die Administration des Bistums Breslau (1610). Stobaeus besaß die Gabe, die Grenzen seiner Kraft zu erkennen. Als er um Entlassung aus dem Amte des Statthalters einkam, begründete er sein Gesuch mit der Abnahme seiner Kräfte.

Stobaeus war von vornherein klar, daß die Erneuerung im eigenen Hause anfangen müsse, damit es für die Abgewichenen einladend würde. Er begann daher sofort mit der Reform der Stifte. Dabei ging er nicht zimperlich vor. Er drang unnachsichtig auf die Einhaltung der kirchlichen Disziplin. Großen Wert legte er auf konkrete Satzungen und eindeutige Weisungen. Dunkle, allgemeine Anordnungen hielt er mit Recht für unwirksam. Persönlich und durch Beauftragte visitierte er unermüdlich seine Diözese. Seine größte Sorge war der Priestermangel. 1605 eröffneten die Jesuiten in Klagenfurt ein Gymnasium, an dem sich 1611 bereits 300 Schüler befanden. Als kluger und getreuer Verwalter gab er das Geld für nützliche Zwecke aus, ohne Schulden zu machen. Er war ein großer Bauherr, steuerte für die Kosten des Kampfes gegen die Türken bei und hatte eine offene Hand für die Bedürftigen.

Die größte Leistung des Stobaeus war die Rückführung der Abgewichenen. Den Hauptgrund des Übergangs zum Luthertum sah er in der Sittenverderbnis; dazu traten nach seiner Beobachtung Furcht, Neuerungssucht und Nachahmungsdrang. Das Beispiel der in der Gesellschaftsschichtung Höherstehenden wirkte auf Geringere und wurde von ihnen nachgeahmt. Letztere waren vielfach besorgt, in Ungnade zu fallen, wenn sie ihnen nicht folgten. Je mehr die Neuerung vordrang, um so lebhafter wurde die Furcht, allein zu stehen und als rückständiger Außenseiter angesehen zu werden. Die wenigsten wurden durch die Einsicht in die angebliche innere Berechtigung der sogenannten Reformation für die neue Lehre gewonnen. Denn sie waren zu einem eigenen Urteil nicht fähig. Von der Bildung der meisten österreichischen Adeligen hatte Colmann Zehentmayer, der Sekretär der steirischen Abgeordneten, in einem Brief an Johannes Kepler eine düstere Meinung. Stobaeus kannte den Protestantismus, seinen ständigen Ausdehnungsdrang und sein propagandistisches Geschick. Er wußte um die unaufhörlichen Attacken der Protestanten gegen die katholische Religion und ihre Abqualifizierung der Katholiken. Die Leidensgeschichte der Katholiken, die von den Protestanten beleidigt und verfolgt wurden, stand ihm lebendig vor Augen. Prozessionen wurden von Protestanten angegriffen und zersprengt, Geistliche, die nicht abfallen wollten, wurden vertrieben, Kirchengüter ihrem ursprünglichen Zweck enfremdet, Katholiken aus den Beamtenstellen verdrängt. Die Protestanten trachteten nicht nur nach freier Religionsübung, sondern nach Alleingeltung. Sie schreckten, jedenfalls teilweise, vor keinem Mittel zurück, um sich der Autorität des Hauses Habsburg zu entwinden, und sprachen es offen aus, daß sie sich lieber unter die Oberherrschaft des Sultans stellen als einem katholischen Fürsten fügen würden. Die Verwegenheit und die Anmaßung der Protestanten zwangen Ferdinand zum Handeln; seine Maßnahmen gingen, wie Stobaeus in einem Brief an den Erzherzog Karl schrieb, hervor „aus Notwendigkeit, aus Überzeugung, aus Glaubenstreue". Der erste und dringendste Schritt war die Überwindung der Furcht auf katholischer Seite. Stobaeus erkannte richtig, daß die Protestanten nicht so mächtig wären, wenn die Katholiken nicht so furchtsam wären, und daß die Gefahr, die man vorschützte, um nichts unternehmen zu müssen, nichts anderes als Furcht sei. Er begriff auch, daß die Reinigung des Landes von der Irrlehre angesichts der politischen und militärischen Macht der Protestanten nur im Zusammenwirken von geistlicher und weltlicher Gewalt bewerkstelligt werden konnte. Stobaeus arbeitete den Plan für die Gegenreformation aus, die von Erzherzog Ferdinand durchgeführt wurde (13. August 1598). In seinem Schreiben vom 20. August 1598 drängte er zu sofortigem Beginn und tat alle Ausflüchte ab; Aufschub werde das Übel nur vermehren. Er hatte also richtig erkannt, daß die Zeit für den Gegner arbeitete, daß Dulden und Abwarten die Position der Häretiker nur stärken würden und daß das Hoffen auf bessere Zeiten die Chance der Gegenwart vergab. Auf den Einwand, der Krieg gegen die Türken erlaube kein solches Unternehmen, antwortete er, die Beseitigung des Irrtums tauge für jede Zeit, und gerade die Wiederherstellung der katholischen Religion werde bessere Zeiten bringen. Ebenso sicher war seine Angabe der Mittel, womit die katholische Erneuerung zu betreiben sei. Er lehnte sowohl die Anwendung von Gewalt als auch die Verlockung und öffentliche Disputationen als ungeeignet für den Zweck ab. Gewalt vermöge nicht die für die Religion wesentliche Freiheit und Bereitwilligkeit der Gottesverehrung zu erzeugen, Schmeichelei sei unwürdig und Disputationen seien unnütz. Als manche Ferdinand zur Anwendung von Waffengewalt gegen die Protestanten aufforderten, schrieb Stobaeus: „Was . . . werden wir gewinnen, wenn wir die widerspenstigen Söhne der Kirche mit Gewalt in diese zurückführen? Nicht aus Zwang, sondern in freiem Willen will Gott geehrt und gepriesen werden." Er mochte auch keine protestantischen Märtyrer schaffen. Stobaeus hatte ein anderes Konzept. Der Erzherzog solle befehlen, daß die Untertanen katholisch würden und daß jene, die dies gewissensmäßig nicht leisten könnten, auswandern müßten. Um seinen Zweck zu erreichen, solle er sich die Liebe und Zuneigung seiner Untertanen zu erwerben trachten, und zwar müsse dies geschehen durch Aufrechterhaltung der öffentlichen Sicherheit, durch unparteiische Rechtspflege und durch Fürsorge für billige Lebensmittel und erschwinglichen Lebensunterhalt. Je größer die Autorität des Landesherrn sei, desto sicherer würden die Untertanen seinem Beispiel und seinen Weisungen folgen. Stobaeus hatte oft genug beobachtet, wie der Zwang, das leidige Geld zu beschaffen, zu Konzessionen verleitet hatte. So erteilte er dem Erzherzog Ferdinand die Lehre, der erste Schritt zur Festigung des fürstlichen Ansehens müsse darin bestehen, finanziell von anderen unabhängig zu sein. Die Wiedergewinnung der Abgewichenen dürfe nicht bei allen Ständen gleichzeitig beginnen; man müsse vielmehr schrittweise vorgehen. Der Anfang solle bei den Prädikanten gemacht werden, denn von ihnen ging die Verführung aus und sie reizten das Volk gegen die katholische Kirche auf, und hier wiederum zuerst in Graz. Sie müßten innerhalb einer gesetzten Frist unter Androhung strenger Strafe zur Auswanderung gezwungen werden. In den Städten sollten sodann nur noch Katholiken als Beamte angestellt werden. Das Volk solle belehrt und anschließend vor die Wahl gestellt werden, entweder katholisch zu werden oder auszuwandern. Der Adel solle vorerst beiseite gelassen werden. Er konnte nicht in die Rekatholisierung einbezogen werden, weil er sich auf die Rechte berief, die er in der Zeit der Not dem Landesherren abgepreßt hatte. Der Adel behielt so die freie, aber nicht die öffentliche Ausübung des lutherischen Bekenntnisses.

Die Durchführung der Rekatholisierung entsprach dem Programm, was angesichts der Umstände besonders bemerkenswert ist. Entscheidend dafür war, daß Erzherzog Ferdinand auf die Ideen des Stobaeus einging. Als der Fürst die Riesenaufgabe begann, war er 20 Jahre alt. Er tat es in einer Zeit, da die Irrlehre in seinem Land sich am Ziele wähnte und die Türken drohend an der Grenze standen oder im Angriff waren. Es gab katholische Räte, die ihn dringend vor seinem Unternehmen warnten. Aber die eigene Überzeugung und die nachdrückliche Bestärkung durch Stobaeus verschafften Ferdinand die Kraft, das Vorhaben aufzunehmen und zu vollenden. Der Erzherzog war im Grunde seines Wesens ein weicher Mensch; er war ein guter, milder und um seine Untertanen besorgter Herrscher. Der Rat anderer und eigene Schwäche ließen ihn gelegentlich zaudern, ob er auf dem eingeschlagenen Wege fortschreiten solle. Immer wieder wirkte dann Stobaeus auf den Erzherzog ein, fest bei dem einmal begonnenen Werk zu bleiben. Im November 1598 schrieb er ihm, in einer Angelegenheit Gottes, wie es die Religion sei, habe man nicht nach den schwankenden Meinungen der Menschen, sondern nach dem Erfordernis der Sache selbst vorzugehen. Stobaeus bemerkte rückschauend über die Rekatholisierung: ,,Die Gegenreformation ging einzig aus ihrer Notwendigkeit, aus der Gewissenhaftigkeit und Gottesfurcht des Erzherzogs und aus dem Überdruck ihrer Gegner hervor.“

Die Durchführung der Gegenreformation geschah mild, ja schonend. Ferdinand erklärte, er liebe die Protestaten so, daß er notwendigenfalls sein Leben für sie hingäbe. Er verfuhr dementsprechend mit ihnen nicht einmal so, wie er es nach dem Recht der Zeit hätte tun können. Ähnlich war die Gesinnung des Stobaeus. Während er im Protestantismus einen unerträglichen Abfall von der Wahrheit und der Kirche sah, war er von Liebe zu den Protestanten erfüllt. Im Umgang mit ihnen war er rücksichtsvoll, bei Bestrafungen neigte er zur Schonung, falls es sich lediglich um Verführte handelte. Der Beginn der Rekatholisierung wurde in Graz gemacht. Stobaeus lud die Stadträte zum Essen ein und unterrichtete anschließend jeden einzelnen von dem Willen des Landesherrn, sie möchten entweder dem Luthertum oder ihrer Stellung entsagen. Als sie letzteres wählten, wurden sie durch Katholiken ersetzt. Am 13. September 1598 wurden die Prädikanten aus Graz und den landesfürstlichen Orten ausgewiesen. Danach wurden die Bewohner der Städte vor die Wahl gestellt, zum Glauben zurückzukehren oder auszuwandern. Glaubenskommissionen zogen durch das Land, um die katholische Religion aufzurichten. Die ihrem Zweck, dem katholischen Gottesdienst, entfremdeten Kirche wurden zurückgefordert, das Kirchenvermögen seiner eigentlichen Bestimmung wieder zugeführt. Stobaeus zeigte mit der Beredsamkeit, die Talent, Überzeugung und Kenntnisse ihm verliehen, die Unhaltbarkeit der Irrlehre auf. Die meisten Menschen ließen sich von der Widersprüchlichkeit des protestantischen Systems überzeugen und kehrten zum katholischen Glauben zurück. Im Lavanttale waren nur 14 Familien, die lieber ihre Heimat als ihre Religion aufgeben wollten. Angesichts der Macht und der Gewalttätigkeit der protestantischen Adligen mußten die Geistlichen, welche die Belehrung der Menschen vornahmen, eine militärische Bedeckung erhalten. Stobaeus hob eigens hervor, daß die Soldaten lediglich dem Schutz der Kommission, nicht aber der Durchführung der Rekatholisierung dienten; diese geschah durch Belehrung.

Die größte Sorge des Stobaeus war die Religionsfreiheit der Adligen. Denn bei diesen fanden die vertriebenen Prädikanten Aufnahme, sie ließen sie auf ihren Besitzungen weiter tätig sein, zu ihnen hatten die bei der Irrlehre Verharrenden Zutritt. Stobaeus empfahl, ihren Kindern den Besuch protestantischer Schulen zu verbieten, und künftig keine Protestanten mehr unter die Landstände aufzunehmen. Als der Adel damit drohte, er werde auswandern, wenn ihm nicht die uneingeschränkte protestantische Religionsübung konzediert werde, riet der Bischof dem Erzherzog, er solle festbleiben und ihm den Abzug erlauben; er wies darauf hin, daß in Deutschland dort, wo der Protestantismus Eingang gefunden habe, kein Katholik geduldet werde.

Gegen Ende seines Lebens zog Stobaeus Bilanz. Rückschauend sagte er, bei Übernahme des Bistums sei ,,das Volk sodomitisch, die Priesterschaft ketzerisch'' gewesen, ,,und es gab keinen Katholiken, so daß das Bistum einer Mißgeburt glich''. Jetzt aber könne er sagen: ,,Von dem Alten ist nichts mehr da, und alles ist neu hergestellet!'' Die Ketzer hatten entweder das Land verlassen oder den Irrtum abgelegt und die katholische Religion angenommen. Allerdings war das Problem der protestantischen Adligen noch nicht gelöst. Stobaeus gehört zu den größten Männern des Zeitalters der Gegenreformation. Er war eine säkulare Erscheinung.

7. Kapitel

Bistum Passau

Altmann, Hugo, Die Reichspolitik Maximilians I. von Bayern 1613-1618 (= Briefe und Akten zur Geschichte des Dreißigjährigen Krieges in den Zeiten des vorwaltenden Einflusses der Wittelsbacher Bd. 12), München, Wien 1978

Bibl, Victor, Die Einführung der katholischen Gegenreformation in Niederösterreich durch Kaiser Rudolf II. (1576-1580), Innsbruck 1900

Buchinger, Johann Nepomuk, Geschichte des Fürstenthums Passau aus archivalischen Quellen bearbeitet, 2 Bde., München 1816/24

Eder, Karl, Das Land ob der Enns vor der Glaubensspaltung. Die kirchlichen, religiösen und politischen Verhältnisse in Österreich ob der Enns 1490-1525 (= Studien zur Reformationsgeschichte Oberösterreichs 1. Bd.), Linz a. Donau 1932

Eder, Karl, Glaubensspaltung und Landstände in Österreich ob der Enns 1525-1602 (= Studien zur Reformationsgeschichte Oberösterreichs 2. Bd.), Linz a. d. Donau 1936

Heuwieser, Max, Ruprecht von Mosham, Domdekan von Passau, in: Müller, Karl Alexander von (Hrsg.), Riezler-Festschrift. Beiträge zur bayerischen Geschichte, Gotha 1913, 115-192

Hurter, Friedrich, Geschichte Kaiser Ferdinands II. und seiner Eltern bis zu dessen Krönung in Frankfurt. Personen-, Haus- und Landesgeschichte, 3. Bd., Schaffhausen 1851

Leeb, Friedrich, Leonhard Käser († 1527). Ein Beitrag zur bayerischen Reformationsgeschichte. Mit einem Anhang von Friedrich Zoepfl (= Reformationsgeschichtliche Studien und Texte Heft 52), Münster i. W. 1928

Kerschbaumer, Anton, Geschichte des Bisthums St. Pölten. Unter Mitwirkung (von) Adalbert Dungel und Gottfried Frieß herausgegeben, 2 Bde., Wien 1875/76

Oswald, J., Passau: LThK VIII, 2. Aufl., 1963, 137-142

Reichenberger, Robert, Wolfgang von Salm, Bischof von Passau (1540-1555). Ein Beitrag zur Geschichte des 16. Jahrhunderts (= Studien und Darstellungen aus dem Gebiete der Geschichte II. Bd., 1. Heft), Freiburg i. Br. 1902

Reingrabner, Gustav, Adel und Reformation. Beiträge zur Geschichte des protestantischen Adels im Lande unter der Enns während des 16. und 17. Jahrhunderts (= Forschungen zur Landeskunde von Niederösterreich Bd. 21), Wien 1976

Schmöller, L., Passau: LThK VII, 1935, 1001-1008

Schrödl, Karl, Passavia sacra. Geschichte des Bisthums Passau bis zur Säkularisation des Fürstenthums Passau, Passau 1879

Sturmberger, Hans, Georg Erasmus Tschernembl. Religion, Libertät und Widerstand. Ein Beitrag zur Geschichte der Gegenreformation und des Landes ob der Enns (= Forschungen zur Geschichte Oberösterreichs 3), Linz 1953

Uhlirz, Karl und Mathilde, Handbuch der Geschichte Österreichs und seiner Nachbarländer Böhmen und Ungarn, 2 Bde., Graz, Wien, Leipzig 1927-1941

Uhlirz, Karl und Mathilde, Handbuch der Geschichte Österreich-Ungarns 1. Bd. — 1526, 2., neubearb. Aufl., Graz, Wien, Köln 1963

Wodka, Josef, Das Bistum St. Pölten. Abriß der Diözesangeschichte, St. Pölten 1950

I.

Wiguleus Fröschl (1500-1516)

Die Diözese Passau war im Mittelalter sehr ausgedehnt; sie umfaßte Ober- und Niederösterreich, d. h. das Gebiet der späteren Bistümer Wien, Linz und St. Pölten, sowie einen Teil von Niederbayern und des Bayerischen Waldes.

Wiguleus Fröschl wurde am 14. Januar 1500 zum Bischof von Passau gewählt und am 29. April 1500 von Papst Alexander VI. bestätigt. Er war ein guter Bischof. Fröschl war sittlich einwandfrei, gläubig, fromm und zuchtvoll; er war eifrig im Gebet, hielt streng das Fasten und predigte häufig, er war mildtätig, friedfertig und bescheiden. In seiner Diözese war er auf Ordnung und rechte Gottesverehrung bedacht. Er war ein Anhänger einer (echten) Reform von Klerus und Kirche. 1503 hielt er eine Diözesansynode ab. Aber mit der Durchführung haperte es. Großes Gewicht legte der Bischof auf gute liturgische Bücher; in dieser Hinsicht war die Diözese Passau vorbildlich. Seinem Hochstift war er ein kluger, geschäftskundiger Regent. Er brachte ihm verpfändete Güter und verlorene Rechte zurück. Seit 1507 war er Präsident des Reichskammergerichtes.

II.

Ernst von Bayern (1517-1540)

Ernst war der jüngste Sohn Herzog Albrechts von Bayern. Mit zehn Jahren erhielt er die Anwartschaft auf das Bistum Passau, seit 1514 war er Koadjutor des Passauer Bischofs Wiguleus Fröschl und mit 17 Jahren übernahm er 1517 die Regierung des Bistums als Administrator. Leo X. hatte ihm Dispens von den Erfordernissen des Alters und (zeitweilig) der Weihen gegeben. Seine Bestellung war ein Schachzug der Wittelsbacher Politik. Seine Brüder, Wilhelm IV. und Ludwig, sorgten auch dafür, daß er außerdem Koadjutor des Salzburger Erzbischofs wurde; 1540 wurde er vom Salzburger Metropolitankapitel zum Erzbischof postuliert.

Ernst von Bayern besaß Eigenschaften, die einem weltlichen Fürsten zur Ehre gereicht hätten. Er war gebildet, gerecht und mäßig. Seine Lebenshaltung war bescheiden und unterschied ihn insofern vorteilhaft von vielen seiner Zeitgenossen. Dagegen war er in der Theologie unbewandert und zur selbständigen Darlegung der katholischen Lehre nicht imstande; er besaß nicht genügend Wissen und Unterscheidungsvermögen in theologischen Fragen. Sein Lebenswandel war nicht der eines Bischofs. Angeblich schritt er zu einer geheimen Ehe mit einem adligen Fräulein, das ihm einen Sohn namens Eustach gebar. Ernst war mehr Politiker als Seelenhirt. Er hatte den geistlichen Stand ergriffen, um auf diese Weise in den Besitz eines Fürstentums zu gelangen. Niemals empfing er eine Weihe, auch nicht die niederen Weihen. Er hatte lediglich den Ehrgeiz, das Hochstift Passau als (weltlicher) Fürst zu regieren, und nannte sich stets nur ,,Administrator" des Bistums Passau. Die Diözese wurde in geistlicher Hinsicht von den Weihbischöfen, dem Generalvikar und den beiden Offizialen versorgt. In Bernhard Meurl, Heinrich Kurz und Thomas von Murnau standen dem Bistum treu katholische, gelehrte und eifrige Hilfsbischöfe zur Verfügung.

Das Luthertum verbreitete sich auch in der Diözese Passau. Es verband sich mit ständischen und sozialen Bestrebungen bzw. diente diesen als Hebel. Vor allem Adel und Städte förderten den Abfall. So sandte beispielsweise der oberösterreichische Landeshauptmann Wolfgang Jörger 1521 seinen ältesten Sohn Luther zu. Die Stellung Ernsts zum Protestantismus war eindeutig. Man sagte ihm zwar anfangs nach, daß er gewissen Ansichten Luthers zuneige. Aber davon dürfte wohl nur richtig sein, daß er nach Lösungen im Bereich der Disziplin suchte. Jedenfalls ging er, wohl unter der Einwirkung seiner Brüder Wilhelm und Ludwig, scharf gegen die Neuerer vor. Er veröffentlichte die Bulle „Exsurge Domine" vom 15. Juni 1520. An Gelegenheit, das Lutherum sowie dessen Urheber und Förderer kennenzulernen, fehlte es Ernst nicht. Er war auf dem Reichstag zu Augsburg 1518 zugegen, wo Luther erschien und die Unterredung mit Kardinal Kajetan hatte. Ernst war auch auf dem Reichstag zu Worms 1521 anwesend, wo Luther in die Reichsacht getan wurde. Ernst nahm schließlich an dem Reichstag zu Augsburg 1530 teil, wo viele erkannten, daß der Bruch nicht mehr zu heilen war. In diesem Jahrzehnt der Verhandlungen und Hoffnungen brachten die Neuerer ihr Gedankengut unter die Leute. Ernst entzog sich den beginnenden katholischen Gegenaktionen nicht. Er nahm an der Mühldorfer Synode (1522) und dem Regensburger Fürstenkonvent (1524) teil. Im bayerischen Anteil des Bistums Passau wurde der offenen Ausbreitung des Luthertums durch das Zusammenwirken der geistlichen und der weltlichen Gewalt gewehrt. 1527 wurde der Leonhard Käser vom Bischof degradiert und von Herzog Wilhelm IV. zum Feuertod verurteilt. 1528 erlitten zwölf weitere Irrlehrer dasselbe Schicksal. Streng verfuhr Ernst mit den Wiedertäufern. Doch im geheimen erhielten sich Herde der Häresie. Der Passauer Domdekan Ruprecht von Mosham schrieb am 23. Mai 1524 an Willibald Pirckheimer nach Nürnberg, er solle ihm eine attraktive und reiche Nürnbergerin suchen, damit er, wenn ihm der geistliche Stand verleidet sei, nach Nürnberg als dem „sicheren Asyl des Evangeliums" fliehen könne. Lange Zeit duldete Ernst die agitatorische, verworrene Predigttätigkeit dieses Mannes, nach dem weder Katholiken noch Protestanten die wahre Lehre hätten, sondern er selbst. 1539 fiel Ruprecht offen vom Glauben ab und ergriff die Flucht.

Anders stand es um den ausgedehnten österreichischen Anteil des Bistums Passau; ihn vernachlässigte Ernst noch mehr als den bayerischen. Hier setzten die kirchlichen Kreise anscheinend ihre Hoffnung hauptsächlich auf das Wirken der weltlichen Macht. Erzherzog bzw. König Ferdinand I. war zweifellos besten Willens, die katholische Religion gegenüber dem Ansturm der Irrlehre zu schützen. Er ging anfangs mit Dekreten, gelegentlich auch mit Strafen gegen das Luthertum vor. Aber seine Anordnungen wurden meist sabotiert, ihre Folgen durch lutherische Beamte vereitelt. Später wurde er zur Toleranz oder gar zu Zugeständnissen gezwungen, weil die Stände ihre Geldbewilligungen und ihre Hilfe gegen die Türken davon abhängig machten. Gleichzeitig setzte Ferdinand I. zur inneren Reform die Visitation der Kirchen und Klöster in Gang. Leider stand auch hier vieles auf dem Papier, wurde manches nur lasch durchgeführt oder war nicht von dauerhafter Wirkung.

Die Ausbreitung des Protestantismus in Österreich war vor allem auf die Adligen zurückzuführen, die nach dessen Aufstellungen eine große Freiheit von lästigen Disziplinarmaßnahmen und von beschwerlichen religiösen Übungen erlangten sowie Macht und Besitz vermehren konnten. Von den Universitäten Wittenberg, später Leipzig und Tübingen brachten die Söhne des Adels die Irrlehre mit. Nach dem Vorgang von Lehensträgern des Passauer Bistums fielen viele andere Adlige vom Glauben ab und begünstigten den Protestantismus. Ihre Haltung war ein schweres Hemmnis kirchlicher Abwehrmaßnahmen. Denn wenn Bischöfe und Offiziale die Anhänger und die Verbreiter der Irrlehre vorluden und bestrafen wollten, leisteten die Adligen Widerstand und stellten sie unter ihren Schutz. Aus Deutschland strömten Prädikanten nach Österreich, vielfach abgefallene Priester und Mönche, die untereinander viel Streit hatten, sich aber in der Feindschaft gegen die katholische Kirche einig waren. Die Katholiken wurden von ihnen als Götzendiener beschimpft, ihr Gottesdienst als Abgötterei verunglimpft. Es ist keine Frage, daß sich ein sehr großer Teil des katholischen Volkes im Bistum Passau am Anfang über die Glaubensneuerung entsetzte, daß er sie aber beim weiteren Fortschreiten stillschweigend duldete und daß er schließlich, sich in das scheinbar Unvermeidliche schickend, mit den Verkündern der neuen Lehre gemeinsame Sache machte.

III.

Wolfgang I. von Salm (1540-1555)

Wolfgang von Salm wurde am 11. November 1540 vom Passauer Domkapitel zum Nachfolger des Ernst von Bayern postuliert, der inzwischen Erzbischof von Salzburg geworden war. Er war zu dieser Zeit erst 26 Jahre alt. Am 18. Februar 1541 gab Paul III. die Zulassung. Im April 1542 erhielt Wolfgang die Bischofskonsekration.

Wolfgang von Salm war ein vorzüglich gebildeter, beredter und sprachenkundiger Mann, ein Humanist, ein Freund der Bücher und der Wissenschaften, ein Förderer der Gelehrten und des Schulwesens, der in Passau ein Gymnasium gründete. Gleichzeitig war er eine sittlich einwandfreie, ja hochstehende priesterliche Persönlichkeit. An seiner Glaubenstreue ist nicht zu zweifeln. Er besaß Eifer und Geschick in der Führung seines bischöflichen Amtes, in der Regierung des Hochstiftes und in Angelegenheiten des Reiches. An den Verhandlungen zum Passauer Vertrag 1552 war er an herausragender Stelle beteiligt. Dem Hochstift war er ein fürsorglicher Regent. Die Finanzen hielt er in Ordnung. Woran es ihm fehlte, das waren Entschlossenheit und Kraft, Mängel, welche in einer Zeit, die eiserne Charaktere forderte, schwer wogen. Wolfgang war allerdings kein gesunder Mann. Er starb im 42. Lebensjahre.

Wolfgang von Salm besaß den Mut zur Erkenntnis der Wirklichkeit und sah die Schäden des kirchlichen Lebens. Er fand die Schuld für die mißliche Lage nicht lediglich bei anderen oder in den Zeitverhältnissen, sondern klopfte an die eigene Brust. Am 8. Mai 1553 schrieb er an Julius Pflug, die deutschen Bischöfe hätten die Reform der Kirche bisher pflichtwidrig versäumt und würden künftig durch nichts mehr dazu veranlaßt werden. Im Bistum Passau, vor allem im österreichischen Teil, sah es schlimm aus. Die 1544 durchgeführte (königliche) Visitation offenbarte alarmierende Zustände in Klerus, Klöstern und Volk. Wolfgang von Salm gab sich Mühe, sie zu bessern. Wie überall mußte auch hier die Hauptsorge den Priestern gelten. Der Bischof wandte sich gegen den Konkubinat, vertrat aber den Standpunkt, es sei besser, schlechte Priester zu haben, die wenigstens die Sakramente gültig spendeten, als gar keine. Mit dieser Ansicht stand er nicht allein; sie wurde von vielen, auch reformfreundlichen Bischöfen geteilt. Dennoch bleiben Zweifel an ihrer Berechtigung. Wolfgang hoffte auf eine allmähliche Besserung der Geistlichen, vor allem durch den Nachwuchs. Er suchte auch gute Priester und Prediger zu bestellen, wo immer es ihm möglich war. Seine Maßnahmen trafen jedoch auf den Widerstand der lutherischen Adligen. Diese begünstigten neugläubige Geistliche und hinderten, ja bekämpften die katholischen Priester. 1550 ließ der Bischof das Jubiläum in seinem Bistum verkünden, hatte aber damit geringen Erfolg. Der Zustand von Klerus und Volk war nicht so beschaffen, wie es die Feier des Jubeljahres vorausgesetzt hätte. Wolfgang nahm an der ersten Sitzungsperiode des Trienter Konzils teil, beraten von Nikolaus Bobadilla. Zu der zweiten Sitzungsperiode entsandte er Paul Schicker. Die Jesuiten ließ er in seinem Bistum zu. Er zog Bobadilla in seine Nähe und suchte durch ihn abgefallene Geistliche wieder zum Glauben zurückzuführen.

Wolfgang begegnete den Protestanten gütig und verständnisvoll und verfuhr mit ihnen glimpflich. Die zumindest mit dem Protestantismus sympathisierenden, wenn nicht ihm verfallenen Jakob Ziegler, Johannes Philonius Dugo und Kaspar Brusch duldete er in seiner Umgebung. Der lebhafte Verkehr, den er mit Protestanten unterhielt, trug ihm zeitweise den Verdacht ein, selbst der neuen Lehre zuzuneigen. Dieser Vorwurf war nicht berechtigt. Dennoch war Wolfgangs Verhalten nicht richtig. Er hatte nicht begriffen, daß es in einer Zeit, in der es um Sein und Nichtsein der katholischen Kirche in deutschen Landen ging und in der die protestantischen Prediger die Kirche, ihre Einrichtungen und ihre Diener mit einer Flut von Verunglimpfungen schlimmster Art überschütteten, unangebracht war, Freunden des Luthertums Gunst und Hilfe zu leihen. Auch in anderer Hinsicht ging Wolfgangs Konnivenz gegenüber der Glaubensneuerung zu weit. So ist es unbegreiflich, daß er das Augsburger Interim in seiner Diözese publizierte, obwohl es doch lediglich für die Protestanten verbindlich war; er setzte sich damit in Gegensatz zu den übrigen Bischöfen. Er war eben ein Vertreter jener Mittelpartei, die bereit war, mit den Protestanten zu paktieren, und die immer noch einen Ausgleich mit ihnen für möglich hielt. In dem Schreiben an Herzog Christoph von Württemberg vom 26. Januar 1555 sprach Wolfgang sogar die Erwartung aus, er könne sich mit Christoph in religiöser Hinsicht „vergleichen“. Er sei jedoch bezüglich der Religionsvergleichung „in kurzer Zeit“ und auf Reichstagen pessimistisch. Die

Lehre sei noch „fast in allen Artikeln spennig", die Bischöfe würden sich auf keine Veränderung einlassen und vor allem werde die Vergleichung mit dem Heiligen Stuhl „hart zu finden sein". Wie viele andere hoffte Wolfgang auf das Allgemeine Konzil und erkannte nicht, daß dieses die Einigung mit den Protestanten nicht bringen konnte. In der Reichspolitik zeigte er sich wenig kraftvoll. Während des Fürstenaufstands verhielt er sich neutral. Beim Passauer Vergleich (1552) war er entgegenkommend gegenüber den Protestanten. Sein Hauptgrundsatz war, sich aus dem Streit herauszuhalten, was bedeutete, daß er die katholische Seite schwächte. Er trat zwar dem Abfall vom katholischen Glauben entgegen; scharfes Zufassen gegen die Neuerung war jedoch seine Sache nicht. Das Luthertum verbreitete sich daher unter seiner Regierung unaufhaltsam weiter, vor allem im österreichischen Teil seines Bistums; die katholische Kirche schien unterzugehen. Am 1. August 1555 begann die Visitation des Landes unter der Enns, im Jahre 1558 im bayerischen Teil des Bistums. Das Bild, das sich dabei zeigte, war düster. Der Klerus war zum großen Teil verwildert, das Volk religiös verkommen. Im österreichischen Teil des Bistums war im Jahre 1555 der größere Teil der Bevölkerung und wohl auch der Geistlichen lutherisch, wofür allerdings häufig weniger Überzeugung als Verwirrung die Ursache war. Im bayerischen Teil der Diözese gab es ebenfalls eine Menge Anhänger der Neuerung, wenn sie auch angesichts der Haltung der Herzöge sich gewöhnlich nicht offen als solche bekannten.

IV.

Wolfgang von Closen (1555-1561)

Wolfgang von Closen wurde am 20. Dezember 1555 zum Bischof von Passau gewählt und am 12. Juni 1556 vom Papst bestätigt. Mit ihm kam die von den eifrigen Katholiken ersehnte Wende nicht.

Wolfgang von Closen war kränklich und schwach. Die Gicht behinderte ihn in steigendem Maße an der Ausübung seines Amtes. Angeblich hatte er sich durch Genuß und Ausschweifung so ruiniert, daß er bei Antritt des Bischofsamtes bereits ein Invalide war. Seine Regierung war dementsprechend schwächlich und tatenlos. Er huldigte dem Nepotismus und weilte häufig fern von Passau auf dem Schloß seines Bruders. 1558 hielt er eine Diözesansynode ab, deren Wirkung aber verpuffte. Unter den Augen des Bischofs geschahen schwerwiegende Verstöße gegen die kirchliche Disziplin. Am 29. Mai 1560 gab er zu, daß er wegen der Eingehung einer Ehe und wegen der Austeilung der Kommunion unter beiden Gestalten gegen keinen Priester eingeschritten sei. Nach Theodor Wiedemann leitete wegen „der notorischen Unfähigkeit des Bischofs" der Dompropst Urban von Trenbach die Diözese. Unter solchem Regiment breitete sich in dem österreichischen Teil des Bistums der Protestantismus immer mehr aus. Die Söhne wohlhabender Bürger zogen an norddeutsche Universitäten und kamen von dort als Lutheraner zurück. Die Protestanten waren ständig im Angriff und auf die Vermehrung ihrer Rechte und ihrer Macht bedacht, mit keinem Zugeständnis zufrieden und durch keine Eroberung saturiert. Die Stadträte wurden immer mehr von Lutheranern eingenommen, die dann Katholiken systematisch davon fernhielten. An der katholischen Gesinnung Closens besteht allerdings kein Zweifel. Der Nuntius Delfino beurteilte ihn sogar am 21. März 1556 als standhaft und dem Heiligen Stuhl ergeben.

V.

Urban III. von Trenbach (1561-1598)

Urban von Trenbach wurde am 18. August 1561 zum Bischof von Passau gewählt und am 19. November 1561 vom Papst bestätigt. Er hatte zu dieser Zeit noch nicht die höheren Weihen empfangen, die er sich aber jetzt erteilen ließ.

Mit Urban von Trenbach erhielt Passau wieder einen tüchtigen Bischof. Er war für sein Amt vorzüglich ausgerüstet. Urban war ein kluger und gelehrter Mann, fromm und eifrig, ein unbeugsamer Charakter, stark und fest. Seine Temporalienverwaltung war mustergültig. Urban war auch sprachenkundig; er kannte sich u. a. im Griechischen und Hebräischen aus, was angesichts der protestantischen Betonung der Bibel besonders nützlich war. Er besaß vor allem die Eigenschaften, die ein Bischof haben muß, wenn er sein Amt segensreich ausüben soll. Ihm waren Unerschrockenheit und Standhaftigkeit zu eigen. Er schonte seiner selbst nicht. „Seiner zähen Ausdauer verdankt die katholische Religion im Lande ob der Enns die Rettung vor dem völligen Untergang“ (Karl Eder). Urban war schließlich ein tüchtiger Regent des Passauer Hochstiftes. Durch Kauf brachte er viele Lehensherrschaften und Güter wieder unmittelbar unter seine Herrschaft. Als Bauherr entwickelte er eine emsige Tätigkeit. Gleichzeitig war er mildtätig und freigebig. Er war der bedeutendste Passauer Bischof im 16. Jahrhundert.

Urban übernahm das Bistum in einem zerrütteten Zustand. Laien, Geistliche und Ordensleute waren weithin von der Irrlehre ergriffen; vor allem der österreichische Adel begünstigte das Luthertum. Die Geistlichen waren zum großen Teil ungebildet, ja unfähig; ihre Sitten waren tadelnswürdig. Klesl bezeichnete die Diözese Passau des Jahres 1579 als ein „Babylon“. Die österreichische Landesregierung war in der Hand von Häretikern, die der Kirche in ihrem fanatischen Haß den Garaus machen wollten. Im bayerischen Teil zog der Graf Joachim von Ortenburg sein Ländchen in die Irrlehre. Die „Ortenburger Verschwörung“ hatte freilich die gute Wirkung, daß sie dem anfangs nachsichtigen Herzog Albrecht V. die Augen öffnete und dieser in die Bahnen der Religionspolitik seines Vaters zurückkehrte. Er war von nun an eine feste Stütze Bischof Urbans.

Urban verzagte angesichts der schlimmen Verhältnisse nicht. Er sah die Ursache für den so weit fortgeschrittenen Verfall darin, daß die Verantwortlichen zu lange zugesehen und sich der Sache nicht mit genügendem Ernst angenommen hätten, ja „daß auch die Prälaten und Hirten der Kirchen selbst der Freiheit des Fleisches, wo sie nur können, nachgetrachtet" hätten. Richtig erkannte er, daß die Heilung der Schäden von oben beginnen müsse. So säuberte er zunächst seinen Hof von Häretikern und befreite dann die Stadt Passau von ihnen. Allem Widerstand und allem Abraten zum Trotz beseitigte er das von ihm als schädlich erkannte Indult des Laienkelches. Gegen die Mißstände im Klerus führte Urban einen unermüdlichen Kampf. Durch regelmäßige und außerordentliche Visitationen, Zitationen und Verhöre, schriftliche und mündliche Belehrungen und Ermahnungen einzelner Geistlicher und ganzer Gruppen derselben, Anwendung der kanonischen Strafen und Zuhilfenahme des weltlichen Arms suchte er die Schäden zu beseitigen. Die bisher dem Domdekan zustehende Disziplinargewalt über den Klerus ließ er sich von Sixtus V. zurückerstatten. Er kümmerte sich um würdige und feierliche Durchführung des Gottesdienstes, ordnete die Spendung der Sakramente neu, schärfte die Predigt ein. Die Franziskaner zog er für Predigt, Beicht und theologischen Unterricht heran. Ihr Kloster in Passau wurde die erste Priesterbildungsstätte der Diözese.

Danach ging Urban an die Reform des Bistums heran. Auch hier tat er eines nach dem andern. Zuerst säuberte er seine Patronatspfarreien, wies die häretischen Geistlichen aus, bestrafte die disziplinlosen, entsetzte die unverbesserlichen. Anschließend verjagte er aus den bischöflichen Städten und Dörfern die Prädikanten. Auch auf die kaiserlichen Städte dehnte er seine Reformtätigkeit aus und suchte sie zum Glauben zurückzuführen. Bei den Landständen versagten jedoch seine Mittel; sie beriefen sich auf die ihnen zugestandene Religionsfreiheit.

Urban hatte einen Anhalt für seine Reformen an dem Konzil von Trient, dessen Beschlüsse er durchzuführen suchte. Vom 21. bis 23. März 1576 hielt er eine Diözesansynode ab; sie sollte die Vorschriften des Salzburger Provinzialkonzils von 1573 für Passau anwenden. Hier wurden Beschlüsse gegen den Konkubinat und die Kelchkommunion sowie für die Unterhaltung eines Priesterseminars gefaßt. Dekanatskonferenzen sollten ihre Durchführung in Angriff nehmen. Aber darum war es schlecht bestellt; der alte Schlendrian blieb bestehen. Aus den Berichten Ninguardas ist bekannt, welche schwerwiegenden Hindernisse dem Reformstreben Urbans entgegenstanden. An erster Stelle ist hier die Exemtion zu nennen. Der Bischof sah in ihr ein schmerzliches Hemmnis für die Reinigung seines Bistums von häretischen und unwürdigen Geistlichen, weil kirchliche Würdenträger unter Berufung auf ihre Freiung sittenlose und irrgläubige Priester auf die von ihnen zu besetzenden Stellen beriefen und darauf hielten. An zweiter Stelle ist an die offene oder geheime Gegenwirkung der weltlichen Obrigkeit zu erinnern. Die Beamten verfügten über die Besetzung der geistlichen Stellen und hinderten die Verfolgung pflichtvergessener Priester. An Urban ist zu sehen, wie einem gutgesinnten Bischof, der unter einer reformunwilligen weltlichen Obrigkeit stand, die Hände gebunden waren. Er ließ freilich in seinen Bemühungen nicht nach. 1579 und 1584 ging er erneut gegen den Konkubinat vor. Im Jahre 1582 publizierte der Bischof eine Pastoralinstruktion für Österreich unter der Enns, 1590 eine solche für Österreich ob der Enns. Es handelt sich dabei um grundsätzliche Anweisungen für die Erneuerung des Klerus und des Volkes. Die weite Ausdehnung der Diözese und die große Entfernung von den österreichischen Gebieten waren der Seelsorge nicht günstig. Wohl verlangte die Wahlkapitulation von dem Bischof, daß er sich jedes Jahr drei Monate im österreichischen Anteil des Bistums aufhalten sollte; aber diese Vorschrift blieb unbeachtet. Dennoch hat Urban „im Gegensatz zu so vielen lauen Bischöfen seiner Zeit das Anrecht auf den Titel eines Reformfreundes im Sinne des Trienter Konzils" (Karl Eder).

Für das Gelingen des großen Erneuerungswerkes, das sich Urban vorgenommen hatte, mußte es entscheidend auf die Haltung der weltlichen Macht ankommen. Darum war es mindestens zeitweise schlecht bestellt. Kaiser Maximilian II. kam den Neugläubigen außerordentlich weit entgegen. Am 18. August 1568 gestattete er den Herren und Rittern des Landes unter der Enns die lutherische Religionsübung. Eine ähnliche Freistellung erfolgte am 7. Dezember 1568 für das Land ob der Enns. Am 14. Januar 1571 gewährte Maximilian den Ständen des Landes unter der Enns die Assekuration. Diese Haltung Maximilians war für die katholische Kirche im österreichischen Teil des Bistums Passau eine große Gefahr. Seine Religionskonzession war die „Hauptsorge" (Karl Eder) Bischof Urbans. Dieser mußte mitansehen, wie unter Duldung Kaiser Maximilians von den Herren und Rittern den Gläubigen die neue Religion aufgedrungen wurde und ein Zustrom protestantischer Prediger in sein Bistum einsetzte. Mit klarem Blick erkannte Urban, daß der Protestantismus seinen Rückhalt in den Landständen, vor allem im Adel, hatte. Er begriff, daß angesichts des Widerstandsgeistes und der Aufstandsgelüste im Adel militärische Maßnahmen unerläßlich waren. Aber zu seiner Zeit kam es dazu noch nicht. Immerhin setzte seit dem Regierungsantritt Rudolfs II. eine gewisse Wende ein. Zwar konnte oder wollte der Kaiser die dem Adel gemachten Konzessionen nicht zurücknehmen, wohl aber bestand er auf der Zurückführung der Verirrten in den landesherrlichen Gebieten. Die Verordnungen von 1578, 1581 und 1582 beugten der weiteren Verbreitung der Irrlehre vor und leiteten die Rekatholisierung ein. Glaubenstreue Katholiken rückten in wichtige Stellen ein. Priester und landesfürstliche Beauftragte erschienen in den Pfarreien, das Evangelium wurde gepredigt, die Unterscheidungslehren wurden vorgetragen, so daß viele zum Glauben zurückkehrten. Dazu kam ein anderes Moment. Die protestantischen Adligen und Städte zeigten sich fast durchweg unwillig und widersetzlich gegen die Regierung. Der Adel überdehnte sein Religionsprivileg. Allein schon aus Gründen der Selbsterhaltung konnte die Regierung dieses Verhalten nicht hingehen lassen. Offenkundige Rechtswidrigkeiten, wie die Behinderung katholischer Patronatsherren, katholische Seelsorger einzusetzen, kamen hinzu. Am Kaiserhof bereitete sich daher ein Umschwung der Stimmung vor. Glückliche Neubesetzungen von Ämtern bahnten eine Wende an. Als 1592 Hans Jakob Löbl Freiherr von Greinburg Landeshauptmann von Oberösterreich wurde, boten sich für die Rekatholisierung gute Aussichten. Die Protestanten besaßen allerdings noch ein fast unfehlbar wirkendes Mittel, um die Regierung zu Konzessionen zu zwingen bzw. dabei zu erhalten, nämlich die Angewiesenheit auf die militärische und finanzielle Hilfe bei der Abwehr der osmanischen Heere. Urban schlug nun den Protestanten eine wichtige Waffe aus der Hand, als er dem Kaiser aufzeigte, daß die Türkengefahr durch Nachgiebigkeit gegenüber den Neugläubigen nicht vermindert, sondern vermehrt werde (1595). Am 6. Mai 1597 forderte Rudolf in einem Mandat die Ausweisung der Prädikanten und die Wiederherstellung des Katholizismus in Oberösterreich. Am 6. Oktober 1597 dehnte er die Rekatholisierung, die im Mühlviertel begonnen hatte, auf die drei anderen Viertel aus und gab damit das Signal zur Gegenreformation. Die Resolution des Kaisers vom 18. Oktober 1598 war die grundlegende Urkunde der katholischen Restauration in Oberösterreich. „Daß man sich endlich zu einer grundsätzlichen Austragung des tiefgreifenden Konfliktes entschloß, und noch mehr: daß die Regierung bei der Durchführung des Planes fest blieb, ist in erster Linie das Verdienst des Passauer Bischofs" (Karl Eder). Der erwähnte Löbl nahm das große Werk mit Geschick und Tatkraft in die Hand. Eine Stadt nach der anderen wurde wieder der katholischen Religion zurückgegeben. Der Kampf war damit jedoch noch nicht zu Ende. Haß und Trotz machten den katholischen Seelsorgern viel zu schaffen. Durch Auslaufen in benachbarte Orte, wo sich noch Prädikanten hielten, zeigte ein Teil der Bevölkerung seinen Widerwillen gegen den Glauben. Der hartnäckige Widerstand, den Löbl in Linz fand und der seinen Rückhalt in Georg Erasmus Tschernembl hatte, welcher „der leidenschaftliche und fanatische Vorkämpfer der protestantisch-ständischen Idee" (Hans Sturmberger) war, wurde infolge der Festigkeit des Landeshauptmanns gebrochen. Die tumultartigen Unruhen der Jahre 1594-1597 nahm er zum Anlaß, die katholische Reform mit Hilfe der bewaffneten Macht voranzutreiben.

Des Bischofs Urban von Trenbach kann nicht gedacht werden ohne Melchior Klesl. Seit 1580 war er Offizial des Passauer Bischofs für Niederösterreich, seit 1581 Generalvikar für das Land unter der Enns. In Klesl hatte Bischof Urban einen Mann an seiner Seite, der aus demselben Holz geschnitzt war wie er selbst. Klesl vereinte Energie und Mut mit kirchlicher Gesinnung, bekanntlich eine ziemlich seltene Verbindung. Er besaß die Kraft, seine Ziele hartnäckig zu verfolgen. Wo ihm Widerstände entgegentraten, gab er nicht auf, sondern machte neue Ansätze, sie zu erreichen. Dabei bediente er sich des Rechtes in hervorragender Weise. Klesl war entschieden und konsequent; ihm war ein stahlharter Wille zu eigen. Am 16. September 1588 schrieb er an Graf Leonhard Harrach: „Bei dieser Arbeit begehre ich entweder zu sterben oder mit Gottes Gnade das katholische Wesen in Österreich mit Hilfe und Beistand des brachii saecularis in einen besseren Stand zu bringen." Klesl entfaltete eine weitgebreitete, rastlose Tätigkeit im Dienst der katholischen Erneuerung und der Beseitigung der Irrlehre. Dabei hatte er ein klares, einfaches Programm. In erster Linie sah er auf die ordnungsgemäße Ernennung der Pfarrer. Erledigte Pfarreien suchte er sogleich mit katholischen Geistlichen zu besetzen, bevor sie von Prädikanten usurpiert werden konnten. Sodann schritt er gegen die beweibten Geistlichen ein und ging gegen sittenlose und widerspenstige Kleriker mit Strafen vor, wobei er vor Haft nicht zurückschreckte. Klesl wußte, daß Anordnungen und einmalige Besuche nichts helfen, wenn nicht unaufhörliche Kontrolle die Disziplin aufrechthält. So bereiste er unermüdlich die Pfarreien, rügte, mahnte und besserte überall. Dabei bewies er eine Eigenschaft, die auch vielen katholischen Vorkämpfern des Glaubens fehlte, nämlich Zähigkeit. Unbeirrt drängte er auf die Beseitigung eines Mißstandes. Opposition entmutigte ihn nicht. Immer wieder kam er auf die Angelegenheit zurück, bis sie bereinigt war. Als Vorsitzender der geistlichen Untersuchungskommission ließ er sich die Wiederherstellung der klösterlichen Zucht angelegen sein. Auf die Berufung von Klostervorstehern nahm er Einfluß, um die Wahl auf würdige Geistliche zu lenken. Schwere Kämpfe verursachte ihm der (staatliche) Klosterrat, der zum großen Teil mit lutherisch gesinnten Beamten besetzt war. Unter dem Vorwand, die Rechte des Landesherren wahren zu wollen, suchte er Klesls Reformbemühungen zu durchkreuzen. Unaufhörlich mußte dieser sich bei den Erzherzögen Ernst und Matthias gegen Klagen renitenter Geistlicher und Klosterleute verteidigen. 1590 erließ er eine ausführliche Anweisung über die Feier des Gottesdienstes, die Spendung der Sakramente und die Predigt.

Klesl zeigte in seinem Gutachten vom Oktober 1596 auf, wie die Religionsreformation, d.h. die Wiederherstellung der katholischen Religion, vor sich gehen müsse. Er empfahl u. a. Ausweisung der Prädikanten, Aufhebung der nichtkatholischen Religionsübung, militärischen Schutz und Visitation von Klerus und Volk. Als kaiserlicher Kommissar bei der Rückführung der Abgefallenen zum Glauben suchte er stets zu überzeugen und nicht zu zwingen. Als vorzüglicher Prediger wußte er die Unterscheidungslehren so lichtvoll darzustellen, daß viele Abgeirrte für den Glauben zurückgewonnen wurden. Niemals verunglimpfte er den Gegner. Wo die Belehrung nicht zum Ziel führte, gebrauchte er die gesetzlichen Mittel. Klesl war überzeugt, daß, wie er am 9. November 1581 an den Passauer Bischof schrieb, die Protestanten schon nachgeben würden, wenn sie Strenge sähen. Der Bischof von Passau stellte seinem Offizial in dem Brief an Kaiser Rudolf vom 13. Januar 1598 das Zeugnis aus, er sei gleichsam für die Beförderung der katholischen Religion geboren. Nach dem Tod Urbans sorgte Klesl dafür, daß die katholische Erneuerung weiter betrieben wurde. In Österreich waren Glaubensabfall und Empörung gegen den Landesherren häufig eng verbunden. Klesl wurde nicht müde, darauf hinzuweisen, daß dauerhafte Erfolge nur durch das energische und konsequente Auftreten der vereinten weltlichen und geistlichen Obrigkeit zu erzielen seien. Die Protestanten leisteten teilweise erbitterten Widerstand und wollten sich ihre „Errungenschaften" nicht entziehen lassen. Mit allen Mitteln arbeiteten sie der Wiederherstellung des Katholizismus entgegen. In seinem Gutachten von 1604 zerpflückte Klesl das Schreckargument, die Rekatholisierung könne zu großen Verlusten an Menschen führen; für einen Protestanten, der auswandere, würden zehn Katholiken einwandern.

VI.

Leopold von Österreich (1598-1625)

Urban von Trenbach nahm 1595 den Erzherzog Leopold von Österreich zum Koadjutor, weil er hoffte, daß es ihm gelingen werde, die katholische Religion im österreichischen Bistumsteil völlig wiederherzustellen. Clemens VIII. bestätigte die getroffene Wahl. Leopold eröffnete die Reihe der Passauer Bischöfe, die dem Hause Österreich zugehörten. Die aus den Habsburgern stammenden Bischöfe Leopold (1598-1625), Leopold Wilhelm (1625-1662) und Karl Joseph (1662-1664) überwanden in der Tat den Protestantismus im Bistum. Dabei schienen die Voraussetzungen für ihre geistliche Wirksamkeit denkbar ungünstig. Denn die drei Erzherzöge waren minderjährig, als sie das Domkapitel postulierte, empfingen niemals eine höhere Weihe, besaßen außer Passau noch wenigstens ein anderes Bistum und hielten kaum Residenz in Passau. Dennoch haben sie dank ihrer zuverlässigen kirchlichen Gesinnung und mit Hilfe vorzüglicher Administratoren Großes für die katholische Erneuerung geleistet.

Leopold war bei seiner Ernennung zwölf Jahre alt. An seiner Stelle regierte Christoph von Pötting als tatkräftiger Administrator das Bistum. 1605 kam Leopold, 19 Jahre alt, nach Passau, um von dem Bistum Besitz zu ergreifen. Die Regierung überließ er dem genannten Christoph von Pötting, nach dessen Tod dem Marquard Schwendi. Seit 1608 war Leopold auch Bischof von Straßburg. Er war persönlich fromm und der Kirche ergeben; er förderte die Unternehmungen zur Wiederherstellung der katholischen Religion und zur Beseitigung der Häresie mit Eifer. 1613 errichtete er in Passau ein Jesuitenkolleg. Häufig war er von seiner Diözese abwesend und mit politischen Angelegenheiten beschäftigt. Aber Politik und Religion waren eng verwoben, und wer den Glauben schützen wollte, konnte politischer Betätigung nicht entraten. Leopold war allem plumpen Vorgehen abhold, befürwortete vielmehr eine gewandte Politik. ,,Ars deluditur arte'', schrieb er am 27. August 1605 an Georg Siegmund von Lamberg. Das Hochstift Passau war durch seine geographische Lage zwischen Böhmen und Oberösterreich von erheblicher strategischer Bedeutung für den Kaiser und die Liga. Einer der erbittertsten Feinde der katholischen Kirche, Georg Erasmus Tschernembl, schlug daher am 24. November 1619 dem Fürsten Christian von Anhalt vor, sich des Bistums Passau zu bemächtigen.

In Österreich mehrten sich die vom Protestantismus erzeugten Spannungen. Gegen Erzherzog Matthias schlossen sich die oberösterreichischen protestantischen Stände 1608 zum aktiven Widerstand zusammen und suchten Hilfe im Ausland. Die Stände Niederösterreichs weigerten sich, Matthias zu huldigen, bevor nicht die protestantische Religionsübung freigestellt würde. Matthias gab nach. Am 19. März 1609 gestand er den Herren und Rittern samt ihren Familien und Untertanen die protestantische Religionsübung auf ihren Gütern zu; den Städten wurden mündliche Versprechungen gemacht. Seit dieser Resolution oder Kapitulation entschieden die Adligen über die Religion ihrer Untergebenen. Damit machte der Kaiser Jahre großer Anstrengungen zunichte. Klesl war todunglücklich. Er verweigerte infolgedessen Matthias und seinen Räten die hl. Kommunion, weil sie als Begünstiger der Häresie der Exkommunikation verfallen seien. Aber es kam noch schlimmer. Am 2. März 1610 gab Matthias den landesfürstlichen Städten dieselben Konzessionen wie dem Adel. Erneut schien Österreich dem Protestantismus zuzufallen oder jedenfalls ein gemischtes Land zu bleiben. Bischof Leopold sah diese Entwicklung mit Sorge und Entrüstung. Er hielt jedes Nachgeben gegenüber den protestantischen Pressionen für verfehlt und gab sich große Mühe, Matthias davon abzuhalten, die Zugeständnisse Maximilians zu erneuern bzw. zu erweitern, jedoch vergeblich. In dem habsburgischen Bruderzwist hielt Leopold treu beim alten Kaiser aus. Er versuchte 1610/11 vergeblich, Böhmen für Rudolf II. zu erobern. Die Häupter der Protestanten setzten alle Hebel in Bewegung, um sich in ihrer Position zu behaupten; sie drohten mit offenem Widerstand. Kaiser Rudolf II. wich davor zurück, zumal sein Bruder Matthias mit Hilfe der protestantischen Stände (die selbstverständlich Gegenleistungen verlangten) Herr von Österreich, Ungarn und Mähren wurde. Gleichzeitig konspirierten die österreichischen Protestanten mit jenen in Deutschland und Ungarn. Die Macht des Protestantismus wuchs, die Irrlehre dehnte sich von neuem aus. Denn die Prädikanten auf den Besitzungen der Adligen suchten auch die städtische Bevölkerung für ihre Lehre zu gewinnen. In manchen Städten wurde wieder protestantischer Gottesdienst eingerichtet. Aber der österreichische Protestantismus überspannte den Bogen und kam dadurch zu Fall. Der auslösende Faktor war die böhmische Rebellion. Seit 1618 verbanden sich die oberösterreichischen Protestanten mit den aufständischen Böhmen. Man setzte zum Sturz der Dynastie an. Doch die Feinde hatten sich verrechnet. Das Zusammenwirken der Häuser Habsburg und Wittelsbach führte den Umschwung herbei. Tillys Truppen zerschlugen die Rebellion. In den folgenden Jahren wurde der Katholizismus durch Ferdinand II. wiederhergestellt. Mit diesem Kaiser kam die große Wende. Nunmehr begann die Rekatholisierung mit einer vergleichbaren Konsequenz, wie die lutherische Neuerung sie den Katholiken so oft vorgemacht hatte. „Wie der Protestantismus vorgedrungen war, so ward er auch zurückgeworfen“ (Leopold von Ranke). Da Luthertum und Rebellion häufig zusammengingen, hatte Ferdinand gleichzeitig religiöse und politische Gründe, um die Glaubenseinheit in seinen Ländern wiederherzustellen. Bischof Leopold stand Ferdinand mit Rat und Tat zur Seite. Endlich konnten die Absichten verwirklicht werden, die er von Anfang seiner Regierungszeit an gehegt hatte. Jetzt wurde auch der Rückhalt beseitigt, den die neue Lehre beim Adel gefunden hatte. Viele Adlige konvertierten zum katholischen Glauben und gaben damit den Untergebenen ein gutes Beispiel. Wer nicht zur katholischen Kirche zurückkehren wollte, durfte von dannen ziehen. Aber ihre Zahl war nicht sehr hoch. Denen, die auswanderten, standen mindestens ebenso viele gegenüber, die einwanderten. Befreit von den unaufhörlichen Schmähungen der Prädikanten, wurden die Katholiken wieder ihres Glaubens froh. Frisches religiöses Leben blühte allerorten auf. Die katholischen Einrichtungen und Übungen wurden wiederhergestellt, neue kamen hinzu. Die jungen Orden der Jesuiten, Piaristen und Kapuziner wirkten mit großem Erfolg für die kirchliche Erneuerung.

Der Nachfolger Leopolds, Leopold Wilhelm, wirkte im Sinne seines Vorgängers. Er war Bischof von Passau, Breslau, Olmütz und Straßburg. Zeitlebens empfing er nicht die Priesterweihe. Die Diözese Passau ließ er durch seine Generalvikare regieren. Er selbst war als Heerführer und Statthalter im Dienst des Kaisers tätig. Im Jahre 1638 errichtete er ein Priesterseminar und begünstigte Niederlassungen der Franziskaner und Kapuziner. Der Protestantismus erlosch bis auf geringe Reste.

8. Kapitel

Bistum Regensburg

Buchberger, Michael (Hrsg.), Zwölfhundert Jahre Bistum Regensburg. Festschrift zur Zwölfhundertjahrfeier, Regensburg 1939

Caemmerer, Hermann von, Das Regensburger Religionsgespräch im Jahre 1546. Phil. Diss. Berlin, Berlin 1902

Dollinger, Robert, Das lutherische Regensburg und Kurfürst Friedrich III. von der Pfalz: Zeitschrift für bayerische Kirchengeschichte 25, 1956, 51-54

Götz, Johann Baptist, Die religiöse Bewegung in der Oberpfalz von 1520 bis 1560. Auf Grund archivalischer Forschungen (= Erläuterungen und Ergänzungen zu Janssens Geschichte des deutschen Volkes X. Bd., 1. u. 2. Heft), Freiburg i. Br. 1914

Heidingsfelder, F., Regensburg: LThK VIII, 1936, 710-718

Hiltl, Franz, Alt-Regensburger Kultur- und Lebensbilder, Regensburg 1939

Högl, Matthias, Die Bekehrung der Oberpfalz durch Kurfürst Maximilian I., 2 Bde., Regensburg 1903

Janner, Ferdinand, Geschichte der Bischöfe von Regensburg, 3 Bde., Regensburg, New York, Cincinnati 1883-1886

Lipf, Josef, Geschichte der Bischöfe von Regensburg nach ihrer Reihenfolge, nebst einer kurzen Vorgeschichte, Regensburg 1852

Lippert, Friedrich, Geschichte der Gegenreformation in Staat, Kirche und Sitte der Oberpfalz-Kurpfalz zur Zeit des dreißigjährigen Krieges, Freiburg i. Br. 1901

Oefele, v., Johann, Pfalzgraf bei Rhein: ADB 14, 1881, 305-307

Reichenberger, R., Zur Administration der Regensburger Kirche unter Herzog Wilhelm V. von Bayern: Römische Quartalschrift für christliche Alterthumskunde und Kirchengeschichte 14, 1900, 356-376

Simon, Matthias (Bearb.), Die evangelischen Kirchenordnungen des XVI. Jahrhunderts. 13. Bd.: Bayern. III. Tl. Altbayern. Herzogtum Pfalz-Neuburg. — Kurfürstentum Pfalz (Landesteil Oberpfalz). — Reichsstadt Regensburg. — Grafschaft Ortenburg. — Herrschaft Rothenberg. — Herrschaft Wolfstein, Tübingen 1966

Staber, J., Benker, S., Regensburg: LThK VIII, 2. Aufl., 1963, 1091-1094

Staber, Josef, Kirchengeschichte des Bistums Regensburg, Regensburg 1966

Staber, Joseph, Johann, Pfalzgraf bei Rhein: NDB 10, 1974, 519

Theobald, Leonhard, Die Reformationsgeschichte der Reichsstadt Regensburg, 2 Tle. (= Einzelarbeiten aus der Kirchengeschichte Bayerns 19. Bd.), Nürnberg 1951

Vetter, Paul, Die Religionsverhandlungen auf dem Reichstage zu Regensburg 1541. Phil. Diss. Leipzig, Jena 1889

Widemann, Josef (Hrsg.), Die Traditionen des Hochstifts Regensburg und des Klosters S. Emmeram (= Quellen und Erörterungen zur bayerischen Geschichte N. F. Bd. 8), München 1943

I.

Johann III. Pfalzgraf bei Rhein (1507-1538)

Johann wurde von seinem Vorgänger zum Koadjutor bestellt. Nach dessen Tod postulierte ihn das Kapitel als Administrator. Papst Julius II. ließ die Postulation des neunzehnjährigen Administrators am 27. Oktober 1507 unter der Bedingung zu, daß er mit 27 Jahren die Bischofskonsekration empfange. An dieser ohne jede dringende Notwendigkeit, allein aus dynastischen Interessen dem Papst abgerungenen Ausnahme läßt sich etwas von den sich allmählich häufenden Mißständen erkennen, die der sogenannten Reformation den Schein der Berechtigung verschafften. Johann war ein Sohn des Kurfürsten Philipp von der Pfalz; fünf von dessen Söhnen wurden Bischöfe. Johann empfing keine höhere Weihe und blieb daher zeit seines Lebens bloßer Administrator des Bistums. Er war theologisch ungebildet. Seine Leidenschaft galt der fürstlichen Hofhaltung und dem Militärwesen. Er war auch baufreudig. Bei seinem Tode hinterließ er dem Bistum, das er finanziell ausgebeutet hatte, eine gewaltige Schuldenlast. Mit der Stadt Regensburg lag er fast in ständigem Streit, vor allem weil sie den Klerus besteuern wollte, wogegen sich Johann zur Wehr setzte. In gewissem Umfang suchte er seiner Pflicht als Oberhirt nachzukommen. Durch den Generalvikar Konrad Sintzenhofer ließ er die Diözese visitieren, die Synodalstatuten an die Geistlichen verteilen. Von einer intensiven bischöflichen Tätigkeit konnte jedoch keine Rede sein.

Das Luthertum trat früh in der Diözese Regensburg in Erscheinung. Durch den Abfall des Markgrafen von Bayreuth erlitt das Bistum die ersten Verluste. Weiden, Amberg, die Landgrafschaft Leuchtenberg und die meisten ritterschaftlichen Gebiete wurden protestantisiert. Auch in die Stadt Regensburg drang die lutherische Neuerung ein. Der Drucker Paul Kohl publizierte einige Traktate Luthers. Im Rat gab es protestantisch gesinnte Mitglieder. Lutherische Schriften kursierten und machten die Gläubigen der Kirche abwendig. Der Besuch des katholischen Gottesdienstes ließ nach. Sterbende verschmähten die unter einer Gestalt gereichte Wegzehrung. Brautleute verehelichten sich ohne Beteiligung des Pfarrers, wenn sie zuvor zur Beichte aufgefordert wurden. Viele dem Luthertum zuneigende Einwohner gingen nach Beratzhausen, um dort das Abendmahl unter beiderlei Gestalt zu empfangen. Der Klerus hatte zu Beginn der Glaubensspaltung gewiß seine Gebrechen, aber von einer allgemeinen Verderbnis kann keine Rede sein. Wohl aber verschlimmerten sich die Zustände seit dem Auftreten der sogenannten Reformatoren. Der Administrator Johann wollte zwar der Ausbreitung der neuen Lehre wehren, zeigte aber eine tadelnswerte Gleichgültigkeit in der Anwendung der notwendigen Maßregeln. Er war der Lage nicht gewachsen; er begriff nicht, daß jetzt die Konzentration aller Kräfte auf das Lebensnotwendige, nämlich die Abwehr und die Überwindung der Glaubensneuerung, unerläßlich war, und verstand nicht, daß alles Überflüssige, ja alles weniger Notwendige dahinter zurücktreten mußte. Johann verkündete wohl 1521 die Exkommunikationsbulle und ließ es an Vorschriften nicht fehlen. Er war auch unter den Bischöfen und Fürsten, die sich am 5. Juni 1524 in Regensburg zur Abwehr der religiösen Umwälzung verbündeten. Aber was diesen Maßnahmen Nachdruck und Überzeugungskraft verliehen hätte, nämlich das eigene Beispiel des Oberhirten, war nicht vorhanden, und deswegen blieben sie beinahe erfolglos. Weder der Regensburger Fürstenbund von 1524 noch wiederholte Mandate schoben der Verbreitung der Irrlehre einen wirksamen Riegel vor. Dazu fehlten auch die positiven Maßnahmen einer katholischen Erneuerung. Am 7. Juli 1524 schärfte der Nuntius Campeggio in seiner „Reformatio cleri Germaniae" dem Klerus die Normen des Verhaltens und des Dienstes ein. 1531 erließ der Administrator eine Verordnung, die sich gegen Mißstände in der Geistlichkeit wandte. Aber diese Mandate blieben toter Buchstabe. Der Verfall schritt unter dem Druck der zerstörerischen Irrlehre voran. Der Nuntius Vergerio zeichnete am 10. Mai 1535 ein düsteres Bild von der Lage des Katholizismus in der Stadt Regensburg. Daß das Bistum Regensburg dem katholischen Glauben erhalten blieb, war weniger dem Bischof als den bayerischen Herzögen zu verdanken. An sie trat der Bischof im Oktober 1534 mit einem Hilfsersuchen heran. Die Herzöge stellten sich an seine Seite, ließen Mahnungen an den Stadtrat von Regensburg ergehen und sammelten Truppen; daraufhin wurden im Dezember zwei Prädikanten ausgewiesen. Damit war die Neuerung jedoch nicht erledigt. 1538 richteten die Herzöge wiederum Warnungen an die Stadt.

II.

Pancratius von Sinzenhofen (1538-1548)

Pankraz von Sinzenhofen wurde am 25. April 1538 zum Bischof von Regensburg gewählt; er erlangte am 15. November 1538 die päpstliche Bestätigung. Pankraz hatte eine Periode in seinem Leben, die nicht tadelfrei war. Er besaß einen Sohn, der 1541 legitimiert wurde. Pankraz war krank und daher schon rein physisch den Anstrengungen nicht gewachsen, wie sie sein Amt und die Zeitverhältnisse von ihm forderten. Seine Wahl war der Tatsache zu verdanken, daß das Domkapitel sich seine Schwäche zunutze zu machen hoffte und vermutlich mit finanziellen Vorteilen bedacht wurde. Seine schlechte gesundheitliche Verfassung veranlaßte ihn, dem turbulenten Regensburg den Rücken zu kehren. Die Regensburger Katholiken nahmen es ihm übel, daß er in einer so bedrohlichen Lage seine Bischofsstadt verließ und sich auf das Schloß Wöhrd zurückzog.

Unter Pankraz von Sinzenhofen drang der Protestantismus weiter im Bistum vor. Der Rat der Stadt Regensburg protestantisierte die Bischofsstadt. Als 1541 Petrus Faber und Claudius Jajus nach Regensburg kamen, war die Bürgerschaft bereits überwiegend protestantisch. 1542 wurde die öffentliche Religionsübung der Protestanten vom Magistrat gestattet. Die Augustiner und Minoriten in Regensburg fielen vom Glauben ab und verheirateten sich. Die bayerischen Herzöge forderten die Abstellung der Neuerung, sperrten der Stadt die Zufuhr und verboten den Verkehr mit ihr. Diese Maßnahmen brachen jedoch den Widerstand der Protestanten nicht. Zweimal wurden Religionsgespräche in Regensburg geführt, selbstverständlich ohne Ergebnis. Hatte Kurfürst Ludwig V. die Protestantisierung der Oberpfalz geduldet, so förderte sie sein Nachfolger Kurfürst Friedrich II. offen. Wie irrig die Meinung ist, das Volk habe sich insgesamt der Neuerung zugewandt, dafür ist das Sulzbacher Gebiet ein Beispiel. Denn hier hielten sich die Katholiken trotz der obrigkeitlichen Religionsänderung. Pankraz war aufrichtig um die Hebung des Niveaus der Geistlichen bestrebt. Mit Mahnungen und Strafen ging er gegen Unsittlichkeit vor. In Regensburg arbeitete Johann Delicasius als Generalvikar (1545) für die Erhaltung des katholischen Glaubens. Das Domkapitel erwies sich auch in Regensburg als zuverlässiger Gegner des Protestantismus.

III.

Georg von Pappenheim (1548-1563)

Georg von Pappenheim wurde am 8. August 1548 gewählt und erlangte am 5. Oktober 1548 die Bestätigung als Bischof von Regensburg. Er empfing am 6. Januar 1549 die Bischofskonsekration.

Georg von Pappenheim war der Kirche ergeben und guten Willens. Er war jedoch kein Regent für eine sturmbewegte Zeit und neigte mehr zur Milde als zur Strenge. Es fehlte ihm wie so vielen Bischöfen die Energie, die zur Leitung einer Diözese in einer so unruhigen Zeit nötig gewesen wäre. Bei der Abwehr der Häresie versagte er kläglich. Es scheint, daß er zu einem bestimmten Zeitpunkt nicht einmal mehr den Ernst der Bedrohung erfaßte. Seine Teilnahme an den Amtsgeschäften ließ fortwährend nach. Er war von beträchtlichem Leibesumfang und körperlich nicht sehr beweglich; schließlich verließ er nicht einmal mehr sein Zimmer. Im Rahmen seiner Kräfte ging Georg gegen die Glaubensneuerung vor. Unaufhörliche Auseinandersetzungen mit den Protestanten erfüllten die Dauer seiner Amtsinhaberschaft. In gewissem Umfang widmete er sich der Verteidigung der katholischen Sache und versuchte zurückzugewinnen, was verloren worden war, jedoch mit geringem Erfolg. Zur Durchsetzung des Interims in seiner Bischofsstadt fehlte ihm die Macht. Justus Jonas hetzte hier seine Glaubensgenossen immer wieder gegen die Katholiken auf. Der Passauer Vertrag sicherte den Regensburger Protestanten ihren Besitzstand, der Augsburger Religionsfrieden brachte ihnen freie

Religionsübung. Indes gelang es, das Franziskanerkloster wieder zu eröffnen. 1556 wurden die Klöster der Oberpfalz dem Protestantismus zugeführt. Georg nahm sich auch des Klerus an. Die Synode vom November 1549 erneuerte die früheren Synodalstatuten und traf nützliche Bestimmungen für die kirchliche Disziplin. Seine Bemühungen um Reform der Geistlichen waren jedoch nicht erfolgreich. An guten Predigern des wahren Glaubens bestand großer Mangel. 1551 entsandte Georg Abgeordnete nach Trient, darunter den Laurentius Hochwart. 1559 ließ er eine Visitation abhalten, die den traurigen Zustand des Bistums aufzeigte.

IV.

Vitus von Frauenberg (1563-1567)

Vitus von Frauenberg wurde am 29. Dezember 1563 gewählt und erlangte am 21. Juni 1564 die päpstliche Bestätigung als Bischof von Regensburg. Er empfing am 3. November 1564 die Bischofskonsekration. Vitus nahm an der Salzburger Synode 1565 teil. Auf der Frühjahrssynode 1565 machte er seinen Diözesanen das Indult des Laienkelches bekannt. Er mußte indes rasch feststellen, daß diese Nachgiebigkeit die Fordernden nicht zufriedenstellte. Die Wirkung dieser Maßnahme war ungünstig. Daher wurde die bisherige Weise der Kommunionspendung wiederhergestellt. Wer sich nicht daran hielt, mußte aus dem Stiftsland auswandern. 1570 erschien ein neues Rituale.

V.

David Kölderer von Burgstall (1567-1579)

David Kölderer wurde am 6. Februar 1567 zum Bischof von Regensburg gewählt. Seine Bestätigung ließ auf sich warten, weil Pius V. zu Ohren gekommen war, daß der Erwählte unerlaubte Beziehungen zu einer Frau gehabt hatte. Der Kaiser, der Herzog von Bayern und andere deutsche Fürsten drangen in den Papst, ihm die Konfirmation zu erteilen. Eine Kommission von Kardinälen prüfte Kölderers Wandel und fand ihn für geeignet. Daraufhin erhielt er am 24. Januar 1569 die Bestätigung. Daß Kölderer auch als Bischof sittlich nicht einwandfrei gelebt und unerlaubte Beziehungen zu einer Nonne unterhalten habe, dürfte nicht zutreffen.

Vielleicht die Hauptschwierigkeit einer katholischen Erneuerung war das Fehlen einer einwandfreien, moralisch hochstehenden Geistlichkeit. Nach dem Nuntius Portia war der Regensburger Klerus der verkommenste in ganz Deutschland. Delfino stellte 1575 das Vorhandensein von Konkubinariern im Regensburger Domkapitel und die Vernachlässigung der geistlichen Pflichten fest. Langsam zeigte sich eine Zunahme der

Katholiken in der Bischofsstadt, die lediglich deswegen nicht rascher vor sich ging, weil der Stadtrat den neuen Glauben mit allen Mitteln begünstigte. Noch 1574 waren in Regensburg zwar viele katholische Kirchen und Klöster, aber nur verhältnismäßig wenige katholische Bürger. Die Furcht vor dem Stadtrat hielt die bekehrungswilligen Protestanten von der Konversion ab. Kölderer war an sich guten Willens, aber es fehlte ihm an Energie. Er hielt mehrfach Diözesansynoden ab, die heilsame Vorschriften trafen. Sie galten vor allem der Hebung des Klerus und der Errichtung eines Priesterseminars. Gegen unwürdige Geistliche wurde eingeschritten. Wie alle Bischöfe der Zeit, die auf Reform drangen, war Kölderer bei seinem Bemühen durch Widerstand von seiten der weltlichen Gewalt gehemmt. Die Diözesansynode vom Juni 1569 befaßte sich mit dem Gottesdienst und mit den Dekreten des vorhergegangenen Salzburger Provinzialkonzils. Weder an der Provinzialsynode von 1569 noch an jener von 1576 nahm der Bischof persönlich teil. Aber im Anschluß an das Salzburger Provinzialkonzil von 1576 ließ er eine Diözesansynode halten. Die Errichtung des Seminars kam wegen finanzieller Schwierigkeiten nicht zustande. Josef Staber nennt David Kölderer einen ,,eifrigen, aber nicht erfolgreichen Oberhirten''.

VI.

Philipp von Bayern (1579-1598)

Philipp von Bayern wurde am 14. Juli 1579 vom Domkapitel zum Bischof von Regensburg postuliert. Er war damals erst drei Jahre alt, hatte aber in den Augen des Domkapitels den Vorzug, als Sohn des Herzogs Wilhelm V. von Bayern einem einflußreichen Geschlecht anzugehören. Der Papst konnte sich nur zögernd entschließen, die Zulassung zu geben.

Philipp wuchs zu einem gebildeten, gütigen und frommen jungen Mann heran, der von vielen mit großen Hoffnungen betrachtet wurde. Im Jahre 1593 weilte er in Rom. Dort schätzte man seine Frömmigkeit und seine Ergebenheit gegenüber dem Apostolischen Stuhl. Philipp war zweifellos auch ein Anhänger der katholischen Reform. 1596 wurde er von Clemens VII. zum Kardinal kreiert, starb aber schon wenig später. Eine große Hoffnung sank mit ihm ins Grab.

Der unmündige Bischof mußte in allen Sektoren seines Amtes vertreten werden. Die bischöflichen Weihefunktionen versah der Weihbischof Johann Baptist Pichelmayer. Die Regierung des Hochstifts lag (seit 1585) in den Händen des Herzogs Wilhelm. Für die geistliche Jurisdiktion bestimmte der Papst den tatkräftigen Nuntius Ninguarda. Er regierte das Bistum als Administrator und entfaltete eine segensreiche Wirksamkeit. So hielt er 1580 eine Synode ab und ordnete eine Visitation des Bistums an. 1583 erließ er ein Mandat gegen Konkubinarier und ging scharf gegen sie vor. Von 1583 bis 1586 war Zbinko Berka Administrator. Er hatte an verschiedenen Universitäten studiert und die

Grade eines Doktors der Theologie und des kanonischen Rechtes erworben. 1584 hielt auch er eine Synode ab. Sie widmete sich der Abstellung der Mißstände im Klerus. Leider war die Amtszeit Berkas durch Zerwürfnisse mit der bayerischen Regierung überschattet. 1586 kamen die ersten Jesuiten nach Regensburg. Durch Predigt und Unterricht legten sie den Grundstein für eine religiöse Wende in der Stadt. Die Zustände im Klerus waren, wie aus dem Bericht Morones von 1576 bekannt ist, nicht gut. Die Wirksamkeit der Jesuiten schuf auch hier Wandel. Bischof Philipp ließ sich von ihnen willig beraten und führen. Dem Zbinko Berka folgte Jakob Müller, ein Germaniker und ein in jeder Hinsicht vorzüglicher Mann. 1588 fand eine Visitation des Bistums statt. Im Anschluß daran erließ Müller Verordnungen zur Durchführung der Trienter Dekrete. 1587 gründete Müller ein Jesuitenkolleg. 1596 übernahm der 20jährige Philipp die Regierung des Hochstifts, während Müller weiter den geistlichen Angelegenheiten vorstand.

VII.

Sigmund Friedrich von Fugger (1598-1600)

Sigmund Friedrich Freiherr von Fugger wurde am 2. Juli 1598 gewählt und erlangte am 13. Oktober 1598 die Bestätigung als Bischof von Regensburg. Er war ein gebildeter, ja gelehrter Mann, zugleich fromm, klug und bescheiden, seiner Kirche ein wachsamer Hirt. Er setzte die Erneuerungsarbeit seines Vorgängers fort. Er lebte bescheiden und war bemüht, die große Schuldenlast des Hochstifts abzutragen. Leider war er durch sein Körpergewicht und Kränklichkeit an ausgreifender Tätigkeit gehindert. Er schärfte die Einzelbeichte und die Christenlehre ein. Besonders bedacht war er darauf, daß das Volk im Glauben unterrichtet wurde. Die kurze Zeit seiner Regierung reichte zu umfangreicher Aktivität nicht aus.

VIII.

Wolfgang II. von Hausen (1600-1613)

Wolfgang von Hausen wurde auf den nachdrücklichen Wunsch Herzog Maximilians von Bayern zum Bischof von Regensburg gewählt. Am 14. Januar 1602 erhielt er die Bestätigung. Erst am 20. April 1602 zog er in seine Bischofsstadt ein. Wolfgang von Hausen war fromm und eifrig. Häufig feierte er den Gottesdienst im Dom, übte selbst die Pontifikalhandlungen aus und widmete sich dem Predigtamte. Persönlich besuchte er die Kranken und spendete ihnen die Sakramente. Der Bischof selbst beteiligte sich an den Visitationen, wobei er gewöhnlich von einigen Jesuiten begleitet war, die den Firmunterricht erteilten und das Bußsakrament spendeten. „In Hausen erscheint erstmals das tridentische und neuzeitliche Bischofsideal verkörpert" (Josef Oswald), der Bischof als Seelenhirt, nicht als Landesfürst. Seine Hofhaltung war allerdings aufwendig, die Ausgaben überstiegen die Einnahmen. Die Visitations- und Firmungsreisen verschafften Wolfgang Einblick in die Verhältnisse seiner Diözese, was er benutzte, um heilsame Verordnungen zu erlassen. Zahlreiche Mandate künden von seiner Sorge für einen sittenreinen, auf der Höhe seiner Aufgaben stehenden Klerus. Die Klöster ermunterte, förderte und reformierte er. Im Auftrag des Bischofs nahm der Generalvikar Quirinus Leonin eine Visitation der Diözese vor, der weitere Visitationen, namentlich durch die Landdekane, folgten. Der Bischof veranlaßte die Landdekane, jährlich zwei- bis dreimal ihre Sprengel zu visitieren und darüber Bericht an den Bischof zu erstatten. Daneben sollte der Generalvikar einmal jährlich die Diözese überprüfen. Großes Gewicht legte Wolfgang auf den feierlichen, theologisch einwandfreien Gottesdienst. Die Fronleichnamsprozession und das Heilige Grab lagen ihm besonders am Herzen. In den Bayerischen Wald entsandte er während der Fastenzeit regelmäßig Jesuiten, die sich der Bevölkerung annahmen. Wolfgang von Hausen begnügte sich nicht damit, das Übriggebliebene zu erhalten. Unter ihm setzte die Rückgewinnung des Verlorenen ein. Dabei hatte er schöne Erfolge zu verzeichnen. Langsam nahm die Zahl der Katholiken in Regensburg zu. Der Bischof erwartete nichts von Disputationen. Das 1601 in Regensburg gehaltene Religionsgespräch scheiterte wie alle früheren schon an dem protestantischen Formalprinzip. Er verstand, daß sich die Katholiken verbünden müßten, wenn sie sich gegenüber den Protestanten behaupten wollten. In dem Schreiben an die katholischen Fürsten vom 22. Oktober 1607 verlangte er, daß die Katholiken zur Verteidigung der Religion „wie eine Mauer fest und steif zusammenhalten" müßten. Am Abschluß der Liga war er beteiligt. Josef Staber faßt sein Urteil über Wolfgang richtig dahin zusammen, daß „der fromme, seeleneifrige, aber auch kämpferische Bischof" segensreich gewirkt habe.

IX.

Albert IV. von Törring (1613-1649)

Albert von Törring wurde am 22. Oktober 1613 zum Bischof von Regensburg gewählt und erhielt am 17. Februar 1614 die päpstliche Bestätigung. Albert setzte die Rückgewinnung der Abgewichenen fort. „Er ist der Bischof der Gegenreformation" (Josef Staber). Selbst oder durch den Generalvikar visitierte er seine Diözese. Seit 1615 wurde Pfalz-Neuburg, seit 1621 die Oberpfalz zum katholischen Glauben zurückgeführt. Die Methoden waren im allgemeinen der österreichischen Gegenreformation abgesehen, das heißt, man entfernte die protestantischen Geistlichen und Lehrer aus dem Lande, setzte die Beamten ab, forderte die Untertanen zur Bekehrung auf und ordnete für den Fall der Verweigerung die Ausweisung an, das Auslaufen zum protestantischen Gottesdienst wurde verboten, die häusliche protestantische Religionsübung unterbunden, die Bewohner wurden zum Besuch des katholischen Gottesdienstes angehalten, sie hatten alljährlich die Beichtzettel abzuliefern, die Beobachtung des Freitagsgebotes wurde kontrolliert. Die Seelsorge, vor allem der Jesuiten, bemühte sich, die Menschen innerlich für den katholischen Glauben zu gewinnen. Zahlreiche Klöster wurden neu gegründet. Vor allem Kapuziner und Franziskaner machten große Fortschritte. Der Bischof ging mit strengen Mandaten gegen religiöse und sittliche Mißstände in Klerus und Volk vor. Das Missale von 1611 brachte den Übergang zum römischen Ritus. Auch in der Stadt Regensburg kam die katholische Religion voran, obwohl hier protestantische Österreicher einzogen und sich niederließen. Im Dreißigjährigen Kriege erlitt die Kirche empfindliche Rückschläge. Der Bischof wurde zeitweilig in Gefangenschaft gehalten.

9. Kapitel

Bistum Seckau

Amon, Karl, Die Steiermark vor der Glaubensspaltung. Erste Lieferung: Kirchliche Einteilung und Verfassung, ordentliche Seelsorge, christliche Liebestätigkeit (= Geschichte der Diözese Seckau III. Bd.), Graz, Wien, Köln 1960

Cäsar, Aquilius Julius, Staat- und Kirchengeschichte des Herzogthums Steyermarks, 6 Bde., Graz 1786-1788

Dedic, Paul, Der Protestantismus in Steiermark im Zeitalter der Reformation und Gegenreformation (= Schriften des Vereins für Reformationsgeschichte Jgg. 48 Heft 2 [Nr. 149]), Leipzig 1930

Duhr, Bernhard, Die Jesuiten an den deutschen Fürstenhöfen des 16. Jahrhunderts. Auf Grund ungedruckter Quellen (= Erläuterungen und Ergänzungen zu Janssens Geschichte des deutschen Volkes II. Bd., 4. Heft), Freiburg i. Br. 1901

Eder, Karl, Brenner: NDB 2, 1955, 587

Eder, Karl, Die Visitation und Inquisition von 1528 in der Steiermark. Gesamterscheinung und kritische Würdigung: Mitteilungen des Instituts für österreichische Geschichtsforschung 63, 1955, 312-322

Eder, Karl, Siegmund von Dietrichstein und die Anfänge Ferdinands I.: Carinthia I, 146, 1956, 620-652

Hurter, Friedrich, Geschichte Kaiser Ferdinands II. und seiner Eltern, bis zu dessen Krönung in Frankfurt. Personen-, Haus- und Landesgeschichte, 1. Bd., Schaffhausen 1850

Hurter, Friedrich, Geschichte Kaiser Ferdinands II. und seiner Eltern, bis zu dessen Krönung in Frankfurt, 2. Bd., Schaffhausen 1850

Loserth, J., Erzherzog Karl II. und die Frage der Errichtung eines Klosterrathes für Innerösterreich nach den Acten des steiermärkischen Landesarchivs: Archiv für österreichische Geschichte 84, 1897/8, 283-376

Loserth, J. (Hrsg.), Salzburg und Steiermark im letzten Viertel des 16. Jahrhunderts. Briefe und Akten aus der Korrespondenz der Erzbischöfe Johann Jakob und Wolf Dietrich von Salzburg mit den Seckauer Bischöfen Georg IV. Agricola und Martin Brenner und dem Vizedomamte zu Leibnitz (= Forschungen zur Verfassungs- und Verwaltungsgeschichte der Steiermark V. Bd., 2. Heft), Graz 1905

Otto, Emanuel, Reformation und Gegenreformation in der Oststeiermark, Graz 1913

Popelka, Fritz, Geschichte der Stadt Graz, 2 Bde., Graz 1928/35

Redlich, V., Seckau: LThK IX, 1937, 395-398

Redlich, V., Seckau: LThK IX, 2. Aufl., 1964, 560f.

Scholz, Günter, Aspekte zur Situation des niederen Klerus in Innerösterreich während der Reformationszeit, in: Bäumer, Remigius (Hrsg.), Reformatio Ecclesiae, Paderborn, München, Wien, Zürich 1980, 629-640

Schuster, Leopold, Fürstbischof Martin Brenner. Ein Charakterbild aus der steirischen Reformations-Geschichte, Graz, Leipzig 1898

Stradner, Alois, Das Sociale Wirken der katholischen Kirche in der Diöcese Seckau (Herzogthum Steiermark) (= Das Sociale Wirken der katholischen Kirche in Oesterreich II. Bd.), Wien 1897

Tomek, Ernst, Kurze Geschichte der Diözese Seckau, Graz, Wien 1918

Zahn, J. v., Urkundenbuch des Herzogthums Steiermark, 3 Bde., Graz 1875-1903

Zeißberg, v., Martin, Bischof von Seckau: ADB 20, 1884, 478

I.

Christoph III. von Rauber (1509-1536)

Steiermark, Kärnten, Krain und Görz bildeten im 16. Jahrhundert „Innerösterreich". Die Landeshauptstadt war Graz. Die Diözese Seckau lag in Obersteiermark. Das Bistum war gering an Umfang. Der Bischof war gewöhnlich Salzburger Generalvikar für Untersteier und den Bezirk von Wiener Neustadt. Dem Kapitel stand nicht das Recht zu, den Bischof zu wählen; dieser wurde vielmehr von dem Salzburger Erzbischof ernannt.

Christoph von Rauber, der 1488 (im Alter von 18 Jahren) Bischof von Laibach und 1508 zusätzlich Kommendatar-Abt des Stiftes Admont geworden war, wurde am 20. April 1509 von Julius II. zum Koadjutor und Administrator des Bistums Seckau ernannt. 1512 wurde er residierender Bischof dieser Diözese. Rauber war fast ununterbrochen mit politischen Aufträgen beschäftigt, so daß er sein Hirtenamt in der Steiermark kaum ausübte, einerlei, ob er im Lande oder (wie häufig) außerhalb des Landes weilte. Im Jahre 1537 stellte der steirische Landesvizedom Meixner fest, daß sich seit 40 Jahren kein Bischof im Lande aufhalte und darum u. a. das Sakrament der Firmung nicht gespendet werde.

In den zwanziger Jahren zeigten sich die ersten Spuren der neuen Lehre in der Steiermark. Wirtschaftlich schlecht gestellte Angehörige des niederen Klerus machten sie sich zu eigen. 1528 waren mehrere Kapläne in Graz dem Luthertum verfallen. Seit 1528 drang die Häresie auch in Seckau ein. Der Adel fiel in großem Umfang der Neuerung zu. Auch in den Städten fand sie ihre Anhänger. Manche Grazer Ratsherren begünstigten die Irrlehre, andere stellten jede religiöse Praxis ein. Die Gründe für diese Entwicklung sind bekannt. Ernst Tomek bemerkt richtig: „Jeder Stand erwartete vom 'freien Evangeli' (sic) das Seine." Er bringt auch Proben vom Inhalt der Predigt der neuen Lehre. Der Landeshauptmann Siegmund von Dietrichstein neigte selbst der Häresie zu;

er ließ das Vordringen des Luthertums geschehen, schützte die Prädikanten und förderte den Abfall. Der Freiherr Hans Ungnad von Sonneck, der Dietrichstein als Landeshauptmann von Steiermark folgte, vereinigte so viele Ämter in seiner Hand, daß er beinahe als Vizekönig anzusprechen war. Er begünstigte ebenfalls den Protestantismus und vermehrte „mit List und Gewalt" (Hans Pirchegger) sein Vermögen durch Klostergut.

Der Landesherr, Erzherzog, König und Kaiser Ferdinand I., war ein überzeugter Gegner des Protestantismus; er tat während der ganzen Dauer seiner langen Regierung, was in seinen Kräften stand, um seine Ausbreitung aufzuhalten. So ließ er 1528, 1544 und 1561 (nur Klöster) große Visitationen vornehmen. Die erste ordnete er in dem Mandat vom 24. März 1528 an. Der Landeshauptmann Siegmund von Dietrichstein suchte die Visitation zunächst zu verhindern, dann ihre Wirkung zu vereiteln. Die Kommission, die König Ferdinand 1528 im Einvernehmen mit dem Erzbischof von Salzburg und Bischof Christoph Rauber entsandte, erwies den Prokop Huschimhey als den Hauptagitator in Graz. Sie fand in Orten wie Krieglach, Bruck, Leoben, im Palten-, Liesing- und Ennstal deutliche Spuren des Luthertums wie Aufgabe des Beichtens, Vernachlässigung des Altarssakramentes, Eingehung wilder Ehen und Bestattung der Toten ohne Geistlichen. Die Hauptförderer des Luthertums waren die (häufig sittlich heruntergekommenen) Adligen. Sie taten sich, wie viele Beispiele erhärten, als Schmarotzer und Ausbeuter von Klöstern sowie als Räuber von Meßstiftungen hervor. Die von König Ferdinand 1528 ins Werk gesetzte Visitation durch weltliche und geistliche Kommissare befaßte sich zwar mit der Religionsneuerung. Karl Eder hat aber richtig festgestellt, daß die Komission dem entscheidenden Punkt, nämlich der Verantwortung des Adels, aus dem Wege ging. Ihre Arbeit sei „sehr gelinde, um nicht zu sagen oberflächlich" gewesen. Die des Luthertums Bezichtigten wurden nicht hinreichend untersucht. Die lutherischen Schriften wurden nur zu einem Bruchteil konfisziert. Die Visitation ergab, daß der Respekt vor der Regierung gering war und daß Maßnahmen der Beamten vielfach unbeachtet blieben. Ausgewiesene leisteten dem Befehl keine Folge oder kehrten wieder in das Land zurück. Kein Adliger erschien, um sich vor der Kommission zu verantworten. Im Klerus gab es die drei Richtungen der Katholiken, der Abgefallenen und der Unentschiedenen. Am leichtesten war die Einstellung der Geistlichen erkennbar in ihrem Verhalten zur Messe. Wer sie verwarf oder den Kanon ausließ, war den Lutheranern zuzuzählen. Viele Gläubige waren der antieucharistischen Agitation bereits erlegen, ihre Haltung kommentierte die Kommission mit der Bemerkung „Hält nichts vom Sakrament". Die Einzelbeichte hörte auf. Die Marienverehrung kam in Abgang.

In den Jahren 1530 bis 1540 breitete sich das Luthertum ohne nennenswerten Widerstand aus. Allerdings verhielten sich viele seiner Anhänger äußerlich so, als stünden sie noch in der katholischen Kirche. So suchten die protestantischen Geistlichen teilweise unter Verbergen ihrer Gesinnung bei dem Erzbischof von Salzburg um Einsetzung in Pfarrämter nach.

II.

Georg III. Theiß von Tessingen (1536-1541)

Georg Theiß von Tessingen wurde von dem Salzburger Metropoliten zum Bischof von Seckau ernannt. Er war ein rechtsgelehrter Mann, der 1520 den Grad eines Doktors beider Rechte in Ingolstadt erworben hatte, kenntnisreich und sittlich einwandfrei. 1540 war er auf dem Reichstag zu Worms anwesend. Aber er war nicht imstande, dem Unheil zu wehren. Er mußte zusehen, wie die Flut des Protestantismus in der Diözese und in der Steiermark insgesamt höher stieg. Seit den vierziger Jahren schied sich der lutherische Adel unter dem Einfluß des Landeshauptmanns Hans Ungnad deutlicher von den Katholiken. ,,Der Adel benutzte die gute Gelegenheit, um sich in den Besitz vieler reicher Pfründen zu setzen und sich so auf Kosten der Katholiken zu bereichern'' (Fritz Popelka).

III.

Christoph IV. von Lamberg (1542-1546)

Christoph von Lamberg wurde ebenfalls von dem Salzburger Metropoliten zum Bischof von Seckau ernannt. In der Zeit seiner Regierung schritt der Abfall scheinbar unaufhaltsam fort. Die Klöster leerten sich, und selbst hohe Würdenträger wie die Äbte von Wilhering und Admont schlossen sich dem Luthertum an. König Ferdinand ordnete 1544 eine Visitation der Pfarreien in Österreich und der Steiermark an, die aber kaum eine Wirkung zeitigte. Der Bischof von Seckau legte 1546 sein Amt nieder.

IV.

Johann III. von Malentheim (1546-1550)

Johannes von Malentheim vermochte in der Zeit seiner Regierung den reißenden Strom des Protestantismus nicht aufzuhalten.

V.

Petrus Persico (1550-1572)

Petrus Persico war kein schlechter Mann, besaß freilich auch nicht das Format, das die Not der Zeit gefordert hätte. Unter ihm wurde das Bistum verschuldet. Der Laienkelch wurde in der Steiermark fast überall zugestanden. Aber auch hier entsprach der Erfolg nicht den Erwartungen. Am 22. Juni 1569 hielt Persico in Seckau eine Diözesansynode ab. Sie offenbarte einen erschreckenden Verfall der Disziplin in Klerus und Volk. Ebenso wurde bekannt, daß in zahlreichen Fällen die Vogtherren die Protestantisierung mit Propaganda und mit Drohungen betrieben. Persico rief eine Buchdruckerei ins Leben, um dem Strom protestantischer Schriften katholische entgegenzusetzen. Diese Maßnahme zeigt, daß der Bischof etwas von den Notwendigkeiten der Zeit begriffen hatte.

In der zweiten Hälfte des 16. Jahrhunderts wurde der Protestantismus in Innerösterreich immer aggressiver und anspruchsvoller; er strebte zunächst die Gleichberechtigung mit der katholischen Kirche, dann die Alleinherrschaft an. Die Protestanten eroberten die führenden Stellen im Lande, sorgten für Ausbreitung ihrer Konfession und benachteiligten die Katholiken. Treu zum Glauben haltende Priester wurden von den Magistraten mancher Städte vertrieben. ,,Um altgläubige Geistliche seinen kirchenpolitischen Absichten botmäßig zu machen, wandte der Adel oft massiven Druck an" (Günter Scholz). An gewissen Anzeichen war zu erkennen, daß die katholische Religion immer mehr zurückging. Seit 1552 wurde in Graz keine Fronleichnamsprozession mehr gehalten.

Da die Lutheraner in den Besitzungen des Adels und in den Städten die Macht in der Hand hatten, richteten sich die Blicke der Katholiken auf den Landesherrn als ihre einzige irdische Zuflucht. Der Erzherzog Karl (1564-1590), der Sohn Ferdinands, der die südöstlichen Länder Habsburgs erhielt und in Graz residierte, war ein gläubiger Katholik, fromm und der Kirche treu ergeben. Er war gütig und freundlich, neigte aber zur Nachgiebigkeit. Es fehlte ihm die Festigkeit, die rücksichtslose Energie, die nötig gewesen wäre, um den Anschlägen der Glaubensneuerer zu widerstehen. Durch Zugeständnisse meinte er Schlimmeres verhüten zu können, während er tatsächlich dadurch die Zudringlichkeit der Neugläubigen ermunterte. Erzherzog Karl wich vor der Macht der überwiegend protestantischen Stände zurück und machte den Neugläubigen bedenkliche Zugeständnisse. 1572 gestattete er den Herren und Rittern die Ausübung des Luthertums und versprach den Bürgern Gewissensfreiheit (Grazer Pazifikation). Schwankende und verräterische Gestalten wie Kaiser Maximilian II. fügten der katholischen Sache schweren Schaden zu; die Protestanten bedienten sich ihrer und fühlten sich von ihnen ermutigt.

VI.

Georg IV. Agricola (1572-1584)

Georg Agricola war gebildeter Theologe und Jurist, Doctor utr. iuris. 1570 wurde er Bischof von Lavant, 1572 Bischof von Seckau. Er behielt die Administration des Bistums Lavant bei.

Die Protestanten waren weiter ständig im Angriff, die Katholiken stets in der Abwehr. Verführung und Täuschung, Druck und Gewalt führten der Religionsneuerung in der Steiermark immer mehr Anhänger zu. Auf den Landtagen der siebziger und achtziger Jahre tobten schwere Kämpfe. Die Protestanten waren zu Geldbewilligungen nur gegen religiöse Zugeständnisse bereit. Auf dem Landtag von 1578 gab Erzherzog Karl das Versprechen ab, die bestehenden religiösen Verhältnisse dulden zu wollen (Brucker Libell). Der Streit um seine Auslegung erfüllte die folgenden Jahre. Die Pazifikationen von Graz (1572) und Bruck (1578) verschafften den Protestanten Duldung, die sie als Gleichberechtigung und Freibrief für weitere Protestantisierung auslegten.

Georg Agricola nahm eifrig an den Landtagen teil. Er wehrte sich gegen die Herren, welche die finanziellen Forderungen des Landesfürsten überwiegend auf die Geistlichen abwälzen wollten, und bekämpfte die Vorstöße der Protestanten, das Luthertum zum herrschenden Bekenntnis im Lande zu machen. Angesichts des Gleichklangs mancher seiner Interessen mit denen der übrigen Landstände ging er aber auch gelegentlich mit ihnen gegen die vom Hof geführte, katholischen Belangen verpflichtete Politik zusammen. Agricola hatte mit größten finanziellen Sorgen zu tun.

Der Bischof setzte sich nach Kräften für die Verteidigung des Glaubens und für die Abwehr der immer erneut versuchten Protestantisierung ein. Er war bemüht, das Vordringen des Protestantismus zum Stillstand zu bringen und verlorenes Terrain zurückzugewinnen. Er begann mit der Gegenreformation, die Martin Brenner dann energisch durchführte. Dabei waren freilich vorläufig noch manche Mißerfolge zu verbuchen. Als der Bischof beispielsweise 1583 in der Pfarrei Mureck, wo ihm das Patronatsrecht zustand, einen katholischen Pfarrer einsetzen wollte, entfachte der Prädikant einen Tumult, der ihn zum Rückzug zwang. Der Rekatholisierung standen vor allem die schlimmen Zustände im Klerus entgegen. Viele Geistliche nährten noch immer die Erwartung, der Zölibat werde aufgehoben werden. Drängte doch Kaiser Ferdinand I. seit 1562 beim Trienter Konzil und beim Papst auf das Zugeständnis der Priesterehe, und wenn seine Bemühungen auch nicht zum Erfolg führten, so hatten sie doch die Wirkungen, lange Zeit ernste Maßnahmen der geistlichen und weltlichen Gewalt gegen Konkubinarier zu hindern, die Leidenschaften zu ermutigen und die Verletzung des Zölibats gleichsam zu entschuldigen, da selbst der katholische Kaiser gegen ihn eingenommen zu sein schien. Um die Orden stand es nicht besser als um den Weltklerus. Die 1575 von Kaiser Maximilian zur Visitation der Klöster ausgesandte Kommission stellte, von gewissen Ausnahmen abgesehen, einen starken Rückgang der Zahl der Insassen und der Zucht fest.

Die Regierung war ihrerseits bemüht, der katholischen Religion aufzuhelfen. Erzherzog Karl berief 1572 die Jesuiten nach Graz. Sie entfalteten auch hier eine erfolgreiche Tätigkeit, „ein Bollwerk des Katholizismus in Innerösterreich" (Alois Maier). Der Jesuit Michael Cardaneus z. B. gewann durch seine Predigten die meisten Einwohner Hartbergs für die Kirche zurück. In mehreren Disputationen, deren erste 1575 stattfand, bewiesen die Jesuiten ihre überlegene Dialektik. Ihr Wirken gab den Katholiken wieder Mut und Selbstvertrauen. Zum erstenmal seit 20 Jahren wurde 1572 wieder die Fronleichnamsprozession in Graz gehalten.

Daß die Zeit ein schärferes Vorgehen verlangte, als es Agricola kannte, dieser Erkenntnis verschloß er sich wohl nicht. Am 13. und 14. Oktober 1579 berieten die Erzherzöge Karl und Ferdinand sowie der Erzbischof von Salzburg mit dem Herzog von Bayern in München über die Rückgewinnung Innerösterreichs für den katholischen Glauben. Man wollte künftig nicht mehr bloß mit Worten, sondern mit Taten vorgehen. Die Aktion sollte in drei Schritten erfolgen, die nacheinander die Prädikanten, die Bürger und den Adel erfassen sollten. Im Anschluß an diese Konferenz kam es zu ersten Handlungen der katholischen Reform. Das Dekret vom 10. Dezember 1580 verbot die protestantische Religionsübung in den Städten und Märkten, aber es wurde am 26. Januar 1581 unter dem Druck der Protestanten zurückgenommen. Vor allem Hans Friedrich Hoffmann setzte der Regierung entschiedenen Widerstand entgegen. Jede ihrer Maßnahmen wurde mit einer stürmischen Agitation beantwortet. Die Regierung hielt an ihrem Ziele fest, wenn sie auch immer wieder nachgab. Allmählich aber festigte sich ihre Haltung. Seit 1582 ging Erzherzog Karl mit Verordnungen gegen die Grazer Protestanten vor. Der Besuch der Stiftskirche wurde verboten. Einzelne Prädikanten wurden ausgewiesen. Eine starke Stütze hatte die katholische Erneuerung an der Erzherzogin Maria. Sie war von glühendem Eifer für die heilige Religion und einem großen Mut in ihrer Verteidigung erfüllt. Auch der Nuntius Germanicus Malaspina unterstützte mit Geschick die katholische Besinnung.

VII.

Siegmund von Arzt (1584)

Siegmund von Arzt wurde zum Bischof von Seckau designiert, starb aber noch vor der Konsekration. Der häufige Wechsel auf dem Bischofsstuhl ist den Diözesen noch nie gut bekommen. Die Umstellung der Verhältnisse und das Einleben des neuen Oberhirten brauchen Zeit, verschlingen Geld und benötigen Kräfte, die anderen, dringenden Aufgaben entzogen werden müssen.

VIII.

Martin Brenner (1585-1615)

Martin Brenner war durch gründliche theologische Bildung und rastlosen Eifer, durch Güte wie durch Festigkeit ausgezeichnet. Er war hervorragend gebildet. Seine Studien machte er in Dillingen, wo er den Dr. phil. erwarb, und in Ingolstadt, Padua und Pavia, wo er zum Dr. theol. promoviert wurde. Der Salzburger Erzbischof Kuen-Belasy ernannte ihn zum Bischof von Seckau. Der Erzbischof Wolf Dietrich von Salzburg gab Brenner die Erlaubnis, in der ganzen Steiermark bischöfliche Funktionen vorzunehmen, und Brenner machte von ihr eifrigen Gebrauch. 1587 bestellte er Brenner zum Generalvikar für den steirischen Anteil der Erzdiözese Salzburg.

Mit Brenner kam endlich eine Persönlichkeit auf einen österreichischen Bischofsstuhl, die Kraft und Konsequenz, Mut und Zähigkeit vereinte. Er war „eine der markantesten Bischofsgestalten seiner Zeit" (Josef Wodka). Die katholische Erneuerung war ihm ein Anliegen, dem seine ganze Energie galt. Mit Eifer widmete er sich der Visitation; 1585, 1593, 1602, 1607 und 1608 besichtigte er persönlich seine Diözese. Regelmäßig hielt er Diözesansynoden ab. Die Mißstände im Klerus ging er mit Entschiedenheit an. Aber auch er konnte gegenüber den Geistlichen nicht so durchgreifen, wie er es gewünscht hätte, und mußte in der Sorge für das Erstrangige, die Reinheit des Glaubens, anderes dahingehen lassen. Die Rekatholisierung vermehrte sogar zunächst den Priestermangel, weil zahlreiche häretische und sittenlose Geistliche abgesetzt wurden. Der Klerus war bunt zusammengewürfelt. Aus den Visitationsprotokollen der Jahre 1585 und 1602 ergibt sich, daß in der Diözese Seckau und in dem steirischen Anteil der Erzdiözese Salzburg Priester aus 25 Ländern und 33 Diözesen Dienst taten. Brenner wußte, daß ein großer Teil der mißratenen Geistlichen sich nicht umwandeln ließ; er setzte daher seine Hoffnung auf den Nachwuchs. Das Konvikt der Jesuiten und das Alumnat (Ferdinandeum) in Graz dienten der Heranbildung eines theologisch geschulten und sittlich einwandfreien Klerus. Den Schulen und dem Religionsunterricht wandte Brenner besonderes Interesse zu. Gegen den heftigen Widerstand der Protestanten wurde 1585 die Universität Graz gegründet, am 14. April 1586 feierlich eröffnet. Brenner wußte, daß gute Ordensleute eine unschätzbare Hilfe für die Seelsorge sind, und er machte sich daran, diese Quelle neu zu erschließen. Die Exemtion der Klöster erschwerte dem Diözesanbischof das Eingreifen gegen verlotterte Mönche. Da ihm über sie keine unmittelbare Hoheit zustand, mußte er den langwierigen Weg von Verhandlungen mit den Ordensoberen beschreiten, die teilweise ein ebenso schändliches Leben führten wie ihre Untergebenen. Die Bemühungen Brenners um die Klöster waren aber erfolgreich. Die Ordensniederlassungen wuchsen an Zahl und wurden zu Zentren katholischer Mission. Die Belebung der Klöster zeigte sich z. B. in der Tatsache, daß in der Pestepidemie des Jahres 1600 fünfzehn Franziskaner im Dienst der Kranken starben. Die Güter und Einkünfte des Bistums suchte Brenner zu erhalten bzw. wiederherzustellen, die hohen Schulden abzutragen. Gleichzeitig war er ein politischer Kopf, der um die Bedeutung militärischer Stärke wußte. Er legte auf seinem Schloß in Leibnitz eine Rüstkammer an, mit deren Material er 600 Mann bewaffnen konnte.

Die Wiederherstellung des Katholizismus in der Steiermark war ohne die Mitwirkung des Landesherrn und seiner Beamten ebensowenig möglich, wie die Protestantisierung ohne das Beispiel und den Druck des Adels und der Magistrate undenkbar war. Brenner verschloß sich dieser Erkenntnis nicht. Er drang darauf, daß die Amtsstellen mit

Katholiken besetzt wurden. So wurde 1586 ein Katholik Landeshauptmann. 1587 nahmen die Religionsreformationskommissionen ihre Tätigkeit auf. Die ersten Prädikanten wurden ausgewiesen. Hoffmann verlor endlich sein Amt. 1590 wurde den Prädikanten der Gottesdienst in Graz verboten. Als Erzherzog Karl 1590 starb, war die Rekatholisierung bereits angefangen. Nach seinem Tode erhob jedoch die Irrlehre erneut ihr Haupt. Es kam zu Ausschreitungen gegen die Katholiken, der Protestantismus drang von neuem vor. Die Türkengefahr nutzten die Protestanten für die Förderung ihrer Sache aus. Aber der Katholizismus war zu dieser Zeit schon erstarkt. 1596 zählten die Jesuiten in der Ägidiuskirche zu Graz 2500 Osterkommunionen; die Mehrheit der Bürger war bereits katholisch. Für den zwölfjährigen Ferdinand übernahm Erzherzog Ernst die vormundschaftliche Regierung. Dieser war duldsam, aber auch wachsam. 1592 nahm der Erzherzog Maximilian seine Stelle ein; er wurde der Schwierigkeiten im Lande nicht Herr. 1596 wurde Ferdinand für volljährig erklärt. Eine Wallfahrt nach Loreto und Rom bereitete ihn für die Übernahme der Regierung im rechten Geiste vor. In den Bischöfen Brenner und Stobaeus standen ihm selbstlose Berater zur Seite. Ferdinand war entschlossen, den Ungehorsam, an den sich die protestantischen Herren schon gewöhnt hatten, nicht zu dulden. Er nahm den Schutz der Kirche, die Wiedergewinnung der Abgefallenen und die Zurückdrängung der Protestanten in sein Regierungsprogramm auf. In religiösen Fragen war er fest und unnachgiebig, lieber zu Verlusten an Land und Leuten bereit als gewillt, dem katholischen Glauben zu schaden. Der Eifer Ferdinands bei der Rekatholisierung Innerösterreichs war größer als der mancher Bischöfe und vieler Geistlicher. Am 13. September 1598 befahl er die Ausweisung der Prädikanten aus den landesfürstlichen Städten und Märkten der Steiermark. Am 28. September 1598 ordnete er den sofortigen Abzug der protestantischen Schul- und Kirchendiener aus Graz an. Die Festigkeit des Landesherrn behielt den Sieg über die Proteste seiner Gegner.

Die Steiermark wurde nach einem wohlüberlegten Plan, von den Hauptorten der Protestanten ausgehend, zur katholischen Kirche zurückgeführt. Am 23. April/21. Juli 1599 erließ Ferdinand die grundlegende Resolution für die Rekatholisierung. Er bestellte eine Reformkommission, die das Werk der Wiederherstellung des Glaubens in Steiermark und Kärnten betrieb; Martin Brenner stand an ihrer Spitze. Als Vorsitzender der Reformationskommission verdiente er sich wegen seiner apostolischen Tätigkeit die Namen eines Apostels der Steiermark und des malleus haereticorum. Die Reformationskommission begann ihre Tätigkeit am 14. Oktober 1599 in Leoben. Ohne Schonung seiner Person bewältigte Brenner ein ungeheures Arbeitsprogramm. Monatelang war er auf Visitationsreisen unterwegs, predigte täglich mehrere Stunden, spendete die Firmung und prüfte Herde und Hirten. Als Haupt und Mitglied der Reformationskommission beschränkte sich Brenner auf den Versuch der Überzeugung der Nichtkatholiken durch Predigt und Belehrung; die Zwangsmaßregeln überließ er stets den weltlichen Mitgliedern. Eine große Gefahr bildete das häretische Schrifttum. Die protestantischen Bücher wurden abgefordert und verbrannt. Jetzt erst zeigte es sich, wie weit verbreitet diese Traktatliteratur war. Die entwendeten Kirchen wurden wieder dem katholischen Gottesdienst zugeführt, die lutherischen Bethäuser eingerissen, die Friedhöfe für katholische Zwecke verwendet oder durch Umwerfen der Umfriedung der Benützung entzogen. Die Personen wurden einzeln befragt und, falls sie sich bereit erklärten, den katholischen Glauben anzunehmen, zum Eid aufgefordert. Außerdem mußten sie versprechen, innerhalb einer bestimmten Frist beichten und kommunizieren zu wollen. Wer sich nicht für die katholische Religion erklärte, erhielt einen Termin, bis zu dem er sich entschließen mußte, entweder katholisch zu werden oder auszuwandern. Die Zahl derer, die das Land verließen, war nicht hoch. Im Jahre 1600 wurde die Ausweisung der Bürger, die nicht katholisch werden wollten, aus Graz angeordnet; von den 61 Betroffenen kehrten indes viele zum katholischen Glauben zurück. 1601 zählte man in der Grazer Jesuitenkirche allein 4170 Osterkommunionen. Die Rekatholisierung Innerösterreichs wurde angesichts aller Umstände verhältnismäßig leicht durchgeführt. Die neue Religion war dem Volk zum erheblichen Teil aufoktroyiert worden und befriedigte seine religiösen Bedürfnisse nicht; es gab viele, die aus Zwang oder Menschenfurcht sich dem Luthertum angeschlossen hatten und die nun froh waren, sich wieder offen zum katholischen Glauben bekennen zu dürfen. Brenner war von der Ehrlichkeit der Berufung auf Gewissen und Seelenheil, mit denen der Übergang zum Luthertum meist begründet wurde, nicht überzeugt; er hatte keine hohe Meinung von den Motiven, welche die meisten Menschen dem Protestantismus zugeführt hatten. Am 31. März 1592 schrieb er an den Salzburger Erzbischof, daß sich bei den Protestanten religiöse und politische Beweggründe unlösbar vermischten. Er wies auf die Gefahr hin, daß die Bürger, „durch die Bequemlichkeit und die Fleischlichkeit des lutherischen Evangeliums bewogen" (plausibilitate et carnalitate lutherani evangelii commoti), allesamt zum Protestantismus übergingen, und erinnerte an eine Äußerung Herzog Albrechts von Bayern, wonach es den Landherren nicht um die Religion zu tun sei, sondern sie dem Erzherzog nach dem Zepter griffen. Brenner besaß dank seiner Bildung die Gabe, die Menschen von der Richtigkeit des katholischen Glaubens zu überzeugen. Er führte bei seiner Reformationstätigkeit die Lutherbibel und das Konkordienbuch mit sich, um anhand dieser Quellen die Unhaltbarkeit des protestantischen Lehrgebäudes zu erweisen. Am meisten zeigten sich die Menschen von dem Hinweis auf das wenig erbauliche Leben des Stifters der neuen Religion beeindruckt. Auch das Aufzeigen der Widersprüche und der unaufhörlichen Änderungen des protestantischen Lehrsystems war sehr wirksam. Aufgrund seiner Darlegungen kehrten viele Personen freiwillig und ohne Druck zum katholischen Glauben zurück.

Die Rekatholisierung geschah, verglichen mit der Protestantisierung, verhältnismäßig milde und rücksichtsvoll. Wenn der Gegenreformation der Gebrauch von Gewalt zum Vorwurf gemacht wird, so ist daran zu erinnern, daß die Neugläubigen sich dieser seit langem bedient hatten und daß angesichts ihrer Entschlossenheit, Gewalt zu gebrauchen, nichts anderes als Gewalt helfen konnte. Außerdem stehen der Appell an die Bequemlichkeit und die Verlockung mit dem Entfall lästiger Pflichten, welche bekanntlich die wirksamen Mittel der Abfallbewegung waren, ethisch gewiß nicht höher als die Konfrontation mit der Alternative, entweder katholisch zu werden oder auszuwandern. Der äußere Anschluß an die Kirche wandelte freilich die Menschen nicht allesamt innerlich um. Es bedurfte geduldiger, erleuchteter Seelsorgsarbeit in den kommenden Jahren und Jahrzehnten, um den katholischen Glauben in ihnen zu begründen bzw. zu festigen. Brenner waren diese Zusammenhänge vertraut. Er begnügte sich niemals mit rein formaler Zugehörigkeit zur Kirche, war vielmehr allezeit bestrebt, zum äußeren Bekenntnis der katholischen Religion die innere Überzeugung treten zu lassen. Darum drang er nach der Rekatholisierung auf gründlichen Religionsunterricht. Zumal durch die von den Jesuiten abgehaltenen Missionen wurden viele heimliche Irrgläubige zum katholischen Glauben zurückgeführt. Auch bei den Nachmusterungen wurde jeder einzelne über seinen Glauben befragt.

In einer Zeit, in der die weltlichen Großen entscheidende Macht in Religionssachen ausübten und es von ihnen abhing, ob katholische oder nichtkatholische Pfarrer angestellt wurden, mußten sich die Bemühungen an erster Stelle darauf konzentrieren, den Adel und die maßgebenden Kreise in den Städten im katholischen Glauben zu festigen bzw. für ihn zu gewinnen. Die Landstände wurden aber in die Rekatholisierung nicht einbezogen, was Stobaeus als den größten Fehler, der dabei gemacht wurde, bezeichnete. Ihre Schlösser und Güter blieben stete Gefahrenherde und Ansteckungszentren. Von den Adelssitzen und von anderen verborgenen protestantischen Zellen im Lande sowie aus dem Ausland gingen immer wieder Versuche aus, dem Protestantismus neues Leben einzuhauchen. Die Ausweisung der Prädikanten mußte mehrfach befohlen werden, da sie sich weiter im Lande hielten, gedeckt vor allem vom protestantischen Adel. Die Reformationskommissionen mußten immer wieder über ihr Werk wachen, falls sie verhüten wollten, daß es durch zurückkehrende Prädikanten oder auf andere Weise zunichte gemacht wurde. Hier war zähe Konsequenz auf katholischer Seite vonnöten. Stobaeus war es, der nicht nur unbeirrt dem einmal als richtig erkannten Ziel treublieb, sondern auch den Erzherzog Ferdinand in seiner Verfolgung bestärkte. Selbst Martin Brenner stand nicht immer und in jeder Hinsicht zu diesem. Die protestantischen Stände gaben ihren Kampf gegen den wiederhergestellten Katholizismus jahrzehntelang nicht auf, suchten ihm vielmehr unaufhörlich Abbruch zu tun. Aus politischen Konstellationen bezogen sie immer wieder Hoffnung. Es mußte erst ihr Hoch- und Landesverrat offenkundig werden, bevor die notwenigen Maßnahmen von dem inzwischen zum Kaiser gewählten Ferdinand eingeleitet werden konnten.

Brenner resignierte 1615 in die Hände des Salzburger Metropoliten. Sein Nachfolger, Jakob Eberlein von Rottenbach (1615-1633), setzte sein Werk in seinem Geiste fort.

10. Kapitel

Bistum Wien

Bernleithner, Ernst, Die konfessionelle Gliederung Österreichs um 1580: Beiträge zur Wiener Diözesangeschichte, Beilage des Wiener Diözesanblattes, Nr. 2 vom 1. März 1966 S. 14-16

Gollob, Hedwig, Bischof Friedrich Nausea (1496-1552). Probleme der Gegenreformation, 2. erweit. Aufl., Nieuwkoop 1967

Hammer-Purgstall, J. Frhr. von, Khlesl's, des Cardinals, Directors des geheimen Cabinetes Kaisers Mathias, Leben, 4 Bde., Wien 1847-1851

Helbling, Leo, Dr. Johann Fabri, Generalvikar von Konstanz und Bischof von Wien 1478-1541. Beiträge zu seiner Lebensgeschichte (= Reformationsgeschichtliche Studien und Texte Heft 67/68), Münster i.W. 1941

Immenkötter, Herbert, Friedrich Nausea und die Augsburger Religionsverhandlungen, in: Reformatio Ecclesiae, Paderborn, München, Wien, Zürich 1980, 467-486

Jedin, Hubert, Das konziliare Reformprogramm Friedrich Nauseas: Historisches Jahrbuch 77, 1958, 229-253

Kerschbaumer, Anton, Cardinal Klesel, Minister-Präsident unter Kaiser Mathias. Quellenmäßig bearbeitet, Wien 1865

Klein, Anton, Geschichte des Christenthums in Oesterreich und Steiermark seit der ersten Einführung desselben in diese Länder bis auf gegenwärtige Zeit, 6 Bde., Wien 1840-1842

Loesche, Georg, Geschichte des Protestantismus in Oesterreich. In Umrissen, Tübingen, Leipzig 1902

Loesche, Georg, Geschichte des Protestantismus im vormaligen und im neuen Österreich, 3., verb., verm. Aufl., Wien, Leipzig 1930

Mayer, J. G., Bischof Friedrich Nausea von Wien auf dem Konzil von Trient: Historisches Jahrbuch 8, 1887, 1-27

Mecenseffy, Grete, Geschichte des Protestantismus in Österreich, Graz, Köln 1956

Metzner, Joseph, Friedrich Nausea aus Waischenfeld, Bischof von Wien, Regensburg 1884

Rainer, Johann, Kardinal Melchior Klesl (1552-1630). Vom ,,Generalreformator" zum ,,Ausgleichspolitiker": Römische Quartalschrift für christliche Altertumskunde und Kirchengeschichte 59, 1964, 14-35

Rainer, Johann, Klesl: NDB 12, 1980, 51f.

Ritter, Klesl: ADB 16, 1882, 167-178

Tomek, Ernst, Kirchengeschichte Österreichs 2. Tl.: Humanismus, Reformation und Gegenreformation, Innsbruck, Wien 1949

Tüchle, Hermann, Fabri: NDB 4, 1959, 728f.

Walter, Friedrich, Wien. Die Geschichte einer deutschen Großstadt an der Grenze, 3 Bde., Wien 1940-1944

Wiedemann, Theodor, Geschichte der Reformation und Gegenreformation im Lande unter der Enns, 5 Bde., Prag 1879-1886

Wodka, Josef, Kirche in Österreich. Wegweiser durch ihre Geschichte, Wien 1959

I.

Georg von Slatkonia (1513-1522)

Georg von Slatkonia war jahrzehntelang als Musiker und Kapellmeister tätig, bevor er 1506 Administrator des istrischen Bistums Pedena (Piben) wurde. Zu ihm trat 1513 das Bistum Wien. Er war nach sieben Administratoren der erste Bischof dieser Stadt. Georg war gegenüber der lutherischen Neuerung lau. Er wandte der Hofmusik mehr Aufmerksamkeit als der Irrlehre zu. Die Bulle „Exsurge Domine" ließ er erst am Sonntag Reminiscere 1521 verlesen, nachdem Karl V. darauf gedrungen hatte. Von einem kraftvollen Vorgehen gegen die Häresie kann bei ihm nicht die Rede sein; sie breitete sich aus. Im Januar 1522 wurde dem abgefallenen und seit 1517 mit einer Frau zusammenlebenden Paul Speratus die Kanzel von St. Stephan eingeräumt, von wo aus er das Volk aufwiegelte. Am 12. Januar 1522 beispielsweise hielt er eine Predigt mit dem bezeichnenden Thema „Vom hohen Gelübde der Taufe". Die ungünstigen politischen und militärischen Verhältnisse begünstigten seine Wühlerei. Denn vor den Toren von Wien standen die Türken. Angesichts dieser Gefahr glaubte die katholische Seite auf die Unterstützung der Protestanten nicht verzichten zu können. Diese aber ließen sich ihre Hilfe mit Konzessionen auf kirchlichem Gebiet bezahlen. Die agitatorischen Predigten des Speratus wurden nicht vom Bischof, sondern von der Wiener theologischen Fakultät gerügt. Georg von Slatkonia hat gegenüber der protestantischen Bedrohung versagt.

II.

Johann von Revellis (1524-1530)

Bischof Georg von Slatkonia starb am 26. April 1522, wenige Wochen später sein Koadjutor, Konrad Renner. Am 7. Februar 1523 trug Erzherzog Ferdinand die Verwesung des Bistums seinem Kanzler, dem Bischof von Triest, Peter Bonomo, auf. Papst Hadrian VI. weigerte sich jedoch, ihn als immerwährenden Verweser der Diözese Wien zu bestätigen, weil er bereits das Bistum Triest besaß. Der Erzherzog offerierte dann seinen Beichtvater, Johann de Revellis. Er erlangte am 6. April 1524 die Einsetzung des Papstes.

Bischof Johann von Revellis war ein scharfer Gegner der Irrlehre und ging gegen einzelne Lutheraner energisch vor, ohne doch die Ausbreitung der Neuerung hindern zu können, weil „das Volk die tatsächlich vorhandenen Übelstände im Klerus sah, die dogmatischen Irrtümer nicht erkannte" (Ernst Tomek). Am 10. März 1528 wurde Balthasar Hubmaier, ein Wiedertäufer, in Wien hingerichtet. Angesichts der Verachtung der kirchlichen Autorität und der Unterwanderung des kirchlichen Apparates durch

Sympathisanten des Luthertums mußte das Schwergewicht des Kampfes gegen die Neuerer bei den weltlichen Behörden liegen. König Ferdinand rief am 20. August 1527 zur Durchführung des Wormser Edikts auf. Im folgenden Jahr ließ er eine Visitation abhalten. Die Auswertung ihrer Ergebnisse verhinderte die Schwäche des Königs, der auf den lutherisch gesinnten Adel Rücksicht nehmen mußte, dessen Hilfe für die Abwehr der Türken unentbehrlich war. Am 26. September 1529 war Wien von einem gewaltigen Heer der Türken eingeschlossen. Auch in Wien hatte der Kampf des Protestantismus gegen die katholische Religion eine politische Seite. In den Beamtenstellen saßen zum großen Teil Männer, die selbst Lutheraner waren oder wenigstens das Luthertum begünstigten und alle Maßnahmen gegen die Irrlehre sabotierten. Revellis konnte nicht mit Geld umgehen und machte große Schulden.

III.

Johannes Fabri (1530-1541)

Johannes Fabri ist eine der wichtigsten Gestalten auf katholischer Seite in den ersten beiden Jahrzehnten der sogenannten Reformation. Er war ein gebildeter Humanist, aber auch Kanonist und Theologe. Fabri studierte in Tübingen und Freiburg i.Br. Er erwarb den dreifachen Grad eines Doktors der Theologie, der Philosophie und der Rechte. Fabri besaß eine vorzügliche Kenntnis der Heiligen Schrift und machte von ihr in seinen Predigten und Publikationen einen umfassenden Gebrauch. Er war ebenso ein in der Seelsorge erfahrener und geschäftskundiger Mann. 1513 wurde er Offizial in Basel, 1517 Generalvikar von Konstanz. Seit 1522 war er Ratgeber des Erzherzogs und späteren Königs Ferdinand, der ihn häufig mit diplomatischen Missionen betraute. Der Entschluß, in den Dienst des Wiener Hofes zu treten, war aus seiner seelsorglichen Absicht geboren, auf diese Weise wirksamer für den Glauben arbeiten zu können. 1524 wurde er zum Koadjutor des Bischofs von Wiener Neustadt, des Theodorich Kammerer, bestellt. Als er 1530 Bischof von Wien wurde, übertrug er seine Rechte auf das Bistum Wiener Neustadt dem Gregor Angerer.

Johann Fabri war sittlich einwandfrei und stand fest im katholischen Glauben. Er war einer der wenigen Bischöfe jener Zeit, die eine starke seelsorgliche Ader hatten; unermüdlich war er tätig, um Glauben und Frömmigkeit im Volke zu erhalten. Er war ein beflissener und gewandter Verkündiger des Wortes Gottes. Der Nuntius Vergerio stellte ihm ein gutes Zeugnis wegen seines Predigteifers aus.

Obwohl Fabri ursprünglich dem Erasmus zuneigte, erkannte er relativ früh die Gefahr, die von der lutherischen Neuerung ausging. Seit der Leipziger Disputation wußte er, wohin Luther steuerte. Er erwartete von einem Konzil eine klare Entscheidung gegen den Wittenberger Mönch, die Schwankende festigen und Abgefallene zurückführen könne. Von Luther persönlich hielt er nichts. Immer wieder machte er auf die zahllosen Widersprüche in dessen Schriften aufmerksam; diese Selbstwiderlegungen kompromittierten nach seiner Meinung die ganze Bewegung. Fabri war klar, daß zwischen Katholiken und Protestanten grundlegende dogmatische Gegensätze bestanden, die weder durch Kompromißformeln und Vereinbarungen noch durch Interpretation überbrückt werden konnten, und er sprach diese Erkenntnis offen aus. Durch seine polemischen Schriften wurde er zu einem der wichtigsten Verteidiger der katholischen Kirche in Deutschland. Unermüdlich wies Fabri auch auf die verheerenden politischen und sozialen Folgen der Glaubensneuerung hin. Er war der Ansicht, daß viele Protestanten zum katholischen Glauben zurückkehren würden, wenn ihnen nur die Auswirkungen der protestantischen Lehre eindringlich vor Augen gestellt würden. Er lernte auch taktisch dazu. So trug er den interessanten Gedanken vor, man solle die Neugläubigen mit ihren eigenen Gegensätzen beschäftigen und sie auch politisch trennen. Für das Hagenauer Religionsgespräch riet Fabri ein offensives Vorgehen an. Es sollte den Protestanten gezeigt werden, daß sie von ihrem eigenen Bekenntnis, der Confessio Augustana, von Anfang an abgewichen seien. Für die Fortsetzung des Gespräches in Worms schlug er vor, den Ständen eine Zusammenstellung der widersprechenden Lehren der Lutheraner und der Zwinglianer vorzulegen und sie dadurch gegenüber ihren theologischen Beratern zu ernüchtern. Trotz des unermüdlichen Eifers, mit dem Johann Fabri den Religionsneuerern entgegentrat, breitete sich der Protestantismus in Wien aus. Im Laufe der Zeit wurde die Mehrheit der Stadtbevölkerung protestantisch. Die Irrgläubigen besetzten den Stadtrat und die Gerichte, ja durchdrangen die Regierung. Die Auseinandersetzungen, in die Fabri mit Stadtrat, Universität und Domkapitel geriet, hatten eine unheilvolle Zersplitterung der Kraft der Katholiken zur Folge. König Ferdinand befahl 1532 zum erstenmal die Anlegung von Verzeichnissen derer, welche die Osterkommunion empfangen hatten.

Über der Abwehr der Glaubensneuerung vergaß Fabri nicht das Anliegen der katholischen Erneuerung. In der Reform der Sitten und der Abstellung der Mißbräuche sah er die unerläßliche Voraussetzung dafür, daß die katholische Wahrheit auch bei den Abgewichenen wieder siegen werde. Papst Paul III. leitete er 1536 eine bedeutsame Denkschrift über Konzil und Reform zu.

Fabri war anfangs noch stark auf seine eigene Person bedacht. Aber im Laufe des Kampfes läuterte er sich und trat völlig hinter der von ihm verteidigten Sache zurück. Bezeichnend ist der Wandel, den das Urteil Giovanni Morones über Fabri durchgemacht hat. Anfangs erschien er ihm nicht vorbildlich. Morone beurteilte Fabri zwar als mutigen Verteidiger des Glaubens, aber auch als habgierig. Später erkannte er seinen Eifer und seine Klugheit. Fabri gehört in die Reihe jener Bischöfe, die für seine Zeit untypisch waren. Ihre Seltenheit war ein Verhängnis. „Hätte Deutschland und die Kirche in der ersten Hälfte des sechzehnten Jahrhunderts eine stattliche Reihe solcher Bischöfe besessen, dann hätte die gesamte Kirchengeschichte einen andern Verlauf genommen" (Leo Helbling).

IV.

Friedrich Nausea (1541-1552)

1538 wählte Bischof Fabri seinen Freund Nausea zum Koadjutor mit dem Recht der Nachfolge, 1539 erfolgte die päpstliche Bestätigung. Nach dem Tode Fabris am 21. Mai 1541 bestieg Nausea den Wiener Bischofsstuhl.

Friedrich Nausea war ein würdiger Nachfolger Fabris. Er war ein gebildeter Theologe und in der Pfarrseelsorge erfahren. Als Jurist waren ihm Klarheit des Denkens und Sauberkeit der Begriffe eigen. Nausea war gläubig und fromm. Er war ein warmer Verehrer Mariens und suchte ihre Verehrung zu verbreiten. Sein sittlicher Wandel war tadellos. Besonders hervorzuheben ist der Freimut, mit dem er bei Freund und Feind die wahren Verhältnisse feststellte. Er sah die Nöte und Schäden der Zeit mit wachem Blick. Eine Hauptursache für die Ausbreitung der Irrlehre erblickte er in der Verderbnis des Klerus. Die zahlreichen Versäumnisse auf katholischer Seite schilderte er aufrichtig, aber nicht minder deutlich die unzähligen Rechtsbrüche der Protestanten. Nausea war ein seeleneifriger Oberhirte und namentlich als Prediger verdient. Zeitweilig bestieg er jeden Sonn- und Feiertag die Domkanzel. Seine Liebe galt dem Predigtstuhl und der Studierstube; nach dem Bischofsamt trachtete er nicht. Schwierigkeiten, Ärger, Streit und Kränklichkeit ließen ihn seiner hohen Würde nicht froh werden. Als feinbesaiteter Gelehrter war er den Aufgaben der Temporalienverwaltung nicht gewachsen.

Friedrich Nausea bemühte sich, das zerrüttete religiöse Leben in seinem kleinen Bistum zu heilen. Es gab damals in Wien offene und versteckte Lutheraner. Einer ihrer Hauptangriffspunkte war das katholische Priestertum. Sie suchten vor allem die angehenden Geistlichen zum Abfall zu bewegen. Die gehässigen Attacken der Glaubensneuerer gegen das Priestertum hatten einen katastrophalen Priestermangel zur Folge. Nausea wußte, daß die Kirche mit den Priestern stand und fiel. Das Schulwesen und die Universität lagen ihm daher sehr am Herzen. Er fürchtete den dort vielfach vorhandenen Kryptoprotestantismus, den er zum erheblichen Teil für den Mangel an geistlichem Nachwuchs verantwortlich machte. Es war Nauseas Bemühen, den Irregeführten die Einsicht in die Widersinnigkeit der Häresie zu vermitteln und sie so zu überzeugen. Auf Reisen in Österreich, Böhmen und Schlesien wirkte er durch Predigten, in Böhmen bemühte er sich um die Versöhnung der Utraquisten mit der Kirche. In seiner 1547 erschienenen Schrift hob er die Unentbehrlichkeit der Visitation für die Erhaltung des Glaubens und die Bekämpfung der Irrlehre hervor. Sie sollte durch eine Kommission vorgenommen werden, der u. a. zwei Theologen und ein Fiskal angehören sollten. Nausea glaubte der Kirche aufhelfen zu können, wenn in einigen Punkten Nachsicht bewiesen würde. So schlug er Paul III. die Gewährung des Laienkelches und die Aufhebung des Zölibates vor.

Nausea war kein Freund der Religionsgespräche; er sah sie als für die Kirche schädlich an. Da er sie nicht verhindern konnte, gab er eine Reihe von vorzüglichen Ratschlägen für das dabei einzuhaltende Verfahren und nahm selbst an den Religionsgesprächen in Hagenau und Worms (1540/41) teil. Eifrig arbeitete er für das Augsburger Interim, das aber zu einem Fehlschlag wurde. Für ein Konzil und notwendige Reformen setzte er sich mit warmem Eifer ein. Auf dem Trienter Konzil trat er bei den Verhandlungen über die Eucharistie hervor. 1551 kamen, vom König gerufen, die ersten Jesuiten nach Wien. 1552 errichteten sie ein Kolleg in der Stadt. Sie arbeiteten segensreich als Lehrer, Prediger und Beichtväter. 1554 wurde der Katechismus des Canisius für alle Schulen vorgeschrieben.

Das rechtswidrige Vorgehen der Protestanten führte Nausea zu der Erkenntnis, daß der Neuerung mit Argumenten allein nicht beizukommen sei. In seiner Predigt vom 24. November 1538 empfahl er — nach dem Beispiel des Verhaltens der lutherischen Fürsten gegen ihre katholischen Untertanen — die Anwendung des weltlichen Arms gegen die Religionsneuerer. König Ferdinand war dazu bereit und schritt zur Tat. Die zahlreichen gutgemeinten Mandate, die er in den fünfziger Jahren erließ, blieben jedoch ohne Erfolg, weil Adel und Magistrate sich nicht darum kümmerten. Nach dem Augsburger Religionsfrieden wäre der König berechtigt gewesen, in seinen österreichischen Erbländern den Protestantismus abzustellen. Aber dazu fehlte ihm die Macht. Immer wieder mußte er vor den Ständen zurückweichen und nachgeben. Die Mehrheit des Adels war fast überall protestantisch und trotzte den Befehlen des Landesherrn. In den Städten war die Lage nicht sehr verschieden. Die Mehrheit der Magistrate begünstigte insgeheim oder offen die bequeme religiöse Neuerung. Der Thronfolger Maximilian neigte, wie man wußte, dem Luthertum zu, hielt sich einen protestantischen Hofprediger und empfing das Abendmahl unter beiderlei Gestalt. Wegen der unsicheren Haltung Maximilians ordnete Ferdinand 1554 die Teilung seiner Länder unter seine drei Söhne Maximilian, Ferdinand und Karl an. Das Ende der katholischen Kirche in Österreich schien gekommen.

Friedrich Nausea war ein ,,furchtloser Gotteskämpfer und unermüdlicher Arbeiter am Wiederaufbau des Tempels" (Joseph Metzner). Der Fortschritt des Luthertums wurde unter seiner Regierung zwar noch nicht aufgehalten, aber er verlangsamte sich. Bezeichnend für die Lage in Wien war, daß 1549 bei der Fronleichnamsprozession ein Bäckerjunge dem Priester die Monstranz entriß. Josef Wodka sieht den Hauptgrund für die Tatsache, daß weder Fabri noch Nausea imstande waren, das Fortschreiten des Protestantismus in Wien zu verhindern, in dem Fehlen einer entsprechenden politischen Macht, ,,auf die es damals ankam". Es gingen ihnen Macht und Geld ab, die unerläßlich zum Kampf gegen die Neuerung waren. ,,Daß sie aber auf schier aussichtslosem Posten ihr Bestes einsetzten und hergaben, darin äußert sich die Größe, aber auch die Tragik ihres Lebens und Wirkens" (Wodka).

V.

Anton Brus (1560-1561)

Nach Nauseas Tod am 6. Februar 1552 wurde das Bistum wieder durch Administratoren verwaltet. Erst 1560 erhielt es in Anton Brus einen Bischof. Dieser bemühte sich um eine katholische Erneuerung. Seine Regierungszeit in Wien war aber zu kurz, um Nachhaltiges zu erreichen. Während der Bischof in Trient weilte, schritt die Auflösung des Bistums voran. Die Disziplin unter den Geistlichen verfiel, Ungeweihte wurden als Pfarrer eingesetzt, der Protestantismus nahm überhand. Christoph Hillinger, der Offizial des Passauer Bischofs in Wien, dem Brus für die Zeit seiner Abwesenheit die Verwaltung des Bistums Wien übertragen hatte, war nicht imstande, dem Zusammenbruch zu begegnen.

VI.

Urban Sagstetter (1563-1568)

Urban Sagstetter war seit 1556 Bischof von Gurk. Er verwaltete das Bistum Wien als Administrator.

Urban Sagstetter war ein eifriger Mann, vor allem ein unermüdlicher Prediger, der stets eine große Menge unter seiner Kanzel versammelte. Aber es fehlte ihm an Entschiedenheit und Kraft. Er klagte über seine Ohnmacht gegenüber dem Domkapitel und den exemten Klöstern. In seine Regierungszeit fällt das verhängnisvolle Zurückweichen vor dem Protestantismus in Kirche und Staat. Am 18. Juni 1564 mußte Urban den Wienern die Erlaubnis zur Kommunion unter beiden Gestalten bekannt geben. Er erließ dazu eine Pastoralinstruktion für den Klerus und eine Unterweisung für das Volk. Nach dem Bericht des Nuntius Delfino vom 20. November 1564 war die Wirkung der Gewährung des Laienkelches in Wien segensreich. Doch nicht alle Beobachter teilten diese Ansicht. In jedem Falle gab es nunmehr lebhaften Streit unter den Katholiken. Außerdem war der Fortschritt des Protestantismus durch diese Konzession nicht aufzuhalten. In Wien und Umgebung empfingen zu Ostern 1568 insgesamt 7378 Personen die hl. Kommunion unter einer, 6987 unter beiderlei Gestalt. Die Jesuiten hatten allein 3600 Kommunionen nur unter einer Gestalt. Im Januar 1568 richtete Maximilian den unseligen Klosterrat ein, der sich böse Übergriffe in die bischöfliche Jurisdiktion erlaubte. Bald darauf kamen noch viel verhängnisvollere Ereignisse; Kaiser Maximilian II. sagte den Protestanten Religionsfreiheit zu. Am 18. August 1568 gestattete er den niederösterreichischen Herren und Rittern die Religionsübung nach der Augsburger Konfession. Der Adel durfte danach in seinen Besitzungen die protestantische Religion ausüben. Am 7. Dezember 1568 räumte Maximilian den oberösterreichischen Herren und Rittern dieselbe Konzession ein. Diese Zugeständnisse zeitigten ihre Wirkung auch in der Landeshauptstadt. David Chyträus, der 1568/69 in Wien weilte, berichtet über allgemein zugängliche Gottesdienste in Wiener Häusern des Adels. Die Assekurationsurkunde von 1571 gestand den niederösterreichischen Adligen das Recht zu, auf ihren ländlichen Schlössern und Besitzungen protestantischen Gottesdienst zu halten, während die Freigabe der lutherischen Religionsübung in den Stadthäusern des Adels strittig blieb. Maximilian duldete jedoch den lutherischen Gottesdienst im Landhaus. Eine unglaubliche Hetze gegen die heilige Religion ging von dort aus. Im Jahre 1574 gab Maximilian mündlich die protestantische Religionsübung in Wien zu. Dadurch wurde der Protestantismus in der Hauptstadt und im Lande erst recht gemehrt. Die Wiener Universität wurde von Lutheranern beherrscht. Maximilian II. fügte durch seine Konnivenz gegenüber dem Protestantismus der Kirche schweren Schaden zu. Der Kaiser war eine schwankende Erscheinung. Er nahm den Sebastian Pfauser, einen mit einer Frau zusammenlebenden abgefallenen Priester, den sein Vater entlassen hatte, in seinen Hofstaat auf und ließ ihn jahrelang in St. Augustin predigen. Zeitweilig drohte sein eigener Übertritt zum Protestantismus. Bischof Hosius vermochte es, Maximilian davon zu überzeugen, daß der Protestantismus politisch eine noch schwächere Stütze sei als die katholische Lehre, was den Kaiser dazu bewog, ,,über die protestantische Gesinnung die katholische Hülle zu werfen'' (Theodor Wiedemann).

VII.

Johann Kaspar Neubeck (1574-1594)

Nach Sagstetters Rücktritt blieb das Bistum Wien sechs Jahre unbesetzt. Am 27. September 1574 wurde Kaspar Neubeck nominiert, am 4. Februar 1575 wurde er zum Bischof bestellt. Neubeck war ein gebildeter, frommer und eifriger Priester. Er war früher Professor in Freiburg gewesen. Theodor Wiedemann nennt ihn einen ,,tätigen, umsichtigen Oberhirten''. Ernst Tomek bezeugt ihm, in einer sehr schweren Zeit alles getan zu haben, was in seiner Macht stand, um den Glauben zu erhalten. Seine materielle Lage war sehr ungünstig.

Neubeck trat ein trauriges Erbe an. Das religiöse Leben im Bistum lag darnieder. Das Volk war lau, der Klerus undiszipliniert, das Klosterwesen in Auflösung begriffen. Die Masse der Menschen war neugläubig, halbgläubig, ungläubig oder gleichgültig geworden. Aber die Meinung, Österreich sei um 1580 fast ganz protestantisch gewesen, ist falsch. Nach den Untersuchungen Ernst Bernleithners hingen, insgesamt gesehen und nach der Flächenverteilung beurteilt, höchstens ca. 35% der Bevölkerung dem Protestantismus an. Neubeck resignierte nicht. Er machte sich mit Unverzagtheit daran, das religiöse Leben zu erneuern. Seinen guten Absichten stand der Klosterrat entgegen, der ihn daran hinderte, selbst die Visitation vorzunehmen. Erst 1582 konnte er eine Anzahl von Pfarreien visitieren, anschließend erließ er eine nützliche Verordnung für den Klerus. 1583 wurde die Wallfahrt nach Mariazell wieder aufgenommen. Das von ihm geplante Seminar kam dadurch zustande, daß Gregor XIII. 1574 eine entsprechende Stiftung machte.

Neubeck bemühte sich auch, die Irrlehre zu bekämpfen. Dabei standen ihm manche Geistliche und Laien bei. Der tatkräftigste, mutigste und gelehrteste Verteidiger der katholischen Sache in Wien war der Professor und Hofrat Georg Eder, ein Laie. Schonungslos deckte er die Blößen der Neuerer auf; er warf der neuen Lehre vor, ihr Ziel sei „die Freiheit des Fleisches". Zur Zeit Maximilians II. führte Eder mit seinen Schriften den Kampf gegen die Protestantisierung, der dem Klerus oblegen hätte. Der Tod Maximilians II. verschlechterte indes die Aussichten der österreichischen Protestanten. Denn Rudolf II. war überzeugter Katholik. Er sah in den Protestanten sowohl Empörer, die seiner fürstlichen Macht zu nahe traten, als auch Abtrünnige vom Glauben. Er war aufgebracht über die Verunglimpfungen katholischer Einrichtungen, deren sich viele Prädikanten schuldig machten, darunter der seit 1574 im Wiener Landhaus wirkende Josua Opitz. Rudolf stellte erbittert fest, wie vor allem der Adel sich nicht an die ihm gewährten Konzessionen hielt, und ging daher zuerst gegen die offenkundigen Rechtsverletzungen an.

1576 übertrug Kaiser Rudolf die Regierung in Niederösterreich seinem Bruder Ernst. Dieser war nicht nur treu katholisch, sondern auch entschieden. Unter ihm begann die Rekatholisierung von Wien. Im März 1577 wurden der öffentliche protestantische Gottesdienst und die Vornahme geistlicher Handlungen in Bürgerhäusern verboten. Im Mai 1577 wurde gegen die im Landhaus weiter betriebene Agitation eine Verwarnung ausgesprochen. Am 12. Juni 1578 wurde den Wiener Prädikanten das Verlassen Wiens und der kaiserlichen Länder binnen 14 Tagen befohlen und die Landhauskapelle geschlossen. So verloren die Protestanten ihre Religionsübung in Wien. Künftig wurden nur Katholiken zum Stadtrat zugelassen. 1580 wurde der Landhausladen des Elias Freitag geschlossen. Seit 1581 die ersten Ausweisungen aufsässiger Bürger erfolgten, war die protestantische Bewegung zum Stillstand gebracht. Der Zusammenschluß der katholischen Stände Niederösterreichs 1580 verschaffte der Regierung die Unterstützung einer erstarkenden katholischen Partei. Die Verleihung des Bürgerrechtes in Wien wurde an das katholische Bekenntnis geknüpft. Den Bürgern wurden der Besuch der hl. Messe sowie der Empfang des Buß- und des Altarssakramentes eingeschärft. 1588 wurden die protestantischen Gottesdienststätten in der Umgebung Wiens beseitigt. Die Zeit der erpreßten Zugeständnisse war vorüber. Der Protestantismus mußte aus dem Angriff in die Verteidigung übergehen. Die Tätigkeit Melchior Klesls machte sich bemerkbar. Er war ja Dompropst von St. Stephan und Kanzler der Universität. In den achtziger Jahren durchzog er an der Spitze der Religionsreformationskommission Niederösterreich und begann mit der Wiederherstellung des Katholizismus. Erzherzog Ernst stand mit Festigkeit zu seinen Maßnahmen. Dennoch bildeten in Wien sich verborgen haltende oder auf Herrensitzen der Umgebung wirkende Prädikanten weiterhin eine ernste Bedrohung der katholischen Religion. Wo der Adel seinen Einfluß hatte, blieben die Prediger im Lande. Der 1593 von neuem aufflammende Türkenkrieg und die 1595 ausbrechenden Bauernunruhen wurden vom Adel benutzt, um wiederum Zugeständnisse zu erlangen. Die Regierung Rudolfs II. trat in den Mandaten streng auf, aber die Durchführung war schlaff. Die Nachlässigkeit der vollziehenden Behörden war in Österreich ein schweres Hemmnis der Rekatholisierung. Aber die innere Erneuerung der Kirche kam voran. Neubeck trug die Anordnungen des Herrschers zu seinem Teil mit. Eine große Gefahr sah er in der Verbreitung protestantischer Schriften, womit Österreich geradezu überschwemmt wurde. Im Zusammenwirken mit der weltlichen Gewalt suchte er diesem Mißstand abzuhelfen. Die Tätigkeit der Jesuiten machte sich bemerkbar. Die Zahl der Beichten und Kommunionen stieg, die Beteiligung an den Prozessionen wurde stärker. Gregor XIII. gründete 1574 in Wien ein Priesterseminar, und Neubeck verwandte darauf viel Sorge; es fehlten jedoch die erforderlichen Finanzmittel, so daß es nicht recht gedieh. 1591 wurde eine Visitation der Wiener Klöster vorgenommen, die einen Schritt vorwärts bedeutete.

IX.

Melchior Klesl (1598-1630)

Melchior Klesl war das Kind lutherischer Eltern; er konvertierte als Jüngling, trat in den geistlichen Stand und erwarb in Ingolstadt den Grad eines Lizentiaten der Theologie. Klesl empfing am 30. August 1579 in Wien die Priesterweihe, hielt aber erst am 1. Januar 1581 seine Primiz. 1580 wurde er Offizial des Bistums Passau für Niederösterreich mit Sitz in Wien. Seit 1581 war er Generalvikar des Bischofs von Passau für Niederösterreich. Beide Ämter übte er mit Entschlossenheit und Erfolg aus. Seit 1588 war Klesl Administrator des Bistums Wiener Neustadt. Nach kaiserlicher Intervention wurde er vom Papst als Administrator bestätigt. Auch hier nahm er die katholische Erneuerung energisch in Angriff. 1590 bestellte ihn Sixtus V. zum Generalreformator für Österreich. 1598 wurde Klesl zum Bischof von Wien ernannt. Die Administration von Wiener Neustadt behielt er bei. Wegen verschiedener Intrigen wurde die Ernennung zum Bischof von Wien erst 1602 publiziert. In Wien bewies Klesl denselben Eifer wie in Wiener Neustadt. Er predigte eifrig im Dom. Am 13. Juli 1613 erlangte er die notwendige Weihedispens (als Sohn eines Irrgläubigen), am 22. April 1614 empfing er die Bischofskonsekration.

Klesl besaß einen durchdringenden Verstand, große Menschenkenntnis, überlegene Geschäftsgewandtheit und hervorragendes Redetalent. Er hatte einen starken Willen und große Energie, Mut und Ausdauer; er war ein Mann von rastlosem Tatendrang. Klesl war einer der wenigen Bischöfe seiner Zeit, die sich selbst nicht schonten und „persönlichen Einsatz" nicht scheuten. Er entledigte sich seiner Obliegenheiten geschickt und kraftvoll; dem eingerissenen Schlendrian sagte er den Kampf an. Durch seine vorzügliche wirtschaftliche Tätigkeit schuf er eine Voraussetzung für die Rekatholisierung. Er war unermüdlich im Predigen und Unterweisen, und seine Lehre zeitigte große Erfolge. Seine Lebensführung war tadellos; selbst seine ärgsten Gegner konnten ihm bezüglich des Verhaltens zum anderen Geschlecht nichts vorwerfen. Klesl war gläubiger, überzeugter Katholik und besaß echte Frömmigkeit. Er war davon durchdrungen, daß es um des Wohles Österreichs willen nur eine Kirche im Lande geben dürfe. Aber er war weder ein Zelot noch ein Fanatiker. Ausfälle und grausame Gewalt anzuwenden, war nicht nach seinem Sinn. Das Hauptgewicht bei der Bekehrung der Irrgläubigen legte er auf die Überzeugung durch Predigt und Unterricht.

Die Schatten fehlen am Charakterbild Klesls nicht. So wußte er seine Zunge nicht stets im Zaum zu halten; unüberlegte oder unvorsichtige Äußerungen fügten ihm und auch der katholischen Sache Schaden zu. Er besaß nicht die Gabe, durch Höflichkeit und Entgegenkommen andere für sich zu gewinnen, sondern war oft schroff oder derb. Ehrgeiz und Politik führten ihn gelegentlich zu Konnivenz und Kombinationen, zum Finassieren und Lavieren, was ihn manchem Katholiken verdächtig machte.

Klesl war davon überzeugt, daß Wiederherstellung der kirchlichen Disziplin und Rückgewinnung der Abgewichenen nebeneinanderhergehen müßten. So nahm er sich zuerst der Angehörigen des geistlichen Standes an. Dem Klerus sah er scharf auf die Finger; mit kanonischen Strafen war er nicht zimperlich. Als Visitator der Klöster wirkte er für die Besserung der Ordensleute. Die Ordenshäuser blühten auf; es gab Nonnenklöster, die wegen des Andranges keine Novizinnen mehr aufnehmen konnten. Kapuziner und Barmherzige Brüder kamen neu hinzu. Als Klesl 1590 zum Generalreformator ernannt wurde, ging er erst recht mit Kraft und Ausdauer an das Werk der katholischen Erneuerung. Predigten und Einzelgespräche brachten viele zur Einsicht in die Unhaltbarkeit des protestantischen Systems. Gleichzeitig ergingen obrigkeitliche Maßnahmen gegen den Protestantismus. In den Erzherzögen Ernst und Matthias als Statthaltern in Niederösterreich fand er Förderer seiner Rekatholisierungsbestrebungen. Seinem Einfluß waren die Edikte von 1596 und 1602 gegen protestantische Kulthandlungen, Schulen und Bücher zu verdanken. Die protestantischen Prediger wurden entfernt, der lutherische Gottesdienst nach Möglichkeit eingestellt, die Leute wurden zum Besuch des katholischen Gottesdienstes und zum Empfang der Sakramente angehalten, die häretischen Schriften beseitigt. 1614 durchsuchte eine gemischte, geistlich-weltliche Kommission die Wiener Buchläden nach lutherischen Druckwerken. Von Gewissensnötigung kann in diesem Zusammenhang lediglich in wenigen Fällen gesprochen werden. Denn die meisten Menschen waren nicht auf Befehl ihres Gewissens zum Protestantismus übergegangen, sondern aus Verführung, geistiger Unselbständigkeit und Anpassungsstreben. Jene, die religiös nicht praktizierten, wurden zu dieser Abstinenz regelmäßig nicht durch einen Spruch des Gewissens veranlaßt, sondern durch Bequemlichkeit und Nachlässigkeit, Desinteresse und Trägheit. Wenn sie jetzt durch die Obrigkeit zu religiöser Praxis angehalten wurden, erfuhren sie nicht eine Nötigung, sondern eine heilsame

Stärkung ihres Gewissens. Gleichzeitig nahm Klesl Bedacht darauf, die Ämter mit Katholiken zu besetzen. Denn Ansehen und Einfluß, Macht und Beispiel der Beamten waren für das religiös-kirchliche Verhalten zahlloser Menschen schlechthin entscheidend. Schließlich drang er auf Hebung und Reinigung des Schulunterrichts. Auf seinen Rat hin wurden die Schulen erneuert, indem u.a. dem Glaubensunterricht nach dem Katechismus des Petrus Canisius die gebührende Stelle eingeräumt und protestantische Bücher abgeschafft wurden. In den 39 Jahren, in denen er Kanzler der Universität Wien war, sorgte er dafür, daß wieder katholische Professoren angestellt wurden. Allerdings ist gerade die Wiener Universität ein Beispiel dafür, wie wechselnde Mandate der Kaiser und Nichtbeachtung gesetzlicher Bestimmungen die volle Rekatholisierung hemmten.

Klesl war ein Mann mit Augenmaß und Mut. Er war überzeugt, daß die Protestanten nur deswegen so stark geworden seien, weil man die Katholiken nicht geschützt und begünstigt hatte aus Furcht, die Protestanten könnten einen Aufstand machen. Aber nichts von den an die Wand gemalten Ereignissen trat zunächst ein. Die von manchen befürchtete Massenauswanderung der Protestanten fand nicht statt; für einen Protestanten, der auswanderte, kamen, wie Klesl einmal schrieb, zehn Katholiken ins Land. Klesl hatte es nicht leicht. Seine Maßnahmen wurden durch offene und geheime Sympathisanten am Hofe und bei den Behörden erschwert. Aber es war seine Größe, daß er dadurch nicht entmutigt wurde. Er war nicht der Mann, der sich durch Schwierigkeiten von seinem Vorhaben abbringen ließ.

Bereits in den Jahren 1590 bis 1601 hatte Klesl einen Teil seiner Arbeitskraft politischen Aufgaben gewidmet, mit denen ihn Kaiser Rudolf II., der in Prag residierte, betraute. Seit Beginn des 17. Jahrhunderts verlagerte sich seine Haupttätigkeit auf das politische Gebiet. Sein Wirken war zum Teil segens- und erfolgreich. Als Mitglied im Stand der Prälaten von Unterösterreich führte er die Katholiken zum Bewußtsein ihrer Stärke und schloß sie zusammen. Er wurde zum wichtigsten Berater des Erzherzogs Matthias und begünstigte dessen Vorgehen gegen Kaiser Rudolf II. Nachdem der Kaiser dem Matthias die Hälfte seiner Erblande abgetreten hatte, übernahm er bei ihm die Leitung der Geschäfte. Der Streit zwischen Rudolf und Matthias machte aber den Adel zur ausschlaggebenden politischen Kraft, und seine protestantischen Glieder wußten dies konfessionspolitisch zu nutzen. In der Kapitulationsresolution vom 19. März 1609 garantierte der Erzherzog dem Adel und den landesfürstlichen Städten die freie Religionsübung. Damit hatte die neue Lehre einen großen Sieg errungen. Klesl beurteilte die Resolution als verhängnisvoll und erhob gegen sie Protest. Ihre Wirkungen zeigten sich in Wien augenblicklich. Seit 1610 wurden erneut protestantische Gottesdienststätten in Hernals, Inzersdorf und Rodaun eingerichtet.

Seit August 1608 betrieb Klesl den Plan, durch eine bayerische Heirat des Matthias Rückhalt an Bayern zu gewinnen. Sein Ziel war, die Macht des Landesfürsten zu stärken und die der Stände zu vermindern, womit automatisch auch der Protestantismus getroffen werden mußte. Die Protestanten ahnten diese Absicht; ihr Haß konzentrierte sich daher auf Klesl. Erasmus von Tschernembl war der agile Führer der österreichischen Protestanten. Hochverrat und Landesverrat waren die Mittel, mit denen sie sich durchzusetzen gedachten. Nach Rudolfs Tod wurde Matthias zum Kaiser gewählt; er ernannte Klesl zum Direktor des Geheimen Rates und überschüttete den ihm unentbehrlichen Mann mit Ämtern und Vertrauensbeweisen. Klesl befolgte im allgemeinen eine kluge und maßvolle Politik; für Provokationen war er nicht zu haben. Seine Stellung war schwierig, weil Matthias sich vorwiegend mit lauen Katholiken umgab und sich um die Protestanten lebhaft bemühte, da er sie für seine dynastischen Pläne brauchte. Klesl empfand den Zwiespalt, in den der Staatsmann mit dem Bischof geraten konnte. Seit 1611 und erst recht seit dem Tod Rudolfs trat der rekatholisierende Bischof hinter dem berechnenden Politiker zurück. Er bewies den Protestanten Entgegenkommen und leistete ihnen wichtige Dienste um seiner politischen Ziele willen. Der Heilige Stuhl erlangte Kenntnis von der Änderung seiner Haltung. In Österreich selbst wuchs die Unzufriedenheit mit seiner Religionspolitik. Als der Aufstand in Böhmen ausbrach, befürwortete Klesl eine Politik der Milde und des Ausgleichs. Die Katastrophe brach über ihn herein wegen der Thronnachfolgefrage. Während Erzherzog Maximilian angesichts der Kinderlosigkeit des Kaisers Matthias die Nachfolge Ferdinands von Steiermark festgelegt wissen wollte, setzte Klesl vor die Sukzession die Komposition, d.h. den Ausgleich der konfessionellen Spannungen im Deutschen Reich. Am 20. Juli 1618 wurde er auf Befehl der Erzherzöge Ferdinand und Maximilian verhaftet und nach Tirol geschafft. Er hatte ein ungeheures Barvermögen aufgehäuft, das zur Niederwerfung des böhmischen Aufstandes verwendet wurde. Nach fünfjähriger Haft in Tirol und in Rom wurde er freigelassen, mußte aber weitere vier Jahre in Rom bleiben. Erst 1627 kehrte er in seine Heimat zurück. Die Politik war dem vielgewandten Manne zum Verhängnis geworden. Die Rekatholisierung Wiens ging in der Zeit seines Exils weiter. Am 23. März 1625 wurde den Protestanten eröffnet, sie hätten entweder katholisch zu werden oder die Stadt zu verlassen.

11. Kapitel

Bistum Wiener Neustadt

Kerschbaumer, Anton, Correspondenz zwischen Cardinal Klesel und seinem Official zu Wiener Neustadt M. Gaißler: Archiv für österreichische Geschichte 57, 1878, 173-201

Loidl, F., Wiener Neustadt: LThK X, 2. Aufl., 1965, 1117f.

Mayer, Josef, Geschichte von Wiener Neustadt, 4 Tle., Wiener Neustadt 1924-1928

Tomek, E., Wiener Neustadt: LThK X, 1938, 880

I.

Theodorich Kramer (1516-1530)

Das Bistum Wiener Neustadt wurde 1469 auf Betreiben Kaiser Friedrichs III. errichtet. Es erstreckte sich lediglich über die Stadt. Wegen seiner Kleinheit war es regelmäßig schwierig, dafür einen Bischof zu gewinnen. Die Besetzungsvorgänge des Bistums stellen beinahe Akte einer Tragödie dar. Der Bischof sollte dem St. Georgs-Orden angehören, was in der Folgezeit viel Streit verursachte, weil sich entweder unter den Angehörigen des Verbandes kein geeigneter Bischofskandidat befand oder weil der von anderswoher gekommene Bischof den Eintritt in ihn ablehnte.

Theodorich Kramer wurde 1516 zum Bischof von Wiener Neustadt nominiert. Aber erst Hadrian VI. stellte am 31. August 1522 die Provisionsbulle aus. Kramer war Angehöriger des Minoritenordens, seit 1507 Provinzial, später Titularbischof. Er war fromm und sittlich untadelig, auch gelehrt und geschickt, aber schwach und tatenlos. Die lutherische Irrlehre drang in sein Bistum ein und mit ihr die Zerstörung der kirchlichen Ordnung. Die herrschende Zügellosigkeit bot der eindringenden Irrlehre den besten Nährboden. 1524 wurde dem Kramer Johann Fabri als Koadjutor mit dem Recht der Nachfolge zur Seite gestellt. Dieser war ein gelehrter und tatkräftiger Mann. Er war eifrig bemüht, den Glauben zu erhalten und zu verteidigen.

II.

Johann Fabri (1530-1531)

Johann Fabri lehnte es ab, die Nachfolge Kramers anzutreten. Lediglich zur Administration fand er sich bereit.

III.

Gregor Angerer (1531-1548)

Gregor Angerer wurde am 5. November 1530 nominiert und erhielt am 21. Juni 1531 die päpstliche Einsetzung. Es zog ihn nicht in seine Diözese, und er weilte dort nur sporadisch; wenn er kam, dann geschah es, um materiellen Gewinn zu ziehen. Als Statthalter in Brixen, als Begleiter des Salzburger Kardinals Lang und als Verkünder der Kreuzzugsbulle gegen die Türken war er viel auf Reisen. Ferdinand I. mußte ihn mahnen, sich in seinen Sprengel zu begeben. Das Bistum kam unter solchem Regiment völlig herunter. Als Nausea es 1548 besuchte, fand er erschreckende Zustände vor, die sich die

Lutheraner zunutze machen. Die Glaubensneuerung schritt fort, die kirchliche Ordnung verfiel. Der Bischof klagte über die unreligiöse (gemeint ist die lutherische) Einstellung des Stadtrates, aber er tat nichts, um die Lage zu wenden.

IV.

Heinrich Muelich (1548-1550)

Heinrich Muelich wurde am 6. November 1548 nominiert und erhielt am 21. August 1549 die päpstliche Einsetzung. Er war Hofprediger König Ferdinands. Nennenswerte Spuren hinterließ seine Wirksamkeit nicht. Nach Theodor Wiedemann war er „ein mit sich zerfallener Mann", ursprünglich „der neuen Lehre ergeben", später zum alten Glauben zurückgekehrt. Aber auch danach seien seine Predigten so „farblos" gewesen, daß sie ebensogut von einem Protestanten hätten stammen können. „Er war kein rechter Katholik und kein rechter Protestant." Die Halbheit habe ihn zum Selbstmord getrieben. Er starb durch Erhängen.

V.

Christoph Wertwein (1550-1553)

Christoph Wertwein war Beichtvater und Hofprediger König Ferdinands I. Außer dem Bistum Wiener Neustadt, das er als Bischof innehatte, verwaltete er das Bistum Wien als Administrator.

VI.

Franz Abstemius (1553-1558)

Franz Abstemius war ein gelehrter Mann, dem eine ausgezeichnete Kenntnis des Griechischen und Hebräischen nachgerühmt wird. Sein Lebenswandel war einwandfrei. Aber es fehlte ihm an Energie. Er gab sich Mühe, den Klerus zur Ordnung zurückzuführen, und wandte dem Gottesdienst und dem Kirchenvermögen seine Aufmerksamkeit zu, leider ohne großen Erfolg.

VII.

Martin Durlacher (1558-1559)

Martin Durlacher war vor seiner Nominierung zum Bischof von Wiener Neustadt Abt des Zisterzienserstiftes Rein, Geheimer Rat Kaiser Ferdinands und Titularbischof von Gallipoli. Er war kränklich und starb am 1. Januar 1559.

VIII.

Kaspar von Logau (1559-1562)

Kaspar von Logau erhielt am 13. März 1560 die päpstliche Einsetzung. Er war ein gelehrter und tätiger Mann, aber ohne Kraft und Entschiedenheit. 1562 wurde er für Breslau postuliert und gab Wiener Neustadt auf. Die Mehrheit der Bürger und des Stadtrates standen damals auf der Seite der religiösen Neuerung. In Katzelsdorf hatte diese ein vielbesuchtes Zentrum.

IX.

Christian Naponaeus Radiducius (1564-1571)

Christian Naponaeus war ursprünglich Benediktiner des Klosters Emden in Ostfriesland. Der fromme Klostermann war nur mit Mühe zu bewegen, das ihm angetragene Bistum zu übernehmen. Am 7. Februar 1565 erhielt er die päpstliche Einsetzung.

Christian Naponaeus war gelehrt und guten Willens; er predigte oft. In seinem Bistum wurde der Protestantismus herrschend. Der Klerus lebte ohne Disziplin. Der Bischof war bemüht um die wissenschaftliche Bildung der Geistlichen und um die gewissenhafte Ausübung der Seelsorge, vor allem der Predigt. Aber er war hilflos. Gegen den Spott und die Beleidigungen der Protestanten vermochte er sich nicht zu wehren. Die von Maximilian II. erwirkten bzw. in Aussicht gestellten kirchlichen Konzessionen brachten die Abgefallenen nicht zur Kirche zurück, sondern bestätigten sie in der vermeintlichen Richtigkeit ihres Weges. Der Bischof erkannte diesen Zusammenhang. Er veröffentlichte daher zwar das päpstliche Indult über den Laienkelch, teilte jedoch nach wie vor die Kommunion nur unter einer Gestalt aus.

X.

Lambert Gruther (1572-1582)

Lambert Gruther, im April 1572 nominiert, erhielt am 5. Oktober 1574 die päpstliche Einsetzung. Er war vorzüglich gebildet und ein tüchtiger Prediger. Die Ernennung zum Bischof nahm er nur ungern an. Denn er kam in ein Bistum, das vom Protestantismus durchdrungen war, dessen Klerus ein unerfreuliches Bild bot und dessen Temporalienverwaltung darniederlag. Unter der Regierung Maximilians II. ging es immer weiter bergab. Bezeichnend für die Lage ist, daß Gruther, der offiziell Beichtvater Maximilians II. war, diesem nicht die Sterbesakramente spenden durfte. Gruther war guten Willens, die ihm gestellten Aufgaben zu erfüllen. Er ging sowohl die Wiederherstellung des Katholizismus als auch die religiöse Hebung der Katholiken an. Er forderte den Stadtrat auf, das Auslaufen nach Katzelsdorf zu verbieten, aber es geschah nichts Durchgreifendes. Nach Theodor Wiedemann stand Gruther dem Abbröckeln des Katholizismus und der Zunahme des Protestantismus „ratlos gegenüber". Der Bischof versuchte auch, die Reform des Klerus in die Hand zu nehmen. Seit dem Regierungsantritt Rudolfs II. gab es gewisse Zeichen der Hoffnung. Aber die Mandate, die Gruther vom Kaiser erwirkte, wurden nicht durchgeführt. Erzherzog Ernst wußte, wie entscheidend das Verhalten der weltlichen Obrigkeit in der Religionsfrage war. Er suchte deshalb dafür zu sorgen, daß nur Katholiken amtliche Stellungen in der Stadt erhielten. Er wandte sich auch mehrfach gegen das Auslaufen nach Katzelsdorf, Schwarzau und Sollenau.

XI.

Martin Radwiger (1587-1588)

Nach Gruthers Tod am 3. August 1582 blieb die Diözese Wiener Neustadt jahrelang unbesetzt. In der Zeit der Sedisvakanz verwaltete Rudolphus de Rudolphis mehr schlecht als recht das Bistum, „ein Spielball" in den Händen des protestantischen Rentmeisters. Am 6. November 1587 erteilte der Papst dem Augustinerchorherrn Martin Radwiger die Einsetzung als Bischof. Es fehlte ihm nicht an gutem Willen, wohl aber an Gesundheit und Kraft, so daß die kurze Zeit seiner Regierung nichts wandelte. Es ist bezeichnend für die Verhältnisse im Klerus, daß der Offizial Poliphius mit Frau und Kindern zusammenlebte. Was von dem Klerus erwartet werden sollte, wenn der Wahrer des Rechtes in der Diözese mit so schlechtem Beispiel voranging, läßt sich leicht begreifen.

XII.

Melchior Klesl (1588-1630)

Im Jahre 1588 wurde Klesl Administrator des Bistums. Er war ein fähiger und gründlich gebildeter Mann. Der Kaiser ernannte ihn zu seinem Rat und zum Hofprediger. Als er Bischof von Wien wurde, behielt er das Bistum Wiener Neustadt bei; dort vertrat ihn der Generalvikar Mathias Geisler. Von 1618 bis 1627 war Klesl von seinem Bistum abwesend. Aber auch aus der Ferne nahm er sich des Sprengels nach Kräften an.

Klesl erwies sich in Wiener Neustadt als ,,unermüdlicher, selbstloser kirchlicher Regenerator" (Joseph Schmidlin). Er brachte Ordnung in die religiöse Versorgung und in die zeitliche Verwaltung des Bistums; überall griff er mit starker Hand ein. Durch Visitationen und Neubesetzungen besserte er den Klerus. Er sorgte für würdige und feierliche Gestaltung des Gottesdienstes, führte die römische Liturgie ein, ermahnte zu eifrigem Besuch der Kirchen und zu häufigem Empfang der Sakramente und förderte das Bruderschaftswesen.

Klesl war entschlossen, die Angehörigen des Bistums zum katholischen Glauben zurückzuführen. Unterstützt durch Erlasse der Erzherzoge, machte er sich ans Werk. Auf seine Einwirkung hin verbot Erzherzog Ernst den Besuch der Predigten der Prädikanten. Am 20. Oktober 1588 wies Erzherzog Ernst die Einwohner der Stadt an, sich nach Aufforderung vor Klesl einzufinden. Am 28. Oktober 1588 ließ dieser den Erlaß allen bekanntmachen. Am 3. November 1588 gaben die Mehrheit des inneren Rates und die Beamten der Stadt die Versicherung ab, daß sie katholisch seien. Der Stadtrat forderte die Einwohner der Stadt zum Empfang des Buß- und des Altarssakramentes auf. Durch Predigt, Katechese und Unterricht einzelner führte Klesl die Irrenden zum Glauben zurück. Unter dem Eindruck seiner Belehrungen gaben die meisten den Laienkelch auf. Das Werk der Rekatholisierung wurde Klesl nicht leicht gemacht. In dem Bemühen um Wiederherstellung des Glaubens hatte er nicht nur die Prädikanten, sondern auch den Magistrat gegen sich. Hier schuf Klesl Abhilfe. Der Stadtrat wurde mit Katholiken besetzt; seit den neunziger Jahren war er katholisch und ging dem Bischof bei der Durchführung seiner Mandate zur Hand. Seit 1615 durfte niemand das Bürgerrecht erwerben, der nicht katholisch war. Den Neugläubigen wurde Rückkehr zur katholischen Kirche, die kundgetan wurde durch Beichte und Kommunion, auferlegt. Wer sich nicht beugte, sollte sein Amt verlieren und das Gebiet der Stadt verlassen. Aber auch hier war die Ausführung der Befehle viel weniger genau als diese selbst. Immer wieder mußte Klesl auf Beachtung der Mandate zum Empfang der Sakramente dringen. Gewisse Umstände wirkten zusammen, daß die Rekatholisierung sich verzögerte. Der Prediger des in Wiener Neustadt gefangengehaltenen Herzogs von Sachsen wirkte eifrig für Erhaltung und Verbreitung des Luthertums auch unter den Bürgern der Stadt. Die endgültige Rekatholisierung gelang erst Ferdinand II., unter dem das religiöse Leben einen schönen Aufschwung nahm.

12. Abschnitt

Kirchenprovinz Trier

1. Kapitel

Erzbistum Trier

Caspar, Benedikt, Das Erzbistum Trier im Zeitalter der Glaubensspaltung bis zur Verkündigung des Tridentinums in Trier im Jahre 1569 (= Reformationsgeschichtliche Studien und Texte Heft 90), Münster/Westf. 1966

Conzemius, Victor, Jakob III. von Eltz. Erzbischof von Trier 1567-1581. Ein Kurfürst im Zeitalter der Gegenreformation (= Veröffentlichungen des Instituts für europäische Geschichte Mainz Bd. 12), Wiesbaden 1956

Conzemius, Victor, Jakob III. von Eltz. Erzbischof und Kurfürst von Trier (1510-1581), in: Poll, Bernhard (Hrsg.), Rheinische Lebensbilder II, Düsseldorf 1966, 93-108

Conzemius, Victor, Jakob III. zu Eltz: NDB 10, 1974, 316f.

Endrulat, Johann III., Erzbischof und Kurfürst von Trier: ADB 14, 1881, 423

Endrulat, Lothar, Erzbischof und Kurfürst von Trier: ADB 19, 1884, 261f.

Endrulat, Jacob III., Kurfürst von Trier: ADB 15, 1881, 549f.

Endrulat, Johann IV. Ludwig, Erzbischof und Kurfürst von Trier: ADB 14, 1881, 424

Endrulat, Johann V., Erzbischof und Kurfürst von Trier: ADB 14, 1881, 424-426

Endrulat, Johann VI., Erzbischof und Kurfürst von Trier: ADB 14, 1881, 426f.

Endrulat, Johann VII., Erzbischof und Kurfürst von Trier: ADB 14, 1881, 427f.

Die Evangelische Kirche in Nassau-Oranien 1530-1930. Festschrift zum Gedächtnis der Einführung der Reformation (1530) und des Heidelberger Katechismus (1580) in den Grafschaften Nassau-Dillenburg und Nassau-Siegen. Mit Beiträgen von Heinrich Schlosser und Wilhelm Neuser, 2 Bde., Siegen 1931/33

Falk, Fr., Archivalien zur Einführung der Reformation in den Erzstiften Mainz und Trier, in: Pastor bonus 1, 1889, 128-129

Herte, A., Olevian: LThK VII, 1935, 704

Hüllen, F., Das Dekanat Zell (Mosel) nach der Visitation i. J. 1569: Trierisches Archiv X, 1907, 56-85

Hüllen, F., Die erste tridentinische Visitation im Erzstifte Trier 1569: Trierisches Archiv IX, 1906, 35-86

Hüllen, F., Zur Geschichte des Erzstifts Trier während der Reformation: Pastor bonus 14, 1901/02, 105-113, 159-170

Hurter, Friedrich von, Geschichte Kaiser Ferdinands II. und seiner Eltern. Personen-, Haus- und Landesgeschichte, 11. Bd., Schaffhausen 1864

Irsch, N., Trier: LThK X, 1938, 284-290

Iserloh, E., Olevian(us): LThk VII, 2. Aufl., 1962, 1145f.

Kartels, Josef, Bestrebungen des Kurfürsten Johanns VII. von Trier für die katholische Restauration: Trierisches Archiv VII, 1904, 1-20

Laufner, Richard, Der Trierer Reformationsversuch vor 400 Jahren: Trierisches Jahrbuch 1960, Trier 1960, 18-41

Marx, Jakob, Geschichte des Erzstifts Trier d. i. der Stadt Trier und des Trier. Landes, als Churfürstenthum und als Erzdiöcese, von den ältesten Zeiten bis zum Jahre 1816, 5 Bde., Trier 1858-1864

Molitor, Hansgeorg, Kirchliche Reformversuche der Kurfürsten und Erzbischöfe von Trier im Zeitalter der Gegenreformation (= Veröffentlichungen des Instituts für europäische Geschichte Mainz Bd. 43), Wiesbaden 1967

Müller, Gertrud, Jakob III. von Eltz, Kurfürst von Trier (1567-1581), in: Trierer Heimatbuch. Festschrift zur rheinischen Jahrtausendfeier 1925. Hrsg. von der Gesellschaft für nützliche Forschungen zu Trier, Trier 1925, 1-18

Ney, Julius, Die Reformation in Trier 1559 und ihre Unterdrückung. Erstes Heft: Der Reformationsversuch, Halle a. d. S. 1906

Schmidt, Aloys, Richard von Greiffenklau, Erzbischof und Kurfürst zu Trier 1467-1531, in: Wolf, Karl (Hrsg.), Nassauische Lebensbilder VI, Wiesbaden 1961, 1-25

Schmidt, Aloys, Der Trierer Kurfürst Erzbischof Richard von Greiffenklau und die Auswirkung des Wormser Edikts in Kurtrier, in: Der Reichstag zu Worms von 1521, Worms 1971, 271-296

Thomas, A., Trier: LThK X, 2. Aufl., 1964, 352-357

Wegeler, Julius, Richard von Greiffenclau zu Vollraths, Erzbischof und Kurfürst von Trier. 1511-1531. Ein Beitrag zur Specialgeschichte der Rheinlande, Trier 1881

I.

Richard von Greiffenklau (1511-1531)

Richard von Greiffenklau wurde am 14. Mai 1511 zum Erzbischof von Trier gewählt und am 7. Januar 1512 vom Papst bestätigt. Am 30. Mai 1512 empfing er die Bischofskonsekration.

Richard war fromm und lebte sittlich einwandfrei; er war streng gegen sich selbst. Er besuchte häufig den Gottesdienst, hielt ihn an hohen Festtagen selbst und nahm auch Weihehandlungen vor, die sonst den Weihbischöfen überlassen zu werden pflegten. Richard war ebensosehr geistlicher Hirt wie fürstlicher Regent. Er war klug, weltgewandt, ein geschickter Unterhändler und erprobter Vermittler. Schwächliches Zagen und feiges Nachgeben war seine Sache nicht. Er beteiligte sich selbst an Feldzügen. Im Kampf gegen den Franz von Sickingen zeichnete sich der Erzbischof durch persönlichen Mut aus. Besonderen Wert legte er auf die Artillerie. Seinem Stift war er ein guter Landesherr. Dank sparsamer und geregelter Verwaltung gelang es ihm, die großen Schulden, die auf seinem Lande lasteten, zu tilgen. Er förderte den Bergbau und war um die Landesbevölkerung besorgt. Der Wissenschaft und der Kunst galt seine aufmerksame Gunst. Er war um die Abstellung von Mißständen in seinem Bistum bemüht. Besonders am Herzen lag ihm die Heranbildung würdiger Priester. Dem Weihbischof Nikolaus Schienen warf er vor, Untauglichen die Priesterweihe gespendet zu haben. In dem Mandat von 11. August 1527 machte er die Spendung der Priesterweihe von der Erlangung des erforderlichen Alters und von dem Nachweis der gebührenden Kenntnisse abhängig. Das religiöse Leben des Volkes suchte er zu heben.

Richard von Greiffenklau durchschaute die Tragweite der Bewegung Luthers und war von Anfang an einer der am klarsten sehenden Gegner der Religionsneuerung. Aloys Schmidt erblickt in ihm den Fürsten, ,,der am entschiedensten allen Neuerungen in Glaubenssachen widerstand". Er erkannte auch früh die Gefahr, die von Gestalten wie Franz von Sickingen ausging. Dieser adlige Verbrecher trieb seit langem sein Unwesen. Jetzt spielte er sich als Verteidiger des ,,Evangeliums" auf. Während des Augsburger Reichstags des Jahres 1518 regte Richard das Eingreifen der Fürsten gegen diesen abenteuerlichen und gewalttätigen Förderer der Sache Luthers an. Der Mainzer Erzbischof Albrecht von Brandenburg sah dagegen dem Treiben Sickingens in beschämender Tatenlosigkeit zu und verweigerte dem Trierer Erzbischof jede Hilfe. Dessen Kampf und Sieg war gleichzeitig der Triumph des wahren Glaubens über die Religionsneuerung. Richard gab Luther die Schuld an dem Angriff Sickingens und an dem Bauernkrieg. Der Trierer Erzbischof versuchte auf dem Reichstag zu Worms, Luther zum Widerruf zu bewegen. In seiner Wohnung wurde ein Gespräch mehrerer geistlicher und weltlicher Reichsstände mit Luther geführt, danach eine weitere Unterredung zwischen Greiffenklau, dessen Offizial Johann von Eck und Cochlaeus auf der einen, Luther auf der anderen Seite gehalten. Der Kurfürst zeigte sich dabei außerordentlich entgegenkommend, ja nachgiebig. Aber seine gutgemeinten Ausgleichsversuche blieben ohne Erfolg. In den Gesprächen machte man Luther u.a. den Vorschlag, er möge sich einem künftigen Konzil unterwerfen. Darauf gab Luther zur Antwort, er wolle ein Konzil annehmen, wenn es lediglich nach Stellen der Heiligen Schrift, ohne Hinzunahme der Überlieferung und der Beschlüsse früherer Konzilien, entscheiden wolle. Damit war für jeden theologisch Beschlagenen der Würfel gefallen. Denn die Entscheidung aus der Heiligen Schrift würde ja wieder dem Urteil Luthers unterliegen, ob die Heilige Schrift tatsächlich die Grundlage der konziliaren Entscheidung bilde; er konnte sich ihr also jederzeit unter dem Hinweis, die Stelle der Bibel sei nicht schlüssig oder gebe für den beanspruchten Zweck nichts her, entziehen. Durch den Abfall Philipps von Hessen zum Protestantismus gingen wichtige Teile des Erzbistums auf beiden Seiten des Rheines dem katholischen Glauben verloren. Seit 1527 war die Niedergrafschaft Katzenelnbogen mit St. Goar sowie Rhens der Kirche entzogen. Nassau-Hadamar, die Grafschaft Weilburg und Nassau-Dillenburg wurden ebenfalls protestantisiert. In der Bischofsstadt mußte Richard eine mehr aus wirtschaftlichen denn religiösen Motiven sich erhebende Revolte niederwerfen. Politisch tendierte er in gewisser Hinsicht zu Frankreich. Seine Gegnerschaft gegen den Kaiser schadete der katholischen Sache.

II.

Johann III. von Metzenhausen (1531-1540)

Johann von Metzenhausen wurde am 27. März 1531 zum Erzbischof von Trier gewählt und am 27. November 1531 vom Papst bestätigt. Er ließ sich am 26. März 1532 die Bischofskonsekration erteilen. Johann war gebildet und ein Freund der Wissenschaft; vor allem die Trierer Universität suchte er zu heben. Er war stark beschäftigt mit dem Erwerb von Besitzungen und der Aufführung von Bauten, was große Finanzmittel erforderte. Mißstände im Ämterwesen suchte er zu beheben, das sittliche Leben des Volkes war ihm ein ernstes Anliegen. 1533 suchte er die beiden geistlichen Gerichte in Trier und Koblenz zu reformieren.

Johann von Metzenhausen war aber auch ein schwacher Mann. Die Protestanten hatten von ihm nichts zu fürchten. Calvin setzte auf ihn große Hoffnungen. Weite Teile der Diözese wurden unter seiner Regierung durch ihre Landesherren von der katholischen Kirche losgerissen, so die Gebiete der Nassauer Grafen. 1534 kam der Protestantismus in der Grafschaft Sayn-Wittgenstein zur Herrschaft. Die Motive des Abfalls waren in der Hauptsache Gewinnsucht und Machthunger. Johann von Metzenhausen gehörte zu jenen unseligen Gestalten, die in einer Zeit, wo es für den Katholizismus um Sein oder Nichtsein ging, die Sorge vor dem Hause Habsburg kultivierten. Er bemühte sich zeitweise um gutes Einvernehmen mit den Protestanten, um die Macht des Kaisers nicht zu stark werden zu lassen. Der Erzbischof schlug 1539 ausgerechnet dem Landgrafen von Hessen vor, die Fürsten sollten sich gegen die Gefahr eines von Kaiser und Papst eingeleiteten Krieges vereinigen. Er trug sich mit dem Plan, einen Ausgleich zwischen Katholiken und Protestanten zu schaffen, bei dem Papst und Kaiser die Zeche bezahlen sollten. Seine Verhandlungen mit dem Schmalkaldischen Bund führten jedoch zu keinem Ergebnis. Im Jahre 1540 stand er dem Religionsgespräch zu Hagenau vor. Mit Erleichterung und Genugtuung hörte er von den Plänen, ein Konzil in Mantua einzuberufen, gab aber keine Zusage, selbst erscheinen zu wollen, sondern versprach lediglich, mit den anderen Kurfürsten Fühlung zu nehmen und sich der Mehrheit anzuschließen.

III.

Johann IV. Ludwig von Hagen (1540-1547)

Johann Ludwig von Hagen wurde am 9. August 1540 zum Erzbischof von Trier gewählt und am 10. Dezember 1540 vom Papst bestätigt. Er empfing niemals die Bischofsweihe. Krankheit und Schwäche verhinderten eine kraftvolle Regierung. Bei den meisten Unternehmungen und Zusammenkünften seiner Zeit war er abwesend. Zur

Beilegung der religiösen Wirren und zur Beseitigung der Türkengefahr ordnete er Bittgänge und Andachten an. Gelegentlich raffte er sich zu einer Maßnahme auf. So wies er 1542 die Landdekane, Kollegiatkapitel und Fiskale an, gegen das ärgerniserregende Leben von Geistlichen vorzugehen. Die Reform des Klerus kam jedoch nicht voran; es fehlte zu ihrer Verwirklichung die kraftvolle Hand. Johann von Hagen machte Hermann von Wied Vorhaltungen, als dieser in Linz und Andernach, die politisch zum Kölner Erzstift und kirchlich zum Trierer Erzbistum gehörten, seine Protestantisierung begann. Sfondrato bezeichnete am 22. Januar 1544 den Trierer Erzbischof als einen guten und katholischen Mann. An dem beginnenden Konzil zu Trient nahm er angeblich wegen Kränklichkeit nicht teil, sondern entsandte den Ambrosius Pelargus als Vertreter, der den Generalkongregationen mit beratender Stimme beiwohnte.

Die Auseinandersetzung mit dem Protestantismus wurde schärfer. Eine Reihe von Städten und Fürsten, deren Gebiete zu der Erzdiözese gehörten, protestantisierte ihre Territorien. 1542 wurde Wetzlar lutherisch, 1546 fielen die rheinischen Gebiete der Kurpfalz der Irrlehre zu, seit 1547 wurde der Protestantismus in der Grafschaft Solms herrschend. Das Stiftsland blieb der katholischen Kirche erhalten.

IV.

Johann V. von Isenburg (1547-1556)

Johann von Isenburg wurde am 20. April 1547 vom Kapitel zum Erzbischof von Trier gewählt und erlangte am 1. Juli 1547 die päpstliche Bestätigung. Er empfing die Priesterweihe nicht und verwirklichte infolgedessen auch seine Absicht, sich die Bischofskonsekration erteilen zu lassen, nicht. Zu seiner Entschuldigung ist anzufügen, daß er ein kranker Mann war, der im Alter von 49 Jahren starb.

An dem Willen des Erzbischofs zu einer wahren Erneuerung in Klerus und Volk besteht kein Zweifel. Die von Karl V. ausgehende Formula reformationis nahm er beifällig auf und verkündete sie in Koblenz und Trier. Ende November 1548 hielt er in Trier eine Diözesansynode ab, auf der eine allgemeine Bilanz der kirchlichen Verhältnisse aufgemacht wurde. In neun Dekreten wurden Vorschriften gegen die Mißstände bei den Geistlichen und den Laien erlassen. Darin wurden Trunksucht, Konkubinat und Klosterflucht gebrandmarkt und mit Strafen bedroht. Im Jahre 1549 wurde ein Provinzialkonzil abgehalten. Diese Versammlung wandte sich vorzüglich der Lehre und der Verkündigung zu, aber auch dem Gottesdienst wurde Aufmerksamkeit geschenkt. Die gehörige Disziplin des Klerus und der Ordensleute wurde mit vielen Einzelheiten beschrieben. Die Laien wurden zur Beobachtung der Feiertage ermahnt. Die besten Reformdekrete mußten freilich unwirksam bleiben, wenn nicht auf ihre Beobachtung gedrungen wurde. So wurde 1548/49 eine Visitation gehalten; einen nachhaltigen Erfolg hatte sie leider nicht. Zum Konzil von Trient reiste der Erzbischof persönlich, da sich ja die rheinischen Kurfürsten gegenüber dem Kaiser verpflichtet hatten, an dem Konzil teilzunehmen. Aber sowohl er wie der Mainzer Erzbischof spielten auf der Versammlung nicht die erwartete und erwünschte Rolle. Ein zeitgenössischer Bericht bemerkte über den Trierer Metropoliten: ,,Er öffnet den Mund nicht, und er kann kein einziges Wort sagen.'' An vielen Sitzungen nahm er wegen Erkrankung nicht teil. Entgegen den Vorstellungen des Kaisers verließ Johann von Isenburg am 16. Februar 1552 das Konzil. Am Horizont der deutschen Politik zogen düstere Wolken auf. Für das Trierer Erzstift kamen schwere Zeiten. Der Erzbischof mußte den wechselnden Truppendurchzügen, Überfällen und Räubereien hilflos zusehen, seit Ende des Jahres 1553 selbst schwer krank.

V.

Johann VI. von der Leyen (1556-1567)

Am 22. Oktober 1555 wählte das Domkapitel den Johann von der Leyen zum Koadjutor Johanns von Isenburg, am 25. April 1556 zum Erzbischof; als solcher wurde er am 12. Juni 1556 bestätigt. Er hatte lediglich die Diakonatsweihe empfangen und beließ es bis zu seinem Tode dabei. Johann von der Leyen war in Frankreich und in Italien gereist und hatte in Löwen studiert. Er besaß Wissen und Beredsamkeit, war religiös zuverlässig und galt als dem Heiligen Stuhl ergebener Fürst. Der Nuntius Commendone hatte von ihm eine günstige Meinung; er bescheinigte ihm Klugheit und Sittenreinheit. Am Konzil von Trient meinte er mit Rücksicht auf die Lage in seiner Bischofsstadt nicht teilnehmen zu können, entsandte aber auch keine Vertreter. Mit den anderen Erzbischöfen Deutschlands verlangte er 1563 vom Papst den Laienkelch. Es darf nicht übersehen werden, daß Johann an Tuberkulose litt und an dieser Krankheit auch starb.

Auch unter der Regierung Johanns von der Leyen war der Protestantismus noch im Angriff. Die Grafschaft Sponheim, die Markgrafschaft Baden, das Gebiet der Wild- und Rheingrafen sowie die Grafschaft Veldenz fielen der Irrlehre zu. Seit 1559 war die Grafschaft Wied protestantisiert. Der Erzbischof erkannte, daß die heimliche Zuneigung zum Protestantismus, die ein Teil des Klerus unterhielt, eine größere Gefahr für die Kirche war als der offene Abfall. 1559 rief der Kalvinist Kaspar Olevian Unruhen in der Bischofsstadt hervor. Der Erzbischof verließ Trier, sperrte die Stadt von aller Zufuhr ab und gewann so die Herrschaft über sie zurück. Johann zeigte an dem Beispiel des Olevian, wie rasches und energisches Eingreifen in aller Regel den Gegner bezwang. Zum erstenmal bewies ein geistlicher Fürst, was Entschlossenheit gegenüber den Anmaßungen der Protestanten vermochte. Nach der Bezwingung von Trier verfuhr der Erzbischof mit den Aufrührern milde; er wies lediglich einige Rebellen aus. Dabei war Olevian ein gehässiger, vor brutaler Gewalt nicht zurückschreckender Feind der Kirche. Das Zerwürfnis mit der Stadt Trier, welche die Reichsunmittelbarkeit beanspruchte, dauerte jedoch fort. Danach säuberte Johann seine Bischofsstadt von der Irrlehre. Ohne Rücksicht auf die Drohungen der benachbarten protestantischen Fürsten veranlaßte er den Trierer Stadtrat, die Protestanten vor die Alternative der Bekehrung oder der Auswanderung zu stellen. Im Jahre 1560 berief Johann die Jesuiten nach Trier, womit der wahren Reform der Weg gebahnt wurde. 1559 schlug Erzbischof Johann dem Kaiser ein Verteidigungsbündnis der katholischen Fürsten vor.

VI.

Jakob III. von Eltz (1567-1581)

Jakob von Eltz wurde am 7. April 1567 vom Trierer Metropolitankapitel zum Erzbischof gewählt. Am 17. Mai 1567 unterzog er sich dem Informativprozeß und legte das tridentinische Glaubensbekenntnis ab. Am 22. August 1567 erlangte er die päpstliche Bestätigung. Er ließ sich am 17. April 1569 die Bischofskonsekration erteilen, nachdem er sich darauf durch geistliche Übungen gründlich vorbereitet hatte.

Jakob von Eltz hatte in Heidelberg, Löwen und Freiburg studiert. Als Dekan des Trierer Domkapitels sammelte er für die kirchliche und die weltliche Seite seines späteren Amtes wertvolle Erfahrungen. Auf den Reichstagen erwies er sich als fester und schlagfertiger Verteidiger der katholischen Religion. Jakob war sittenstreng und charaktervoll, in der Verfolgung seiner Ziele konsequent. Jakob war ein nüchterner Mensch, vorwiegend praktisch eingestellt, mit Blick für die Aufgaben der Zeit. Er war volksverbunden und leutselig, freigebig und hilfsbereit, von einem hochentwickelten sozialen Empfinden geprägt. Sein Lebensstil war einfach; von Begünstigung seiner Verwandten kann keine Rede sein. Er war ein gebildeter, echt religiöser und dem Papst ergebener Mann. Sein Handeln war von seiner katholischen Überzeugung getragen. Jakob war in erster Linie Priester und erst in zweiter Linie Fürst. Im Unterschied von vielen seiner Zeitgenossen hatte er bei seiner Wahl bereits seit langem die Priesterweihe empfangen, feierte häufig das Meßopfer und predigte oft. Damit zeigte er, daß er bereit und fähig war, eigene Wege zu gehen. Die Nuntien und die Päpste waren sich in dem positiven Urteil über Jakob von Eltz einig. Kaspar Gropper schrieb am 8. Oktober 1573 an den Kardinal von Como, Jakob von Eltz stelle in Lebenswandel und Lebensleistung wahrhaft einen Erzbischof dar, von dem man nur wünsche, daß die übrigen deutschen Bischöfe seinen Fußspuren folgten.

Als Landesherr betrieb Jakob eine erfolgreiche Territorialpolitik, die seine Stellung stärkte. Gleichzeitig war er ein tüchtiger Finanz- und Wirtschaftspolitiker. Ordnung und Sparsamkeit setzten ihn instand, die Schulden des Erzstiftes zu tilgen und verpfändete Besitztümer einzulösen. Gegenüber Trier setzte er in einem langjährigen Ringen seine Landeshoheit durch und konnte am 24. Mai 1580 in die Stadt einziehen. Durch die Inkorporation der Abtei Prüm stärkte er seine Position. Gleichzeitig bewahrte er das Gebiet vor dem Schicksal, an einen Protestanten zu fallen und womöglich protestantisiert zu werden, was der Abt Christoph von Manderscheid-Keil vorhatte. Die Gerichtsorganisation und die Rechtspflege wurden verbessert. Mit Luxemburg hatte der Erzbischof ständig Schwierigkeiten. Energisch widersetzte er sich dem Plan, ein Bistum Luxemburg zu errichten, was seine Stellung entscheidend geschwächt hätte. Jakob verstand es, kluge Berater und Mitarbeiter um sich zu scharen. Es sei an Johann Wimpfeling, Bartholomäus Bodeghem, Bartholomäus Latomus und Wilhelm Quad erinnert. Seine Haltung gegenüber den Juden ist zu tadeln. Er vertrat „eine ausgesprochene Konfessionspolitik" (Victor Conzemius). Unablässig war Jakob bemüht, die katholische Position am Rhein zu stärken. Um den Katholizismus zu schützen und die kirchliche Reform zu sichern, strebte er ein starkes Bündnis der katholischen Mächte an. Ihm schwebte ein katholischer Rheinbund zusammen mit den spanischen Niederlanden vor. Angesichts seiner feindseligen protestantischen Nachbarn suchte Jakob Fühlung mit Herzog Alba und dem Brüsseler Hof. Die Politik der Annäherung an Spanien erschien ihm als die einzige Alternative gegenüber der Koalition der protestantischen Fürsten. Die Pläne und Verhandlungen scheiterten an verschiedenen Faktoren. Der Mainzer Erzbischof Daniel Brendel hatte eine unüberwindliche Abneigung gegen Spanien. Auf den Reichstagen trat er mutig und entschieden für die katholischen Belange ein. Energisch wandte sich Jakob gegen die protestantische Forderung der Freistellung im doppelten Sinn.

Vom Protestantismus hatte Jakob keine gute Meinung. Er hatte seine Aufstellungen gründlich kennengelernt. Denn er nahm an den Religionsgesprächen von 1541, 1546, 1556/57 und 1557 teil. In Sachen des Glaubens war er unbeugsam. Seine Diözese suchte er von der Irrlehre rein zu halten. Mit ihm begann die Gegenreformation wirksam zu werden. Wer des Protestantismus verdächtig war, den verbannte er von seinem Hof. Seinem Statthalter, den Bürgermeistern, den Mitgliedern des Stadtrats und den Bürgern von Trier legte er den Eid katholischer Glaubenstreue auf. In dem Kurstaat war der Erzbischof in der Lage, neben den geistlichen Mitteln die weltliche Gewalt für die Durchführung seiner Anordnungen einzusetzen. Als die Grafen von Sayn-Wittgenstein im Jahre 1567 als Kollatoren der Pfarrei Neumagen einen Prädikanten auf die Stelle bringen und die Gemeinde protestantisieren wollten, entsandte Jakob den Rektor des Trierer Jesuitenkollegs unter dem Schutz von Soldaten an den Ort; die Gemeinde blieb katholisch. Ebenso energisch griff er ein, als der Pfalzgraf Wolfgang von Zweibrücken Kröv und Reil der neuen Lehre zuführen wollte.

Unter Jakob begann die Durchführung der Trienter Reform. Nach seiner Wahl legte er das vom Trienter Konzil angeordnete Glaubensbekenntnis ab. Im Jahre 1569 veröffentlichte er auf einem Provinzialkonzil die Dekrete des Trienter Konzils und kündigte eine Visitation an; er begann sie am 17. Juli 1569. Er ließ die Dekrete des Konzils drucken und verbreiten. In der Generalvisitation von 1569/70 wurden sie in das Leben übergeführt, was bekanntlich nicht die Regel war. Die Visitation erwies sich als wirksames Mittel für die Abstellung von Mißständen und für die Durchführung der Trienter

Dekrete. Erzbischof Jakob beteiligte sich in gewissem Umfang selbst an der Visitation. Dabei nahm er nicht oberflächliche Besuche vor, sondern verschaffte sich ein genaues Bild der Zustände, wirkte persönlich auf die Menschen ein, belehrte, mahnte und strafte. Mehrfach drang er streng auf die Einhaltung der Residenz durch die Pfarrer, auf Predigt und Christenlehre und Spendung der Sakramente. In den Jahren 1571-1573 sowie 1576 fanden verschiedene Teilvisitationen statt. 1580/81 wurden die in Luxemburg und Lothringen gelegenen Teile der Erzdiözese visitiert. Der Weihbischof und Generalvikar Gregor von Virneburg (1557-1578), ein treu katholischer, seeleneifriger und frommer Mann, leistete als Visitator gute Arbeit.

Jakob erließ viele Mandate zur Hebung des religiösen Niveaus von Klerus und Volk. Beides war dringend notwendig. Kein einziges Mitglied des Domkapitels besaß die Priesterweihe. Die Domherren lebten wegen der Zwistigkeiten mit der Stadt Trier zerstreut in der Diözese. Die Lebensführung der Geistlichen suchte der Erzbischof durch Mandate, Mahnungen und Strafdrohungen zu bessern. Er befahl ihnen u.a., häufig, wenigstens aber einmal im Monat das Bußsakrament zu empfangen und die geistliche Kleidung zu tragen. Im Jahre 1570 besaß der Trierer Erzbischof nur über 54 von 983 Pfarreien der Erzdiözese das Kollationsrecht. Für die Einsetzung von Pfarrern stellte er die Erfordernisse einer ordnungsgemäßen Einsetzung, der Ablegung des Glaubensbekenntnisses und des Bestehens einer Prüfung auf. 1578 ordnete der Erzbischof an, daß jeder Geistliche vor der Übernahme eines Amtes vor einer der beiden von ihm eingerichteten Examinationskommissionen zu erscheinen habe. Die Bemühungen um Errichtung eines Tridentinischen Seminars führten nicht zum Erfolg. Der Erzbischof war aber lebhaft an dem Collegium Germanicum interessiert und unterstützte das Studium von Trierer Geistlichen in Rom. 1573 gab er eine neue Agende heraus, um die Buntscheckigkeit und die Leichtfertigkeit im Gottesdienst abzustellen und die Einheitlichkeit und die Würde desselben zu gewährleisten. Auch der Temporalienverwaltung und der Führung der Pfarrbücher wandte er seine Aufmerksamkeit zu. Die Archidiakone und Landdechanten erinnerte er an ihre Aufgabe, die Amtsführung der Pfarrer zu überwachen. Die Dechanten hatten zweimal im Jahr Pastoralkonferenzen abzuhalten. Mit Energie und Eifer arbeitete Jakob an der Hebung des religiös-sittlichen Lebens des Volkes. Zu diesem Zweck schärfte er die Heilighaltung der Sonn- und Feiertage, den Empfang der Sakramente und die Pflichten der Eheleute ein. Jakob von Eltz war besten Willens, aber auch er wurde gelegentlich müde. Da waren es die Nuntien, die ihn immer wieder anspornten, wenn Ausdauer und Standhaftigkeit den Erzbischof zu verlassen drohten.

VII.

Johann VII. von Schönberg (1581-1599)

Die kritische Stunde für ein Reformwerk schlägt immer dann, wenn sein Initiator stirbt. Dann erhebt sich die Frage, ob der Nachfolger in demselben Sinne weiterarbeiten wird wie sein Vorgänger. Nach dem Tode des Jakob von Eltz wurde Johann von Schönberg auf den Trierer Erzbischofsstuhl erhoben. Die Wahl des Trierer Domkapitels vom 31. Juli 1581 fiel auf den Mann, der am geeignetsten war. Johann VII. von Schönberg war ein ebenso frommer wie eifriger Bischof. Seine Studien hatte er in Heidelberg und in Freiburg gemacht, als Statthalter von Trier und als Rektor der Universität sich in der Verwaltung Kenntnisse erworben. Am 26. Januar 1582 erhielt er die päpstliche Bestätigung. Bei der Wahl zum Bischof war Johann erst Diakon. Er ließ sich 1581 zum Priester weihen und empfing am 12. August 1582 die Bischofskonsekration. Sein Wirken gereichte dem Erzbistum zum Segen; er setzte das Werk seines Vorgängers fort. Seine Leistung ist um so höher zu bewerten, als sie einem schwachen, von Gicht und Steinleiden geplagten Körper abgezwungen wurde. Eine Zeitlang lag auf ihm der Verdacht, er wolle den Kurstaat säkularisieren; aber er stellte sich als bösartiges Gerücht heraus. Schatten fallen auf ihn wegen des Vorgehens gegen die Juden und der Hexenprozesse.

Den ersten Schritt in der katholischen Reform erblickte er in der Heranbildung eines wissenschaftlich geschulten, sittlich hochstehenden und von seiner Berufung erfüllten Klerus. Zu diesem Zweck errichtete er in Koblenz ein Seminar. Das Domkapitel ließ sich davon inspirieren und rief seinerseits ein solches in Trier ins Leben, vom Erzbischof freudig unterstützt. Johann nahm auch lebhaften Anteil an dem römischen Germanikum. Für die Anstellung der Geistlichen ernannte er eine Kommission, welche die präsentierten Kleriker zu prüfen hatte. Gleichzeitig nahm er die Besserung der bereits im Dienste stehenden Geistlichen in Angriff. Ihr priesterlicher Geist sollte neu belebt, ihre Bildung vertieft, ihr sittlicher Stand zur Höhe geführt werden. Mit scharfen Strafen ging er gegen Konkubinarier vor. Die Seelsorge lag ihm am Herzen; mit der Vernachlässigung der Gläubigen sollte Schluß gemacht werden. Nach Möglichkeit unierte er mehrere Pfründen ohne Residenzpflicht zu einer Pfründe mit Residenzpflicht. Die Reformdekrete des Trienter Konzils schärfte er unermüdlich ein. Verschiedene Teilvisitationen wurden abgehalten. Die Visitationen betrieb er durch hochgestellte Geistliche und Jesuiten, in gewissem Umfang auch persönlich. Eine Diözesan- oder Provinzialsynode hielt er nicht ab. Er drang aber auf die Abhaltung von Synoden in den einzelnen Archidiakonaten. Dann nahm er sich der Laien an. Die kirchlichen Vorschriften betreffend Sonntagsheiligung und Gottesdienstbesuch, gegen Fluchen und Gotteslästerung und für Einhaltung der heiligen Zeiten wurden nicht nur eingeschärft, sondern mit Sanktionen bewehrt. Die gottesdienstlichen Handlungen mußten genau, würdig und feierlich vorgenommen werden. Vor der kirchlichen Trauung waren Besuch der Messe,

Beicht und Kommunion vorgeschrieben. Größte Aufmerksamkeit schenkte er der katechetischen Unterweisung des Volkes. Den Pfarrern wurde der tägliche Unterricht zur Pflicht gemacht. Vor allem begriff er die Notwendigkeit, die Jugend im Glauben zu unterweisen. 1589 erschien der neue deutsche Katechismus, eine Anpassung des kleinen Katechismus des Canisius, dem eine Anleitung zum christlichen Leben beigegeben war; er zeichnete sich durch reichliche Verwendung der Heiligen Schrift aus. 1590 folgte dem Katechismus ein katechetisches Handbuch, das den Glauben umfassend und eindeutig darlegte. Für die Unterweisung der Erwachsenen bestellte er nach genauer Prüfung des Glaubens geeignete Prediger. Den wohl schwersten Kampf focht Johann um die Reform der Klöster und Stifte aus. Er bemühte sich vor allem um die Wahl vorbildlicher Oberer, entsandte zu den Wahlen seine Vertreter und erteilte die Bestätigung erst nach genauer Prüfung. Die Statuten der Kapitel unterzog er einer sorgfältigen Revision im Sinne der katholischen Erneuerung. Die Visitatoren hatten auf Einhaltung der Ordenszucht, geistliches Leben und Gottesdienst zu achten. Zugleich suchte er die Subsistenzmittel der Klöster zu vermehren. Der Weihbischof Peter Binsfeld (1580-1598) war ein eifriger theologischer Schriftsteller; er diente den Erzbischöfen als Generalvikar und war zeitweise Rektor der Universität Trier. 1590 sandte der Erzbischof den Georg Helfenstein mit der Relatio status nach Rom zur Visitatio liminum.

Mit allen Mitteln suchte Erzbischof Johann den Glauben gegen die Irrlehre zu schützen. Durch genaue Beobachtung der einschlägigen Verordnungen sorgte er dafür, daß der Protestantismus nicht in sein Stift eindringen konnte. Die katholische Religion hielt er im Hochstift mit Nachdruck aufrecht. In Trier duldete er keine Andersgläubigen. Wer zur neuen Lehre übertrat, verlor das Bürgerrecht und mußte das Land verlassen, wer in ihm Aufnahme finden wollte, mußte dem katholischen Glauben anhängen. In seiner Eigenschaft als Bischof suchte er die landesherrlichen Mandate durch entsprechende kirchliche Unternehmungen zu ergänzen und zu beseelen. Er trachtete danach, eine umfassende Erneuerung der Geister und der Herzen zu erreichen. Durch sein energisches Eintreten für den katholischen Glauben und die kirchliche Reform schuf er sich viele Feinde. Aber er besaß die Kraft, dies zu ertragen. Der Erzbischof verstand auch etwas von politischer Strategie. Er hatte begriffen, daß allein ein Militärbündnis die Katholiken in Deutschland vor der protestantischen Aggression schützen konnte. So verfocht er den Gedanken eines Zusammenschlusses der katholischen Fürsten am Rhein, die sich an die spanischen Niederlande anlehnen sollten. Als er starb, war das Bistum innerlich gefestigt. Frangipani hatte nach seinem Schreiben vom 19. November 1587 eine sehr hohe Meinung von dem Trierer Erzbischof.

VIII.

Lothar von Metternich (1599-1623)

Lothar von Metternich wurde am 7. Juni 1599 zum Trierer Erzbischof gewählt und am 13. Oktober 1599 vom Papst bestätigt. Lothar von Metternich hatte seinem Vorgänger bereits als Koadjutor beigestanden. Er war ein gebildeter Mann, vor allem von großer Sprachenkenntnis, religiös eifrig und sittlich hochstehend. Er führte die Regenerationsbemühungen seines Vorgängers weiter. Unermüdlich arbeitete er an der Hebung des geistlichen Standes, rügte, strafte und besserte. Besonders am Herzen lagen ihm die Universität und die Schulen. Als Landesherr ordnete er die Finanzen seines kleinen Staates. Ein Schatten fällt auf ihn wegen der Begünstigung seiner Verwandten. Durch glückliche Käufe vergrößerte er sein Land und führte, soweit es nötig war, die Bewohner zum katholischen Glauben zurück. Er verstand auch die Bedeutung militärischer Rüstung und begriff die Unentbehrlichkeit eines Bündnisses der katholischen Fürsten angesichts der Union der Protestanten.

2. Kapitel

Bistum Metz

Bonet-Maury, Farel et l'Église réformée de Metz 1525-1565: Bulletin de la Société de l'histoire du protestantisme français 32, 1883, 193-209

Brück, Anton Philipp, Kardinal Karl von Lothringen (1567-1607) als Mainzer Domherr: Archiv für mittelrheinische Kirchengeschichte 19, 1967, 335-345

Dorvaux, N., Les anciens pouillés du diocèse de Metz (= Mémoires de la Société d'Archéologie et d'Histoire de la Moselle T. XVIII), Nancy 1902

Feld, O., Morhain, E., Metz: LThK VII, 2. Aufl., 1962, 377-380

Kaiser, J. B., Metz: LThK VII, 1935, 143-148

Kleinwächter, Emil, Der Metzer Reformationsversuch 1542-43, Tl. 1, Phil. Diss. Marburg 1894, Marburg 1894

Morret, Benno, Stand und Herkunft der Bischöfe von Metz, Toul und Verdun im Mittelalter. Phil. Diss. Bonn, Düsseldorf 1911

Rapp, Francis, Karl von Lothringen: NDB 11, 1977, 230f.

Seidel, Karl Josef, Frankreich und die deutschen Protestanten. Die Bemühungen um eine religiöse Konkordie und die französische Bündnispolitik in den Jahren 1534/35 (= Reformationsgeschichtliche Studien und Texte Heft 102), Münster/Westf. 1970

Stieve, Karl , Herzog von Lothringen: ADB 15, 1882, 299-302

Westphal, Geschichte der Stadt Metz, 3 Tle., Metz 1875-1878

Winckelmann, Otto, Beziehungen der Metzer Protestanten zu Kaiser und Reich 1558-59. Beitrag zur Geschichte der Metzer Reformation auf Grund ungedruckter Archivalien: Jahr-Buch der Gesellschaft für lothringische Geschichte und Altertumskunde 1, 1888/89, 133-148

Winckelmann, Otto, Der Anteil der deutschen Protestanten an den kirchlichen Reformbestrebungen in Metz bis 1543: Jahr-Buch der Gesellschaft für lothringische Geschichte und Altertumskunde 9, 1897, 202-236

Wolfram, Georg, Metz und Lothringen. Mit einem Beitrag von Albert H. Rausch, Berlin 1926

Zeller, Gaston, La réunion de Metz à la France (1552-1648), 2 Tle. (= Publications de la Faculté des Lettres de l'Université de Strasbourg Fasc. 35 u. 36), Paris 1926

I.

Heinrich II. von Lothringen-Vaudemont (1484-1505)

Der Bischof von Metz war Reichsfürst. Er regierte über ein Gebiet, dessen Hauptstadt Vic war. Hier hatte der Bischof seine gewöhnliche Residenz. Das Bistum stand aber unter dem Einfluß der Herzöge von Lothringen, die zu Frankreich hinneigten.

Heinrich von Lothringen-Vaudemont wurde 1484 von Térouanne nach Metz transferiert. Mit ihm begann eine über 120 Jahre währende Periode, in welcher das Bistum überwiegend von Bischöfen aus dem Hause Lothringen besetzt gehalten wurde. Sie residierten fast grundsätzlich nicht in ihrem Sprengel, sondern ließen sich durch Administratoren und Titularbischöfe vertreten. Sie trieben in starkem Maße Familienpolitik und behandelten das Kirchengut beinahe wie ihr Privateigentum. Sie verstanden sich in erster Linie als Politiker und Regenten und dienten mehr dem König von Frankreich als der Kirche. Freilich war die Besetzung des Bischofsstuhles mit Angehörigen des Lothringer Herzogshauses nicht in jeder Hinsicht von Nachteil. Diese Verbindung sorgte dafür, daß auch weltliche Machtmittel gegen die um sich greifende Häresie genutzt werden konnten.

Heinrich verzichtete am 26. Juli 1501 zugunsten des Johann von Lothringen, der aber noch in jugendlichem Alter war, so daß Heinrich Administrator von Metz bleiben sollte, bis Johann das 20. Lebensjahr erreicht haben würde. Als Heinrich am 20. Oktober 1505 starb, führte das Domkapitel die Verwaltung.

II.

Johann IV. von Vaudemont (1505-1543 und 1548-1550)

Johann wurde im Alter von drei Jahren zum Koadjutor von Metz bestellt und war seit 1505 nominell Bischof von Metz. 1518 übernahm er rechtlich die Verwaltung des Bistums. Er lebte aber meist am Hofe Königs Franz I. Am 28. Mai 1518 wurde Johann zum Kardinal erhoben. Das Bistum Metz wurde zunächst vom Domkapitel bzw. von dem Conrad le Payen verwaltet. Als dieser 1529 starb, trat Johann am 24. Januar 1530 den Metzer Bischofsstuhl an seinen Neffen, den Nikolaus von Lothringen, der vier Jahre alt war, als Koadjutor ab, und zwar in der Weise, daß er Administrator blieb, bis jener das 27. Lebensjahr erreicht haben würde; außerdem behielt er sich das Recht des Regresses vor, d.h. die Vollmacht, das Bistum wieder zu übernehmen, falls der Inhaber sterben oder zurücktreten sollte. Später hatte er noch zahlreiche weitere französische Bistümer inne: Térouanne, Narbonne, Reims, Lyon, Verdun, Luçon, Valence und Albi; er vereinigte eine wohl nicht übertroffene Zahl von Sprengeln in seiner Hand. Johann wurde von der Stadt Metz nicht von Amtes wegen empfangen; er machte ihr lediglich einmal inkognito einen kurzen Besuch. In der Diözese Metz ließ er sich durch Titularbischöfe vertreten.

Unter Johann kam das Bistum Metz herunter. Er war ein Mäzen, der das Geld mit vollen Händen ausgab und deswegen trotz beträchtlicher Einnahmen ständig verschuldet war. Der weltliche Besitz des Bistums verminderte sich. Auch in Metz schufen Mängel und Versäumnisse der Geistlichen eine gefährliche antiklerikale Stimmung, die sich die Irrlehre zunutze machen konnte. Der Cornelius Agrippa, der 1518 bis 1520 Syndikus in Metz war, verbreitete als erster die lutherischen Gedanken in Metz. Seit 1521 gab es hier Anhänger der religiösen Neuerung. Der Protestantismus trat seit 1524 in Metz auch äußerlich in Erscheinung. Vereinzelte lutherische Prediger trugen die neue Lehre vor und zogen die Neugier der Masse auf sich. Der Rat schritt jedoch bald gegen sie ein. Die ausgestreute Saat war damit aber nicht beseitigt. Der Augustinermönch Jean Châtelain fiel zum Luthertum ab und brachte durch seine Beredsamkeit eine beträchtliche Anhängerschaft hinter sich. Am 12. Januar 1525 wurde er in Vic hingerichtet. Danach gab es Tumulte und Verwüstungen der aufgebrachten Masse. Die Inquisition blieb nicht untätig. In Zusammenarbeit mit dem Rat schritt sie gegen die Neuerer ein. Da der Rat jedoch konfessionell gespalten war, konnte die katholische Religion zunächst nicht vollständig wiederhergestellt werden.

Bischof Johann durchschaute den Protestantismus. Er war sich in seinem Schreiben an Clemens VII. vom 12. März 1525 der Bedrohung wohl bewußt. Angesichts der Gefahr, die das Luthertum bedeutete, näherten sich Metz und Lothringen einander. Am 13. Januar 1533 wurde zwischen ihnen ein Verteidigungsbündnis geschlossen, dem Johann für sein Territorium am 10. April 1533 beitrat. Der Hauptzweck des Bündnisses war der Schutz gegen die Schmalkaldener (Gaston Zeller). Der Herzog Anton von Lothringen war ein entschiedener Gegner des Protestantismus. Auch das Domkapitel und der Kaiser traten der Irrlehre entgegen. Im pfälzischen Teil des Bistums Metz ging jedoch der Katholizismus durch den Herzog von Zweibrücken unter. Johann Schwebel wirkte hier für die neue Lehre. Der Pfalzgraf Ruprecht, der die Regentschaft für den Erbprinzen Wolfgang führte, protestantisierte das Herzogtum Zweibrücken. Herzog Wolfgang schritt auf diesem Weg weiter. Der Bischof versuchte auf den Herzog einzuwirken, er möge von der Neuerung abstehen, aber dieser berief sich auf den (zweideutigen) Reichstagsabschied von 1524.

Der Religionskampf in Metz war keineswegs ausgestanden. Der Magistrat billigte zwar den Reichsabschied von 1529. Aber es gab in der Stadt Anhänger des Protestantismus, die es mit protestantischen Reichsfürsten hielten. 1533 verpflichtete sich Robert von Heu dem Kurfürsten von Sachsen gegen 100 Gulden als Spitzel. Der Stadtrat traf weiterhin vereinzelte Maßnahmen gegen Protestanten. 1541 wurde der lutherische Dominikaner Pierre Brully aus der Stadt ausgewiesen. Die Lage in der Stadt schwankte hin und her, je nachdem wie die maßgebenden Posten des Stadtregiments besetzt waren. 1541 wurde der protestantische Robert von Heu Schöffenmeister, 1542 der ebenfalls protestantische Kaspar von Heu. Seit Oktober 1541 suchten die Straßburger Lutheraner ihren Gesinnungsgenossen in Metz zu Hilfe zu kommen; so wollten sie das erprobte Mittel der öffentlichen Disputation für ihre Sache einsetzen. Am 7. Juni 1542 forderte der in Spanien weilende Kaiser brieflich strenges Vorgehen gegen die Religionsneuerer. Als 1542 der Protestant Kaspar von Heu Oberschöffe von Metz wurde, schloß er, um den Protestanten Parität mit den Katholiken zu verschaffen, ein Bündnis mit deutschen protestantischen Fürsten und Städten. Diese sandten unter Graf Wilhelm von Fürstenberg Truppen in das Metzer Land, die sich als Protestantisierer betätigten. Es gelang dem Kommandeur, für die Protestanten Gleichberechtigung zu erlangen. Der am 5. September 1542 in Metz auftauchende Fanatiker Wilhelm Farel trieb dort und in Montigny sowie in Gorze sein Unwesen. Als 1543 ein Katholik Metzer Oberschöffe wurde, machte er sich daran, die Neuerung zu unterdrücken, dabei unterstützt von Karl V. und dem Metzer Bischof. Die Prädikanten wurden ausgewiesen, die Predigt der Irrlehre streng verboten (13. Oktober 1543). Der Protestantismus hatte von nun an keine öffentliche Existenz mehr in der Metz.

III.

Nikolaus von Lothringen (1543-1547)

Nikolaus von Lothringen wurde 1529 von seinem Onkel zum Koadjutor ernannt. 1544 erhielt er zusätzlich das Bistum Verdun. Er empfing niemals die höheren Weihen. Nikolaus trat Mitte des Jahres 1547 aus dem geistlichen Stande aus und verzichtete in die Hände Johanns. Kardinal Johann nahm das Bistum wieder an sich. Er setzte daraufhin an die Stelle des Nikolaus einen anderen Neffen, den Karl von Lothringen, als seinen Koadjutor mit dem Recht der Nachfolge ein. Karl war bereits Erzbischof von Reims und Kardinal. Er war Minister der Könige Heinrich II., Franz II. und Karl IX. und das Haupt der Katholiken während der ersten Religionskriege in Frankreich. Paul III. zögerte, dem Kardinal Karl, der bereits Erzbischof von Reims war, die Koadjutorie für Metz (und Verdun) zu übertragen, gab aber schließlich dem Drängen des französischen Königs nach. Karl von Lothringen wurde am 16. November 1547 zum Koadjutor cum iure successionis des Kardinals Johann bestellt. Am 25. August 1548 wurde die Koadjutorie für Karl erneuert.

In Metz zeigten sich immer wieder protestantische Regungen. 1545 nahm der Stadtrat auf Ersuchen des Bischofs einige Ausweisungen von Neugläubigen vor. Straßburg wandte sich deswegen an den Reichstag in Worms, und die protestantischen Stände erhoben beim Magistrat Vorstellungen. Der Stadtrat berief sich auf die Verordnung des Kaisers von 1543. Im Jahre 1546 verwandten sich die Stadt Straßburg und Fürstenberg erneut für ihre Gesinnungsgenossen in Metz.

IV.

Karl von Guise (1550-1551)

Karl von Guise war seit 1538 Erzbischof von Reims. Als Kardinal Johann am 10. Mai 1550 starb, übertrug ihm Julius III. das Bistum Metz nur unter der Bedingung, daß er innerhalb sechs Monaten auf das Erzbistum Reims verzichte. Aber es gelang Karl, sich diesem Erfordernis zu entziehen. Er trat den Besitz von Metz an, ohne Reims aufgegeben zu haben. Erst 1551 verzichtete er zugunsten des Robert von Lenoncourt auf den Metzer Bischofssitz, behielt sich aber das Recht des Regresses vor. Karl war seit 27. Juli 1547 Kardinal. Nach dem Tode seines Onkels nahm er den Titel eines Kardinals von Lothringen an.

Die erwähnten Manipulationen bekamen dem Bistum Metz schlecht. Angesichts des Fehlens der festen Hand eines wirklich regierenden und residierenden Bischofs ging der weltliche Besitz des Bistums beinahe zugrunde. Der Herzog Anton I. von Lothringen verfuhr damit fast so, als wäre er sein Eigentum. Als Karl das Bistum übernahm, war eine seiner ersten Sorgen, die von seinen Vorgängern verschleuderten Güter des Bistums zurückzuerwerben. Auch die Irrlehre rührte sich von neuem. 1550 forderten die Metzer Protestanten vom Magistrat Religionsfreiheit. Die Tatsache, daß sie sich in dem Gesuch als den „größten Teil" der Einwohner von Metz bezeichneten, scheint darauf hinzudeuten, daß der Protestantismus im Fortschreiten begriffen war. Die Metzer Protestanten besaßen um diese Zeit einen eigenen Prediger. Allerdings ließ die Wachsamkeit der bischöflichen Beamten nicht nach.

V.

Robert II. von Lenoncourt (1551-1555)

Robert von Lenoncourt erhielt am 22. April 1551 den Metzer Bischofsstuhl. Zum ersten Mal seit 67 Jahren gehörte der Metzer Bischof nicht dem Haus Lothringen an. Robert war am 22. Dezember 1536 zum Kardinal erhoben worden. Er besaß eine Reihe von Bistümern, fünf in Frankreich und eines in Italien.

Unter Robert von Lenoncourt trug sich einer der schmerzlichsten Vorgänge des Zeitalters der sogenannten Reformation zu. Die noch vorhandenen Metzer Protestanten konspirierten im geheimen mit deutschen protestantischen Fürsten und Städten. Diese wiederum verbündeten sich mit dem französischen König gegen den Kaiser. Am 15. Januar 1552 schlossen die deutschen protestantischen Fürsten in Chambord einen Vertrag mit König Heinrich II. von Frankreich. Dieser versprach, die Verschwörung gegen den deutschen Kaiser mit Subsidien zu unterstützen, wofür jene ihm die Schutzherrschaft über die Reichsstädte Metz, Toul, Verdun und Cambrai zusicherten. Lenoncourt verfolgte ehrgeizige eigene Pläne. Er hatte zeitweilig die Absicht, sich aus den Bistümern Metz, Toul und Verdun eine souveräne Herrschaft mit der Hauptstadt Metz zu schaffen. Lenoncourt kam den Metzer Protestanten wegen seines politischen Projektes weit entgegen. Ausgerechnet die protestantische Familie Heu war für seinen Plan aufgeschlossen; Robert von Heu heiratete eine nahe Verwandte des Kardinals. In dem selbständigen Staat Lenoncourts war der Familie Heu die Stelle des Gouverneurs versprochen, falls sie ihm behilflich wäre, die zeitliche Herrschaft über Metz zurückzugewinnen. Als Lenoncourt am 8. Juli 1551 nach Metz kam, nahm er Wohnung bei den Heu, also den bekanntesten Protestanten der Stadt. Im Zusammenhang mit dem Verrat des Moritz von Sachsen am Kaiser vollendete sich das Schicksal von Metz. Am 10. April 1552 zogen die Truppen Montmorencys in die Stadt ein; das Ende der freien Reichsstadt war faktisch, wenn auch nicht rechtlich gekommen. Erst der Art. 72 des Vertrages von Münster (1648) machte aus der tatsächlichen Annexion einen rechtlichen Besitz. Als reichstreu erwiesen sich bis zuletzt die Katholiken, nicht die Protestanten der Stadt. „Die alte freie Reichsstadt ward, ohne daß sie es wußte, wider ihren Willen von den verblendeten deutschen protestantischen Fürsten gewissermaßen an Frankreich verschachert; die Familie de Heu spielte den Judas an ihrer Vaterstadt bei diesem Geschäft" (Westphal). Aber auch der Metzer Bischof war an dem verräterischen Handel in beschämender Weise beteiligt. Die Politik veranlaßte ihn, die Protestanten zum Stadtregiment zuzulassen. Lenoncourt hielt jetzt seine Zeit für gekommen, als souveräner Fürst von Metz aufzutreten. Aber er sollte sich täuschen. Der Gouverneur Vieilleville brachte seine ehrgeizigen Pläne völlig zum Scheitern. Daraufhin wandte er sich dem deutschen Kaiser und dem Herzog von Lothringen zu. Lenoncourt verzichtete auf den Bischofsstuhl in die Hände des Kardinals von Lothringen. Dieser glaubte nicht, ihn behalten zu dürfen, und verzichtete auf ihn seinerseits zugunsten seines ehemaligen Lehrers, des François de Beaucaire, wobei er sich aber die Verwaltung der Temporalien vorbehielt. Lenoncourt erhielt später das Erzbistum Embrun, das Bistum Auxerre und das Erzbistum Arles.

VI.

Franz de Beaucaire (1555-1568)

Franz von Beaucaire wurde am 16. Dezember 1555 zum Bischof von Metz bestellt. Das Domkapitel stimmte der Ernennung erst am 19. Oktober 1556 zu. Am 14. März 1557 wurde Beaucaire empfangen. Er war ein alter Mann, als er Bischof wurde, einfach und fromm, aber auch unselbständig und völlig von dem französischen König abhängig. Am 19. Dezember 1556 trat er die (weltlichen) Rechte des Bischofs von Metz in der Stadt Metz an den König von Frankreich ab.

Das konfessionelle Schicksal von Metz zeigte ein fortwährendes Hin und Her. Die französische Besatzungsmacht ging seit 1553 zunächst energisch gegen den Protestantismus vor. Der Gouverneur Vieilleville räumte dagegen den Protestanten eine Freiheit nach der anderen ein. Aus der Schweiz und aus Deutschland kamen Prädikanten in die Stadt, die nicht nur öffentlich Gottesdienst hielten, sondern auch ,,in der gehässigsten Weise" (Westphal) gegen den katholischen Glauben auftraten. Der Stadtrat versuchte sich an das geltende Recht zu halten. Aber die Metzer Protestanten setzten sich mit den deutschen neugläubigen Fürsten in Verbindung, und diese deckten den Magistrat mit Protestschreiben ein. Der Übermut der Protestanten veranlaßte den folgenden Gouverneur, Senecterre, entschiedene Maßnahmen gegen sie zu ergreifen. Als Vieilleville nach Metz zurückkehrte, setzte die protestantische Propaganda ,,mit neuem Ungestüm" (Westphal) ein. Unflätige Schmähschriften und unzüchtige Bilder dienten der Ausbreitung des ,,reinen Evangeliums". Im Oktober 1559 befahl der König dem Magistrat, die nichtkatholischen Bürger auszuweisen. Aber der Nachfolger Franz' II., Karl IX., nahm die Anordnung zurück. Am 12. Juli 1561 schrieb Hotman an den Landgrafen von Hessen, daß die Protestanten ungestört ihre Versammlungen abhielten und die Geflohenen zurückkehrten. Zahlreiche Geistliche, Mönche, Nonnen und Laien fielen zum Kalvinismus ab. Seit 1562 hatten die Hugenotten das Übergewicht in Metz. Seit 1563 ,,tobte" (Westphal) Farel wieder in der Stadt gegen die katholische Kirche. Der Gouverneur d'Ausance war angeblich Protestant.

Beaucaire nahm seine bischöflichen Aufgaben ernst. Er suchte die Disziplin im Klerus wiederherzustellen und wohnte dem Konzil von Trient bei. Gleichzeitig eröffnete er entschieden den Kampf gegen die Irrlehre. Als Gelehrter verfaßte er eine beträchtliche Reihe theologischer und historischer Abhandlungen, von denen nicht wenige der Bekämpfung des Protestantismus galten. Als Bischof suchte er die Prozessionen und die Wallfahrten zu beleben, aber Farel fiel mit frivolem Spott darüber her. Bedeutende katholische Kanzelredner traten in Metz auf, um der Häresie Einhalt zu gebieten. 1564 brachte Beaucaire bei dem französischen König Beschwerden über die Anmaßungen der Protestanten vor, aber er fand keine Hilfe. Der Kampf gegen die Irrlehre in Frankreich litt unter dem Zwiespalt der Katholiken. Gegen die mächtige Familie der Guise verbündeten sich die königliche Familie und ein großer Teil des katholischen Adels mit den Hugenotten. Diese wurden von den deutschen Protestanten unterstützt. So drang der Protestantismus unter Beaucaires Regierung im Bistum Metz vor. 1567 waren die Protestanten in Metz auf dem Höhepunkt ihrer Macht. Ihrer Partei gehörten der stellvertretende Gouverneur d'Ausance de Montberon und der Präsident Senneton an; sie suchten die katholische Religion auszurotten. Die meisten Ämter der Stadt waren mit Hugenotten besetzt. 1567 machten sie den Versuch, Metz zu einer freien reformierten Stadt zu erheben. Der Streich mißlang, und die Protestanten mußten dafür büßen; die Katholiken begannen aufzuatmen. 1568 resignierte Beaucaire, gebrochen und zermürbt ob der unablässigen Kämpfe, Demütigungen und Wirren, auf sein Bistum.

VII.

Ludwig II. von Guise (1568-1578)

Ludwig von Guise wurde am 22. Dezember 1553 zum Kardinal erhoben. Er wurde am 2. Juni 1558 zum Koadjutor des Franz von Beaucaire in Metz bestellt. Ludwig hielt sich nur einmal für drei Tage in Metz auf. Er richtete den weltlichen Besitz des Bistums zugrunde.

Ludwig suchte den Protestantismus zu dämpfen. Er forderte von Karl IX. Maßnahmen gegen die übermütigen Protestanten, erfuhr aber zunächst keine Hilfe. Im September 1569 kam der König nach Metz. Er ordnete das Verbot der protestantischen Religionsübung in der Stadt an; in Courcelles-Chaussy behielten die Protestanten jedoch den Gottesdienst. Seit dem Frieden von St.-Germain-en-Laye 1570 wurden auch den Metzer Protestanten wieder größere Freiheiten eingeräumt. Doch diese Atempause war von kurzer Dauer. Der Gouverneur Albert de Gondy (1571-1573) ging scharf gegen sie vor. Erst recht war dies bei seinem Nachfolger Charles d'Halvin (1573-1582) der Fall. Beginnend bei den Kindern, wurde die Rekatholisierung ins Werk gesetzt. Die Jesuiten nahmen ihre erfolgreiche Arbeit in der Stadt auf.

VIII.

Karl II. von Lothringen (1578-1607)

Karl von Lothringen wurde im Alter von sechs Jahren zum Koadjutor des Kardinals Ludwig von Guise ernannt. Zahlreiche Pfründen folgten. Am 18. Juli 1578 wurde er Bischof von Metz. Zunächst regierte im Auftrag des Papstes der Bischof von Verdun das Bistum Metz. Im Jahre 1585 übertrug Sixtus V. dem Karl die Leitung der zeitlichen, 1586 die der geistlichen Angelegenheiten. Am 20. Dezember 1589 wurde Karl zum Kardinal kreiert, 1591 wurde er Legat für Lothringen, Metz, Toul und Verdun. 1592 postulierten ihn die katholischen Domherren von Straßburg zum Bischof dieser Diözese, und Clemens VIII. gab die Zulassung. Die Folge war der Bischofskrieg von 1592/3. Der Friede konnte erst 1604 wiederhergestellt werden.

Karl von Lothringen war ein sittenreiner und frommer Bischof. Er war scharfsinnig, klarblickend und weitschauend, dazu klug und erfahren in Geschäften. Seit 1591 litt er schwer an einem Rückenmarksleiden. Er konnte sich nur in einer Sänfte getragen fortbewegen. An seinen Diözesanen war ihm viel gelegen; er besuchte sie, soweit er es vermochte, hörte sie an und schaffte Abhilfe, wo es nötig war. In die Stadt Metz kam er nur ein einziges Mal. Die Regierung der Diözese führten nach seinen Anordnungen vertrauenswürdige Geistliche. Karl war vorzüglich begabt und gebildet. Dementsprechend großen Wert legte er auf die Ausbildung der Geistlichen. In Pont-à-Mousson und Molsheim errichtete er Seminarien. Er förderte die Jesuiten, die Kapuziner und die Minimen. Er gab den Straßburger bischöflichen Behörden eine neue Organisation. Das Domkapitel und das Offizialat residierten jetzt in Molsheim. Zur Zeit Heinrichs III. wurden die Metzer Protestanten kurz gehalten. Unter der Regierung Heinrichs IV. konnten sie sich dagegen relativ unbeschränkt entfalten. Der König gestattete ihnen 1592 und 1597 die freie Ausübung ihrer Religion. Aber sie nahmen nicht mehr zu. Die katholische Bevölkerung erlangte das Übergewicht.

13. Abschnitt

Exemte Bistümer

1. Kapitel

Bistum Bamberg

Bauer, Lothar, Die Kurie und Johann Philipp von Gebsattel, Bischof von Bamberg, 1608/09: Quellen und Forschungen aus italienischen Archiven und Bibliotheken 40, 1960, 89-115

Bauer, Lothar, Der Informativprozeß für den Bamberger Fürstbischof Johann Philipp von Gebsattel (1599-1609): Jahrbuch für fränkische Landesforschung 21 (= Festschrift Ernst Schwarz II), 1961, 1-27

Bauer, Lothar, Die Rolle Herzog Maximilians von Bayern bei der Wahl des Bamberger Fürstbischofs Johann Gottfried von Aschhausen 1609: Zeitschrift für bayerische Landesgeschichte 25, 1962, 558-571

Bauer, Lothar, Friedrich Förner, in: Pfeiffer, Gerhard (Hrsg.), Fränkische Lebensbilder I, Würzburg 1967, 182-209

Burkard, H., Bamberg: LThK I, 1930, 939-944

Erhard, Otto, Die Reformation der Kirche in Bamberg unter Bischof Weigand 1522-1556 auf Grund archivalischer Studien dargestellt, Erlangen 1898

Götz, Johann Baptist, Die Glaubensspaltung im Gebiete der Markgrafschaft Ansbach-Kulmbach in den Jahren 1520-1535. Auf Grund archivalischer Forschungen (= Erläuterungen und Ergänzungen zu Janssens Geschichte des deutschen Volkes V. Bd., 3. u. 4. Heft), Freiburg i. Br. 1907

Guttenberg, Erich Freiherr von (Bearb.), Das Bistum Bamberg. Erster Teil. Der Germania sacra zweite Abteilung erster Band I. Teil, Berlin 1937

Henner, Johann Gottfried I. von Aschhausen: ADB 14, 1881, 451f.

Hotzelt, Wilhelm, Veit II. von Würtzburg, Fürstbischof von Bamberg 1561-1577 (= Studien und Darstellungen aus dem Gebiete der Geschichte IX. Bd., 3. u. 4. Heft), Freiburg i. Br. 1919

Hotzelt, Wilhelm, Familiengeschichte der Freiherren von Würtzburg, Freiburg i. Br. 1931, 229-305

Kist, Johannes, Das Bamberger Domkapitel von 1399 bis 1556. Ein Beitrag zur Geschichte seiner Verfassung, seines Wirkens und seiner Mitglieder (= Historisch-Diplomatische Forschungen 7. Bd.), Weimar 1943

Kist, Johannes, Fürst- und Erzbistum Bamberg. Leitfaden durch ihre Geschichte von 1007 bis 1943 (= 92. Bericht des Historischen Vereins für die Pflege der Geschichte des ehemaligen Fürstbistums Bamberg Beiheft 1), Bamberg 1953

Kist, J., Bamberg: LThK I, 2. Aufl., 1957, 1215-1217

Kist, Johannes, Fürst- und Erzbistum Bamberg. Leitfaden durch ihre Geschichte von 1007 bis 1943 (= 92. Bericht des Historischen Vereins für die Pflege der Geschichte des ehemaligen Fürstbistums Bamberg Beiheft 1), 2., erweit. Aufl., Bamberg 1958

Kneitz, Otto, Albrecht Alcibiades Markgraf von Kulmbach 1522-1557 (= Die Plassenburg. Blätter für Heimatkunde und Kulturpflege in Ostfranken Heft 2), Kulmbach 1951

Leitschuh, Franz Friedrich, Georg III. Schenk von Limpurg, Bamberg 1886

Looshorn, Johann, Die Geschichte des Bisthums Bamberg, 7 Bde., München 1886-1910

Metzner, Joseph, Ernst von Mengersdorf, Fürstbischof von Bamberg. Die Weihbischöfe Dr. Jakob Feucht und Dr. Johann Ertlin. Biographische Skizzen, Bamberg 1886

Pölnitz, Götz Freiherr von, Der Bamberger Fürstbischof J. Ph. v. Gebsattel und die deutsche Gegenreformation (1599-1609): Historisches Jahrbuch 50, 1930, 47-69

Roth, Friedrich, Willibald Pirkheimer, ein Lebensbild aus dem Zeitalter des Humanismus und der Reformation (= Schriften des Vereins für Reformationsgeschichte 5. Jgg. 4. Stück), Halle 1887

Schaffer, Reinhold, Andreas Stoß, Sohn des Veit Stoß, und seine gegenreformatorische Tätigkeit (= Breslauer Studien zur historischen Theologie Bd. V), Breslau 1926

Setterl, Johann, Die Ligapolitik des Bamberger Fürstbischofs Johann Gottfried Aschhausen in den Jahren 1609-1617. Phil. Diss. Würzburg, Bamberg 1915

Simon, Matthias (Bearb.), Die evangelischen Kirchenordnungen des XVI. Jahrhunderts. 11. Bd. Bayern. I. Tl. Franken. Markgrafschaft Brandenburg-Ansbach-Kulmbach. Reichsstädte Nürnberg, Rothenburg, Schweinfurt, Weißenburg, Windsheim. Grafschaften Castell, Rieneck und Wertheim. Herrschaft Thüngen, Tübingen 1961

Stein, Friedrich, Geschichte Frankens. Bd. 2: Die neue Zeit, Schweinfurt 1886

Thüngen, Rudolf Frhr. von, Das reichsritterliche Geschlecht der Freiherrn von Thüngen. Forschungen zu seiner Familiengeschichte. Lutzische Linie, 2 Bde., Würzburg 1926

Weber, Heinrich, Johann Gottfried von Aschhausen, Fürstbischof von Bamberg und Würzburg, Herzog zu Franken, Würzburg 1889

Weber, Heinrich, Das Bisthum und Erzbisthum Bamberg, seine Eintheilung in alter und neuer Zeit und seine Patronatsverhältnisse. Nebst einer Beilage über die Vicarien und Benefizien am Domstift. Quellenmäßig dargestellt, Bamberg 1895 (= 56. Bericht über Bestand und Wirken des historischen Vereins (anerkannter Verein) zu Bamberg für die Jahre 1894 und 1895, Bamberg o. J.)

Weigel, Georg, Die Wahlkapitulationen der Bamberger Bischöfe 1328-1693. Eine historische Untersuchung mit drei Beilagen. Phil. Diss. Würzburg, Aschaffenburg 1909

Wendehorst, Alfred, Johann Gottfried von Aschhausen: NDB 10, 1974, 467f.

Wendehorst, Alfred, Johann Gottfried von Aschhausen (1575-1622), in: Wendehorst, Alfred, Pfeiffer, Gerhard (Hrsg.), Fränkische Lebensbilder IX, Neustadt/Aisch 1980, 167-186

Wittmann, P., Johann Philipp von Gebsattel, erwählter Fürstbischof von Bamberg (4. Februar 1599 bis 26. Juni 1609): Diözesan-Archiv von Schwaben 4, 1887, 26, 33f., 41f., 73f., 83f., 89f.; 5, 1888, 1f., 9f., 17f., 25f.

Wurm, Gertrud, Bischöfe und Kapitel im Hochstift Bamberg und die Gegenreformation. Phil. Diss. Erlangen, Erlangen 1945, Masch.

Zagel, Georg, Die Gegenreformation im Bistum Bamberg unter Fürstbischof Neithart von Thüngen (1591-98). Phil. Diss. Erlangen, Bayreuth 1898

Zeißner, Werner, Altkirchliche Kräfte in Bamberg unter Bischof Weigand von Redwitz (1522-1556) (= Historischer Verein für die Pflege der Geschichte des ehemaligen Fürstbistums Bamberg Beiheft 6), Bamberg 1975

I.

Georg III. Schenk von Limburg (1505-1522)

Georg III. Schenk von Limburg, der am 13. Februar 1505 zum Bischof von Bamberg gewählt und am 28. April 1505 bestätigt wurde, war einer jener Bischöfe, die für die

Zeit der sogenannten Reformation typisch sind. Er besaß keine theologische Bildung, war aber ein Humanist und ein Freund der Humanisten, u. a. des Ulrich von Hutten, was über seine Einstellung bereits genügend Licht verbreitet. Für diese Leute bezeichnend waren das haltlose Reden und das scharfe Kritisieren. Sie riefen zwar nach Reformen, aber immer nur bei anderen; sich selbst gedachten sie nicht zu reformieren. Bischof Georg besaß keine tiefe, persönliche Religiosität; er war antirömisch eingestellt. Die Bischofsweihe hat er zwar früh empfangen, aber wohl kaum je ausgeübt. Die geistlichen Dienste ließ er durch den Weihbischof verrichten. Er war ein Kunstmäzen und Bauherr, der mit fürstlicher Pracht hofhielt. Sein Ehrgeiz lag darin, Kunst und Literatur zu fördern. Die für sein hohes Amt erforderlichen Charaktereigenschaften gingen ihm ab. ,,Seine weltlichen Interessen machten ihn zu einem schlechten Wächter seiner Diöcese" (Otto Erhard). Es fehlte ihm an Tatkraft und Eifer in gleicher Weise. Er wachte nicht genügend über seine Diözese und tat seine Pflicht als Bischof nicht. Seine Nachlässigkeit fügte dem Bistum großen Schaden zu. Wohl verkündete er 1507 erneut die Synodalstatuten und ließ sie auch 1509 drucken. Aber die Durchführung der Normen wurde nicht in Angriff genommen und durch Visitationen gesichert.

Unter Bischof Georg drang der Protestantismus in das Bistum Bamberg ein. Das verbreitete Schlagwort von der kirchlichen Reform und die romfeindliche Stimmung hatten einen günstigen Nährboden für das Luthertum geschaffen. Die Stadt Nürnberg hatte es verstanden, sich in weitestem Maß der Jurisdiktion der Bischöfe zu entziehen. Bischof Georg unterschätzte die Tragweite der von Luther entfachten Bewegung; den Ernst der Lage begriff er nicht. Er stand zeitweilig mit Luther in Briefwechsel. Dem Protestantismus widerstrebte er, weil und insofern er die Ruhe störte und die Geister beunruhigte. An Luther lag ihm nichts. Sein Interesse für religiöse und kirchliche Fragen war begrenzt. Die Regierung seines Landes, die Förderung der Kunst und die Abhaltung von Gesellschaften absorbierten ihn. Er verhielt sich daher im wesentlichen passiv gegenüber der umstürzlerischen Neuerung. Die Bannbulle gegen Luther leitete er nach Nürnberg weiter und forderte ihre Publikation vom Domkapitel. Im Nürnberger Reichsregiment wirkte er vereint mit Herzog Georg von Sachsen gegen das Luthertum. Mehr aber geschah nicht. Nirgendwo wurden wirksame Maßnahmen gegen die Abfallbewegung ergriffen. Georg vollzog das Wormser Edikt nicht. An ihm zeigte es sich, daß freisinnige Einstellung den Kampf gegen die Häresie lähmte. Seine liberale Haltung hinderte ihn, die Mittel gegen das Luthertum einzusetzen, die allein Erfolg versprochen hätten. Daher ist es nicht zu verwundern, daß sich die Irrlehre ungehemmt in seinem Bistum ausbreiten konnte. Zu Anfang des Jahres 1522 weilte er in Nürnberg und konnte hier das Fortschreiten der religiösen Neuerung persönlich in Augenschein nehmen. Sein Hofmeister, Johann Freiherr von Schwarzenberg, war ein aktiver Förderer des Protestantismus. Sein Hofkaplan, Johann Burkhard, war ebenfalls der neuen Lehre zugetan. Auch der Domdechant Andreas Fuchs und dessen Bruder Jakob waren Anhänger der Religionsneuerung. Georg hinderte die Prediger nicht, in seinem Bistum das Luthertum zu verkünden. Den Johann Schwanhausen, der in St. Gangolf offen die lutherische Irrlehre vortrug, ließ er gewähren. Den Druck und die Verbreitung lutherischer Schriften duldete er; Ecks Aufforderung, ihnen entgegenzutreten, lehnte er ab. Georg von Limburg hat in einer entscheidenden Stunde der Kirchengeschichte versagt.

II.

Weigand von Redwitz (1522-1556)

Weigand von Redwitz wurde am 18. Juni 1522 zum Bischof von Bamberg gewählt. Am 5. Januar 1523 erst bestätigte Hadrian VI. die Wahl; die Urkunde wurde am 7. Januar 1523 ausgefertigt. Weigand war bei seiner Wahl bereits Priester. Am 30. August 1523 ließ er sich zum Bischof konsekrieren. Er sammelte um sich einen Kreis von Humanisten und hielt hof.

Weigand von Redwitz war ein geschäftserfahrener Mann, fleißig und umtriebig, aber ohne Weite des Blicks. Er war ein weicher, schwacher Typ, leicht beeinflußbar und unentschlossen, unselbständig und wechselnden Stimmungen unterworfen. Energie und Kühnheit des Wollens fehlten ihm in gleicher Weise. Diese Mängel mußten in einer Zeit, die nicht mehr von der Disziplin getragen und von heilsamen Gewohnheiten erfüllt war, verhängnisvolle Auswirkungen zeitigen. Entscheidungsfrische, Mut und Zähigkeit, die gebraucht worden wären, besaß dieser Bischof nicht. Das Kapitel, kaiserliche Mandate und Reichstagsbeschlüsse mußten ihn regelmäßig zum Handeln bringen. Er sah die Mißstände in seiner Diözese, aber es fehlte ihm die Kraft, sie abzustellen. Mehrmals trug er sich mit dem Gedanken, zu resignieren.

Längere Zeit nahm Weigand gegenüber dem Luthertum eine unklare Haltung ein. Während seines Aufenthaltes in Nürnberg 1522/23 hörte er sich regelmäßig die Predigten des schlesischen Prädikanten Dominikus Schleupner an. Luther fand für ihn am 21. September 1522 freundliche Worte. 1524 verkehrte er in Nürnberg mit Kurfürst Friedrich von Sachsen. Ansätze, die Weigand machte, um die Regensburger Einung vom 6. Juli 1524 und das Landauer Reformstatut von 1526 in das Leben überzuführen, scheiterten hauptsächlich am Widerstand des Domkapitels; gemeinsam war diesem und dem Bischof die Furcht vor der Reaktion auf eine eventuelle Reform. Dem katholischen Glauben war Weigand ohne Schwanken ergeben. Für das Luthertum hatte er nichts übrig. Er war guten Willens, sein Bistum beim alten Glauben zu halten. Weigand tat auch manches gegen die Irrlehre, aber er tat es häufig zu spät, zögernd, nicht genügend nachhaltig und nicht mit der harten Entschlossenheit, welche die Zeit verlangt hätte; er zeigte nicht die notwenige Energie bei der Abwehr des Protestantismus. Aus Furcht vor den umgebenden protestantischen Fürsten und den fränkischen Reichsrittern wagte er nicht, ernsthaft gegen die Protestanten im Hochstift einzuschreiten. Freilich fehlten ihm auch Macht und Geld, um fest gegen den Adel im Stift oder gegen die lutherischen Nachbarn vorzugehen.

Im Domkapitel hingen manche Mitglieder der neuen Lehre an und leisteten ihr Vorschub. Die Mehrzahl war in Sachen des Glaubens ziemlich gleichgültig. Das Domkapitel widerstrebte der Religionsneuerung in erster Linie aus Sorge für die Erhaltung des Hochstiftes und lavierte hin und her. Es war ihm viel an Ordnung und Ruhe, wenig an Klarheit des Bekenntnisses gelegen. Jedes scharfe Vorgehen suchte es zu vermeiden. Im Herbst 1523 wurde endlich den Bamberger Domherren verboten, die Universität Wittenberg zu besuchen. Entschieden lutherisch eingestellte Domherren blieben aber im Kapitel. Weigand, eine schwache Persönlichkeit, ja ein schwankendes Rohr im Winde, war ein Spielball des Domkapitels. Er wurde gehalten und gestützt von den Domherren Kaspar von Berg und Paul Neidecker sowie dem Karmeliterprior bzw. -provinzial Andreas Stoß. Der Einfluß des letzteren bewirkte nicht etwa eine Wandlung im Charakter des Bischofs, sondern bestimmte lediglich den nachgiebigen Mann, sich ihm zu beugen und auf ihn zu hören. Reinhold Schaffer schreibt hauptsächlich Andreas Stoß das Verdienst zu, die katholische Religion im Bistum Bamberg gerettet zu haben. Der Weihbischof Petrus Rauch (1547-1558) war eifrig in Weihehandlungen und als Prediger tätig.

Im Jahre 1524 erließ der Bischof ein Mandat gegen die Abschaffung des katholischen Gottesdienstes in Nürnberg. Der Rat der Stadt deckte die Abgefallenen. Weigand nahm seine Zuflucht zu papierenen Protesten. Die beiden Pröpste der Nürnberger Pfarreien und der Prior der Augustiner wurden auf Betreiben Neideckers von dem geistlichen Gericht ihres Amtes entsetzt und gebannt; aber das Urteil konnte nicht vollstreckt werden. Die beiden Disputationen in Ansbach (1524) und in Nürnberg (1525) wurden vom Bischof nicht beschickt. Proteste, Klagen und Bitten waren die einzigen Mittel, die Weigand gegen den Abfall anwandte. Hirtenbriefe, Predigten, Schriften und Flugblätter setzte er nicht ein. 1543 kaufte der Bischof die Druckerei Erlingers. Leider gingen von ihr nicht viele hilfreiche Druckerzeugnisse aus. Erst recht wollte er von der Gewaltanwendung nichts wissen, um das zertretene Recht zu schützen. Rücksichtslose Entschlossenheit, wie sie angesichts der Radikalität der Gegner angebracht gewesen wäre, vermochte er nicht aufzubringen.

Weigands Personalpolitik war ein Verhängnis. Er duldete, daß weiterhin notorische Lutheraner in der Bischofsstadt blieben. Der katholische Teil des Domkapitels konnte sich mit seiner Forderung nach scharfem Vorgehen nicht durchsetzen. Johannes Schwanhausen, der in Wittenberg studiert hatte, durfte lange Zeit als Kustos von St. Gangolf in Bamberg das Volk mit der lutherischen Lehre verführen. Erst im Jahre 1524 wurde er auf Betreiben des Domkapitels seines Amtes entsetzt. Denn Johann von Schwarzenberg übernahm Weigand von seinem Vorgänger als Hofmeister; er gab das Amt schließlich auf, blieb aber bis 1526 Rat des Bischofs, obwohl er eindeutiger Protestant war und sogar gegen das Bamberger Hochstift arbeitete. Der Vizedom Andreas Fuchs begünstigte in den bambergischen Besitzungen Kärntens das Luthertum. 1527 wurde er auf Wunsch König Ferdinands von seinem Amt abberufen. Der Bischof aber machte ihn 1528 zu seinem Rat. Hieronymus Kammermeister, der notorischer Protestant war, blieb bis 1527 Kanzleiverweser und wurde erst in diesem Jahr auf Betreiben des Domkapitels entlassen. Der Kaplan des Bischofs, Ulrich Burchardi, zeigte spätestens seit dem Frühjahr 1523, daß er vom Glauben abgefallen war; er predigte öffentlich protestantisch. Der Bischof behielt ihn bis 1527 in seinem Dienst. Der Buchdrucker Georg Erlinger konnte lange Zeit ungehindert protestantische Schriften erscheinen lassen. Diese Fälle offenbaren die Mitschuld des Bischofs an der Verbreitung des Luthertums durch Feigheit, Kampfesscheu und Nachlässigkeit. Das Beispiel der Entfernung Johann Schwanhausens aus der Bischofsstadt, die ohne Komplikationen vor sich ging, zeigt, was bei energischen Durchgreifen möglich gewesen wäre.

Es ist zuzugeben, daß die Nachbarschaft der starken Markgrafen von Ansbach-Kulmbach und der mächtigen Reichsstadt Nürnberg das Wirken des Bischofs hemmte und bedrohte. Der größere Teil des Bistums wurde ja von den Gebieten der Markgrafen von Brandenburg und der Stadt Nürnberg gebildet. Die ersteren waren zum Teil trunksüchtige, raubgierige und gewalttätige Herren, die schon lange ein Auge auf den Besitz der Geistlichen und der Klöster geworfen hatten. Seit der Visitation 1527/8 war das markgräfliche Gebiet — jedenfalls äußerlich — protestantisiert. Der Bischof erwirkte zweimal Pönalmandate beim Schwäbischen Bund gegen den Markgrafen von Ansbach-Kulmbach; Erfolg war ihnen nicht beschieden. Schon vorher war Nürnberg protestantisiert worden. 1524 wurden zum letzten Mal die kirchlichen Feste in Nürnberg gefeiert. Die Stadt ging hartnäckig den Weg in die Irrlehre weiter und ließ sich durch nichts aufhalten. Der Abfall von Nürnberg, Ansbach und Bayreuth bedrohte auch den katholischen Glauben im Hochstift. Die Stadt Bamberg zeigte bereits 1522 eindeutige Merkmale, daß ein großer Teil der Bevölkerung unter lutherischem Einfluß stand. Zwei Jahre später hatte sich die Bewegung noch mehr ausgebreitet. Der Bischof verfaßte immer neue Mandate, an die sich niemand hielt. Im Bauernkrieg ließ sich Weigand sogar die Zustimmung zu der freien Predigt des Evangeliums abringen. Der Adel des Hochstifts besetzte seine Patronatspfarreien mit lutherischen Geistlichen. Die Wiedertäufer fanden in der religiös verwirrten und vernachlässigten Bevölkerung einen starken Widerhall. Erst in den dreißiger Jahren ebbte die protestantische Woge ab. Die katholische Religion konnte sich bis zu einem gewissen Grade konsolidieren. Wo der Bischof lutherischer Prediger habhaft wurde, verwies er sie des Landes. Den Amtsleuten schärfte er ein, das Auslaufen zum protestantischen Gottesdienst zu verhindern. Im allgemeinen blieb er auch jetzt ohne Initiative, ließ aber Männer wie Paul Neidecker wirken; seine Hauptsorge galt der weltlichen Regierung, vor allem der Wahrung der Rechte des Hochstifts und den Finanzen. Immerhin hielt Weigand jetzt fast jedes Jahr Diözesansynoden ab. Es ist merkwürdig, daß in den Statuten der Synode von 1534 keine Bezugnahme auf den durch das Luthertum ausgelösten Umsturz erfolgte. Eine irgendwie geartete Reform wurde dadurch nicht eingeleitet. Vor allem fehlte die Nacharbeit durch den bischöflichen Besuchsdienst. Das Bistum erlebte unter der Regierung Weigands keine Generalvisitation. Bis zum Interim gedieh kein Reformprojekt zur Reife. Die Verhältnisse im Klerus waren dementsprechend ungünstig. Der Konkubinat der Geistlichen wurde im Bistum Bamberg nicht verfolgt. Ende der dreißiger und Anfang der vierziger Jahre fand eine Reihe verdächtiger oder lutherfreundlicher Kleriker Aufnahme in Bamberg, was jeder Neigung zu einer echten Erneuerung entgegenwirkte. Gegen die Mißstände im Pfründenwesen wurde nichts unternommen; die gerechte Verteilung der Einnahmen blieb eine Utopie. Zu einem sinnvollen Einsatz der vorhandenen Geistlichen kam es nicht. Die Seelsorge war von Kräften entblößt, die in der Stadt Bamberg brachlagen. Als das Interim erlassen wurde, forderte der Bischof die Untertanen des Hochstiftes auf, zum katholischen Glauben zurückzukehren, was aber auf die gemischten Gebiete um Kronach und Stadtsteinach ohne Wirkung blieb. Die Formula reformationis wurde auf der Diözesansynode vom 7. November 1548 verlesen; für kurze Zeit wurde jetzt gegen Konkubinarier eingeschritten, dann war man wieder auf dem vorherigen Zustand.

Durch die 1537 und 1538 abgeschlossenen Verträge zu Forchheim versuchte Weigand das Verhältnis zu seinen protestantischen Nachbarn zu normalisieren. Eine zielbewußte Bündnispolitik unterließ er. Er schloß sich wohl dem Schwäbischen Bunde an. Darin hatten die Katholiken die Mehrheit, aber ein tatkräftiger Schutz der Altgläubigen war von ihm nicht zu erlangen. Ein Versuch zu einem militärischen Bündnis gegen die Neuerer wurde von ihm nicht unternommen. Dem katholischen Defensivbündnis von 1538 blieb er fern. So geriet er in die Isolierung. Statt zu rüsten und dafür das Geld zu verwenden, ließ sich Weigand lieber erpressen und zahlte an neugläubige Fürsten riesige Summen. Im Schmalkaldischen Kriege unterhielten der Bischof und sein Kapitel Beziehungen zu beiden Seiten. Ausgerechnet den Markgrafen Albrecht Alcibiades betraute man mit dem Schutz des Hochstiftes. Im Markgrafenkrieg vom 1552 bis 1554 zog dieser, eine wahre Verbrechernatur, brennend und plündernd durch die Lande. Die Finanzen des Hochstifts wurden heillos zerrüttet.

Weigand muß ziemlich früh erkannt haben, daß er seinem Amt nicht gewachsen war. Bereits 1527 machte er den Versuch, für das Hochstift eine Pflegschaft einzusetzen; er war der Regierung müde. Doch ließ er sich überreden, weiter an der Spitze des Stiftes zu bleiben. 1552 bat Weigand das Domkapitel, einen Koadjutor zu wählen. Um diese Zeit begannen seine geistigen Kräfte merklich abzunehmen. 1554 wurde Georg Fuchs von Rügheim vom Kapitel zum Koadjutor gewählt. Unter dem 26. Mai 1555 bestätigte Paul IV. die Wahl. Beim Tode Weigands waren etwa drei Viertel der Diözese von der katholischen Kirche losgerissen.

III.

Georg Fuchs von Rügheim (1556-1561)

Georg Fuchs wurde 1554 zum Koadjutor Weigands bestellt. Die Bestätigungsbulle traf jedoch erst 1556 ein. Fuchs empfing am 27. November 1557 die Bischofskonsekration. Sein Leben war von äußeren und inneren Kämpfen erfüllt. Die Lage verschlechterte sich unaufhörlich. Die katholische Kirche in Bamberg besaß nur noch geringe Ausstrahlung und noch weniger Anziehungskraft. Gebildete Kreise tendierten zum Luthertum. Die Diözesansynoden wurden zwar regelmäßig abgehalten, hatten aber wenig Einfluß auf den Klerus. Das Domkapitel ließ nicht zu, daß der Weihbischof alle Weihekandidaten einer Prüfung unterzog. Die sittlichen Zustände im Klerus und Volk besserten sich unter Fuchs nicht. Er verharrte in Tatenlosigkeit angesichts der unglücklichen inneren Lage der Kirche und des Fortschreitens der Häresie. Er gab sich lediglich große Mühe, die Finanzen des Hochstifts zu ordnen. Weder an der ersten noch an der zweiten Sitzungsperiode des Konzils zu Trient nahm ein Vertreter des Bistums Bamberg teil. Er starb im 42. Lebensjahr. Der Nuntius Kaspar Gropper entwarf aufgrund seines Aufenthaltes in Bamberg 1561 ein düsteres Bild der kirchlichen Verhältnisse.

IV.

Veit II. von Würtzburg (1561-1577)

Veit von Würtzburg machte seine Studien an den Universitäten zu Heidelberg und Erfurt in Philosophie, Theologie und Kirchenrecht. Der Aufenthalt an diesen beiden Hochschulen war der Festigung seiner katholischen Überzeugung kaum dienlich. Veit wurde am 22. April 1561 zum Bischof von Bamberg gewählt. Veit von Würtzburg wurde als Subdiakon zum Bischof von Bamberg gewählt. Er lebte bei seiner Wahl im Konkubinat und war Vater von fünf Kindern. Trotzdem wurde ihm von mehreren deutschen Fürsten und sogar von Kardinal Truchseß von Waldburg das beste Zeugnis ausgestellt. Daraufhin bestätigte Pius IV. am 19. November 1561 die Wahl. In der Bestätigungsbulle wurde sein „unbescholtenes Leben" gerühmt. Als Generalvikar bestellte er aufs neue den seit 1530 amtierenden strengen und neuerungsfeindlichen Paul Neidecker. Ihm stand als Fiskal der eifrige Johann Neidecker zur Seite. Als Weihbischof wählte Veit den Friedrich Lichtenauer, nach dessen Tod den Jakob Feucht. Beide waren treu katholische Männer.

Bei der Regierungszeit Veits sind zwei Perioden zu unterscheiden. In der ersten Zeit war er nachlässig und pflichtvergessen. Die Schwäche seines Willens überwand er während seines ganzen Lebens nicht. Sein „Eheleben" war ärgerniserregend und richtete großen Schaden unter der Geistlichkeit an. Als seine „Frau" starb, ließ er sie in aufwendiger Weise beerdigen. Die Fessel der Wahlkapitulation vermochte er nicht zu brechen. Sein Studium in Heidelberg und Erfurt legte den Grund zu einer reservierten, ja distanzierten Haltung gegenüber dem Heiligen Stuhl. Obwohl sich zwei Kardinäle — Delfino und Commendone — persönlich darum bemühten, ihn zur Teilnahme am Trienter Konzil zu bewegen, war er nicht dazu bereit. An den dogmatischen und disziplinären Entscheidungen des Konzils dürfte er zu dieser Zeit wenig Freude gehabt haben. Wer derartige Anschauungen und Lebensgewohnheiten hatte wie Veit, der konnte wohl keine Begeisterung für die Trienter Dekrete aufbringen. Seinen Plan, eine Diözesansynode abzuhalten, verwirklichte er nicht. Dem Vorschlag Veits, die Bewerber zu geistlichen Ämtern einem Examen zu unterwerfen, widersetzte sich das Domkapitel. Eine Besserung in Klerus und Volk war nicht zu erkennen. In den ersten Jahren seiner Regierung ging Veit auch nicht planmäßig gegen lutherisch gesinnte Geistliche vor, sondern ließ sie im allgemeinen gewähren. Er war auf Ruhe und Frieden, Vermittlung und Ausgleich bedacht. Kampf und Streit, Härte und Schärfe waren ihm zuwider. Die Gegensätze zwischen altem und neuem Glauben hoffte er durch Versöhnung, nicht durch festes Zupacken beheben zu können.

Erst seit 1566 nahm Veit eine etwas festere Haltung ein, zeigte Ansätze zu einer Besserung und war bis zu einem gewissen Grade fromm und eifrig. Unter dem Einfluß der Trienter Dekrete und des Würzburger Bischofs Friedrich von Wirsberg empfing er im Frühjahr 1566 die Priesterweihe und die Bischofskonsekration. Er ordnete jetzt öfters Prozessionen und Bittgebete an, suchte dem Volk die Ablässe zuzuwenden, ließ ein neues Brevier drucken und gab ein Gesangbuch heraus. Pius V. mahnte ihn wiederholt, die Trienter Reformen durchzuführen. Im Jahre 1571 ließ er denn auch die Beschlüsse des Trienter Konzils in seiner Diözese verkünden. Etwa 1570 veranstaltete Veit eine Visitation. Gegen Geistliche, die Irriges lehrten, wurde eingeschritten; den Pfarrern wurde das tridentinische Glaubensbekenntnis abverlangt. Die Besserung des Klerus nahm der Bischof nun endlich in Angriff. Zahlreiche Priesterkandidaten gingen an die Universitäten Ingolstadt, Köln und Löwen und nahmen dort den Geist der tridentinischen Reform auf. Würtzburg begriff jetzt, daß der einzige erfolgversprechende Weg zur Eindämmung der Irrlehre die Verbindung der bischöflichen mit der landesherrlichen Gewalt war. Die eigentliche Seele des Kampfes gegen die religiöse Neuerung waren der Weihbischof Jakob Feucht (1571-1580), der Generalvikar Hieronymus Stör und der Fiskal Johann Neidecker. Sie arbeiteten Hand in Hand, um Irrgläubige aufzudecken, so bei der Prüfung der Lehrer in Bamberg. Feucht wirkte auch eifrig als Prediger und Kontroversschriftsteller und übte sogar in Halberstadt seine Tätigkeit aus. Sogleich zeigten sich aber auch die Widerstände im eigenen Lager. Das Domkapitel stellte ein schweres Hindernis für wirksame Reformen dar. Die Bamberger Wahlkapitulationen des ganzen 16. Jahrhunderts verraten nichts von dem Bestreben dieser Körperschaft, den künftigen Bischof auf den Kampf gegen die Glaubensneuerung festzulegen. Auch in Sachen der katholischen Reform war das Domkapitel lange Zeit lau und saumselig. Als der Weihbischof Jakob Feucht erklärte, er werde niemanden weihen, der nicht von ihm gemäß den Bestimmungen des Konzils von Trient geprüft worden sei, erhob es mit dem Bemerken Einspruch, das sei gegen Herkommen und Brauch, es wolle mit dem Bischof eine Prüfungsordnung vereinbaren. Gegen den Willen der Domherren wagte es Veit nicht, Angehörige der Gesellschaft Jesu nach Bamberg kommen zu lassen. In den folgenden Jahren zeigten sich jedoch einige Hoffnungszeichen. Am 22. September 1572 beschloß das Kapitel, daß die Domherren vor Erhalt der Präbenden den tridentinischen Glaubenseid abzulegen hätten. Im Jahre 1573 wurden die Jesuiten nach Forchheim gerufen. Aber die Besserung ging nur sehr langsam vor sich, Erfolge waren spärlich. Noch am 26. September 1573 schrieb Kaspar Gropper an den Kardinal von Como von dem skandalösen Leben des Bischofs und des Klerus, wenn auch das Verhalten des Bischofs seit dem Tod seiner Konkubine eine gewisse Besserung erfahren habe. Auch in dem Teil der Regierung, der nach seiner Bekehrung liegt, behielt Veit Räte bei, die nicht als katholisch angesehen werden konnten. Zu durchgreifenden Maßnahmen gegen den Konkubinat der Geistlichen vermochte er sich auch in dieser Zeit nicht aufzuraffen. Vermutlich hemmte ihn psychologisch und gegenüber dem Klerus die Erinnerung an seine eigenen Verfehlungen durch so viele Jahre hindurch. Gregor XIII. richtete am 19. Dezember 1573 ein mahnendes Schreiben an Bischof Veit. Nikolaus Elgard, Kanoniker bei St. Moritz in Augsburg, visitierte im Jahre 1575 die Diözese. Er schrieb am 1. Oktober 1575 an den Kardinal von Como, daß Leben und Tätigkeit des Bischofs auch nicht annähernd den an ihn zu stellenden Anforderungen entsprächen. Der Bischof sei katholisch, aber sein Lebenswandel und seine Amtsführung seien völlig ungenügend. Sein Bericht zeichnete ein düsteres Bild von Bischof und Diözese. Der Bischof sei tatenlos und ohne Energie. Da dies bekannt sei, denke auch kein Geistlicher daran, seine Konkubine zu entlassen. Er kam zu dem Urteil, in Bamberg habe der Teufel mehr Gewalt als anderswo. Seit der päpstlichen Visitation ist jedoch in dem Verhalten des Bischofs das Bemühen um mehr Folgerichtigkeit bei der kirchlichen Erneuerung zu erkennen. Veit berief geeignete Priester aus fremden Diözesen in sein Bistum. Der Plan der Errichtung eines Diözesanseminares kam freilich nicht zur Ausführung. Protestantische Adlige setzten weiter in ihren Patronatspfarreien lutherische Geistliche ein oder deckten abgefallene Pfarrer. Bischof Veit war kein Gegenreformator, wohl aber ein Wegbereiter der Gegenreformation im Bistum Bamberg.

Um das Hochstift erwarb sich Veit Verdienste. Er sorgte dafür, daß die Festungen Forchheim und Rosenberg ausgebaut wurden. Die Residenz ließ er mit (zu) großen Mitteln herrichten. Mit Mühe vermochte er den territorialen Bestand des Hochstiftes zu erhalten. Gegenüber der Ritterschaft suchte er die Rechte des Stiftes zu wahren. Er bemühte sich, die Schulden des Hochstiftes zu tilgen und brachte durch sparsames Wirtschaften Ordnung in das Finanzwesen.

V.

Johann Georg I. Zobel von Giebelstadt (1577-1580)

Johann Georg Zobel von Giebelstadt wurde am 20. August 1577 von den 9 wahlberechtigten Domherren per viam inspirationis gewählt. Er legte sogleich die vom Konzil von Trient vorgeschriebene Professio fidei ab. Am 29. Januar 1578 erhielt er die päpstliche Bestätigung. Die Bischofsweihe hat er nie empfangen.

Johann Georg war ein schwacher Mann und zeigte sich nachgiebig. Er entschuldigte sich beim Papst wegen der Nachlässigkeit in der Erfüllung seiner bischöflichen Pflichten mit seinem schlechten Gesundheitszustande; dieser war aber schon vor der Wahl bekannt gewesen. Von einer tatkräftigen Durchführung der Trienter Dekrete konnte unter ihm keine Rede sein. Die Rekatholisierung kam nicht in Gang. Vielmehr beteiligte der Bischof Lutheraner an der weltlichen Regierung des Stiftes. Er ernannte mit Zustimmung des Domkapitels den Protestanten Johann Friedrich Hoffmann zum Vizedom der kärntnerischen Besitzungen. Zum Glück gab es in der Diözese Bamberg einige Männer, die bis zu einem gewissen Grade das Versagen des Bischofs ersetzten. In Jakob Feucht stand ein vorzüglicher Weihbischof zur Verfügnung. Feucht war ein unbeugsamer Anhänger der Reform. Durch Prüfung der Weihekandidaten, Visitationen und Verfassung von Schriften wirkte er unermüdlich für die Erneuerung. In den Jahren 1577/78 erschien sein Hauptwerk, die Postilla catholica. Als glänzender Kanzelredner hielt er zahllose apologetische und polemische Predigten. Allzu früh verbraucht, starb dieser apostolische Mann im Alter von 40 Jahren.

VI.

Martin von Eyb (1580-1583)

Martin von Eyb wurde am 11. Oktober 1580 vom Kapitel gewählt und erlangte am 15. März 1581 die päpstliche Bestätigung. Er war bei seiner Wahl 37 Jahre alt und hatte die Subdiakonatsweihe empfangen. Der Papst mahnte ihn, die Lutheraner aus seiner Umgebung zu entfernen. Martin war jedoch wenig energisch; er war ein schwacher und kränklicher Mann. Von einer kraftvollen Regierung kann nicht die Rede sein. Er war dem Trunk ergeben. Die Reformvorschriften des Trienter Konzils blieben toter Buchstabe im Bistum Bamberg. Unter ihm drang das Luthertum in einer neuen Welle kräftig vor. Den Vizedom der bambergischen Besitzungen in Kärnten, Johann Friedrich Hoffmann, ließ er bei seinen Protestantierungsbestrebungen gewähren. Eyb dachte nicht daran, die Gegenreformation wirksam zu betreiben. Er nahm überhaupt nicht die Lösung irgendwelcher Fragen in Angriff, schob vielmehr alle bedeutsamen Entscheidungen auf das Domkapitel ab. Gewisse Hoffnungen konnten lediglich auf die im Collegium Germanicum ausgebildeten Priester gesetzt werden. Die Schwierigkeiten wuchsen dem Bischof über den Kopf. Er war seiner Aufgabe nicht gewachsen. Als der Heilige Stuhl ihm die Verleihung des Palliums abschlug, die in Bamberg üblich war, verwirklichte er am 26. August 1583 sein lange gehegtes Vorhaben und resignierte auf sein Amt. Zum Glück hatte er in Johann Ertlin einen trefflichen Weihbischof an seiner Seite. Dieser war ein theologisch gut geschulter und rhetorisch gewandter Vertreter der Reform. Er ließ sich vor allem die Ausbildung der Geistlichen angelegen sein. Vier Bischöfen diente er als wichtiger Helfer.

VII.

Enst von Mengersdorf (1583-1591)

Ernst von Mengersdorf wurde am 2. September 1583 vom Kapitel gewählt und am 21. November 1583 vom Papst bestätigt. Bei seiner Ernennung war er Subdiakon und stand im 30. Lebensjahr. Während seine beiden Vorgänger die Bischofskonsekration nicht empfangen hatten, ließ er sich am 20. Mai 1584 die Bischofsweihe spenden. Er hatte philosophische und juristische Studien in Löwen, Ingolstadt, Dôle und Bologna betrieben. In Philosophie und Rechtswissenschaft kannte er sich aus, allerdings nicht in Theologie. Er sprach mehrere fremde Sprachen fließend und besaß gute Kenntnisse in der Geschichte. Der Würzburger Bischof Julius Echter hatte ihn zum Richter in geistlichen Sachen ernannt.

Ernst von Mengersdorf war gebildet und beredt, fromm und enthaltsam. Er nahm täglich an der hl. Messe teil, betete das Stundengebet und oblag eifrig der geistlichen Lesung und anderen Gebeten. Bevor er Pontifikalfunktionen vornahm, bereitete er sich durch Beten und Beichten darauf vor. Am Altar erbaute er die Anwesenden durch Sammlung, Ehrfurcht und Demut. Ernst war friedliebend, versöhnlich und geduldig, gastfreundlich und mildtätig. Er war auch erfahren, klarblickend, pflichttreu und tatkräftig. Er erkannte, daß in der damaligen Zeit die besten Absichten eines Regenten fruchtlos bleiben mußten, wenn es ihm an der Macht gebrach, sie durchzusetzen. Deswegen ließ er die Festungen Forchheim und Kronach ausbauen. Ernst war ein vorzüglicher Landesherr, dem das Wohl seiner Untertanen am Herzen lag. Als Bauherr, Finanzmann und Wirtschaftsförderer leistete er Bedeutendes. Auch die sittliche und religiöse Hebung des Volkes ließ er sich angelegen sein. Er ordnete die Gesetzgebung über die Ehe, die Feiertage und das Fasten neu. Am 29. Januar 1587 verkündete er die tridentischen Beschlüsse über die Ehe. Ernst nahm sich besonders der Geistlichen an. Ihm war bewußt, daß jede Besserung des religiösen Lebens des Volkes einen erneuerten Klerus voraussetzte, und demgemäß legte er Gewicht auf die Errichtung einer Bildungsstätte für den Nachwuchs an Geistlichen. Im Jahre 1586 trat das Priesterseminar ins Leben. Dem Verfall der Sitten suchte er durch Mandate und Strafdrohungen beizukommen. Die Bekämpfung des Konkubinates der Geistlichen war ihm ein ernstes Anliegen. Der Erfolg seiner Bemühungen war freilich gering. Ein entschiedenes Durchgreifen gegenüber den Mißständen im Klerus ließ er vermissen. Krankheiten hemmten allerdings das Wirken des Bischofs. Die Wiederherstellung der katholischen Religion war Ernst ein echtes Anliegen, aber es fehlten ihm Kraft und Gesundheit in gleicher Weise, um in großem Stil persönlich zu visitieren und energisch zu rekatholisieren. Zu letzterem mangelte es ihm an Mut und Zähigkeit. Er drang sogar in Julius Echter von Würzburg, sein Reformwerk aufzugeben. Die zeitgenössischen Beobachter waren sich einig, daß die Religion unter Bischof Ernst noch immer abnahm. Wiederholt hatte der Apostolische Stuhl gemahnt, den Statthalter Bambergs in Kärnten, Johann Friedrich Hoffmann, zu entlassen, der einer der rührigsten Protestantisierer in Innerösterreich war. Ernst löste den Vizedom endlich ab. Trotz aller Schwächen war die Tätigkeit Ernsts für die Diözese Bamberg von Segen. Er schuf in gewisser Hinsicht die Voraussetzung für das Erneuerungswerk seines Nachfolgers.

VIII.

Neidhard von Thüngen (1591-1598)

Neidhard von Thüngen wurde am 14. Dezember 1591 vom Domkapitel zum Bischof gewählt, aber erst am 21. Juni 1593 bestätigt. Er war selbst lau gewesen und hatte ein leichtfertiges Leben geführt. Aber er erlebte eine echte Bekehrung, als er zum Bischof gewählt wurde. Er legte die weltliche Kleidung und die unpassenden Sitten ab, ließ sich 1596 zum Priester weihen und 1597 zum Bischof konsekrieren und machte sich mit Eifer daran, die Aufgaben seines Amtes zu erfüllen. Er schloß sich eng an Bischof Julius Echter von Würzburg an und fand eine Stütze in seinem Weihbischof Johann Ertlin und seinem Generalvikar Erhard Dentzel. Weitere treue Helfer waren Dr. Motschenbach und Johann Wolff.

Neidhard von Thüngen übernahm ein Stift, das beinahe ganz protestantisch war. Aber er verzagte nicht und ging ans Werk. Er war endlich im Sinn der Gegenreformation tätig. Er ist „der Begründer der Gegenreformation in Bamberg" (Thüngen). Die Rekatholisierung des Stiftes wurde mit Entschlossenheit in Angriff genommen. Mit aller Kraft wandte er sich der Wiederherstellung des katholischen Lebens zu. Das Reformationsmandat vom 29. März 1594 forderte die Andersgläubigen zur Rückkehr in die katholische Kirche auf und ordnete die Ausweisung der Prädikanten sowie die Absetzung der lutherischen Lehrer an. Das Mandat wurde auch weitgehend ausgeführt. Die Prädikanten und die protestantischen Beamten wurden ausgewiesen bzw. abgesetzt. Die Bevölkerung wurde vor die bekannte Alternative gestellt. Seit 1595 kam die Visitation des Hochstifts in Gang. Sie wurde durch Kommissionen, die der Bischof bestellte, durchgeführt. Viele Protestanten kehrten zum katholischen Glauben zurück. Die Stadt Bamberg befreite der Bischof bis auf geringe Reste von Irrgläubigen. In den übrigen Orten des Hochstiftes wurde ebenfalls die katholische Religion wenigstens zum großen Teil wieder aufgerichtet. Als sich die Ritterschaft drohend gegen die Maßnahmen der katholischen Restitution wandte, blieb der Bischof fest. Auch die Interventionen protestantischer Fürsten vermochten ihn nicht einzuschüchtern. Allen Drohungen und Vorhaltungen zum Trotz blieb er unbeirrbar bei seiner Linie eines entschiedenen Katholizismus. Als er am 26. Dezember 1598 starb, hatte er ein großes Werk vollbracht.

Neben der Rekatholisierung vernachlässigte Neidhard nicht die innerkatholische Erneuerung. Am 8. Februar 1592 erließ er das Fastenmandat, 1594 schärfte er das von seinem Vorgänger herausgegebene Ehemandat ein. Besondere Sorge verwandte der Bischof auf die religiöse Erziehung der Kinder; er hielt persönlich Katechesen ab. Am 27. März 1598 erschien das Mandat über die religiöse Unterweisung der Jugend. Die wissenschaftliche und die sittliche Bildung des Klerus ließ er sich angelegen sein. Lutherisch eingestellte Pfarrer entsetzte er ihres Amtes. Mehrere Bamberger schickte er in das Collegium Germanicum nach Rom. Die meisten Schwierigkeiten fand das Reformbemühen des Bischofs bei dem Domkapitel; es wollte seine Sittenlosigkeit nicht aufgeben. Es war auch nicht gewillt, bei der Rekatholisierung mitzuwirken. Die gegnerischen Kräfte in Bamberg sammelten sich um den Domdekan Johann Philipp von Gebsattel. „In Gebsattel stellte sich Thüngen seine eigene Vergangenheit feindlich entgegen" (Pölnitz). Der ihm geistig überlegene Domdechant widersetzte sich dem Bemühen Neidhards zähe und zielbewußt. Er ging soweit, alle bischöflichen Erlaße für ungültig zu erklären, die nicht von Domkapitel gebilligt seien. Angesichts der äußeren und inneren Schwierigkeiten dachte Neidhard wiederholt daran, auf den Bischofsstuhl zu verzichten. Allein Clemens VIII. hielt ihn davon ab.

IX.

Johann Philipp von Gebsattel (1599-1609)

Ausgerechnet Johann Philipp von Gebsattel folgte dem eifrigen und zuverlässigen Neidhard von Thüngen nach. Er stand bei seiner Wahl am 4. Februar 1599 im 44. Lebensjahre und war Subdiakon. Eine weitere Weihe hat er nicht empfangen. Es ist schwer zu begreifen, daß sich der Papst derart über einen Kandidaten täuschen ließ, wie es hier der Fall war. Das Domkapitel strengte am 11. Februar 1599 von sich aus einen Informativprozeß, von Lothar Bauer richtig als „Scheinprozeß" bezeichnet, über den Gewählten an; sein Ergebnis stand von vornherein fest: Gebsattel sollte als glaubenstreuer und sittlich einwandfreier Kleriker erscheinen. Die an diesem Täuschungsmanöver Beteiligten wußten entweder nicht oder nur zu gut, worum es sich handelte. Gebsattel wurde dem Heiligen Stuhl vom Domkapitel als ein Mann guter Sitten, der Gelehrsamkeit und des Eifers für die katholische Religion gepriesen, obwohl er von allem dem das Gegenteil war. Am 14. Februar 1599 legte Gebsattel die Professio fidei ab. In einem ausführlichen Schreiben an den Papst vom 19. Februar 1599 wurden die Vorwürfe gegen ihn zu entkräften gesucht. Schlimm war, daß auch Männer wie der Mainzer Erzbischof, Wolfgang von Dalberg, und die Bischöfe von Würzburg und Eichstätt, Julius Echter und Johann Konrad von Gemmingen, sich bereit fanden, Empfehlungsschreiben für Gebsattel auszustellen, wenn auch die beiden letzteren ihre Reserven erkennen ließen. Falsch verstandene Solidarität oder Schwäche standen hinter dieser Nachgiebigkeit. Der Papst entsandte zur Klärung der Sache den Hieronymus Portia nach Bamberg. Er wiederholte den Informativprozeß. Hier wählten die Anhänger Gebsattels eine andere Taktik, um zu dem gewünschten Ziel zu kommen. Sie stellten dessen nicht abzustreitende Verfehlungen als harmlos und der Vergangenheit angehörig hin. Gebsattel zeigte sich dem Nuntius als „catholicissimo et obedientissimo alla sede apostolica". Portia beschränkte sich in seinem Bericht auf die Beurteilung der dogmatischen Haltung Gebsattels und stellte hierzu fest, er finde kein Anzeichen, daß an seiner Glaubenstreue zu zweifeln sei. Ein Urteil über Charakter und Lebenswandel des Gewählten gab er nicht ab. So erlangte dieser am 19. Juli 1599 die päpstliche Bestätigung der Wahl. Der Heilige Stuhl zeigte eine zu große Nachsicht und traute vielleicht Gebsattel eine Entwicklung zum Besseren zu, worin er bitter enttäuscht wurde.

Gebsattel war ein gewandter, ja gerissener Mann, aber ungerecht, unsittlich und brutal. Als Domherr lebte er im Konkubinat mit einer Witwe, von der er viele Kinder hatte. Er liebte Wein, Weib und Gesang und zeigte sich öffentlich mit seinen Söhnen. Als seine erste Konkubine — zwei Jahre vor seiner Wahl zum Bischof — starb, legte er sich eine neue bei. Angeblich hatte Gebsattel eine Kupplerin an der Hand, die ihm Dirnen zuführte. Als Erben seiner Hinterlassenschaft setzte er u. a. seine fünf Söhne und zwei Töchter ein. Sein Testament war tatsächlich „eine Lebensbeicht, die an Aufrichtigkeit kaum zu wünschen übrig läßt" (Looshorn). Nur selten besuchte Gebsattel den Gottesdienst. Er liebte die Macht und den Genuß, nicht aber den Dienst des Hirten. Er war ein autokratischer Fürst, nicht aber ein Bischof. An seinem Hofe grassierte die Unsittlichkeit. Den anrüchigen Johann Schoner ernannte er zu seinem Generalvikar. Ebenso schwach wie bei seiner Wahl zeigte sich der Papst, als Gebsattel diesen Mann zum Hilfsbischof begehrte; obwohl gegen ihn schwerwiegende Vorwürfe vorlagen, erteilte er am 28. Juni 1608 die Bestätigung. Gebsattel verstand es, den Papst über sich und die Lage im Bistum zu täuschen. Nach außen hin zeigte er sich am Anfang als eifriger Katholik, leistete das tridentische Glaubensbekenntnis und beteuerte seine Ergebenheit gegegenüber dem Heiligen Stuhl. Vor der Bestätigung durch den Papst machte er ausgreifende Versprechungen, nach ihrer Erlangung hielt er sie nicht ein. Gegenüber dem Papst rühmte Gebsattel seine angeblichen Leistungen im Dienste der katholischen Erneuerung, die allein auf dem geduldigen Papier bestanden. Die am 15. Mai 1609 in Rom von dem Hilfsbischof Johann Schoner übergebene Relatio status war oberflächlich und unwahr. Darin stand der unerhörte Satz, die katholische Religion stehe in der Diözese Bamberg in Blüte (est in magno flore); die wenigen Lutheraner, die es im Stift gebe, mühe sich der kluge und rechtschaffene Bischof mit allen Kräften, zum Glauben zurückzuführen. Die von Gebsattel eifrig wahrgenommene Pflicht der Romfahrt war nichts anderes als „eine willkommene Gelegenheit zu Propaganda- und Täuschungsmanövern" (Lothar Bauer). Die zweimalige Reise des Generalvikars und Weihbischofs Schoner nach Rom wurde in der Absicht unternommen, den Heiligen Stuhl zu betrügen. In den Relationes status von 1599 und 1603 schilderte Gebsattel das Bistum Bamberg und seine eigene Tätigkeit in hellen Farben.

Gebsattel war im Glauben verdächtig. Er leugnete Teile der katholischen Glaubenslehre wie das Fegfeuer. Die Verehrung Mariens und der Heiligen lehnte er ab, die Heiligenfeste ließ er aus dem Bamberger Kalender streichen, Bilder und Figuren von den Altären entfernen. Er betete das Vaterunser mit der protestantischen Schlußformel, verachtete kirchliche Gebräuche, hielt die tägliche Messe für verfehlt und verurteilte den Zölibat. Er stand lange Zeit unter dem wohl nicht unbegründeten Verdacht, er wolle zum Luthertum übertreten und sein Hochstift in ein weltliches Fürstentum umwandeln. Das Zureden des Papstes, sich zu ändern und die Priester- und Bischofsweihe zu empfangen, schlug er in den Wind. Die guten Mahnungen, die der im April/Mai 1599 in Bamberg weilende Nuntius Hieronymus Portia dem Bischof und dem Kapitel erteilte, zeitigten keine nachhaltige Wirkung. Obwohl Echter sich bemühte, den Heiligen Stuhl zur Absetzung Gebsattels zu bewegen, griff dieser nicht ein. Erst spät befaßte er sich ernsthaft mit dem Bamberger Oberhirten. Angeblich befreite ihn nur der Tod vor einem Verfahren, das der Heilige Stuhl gegen ihn wegen seines ärgerniserregenden Lebens und seiner schwankenden kirchlichen Haltung einleiten wollte.

Johann Philipp von Gebsattel begünstigte den Protestantismus. Er duldete Protestanten in seinem Gebiet, umgab sich mit protestantischen Beratern, besetzte die höheren Beamtenstellen systematisch mit Protestanten und unterhielt freundschaftliche Beziehungen zu den protestantischen Herren seiner Umgebung. Gebsattel arbeitete Bischof Echter in Würzburg entgegen, wo immer er es vermochte. Er suchte die katholische Erneuerung zu sabotieren. Kaspar Schoppe, der vom Papst nach Bamberg entsandt wurde, zeichnete am 1. Juli 1608 ein düsteres Bild Gebsattels. Er erwähnte seine Unzucht, seine Verschwendungssucht, seine lutherische Umgebung, seine Gleichgültigkeit hinsichtlich der Rekatholisierung, seine Benachteiligung der echt katholischen Geistlichen, seine Begünstigung der Prädikanten, seine engen Beziehungen zu den protestantischen Fürsten und seine unkirchlichen religiösen Anschauungen. Die 19 Beschwerden, die der Nuntius Antonio Caetani am 3. November 1608 nach Rom sandte, sprachen u. a. von Gebsattels „Haß“ gegen die Mutter Gottes, von seiner „Verfolgung“ der eifrigen Katholiken, von seiner Abneigung gegen Konvertiten, von seinem öffentlichen Konkubinat und von seiner Absicht, das Stift zu säkularisieren. Bei dem Beispiel, das dieser Bischof gab, mußte der Klerus verkommen. Er schritt gegen beweibte Geistliche nicht ein, betrachtete vielmehr die Priester, die keine Konkubine hatten, mit Mißtrauen, weil er sie für Anhänger der katholischen Erneuerung ansah. Gebsattel hielt sich nicht an die kirchlichen Normen, und er drang auch beim Volk nicht auf ihre Beachtung. Ob die Untertanen die Osterkommunion empfingen, war ihm völlig gleichgültig. Unter solchem Regiment verfiel das Bistum. Erst der Tod befreite die Katholiken von der Furcht, der leichtfertige Bischof könne doch noch zum Protestantismus abfallen.

X.

Johann Gottfried von Aschhausen (1609-1622)

Zum Glück bescherte Gottes Vorsehung dem Bistum Bamberg nach Gebsattels Tod einen geeigneten und würdigen Bischof. Johann Gottfried von Aschhausen studierte in Würzburg, Pont-à-Mousson und Mainz. Er erwarb den Doktorgrad in Jurisprudenz und Theologie. Am 22. Dezember 1601 empfing er die Priesterweihe. Am 21. Juli 1609 wurde er zum Bischof von Bamberg gewählt. Am 4. November 1609 erfolgte die Bestätigung. Am 2. Februar 1610 erhielt er die Bischofskonsekration. Am 28. Mai 1610 gab ihm der Papst ein Eligibilitätsbreve für ein anderes Bistum. Tatsächlich wurde er 1617 Bischof von Würzburg unter Beibehaltung von Bamberg. Aschhausen regierte nach der Bestätigungsbulle von 1618 das Bistum Würzburg ebenso wie Bamberg als wahrer Bischof und nicht nur als Administrator.

Unter Johann Gottfried von Aschhausen kam die Wende zum Besseren für Bamberg. Er nahm wieder die Bahn Neidhards auf. Der Bischof war theologisch und juristisch vorzüglich ausgewiesen. Seine Haltung als Priester und Bischof war einwandfrei. Der geistliche Oberhirt hatte bei ihm eindeutig den Vorrang vor dem Fürsten. Er lebte in strenger Selbstzucht, dem Bußübungen wie Geißeln, Beschränkung der Nachtruhe und hartes Lager vertraut waren. Die Fasttage hielt er genau und über die Vorschrift hinaus. Gegenüber dem weiblichen Geschlecht war er von äußerster Vorsicht, so daß sich gegen ihn auch nicht der Schein eines Verdachtes erheben konnte. Er war von der Welt, ihren Schätzen und ihren Ehren, losgelöst. Die angebotene Erhebung zum Kardinal lehnte er ab. Er war von großem Gebetseifer erfüllt. Eine besondere Verehrung hatte er zum Leiden des Herrn, vor allem in Form der Andacht zu den fünf Wunden. Die Verehrung der Muttergottes übte und förderte er mit Ausdauer. Er las betrachtend die Heilige Schrift. Beständig hielt er sich Tod und Gericht vor Augen. Sein unerschütterliches Gottvertrauen gab ihm die Kraft, die schwierigen Lagen seiner Regierungszeit zu meistern. Durch sein eigenes Beispiel wirkte er mehr als durch seine Anordnungen. Er feierte regelmäßig die Messe und spendete persönlich die Sakramente. Er nahm an den Visitationen teil. Dabei predigte er, zelebrierte und besuchte selbst die Kranken. Stets trug er das priesterliche Gewand. Seine Hofhaltung war einfach und tadelfrei. Reichsangelegenheiten entzogen ihn leider oft seiner eigentlichen Arbeit. So weilte er beispielsweise 1612/13 als Gesandter des Kaisers in Rom. In Friedrich Förner stand ihm ein zuverlässiger Mann als Generalvikar zur Seite.

Als seine erste Aufgabe sah Aschhausen die Rekatholisierung seines Bistums an. Dabei besteht die Besonderheit seines Wirkens darin, daß er bemüht war, den Glauben in dem gesamten Gebiet seiner Diözese wiederherzustellen, also auch dort, wo er nicht Landesherr war, sondern wo zum großen Teil protestantische Obrigkeiten über ihre Untertanen herrschten. Die Hauptmittel der Rückführung der Menschen zur heiligen Religion waren ihm Unterricht und Ermahnung. Daneben griff er auch zu den üblichen administrativen Maßnahmen. So wies er die Prädikanten aus dem Gebiet des Stiftes aus. Die darin verbliebenen Protestanten stellte er vor die Alternative, zum katholischen Glauben zurückzukehren oder auszuwandern. Die Stadt Vilseck wurde zum katholischen Glauben zurückgeführt. Der Bischof machte die Beobachtung, daß die protestantischen Untertanen anderer Fürsten, die er ja nach Reichsrecht nicht rekatholisieren konnte, sich von guten katholischen Predigten und feierlichen Gottesdiensten angezogen fühlten. Daher legte er auf beides großen Wert. Das Bistum Bamberg verlor durch den Protestantismus von 190 Pfarrkirchen 105. Nach dem 1612 erstatteten Statusbericht waren von den einst ca. 500 Seelsorgsbenefizien noch 150 übriggeblieben.

Ebenso kraftvoll arbeitete Johann Gottfried an der inneren Erneuerung des Bistums. Die katholische Reform nahm er mit Eifer auf. Der Bischof hatte die Kraft, sich von dem reformunwilligen Weihbischof und Generalvikar Johann Schoner zu trennen und an seine Stelle den Germaniker Friedrich Förner zu setzen. In diesem gewann Johann Gottfried einen zuverlässigen Mitarbeiter der Reform. Aufgrund einer von ihm (Förner) ausgearbeiteten Instruktion visitierte der Generalvikar 1611 alle Pfarreien. Die Visitation zeigte ein betrübliches Bild des Bistums. Die Seelsorge lag vielfach darnieder, die Einzelbeicht war weithin unüblich, die Letzte Ölung außer Gebrauch gekommen. Gegenüber dem Laster der Unzucht war der Bischof von unerbittlicher Strenge; hier kannte er keine Nachsicht. Gegen unsittliche Kleriker erließ er scharfe Mandate. Mit Entschiedenheit ging er gegen den Konkubinat von Geistlichen vor. Unenthaltsame Kleriker wurden suspendiert, eingesperrt und mit anderen Strafen belegt. Der Weihbischof Schoner suchte freilich die unsittlichen Geistlichen zu decken. Die Dekane wurden angewiesen, zweimal im Jahr die Pfarreien zu visitieren. Von der Neubelebung der Landkapitel erwartete der Bischof einen Impuls für die Besserung des Klerus. Er war auch darauf bedacht, die Dotation der Pfarreien zu erhalten. Den Orden stand er freundlich gegenüber. Er war auf die Reform der Benediktiner bedacht. Die Kartäuser schätzte und förderte er. 1610 kamen die ersten Jesuiten nach Bamberg. Sie hielten Exerzitien für den Klerus und Missionen für das Volk ab. Die marianischen Sodalitäten wurden errichtet; der Bischof wurde erster Präfekt der akademischen Sodalität. Aschhausen übertrug das höhere Schulwesen der Gesellschaft Jesu. Im Jahre 1613 übernahmen die Jesuiten die Leitung des Priesterseminars. Bamberg hatte nun endlich eine den Forderungen des Trienter Konzils entsprechende Bildungsstätte für den Diözesanklerus.

Der Hebung des christlichen Volkes ließ der Bischof ebenfalls seine Sorge angedeihen. Die Gläubigen wurden zur Beobachtung ihrer kirchlichen Pflichten angehalten. Die Fastengebote und die Feiertage brachte er wieder zu Ehren. Durch Visitationen, Volksmissionen, Begünstigung der Bruderschaften, Gründung marianischer Sodalitäten und Förderung der Wallfahrten erneuerte und befruchtete er das religiöse Leben des Volkes. Katholische Eltern wurden verpflichtet, ihre Kinder aus protestantischen Orten zurückzurufen. Vielen Jungen ermöglichte der Bischof auf seine Kosten den Besuch der Schule und das Universitätsstudium. Im Almosenspenden war er unermüdlich, ein wahrer Vater der Armen. Dabei legte er Wert darauf, als Geber unbekannt zu bleiben. Er gehörte zu den ersten deutschen Bischöfen, welche die katholische Mission in Übersee förderten.

Johann Gottfried besaß auch politisches Verständnis und staatsmännischen Weitblick. Durch den Erlaß von Ordnungen reorganisierte er Justiz und Verwaltung des Hochstifts. Er war auf peinliche Ordnung im Geschäftsbetrieb der Behörden bedacht. In den zeitlichen Angelegenheiten war er seinem Bistum ein guter Verwalter. Im Jahre 1610 schloß er sich dem Bündnis der Liga an und verschaffte sich so den erforderlichen militärischen Rückhalt für seine Erneuerungsbestrebungen. Als der Dreißigjährige Krieg ausbrach, war er imstande, dem Kaiser ein Heer von 13 000 Mann zur Verfügung zu stellen. Unter den Banden des Grafen Ernst von Mansfeld und des Herzogs Christian von Braunschweig hatten die Stifte Bamberg und Würzburg schwer zu leiden.

Johann Gottfried von Aschhausen starb im Alter von 47 Jahren an Lungenentzündung. Er konnte auf ein großes Werk zurückblicken. Sein beispielhaftes Leben, seine straffe Regierungstätigkeit und seine zielstrebige Reformarbeit hatten der Diözese Bamberg ein neues Gesicht gegeben. Seit Aschhausens Wirken war das Bistum Bamberg nicht nur äußerlich, sondern auch innerlich katholisch.

2. Kapitel

Bistum Kammin

Allendorff, Johannes, Religiöse Heimatkunde. Geschichte der katholischen Kirche in Pommern, Stettin 1930

Allendorff, J., Pommern: LThK VIII, 1936, 364f.

Bülow, v., Bogislav XIV.: ADB 3, 1876, 56-58

Bülow, v., Martin Carith: ADB 20, 1884, 475f.

Dobbert, Ernst, Geschichte der Uckermärkischen Hauptstadt Prenzlau, Prenzlau 1914

Eggert, Oskar, Geschichte Pommerns, Hamburg 1965

Görigk, Emil, Johannes Bugenhagen und die Protestantisierung Pommerns, Mainz 1895

Görigk, Emil, Erasmus Manteuffel von Arnhausen, der letzte katholische Bischof von Camin (1521-1544). Ein Lebens- und Charakterbild, Braunsberg 1899

Goerigk, Kammin: LThK V, 1933, 767f.

Graebert, Karl, Erasmus von Manteuffel, der letzte katholische Bischof von Kammin (1521-1544) (= Historische Studien Heft XXXVII), Berlin 1903

Grünhagen, Martin von Weiher: ADB 20, 1884, 476-478

Heyden, Hellmuth, Kirchengeschichte Pommerns, 2 Bde., 2., umgearb. Aufl. (= Osteuropa und der deutsche Osten Reihe III Buch 5), Köln 1957

Heyden, Hellmuth (Bearb.), Protokolle der pommerschen Kirchenvisitationen 1535-1539, 1540-1555 (= Veröffentlichungen der Historischen Kommission für Pommern Reihe IV), Heft 1: 1535-1539, Köln, Graz 1961; Heft 2: 1540-1555, Köln, Graz 1963; Heft 3: Anlagen und Register, Köln, Graz 1964

Hoogeweg, H., Die Stifter und Klöster der Provinz Pommern, 2 Bde., Stettin 1924/25

Kreusch, Edmund, Kirchengeschichte der Wendenlande, Paderborn 1902

Mollwo, Ludwig, Markgraf Hans von Küstrin, Hildesheim, Leipzig 1926

Müller, Gerhard, Das Fürstentum Kammin. Eine historisch- geographische Untersuchung: Baltische Studien N. F. XXXI, Stettin 1929, 109-205

Spuhrmann, R., Der Camminer Dom, 4. erweit. u. verb. Aufl., Cammin i. Pom. 1922

Spuhrmann, R., Geschichte der Stadt Cammin i. Pommern und des Camminer Domkapitels, 2. erweit. u. verb. Aufl., Cammin i. P. 1924

Stasiewski, Bernhard, Erasmus v. Manteuffel: NDB 4, 1959, 553f.

Stasiewski, B., Kammin: LThK V, 2. Aufl., 1960, 1272

Waterstraat, Hermann, Der Caminer Bistumsstreit im Reformationszeitalter: Zeitschrift für Kirchengeschichte 22, 1901, 586-602; 23, 1902, 223-262

Wehrmann, M., Erasmus, Bischof von Camin: ADB 48, 1904, 383f.

Wehrmann, M., Swawe, Bartholomäus: ADB 54, 1908, 641f.

Wehrmann, Martin, Geschichte von Land und Stadt Greifenberg (Kreis Greifenberg), Greifenberg i. Pomm. 1927

Wehrmann, Martin (Bearb.), Genealogie des pommerschen Herzogshauses. Preisgekrönt von der Rubenow-Stiftung bei der Ernst-Moritz-Arndt-Universität Greifswald (= Veröffentlichungen der Landesgeschichtlichen Forschungsstelle für Pommern Bd. I Heft 5), Stettin 1937

I.

Martin II. Karith (1500-1521)

Das Bistum Kammin war von großer Ausdehnung. Außer Pommern gehörte dazu die (eigentliche) Neumark. Die Bischöfe besaßen ein beträchtliches Gebiet, über das sie als Reichsfürsten herrschten. Allerdings machte sich in ihrer Stellung das Schwergewicht der pommerschen Herzöge bemerkbar, denen sie dienten, von denen sie aber auch abhängig waren.

Martin Karith wurde am 4. Juli 1495 zum Koadjutor mit dem Recht der Nachfolge des Bischofs Benedikt von Waldstein (1485-1499) von Kammin bestellt. Im Jahre 1500 folgte er seinem Vorgänger auf dem Bischofsstuhl nach; er verdankte seine Erhebung der Gunst des Herzogs Bogislaw X. von Pommern.

Martin Karith war ein gebildeter Mann, hatte den Grad eines Doktors des kanonischen Rechtes erworben und besaß die Gabe der Beredsamkeit. Er war sittlich einwandfrei und seeleneifrig. Auf Synoden und Kapitelsversammlungen suchte er den Klerus und die Seelsorge zu heben. So hielt er 1500 eine Synode in Stettin ab. Ebenso war er bemüht, Zucht und Ordnung in den Klöstern zu erhalten bzw. wiederherzustellen. Besondere Aufmerksamkeit wandte er dem Gottesdient zu. 1505 ließ er in Frankfurt/Oder ein neues Brevier drucken. Er war auch besorgt um die Temporalien des Bistums. Das Verhältnis zum Herzog verschlechterte sich jedoch infolge eines Rechtsstreites. Bogislaw drängte 1518 dem Bischof den Erasmus von Manteuffel als Koadjutor auf. Ihm überließ der alternde Bischof immer mehr die Regierung der Diözese.

Karith erlebte noch die ersten Angriffe und Ausschreitungen gegen die Kirche in Pommern. Das Land sehnte sich nicht nach dem neuen ,,Evangelium". Martin Wehrmann schreibt beispielsweise von Greifenberg in Pommern: ,,Von einer Mißstimmung gegen die Lehre oder das Leben der Geistlichkeit erfahren wir aus unserm Lande nichts, auch Äußerungen gegen die Kirche werden hier nirgends laut." Aber die Irrlehre erhob trotzdem ihr Haupt. Johann Bugenhagen, der Rektor der Stadtschule zu Treptow und Lektor an dem Kolleg der Prämonstratenserabtei Belbuck war, begann die Wühlerei gegen den katholischen Glauben. Johann Kureke hetzte die Bevölkerung auf. Der Pöbel wandte sich gegen kirchliche Einrichtungen und Bräuche. Karith war ohne Zweifel ein Gegner des Luthertums, hatte sich aber zu diesem Zeitpunkt bereits weitgehend von der Leitung der Diözese zurückgezogen. Sein Gehilfe Erasmus von Manteuffel war auf der Wacht und ließ das Domkapitel anweisen, den Kureke zu verhaften. Aber auf Bitten von Geistlichen und Weltlichen ließ Bischof Karith ihn wieder frei. Dieses Beispiel zeigt die Problematik der Ernennung von Koadjutoren, wenn die beiderseitigen Kompetenzen nicht genügend deutlich abgegrenzt sind oder dem Inhaber des Bischofsstuhles immer noch die Möglichkeit verbleibt, unpopuläre Maßnahmen seines Gehilfen abzublocken. Der Abt der bei Treptow gelegenen Prämonstratenserabtei Belbuck, Johannes Boldewan, war es, der 1517 den Bugenhagen zum Leiter des von ihm in dem Kloster errichteten Seminars gemacht hatte. Er fand Gefallen an dem Luthertum und deckte Mönche mit lutherischen Neigungen. Schließlich ging er mit dem größten Teil seines Konventes zu der Neuerung über. Er wurde 1521 wegen lutherischer Häresie abgesetzt, das Kloster wurde vom Herzog aufgehoben. In Pyritz predigte der Franziskaner Johann Knipstrow die Irrlehre. In Stolp lehrte Peter Suave (Wernitzer) das neue ,,Evangelium". Der Landesherr, Bogislaw X. von Pommern, blieb zwar dem katholischen Glauben treu, war aber in der zweiten Hälfte seines Lebens ein unsittlicher, lasterhafter Mensch; so konnte er nicht mit der Kraft seines Beispiels für die heilige Religion eintreten. Sein Sohn Barnim oblag in Wittenberg Studien und kam als Lutheraner in das Land zurück.

II.

Erasmus von Manteuffel (1521-1544)

Martin Karith starb am 26. November 1521. Ihm folgte Erasmus von Manteuffel nach, den Karith bereits zum Koadjutor angenommen hatte; er wurde am 27. Juli 1522 inthronisiert. Erasmus hatte in Bologna die Rechte studiert. Es fehlte ihm nicht an Bildung und Klugheit. Erasmus hielt auch dem katholischen Glauben die Treue und zeigte sich für die Erhaltung desselben in seinem Bistum, vor allem in seinem Stift, besorgt. Er wandte sich mündlich und schriftlich, durch Befehle und Anregungen gegen die

Neuerer. Aber er besaß nicht die erforderliche Entschiedenheit und versagte daher angesichts der lutherischen Bewegung. Er vermochte sich nicht zu energischem Widerstand aufzuraffen; den Herzögen von Pommern bis zur Servilität ergeben, ließ er den Dingen ihren Lauf, einzig auf die Erhaltung seines Besitzes bedacht. Durch Nachsicht und Entgegenkommen meinte er Schlimmeres verhüten zu können und ging bis an die äußerste Grenze des Erlaubten; schließlich resignierte er angesichts der lutherischen Sturmflut immer mehr. Freilich fehlte ihm die längste Zeit der Schutz seines Landesherrn. Weder Herzog Bogislaw noch die Herzöge Georg und Barnim setzten früh und nachhaltig genug ihre Machtmittel gegen die Neuerung ein.

Zunächst schien sich durch die erhoffte Zusammenarbeit von weltlicher und geistlicher Gewalt dem Protestantismus in Pommern Einhalt gebieten zu lassen. Erasmus war der Vertraute Herzog Bogislaws X. Er veranlaßte ihn, das Wormser Edikt zu veröffentlichen. Diese Maßnahme zeitigte heilsame Auswirkungen; sie offenbarte, was konsequentes und anhaltendes entschlossenes Durchgreifen vermocht hätte. Bogislaw kannte Luther; er war in Wittenberg gewesen und hatte ihn predigen hören. Doch der Mann vermochte ihn nicht im katholischen Glauben irre zu machen. Aber der Herzog ging nicht mit der erforderlichen Folgerichtigkeit gegen die Neuerer vor. Er veröffentlichte das Wormser Edikt, ohne es konsequent in Vollzug zu setzen. Bogislaw betrachtete die Religionsneuerung im wesentlichen vom politischen Standpunkt, d. h. von dem Nutzen für sein Land und seine Dynastie. Ihr Zugriff auf die Kirchengüter fand sogar seinen Beifall. Die Prädikanten duldete er, lediglich bei Störungen der öffentlichen Ruhe fand er sich zum Eingreifen bereit. Auf Bogislaw X. folgten die Herzöge Georg und Barnim IX. in der Regierung Pommerns. Georg lehnte das Luthertum als überzeugter Katholik ab. Barnim, der Luther aufgesucht und kennengelernt hatte, neigte dagegen dem Protestantismus zu. Ihr Verhältnis zu dem Kamminer Bischof war nicht schlecht; sie waren Erasmus im allgemeinen wohlgesinnt. Herzog Georg I. schützte anfangs den katholischen Glauben und die katholischen Einrichtungen gegen die Gewalttaten, zu denen die Prädikanten die Bevölkerung aufgerufen hatten oder die wenigstens die Folge ihrer Predigten waren. Das religiöse Motiv der Neuerer war schwach, von Gewissensnot kann nicht die Rede sein. ,,Die entschiedene Bewegung gegen die Einrichtungen der alten Kirche hatte ihren Sitz in den Städten und hatte hier ihren Grund vornehmlich in den Klassengegensätzen, die durch wirtschaftliche Übelstände verstärkt wurden'' (Otto Plantiko). Die Katholiken leisteten vielfach, z. B. in Stettin, nachhaltigen Widerstand gegen die Glaubensneuerung. Aber Druck und Terror zwangen sie nieder. Es fehlte in Pommern nicht an hervorragenden Klerikern und Laien, die bewußt und überzeugt am Glauben festhielten. Die Professoren der Universität Greifswald wandten sich mehrheitlich gegen die sich erhebende Irrlehre. Der Stadtrat wurde indes gezwungen, sie zu dulden. Männer wie Liborius Schwichtenberger, Heinrich Buckow, Valentin Ludovici und Ewald Schinkel waren hochstehende und geschickte Verteidiger der kirchlichen Lehre und ehrliche Freunde einer katholischen Erneuerung. In Stralsund standen die Katholiken und vor allem ihre Geistlichen unter der ständigen Drohung tätlicher Angriffe. Wüste Bilderstürme vernichteten unermeßliche Schätze der Kultur. Ein Prozeß vor dem Reichskammergericht gab den Katholiken recht, aber es war niemand da, der ihr Recht durchgesetzt hätte. Die zahlreichen Klöster in Pommern waren keineswegs überwiegend morsch oder korrupt, bargen vielmehr meist ein reiches monastisches Leben, oblagen eifrig der Seelsorge und standen wirtschaftlich auf der Höhe. Der protestantische Ansturm und die Begehrlichkeit von Herren und Städten verbanden sich, um sie zu berauben und zu entvölkern. Der Bischof suchte die Klöster zu bewahren und zu schützen. Am 22. Mai 1525 warnte er beispielsweise das Sabinenkloster in Prenzlau vor dem Luthertum. Aber die Zerstörung war nicht aufzuhalten. Agitation, Verführung und Gewalt wirkten zusammen, um zu vernichten, was Generationen aufgebaut hatten. Das Mittel der Täuschung des Volkes über das, was in der sogenannten Reformation vor sich ging, wurde auch in Pommern erfolgreich angewendet. Das blühende Religionswesen des Landes wurde unter dem Einfluß der Neuerung verwüstet.

Auch in das Stiftsland drang das Luthertum ein. In Stolp predigten Peter Suave und Peter Amandus die neue Lehre und riefen 1525 einen Kirchen- und Klostersturm hervor. Bischof Erasmus griff in dieser Stadt mit fester Hand durch. Als sich die Irrlehre 1530 in Kolberg und 1532 in Köslin bemerkbar machte, verschloß der Bischof indes die Augen, weil er fürchtete, die Neugläubigen würden den Herzog zu Hilfe rufen und sich seiner Landesherrschaft entziehen. So nahm das Verhängnis auch hier seinen Lauf. Die Herzöge Georg und Barnim stellten politische Rücksichten über ihre religiöse Aufgabe. Aus Furcht, Verluste zu erleiden oder Schädigungen hinnehmen zu müssen, ließen sie vielfach die Dinge treiben. Gelegentliche Ansätze, welche die beiden Brüder zum Schutz der kirchlichen Ordnung machten, wurden nicht bis zum Ende verfolgt. Die Reichstagsabschiede von Speyer (1529) und Augsburg (1530) wurden veröffentlicht, blieben aber ohne Folgewirkungen. Der Tod Georgs (1531) begrub die letzten Hoffnungen der Katholiken. Sein Nachfolger, Philipp I., wurde durch seinen Rat Jobst von Dewitz in lutherischem Sinne gelenkt. Am 21. Mai 1531 wurde auf dem Landtag in Stettin die freie Predigt des Luthertums gestattet. Dennoch blieb auf dem Lande und in den kleinen Städten „das alte Kirchenwesen großenteils unerschüttert" (Hellmuth Heyden). Im Jahre 1534 zeigten sich die Herzöge entschlossen, das Land völlig zu protestantieren. Es ist nicht bekannt, wie Erasmus sich zu dem Vorhaben gestellt hat. Bugenhagen wurde zu dem Landtag in Treptow (1534) eingeladen. Noch einmal erhob sich ein erstaunlicher Widerstand gegen die landesgesetzliche Einführung des Protestantismus, der von dem Bischof, den Stiftsständen, dem Adel und den Städten kam, allerdings höchstens zum Teil religiösen Motiven entsprang. Als die Herzöge bei ihrem Vorhaben beharrten, fielen sie zwar um. Die lutherische Predigt wurde freigegeben. Ein förmlicher Landtagsabschied erging jedoch nicht. Dem Bugenhagen wurden die Ausarbeitung einer Kirchenordnung und die Vornahme einer Visitation aufgetragen. Die Fürsten hatten sich mit den Städten darüber geeinigt, während Adel und Klerus den Landtag vorher verlassen hatten. Bugenhagen schuf die „Kirchenordnung" des Landes (1535). Aber auch jetzt gab es noch starken Widerstand gegen die Glaubensneuerung, vor allem im Stiftsland. Bischof und Domkapitel wehrten sich in Kammin gegen die Zerstörung des wahren Glaubens. Erasmus entschied sich nach langem Zögern am 4. April 1535 gegen die Treptower Kirchenordnung. Er lehnte den ihm angesonnenen Übertritt zum Protestantismus ab. Der Kaiser erließ am 10. Mai 1535 ein Mandat, in dem er die Aufhebung des Beschlusses des Treptower Landtags forderte. Die Herzöge legten dagegen Verwahrung bei dem Kammergericht bis zu dem abzuhaltenden Allgemeinen Konzil ein. Schon wegen der geographischen Lage fehlte dem Kaiser die Macht, das Recht in Pommern durchzusetzen. Die Protestantisierung wurde anschließend an die Vollendung der Kirchenordnung in bekannter Manier durch Visitationen vorangetrieben. Von einem allgemeinen und freudigen Übergang der Menschen zu der Irrlehre kann keine Rede sein. ,,Man darf ruhig sagen, daß das Volk nicht aus Überzeugung seinen Glauben gewechselt hat, sondern von seinen Führern verführt worden ist, die zum Teil aus Selbstsucht und Leidenschaft gehandelt haben" (Johannes Allendorff). An manchen Orten hielt sich einige Zeit eine Art Geheimseelsorge. In Stettin beispielsweise wirkte eine Anzahl treu gebliebener Priester für die Gläubigen (1539).

Ähnlich wurde die Protestantisierung in der Neumark inszeniert. Markgraf Johann von Küstrin veranstaltete 1538/39 eine ,,Visitation" in seinem Gebiet, welche die sogenannte Reformation von Obrigkeits wegen einführte. Johann vollzog eine große Säkularisation des Kirchengutes zu seinen Gunsten, um ,,seinen eigenen Besitz und seine eigene Macht zu vermehren" (Ludwig Mollwo). Rücksichtslos und wider alles Recht beraubte er geistliche Korporationen ihrer schuldrechtlichen Forderungen. Auch in der Neumark gab es viele Geistliche und Laien, die am Glauben festhielten. Die Stiftsherren von Soldin beispielweise verkauften zwar 1543 ihre Güter, weil sie angesichts der Zwangsprotestantisierung keine Möglichkeit mehr sahen, ihr Gemeinschaftsleben fortzusetzen, fielen aber keineswegs zum Protestantismus ab. In dem Schreiben des Kanonikus Johann Erdtmann von 1548 wird die von Luther erfundene Religion mit einem Krebsgeschwür verglichen, das gegen den Willen der Stiftsherren (nobis invitis) durch Befehl des Fürsten (nutu principis nostri potentissimi) eingedrungen sei. Durch Gewalt und wirtschaftliche Repressalien wurde das katholische Leben zum Erlöschen gebracht. Dem Bischof fehlten immer mehr die Einnahmen. Wiewohl er fortfuhr, in seinem Stiftsland geistliche Funktionen auszuüben, duldete er doch vereinzelt Prädikanten. Der Druck der Herzöge auf ihn wuchs. Sie brachten Protestanten in das Domkapitel, die 1539 bereits die Mehrheit hatten. Der Bischof hielt an der Reichsunmittelbarkeit seines Landes ebenso fest wie am katholischen Glauben. Allerdings verzichtete er auf die Ausübung seiner reichsständischen Rechte und Pflichten.

III.

Bartholomäus Suave (1545-1549)

Nach dem Tode des Erasmus erkor das Domkapitel den Bugenhagen zum ,,Bischof''; dieser aber sagte ab. Daraufhin wurde der Kanzler Herzog Barnims, Bartholomäus Suave, zum ,,Bischof'' gewählt. Suave wurde von den Herzögen durchgesetzt; er war ihnen als Protestant und ihr ergebener Diener doppelt genehm. So wurde der verheiratete Mann ,,Bischof'' von Kammin. Als Kanzler Barnims IX. hatte er auf dem Treptower Landtag 1534 eine Rolle gespielt und sich anschließend an der Visitation beteiligt. Er war mit von der Partie, als Pommern um Aufnahme in den Schmalkaldischen Bund nachsuchte. Bei diesen und anderen Angelegenheiten erwies er sich als serviler Untergebener des Herzogs. Getreu dieser Haltung führte er die Regierung des Bistums. Er gab die Reichsunmittelbarkeit des Stiftes preis und lieferte es am 12. Oktober 1545 den Herzögen aus, führte das Augsburgische Bekenntnis ein und ließ sich zum Superintendenten machen. Der Kaiser und der Papst versagten deswegen die Bestätigung. Am 5. Januar 1548 erließ Karl V. ein Mandat, welches das Domkapitel und die Stände des Stifts vom Gehorsam gegen die Herzöge und den unrechtmäßigen Bischof entband. Leider blieb es bei der gutgemeinten Weisung; sie war aus Mangel an Macht nicht durchzusetzen. Die Protestantisierung fand kein äußeres Hemmnis mehr. Suave leitete sie persönlich. Dem ,,reinen Evangelium'' wurde mit Gewalt nachgeholfen. In dem Abschied von Wollin aus dem Jahre 1546 wurden für die nicht zum Abfall bereiten ,,Papisten'' der Bann und die Landesverweisung vorgesehen. Das Domkapitel wurde mit protestantischen Mitgliedern aufgefüllt. Noch immer gab es zahlreiche Menschen, die nicht von ihrem Glauben ließen. Viele Klöster wurden nur durch Gewalt geräumt. Noch 100 Jahre nach Einführung der Glaubensneuerung lebten Reste des Katholizismus und wohl auch vereinzelte Katholiken im Lande. Der Kaiser erließ am 5. Januar 1548 ein Mandat, in dem er die unkanonische Wahl Suaves verwarf und die Reichsunmittelbarkeit des Stiftes Kammin hervorhob. Suave machte den Versuch, nachträglich die päpstliche Bestätigung zu erlangen, der aber von dem Beauftragten, Martin Weiher, nicht weisungsgemäß durchgeführt wurde. Das Interim wurde zwar von den Herzögen angenommen, aber weder in Pommern noch in der Neumark durchgesetzt. Markgraf Johann von Küstrin ließ sogar eine Schrift dagegen ausgehen, deren ungeheuerliche Schmähungen gegen die Kirche einen infernalischen Haß verraten. Suave war inzwischen seines Amtes müde geworden; 1549 verzichtete er.

IV.

Martin von Weiher (1550-1556)

1549 wählte das Kapitel den Domkapitular Martin von Weiher zum Bischof von Kammin; er war angeblich „ein ehrgeiziger, von Gewissensbedenken nicht beunruhigter Streber" (Otto Plantiko). In jedem Falle hatte er einen eigenartigen Entwicklungsgang. Weiher begann seine Studien an der Universität Wittenberg und trat dort in vertrauten Verkehr mit den sogenannten Reformatoren; eine Zeitlang wohnte er im Hause Luthers und war er Schüler Melanchthons. Anschließend setzte er seine Studien in Ingolstadt fort und vollendete sie in Bologna. Auf diese Weise lernte er lutherische und katholische Theologie, lutherisches Wesen und katholische Religion aus erster Hand kennen. Als Mitglied des Kamminer Domstiftes sollte er sich um die päpstliche Bestätigung für Bartholomäus Suave bemühen. Weiher war ein gelehrter Mann und ein Freund der Kirchenmusik.

Es muß Weiher gelungen sein, die Wertschätzung des Kaisers zu gewinnen, vermutlich über den Bischof von Arras, den (jüngeren) Antoine Perrenot Granvelle, mit dem er aus seiner Studienzeit bekannt war. Jedenfalls schlug ihn Karl V. für das Bischofsamt vor und richtete am 28. Februar 1550 ein Empfehlungsschreiben für Weiher an die Kardinäle. Julius III. bestätigte in dem Konsistorium vom 5. Oktober 1551 die Wahl. Weiher empfing weder die Priester- noch die Bischofsweihe, war und blieb jedoch unverheiratet. Seine konfessionelle Stellung ist nicht mit Sicherheit auszumachen. Daß er, um die Bestätigung des Papstes für seine Postulation zu erlangen, bewußt den Weg der Täuschung gegangen sei, erscheint mir zweifelhaft. Er bekannte sich auf einem Kamminer Landtag zur Augsburgischen Konfession, ließ sich am 24. Oktober 1552 nach lutherischem Ritus in die Domkirche zu Kammin einführen und übte sein Amt in protestantischem Sinne gemäß der pommerschen Kirchenordnung aus. Nach den Protokollen seiner Visitationen verbot er aber das Predigen gegen Papsttum und Heiligenverehrung. Er besaß weiter Einsicht in die Irrtümer und schlimmen Folgen der sogenannten Reformation; auch suchte er dem Stift die Reichsunmittelbarkeit wiederzuerwerben. Um eine Wende herbeizuführen, fehlten die Machtmittel. Die Güter des Stiftes und die kirchlichen Einkünfte suchte er zu erhalten und zu mehren. Vermutlich war Weiher im Herzen katholisch gesinnt, wagte jedoch keine Handlung zu setzen, die ihn das Amt gekostet hätte. Vielleicht hoffte er auf einen Umschwung. Die Äbte der aufgehobenen Klöster klagten beim Reichskammergericht, aber das Recht war ohnmächtig in lutherischen Territorien. 1551 veranstaltete Johann von Küstrin in der Neumark wiederum eine Visitation. Für die religiöse Lage unter der neuen Lehre ist der starke Mangel an Geistlichen bezeichnend; sie wurden häufig aus den Reihen der Küster entnommen.

V.

Johann Friedrich von Pommern (1556-1574)

Nach dem Tode Weihers postulierte das Domkapitel am 29. August 1556 auf das Drängen der Herzöge den 14jährigen Johann Friedrich, den Sohn Herzog Philipps, zum „Bischof". Für die Verwaltung der weltlichen Angelegenheiten wurden zwei Statthalter bestellt, für die kirchlichen Dinge eine Superintendentur geschaffen. Johann Friedrich wurde am 15. Juni 1557 eingeführt. Von einer Regierung des Bistums durch ihn kann keine Rede sein. Nach dem Tode Herzog Philipps (1560) wurden die zahlreichen noch bestehenden Nonnenklöster eingezogen. 1574 verzichtete Johann Friedrich zugunsten seines Bruders Kasimir IX. (1574-1602). Kasimir war ein Mann, den Ausschweifungen jeder Art frühzeitig zerrüttet hatten. Ihm folgten Franz I. (1602-1618), Ulrich (1618-1622) und Bogislaw XIV. (1623-1637). Das Bischofsamt war ein Versorgungsinstitut der Herzogsfamilie geworden. Wieder einmal hatte sich die sogenannte Reformation als Quelle zur Mehrung fürstlichen Besitzes bewährt. Der Westfälische Friede gab das Stift Kammin dem Kurfürsten von Brandenburg (IPO Art. X § 4).

3. Kapitel

Bistum Meißen

Blaschke, Karlheinz, Kurfürst Friedrich der Weise von Sachsen und die Luthersache, in: Der Reichstag zu Worms von 1521, Worms 1971, 316-335

Born, Karl Erich, Moritz von Sachsen und die Fürstenverschwörung gegen Karl V.: Historische Zeitschrift 191, 1960, 18-66

Dittrich, Paul, Die Meißener Diözese unter der Kirchenpolitik der Landesherren des 16. und 17. Jahrhunderts (= Studien zur katholischen Bistums- und Klostergeschichte Bd. 1), Leipzig 1961

Flathe, Johann IX. (v. Haugwitz): ADB 14, 1881, 245f.

Gerblich, Walter, Johann Leisentritt und die Administratur des Bistums Meißen in den Lausitzen. Phil. Diss. Leipzig, Görlitz 1931

Gerblich, Walter, Johann Leisentritt und die Administratur des Bistums Meißen in den Lausitzen: Neues Lausitzisches Magazin 107, 1931, 1-78

Gersdorf, E. G. (Hrsg.), Urkundenbuch des Hochstifts Meißen (= Codex diplomaticus Saxoniae regiae II. Hauptteil 1.-3. Bd.), 3 Bde., Leipzig 1864-1867

Gess, Felician, Die Klostervisitationen des Herzog Georg von Sachsen. Nach ungedruckten Quellen dargestellt, Leipzig 1888

Ginzel, Urkundlicher Bericht über die Säcularisirung des Bisthums Meissen unter dem Bischof Johann von Haugwitz, und die Erhaltung des Collegiatstiftes von St. Peter zu Budissin: Theologische Quartalschrift 38, 1856, 485-528

Gülden, Josef, Leisentritts Bautzener Meßritus und Meßgesänge (= Katholisches Leben und Kämpfen im Zeitalter der Glaubensspaltung 22), Münster/Westf. 1964

Haenel, Erich, Dom und Burg in Meißen, Leipzig 1938

Hecker, Oswald Arthur, Religion und Politik in den letzten Lebensjahren Herzog Georgs des Bärtigen von Sachsen, Leipzig 1912

Küas, Herbert, Der Dom zu Meißen. Baukunst und Bildwerk. Aufnahmen von Erich Kisten, Leipzig 1939

Lehmann, Rudolf, Die Reformation in der Niederlausitz: Jahrbuch für Brandenburgische Kirchengeschichte 25, 1930, 83-117

Lobeck, Albrecht, Das Hochstift Meißen im Zeitalter der Reformation bis zum Tode Herzog Heinrichs 1541. Besorgt von Heinrich Bornkamm und Heinz Scheible (= Mitteldeutsche Forschungen Bd. 65), Köln, Wien 1971

Machatschek, Eduard, Geschichte der Bischöfe des Hochstiftes Meißen in chronologischer Reihenfolge. Zugleich ein Beitrag zur Culturgeschichte der Mark Meißen und des Herzog- und Kurfürstenthums Sachsen. Nach dem „Codex diplomaticus Saxoniae regiae", anderen glaubwürdigen Quellen und bewährten Geschichtswerken bearbeitet, Dresden 1884

Pallas, Karl, Briefe und Akten zur Visitationsreise des Bischofs Johannes VII. von Meißen im Kurfürstentum Sachsen 1522: Archiv für Reformationsgeschichte 5, 1907/08, 217-312

Pallas, Karl, Die Visitationsreise des Bischofs Johann VII. von Meißen im Kurfürstentum Sachsen 1522: Zeitschrift des Vereins für Kirchengeschichte der Provinz Sachsen 6, 1909, 25-80

Pasig, Julius Leopold, Johannes VI. Bischof von Meißen. Ein Beitrag zur Sächsischen Kirchen- und Landesgeschichte, insbesondere zur Geschichte des Hochstifts Meißen, Leipzig 1867

Postina, Alois, Die Stellung des Meissener Bischofs Johann VII. von Schleinitz zur religiösen Neuerung. Nach einem Bericht an Hadrian VI. aus dem Anfange des Jahres 1523: Römische Quartalschrift 13, 1899, 337-346

Prihonsky, Franz, Aus dem Leben des letzten Meißner Bischofs Johann's IX. von Haugwitz, insbesondere seine Einflußnahme auf die Entstehung der geistlichen Administratur in den Lausitzen: Neues lausitzisches Magazin 33, Görlitz 1857, 164-185

Rittenbach, Willi, Seifert, Siegfried, Geschichte der Bischöfe von Meißen 968-1581 (= Studien zur katholischen Bistums- und Klostergeschichte Bd. 8), Leipzig 1965

Schlesinger, Walter, Kirchengeschichte Sachsens im Mittelalter, 2 Bde. (= Mitteldeutsche Forschungen 21/I und II), Köln, Graz 1962

Schultze, Alfred, Die Rechtslage der evangelischen Stifter Meißen und Wurzen. Zugleich ein Beitrag zur Reformationsgeschichte (= Leipziger rechtswissenschaftliche Studien Heft 1), Leipzig 1922

Sehling, Emil (Hrsg.), Die evangelischen Kirchenordnungen des XVI. Jahrhunderts. 1. Abth. Sachsen und Thüringen, nebst angrenzenden Gebieten. 1. Hälfte. Die Ordnungen Luthers. Die ernestinischen und albertinischen Gebiete, Leipzig 1902

Seidemann, Johann Karl, Luther und der Meißner Bischof Johann VII. von Schleinitz (März 1520): Theologische Studien und Kritiken 53, 1880, 337-350

Seitz, Otto (Hrsg.), Der authentische Text der Leipziger Disputation (1519). Aus bisher unbenutzten Quellen herausgegeben, Berlin 1903

Statuta synodalia episcopatus Misnensis, Leipzig 1504, Neudruck: Bautzen 1627

I.

Johann VI. von Salhausen (1487-1518)

Johann von Salhausen wurde vor dem 12. November 1487 zum Bischof von Meißen gewählt. Am 8. Februar 1488 gab ihm Innozenz VIII. die Bestätigung.

Johann von Salhausen war promovierter Kanonist. Er war eine tiefreligiöse Persönlichkeit, ein Kenner und Freund der Heiligen Schrift. Seine Frömmigkeit hatte ihr Zentrum in Christus, vor allem in seinem erlösenden Leiden und Sterben. Er lebte enthaltsam und einfach, war kein Freund der Tafelfreuden. Er war ernst und gewissenhaft, rastlos tätig und niemals müßig. Sein Leben war von einer strengen Ordnung geprägt. Er war freimütig und friedfertig, stets zum Nachgeben bereit und um Versöhnung bemüht. Er war befreundet mit Herzog Georg von Sachsen und Johannes Staupitz. Er war „ein hochgebildeter, gelehrter, geistreicher und dabei staatskluger Mann von seltenem Scharfblick und gediegenem Urteil" (Julius Leopold Pasig). Julius Leopold Pasig räumt ihm einen Platz ein „unter den edelsten Männern seiner Zeit".

Als Bischof war Johann pflichttreu und fleißig, klug und überlegt. Er sorgte für den Gottesdienst durch Herausgabe der liturgischen Bücher und ließ einen Katechismus erscheinen. Am 18. März 1504 ordnete er die gewissenhafte Befolgung der von ihm zusammengestellten Synodalstatuten an. Das Kapitel hatte Johann in der besonderen Absicht gewählt, daß er das zerrüttete Finanzwesen des Bistums saniere. Darin wurde es nicht enttäuscht. Johann war ein tüchtiger Finanzmann. In den Gebieten um Bischofswerda, Mügeln und Wurzen war der Bischof Landesherr, und Johann machte sein Recht nachdrücklich geltend, was ihn aber in Konflikt mit Herzog Georg von Sachsen brachte. Er baute die Schlösser in Stolpen und Wurzen neu, ersteres auch zur Verteidigung.

Johann von Salhausen war sich über die Gefahren der Zeit im klaren. Er drang auf Disziplin und Ordnung unter dem Klerus und in den Klöstern und war mit kirchlichen Strafen ziemlich rasch bei der Hand. Wer vom Glauben — etwa in Richtung des Hussitismus — abwich, wurde in Haft genommen. An eine wirkliche innere Erneuerung des Klerus und der Ordensleute ging er jedoch nicht heran. Die Sorge für die Temporalien ließ ihm für die geistlichen Dinge zu wenig Zeit. Die Synodalstatuten von 1504, die eine Fülle trefflicher Vorschriften enthielten, blieben zum erheblichen Teil toter Buchstabe. Meistens residierte Johann in Wurzen, gelegentlich auch in Stolpen. Zu seinem in Meißen befindlichen Kapitel hatte er kein gutes Verhältnis. Der Herd des Aufruhrs, Wittenberg, lag in dem Kurfürstentum Sachsen. Die Nachricht von Luthers Agitation muß auch zu Bischof Johann gedrungen sein. Seine Stellung zu Luther ist nicht hinreichend erkennbar. Vermutlich war er ein Anhänger einer Erneuerung auf dem Grunde katholischen Glaubens und somit ein Gegner der lutherischen Bewegung.

II.

Johann VII. von Schleinitz (1518-1537)

Johann von Schleinitz wurde am 27. April 1518 zum Bischof von Meißen gewählt; am 5. Juli 1518 erlangte er die Bestätigung Leos X. Am 16. Oktober 1518 konsekrierte ihn Adolf von Merseburg zum Bischof.

Johann von Schleinitz war ein gebildeter und kluger Mann, der Kirche treu ergeben, aufrichtig fromm, beredt und wachsam gegenüber dem Klerus. Die Kunde von dem Auftreten Luthers muß ihn früh erreicht haben. Die ersten protestantischen Regungen in seiner Diözese dürften ihn alarmiert haben. Bereits am 27. Februar 1519 forderte König Ludwig von Böhmen den Bischof auf, keine dem Luthertum zuneigenden Pfarrer in den beiden Lausitzen zu dulden. Vom 27. Juni bis 16. Juli 1519 fand die Leipziger Disputation statt. Sie war geeignet, allen aufrichtigen Katholiken die Augen darüber zu öffnen, wo Luther stand. Bischof Johann dürfte von diesem Zeitpunkt an die Verwandtschaft des Wittenbergers mit Hus erkannt haben und dementsprechend sein Gegner geworden sein. Am 24. Januar 1520 befaßte er sich kritisch mit Luthers Auffassung vom Abendmahl. Wenige seiner Forderungen erschienen ja den Menschen so plausibel wie die nach Austeilung desselben unter beiderlei Gestalt. Die von Bischof Johann angeordnete Einziehung der Schrift Luthers über den Laienkelch war die erste Maßnahme, die ein deutscher Bischof gegen Luther ergriff.

Die Krisenzeichen mehrten sich nun beinahe überall im Bistum. Unter dem Schutz von Adligen, Stadträten und Fürsten konnte der Abfall straflos geschehen. In der Niederlausitz zeigten sich etwa ab 1520 protestantische Regungen mit den üblichen Begleitumständen. Die Hauptagitationszentren waren die Städte. Bischof Johann suchte der Bewegung durch Visitationen, Predigten, Mahnungen und Verfahren Herr zu werden. Am 21. September 1520 wurde die Bannbulle gegen Luther in Meißen publiziert. Luther verbrannte sie am 10. Dezember 1520 ohne Risiko; er wußte genau, wie weit er ohne Gefahr gehen konnte. Am 7. Januar 1521 forderte Johann die Pfarrer auf, die Bannandrohungsbulle ihrerseits zu veröffentlichen und Luthers Schriften zu vernichten. Das Mandat hatte Erfolg, wenn auch keinen durchschlagenden. Der Bischof spürte, wie er im Kurfürstentum Sachsen auf Widerstand gegen seine Anordnungen stieß. Das Mandat des Reichsregimentes vom 20. Januar 1522 forderte die Reichsstände auf, der Neuerung in ihrem Machtbereich zu wehren und gegen ihre Urheber vorzugehen. Gestützt durch diese Anordnung, machte sich Bischof Johann daran, der Aufforderung nachzukommen. Auf einer Visitationsreise gedachte er den Gehorsam gegen die Kirche wiederaufzurichten. Als er am 7. Februar 1522 dem sächsischen Kurfürsten seine Absicht kundtat, gegen die Verführung einzuschreiten, zeigte er sich sogleich überzeugt, daß er sein Vorhaben nur durchführen könne, wenn ihm der weltliche Arm dabei helfe. Der Kurfürst gab ihm am 22. Februar 1522 eine ausweichende Antwort, und als er diesem am 24. Februar 1522 drei Geistliche namhaft machte, die er durch seine

Amtsleute dem Bischof möge vorführen lassen, erwiderte er überhaupt nicht. Die Tatsachen zeigten, daß die vom Kurfürsten für die Visitationsreise des Bischofs abgeordneten Begleiter nicht daran dachten, seinen Befehlen mit der weltlichen Gewalt Achtung zu verschaffen, wie es der Kurfürst ihnen in seiner Instruktion aufgetragen hatte. Die Predigten, welche der Bischof und seine geistlichen Begleiter auf dieser Reise hielten, zeichnen sich durch reichliche Verwendung der Heiligen Schrift aus. Vor allem die Predigten des Leipziger Theologen Hieronymus Dungersheim waren gelungene Abweisungen der Irrlehre. In Herzberg, Lochau, Torgau und Schmiedeberg nahm der Bischof Verhöre der verdächtigen Geistlichen vor. Wen er als lutherisch erkannte, den setzte er ab und verwies ihn aus der Diözese. Leider versagte ihm der Kurfürst die Vollstreckung der von ihm verhängten Strafen. Erhebliche Teile des Klerus und des Volkes waren bereits von dem neuen „Evangelium" erfaßt. Das ganze Ausmaß der Verführung erkannte Bischof Johann erst im Verlauf seiner Visitationsreise, was zeigt, daß er zuvor ungenügend unterrichtet war. Vor allem erfuhr er, daß seine bischöfliche Autorität nicht mehr geachtet wurde. Am 11. und 30. April 1522 ging Johann den Kurfürsten an, die Ungehorsamen mit seinen Machtmitteln zum Gehorsam gegen ihn, den Bischof, anzuhalten. Der Kurfürst lehnte dieses Ersuchen am 13. April und am 1. Mai 1522 ab. Der Bischof mußte erkennen, daß der Kurfürst auf der Seite seiner Feinde stand. Hier zeigte sich in verhängnisvoller Weise die Grenze seiner Macht. Es ließ sich absehen, daß Kursachsen der Neuerung zufiel. Die Visitationsreise ist als Versuch, durch Einsatz der persönlichen Autorität der Neuerung entgegenzuwirken, bedeutsam.

Herzog Georg von Sachsen (1500-1539) war dagegen ein entschiedener Gegner der Glaubensneuerung und trat energisch für die Kirche ein. An ihm hatte Schleinitz eine starke Stütze. Der enge Anschluß des Bischofs an Herzog Georg war kirchenpolitisch richtig. Er zeigte damit beispielhaft, wie allein der Kampf gegen die Irrlehre erfolgreich geführt werden konnte. Alle Maßnahmen, die Herzog Georg gegen lutherisch gesinnte Untertanen in Gang setzte, mußten aber eine Halbheit bleiben, solange es nicht gelang, den Herd des Aufruhrs zu beseitigen. Dazu vermochte sich der Herzog indes nicht zu verstehen.

In Rom wurde man auf den Meißener Oberhirten aufmerksam. Hadrian VI. lud im Spätsommer 1522 den Bischof zu sich ein. Im November 1522 reiste Johann nach Rom und erstattete dem Papst Bericht aus erster Hand. Aus diesem Schriftstück ergibt sich, daß Johann einen klaren Blick besaß und sich nichts vormachte. Die Hauptträger der Ketzerei in seiner Diözese sah er in den Geistlichen und Ordensleuten, von denen der größere Teil lutherisch gesinnt sei. Für die reuigen Protestanten erbat er die Vollmacht zur Lossprechung. Die hartnäckigen Häretiker sollten nach seiner Meinung hingerichtet werden; von anderen Mitteln erwartete er keinen Erfolg. Einer Freilassung nach Festnahme widerriet er entschieden. Die lutherische Lehre schätzte er richtig ein; im Unterschied von anderen Bischöfen sah er in ihr die schlimmste Irrlehre seit Entstehung des Christentums. Das Beispiel dieses Bischofs zeigt, wie falsch die Meinung ist, es sei am Anfang (im Jahre 1522!) nicht abzusehen gewesen, wohin sich die Wittenberger Bewegung entwickeln werde. Der Papst war nun unterrichtet über das, was in Deutschland vorging, und es stand zu hoffen, daß er alle Mittel einsetzte, um des Aufruhrs Herr zu werden. Es war ein Verhängnis, daß Hadrian VI. schon im nächsten Jahre starb.

Gleichzeitig mit der Abwehr der Irrlehre betrieb Johann die innere Erneuerung der Kirche. Er ging gegen den Konkubinat der Geistlichen vor, wenn auch aus den bekannten Gründen kaum mit Erfolg. In Hieronymus Emser, Johann Cochläus, Paul Bachmann, Peter Forst und Augustin Alveld traten ihm mutige und kenntnisreiche Verteidiger der katholischen Sache zur Seite. Emser veröffentlichte eine deutsche Übersetzung des Neuen Testamentes. Der Bischof suchte die Frömmigkeit im Volk zu erhalten. Er drang auf Buße und Fasten, Gebet, Bittgänge und Prozessionen; er betrieb die Heiligsprechung des hl. Benno, die aber die verführten Massen nicht mehr bei der Kirche zu halten vermochte. Luther nahm in der ihm eigenen Weise dagegen Stellung, nämlich mit der Schrift ,,Wider den neuen Abgott und alten Teufel, der zu Meißen soll erhoben werden". Was man dem Bischof vorwerfen kann, ist, daß er seine Diözese zu selten durchreiste und nicht überall an Ort und Stelle nach dem Rechten sah. Dafür weilte er 1524 wieder in Rom, 1526 in Spanien beim Kaiser. In den beiden Lausitzen drangen die Befehle des Bischofs nur in seltenen Fällen durch. Die böhmischen Könige, Ludwig und Ferdinand, waren besten Willens, ihm zu helfen, scheiterten aber an der Macht der Stände. König Ferdinand war durch die Türken, die 1529 vor Wien standen, daran gehindert, der Glaubensneuerung im gehörigem Maße zu widerstehen. Im April 1527 bekannten sich die Geistlichen der drei Archipresbyterate Görlitz, Reichenbach und Seidenberg offen zu der Irrlehre. Ereignisse wie der Nürnberger Religionsfriede von 1532 verschafften der Neuerung immer wieder weiteren Zeitgewinn.

III.

Johann VIII. von Maltitz (1537-1549)

Johann von Maltitz folgte dem Johann von Schleinitz auf dem Meißener Bischofsstuhl nach. Sein Vorgänger nahm ihn als Koadjutor an (1534) und gab damit ein Beispiel, wie in gefahrvoller Zeit der reibungslose Übergang der Diözesanregierung gesichert werden konnte. Am 20. Oktober 1537 wurde er zum Bischof von Meißen gewählt. Im folgenden Jahr ließ er sich konsekrieren (10. Februar 1538).

Johann von Maltitz war milde und duldsam, zum Kampfe nicht geschaffen, den er auch aus Mangel an wirksamer Hilfe nicht hätte führen können. An seiner Treue zur Kirche besteht kein Zweifel. Der Bischof war selbst literarisch für die Darstellung und die Verteidigung des katholischen Glaubens tätig, konnte aber seine Schriften nur in Mainz drucken lassen. Johann war guten Willens und versuchte nach Kräften, dem Abfall zu wehren. Seine vordringliche Sorge galt dem Klerus. Auf einer Priesterversammlung, durch Mandate und durch Hirtenbriefe warnte er vor der Irrlehre und wollte den Konkubinat beseitigen. Aber aus den bekannten Gründen war mit diesen Mitteln der zerstörerischen Bewegung nicht beizukommen. Um sein Hochstift zu erhalten, trat er dem Nürnberger Bunde katholischer Fürsten bei, leider, wie sich herausstellte, ohne den erhofften Erfolg.

Bischof Johann war alles andere als ein starrer Verfechter des bisherigen Zustands kirchlicher Ordnung. Er war zu Konzessionen in disziplinären Dingen und zu jedem erlaubten Entgegenkommen gegenüber den Wünschen des Herzogs Heinrich und seiner Räte bereit. Seit 1538 sprach er sich für die Gewährung von Laienkelch und Priesterehe aus. Im Mai 1539 faßte Johann die Forderungen zusammen, die ihm die letzte Chance zu bieten schienen, die Aufhebung des Bistums zu vermeiden. Indes wären die vorgeschlagenen disziplinären Zugeständnisse kaum geeignet gewesen, etwas an der Entwicklung zu ändern. Denn der fanatische Haß der Neuerer galt ja der kirchlichen Lehre, also z. B. dem Meßopfer. Das Gutachten der Wittenberger zu dem Liber Misnicus fiel dementsprechend völlig ablehnend aus; die Neuerer wiesen Johanns Reformvorschläge höhnisch zurück.

Auch das konfessionelle Schicksal Sachsens wurde durch die Landesherren entschieden. Das Kurfürstentum Sachsen wurde bereits durch Friedrich (1486-1525) und Johann (1525-1532) protestantisiert. Das Herzogtum Sachsen blieb unter Herzog Georg vor dem Abfall bewahrt. Allerdings ging dessen Bruder Heinrich, der über die Ämter Freiberg und Wolkenstein gebot, spätestens 1537 zum Luthertum über und zog sein Land nach sich. Die Absicht des Bischofs, dort zu visitieren, wurde verhindert. Herzog Georg wollte gegen seinen Bruder nicht mit den ihm eigenen Machtmitteln vorgehen. Ebensowenig vermochte sich der Bischof gegen die Protestantisierung von Rochlitz und Kriebstein durchzusetzen, die Elisabeth betrieb, die hinter sich ihren Bruder, Philipp von Hessen, wußte. Georgs Nachfolger Herzog Heinrich (1539-1541) führte das ganze Land der Irrlehre zu. Luther persönlich sorgte dafür, daß die Unterdrückung des katholischen Glaubens rücksichtslos vor sich ging. Dann wandte sich der Herzog dem weltlichen Territorium des Bischofs zu, das ihn gar nichts anging, weil es reichsunmittelbar war. Johann von Maltitz vermochte ihn nicht davon abzuhalten, das Hochstift aufgrund der von ihm in Anspruch genommenen landesherrlichen Rechte zu visitieren, d. h. den Protestantismus einzuführen, vielfach mit Drohungen und Gewalt. Zahlreiche Beschwerden des Bischofs gegen dieses Vorgehen, die er unter Berufung auf seine Reichsstandschaft erhob, blieben ergebnislos. Die Feier der Messe und die Abhaltung von Prozessionen wurden eingestellt. Die Visitation der Kirchen und Klöster räumte mit dem Katholizismus im Bistum Meißen auf. Eine gewisse Rücksicht wurde lediglich in Teilen des Hochstifts genommen. Der Bischof durfte noch in seiner Residenz Stolpen und in der Lausitz seines Amtes walten. Die Oberlausitz stand unter der böhmischen Krone, und König Ferdinand war zuverlässig katholisch, aber er konnte sich in dem Land nicht mehr durchsetzen. Die beiden Klöster der Zisterzienserinnen Marienstern und Marienthal blieben erhalten. Der bischöfliche Offizial für die Niederlausitz entpuppte sich als Verräter; Erasmus Günther in Lübben neigte immer mehr dem Luthertum zu und fiel schließlich um 1540 vom Glauben ab. Der Kaiser suchte dem Bischof mit Mahnungen und Mandaten zu Hilfe zu kommen, bestätigte ihm den Reichsfürstenstand und verwies für Streitigkeiten auf das Kammergericht. Aber mit der Gewalt seiner Waffen vermochte er dem Recht nicht zu Hilfe zu kommen. Der Abfall schritt daher weiter fort. Johann von Maltitz schrieb am 13. September 1543 an Julius Pflug: ,,Geschit nicht eyn einsehen, so hett man keyn, welcher nicht irer sect ist. Got wolde sych seiner kirchen erbarmen!" An Friedrich Nausea richtete er den traurigen Satz: ,,Ich sehe täglich mit dem bittersten Schmerz, daß eine mir anvertraute Herde von mir gerissen und von der wahren Lehre abgehalten werde." Die verzweifelten Hilferufe aus Stolpen blieben ohne Gehör. Herzog Moritz von Sachsen setzte die Protestantisierung seines Landes wie sein Vater fort. Mit Johann Friedrich einigte er sich über die Aufteilung des Hochstifts Meißen. Als gerissener, ja verschlagener Politiker täuschte er den Kaiser und arbeitete rücksichtslos an der Vermehrung seiner Macht. Der Reichstag zu Augsburg 1548 schien dem Bischof von Meißen noch einmal eine Chance zu eröffnen, daß er sich halten könne. Aber Johann starb im folgenden Jahre. Bei seinem Tode waren die katholischen Einrichtungen des Bistums fast gänzlich zerstört.

IV.

Nikolaus II. von Carlowitz (1550-1555)

Nikolaus von Carlowitz hatte in Leipzig studiert, aber wohl vorwiegend Philosophie. Am 15. Januar 1550 wurde er einstimmig zum Bischof von Meißen gewählt. Nur auf dringende Vorstellungen hin nahm er das Amt an. Julius III. sprach die Bestätigung am 14. Juli 1550 aus. Die Weihe spendete ihm sein Freund, der Naumburger Bischof Julius Pflug, und zwar im Dom zu Zeitz, nicht in seiner eigenen Kathedralkirche, über die er nicht mehr verfügen konnte. Nikolaus war ein ernster, sittenreiner, gebildeter und kluger Bischof. Dem Luthertum war er entschieden abgeneigt. Die Tatsache, daß er sich bewegen ließ, einer offensichtlich verlorenen Sache zu dienen, spricht für ihn. Er nahm den ihm aufgezwungenen ungleichen Kampf auf. Als er die Regierung antrat, schien es nicht völlig ausgeschlossen, daß eine Restitution des Katholizismus im Meißner Sprengel in gewissem Umfang möglich sei. Dem rücksichtslosen Kurfürsten Moritz folgte der fuchsschlaue August, ein Mann, der unersättlich nach Kirchengut war. Unter ihm hatte der Bischof schwer zu leiden. Der Passauer Friede (1552) zerstörte jede Hoffnung, daß es dem Bischof noch einmal gelingen könnte, seine Jurisdiktion wiederzuerlangen. Er konnte allein versuchen, den bisherigen Bestand zu erhalten.

V.

Johann IX. von Haugwitz (1555-1581)

Johann von Haugwitz wurde am 29. Mai 1555 in der Stadt Wurzen von den einzig anwesenden zwei Domherren Julius Pflug und Bernhard von Draschwitz zum Bischof gewählt. Die Wahl erfolgte verdächtigerweise auf Empfehlung des Kurfürsten August von Sachsen. Johann von Haugwitz mußte sie teuer bezahlen. In einem geheimen Vertrag mit dem Kurfürsten August vom 25. April 1555 hatte er sich u. a. dazu verpflichtet, das Luthertum in seinem Stift aufrechtzuerhalten und weiterzutreiben (das er unsere christenliche religion, wie die itzo in disen landen gehalten wirt, im ganzen Stift Meissen... pflantzen anrichten und dabei bleiben wil). Dieses Versprechen war weder mit seinem Gewissen noch mit seinem Amte zu vereinbaren. Dennoch suchte Haugwitz unter Abgabe des eidlichen Versprechens (29. Mai 1555), Klerus und Volk im katholischen Glauben erhalten zu wollen, um die päpstliche Bestätigung der Wahl nach. Auf diese Weise erschlich er sich die Konfirmation; sie erfolgte am 25. Oktober 1555. Haugwitz war bei seiner Wahl erst Diakon. Ob er die Priesterweihe und die Bischofskonsekration empfangen hat, ist ungewiß. Es gibt kein Zeugnis dafür, daß er je Pontifikalfunktionen ausgeübt hat. Haugwitz war seinem Amt in keiner Weise gewachsen. Es fehlte ihm an Erfahrung, Voraussicht und Charakterstärke in gleicher Weise.

Haugwitz ging den Weg des Verrats, den er vor der Wahl zum Bischof eingeschlagen hatte, weiter, so in dem 1555 mit dem Rat von Wurzen über die Ämterbesetzung abgeschlossenen Vertrag. Eine Zeitlang scheinen ihm Gewissensbedenken gekommen zu sein, den Dresdener Vertrag auszuführen; jedenfalls sträubte er sich anfangs gegen die Religionsänderung in seinem Stift. Er rief Kaiser Ferdinand zu Hilfe, aber diese blieb ihm versagt. Der Druck der Kurfürsten August hielt unvermindert an. Von 1555 bis 1581 drängte er den Bischof zur Resignation, die dann endlich erfolgte. Die zweifellos mit Wissen und Willen des sächsischen Kurfürsten erfolgenden Einfälle des Hans von Carlowitz in die stiftischen Besitzungen machten Johann den Wünschen des Kurfürsten gefügig. Das Gerücht hielt sich, daß der Bischof heimlich zum Protestantismus übergetreten sei. Tatsächlich hatte er sich dazu in dem Vertrag vom 18. Januar 1559 verpflichtet. Darin ließ er auch die Protestantisierung seines gesamten Stiftes zu. Denn er versprach dem Kurfürsten, seine bischöfliche Jurisdiktion gleichsam in seinem Auftrag auszuüben und nur noch protestantische Geistliche einzusetzen. Weiter vertauschte Haugwitz in dem Vertrag Stolpen, Liebethal und Göda gegen Mühlberg an der Elbe, ein denkbar schlechtes Geschäft, weil Stolpen in der Nähe der Oberlausitz lag und damit leichter den Schutz des Kaisers gewinnen konnte. Der Bischof residierte jetzt in Wurzen. Nach seinem heimlichen Übertritt zum Protestantismus war er ein gefügiges Werkzeug in der Hand des Kurfürsten. Der Prager Bischof Anton Brus von Müglitz rügte in einem Schreiben aus Trient vom 8. August 1563 sein glaubenswidriges Verhalten und ermahnte ihn, sein Heil allein in der katholischen Kirche zu suchen und sein

Amt entsprechend auszuüben. Diese brüderliche Zurechtweisung blieb erfolglos. Johann von Haugwitz ging den Weg des Abfalls weiter.

Eine besondere Entwicklung spielte sich in der Ober- und Niederlausitz ab. Nach dem Stolpener Vertrag vom 18. Januar 1559 behielt Bischof Johann die Jurisdiktion über die beiden Markgrafschaften. Am 28. Juni 1560 bestellte er den Dekan das Bautzener Kollegiatstiftes, Johann Leisentritt, zum Generalvikar für die beiden Lausitzen mit dem Titel eines ,,Generalkommissars des Meißner Bischofsstuhles" (Episcopatus Misnensis Commissarius Generalis). Damit übertrug er Leisentritt die bischöfliche Jurisdiktion über die Lausitzen. Wohl schon im Jahre 1561 erwirkte dieser vom Wiener Nuntius Melchior Bilia die Ernennung zum Administrator der Lausitz, um wenigstens dieses Gebiet dem katholischen Glauben zu erhalten. Im Dienste des sächsischen Kurfürsten ließ Johann von Haugwitz sich 1566 zu dem schäbigen Versuch gewinnen, Leisentritt gegen eine Geldentschädigung zum Rücktritt zu bewegen, um auf diese Weise das lästige Amt zu beseitigen. 1567 übertrug der Nuntius die Administration dem Bautzener Kapitel für die Zeit nach Ableben Leisentritts mit der Maßgabe, daß es einen neuen Administrator zu wählen habe; dem Leisentritt wurde am 2. Juni 1567 die Administration (erneut) öffentlich gegeben. Durch Urkunde vom 24. Mai 1570 wurde die Jurisdiktion in den Lausitzen fortan dem Bautzener Kapitel übertragen, das einen Administrator zu wählen habe.

Das weitere Schicksal Johanns gleicht einer Tragikkomödie. Am 17. Oktober 1579 unterschrieb er die Konkordienformel. Am 20. Oktober 1581 verzichtete er auf sein Bischofsamt in die Hände des Domkapitels unter der Bedingung, daß dem Kurfürsten August die Administration übertragen werde. Das Domkapitel ,,postulierte" nach der Resignation des Bischofs am 10. Oktober 1581 den Kurfürsten August und ersuchte ihn, ,,sich der Administration des Stiftes zu unterfangen". Der Kurfürst nahm das Stift ,,in commendam" an. Ihm folgte sein Sohn Christian I. (1586-1591). Auf diese Weise war das Kirchengut säkularisiert und eine Beute der sächsischen Kurfürsten geworden; die ,,Reformation" hatte sich für sie gelohnt. Der Geistliche Vorbehalt (§ 18) des Augsburger Religionsfriedens blieb bei der Protestantisierung des Bistums Meißen unberücksichtigt. Johann heiratete 1582, im Alter von 58 Jahren, seine 21jährige Nichte Agnes von Haugwitz, deren Taufpate er zudem war. In frivoler Weise spottete er über die dadurch begangenen Sünden, die ihm der Papst nicht vergeben werde.

Johann von Haugwitz ist eine der jämmerlichsten Bischofsgestalten aus dem Zeitalter der sogenannten Reformation. Er verdient den Namen eines geistlichen Verräters. Ihm ist seine Schwäche zum Verhängnis geworden. ,,Der Preis der Feigheit ist das Böse" (Alexander Solschenizyn). Im Leben Johanns vollzog sich das erschütternde Schicksal eines geistlichen Apostaten. Er war zu wenig gottesfürchtig, um dem Protestantismus kraftvoll entgegenzutreten; er war aber auch nicht genügend irreligiös, um ohne Skrupel seine Diözese dem Abfall zuzuführen. So schwankte er zwischen Erkenntnis und Schwäche, zwischen egoistischen Überlegungen und Verantwortungsbewußtsein hin und her. Den Weg des Bösen betrat er mit dem Vertrag, den er am 25.

April 1555 mit Kurfürst August schloß. Es war dies ein Dokument des Verrats. Er hätte sich besinnen, bereuen und bekehren können; Gott hätte ihm verziehen, und der Heilige Stuhl hätte ihn freudig wieder aufgenommen. Aber er brachte die Kraft zu Umkehr und Bekenntnis nicht auf. Er schritt weiter auf dem unheilvollen Wege der Auslieferung und verstrickte sich immer tiefer in seine Schuld. Die Stimme des Gewissens, die ihn anfangs noch gewarnt hatte, wurde schwächer und schwächer, bis sie endlich vielleicht ganz verstummte.

4. Kapitel

Bistum Sitten (Sion)

Blösch, Emil, Das Ende der Reformation im Wallis: Theologische Zeitschrift aus der Schweiz 5, 1888, 1-20, 73-87

Büchi, Albert (Hrsg.), Urkunden und Akten zur Walliser Geschichte des 15./16. Jahrhunderts: Blätter aus der Walliser-Geschichte 5, 1920, 1-66, 201-388

Büchi, Albert, Kardinal Matthäus Schiner als Staatsmann und Kirchenfürst. Ein Beitrag zur allgemeinen und schweizerischen Geschichte von der Wende des XV.-XVI. Jahrhunderts, 2 Tle. (= Collectanea Friburgensia. Veröffentlichungen der Universität Freiburg/Schweiz N.F. Fasc. XVIII und XXIII), I: Zürich 1923; II: Freiburg/Schw., Leipzig 1937

Eggs, Julius, Die Geschichte des Wallis im Mittelalter. Mit einer Vorgeschichte des Wallis (= Walliser Geschichte I. Tl.), Einsiedeln 1930

Escher, Hermann, Schinner: ADB 33, 1891, 729-737

Gagliardi, Ernst, Geschichte der Schweiz. Von den Anfängen bis auf die Gegenwart, 3 Bde., Zürich, Leipzig, Berlin 1920-1927

Grenat, P.A., Histoire moderne du Valais de 1536 à 1815, Gend 1904

Grüter, Sebastian, Der Anteil der katholischen und protestantischen Orte der Eidgenossenschaft an den religiösen und politischen Kämpfen im Wallis während der Jahre 1600-1613. Phil. Diss. Freiburg i.d. Schw., Stans 1897

Hidder, Beilagen aus dem Staatsarchive zu Lucern zur Abhandlung: Kampf der Walliser gegen ihre Bischöfe: Archive des Historischen Vereins des Kantons Bern IX, 1880, 109-138

Kämpfen, P.J., Kardinal Schinner und seine Zeit: Katholische Schweizer-Blätter für Wissenschaft und Kunst 4, 1862, 335-348, 417-431

Die Walliser Landtags-Abschiede seit dem Jahre 1500. Hrsg. von der Regierung des Kantons Wallis. I (1500-1519). Bearb. von Dionys Imesch, Brig 1916; II (1520-1529). Bearb. von † Dionys Imesch, Brig 1949; III (1529-1547). Bearb. von Bernhard Truffer unter Mitarb. von Anton Gattlen, Sitten 1973

Lauber, Joseph, Kardinal Schinners Bann und Interdikt über seine Gegner: Blätter aus der Walliser-Geschichte IV, 1913, 53-68

Mengis, Leo, Die Rechtsstellung des Bistums Sitten im Kanton Wallis: Blätter aus der Walliser-Geschichte IV, 1913, 127-212

Müller, E. F. J., Sitten: LThK IX, 1937, 602-604

Possa, Mario, Die Reformation im Wallis bis zum Tode Bischof Johann Jordans 1565. Phil. Diss. Freiburg/Schw.: Blätter aus der Walliser-Geschichte IX. Bd., I. u. II. Jgg., 1940, XX, 1-216

Roten, Hans Anton von, Domherr Martin Lambien, Hofkaplan des Bischofs Johann Jordan von Sitten. Sein Leben und Wirken: Blätter aus der Walliser-Geschichte IX. Bd., I. u. II. Jgg., 1940, 221-266

Tscherrig, E., Sitten: LThK IX, 2. Aufl., 1964, 800f.

I.

Matthäus Schiner (1499-1522)

Sitten (Sion) ist das älteste Bistum der Schweiz; es deckt sich mit dem Wallis. Die Diözese stand bis 1513 unter der Metropole Tarentaise und ist seitdem exemt. Das Land, über das dem Bischof von Sitten die Herrschaft als Fürst zustand, waren die sieben Zehnden. Die Abgeordneten dieser Gemeinwesen traten gewöhnlich zweimal im Jahre zum Landrat zusammen. Dieses Gremium übte regelmäßig auf die Bischofswahl starken, nicht selten beherrschenden Einfluß aus.

Matthäus Schiner wurde, von der antifranzösischen Partei des Wallis gefördert, zum Bischof gewählt, von Alexander VI. am 20. September 1499 bestätigt und in Rom zum Bischof geweiht. Die Gegnerschaft gegen Frankreich war ein bestimmendes Motiv seiner gesamten bischöflichen Tätigkeit.

Matthäus Schiner machte seine Studien in Sitten, Bern, Zürich und Como. Er war ein gebildeter Mann, ein begabter Prediger und ein eifriger Seelsorger. Er hatte auch große Arbeitsfreudigkeit. Geistig und charakterlich ragte er weit über den Durchschnitt hinaus. Er besaß einen durchdringenden Verstand, Klugheit, Gewandtheit, Energie und Willensstärke. Sein Gedächtnis war phänomenal, seine Kenntnis der Personen und der Verhältnisse umfangreich. Er war eine selbständige, herrscherliche Persönlichkeit, kühn und beharrlich zugleich, einer der bedeutsamsten Staatsmänner seiner Zeit. Um Kunst und Wissenschaft war er besorgt. Er führte zeitweilig ein spartanisches Leben und war im Ertragen von Entbehrungen geübt. Selbstverständlich fehlten dort, wo so viel Licht war, auch die Schatten nicht. Da Schiner von sich selbst Gewaltiges verlangte, forderte er auch von anderen viel. Ungeduld und Jähzorn spielten ihm manchen Streich und fügten ihm großen Schaden zu. In jüngeren Jahren, vor Erlangung des Bischofsamtes, muß Schiner eine Zeitlang unenthaltsam gelebt haben. Er hatte drei uneheliche Kinder, von denen nicht genau feststeht, wann sie geboren wurden. Dagegen war der Vorwurf der widernatürlichen Unzucht eine bösartige Verleumdung, die Schiners Feinde ausstreuten, um sein Ansehen zu untergraben.

Solange Schiner seine Energie dem Bistum Sitten zuwandte, war sein Wirken segensreich. Er hielt Visitationen ab, nahm sich des Klerus an, drang auf einwandfreien Lebenswandel, kümmerte sich um die Feier des Gottesdienstes, suchte das religiöse und sittliche Leben des Volkes zu heben. Aber bald begab er sich in das Getriebe der hohen

Politik, und hier geriet er zwischen die Mühlsteine widerstrebender Interessen und Parteien. Seine politischen Schnitzer brachten sein kirchliches Wirken zum großen Teil um den Erfolg. Der Apostolische Stuhl schätzte den energiegeladenen Mann. Der Papst beförderte ihn 1511 zum Kardinal. Im Dienste des Papstes Julius II. (seit 1506) betätigte sich Schiner als Politiker, Diplomat und Heerführer. Deswegen war er fast ständig von seinem Bistum abwesend. Seine kriegerischen Unternehmungen gegen Frankreich, die schwere Verluste zur Folge hatten, brachten das Volk gegen ihn auf; 1515 wurde er verbannt und mußte die Regierung der Diözese aufgeben. Nach dem Tode Leos X. schien es zeitweise, daß er zum Papst gewählt würde. Nach der Wahl Hadrians VI. stand er diesem als gewichtiger Ratgeber zur Seite.

Schiner war einer echten Reform geneigt. Außer vielen anderen Zeugnissen sei dafür an die Denkschrift erinnert, die er am 1. März 1522 dem neugewählten Papst Hadrian VI. überreichen ließ. Diese Einstellung erklärt es, wenn er am Anfang das Auftreten Luthers begrüßte, so daß Spalatin im August 1518 ihm Luthers Thesen-Erklärungen übersandte und am 5. September 1518 den Kardinal als Anhänger Luthers bezeichnete. Schiner war eben wie viele andere unvoreingenommen und hielt Luther zu dieser Zeit für einen (echten) Reformer; für einen solchen setzte er sich ein.

Schiner war eine Zeitlang mit Zwingli befreundet, was sich aus der gemeinsamen Abneigung gegen Frankreich erklärt. Er hatte auch anfangs Freude an dessen Predigten und Kritik an der Römischen Kurie. Allerdings kann keine Rede davon sein, daß er sich in Zürich, an der Seite Zwinglis, als halb vom Glauben Abgefallener gebärdet habe. Auch hier ging Schiner nicht darüber hinaus, Mißstände zu rügen und sich für eine (echte) Reform auszusprechen. Die Lage wurde für ihn eine andere, als die Bulle „Exsurge Domine" erschien. „Er trat in der Stunde der Gefahr auf Seiten Roms, ohne diese Parteinahme von irgendwelchen Bedingungen abhängig zu machen" (Albert Büchi). Als der Kardinal den allmählichen Abfall des Zürichers vom Glauben bemerkte, zog er sich von ihm zurück. Seine politische Aktivität und seine militärischen Unternehmungen boten den sogenannten Reformatoren willkommene Angriffsflächen. Zwingli verfolgte ihn schließlich mit einem wilden Haß. Seine eigene Haltung wurde immer fester. Gegenüber Johann Fabri sprach er aus, daß Luther mit dem Bibelprinzip unter Verwerfung der Tradition im Arianismus enden werde. Auf dem Reichstag zu Worms (1521) zeigte sich Schiner als entschiedener Gegner Luthers, der auf dessen Verurteilung drängte. Als Karl V. in Worms das Edikt gegen Luther unterzeichnete, stand Schiner neben ihm. Der venetianische Gesandte hatte in Worms eine Unterredung mit Schiner, in der dieser seine völlige Ablehnung Luthers kundtat. Mit Herzog Georg von Sachsen war sich Schiner über die Gefahr, die von dem Wittenberger ausging, einig. Nach Albert Büchi gehörte er „zur Gruppe der von äußerstem Kampfeswillen erfüllten geistlichen Gegner" Luthers. Das Schreiben, das Schiner am 29. August 1522 an Herzog Georg von Sachsen richtete, charakterisierte Luther als den übelsten Ketzer, der seit der Himmelfahrt des Herrn gelebt hatte. In der Diözese Sitten waren es wohl vornehmlich politische Gegner Schiners, die sich der Irrlehre zuwandten. Seine Verbannung ließ es nicht zu, daß er in seinem Bistum die Häresie bekämpfte.

II.

Philipp II. von Platea (am Hengart) (1522-1529)

Nach dem Tode Schiners ernannte der Papst nacheinander den Kardinal Giovanni Piccolomini und den Kardinal Paolo Emilio Cesio zum Bischof von Sitten, aber beide fanden im Wallis keine Anerkennung. Das Domkapitel und der Landrat wählten vielmehr den Philipp am Hengart zum Bischof. Er war ein Gegner Schiners gewesen und 1519 von Leo X. exkommuniziert worden. Philipp erlangte von Clemens VII. die Bestätigung nicht, angeblich deswegen, weil dieser die Bischofsernennung angesichts des in Rom erfolgten Todes seines Vorgängers als ihm zustehend ansah. Der wahre Grund war indes wohl darin gelegen, daß Philipp am Hengart ein Parteigänger des Georg auf der Flue war, welcher der Hauptgegner Schiners gewesen war. Philipp konnte mangels der Bestätigung seine Diözese nicht regieren. In entscheidenden Jahren fiel die bischöfliche Gewalt in der Diözese Sitten aus. So gut es ging, trat das Domkapitel in die Lücke ein.

Aus Bern und aus Frankreich drang der Protestantismus in das Land. Die verworrenen politischen und kirchlichen Verhältnisse des Wallis waren ein günstiger Boden für die Aufnahme der Irrlehre. Die sogenannten Reformatoren wußten sich dies zunutze zu machen. 1531 riet Zwingli dem Simon Inalbon, nicht zuerst von der Lehre zu predigen, sondern von den schlimmen Verhältnissen. Gehässige Flugschriften rissen die Einrichtungen der Kirche herunter, die den Menschen unbequem waren, wie die Einzelbeicht. Der Landrat wandte sich im September 1524 zum erstenmal gegen die Irrlehre. In der Folgezeit erließ er viele Gebote gegen die Neuerung und ihre Anhänger. Der Bischof spielte dabei keine ausschlaggebende Rolle. 1526 forderte Papst Clemens VII. das Kapitel auf, gegen die protestantischen Häretiker summarisch vorzugehen und stattete es zu diesem Zweck mit den Vollmachten der Inquisitoren aus. Die Protestanten suchten zu dieser Zeit ihre Sache dadurch voranzubringen, daß sie Kolloquien mit Katholiken veranstalteten, die regelmäßig deshalb zu ihren Gunsten ausgehen mußten, weil sie von vornherein auf protestantischen Prinzipien beruhten und unter protestantischen Voraussetzungen abgehalten wurden, d.h. auf der Grundlage des sogenannten Schriftprinzips. Philipp am Hengart erkannte klar, daß das tote Wort der Bibel nicht entscheiden könne, sondern daß dies immer nur Menschen tun können; er erwartete daher von den Unterredungen keinen Gewinn. Zu der für Mai 1526 geplanten Disputation in Baden schrieb Philipp am 8. Mai 1526, das Unternehmen werde nicht zur Befriedung führen und sei überflüssig. Zu der geplanten Disputation von Bern bemerkte er am 12. Dezember 1527 gegenüber dem Berner Rat, bei dieser seien keine (legitimen) Richter zugegen und aus ihr werde mehr Unruhe als Einigkeit entstehen. Trotz des Festhaltens am katholischen Glauben war die Politik der Walliser im allgemeinen vorsichtig und alles andere als offensiv. Beim Aufstand der Berner Oberländer (1528) leisteten sie nicht die Hilfe, um die sie von den unterdrückten Katholiken gebeten wurden.

III.

Adrian I. von Riedmatten (1529-1548)

Adrian von Riedmatten wurde am 8. September 1529 zum Bischof von Sitten gewählt, aber erst am 10. Mai 1532 bestätigt. Adrian war gerecht, fromm, gebildet und klug, er besaß Begabung für die geistliche und die weltliche Seite seines Amtes. An einer katholischen Reform war ihm gelegen. Aber seine gutgemeinten Mandate zur Besserung des Klerus verpufften, weil die weltlichen Behörden ihnen nicht die gehörige Beachtung verschafften.

Adrian von Riedmatten suchte sich auch nach Kräften der Glaubensneuerung entgegenzustemmen. Angesichts der politischen Stoßkraft der sogenannten Reformation kam es entscheidend auf entsprechende Gegenwehr an. Die katholischen Kantone hatten sich früh zusammengeschlossen. Das Wallis fand nun zu ihnen. Am 12. März 1529 schloß die Landschaft mit den fünf Orten ein Burgrecht, worin sich die Beteiligten versprachen, den Glauben allem anderen voranzustellen. Die Walliser beteiligten sich an dem 1531 ausbrechenden Kriege, allerdings nicht in dem wünschenswerten Maße. Am 17. Dezember 1533 trat Solothurn dem erwähnten Burgrecht bei. Dennoch war das Wallis nicht zuverlässig der katholischen Partei zugehörig; es stand politisch und religiös zwischen den beiden Lagern. Der politische Vorteil, der in der Freundschaft mit Bern lag, wog häufig schwerer als die Treue zum Glauben. So drang der Protestantismus auch in das Wallis ein, vor allem durch Landeseinwohner, die in Bern, Basel oder Zürich studiert hatten; diese drei Städte trugen durch die Bereitstellung von Studienfreiplätzen dazu bei, daß sich Walliser bei ihnen einfanden. Im Lande selbst wirkten Männer wie Thomas Platter und Johannes Breunli für die religiöse Umwälzung. Ein erheblicher Teil der Bildungsschicht hing der Religionsneuerung an, viele Geistliche neigten ihr zu. Der Bischof schien zeitweise nicht eindeutige Stellung zu beziehen. In dem Briefe an Heinrich Bullinger vom 12. Juli 1538 vertrat Thomas Platter die Ansicht, der Bischof werde der Protestantisierung des Wallis nicht im Wege stehen, wenn nur das Volk sich dafür entscheide. So manches Mal befaßte sich der Landrat mit dem Gerücht, Bischof, Landeshauptmann, Obrigkeit und Landschaft seien lutherisch, z. B. am 18. und 19. Juni sowie am 1. bis 3. August 1539. Der erste Widerstand gegen die Kirche zeigte sich gewöhnlich in der demonstrativen Übertretung des Fastengebotes. Der Landrat befaßte sich im Frühjahr 1536 mit entsprechenden Verfehlungen. Der Bischof suchte dem Eindringen und der Verbreitung der Irrlehre in gewissem Maße zu begegnen, aber ohne viel Aufwand und ohne Energie. Zur Bestrafung Aufsässiger reichte seine Kraft nicht. Die politischen Interessen der führenden Schichten des Landes waren stärker als die Verantwortung für die katholische Religion. 1536 vereinigten sich die Walliser mit den Bernern, um Savoyen seinen Besitz zu entziehen, wodurch die protestantischen Neigungen erneut verstärkt wurden. Bern ergriff immer wieder für die Neugläubigen im Wallis Partei. 1545 verlangte es beispielsweise vom Bischof, er solle einem Bürger die beschlagnahmten lutherischen Bücher zurückgeben.

Zu Beginn der vierziger Jahre scheint Adrian zu einer festeren Haltung gefunden zu haben. Im Dezember 1542 leitete der Landrat eine Untersuchung gegen die Lutheraner ein, die dem bischöflichen Fiskal übertragen wurde. Aber die Dezentralisierung der Landschaft, in der es jedem Zehnden freistand, den Beschlüssen des Landrats nachzukommen, verhinderte den Erfolg des Unternehmens. Eine weitere, 1544 angeordnete Untersuchung verlief ebenfalls im Sande. Die Sorge der fünf Orte über die religiöse Entwicklung im Wallis wuchs. Der 1546 unternommene Versuch, die Walliser Schüler aus Bern zurückzurufen, scheiterte; die Zahl derer, die dort ihre Bildung holten, nahm vielmehr noch zu. ,,Die Politik führte die Leiter des Landes der Reformation zu, während das gemeine Volk, wenigstens in den oberen Zenden, fest am alten Glauben hielt'' (Mario Possa).

IV.

Johannes Jordan (1548-1565)

Johannes Jordan wurde am 22. März 1548 zum Bischof von Sitten gewählt und erlangte am 13. Juni 1548 die päpstliche Bestätigung. Sie war ,,ein Werk der französischen Politik'' (Mario Possa).

Johannes Jordan hatte vor seiner Erhebung zum Bischof ein wenig erbauliches Leben geführt. In seinem Testament erwähnte er drei uneheliche Kinder. Für sie sorgte er beinahe verschwenderisch. Er war ein eigennütziger, genußsüchtiger und schlapper Mann, dem Ruhe und Behaglichkeit höher standen als Pflichterfüllung und Kampf. Es fehlte ihm auch die entschiedene kirchliche Gesinnung. Seine Regierung war daher ebenso schlaff wie kurzsichtig. Von einem Streben nach echter Reform war nichts zu merken. Jordan setzte politisch auf die französische Karte. Anders als der Landrat war das Volk jedoch dem Bündnis mit Frankreich abgeneigt. Die Folge waren scharfe Forderungen nach Reform im Klerus. Der Bischof behauptete, es bestehe kein Anlaß zu Beschwerden, und verriet damit, daß er entweder die tatsächlichen Verhältnisse nicht kannte oder sich mit ihnen abfand. 1548 und 1556 visitierte er das Bistum, aber höchst oberflächlich und nicht nachhaltig. Dem Heiligen Stuhl stand er mit Ressentiments gegenüber. Im Landrat verstärkte sich die romfeindliche Stimmung.

Jordan war es hauptsächlich um ungestörten Genuß der Annehmlichkeiten des Lebens zu tun; dies aber war nur möglich, wenn Ruhe und Frieden herrschten. Mit verdächtigem Eifer suchte er zwischen den sieben Orten und den vier protestantischen Städten zu vermitteln (1548). Für die Abwehr der Irrlehre geschah von seiner Seite so gut wie nichts. Die Behauptung, Jordan habe 1551 ein ,,Toleranzedikt'' erlassen, ist allerdings unzutreffend. Dagegen trat der Landrat den neugläubigen Bestrebungen entgegen. Das ewige Bündnis, das fünf Zehnden und Sitten am 28. März 1550 eingingen, sollte der Aufrechterhaltung der katholischen Religion dienen. Noch schärfer war das

Mandat, das der Zehnden Goms 1560 erließ. Aber weder das Bündnis noch die Verordnung vermochten den Protestantismus zu beseitigen oder die Zuneigung zu der Glaubensneuerung in den maßgebenden Kreisen des Landes auszurotten. Die vielen in Basel, Zürich, Bern, Genf und Lausanne studierenden Walliser wurden dort propagandistisch bearbeitet und häufig konfessionell umgedreht. Ihre Zahl nahm nach Bischof Jordans Tod noch zu und erreichte gegen Ende des Jahrhunderts ihren Höhepunkt. Die Verbote, protestantische Schulen zu besuchen, wurden durch die führenden Familien des Landes sabotiert. Bullinger berichtete dem Blarer am 27. Juli 1560 triumphierend über das Fortschreiten des Abfalls im Wallis. Jordan war unentschlossen und tatenlos. Die katholischen Orte suchten seine Saumseligkeit zu ersetzen. Ihre Boten, die 1560 im Wallis erschienen, begründeten einleuchtend die Unhaltbarkeit des protestantischen Schriftprinzips, legten klar die katholische Sakramentenlehre dar und zeigten die Verführung durch die von der „Reformation" gewährten Erleichterungen auf. Der unselige Bischof beklagte sich über diese von ihm nicht erbetene Stützung des Glaubens durch die Gesandten. Die Boten wurden hochmütig abgefertigt. Die sieben Orte, nicht der Bischof, waren es, die 1560 den Landrat in Leuk ersuchten, häretische Bücher zu vernichten, Kinder nicht in protestantische Schulen zu schicken und unsittliche Geistliche zu bestrafen. Jordan ließ in dem Glaubenskampf „sein Volk führerlos ringen" (Mario Possa). Zürich und Basel blickten befriedigt, die katholischen Orte besorgt nach dem Wallis.

Die Einladung Papst Julius' III. vom 22. Mai 1551 zum Konzil beachtete Jordan nicht. Ebenso verfuhr er mit der Aufforderung des Kaisers. Dieser drohte ihm schließlich den Verlust der Regalien an. Daraufhin entsandte er den Abt von Saint-Maurice, Johannes Miles, als seinen Vertreter. Als das Konzil abgeschlossen war, ging Jordan an die Ausführung der Dekrete nicht heran.

V.

Hildebrand I. von Riedmatten (1565-1604)

Hildebrand von Riedmatten wurde am 22. Juni 1565 zum Bischof von Sitten gewählt, erlangte aber erst am 20. Februar 1568 die päpstliche Bestätigung. Hildebrand war ein Beispiel jenes nicht seltenen Typs von Bischöfen, die fromm, aber schwach und kleinmütig waren. Grenat nennt ihn einen tugendhaften und sittlich reinen Bischof, aber von einer deprimierenden Schwäche (d'une désolante faiblesse). Er hatte den Bischofsstuhl von Sitten fast vierzig Jahre inne, aber daß er in dieser Zeit kraftvoll regiert hätte, kann man nicht sagen. Im Alter war er seinem Amte weniger denn je gewachsen. Nur in einem Punkte war Hildebrand überdurchschnittlich: im Nepotismus. Mit ungezähmter Leidenschaft begünstigte der Bischof seine Verwandten und verschaffte ihnen Vorteile.

Die Protestanten im Lande Wallis waren eine kleine Minderheit, aber sie waren aktiv, rührig und einflußreich. Hildebrand erwies sich auch angesichts der protestantischen Gefahr als eine schwache Figur. Er war unfähig, den energischen Kampf zu führen, den die Zeit verlangte und zu dem ihn die katholischen Orte einluden. Er unterließ es, einen nachdrücklichen Gebrauch von seinen Rechten zu machen, wie das Interesse der katholischen Religion es verlangt hätte und wie die katholischen Orte es forderten. Hildebrand ging gerade den umgekehrten Weg. Er zeichnete die Abgefallenen dadurch aus, daß er sie mit Ämtern und Würden bedachte. Dadurch nährte er das Gerücht, er neige selbst dem Protestantismus zu. Selbstverständlich erreichte er mit seinem Wohlwollen gegen die Protestanten nichts, außer daß er ihre Position stärkte und sie zu höheren Forderungen einlud, ja daß sie ihn mißachteten und offen verspotteten. Die treuen Katholiken sahen erbittert zu, wie sie die Last der Arbeit und des Kampfes tragen durften, während ihre Gegner belohnt und ausgezeichnet wurden. Unter der Regierung eines solchen erbärmlichen Oberhirten erlebte der Protestantismus seine stärkste Machtentfaltung. Auch in der Bischofsstadt zeigte sich sein Einfluß. Als der Nuntius Bonhomini 1579 Sitten besuchen wollte, wurde ihm der Zutritt verweigert. Dem am 5. Oktober 1586 in Luzern geschlossenen „Goldenen Bund" der sieben katholischen Orte blieb das Wallis fern; es sonderte sich damit von der gemeinsamen Politik zum Schutz des katholischen Glaubens ab. Dafür erneuerte es 1589 das Bündnis mit dem protestantischen Bern, wodurch die protestantische Partei im Lande gestärkt wurde. Die Walliser Protestanten fanden auch die (aus politischen Gründen gewährte) Unterstützung Frankreichs. Als dort die Krone auf den niemals katholisch empfindenden Heinrich IV. überging, stieg ihr Selbstbewußtsein mächtig. Hildebrand brachte einen Friedensschluß mit Savoyen zustande (1569), was insofern erfreulich war, als der Streit mit diesem Herzogtum der katholischen Sache viel geschadet hatte.

Hildebrand beschäftigte sich mehr mit dem weltlichen Recht als mit der Verkündigung des Wortes Gottes an sein Volk. Papst Clemens VIII. forderte ihn 1592 zur Besinnung auf seine Hauptaufgabe und zu größerem Eifer in der Bekämpfung der Irrlehre auf. Tatsächlich schien er sich jetzt einen Ruck zu geben. Im August 1592 beschloß der Landrat in Visp auf Antrag des Bischofs mehrheitlich, die Neugläubigen seien vor die Alternative zu stellen, entweder katholisch zu leben oder auszuwandern. Die Protestanten legten dagegen Verwahrung ein. Der Visper Beschluß wurde nicht durchgeführt. Der Bischof verbot nun seinen Diözesanen unter Androhung einer Geldstrafe die Teilnahme am protestantischen Abendmahl. Aber von konsequenter Durchführung des Befehls kann keine Rede sein.

Für die Reform der Geistlichen geschah nichts. Es fehlte an dem wohl unterrichteten und sittenreinen Klerus, der dem Volk ein Beispiel gegeben hätte. Karl Borromäus bot dem Bischof Freiplätze für Priesterkandidaten in seinem Seminar an, aber dieser schickte keine. Hildebrand unterhielt freundschaftlichen Verkehr mit Priestern, die es aufgrund ihrer Sitten verdient hätten, bestraft und abgesetzt zu werden. Die Autorität des Bischofs war dahin, seine Erlasse stießen auf Spott und Hohn. Die unwürdigen Geistlichen wurden von den zivilen Gewalten gedeckt und geschützt.

Der Bischof mußte zusehen, wie der Protestantismus von Bern und Lausanne aus sich immer stärker ausbreitete. Im Jahre 1600 hatte es den Anschein, daß die letzte Stunde des katholischen Glaubens im Wallis gekommen sei. Am 5. August 1600 schlossen das Wallis und Graubünden ein Bündnis, wodurch trotz des Vorbehaltes zugunsten der katholischen Religion die protestantische Partei gestärkt wurde. Der Bischof durchschaute entweder die Gefahr nicht oder wollte sie nicht sehen. Auf die Warnungen der katholischen Orte hörte er nicht. Doch wo die Not am größten, da ist Gottes Hilfe am nächsten. Am 31. Juli 1601 wurde das Bündnis mit den sieben Orten erneuert. Die Gesandtschaft der letzteren bemühte sich, die Walliser Katholiken aufzumuntern und zu ermutigen. Es ist fast wunderbar, wie die Gesandten der katholischen Orte mit Begeisterung, Eifer und Konsequenz für die heilige Religion im Wallis eintraten. Von den katholischen Kantonen wurden seit 1602 tüchtige Welt- und Ordensgeistliche entsandt, die in wenigen Jahren eine Besserung herbeiführten. Das Volk wandte sich in überraschendem Maß dem katholischen Glauben wieder zu. Niemand wirkte segensreicher als die Kapuziner. Sie haben den Glauben im Wallis gerettet (Grenat). Am Bischof hatten sie jedoch keinen Halt. Hildebrand wich vielmehr dem Druck der Protestanten und wollte die Kapuziner aus seiner Diözese ausweisen. Aber es gelang Sebastian Zuber, dem Verwalter von Saint-Maurice, die Rücknahme des Befehls zu erreichen. Zwar versuchten die Protestanten die Rekatholisierung zu verhindern; Bern forderte sogar die Vertreibung der Kapuziner. Der Bischof und die Stadtverwaltung fanden sich in beschämender Gemeinsamkeit zusammen, um den Kapuzinern das Betreten der Stadt Sitten zu verbieten. Aber auch die Katholiken blieben nicht untätig. Der von ihnen und den sieben Orten erzeugte Druck führte dazu, daß der Bischof die Ausweisung der Prädikanten verlangte und der Landrat diese tatsächlich verfügte. Die am 24. September 1603 abgehaltene Volksversammlung faßte den Beschluß, die Protestanten hätten innerhalb von zwei Monaten zum katholischen Glauben zurückzukehren oder das Land zu verlassen. Die Erlasse, die der Landrat vom 25. bis 27. März 1604 in Visp verabschiedete, sicherten die religiöse Einheit des Landes. Ihr Zustandekommen war nicht dem Bischof, sondern dem katholischen Volk, den sieben Orten und dem Abt von Saint-Maurice zu verdanken. Widerstand gegen die Beschlüsse kam weniger von seiten der Protestanten als von dem sittlich verkommenen Teil des Klerus, der sich vor der Reform ängstigte. Als der Bischof starb, war er schon seit längerer Zeit weder körperlich noch geistig in der Lage gewesen, die Regierung der Diözese zu führen. Sein zeitweiliger Generalvikar Martin Lambien war nachlässig und zumindest früher unenthaltsam.

VI.

Adrian II. von Riedmatten (1604-1613)

Adrian von Riedmatten war unter seinem Vorgänger Abt von Saint-Maurice und Generalvikar gewesen. Er wurde am 17. Dezember 1604 zum Bischof von Sitten gewählt und am 19. Dezember 1605 vom Papst bestätigt. Die Protestanten suchten lange Zeit seine Bestätigung durch den Apostolischen Stuhl zu hintertreiben. Die Bulle traf erst am 20. Januar 1606 in Sitten ein; am 28. Mai 1606 empfing Adrian die Bischofsweihe. Er verzichtete nach seiner Wahl auf die Funktionen eines Abtes von Saint-Maurice, die er seit 15 Jahren ausgeübt hatte.

Mit Adrian von Riedmatten erhielt das Bistum Sitten endlich den Oberhirten, den es brauchte. Er war fest und gleichzeitig klug, tätig und doch nichts überstürzend, ein Kenner der Menschen und seiner Zeit. Adrian war auch ein gewandter Diplomat und besaß politisches Talent. Er war eifrig, ja unermüdlich in Seelsorge und Hirtendienst. Adrian widerstand den Treibereien der Feinde des Glaubens wachsam und fest. Er sorgte dafür, daß die protestantische Religionsübung nicht freigegeben wurde, war darauf bedacht, daß die Jugend in katholischen Schulen erzogen wurde, und suchte nach Kräften den Protestantismus einzudämmen. Auf dem Landrat des Juni/Juli 1605 drang er auf Ausführung des Visper Abschieds. Die sich widerspenstig zeigenden Orte Sitten und Leuk wurden von Bern unterstützt. Gleichzeitig arbeitete er rastlos an der Reinigung und der Erneuerung des Klerus. Wie überall war auch im Wallis die Beschaffung guter Priester die entscheidende Aufgabe eines reformeifrigen Bischofs. Viele Geistliche waren noch protestantisch gesinnt, predigten auf protestantische Art, hielten zu den zurückgekehrten oder im Lande verbliebenen Protestanten. Zunächst mußte sich der Bischof noch mit auswärtigen Kräften behelfen. Priester aus dem Kanton Luzern kamen zeitweilig ins Oberwallis, um die Seelsorge auszuüben. Später wurden Jesuiten ins Wallis berufen, die in bekannter Weise ihre Wirksamkeit entfalteten. Adrian nahm auch die seit über 30 Jahren vernachlässigte Visitation der Diözese in Angriff. Er ging dabei möglichst schonend vor, war aber fest und beständig. Er war milde und nachsichtig, verlor jedoch sein Ziel nicht aus dem Auge. So wurde er „der eigentliche Regenerator des Wallis in religiöser Beziehung" (Johann Georg Mayer). Adrian erfüllte seine Pflicht, ohne freilich alles erreichen zu können, was er sich vorgenommen hatte. Als Bern sich zugunsten der Walliser Protestanten verwandte und Drohungen laut werden ließ, verwies ihm dies der Landrat in seinem Schreiben vom 6. Juni 1606 in scharfem Tone; die entschiedene Antwort war von Adrian mitformuliert. Er war ja ein gewandter Redner und ein geschmeidiger Schreiber.

Adrian hatte auch Schwächen. Die Kraft zu einem ununterbrochenen, zähen Kampf besaß er nicht. Er ging stets rücksichtsvoll vor und war sanft. Daher war er nicht imstande, den Gegner wirklich zu erledigen. Da die Feinde des Glaubens diese Schwäche bald erkannten, waren sie entsprechend herausfordernd. In manchen Punkten war

Adrian zaudernd und inkonsequent. Die sieben katholischen Orte waren damit unzufrieden, daß er nicht schärfer durchgriff. Nur zögernd erklärte sich der Bischof bereit, Jesuiten in seine Diözese aufzunehmen. Sie entfalteten eine segensreiche Tätigkeit. Offene und versteckte Anhänger des Protestantismus arbeiteten ihnen entgegen, wo immer sie es vermochten. Vor allem der Magistrat von Sitten zeigte sich feindselig.

Beim Tode Adrians war der Protestantismus im Wallis keineswegs ausgelöscht. In Sitten und Leuk gab es noch neugläubige Gemeinden. In vielen Ämtern saßen Protestanten. Dennoch hat Adrian viel geleistet. Seine Regierung schuf die Grundlage, auf der sein Nachfolger weiterbauen konnte. Adrian starb zu früh, um die begonnene Arbeit vollenden zu können.

VII.

Hildebrand II. Jost von Geschinen (1613-1638)

Hildebrand Jost wurde am 25. Oktober 1613 zum Bischof gewählt und am 6. September 1614 vom Papst bestätigt. Er war ein treuer Wächter über die kirchliche Disziplin, selbst durch Frömmigkeit und Lebenswandel ein Vorbild seines Klerus und seines Volkes, intelligent und seeleneifrig. Hildebrand setzte das Werk seines Vorgängers, das keineswegs vollendet war, fort. Mit unermüdlichem Eifer nahm er sich der doppelten Aufgabe an, dem protestantischen Einfluß entgegenzuwirken und seine Diözese religiös zu erneuern. Er hielt Visitationen ab, erließ Hirtenbriefe und veranstaltete 1626 eine wichtige Diözesansynode. Im Oberwallis wirkten die Jesuiten, im Unterwallis die Kapuziner. Die ganze Zeit seines Episkopats war von erbitterten Kämpfen mit den Protestanten erfüllt. In dieser Zeit durchgehalten und nicht nachgegeben zu haben, ist die große Leistung Hildebrands.

Zusammenfassende Würdigung

Im vorstehenden sind die einzelnen deutschen Bischöfe in ihrer Haltung und in ihrem Verhalten gegenüber der Glaubensneuerung dargestellt worden. Es soll nun abschließend eine zusammenfassende Würdigung des Episkopats angesichts der Abfallbewegung versucht werden.

I.

Die Schwächen auf katholischer Seite

Um den Anteil ermessen zu können, den das Tun oder das Unterlassen der deutschen Bischöfe an der Ausbreitung der protestantischen Irrlehre hatte, ist es nötig, wenigstens kurz die übrigen Ursachen für den Erfolg der lutherischen Bewegung anzugeben. Die Tatsache, daß der Protestantismus in seinen verschiedenen Erscheinungsformen in vielen Ländern ein starkes Echo und zahlreiche Anhänger fand, wird auf protestantischer Seite gewöhnlich auf zweifache Weise erklärt. Man verweist einmal auf die angeblich übergroßen Schäden der katholischen Kirche, die nach einem radikalen Heilmittel gerufen hätten, und zum anderen auf die vermeintliche Kraft des „Evangeliums", das Luther und die übrigen „Reformatoren" gegenüber der „Verderbnis" der katholischen Kirchenlehre freigesetzt hätten. Demgegenüber stellen sich mir die Fakten anders dar.

1. Die dogmatische Unsicherheit und die theologische Urteilsunfähigkeit im Volk

In protestantischen Darstellungen der Geschichte der sogenannten Reformation werden oft drastische Beispiele der religiösen Unwissenheit unter dem Katholizismus angeführt wie mangelnde Kenntnis der Heiligen Schrift, ja der Zehn Gebote. Diese Schilderungen sind meist durchaus zutreffend. Es besteht kein Zweifel, daß die Mehrheit des Volkes und auch ein großer Teil des Adels zu Beginn des 16. Jahrhunderts religiös unwissend waren. Allerdings ist diese Unwissenheit weitester Kreise keine Besonderheit der hier in Frage stehenden Zeit. Abgesehen von Perioden relativen religiösen Hochstandes wie jener, die mit dem Tode Pius' XII. zu Ende ging, war das religiöse Wissen der Gläubigen häufig in der Geschichte unbefriedigend. Diese Beobachtung trifft zu für die Angehörigen der katholischen Kirche, aber auch und vielleicht erst recht für die Anhänger der neuen Lehre. Für die letzteren liegen in den Visitationsberichten des 16. Jahrhunderts aufschlußreiche Schilderungen vor, die den kümmerlichen Wissensstand bei den Protestanten dartun. Erst recht gilt dies für die Gegenwart. Ich frage: Wenn heute eine Visitation unter den Protestanten gehalten würde — nach über 450 Jahren protestantischer Erziehung —, wie viele müßten dann ihre Unkenntnis der Bibel und des Dekalogs eingestehen? Trotz der religiösen Unwissenheit weiter Kreise der Gläubigen bejahte das Volk im 16. Jahrhundert den katholischen Glauben und hing ihm an, zwar vielfach unreflex, aber doch auch meist unangefochten. Der katholische Glaube war mitnichten erstorben, sondern zeigte fast überall Äußerungen kräftigen Lebens.

Die religiöse Unwissenheit vieler Gläubigen hatte zur Folge, daß die religiöse Neuerung sie unsicher machte. Die sogenannten Reformatoren rissen herunter, was ihnen bisher heilig war, und zerfetzten, woran sie geglaubt hatten, und das waren doch zum größten Teil Priester und Mönche, häufig solche, die ihnen noch gestern das Wort Gottes nach der Lehre der Kirche gepredigt hatten; jetzt lehrten sie anders, verwarfen als Irrtum und Mißbrauch, wozu sie soeben noch das Volk angeleitet hatten. Die Gläubigen waren dem Ansturm der neuen Lehre theologisch nicht gewachsen. Sie verfügten nicht über die Kenntnisse, um den Scheinargumenten der Neuerer begegnen zu können. So begannen sie ihren katholischen Instinkt zu verlieren. Sie ruhten nicht mehr in der Gewißheit der Wahrheit des katholischen Glaubens. Der Zweifel begann in ihnen aufzusteigen. Die religiöse Praxis ließ nach. Es mangelte an Geistlichen, die dank eines gründlichen theologischen Wissens und kraft ihres erhebenden Lebenswandels in der Lage waren, die Zweifel der Gläubigen zu zerstreuen und die Wankenden zu festigen. Das Volk hatte den Unterricht über den Glauben in der Hauptsache von den Geistlichen empfangen; es war mithin in seinem Verständnis der Heilswahrheiten weitgehendst von der Unterweisung des Klerus abhängig. Wenn nun Priester und Ordensleute etwas anderes lehrten, mußte der Glaube des Volkes erschüttert werden; die einen folgten der neuen Botschaft, andere verwarfen jede Lehre, nur wenige hatten die Kraft und die Selbständigkeit, bei dem überkommenen Glauben zu verharren. Dennoch darf der Erfolg der protestantischen Zerstörungsarbeit nicht übertrieben werden. Entgegen einem verbreiteten Vorurteil hielt gerade ein beträchtlicher Teil der Gebildeten an dem katholischen Glauben fest. Die treuen Katholiken wehrten sich auch gegen die Aufzwingung der Irrlehre. An so manchen Orten, wie beispielsweise in Ansbach, gab es sogar beträchtlichen Widerstand von katholischer Seite. Auch in den Reichsstädten fanden sich überzeugte Katholiken und zeigte sich mancher mutige Protest gegen die Protestantisierung.

Eine weitere Folge der religiösen Unwissenheit war das Unvermögen, über die durch die Glaubensneuerung entzündeten Streitfragen eine begründete eigene Stellungnahme abzugeben. „Die übergroße Masse der religiös Unwissenden und Unerfahrenen konnte sich ja kein selbständiges Urteil bilden" (Ernst Tomek). Die Unwissenheit und die Urteilsunfähigkeit in theologischen Dingen waren bei den Bauern ebenso verbreitet wie bei den Adligen. Aleander schrieb im Dezember 1520 aus Worms, die Massen ließen sich von Schlagworten und Leidenschaften bestimmen, ohne viel von den Grundlagen der lutherischen Lehre zu verstehen. Der Nuntius Pighino sah am 5. November 1548 die breite Masse des Volkes aus Unwissenheit und mangelndem Unterscheidungsvermögen zum Protestantismus verführt; die Prädikanten würden ihren Sinnen schmeicheln, die Fürsten gäben ihnen ein schlechtes Beispiel, das traurige Verhalten des katholischen Klerus bestärke sie in ihrem Irrtum.

Freilich gab es einzelne Laien, die von Anfang an oder jedenfalls sehr früh klar die irrigen Lehren der sogenannten Reformatoren durchschauten. Der Herzog Georg von Sachsen z. B. wußte nach einer einzigen Predigt, die er gehört hatte, wessen Geistes Kind Luther war. Aber diese Erkenntnis war nicht Allgemeingut der Fürsten und schon gar nicht des Volkes, und es geschah zu wenig, sie zu verbreiten, den Nebel zu zerstören, der über den Aufstellungen der sogenannten Reformatoren hing. Die Schaffung völliger Klarheit in Glaubensdingen war die dringendste und notwendigste Aufgabe, die der Hierarchie der Kirche gestellt war.

Weil die Masse der Menschen zu einem eigenen Urteil über die Glaubensfragen nicht imstande war, ist nicht anzunehmen, daß sie, von der nunmehr aufgegangenen ,,Wahrheit“ gleichsam bezwungen, aufgrund eines Gewissensentscheides die Wittenberger Lehre angenommen und eine Überzeugung begründet hätte. Diese Meinung scheitert schon an der einfachen Überlegung, daß dem durchschnittlichen Menschen kaum an etwas weniger gelegen ist als an der Wahrheit. Es kann keine Rede davon sein, daß die Mehrheit des Volkes nun auf einmal die Wahrheit erkannt zu haben glaubte und sie über alles setzte, daß sie, von Gott gedrungen und Gott allein gehorchend, dem Gewissen folgte und aus lauter Gewissenhaftigkeit von sich warf, woran sie bisher gehangen hatte. Es wäre ein völliges Mißverständnis, zu meinen, die Masse der Menschen habe die neue Lehre, von Einsicht bezwungen und vom Gewissen genötigt, mit Überzeugung angenommen. Die meisten Zeitgenossen folgten vielmehr den Stimmführern, die populäre Parolen unter das Volk warfen und dadurch eine breite Strömung hervorriefen. Es ist generell zu fragen, wie viele Menschen die Eingliederung in eine Massenbewegung mit einer Gewissensentscheidung verwechseln.

Die protestantische Geschichtsschreibung der sogenannten Reformation hat es schwer. Sie muß nämlich versuchen, den Abfall so vieler von der Kirche und vom Glauben als Wandel der Überzeugung zu erklären. Dabei erhebt sich die schwerwiegende Frage, wie es um die neue Überzeugung der Männer und Frauen bestellt war, die anscheinend so rasch und leicht ihre alte Überzeugung fahren ließen. In Wirklichkeit dürfte bei vielen die katholische ,,Überzeugung“ nicht allzu tief gegangen sein, aber auch und erst recht nicht die protestantische ,,Überzeugung“. Aus den religiösen Kämpfen und Streitigkeiten zur Zeit der Französischen Revolution ist bekannt, daß nur eine kleine Minderheit der Menschen tiefgegründete und abgeschlossene Überzeugungen besitzt. Die große Menge will religiös sein, aber es liegt ihr wenig an den theologischen Unterschieden. Sie wünscht den Geistlichen, jedoch kommt es ihr nicht entscheidend darauf an, ob er von dieser oder einer anderen religiösen Richtung ist. Das Volk in seiner Gesamtheit verstand nichts von den subtilen Fragen, die der Eid auf die Zivilkonstitution des Klerus aufwarf. Ob sich eine Gemeinde für oder gegen den konstitutionellen Kult aussprach, dafür war der persönliche Einfluß des Priesters ausschlaggebend. Ähnlich war es in der Zeit der sogenannten Reformation. Die meisten Menschen waren zu einem eigenen Urteil nicht imstande. Nicht wenige dürften jeder festen katholischen Überzeugung entbehrt haben. Was sie an religiösem Wissen besaßen und an religiöser Praxis übten, hatten sie nicht wirklich sich geistig angeeignet, sondern es war ihnen überkommen und wurde mechanisch betrieben. Bei ihnen brauchte es keinen heftigen Anstoß, daß sie an der ererbten Religion irre wurden und sich den neuen Ideen zuwandten. Dazu steht nicht im Widerspruch, daß ein beträchtlicher Teil der Menschen dem neuen „Evangelium" freudig, ja begeistert zufiel. Der durchschnittliche Mensch nimmt bekanntlich alles jubelnd auf, was Erleichterung und Entlastung verspricht, was modern und neu ist oder sich so gibt. Luther selbst war von der tiefen Verwurzelung des neuen „Evangeliums" in den Menschen nicht überzeugt. Denn sonst hätte er nicht 1532 erklären können, es stehe in seiner Macht, mit zwei oder drei Predigten alle wieder in das Papsttum zurückzuführen.

2. Die Schwächen im Klerus

Von Anhängern wie Gegnern der religiösen Neuerung des 16. Jahrhunderts wird mit seltener Einmütigkeit die Lage im Klerus als ein, wenn nicht als der Hauptgrund für den großen Abfall angegeben. In seiner Schrift „Über die eigentliche Ursache der Häresien und Schismen und ihres Wachstums" sah beispielsweise Nausea den primären Grund der Glaubensspaltung in der sittlichen Verderbnis des Klerus, während er die dogmatischen Irrtümer als sekundär betrachtete. Daß ein beträchtlicher Teil des Klerus und der Ordensleute zu Beginn des 16. Jahrhunderts nicht auf der Höhe des Ideals stand, ist unbestritten. Allerdings ist dies zu keinem Zeitpunkt der Kirchengeschichte der Fall gewesen. Gewiß bestehen in den einzelnen Epochen Unterschiede des Niveaus, aber sie sind lediglich graduell. Die Geistlichen und die Klosterinsassen bleiben allezeit hinter den Anforderungen zurück, die Christus an sie stellt. Wollte man diese Tatsache zum Anlaß nehmen, den Glauben zu ändern, so wäre die katholische Lehre längst vergessen.

Was zunächst die religiösen Kenntnisse angeht, so ist sicher, daß ein beträchtlicher Teil der Geistlichen eine durchaus zureichende theologische Bildung besaß. Durch das Studium an Universitäten und Ordensanstalten sowie durch eigene Bemühung hatten sich viele Diözesanpriester und noch mehr Ordensangehörige ein solides Wissen in Dogmatik, Heiliger Schrift und Kanonistik erworben. Nicht jeder, der etwas von Theologie verstand, war jedoch in der gesunden Lehre zuhause. In der mittelalterlichen Theologie gab es eine erhebliche Spannungsbreite. Die verschiedenen Schulen differierten teilweise nicht nur im theologischen Ansatz; es gab auch irrige Meinungen. Unter den Geistlichen waren daher bis zu einem gewissen Grad falsche Auffassungen verbreitet. Die Verurteilung Luthers durch den Papst blieb u. a. deswegen wirkungslos, weil weithin konziliaristische Vorstellungen von der Überlegenheit des Konzils über den Papst die Geister verwirrten.

Ebenso aber steht der Mangel hinreichender theologischer Bildung bei vielen Priestern und erst recht bei anderen Klerikern fest. Dem Unterricht und der Ausbildung der Weltgeistlichen und der Ordensleute wurde nicht immer und überall genügend Aufmerksamkeit geschenkt. Für die Unzulänglichkeit der theologischen Studien und der aszetischen Formung ist Luther selbst das beste Beispiel. Nur läßt sich dieser Mangel schlecht als Argument zugunsten der sogenannten Reformation verwenden. Denn deren „Früchte" auf dem Gebiet des Glaubens sind nur zu gut bekannt. Die meisten Lehren der sogenannten Reformatoren waren lediglich Glieder in einer langen Reihe von Häresien. Gerade wenn, wie viele protestantische Autoren nachdrücklich hervorheben, so überaus zahlreiche Geistliche theologisch ungenügend gebildet, ja unwissend waren, ist ihr massenhafter Übergang zu der lutherischen Bewegung für diese wenig schmeichelhaft. Der Orden, dessen Angehörige, insgesamt gesehen, theologisch am besten gebildet waren, der Dominikanerorden, hielt denn auch der Neuerung relativ am festesten stand.

Was sodann die sittlichen und disziplinären Verhältnisse im Klerus betrifft, so ist auch hier zuzugeben, daß aus verschiedenen Gründen ein nicht zu übersehender Teil der Geistlichen aus den Banden von Sittlichkeit und Recht notorisch ausbrach. Es gab teilweise ein Mißverhältnis zwischen den Erwartungen der Gläubigen einerseits und dem Leben und der Leistung der Geistlichen anderseits, viel gerechte Empörung über ihre ungenügende Bildung, ihre Vernachlässigung der Seelsorge, ihren weltlichen Sinn, ihren Hang zum materiellen Besitz und zum Wohlleben, ihre Bevorrechtigung, ihre Übertretung klerikaler Gebote. Die traurigen Spuren des Verfalls und der Zerrüttung erfüllten ohne Zweifel urteilsfähige Männer von sittlichem Ernst mit Abscheu und Widerwillen. Für den Mangel an Ordnung im privaten und dienstlichen Leben ist Luther selbst das beste Beispiel. Die Oberen des Ordens, dem er angehörte, ließen es von Anfang an völlig an festem Durchgreifen gegen den Agitator fehlen. Der Generalvikar Staupitz unterstützte ihn vielfältig. Auf die moralische Schwäche Huldreich Zwinglis sei nur hingewiesen. Es kann kein Zweifel daran bestehen, daß die sittlichen Mängel, die im vorreformatorischen Klerus bestanden, zum erheblichen Teil ihre Wurzel in Mängeln des Glaubens hatte. Die Gläubigkeit vieler Geistlicher war nicht genügend tief, nicht hinreichend lebendig und nicht hinlänglich opferwillig. Der objektive Glaube war nicht genug persönlicher Besitz, innerstes Anliegen und tiefste Überzeugung geworden. Deswegen vermochte er auch das Leben nicht entscheidend zu prägen. Aber auch bei diesem Punkt darf man sich weder von den Übertreibungen der Protestanten noch der (um eine echte Reform besorgten) Katholiken in die Irre führen lassen. Es gab bei Beginn der Neuerung viele katholische Geistliche, die sittenrein lebten und fromm waren. Daß die würdigen Geistlichen, ihre Leistungen und ihre Verdienste verhältnismäßig selten erwähnt werden, erklärt sich aus mehreren Gründen. Einmal war der antikatholischen Polemik daran gelegen, die gesamte Kirche als verrottet darzustellen; lichte Stellen hätten das dunkle Gemälde nur gestört. Zum anderen waren aber auch die katholischen Erneuerer darauf bedacht, die Farben stark aufzutragen, um damit ihren

Reformforderungen desto mehr Nachdruck zu verleihen. Auf diese Situation traf nun die protestantische Irrlehre. Der Klerus wurde durch die lutherische Agitation in seinem Glauben unsicher gemacht. Er begann an seiner Sendung zu zweifeln. Weil er nicht mehr in fragloser Gewißheit sein Priestertum ausübte, kam es zu Nachlässigkeiten und Ordnungswidrigkeiten, brach die Disziplin zusammen und suchten viele in massiven irdischen Dingen einen Ersatz für die fragwürdig gewordenen geistlichen Wirklichkeiten. Herzog Georg von Sachsen gab 1523 Luther die Schuld an dem Verfall der klösterlichen Disziplin. Die Zusammenbrüche im katholischen Klerus in der Zeit nach dem Zweiten Vatikanischen Konzil vermitteln eine Ahnung davon, was die Erschütterung des Glaubens durch irrige Aufstellungen von Theologen und Untätigkeit von Bischöfen für Verwüstungen in den Seelen anzurichten vermag. Nachdem sie sich aber einmal von der Kirche getrennt hatten, galt: Die abgefallenen Geistlichen und Ordensleute ,,wurden um so heftigere Verteidiger der neuen Lehre, je stärker die Vorwürfe waren, die ihnen das Gewissen machte" (Ernst Tomek).

Die Mißstände im Klerus waren das propagandistisch wirksamste Motiv der Abspaltung. Die Sittenlosigkeit vieler Geistlicher und Mönche war der Grund, weshalb das Volk die Lehre mit den Lehrern verwarf. Die (immer ungünstiger werdenden) Zustände im Klerus gaben den Religionsneuerungen in den Augen des Volkes ihre Berechtigung. Bei einfachen Leuten gelten eben reine Gesinnung und unbescholtener Lebenswandel mehr als theologische Korrektheit. Die Masse der Menschen war (und ist) unfähig, Person und Sache zu unterscheiden. Auf die religiösen Verhältnisse angewandt, bedeutet dies: Die meisten Menschen schließen von dem beispielhaften Lebenswandel auf den Wert der ihm zugrundeliegenden Überzeugung. So nahmen sie die ungeistliche Aufführung katholischer Geistlicher zum Anlaß, über den Glauben und die Kirche den Stab zu brechen, und hielten das exemplarische Leben einzelner Anhänger der neuen Lehre für einen genügenden Grund, sich ihr anzuschließen. Es war ein hohes Maß von Glaubenstreue und Abstraktionsfähigkeit verlangt, um unter der Menge von Entartungserscheinungen und dem Andrang der Irrlehre an dem göttlichen Kern in der Kirche festzuhalten und ihn nicht mit der modernden Hülle abzustoßen.

Weiter ist es nicht so, daß alle oder auch nur die überwiegende Zahl der Geistlichen ohne weiteres, d. h. aus eigenem Antrieb und ohne Druck, zum Protestantismus übergegangen wären. In allen Bistümern gab es, wenn auch in unterschiedlicher Zahl, Diözesanpriester und Ordensgeistliche, die treu am Glauben festhielten und dem Abfall mit aller Kraft entgegenwirkten. Namentlich viele von der älteren Generation blieben dem Glauben treu. Überall fanden sich katholische Priester und Mönche, die dem Einfluß der Neuerer entgegenarbeiteten. Viele wurden wegen ihres Festhaltens am Glauben vertrieben, mißhandelt und beraubt, einige sogar ermordet. Für Baden-Durlach etwa ist bezeugt, daß von ca. 65 Geistlichen, die man vor die Alternative stellte, protestantisch zu werden oder auszuwandern, 57 dem Glauben treu blieben und das Land verließen. Ebenso ist erwähnenswert, daß beispielsweise in den schwäbischen Reichsstädten, Kempten und Lindau ausgenommen, kein Pfarrer bzw. Pfarrverweser ,,Luthers Ruf folgte", wie Matthias Simon sich ausdrückt. Zudem gab nicht jeder Geistliche, der sich äußerlich den lutherischen Gebräuchen anpaßte, um seine Gläubigen nicht verlassen zu müssen oder um seine Stelle nicht zu verlieren, den Glauben auf. Nicht nur manche Gemeindemitglieder, sondern auch scheinbar zum Luthertum übergetretene Geistliche blieben im Herzen katholisch. Die Visitatoren der Landesherren vermochten nicht in das Innere der Pfarrer zu schauen, die sie examinierten.

Es ist unzutreffend, daß die Bevölkerung überall oder auch nur in der Mehrzahl der Orte im Konflikt mit den Geistlichen und Ordensleuten gelebt hätte. Gewiß bestanden Gegensätze der Interessen, aber diese berührten in den seltensten Fällen die gesamte Einwohnerschaft einer Stadt, vielmehr regelmäßig nur bestimmte Kreise. Es gab auch viele Pfarreien, in denen die Gläubigen an ihren Seelsorgern hingen und nicht von ihnen lassen wollten, und es fehlt nicht an Beispielen eines nahen, vertrauten Verhältnisses von Klöstern der Bettelorden zu der Bürgerschaft.

Vor allem aber ist darauf hinzuweisen, daß die sogenannte Reformation die Verhältnisse im Klerus nicht besserte, sondern verschlechterte. Der schlimmste Zustand des Klerus wurde in der Mitte des 16. Jahrhunderts erreicht, also nach jahrzehntelangem Wirken der sogenannten Reformatoren. Die seit langer Zeit eingewurzelte Gewohnheit des Konkubinats der Geistlichen war durch die Lehren der Reformatoren und durch die Forderung der Priesterehe durch den Kaiser auf dem Konzil von Trient verstärkt worden. Wenn ein großer Teil der katholischen Geistlichen ungebildet und unwissend war, so waren die Zustände bei den Prädikanten noch viel schlechter. Wurde bei den ersteren über Sittenlosigkeit geklagt, so waren die Verhältnisse bei letzteren nicht besser. Es ist bekannt, daß es gerade die sittliche Unfruchtbarkeit der sogenannten Reformation war, die zahllose ihrer früheren Anhänger in das Lager der Täufer trieb. Auch hier ist der Vergleich des Verhaltens von Klerus und Volk gegenüber der progressistischen Woge, die nach dem Zweiten Vatikanischen Konzil die Kirche überschwemmte, aufschlußreich für die Lage im 16. Jahrhundert.

3. Das Warten auf das Konzil

Nichts hat der katholischen Sache so sehr geschadet wie das Abwarten, Zögern und Aufschieben. Zu viele Männer der Kirche empfahlen ein geduldiges und mildes Verhalten gegenüber den Neuerern. Vor allem der unheilvolle Einfluß des Erasmus von Rotterdam, der zum Dulden, Abwarten und zu Gesprächen riet, lähmte viele auf katholischer Seite. Da sollten die Reichstage die Lösung der Streitfragen bringen, oder es wurden Aussichten auf Beilegung des Zwistes durch die Zusammenkunft von Fürsten eröffnet, oder man sah in Religionsgesprächen das geeignete Mittel für den Ausgleich. Manche hofften auf die Einsicht und die Umkehr von Männern wie Melanchthon und Butzer und warnten davor, die angeblich darauf hinlaufende Entwicklung zu stören. Immer wieder machte man sich Hoffnungen und nährte Erwartungen, die niemals in Erfüllung gehen konnten, die aber die Verantwortlichen von der Verpflichtung, zu handeln, scheinbar entbanden. Man vergaß die alte Erfahrung, die Friedrich II. von Preußen später in die Worte faßte: „Hoffnungen dienen zu nichts, als bloß zu Lahmlegung aller Tätigkeiten in dem Kriege wie in der Politik."

Dies gilt vor allem für die Eröffnung des so oft und so nachdrücklich geforderten Allgemeinen Konzils. Daß das Konzil lange Zeit nicht zusammentrat, war für viele altkirchliche Kräfte ein Grund oder ein Vorwand, die Hände in den Schoß zu legen und nichts zu tun. Wir haben in unserer Zeit erlebt, wie viele Bischöfe und Priester von einem Konzil die Lösung der Fragen erwarteten, die allein ihr eigener schonungsloser Einsatz hätte herbeiführen können, und wie das Konzil nicht der Beginn der Erneuerung, sondern das Signal eines beispiellosen Zusammenbruchs wurde. Ähnlich war es im 16. Jahrhundert. Indem die katholischen Stände oft und oft erklärten, keine Änderung im Gottesdienst bis zu dem Konzil vornehmen zu wollen, schwächten sie ihre Position. Denn sie gaben damit zu, daß evtl. halt doch etwas geändert werden könne oder müsse, und lieferten so den Lutheranern das Stichwort für deren triumphierende Behauptung, sie hätten eben die notwendigen Änderungen schon vorgenommen. Die Gegner der Kirche dachten nicht daran, bis zum Zusammentritt des Konzils still zu halten und das Weitertreiben der Neuerung zu unterlassen. Daß die Päpste lange Zeit besorgt den Ruf nach dem Konzil vernahmen, ist bekannt, aber auch verständlich. Schließlich ermutigten die Erfahrungen aus dem 15. Jahrhundert nicht gerade zu seiner Einberufung. Die vielen verweltlichten deutschen Bischöfe hatten an einem Konzil, das, wie sie fürchteten, auch sie nicht mit einschneidenden Reformen verschonen würde, kein Interesse. Außerdem waren die Erwartungen, die sie an diese Versammlung stellten, sehr verschieden und teilweise gegensätzlich. Vor allem aber war es eine Illusion, darauf zu hoffen, das Konzil könne die Glaubensspaltung beseitigen. Wer von dem Konzil die Wiedervereinigung der Protestanten mit der Kirche erwartete, verkannte das Wesen der lutherischen Bewegung. Denn bei ihr ging es nicht um die Beseitigung von Mißständen und die Korrektur der einen oder anderen Lehrmeinung, sondern um einen Angriff auf das Zentrum des katholischen Christentums. Es ist unerweislich, daß diejenigen, welche die Entscheidungen früherer Konzilien über den Haufen warfen, sich an die Beschlüsse eines neuen Konzils hätten halten wollen. Seit der Leipziger Disputation mußte jedem nüchternen Beobachter klar sein, daß sich Luther niemals der Autorität eines katholischen Konzils unterwerfen würde. Diese Erwartung wurde durch seinen theologischen Ansatz ausgeschlossen. Es war ja gerade das Prinzip Luthers, daß er an die Stelle jeder anderen kirchlichen Autorität seine eigene setzte. In der Bulle „Exsurge Domine" steht der richtige Satz, daß jener vergeblich die Hilfe des Konzils anrufe, der öffentlich bekenne, daß er dem Konzil nicht glaube. Die von einem Konzil erhoffte Befriedung konnte angesichts der unaufhebbaren Gegensätze in der Lehre nicht eintreten; sie lag auch gar nicht in der Absicht der Protestanten. Der Nuntius Pighino erklärte am 5. November 1548 richtig, die Urheber und Wortführer des Protestantismus könnten Frieden in der Kirche nicht gebrauchen, weil sie dann die Autorität und den Kredit beim Volke verlören.

4. Die Lähmung durch den Kompromißkatholizismus

Einen nicht unwesentlichen Beitrag zur Ausbreitung des Protestantismus leistete die im katholischen Bereich lange Zeit währende Meinung, zwischen der katholischen Kirche und den Neuerern bestünden keine sich ausschließenden Gegensätze, sondern lediglich Meinungsverschiedenheiten, die sich bei gutem Willen von beiden Seiten ausräumen ließen. Aus dieser Überzeugung entstand der sogenannte Kompromißkatholizismus, bildete sich die sogenannte Vermittlungspartei.

Der Kompromißkatholizismus erwuchs einmal aus der Leichtgläubigkeit und Vertrauensseligkeit so mancher Katholiken. Sie wollten einfach nicht wahrhaben, daß die Protestanten lieber die Abspaltung von der Kirche in Kauf nehmen als auf ihre Sondermeinungen verzichten würden. Es zeigte sich schon hier ein Zug, der sich durch die Jahrhunderte gleichblieb: Im Durchschnitt sind Katholiken gutmütiger, nachgiebiger und weicher als Protestanten, im Durchschnitt sind Protestanten härter, selbstbewußter und mehr auf ihren Vorteil bedacht als Katholiken.

Der Kompromißkatholizismus beruhte sodann auf einem Denkfehler. Seine Anhänger verkannten, daß es sich bei dem Gegensatz zwischen Luthertum und katholischem Glauben nicht um Lehrstreitigkeiten handelte, die innerhalb des kirchlichen Glaubens verblieben, sondern um revolutionäre Aufstellungen, die das gesamte kirchliche System sprengten. Die Meinung, die Männer wie Karl V. und Contarini lange Zeit hatten, nämlich es gehe bei den Religionsstreitigkeiten im wesentlichen um Mißverständnisse und sie seien daher mit geduldiger Aufklärung und demütiger Liebe aus der Welt zu schaffen, war falsch. Die Vermittlungstheologen hätten nur Luther genau ins Auge zu fassen brauchen, um zu erkennen, daß dieser selbst eine Übereinstimmung in der Lehre für seine Anhänger und die Katholiken als unmöglich ansah. Dabei lagen Zeugnisse klar denkender Männer über die Unvereinbarkeit von Luthertum und katholischer Kirche frühzeitig vor. Die Kölner Universität verurteilte schon am 30. August 1519 Luthers Thesen. Dem Bischof John Fisher war es 1524 klar, daß Luther nicht zurückgeholt werden könne. Campeggio schätzte in seinem Schreiben vom 5. Januar 1525 das Luthertum als die gefährlichste Irrlehre der Kirchengeschichte ein.

Der Kompromißkatholizismus war weiter von einem irrationalen Wunschdenken geprägt. Viele seiner Anhänger konnten es nicht glauben, daß der Zustand der religiösen und kirchlichen Trennung ein endgültiger bleiben würde; sie redeten sich vielmehr ein, daß es über kurz oder lang zu einer Vereinbarung und einem Ausgleich kommen werde. Nach wie vor betrachteten sie sich und ihre Gegner als der einen Kirche zugehörig. Allzu lange gaben sich viele Katholiken der Illusion hin, durch Gespräche, Konzessionen und Neuformulierungen eine Versöhnung herbeiführen zu können. Die Kompromißkatholiken glaubten durch Zugeständnisse und Hintansetzung der dogmatischen Unterschiede die Einheit der Katholiken und der Protestanten erreichen zu können. Man kann nur staunen, welchen Selbsttäuschungen sich nicht wenige Bischöfe hingaben, wenn sie meinten, die Neuerer seien mit Zugeständnissen wie dem Laienkelch und der

Priesterehe zu beschwichtigen. Der Kompromißkatholizismus vergaß den alten Erfahrungssatz: Wer jedem etwas gewähren will, vermag keinen zu befriedigen.

Die Hoffnungen der Vermittlungstheologen gründeten sich teilweise auf einzelne Personen im Lager der sogenannten Reformatoren, die angeblich für einen Ausgleich zu gewinnen waren. Vor allem die Geschmeidigkeit Melanchthons wurde mit der Geneigtheit zum Entgegenkommen verwechselt. So stützte sich die Meinung, die Gewährung von Laienkelch und Priesterehe könne die kirchliche Eintracht wiederherstellen, vermutlich auf Äußerungen des letzteren auf dem Augsburger Reichstag von 1530, wonach die Einräumung dieser beiden Erlaubnisse die erwähnte Wirkung haben würde. Tatsächlich machte die ihm eigene Konzilianz den Melanchthon zu keinem Zeitpunkt geneigt, die Dogmen der Kirche ausnahmslos wieder zu bejahen. Cochläus schrieb einmal richtig über ihn, er heuchele zwar in den meisten seiner Schriften den Wunsch nach Frieden und Eintracht, sobald man aber ernstlich mit ihm über die Einigung verhandele, sei niemand so unzugänglich, verschmitzt und frech wie er.

Die Kompromißkatholiken waren verständlicherweise zuerst unter dem Klerus anzutreffen. Es sei an Männer wie den Augsburger Bischof Christoph von Stadion und den Naumburger Bischof Julius Pflug erinnert. Aber auch unter den Fürsten und Räten hatte der Kompromißkatholizismus viele beharrliche Anhänger. Die Politik Karls V. war fast immer auf Ausgleich der streitenden Parteien und die Versöhnung der Protestanten ausgerichtet. In seiner Umgebung gab es nicht wenige, die diese Bestrebungen mit Hingabe unterstützten. Vor allem die beiden Granvella zielten durchwegs in diese Richtung. Karl V. unterlag allzu lange einer falschen Ansicht über die Protestanten. Er meinte jahrzehntelang, mit Entgegenkommen und Konzessionen ihre Rückkehr zur Kirche erreichen zu können. Er übersah, daß die irdischen Vorteile, die das Luthertum seinen Anhängern gewährte, für diese schwerer wogen als die Einheit im Glauben. Die Nuntien wurden nicht müde, ihm vorzustellen, daß nicht wenige Geistliche lieber ihren Glauben preisgäben als ihre Konkubinen, und deckten damit einen entscheidenden Grund für die Anhänglichkeit vieler an das Luthertum auf. Niemand hat klarer gesehen als Morone, daß den Protestanten an der Einheit lediglich insofern gelegen war, als sie hofften, ganz Deutschland werde ihrer Lehre zufallen. Ähnlich schrieb Campeggio am 6. November 1540 aus Worms, den Protestanten sei es nicht darum zu tun, eine Einigung zu erzielen, sondern neue Anhänger zu werben. Die Enttäuschung, die der Kaiser mit dem Interim erlebte, scheint ihm endlich die Augen geöffnet zu haben. Mit der Abdankung Karls V. war die Vermittlungspartei jedoch keineswegs verschwunden. Vielmehr ging weiterhin eine breite Strömung des Kompromißkatholizismus, wie ihm beispielsweise Kaiser Maximilian II. anhing, durch Deutschland und betörte viele. Sie erreichte zu dieser Zeit sogar die größten Konzessionen. Am 16. April 1564 gestand Pius IV. dem Kaiser und dem Herzog von Bayern den Laienkelch für ihre Länder zu. Einsichtigen Beurteilern der Lage war es klar, daß ein Entgegenkommen gegenüber den Protestanten nicht diese gewann, sondern ihnen weitere Vorteile verschaffte. „Kompromisse beschleunigen nur den Untergang der Religion“, schrieb Petrus Canisius an den Würzburger Bischof Friedrich von Wirsberg. Seit dem Regierungsantritt Rudolfs II. (1576) wurden die Fronten klarer, und die sogenannte Mittelpartei, die meinte, die Formen katholischen Glaubens mit reformatorischer Einstellung verbinden zu können, verlor an Boden. Aber unwiederbringlich verloren waren die Jahrzehnte, in denen Illusionen den Kampfgeist gelähmt hatten.

5. Die Hemmungen der Politik

Die sogenannte Reformation war ebenso sehr eine politische wie religiöse Bewegung. Von Anfang an steckte sich Luther hinter die weltliche Gewalt, um Schutz und Förderung zu erlangen. Er schrieb schon am 21. März 1518 an Johann Lang, daß der Kurfürst von Sachsen seiner Lehre gewogen sei und nicht dulden werde, daß er zur Verantwortung nach Rom gezogen werde. So war es ihm leicht, ,,mutig'' zu sein. Als Kardinal Kajetan den sächsischen Herrscher am 25. Oktober 1518 aufforderte, Luhter auszuliefern oder wenigstens auszuweisen, lehnte der Kurfürst beides ab. Die Bedeutung des Schutzes, den der Irrlehrer fand, kann nicht leicht überschätzt werden. ,,Was wäre aus Luther und der Reformation geworden, wenn Kursachsen nicht drei Herrscher gehabt hätte, die ihn nicht nur gewähren ließen, sondern ihn mit dem weltlichen Arm aufs stärkste unterstützten!'' (Robert Stupperich). Die politischen Mächte in Deutschland förderten ganz überwiegend die protestantische Bewegung. Der Protestantismus hat seine rasche und rücksichtslose Ausbreitung zum erheblichen Teil den Fürsten, dem Adel und den Städten zu verdanken. Ihnen war jedes Mittel recht, wenn es darum ging, ihre Macht und ihren Einfluß auszudehnen. Vor allem bedienten sie sich des Hoch- und Landesverrats, um ihre Sache voranzubringen. Es darf ja nicht vergessen werden, daß der Protestantismus eine verfassungsfeindliche Bewegung war. Richtig bezeichnet Hermann Tüchle den Schmalkaldischen Bund als ,,geradezu revolutionäre Opposition gegen Kaiser und Reich''. Das Recht wurde von den Protestanten mit Füßen getreten. Sie dachten beispielsweise nicht daran, sich an den Geistlichen Vorbehalt zu binden. Ihm zum Trotz wurden zahlreiche Stifter und Klöster in den Ländern protestantischer Fürsten aufgelöst.

Der Werbekraft, die von den zeitlichen Gewinnen, irdischen Erleichterungen und fleischlichen Konzessionen ausging, welche der Protestantismus seinen Anhängern versprach, konnte und mußte politische und militärische Stärke entgegengesetzt werden. Aber dazu vermochten sich die katholischen Obrigkeiten lange Zeit nicht zu entschließen. Das Luthertum, der Zwinglianismus und der Kalvinismus waren bei ihrem Auftreten, rechtlich gesehen, in einer schlechten Situation. Denn sie fielen als Ketzereien, exorbitante Lehrabweichungen, verfassungsfeindliche Bestrebungen und Friedensstörungen unter strengste Verbote und Sanktionen des Reichsrechtes. Man brauchte sie nur konsequent gegen die Irrlehre einzusetzen, um sie zu unterdrücken. Aber das geschah aus mehreren Gründen nicht. Zu viele Katholiken hofften immer noch auf die

Macht des Rechts, während doch die Neuerer das Prinzip der Gewalt aufgerichtet hatten. Ein Mann wie Kurfürst Friedrich von Sachsen warnte davor, gewaltsam gegen Luther vorzugehen, weil dies gefährliche Unruhen hervorrufen könnte, während in Wahrheit die allergefährlichste Unruhe durch das Auftreten und Gewährenlassen Luthers entstand. Indem man aus Furcht vor etwaigen schädlichen Auswirkungen eines energischen Eingreifens gegen Luther tatkräftige Maßnahmen immer wieder aufschob, verschlimmerte man die Lage stets mehr, weil man dem Agitator Gelegenheit zu weiterer Aufwiegelung bot. Aufgrund der schlauen Taktik Luthers, immer wieder friedliche Versicherungen und verharmlosende Erklärungen abzugeben, wurde die Entscheidung gegen ihn lange Zeit verschleppt und aufgeschoben. Es hätte den katholischen Reichsfürsten klar sein müssen, daß die Zeit für die Abfallbewegung arbeitete und daß deswegen rechtzeitig die eines Tages doch unerläßlichen Maßnahmen getroffen werden mußten. Johann Eck war in seinem Schreiben vom 13. März 1540 an Contarini richtig der Meinung, daß es am Anfang, nach der Disputation zu Leipzig, noch möglich gewesen wäre, den kleinen Funken zu ersticken. Eine gewisse Parallele zu dem Vorgehen Luthers, freilich in wesentlich verschiedenem Maßstab, bietet das Verhalten des Schweizer Theologen Hans Küng in der Gegenwart. Ebenso ist die Reaktion der kirchlichen Hierarchie gegen ihn zu vergleichen mit ihrer Haltung im 16. Jahrhundert.

Die entscheidenden Reichstage wurden ihrer Aufgabe, das Reichsrecht und den Glauben zu schützen, nicht gerecht. Teilweise begünstigten sie sogar, ungewollt oder gewollt, die Religionsneuerung. Nach dem Recht der Kirche und des Reiches hätte der Exkommunikation Luthers ohne weiteres die Verhängung der Reichsacht folgen müssen. Aber die Reichsstände bewogen den Kaiser, die Sache Luthers auf dem Reichstag zu Worms selbst zu prüfen. Damit wurde ein verhängnisvoller Präzedenzfall geschaffen. Die sogenannte Reformation wurde als Angelegenheit der Reichsstände behandelt und fortan hin- und hergeschoben, bis das Ergebnis von Augsburg (1555) sie zur Gleichberechtigung mit der Kirche erhob. Daß, wie der Nürnberger Reichstagsabschied vom 6. März 1523 forderte, das Evangelium wahr, rein, lauter und heilig zu verkündigen sei, war eine Selbstverständlichkeit auch für Katholiken. Aber der Begriff des Evangeliums, den die Protestanten verwendeten, war eben nicht mehr derselbe. Sie konnten daher aus dem Reichstagsabschied einen Freibrief für die Protestantisierung ableiten. Der Nürnberger Reichstagsabschied vom 18. April 1524 sprach lediglich die Erwartung aus, daß die Stände dem Wormser Edikt „so viel ihnen möglich" Gehorsam leisten sollten. Durch diese Formulierung wurde jede Sabotierung des Ediktes schon von vornherein sanktioniert. Auf dem Reichstag zu Speyer 1526 wurde beschlossen, die Reichsstände sollten sich in der Frage der Religion so verhalten, „wie ein jeder solches vor Gott und kaiserlicher Majestät hoffet und trauet zu verantworten". Die Protestanten verstanden diesen Beschluß dahin, daß das Reich die Regelung der Religionsangelegenheiten den Ständen überlasse. Auf dem Augsburger Reichstag von 1530 zeigte es sich, daß die Verhältnisse stärker waren als die Absicht des Kaisers, die religiösen Wirren durch seine Vermittlung beizulegen. Aber die notwendigen Folgerungen wurden aus dieser Erkenntnis nicht gezogen. Die Politik des Lavierens dauerte an. Am 8. Juli 1531 befahl der Kaiser dem Reichsfiskal, bis zum nächsten Reichstag keinen Prozeß wegen der Religion einzuleiten. Der Frankfurter Anstand von 1539 sah den Zusammentritt einer Kommission von katholischen und protestantischen Theologen und Laien vor, um eine „löbliche christliche Vereinigung" zustande zu bringen. Dabei mußte jedem, der halbwegs unterrichtet war, klar sein, daß die bestehenden Gegensätze durch kein Gespräch mehr beseitigt werden konnten. Aber die Protestantisierung ging, durch den erneuten Aufschub der Entscheidung gedeckt, weiter.

Ein militärisches Vorgehen gegen Luther, seinen Anhang und seine Beschützer wäre rechtlich zulässig, ja geboten gewesen. Die sogenannte Reformation war Unrecht nach göttlichem und menschlichem Recht, und nur durch Rechtswidrigkeiten ohne Maß und Zahl konnte sie sich durchsetzen. Die ungeheure Menge der Rechtsbrüche und der Gewaltakte, deren sich die Neuerer schuldig gemacht hatten, ermächtigte nach Reichsrecht den Kaiser, mit der Waffe das zertretene Recht wiederherzustellen. Vor allem mit dem Kurfürsten von Sachsen und dem Landgrafen von Hessen als den Hauptstützen der protestantischen Bewegung hätte von vornherein ganz anders verfahren werden müssen; ihre Rechtsbrüche hätten viel früher mit der Gewalt der Waffen geahndet werden müssen. Aber niemals ist die Reichsgewalt gegen den sächsischen Kurfürsten Friedrich eingeschritten, der ja den Herd des Abfalls schützte. Hätte man rechtzeitig Philipp von Hessen und Friedrich von Sachsen niedergeworfen, dann hätte auch eine ansehnliche Landmasse zur Verfügung gestanden, die an zuverlässige Reichsstände hätte aufgeteilt werden können. Die treuen und entschiedenen Fürsten hätten durch Vergrößerung ihrer Gebiete auf Kosten der protestantischen Landesherren gestärkt werden müssen. So hätte etwa die Macht des Herzogs Heinrich von Braunschweig-Wolfenbüttel vermehrt werden müssen, und so hätte den bayerischen Herzögen viel früher, als es wirklich geschah, territorialer Gewinn ermöglicht werden müssen. Kurfürst Joachim von Brandenburg und Herzog Georg von Sachsen erkannten, daß Warten, gutes Zureden und Disputationen gegenüber den Neugläubigen sinnlos waren und daß allein die rasche Anwendung der bestehenden Gesetze Abhilfe schaffen konnte. Allerdings gingen auch sie nicht daran, den Herd der Rebellion auszuräumen und in einer Zangenbewegung die Ordnung wiederherzustellen.

So mancher Beobachter und Beteiligter der ungeheuerlichen Ereignisse der ersten Hälfte des 16. Jahrhunderts erkannte, daß dem gebeugten Recht durch die Macht aufgeholfen werden müsse. Nikolaus Ellenbog sah in seinen Schreiben vom 25. Juli 1529 und 11. Juli 1531 die Anwendung von Waffengewalt als unerläßlich an. Campeggio erklärte oft, z. B. am 24. Juni 1531, daß die Waffen sprechen müßten. Er wies den Kaiser darauf hin, daß ihn die geistlichen Fürsten dabei unterstützen würden, denn es sei besser, die Kirchengüter für die Beseitigung der Häresie zu verwenden als sie in die Hände der Lutheraner fallen zu lassen. Cochläus empfahl in seiner Ausarbeitung vom 17. Juni 1540 die Anwendung der Reichsgesetze gegen die Rebellen, wie es Röm 13 vorgesehen sei, notfalls mit Waffengewalt, die nicht wegen des Evangeliums, sondern wegen

Rechtsverletzungen gebraucht würde. Was Tatkraft und Konsequenz vermochten, das zeigte später Maximilian I. von Bayern in der Donauwörther Streitsache.

Der Kaiser war durch die Verwicklungen der europäischen Politik schwer beeinträchtigt. Die ständigen außenpolitischen Verwicklungen hinderten ihn daran, seine Macht zur Bekämpfung der Irrlehre einzusetzen. Karl V. war zudem ein kranker Mann. Die Gicht suchte ihn mit starken Schmerzen heim. In seinen Erinnerungen berichtet er von 17, oft langwährenden Anfällen dieser Krankheit. Neun Jahre lang, von 1521 bis 1530, war der Kaiser schließlich vom Deutschen Reich abwesend. Das Reichsregiment war schwach. Während der Abwesenheit des Kaisers konnte sich die Irrlehre in wichtigen Territorien etablieren. Im Osten drückten die Türken auf das Reich, im Westen die Franzosen. Die Protestanten standen in Verbindung mit allen Feinden des Kaisers, ob es sich um Frankreich, die Türken oder die Republik Venedig handelte. So propagierte beispielsweise Georg Erasmus Tschernembl, der Führer der Protestanten in Oberösterreich, wiederholt das Bündnis mit den Türken gegen die Katholiken. Das Verhalten der Protestanten kann nicht anders als schamlose Erpressung bezeichnet werden. Der Kaiser vermochte den Kampf gegen die Türken regelmäßig nicht allein mit den Kräften seiner Hausmacht zu führen; er bedurfte der Hilfe des Reiches, mithin auch der protestantischen Reichsstände. Diese aber ließen sich ihre pflichtmäßige Unterstützung durch Zugeständnisse teuer bezahlen. So erkaufte der Kaiser 1532 die Unterstützung der Protestanten durch die Konzessionen des sogenannten Nürnberger Religionsfriedens. So paradox es klingt, so wahr ist es: Der deutsche Protestantismus hat niemandem mehr zu verdanken als den Türken. Das Wort ging um: ,,Der Türk ist der Lutherischen Glück." ,,Die Belastung mit der Grenzwacht gegen die Türken ist seit dem Beginn der Reformation das Haupthindernis gewesen, das einem energischen Kampf des Kaisertums gegen den deutschen Protestantismus im Wege gestanden hat" (Arnold Oskar Meyer). Das protestantische Lexikon ,,Die Religion in Geschichte und Gegenwart" räumt ein, daß die Angriffe der Türken ,,von entscheidender Bedeutung für die Ausbreitung der Reformation in Deutschland" wurden (F. Taeschner).

Außerordentlich schwer wiegt auf der Waage der Geschichte das Verhalten der französischen Könige angesichts der Glaubensspaltung in Deutschland. Die Herrscher Frankreichs im 16. Jahrhundert haben ihre Pflichten gegenüber der katholischen Religion schlecht erfüllt. Anstatt sich mit den katholischen Fürsten zur Verteidigung der Kirche zusammenzutun, verbanden sie sich mit den Protestanten. Während der Kaiser die Einheit der Kirche zu retten bemüht war, fielen sie ihm in den Rücken, paktierten mit seinen Feinden im Reich und hetzten die Türken gegen ihn auf. Überall, wo Widerstand gegen Kaiser und Reich aufflammte, waren Emissäre des französischen Königs mit Geld und Versprechungen zur Stelle. Fünf Kriege mußte Karl V. gegen Frankreich führen. Um gegen diese Macht die Hände frei zu bekommen, mußte er sich immer wieder den Protestanten beugen und ihnen den erwünschten Zeitgewinn lassen. Unter seinen Nachfolgern Ferdinand II. und Philipp II. (von Spanien) war es nicht anders. Als beispielsweise die spanische Armee daran war, den Aufstand der Niederlande in den

Griff zu bekommen, trat in Frankreich der protestantische Heinrich IV. die Regierung an, und Philipp II. mußte seine Truppen nach Süden richten.

Der Kaiser war häufig schwerfällig und ermangelte auch der Härte, die jene Zeit verlangt hätte. Die nach dem Sieg des Jahres 1531 bestehende Chance, die Schweiz für den katholischen Glauben zurückzugewinnen, wurde nicht genutzt. Alle Bemühungen Campeggios waren nicht imstande, den Kaiser zur Unterstützung der katholischen Kantone zu bewegen. Ebensowenig wurde 1547/48, nach dem Sieg über die Schmalkaldener, reiner Tisch gemacht. Karl V. verstand es vielfach nicht, klare und dauerhafte Lösungen zu schaffen, eine Sache wirklich zu Ende zu führen und Gefahrenherde für immer auszuräumen. In seiner Anständigkeit war er so skrupellosen Naturen wie Philipp von Hessen und Moritz von Sachsen nicht gewachsen. Karl V. hat während der ganzen Zeit seiner Regierung daran geglaubt und sich darum bemüht, daß durch Gespräche und Formulierungen ein Ausgleich zwischen Katholiken und Protestanten gefunden würde.

Freilich haben auch viele andere Fürsten versagt. Der polnische König beispielsweise hätte die Macht besessen, in Preußen aufzuräumen. Er zog es vor, sich das Land von dem abgefallenen Hochmeister unterstellen zu lassen. Zu Beginn des Aufstandes in Böhmen (1618) besoldete Fürst Karl Emanuel von Savoyen das Heer des Söldnerführers Ernst von Mansfeld, das gegen den Kaiser zog. Lange Zeit bereitete den deutschen Fürsten, auch den katholischen, die wachsende Macht des Hauses Habsburg Sorge, und diese lähmte bei manchen den Willen zum Zusammenschluß und zu entschiedenem Vorgehen gegen die neugläubigen Kollegen. Selbst die bayerischen Herzöge taten wegen ihrer Eifersucht gegen das Haus Habsburg dem Kampf gegen die Irrlehre im Reich jahrelang schweren Eintrag. In einem entscheidenden Augenblick, als Herzog Heinrich von Braunschweig, aus seinem Lande vertrieben, in Bayern Hilfe suchte (1542), versagte sich Herzog Wilhelm der Bitte; die antikaiserliche Komponente der bayerischen Politik war damals stärker als die antilutherische. Es gab auch auf katholischer Seite Leute, die das unentbehrliche Bündnis mit Spanien nicht gern sahen oder ihm sogar entgegenarbeiteten; sie ließen sich lieber von einer deutschsprachigen Soldateska berauben als von spanischen Söldnern ausplündern.

Auch die Politik der Päpste war nicht stets zuoberst auf die Überwindung des Protestantismus gerichtet. Andere Ziele und Interessen schoben sich gelegentlich in den Vordergrund. Vor allem Paul III. hat mit seiner Begünstigung des französischen Königs und seiner mangelnden Unterstützung Karls V. schwere Schuld auf sich geladen. Aus politischen Erwägungen fügte er der Sache der Kirche größten Schaden zu. Seine Familienpolitik war ein Verhängnis.

II.

Die Appelle an die Emotionen

Wer die Massen in Bewegung setzen will, muß ihnen Parolen liefern, die an ihre Emotionen rühren. Denn sie werden stärker von Gefühlen als von Einsichten bestimmt. Diese Beobachtung zeigt sich deutlich in der protestantischen Bewegung. Ihre Urheber und Vorkämpfer verstanden sich meisterhaft auf die Psychologie der Massen.

1. Der rationalistische Aspekt

Ein wesentlicher Faktor, der zu dem Erfolg der protestantischen Bewegung beitrug, war der rationalistische Aspekt derselben. Darunter ist die Berufung auf das angeblich Vernunftgemäße und Verstandesmäßige, auf die sogenannte Wissenschaft und die vermeintliche Klarheit zu verstehen, die bei Luther und seinen Anhängern üblich war. Man behauptete, die ,,Kirche" habe die Laien absichtlich in Unwissenheit gehalten, aus der sie nun durch Luther befreit würden. Es ist verständlich, daß diese Parole willig aufgegriffen wurde.

Schon in seiner Schrift ,,Eine Freiheit des Sermon päpstlichen Ablasses und Gnade belangend" von 1518 erklärte Luther, er nehme (nur das) an, ,,was der Heilige Vater mit Schrift oder Vernunft beweist". Mit diesem Satz wurde implizit die kirchliche Autorität vernichtet und an ihre Stelle die Hoheit der Schrift, ja in letzter Linie der (eigenen) Vernunft als deren Interpretin etabliert. Luther trat mit dem (hybriden) Anspruch auf, nach Jahrhunderten falscher Interpretation der Bibel die richtige Auslegung zu bringen. Die ,,Vernunft" war es, die nach ihm über die Schriftauslegung entscheidet. Die Exegese untersteht der Vernunft, die allen Menschen gemeinsam ist. ,,Die Schriftauslegung wird damit zum weltlichen Geschäft, dem kühlen Wind der kritischen Vernunft hingegeben, der Forderung auf Nachvollziehbarkeit und Überprüfbarkeit ausgesetzt" (Heiko A. Oberman).

Aus dieser Auslegung erwuchs schon unter der Hand Luthers eine Reduktion der Lehre. Der Protestantismus verwarf Glaubensgegenstände, die nach dem katholischen Glauben als von Gott geoffenbart anzunehmen sind. Ich erinnere nur an so fundamentale Wahrheiten wie die von der hierarchischen Verfassung der Kirche und von dem Weihepriestertum. Eine inhaltlich verringerte und dadurch einfachere Lehre pflegt nun die Menschen mehr anzusprechen als eine materialreiche und formal komplizierte Lehre. Diese Beobachtung erklärt bekanntlich die Erfolge der Propaganda des Islam gegenüber der Mission der Kirche. Ähnlich war es aber auch im Verhältnis von Protestantismus und katholischem Glauben im 16. Jahrhundert. Die rationalistische Neigung im Menschen mußte an Luthers Verfahren Befriedigung finden. Die Beseitigung zahlreicher Lehren und Einrichtungen der Kirche, die Luther vornahm, konnte dem auf Einfachheit und Übersichtlichkeit ausgehenden Denken einleuchtend erscheinen. Die Zurückdämmung des sakramentalen Lebens durch die Leugnung von fünf Sakramenten vermochte den Beifall rationalistischen Empfindens zu finden.

Neben die Reduktion der (notwendig anzunehmenden) Lehre trat deren Verflachung und Umdeutung, die sie den Menschen plausibel machen sollte, indem sie das Mysterium zurückdrängte oder auflöste. Luther bediente sich geschickt auch hier bis zu einem gewissen Grade des Rationalismus, um sich Anhang zu verschaffen. In seiner Sakramentenlehre, vor allem bei seiner Ablehnung der Wesensverwandlung und des Opfercharakters der Messe, räumte er Glaubenswahrheiten aus, die dem Verstehen Schwierigkeiten bereiten, und kam so der latenten Tendenz im Menschen, das Nichtzuverstehende zurückzudrängen, entgegen. Es mußte dem Kalkül schmeicheln, wenn Luther erklärte, im Altarssakrament vollziehe sich keine Verwandlung, sondern Christus sei lediglich unter dem Brot und Wein gegenwärtig. Die Leugnung des Opfercharakters der hl. Messe beseitigte Denkschwierigkeiten, die im 16. Jahrhundert noch nicht vollends aufgearbeitet waren. Einzelne seiner Anhänger gingen bekanntlich noch weiter. König Ferdinand I. schrieb am 31. Mai 1527 aus Prag an seinen Bruder Karl, man sage öffentlich, daß das Altarssakrament bloßes Brot und daß Gott darin nicht enthalten sei, eher der Teufel. Der Zwinglianismus, der dem Rationalismus umfangreichere Zugeständnisse machte als das Luthertum, mußte für dieses eine ernste Konkurrenz bedeuten. Selbstverständlich betrat der Protestantismus mit seiner angeblich verstandesmäßigen Kritik an katholischen Lehren eine schiefe Ebene. Es ist ja kein Grund ersichtlich, weshalb die menschliche Vernunft bei der Bibel stehenbleiben und warum sie nicht diese selbst der Kritik unterziehen soll. Dennoch ist an dem Erfolg solchen Vorgehens nicht zu rütteln. Die rationalistische Reduktion der Geheimnisse des Glaubens führte dem Protestantismus zweifellos nicht wenige Anhänger zu. Schwarmgeister und Freidenker begrüßten die Bewegung. Voltaire und Rousseau haben ebenfalls große Eroberungen unter den Geistern gemacht, weil eben der Deismus für viele verführerisch war und sie ihn dem Offenbarungsglauben vorzogen.

Neben Reduktion und Uminterpretation unaufgebbarer katholischer Lehren räumte Luther auch auf dem Gebiet der religiösen Praxis mit vielen katholischen Einrichtungen und Übungen auf. Der Protestantismus hatte den Dünkel, die Religion von angeblich abergläubischen Gebräuchen reinigen zu müssen. Dazu rechnete er u. a. Prozessionen und Wallfahrten, vor allem die Verehrung des sakramental gegenwärtigen Herrn. So beliebt diese Übungen des gläubigen Volkes einerseits waren, so angreifbar waren sie für ehrfurchtslose und vor allem für ungläubige Geister. Die Neigung, die Existenz von etwas zu leugnen, dessen Daseinsweise man nicht versteht, ist ja latent in jedem Menschen. Jetzt wurde sie von Theologen und (ehemaligen) Priestern gefördert und bestätigt. Auch die Vernichtung der hohen Ideale, die mit dem Ordensleben verbunden waren, mußte einem flachen Verstand eingehen. Denn er sah eben das Auswirken der körperlichen Kräfte, also auch des Sexualtriebs, als das Naturgegebene und Normale an.

In den Kreis der rationalistischen Komponente in der protestantischen Bewegung gehört das Pochen Luthers auf seine Würde als theologischer Doktor. Luther war Theologe, Doktor und Professor, und er wußte dies ins Spiel zu bringen. Was er vortrug, galt als Wissenschaft, und es ist bekannt, wie leicht Nichtwissenschaftler bereit sind, etwas anzunehmen, was ihnen im Namen der Wissenschaft vorgelegt wird. So bildete sich der Schein, als stehe in seinem Kampf Wissenschaft gegen Hierarchie. Rationalistisch war auch die Meinung Luthers, er habe recht gegen die ganze Kirche, weil seine Ansicht besser begründet sei.

Die rationalistische Komponente in der lutherischen Bewegung erklärt zum erheblichen Teil den Dünkel und die Arroganz ihrer Anhänger. Ein geradezu unheimliches Selbstgefühl und eine kaum normale Überheblichkeit prägten schon Luther; er vermittelte beides dem Protestantismus. Dieser verstand es, seiner Gefolgschaft das Gefühl der Überlegenheit gegenüber den Katholiken einzupflanzen; diese wurden als abergläubisch und rückständig gegenüber den aufgeklärten und modernen Protestanten ausgegeben. Indem protestantische Lehrer bestimmte katholische Lehren unter Berufung auf die Vernunft verwarfen, verschafften sie jenen ihrer Anhänger, bei denen diese Argumentation verfing, das wohltuende Bewußtsein geistiger Stärke. Wenn man die Schwierigkeiten der Rekatholisierung und den Widerstand gegen sie darstellt, muß man sich zur Erklärung auch an das Gefühl der Überlegenheit, das die Prädikanten ihren Anhängern eingeimpft hatten, sowie an die Geringschätzung der Katholiken, die sie ihrer Gefolgschaft beigebracht hatten, erinnern. Es war kein Wunder, daß die Parteigänger der neuen Lehre von dem angeblich höheren Niveau nicht auf ein niederes herabsteigen wollten.

2. Die humanistische Kritik

Zu Beginn der reformatorischen Bewegung erwies sich der Humanismus als ihr wichtiger Wegbereiter und Verbündeter. Der Humanismus war eine breite Strömung, welche die Gebildeten in ihren Bann schlug, ja eine Großmacht, die einen ungeheuren Einfluß ausübte. Die humanistische Kritik an Einrichtungen und Lehren der Kirche sowie am Klerus und an den Ordensleuten schuf ein Klima der Gereiztheit, der Feindseligkeit und der Ablehnung, das sich Luther und seine Anhänger zunutze machten. Die Humanisten pflegten und verbreiteten ein idealisiertes Bild der Alten Kirche und stellten ihm die angebliche oder wirkliche Verlotterung in der Gegenwart gegenüber; „Zurück zur Urzeit" war ihr Schlachtruf. Die scholastische Theologie wurde erbarmungslos verurteilt und ihre Ersetzung durch eine auf die Schrift und die Väter gegründete Theologie gefordert. Die Humanisten attackierten Tradition und Autorität. Manche bezeichneten kirchliche Zeremonien als abergläubisch. Sie wetterten über Gebote und Satzungen von Menschen und nannten ihre Häufung Gewissenstyrannei. Sie brandmarkten die kirchliche Strafpraxis. Das Äußere und Sichtbare der Kirche wurde abgewertet, das Innere und Unsichtbare überbewertet. Das Objektive trat hinter dem Subjektiven zurück. Sie bezichtigten die Kirche und ihre Diener der Geldgier und der Habsucht. Leute wie Erasmus und Ulrich von Hutten verbreiteten Abneigung und Verachtung gegen die Mönche. Der Spott, mit dem die Humanisten den Klerus und den Ordensstand überhäuften, war besonders populär. Denn der durchschnittliche Mensch fühlt sich durch deren Lebensweise, Ideale und Lehren beunruhigt; sie stören seine innerweltliche Behaglichkeit. Erfährt er jetzt, daß es mit all dem nichts auf sich hat, weil angeblich alle oder die meisten, die dieser Lebensform angehören, verlogen und korrupt sind, dann fühlt er sich gleichzeitig entlastet und gehoben. Er wird frei von dem (lästigen) Anruf des Ideals; es gibt angeblich niemanden, der sittlich über ihm steht. Zwischen dem Programm der Humanisten hinsichtlich einer ,,Reform" der Kirche und den Bestrebungen Luthers bestand zumindest anfangs eine weitgehende Übereinstimmung. Diese Tatsache verschaffte zahllosen gebildeten und ungebildeten Anhängern der Neuerung das erhebende Gefühl, daß der Geist und die Wissenschaft auf ihrer Seite stünden. Wenn es in den ersten Jahrzehnten des 16. Jahrhunderts so etwas gab wie den Zeitgeist, dann war er maßgebend durch die humanistische Kritik an der Kirche bestimmt. Luther hatte den Zeitgeist für sich und gestaltete ihn nach seinen Vorstellungen. Die Wirkungen der humanistischen Kritik an der Kirche waren schon zu Beginn des 16. Jahrhunderts zu spüren. Lange vor Ausbruch der religiösen Neuerung hören wir, daß an nicht ganz wenigen Orten viele Personen an den Sonn- und Feiertagen die Messe und die Predigt nicht besuchten. Allerdings wurden diese Versäumnisse nach und infolge der protestantischen Agitation unvergleichlich viel schlimmer. Die allgemeine Nachlässigkeit im Besuch des Gottesdienstes setzte erst nach 1517 ein.

3. Der Appell an Geltungsdrang und Ressentiment

Kein geringerer als John Fisher sah im Ehrgeiz oder Geltungsdrang die entscheidende Triebkraft Luthers. Diese Beobachtung gilt auch für zahllose seiner Anhänger. Sehr wirksam für die Verbreitung der Wittenberger Lehre erwies sich der Appell an Ehrgeiz, Geltungsdrang und Ressentiment. Luther war schlau. Er wußte, wo er die Menschen packen konnte, welche Saiten bei ihnen leicht zum Klingen zu bringen sind und welche Argumente bei ihnen verfangen; er wußte, was ,,ankommt". Aus namenlosen Klerikern, die unter der Autorität von Bischöfen und Klosteroberen standen, wurden sie nun durch ihn zu Kritikern der Kirche, ihrer Lehren, Einrichtungen und Amtsträger, ihrer Übungen und Gebräuche, sowie zu (angeblich) selbständigen Auslegern der Schrift und Richtern des Glaubens. Diese Emanzipation und diese Erhöhung mußten den Geistlichen und den Ordensleuten schmeicheln. Eine Lehre, die ihnen solche Vorteile brachte, erschien ihnen anziehend und einnehmend. Der Geltungsdrang wurde aber nicht nur beim Klerus und bei den Klosterleuten angesprochen, sondern auch bei den Laien. Luther propagierte Freiheit und Gleichheit aller Getauften in religiösen Dingen. Jeder habe das Recht, sich seinen Glauben aus der Heiligen Schrift selbst zu erheben ohne

Rücksicht auf eine menschliche Autorität. Niemand sei durch ein Gesetz in seinem Gewissen gebunden, wenn er es nicht für gut erachte. In der Schrift „An den christlichen Adel deutscher Nation" forderte er die Fürsten und die Adligen auf, sich der angeblichen Not und Beschwerung der Christenheit zu erbarmen und die „Besserung" der Kirche in die Hand zu nehmen. Damit gab er dem Adel die ideologische Waffe, um in den geistlichen Reichsfürsten die landesherrliche Gewalt zu bekämpfen.

Zu Ehrgeiz und Geltungsdrang traten Unterlegenheitsgefühl und Groll, um dem neuen „Evangelium" den Weg zu bahnen. Schon vor dem Auftreten Luthers bestand aus verschiedenen Gründen ein gefährlicher Gegensatz zwischen Klerus und Laien. Die Überordnung der Geweihten über die Nichtgeweihten in der Kirche wurde von manchen bitter empfunden; man erinnere sich zum Verständnis nur der Lage in der katholischen Kirche nach dem Zweiten Vatikanischen Konzil. Erst recht kam die Unterordnung der (hochgestellten) Laien unter die Geistlichen viele schwer an. Die Ausübung der geistlichen Gerichtsbarkeit war mit manchen Demütigungen verbunden, die Traumata schufen. Vor allem gegen den Send bestand eine verbreitete Abneigung. Weiter erregte die wirtschaftliche Vorzugsstellung des Klerus den Neid der Konkurrenten in Handel und Gewerbe. Die Feindschaft gegen die Geistlichen in den großen Städten war im Wachsen. Es zeigten sich bedrohliche Symptome der Auflehnung gegen die geistliche und weltliche Gewalt der Bischöfe. Auch im Klerus selbst gab es starke Gegensätze, Groll und Verbitterung. Die ungleiche und teilweise ungerechte Verteilung der materiellen Subsistenzmittel auf die Angehörigen desselben wurde nicht von allen geistlich bewältigt. Der Vorbehalt der hohen Stellen (in Domkapiteln) und der Bischofsstühle für Angehörige des Adels wurmte manche Geistliche aus bürgerlichen oder bäuerlichen Verhältnissen. Die Nachlässigkeit und die Pflichtvergessenheit hoher Würdenträger empörten Priester, die für ein häufig karges Auskommen den geistlichen Dienst verrichteten.

In die gereizte Atmosphäre warf der Wittenberger seine Parolen; er wußte, wo er die Menschen fassen mußte. Geschickt verstand es Luther, das Ressentiment der Nichtgeweihten gegen die Geweihten aufzustacheln, das allgemeine Priestertum gegen das besondere auszuspielen. Er beseitigte den Unterschied zwischen Geweihten und Nichtgeweihten, erklärte das besondere Priestertum für abgeschafft und entzog damit die Laien dem geistlichen Regiment. Es nimmt nicht wunder, daß diese neue Lehre den Menschen schmeichelte, ihnen Freiheit vorgaukelte und sie in ihrem Selbstbewußtsein stärkte. Die Kirchenverfassung, die hierarchische Ordnung, die sakramentale Weihe, der Unterschied zwischen Klerus und Laien wurden als schriftwidriges Menschenwerk und teuflischer Mißbrauch ausgegeben. Jeder einzelne sei ein Priester, und andere Priester als diese gebe es nicht. Jeder habe die Gewalt zu predigen. Die Prediger der neuen Lehre wurden nicht müde zu wiederholen, daß jeder einzelne berufen sei, die Heilige Schrift auszulegen, und daß es einem jeden zukomme, souverän in Sachen der christlichen Lehre zu richten. Der christlichen Gemeinde, also allen Gläubigen in gleicher Weise, sprach er das Recht zu, die Entscheidung zu fällen, ob ein Prediger die reine Lehre verkündet, und die Vollmacht, Lehrer des Wortes zu berufen. Auch mit der Forderung nach dem Laienkelch gelang es Luther vorzüglich, das Ressentiment in den Dienst seiner Sache zu stellen und emanzipatorische Gelüste wachzurufen. Unermüdlich machte er sich zum Anwalt des niederen Klerus gegen die höhergestellten Geistlichen, vor allem gegen die Hierarchie. Das Ressentiment gegen adelige Stifte und hochmütige Domkapitel war rasch geweckt. Kapläne und Vikare als Angehörige des geistlichen Proletariats traten als Sprecher der volkstümlichen Opposition gegen die bevorrechtete soziale Stellung der Geistlichkeit auf. Es nimmt nicht wunder, daß diese Lehren Luthers einen gewaltigen Nachhall und begeisterte Aufnahme fanden.

4. Der antirömische Affekt

Sehr bedeutsam für die Verbreitung der Wittenberger Lehre wurde der Appell Luthers an das nationale Ressentiment, vor allem sein Schüren des antirömischen Affekts. Das Schlagwort von der „Freiheit der deutschen Nation" rührte an das unterschwellige Ressentiment gegen die „Welschen". Darunter waren in erster Linie die Italiener zu verstehen. Deutsche und Italiener waren und sind verschieden. Nichts ist leichter, als die Verschiedenheit zum Gegensatz zu steigern und die positiven Eigenschaften überwiegend dem eigenen Stamm, die negativen dem fremden Volk zuzuschreiben. Zu den „Welschen" rechnete man sodann die Spanier. Da Spanien katholisch blieb und bald die Sache des Katholizismus in Deutschland in mehrfacher Hinsicht unterstützte, wurde auch gegen dieses Land das Ressentiment gefördert. Den volksmäßig Burgund oder den Niederlanden zuzurechnenden Kaiser Karl V. gab man mit Vorliebe als Spanier aus, um auf diese Weise die Abneigung gegen ihn zu schüren.

Eine besondere Zielscheibe der wilden Agitation Luthers war der Apostolische Stuhl, die Römische Kurie. Er stachelte unaufhörlich das Ressentiment gegen den römischen Zentralismus und den römischen Fiskalismus bis zu einem regelrechten Haß gegen Rom auf. Mit leidenschaftlicher Wut wurde den „Römern" eine ungeheuerliche Schuldbilanz aufgemacht. Für die unleugbaren Mißstände trügen sie die größte oder gar die alleinige Verantwortung. Die Wirklichkeit sah freilich anders aus. Die Übel, die von deutschen Schriftstellern lebhaft beklagt wurden, waren zum großen Teil von Deutschen hervorgerufen worden. Sie hatten den Heiligen Stuhl in zahllosen Fällen um Dispensen und Indulte angegangen und so den Nerv der Disziplin getroffen; damals hatten sie vom Papst Entgegenkommen gefordert und gefunden, jetzt beklagten sie die Schäden, die infolge seiner Konnivenz eingetreten waren.

Besonders wirksam war der Hinweis auf den Geldbeutel, nach dem der Heilige Stuhl angeblich unaufhörlich und maßlos seine Hände ausstrecke. Der Abfluß von Geld nach Rom durch Abgaben reizte den Besitzdrang und die Habsucht. „Rom" wurde als ein Zentrum unersättlicher Geldgier angeschwärzt, welches das deutsche Volk aussauge und wodurch dieses verarme. Auch hier sah die Wirklichkeit anders aus. Daß der Apostolische Stuhl für seine großen Unternehmungen viel Geld brauchte, war offensichtlich und leicht zu verstehen. Man denke nur an die gewaltigen Zahlungen, die er für die Abwehr der Türken erbrachte. Dabei wurde ganz übersehen, daß auch große Summen Geldes wieder nach Deutschland zurückflossen. Aber die Protestanten wollten nicht die ganze Wirklichkeit sehen und gerecht urteilen, sondern die Abneigung schüren und den Haß aufpeitschen. Man kann nur sagen, daß ihnen dies vorzüglich gelungen ist.

Niemanden hat Luther derartig unflätig und pathologisch geifernd beschimpft wie den Nachfolger des Apostels Petrus. Er steigerte sich in seinem Haß und seiner Wut immer mehr in die Ablehnung des Papsttums hinein, so daß ihm der Papst schließlich zum Widersacher Gottes, zum Antichristen, wurde. Man lese den ,,Sermo von Gewalt Sankt Peters'' aus dem Jahre 1522, um zu erkennen, wie nicht etwa bloß der alte, sondern auch schon der junge Luther mit dem Papst umging. In seiner Heerpredigt von 1529 war ihm der Papst ,,ein vermummter und leibhaftiger Teufel'', der ,,unzählige Seelen'' in die Hölle führe. Remigius Bäumer spricht richtig von dem ,,abgründigen Haß'', den Luthers Kampf gegen das Papsttum geoffenbart habe. Er weist auch darauf hin, welchen verhängnisvollen Einfluß die polemischen Schriften des Wittenbergers auf das Verhältnis der Konfessionen hatten (und haben).

III.

Die theologischen Argumente

Die lutherische Bewegung bediente sich auch theologischer Argumente, um die Menschen an der katholischen Kirche irre zu machen und für ihre Lehre zu gewinnen. Die auf diesem Gebiet ausgegebenen Parolen waren ebenfalls höchst werbewirksam. Es kann an dieser Stelle selbstverständlich auch nicht annähernd eine ausführliche Darstellung der protestantischen Theologie geboten werden; vielmehr soll lediglich auf einige Punkte hingewiesen werden, die, unter die Massen geworfen, ein lebhaftes Echo wecken mußten.

1. Die Verführung durch das Schriftprinzip

Die propagandistische und agitatorische Begabung Luthers zeigte sich vor allem in dem ununterbrochenen Bestreben, seine Sache mit dem Evangelium, der Heiligen Schrift, der Wahrheit zu identifizieren. Wenige Gegenstände seiner Lehre haben ihm unter den Geistlichen und den gebildeten Laien so viele Anhänger zugeführt wie die doppelte Behauptung, es dürfe in der christlichen Lehre nichts geglaubt werden, was nicht klar in der Heiligen Schrift enthalten sei, und eben diesen Grundsatz stelle er wieder her. Das Prinzip ,,Durch die Schrift allein'' war der geniale Kunstgriff, mit dem die sogenannten Reformatoren es verstanden, ihre Lehren als das ,,Evangelium'' auszugeben. Das von Luther aufgestellte Schriftprinzip übte auf die Menschen stärkste Wirkung aus. Denn indem er sagte: Nichts als die Schrift und alles aus der Schrift, schien er Gottes Autorität selbst hinter sich zu haben. Mit dem ,,Es steht geschrieben" stand er, so hatte es den Anschein, auf unerschütterlichem Grunde und setzte seine Gegner ins Unrecht, weil sie nicht in der Lage waren, für jede ihrer Lehren den Schriftbeweis, wie er ihn verstand, zu führen. Durch ihre scheinbar in der Bibel begründeten Attacken verschafften die Prädikanten ihren Anhängern Selbstbewußtsein und ein Gefühl der Überlegenheit gegenüber den angeblich im Heidentum steckengebliebenen und vom ,,Evangelium" abgefallenen Katholiken. Dünkel und Überheblichkeit trugen nicht wenig dazu bei, die Katholiken verächtlich zu machen und zu entmutigen. Das Sola-scriptura-Prinzip entfaltete seine verführerische Macht. Es erweckte in Geistern, die nicht nachdachten, die Vorstelllung, die religiösen Einrichtungen des Protestantismus seien durch die Autorität Christi gedeckt, jene der katholischen Kirche jedoch nicht. Der Gotthold Ephraim Lessing, der diesen Irrtum zerstörte, war im 16. Jahrhundert nicht zur Stelle. Durch das protestantische Schriftprinzip einmal auf einen falschen Weg gelockt, war es den Lutheranern leicht, ihre Aufstellungen den theologisch Ungebildeten plausibel zu machen. Man redete, gestützt auf das Bibelprinzip, den Leuten so lange vor, daß in der katholischen Kirche Aberglaube und Götzendienst herrschten, bis sie davon überzeugt waren.

Das Prinzip ,,Durch die Schrift allein" war wirksam für die protestantische Agitation, aber es war falsch. Dieser angeblich die Schrift in ihr Recht einsetzende Grundsatz hatte in der Schrift selbst keine Grundlage. Die Bibel sagt nirgendwo, daß in ihr alle religiöse Wahrheit ausdrücklich und entfaltet zu finden sei; sie lehrt vielmehr das Gegenteil.

Das Schriftprinzip ist auch logisch unhaltbar. Denn die Schrift selbst ist keine lebendige Entscheidungsinstanz. Eine solche aber ist nötig, wenn Kontroversen um den rechten Sinn der Schrift entstehen. Wenn von protestantischer Seite gefordert wurde, ihre Position müsse aus der Schrift widerlegt werden, so war damit nichts gewonnen. Denn die entscheidende Frage blieb, wer denn verbindlich feststelle, ob die Widerlegung aus der Schrift gelungen sei oder nicht. Luther erklärte sich zwar bereit zu allen Dingen, falls er nur aus der Schrift überführt würde. Das Urteil darüber aber, ob er die Schrift wider sich habe, behielt er sich selbst vor.

Das Schriftprinzip bedeutet, daß der Glaube nach der Meinung des einzelnen zu verstehen ist. Wer das ,,Sola scriptura" zum Prinzip erhebt, dem ist jeder Weg verbaut, irgendeine Lehre dogmatisch zu fixieren; er muß vielmehr, wenn er konsequent ist, jede Position ständig erneuter Überprüfung unterwerfen. Die Lutheraner mußten ja selbst die Erfahrung machen, daß Prediger mit einem vom Luthertum abweichenden ,,Evangelium" unter ihren Anhängern großen Zulauf fanden; es sei nur an einen Mann wie Kaspar Schwenkfeld erinnert. Auch die Wiedertäufer waren zumindest ursprünglich und weithin für immer Bibelchristen und huldigten dem Biblizismus. Sie hielten wie Luther den Text der Schrift für ,,heiter und klar", allerdings nur für jene, die den Geist

Gottes hatten. Die Wiedertäufer waren felsenfest davon überzeugt, die rechte Erkenntnis der Schrift zu besitzen; sie meinten, durch göttliche Erleuchtung dazu gelangt zu sein. In Wirklichkeit führte Luther das Schriftprinzip selbst nicht konsequent durch. Er hielt Positionen fest, die durch die Bibel nicht gedeckt sind, und er gestand anderen nicht dieselbe Freiheit zu, die er für sich in Anspruch nahm, nämlich durch eigene Auslegung der Schrift zur Wahrheit zu gelangen. Luther und seine Anhänger vermochten die ,,Wahrheit" ihres Bekenntnisses nur dadurch zu sichern, daß sie mögliche andere Interpretationen zurückwiesen und verboten. Joseph Lortz stellt fest, ,,daß Luthers persönliches, an der Bibel erarbeitetes Urteil sich zum Maßstab für Verkündigung und Lehre machte".

2. Die ,,evangelische" Propaganda

Das von ihm aufgestellte Bibelprinzip benutzte Luther, um seine Lehre schlicht als das ,,Evangelium" auszugeben. Er stellte sie gegen den angeblich verderbten katholischen Glauben und baute einen unversöhnlichen Gegensatz zwischen ,,Evangelium" und Papsttum auf. Erzherzog Ferdinand schrieb am 14. August 1524 von der Lehre Luthers, ,,die man jetzt evangelisch nennen will". Der Ruf nach dem reinen, lauteren Evangelium war ein Schlagwort, aber ein geniales Schlagwort. Allein von der Bezeichnung des protestantischen Religionssystems als des ,,Evangeliums", d. h. des ursprünglichen, in Christus zutage getretenen göttlichen Erlösungswerkes, ging eine ungeheure Werbewirkung, ja eine ,,magische Kraft" (Ignaz Döllinger) aus. Weniges hat der Sache Luthers so genützt wie ihre Gleichsetzung mit dem Evangelium. Wer mit dem lutherischen Verständnis von Evangelium ,,freie Predigt des Evangeliums" forderte, war propagandistisch gewaltig im Vorzug gegenüber dem, der die (so verstandene) Predigt nicht gestatten wollte. Aus dieser Berufung auf das ,,Evangelium" erklärt sich das gute Gewissen, mit dem ein erheblicher Teil der Anhänger Luthers sich von der katholischen Kirche abwandte. Es gab zweifellos Männer und Frauen, die im Protestantismus ein geläutertes Evangelium und einen reinen Gottesdienst sahen. Da man dem Volk unaufhörlich einredete, das Evangelium sei bisher nicht lauter verkündet worden, forderte es die Predigt des reinen Evangeliums. Wie der Protestantismus berief sich die religiöse Bewegung Frankreichs in den Jahren 1789-1793 auf die ,,evangelische Armut", die ,,Reinheit des Anfangs" und die ,,Einfachheit der Urkirche".

Die Gleichsetzung seiner Lehre mit dem ,,Evangelium" wurde Luther bei wenigen Gegenständen so leicht gemacht wie bei der Propagierung des Abendmahls unter beiderlei Gestalt; kaum irgendwo war er scheinbar so sehr im Einklang mit der Lehre Christi wie mit dem Ruf nach dem Laienkelch. Die Forderung nach der Austeilung der Kommunion unter beiden Gestalten war vielleicht die eingängigste. Sie war jedoch lediglich ein populärer Schlachtruf. Daß sie einer nennenswerten Zahl von Personen ein unaufgebbares geistliches Anliegen gewesen sei, ist unerweislich. Umgekehrt legte

Paumgartner am 27. Juni 1562 in Trient dar, wie die Protestanten die Verweigerung der Kommunion unter beiderlei Gestalt als äußerst wirksames Mittel der Agitation benutzten.

Die fehlende Legitimation für Luthers Berufung auf das Evangelium und der wahre Charakter seiner Lehre wurden frühzeitig erkannt. Kaiser Maximilian urteilte in seinem Schreiben an den Papst vom August 1518 zutreffend, daß Luther an die Stelle der Einheit des Glaubens und der überlieferten Wahrheiten des Heiles private Meinungen setze. Ebenso wurde die notwendige Bindung des Evangeliums an die Kirche deutlich ausgesprochen. In dem Mandat des Reichsregiments vom 6. März 1523 wurde richtig gefordert, daß das heilige Evangelium ,,nach auslegung der schriften von den cristenlichen kirchen approbirt und angenommen gepredigt" werde. Erst recht ließ sich ein Mann wie Herzog Georg von der Parole, Luther bringe das Evangelium, nicht imponieren. Er schrieb am 6. März 1526 an Landgraf Philipp: ,,Ich habe das Evangelium Christi, seit ich zur Vernunft gekommen bin, angenommen und gehört." Luther hat auch gar nicht auf die ganze Heilige Schrift gehört, sondern sie nur in subjektiver Auswahl benutzt. Joseph Lortz hat beispielsweise hervorgehoben, daß bei ihm die synoptischen Evangelien ebensowenig ,,zu ihrem vollen Recht" kommen wie das johanneische Schrifttum. ,,Luther war Paulinist" (Joseph Lortz). Aber nicht einmal die ganze Lehre des Paulus wurde von ihm rezipiert, sondern in der Hauptsache die Botschaft von der Rechtfertigung. In dem Blickwinkel dieses herausgerissenen Stückes interpretierte er die ganze Schrift, und dies notwendig falsch. ,,Der große Hörer des Wortes Martin Luther war nicht Vollhörer des Wortes" (Joseph Lortz). Er sah ,,nie die Schrift als eine Einheit, als eine einheitlich verpflichtende Verkündigung" an (Joseph Lortz).

3. Die Verführungskraft des ,,Neuen"

Der durchschnittliche Mensch ist durch Parolen und Schlagworte leicht verführbar. Wer eingängige Devisen für sich und seine Vorstellungen ins Feld zu führen versteht, findet regelmäßig rasch Gefolgschaft. Die Verführungskraft des ,,Neuen", des ,,Modernen", des ,,Zeitgemäßen" ist bekannt. Zahllose Menschen fallen einer Sache allein deswegen zu, weil sie sich mit diesen Prädikaten schmückt. Solange eine Parole neu ist, ersetzt die Neuheit zum erheblichen Teil die innere Einsichtigkeit ihrer Begründung. Die verschiedenen ,,Reform"-Wellen etwa, die das Bildungswesen der Bundesrepublik Deutschland in den letzten Jahren und Jahrzehnten erlebt hat, bezogen ihren Schwung regelmäßig nicht aus ihrer argumentativen Kraft, sonern aus der Tatsache, daß sie als neu galten. Wenn sich das ,,Neue", ,,Moderne" und ,,Zeitgemäße" überdies als das ,,Ursprüngliche', ,,Reine" und ,,Geläuterte" auszugeben versteht, dann ist seiner Werbekraft beinahe keine Grenze gesetzt. Was dagegen alt ist, das gilt nicht nur als bekannt, sondern vielfach als verbraucht, überholt, lebensfremd. Alt wird rasch mit veraltet gleichgesetzt. Die Menschen, die beim Alten bleiben, erscheinen leicht als unbeweglich, rückständig, und nicht selten werden sogar ihre Motive in Zweifel gezogen.

Eben dies alles war bei der protestantischen Bewegung der Fall. Der Protestantismus besaß den Reiz der Neuheit. Er brachte eine Botschaft, welche die Zeitgenossen so noch nie gehört hatten. Das Neuheitserlebnis zog die Menschen an und gewann sie für sich. ,,Daß die Gegenseite — theologisch so schwach — ein Neues besaß, das war ihre Kraft‘‘ (Joseph Lortz). Dieses Neue wurde mit ungeheurem propagandistischen Aufwand an das Volk herangetragen, durch Mundagitation, durch Schriften, durch Lieder und durch Predigten. Da die meisten Menschen nicht nachdenken, ließen sie sich von dem Wortschwall und der Leidenschaft Luthers mitreißen. ,,Das furchtbare Gewicht‘‘ (Joseph Lortz) der öffentlichen Meinung sah eben den Protestantismus als das Richtige, das Bessere, das Zeitgemäße, das Moderne, das Ursprüngliche und das Gottgewollte an. Sich ihm zu entziehen, setzte so viel Mut und Freiheit von Menschenfurcht voraus, wie sie dem durchschnittlichen Zeitgenossen nicht gegeben war. Das Neue besitzt regelmäßig aus sich schon eine Stoßkraft. Im Falle des Protestantismus verband es sich mit einem pseudomissionarischen Drang. Luther und die Lutheraner waren fortwährend im Angriff, trugen die Offensive immer neu vor, setzten unermüdlich zu weiteren Eroberungen an. Die katholische Lehre wurde als überholt und überwunden ausgegeben. Noch heute hat man ein ungutes Gefühl, wenn in Darstellungen der sogenannten Reformationsgeschichte von der ,,alten‘‘ Kirche und den ,,Altgläubigen‘‘ die Rede ist. Die Katholiken waren in der Verteidigung, suchten zu widerlegen und abzuwehren. Damit gerieten sie von vornherein, einmal abgesehen von der Berechtigung und Güte ihrer Sache, ins Hintertreffen.

4. Der Zauber der ,,Reform‘‘

Reform ist ein positiv befrachtetes Wort. Es bedeutet so viel wie Fortschreiten zum Besseren. Wer in der Lage ist, seine Gedanken und Forderungen als Reform auszugeben, ist von vornherein in der Vorhand gegenüber den Verteidigern des Status quo. Ihm bleibt die Notwendigkeit, seine Pläne rational zu rechtfertigen, zumindest bis zu einem gewissen Grade erspart. Die suggestive Kraft des Wortes ,,Reform‘‘ sichert ihm von vornherein einen Teil des Erfolges. Jedermann ist davon überzeugt, daß Reformen notwendig sind, aber nur wenige fragen nach der Berechtigung des Zieles, auf das sie hinauslaufen. So ist es beispielsweise in unserer Zeit üblich geworden, die Erleichterung der Ehescheidung, also etwa den Übergang vom Verschuldensprinzip zum Zerrüttungsprinzip, als ,,Reform‘‘ zu bezeichnen. Die Gegner der ,,Reform‘‘ werden regelmäßig sachlich und moralisch disqualifiziert. Sie gelten als inkompetent, kurzsichtig, eigennützig und unbeweglich.

Wenige Worte erlangten im 15. und 16. Jahrhundet solche Bedeutung wie das der ,,Reform‘‘. Lange vor dem Auftreten Luthers sprach man allenthalben in der Kirche von notwendigen und wünschenswerten Reformen. Wer von ,,Reformen‘‘ redete und ,,Reformen‘‘ forderte, der gewann die Menschen für sich. Sie wurden auch von vielen

Bischöfen insofern in Angriff genommen, als sie dahingehende Gesetze erließen. ,,Wäre die Kirche mit Erlassen zu retten gewesen, so hätte es unbedingt geschehen müsen; denn an Erlassen fehlte es weder in Eichstätt noch in Regensburg. Allein die Krankheit lag tiefer; die Reformdekrete standen auf dem Papier, im Klerus und Volk aber wucherte das Übel weiter. Alles schrie nach Reformen, niemand aber wollte sich reformieren lassen" (Johann Baptist Götz).

Luther trat nun auf als der große ,,Reformator", und mit dieser Bezeichnung ist er ja in die Geschichte eingegangen. Er erhob den Anspruch, mit seiner Lehre die von so vielen ersehnte Reform zu bringen. Viele gutgesinnte Männer wähnten in den ersten Jahren des Auftretens Luthers, in ihm ein auserwähltes Werkzeug einer wahren kirchlichen Erneuerung zu erkennen; sie meinten, die lutherische Bewegung sei die Erfüllung der Sehnsucht nach einer Reform der Kirche. Ganz richtig weist Ernst Tomek darauf hin, daß die Menschen ,,schon dem allzeit wirksamen Zauber des Wortes Reform" verfielen. Die offenkundige Reformbedürftigkeit der Kirche lieferte dem Protestantismus das beste Werbematerial. ,,Die Beseitigung von Mißständen wurde in einer emotional geladenen Atmosphäre nicht in Angriff genommen, und erst diese Unterlassung, nicht die Mißstände selbst, führte in ihrer Konsequenz zur Zertrümmerung der sichtbaren Kirche" (Winfried Becker). Es kann selbstverständlich keine Rede davon sein, daß die Zustände in der katholischen Kirche das Auftreten von Männern wie Luther, Zwingli und Calvin notwendig gemacht hätten. Aber eine wahre Erneuerung war unerläßlich. Wegen der Werbekraft des Begriffes Reform haben die besten Männer des 16. Jahrhunderts nicht aufgehört, darauf zu drängen, daß der sogenannten Reformation die echte katholische Reform entgegengestellt werde.

Die Berufung auf die ,,Reform", die er angeblich vornehme, führte Luther nicht nur ungezählte Anhänger zu, sondern erklärt auch, weshalb viele Menschen die von ihm inaugurierten Änderungen in der Lehre, in der Kirchenverfassung und im Gottesdienst entweder widerspruchslos oder doch in gutem Glauben hinnahmen. Sie meinten, es handle sich dabei um die Wiederherstellung des ursprünglichen, gottgewollten Zustandes. Durch die Agitation der sogenannten Reformatoren wurde fast das ganze Volk von dem Schlagwort Reform ergriffen, ohne zu erfassen, daß Protestantisierung nicht Erneuerung, sondern Zerstörung der Kirche bedeutete. Katholiken und Protestanten verstanden unter dem Wort ,,Reform" völlig verschiedene Dinge. Entscheidend war die Stellung zu der Autorität der kirchlichen Oberen und zum Glauben: entweder eine Erneuerung mit Papst und Bischöfen auf der Grundlage der katholischen Lehre oder eine Modelung ohne die Hierarchie im Abfall vom Evangelium. Echte Reformen werden, da sie höhere Anforderungen an die Menschen stellen, von der Masse nicht mit Begeisterung begrüßt, sondern stoßen auf ihren Widerstand. Daß Luther nicht reformierte, sondern zerstörte, ergibt sich u. a. aus der Abwendung zahlreicher ursprünglicher Anhänger von seiner Lehre, die von einer ,,Reform" nichts oder zu wenig verspürten. Die ,,ungeheure Anhängerschaft" (Elsa Bernhofer-Pippert), welche die Täufer vielerorts fanden, erklärt sich in der Hauptsache aus der Enttäuschung über die sogenannte

Reformation und der Unzufriedenheit mit den aus dieser hervorgehenden religiösen Verbänden.

5. Die Flugschriftenagitation

Das geschriebene Wort ist eine Macht. Es dringt auch dorthin, wohin die Herolde einer Bewegung nicht zu gelangen vermögen. Bücher erzielen weniger Wirkung als Broschüren. Denn diese sind knapp und billig, beides Erfordernisse, die ihrer Verbreitung förderlich sind. Inhaltlich gesehen sind angreifende Pamphlete in der Vorhand gegenüber verteidigenden Traktaten. Besonders wirksam in der Verbreitung und zum Erwerb reizend sind Schriften, die Autoritäten kritisieren. Wer den Markt der Zeitschriften in der Gegenwart überblickt, wird sich dem Urteil nicht verschließen können, daß Blätter, die geistig und sittlich anspruchslos sind, vor nichts Respekt haben und die niederen Schichten im Menschen ansprechen, erheblich mehr Zuspruch finden als andere, die hohe Forderungen an Geist und Charakter der Leser stellen.

Nicht zum geringsten Teil erklärt sich der Erfolg der lutherischen Bewegung aus der Tatsache, daß sie jahrzehntelang den Büchermarkt und über ihn die öffentliche Meinung der Gebildeten beinahe völlig beherrschte. Wohin die Prediger der neuen Lehre ihren Weg nicht fanden, dorthin gelangten ihre Schriften. In gewisser Hinsicht ist das Wort berechtigt: Ohne einen Gutenberg hätte es keinen Luther gegeben. Die Sache der katholischen Kirche stand nicht deswegen schlecht, weil sie nicht genügend begründet oder begründbar gewesen wäre, sondern weil ihre Feinde die öffentliche Meinung dirigierten. „Täglich regnet es lutherische Schriften in deutscher und lateinischer Sprache", schrieb Aleander am 8. Februar 1521 aus Worms. Luther war imstande, das, was er für das Wesen des Christentums hielt, auf einfache (und einseitige) Formeln zu bringen, die eingängig waren und bei den Massen ankamen. Er verstand es, Affekte anzuheizen, Ressentiments zu mobilisieren, Klassenhaß und Neid zu erwecken und in den Dienst seiner Bewegung zu stellen. Niemand besaß mehr als er die Kunst, das Niedere im Menschen aufzurufen und für seine Vorstellungen dienstbar zu machen. Der Protestantismus benutzte auch virtuos den Spott als furchtbare Waffe gegen den Glauben. Die Flugblätter und Schriften Luthers und seiner Gefolgsleute weckten den Fanatismus der Halbgebildeten und der Urteilsunfähigen auf. Wer weiß, wie heute aufreizende, sensationelle Bücher, Broschüren und Zeitungen einen hohen Absatz haben, wird sich nicht wundern, daß die lutherischen Schriften sich in Windeseile verbreiteten und von Hand zu Hand gingen. Jeder wollte lesen, welches die evangelische Freiheit sei, wie der Papst die Deutschen ausbeute und der Klerus das Volk betrüge. Man braucht in unserer Zeit nur das Auftreten und die Wirkung des Schweizer Theologen Küng zu beobachten, um eine Ahnung davon zu bekommen, wie sich der Erfolg von Luthers Wirken erklärt; bei aller Unterschiedlichkeit bestehen zwischen beiden überraschende Übereinstimmungen.

Die Verteidiger des katholischen Glaubens besaßen die Gabe, agitatorische, publikumswirksame Kleinschriften zu verfassen, zum größten Teil nicht. Außerdem ist regelmäßig der Angreifer im Vorteil gegenüber dem Verteidiger, findet jener mehr Beifall, der Autoritäten kritisiert, als ein anderer, der sie in Schutz nimmt. Wenige Dinge gehen dem durchschnittlichen Menschen so leicht ein und sind ihm so willkommen wie Kritik an anderen. Dieses furchtbare Gesetz wirkte sich im 16. Jahrhundert nicht anders wie heute zum Schaden der Kirche aus.

6. Der Totalangriff gegen die katholische Kirche

Der Protestantismus war nicht eine ruhige Darlegung biblischer Wahrheiten, sondern eine aggressive, polemische Bewegung; er setzte zum Totalangriff auf die katholische Kirche an. Es ging bei ihm nicht um diese oder jene strittige Wahrheit, sondern um die Ersetzung der Kirche durch eine andere Religionsgemeinschaft. Die Autorität der Kirche wurde im Prinzip als Anmaßung und Menschenwerk verächtlich gemacht, die Kirche mithin in ihrer gottgegebenen Verfassung getroffen. An die Stelle des lebendigen Lehramtes trat die Schriftauslegung des Wittenbergers. Ein Mann wie Kaspar Schatzgeyer sah richtig in der Leugnung der kirchlichen Lehrautorität den „error generalis" Luthers. Luther behauptete, Mißstände in der Kirche beseitigen zu wollen, in Wahrheit setzte er zur Zerstörung der Sache an. Diesen Kampf führte er mit einer unvorstellbaren Heftigkeit. „Das Nein zur päpstlichen Kirche ist bei Luther sachlich und der Intensität nach derartig, daß man es sich nicht gut noch radikaler vorzustellen vermag" (Joseph Lortz). Seine stärkste Triebkraft war der Haß, der Haß gegen den Katholizismus im allgemeinen und „der kochende Haß" (Joseph Lortz) gegen das Papsttum im besonderen.

Zu dem neuen „Evangelium" gehörten untrennbar Hetzen und Schmähen. Denn anders konnten ja die Menschen der alten Kirche nicht abspenstig gemacht werden, als indem deren Lehren und Einrichtungen verunglimpft wurden. Entsetzliche Verwünschungen, höhnender Spott und furchtbare Anatheme wurden über Einrichtungen ausgegossen, die das Volk bisher als heilig und unantastbar angesehen hatte. Die Prädikanten erfüllten ganz Deutschland durch Wort und Schrift mit Geschrei gegen katholische Einrichtungen und suchten sie den Menschen zu verekeln. Durch unaufhörliche Attacken gegen Papsttum und Messe, Ordensstand und Priestertum, Beichte und gute Werke erzeugten sie allmählich eine Stimmung des Abscheues und des Hasses gegen alles Katholische. Einreißen ist bekanntlich immer einfacher als Aufbauen, und nichts ist leichter als hohe und subtile Dinge lächerlich zu machen und bei der Masse in Verruf zu bringen. Der katholische Gottesdienst wurde als Affenspiel und Götzendienst bezeichnet. Was dem Katholiken das Höchste und Heiligste war, die hl. Messe, wurde unaufhörlich als ein „Greuel" und als „Gotteslästerung" verunglimpft. In seiner Schrift von der „Winkelmesse" verstieg sich Luther soweit, dem katholischen Meßopfer die wirkliche Gegenwart von Leib und Blut des Herrn abzusprechen. Luther wußte, weshalb er mit infernalischem Haß über die Messe herfiel. Wenn der Glaube an den vollen Inhalt des eucharistischen Opfersakramentes zerstört wurde, dann mußte auch der Klerus, dessen Existenzgrund dieses Geheimnis abgab, in Mißachtung geraten, und mit dem Priestertum fiel die Kirche.

Die Lutheraner wußten, daß man Haß und Verachtung gegen den Klerus schüren muß, wenn man die Kirche treffen will. Mißstände und Ärgernisse der Geistlichen und der Klosterleute wurden daher pausenlos angeprangert, vergröbert und verallgemeinert; von dem Segen, der von ihnen ausging, war nicht die Rede. Die Anhänger der neuen Lehre wurden nicht müde, den Klerus und die Ordensleute zu verdächtigen, zu beschimpfen und zu verunglimpfen. Unaufhörlich beschuldigten sie die schlechten Päpste, die verderbten Bischöfe, die lasterhaften Geistlichen und die versumpften Mönche. Dunkle Gerüchte und gehässige Flüsterpropaganda erzeugten Ablehnung und Unwillen vor allem gegenüber den Orden. In den Klagen, Forderungen und Aufstellungen der Protestanten war manches richtig und berechtigt. Diese Körner der Wahrheit machten ihren Angriff so wirksam und seine Abwehr so schwer. Jeder Geistliche und jede Ordensperson, die im Widerspruch zu ihrer Berufung und ihrer Sendung lebten, schufen den Resonanzboden für die Beschwerden und Klagen, die Propaganda und die Agitation, die von Wittenberg aus ganz Deutschland mit Lärm erfüllten. Die schlimmen Zustände, welche die sogenannten Reformatoren beklagten, waren aber zum überwiegenden Teil von ihnen selbst hervorgerufen worden, und das Vorhandensein von Mißständen berechtigte nicht zum Angriff auf Amt und Lehre und schon gar nicht zur Zerstörung der Einheit. Die wenigsten Menschen konnten sich diesem Trommelfeuer von Attacken und Verunglimpfungen entziehen. Wie immer in unruhigen, aufgeregten Zeiten vermochten die Stimmen besonnener und überlegter Männer nicht durchzudringen. Die Massen hörten lieber auf die Forderungen und Versprechungen, aber auch die Anklagen und Drohungen, das Toben und Lästern der Prediger des neuen „Evangeliums“.

IV.

Die Sogkraft der Erleichterungen

Der Zug zur Bequemlichkeit und zum Minimalismus ist dem Menschen angeboren. Es bedarf steter Anstrengung, um ihm zu widerstehen. Beim Angebot zweier Systeme, von denen eines beschwerlich, das andere behaglich ist, gibt unter gleichen Umständen der durchschnittliche Mensch dem zweiten den Vorzug vor dem ersten. Dieses Gesetz zeigte sich im 16. Jahrhundert angesichts des Ansturms der protestantischen Bewegung gegen die katholische Kirche.

Es ist falsch, die Hauptursache der sogenannten Reformation in dem angeblich oder wirklich verderbten Zustand großer Teile der Kirche zu suchen. Ihre Hauptwurzel war vielmehr die immer dem Bequemen zugeneigte menschliche Natur. Es ist klar, daß alles, was Bequemlichkeit, Erleichterung und Abbau verhieß, mit breitester Zustimmung rechnen konnte, und es gab beinahe niemanden, der sich nicht vom Übergang zum Protestantismus irdischen Gewinn versprechen durfte. Auf dem Regensburger Konvent (27.6.-7.7.1524) sprach Herzog Wilhelm richtig von „der dem ungebildeten Volk so angenehmen Häresie" (rudi populo plausibilis haeresis). Auch moderne Historiker nennen den Sog der Bequemlichkeit, die der Protestantismus zu erzeugen wußte, beim Namen. „Die Reformation brachte Erleichterungen, die ihr den Weg ebneten" (Richard Feller). Die teilweise raschen und überwältigenden Erfolge der sogenannten Reformation sprechen aber gerade gegen sie. Denn es ist doch bekannt, was auf die Masse der Menschen Eindruck macht, was sie gewinnt und mitreißt. Das sind nicht hohe, anspruchsvolle Dinge, sondern das sind Appelle an Behaglichkeit und Nutzen, an größere Freiheit und materiellen Gewinn, an Entlastung von drückenden Bindungen und an Beteiligung an mehr Macht. Wie leicht ein eingängiges „Evangelium" Gefolgschaft findet, das mußten Luther und seine Anhänger zu ihrem eigenen Schmerz erfahren; die Erfolge von Männern wie Andreas Karlstadt und Thomas Müntzer, der Wiedertäufer und der Sakramentierer waren derselben Reduzierung an Glaubensgut und sittlichen Anforderungen zu verdanken, die sie gegenüber der katholischen Kirche so erfolgreich angewandt hatten. Nur durch Umbiegung seiner eigenen Prinzipien gelang es Luther, das Chaos einzudämmen, das deren unbehinderte Anwendung unweigerlich zur Folge gehabt hätte. Der Protestantismus hat seine „Vorzüge", d. h. die Geringfügigkeit der Anforderungen an seine Anhänger und die Freiheit von lästigen Bestimmungen, bis heute bewahrt, und dies erklärt die Anziehungskraft, die er jetzt wie damals auf Katholiken ausübt, die nicht in der Wahrheit des Glaubens verwurzelt sind.

1. Die Lehre vom Glauben allein

Von großer Tragweite für die Abziehung der Menschen von der katholischen Kirche war die von Luther erfundene Lehre der Rechtfertigung „durch den Glauben allein" (sola fide). Danach ergreift der Sünder durch den von Gott geschenkten Fiduzialglauben die Gerechtigkeit Christi und deckt damit seine Sünden zu. Mehr und anderes ist nicht erforderlich, um das Heil zu gewinnen. Mit unversöhnlichem Haß zog Luther gegen gute Werke und Verdienst los. „Seit seinen Klosterkämpfen leidet er an einem wahren Trauma der Werkerei" (Joseph Lortz).

Die katholische Kirche setzte der lutherischen Lehre die Botschaft des Evangeliums entgegen, wonach nur der durch die Liebe formierte Glaube (fides caritate formata) rechtfertige. Zu dem Glauben müssen heilsame Furcht, hoffendes Vertrauen, (wenigstens der Anfang der) Liebe und guter Vorsatz treten. Es wurde also ein Mittun und

Mitwirken des Menschen verlangt, das freilich unter dem Antrieb der Gnade steht. Ebenso wurden Notwendigkeit, Nutzen und Verdienstlichkeit der guten Werke festgehalten.

Die Hervorhebung des bloßen Glaubens und die Herabsetzung der Werke durch Luther und seine Gefolgsleute tat den Ohren sehr vieler Menschen wohl. Die Botschaft der fides wurde dahin verstanden, daß es jetzt nicht mehr auf das Tun und Lassen ankomme, um das Heil zu gewinnen, sondern lediglich auf die gläubige Annahme der zugerechneten Verdienste Christi. Es war eine eingängige Botschaft, der Mensch habe hinsichtlich des sittlich Guten keinen freien Willen und könne zum Guten nicht mitwirken, sondern Gott allein bewirke dasselbe ganz, so daß dem Menschen die Unterlassung des Guten und die Verübung des Bösen nicht zugerechnet werden könne. Nichts ist dem durchschnittlichen Menschen lieber als die Erklärung, daß er im Grunde aller Anstrengung enthoben ist. Das neue ,,Evangelium" schien den Menschen religiös aller lästigen Pflichten wie Beichten, Bußetun und Fasten ledig zu machen, weil er lediglich das Vertrauen zu Jesus brauche. Der Jubel der solcherart ,,befreiten" Menschen mußte dem neuen Propheten sicher sein. Es klang vielen angenehm in den Ohren, der Mensch werde durch den Glauben allein gerechtfertigt und der ewigen Seligkeit teilhaftig, folglich seien gute Werke weder zum ersten noch zum letzten erforderlich. Nach dem neuen ,,Evangelium" war es nicht mehr verdienstlich, Almosen zu geben, Meßstipendien zu reichen, Stiftungen zu errichten und Opfer darzubieten. Das viele Beten wurde ebenso als überflüssig hingestellt wie das Bringen von Opfern. Der Erfolg dieser Irrlehre Luthers war ungeheuer. Die angeblich jetzt wieder ans Licht getretene ,,evangelische" Lehre, wonach allein der Glaube der Weg zum Himmel sei und die gesetzlichen Forderungen der Papstkirche unnötig oder unmöglich seien, führte zu erdrutschartigen Abfällen. ,,Die protestantische Imputationslehre also mit ihren Prämissen und Consequenzen, ihrer Aufhebung aller kirchlichen Übungen war der mächtige Magnet, der die Massen — hoch und nieder — in die Gemeinschaft der neuen Kirche hinüberzog" (Ignaz Döllinger). Georg Witzel hat beschrieben, mit welcher Begeisterung die Menschen hörten, die Werke seien bedeutungslos, die Sünden würden den Gläubigen nicht zugerechnet und Christus wolle ein weltliches Leben. ,,Was dem irdischen Adam schmeichelt, zieht schnell durchs ganze Land."

2. Der (falsche) Trost der neuen Lehre

Wenn die strenge Wahrheit und der behagliche Irrtum in Konkurrenz zueinander treten, bleibt gewöhnlich die erste auf der Strecke. Die Lehre Luthers beseitigte aus der katholischen Glaubenslehre jene Wahrheiten, die den Menschen erschrecken, beunruhigen und ängstigen können. Aus der Bibel suchte man die Stellen heraus, die der Menge angenehm in den Ohren klangen, und überging andere, die sie in Furcht versetzt hätten. Das Wittenberger ,,Evangelium" wurde von der Masse zumindest aufgefaßt als Theologie des Trostes ohne Zorn, ohne Drohung und ohne Strafe. Die protestantische

„Tosttheologie“ verstand es, dem ärgsten Sünder mit Leichtigkeit Gewissensruhe zu verschaffen. Der Trost, den Luther spendete, war jedoch ein falscher Trost, weil er darauf beruhte, daß den Menschen wesentliche Bestandteile der katholischen Lehre vorenthalten wurden.

Im einzelnen sah die protestantische Trosttheologie wie folgt aus. Die Sünden wurden bagatellisiert. Luther erklärte, daß keine Sünde das Gewissen zu beunruhigen brauche außer der Unglaube. Nach Erteilung der Sündenvergebung schade nichts, „wie viel, groß, oft gesündigt werden mag“. Angesichts dieser Stelle fragt selbst der Protestant Wilfried Joest, ob Luther hier nicht das tue, was Paulus in Röm 6,15 verwirft, und beurteilt solche Worte als „theologische Entgleisungen“. Selbstverständlich hatte diese Lehre einen großen Erfolg. Georg Witzel schrieb 1537: „Je weltlich gesinnter und fleischlicher einer ist, desto schneller schließt er sich dieser Sekte an, in der dem alten Adam zu tun gestattet ist, was in der Kirche für schwere Sünde galt.“

Die Vergebung der Sünden war jetzt leicht und bequem. Durch einen einzigen Glaubensakt konnte sofort und ohne weiteres die tröstliche Gewißheit der göttlichen Verzeihung erlangt werden. Trostreich war es, daß kein vollständiges Bekenntnis der schweren Sünden nach Art und Zahl zur Nachlassung der Sünde nötig sein sollte. An die Stelle der Einzelbeicht trat ein allgemeines Sündenbekenntnis, und die „Absolution“ wurde über alle zugleich gesprochen. Als trostreich wurde Luthers Verwerfung der (regelmäßig anstrengenden) Genugtuung bei der Buße empfunden. Es war trostreich, von Luther zu hören, daß Gott jedem, dem er die Schuld nachläßt, auch die Strafe erlasse.

Einen gewaltigen Erfolg hatte die Irrlehre mit ihrem Fiduzialglauben, d. h. dem subjektiven Erlebnis, daß man die Gerechtigkeit Christi erworben habe; jeder Zweifel daran und jede Ungewißheit wurde verworfen. Die Verkündigung der Heilssicherheit tat den Menschen wohl und übte große Anziehungskraft auf sie aus. Das Gottesbild Luthers war bequemer als das katholische. Er nahm den Menschen mit seinen Aufstellungen die (begründete) Furcht vor der Verdammnis und beseitigte den Glauben an das Fegfeuer, dessen Leiden vielen Menschen Ängste bereitet und sie zu Guttaten angespornt hatten. Luther befreite die Menschen von der Sorge, sie könnten sich nicht genügend anstrengen, um für ihr Heil zu wirken. Buße, Aszese und Abtötung wurden als überflüssig, ja verderblich hingestellt oder wenigstens verstanden. Die Leugnung des freien Willens hörte sich gut an; denn sie schien den Menschen seiner Verantwortlichkeit zu entheben.

Die katholische Lehre, wonach die Kommunion lediglich für den richtig disponierten, d. h. durch Empfang des Bußsakramentes von schweren Sünden gereinigten Gläubigen bestimmt sei, wurde verworfen. Zum Abendmahl konnte man jetzt ohne Beichte, mit Sünden beladen, gehen, denn nach der Ansicht der Neuerer war es eingesetzt, damit man sich durch die Teilnahme an ihm Vergebung der Sünden hole. Um die begeisterte Annahme dieser Lehre zu begreifen, braucht man sich nur die Kommunionpraxis in der katholischen Kirche nach dem Zweiten Vatikanischen Konzil und die dazugehörigen Bußandachten anzusehen. Unangenehm waren die Kirchenstrafen, die von der mittelalterlichen Kirche häufig, zu häufig verhängt wurden. Luther wußte auch hier Rat, indem er (zunächst) die Exkommunikation als kraftlos erklärte.

Der Erfolg dieser Theologie eines falschen Trostes war ungeheuer. ,,Nichts empfahl die neue Lehre bei Hohen und und Niedrigen, Gelehrten und Ungelehrten, Jungen und Alten mehr, als daß sie so überaus tröstlich war" (Ignaz Döllinger).

3. Die Freiheit von Gesetzen

Es ist eine allgemeine Erfahrung, daß gern gehört wird, wer die Notwendigkeit einschneidender bestehender Ordnungen in Frage stellt und den Zwang lästiger geltender Gesetze attackiert. Jedermann vernimmt bereitwillig die Botschaft von der Freiheit. Im Falle der Konkurrenz zwischen Strenge und Bequemlichkeit fällt den Menschen die Entscheidung nicht schwer. Wer den Menschen Erleichterungen verspricht, ist immer im Vorteil gegenüber jenem, der ihnen Beschwernisse auferlegt.

Man muß sich einmal die Lage vorstellen, die durch die Predigt der neuen Lehre im 16. Jahrhundert entstand. Katholisch sein und bleiben bedeutete Unterstellung unter den Bischof, unter seine lästige Gesetzgebung und seine noch lästigere Gerichtsbarkeit. Katholisch sein und bleiben beinhaltete Beobachtung der strengen, tief in das Leben eingreifenden und die Eßlust störenden Fastengebote. Katholisch sein und bleiben bedeutete Unterwerfung unter die Bußdisziplin der Kirche mit ihrem Gebot der Einzelbeicht aller schweren Sünden nach Art und Zahl. Die sittlichen Zustände im Volk waren vor Beginn der lutherischen Bewegung gewiß vielerorts ungünstig. Trunksucht, Spielsucht und Unzucht waren weit verbreitet. Aber es gab ein Regulativ. Die Lehren und die Vorschriften der Kirche beschränkten vielfältig die Sinnenlust, und selbst wenn sie übertreten wurden, ließen sie in dem Gewissen die heilsamen Vorwürfe entstehen. Die Verpflichtungen, welche die Kirche auferlegte, wurden nun von vielen als lästig empfunden. Sie minderten die persönliche Freiheit und störten den Lebensgenuß. Der Zeitgeist sprach daher für eine Erleichterung der kirchlichen Gebote.

Nun trat der Wittenberger auf. Er verkündete das ,,Evangelium" von der ,,Freiheit" und führte einen unnachsichtigen Feldzug gegen das Recht. Wenige Aufstellungen Luthers ebneten seiner Bewegung so sehr den Weg wie seine Botschaft von der Freiheit und seine Attacken auf das Recht. Die Freiheit von Papst und Hierarchie, die Freiheit von Satzungen und Strafen, die Freiheit von Abgaben und Taxen, das alles mußte ihm die freudige Gefolgschaft der Massen einbringen. Die strengen Gesetze und die feste Ordnung der katholischen Kirche galten auf einmal nicht mehr; an ihre Stelle traten Freiheit und Selbstbestimmung, nicht selten Gutdünken und Willkür. Was die Neugläubigen verkündeten, war die Freiheit des Fleisches oder wurde jedenfalls so verstanden. Die Bedenken und die Vorwürfe des Gewissens, die den Übertreter und den Verächter der Gebote und der Vorschriften getroffen hatten, hörten auf. Das Luthertum befreite die Menschen davon, indem es jene Lehren und Satzungen aufhob, ja verwarf.

Zeit seines Lebens führte Luther einen erbitterten Kampf gegen das Kirchenrecht, das er ja in schwerster Weise selbst übertreten und dessen Strafsanktionen er sich zugezogen hatte. Er bedachte das kanonische Recht mit den schlimmsten Schimpfworten und warf es weg. Fast das gesamte Recht der Kirche wurde als Menschenwerk abgetan, das gegen Gottes Wort stehe, ja des Antichrists Gebot sei. Sein Kampf gegen das Kirchenrecht mit seinen teilweise lästigen und einengenden Bestimmungen — man denke nur an seinen Kampf gegen die Ehehindernisse — mußte von der Masse begeistert begrüßt werden. Ebenso konnte die Aussicht, der geistlichen Gerichtsbarkeit in religiösen und sittlichen Fragen ledig zu werden, auf die Menschen nur faszinierend wirken. Denn in jedem Menschen lebt nun einmal, eingestanden oder uneingestanden, die Sehnsucht nach der Freiheit des Fleisches. Der Erfolg dieser Botschaft ist denn auch vielfältig bezeugt. Kein anderer als Melanchthon schrieb: ,,Begierig werden jene auf Beifall berechneten Predigten aufgenommen, welche die Freiheit erweitern und die Zügel der Leidenschaften lockern'' (Avide accipiuntur illae tribunitiae conciones, quae libertatem amplificant et frenos cupiditatibus laxant). Johann Brenz erklärte im Jahre 1534: ,,Die Obrigkeit strebet nach der Klöster Gütern und dem Einkommen der Pfaffen, der Pöbel aber nach Freiheit, nach allem seinem Mutwillen straflos zu leben.'' Im Jahre 1537 schrieb Georg Witzel: ,,Durch den Kunstgriff, ihren Zuhörern ein fleischliches Leben zu gestatten, laden unsere Häretiker die Völker zu sich ein und halten sie bei sich fest.'' Der Ottobeurener Benediktiner Nikolaus Ellenbog schrieb am 13. Dezember 1542, die Protestanten seien nicht ununterrichtet, sondern mit Wissen vom Glauben abgefallen (Nec enim ignari sed scientes a fide orthodoxa deficiunt). Als Grund gab er die fleischliche Freiheit an (ob libertatem — nescio quam — carnalem, quam in velamen malitiae praetendere laborant).

Im einzelnen fielen durch den protestantischen Aufstand zahlreiche einschneidende Vorschriften dahin. Die Pflicht zur Beobachtung vieler Feiertage wurde aufgehoben. Man versprach sich davon wirtschaftlichen Gewinn, was zu der ganzen diesseits gerichteten Grundhaltung des Protestantismus paßte, nahm aber auch die stärkere Ausbeutung der Arbeitskraft bewußt in Kauf, was an die Verwandtschaft von Kapitalismus und Protestantismus erinnert. Die Verpflichtung zum Besuch der Messe und zur Teilnahme am Gottesdienst an den Sonn- und Feiertagen entfiel, jedenfalls zunächst, bis das Volk zwangsweise dem protestantischen Kult zugeführt wurde. In der Gestaltung des Gottesdienstes gab es oder nahm man sich große Freiheit. Die Hauptsache war, daß alles spezifisch Katholische unterblieb, also vor allem der große und der kleine Kanon fortgelassen wurden. Die lateinische Sprache wurde zum größten Teil aufgegeben, und man ging zur Landessprache über. Das Volkstümliche an dem neuen Religionssystem wirkte bestechend. Deutsche Lieder, deutsche Psalmen und deutscher Gottesdienst stießen in der Bevölkerung auf begreifliche Vorliebe. Man denke an die sogenannten Reformen, die nach dem Zweiten Vatikanischen Konzil in der katholischen Kirche durchgeführt wurden. Einen Riesenerfolg hatte der Protestantismus mit dem Abbau der Bußdisziplin. Dem durchschnittlichen Christen war es angenehm, daß Fasten und

Beichten entfielen. Es ist bezeichnend, daß nicht selten der Bruch mit dem katholischen Glauben sich zuerst im Fleischessen während der Fastenzeit kundtat. Was den anfänglichen Erfolg der allgemeinen, offenen Beicht betrifft, so erinnere man sich zum Verständnis des zuerst großen Zuspruchs, den die nach dem Zweiten Vatikanischen Konzil eingeführten Bußgottesdienste fanden; sie gestatteten dem lauesten Katholiken, ohne Mühe zu einem (scheinbar) guten Gewissen zu kommen.

Die Ursachen, die bei dem Abfall zum Protestantismus wirksam waren, entfalteten ihre Macht auch bei dem Bemühen, die Menschen für den katholischen Glauben zurückzugewinnen. Daß es, allerdings in sehr verschiedenem Umfang, Widerstand unter der Bevölkerung gegen die Rekatholisierung gab, ist alles andere als unverständlich. Der Mensch gewöhnt sich bekanntlich an nichts schneller als an Annehmlichkeiten. Die Erleichterungen der neuen Lehre wurden daher nicht nur von vielen begierig aufgegriffen, sondern auch hartnäckig festgehalten. Sie wollten die ,,Errungenschaften" der sogenannten Reformation nicht aufgeben und zu den lästigen Geboten der katholischen Kirche zurückkehren. Sie hatten keine Lust, die Fastenzeit und die Freitage sich von Speisen zu enthalten, kirchliche Feiertage zu begehen und ihre Sünden in einem persönlichen Einzelbekenntnis darzulegen. Sie dachten nicht daran, die Ehescheidung wieder preiszugeben, die ihnen das neue Evangelium großzügig einräumte. Man hatte keine Sehnsucht, die strenge kirchliche Gerichtsbarkeit wieder aufgerichtet zu sehen und vor dem Sendgericht erscheinen zu müssen, um dort vor der Öffentlichkeit bloßgestellt zu werden. Man erinnere sich nur der großen Zahl derer, die in kirchlich ungültigen Ehen lebten und die sich nach einer Wiederherstellung der katholischen Religion hätten trennen müssen, weil ihre Verbindung unheilbar nichtig war. Daß sie dem katholischen Glauben erbittert Widerstand leisteten, ist begreiflich.

4. Die neue Lehre von der geschlechtlichen Sittlichkeit

Einen großen Erfolg hatte Luther auch mit seiner Lehre von der Ehe und von der geschlechtlichen Sittlichkeit. Denn auf diesen Gebieten bot er den Menschen vielfältige Erleichterungen an und befreite sie von lästig empfundenen Schranken. Besonders beeindruckt zeigten sich die Menschen einmal von Luthers Predigt über das Recht jedes Menschen, seinen Geschlechtstrieb befriedigen zu können. Die zahllosen Menschen, die aus irgendwelchen Gründen außerstande waren, zu heiraten und eine Familie zu gründen, hörten jetzt von den sogenannten Reformatoren, daß die von der Kirche geforderte Enthaltsamkeit eine gottwidrige, unmögliche Zumutung sei und daß sie dem Naturtrieb nicht widerstehen könnten und sollten; die Jungfräulichkeit wurde verspottet, die Ehe überhöht. Die zahlreichen Insassen von Klöstern vernahmen von den Predigern des neuen ,,Evangeliums", daß es um die gottgeweihte Jungfräulichkeit, um den klösterlichen Stand und um die Gelübde nichts sei, daß vielmehr all dies verwerflicher Zwang, unnatürliche Folter und gottwidriger Mißbrauch sei. Auf einmal bot sich eine Möglichkeit, auf ehrenhafte Weise einer Lebensform zu entfliehen, die nicht leicht war und von vielen zweifellos als hart und drückend empfunden wurde. Ja, angesichts der demagogischen Hetze gegen das Ordenswesen und des von den Prädikanten gegen die Ordensleute entfachten Hasses mußte die Flucht aus dem Kloster als Befreiung erscheinen. Wurde die Priesterehe freigegeben, dann konnten Geistliche, die unenthaltsam lebten, nicht mehr bestraft werden, ihre finanzielle Lage besserte sich und die Stellung ihrer Kinder gewann Legalität. Der Erfolg solcher ,,Freiheit" stellte sich augenblicklich ein. Luthers Agitation gegen den Zölibat und die Ordensgelübde rief eine regelrechte ,,Heiratsbewegung" (August Franzen) hervor. Schon unter normalen Umständen entscheidet sich der durchschnittliche Mensch, vor die Wahl zwischen Ehe und gottgeweihter Ehelosigkeit gestellt, für den ersten Stand. Erst recht muß dies gelten für eine Zeit, in der die letztere maßlos verunglimpft und als unmöglich hingestellt wurde.

Die Ehe wurde sodann als ein ,,weltlich Ding" jedenfalls grundsätzlich der Jurisdiktion der Kirche entzogen. Damit wurde die Strenge der Ordnung wesentlich abgeschwächt. Diese Überwindung der ,,Gesetzlichkeit" mußte allen eingehen, die in ihrer Ehe litten oder die vor dem Risiko der unauflöslichen Ehe zurückschreckten. Der weltlichen Obrigkeit wurde ein beträchtlicher Zuwachs an Macht verschafft. Das Gericht über die Ehe wurde von dem bischöflichen Offizial auf den Rat übertragen. Damit war regelmäßig eine erhebliche Erleichterung und Nachsicht verbunden.

Die Eingehung der Ehe wurde weiter nicht nur den durch Gesetz oder Gelübde daran Gehinderten eröffnet, sondern allgemein erleichtert. Eine Reihe von Ehehindernissen entfiel, andere wurden in ihrer Reichweite beschränkt, so zum Beispiel das Ehehindernis der Blutsverwandtschaft.

Einen Riesenerfolg hatte Luther schließlich mit der Preisgabe der Unauflöslichkeit der Ehe. Er führte mindestens bösliches Verlassen und Impotenz als Scheidungsgründe ein. Seine Anhänger fügten diesen weitere hinzu; mit rasender Geschwindigkeit langte man bei den Scheidungsgründen des heidnischen römischen Rechtes an. Mit der Auslieferung der Ehe an die weltliche Obrigkeit ging auch die Vollmacht zur Trennung an diese über, und so war ihr die grundsätzliche Möglichkeit zur Scheidung auch aus anderen Gründen, ja zur Auflösung jeder Ehe übertragen. Zahlreiche Männer verließen jetzt ihre Frauen. In den meisten Fällen wurde den Geschiedenen die Eingehung einer neuen Verbindung gestattet. Diese Freiheit allein mußte Luther zahlreiche Anhänger zuführen. Die Aufhebung der Unauflöslichkeit der Ehe durch die sogenannten Reformatoren kann in ihrer Bedeutung für die Zuwendung zu der neuen Lehre gar nicht überschätzt werden. Niemand hat die Erfolge Luthers deutlicher auf dessen bequeme Lehren zurückgeführt als Thomas Müntzer. Luther selbst hat mehr als einmal beklagt, daß das ,,Evangelium" weithin als ,,Bauchpredigt" verstanden werde. Canisius sah die drei C als die Hauptursache des Erfolges der Protestanten an, nämlich calix (Laienkelch), caro (Fleisch) und coniux (Aufhebung der Ehelosigkeit für Geistliche und Ordensleute). Es gehörten ein starker Glaube und gute religiöse Kenntnisse dazu, um angesichts derartiger Verlockungen, wie die Wittenberger Lehre sie bot, in der Kirche zu bleiben.

5. Die Verführung der Geistlichen und Ordensleute

Die lutherische Bewegung wäre im Sande verlaufen, wenn sie nicht für diejenigen, die sich ihr anschlossen, massive irdische Vorteile mit sich gebracht hätte. Der Hang zum bequemen Leben ist beim durchschnittlichen Menschen stärker als die Neigung, unter Einbußen und Verlusten dem Befehl des Gewissens zu folgen. Diese Beobachtung gilt leider auch für viele gottgeweihte Personen, jedenfalls von dem Augenblick an, in dem der Glaube in ihnen zusammenbricht. Eben dies war im 16. Jahrhundert weithin der Fall. Die protestantische Agitation erschütterte viele Priester und Ordensleute in ihrer Gläubigkeit. Wenn all das zutraf, was Luther über Priestertum und Sakramente, vor allem über das Meßopfer, vortrug, dann war nicht mehr des Bleibens im geistlichen Stande. Der Zusammenbruch des Glaubens war in aller Regel die Ursache für die Aufgabe des gottgeweihten Standes.

Die Lehre Luthers von Ehe, Geschlechtlichkeit und Zölibat mußte auf die Geistlichen und Ordensleute einen starken Eindruck machen. Denn sie bestritt die klerikale und die klösterliche Lebensform prinzipiell. Nach der neuen Lehre wollte Christus, daß die Menschen vernunftgemäß und bürgerlich, d. h. weltlich leben. Es sollte kein unter besonderen Gesetzen stehendes Leben der Geistlichen und der Klosterangehörigen geben. Die Verwerfung von Zölibat und Ordensgelübden durch Luther und die Hetze gegen diese Einrichtungen hatten die öffentliche Meinung mehrheitlich für die Priesterehe gewonnen. Die Geistlichen und die Ordensleute wurden nicht mehr von der Achtung und Verehrung, aber auch nicht vom Verständnis und der Zustimmung der Allgemeinheit zu ihrem Lebensstand getragen. Luther lieferte ihnen die Ideologie für ihren Abfall. Seine Schrift über die Klostergelübde ebnete zahllosen Mönchen und Nonnen einen Weg, die beschwerlichen Pfade des klösterlichen Lebens zu verlassen und sich den irdischen Freuden in die Arme zu werfen. Der Anschluß an den Protestantismus erschien vielen unsicher gewordenen Geistlichen als geeignetes Mittel und als willkommene Gelegenheit, um eine Ehe einzugehen und ein Familienleben zu führen. Nicht ohne Grund schrieb Erzherzog Ferdinand am 12. Mai 1523 an seinen Bruder Karl, daß jetzt mancherorts die Fastenzeit nicht mehr gehalten werde und Priester und Mönche sich verheiratet hätten. Gerade das, was die sogenannten Reformatoren „reformieren" wollten, also die geistliche Erschlaffung und das Darniederliegen der Ordnung, ebnete dem Luthertum den Weg. Luther selbst war alles andere als ein vorbildlicher Ordensmann; er ging 1525 eine Verbindung mit einer ehemaligen Nonne ein. Dazu kam, daß Luther geschlechtliche Betätigung, von nicht ins Gewicht fallenden Ausnahmeberufungen abgesehen, als unausweichlich erklärte und somit jeden, der nicht verheiratet war, unter den grundsätzlichen Verdacht der Unzucht und des Lasters stellte. Der Kampf der Prädikanten gegen den Konkubinat war in Wahrheit ein Feldzug gegen den Zölibat und für die Priesterehe. Durch den Übergang zum Protestantismus entzogen sich sittlich anrüchige Geistliche der Verfolgung durch das Geistliche Gericht. Der sächsische

Kanzler Melchior von Ossa berichtet eine bezeichnende Äußerung von undisziplinierten Stiftsherren: ,,Ehe sie sich reformieren ließen, wollten sie lutherisch werden.''

Um so höher zu schätzen ist das Zeugnis jener Mönche und Nonnen, die trotz einer ganzen Welt, die um sie herum zusammenbrach, ihrem Ideal treu blieben, und ihrer waren nicht wenige. Sie entbehrten häufig des regelmäßigen katholischen Gottesdienstes, es fehlte ihnen vielfach die katholische Predigt, nicht selten wurden ihnen die Subsistenzmittel entzogen und sie selbst zahllosen Schikanen ausgesetzt. Man denke etwa an die mecklenburgischen Klöster Ribnitz und Dobertin, wo 1556 bzw. 1569 die Schwestern noch als ,,Papistinnen'' bezeichnet wurden. Das Heldentum dieser Ordenspersonen ist eine Anklage gegen den gesamten unseligen Vorgang der sogenannten Reformation.

V.

Der irdische Gewinn

Was der protestantischen Bewegung ihre politische Durchschlagskraft verlieh, war die Aussicht auf irdischen Gewinn, die sie Fürsten und Herren, Städten und Privatpersonen eröffnete. Mit den Ideen verbanden sich Interessen. Vielfach waren die Interessen noch mächtiger als die Ideen. In zahlreichen Fällen war die Berufung auf das ,,Evangelium'' sogar lediglich das Vehikel, um wirtschaftliche, soziale oder politische Interessen durchzusetzen. Versprechungen auf zeitlichen Gewinn und Verheißungen irdischer Bequemlichkeit vermögen leichter zu verführen als der Glanz der Macht und der Druck der Gewalt.

1. Die Verbindung der neuen Lehre mit sozialen, wirtschaftlichen und politischen Forderungen

Zu keinem Zeitpunkt verblieb die sogenannte Reformation im rein religiösen Bereich. Luthers Programm setzte sich fast nirgendwo allein wegen seines religiösen Kerns durch. In den meisten Fällen spielten soziale, wirtschaftliche und politische Forderungen bei der Zuwendung zum Protestantismus eine gewichtige, nicht selten die erste Rolle. Es ist ja eine bekannte Erscheinung des Mittelalters, daß sich emanzipatorische Bestrebungen auf den verschiedensten Gebieten in ein religiöses Gewand hüllten oder sich wenigstens an religiöse Strömungen anlegten. Ähnlich war es im 16. Jahrhundert. Die politische, wirtschaftliche und soziale Mißstimmung suchte und fand ein Ventil, einen Aufhänger in der von Luther entfesselten Bewegung.

Die soziale Unzufriedenheit machte viele Menschen für die revolutionäre Botschaft des Wittenberger Mönches empfänglich; sie erwarteten von der religiösen Neuerung die Besserung ihrer gedrückten Lage. Man hoffte auf größere Freiheit, mehr Gerechtigkeit und wahre Gleichheit. Die lutherische Bewegung verband sich früh mit sozialen Forderungen und gewann so eine verstärkte Werbekraft. Die Bauern hörten mit freudiger Zustimmung, daß das Neue Testament nichts von der Leistung des Zehnten wisse. Der Bauernkrieg war eine Folge dieser Verbindung sozialer und religiöser Forderungen. Es läßt sich schlechthin nicht bestreiten, ,,daß der engste Zusammenhang zwischen Reformation und Bauernkrieg besteht'' (Sigmund Riezler). Das lutherische ,,Evangelium'' machte dadurch große Fortschritte. Der Bauernkrieg ,,verlieh'', wie sich Matthias Simon ausdrückt, ,,der evangelischen Bewegung im Volk außerordentlichen Auftrieb''.

In zahllosen Fällen waren es, vor allem in den Städten, wirtschaftliche Motive, welche die Menschen für die lutherische Irrlehre empfänglich machten. Es bestanden heftige Interessengegensätze zwischen den Bürgern einerseits und dem Klerus anderseits. Die Steuerfreiheit des Klerus war weitesten Kreisen der Bevölkerung zuwider. Der Klerus pochte noch zu einem Zeitpunkt auf dieses Privileg, als es unmöglich mehr gehalten werden konnte und viel wichtigere Dinge auf dem Spiele standen. Interessen können nur durch Interessen, Ideen nur durch Ideen besiegt werden. Im Konflikt zwischen Ideen und Interessen gibt der durchschnittliche Mensch den letzteren den Vorzug vor den ersteren, und das bedeutete im 16. Jahrhundert Preisgabe des Glaubens um des irdischen Gewinnes willen.

Man bedenke schließlich, daß Geistliche, Bischöfe, Klosterobere und Stiftskapitel für zahlreiche Menschen die weltliche Obrigkeit darstellten. Es ist nun eine offenkundige Erfahrung, daß fast in jedem Menschen zumindest zeitweilig ein mehr oder weniger starkes Ressentiment gegen die Obrigkeit vorhanden ist. Außerdem bestanden, z. B. wegen der Besteuerung, starke Interessengegensätze der Landstände gegen die Landesherren. Die Ritter und die Städte befanden sich in Opposition gegen die Macht der Landesfürsten. Die sogenannte Reformation lieferte ihnen das willkommene ideologische Argument für ihren Kampf. In so manchen geistlichen Fürstentümern gedachten Adel und Städte die neue Lehre zu benutzen, um ihre Abhängigkeit vom Landes- bzw. Stadtherren abzuwerfen oder wenigstens zu verringern. Der Anschluß an die religiöse Neuerung war Ausdruck des Protestes gegen die Abhängigkeit von kirchlichen Oberen in zeitlichen Dingen, gegen Härten der Gerichtsbarkeit und gegen Lasten bäuerlicher Untertanen. Die Opposition gegen die weltliche Herrschaft der Bischöfe verband sich mit Widerstand in der kirchlichen Sphäre. Diesem Überschritt leisteten die Bischöfe insofern Vorschub, als sie ihre geistlichen Straf- und Machtmittel in weltlichen Angelegenheiten anwandten.

2. Der Griff nach dem Kirchenvermögen

Ein von katholischer Seite beharrlich vorgebrachtes, von protestantischer Seite vergeblich in seiner Bedeutung abgeschwächtes Motiv für den Übergang zum Protestantismus war der zu erwartende Zuwachs an materiellem Gewinn. Die Habgier war einer der fruchtbarsten Beweggründe für die Ausbreitung der Religionsneuerung. Die sogenannten Reformatoren wußten um seine Wirksamkeit und schürten durch ihre Agitation die Begehrlichkeit der Fürsten. Ein Mann wie Butzer predigte, die Geistlichen hätten das Kirchenvermögen durch Betrug zusammengebracht. Luther selbst „ermächtigte" den Kurfürsten Johann Friedrich, Kirchengut für den Adel und politische Zwecke zu verwenden. Die Gelegenheit zu einem in der Geschichte nicht dagewesenen Beutezug zeichnete sich ab. Den Fürsten gab die Einziehung der Bistümer und Reichsabteien das erwünschte Mittel, ihre Länder zu arrondieren. Für nachgeborene Söhne fürstlicher Familien bot sich die Chance, sich aus dem Gebiet von Hochstiften und Abteien ein (erbliches) Herzogtum oder eine andere Herrschaft zu bilden. Die Hochstifte versuchten sich zwar regelmäßig unter Berufung auf die Reichsstandschaft der Aufdringung der Glaubensneuerung durch die Territorialherren zu entziehen; letztere bestritten sie oder suchten sie unwirksam zu machen. Aber das Recht war schwach in jener Zeit. Die Herren und die Städte sahen schließlich in der Protestantisierung ihres Gebietes eine günstige Gelegenheit, von alten Verpflichtungen frei zu werden und lästige Zahlungen einzustellen. Den zahllosen tief verschuldeten Herren und Städten bot die Einziehung der Kirchengüter die Möglichkeit, endlich von ihren Schulden loszukommen. Die Bedeutung des Besitzdranges für die Ausbreitung des Protestantismus ist nicht eine Konstruktion von Historikern, sondern eine Tatsache, die von den Zeitgenossen unzweifelhaft bezeugt wird. Aleander schrieb schon am 5. April 1521 aus Worms, den fürstlichen Gönnern Luthers sei es weniger um dessen Person als um die Erbeutung des Kirchengutes zu tun. Campeggio bemerkte am 26. April 1525, in ganz Deutschland verlange man nach dem Kirchenvermögen (per tutta Germania principalmente si anhela alii beni ecclesiastici).

Die Besitzgier blieb auch nach dem Augsburger Religionsfrieden ein fruchtbares Motiv der Protestantisierung. Nach dem Reservatum Ecclesiasticum hatten zwar die geistlichen Reichsfürsten die Möglichkeit, zum Protestantismus überzugehen. Aber sie verloren in diesem Falle Amt und Würde. Die protestantischen Fürsten hielten sich nicht an diese Bestimmung gebunden. Der Geistliche Vorbehalt verhinderte nicht, daß auch in der Folgezeit Bistümer in protestantische Hände übergingen. Das gewöhnliche Mittel zur Protestantisierung war die Einsetzung protestantischer Administratoren für die weltliche Regierung der geistlichen Territorien, während dem Bischof (falls er überhaupt noch bestellt wurde) lediglich die Sorge für die geistlichen Angelegenheiten blieb. Auf der zweiten Stufe der Säkularisierung vereinigte das Herrscherhaus, das den Administrator stellte, das bischöfliche Gebiet mit seinem Territorium.

3. Die Auslieferung des Kirchenwesens an Fürsten und Herren

Luthers Lehre legitimierte nicht allein den Griff nach dem Kirchenvermögen; sie lieferte vielmehr das gesamte Kirchenwesen der weltlichen Gewalt aus und erhöhte so deren Macht. Die Autorität des Papstes und der Bischöfe zerstörte der Wittenberger, ihre Jurisdiktion leugnete er. Da aber ein religiöses System ohne Ordnung, Macht und

Recht nicht auskommen kann, sah er sich nach einer Ersatzautorität um. Er fand sie in der weltlichen Obrigkeit. Luther gab das Kirchenwesen einmal dem Adel preis und übertrug ihm das Kirchenregiment. Statt den Priestern zu gehorchen, sollte er jetzt befehlen. Die von Luther in seiner Schrift an den Adel erhobenen Forderungen — Zerstörung der Stellung des Papstes, Beseitigung der Klostergelübde, Aufhebung des Zölibates, Abschaffung der Fest- und Fasttage und Vernichtung des kanonischen Rechtes — mußten unzählige Interessenten ansprechen. Auch hier überrascht es nicht, daß dieses bequeme Evangelium im Adel begeisterten Widerhall weckte. Die meisten Herren schlossen sich der Reformation an, weil sie die Macht der Geistlichen vernichtete und ihre eigene vermehrte. Jene Pfarreien fielen am frühesten vom katholischen Glauben ab, in denen Adlige den Patronat innehatten. Sie vertrieben die katholischen Geistlichen in den ihrer Herrschaft unterstellten Ortschaften und setzten protestantische Prediger ein. Luther lieferte sodann das Kirchenwesen den Fürsten aus und forderte sie auf, eine neue Ordnung einzurichten. Die Landesherren gelangten in den Besitz der Rechte, die zu katholischen Zeiten die Diözesanbischöfe innehatten; sie erließen die Kirchenordnungen und regierten die „Kirchen" durch von ihnen ernannte Superintendenten. Die Verbindung der geistlichen Gewalt mit der weltlichen gab den Fürsten die Macht über die Gewissen ihrer Untertanen. Luther legte die Entscheidung über den Glauben des Volkes in die Hand des Landesherren. Die Untertanen mußten das glauben, was der Fürst zu glauben befahl. Es wäre merkwürdig, wenn ein religiöses System, das die Verfassung und die Lehre der Kirche den Herrschern überantwortete, von diesen nicht begierig aufgegriffen worden wäre. Die Fürsten sahen in den Gedanken, die Luther vortrug, die willkommene Gelegenheit, ihre Macht zu festigen, zu vermehren und auszubauen. Dies sollte auf Kosten des Kaisers und der Kirche geschehen. Die (Territorial-)Obrigkeit wurde in der Tat über alles rechte Maß erhoben. Der Klerus wurde ihr gänzlich unterstellt. Bei den Fürsten dürfte es die Regel gewesen sein, daß sie von der Neuerung darum angetan waren, weil ihre Annahme die politische Macht der Geistlichen zerstörte und ihre eigene vergrößerte. Fast überall standen hinter der obrigkeitlichen Einführung der sogenannten Reformation als ein Hauptbeweggrund die Politik und das wirtschaftliche Interesse. Morone schrieb am 18. April 1540, von den Fürsten schlössen sich die einen in der Absicht, sich selbst zu erhöhen und das Haus Österreich niederzudrücken, der Häresie an, während dieselben und ziemlich alle sich an dem Kirchengut bereichern wollten. Der Nuntius Pighino führte am 5. November 1548 die Zuneigung der Großen zum Luthertum auf zwei Wurzeln zurück; einmal wollten sie weder im Geistlichen noch im Zeitlichen einen Herrn über sich haben, zum anderen wollten sie die von ihnen eingezogenen Güter der Kirche genießen. Rosemarie Müller-Streisand hat trefflich herausgearbeitet, wie sehr das neue „Evangelium" der herrschenden Klasse zugute kam. Um so höher ist die Haltung jener wenigen Fürsten zu bewerten, die dem Glauben unter Verzicht auf die verlockenden Möglichkeiten, die der Abfall ihnen eröffnet hätte, die Treue hielten.

VI.

Die Mittel der Protestantisierung

Um das Vertrauen auf die innere Kraft des Wittenberger „Evangeliums" war es bei den meisten „Reformatoren" nicht gut bestellt. Sie hielten es vielmehr für notwendig, ihm mit äußeren Mitteln energisch nachzuhelfen. Wenn es allein auf die Überzeugungskraft der Lehre angekommen wäre, hätten sich wohl nirgendwo geschlossen protestantische Territorien gebildet.

1. Der fieberhafte Eifer

Niemand kann bestreiten, daß zahlreiche Anhänger der neuen Lehre einen überwältigenden Eifer an den Tag legten, um einerseits die Neuerung auszubreiten, anderseits den katholischen Glauben zu unterdrücken und die Kirche zu zerstören. Ich erinnere beispielsweise an die rastlose Tätigkeit Wilhelm Farels. Man denke weiter an die aggressive, offensive Politik Philipps von Hessen, die immer weitere Teile Deutschlands von der Kirche loszureißen bemüht war, oder an einen so betriebsamen, fanatischen und wendigen Mann wie Georg Erasmus Tschernembl. Luther selbst rühmte sich, daß er den Verteidigern des katholischen Glaubens immer vorauseile und sie so ständig außer Atem kämen. Eine Unmenge von gesprochenen und gedruckten Worten ergoß sich aus Mund und Feder der Neuerer auf die Menschen; Reden und Schreiben waren bis dahin noch nie in diesem Maße in den Dienst einer Vorstellungsreihe gestellt worden. Fortwährend wurden Besprechungen, Zusammenkünfte und Treffen gehalten, bei denen beraten und beschlossen wurde, wie dem katholischen Glauben Abbruch getan werden könne. Die Protestanten benutzten jedes Entgegenkommen von katholischer Seite, um es gegen sie auszuschlachten, wie beispielsweise die literarische Fehde zwischen Gropper und Butzer beweist. Die Geschichte des Untergangs vieler standhafter Klöster ist ein anschauliches Beispiel für die Hartnäckigkeit, mit der protestantische Adlige und Fürsten unaufhörlich den Mönchen und Nonnen zusetzten, bis ihr Widerstand endlich gebrochen war. Die Emissäre der protestantischen Reichsstände überschritten die Grenzen des Reiches und standen mit ausländischen Herrschern, vor allem mit dem französischen König, in Gedankenaustausch und in Verhandlungen. Psychologisch ist dieser Eifer gewiß bei nicht wenigen auf die Unruhe ihres Gewissens zurückzuführen. Es ist ja eine bekannte Erscheinung, daß Abgefallene von einer merkwürdigen Ruhelosigkeit erfüllt sind, solange andere noch bei dem bleiben, was sie abgeworfen haben. So sind sie rastlos tätig, um sie in den Abfall hineinzuziehen; sie meinen, Ruhe zu finden, wenn ihre ganze Umgebung so ist, wie sie selbst sind. Die Berichte der päpstlichen Gesandten sind voll von Bemerkungen über die unheimliche Geschäftigkeit und die fieberhafte Aktivität der Protestanten. Ich erinnere beispielsweise an Delfinos Bericht an Paul IV. vom Augsburger Reichstag, der am 29. Juni 1555 datiert ist. Am 21. September 1556 schrieb Delfino aus Wien an Paul IV., was ihn betrübe, sei, zusehen zu müssen, wie die Gegner jeden Tag etwas Wesentliches im Hinblick auf ihr trauriges Ziel täten, während viele Katholiken sich betrügen, als seien sie von ihnen bezahlt (che molti delli nostri ... si portano in modo che par che siano pagati dalli detti avversari perchè vivano et procedano come fanno). In der Tat läßt sich auf katholischer Seite eine vergleichbare Agilität nicht feststellen. Die Katholiken waren zum überwiegenden Teil milde oder müde, konnivente oder bequeme Beschwichtiger, die einem Ausgleich das Wort redeten. Sie hätten viel früher und vor allem geschlossen vom Reagieren zum Agieren übergehen, die Verteidigung durch Angriff führen müssen. Joseph Lortz kommentiert die Abreise des allein konsequenten Otto Truchseß von Waldburg vom Augsburger Reichstag mit dem Satz: „Die zielbewußten Protestanten und die nachgiebigen Katholiken waren unter sich."

2. Die Disputationen und Religionsgespräche

Die Anhänger der neuen „Kirche des Wortes" waren unermüdlich in Wortgefechten. In den ersten Jahrzehnten führten sie diese vorwiegend gegen die Katholiken, in der folgenden Zeit hauptsächlich untereinander. Ein sehr beliebtes Mittel der Protestanten, ihre Lehre zum „Siege" zu führen, waren die theologischen Disputationen. Sie waren bemüht, die Katholiken für Wortkämpfe zu gewinnen, in denen sie zu triumphieren hofften. Diese Redeschlachten wurden gewöhnlich vor Stadträten oder Fürsten geführt, also Personen, denen zur Beurteilung die theologischen Kenntnisse und zur Entscheidung die Autorität fehlten. Schon die Veranstaltung von Religionsgesprächen, auf Grund deren die Obrigkeit handeln sollte, war also ein Eingriff in die Verfassung und die Lehre der Kirche. Die Disputationen „wurden zum Agitationsmittel in der konfessionellen Polemik und zum Rechtsmittel der religionsgebietenden Gewalten" (Winfried Becker).

Die Protestanten erboten sich, ihr religiöses System als das ursprüngliche, von Christus gewollte zu erweisen, wenn nur die Gespräche auf der „richtigen" Grundlage geführt würden. Sie glaubten, über ein absolut sicheres Mittel zu verfügen, mit dem sie aus diesen Wortstreitereien als Sieger hervorgehen müßten, nämlich das Prinzip „Durch die Schrift allein". Da ihre eigenen Aufstellungen, wie sie meinten, sich zwingend aus dem Text der Bibel ableiten ließen, während die katholische Lehre nur im Verein von Schrift und Tradition dargetan werden konnte, waren sie überzeugt, daß jeder normale Zuhörer ihnen die Siegespalme zusprechen müsse. Sie machten damit das, was zu beweisen war, nämlich die Berechtigung des Grundsatzes „Durch die Schrift allein", zur Voraussetzung, ein typischer Fall einer petitio principii. Manche katholische Teilnehmer an Religionsgesprächen erfaßten die falsche Vorentscheidung, die hier getroffen wurde. Mit dem Fortgang der Entwicklung wurde den Katholiken immer klarer, daß es eine gemeinsame Basis für protestantische und katholische Disputanten nicht mehr gab. Ihnen ging jetzt auch auf, daß selbst die reduzierte Lehre, wie die Protestanten sie festhielten, nicht insgesamt, ohne weiteres und ohne jeden Zweifel aus der Bibel erhoben werden konnte. Die innerprotestantischen Lehrstreitigkeiten boten ein immenses Anschauungsmaterial für die Berechtigung des katholischen Standpunktes, der Schrift und Tradition sowie das lebendige Lehramt zu einer Einheit verband.

Zu diesen gewöhnlich von dem Protestantismus zuneigenden Stadtobrigkeiten angesetzten Disputationen traten die vom Kaiser oder von anderen Reichsfürsten veranlaßten Religionsgespräche, die einen Ausgleich der Meinungen bringen sollten. Die Religionsgespräche hatten niemals Aussicht, die religiöse Einheit Deutschlands wiederherzustellen. Denn zu keinem Zeitpunkt wären mögliche Konzessionen, zu denen der Heilige Stuhl hätte seine Hand bieten können, geeignet gewesen, die Protestanten zum katholischen Glauben zurückzuführen. Es ging bei den Lehrgegensätzen zwischen Katholiken und Protestanten nicht um Mißverständnisse oder Wortstreitigkeiten, sondern um ein gänzlich verschiedenes, nicht zu vereinbarendes und nicht zur Deckung zu bringendes Verständnis der christlichen Offenbarung, genauer den protestantischen Abfall vom katholischen Glauben. Alle Ausgleichsversuche des Kaisers beruhten auf einem Verkennen des Wesens der religiösen Neuerung. Ihr Prinzip, die maßgebliche Auslegung der Heiligen Schrift durch den Wittenberger Lehrer Martin Luther, stand zu der Lehre der katholischen Kirche, die dem hierarchischen Lehramt die Entscheidung über das Verständnis der Bibel zuweist, in unaufhebbarem Gegensatz. Außerdem waren die Begünstiger und die Nutznießer der lutherischen Bewegung durch nichts dazu zu bringen, ihre Gewinne an Macht, Mitteln und Land, die sie der Neuerung verdankten, herauszugeben. Es ist insofern nichts verpaßt und nichts versäumt worden.

Auf katholischer Seite bestand regelmäßig wenig Geneigtheit, sich auf Disputationen und Religionsgespräche einzulassen. Das Ergebnis der Diskussion konnte unmöglich über den künftigen Bekenntnisstand entscheiden. Denn es war zufällig und von äußeren Faktoren abhängig. Die Religionsgespräche scheiterten auch daran, daß ein unparteiischer Richter nicht vohanden war. Die katholischen Theologen hatten mehrheitlich ebenfalls wenig für die Disputationen und Religionsgespräche übrig. Albert Pigge hat die grundsätzliche Verfehltheit der Übung, sich mit den Protestanten auf Disputationen einzulassen, dargetan und an die Warnung Tertullians vor dem Disput mit den Häretikern erinnert. Johann Eck schrieb am 26. August 1540 an Contarini die zutreffenden Sätze: ,, Genug ist disputiert worden; sie wollen sich nicht durch Gründe überzeugen lassen, sie wollen sich vor der Autorität der Konzilien und der heiligen Väter nicht beugen. Der Kirche Brauch und Sitte verachten sie; die ihnen entgegengehaltenen Schriftstellen verstümmeln und verdrehen sie. Deswegen wird vergeblich die Zeit verschwendet und nur zur Herausgabe neuer durch und durch häretischer Bücher Gelegenheit geboten.''

Die päpstlichen Nuntien waren sich in der Regel über die Nutzlosigkeit, ja Schädlichkeit von Religionsgesprächen mit den Protestanten klar. Aleander sprach bereits am 8. März 1521 die Nutzlosigkeit von Disputationen mit den Lutheranern aus. Campeggio erwartete am 17. November 1524 nichts von Disputationen mit den Abgewichenen.

Niemand hat klarer als Morone in seinem Schreiben vom 18. April 1540 gezeigt, wie die Protestanten mit ihrem Schriftprinzip bei jeder auf dieser Grundlage geführten Diskussion notwendig obsiegen mußten, weil eben manche katholische Wahrheiten kein evidentes Schriftzeugnis für sich haben.

3. Das gewaltsame Vorgehen

Die oben genannten Motive und die soeben geschilderten Erscheinungen erklären hinlänglich den Erfolg der protestantischen Bewegung. Um so erstaunlicher ist, daß viele Geistliche und Laien sich ihr nicht anschlossen. Es besteht ein starkes Defizit der Forschung in der Aufarbeitung des katholischen Widerstandes gegen die Neuerung. Das pausenlose Schelten und die erbarmungslose Hetze der Prädikanten gegen die katholische Kirche zeitigten selbstverständlich bei der Masse des geistig unmündigen Volkes ihre Wirkung; sie ließ vom Glauben ihrer Väter, ja wurde von dem Haß ihrer Prediger angesteckt. Aber nirgendwo war die Gesamtheit der Bevölkerung der katholischen Kirche überdrüssig. In vielen Fällen ging eine Mehrheit zur Neuerung über, in unzähligen anderen war es nur eine Minderheit. Revolutionäre Gruppen entfalten bekanntlich eine Rührigkeit, die bei flüchtigen Beobachtern den Eindruck erweckt, das ganze Volk stehe hinter ihnen, und radikale Scharen vermögen einen Lärm zu erzeugen, der über ihre zahlenmäßige Stärke täuscht. ,,Überall und stets in aufgeregten Zeiten dominieren rührige Minderheiten'' (Leo Jablonski). Mit geistigen Mitteln war jedenfalls kaum irgendwo eine geschlossen protestantische Bevölkerung zu gewinnen. Da griffen die Neuerer zur Macht, von Anfang an und überall, wo es ihnen erforderlich erschien. Zu dem Reden gegen die Kirche setzten die Neuerer die Gewalt, und zwar den Terror aufgewiegelter Massen und den Zwang der Obrigkeiten. In Gebieten katholischer Fürsten riefen die Protestanten dagegen nicht selten das Widerstandsrecht, d. h. das Erlöschen der Gehorsamspflicht, an, wenn ein Landesherr versuchte, den Protestantismus zurückzudrängen.

Die Schmähreden und die Hetze der Prädikanten fanatisierten vielerorts die Menschen. Die gegen die Kirche aufgebrachten Massen fielen über Gotteshäuser und die Wohnungen der Geistlichen her, richteten Verwüstungen an, raubten und plünderten. Die Bezeichnung „Bildersturm'' für diese an zahllosen Orten und häufig wiederholt sich abspielenden Terrorszenen ist verharmlosend. In Wirklichkeit handelte es sich um Druck und Drohung, Vernichtung der Existenz bis hin zum Mord. Die bodenlose Intoleranz der Anhänger der neuen Lehre, die sich doch unter Berufung auf die Gewissensfreiheit von der Kirche getrennt hatten, ist noch nicht erschöpfend dargestellt worden. Die Härte und die Unnachgiebigkeit, die Luther eigen waren, vermachte er seiner Bewegung.

Gewalt wurde aber nicht nur von verführten Massen, sondern auch von den Fürsten, Herren und Städten angewendet, um die katholische Religion zu vernichten. Luther forderte oft die Obrigkeit auf, die öffentliche Feier der hl. Messe als ,,Gotteslästerung" (!) abzustellen. Er rief die Gewalt an, wenn die Predigt des neuen ,,Evangeliums" nichts fruchtete. Bekannt ist sein Vorgehen gegen die Geistlichen im Wittenberger Allerheiligenstift, wo er schließlich den Rat und die Gemeinde der Stadt um ihr Eingreifen ersuchte. Wer sich auf die Dauer seiner Lehre widersetzte, der war eben nach seiner Meinung verstockt, wo er sich nicht durchsetzen konnte, war angeblich der Teufel am Werk. Auch in Nürnberg wurde dem neuen ,,Evangelium" mit Druck nachgeholfen, wie sich u. a. aus dem Beschluß vom 16. März 1525 ergibt, die Feier der hl. Messe zu verbieten. Die neugläubigen Obrigkeiten handhabten die Einführung des protestantischen Kirchenwesens und die Unterdrückung des katholischen Glaubens regelmäßig mit äußerster Strenge und schärfster Konsequenz. Bei der Gewaltanwendung war der Widerspruch unverkennbar. Wenn den protestantischen Fürsten ihre Protestantisierungsmaßnahmen vorgehalten wurden, gaben sie zur Antwort, das Volk wünsche dies. Wenn aber das Volk wieder zur Messe gehen wollte, dann wurde es gewaltsam daran gehindert.

Der doppelte Weg der Gewalt, der an zahllosen Orten beschritten wurde, um dem Protestantismus freie Bahn zu schaffen, ihn durchzusetzen oder als allein herrschende Religion zu etablieren, ist ein Zeugnis für die Treue von Klerus und Volk zum katholischen Glauben. Wenn die große Mehrheit der Geistlichen ohne weiteres und von sich aus der Neuerung zugefallen wäre, dann wären die gegen sie ergriffenen Maßnahmen wie Auferlegung von Stillschweigen, Drohungen, Strafen und Ausweisung unverständlich. Es gab im Klerus und bei den Ordensleuten einen weitverbreiteten Widerstand gegen die Protestantisierung, der durch Gewalt gebrochen wurde. Ein Ruhmesblatt der Kirche ist vor allem das Verhalten vieler Nonnen. Die Geschichte des heldenhaften Widerstandes katholischer Frauenklöster in deutschen Landen gegen protestantische Unterdrückung, protestantische Gewissensnötigung und protestantischen Zwang zum Abfall ist noch nicht geschrieben.

Es besteht auch kein Zweifel, daß ein großer Teil des Volkes nur ungern und gezwungen von dem katholischen Glauben abließ. Wäre die Masse des Volkes von dem neuen Evangelium begeistert und ihm von Herzen zugetan gewesen, dann wären die zahllosen Mandate, die das Anhören der (protestantischen) Predigt unter Strafe geboten, unverständlich. Die zum erheblichen Teil sehr ungünstigen Ergebnisse der Examinationen bei lutherischen Visitationen sind ohne die Annahme einer verbliebenen Anhänglichkeit an den katholischen Glauben kaum zu erklären. Wenn das Volk allgemein und mit Freude zum Luthertum übergegangen wäre, dann bliebe der überaus häufige Widerstand, ja Widerwille gegen die Prediger des neuen Evangeliums unerklärlich. Die Klagen über schlechte Behandlung der Prädikanten durch ihre Pfarrangehörigen sind Legion. Selbst lange Zeit nach Abschluß der sogenannten Reformation hielten noch Einwohner von Städten und Dörfern der Kirche die Treue. Nirgendwo war die ganze Bevölkerung protestantisch; überall gab es mehr oder weniger zahlreiche Anhänger des katholischen

Glaubens. Erst die Erziehung der jungen Generation in der Irrlehre löschte allmählich die heilige Religion aus.

Das neue ,,Evangelium" war übrigens dort, wo es verbreitet war, nicht imstande, die Gesamtheit der Bevölkerung an sich zu fesseln. Zahllose Menschen wandten sich bekanntlich, enttäuscht von dem Luthertum, den Wiedertäufern zu. Wie gering die Zuneigung zu der lutherischen Religion in beinahe allen Gebieten war, ergibt sich auch aus dem schroffen Vorgehen der Landesherren gegen die übrigen protestantischen Sekten. Gerhard Lorichius schrieb im Jahre 1546, er habe sich von der lutherischen Sekte deswegen wieder getrennt, weil er bei ihr ,,nichts sehe oder höre, das einer Reformation gleichsehen möge".

4. Die landesherrliche Visitation

Der Gebrauch von Gewalt gegen die heilige Religion hatte viele Gesichter. Eines der wirksamsten Mittel, um mit dem katholischen Glauben aufzuräumen, war der Prüfungsbesuch der Geistlichen und der Pfarreien durch eine Kommission, der regelmäßig neugläubige Prediger und landesherrliche Beamte angehörten. Sie prüften den religiösen, sittlichen und disziplinären Zustand der Pfarrer und der Bevölkerung, führten protestantische Lehren und Formen ein, setzten katholische Priester ab und vertrieben sie. ,,Visitation und Reformation sind Wechselbegriffe. Jede Visitation ist ein Stück Reformation" (G. Uhlhorn). Dieses Vorgehen wurde mit der angeblich der Obrigkeit obliegenden Pflicht, falsche Gottesverehrung nicht in ihrem Gebiet zu dulden, begründet. Schon Luther wußte sich des Mittels der (von Staates wegen betriebenen) Visitation zu bedienen, um seine Lehre durchzusetzen und den katholischen Glauben auszurotten. In den Jahren 1527 und 1528 wurde auf sein Drängen in Kursachsen die amtliche Visitation durchgeführt. Für die protestantische Visitation war grundlegend, daß sie im Auftrag des Landesherrn ausgeführt wurde, daß also die staatliche Macht dahinterstand und mithin Widerstand nutzlos war. Dem visitierenden Bischof hatten die Abgefallenen Hohn und Spott, manchmal sogar Gewalt entgegengesetzt; der mit der Autorität des Fürsten erscheinenden Kommission konnte niemand zu trotzen wagen. Die lutherischen Visitationen waren verbindliche Hoheitsmaßnahmen des Landesherrschers, auch wenn Prädikanten examinierten und instruierten; sie waren die Einleitung und der Ausdruck des landesherrlichen Kirchenregiments, das Luther etabliert hatte. Diese Visitationen wurden nicht einmal, sondern immer wieder vorgenommen, und auf diese Weise wurden allmählich die letzten Funken katholischen Lebens ausgelöscht. In Preußen wurde bereits 1540 die jährliche Visitation angeordnet. Das Visitationswesen wurde vielfach mit großer Konsequenz und Rigorosität betrieben. Ihm ist es zuzuschreiben, daß bis zum Erlaß des Augsburger Religionsfriedens die Zahl der (offenen) Katholiken stark dezimiert wurde. Das von dem Augsburger Religionsfrieden statuierte Recht, aus religiösen Gründen auswandern zu dürfen, ist in den meisten protestantischen Territorien nicht wirksam geworden; die Gründe dafür hoffe ich zu einem späteren Zeitpunkt angeben zu können. Der Rückstand der Forschung hinsichtlich der Ausweisung bzw. Auswanderung von Katholiken aus Gebieten mit protestantischen Landesherren ist besonders kraß.

Im Zusammenhang mit der Visitation und außerhalb ihrer wurde ein System strammer Kirchenpolizei aufgerichtet. Die protestantische Kirchenzucht war ein System des Zwangs. Die Obrigkeiten erließen zahllose Mandate, die jedenfalls gegen katholische Regungen unerbittlich durchgeführt wurden. Das Volk wurde in die Predigt und zum Abendmahl getrieben.

5. Täuschung der Menschen

Einen nicht unwesentlichen Anteil an der Verbreitung der Wittenberger Lehre hatte die (beabsichtigte oder unabsichtliche) Täuschung der Menschen über Ziel und Absicht ihrer Urheber und Propagatoren. Die Protestanten verdankten einmal einen großen Teil ihres Erfolges der Behauptung, daß sie das (von der Papstkirche verdunkelte) Wort Gottes wieder entdeckt hätten. Unaufhörlich versicherten sie, es sei ihnen um die Wiederherstellung des ursprünglichen Glaubens der Kirche, der im Papsttum verdunkelt und verfälscht worden sei, zu tun. Dem Volk wurde gesagt, es gehe um Abstellung von Mißbräuchen, nicht um Änderung des Glaubens und Abfall von der Kirche. Wenn es bei der 1568 in Braunschweig-Wolfenbüttel durchgeführten Visitation hieß, es solle den Untertanen kein neuer Glaube aufgedrungen, sondern lediglich der uralte katholische Glaube gereinigt und wiederhergestellt werden, so war das offensichtlich irreführend.

Luther gebrauchte sodann zahlreiche überkommene religiöse Ausdrücke und theologische Begriffe weiter, legte ihnen aber einen ganz abweichenden Sinn unter. Da Luther die bisherigen theologischen Termini wie Glaube und Gerechtigkeit fortwährend im Munde führte, meinten viele, er verwende sie auch in dem herkömmlichen Sinne, und es entging ihnen, daß sein Verständnis davon völlig abwich. Während die Menschen beispielsweise unter ,,Evangelium" die Botschaft Christi in der Lehre der Kirche verstanden, bedeutete der Begriff bei Luther die neue Vorstellung von der Rechtfertigung allein durch den Glauben. Durch seine verhüllenden Äußerungen gelang es Luther, viele Gläubige über seine wahren Absichten zu täuschen.

Allzu lange und bei allzu vielen Katholiken bestanden weiter irrige Vorstellungen über die Gesinnung Melanchthons. Man hielt ihn nicht nur für konziliant und kompromißbereit, sondern rechnete immer wieder mit seiner Rückkehr zum katholischen Glauben. Melanchthon begünstigte eine solche Täuschung über seine Einstellung. Er machte die unglaubliche Äußerung, der ganze Streit drehe sich lediglich ,,um einige wenige Mißbräuche". Von Melanchthon stammt bekanntlich die Confessio Augustana. Das Augsburger Bekenntnis wurde als jenes der wahren, reformierten Kirche ausgegeben, seine Annahme daher als unbedenklich, ja als pflichtmäßig hingestellt, da es eben lediglich auf die ursprüngliche Kirche zurückführte. Johann Eck warf dagegen der Confessio Augustana zu Recht vor, sie verharmlose und verschleiere die Gegensätze im Glauben durch Verwendung neuer, nicht eindeutig bestimmter Begriffe.

Lug und Trug, Täuschung und Fälschung waren schließlich alltägliche Waffen der Neugläubigen. Sie hintergingen den Kaiser und den Papst, die Bischöfe und den Reichstag in gleicher Weise. Der Kurfürst von der Pfalz beispielsweise, der am 18. April 1546 in der Heidelberger Stiftskirche den lutherischen Gottesdienst abhalten ließ, versicherte kurz zuvor dem Kaiser, daß er bei der katholischen Kirche bleibe. Es ist bekannt, an wie vielen Orten der Schein der alten Kirchenverfassung mit „Bischöfen" erhalten blieb. Der lutherische Gottesdienst hatte häufig eine Gestalt, die dem ungeübten Auge nicht wesentlich von der katholischen Liturgie abzuweichen schien. Luther selbst leitete ja seine Religionsdiener zur Täuschung an, wenn er sie aufforderte, in der Messe alles fortzulassen, was mit dem Opfer zu tun habe, dies aber so zu tun, „daß der gemeine Mann es nimmer erfährt". Das eine oder andere Kirchenwesen lutherischer Provenienz übte den Ritus der Elevation, d. h. der Erhebung der verwandelten Elemente Brot und Wein, die doch nur dort einen Sinn hat, wo eine Wandlung erfolgt. Sogar die lateinische Sprache wurde in größerem oder geringerem Umfang beim Gottesdienst gebraucht. An manchen Orten blieb die Einzelbeicht erhalten, jetzt freilich als bloßer Dienst der Verkündigung der Vergebung verstanden. Einzelne Landeskirchen behielten die Gewänder bei, die in der katholischen Zeit bei der Feier der hl. Messe und bei der Spendung der Sakramente üblich waren. Lange Zeit unterschieden die Menschen die beiden Richtungen der Lehre an den äußeren Kennzeichen der Disziplin. Morone schrieb am 18. April 1540, das Volk sei verführt und betrogen worden.

Die Wirkung dieser beabsichtigen oder nicht beabsichtigten Täuschung war verhängnisvoll. Es ist schon in der Zeit der sogenannten Reformation darauf hingewiesen worden, daß die Masse der Menschen Luthers Schriften weder kannte noch verstand. Die grundlegenden, aber schwierigen Fragen der Rechtfertigungs- und der Verdienstlehre waren der übergroßen Menge der Zeitgenossen schlechthin unverstehbar. Die meisten Menschen bemerkten daher die Veränderungen in der Lehre nicht und begriffen nicht, daß die Kirche zerstört und eine neue religiöse Gemeinschaft begründet wurde. Viele waren der Meinung, Luther stelle das reine Evangelium wieder her, es gehe ihm lediglich um die Beseitigung von Mißständen in der Kirche. Von der Kirche trennen wollte sich zumindest in den ersten Jahrzehnten der lutherischen Bewegung kaum jemand. Das Volk begehrte nicht die Zerstörung der katholischen Kirche, sondern ihre Erneuerung. Es dachte nicht an Abfall, sondern an Besserung. Viele glaubten, noch in der Kirche zu sein, auch wenn sie die Neuerungen mitmachten, die mit den Namen der sogenannten Reformatoren verknüpft sind. Noch in der zweiten Hälfte des 17. Jahrhunderts legten beispielsweise im Herzogtum Kleve Lutheraner, Reformierte und Katholiken ohne Unterschied großen Wert darauf, sich als Mitglieder der „katholischen" Kirche zu bezeichnen (Dorothea Coenen). Wenn es sich bei der lutherischen Bewegung nicht um die Gründung einer Sonderkirche, sondern lediglich um die Reinigung der allgemeinen Kirche handelte, dann erklärt sich daraus zum Teil der mancherorts geringe Widerstand gegen das neue Kirchenwesen. ,,So paradox es klingen mag, nichts hat die Kirchentrennung so gefördert wie die Illusion, die sich über ihr Vorhandensein täuschte'' (Hubert Jedin).

VII.

Die Hemmnisse erfolgreicher Abwehr der Irrlehre

Nachdem die Gründe namhaft gemacht wurden, die ohne Rücksicht auf das Verhalten der Bischöfe das Voranschreiten der Glaubensneuerung in Deutschland erklären, soll nunmehr der Blick auf die Bischöfe selbst gerichtet und gefragt werden, welchen Anteil ihr Tun oder Unterlassen an dem großen Abfall hatte. Dabei dürfen die Schwierigkeiten, mit denen die Oberhirten des 16. Jahrhunderts zu kämpfen hatten, nicht verkannt werden; sie waren groß und vielfältig. Es besteht kein Zweifel, daß auch die besten Bischöfe die Lawine, die Luther auslöste, nicht hätten aufhalten können. Dennoch waren Charakter und Verhalten der Diözesanoberhirten für den Gang der Entwicklung nicht unbeachtlich. Die Persönlichkeit und die Aktivität bzw. Passivität der Bischöfe war vielmehr für die Ausbreitung und die Festigung des Protestantismus in hohem Maße bestimmend. Zeitgenössische Beobachter, denen niemand Sachkenntnis und Willen zur gerechten Beurteilung absprechen kann, gaben der Überzeugung Ausdruck, daß die Hirten der Kirche zum erheblichen Teil ihrer Aufgabe nicht gewachsen waren. So nannte beispielsweise Johannes Eck die Schuld von Bischöfen und Papst an dem Erfolg der Religionsneuerung deutlich beim Namen. Herzog Georg von Sachsen sah sogar den Ursprung der Wirren in dem Versagen der meisten Bischöfe.

1. Die Verantwortung der Päpste

Die Sache Luthers war in Deutschland entstanden, aber sie zog die gesamte Kirche in Mitleidenschaft. Die Päpste als das sichtbare Oberhaupt der Kirche waren aufgerufen, dazu Stellung zu nehmen. Sie haben das in gewissem Umfang getan. Am 15. Juni 1520 erklärte Leo X. in der Bulle ,,Exsurge Domine'' 41 Sätze Luthers als verworfen, ketzerisch und ärgerniserregend, verbot seine Schriften und forderte ihn innerhalb 60 Tagen zur Rückkehr zur Kirche auf. Die Bulle ,,Exsurge Domine'' hatte indes bei aller Verdienstlichkeit ihre Schwächen; vor allem legte sie nicht fest, welche Sätze Luthers, die sie verurteilte, lediglich anstößig und welche häretisch waren. Am 3. Januar 1521 erließ Leo X. die Bulle ,,Decet Romanum Pontificem'', in der Luther und seine Anhänger als der Exkommunikation verfallen erklärt und alle Bischöfe aufgefordert wurden, die Exkommunikation zu verkünden. Dem nachträglichen Betrachter fällt die Langsamkeit des Vorgehens auf. Von der Anzeige Luthers durch Erzbischof Albrecht von Mainz im

Dezember 1517 bis zu der Bulle „Decet Romanum Pontificem" vom Januar 1521 brauchte der Apostolische Stuhl drei Jahre, um dem Wittenberger Irrlehrer den Prozeß zu machen. Die Römische Kurie hat dennoch die Gefährlichkeit dieses Gegners rascher erfaßt und mehr getan, um ihn unschädlich zu machen, als die meisten deutschen Bischöfe.

Die Päpste ergriffen auch fernerhin eine Reihe von Maßnahmen, um des Abfalls Herr zu werden. Sie entsandten Nuntien nach Deutschland, unter denen viele bedeutende, ja hervorragende Männer waren. Ihr Anteil an der Erhaltung und an der Wiederaufrichtung der katholischen Religion ist beträchtlich. Große Verdienste um die Besserung von Mißständen und die Bekämpfung des religiösen Umsturzes erwarben sich sodann die von den Päpsten in Gang gesetzten Visitationen. Man braucht nur an den Namen von Felician Ninguarda zu erinnern, um den Segen dieser Prüfungsbesuche in den Blick zu bekommen. Der Apostolische Stuhl unterstützte weiter die katholische Sache im Reich mit Truppen und Subsidien, aber nicht in genügendem Maße und nicht immer. Die Päpste begriffen auch, daß eine außergewöhnliche Lage außergewöhnliche Mittel verlangte. So überwanden beispielsweise mehrere von ihnen, die als ausgesprochene Männer der Reform gelten müssen, ihre Abneigung gegen die Kumulation von Benefizien. Ein Bischof, der mehrere Bistümer in seiner Person vereinigte, vermochte nämlich die gesammelte Kraft dieser Stifte in das Spiel der politischen Mächte einzubringen. Pius V. gründete endlich am 23. Juli 1568 eine ständige Kardinalsdeputation zur Bekehrung der Häretiker jenseits der Alpen. Ende des Jahres 1572 rief Gregor XIII. die Congregatio Germanica ins Leben. In diesen Gremien widmeten sachkundige Männer den deutschen Angelegenheiten die gebührende Aufmerksamkeit.

Dieser positiven Bilanz stehen beträchtliche Negativposten gegenüber. Fast alle Päpste der ersten Hälfte des 16. Jahrhunderts waren ihrem Amt nicht gewachsen und haben der Kirche schweren Schaden zugefügt. Die unglaubliche Pflichtvergessenheit der Päpste, von denen manche mehr an ihre Verwandten als an die Kirche dachten, war gleichzeitig ein schweres Hindernis für die katholische Erneuerung. So beförderte beispielsweise in Dezember 1534 Paul III. zwei seiner Enkel, die im Alter von 14 und 15 Jahren standen, zu Kardinälen. Julius III. war ein schwankendes Rohr und am meisten um seine Familie besorgt. Die Päpste waren lange Zeit nicht imstande oder nicht gewillt, den Bischöfen in ihren Diözesen die kraftvolle jurisdiktionelle Stellung zu verschaffen, ohne die weder die Abwehr der Irrlehre noch die katholische Erneuerung wirksam betrieben werden konnte; vor allem die bischöfliche Position gegenüber dem Domkapitel und den klösterlichen Verbänden war schwach. Die reichen Privilegien der Bettelorden entzogen sie zu weitgehend der Jurisdiktion der Bischöfe. Lange Zeit entnervten die Päpste die kirchliche Disziplin durch fortwährende Ausnahmeregelungen. Sie waren nicht der Tatsache eingedenk, daß Dispensen dem Gesetz Wunden schlagen. Johannes Eck hat die laxe Dispenspraxis der Römischen Kurie scharf getadelt. Der Heilige Stuhl war schließlich zu nachsichtig gegenüber den Bischöfen. Er ließ es zu, daß sich die Administratoren von Bistümern lange Zeit nicht die Weihen erteilen ließen und ein dementsprechend ungeistliches Leben führten. Er gestattete, daß Bischöfe von der Residenzpflicht in ihren Diözesen befreit wurden. Der Heilige Stuhl hatte regelmäßig Geduld und Nachsicht, zu viel Geduld und zu viel Nachsicht mit den unbrauchbaren Bischöfen. Er ließ gewöhnlich lange Zeit hingehen, ehe überhaupt etwas gegen sie unternommen wurde, und was dann meist geschah, waren Mahnungen und Untersuchungen, nicht aber die erforderlichen Maßnahmen. Ein Mann wie der Salzburger Erzbischof Wolf Dietrich von Raitenau beispielsweise hätte niemals jahrzehntelang auf seinem Bischofsstuhl geduldet werden dürfen. Allerdings darf nicht übersehen werden, daß die Gründe, die das Stillhalten so manches Bischofs angesichts von Mißständen entschuldigen oder wenigstens erklären, auch für den Heiligen Stuhl galten. Mehr als einmal mußte der Papst einen unwürdigen Bischof in seinem Amte dulden, damit man ihn nicht bei scharfem Vorgehen den Protestanten in die Arme triebe.

2. Die Ernennung Ungeeigneter zu Bischöfen

Es besteht kein Zweifel, daß es im 16. Jahrhundert eine beträchtliche Zahl von Bischöfen gab, die für ihr Amt entweder rechtlich oder charakterlich oder in beiderlei Hinsicht nicht geeignet waren. Ausdruck der Tatsache, daß vielfach Ungeeignete auf Bischofsstühle erhoben wurden, war die sehr häufige Ersetzung der Wahl durch die Postulation. Die Wahl der Bischöfe lag bei den Domkapiteln. Diese waren hauptsächlich von Mitgliedern der deutschen Adelsgeschlechter besetzt; unter ihnen waren nicht wenige Protestanten oder protestantisierende Personen sowie ungeistliche oder unwürdige Männer. Die protestantisch gesinnten oder sittlich verkommenen Mitglieder der Domkapitel gaben bei Wahlen vorzugsweise Kandidaten, die zu ihnen paßten, ihre Stimme. So erklärt es sich, daß die Domkapitel in zahlreichen Fällen ungeeignete Personen zu Bischöfen wählten bzw. postulierten. Menschliche Rücksichten, finanzielle Überlegungen und Familienpolitik spielten dabei eine große Rolle. Die höchsten geistlichen Stellen wurden allzu häufig für die Versorgung von Söhnen der Fürsten und des hohen Adels verwendet. Manche von ihnen spürten, daß sie dafür weder geeignet noch geneigt waren, und wehrten sich. Aber man drang in sie und beschwor sie, um der Familie willen ihren Widerstand aufzugeben. Nicht ganz selten wurden Fürstensöhne zuerst in den geistlichen Stand und dann in die bischöfliche Würde regelrecht hineingezwungen. Die fast ausnahmslose Besetzung der höchsten Kirchenämter mit nachgeborenen Söhnen adeliger und fürstlicher Häuser war ein schlimmer Schaden für die Kirche. Einmal fehlten diesen Männern vielfach Eignung und Neigung, um ihrem hohen Berufe genügend nachzukommen. Zum anderen gerieten sie in den Sog der Familienpolitik. Die Herren und Fürsten gedachten, ihr Einkommen und ihre Macht durch ihre Verwandten auf den Bischofsstühlen zu vermehren. Häufig wurden auch Bistümer als Belohnung für politische Dienste vergeben. Die Männer, die auf diese Weise zur Bischofswürde gelangten, waren teilweise gewandte Diplomaten und tüchtige Verwalter, aber nicht von Seeleneifer erfüllte Oberhirten. Minutio Minucci führte in seiner Denkschrift von 1588 aus, die Domkapitulare trachteten nach dem Episkopat nicht in der Absicht, dieses Amt auszuüben und ihre Kirche zu regieren, sondern um sich der Bezüge und der Fürstenwürde zu erfreuen; sie dächten nicht an die Notwendigkeit des Zölibats und an die anderen kirchlichen Tugenden. Es gehört zu den schlimmsten Versäumnissen des 16. Jahrhunderts, daß von der Schar erleuchteter und energischer Verteidiger des katholischen Glaubens fast niemand auf einen Bischofsstuhl erhoben wurde. Ein Mann wie Eck beispielsweise, den Aleander für geeignet hielt, Bischof zu werden, blieb Pfarrer und Professor.

Die Päpste waren an der Ernennung der Bischöfe regelmäßig durch das Recht der Bestätigung beteiligt; erst die Konfirmation verschaffte den Gewählten normalerweise den Bischofsstuhl. Die Bestätigung konnte jedoch aus mancherlei Gründen ihre regulierende Funktion häufig nicht ausüben. Denn die Wahl hatte eine Tatsache geschaffen, die nicht mehr ohne weiteres aus der Welt geschaffen werden konnte. Sie war oft das Ergebnis fürstlicher Politik, und ihre Kassierung konnte der Kirche böse Feindschaft und große Verluste eintragen. In einer Zeit weitverbreiteten Ungehorsams und allgemeiner Empfindlichkeit, ja Gereiztheit gegen den Apostolischen Stuhl war es vielfach ein Risiko, einem rechtmäßig Gewählten die Bestätigung zu versagen. Die Autorität des Apostolischen Stuhles war geschwächt. Ein dem Protestantismus zuneigender Kaiser wie Maximilian II. gab dem Erwählten schon vor und auch ohne päpstliche Konfirmation die Regalien, so daß er als Landesherr regieren konnte. Der Gewählte war nun im Besitz der weltlichen Macht, und es war gefährlich, ihm die geistliche Jurisdiktion vorzuenthalten. In zahlreichen Fällen mochte der Apostolische Stuhl die Bestätigung trotz schwerer Bedenken nicht verweigern, weil er davon noch Schlimmeres befürchtete. Denn womöglich behauptete sich der Gewählte trotz Ausbleibens der Bestätigung in dem angemaßten Amt, dann aber gewöhnlich voll Ressentiment gegen den Heiligen Stuhl, oder es wurde jemand gewählt, der womöglich noch weniger für die Würde geeignet war. Angesichts dieser Verhältnisse waren die Päpste häufig bestrebt, im Vorfeld der Wahl die Aufmerksamkeit der Domkapitel auf geeignete Persönlichkeiten hinzulenken. Sie suchten für bestimmte Kandidaten zu werben, und manchmal setzten sie sich auch durch. Auf diese Weise kam beispielsweise Franz Wilhelm von Wartenberg nach Osnabrück.

Angesichts der geschilderten Verhältnisse begreift man, daß es eine der obersten Aufgaben der tridentinischen Reform war, gute Bischöfe zu erhalten. Der Weg zu diesem Ziel war schwierig, weil das Problem komplex war. Er mußte mit der Reinigung und Hebung der Domkapitel beginnen. Sodann mußten genügend geeignete Persönlichkeiten für die Bischofswürde zur Verfügung stehen, was eine entsprechende Auslese und Ausbildung voraussetzte.

3. Der Hemmschuh der Wahlkapitulationen

Das Urteil über die Domkapitel im 16. Jahrhundert muß differenziert ausfallen. Einerseits besteht kein Zweifel, daß die Domkapitel bzw. Mitglieder derselben unter den Verteidigern der katholischen Kirche an vorderster Stelle zu nennen sind. In zahlreichen Fällen haben sie die Irrlehre bekämpft und ihr Fortschreiten gehemmt, vereinzelt sogar den Glauben in einem Bistum gerettet. Andererseits waren das Standesbewußtsein, der Eigennutz und das Selbständigkeitsstreben gegenüber dem Bischof in vielen Kapiteln so ausgebildet, daß sie ein schweres Hemmnis für einen wirksamen gemeinsamen Abwehrkampf bildeten. Die Domkapitel waren häufig in erster Linie darum besorgt, daß ihre Macht erhalten blieb und nicht von den Bischöfen beeinträchtigt wurde. Die Geschichte des 16. Jahrhunderts ist daher angefüllt mit Streitigkeiten zwischen Bischof und Domkapitel. Dadurch wurden die katholischen Kräfte zersplittert und der gemeinsame Kampf gegen die Irrlehre behindert. Nicht selten waren auch Mitglieder von Domkapiteln sittlich korrupt. Ihr schlechtes Beispiel mußte auf den Klerus verheerend wirken.

Die Domkapitel betrachteten sich als neben dem Bischof zur Regierung von Bistum und Hochstift berechtigt, verfolgten ihre eigene Politik und besaßen handfeste Interessen. Um die Bischöfe an ihre Bestrebungen zu binden und ihre Rechte und Freiheiten zu wahren, legten sie ihnen vor der Übertragung des Amtes Bestimmungen auf, die sie beschwören mußten, die sogenannten Wahlkapitulationen. Es wäre falsch, diese Einrichtung als in jedem Falle schädlich zu bezeichnen. In gewissem Umfang hatte sie durchaus förderliche Wirkungen. Dank ihrer blieben Rechte und Besitz von Hochstiften erhalten, ja wurde mitunter der katholische Glaube gesichert. In vielen Fällen waren jedoch die Wahlkapitulationen kein Bollwerk für die heilige Religion, sondern ein Hindernis jeder Erneuerung. In den Wahlkapitulationen, welche die Bischöfe beschwören mußten, suchten die Domkapitel ihnen die Hände zu binden, daß sie nicht gegen ihre Disziplinlosigkeiten einschritten. Auch sonstige Hemmnisse der Diözesanregierung, z. B. einer energischen Rekatholisierung, resultierten aus diesen Auflagen. Nun wäre es ja möglich gewesen, daß ein Bischof, der zu der Erkenntnis gekommen war, daß Bestimmungen der Wahlkapitulation der Ausübung seines Hirtendienstes entgegenstanden, versuchte, sich darüber hinwegzusetzen. Aber einmal hatten manche deswegen mit Gewissensbedenken zu ringen, und zum anderen führte ein solches Vorgehen regelmäßig einen unheilvollen Streit mit dem Domkapitel herauf. So fanden sich viele Bischöfe, um Ruhe zu haben, mit den lästigen Vorschriften ab. Die Sache des Glaubens hatte von dieser Nachgiebigkeit den Schaden.

4. Die Macht der Protestanten

War ein Bischof in den unangefochtenen Besitz seines Amtes gelangt, konnte er nicht ohne weiteres anordnen und durchführen, was ihm notwendig und nützlich erschien, um die heilige Religion zu erhalten und zu fördern; er mußte sich vielmehr fragen, welche Macht ihm zur Verfügung stand. Die politische Lage und die militärische Kraft waren in diesem mit allen Mitteln durchgefochtenen Kampf in weitem Ausmaß für Erfolg oder Mißerfolg sowohl der Glaubensneuerung als auch der Gegenmaßnahmen ausschlaggebend. Zahlreiche Fürsten, Herren und Reichsstädte fielen früh zum Protestantismus ab. Unter den protestantisch gewordenen Gebieten waren so mächtige Territorien wie Sachsen und Brandenburg. Die Lutheraner verfügten über Männer, die an Listigkeit, Rücksichtslosigkeit, Skrupellosigkeit und Sittenlosigkeit ihresgleichen suchten. An erster Stelle sind hier die sächsischen Kurfürsten Friedrich, Johann und Johann Friedrich zu erwähnen. Ihre zugleich tückische und gewalttätige Haltung war ein mächtiges Hindernis für alle Versuche, das Unheil rechtzeitig abzuwenden oder anzuhalten. Man denke weiter an einen so würdigen Vertreter des neuen ,,Evangeliums" wie den Landgrafen von Hessen, Philipp, der nach menschlichem Urteil fast immer in der Todsünde lebte, oder an den Herzog bzw. Kurfürsten von Sachsen, Moritz, für den Treue und Wahrhaftigkeit Fremdworte waren. An ihre Seite ist Fürst Christian von Anhalt-Bernburg, ein Intrigant und Agitator, Verräter und Desperado ersten Ranges, zu rücken. Es sei schließlich auf Männer wie Albrecht Alcibiades, Markgraf von Kulmbach-Bayreuth, und Albrecht III., Graf von Mansfeld, verwiesen, die als grausame militärische Anführer überall Furcht und Schrecken verbreiteten. Christian von Braunschweig-Wolfenbüttel war ihnen ebenbürtig; er trägt den Namen ,,der tolle Halberstädter", den ihm die Geschichte gegeben hat, zu Recht. Zu diesen und anderen Fürsten, die ihre Mittel für die neue Lehre einsetzten, traten zahlreiche Reichsstädte. Sie besaßen Menschen und Geld in gleicher Weise. Man denke an so bedeutende Gebilde wie Nürnberg, Augsburg und Ulm, Bremen, Hamburg und Lübeck. Die Macht der großen Reichsstädte, die entweder völlig protestantisiert worden waren oder in denen der Protestantismus herrschend geworden war, fiel schwer ins Gewicht. Ihre gewaltige Finanzkraft kam der Neuerung zugute. Die kleineren Herren und die Ritter endlich lieferten die Anführer der verwegenen Scharen, die nach Beute lüstern waren, Klöster einzogen, überfielen und ausplünderten, die Hochstifte erpreßten und auf ihre Art das ,,Evangelium" voranbrachten. Die Protestanten waren agil und entschlossen; viele von ihnen kannten weder rechtliche Schranken noch sittliche Bedenken. Was 1529 in Speyer geschah, war eine Rebellion; die neugläubigen Reichsstände zerbrachen hier die Einheit des Reiches und legten den Keim zum Religionskrieg. Der bald danach abgeschlossene Schmalkaldische Bund war zeitweilig infolge seiner inneren Geschlossenheit und seiner Zusammenfassung der reichsständischen Opposition gegen das Haus Habsburg die stärkste Macht in Deutschland. Daß auch ein mutiger und von seiner Sendung erfüllter Bischof mit diesen Kräften rechnen mußte, ist selbstverständlich. Auf dieser Erde sind nun einmal Macht und Gewalt regelmäßig stärker als die Wahrheit. Noch niemals hat eine Sache sich allein deswegen durchgesetzt, weil sie im Recht war.

Viel hing für die Haltung, das Wirken und den Erfolg der Bischöfe von der Einstellung der Landesherren ab. Solange beispielsweise Männer wie Herzog Georg von Sachsen und Herzog Heinrich von Braunschweig lebten bzw. im Besitz ihres Landes waren, konnten sich die benachbarten Bischöfe auf sie verlassen und sich an sie anlehnen. Als sie aber starben bzw. ihr Land verloren, waren sie schutzlos dem Druck und Terror der Protestanten ausgeliefert. Ihr eigenes Land war regelmäßig zu klein, um ihnen die Machtmittel zu liefern, die für eine erfolgreiche Behauptung gegen die protestantischen Kräfte erforderlich waren. Mochten sie immerhin im Hochstift noch der Neuerung wehren, so stand ihnen außerhalb desselben in den Ländern, deren Herren zum Protestantismus abgefallen waren, der weltliche Arm nicht mehr zur Verfügung. Die Bischöfe waren aber bei Maßnahmen gegen Geistliche, die nicht ihrer Landeshoheit unterstanden, regelmäßig auf den guten Willen der Territorialherren angewiesen und konnten nur mit deren Hilfe etwas gegen sie ausrichten; fehlte sie ihnen, so waren ihre gutgemeinten Anordnungen und Entscheidungen zur Erfolglosigkeit verurteilt. Das Beispiel des Meißener Bischofs redet hier eine deutliche Sprache. Selbst im eigenen Lande blieb den Bischöfen angesichts ihrer Machtlosigkeit in manchen Fällen nichts anderes übrig, als gewisse Schäden hinzunehmen, um nicht durch allzu rasches und strenges Vorgehen die Lage zu verschlimmern. Die Anhänger der neuen Religion fanden regelmäßig Rückhalt im Ausland, bei den protestantisch gewordenen Fürsten, Herren und Städten. Wenn irgendwo gegen Protestanten vorgegangen wurde, dauerte es gewöhnlich nicht lange, bis sich protestantische Reichsstände mit Fürsprache, Mahnungen oder Drohungen einmischten. In zahlreichen Fällen erreichten diese Interventionen ihren Zweck zur Gänze oder teilweise; geplante Maßnahmen unterblieben, die verhängte Strafe wurde gemildert, die Vollstreckung von Strafen wurde aufgeschoben oder unterlassen. Mochte mancher Bischof aus Feigheit und Schwäche zurückweichen und nachgeben, so war doch in anderen Fällen die Macht der Verhältnisse stärker als der gute Wille. Kardinal Otto Truchseß von Waldburg schrieb jedenfalls in einem Gutachten, daß die Bischöfe viele Mißstände duldeten, sei nicht böser Wille, sondern die Not der Zeit binde ihnen die Hände.

Auf katholischer Seite fehlte meist die überlegene Macht, um den Protestantismus zurückzuwerfen. Um die Mitte des 16. Jahrhunderts waren Ost-, Mittel- und Norddeutschland zwar nicht etwa lückenlos protestantisch, aber ganz überwiegend in den Händen protestantischer Fürsten und Städte. Nun besaßen ja die meisten Bischöfe auch ein weltliches Gebiet, über das sie als Fürsten, häufig sogar als Reichsfürsten herrschten. Mochte dieses Territorium auch in vielen Fällen klein sein, so gab es doch auch Hochstifte, die einen ansehnlichen Umfang besaßen; man denke an die Stifte Bremen, Münster, Trier, Würzburg und Salzburg. Es war aber gerade das Unglück, daß ein großer Teil der mächtigeren Hochstifte entweder sehr früh wegen Abfalls zum Protestantismus für die katholische Sache ausfiel, wie Bremen und Magdeburg, oder jahrzehntelang von Bischöfen regiert wurde, die als Versager oder Verräter zu gelten haben, wie Münster und Osnabrück. Die Macht der übrigen reichte entweder nicht aus, um den (häufig mit Frankreich konspirierenden) protestantischen Kräften mit Aussicht auf Erfolg zu begegnen, oder wurde nicht zielbewußt und risikobereit eingesetzt. Die Ämterkumulation, die der Heilige Stuhl richtig als Mittel zur Konzentration politischer Macht verwandte, wurde leider auch von protestantischer Seite betrieben. So kam es, daß in Norddeutschland jahrzehntelang und mehr als einmal mehrere Hochstifte in der Hand eines schwankenden oder abgefallenen Mannes vereinigt waren; ihre Kraft fehlte der katholischen Sache. Der Mangel an hinreichenden Mitteln ist in Rechnung zu stellen, wenn es darum geht, die Bischöfe des 16. Jahrhunderts zu beurteilen.

5. Die Last der fürstlichen Würde

Die deutschen Bischöfe des 16. Jahrhunderts hatten fast allesamt eine Doppelstellung; sie waren gleichzeitig Oberhirten eines Bistums und Landesherren eines mehr oder weniger ausgedehnten Gebietes, also Fürstbischöfe. Diözese und Hochstift deckten sich nicht. Das Stift bildete regelmäßig nur einen (kleinen) Teil des Bistums oder lag sogar weitgehend außerhalb desselben. Die zweifache Würde der Bischöfe brachte Vor- und Nachteile mit sich. Einmal war der Besitz eines Gebietes, über das ein Bischof als Landesherr regierte, regelmäßig ein Faktor, der ihm (gewöhnlich bescheidene) Macht und Finanzmittel einbrachte. In diesem Gebiet trat er den Einwohnern in doppelter Eigenschaft, als geistlicher Hirt und weltlicher Fürst, gegenüber, was seine Stellung als Bischof jedenfalls in gewisser Hinsicht verstärkte. Denn er konnte seine geistlichen Anordnungen mit den Mitteln des weltlichen Amtes durchsetzen lassen. Die Bischöfe betrachteten regelmäßig das Hochstift als die Grundlage ihrer Existenz. Sie waren überzeugt, daß sie nicht mehr würden Bischöfe sein können, wenn sie aufhörten, Fürsten zu sein. Manche trachteten darum die Religionsneuerung allein oder hauptsächlich deswegen von ihrem Gebiet fernzuhalten, weil sie ihre eigene Stellung durch sie gefährdet sahen. Umgekehrt suchten die Religionsneuerer mit dem Reichsfürstenstand der Bischöfe gleichzeitig den katholischen Glauben zu vernichten. Für die Erhaltung der katholischen Kirche in Deutschland mußte den Territorien der geistlichen Fürsten entscheidende Bedeutung zukommen. Denn angesichts des Abfalls der Mehrzahl der weltlichen Fürsten lag das Schwergewicht des Katholizismus nunmehr in ihren Gebieten. Brach der Glaube in den geistlichen Fürstentümern zusammen, mußte ganz Deutschland der Irrlehre verfallen.

Zum anderen war die weltliche Regierung der Hochstifte, die den Bischöfen oblag und die doch in vielen Diözesen wenigstens Reste des Katholizismus erhalten hat, zugleich eine schwere Bürde. Zeitgenossen bestätigen, daß die Sorge für die zeitlichen Angelegenheiten viele Bischöfe derart mit Beschlag belegten, daß sie das Amt des Bischofs auch nicht entfernt wahrnahmen; sie vermochten kaum die Hälfte ihrer Zeit und Kraft ihrem geistlichen Dienst zu widmen. Die Position als weltliche Regenten war aber auch vielen wichtiger als ihre kirchliche Sendung. So mancher Fürstbischof sah in seiner Stellung als Landesherr ein Alibi dafür, daß er sich seinen geistlichen Pflichten persönlicher und amtlicher Art entzog. Kaiser Maximilian II. beklagte nach dem Bericht Morones vom 19. Juni 1576 die Nachlässigkeit der Bischöfe, welche die Hirtensorge hinter den zeitlichen Angelegenheiten zurücktreten ließen und damit dem Volk ein schlechtes Beispiel gäben. Das Amt des Landesherrn verführte sodann manchen Bischof dazu, allzu sehr an die Stärkung oder die Versorgung der Familie zu denken, der er entstammte. Bei nicht ganz wenigen fürstlichen Inhabern von Bischofsstühlen hatte die Hauspolitik den Vorrang vor den geistlichen Pflichten. Weiter bestanden vielfach in den Hochstiften Konflikte zwischen dem bischöflichen Herren und den Landständen. Zahlreiche Mitglieder der letzteren wechselten aus Opposition gegen den Bischof die Religion; der politische Hintergrund so manches Konfessionswechsels ist eindeutig. Die Abhängigkeit von den Landständen und das Bemühen, die landesherrliche Stellung zu behaupten, verführte einzelne Bischöfe zu unzulässigen Konzessionen. In einigen Fällen verstanden sich Bischöfe (wie weltliche Fürsten) dazu, den Landständen gegen Geldbewilligung die Ausübung der lutherischen Religion zuzugestehen. Ganz allgemein ist festzustellen, daß die Landstände in den Hochstiften eine bedeutsame Rolle bei Fortschritt oder Abwehr der Irrlehre spielten. Die Einstellung und das Verhalten des Domkapitels, des Landadels und der Reichsritter konnten das Vorgehen des Bischofs in hohem Maße hemmen oder fördern, vereiteln oder zum Erfolg führen. Die fortwährenden Kämpfe — gegen die aufrührerischen Bauern und gewalttätige Ritter und Fürsten — hinderten die Bischöfe daran, ihre und ihrer Hochstifte Macht voll zur Bekämpfung der Irrlehre einzusetzen. Das Amt des Fürsten, das die Bischöfe innehatten, bot schließlich an sich bis zu einem gewissen Grade die Gewähr, daß es in Ausbildung und Erziehung berücksichtigt wurde, daß die künftigen Bischöfe also wenigstens grundsätzlich für das Regieren vorbereitet wurden und daß auch bei der Auswahl der Personen, die für das Amt des (Fürst-)Bischofs in Frage kamen, wenigstens prinzipiell bedacht wurde, daß seiner Regierungsaufgaben warteten. Dennoch waren viele Bischöfe ihrer Aufgabe als Landesherren nicht gewachsen. Sie besaßen weder die erforderlichen Eigenschaften noch die notwendigen Kenntnisse, um ein Territorium zu regieren. Manche waren sogar in der maliziösen Absicht erkoren worden, ihre fehlende Begabung für die Regierungsaufgaben werde die Macht beim Domkapitel (und bei den übrigen Landständen) belassen. Mangelndes Talent und fortwährende Plackereien ließen manche Bischöfe ihrer fürstlichen Würde überdrüssig werden. Mancher Bischof des 16. Jahrhunderts hat sich danach gesehnt, von der Bürde seines weltlichen Amtes frei sein und sich allein den geistlichen Aufgaben widmen zu dürfen.

6. Das fehlende Vertrauen des Klerus und des Volkes zu den Bischöfen

Zwischen Bischof und Klerus bestand im 16. Jahrhundert regelmäßig keine enge Verbindung, geschweige denn ein Vertrauensverhältnis, vielfach nicht einmal ein lockerer Kontakt. Die fürstliche Stellung der Bischöfe hatte meist eine Lebensweise zur Folge, die sie vom Klerus schied. Der Bischof lebte in Schlössern und hielt hof, der Klerus führte überwiegend ein bescheidenes Leben. Bischof und Klerus waren nicht miteinander verbunden und schon gar nicht verwachsen. Das unzureichende Einkommen vieler Geistlicher war der Grund, daß sie dem Bischof grollten, der sie ihrer Meinung nach zu hoch besteuerte, und daß sie mit den Verhältnissen unzufrieden waren. Die Strafgelder, die der Bischof von konkubinarischen Geistlichen einheben ließ und die durch Wiederholung beinahe den Charakter von Gebühren annahmen, vertieften die Kluft zwischen Hirten und Oberhirt; sie warfen dem Bischof vor, er beute die sittlichen Verfehlungen des Klerus fiskalisch aus. Das Recht, zugunsten von Kindern, die aus dem Konkubinat hervorgingen, ein Testament zu errichten, ließ man sich wiederum bezahlen. Es gab tatsächlich so etwas wie einen Klassengegensatz zwischen Diözesanoberhirt und Geistlichkeit. Ihn machte sich die protestantische Irrlehre zunutze.

Der Klerus selbst war ebensowenig eine Einheit. Zu verschieden waren Bildung, Stellung und Einkommen. Man denke etwa an den Abstand zwischen Stiftsgeistlichkeit und Seelsorgeklerus. Auch zwischen Welt- und Ordensklerus bestanden nicht ganz selten scharfe Differenzen. Die Gegensätze im Klerus wurden durch die Privilegien des Adels bei der Besetzung von Benefizien verschärft. Der Irrlehre hätte durch eine geschlossene Front des Klerus Widerstand geboten werden müssen, aber eine solche gab es nicht. Die Geistlichen bildeten keine geeinte Phalanx. Eine Elite, die gespalten ist, schaufelt sich selbst das Grab.

Ähnliches wie für die Beziehung von Bischof und Klerus gilt für das Verhältnis von Bischof und Laien. Um das Volk gut zu führen, muß man es kennen und verstehen und darum ein Stück weit sein Leben teilen. Davon konnte im 16. Jahrhundert keine Rede sein. Der Abstand von Bischof und Volk war groß, zu groß. Die Abstammung der meisten Bischöfe aus adligen und fürstlichen Häusern war nicht geeignet, ein festes Band um den Oberhirten und seine Herde zu schlingen. Ihre Tätigkeit erreichte häufig das Volk nicht, weil es eine solche gar nicht gab. Der Kontakt, der durch die regelmäßige Predigt und durch die Spendung der Firmung zwischen Bischof und Gläubigen hergestellt wird, bestand in vielen Bistümern nicht, weil ihr Oberhirt weder predigte noch firmte. Viele Bischöfe besaßen nicht die Gabe volkstümlicher Sprache, falls sie sich überhaupt mit der Rede an das Volk wandten. Die meisten Bischöfe bewegten sich zu wenig unter dem Volk. Sie zogen nicht rastlos und unermüdlich von einem Ende ihrer Diözese zum anderen, mahnend und warnend, aufrichtend und tröstend, sich der Kranken annehmend und die Unwissenden belehrend. Auch das Finanzwesen der Kirche führte zur Ferne, ja zur Entfremdung von Hirt und Herde. Der kirchliche Fiskalismus, der ja bis zu einem gewissen Grad notwendig war und doch auch dem Volk zugute kam, wurde zumindest übertrieben und verzerrt dargestellt. Das schlechte Verhältnis von Bischof und Volk mußte die lutherische Bewegung begünstigen. Wie die Erfahrung zeigt, hängt bei vielen Menschen ihr schwacher Glaube zum erheblichen Teil von dem Kredit ab, den sie führenden Persönlichkeiten, also zuerst den Bischöfen, entgegenbringen. Da nun das Vertrauen zahlloser Gläubiger zu ihren Oberhirten fehlte, vermochte die lutherische Agitation ihre Verwüstungen in den Seelen anzurichten.

7. Der Mangel an zuverlässigen Mitarbeitern

Es ist schwierig, gute Gläubige zu haben, ohne gute Pfarrer zu besitzen, und es ist nicht weniger schwierig, gute Pfarrer zu erhalten ohne gute Bischöfe. Aber auch umgekehrt gilt: Der beste Bischof kann sein Bistum nicht zur Höhe führen und seine Erneuerungsabsichten nicht durchsetzen, wenn er keine oder zu wenige Gehilfen besitzt, die mit ihm an einem Strang ziehen. Dieser Mangel läßt sich vielfach im 16. Jahrhundert beobachten. Häufig fehlte es den Bischöfen an geeigneten Mitarbeitern in ihrer nächsten Umgebung. In vielen Bistümern gab es hochgestellte Personen, die offen oder geheim gegen die Kirche arbeiteten und die Irrlehre begünstigten. Diese Feststellung gilt in erster Linie für das Domkapitel, aus dem schon damals häufig der Generalvikar und der Offizial und die Beamten für die Temporalienverwaltung entnommen wurden. Teile der deutschen Domkapitel haben ohne Zweifel die größten Verdienste bei der Erhaltung des Glaubens und bei der Abwehr der Irrlehre. Ebensowenig aber kann übersehen werden, daß zahlreiche Mitglieder der Domkapitel innerlich oder äußerlich zum Protestantismus abfielen oder wenigstens eine schwankende Stellung einnahmen, religiös nichts bedeuteten und sittlich auf niederem Niveau standen. Zu viele Kanoniker waren ungeistlich gesinnt. Eine wirkliche Reform stieß bei ihnen auf heftigsten Widerstand. Es war doch ein Minimalerfordernis, daß die Angehörigen des wichtigsten kirchlichen Gremiums einer jeden Diözese auf dem Boden des katholischen Glaubens standen, aber dieses war nicht gewährleistet. Petrus Canisius forderte daher nicht grundlos, daß niemand in ein Domkapitel aufgenommen werden dürfe, der nicht die Professio fidei abgelegt hatte, und daß vor einer anstehenden Bischofswahl nochmals ein Eid geleistet werde.

Sehr viel für die Regierung der Diözesen hing sodann von den Räten ab, mit denen sich die Bischöfe umgaben. Diese waren teils Geistliche, teils Laien. Um die Gesinnung beider Gruppen war es mancherorts und zeitweise schlecht bestellt. Unter den engsten Beratern so manchen Bischofs befanden sich offene oder geheime Anhänger Luthers. Daß von ihnen nichts für die Abwehr der Irrlehre und die katholische Erneuerung zu erwarten war, ist selbstverständlich. Sie berieten den Bischof falsch, bestärkten seine Befürchtungen, um ihn in seiner Tatenlosigkeit zu erhalten, und sabotierten Mandate und Maßnahmen, falls es zu solchen kam. Manche dieser Räte hatten mit den Neuerern Verbindung und leisteten ihnen gegen Bestechungsgelder gute Dienste. Der Verrat spielte eine beträchtliche Rolle. Die katholischen Reichsstände, die Bischöfe und die Domkapitel konnten kaum eine gemeinsame Unternehmung gegen die Abtrünnigen und Aufrührer verabreden, ohne daß sie durch Verräter den Neugläubigen zugetragen wurde. Aber diese unseligen Menschen wurden lange Zeit nicht entfernt. Es ist bekannt, daß manche Bischöfe bis in die Reformzeiten hinein häretische oder zumindest verdächtige Räte in ihrer Umgebung duldeten. Sie hatten nicht die Kraft, die Vorliebe von Personen den Erfordernissen ihres Amtes zu opfern. Zu häufig und zu lange förderten sie Männer und hielten sie an Favoriten fest, die der Kirche längst entfremdet waren und schweren Schaden zufügten.

Für die Vornahme der Weihefunktionen gab es in fast allen deutschen Diözesen Weihbischöfe. Da viele Diözesanbischöfe die Bischofskonsekration nicht empfangen hatten, waren sie für die Spendung der Weihen und der Firmung unentbehrlich. Die Koadjutoren wurden von den Diözesanbischöfen ausgewählt und bedurften an sich der päpstlichen Bestätigung. Unter den Hilfsbischöfen des 16. Jahrhunderts gab es nun ohne Zweifel eine beträchtliche Zahl theologisch gebildeter, sittlich einwandfreier und religiös lebendiger Männer. Häufig stammten sie aus Orden. Ihr Anteil an der Abwehr der Irrlehre war mitunter beträchtlich. Es läßt sich aber nicht übersehen, daß unter den Hilfsbischöfen auch sittlich defekte und im Glauben schwankende Persönlichkeiten waren. Der Schaden, den sie anrichteten, war groß. Die Geistlichen hatten an ihnen keinen Halt, der Diözesanoberhirt fand an ihnen keine Stütze; teilweise arbeiteten sie ihm entgegen.

Fast überall standen den Bischöfen im 16. Jahrhundert nicht genügend qualifizierte Geistliche zur Verfügung. Es fehlte an seeleneifrigen, gelehrten und sittenreinen Priestern. Die Seelsorge war von dem Mangel an theologisch ausgewiesenen, geistlich geprägten und sittlich hochstehenden Priestern stärker betroffen als andere Tätigkeitsfelder der Kirche. Diese Verhältnisse brachten die Diözesanbischöfe und ihre Generalvikare in eine Zwangslage. Entweder sie duldeten ungeeignete oder unwürdige Geistliche auf den Pfarrstellen. Dann lieferten sie den Feinden der Kirche willkommenes und häufig wirksames Agitationsmaterial. So mußten sie den Vorwurf hören, daß sie für die Zahlung von Geldbußen die konkubinarischen Geistlichen unbehelligt ließen. Oder sie setzten die ungeeigneten bzw. unwürdigen Priester ab. Dann gingen diese entweder in ein anderes Bistum oder schlossen sich den Protestanten an. Blieben die von ihnen verlassenen Stellen unbesetzt, dann bestand die Gefahr, daß die Gemeinden oder die Patrone protestantische Prediger beriefen. Die Bischöfe stellten sich daher mehrheitlich auf den Standpunkt, ein schlechter Pfarrer sei besser als gar keiner, eine Ansicht, die begreiflich, aber dennoch falsch ist.

VIII.

Fehler und Versäumnisse der Bischöfe

Bei aller gebührenden Berücksichtigung der äußeren und inneren Schwierigkeiten, die einer kraftvollen Regierung der Bischöfe im 16. Jahrhundert entgegenstanden, kann nicht übersehen werden, daß ein beträchtlicher Rest in der Bilanz von Tun und Unterlassen bleibt, der den Bischöfen zugerechnet werden muß. Kurz gesagt: Es besteht kein Zweifel, daß ein erheblicher Teil der deutschen Bischöfe des 16. Jahrhunderts ihrem Amt und den von der Zeit gestellten Aufgaben nicht gewachsen war. Ihre Unfähigkeit und ihre Pflichtvergessenheit zogen schlimme Folgen nach sich. Durch die Versäumnisse, Fehler und Laster der Oberhirten wurden Klerus und Volk wankend und unsicher. Georg Schwaiger sieht die Auflösungserscheinungen der katholischen Kirche im Deutschen Reich des 16. Jahrhunderts „wesentlich als Versagen der Bischöfe in der Stunde höchster Gefahr". Obwohl es einzelne tüchtige Bischöfe gegeben habe, hätten „die überragenden Führergestalten" und, von Ausnahmen abgesehen, „die großen religiösen Persönlichkeiten" gefehlt. Das Urteil über die Hilflosigkeit und die Nachlässigkeit der Bischöfe ist nicht eine nachträgliche Feststellung von Historikern; es wurde vielmehr von den eifrigsten und treuesten Zeitgenossen der Glaubensspaltung in völliger Einmütigkeit ausgesprochen.

1. Der Mangel an Eifer

Vielen Bischöfen des 16. Jahrhunderts fehlte es an Regsamkeit und Glut, um Gottes und der Kirche Sache gebührend zu schützen und voranzubringen. Der Eifer ging ihnen ab, weil es ihnen an Tiefe der Glaubensüberzeugung und an Willen zur Selbstaufopferung gebrach. Wegen der Nachlässigkeit und der Saumseligkeit der Bischöfe wurden Initiativen unterlassen, Gelegenheiten versäumt, Mittel nicht angewandt, die der Erhaltung des wahren Glaubens gedient hätten. Es besteht kein Zweifel, daß an vielen Orten der neuen Lehre hätte Einhalt geboten werden können, wenn die Bischöfe die Pflichten ihres Amtes erfüllt hätten. Schon bei der Verkündigung der Bannbulle waren die meisten deutschen Bischöfe nachlässig. In der Folgezeit begingen sie eine Fülle von Versäumnissen. Bei wichtigsten Entscheidungen waren die Bischöfe nicht zur Stelle. Ihre Anwesenheit auf dem wichtigen Reichstag zu Speyer 1526 war beschämend gering. Auf dem Speyerer Reichstag von 1529 erschienen zahlreiche Bischöfe überhaupt nicht, andere verspätet. Manche Fürsten und Städte waren eifriger für die Erhaltung der katholischen Religion besorgt als viele Bischöfe. Fortwährend mußte der Nuntius Aleander sie drängen, ihre Pflicht zu tun. Die Domkapitel übertrafen häufig die Bischöfe an Aktivität für die Erhaltung des Glaubens. Auf der zur Abwehr der lutherischen Neuerung einberufenen Mainzer Versammlung kamen bezeichnenderweise nicht die Bischöfe selbst zusammen, sondern Mitglieder der Kathedralkapitel.

Es hätte eine propagandistische Offensive größten Stiles gegen den Protestantismus einsetzen müssen. Die Städte und die Dörfer hätten mit Schriften und Bildern eingedeckt werden müssen, in denen die Haltlosigkeit, die Ungereimtheiten und die Schädlichkeit der Irrlehre durchschlagend und eingängig aufgezeigt wurden. Aber die meisten Bischöfe wußten die Macht und die Wirkung von Agitation und Propaganda nicht recht einzuschätzen. Der Massensuggestion, die von den Religionsneuerern ausging, standen sie hilflos gegenüber. Sie verkannten die Bedeutung, welche die Stimmung der Massen für die Erhaltung und für die Zerstörung der Religion besitzt, sie verfügten nicht über das Instrumentarium und schufen es nicht, mit dem sie hätten zündende Parolen in die Bevölkerung werfen können. Nur wenige Bischöfe trugen ernsthaft dafür Sorge, daß die Gläubigen durch Predigten und Schriften über die Verderblichkeit der

Irrlehren aufgeklärt wurden. Verhältnismäßig spät und keineswegs überall wurden Druckereien eingerichtet, die katholische Schriften druckten. Es ist vielleicht ein typisch katholischer Fehler, das Feld der Beeinflussung der Öffentlichkeit und der Einwirkung auf die Menschen zu vernachlässigen. Von den Protestanten hätten die Katholiken lernen können, was Propaganda ist und vermag. Aber sie gingen bei diesen nicht in die Schule, beschränkten sich meist auf die Verteidigung, bereiteten ihre eigenen Aktionen publizistisch nicht oder nicht genügend vor und verstanden sich nicht auf die Kunst, das Unrecht der anderen Seite allgemein plausibel zu machen.

Jahrzehntelang klagten die Männer, denen die Verteidigung und die Erneuerung der Kirche am Herzen lag, über mangelnden Eifer der Bischöfe. Johannes Cochläus bezeichnete in dem Gutachten zur Reform der Kirche, das er während seines Aufenthaltes in Rom 1523/4 verfaßte, die Bischöfe seiner Zeit als ,,schlaftrunkene Hirten''. Johannes Eck schrieb am 17. September 1525 nach seiner großen Reise an Clemens VII., zu den von den Fürsten drohenden Gefahren trete die Trägheit und die Lauheit der Bischöfe (multorum Episcoporum segnities et tepiditas). Johannes Fabri bemerkte am 9. September 1525, die deutschen Bischöfe hätten in der Abwehr der lutherischen Irrlehre ihre Pflicht nicht getan (fuerunt profecto et sunt, ut veritatem libere loquar, Germaniae Episcopi satis in hac re negligentes). Der sächsische Dominikaner Petrus Sylvius stellte 1526 die Frage: ,,Sintemal nur wenige Prälaten die Verteidigung der Kirche zu Herzen nehmen, was kann ich oder meinesgleichen, mit Armut und Elend beschwert, dazu tun?'' Auf dem Reichstag zu Augsburg 1530 klagte Herzog Georg von Sachsen über ,,die Wächter des Heiligtums'', die zu schlafen schienen, während der Wolf in die Herde einbreche, und fragte, ob die Bischöfe denn nicht Gottes Gericht angesichts ihrer Nachlässigkeit fürchteten. Aleander bemerkte am 9. Oktober 1531, kaum jemand tue seine Pflicht, ein jeder suche nur seinen Vorteil und vernachlässige die Sache Christi. Im Jahre 1540 schrieb Eck an Kardinal Contarini von der ungeheuerlichen Nachlässigkeit der deutschen Bischöfe (supinam habent negligentiam in religionis causa). Das Kölner Provinzialkonzil von 1549 stellte mit Bezug auf die Unterlassung der Visitation fest: ,,Bisher haben die Bischöfe, was sich nicht bestreiten läßt, in tiefem Schlafe dahingelebt.'' Der Nuntius Delfino sah in seinem Schreiben vom 21. September 1556 den Glauben im Reich und vor allem in den österreichischen Erbländern in größter Gefahr. Als Gründe gab er die Notlage des Königs und die Lauheit fast aller Prälaten an (la tiepideza de quasi tutti li nostri prelati). Delfino stellte am 20. April 1561 erneut fest, bei den deutschen Bischöfen sei wenig Eifer im Dienste Gottes zu finden; der katholische Klerus füge der Kirche mehr Schaden zu als die offenen Häretiker. Petrus Canisius schrieb am 23. Juli 1567 an Commendone von den deutschen Bischöfen, daß sie schlüfen, statt für das Wohl ihrer Herde zu wachen (eos dormire magis quam gregi suo pascendo advigilare). ,,Selten visitieren die Bischöfe ihre Diözesen, noch seltener erreicht eine Visitation einen Nutzen. Dies kommt vor allem daher, daß sie nicht wissen, was zu verbessern und was anzuordnen ist, oder weil ihnen der nötige Eifer und die geistige Schwungkraft zur Erreichung des Notwendigen fehlt'', bemerkte er im Sommer 1576.

In vielen Diözesen ließen sich die Bischöfe so selten bei ihren Gläubigen sehen, daß der päpstliche Nuntius Ninguarda im Jahre 1577 bemerken konnte, es seien Greise vorhanden, die nicht wüßten, daß es eine Firmung gibt. Kardinal Ludwig Madruzzo schrieb am 15. März 1582 von der „üblichen Nachlässigkeit der Katholiken" (la ordinaria negligenza di catholici). Minutio Minucci beklagte noch 1588 die „Kälte" (freddezza) vieler deutscher Bischöfe. Diesen Urteilen von Zeitgenossen über den mangelnden Eifer zahlreicher Bischöfe in der Erfüllung ihres Amtes ließen sich ebenso viele Feststellungen von Historikern an die Seite stellen. Richtig schreibt Edmund Aelschker: „Überhaupt fehlte es vielen Kirchenoberhäuptern an dem gehörigen Nachdrucke oder dem Verständnisse, die Bewegung einzudämmen, solange sie sich noch nicht zur reißenden Flut gestaltet hatte." Joseph Schmidlin sagt von den Diözesanbischöfen nach dem Konzil von Trient: „Die Bischöfe ... kamen größtenteils ihren kirchlichen Berufspflichten gar nicht oder lässig nach." Für die Zeit des Papstes Sixtus V. stellt Ludwig von Pastor fest, daß „nur einzelne Oberhirten" ihrer Verantwortung „völlig gerecht" wurden, während „nicht wenige andere" es nach wie vor „an dem nötigen Eifer fehlen" ließen.

2. Das Fehlen des Reformwillens

Es fehlte vielen Bischöfen der entschiedene, ernste Wille, eine Reform, die diesen Namen verdiente, vorzunehmen. Sie vermochten weder die Kraft noch die Konsequenz aufzubringen, ohne die eine (echte) Reform nicht durchgeführt werden kann. Georg Pfeilschifter stellt für die Jahre 1520 bis 1570 fest, „daß der deutsche Episkopat im genannten Zeitraum kaum je von sich aus in der Reformfrage tätig geworden ist". Der festgestellte Mangel an Willen zur Reform läßt sich nicht durch den Hinweis etwa auf das von Pfeilschifter gesammelte Material entkräften. Denn nicht das Fassen von Entschlüssen zeigte schon die echte Absicht an, die Erneuerung in Angriff zu nehmen, sondern ihre Durchführung, und hierbei wieder die eigene Bekehrung. „Reformieren besteht nicht im Erlassen neuer Gesetze, sondern in der Befolgung der bestehenden Gesetze", erklärte das Konzil von Trient. Daran aber fehlte es. Es gab sogar Bischöfe, die nicht nur selbst nicht an eine Reform herangingen, sondern ihr, wenn sie von anderen versucht wurde, noch Widerstand entgegensetzten. So ist beispielsweise aus Würzburg bekannt, daß Lorenz von Bibra dem Domprediger Johann Reyß in den Weg trat, als dieser den Kampf gegen das Glücksspiel im Ratskeller aufnahm. Wenn es doch hie und da zu Reformansätzen kam, dann ging die Initiative regelmäßig von außen aus. Der Regensburger Reichstagsabschied vom 29. Juli 1541 beispielsweise legte den Bischöfen die Vornahme einer Reform in ihren Sprengeln nahe.

Die Gründe für den Mangel an echtem Reformwillen waren einmal meist das eigene religiöse und sittliche Ungenügen. Weil die Bischöfe nicht von einem opferbereiten Glauben erfüllt und von aszetischer Kraft getragen waren, setzten sie nicht zu Maßnahmen der Erneuerung an. Sie waren selbst nicht gewillt, die erforderlichen Anstrengungen und Beschwerden auf sich zu nehmen, die eine Haupt und Glieder umfassende Reform von ihnen verlangt hätte. Johannes Eck warf den Bischöfen vor, sie ließen den Geistlichen den unsittlichen Lebenswandel deshalb durchgehen, weil sie selbst korrupt seien. Sodann fürchteten die Bischöfe die Schwierigkeiten und die Konflikte, in die der Versuch einer echten Erneuerung sie bei Klerus und Volk gestürzt hätte. Reformen, die diesen Namen verdienen, tun weh, weil sie ins Fleisch schneiden, und es braucht den Einsatz aller natürlichen und übernatürlichen Mittel, um sich und andere dazu zu bringen, sich den Reformen zu beugen. Die meisten Bischöfe aber wollten niemandem wehe tun und unterließen wegen dieser Schwäche energische Reformversuche. Vorgesetzte, die ernsthafte und durchgreifende Reformen vornehmen, gewinnen weiter regelmäßig nicht die Liebe ihrer Anvertrauten, weil sie Feinde der Bequemlichkeit und des Schlendrians sind. Der Gefahr, unbeliebt zu sein, mochten sich aber viele Bischöfe (aller Zeiten) nicht aussetzen. Sie besaßen nicht die Kraft, um Gottes und der Kirche willen Verstimmung und Unmut ihrer Untergebenen auf sich zu nehmen. Es gab Bischöfe, die selbst alles andere als vorbildlich waren, die aber Maßnahmen echter Reform ins Werk setzten. Dieser Zwiespalt von Leben und Handeln bot jedoch den von der Reform Betroffenen ein beliebtes Argument, sich gegen sie zu wehren.

Der Mangel an Reformwillen zeigte sich auch in der Einstellung zu dem Konzil von Trient, nach dem die Bischöfe so oft und so lange gerufen hatten. Auf der ersten Sitzungsperiode des Trienter Konzils war nicht ein einziger deutscher Diözesanbischof anwesend. Die Trienter Reform wurde in der Hauptsache von eifrigen Bischöfen der romanischen Länder beschlossen. Der deutsche Episkopat nahm die Dekrete des Trienter Konzils mehrheitlich nur widerstrebend an und machte sich zögernd an ihre Veröffentlichung und Durchführung. Wie ein Bischof zu der kirchlichen Reform stand, das zeigte sich regelmäßig in seiner Einstellung gegenüber den Jesuiten. War er diesen gewogen und suchte er sie in seine Diözese zu ziehen, dann war er gewöhnlich auch ein Freund der tridentinischen Erneuerung. Wollte er dagegen von den Jesuiten nichts wissen, dann fehlte es ihm meist auch an Reformwillen. Schließlich hieß reformieren vielfach mühsames Säen ohne Aussicht, die Ernte in die Scheune zu bringen. Der Erfolg der notwendigen Maßnahmen zeigte sich nicht sogleich. Die wenigen Bischöfe, die auf der Grundlage der Trienter Beschlüsse die Saat ausstreuten, sahen die Frucht vielfach nicht mehr reifen. Um die Last solchen Dienstes auf sich zu nehmen, bedurfte es starken Glaubens und großer Selbstlosigkeit. Viele Bischöfe brachten beides nicht auf.

3. Die Abwesenheit der Einigkeit

Einigkeit macht stark. „Vereint sind auch die Schwachen mächtig“ (Friedrich Schiller). An dieser Einigkeit fehlte es die längste Zeit im 16. Jahrhundert, obwohl sie angesichts der ungeheuren Bedrohung bitter notwendig gewesen wäre. Einigkeit ist nur möglich, wenn Weitblick, Unterordnung und Opferbereitschaft zusammentreffen. Aber diese Tugenden waren meist nicht bei den Trägern des Bischofsamtes vorhanden.

Die Bischöfe waren sich einmal untereinander nicht einig. Sie fanden sich nicht zu raschen Maßnahmen zusammen und unterstützten auch den Kaiser nicht genügend. Zu keinem Zeitpunkt der Epoche der Glaubensspaltung vermochten sich die deutschen Bischöfe zu einem vereinten Handeln aufzuraffen. „Während der ganzen Reformationszeit ist es nie zu einem gemeinsamen Vorgehen aller Kirchenfürsten gekommen" (Theodor Wolters). Die Verantwortung für das Ganze war nicht bei allen Bischöfen genügend ausgebildet. Manche sahen nur sich und ihren Bereich. Ein Verräter wie Franz von Waldeck stand sogar auf der Gegenseite und bemühte sich jahrelang um Aufnahme in den Schmalkaldischen Bund.

Es bestand sodann keine Einigkeit unter den katholischen Reichsständen. Mehrfach wurden Vereinigungen katholischer Reichsfürsten gegründet; niemals aber gelang es, alle Fürsten oder auch nur alle geistlichen Fürsten dafür zu gewinnen. Dem in Nürnberg 1538 geschlossenen „heiligen Bund" zur Abwehr der Schmalkaldener gehörten nur zwei Bischöfe, die Metropoliten von Salzburg und Magdeburg, an. Der Nuntius Morone trat mit Recht unzählige Male dafür ein, das Bündnis der katholischen Fürsten zu festigen. Er entwickelte beispielsweise am 6. Juli 1539 den Plan eines Vorgehens. Es solle ein Bündnis der katholischen Fürsten in religiöser und militärischer Hinsicht zusammengebracht werden, dem sich womöglich Frankreich und der Papst anschließen sollten. Auf diese Liga gestützt, solle man an die Aufgabe der concordia herangehen. Aber das Projekt wurde nicht verwirklicht. Morone verglich am 11. April 1540 die Katholiken mit „aufgelösten Besen" (scope disciolte); die Kräfte der Lutheraner seien durch ihre Einigkeit und die Uneinigkeit der Katholiken gewachsen.

Es fehlte weiter auch an Einigkeit zwischen dem Apostolischen Stuhl und den deutschen Bischöfen. Viele von ihnen glaubten sich noch Opposition und Obstruktion leisten zu können, als bereits Deutschland in Flammen stand. Schon bei den Beratungen des Kardinalskollegiums über die Bulle gegen Luther Ende Mai 1520 machten den Kardinälen die zweideutige Haltung und der passive Widerstand der wichtigsten deutschen Kirchenfürsten in dem Verfahren gegen den Häresiarchen schwere Sorgen. Rivalitäten zwischen Bischöfen und Papst, namentlich wegen der Besetzung von Benefizien, lähmten die Schlagkraft der Verteidiger des katholischen Glaubens. Es gab Bischöfe, die in der Römischen Kurie einen größeren Feind sahen als in Luther und seinem Anhang. Eck erklärte in seinem Schreiben an Contarini vom 13. März 1540, die Bischöfe hätten sich im stillen über Luthers Auftreten gefreut, weil sie hofften, der drückenden Abgaben an den Papst ledig zu werden. Der Nuntius Morone schrieb am 12. Oktober 1540, die deutschen Bischöfe möchten das Joch des Apostolischen Stuhles abwerfen und selber Papst in ihrem Hause sein. Es ist unbegreiflich, wie Fragen der Verteilung der geistlichen Macht in einem Augenblick eine Rolle spielen konnten, in dem die Macht selbst aus den Angeln gehoben wurde. Der Gedanke, die Geistlichkeit und das Volk könnten erneuert werden, wenn die kirchliche Zentralgewalt geschwächt werde, war selbstverständlich irrig; in die Räume, die der Apostolische Stuhl freigab, rückte unweigerlich die weltliche Gewalt ein.

Ein unmeßbarer Schaden war schließlich die Uneinigkeit, die viele Jahre zwischen Kaiser und Papst bestand. Statt die Kräfte nach außen zu wenden, wurden sie im inneren Kampfe verbraucht. Clemens VII. gab dynastischen Interessen den Vorzug vor den Belangen des Glaubens. Sein Konflikt mit Karl V. erreichte seinen tragischen Höhepunkt in dem Sacco di Roma von 1527/28. Die Uneinigkeit der Träger der beiden höchsten Gewalten trug erheblich dazu bei, daß die Rückführung der Getrennten zur katholischen Kirche nicht gelang.

4. Das Schwanken und das Entgegenkommen gegenüber den Neuerern

Viele Bischöfe zeigten angesichts der Irrlehre eine merkwürdige Unentschiedenheit. Sie schienen nicht zu erkennen oder nicht erkennen zu wollen, worum es sich bei den Ansichten des Wittenbergers handelte. Lange Zeit versuchten nicht wenige Bischöfe, Luthers Aufstellungen harmlos zu deuten und seine Thesen abschwächend auszulegen. Ein Mann wie Eck erkannte die Gefährlichkeit der lutherischen Lehre viel früher als die meisten Bischöfe. Die theologischen Fakultäten der Universitäten Köln und Löwen verwarfen Luthers Erfindungen als Irrlehren, noch bevor sich der Heilige Stuhl dazu geäußert hatte. Es mußte etwas geschehen, um das Feuer auszutreten, das der Wittenberger angezündet hatte. Aber viele Bischöfe gingen nicht daran, sondern bemühten sich im Gegenteil, die besorgten Vorkämpfer des Glaubens zu beschwichtigen und die lutherische Bewegung zu bagatellisieren.

Erst recht wollten die Bischöfe nicht an konkrete Maßnahmen zur Unterdrückung des Aufruhrs herangehen. Der unermüdliche Johannes Eck hatte ungeheure Mühe, die deutschen Bischöfe zur Vollziehung der Bulle gegen Luther zu bewegen. Feige und furchtsam, wie sie waren, suchten manche ihm die Veröffentlichung der Bulle ,,Exsurge Domine" zuzuschieben. ,,Die Fürsten sind voller Unentschlossenheit, die Prälaten voller Furcht; keiner weiß einen Weg, der Ketzerei entgegenzutreten, vielmehr reden selbst jene zu Luthers Gunsten, die ihn fürchten", schrieb Aleander am 28. Februar 1521 aus Worms. Luther revanchierte sich für solche Dienste auf seine Art, indem er nämlich den Tenor seiner Schriften bis zur Siedehitze steigerte. Es ist richtig festgestellt worden: Die Mehrzahl der geistlichen Fürsten ,,konnte sich weder für noch gegen die Reformation entscheiden und ließ der Entwicklung freien Lauf" (Theodor Wolters). Dieses Schwanken war verhängnisvoll. ,,Die Ausbreitung der Reformation ist in starkem Maße durch die unschlüssige Haltung der geistlichen Fürsten dieser Zeit gefördert worden" (Theodor Wolters).

Viele deutsche Bischöfe ließen es sogar an Entgegenkommen gegenüber den Neuerern nicht fehlen. Das Verhalten Erzbischof Albrechts von Mainz in bezug auf Luther ist das bekannteste Beispiel dafür. Manche kamen sich sehr klug vor, indem sie davor warnten, durch übereilte oder zu scharfe Maßnahmen Luther in die Ketzerei zu treiben. Sie sahen nicht oder wollten nicht sehen, daß dieser nicht mehr aus der Kirche hinausgedrängt werden konnte, weil er längst außerhalb ihrer stand. In Wirklichkeit gestatteten Unentschlossenheit und Nachgiebigkeit der Bischöfe lediglich die lautlose Verbreitung der Neuerung. August Franzen spricht in diesem Zusammenhang von der „Tragik" der katholischen Kirche Deutschlands im 16. Jahrhundert: „Es ist die Tragik der Kirche, die in den entscheidenden Auseinandersetzungen von ihren Führern im Stiche gelassen wurde." Manche Bischöfe behandelten die religiösen Aufrührer rücksichtsvoll und schonend, während sie gegen die Verteidiger des Glaubens kühl und abweisend waren, ein Verhalten, das bekanntlich nach dem Zweiten Vatikanischen Konzil verblüffende Parallelen hat. Nur wenige waren klar und kompromißlos. Ein Mann wie der Kölner Erzbischof Adolf von Schaumburg war ein Gegner aller Zugeständnisse und sah von ihnen richtig nur Gefahren für die katholische Kirche ausgehen.

Immer wieder beobachtet man bei den Bischöfen Abwarten, Zögern, Schielen auf den Nachbarn. Die Suffraganbischöfe beriefen sich zur Rechtfertigung ihrer Säumigkeit, gegen die religiöse Neuerung einzuschreiten, auf das lässige und zögernde Verhalten ihres Metropoliten. Der Metropolit behauptete, nicht allein vorgehen zu können, ohne daß die Suffraganbischöfe mitzögen. So wartete einer auf den andern, und es geschah nichts. Das kaiserliche Mandat gegen Luther erging am 8. Mai 1521 zu Worms. Darin wurde über ihn die Reichsacht ausgesprochen. Aber die Durchführung des Wormser Edikts verzögerte sich, und je länger sie aufgeschoben wurde, um so weniger konnte es verhindern, daß die Neugläubigen in ihren Gebieten vollendete Tatsachen schufen. Es fehlte nicht an Überlegungen und Zusammenkünften der Bischöfe, aber sie kamen regelmäßig vor lauter Beratungen nicht zum Handeln. Freilich muß zugegeben werden, daß viele Bischöfe in ihrer Arglosigkeit der Hinterlist und Niedertracht so mancher Anhänger der religiösen Neuerung nicht gewachsen waren.

5. Die Neigung zum Protestantismus

Es unterliegt keinem Zweifel, daß es im 16. Jahrhundert nicht ganz wenige Bischöfe gab, die zum Protestantismus tendierten; einige von ihnen vollzogen den Abfall, andere schreckten davor zurück. Es lassen sich folgende drei Gruppen unterscheiden. Eine nicht unbeträchtliche Zahl von Bischöfen war im katholischen Glauben nicht genügend verwurzelt. Es fehlte ihnen an der tiefgegründeten Überzeugung. Sie waren nicht in der Lage, sich selbständig ein abgerundetes Urteil über die grundstürzende Verfehltheit der neuen Lehre zu bilden. Manche dieser Bischöfe waren an Fragen der Lehre wenig interessiert; sie scheinen teilweise oder zeitweilig einem theologischen Skeptizismus angehangen zu haben. Die Wahrheit ging ihnen nicht über alles. Die alleinige Berechtigung der katholischen Lehre stand ihnen nicht fest. Manche Angehörige dieser Gruppe konnten ebensogut katholisch bleiben wie protestantisch werden, je nachdem, was Gunst und Vorteil empfahlen.

Eine weitere Anzahl von Bischöfen war dem Protestantismus innerlich zugetan, brach aber aus irgendwelchen Rücksichten nicht mit der Kirche, sie zauderten und warteten ab, ob sich der Abfall ohne Schaden für ihre Stellung und ihre Einnahmen vollziehen ließ. Scharf beobachtende Anhänger der Religionsneuerung erkannten, daß manche Bischöfe nur unter dem Druck des Heiligen Stuhles und seiner Nuntien etwas gegen die Irrlehre unternahmen und nur so viel taten, daß sie sagen konnten, sie wären nicht untätig geblieben. Luther meinte 1542 in einer Tischrede, der Würzburger Bischof Konrad von Bibra verhalte sich so, als sei er Lutheraner. Von einem Teil der geistlichen Fürsten trifft es mit Sicherheit zu, daß sie „spekulierten und lauerten, wer wohl die Oberhand behalten werde, um dann dem Sieger die Hand zu reichen", wie sich Herzog Georg von Sachsen ausdrückte. In der Schrift an den Deutschen Orden von 1523 schrieb Luther: „Mir ist schier kein Zweifel, es sollten auch mancher Bischof, Abt und andere geistliche Herrn zur Ehe greifen, wenn sie nur die ersten nicht wären und die Bahn zuvor wohl gebahnt und solches Freien gemein wäre geworden, daß es nimmer Schande oder Gefahr hätte, sondern löblich und ehrlich vor der Welt wäre." Im Jahre 1532 war der venezianische Gesandte Tiepolo der Ansicht, es gebe deutsche Bischöfe, die nach dem Beispiel des Hochmeisters des Deutschen Ordens heiraten und ihre Stifte in weltliche Territorien umwandeln möchten. Der Nuntius Giovanni Morone erwähnte am 12. Juli 1537 die von den Lutheranern an die geistlichen Fürsten gerichteten Verlockungen, zu heiraten und ihren Besitz in erbliche Fürstentümer zu verwandeln, und er gewann den Eindruck, daß viele Bischöfe schwankten, ob sie dem Vorschlag folgen sollten. Der Nuntius Delfino äußerte am 2. Juni 1555 gegenüber Paul IV. die Besorgnis, daß innerhalb kurzer Zeit (nach Abschluß des sogenannten Religionsfriedens) der größere Teil der Prälaten sich verheiraten und seine Länder säkularisieren werde. Es ist freilich nicht bei jedem Bischof Sicherheit zu gewinnen, wo er religiös und theologisch stand. Es lassen sich auch total falsche Urteile von Nuntien und Legaten über deutsche Bischöfe beobachten. Beispielsweise stellte Campeggio am 23. Juni 1532 dem Franz von Waldeck das beste Zeugnis aus.

Eine nicht ganz unerhebliche Zahl deutscher Bischöfe verriet schließlich tatsächlich den Glauben und die Kirche und ging zum Protestantismus über. So können Männer wie Georg von Polentz und Erhard von Queis nur als Verräter bezeichnet werden. Teilweise vollzog sich der Abfall unter beschämenden Umständen wie etwa bei Matthias von Jagow und Johannes von Haugwitz. Besonders herausragende Abtrünnige waren die beiden Erzbischöfe von Köln, Hermann von Wied und Gebhard Truchseß von Waldburg. August Franzen stellt für eine ganze Serie von ungenügenden Kölner Erzbischöfen fest: „Das rheinische Volk aber hielt all diesen Belastungen stand. Es blieb in seiner überwiegenden Mehrheit katholisch, nicht wegen, sondern trotz seiner Bischöfe." Daß ihr Abfall nicht zur Zerstörung der Kirche führte, war dem Zusammenwirken verschiedener Faktoren zu verdanken.

IX.

Die Mängel in der Persönlichkeitsstruktur

Das Versagen vieler Bischöfe in den stürmischen Zeiten des 16. Jahrhunderts legt die Fragen nahe, welche Eigenschaften des Charakters ihnen fehlten, so daß sie den Anforderungen nicht gewachsen waren, und welche Mängel in der Persönlichkeitsstruktur sie gleichsam disponierten, in der Erprobung zu unterliegen. Im folgenden soll versucht werden, sie zu beantworten. Es wird sich dabei zeigen, daß es sich hier um eine konstitutive Schwäche des katholischen Episkopats handelt.

1. Die Durchschnittlichkeit

Die Höhe der Stellung und die Bedeutung der Aufgabe, die jemandem übertragen werden, sollen in einer angemessenen Relation zu Charakter, Begabung und Leistungsfähigkeit der Personen stehen, die damit betraut werden. Herausragende Positionen fordern überdurchschnittliche Persönlichkeiten, und außergewöhnliche Lagen verlangen außerordentliche Persönlichkeiten. Mittelmäßigkeit in führenden Positionen mag in ruhigen Zeiten hingenommen werden können; in Perioden des Sturmes und der Entscheidung wird sie zum Verhängnis. Durchschnittlichkeit ist gewiß keine Schuld, aber sie kann eine Katastrophe hervorrufen. Denn der durchschnittliche Mensch liebt es, dem Anspruch des lästigen Erstrangigen dadurch scheinbar zu entgehen, daß er sich mit bequemem Zweitrangigem beschäftigt. Das Unheil wächst dadurch unvorstellbar an.

Nun hat die Kirche wohl noch nie Überfluß an gewaltigen oder wenigstens mitreißenden Persönlichkeiten gehabt. Aber für so herausragende und zahlenmäßig relativ eng begrenzte Stellen wie das Bischofsamt sollte es möglich sein, wenigstens in der einen oder in der anderen Hinsicht überlegene Kandidaten zu finden. Doch ist dies kaum jemals im Lauf der Kirchengeschichte der Fall gewesen. Auf den Bischofsstühlen aller Zeiten überwiegt das Mittelmaß. Für die erste Hälfte des 16. Jahrhunderts ist es sicher, daß überdurchschnittliche Männer, herausragende Persönlichkeiten auf den meisten deutschen Bischofsstühlen fehlten. Zu viele erwiesen sich als zu klein für die Größe ihres Amtes und ihrer Aufgabe. Sie betätigten sich auf Gebieten, die sich an Wichtigkeit mit der Aufgabe, den Glauben und die Kirche zu retten, nicht messen konnten, die ihnen aber lagen und sie nicht in Konflikte stürzten. Für Moriz Ritter gingen die wenigen energischen und eifrigen Bischöfe „unter der Masse der Mittelmäßigen oder Unfähigen" unter. Es war keiner da, der echte Schöpferkraft und die Begabung zur großen Tat besaß. „Eine der gewaltigen Aufgabe wirklich entsprechende geniale Kraft fehlte jedenfalls", stellt Joseph Lortz fest. Nach Theodor Wolters läßt sich „ein bedeutender Vertreter des geistlichen Fürstentums" während der sogenannten Reformationszeit „überhaupt nicht namhaft machen". Johannes Janssen bemerkt, daß, von wenigen

Ausnahmen abgesehen, der deutsche Episkopat in der ersten Hälfte des sechzehnten Jahrhunderts „eine durchwegs sehr traurige Rolle gespielt" habe. Angesichts der geringen Zahl regierender Bischöfe, verglichen mit der Menge an Geistlichen, ist das Fehlen hervorragender Gestalten im deutschen Episkopat nicht ohne Mängel des Systems der Auswahl zu erklären. Allerdings soll nicht verkannt werden, daß die seltenen überdurchschnittlichen Persönlichkeiten auf Bischofsstühlen an Schranken ihres Wirkens stießen, die teilweise unüberwindbar waren.

2. Der Mangel an Führereigenschaften

Führen heißt die Ziele einer Bewegung angeben und andere auf sie hinlenken. Ein Führer muß also an erster Stelle befehlen können. Im Augenblick der Entscheidung muß er einen klaren Entschluß fassen, daran festhalten und ihn notfalls anderen aufzwingen. Selbstverständlich müssen sich führende Persönlichkeiten beraten lassen. Die zu treffenden Entscheidungen setzen häufig Spezial- und Detailkenntnisse voraus, über die sie nicht verfügen können. Aber die Beratung darf nicht die Führung ersetzen; aus Beratern dürfen nicht Entscheidende werden. Diese Beobachtung läßt sich aber bei nicht wenigen Bischöfen machen. Sie waren von ihren Räten nicht nur bei der Einholung von Wissen abhängig, sondern auch beim Fassen des Entschlusses; sie wurden aus führenden zu vollstreckenden Persönlichkeiten. Zu viele Bischöfe hatten keine Begabung, zu regieren, und sie haben diese Fähigkeit auch nie erworben. Das Regierungstalent anderer war für normale Zeiten ausreichend; aber den außerordentlichen Geschehnissen, die sich seit 1517 abspielten, waren sie nicht gewachsen.

Führende Persönlichkeiten haben die Gabe der Vorausschau nötig. Sie müssen in der Lage sein, die Kräfte und die Bewegungen der Gegenwart zu analysieren und daraus auf die wahrscheinliche Entwicklung in der Zukunft zu schließen. Den meisten Bischöfen des 16. Jahrhunderts fehlte die Weitsicht. Sie waren nicht fähig, den Gang der Dinge vorauszusehen und die Folgen von Maßnahmen abzuschätzen. Sie schauten nicht in die Zukunft, sondern in die Vergangenheit, änderten ihr bisheriges Leben nicht, sondern suchten es aufrechtzuerhalten. Immer noch waren sie bestrebt, möglichst viele Pfründen an sich zu ziehen, um so ihre Einkünfte aufzubessern. Inmitten der furchtbaren Not ihrer Diözesen ergötzten sie sich an den Witzen und Streichen von Hofnarren. Wer an dem Nürnberger Reichstag 1522 teilnahm, konnte die traurige Beobachtung machen, daß Bischöfe sich an Bällen und öffentlichen Belustigungen beteiligten. Sie hätten sich darüber klar sein müssen, daß die Wittenberger Irrlehre dank ihrer populären Forderungen und ihrer bequemen Seiten fortschreiten werde und daß daher alles, aber wirklich alles aufgeboten werden müsse, um sie zu überwinden. Die Gegenwart bietet für den Mangel an Voraussicht treffliches Vergleichsmaterial. Das Zweite Vatikanische Konzil hat den sogenannten katholischen Ökumenismus eröffnet. Seine Durchführung besteht darin, daß beinahe alle Schranken gegen die Irrlehren niedergerissen werden und daß die Kirche von einem gigantischen Prozeß der Protestantisierung erfaßt ist.

Wer führt, muß weiter Menschen einsetzen können; das vermag er aber nur, wenn er sie richtig einzuschätzen vermag. Ein Führer muß Menschenkenntnis besitzen. Vielen Bischöfen fehlte sie. Sie durchschauten lange Zeit nicht die Gefährlichkeit und die Entschlossenheit, die Bosheit und die Tücke der Aufrührer, sie wußten aber auch nicht um die Schwäche und die Unselbständigkeit, die Verführbarkeit und das Mitläufertum der meisten Menschen. Sie vertrauten Versprechungen, die nicht ernst und nicht ehrlich gemeint waren, und sie beruhigten sich bei Zusagen, deren Fadenscheinigkeit schon in dem Augenblick erkennbar war, da sie gemacht wurden. Es fehlte ihnen das gesunde Mißtrauen gegenüber der Brüchigkeit des Menschen. Die Bischöfe verstanden es häufig nicht, den richtigen Mann an den richtigen Platz zu stellen und andere rechtzeitig abzulösen; sie ließen sich vom Schein und von gleisnerischen Worten blenden, statt hinter die Fassade zu blicken.

Die Bischöfe begriffen auch nicht, daß eine großangelegte Strategie die Bildung von Schwerpunkten und die Konzentration der Kräfte verlangt. Im Kriege hat nur das Einfache Aussicht auf Erfolg. Im Kampf um Sein oder Nichtsein hat allein die rücksichtslose Ausschöpfung aller Hilfsquellen eine Verheißung. Angesichts der ungeheuren Drohung, die vom Protestantismus ausging, wäre es angebracht gewesen, alle Händel, Bestrebungen und Kränkungen, die einer Zusammenfassung der Mittel entgegenstanden, zu vergessen und hintanzustellen. Aber viele Bischöfe verstanden nicht, daß jetzt keine Zeit mehr war für fürstliches Kunstmäzenatentum, sondern daß die Kräfte und Mittel auf die Erhaltung der heiligen Religion konzentriert werden mußten. Mitten in einem beispiellosen Existenzkampf der Kirche wollten sie ihr glänzendes Leben als Fürsten fortsetzen. Statt die Einkünfte zur Stützung des bedrohten Glaubens zu verwenden, gaben sie es für Hofhaltung, Bauten und Geschenke aus. Sie machten keine Anstalten, die Temporalien der Kirche in einer gewaltigen Sammlung der Kräfte für die Unterdrückung der Neuerung einzusetzen. Man konnte sich nicht entschließen, irgendwo ganze Arbeit zu leisten. Zu wenige Bischöfe begriffen den Grundsatz, daß, wer alles schützen will, nichts retten kann. Es hätten eben große kulturelle Werte hingegeben werden müssen, um die heilige Religion zu verteidigen. ,,Wer also Alles schützen wollte, mußte verlieren, wer gemäßigt den Mittelweg schritt, war zu verständig und eben darum zu kalt, um wirken und um sich behaupten zu können, wo Leidenschaften aufgeregt waren‘‘ (Gustav Adolf Harald Stenzel).

So manchem Bischof waren sodann wegen seiner körperlichen Verfassung, also wegen Alter, Krankheit oder Gebrechlichkeit, eine energische und ausgreifende Tätigkeit und erst recht der Kampf wirklich oder angeblich nicht möglich. Es zeigte sich, daß auf einen Bischofsstuhl nur Männer gehören, die physisch den Anforderungen des Amtes gewachsen sind. Viele Bischöfe waren freilich mit der Pflege ihrer Leiblichkeit mehr als tunlich beschäftigt. Sie schonten sich, weil sie kränklich oder hypochondrisch waren, und fielen damit für energisches Durchgreifen, z. B. bei und durch Visitationen, aus. In

Zeiten des Kampfes auf Leben und Tod ist jedoch eigene Schonung unangebracht, ja macht schuldig.

Ein Regent, der sein Amt zum Wohl der ihm Anvertrauten ausüben will, kommt weiter um unpopuläre Entscheidungen und Maßnahmen nicht herum. Dieses Erfordernis ergibt sich aus mehreren Überlegungen. Die Notwendigkeiten der Zukunft stehen häufig in einem Gegensatz zu den Erwartungen der Gegenwart. Wer regiert, muß für das Morgen sorgen, auch wenn die große Menge lediglich an dem Heute interessiert ist. Die Sorge für das Ganze bedingt Opfer der einzelnen. Die Masse der Menschen denkt nur an sich und nicht an das Ganze; sie selbst will entlastet, die anderen sollen belastet werden. Wer regiert, muß sich dagegen notfalls auch gegen die Mehrheit entscheiden. Die meisten Menschen lieben das bequeme Kompromiß; Konsequenz ist bei ihnen nicht gefragt. Wer kraftvoll regieren will, darf vor einschneidenden Maßnahmen nicht zurückschrecken. Den meisten Bischöfen fehlte der Mut, sich durch entschiedene, durchgreifende Aktionen unpopulär zu machen. Die Eigenliebe war bei ihnen größer als die Liebe zum Kreuz. ,,Nichts macht uns feiger und gewissenloser als der Wunsch, von allen Menschen geliebt zu werden" (Marie von Ebner-Eschenbach).

Zu viele humanistisch gebildete Bischöfe waren schließlich mehr für das Reden als für das Handeln gerüstet. Sie waren im Reich des Gedankens zu Hause, nicht in dem der Tat. Lesen, schreiben, disputieren, das war ihr Metier. Nun sollten und mußten sie handeln. Dafür fehlte ihnen die Kraft. Es besteht ein wesentlicher Unterschied zwischen dem Reich des Geistes und der Welt des Tuns. Die Qualitäten für das eine gehen häufig nicht zusammen mit den Eigenschaften für das andere. Soweit die Bischöfe aufrichtig und ehrbar waren, waren sie geschaffen, in friedlichen Zeiten zu leben. Die Anforderungen einer Epoche wie jener der Religionsneuerung gingen über ihre Kraft; sie hatten selbst Führung, Unterstützung und Aufrichtung nötig, die sie anderen vermitteln sollten. In einer scheinbar oder wirklich aussichtslosen Lage zeigt es sich, was in einer führenden Persönlichkeit ist, ob sie die Stärke besitzt, bis zum Untergang zu kämpfen, oder ob sie sich zurückzieht, um für sich selbst noch ein paar friedliche Jahre herauszuholen. Es braucht gewiß eine große Kraft, um auf verlorenem Posten auszuharren, aber von führenden Menschen muß sie erwartet werden. Aussichtslosigkeit ist keine Entschuldigung für Untätigkeit. Wenn man die Bischöfe des 16. Jahrhunderts mit führenden Persönlichkeiten anderer Gebiete vergleicht, wird man feststellen müssen, daß es mehr überdurchschnittliche und tatkräftige politische und militärische Führer gab als Bischöfe.

3. Das Fehlen des Mutes zur Erkenntnis der Wirklichkeit

Die Erkenntnis ist nicht nur eine Sache der Augen und des Verstandes, sondern auch des Charakters und des Willens. Denn es braucht Mut, um unangenehme Dinge zu sehen. Schwache Seelen erkennen Gefahren nicht, weil sie sie nicht wahrnehmen wollen. Es ist eine beliebte Weise, Drohendem dadurch scheinbar zu entgehen, daß man es nicht zur Kenntnis nimmt. Allzu gern halten sich Menschen in Illusionen auf, färben die Lage, weigern sich, Peinliches oder Gefährliches ins Auge zu fassen, trösten sich mit Lappalien über Bedrohungen hinweg. Diese Erscheinung ist verständlich. Denn sie hält eine Zeitlang Beschwerliches fern, behindert nicht den Lebensgenuß, verlängert die Spanne des angenehmen Lebens, erspart Anstrengungen und Zurüstungen. Dieser fehlende Mut zur Erkenntnis der tatsächlichen Lage kommt also aus zwei Mängeln des Charakters, aus Bequemlichkeit und aus Schwäche. Mag das Fehlen des Mutes zur Wirklichkeit bei Privatpersonen ohne schwerwiegende Auswirkungen für das Ganze sein, so ist es bei Amtsinhabern eine große Gefahr. Denn die Situation wird ja dadurch, daß man sich weigert, sie zur Kenntnis zu nehmen, nicht besser, und die Bedrohungen schwinden nicht deswegen, weil man sie nicht sehen will. Im Gegenteil! Die Gefährdung nimmt zu. Denn in der Spanne, in der die Verantwortlichen es versäumen, Gegenmaßnahmen einzuleiten, verstärkt sich der Gegner, wird das eigene Lager in einer falschen Ruhe gehalten und geht unwiederbringliche Zeit verloren.

Dieselben Beobachtungen lassen sich beim deutschen Episkopat des 16. Jahrhunderts machen. Es gab doch damals Männer, vor allem einzelne Theologen, die den ganzen Umfang der Gefahr früh erkannten. Daraus ist zu sehen, daß es möglich war, die lutherische Bewegung von Anfang an richtig einzuschätzen. Aber allzu viele Bischöfe begriffen nicht oder wollten nicht begreifen, was die Stunde geschlagen hatte. Die meisten wünschten nicht, die Wirklichkeit zur Kenntnis zu nehmen; sie hörten lieber ermutigende Nachrichten als zutreffende Schilderungen der tatsächlichen, immer schlimmer werdenden Verhältnisse. Sie klammerten sich an Strohhalme, d. h. winzige Erfolge oder Hoffnungsschimmer. Sie nahmen die Wirklichkeit des Protestantismus nicht in den Blick, täuschten sich vielmehr über seine wahre Natur und weigerten sich, zuzugeben, daß der Spalt zwischen katholischer Kirche und der Irrlehre unüberbrückbar war. Starke Persönlichkeiten schauten dagegen der Wirklichkeit ins Gesicht. Der Kardinal von Lothringen beispielsweise schrieb am 4./6. Juni 1525 richtig an Clemens VII.: „Fast ganz Deutschland steht in Flammen" (Ardet tota fere Germania factione Lutheridarum). Der Nuntius Girolamo Aleander sprach am 9. September 1538 von einem fast völligen Zusammenbruch der katholischen Religion in Deutschland (religionis omnis immensum chaos). Der Nuntius Morone stellte am 23. Oktober 1539 fest, die katholische Religion in Deutschland gehe zugrunde (le cose della religione vanno a total roina).

Wir kennen diese Erscheinung aus der Zeit nach dem Zweiten Vatikanischen Konzil. Jahrelang sprach man von einem Aufbruch und weigerte sich, zuzugeben, daß ein gigantischer Zusammenbruch vor sich ging. Als dann die ungeheuren Schäden, welche die sogenannten Reformen heraufgeführt hatten, unübersehbar wurden, sprach man von „Mißständen", statt die nachkonziliare Katastrophe beim Namen zu nennen. Die Blindheit der Hirten zeigt sich besonders gegenüber dem Protestantismus. Dieser sucht in der Gegenwart genau so berechnend seinen Vorteil wie im 16. Jahrhundert. Der Protestantismus trägt so ungeniert und rücksichtslos, wie er immer war, seine Forderungen gegenüber der Kirche vor, aber die Hirten der Kirche weisen sie nicht ab und erheben keine Gegenforderungen, erbringen vielmehr immer neue Leistungen zum Schaden der heiligen Kirche. Der Protestantismus ist dagegen nicht zum geringsten Entgegenkommen gegenüber der katholischen Lehre bereit. Alle Erfahrungen mit 450 Jahren Protestantismus scheinen vergessen. Mahnungen und Warnungen werden unwirsch abgewehrt. Eine nur ideologisch und massenpsychologisch zu erklärende Euphorie feiert den Abfall von der Kirche und seine Urheber.

4. Der Mangel an Mut

Tatsachen zur Kenntnis nehmen, ist nicht dasselbe wie sich mit ihnen abfinden. Wenn sich die Großen der Kirchengeschichte bei den Fakten beruhigt hätten, wäre es niemals zu den (echten) Reformbewegungen gekommen. Um jedoch die Wirklichkeit zu ändern, braucht es Mut, d. h. Überwindung der Furcht. Nun ist das Fehlen des Mutes eine allgemeinmenschliche Erscheinung; der durchschnittliche Mensch ist eben nicht mutig. Aber was bei der Menge hingehen mag, wird bedenklich, u. U. zum Verhängnis, wenn es sich bei führenden Menschen findet. Den meisten Bischöfen des 16. Jahrhunderts fehlte es an Mut. Dieser Vorwurf ist zu allgemein, als daß er bloß den Umständen zuzuschreiben sein könnte; er war ein fast durchgängiges Merkmal der Bischöfe. Zum Handeln braucht es Mut. Wer keinen Mut besitzt, der wagt nichts. Es gibt aber keine Entscheidung ohne Risiko. Eben dieses Risiko scheuten die meisten Bischöfe. Lieber warteten sie ab, machten halbe Zusagen, erklärten sich für neutral, hielten sich heraus und schoben die Dinge vor sich her, als daß sie alles auf eine Karte gesetzt hätten. ,,Eine durch vorherrschenden Geist geleitete Kühnheit ist der Stempel des Helden'', schrieb einst Carl von Clausewitz. Solcher Heroismus war bei den deutschen Bischöfen des 16. Jahrhunderts nur höchst selten zu finden.

Furcht ist ein schlechter Berater; sie führt zum Begehen von Fehlern und verleitet leicht zur Lähmung. Die Bischöfe hatten Furcht. Sie wurzelte einmal in der Drohung der Neuerer. Diese schreckten ja bekanntlich beinahe vor nichts zurück, um der Kirche Abbruch zu tun. Gerade diese Entschlossenheit hätte die Bischöfe lehren müssen, daß ihr nur mit gleicher oder noch größerer Energie begegnet werden konnte. Die Bischöfe fürchteten sodann die weitverbreitete lutherfreundliche Stimmung. Sie scheuten sich, die Massen durch Maßnahmen zu reizen, die zwar notwendig waren, aber, wie die Verhältnisse lagen, Öl ins Feuer zu gießen schienen. Indes werden die Massen von Minderheiten geführt, und wer deren Wirksamkeit zu beseitigen versteht, gewinnt auch über die Massen Gewalt. Außerdem sind diese regelmäßig durch rasches, rücksichtsloses Durchgreifen in Furcht zu versetzen und dadurch unschädlich zu machen. Die Bischöfe fürchteten schließlich den Verlust ihrer Ruhe und den Kampf. Die Bereitschaft zum Martyrium hatte kaum einer von ihnen. Damit aber begaben sie sich der Aussicht auf Erfolg. ,,Wer den Tod nicht fürchtet, ist mächtig in einer Welt der Angst. Die Furchtlosigkeit ist der Lohn der Wahrheit. Ihr Preis ist der Tod'' (Peter Bamm). Wenn auch vielleicht nicht für alle Tage, so doch für Zeiten des Umbruchs gilt das Wort: „Nur zwei Dinge hat der Mensch zu wählen, das Opfer oder die Schuld" (Reinhold Schneider).

Der Mangel an Mut bei vielen Oberhirten des 16. Jahrhunderts ist von den Zeitgenossen häufig ausgesprochen worden. Der Nuntius Girolamo Aleander schrieb Ende Februar 1521, die Bischöfe seien „voller Furcht". Am 13. April 1521 bemerkte er von neuem: „Die Prälaten zittern und lassen sich verschlingen wie Kaninchen" (li prelati tremano e se lassano davorar come conigli). Der Nuntius Prospero Santa Croce berichtete am 6. Juni 1548 von der Feststellung eines Gewährsmannes, die Angelegenheiten der Religion würden einen anderen Verlauf nehmen, wenn die deutschen Bischöfe so wären, wie sie sein sollen; sie seien ziemlich ratlos und mutlos (di pocho consiglio e di manco animo). Von den 1555 in Augsburg versammelten oder vertretenen geistlichen Fürsten sagt Joseph Lortz: „Man vermißt bei ihnen ebenso die theologische Klarheit wie den politischen Mut, in allem aber das wichtigste, die wagende Zielsicherheit." In seinem Schreiben vom 23. Juli 1567 sprach Petrus Canisius den deutschen Bischöfen „Zuversicht und Unerschrockenheit" im Hinblick auf die Durchführung der Beschlüsse des Trienter Konzils ab. Am 20. Juni 1582 schrieb Kardinal Madruzzo aus Augsburg, viele Bischöfe seien furchtsam und stünden unter dem Verdacht, der evtl. Freistellung nicht entgegen zu sein.

5. Die Tatenlosigkeit

Es ist eine allgemeinmenschliche Erscheinung, Anstrengendes, Lästiges, Peinliches und Schwieriges aufzuschieben oder zu unterlassen. Wer handelt, zumal wer als erster oder einziger und wer deckungslos handelt, braucht Mut. Denn er setzt sich der Kritik aus, zieht Vorwürfe auf sich und riskiert das Mißlingen. Es ist eine verbreitete Ansicht, daß derjenige, der gar nichts tut, auch nichts falsch machen könne. Aber diese Meinung ist irrig. Denn Versäumnis und Tatenscheu wiegen auf der Waage der Geschichte nicht minder schwer als verkehrte Maßnahmen. „Denn oft tut auch der unrecht, der nichts tut, nicht bloß der, der etwas tut" (Marc Aurel). Ein Fehlgreifen in der Wahl der Mittel beim Handeln ist sogar regelmäßig weniger schwerwiegend als das Unterlassen des Handelns überhaupt. Lieber etwas Falsches als gar nichts tun, muß die Devise heißen. Dies gilt zumal angesichts von Umwälzungen größten Ausmaßes. Revolutionen haben ihre eigenen Gesetze. Sie können mit Gewalt unterdrückt, niemals aber mit Diplomatie oder Verlockungen überwunden werden. Die Niederwerfung einer Revolution benötigt also Taten, rasche, konsequente, durchgreifende und rücksichtslose Taten.

Diese geschichtlichen Erkenntnisse waren vielen Bischöfen des 16. Jahrhunderts nicht gegenwärtig. So mancher von ihnen saß tatenlos in einem Schloß und führte dort ein zurückgezogenes Leben, während draußen der Sturm an den Grundfesten der Kirche zerrte. „Aus kleinlichen Rücksichten oder aus Furchtsamkeit" (Ludwig von Pastor) zögerten viele deutsche Bischöfe schon, die Bulle „Exsurge Domine" zu veröffentlichen; sie machten formale oder Opportunitätsgründe dagegen geltend. Diese Tatsache am Anfang setzte sich in der Folgezeit fort. Jahrelang wurde gegen Luther und seinen Anhang nicht mit den Mitteln eingeschritten, die ihnen gegenüber allein angebracht gewesen wären. In diesen Jahren konnte sich ihre Agitation fast ungehemmt entfalten. Man arbeitete auf katholischer Seite mit dem Argument, daß durch scharfes Durchgreifen gegen die lutherische Neuerung Unruhen zu gewärtigen seien, und verschaffte auf diese Weise der Revolution Ruhe, sich ungestört weiter auszubreiten. Gerade das gegenteilige Verhalten wäre richtig gewesen. Die Bischöfe hätten in dem Maße, in dem die Neugläubigen auf Zeitgewinn hinarbeiteten, diese Atempause verhindern müssen. Statt dessen waren sie saumselig und untätig. Johannes Eck mußte die Bischöfe immer wieder antreiben und unter Druck setzen, um zu erreichen, daß sie etwas gegen die Ausbreitung des Luthertums unternahmen. In seinem ersten Gutachten für Papst Clemens VII. (1523) gab Aleander den Rat, die nachlässigen deutschen Bischöfe unter Androhung von Kirchenstrafen dazu anzuhalten, daß sie endlich energisch gegen die Irrlehre einschritten. Die meisten Bischöfe besaßen nicht die Kraft, gegen die abgefallenen Geistlichen und die entsprungenen Mönche, die den Samen der Zwietracht auswarfen, wirksam vorzugehen. In manchen Territorien ergab sich die groteske Situation, daß die Landesherren gegen die lutherische Neuerung einschreiten wollten, wenn die Bischöfe handelten, und daß die Bischöfe gegen das Luthertum vorgehen wollten, wenn die Landesherren vorangingen. Bei solcher Verschleppung der notwendigen Maßnahmen blühte der Weizen der Neuerer. Ende der dreißiger Jahre war es soweit gekommen, wie Ludwig von Pastor schreibt, daß die Protestanten überall im Angriff waren, während die Katholiken vielfach nicht einmal die Kraft fanden, sich zu verteidigen. Daran trug „vor allem der deutsche Episkopat einen großen Teil der Schuld" (Ludwig von Pastor). „Der Kleinmut und die Verweltlichung der meisten deutschen Kirchenfürsten" werden von Pastor hauptverantwortlich für den trostlosen Zustand der Kirche in den katholischen Territorien gemacht. Der Nuntius Morone schrieb im Jahre 1540 von den deutschen Bischöfen: „Diese Oberhirten wollen in Frieden leben, wenn er nur für ihr Leben aushält." Friedrich Nausea gab den Bischöfen an erster Stelle die Schuld für die Geschehnisse in Deutschland seit 1517. Im Jahre 1540 warf er ihnen vor, „sie schlafen auf beiden Ohren, als ob es sich nicht um ihre höchst eigene Sache handelte, sie lassen die Dinge laufen, als ob sie nicht die Wiederaufrichtung, sondern die Zerstörung der Religion wünschten, nur auf ihre Einkünfte bedacht". Die Bischöfe ließen sich von den Protestanten das Gesetz des Handelns vorschreiben. Sie nahmen die unaufhörlichen Angriffe schweigend oder mit nur schwacher Abwehr entgegen, überlegten, was sie den Protestanten zuliebe preisgeben könnten, gingen aber nicht ihrerseits zur Offensive vor, deckten nicht die Ungereimtheiten des protestantischen Systems und die Willkür ihrer Schriftdeutung auf. Der Bischof Johann Fabri schrieb in seinen „Monita", weder in Augsburg noch in Regensburg noch in Hagenau hätten die Bischöfe auch nur mit einem Wort auf die Häresien und gottlosen Lehren der Protestanten hingewiesen, sondern seien wie stumme Hunde gewesen, die nicht bellen können. Sie vergaßen, daß der Sieg nur im Angriff liegt und daß der Angriff regelmäßig das einzige Mittel ist, um aus einer mißlichen Lage herauszufinden. Der Legat Commendone nahm die Nachlässigkeit und Untätigkeit der katholischen Fürsten, unter ihnen der Fürstbischöfe, zum Anlaß, sarkastisch zu erklären, es sehe ganz so aus, als ob sie allein auf den Glauben ohne die Werke vertrauten. Es fehlten auf katholischer Seite fast allgemein das Bewußtsein der eigenen Kraft, der Mut zum energischen Vorgehen und der Wille zur Rückeroberung. Als der Kardinal Lodovico Madruzzo 1582 daran dachte, systematisch den Gegenangriff gegen den Protestantismus zu führen, mußte er die bittere Erfahrung machen, daß die Mehrheit der katholischen Reichsstände dafür nicht zu gewinnen war. Am 15. August 1582 hielt er an die geistlichen Fürsten eine Rede, in der er ihre Nachlässigkeit, Unentschlossenheit und Uneinigkeit rügte und sie zu energischem Handeln aufrief. „Alle erkennen die ihnen zugefügten Schädigungen, wagen es aber nur mit nutzlosen Seufzern sich zu beklagen", schrieb Madruzzo nach Rom. Stanislaus Hosius war sich darüber im klaren, daß das Versagen sehr vieler Bischöfe einer der Hauptgründe für den Abfall, nach Lortz „der praktisch schwächste Einzelpunkt der katholischen Front" war. Er sprach einmal davon, daß „wir Bischöfe durch unsere Nachlässigkeit bereits zu Mördern an vielen Seelen geworden sind".

6. Die Weichheit und die Bequemlichkeit der Bischöfe

Viele Bischöfe waren ausgesprochen weiche Persönlichkeiten. Das heißt im einzelnen, daß sie leicht beeinflußbar, nachgiebig, unentschieden, ja schlapp und rückgratlos waren. Es gebrach ihnen an Festigkeit, die sich von Bitten und Klagen nicht erweichen läßt, wenn es um übergeordneter Gesichtspunkte willen notwendig ist. Regieren ist ohne Festigkeit unmöglich, ohne gelegentliche Härte schwer denkbar. Für Anstrengung und Entbehrung, für Kampf und Krieg waren sie nicht zu haben. Sie waren weichlich, und sie lebten weichlich; sie waren nicht abgehärtet und schon gar nicht gestählt. Joseph Schmidlin stellt von den deutschen Bischöfen der ersten Hälfte des 16. Jahrhunderts fest: „Die meisten Bischöfe waren verweltlichte Fürsten- oder Herrensöhne, Jagden und Vergnügungen, dem Trunk und Spiel ergeben, vielfach wegen ihrer Unsittlichkeit verrufen, fast nur auf ihre weltlichen Befugnisse und Einnahmen, wenig oder gar nicht auf das geistliche Wohl ihrer Diözese und Herde bedacht, um Weihe, Residenzpflicht und Pontifikalien sich nicht kümmernd."

Nicht wenige Bischöfe waren einfach zu bequem, um die Anstrengungen des Kampfes und des Widerstandes gegen den sich entfaltenden Protestantismus auf sich zu nehmen. Sie zogen das Hofleben fährnisreichen Visitationen vor, sie beschäftigten sich mit Spiel und Musik statt mit Predigen und Spendung der Firmung, sie widmeten sich Liebhabereien an Stelle des harten Dienstes am Evangelium. Allzu viele Bischöfe wollten die Gefährlichkeit der Lage nicht wahrnehmen und den Kampf nicht aufnehmen, weil beides sie im Genuß des Lebens gestört hätte; sie wollten aber nicht gestört sein. Zeitgenossen bezeugen, daß viele Bischöfe angesichts der ungeheuerlichen Ereignisse, die um sie herum geschahen, in Wohlleben und Genußsucht verharrten. Manche hatten den Eindruck, daß die Oberhirten jetzt erst recht noch etwas vom Leben haben wollten, weil ihnen die dunkle Ahnung kam, daß es mit ihren Einkünften bald zu Ende gehen könnte.

Giovanni Morone klagte am 22. Oktober 1537, daß Bischöfe und Geistliche in Deutschland mehr Zeit für den Lebensgenuß aufwendeten als für den Dienst Gottes. Der bayerische Herzog Ludwig schrieb im Jahre 1540 aus Hagenau, daß die Bischöfe „wenig achten, wie es um die Religion stund, wenn sie nur möchten Fried haben". Morone sprach am 26. Februar 1541 davon, daß die Bischöfe allein ihr geruhsames Leben in der Gegenwart ins Auge faßten und sie der Zusammenbruch der Religion nicht berühre (risguardano solo alla lor presente quiete ... et non si curano, che la Religione ruini). Nach dem Bericht Morones vom 2. Juni 1540 bezichtigte König Ferdinand die geistlichen Fürsten der Nachlässigkeit, der Unwissenheit, des schlechten Lebenswandels und des schlechten Willens. Am 15. Juni 1540 stellte Morone fest: „ Die Bischöfe wollen in Frieden leben, wenigstens während ihres Lebens" und schrieb er an den Kardinal Farnese, ein Wort König Ferdinands aufnehmend: „Die Seelen der Bischöfe sind tatsächlich in den Dingen, wo sie mannhaft sein müßten, weibisch, wie beim Widerstand gegen die Feinde unseres Glaubens, in den Dingen, in denen sie weiblich sein sollten, wie im Trinken und im Halten von Konkubinen, dagegen männlich." Viele Jahre später hatte sich das Urteil Morones nicht geändert. Am 25. Mai 1576 schrieb er aus Innsbruck, die Bischöfe wollten lediglich für ihre Lebensdauer das Leben genießen (cercano vivere et godere al suo tempo, et resta poi il mondo come si vuole); unter ihnen befänden sich viele schwankende Gestalten (tra essi ne sono molti que claudicano).

Weiche und weichliche Menschen sind gegenüber anderen meist milde. Wie sie selbst auf Nachsicht angewiesen sind, sehen sie auch anderen durch die Finger. Auf diese Weise werden Eigennutz, Korruption und Pflichtvergessenheit geradezu gezüchtet. „Lauheit und Gutmütigkeit sind politisch größere Verbrechen als offene Ungerechtigkeit" (Julius Leber). Eben diese Haltung ist bei vielen Bischöfen des 16. Jahrhunderts (aber nicht nur dieser Zeit!) zu beobachten. Weil sie sich selbst schonten und von anderen geschont sein wollten, verfuhren sie auch mit Versagern und Verrätern sanft. Aus dieser Haltung heraus wollten die Bischöfe niemandem wehe tun, auch wenn anders Gefahren für Glauben und Kirche nicht abgeholfen werden konnte. Der Schutz der Schätze, welche der Kirche anvertraut sind, zwingt eben unter Umständen dazu, Menschen wehe zu tun. Viele Bischöfe des 16. Jahrhunderts liefern den Beweis, daß wenige Eigenschaften für Regenten so gefährlich sind wie Gutmütigkeit. Es soll freilich nicht verkannt werden, daß die Bischöfe mit dieser Haltung nicht allein stehen. Der katholische Menschentyp besitzt nicht die Härte, die dem protestantischen Typ zu eigen ist; er ist weicher und gutmütiger, eher zum Nachgeben bereit.

7. Die Schwäche der Bischöfe

Wer regiert, muß viele tragen. Dazu braucht es Kraft. Regenten müssen stark sein, wenn sie ihre Führungsaufgabe erfüllen wollen. Denn unweigerlich werden sich ihnen Hindernisse entgegenstellen, die sie überwinden müssen, werden sich Gegner finden, mit denen sie ringen müssen, und werden Prüfungen über sie kommen, die sie bestehen müssen. Ein intaktes System vermag gewiß auch schwache Männer zu verkraften, weil es sie mitträgt. Sobald aber die Stütze der Organisation entfällt, zeitigt die Schwäche verhängnisvolle Wirkungen. Die Menschen spüren, ob ein Regent Energie besitzt oder nicht, und sie reagieren entsprechend. Es ist eine Eigenart des Charakters zumal der Deutschen, daß sie Respekt haben vor einer entschlossenen Macht und sich ihr beugen.

Das Hauptkennzeichen der Mehrheit der Bischöfe des 16. Jahrhunderts war Schwäche, Schwäche der Entscheidung, Schwäche im Kampfe, Schwäche im Durchhalten, Schwäche im Unglück. Auf zu vielen Bischofsstühlen fehlten starke, entschlossene Männer. Zu viele Bischöfe waren kraftlose, unsichere und schwankende Persönlichkeiten. Die harte Entschlossenheit, die zumal in Zeiten äußerster Gefahr vonnöten ist, ging ihnen fast ausnahmslos ab. Die Schwäche der Bischöfe zeigte sich in ihrer Kampfesscheu. Sie gingen in der Regel dem Kampf aus dem Wege, auch wenn dieses Ausweichen mit noch so großen Verlusten bezahlt werden mußte. Jene Haltung war bei ihnen beliebt, die in vornehmer Ruhe macht, sich gelassen gibt, Gefahren abstreitet und dies alles tut, um nicht kämpfen und sich Unannehmlichkeiten zuziehen zu müssen. Die Bischöfe bewiesen dort Milde, wo allein scharfes und unnachsichtiges Durchgreifen Heil versprochen hätte. Die Protestanten spekulierten in zahllosen Fällen auf die bekannte Gutmütigkeit der geistlichen Herren und nahmen sich Freiheiten heraus, die sie sich gegenüber weltlichen Fürsten nicht getraut hätten.

Die Schwäche war besonders verhängnisvoll, wo harte Personalentscheidungen notwendig waren. Denn hier wurde den Hetzern und Wühlern, den Spionen und Verrätern ihr Manövrierfeld erhalten. Statt daß sie rücksichtslos von ihren Posten entfernt wurden, duldete man sie. Viele Bischöfe hatten nicht die Kraft, die von der Sache, nämlich der Erhaltung der heiligen Religion, geforderte Entschiedenheit aufzubringen. Sie deckten und entschuldigten Leute, die den Boden unterwühlten, auf dem sie selbst standen.

Wer schwach ist, besitzt regelmäßig auch keine Konsequenz. Er vermag Entscheidungen nicht durchzuhalten, wenn Hemmnisse auftreten, sondern tritt den Rückzug an und gibt auf. Eben diese Beobachtung läßt sich bei zahlreichen Bischöfen des 16. Jahrhunderts machen. Fast alle ihre Maßnahmen krankten an Halbheit. Guten Ansätzen fehlte die Ausführung, der Arbeit die unerläßliche Nacharbeit. Bei Menschen muß man gewisse Dinge immer wieder einschärfen und vor allem kontrollieren. Aber dies geschah nur in seltenen Fällen.

Die Schwäche verhinderte, daß die meisten Bischöfe rechtzeitig und nachhaltig durchgegriffen hätten. Aus Bequemlichkeit, Gutmütigkeit oder Feigheit ließen sie allzu lange das Unheil wachsen und sahen den Mißbräuchen zu. Schwäche und Versagen führten die Zustände herbei, die zu wenden auch einem gutgesinnten und charakterfesten Bischof allein nicht mehr möglich war. Den meisten Bischöfen lag das Lavieren näher als das Regieren. Das geistliche Amt und die klerikale Milde verhinderten häufig, daß sie von ihrer Macht als Landesherren den rigorosen Gebrauch machten, der angesichts des zu allem entschlossenen Gegners allein Erfolg versprochen hätte.

Ein markantes Zeichen der Schwäche sind die vielen vollzogenen und beabsichtigten Rücktritte von Bischöfen des 16. Jahrhunderts. Soweit sie aus eigenem Antrieb hervorgingen, sind sie zum großen Teil Ausdruck der Erkenntnis, der Situation des Kampfes nicht gewachsen zu sein, und Zeugnis der Flucht vor den unermeßlichen Schwierigkeiten, die nun einmal das Zeichen gefahrdrohender Epochen sind. Die Herren waren des Kampfes müde und zogen sich regelmäßig auf ein möglichst schön gelegenes Schloß zurück, anderen die Sorge um die Kirche und den Widerstand gegen den Protestantismus überlassend. Die Schwäche veranlaßte sie zur Flucht von dem Kampffeld.

Zeitgenossen und Historiker haben die Schwäche zahlreicher Bischöfe des 16. Jahrhunderts in gleicher Weise festgestellt. Die Nuntien Lippomano und Delfino schrieben am 31. Juli 1555 an Giovanni Carafa, die katholischen Prälaten seien wie Kaninchen und ließen sich für einen Halm alles aufladen (per filo si lasciano attaccare ogni cosa alle spalle). Am 3. August 1555 urteilte Lippomano, man finde bei den kirchlichen Fürsten wenig Standhaftigkeit (poca constanza), die aber heute nötig sei wie zu der Zeit des Arianismus. Sie hätten so schwache Knie, daß sie sogar jeder schändlichen Sache zustimmten und bloß auf den König hofften. Minutio Minucci beklagte 1588 „die Schlaffheit und die Schwäche der Bischöfe" und wies dabei auf die Hirten von Köln, Mainz und Augsburg sowie „viele andere" hin. Joseph Lortz spricht von „der entsetzlichen Schwäche jener der Theologie unkundigen Bischöfe, die nichts wollten, als ihre Ruhe und ihren Besitz retten". Niemand wird der Meinung sein, die sogenannte Reformation hätte vermieden werden können, wenn die deutschen Bischöfe andere Männer gewesen wären. Zu viele Ursachen kamen zusammen, um diese Explosion auszulösen. Wohl aber ist zu vermuten, daß die revolutionäre Bewegung einen anderen Verlauf genommen hätte, wenn alle Bischöfe ihre Pflicht getan hätten und mit schonungsloser Energie den Kampf aufgenommen hätten.

8. Das religiöse und theologische Ungenügen

Bischöfe müssen tief im Glauben verwurzelte Männer sein. Denn sie sollen ja zu ihrem Teil den Glauben ihrer Anvertrauten tragen und stützen. Sie müssen in echter Frömmigkeit ein lebendiges Verhältnis zu Gott und warme Liebe zur Kirche haben. Denn nur aus der Kraft dieser Verbindung können sie segensreich wirken. Sie müssen schließlich eine gute Kenntnis der Theologie besitzen. Denn sie sind die obersten Lehrer ihres Bistums. Aber um diese Erfordernisse war es bei vielen Bischöfen des 16. Jahrhunderts schlecht bestellt. Sie waren nicht genügend religiös, d. h. in Gott verwurzelt, im Gebet erfahren und von Eifer für Gottes Ehre erfüllt. Sie zeigten eine ungenügende Wertschätzung des Gottesdienstes, vor allem der hl. Messe, sei es, daß sie selbst selten zelebrierten, sei es, daß sie nur unregelmäßig an der Feier des Meßopfers teilnahmen. Es war eine mittlere Sensation, wenn in der zweiten Hälfte des 16. Jahrhunderts ein Bischof sich den Ignatianischen Exerzitien unterwarf. Die ungenügende Religiosität der Bischöfe zeigte sich besonders deutlich in dem Ausbleiben einer angesichts der erschütternden Ereignisse ihrer Lebenszeit zu erwartenden Bekehrung bei den meisten. Daß eine nennenswerte Zahl von Bischöfen in sich gegangen wäre, an die Brust geklopft und ihre Schuld eingestanden hätte, ist nicht festzustellen. Es gab nur höchst selten einen deutschen Bischof, der eine so durchgreifende innere Wandlung erlebt hätte wie etwa Tommaso Campeggio, der Bischof von Feltre. Bezeichnend für die Lage ist, daß es als ein gutes Zeichen galt, wenn ein Fürstbischof die Priester- und Bischofsweihe empfing. Allerdings ist weder der Empfang der Weihen in jedem Falle ein Zeichen religiösen Eifers noch seine Unterlassung ein Beweis für areligiöse Einstellung. Zu vielfältig waren die Motive, deretwegen jemand die Weihen empfing oder darauf verzichtete. Aber das religiöse Ungenügen zahlreicher Bischöfe des 16. Jahrhunderts ist notorisch. Bei zu vielen fehlte das aufrüttelnde Beispiel eines strengen, frommen, rastlosen und eifrigen Lebens im Dienste Gottes und der Kirche. Wie in der heutigen Zeit nicht selten Laien an Tiefe der religiösen Überzeugung Geistliche übertreffen, so war es auch im 16. Jahrhundert.

Viele Bischöfe waren auch theologisch unzureichend gebildet, ja geradezu unwissend. Eine einigermaßen genügende Kenntnis der Theologie war aber unentbehrlich in einer Zeit, wo fortwährend um Fragen des Glaubens gerungen wurde. Ein Bischof, der hier nicht mitreden konnte, schloß sich selbst von wichtigen Entscheidungen aus. Die Vertretung durch die häufig theologisch besser gebildeten Weihbischöfe vermochte den Ausfall des Diözesanbischofs nicht zu ersetzen. Das wissenschaftliche Ungenügen vieler deutscher Bischöfe des 16. Jahrhunderts ist notorisch. Es fehlten ihnen die Kenntnisse, die sie befähigt hätten, der Religionsneuerung fundiert zu begegnen. Kein einziger Bischof war bis in die vierziger Jahre in der Lage, Luther literarisch entgegenzutreten. Petrus Canisius schrieb in seinem 1576 für Kardinal Morone angefertigten Gutachten, die meisten deutschen Bischöfe seien infolge ihrer Unkenntnis des Kirchenrechts kirchlichen Strafen verfallen, und ein beträchtlicher Teil von ihnen sei durch unrechte Mittel zu seiner Position gekommen. In seinem Gutachten von Sommer 1576 apostrophierte Petrus Canisius „die durchwegs schlafmützigen Bischöfe", deren Unwissenheit „besonders kraß" im Kirchenrecht sei. Im Januar 1583 betrachtete Petrus Canisius die deutschen Bischöfe als „in religiösen Dingen gänzlich unwissend". Nach Hermann Tüchle hatten die Bischöfe „fast keine Ahnung mehr vom theologischen Gehalt, vom sakramentalen Charakter ihrer Würde und ihrer Aufgaben". Die Bischöfe „wußten sich nicht mehr als Lehrer ihrer Diözese, noch als die ersten verantwortlichen Seelsorger" (Hermann Tüchle).

9. Die sittlichen Mängel

Von einem Bischof, der regelmäßig unter vielen hundert Geistlichen ausgewählt wird, muß Vorbildlichkeit im Lebenswandel verlangt werden. Auf ihn schaut eine ganze Diözese, sein Beispiel ist bis zu einem gewissen Grade für das Verhalten von Klerus und Volk maßgeblich. Es ist eine alte Erfahrung, daß die Untertanen leicht die Sitten jener annehmen, die sie regieren. Ein Bischof, der sich bei Mandaten und Visitationen immer an eigene vergangene oder gar gegenwärtige schwere sittliche Mängel erinnern lassen mußte, konnte kaum durchschlagend reformieren. Zwischen dem persönlichen Glauben und der sittlichen Haltung eines Bischofs einerseits und seinem Einsatz für die Kirche andererseits bestehen regelmäßig engste Verbindungen. Wer sittlich faul ist, wird sich niemals für die Sache Gottes und die Seelen verzehren; er wird arbeiten, wie ein Mietling arbeitet. Nun sind die sittlichen Anforderungen, die an den katholischen Klerus gestellt werden, sehr hoch, und jenen steht am allerwenigsten das Recht der Kritik zu, die an ihre eigenen Religionsdiener nicht auch nur annähernd vergleichbare Ansprüche stellen. Es ist eine Paradoxie, daß viele protestantische Autoren sich über Fleischesvergehen katholischer Fürstbischöfe entrüsten und dieselben oder viel schlimmeren Verfehlungen protestantischer Landesherren und sogenannter Reformatoren entweder stillschweigend übergehen oder verharmlosen. Ebenso muß bedacht werden, daß es schwierig ist, in einer Zeit des allgemeinen Zusammenbruchs und des verbreiteten sittlichen Libertinismus das unablässige Streben nach hohen Idealen zu bewahren. Zu leicht werden auch gutgesinnte Männer von der sie umgebenden Zersetzung ergriffen oder jedenfalls in ihrem Bemühen gelähmt. Aber der katholische Klerus ist nun einmal auf den Heroismus verpflichtet, der sich aus der Nachfolge Christi ergibt, und zumal von den Bischöfen muß das mitreißende Beispiel verlangt werden.

Die Vorbildlichkeit, die von einem Oberhirten zu fordern ist, fehlte vielen Bischöfen des 16. Jahrhunderts. Daran besteht kein Zweifel. Zwar ist bei ihrer Beurteilung das von ihren Feinden, den Protestanten, stammende Material über ihre angeblichen sittlichen Mängel, mit Vorsicht zu gebrauchen. Denn diese waren lebhaft daran interessiert, ein düsteres Bild der Bischöfe zu zeichnen, um das Volk gegen sie aufzubringen und in ihre Hürden zu treiben. Aber es gibt reinere Quellen, die den moralischen Stand des deutschen Episkopates beleuchten. Die Nuntien, welche die Päpste nach Deutschland entsandten, lassen in ihren Berichten an dem sittlichen Ungenügen vieler Bischöfe keinen Zweifel. Mag auch nicht in jedem Fall alles zutreffen, was sie an Nachrichten oder Gerüchten über einen Bischof dem Heiligen Stuhl zutrugen, so bleibt doch des gesicherten Materials genug, um das Urteil zu rechtfertigen, daß der Lebenswandel zahlreicher Prälaten ärgerniserregend war. Der Nuntius Giovanni Morone schrieb am 23. März 1538, die Verfehlungen der Prälaten seien so ungeheuerlich in Deutschland, daß es nicht verwunderlich sei, wenn sich das Luthertum infolge ihres schlechten Beispiels immer mehr ausbreite. Der Nuntius Girolamo Aleander fand am 9. September 1538 die deutschen Prälaten, also zuerst die Bischöfe, in nichts gebessert. Vergerio schrieb am

12. Januar 1541 aus Worms an Papst Paul III., die religiöse Spaltung, der Aufruhr und die Gefahr seien hauptsächlich wegen der Schuld der deutschen Bischöfe entstanden. Sie hätten den Zorn Gottes und den Neid, den Haß und den Aufstand der Völker hervorgerufen, weil sie die geistliche Seite ihres Amtes vernachlässigt und die weltliche Seite bevorzugt hätten; man spüre bei ihnen nichts von Seelenhirten. Die Geistlichen folgten dem schlechten Beispiel ihrer Vorgesetzten und führten ein epikuräisches Leben. Das Volk, ohne Führer und Lehrer, sei ohne Gottesfurcht und falle in tausend Irrtümer, und es nehme Ärgernis am Klerus. Die vielen Laster und Mißstände, vor allem der Bischöfe und der Priester, hätten die gegenwärtigen Häresien in Deutschland verursacht und befördert. Die häretischen Wölfe seien durch die Türen der Mißbräuche in die Herden eingefallen und hätten die Schafe leicht reißen und verzehren können, weil sie ohne Verteidigung und durch Hunger geschwächt gewesen seien. Gelegentlich scheint der Zustand mancher Prälaten an die Sünde der Unbußfertigkeit herangekommen zu sein. Morone schrieb am 7. März 1542 in bezug auf die Reform der deutschen Bischöfe, sie seien in ihrer schlechten Gewohnheit derart verwurzelt, daß sie sich über Ermahnungen lustig machen. Die Nuntien Lippomano und Pighino charakterisierten in ihrem Bericht vom 15. Januar 1549 gegenüber dem Kaiser die deutschen Bischöfe und Geistlichen als verrottet (deformatissimi). Kardinal Delfino zeichnete noch 1573 vor der Deutschen Kongregation ein düsteres Bild der deutschen Bischöfe, die ihren Leidenschaften nachlebten und ihre kirchlichen Pflichten versäumten (non hanno di prelati altro che il nome). Dabei ist allerdings zu berücksichtigen, daß bei all diesen Feststellungen auch jene Inhaber von Bischofsstühlen einbezogen wurden, die mit dem Protestantismus sympathisierten oder bereits zu ihm übergegangen waren. Das zusammenfassende Urteil wird davon ausgehen müssen, daß eine beträchtliche Zahl von Bischöfen sittlich nicht einwandfrei war. Nach Hermann Tüchle gab es unter den Bischöfen „einige offenbar Unwürdige und viele ohne genügende Einsicht in die Schwere ihres Amtes". Es fehlte ihnen die aszetische Strenge, die nun einmal für den zölibatären Mann Gottes unentbehrlich ist. Der Hang nach Genießen war bei nicht ganz wenigen stark ausgebildet. Einige Bischöfe lebten unenthaltsam. Sie verrieten damit nicht nur eine sittliche Schwäche, sondern gaben auch ein schlechtes Beispiel. Es sei indes erwähnt, daß manche Bischöfe zeitweise den Zölibat verletzten, sich aber dann bekehrten und fortan die priesterliche Keuschheit gewissenhaft beobachteten. So manchem Bischof fehlte infolge seines sittlich nicht einwandfreien Lebenswandels die Kraft, entschieden gegen die Aufrührer einzuschreiten. Leider gab es auch Bischöfe, die energisch die protestantische Bewegung zu unterdrücken suchten, die aber wegen ihres unpriesterlichen Lebenswandels den Gläubigen ein Ärgernis und der feindlichen Agitation ein leichtes Ziel waren. Selbst angesichts der schwersten Bedrängnisse der Kirche bekehrten sie sich nicht und änderten sie ihr Leben nicht. So kompromittierten sie ihre eigenen Anstrengungen und die Kirche, der sie dienten.

Schluß

Das Bild, das die deutschen Bischöfe angesichts der Herausforderung durch die sogenannte Reformation boten, war mehrschichtig. Es gab unter ihnen Männer, die frühzeitig die Gefahr der zerstörerischen Neuerung erkannten und ihr mit Entschiedenheit entgegentraten. Manche haben der Irrlehre über Jahrzehnte Widerstand geleistet, einige sich ihr heldenmütig entgegengestemmt. Viele und mehr Bischöfe waren der Bedrohung jedoch nicht gewachsen; sie versagten wegen ihrer menschlichen, charakterlichen, religiösen oder sittlichen Unzulänglichkeit. Weichlichkeit und Verwöhnung, Entscheidungsschwäche, Tatenscheu und Furcht vor Konflikten waren denkbar ungünstige Haltungen in einer Zeit, die Festigkeit, ja Härte, höchste Aktivität, Entschlossenheit und Todesmut verlangte. Die Erfahrungen aus der Zeit der Glaubensspaltung sollten nicht verlorengehen. Die Menschen ändern sich nicht, auch wenn die Verhältnisse sich wandeln. Das Schicksal der Kirche bleibt in maßgeblicher Weise an die Leistungsfähigkeit und die Führungskraft ihrer Oberhirten geknüpft. Die Kirche ist gut beraten, wenn sie aus der Katastrophe des 16. Jahrhunderts lernt, worauf es ankommt, wenn es gilt, dem Volke Gottes geeignete Bischöfe zu geben. Deren Auswahl nach dem obersten Gesichtspunkt, daß sie sich der jeweils herrschenden Linie einordnen, kann nicht richtig sein. Denn die geschmeidige Fügsamkeit gegenüber der Mode von heute stellt sich regelmäßig als mit feiger Anpassung gegen den Trend von morgen verbunden heraus. Den Stürmen, welche der Kirche bevorstehen, werden allein freie, kühne, stählerne und zum Selbstopfer bereite Männer gewachsen sein.

Quellen und Literatur

Acta Reformationis Catholicae Ecclesiam Germaniae concernantia saeculi XVI. Die Reformverhandlungen des deutschen Episkopats von 1520 bis 1570. Hrsg. von Georg Pfeilschifter, Bd. I: 1520 bis 1532, Regensburg 1959; Bd. II: 1532 bis 1542, Regensburg 1960; Bd. III: 1538 bis 1548, 1. Teil, Regensburg 1968; Bd. IV: 1538 bis 1548, 2. Teil, Regensburg 1971; Bd. V: 1538 bis 1548, 3. Teil erste Hälfte, Regensburg 1973; Bd. VI: 1538 bis 1548, 3. Teil zweite Hälfte, Regensburg 1974

Balan, Petrus (Hrsg.), Monumenta Reformationis Lutheranae ex tabulariis secretioribus S. Sedis 1521-1525, Regensburg, New York, Cincinnati 1884

Bauer, Wilhelm, Lacroix, Robert (Bearb.), Die Korrespondenz Ferdinands I., 2 Bde. (= Veröffentlichungen der Kommission für neuere Geschichte Österreichs 11, 30, 31 = Korrespondenzen österreichischer Herrscher), Wien 1912-1938

Bäumer, Remigius, Martin Luther und der Papst (= Katholisches Leben und Kirchenreform im Zeitalter der Glaubensspaltung 30), 2. Aufl., Münster/Westf. 1970

Bäumer, Remigius, Nachwirkungen des konziliaren Gedankens in der Theologie und Kanonistik des frühen 16. Jahrhunderts (= Reformationsgeschichtliche Studien und Texte Heft 100), Münster/Westf. 1971

Bäumer, Remigius (Hrsg.), Lutherprozeß und Lutherbann. Vorgeschichte, Ergebnis, Nachwirkung. Mit Beiträgen von Remigius Bäumer, Erwin Iserloh und Hermann Tüchle (= Katholisches Leben und Kirchenreform im Zeitalter der Glaubensspaltung 32), Münster/Westf. 1972

Bäumer, Remigius (Hrsg.), Lehramt und Theologie im 16. Jahrhundert. Mit Beiträgen von Hubert Jedin, Alexandre Ganoczy, Remigius Bäumer, Ulrich Horst (= Katholisches Leben und Kirchenreform im Zeitalter der Glaubensspaltung 36), Münster/Westf. 1976

Bäumer, Remigius, Johannes Cochlaeus (1479-1552). Leben und Werk im Dienst der katholischen Reform (= Katholisches Leben und Kirchenreform im Zeitalter der Glaubensspaltung 40), Münster/Westf. 1980

Bäumer, Remigius (Hrsg.), Reformatio Ecclesiae. Beiträge zu kirchlichen Reformbemühungen von der Alten Kirche bis zur Neuzeit. Festgabe für Erwin Iserloh, Paderborn, München, Wien, Zürich 1980

Becker, Winfried, Reformation und Revolution (= Katholisches Leben und Kirchenreform im Zeitalter der Glaubensspaltung 34), Münster/Westf. 1974

Benrath, Karl, Luther im Kloster 1505-1525. Zum Verständnis und zur Abwehr (= Schriften des Vereins für Reformationsgeschichte 23. Jgg. 2. Stück Nr. 87), Halle a.d.S. 1905

Bernhofer-Pippert, Elsa, Täuferische Denkweisen und Lebensformen im Spiegel oberdeutscher Täuferverhöre. Mit einem Vorwort von Ernst Walter Zeeden und bibliographischen Ergänzungen von Andrea Körsgen-Wiedeburg (= Reformationsgeschichtliche Studien und Texte Heft 96), Münster/Westf. 1967

Boß, Gerhard, Die Rechtfertigungslehre in den Bibelkommentaren des Kornelius a Lapide (= Katholisches Leben und Kämpfen im Zeitalter der Glaubensspaltung 20), Münster/Westf. 1962

Braunisch, Reinhard, Die Theologie der Rechtfertigung im „Enchiridion" (1538) des Johannes Gropper. Sein kritischer Dialog mit Philipp Melanchthon (= Reformationsgeschichtliche Studien und Texte Heft 109), Münster/Westf. 1974

Brieger, Theodor, Die Reformation. Ein Stück aus Deutschlands Weltgeschichte, Berlin 1917

Petrus Canisius, Briefe. Ausgewählt und herausgegeben von Burkhart Schneider (= Reihe Wort und Antwort Bd. 23), Salzburg 1959

Cardauns, Ludwig (Bearb.), Nuntiaturberichte aus Deutschland 1533-1559 nebst ergänzenden Aktenstücken, 6. Bd.: Gesandtschaft Campegios. Nuntiaturen Morones und Poggios. (1540-1541), Berlin 1910; 7. Bd.: Berichte vom Regensburger und Speierer Reichstag 1541, 1542. Nuntiaturen Verallos und Poggios. Sendungen Farneses und Sfondratos 1541-1544, Berlin 1912

Ambrosius Catharinus O.Pr., Apologia pro veritate catholicae et apostolicae fidei ac doctrinae adversus impia ac valde pestifera Martini Lutheri dogmata (1520). Hrsg. von † Josef Schweizer. Nach dem Tode des Herausgebers zum Druck befördert von August Franzen (= Corpus Catholicorum 27), Münster i.W. 1956

Denifle, Heinrich, Luther und Luthertum in der ersten Entwickelung. Quellenmäßig dargestellt, I: 2., durchgearb. Aufl., Mainz 1904; II: Bearb. von Albert Maria Weiß, Mainz 1909

Dittrich, Franz, Gasparo Contarini. 1483-1542. Eine Monographie, Braunsberg 1885

Dittrich, Franz (Bearb.), Nuntiaturberichte Giovanni Morones vom deutschen Königshofe 1539. 1540 (= Quellen und Forschungen aus dem Gebiete der Geschichte I. Bd. I. Tl.), Paderborn 1892

Dolan, John Patrick, The influence of Erasmus, Witzel and Cassander in the church ordinances and reform proposals of the united duchees of Cleve during the middle decades of the 16th century (= Reformationsgeschichtliche Studien und Texte Heft 83), Münster/Westf. 1957

Döllinger, Ignaz, Die Reformation, ihre innere Entwicklung und ihre Wirkungen im Umfange des Lutherischen Bekenntnisses, 3 Bde., Regensburg 1846/48, unveränd. Nachdruck Frankfurt a.M. 1962

Druffel, August von, Briefe und Akten zur Geschichte des sechzehnten Jahrhunderts mit besonderer Rücksicht auf Bayerns Fürstenhaus, 4 Bde., München 1873-1896

Ebeling, Friedrich Wilhelm, Die deutschen Bischöfe bis zum Ende des sechzehnten Jahrhunderts. Biographisch, literarisch, historisch und kirchenstatistisch dargestellt, 2 Bde., Leipzig 1858

Johannes Eck, Enchiridion locorum communium adversus Lutherum et alios hostes ecclesiae (1525-1543). Mit den Zusätzen von Tilmann Smeling O.P. (1529, 1532). Hrsg. von Pierre Fraenkel in Verbindung mit dem Institut d'Histoire de la Réformation Genf (= Corpus Catholicorum 34), Münster/Westf. 1979

Johannes Eck, Enchiridion. Handbüchlin gemainer stell unnd Artickel der jetzt schwebenden Neuwen leeren. Faksimile-Druck der Ausgabe Augsburg 1533. Hrsg. und mit einer Einleitung versehen von Erwin Iserloh (= Corpus Catholicorum 35), Münster/Westf. 1980

Ehses, Stephan (Bearb.), Nuntiaturberichte aus Deutschland nebst ergänzenden Aktenstücken. Die Kölner Nuntiatur, Bd. II, 1: Nuntius Ottavio Mirto Frangipani (1587 Juni-1590 September), München, Paderborn, Wien 1969

Juni-1590 September), München, Paderborn, Wien 1969

Nikolaus Ellenbog, Briefwechsel. Einleitung und Buch I-II von Andreas Bigelmair. Buch III-IX und Register von Friedrich Zoepfl (= Corpus Catholicorum 19/21), Münster i.W. 1938

Hieronymus Emser, De disputatione Lipsicensi, quantum ad Boemos obiter deflexa est (1519). A venatione Luteriana aegocerotis assertio (1519). Hrsg. von Franz Xaver Thurnhofer (= Corpus Catholicorum 4), Münster i. W. 1921

Hieronymus Emser, Schriften zur Verteidigung der Messe. Hrsg. von Theobald Freudenberger (= Corpus Catholicorum 28), Münster i. W. 1959

Engelbrecht, Anton, „Abconterfeyung Martin Butzers" (1546). Hrsg. von Werner Bellardi (= Corpus Catholicorum 31), Münster/Westf. 1974

Engelhardt, Adolf, Der Nürnberger Religionsfriede von 1532: Mitteilungen des Vereins für Geschichte der Stadt Nürnberg 31, 1933, 19-123

Erikson, Erik H., Young Man Luther. A Study in Psychoanalysis and History, New York 1958

Fabian, Ekkehart (Bearb. u. Hrsg.), Die Schmalkaldischen Bundesabschiede 1530-1532 (= Schriften zur Kirchen- und Rechtsgeschichte 7. Heft), Tübingen 1958

Fabian, Ekkehart (Bearb. u. Hrsg.), Die Beschlüsse der oberdeutschen Schmalkaldischen Städtetage, 3 Tle.(= Schriften zur Kirchen- und Rechtsgeschichte 9./10., 14./15. u. 21./24. Heft), Tübingen 1959/60

Fabian, Ekkehart (Bearb. u. Hrsg.), Urkunden und Akten der Reformationsprozesse am Reichskammergericht, am kaiserlichen Hofgericht zu Rottweil und an anderen Gerichten, 1. Tl.: Allgemeines 1530-1534 (= Schriften zur Kirchen- und Rechtsgeschichte 16./17. Heft), Tübingen 1961

Fast, Heinold (Hrsg.), Der linke Flügel der Reformation. Glaubenszeugnisse der Täufer, Spiritualisten, Schwärmer und Antitrinitarier (= Klassiker des Protestantismus Bd. IV) (= Sammlung Dietrich Bd. 269), Bremen 1962

Feine, Hans Erich, Die Besetzung der Reichsbistümer vom Westfälischen Frieden bis zur Säkularisation 1648-1803 (= Kirchenrechtliche Abhandlungen 97. u. 98. Heft), Stuttgart 1905

Fendt, Leonhard, Der lutherische Gottesdienst des 16. Jahrhunderts. Sein Werden und sein Wachsen (= Aus der Welt christlicher Frömmigkeit Bd. 5), München 1923

Fiedler, J., Relationen venetianischer Botschafter über Deutschland und Österreich, Wien 1870

Fischer, Wolfgang P., Frankreich und die Wiedereröffnung des Konzils von Trient 1559-1562. Mit einem Geleitwort von Hubert Jedin (= Reformationsgeschichtliche Studien und Texte Heft 106), Münster/Westf. 1973

Fischer-Galati, Stephen A., Ottoman imperialism and German protestantism 1521-1555 (= Harvard historical monographs 43), Cambridge/Mass. 1959

Franzen, August (Hrsg.), Um Reform und Reformation. Zur Frage nach dem Wesen des „Reformatorischen" bei Martin Luther. Mit Beiträgen von Joseph Lortz und Remigius Bäumer sowie einer Podiumsdiskussion zwischen den katholischen und evangelischen Theologen Hubert Jedin, Walther von Loewenich, Wilhelm Kasch, Erwin Iserloh und Peter Manns (= Katholisches Leben und Kirchenreform im Zeitalter der Glaubensspaltung 27/28), Münster/Westf. 1968

Franzen, August, Zölibat und Priesterehe in der Auseinandersetzung der Reformationszeit und der katholischen Reform des 16. Jahrhunderts (= Katholisches Leben und Kirchenreform im Zeitalter der Glaubensspaltung 29), Münster/Westf. 1969

Franzen, August, Bischof und Reformation. Erzbischof Hermann von Wied in Köln vor der Entscheidung zwischen Reform und Reformation (= Katholisches Leben und Kirchenreform im Zeitalter der Glaubensspaltung 31), 2. Aufl., Münster/Westf. 1971

Freudenberger, Theobald, Zur Benützung des reformatorischen Schrifttums im Konzil von Trient, in: Von Konstanz nach Trient, München, Paderborn, Wien 1972, 577-601

Friedensburg, Walter (Bearb.), Nuntiaturberichte aus Deutschland 1533-1559 nebst ergänzenden Actenstücken, 1. Bd.: Nuntiaturen des Vergerio 1533-1536, Gotha 1892; 2. Bd.: Nuntiatur des Morone 1536-1538, Gotha 1892; 3. Bd.: Legation Aleanders

1538-1539. Erste Hälfte, Gotha 1893; 4. Bd.: Legation Aleanders 1538-1539. Zweite Hälfte, Gotha 1893; 8. Bd.: Nuntiatur des Verallo 1545-1546, Gotha 1898; 9. Bd.: Nuntiatur des Verallo 1546-1547, Gotha 1899; 10. Bd.: Legation des Kardinals Sfondrato 1547-1548, Berlin 1907; 11. Bd.: Nuntiatur des Bischofs Pietro Bertano von Fano 1548-1549, Berlin 1910

Friedensburg, Walter, Die Reformation und der Speierer Reichstag von 1526: Luther-Jahrbuch 8, 1926, 120-195

Friedensburg, Walter, Kaiser Karl V. und Papst Paul III. (1534-1549) (= Schriften des Vereins für Reformationsgeschichte Jgg. 50 Heft 1 [Nr. 153]), Leipzig 1932

Fuchtel, Paul, Der Frankfurter Anstand vom Jahre 1539: Archiv für Reformationsgeschichte 28, 1931, 145-206

Gams, Pius Bonifacius, Series Episcoporum Ecclesiae Catholicae, Graz 1957

Die älteste deutsche Gesamtauslegung der Messe (Erstausgabe ca. 1480). Herausgegeben und eingeleitet von Franz Rudolf Reichert (= Corpus Catholicorum 29), Münster/Westf. 1967

Goetz, Helmut (Bearb.), Nuntiaturberichte aus Deutschland 1533-1559 nebst ergänzenden Aktenstücken, 16. Bd.: Nuntiatur des Girolamo Martinengo, Tübingen 1965; 17. Bd.: Nuntiatur Delfinos, Legation Morones, Sendung Lippomanos (1554-1556), Tübingen 1970

Grisar, Hartmann, Luther, 3 Bde., 3. Aufl., Freiburg i. Br. 1924/25

Johannes Gropper, Briefwechsel, I: 1529-1547 (= Corpus Catholicorum 32), Münster/Westf. 1977

Günter, Wolfgang, Martin Luthers Vorstellung von der Reichsverfassung (= Reformationsgeschichtliche Studien und Texte Heft 114), Münster/Westf. 1976

Hansen, Joseph (Bearb.), Nuntiaturberichte aus Deutschland 1572-1585 nebst ergänzenden Actenstücken, 2 Bde., Berlin 1892/94

Haupt, Friedrich, Der Episcopat der deutschen Reformation, oder: Artikel 28 der Augsburger Confession, 2 Hefte, Frankfurt a.M., Erlangen 1863/66

Held, Paul, Ulrich von Hutten. Seine religiös-geistige Auseinandersetzung mit Katholizismus, Humanismus, Reformation (= Schriften des Vereins für Reformationsgeschichte Jgg. 46 Heft 1 Nr. 144), Leipzig 1928

Hergang, Karl Theodor (Bearb. u. Hrsg.), Das Religions-Gespräch zu Regensburg i. J. 1541 und das Regensburger Buch, nebst andren (sic!) darauf bezüglichen Schriften jener Zeit. Nach Quellen bearbeitet und herausgegeben, Kassel 1858

Herrmann, Rudolf, Die Reformation in Kirche und Schule des Großherzogtums Sachsen-Weimar-Eisenach (= Die Reformation und ihre Wirkung in Ernestinischen Landen Bd. 2), Leipzig 1917

Hierarchia catholica medii aevi sive summorum pontificum, S.R.E. cardinalium, ecclesiarum antistitum series [2.] ab anno 1431 usque ad annum 1503 perducta e documentis tabularii praesertim Vaticani collecta, digesta, edita per Conradum Eubel, Ed. alt., Münster 1914

Hierarchia catholica medii et recentioris aevi sive summorum pontificum, S.R.E. cardinalium, ecclesiarum antistitum series. Vol. III: Saeculum XVI ab anno 1503 complectens quod cum Societatis Goerresianae subsidio inchoavit Guilelmus van Gulik, absolvit Conradus Eubel, Ed. altera quam curavit Ludovicus Schmitz-Kallenberg, Münster 1923; Vol. IV: A Pontificatu Clementis PP. VIII (1592) usque ad Pontificatum Alexandri PP. VII (1667) per Patritium Gauchat, Münster 1935

Human, Armin, Die Reformation in Kirche und Schule des Herzogtums Sachsen-Meiningen (= Die Reformation und ihre Wirkung in Ernestinischen Landen Bd. 3), Leipzig 1917

Huter, Franz (Bearb.), Tiroler Urkundenbuch, I. Abt.: Die Urkunden zur Geschichte des deutschen Etschlandes und des Vintschgaus, I.-III. Bd., Innsbruck 1937-1957

Immenkötter, Herbert, Um die Einheit im Glauben. Die Unionsverhandlungen des Augsburger Reichstages im August und September 1530 (= Katholisches Leben und Kirchenreform im Zeitalter der Glaubensspaltung 33), Münster/Westf. 1973

Immenkötter, Herbert (Bearb.), Die Confutatio der Confessio Augustana vom 3. August 1530 (= Corpus Catholicorum 33), Münster/Westf. 1979

Immenkötter, Herbert, Der Reichstag zu Augsburg und die Confutatio. Historische Einführung und neuhochdeutsche Übertragung (= Katholisches Leben und Kirchenreform im Zeitalter der Glaubensspaltung 39), Münster/Westf. 1979

Iserloh, Erwin, Die Eucharistie in der Darstellung des Johannes Eck. Ein Beitrag zur vortridentinischen Kontroverstheologie über das Meßopfer (= Reformationsgeschichtliche Studien und Texte Heft 73/74), Münster/Westf. 1950

Iserloh, Erwin, Luther zwischen Reform und Reformation. Der Thesenanschlag fand nicht statt (= Katholisches Leben und Kämpfen im Zeitalter der Glaubensspaltung 23/24), Münster/Westf. 1966

Iserloh, Erwin, Hallensleben, Barbara (Hrsg.), Confessio Augustana und Confutatio. Der Augsburger Reichstag 1530 und die Einheit der Kirche. Internationales Symposion der Gesellschaft zur Herausgabe des Corpus Catholicorum in Augsburg vom 3.-7. September 1979 (= Reformationsgeschichtliche Studien und Texte Heft 118), Münster/Westf. 1980

Iserloh, Erwin, Repgen, Konrad (Hrsg.), Reformata Reformanda. Festgabe für Hubert Jedin zum 17. Juni 1965 (= Reformationsgeschichtliche Studien und Texte Supplementband 1), 2 Tle., Münster/Westf. 1965

Jaitner, Klaus, Die Konfessionspolitik des Pfalzgrafen Philipp Wilhelm von Neuburg in Jülich-Berg von 1647-1679 (= Reformationsgeschichtliche Studien und Texte Heft 107), Münster/Westf. 1973

Jedin, Hubert, Studien über die Schriftstellertätigkeit Albert Pigges (= Reformationsgeschichtliche Studien und Texte Heft 55), Münster i.W. 1931

Jedin, Hubert, Kardinal Contarini als Kontroverstheologe (= Katholisches Leben und Kämpfen im Zeitalter der Glaubensspaltung 9), Münster i.W. 1949

Jedin, Hubert, Geschichte des Konzils von Trient, 4 Bde., Freiburg 1951-1975

Jedin, Hubert, Tommaso Campeggio (1483-1564). Tridentinische Reform und kuriale Tradition (= Katholisches Leben und Kämpfen im Zeitalter der Glaubensspaltung 15), Münster i.W. 1958

Jedin, Hubert, Der Abschluß des Trienter Konzils 1562/63. Ein Rückblick nach vier Jahrhunderten (= Katholisches Leben und Kämpfen im Zeitalter der Glaubensspaltung 21), Münster/Westf. 1963

Jedin, Hubert, Kardinal Caesar Baronius. Der Anfang der katholischen Kirchengeschichtsschreibung im 16. Jahrhundert (= Katholisches Leben und Kirchenreform im Zeitalter der Glaubensspaltung 38), Münster/Westf. 1978

Joest, Wilfried, Paulus und das Lutherische Simul Iustus et Peccator: Kerygma und Dogma 1, 1955, 269-320

Kalkoff, Paul, Die Depeschen des Nuntius Aleander vom Wormser Reichstage 1521, übersetzt und erläutert (= Schriften des Vereins für Reformationsgeschichte 17), Halle 1886

Kalkoff, Paul, Zu Luthers römischem Prozeß: Zeitschrift für Kirchengeschichte 25, 1904, 90-147, 273-290, 399-459, 503-603

Kalkoff, Paul, Die Entstehung des Wormser Edikts. Eine Geschichte des Wormser Reichstages vom Standpunkt der lutherischen Frage, Leipzig 1913

Kalkoff, Paul, Die Bulle „Exsurge": Zeitschrift für Kirchengeschichte 35, 1914, 166-203

Kalkoff, Paul, Luther und die Entscheidungsjahre der Reformation. Von den Ablaßthesen bis zum Wormser Edikt, München, Leipzig 1917

Keller, L., Die Gegenreformation in Westfalen und am Niederrhein. Aktenstücke und Erläuterungen (1555-1623), 3 Bde. (= Publicationen aus den K. Preußischen Staatsarchiven Bd. 9, 33, 62), Leipzig 1881-1895

Klaiber, Wilbirgis (Hrsg.), Katholische Kontroverstheologen und Reformer des 16. Jahrhunderts. Ein Werkverzeichnis. Mit einer Einführung von Remigius Bäumer (= Reformationsgeschichtliche Studien und Texte Heft 116), Münster/Westf. 1978

Klomps, Heinrich, Kirche, Freiheit und Gesetz bei dem Franziskanertheologen Kaspar Schatzgeyer (= Reformationsgeschichtliche Studien und Texte Heft 84), Münster/Westf. 1959

Köhler, Dietrich, Reformationspläne für die geistlichen Fürstentümer bei den Schmalkaldenern. Ein Beitrag zur Ideengeschichte der Reformation. Phil. Diss. Greifswald, Berlin 1912

Köhler, Walther, Das Marburger Religionsgespräch 1529. Versuch einer Rekonstruktion (= Schriften des Vereins für Reformationsgeschichte Jgg. 48 Heft 1 – Nr. 148°), Leipzig 1929

Von Konstanz nach Trient. Beiträge zur Geschichte der Kirche von den Reformkonzilien bis zum Tridentinum. Festgabe für August Franzen. Hrsg. von Remigius Bäumer, München, Paderborn, Wien 1972

Kötter, Franz Josef, Die Eucharistielehre in den katholischen Katechismen des 16. Jahrhunderts bis zum Erscheinen des Catechismus Romanus (1566) (= Reformationsgeschichtliche Studien und Texte Heft 98), Münster/Westf. 1969

Krabbel, Gerta, Caritas Pirckheimer. Ein Lebensbild aus der Zeit der Reformation, 3. u. 4. Aufl., Münster/Westf. 1947

Krasenbrink, Josef, Die Congregatio Germanica und die katholische Reform in Deutschland nach dem Tridentinum (= Reformationsgeschichtliche Studien und Texte Heft 105), Münster/Westf. 1972

Kühn, Johannes, Die Geschichte des Speyerer Reichstags 1529 (= Schriften des Vereins für Reformationsgeschichte Jgg. 47 Heft 1 [Nr. 146]), Leipzig 1929

Kupke, Georg (Bearb.), Nuntiaturberichte aus Deutschland 1533-1559 nebst ergänzenden Aktenstücken, 12. Bd.: Nuntiaturen des Pietro Bertano und Pietro Camaiani 1550-1552, Berlin 1901

Kurten, Edmund, Franz Lambert von Avignon und Nikolaus Herborn in ihrer Stellung zum Ordensgedanken und zum Franziskanertum im besonderen (= Reformationsgeschichtliche Studien und Texte Heft 72), Münster/Westf. 1950

Laemmer, Hugo (Hrsg.), Monumenta Vaticana historiam ecclesiasticam saeculi XVI illustrantia. Ex Tabulariis Sanctae Sedis Apostolicae Secretis excerpsit, digessit, recensuit, prolegomenisque et indicibus instruxit, Freiburg i. Br. 1861

Lau, Franz, Bizer, Ernst, Reformationsgeschichte Deutschlands bis 1555 (= Die Kirche in ihrer Geschichte Bd. 3 Lief. K), Göttingen 1964

Liebmann, Maximilian, Urbanus Rhegius und die Anfänge der Reformation. Beiträge zu seinem Leben, seiner Lehre und seinem Wirken bis zum Augsburger Reichstag von 1530 mit einer Bibliographie seiner Schriften (= Reformationsgeschichtliche Studien und Texte Heft 117), Münster/Westf. 1980

Lortz, Joseph, Die Reformation in Deutschland, 2 Bde., 3. Aufl., Freiburg i. Br. 1948

Lortz, Joseph, Erasmus — kirchengeschichtlich, in: Aus Theologie und Philosophie. Festschrift für Fritz Tillmann zu seinem 75. Geburtstag, Düsseldorf 1950, 271-326

Lortz, Joseph, Martin Luther. Grundzüge seiner geistigen Struktur, in: Iserloh, Repgen, Reformata Reformanda I, 214-246

Lutz, Heinrich, Ragione di stato und christliche Staatsethik im 16. Jahrhundert. Mit einem Textanhang: Die Machiavelli-Kapitel aus Kardinal Reginald Pole's „Apologia ad Carolum Quintum Caesarem" (= Katholisches Leben und Kämpfen im Zeitalter der Glaubensspaltung 19), Münster/Westf. 1961

Mehlhausen, Joachim (Hrsg.), Das Augsburger Interim von 1548. Nach den Reichstagsakten deutsch und lateinisch herausgegeben (= Texte zur Geschichte der evangelischen Theologie Heft 3), Neukirchen-Vluyn 1970

Meier, Johannes, Der priesterliche Dienst nach Johannes Gropper (1503-1559). Der Beitrag eines deutschen Theologen zur Erneuerung des Priesterbildes im Rahmen eines vortridentinischen Reformkonzeptes für die kirchliche Praxis (= Reformationsgeschichtliche Studien und Texte Heft 113), Münster/Westf. 1977

Metzler, Johannes, Die Apostolischen Vikariate des Nordens. Ihre Entstehung, ihre Entwicklung und ihre Verwalter. Ein Beitrag zur Geschichte der nordischen Missionen, Paderborn 1919

Meyer, Arnold Oskar (Bearb.), Nuntiaturberichte aus Deutschland. Siebzehntes Jahrhundert. Nebst ergänzenden Aktenstücken. Die Prager Nuntiatur des Giovanni Stefano Ferreri und die Wiener Nuntiatur des Giacomo Serra (1603-1606) (= Nuntiaturberichte aus Deutschland nebst ergänzenden Aktenstücken 4. Abt. 17. Jh.), Berlin 1913

Moeller, Bernd, Reichsstadt und Reformation (= Schriften des Vereins für Reformationsgeschichte Nr. 180), Gütersloh 1962

Moses, Reinhold, Die Religionsverhandlungen zu Hagenau und Worms 1540 und 1541. Phil. Diss. Leipzig, Jena 1889

Müller, Gerhard (Bearb.), Nuntiaturberichte aus Deutschland 1533-1559 nebst ergänzenden Aktenstücken, 1. Ergänzungsband 1530-1531: Legation Lorenzo Campeggios 1530-1531 und Nuntiatur Girolamo Aleandros 1531, Tübingen 1963; 2. Ergänzungsband 1532: Legation Lorenzo Campeggios 1532 und Nuntiatur Girolamo Aleandros 1532, Tübingen 1969

Müller, Gerhard, Die römische Kurie und die Reformation 1523-1534. Kirche und Politik während des Pontifikates Clemens' VII. (= Quellen und Forschungen zur Reformationsgeschichte Bd. XXXVIII), Gütersloh 1969

Müller-Streisand, Rosemarie, Luthers Weg von der Reformation zur Restauration. Die kirchenkritische Theologie des frühen Luther und die Grundlagen ihrer Wandlung, Halle (Saale) 1964

Oelrich, Karl Heinz, Der späte Erasmus und die Reformation (= Reformationsgeschichtliche Studien und Texte Heft 86), Münster/Westf. 1961

Pacquier, J., Lettres familières de Jérôme Aléandre (1510-1540): Revue des Études historiques 71, 1905, 591-600; 72, 1906, 32-61, 161-173, 370-383, 498-511; 73, 1907, 17-35; 74, 1908, 259-290, 386-399, 603-623

Pastor, Ludwig, Die kirchlichen Reunionsbestrebungen während der Regierung Karls V. Aus den Quellen dargestellt, Freiburg i. Br. 1879

Paulus, Nikolaus, Die deutschen Dominikaner im Kampfe gegen Luther (1518-1563) (= Erläuterungen und Ergänzungen zu Janssens Geschichte des deutschen Volkes IV. Bd., 1. u. 2. Heft), Freiburg i. Br. 1903

Paulus, Nikolaus, Protestantismus und Toleranz im 16. Jahrhundert, Freiburg i. Br. 1911

Rabe, Horst, Molitor, Hansgeorg, Rublack, Hans-Christoph (Hrsg.), Festgabe für Ernst Walter Zeeden. Zum 60. Geburtstag am 14. Mai 1976 (= Reformationsgeschichtliche Studien und Texte Supplementband 2), Münster/Westf. 1976

Reformatio Ecclesiae. Beiträge zu kirchlichen Reformbemühungen von der Alten Kirche bis zur Neuzeit. Festgabe für Erwin Iserloh. Hrsg. von Remigius Bäumer, Paderborn, München, Wien, Zürich 1980

Der Reichstag zu Worms von 1521. Reichspolitik und Luthersache, im Auftrag der Stadt Worms zum 450-Jahrgedenken in Verbindung mit Anton Philipp Brück, Ludwig Petry, Heinrich Steitz herausgegeben von Fritz Reuter, Worms 1971

Deutsche Reichstagsakten unter Kaiser Karl V., 1. Bd. bearb. von August Kluckhohn, Gotha 1893; 2.-4. Bd. bearb. von Adolf Wrede, Gotha 1896-1905

Reinhard, Wolfgang, Die Reform in der Diözese Carpentras unter den Bischöfen Jacopo Sadoleto, Paolo Sadoleto, Jacopo Sacrati und Francesco Sadoleto 1517-1596 (= Reformationsgeschichtliche Studien und Texte Heft 94), Münster/Westf. 1966

Reiter, Paul J. St., Martin Luthers Umwelt, Charakter und Psychose, 2 Bde., Kopenhagen 1937/41

Repgen, Konrad, Die Römische Kurie und der Westfälische Friede. Idee und Wirklichkeit des Papsttums im 16. und 17. Jahrhundert, Bd. I. 1. Tl.: Papst, Kaiser und Reich 1521-1644 (= Bibliothek des Deutschen Historischen Instituts in Rom Bd. 24), Tübingen 1962

Rischar, Klaus, Johann Eck auf dem Reichstag zu Augsburg 1530 (= Reformationsgeschichtliche Studien und Texte Heft 97), Münster/Westf. 1968

Ritter, Moriz, Deutsche Geschichte im Zeitalter der Gegenreformation und des Dreißigjährigen Krieges (1555-1648), 3 Bde., Stuttgart 1889-1908

Ritter, Moriz, Stieve, Felix, Mayer, Karl, Chroust, Anton (Bearb.), Briefe und Akten zur Geschichte des Dreißigjährigen Krieges in den Zeiten des vorwaltenden Einflusses der Wittelsbacher, 11 Bde., München 1878-1909

Roberg, Burkhard (Bearb.), Nuntiaturberichte aus Deutschland nebst ergänzenden Aktenstücken. Die Kölner Nuntiatur, Bd. II, 2: Nuntius Ottavio Mirto Frangipani (1590 August-1592 Juni), München, Paderborn, Wien 1969; Bd. II, 3: Nuntius Ottavio Mirto Frangipani (1592 Juli-1593 Dezember), München, Paderborn, Wien 1971

Sabisch, Alfred, Der Meßcanon des Breslauer Pfarrers Dr. Ambrosius Moibanus: Archiv für schlesische Kirchengeschichte 3, 1938, 98-126

Schieß, Traugott (Bearb.), Briefwechsel der Brüder Ambrosius und Thomas Blaurer 1509-1567. Hrsg. von der Badischen Historischen Kommission, 3 Bde., Freiburg i. Br. 1908-1912

Schmidlin, Joseph, Die kirchlichen Zustände in Deutschland vor dem Dreißigjährigen Kriege nach den bischöflichen Diözesanberichten an den Heiligen Stuhl, 3 Tle. (= Erläuterungen und Ergänzungen zu Janssens Geschichte des deutschen Volkes VII. Bd., 1.-6. Heft), Freiburg i. Br. 1908-1910

Schmidt, Kurt Dietrich, Die katholische Reform und Gegenreformation (= Die Kirche in ihrer Geschichte Bd. 3 Lief. L 1. Tl.). Posthum herausgegeben von Manfred Jacobs, Göttingen 1975

Scholz, Gustav (Hrsg.), Die Reformation und ihre Wirkungen in der Landeskirche, der Volksschule und dem Gymnasium des Herzogtums Gotha und in der Theol. Fakultät der Universität Jena (= Die Reformation und ihre Wirkung in Ernestinischen Landen Bd. 1), Leipzig 1917

Schön, Bruno, Dr. Martin Luther auf dem Standpunkte der Psychiatrie beurtheilt, Wien 1874

Schottenloher, Karl, Die Widmungsvorrede im Buch des 16. Jahrhunderts (= Reformationsgeschichtliche Studien und Texte Heft 76/77), Münster/Westf. 1953

Schrader, Franz, Ringen, Untergang und Überleben der katholischen Klöster in den Hochstiften Magdeburg und Halberstadt von der Reformation bis zum Westfälischen Frieden (= Katholisches Leben und Kirchenreform im Zeitalter der Glaubensspaltung 37), Leipzig, Münster/Westf. 1977

Schreiber, Georg (Hrsg.), Das Weltkonzil von Trient. Sein Werden und Wirken, 2 Bde., Freiburg 1951

Schubert, Hans von, Die Anfänge der evangelischen Bekenntnisbildung bis 1529/30 (= Schriften des Vereins für Reformationsgeschichte Jgg. 45 Heft 2 [Nr. 143]), Leipzig 1928

Schwarz, W. E. (Hrsg.), Der Briefwechsel Kaiser Maximilians II. mit Papst Pius V. (= Briefe und Akten zur Geschichte Maximilians II. I. Theil), Paderborn 1889

Schwarz, W. E. (Hrsg.), Zehn Gutachten über die Lage der katholischen Kirche in Deutschland (1573/76) nebst den Protokollen der deutschen Congregation (1573/78) (= Briefe und Akten zur Geschichte Maximilians II. II. Theil), Paderborn 1891

Schwarz, W. E. (Hrsg.), Die Nuntiatur-Korrespondenz Kaspar Groppers nebst verwandten Aktenstücken (1573-1576) (= Quellen und Forschungen aus dem Gebiete der Geschichte. In Verbindung mit ihrem Historischen Institut in Rom herausgegeben von der Görres-Gesellschaft V. Bd.), Paderborn 1898

Girolamo Seripando, De iustitia et libertate christiana. Hrsg. von Anselm Forster (= Corpus Catholicorum 30), Münster/Westf. 1969

Simon, Matthias, Der Augsburger Religionsfriede, Ereignis und Aufgabe. Die Vorgeschichte. Der Reichstag von Augsburg. Die Bedeutung des Religionsfriedens, Augsburg 1955

Stein, Friedrich, Geschichte der Reichsstadt Schweinfurt, 2 Bde., Schweinfurt 1900

Steinherz, S. (Bearb.), Nuntiaturberichte aus Deutschland 1560-1572 nebst ergänzenden Actenstücken, 1. Bd.: Die Nuntien Hosius und Delfino 1560-1561, Wien 1897; 3. Bd.: Nuntius Delfino 1562-1563, Wien 1903; 4. Bd.: Nuntius Delfino 1564-1565, Wien 1914

Steinhuber, Andreas, Geschichte des Kollegium Germanikum Hungarikum in Rom, 2 Bde., 2., verb. u. verm. Aufl., Freiburg i. Br. 1906

Stiasny, Hans H. Th., Die strafrechtliche Verfolgung der Täufer in der freien Reichsstadt Köln 1529 bis 1618 (= Reformationsgeschichtliche Studien und Texte Heft 88), Münster/Westf. 1962

Stieve, Felix, Die Politik Baierns 1591-1607, 2 Bde. (= Briefe und Akten zur Geschichte des Dreißigjährigen Krieges in den Zeiten des vorwaltenden Einflusses der Wittelsbacher 4. u. 5. Bd.), München 1878/83

Süßmuth, Hans, Studien zur Utopia des Thomas Morus. Ein Beitrag zur Geistesgeschichte des 16. Jahrhunderts (= Reformationsgeschichtliche Studien und Texte Heft 95), Münster/Westf. 1967

Trüdinger, Karl, Luthers Briefe und Gutachten an weltliche Obrigkeiten zur Durchführung der Reformation (= Reformationsgeschichtliche Studien und Texte Heft 111), Münster/Westf. 1975

Trusen, Winfried, Um die Reform und Einheit der Kirche. Zum Leben und Werk Georg Witzels (= Katholisches Leben und Kämpfen im Zeitalter der Glaubensspaltung 14), Münster i. W. 1957

Tüchle, Hermann, Bouman, C. A., Geschichte der Kirche, Bd. III: Reformation und Gegenreformation, Einsiedeln, Zürich, Köln 1965

Vetter, Paul, Die Religionsverhandlungen auf dem Reichstage zu Regensburg 1541. Historische Abhandlung, Jena 1889

Wermter, E. M., Herzog Albrecht: Zeitschrift für die Geschichte und Altertumskunde Ermlands 29, 1957,198-311

Winkler, Gerhard B., Erasmus von Rotterdam und die Einleitungsschriften zum Neuen Testament. Formale Strukturen und theologischer Sinn (= Reformationsgeschichtliche Studien und Texte Heft 108), Münster/Westf. 1974

Wittstadt, Klaus (Bearb.), Nuntiaturberichte aus Deutschland nebst ergänzenden Aktenstücken. Die Kölner Nuntiatur, Bd. IV, 1: Nuntius Atilio Amalteo (1606 September-1607 September), München, Paderborn, Wien 1975

Wolf, Gustav, Die Entstehung des Augsburger Interims: Deutsche Zeitschrift für Geschichtswissenschaft N.F. 2, 1897/8, 39-88

Zeeden, Ernst Walter, Martin Luther und die Reformation im Urteil des deutschen Luthertums. Studien zum Selbstverständnis des lutherischen Protestantismus von Luthers Tode bis zum Beginn der Goethezeit, 2 Bde., Freiburg 1950/52

Zeeden, Ernst Walter, Katholische Überlieferungen in den lutherischen Kirchenordnungen des 16. Jahrhunderts (= Katholisches Leben und Kämpfen im Zeitalter der Glaubensspaltung 17), Münster/Westf. 1959

Zeeden, Ernst Walter, Das Zeitalter der Gegenreformation (= Herder-Bücherei 281), Freiburg i.Br. 1967

Zeeden, Ernst Walter, Molitor, Hansgeorg (Hrsg.), Die Visitation im Dienst der kirchlichen Reform. Mit einer Einführung von Hubert Jedin, Beiträgen von August Franzen, Hansgeorg Molitor, Hans-Eugen Specker, sowie einer Bibliographie gedruckter und einem archivalischen Verzeichnis ungedruckter Visitationsquellen (= Katholisches Leben und Kirchenreform im Zeitalter der Glaubensspaltung 25/26), Münster/ Westf. 1967

Trusen, Winfried, Um die Reform und Einheit der Kirche. Zum Leben und Werk Georg Witzels (= Katholisches Leben und Kämpfen im Zeitalter der Glaubensspaltung 14), Münster i. W. 1957.

Tüchle, Hermann/Bouman, C. A., Geschichte der Kirche, Bd. III: Reformation und Gegenreformation, Einsiedeln, Zürich, Köln 1965.

Vetter, Paul, Die Religionsverhandlungen auf dem Reichstage zu Regensburg 1541. Historische Abhandlung, Jena 1889.

Wermter, E. M., Herzog Albrecht: Zeitschrift für die Geschichte und Altertumskunde Ermlands 29, 1957, 198-311.

Winkler, Gerhard B., Erasmus von Rotterdam und die Einleitungsschriften zum Neuen Testament. Formale Strukturen und theologischer Sinn (= Reformationsgeschichtliche Studien und Texte Heft 108), Münster/Westf. 1974.

Wittstadt, Klaus (Bearb.), Nuntiaturberichte aus Deutschland nebst ergänzenden Aktenstücken. Die Kölner Nuntiatur, Bd. IV/1: Nuntius Atilio Amalteo (1606 September-1607 September), München, Paderborn, Wien 1975.

Wolf, Gustav, Die Entstehung des Augsburger Interims: Deutsche Zeitschrift für Geschichtswissenschaft N.F. 2, 1897, S. 39-88.

Zeeden, Ernst Walter, Martin Luther und die Reformation im Urteil des deutschen Luthertums. Studien zum Selbstverständnis des lutherischen Protestantismus von Luthers Tode bis zum Beginn der Goethezeit, 2 Bde., Freiburg 1950/52.

Zeeden, Ernst Walter, Katholische Überlieferungen in den lutherischen Kirchenordnungen des 16. Jahrhunderts (= Katholisches Leben und Kämpfen im Zeitalter der Glaubensspaltung 17), Münster/Westf. 1959.

Zeeden, Ernst Walter, Das Zeitalter der Gegenreformation (= Herder-Bücherei 281), Freiburg i. Br. 1967.

Zeeden, Ernst Walter/Molitor, Hansgeorg (Hrsg.), Die Visitation im Dienst der kirchlichen Reform. Mit einer Einführung von Hubert Jedin, Beiträgen von August Franzen, Hansgeorg Molitor, Hans-Eugen Specker, sowie einer Bibliographie gedruckter und einem archivalischen Verzeichnis ungedruckter Visitationsquellen (= Katholisches Leben und Kirchenreform im Zeitalter der Glaubensspaltung 25/26), Münster/Westf. 1967.

Register

Die Worte Deutsches Reich, Deutschland, Glaubensspaltung, Kaiser, Luthertum, Protestantismus, Reformation und Religionsneuerung wurden wegen zu häufigen Vorkommens nicht aufgenommen.

I.

Personen

III.

Sachen